Schriftenreihe der
Neuen Juristischen Wochenschrift

Im Einvernehmen mit den Herausgebern der NJW
herausgegeben von
Rechtsanwalt Prof. Dr. Konrad Redeker
Rechtsanwalt Felix Busse

Heft 42

Erschließungs- und Ausbaubeiträge

von

Prof. Dr. Hans-Joachim Driehaus

Richter am Bundesverwaltungsgericht
Richter am Verfassungsgerichtshof Berlin
Lehrbeauftragter an der Universität Lüneburg

4., neubearbeitete Auflage

C.H.BECK'SCHE VERLAGSBUCHHANDLUNG
MÜNCHEN 1995

Zitierweise: Driehaus, NJW-Schriften 42, 4. A.

Die Deutsche Biblithek – CIP-Einheitsaufnahme

Neue Juristische Wochenschrift / Schriftenreihe
Schriftenreihe der Neuen Juristischen Wochenschrift. –
München : Beck.
    Früher Schriftenreihe. – Nebent.: NJW-Schriftenreihe
    Schriftenreihe zu: Neue Juristische Wochenschrift
    NE: NJW–Schriftenreihe; HST

Driehaus, Hans-Joachim:
    Erschließungs- und Ausbaubeiträge / von Hans-Joachim
    Driehaus. – 4., neubearb. Aufl. – München : Beck, 1995
    (Schriftenreihe der Neuen Juristischen Wochenschrift ;
    H. 42)
    ISBN 3-406-38693-8

ISBN 3 406 38693 8

Satz und Druck der C. H. Beck'schen Buchdruckerei, Nördlingen
Gedruckt auf säurefreiem, aus chlorfrei gebleichtem Zellstoff hergestelltem Papier

Vorwort zur 4. Auflage

Wenn innerhalb eines Jahrzehnts von einem an der Praxis orientierten Lehrbuch die 4. Auflage notwendig wird, ist dies ein Beweis dafür, daß der Verfasser seine Leser erreicht hat und daß das Buch alle Wünsche dieser Leser erfüllt. Als einer der Herausgeber der Schriftenreihe kann ich deshalb Herrn Driehaus zu diesem Erfolg nur beglückwünschen.

Mit der 4. Auflage wird hinsichtlich des Erschließungsbeitragsrechts vermutlich eine Zäsur eintreten. Die letzte Änderung des Grundgesetzes hat in Art. 74 Abs. 1 Nr. 18 die Gesetzgebungskompetenz zum Erschließungsbeitragsrecht vom Bund auf die Länder übertragen. Die §§ 127 ff. BauGB gelten zwar gemäß Art. 125 a GG als Bundesrecht fort, bis entsprechendes Landesrecht entstanden ist. Doch wird man damit auf absehbare Zeit sicher rechnen können. Ein weiteres Stück Rechtseinheit geht damit verloren; ob der Gewinn an föderaler Eigenentfaltung, der damit wohl verbunden sein soll, dies ausgleicht, wird man sicher bezweifeln können. Der Praktiker wird auf jeden Fall demnächst mit unterschiedlichen gesetzlichen Bestimmungen in den einzelnen Ländern arbeiten müssen. Um zumindest einen Rest an Einheitlichkeit im Erschließungsbeitragsrecht zu bewahren, ist den Ländern dringend zu empfehlen, von der ihnen durch Art. 99 GG eröffneten Möglichkeit Gebrauch zu machen, in ihren Erschließungsbeitragsgesetzen zu bestimmen, daß in einem gerichtlichen Verfahren die Revision auch darauf gestützt werden kann, daß die angefochtene Entscheidung auf einer Verletzung dieses Gesetzes beruht.

In § 1 der 4. Auflage wird u. a. auf die neue verfassungsrechtliche Situation eingegangen. Überdies werden in der 4. Auflage die durch Art. 10 § 8 des Zweiten Vermögens-Änderungsgesetzes vom 14. 7. 1992 (BGBl. I S. 1257), durch Art. 1 des Investitionserleichterungs- und Wohnbaulandgesetzes vom 22. 4. 1993 (BGBl. I S. 466) und durch Art. 2 des Gesetzes vom 8. 4. 1994 (BGBl. I S. 766) bewirkten Änderungen des Erschließungs- und Erschließungsbeitragsrechts dargestellt; namentlich wird der "neue" Erschließungsvertrag nach § 124 BauGB eingehend behandelt. Ferner sind die Kommunalabgabengesetze der neuen Bundesländer berücksichtigt, von denen das (zeitlich) letzte, nämlich das Sächsische Kommunalabgabengesetz vom 16. 6. 1993, erst am 1. 9. 1993 in Kraft getreten ist. Seit der 3. Auflage sind an die 300 obergerichtliche Entscheidungen ergangen, die einzuarbeiten waren; die Rechtsprechung des Bundesverwaltungsgerichts bis Ende 1994 ist eingehend ausgewertet worden. Trotz der damit unvermeidlich verbundenen erneuten Ausweitung des Buches wird man sagen können, daß die Übersichtlichkeit für die unmittelbare Anwendung in der Praxis erhalten geblieben ist.

Bonn, im Januar 1995

Konrad Redeker

Vorwort zur 1. Auflage

Die gesetzliche Regelung des Erschließungsbeitragsrechts beschränkt sich auf die wenigen Vorschriften der §§ 127 bis 135 BBauG. Aus diesem knappen Normenbestand hat die Rechtsprechung unter Führung des Bundesverwaltungsgerichts eine inzwischen weitgehend abgeschlossene verästelte, aber doch systematisch stimmige Ordnung des Rechtsgebiets erarbeitet, deren praktische Bedeutung kaum überschätzt werden kann. Sie muß über die kommunalen Satzungen in eine ständig wachsende Fülle von Einzelakten mit immer neuen Fallgestaltungen umgesetzt werden. Schon angesichts der Höhe, die Erschließungsbeiträge inzwischen erreichen, werden deren formelle und materielle Richtigkeit von betroffenen Bürgern in immer stärkerem Maße der richterlichen Prüfung unterworfen. Dabei bedarf diese Ordnung des bundesrechtlichen Erschließungsbeitragsrechts der Ergänzung durch die landesrechtlich geregelten Ausbaubeiträge, deren Judikatur bei den Oberverwaltungsgerichten und Verwaltungsgerichtshöfen endet. Mit dem vorliegenden Buch wird eine zusammenfassende Darstellung beider Rechtsgebiete vorgelegt, die Rechtsprechung und Literatur erschöpfend auswertet und sie für die Praxis des Alltags, sei es der Kommunalverwaltungen, sei es des betroffenen Bürgers und seines beratenden Anwalts, sei es aber auch für den kontrollierenden Richter, fruchtbar macht. Driehaus, aus vielen Veröffentlichungen zum Themenbereich bekannt und seit drei Jahren Richter im zuständigen Senat des Bundesverwaltungsgerichts, hat für die Fülle des Stoffes eine Gliederung und Darstellungsweise gefunden, die wissenschaftliche Vertiefung und praktische Nutzbarkeit miteinander verbinden.

Die von Driehaus vorgelegte Schrift ist ein Beleg dafür, daß die Rechtsprechung – und Beitragsrecht ist in weitem Umfang Richterrecht – eine stattliche Anzahl von Problemkreisen inzwischen geklärt und damit Rechtssicherheit herbeigeführt hat. Ob nun der Verteilungsmaßstab oder die Herstellungsmerkmale der Beitragssatzung, ob Probleme der Kostenspaltung, der Vorausleistung und der Ablösung, der Aufwandshöhe, des beitragsrechtlichen Grundstücksbegriffs, der Eckgrundstücksvergünstigung, ob Entstehung, Verjährung und Verwirkung des Beitragsanspruches in Frage stehen – um nur einige wenige Beispiele hervorzuheben –, der Verfasser gibt auf alles eine kompetente und verläßliche Antwort.

Das landesrechtliche Ausbaubeitragsrecht ist in dem Werk erstmalig in eine geschlossene Darstellung gebracht, die unter Berücksichtigung mancher Besonderheiten in den einzelnen Ländergesetzen die zahlreichen gemeinsamen

Strukturen aufzeigt. In instruktiver Weise werden Gemeinsamkeiten und Abweichungen im Hinblick auf das Erschließungsbeitragsrecht aufgezeigt. Wo obergerichtliche und höchstrichterliche Rechtsprechung noch nicht vorliegt, sind richtungsweisende Lösungsansätze entwickelt. Die Rechtsprechung des Bundesverwaltungsgerichts konnte bis einschließlich September 1984 noch Berücksichtigung finden. Für die Schriftenreihe zur NJW hat das Buch ungewöhnlichen Umfang; es soll sicher eine Ausnahme bleiben. Verlag und Herausgeber erschien hier aber die Möglichkeit, Driehaus für ein solches Kompendium des Erschließungs- und Ausbaubeitragsrechts zu gewinnen, so faszinierend, daß dabei auch der Raum zur Verfügung gestellt werden sollte, den eine solche Darstellung benötigt.

Bonn, im September 1984   Konrad Redeker

Vorwort zur 2. Auflage

Im Vorwort zur 1. Auflage habe ich die Erwartungen ausgedrückt, mit denen Verlag und Herausgeber das Werk von Driehaus in die Schriftenreihe der NJW aufgenommen haben. Diese Erwartungen sind nicht nur eingetroffen; die Schrift hat in den gut zwei Jahren seit ihrem Erscheinen vielmehr in Rechtsprechung und Literatur schon ihren festen Platz gefunden und ist zu einer der maßgeblichen Erläuterungen der schwierigen Materie über das Erschließungs- und Ausbaubeitragsrecht geworden. Die nächste Auflage war deshalb an sich bereits angezeigt; sie ist darüber hinaus notwendig geworden, weil der Gesetzgeber das Bundesbaugesetz durch das Baugesetzbuch abgelöst hat, das zum 1. Juli 1987 in Kraft tritt und in dem auch für das Erschließungsbeitragsrecht einige nicht unwesentliche Änderungen enthalten sind. Die 2. Auflage geht grundsätzlich von dem Rechtszustand ab 1. Juli 1987 aus, leitet ihn aber namentlich auf der Grundlage der bis März 1987 ergangenen Rechtsprechung des Bundesverwaltungsgerichts aus dem bisherigen Recht ab, erörtert besonders die eingetretenen Neuerungen und beinhaltet auch die Übergangsregelungen, denen für lange Zeit sicher erhebliche Bedeutung zukommen wird. Ebenso sind die Fortentwicklungen im landesrechtlichen Ausbaubeitragsrecht aufgezeigt. Dabei hat Driehaus sich entschlossen, das neue Kommunalabgabengesetz des Landes Rheinland-Pfalz vom 5. Mai 1986 im wesentlichen unberücksichtigt zu lassen, weil es im inhaltlichen Gehalt von Begriffen und in der Systematik von den entsprechenden Regelungen in den anderen Kommunalabgabengesetzen so entscheidend abweicht, daß seine Einbeziehung den Rahmen gesprengt hätte.

Wir sind Herrn Driehaus dankbar, daß rechtzeitig vor Inkrafttreten des Baugesetzbuchs diese 2. Auflage vorliegt, die Erläuterungen deshalb also nahtlos in das neue Recht überleiten.

Bonn, im März 1987 Konrad Redeker

Vorwort zur 3. Auflage

Gut drei Jahre nach der 2. Auflage liegt jetzt die 3. Auflage des Werkes von Driehaus vor. Die Rechtsprechung zum Erschließungs- und Ausbaubeitragsrecht hat in diesen drei Jahren manche Probleme gelöst, aber in gleichem Maße neue Probleme aufgezeigt. So hat das Buch nicht unerheblich an Umfang gewonnen. Es mußten rund 200 obergerichtliche Entscheidungen berücksichtigt werden, die nur zum Teil bisher veröffentlicht sind. Driehaus zieht eine Art "Zwischenbilanz" mit Blick auf die Änderungen, die durch das Inkrafttreten des BauGB im Erschließungsbeitragsrecht bewirkt worden sind. Diese Änderungen haben die Rechtsprechung des Bundesverwaltungsgerichts noch nicht erreicht; hier wird die weitere Entwicklung abzuwarten sein. Ausführlich behandelt Driehaus in der 3. Auflage u.a. die mit einer einseitig anbaubaren Straße und einer Verkehrs-Lärmschutzanlage aus erschließungsbeitragsrechtlicher Sicht zusammenhängenden Fragen. Neu ist der Abschnitt über die "(Teilweise) Rückzahlung entrichteter (Teil-)Beiträge und Kosten des isolierten Vorverfahrens".

Das Erschließungsbeitragsrecht ist durch die breite Judikatur in der praktischen Anwendung sicher nicht einfacher geworden. Umso mehr ist es zu begrüßen, daß mit der 3. Auflage nun für den Praktiker in Verwaltung und Anwaltschaft, aber auch für den Richter eine Zusammenfassung vorliegt, die in ihrer Vollständigkeit den heutigen Stand dieser Judikatur mit allen damit zusammenhängenden Problemen wiedergibt.

Bonn, im November 1990 Konrad Redeker

Inhaltsübersicht

Inhaltsverzeichnis

XXVIII

Inhaltsverzeichnis

Abkürzungsverzeichnis

i.d.F.	in der Fassung
i.S.	im Sinne
i.V.m.	in Verbindung mit
KAG	Kommunalabgabengesetz
KStZ	Kommunale Steuerzeitung
LSA	Land Sachsen-Anhalt
LStrG	Landesstraßengesetz
LuftVG	Luftverkehrsgesetz
MABl.	Ministerialamtsblatt der bayerischen inneren Verwaltung
MDR	Monatsschrift des Deutschen Rechts
MinBl.	Ministerialblatt
MV	Mecklenburg-Vorpommern
N	Niedersachsen
NJW	Neue Juristische Wochenschrift
Nr(n)	Nummer(n)
NST-N	Niedersächsischer Städtetag-Nachrichten (ab 1985)
NVwZ	Neue Zeitschrift für Verwaltungsrecht
NW	Nordrhein-Westfalen
OLG	Oberlandesgericht
OVG	Oberverwaltungsgericht
OVGE	Amtliche Sammlung der Entscheidungen der Oberverwaltungsgerichte Münster und Lüneburg
PrFluchtlG	Preußisches Gesetz betreffend die Anlegung und Veränderung von Straßen und Plätzen in Städten und ländlichen Ortschaften (Fluchtliniengesetz)
PrKAG	Preußisches Kommunalabgabengesetz
RAO	Reichsabgabenordnung
Rdnr(n).	Randnummer(n)
RG	Reichsgericht
RGZ	Entscheidungen des Reichsgerichts in Zivilsachen
R-P	Rheinland-Pfalz
Rspr.(st...)	Rechtsprechung (ständige ...)
S.	Seite oder Satz
Saarl	Saarland
Sächs	Sächsische(s)

S-H	Schleswig-Holstein
sog.	sogenannt(e)
StBauFG	Städtebauförderungsgesetz
StuGR	Städte- und Gemeinderat
StVG	Straßenverkehrsgesetz
StVO	Straßenverkehrsordnung
StrWG	Straßen- und Wegegesetz
Thür	Thüringen
u.	und
u. a.	unter anderen(m)
usw.	und so weiter
v.	vom
VBlBW	Verwaltungsblätter Baden-Württemberg
VerwArch	Verwaltungsarchiv
VerwRspr	Verwaltungsrechtsprechung in Deutschland
VG	Verwaltungsgericht
VGH	Verwaltungsgerichtshof
vgl.	vergleiche
VR	Verwaltungsrundschau
VwGO	Verwaltungsgerichtsordnung
VwVfG	Verwaltungsverfahrensgesetz
z. B.	zum Beispiel
ZfBR	Zeitschrift für deutsches und internationales Baurecht
ZKF	Zeitschrift für Kommunalfinanzen
ZMR	Zeitschrift für Miet- und Raumrecht
ZVG	Zwangsversteigerungsgesetz

Literaturverzeichnis

(ohne Zeitschriftenaufsätze)

Battis/Krautzberger/
Löhr . . . . Baugesetzbuch, 4. Auflage, München 1994

Bauer/Hub . . . . Kommunale Abgaben in Bayern, München 1983

Bauernfeind/
Zimmermann . . . . . . Kommunalabgabengesetz für das Land Nordrhein-Westfalen, Kommentar, 2. Auflage, Köln 1979

Bielenberg/
Koopmann/
Krautzberger . . . . . . Städtebauförderungsrecht, Loseblatt Kommentar, München, Stand Mai 1994

Bielenberg/
Krautzberger/
Söfker . . . . Baugesetzbuch (Leitfaden), 4. Auflage, München/ Münster 1994

Brohm, Winfried . . . Verkehrsberuhigung in Städten, Heidelberg 1985

Brügelmann-Förster . . Bundesbaugesetz, Loseblatt-Kommentar, Stuttgart, Stand Februar 1986, Bearbeiter: Förster, Hans

Brügelmann-Vogel . . Baugesetzbuch, Loseblatt-Kommentar, Stuttgart, Stand April 1994, Bearbeiter: Vogel, Werner

Cholewa/Dyong/ Baugesetzbuch, 3. Auflage, München 1994
von der Heide/Sailer .

Dieckmann, Jochen . Baugesetzbuch, München 1987

Dietzel, Ernst . . . . . . Straßenbaubeitragsrecht, in: Hoppenberg, Handbuch des öffentlichen Baurechts, München, Stand Oktober 1993

Dietzel/Hinsen/
Perger . . . . Das Straßenbaubeitragsrecht nach § 8 des Kommunalabgabengesetzes Nordrhein-Westfalen, Bonn 1988

Driehaus, Hans-
Joachim . . . . Kommunalabgabenrecht, Loseblatt-Kommentar, Stand Juli 1994

ders. . . . . Die einseitig anbaubare Straße und der Halbteilungsgrundsatz im Erschließungsbeitragsrecht, Festschrift für Felix Weyreuther, S. 435 ff., Köln u. a. 1993

ders. . . . . Das Straßenbaubeitragsrecht der Länder in der obergerichtlichen Rechtsprechung, 3. Auflage, Köln 1982 ders. . . . . Die Verteilung des beitragsfähigen Aufwands, in Driehaus/Hinsen/von Mutius, Grundprobleme des kommunalen Beitragsrechts, Schriften zum deutschen Kommunalrecht, Band 17, S. 47 ff., Siegburg 1978

Ecker, Gerhard . . . . . Kommunalabgaben in Bayern, Kronach/Bayern u. a. 1990

Ermel, Gudrun . . . . . Gesetz über kommunale Abgaben in Hessen, Kommentar, 2. Auflage, Wiesbaden 1978

Ernst/Zinkahn/
Bielenberg . . . . Baugesetzbuch, Loseblatt-Kommentar, München, Stand März 1994

Eyben, Bodo . . . . . . Die Abgabenform des Beitrags und ihre praktischen Schwerpunkte, Dissertation, Göttingen 1969

Fischer, Arnd . . . . . . Erschließungs- und Erschließungsbeitragsrecht, in: Hoppenberg, Handbuch des öffentlichen Baurechts, München, Stand Oktober 1993

Gaentzsch, Günter . . Baugesetzbuch, Kommentar, Köln u. a. 1991

Gaßner, Max-Theo . . Die Abwälzung kommunaler Folgekosten durch Folgekostenverträge, München 1982

Grziwotz, Herbert . . Baulanderschließung, München 1993

Hempel/Hempel . . . Praktischer Kommentar zum Kommunalabgabengesetz Schleswig-Holstein, 1. Ergänzungsband, Kiel 1983

Hillmann, Gert . . . . . Niedersächsisches Kommunalabgabenrecht, 3. Auflage, Köln u. a. 1987

Hinsen, Wilhelm . . . Beitragstatbestände des § 8 KAG NW, in Driehaus/Hinsen/von Mutius, Grundprobleme des kommunalen Beitragsrechts, Schriften zum deutschen Kommunalrecht, Band 17, S. 1 ff., Siegburg 1978

Klausing, Jürgen . . . . Die Ablösung als Institut des Beitragsrechts, Festschrift für Felix Weyreuther, S. 455 ff., Köln u. a. 1993

Kohls,
Klaus-Michael . . . . . Das Wohnungseigentum im Recht der Kommunalabgaben, Schriften zum deutschen Kommunalrecht, Band 26, Siegburg 1982

Kühn/Kutter/
Hoffmann . . . . Abgabenordnung, Kommentar, 16. Auflage, Stuttgart 1990

Lehmann, Matthias . . Kommunale Beitragserhebung, Schriften zum deutschen Kommunalrecht, Band 27, Siegburg 1983

Mainczyk, Lorenz . . Baugesetzbuch, 2. Auflage, Stuttgart u. a. 1994

Menke, Rudolf . . . . . Integration der Verkehrsberuhigung in die städtische Generalverkehrsplanung, in Verkehrsberuhigung,

Schriftenreihe „Städtebauliche Forschung" des Bundesministers für Raumordnung, Bauwesen und Städtebau, Heft 03.071, S. 49 ff., Bonn 1979

Monheim, Heiner . . . Verkehrsberuhigung – Von verkehrstechnischen Einzelmaßnahmen zum städtebaulichen Gesamtkonzept, in Verkehrsberuhigung, Schriftenreihe „Städtebauliche Forschung" des Bundesministers für Raumordnung, Bauwesen und Städtebau, Heft 03.071, S. 19 ff., Bonn 1979

Müller, Gerd B. . . . . Erschließungsbeitragsrecht, Heidelberg 1986

von Mutius, Albert . . Ermittlung und Berechnung wirtschaftlicher Vorteile im Sinne des § 8 KAG NW, in Driehaus/Hinsen/von Mutius, Grundprobleme des kommunalen Beitragsrechts, Schriften zum deutschen Kommunalrecht, Band 17, S. 21 ff., Siegburg 1978

Nöll/Freund/Surén . Kommunalabgabengesetz, Kommentar, 9. Auflage, Berlin 1931

Peine, Franz-Josef . . Rechtsfragen der Einrichtung von Fußgängerstraßen, Köln 1979

Quaas, Michael . . . . . Erschließungs- und Erschließungsbeitragsrecht, München 1985

Redeker/von
Oertzen . . . . Verwaltungsgerichtsordnung, Kommentar, 11. Auflage, Stuttgart u. a. 1994

Reif, Karl . . . . Erschließungsbeitrag nach dem BauGB, Arbeitsmappe Ausgabe Baden-Württemberg, 6. Auflage, Stand November 1990, Stuttgart

Richarz/Steinfort . . . Erschließung in der kommunalen Praxis, Bonn 1994

Rohlfing, Hubertus . Begriff und Funktion des wirtschaftlichen Vorteils im kommunalen Beitragsrecht, Dissertation, Münster 1980

Schieder/Angerer/
Moezer . . . . Bayerisches Kommunalabgabengesetz, Kommentar, München 1975

Schieder/Happ . . . . . Bayerisches Kommunalabgabengesetz, Loseblatt-Kommentar, München, Stand April 1990

Schlichter/Stich . . . . Berliner Kommentar zum Baugesetzbuch, Köln 1988

Schmidt/Bogner/
Steenbock . . . . Handbuch des Erschließungsrechts, 5. Auflage, Köln 1981

Schrödter, Hans . . . . Bundesbaugesetz, Kommentar, 5. Auflage, München 1992

Sellner, Dieter . . . . . Umfang des Erschließungsaufwands, in Bauernfeind/Clauß/von Müller/von Mutius/Sellner, Grundfragen des Erschließungsbeitragsrechts in der kommunalen Praxis, Schriften zum deutschen Kommunalrecht, Band 6, 2. Auflage, S. 35 ff., Siegburg 1978

Sieder/Zeitler/
Kreuzer/Zech . . . . . . Bayerisches Straßen- und Wegegesetz, Loseblatt-Kommentar, München, Stand Dezember 1993

Steiner, Udo . . . . Rechtsfragen der Förderung verkehrsberuhigter Zonen, in Verkehrsberuhigung, Schriftenreihe „Städtebauliche Forschung" des Bundesministers für Raumordnung, Bauwesen und Städtebau, Heft 03.071, S. 167 ff., Bonn 1979

von Strauß und
Torney/Saß . . . . Straßen- und Baufluchtengesetz vom 2. Juli 1875, Kommentar, 7. Auflage, Berlin 1934

Streit, Christian . . . . Erschließungsbeiträge nach dem Bundesbaugesetz und Beiträge nach § 9 des preußischen Kommunalabgabengesetzes, Dissertation, München 1968

Surén, Friedrich-
Karl . . . . Das Preußische Kommunalabgabengesetz, Kommentar, Berlin 1944

ders. . . . . Gemeindeabgabenrecht der ehemals preußischen Gebiete, Kommentar, Berlin 1950

Thiem, Hans . . . . . . Allgemeines kommunales Abgabenrecht, Köln 1981

ders. . . . . Kommunalabgabengesetz Schleswig-Holstein, Loseblatt-Kommentar, Kiel, Stand Juni 1982

Tipke-Kruse . . . . Abgabenordnung, Loseblatt-Kommentar, Köln, Stand Mai 1994

Tücking, Paul-Dieter Der wirtschaftliche Vorteil im kommunalen Beitragsrecht, Dissertation, Münster 1977

Weyreuther, Felix . . . Interessengegensätze im Erschließungsbeitragsrecht, in Raumplanung und Eigentumsordnung, Festschrift für Werner Ernst, S. 519 ff., München 1980

Zimmermann, Franz Das System der kommunalen Einnahmen und die Finanzierung der kommunalen Aufgaben in der Bundesrepublik Deutschland, Köln 1988

Erster Teil
Anwendungsbereich der erschließungs- und der ausbaubeitragsrechtlichen Vorschriften

§ 1 Einführung, Begriffe und gesetzliche Grundlagen

I. Einführung

Vor allem in Zeiten, die von gesamtwirtschaftlichen Schwierigkeiten ge- **1** kennzeichnet sind, tritt eine die Bürger und die Kommunen aus unterschiedlichen Gründen berührende Tatsache verstärkt in Erscheinung: Die (erstmalige) Herstellung und der (spätere) Ausbau von öffentlichen Einrichtungen und Anlagen ist von den Kommunen allein aus deren Steueraufkommen, d. h. ohne eine über die Steuerleistungen hinausgehende "angemessene" Beteiligung der Bürger, nicht finanzierbar. Die Kommunen müssen daher zum Ausgleich des Aufwands, der für die von ihnen im Interesse ihrer Bürger durchgeführten Baumaßnahmen entsteht, eben diese Bürger in besonderer Weise "zur Kasse bitten". Zu diesem Zweck haben Bundes- und Landesgesetzgeber den Kommunen nicht nur die Möglichkeit eingeräumt, von den Bürgern Gebühren und Beiträge einzufordern, sondern sie haben eine derartige Inanspruchnahme der Bürger sogar zur Pflicht gemacht. Während die Erhebung von Gebühren, die dem Grund und der Höhe nach vom Umfang der tatsächlichen Benutzung kommunaler Einrichtungen und Anlagen abhängig sind, für die Bürger noch einigermaßen einleuchtend und durchschaubar ist, kann gleiches für die Erhebung von **Erschließungs- und Ausbaubeiträgen** schwerlich gesagt werden. Es ist daher nur allzu verständlich, daß sich nicht wenige Bürger gegen eine Heranziehung zu gerade diesen kommunalen Abgaben mit vielerlei Argumenten zu wehren versuchen, und das schon rechtfertigt es, den damit angesprochenen, in der Praxis besonders bedeutsamen **Teilbereich des kommunalen Beitragsrechts** unter Ausschluß insbesondere des sog. Anschlußbeitragsrechts in der vorliegenden Schrift zu behandeln.

II. Begriffe

Zur Verdeutlichung dessen, was Gegenstand dieser Schrift ist, erscheint es **2** zweckmäßig, vorab kurz auf den Begriff des Beitrags im allgemeinen und den des Ausbaubeitrags im besonderen einzugehen.

1. Beitrag

Der Begriff "Beitrag" wird im geltenden Recht an den verschiedensten **3** Stellen benutzt. Das Bürgerliche Gesetzbuch kennzeichnet die Leistungen

1

der Gesellschafter in den §§ 705 ff. sowie die Leistungen der Vereinsmitglieder in § 58 Nr. 2 als "Beiträge". Leistungen im Rahmen des Finanzausgleichs zwischen gleich- oder übergeordneten öffentlichen Körperschaften werden als "Beiträge" bezeichnet.[1] Auch Abgaben an berufsständische Körperschaften werden überwiegend "Beiträge" genannt.[2] Ferner sind u.a. die Sozialversicherung"beiträge" zu erwähnen. In dem hier maßgeblichen Zusammenhang sind indes allein die **abgabenrechtlichen** Beiträge von Interesse, d.h. die Beiträge im Sinne des kommunalen Abgabenrechts (**kommunale Beiträge**).

4   Dieser abgabenrechtliche Beitragsbegriff wird seinerseits sowohl in bundes- als auch in landesrechtlichen Vorschriften verwandt, er ist je nach dem ein Begriff des Bundes- oder des Landesrechts; es gibt keinen einheitlichen, bundes(verfassungs)rechtlich vorgegebenen Begriff des Beitrags, an den die Bundes- und die Landesgesetzgebung gebunden wäre.[3] Allerdings ist der kommunale Beitrag durch bestimmte Tatbestandsmerkmale gekennzeichnet, die das Bundesverfassungsgericht[4] wie folgt umschrieben hat: Maßgebend ist der **Gesichtspunkt der Gegenleistung.** Das Gemeinwesen stellt eine öffentliche Einrichtung oder Anlage zur Verfügung und derjenige, der davon einen besonderen wirtschaftlichen Nutzen hat, soll zu den Kosten ihrer Errichtung und Unterhaltung beitragen. Als nahezu "klassisch"[5] gilt die in § 9 des Preußischen Kommunalabgabengesetzes vom 14. Juli 1893 (GS S. 152) enthaltene Definition: „Die Gemeinden können behufs Deckung der Kosten für die Herstellung und Unterhaltung von Veranstaltungen, welche durch das öffentliche Interesse erfordert werden, von denjenigen Grundstückseigentümern und Gewerbetreibenden, denen hierdurch besondere wirtschaftliche Vorteile erwachsen, Beiträge zu den Kosten der Veranstaltungen erheben. Die Beiträge sind nach den Vorteilen zu bemessen." Anknüpfend an diese Definition betont Suren,[6] daß es sich bei diesen „Beiträgen um einen **einmaligen**[7] Zuschuß handelt, der indessen nicht notwendig in einem Betrage geleistet zu werden braucht, sondern je nach dem Beschlusse der Gemeinde auch in Teil- oder Ratenzahlungen entrichtet werden kann."

5   Der Ausgleich von Vorteilen und Lasten ist der den Beitrag im abgabenrechtlichen Sinne legitimierende Gesichtspunkt. Ist eine bestimmte, beitragsrechtlich relevante Leistung der Kommune durch die Zahlung eines Beitrags als Gegenleistung "entgolten", steht einer erneuten Veranlagung der Grund-

---

[1] Vgl. in diesem Zusammenhang die Ausgleichsbeiträge i.S. des § 10 Abs. 2 des Gesetzes über den Finanzausgleich zwischen Bund und Ländern in der Fassung des Art. 33 des Gesetzes vom 23. Juni 1993 (BGBl. I S. 944, 977).

[2] Siehe so u.a. schon in § 107 Abs. 2 des Gesetzes zur Ordnung des Handwerks vom 17. September 1953 (BGBl. I S. 1411).

[3] Vgl. u.a. BVerwG, Beschluß v. 14. 2. 1977 – VII 161.75 – Buchholz 401.9 Beiträge Nr. 9 S. 9 = VerwRspr. 29, 354.

[4] BVerfG, Beschluß v. 20. 5. 1959 – 1 BvL 1, 7/58 – BVerfGE 9, 291 (297).

[5] So ausdrücklich BVerfG, Beschluß v. 20. 5. 1989 – 1 BvL 1, 7/58 – a.a.O., S. 298.

[6] Suren, Das Preußische Kommunalabgabengesetz, 1944, Anm. 1 zu § 9, S. 74.

[7] Hervorhebung durch den Verfasser.

satz der **Einmaligkeit der Beitragserhebung** entgegen.[8] Dieser für das bundesrechtliche Erschließungsbeitragsrecht aus dem Bundesrecht[9] und für das landesrechtlich geregelte Beitragsrecht aus dem Landesrecht herzuleitende, für letzteres unter Hinweis auf die Rechtsprechung des Preußischen Oberverwaltungsgerichts[10] zu § 9 PrKAG namentlich vom Oberverwaltungsgericht Koblenz[11] und vom Verwaltungsgerichtshof Mannheim[12] entwickelte Grundsatz verhindert, daß derjenige, der schon einmal (in vollem Umfang) zu einem endgültigen Beitrag herangezogen worden ist, noch einmal für die Kosten derselben beitragsfähigen Maßnahme mit einer Abgabe belastet wird. Anderenfalls müßte der Betroffene für den ihm durch ein und dieselbe gemeindliche Leistung vermittelten Vorteil mehrfach bezahlen; das wäre mit dem Grundgedanken des Ausgleichs von Lasten und Vorteilen nicht vereinbar.

Insbesondere mangels Erfüllung des Merkmals der Einmaligkeit ist **kein** 6 kommunaler Beitrag im zuvor bezeichneten Sinne der sog. **wiederkehrende Beitrag,** den die Gemeinden in Thüringen für die Kosten namentlich der Verbesserung oder Erneuerung von Straßen nach Maßgabe des mit Wirkung vom 29. Juni 1994 in das dortige Kommunalabgabengesetz eingefügten § 7 a (GVBl 1994, S. 796) und die Gemeinden in Rheinland-Pfalz seit Inkrafttreten des Kommunalabgabengesetzes vom 5. Mai 1986 (GVBl S. 103) auch für Kosten der Herstellung von Wasserversorgungs- und Abwasserbeseitigungseinrichtungen erheben dürfen. Es kann dahinstehen, ob eine solche jährlich wiederkehrende Abgabe als eine Sonderabgabe, als eine der Grundsteuer gleichartige Abgabe i. S. des Art. 105 Abs. 2 a GG[13] oder als ein kommunaler Beitrag im weiteren Sinne zu qualifizieren ist. Jedenfalls hat sich der sog. wiederkehrende Beitrag in der Praxis – bisher nur – in Rheinland-Pfalz aus einer Reihe von Gründen nicht bewährt,[14] so daß kein Anlaß besteht, ihn über den einmaligen, sozusagen herkömmlichen kommunalen Beitrag hinaus in dieser Schrift zu behandeln. Ein bedeutsamer Unterschied zwischen dem einmaligen Beitrag und dem sog. wiederkehrenden Beitrag soll indes nicht verschwiegen werden: Anders als einmalige Beiträge dürften sog. wiederkeh-

---

[8] Vgl. u. a. Wachsmuth, Richterliche Rechtsfortbildung auf dem Gebiet des kommunalen Beitragsrechts nach dem Kommunalabgabengesetz Baden-Württemberg, Diss., 1994, S. 23 mit weiteren Nachweisen.

[9] Siehe etwa BVerwG, Urteil v. 26. 2. 1992 – 8 C 70.89 – NVwZ 92, 668 = KStZ 92, 151 = DÖV 92, 1096.

[10] Vgl. Urteile v. 10. 5. 1932 – II C 228/31 – PrOVGE 89, 89 (90) und v. 18. 4. 1939 – II C 103/38 – PrOVGE 105, 31 (38 f.).

[11] U. a. Beschluß v. 30. 7. 1985 – 12 B 42/85 – KStZ 86, 16 mit weiteren Nachweisen.

[12] Vgl. davon Urteil v. 28. 9. 1978 – 2 S 403/78 – und Beschluß v. 15. 1. 1990 – 2 S 2767/89.

[13] Zu diesem Ergebnis kommt ein Gutachten des wissenschaftlichen Dienstes des rheinland-pfälzischen Landtags vom 7. 6. 1985, S. 21 ff.

[14] Vgl. zu einigen rechtlichen Bedenken gegen die Einführung sog. wiederkehrender Beiträge Driehaus, Kommunalabgabenrecht, § 8 Rdnrn. 8 c f.

rende Beiträge als „laufende öffentliche Lasten des Grundstücks" (Anlage 3 Nr. 1 zu § 27 II. BV) und damit Betriebskosten auf die Mieter abgewälzt werden können.[15] Nicht nur und nicht in erster Linie, aber auch aus diesem Grunde sollten sich Gemeinden in Thüringen und Rheinland-Pfalz sorgfältig überlegen, ob sie von der in diesen Ländern bestehenden Möglichkeit Gebrauch machen wollen, anstelle einmaliger Beiträge sog. wiederkehrende Beiträge einzuführen. Jedenfalls sollten vor einer entsprechenden Entscheidung Informationen über Erfahrungen mit sog. wiederkehrenden Beiträgen von den Kommunen erbeten werden, die – wie etwa die Städte Ludwigshafen und Mainz – bereits entsprechende Erfahrungen gesammelt haben.

2. Ausbaubeitrag

7   Der Ausbaubeitrag ist – ebenso wie der Erschließungsbeitrag – eine vom Grundsatz der **Einmaligkeit** gekennzeichnete kommunale Abgabe, die sich **ausschließlich** auf Kosten für bestimmte Baumaßnahmen an **nichtleitungsgebundenen** öffentlichen Einrichtungen und Anlagen bezieht. Hingegen kann für Kosten von entsprechenden Maßnahmen an leitungsgebundenen öffentlichen Einrichtungen und Anlagen bzw. für die durch derartige Einrichtungen und Anlagen vermittelte Anschlußmöglichkeit ein kommunaler Anschlußbeitrag erhoben werden, der sich dem Grunde und der Höhe nach bestimmt nach dem einschlägigen Anschlußbeitragsrecht. Die damit bezeichnete gegenständliche Beschränkung des Ausbaubeitragsrechts auf nichtleitungsgebundene öffentliche Einrichtungen und Anlagen ist jedoch nicht identisch mit einer Beschränkung auf kommunale Verkehrsanlagen, d.h. auf öffentliche Straßen, Wege und Plätze. Vielmehr umfaßt das Ausbaubeitragsrecht – auch insoweit dem Erschließungsbeitragsrecht vergleichbar – als Gegenstände beitragsfähiger Maßnahmen neben deren öffentlichen Verkehrsanlagen z.B. (selbständige) Grünanlagen und geht damit in seinem Anwendungsbereich über das Straßenbaubeitragsrecht, einen Teilbereich des Ausbaubeitragsrechts, hinaus. Gleichwohl stehen die **Verkehrsanlagen** als "Grundform" einer beitragsfähigen, nichtleitungsgebundenen öffentlichen Einrichtung (Anlage) im Mittelpunkt des kommunalen Ausbaubeitragsrechts, und zwar schon deshalb, weil die weitaus meisten "Beitragsfälle" sie zum Gegenstand haben.

III. Gesetzliche Grundlagen

1. Gesetzgebungszuständigkeiten

8   Nach Art. 70 GG ist die Gesetzgebungszuständigkeit zwischen Bund und Ländern in der Weise aufgeteilt, daß die Länder das Recht der Gesetzgebung besitzen, soweit nicht das Grundgesetz dem Bund Gesetzgebungsbefugnisse

---

[15] Ebenso u.a. Steenbock in GemHH 1983, 156.

verleiht. Die Verteilung der Gesetzgebungszuständigkeit für das Gebiet des Erschließungs- und des Ausbaubeitragsrechts zwischen Bund und Ländern hängt deshalb davon ab, inwieweit das Grundgesetz dem Bund Gesetzgebungsbefugnisse für dieses Rechtsgebiet verliehen hat.

a) Erschließungsbeitragsrecht

Bis zum Inkrafttreten des Gesetzes zur Änderung des Grundgesetzes vom 9 27. Oktober 1994 am 15. November 1994 (BGBl I S. 3146) behandelte keine Bestimmung im Grundgesetz **ausdrücklich** die Gesetzgebungszuständigkeit für das Gebiet des Erschließungsbeitragsrechts. Bis zu diesem Zeitpunkt ergab sich jedoch die Befugnis des **Bundes**, Regelungen über das Erschließungsbeitragsrecht zu treffen, aus Art. 74 Nr. 18 GG in seiner seinerzeitigen Fassung. Diese Vorschrift verleiht (auch in der jetzigen Fassung) dem Bund u. a. das Recht der konkurrierenden Gesetzgebung für das Bodenrecht. Wie das Bundesverfassungsgericht in seinem Rechtsgutachten über die Gesetzgebungszuständigkeit des Bundes im Bereich des Baurechts vom 16. Juli 1954[16] ausgeführt hat, umfaßt die Materie Bodenrecht auch das **Bauplanungsrecht**, weil die verbindlichen Bebauungspläne bestimmen, in welcher Weise der Eigentümer sein Grundstück nutzen, insbesondere ob und in welcher Weise er es bebauen darf. Zum Bauplanungsrecht gehört auch das Erschließungsrecht, denn alle Maßnahmen, die der Erschließung dienen, verändern entweder unmittelbar Rechte am Grund und Boden oder schaffen erst die Voraussetzungen für die bauliche Nutzung von Grundstücken. Das Erschließungsrecht – wobei Erschließung die Baureifmachung von Grundflächen durch Herstellung der für die Allgemeinheit bestimmten Verkehrs- und Erholungsflächen, Versorgungs- und Entwässerungsanlagen mit ihrem Zubehör bedeutet – legt die Grundsätze fest, nach denen die Erschließung vorzunehmen ist und bestimmt, wer die Maßnahmen durchzuführen und wer die Kosten zu tragen hat, es **erfaßt** mithin **auch** das **Erschließungsbeitragsrecht**.

Im übrigen – so hat das Bundesverfassungsgericht die vorstehend dargelegte Rechtsauffassung in seiner Entscheidung vom 5. Juli 1972[17] bestätigt – gehöre die Möglichkeit, die Grundstückseigentümer mit Kosten für Erschließungsanlagen zu belasten, zu den überlieferten Grundsätzen des Erschließungsrechts. Zwischen dem Erschließungsrecht im engeren Sinne und dem Erschließungsbeitragsrecht bestehe zudem eine so starke wechselseitige Einwirkung, daß die Erreichung der angestrebten Ziele im Erschließungsrecht ohne eine darauf abgestimmte Regelung der Erschließungsbeiträge kaum möglich wäre.

Ungeachtet dieser engen sachlichen Verknüpfung und gegen den nach- 10 drücklichen Widerstand namentlich des Bundesverbandes der kommunalen

---

[16] In BVerfGE 3, 407 (424 ff.).
[17] BVerfG, Beschluß v. 5. 7. 1972 – 2 BvL 6/66, 28/69, 3, 11 u. 12/70 – BVerfGE 35, 265 (287) = NJW 72, 1851 = DVBl 72, 887.

Spitzenverbände[18] hat der Verfassungsgesetzgeber – dem Vorschlag der Gemeinsamen Verfassungskommission in ihrem Bericht vom 5. November 1993[19] folgend – durch das bereits erwähnte Gesetz zur Änderung des Grundgesetzes vom 27. Oktober 1994 (vgl. Rdnr. 9) in Art. 74 (jetzt: Abs. 1) Nr. 18 GG nach den Wörtern „das Bodenrecht" den Klammerzusatz „(ohne das Recht der Erschließungsbeiträge)" eingefügt und dadurch die Gesetzgebungskompetenz für das Erschließungsrecht (wie bisher konkurrierende Gesetzgebungskompetenz des Bundes) von der für das Erschließungsbeitragsrecht (nunmehr ausschließliche Gesetzgebungskompetenz der Länder) getrennt. Gleichwohl: Gemäß der ebenfalls durch das Gesetz zur Änderung des Grundgesetzes vom 27. Oktober 1994 in das Grundgesetz aufgenommenen Bestimmung des Art. 125a Abs. 1 Satz 1 GG gilt „Recht, das als Bundesrecht erlassen worden ist, aber wegen Änderung des Artikels 74 Abs. 1 ... nicht mehr als Bundesrecht erlassen werden könnte, ... als Bundesrecht fort". Die damit angesprochenen Voraussetzungen treffen auf das Erschließungsbeitragsrecht mit der Folge zu, daß die bisher vom Bund erlassenen **erschließungsbeitragsrechtlichen Vorschriften als Bundesrecht** in Kraft bleiben. Allerdings kann das weitergeltende bundesrechtliche Erschließungsbeitragsrecht „durch Landesrecht ersetzt werden" (Art. 125a Abs. 1 Satz 2 GG). Ob, wann und in welcher Weise ein Land oder gar mehrere Länder von der ihm bzw. ihnen zugewachsenen Gesetzgebungskompetenz Gebrauch machen wird bzw. werden, läßt sich noch nicht absehen.

b) Ausbaubeitragsrecht

11   Das Grundgesetz enthält auch keine ausdrückliche Bestimmung über die Gesetzgebungszuständigkeit auf dem Gebiet des Ausbaubeitragsrechts. Eine Gesetzgebungsbefugnis des Bundes für dieses Rechtsgebiet hätte früher, d.h. bis zum Inkrafttreten des Gesetzes zur Änderung des Grundgesetzes vom 27. Oktober 1994, daher nur angenommen werden können, wenn das Ausbaubeitragsrecht – wie das Erschließungsbeitragsrecht – zum Recht der kon-

---

[18] Der Bundesverband der kommunalen Spitzenverbände hat sich – ebenso wie einzelne kommmunale Spitzenverbände der Länder – wiederholt mit sachlich überzeugender Begründung gegen die Verlagerung der Gesetzgebungskompetenz für das Erschließungsbeitragsrecht vom Bund auf die Länder ausgesprochen; seine Eingaben u.a. an die Obleute der Fraktionen in der Verfassungskommission und im Rechtsausschuß des Bundestages, die Fraktionsvorsitzenden im Bundestag, den Bundeskanzler und sogar noch den Vorsitzenden des Vermittlungsausschusses haben offenbar nicht einmal zu einer sachbezogenen Diskussion in den am Gesetzgebungsverfahren beteiligten Gremien geführt.

[19] Vgl. BT-Drucksache 12/600, S. 16. Die von der Gemeinsamen Verfassungskommission für ihren Vorschlag gegebene Begründung (a.a.O., S. 34) läßt – vorsichtig formuliert – auf ein allenfalls oberflächliches Verständnis der Verknüpfung zwischen Bebauungs- und Erschließungsrecht einerseits sowie Erschließungsbeitragsrecht andererseits schließen und verkennt die Distanz des Erschließungsbeitragsrechts beispielsweise zum kommunalen Steuer-, Gebühren- und Anschlußbeitragsrecht.

kurrierenden Gesetzgebung für das Bodenrecht i. S. des Art. 74 Nr. 18 GG hätte gezählt werden können. Ob das der Fall ist, bedurfte zu keiner Zeit einer Entscheidung. Denn bejahte man dies, wären die Länder nach Art. 72 Abs. 1 GG zur Gesetzgebung befugt, weil der Bund insoweit von seinem etwaigen Gesetzgebungsrecht keinen Gebrauch gemacht hat. Anderenfalls wären die Länder für diesen Bereich nach Art. 70 Abs. 1 GG ausschließlich zur Gesetzgebung berufen.

In diesem Zusammenhang ist noch kurz einzugehen auf die vom Bundesge- **12** setzgeber in das Bundesbaugesetz auf- und in das Baugesetzbuch übernommene, etwas unglücklich formulierte Bestimmung des **§ 128 Abs. 2 Satz 1** BBauG bzw. (nunmehr) des **§ 128 Abs. 2 Satz 1 BauGB**. Gemäß dieser Vorschrift bleibt durch das Inkrafttreten des Bundesbaugesetzes bzw. des Baugesetzbuchs das Recht der Gemeinden unberührt, „Beiträge zu den Kosten für Erweiterungen oder Verbesserungen von Erschließungsanlagen zu erheben", soweit sie dazu „nach Landesrecht berechtigt sind".[20] Weder aus diesem Wortlaut noch aus der Stellung des § 128 Abs. 2 Satz 1 BBauG – so hat das Bundesverwaltungsgericht[21] in ständiger Rechtsprechung entschieden – könne gefolgert werden, daß ausschließlich das bei Inkrafttreten des Bundesbaugesetzes bestehende Landesrecht für die Ausbaubeiträge weiterhin Anwendung finden solle. Der **Bundesgesetzgeber hat** – seine diesbezügliche Gesetzgebungszuständigkeit unterteilt – **nicht regeln wollen**, in welcher Weise die Länder die ihnen in § 128 Abs. 2 Satz 1 BBauG bzw. § 128 Abs. 2 Satz 1 BauGB vorbehaltene Möglichkeit der landesrechtlichen Regelung ausnutzen; er hat ihnen vor allem nicht verbieten wollen, nach Inkrafttreten des Bundesbaugesetzes und des Baugesetzbuchs neue Normen über die Erhebung von Ausbaubeiträgen zu erlassen.

2. Gesetzgebung auf dem Gebiet des Erschließungs- und des Ausbaubeitragsrechts

a) Gesetzgebung des Bundes

Der Bundesgesetzgeber hat von dem ihm bis zum Inkrafttreten des Geset- **13** zes zur Änderung des Grundgesetzes vom 27. Oktober 1994 am 15. November 1994 (BGBl. I S. 3146) uneingeschränkt zustehenden Recht der konkurrierenden Gesetzgebung auf dem Gebiet des Erschließungs- und des Er-

---

[20] Eine entsprechende Regelung für alle die kommunalen Einrichtungen und Anlagen, die nicht beitragsfähige Erschließungsanlagen i. S. des § 127 Abs. 2 BauGB sind, enthält § 127 Abs. 4 BauGB.
[21] Vgl. u. a. Beschlüsse v. 5. 6. 1969 – VII B 112.68 – Buchholz 406.11 § 128 BauG. Nr. 4 S. 1 und v. 27. 4. 1978 – 7 B 50.77 – Buchholz 406.11 § 128 BBauG Nr. 20 S. 13 = VerwRspr 30, 348 = KStZ 78, 190.

schließungsbeitragsrechts Gebrauch gemacht; er hat zunächst im Rahmen des Bundesbaugesetzes in der Fassung der Bekanntmachung vom 18. August 1976 (BGBl I S. 2256), zuletzt geändert durch Art. 1 des Gesetzes vom 6. Juli 1979 (Gesetz zur Beschleunigung von Verfahren und zur Erleichterung von Investitionsvorhaben im Städtebaurecht – BGBl I S. 949), und nunmehr im Rahmen des Baugesetzbuchs in der Fassung der Bekanntmachung vom 8. Dezember 1986 (BGBl I S. 2253), geändert durch Art. 10 § 8 des Gesetzes vom 14. Juli 1992 (Zweites Vermögensrechtsänderungsgesetz – BGBl I S. 1257), durch Art. 1 des Gesetzes vom 22. April 1993 (Investitionserleichterungs- und Wohnbaulandgesetz – BGBl I S. 466) und zuletzt durch Art. 2 des Gesetzes vom 8. April 1994 (Gesetz zur Änderung des Kleingartengesetzes – BGBl I S. 766), sowohl das Erschließungsrecht (§§ 123 ff. BauGB) als auch das Erschließungsbeitragsrecht (§§ 127 ff. BauGB) geregelt.

14   Seit dem 3. Oktober 1990, d. h. seit Wirksamwerden des Beitritts der Deutschen Demokratischen Republik zur Bundesrepublik Deutschland, gilt gemäß Art. 8 des Vertrags über die Herstellung der Einheit Deutschlands vom 31. August 1990 (BGBl II S. 889,892) das Baugesetzbuch auch in den Ländern der ehemaligen Deutschen Demokratischen Republik. Nach § 246 a Abs. 4 BauGB können allerdings in diesen (neuen) Bundesländern Erschließungsbeiträge nicht für Erschließungsanlagen oder Teile von Erschließungsanlagen erhoben werden, die bereits vor dem 3. Oktober 1990 hergestellt waren. In diesem Sinne „bereits hergestellte Erschließungsanlagen oder Teile von Erschließungsanlagen sind die einem technischen Ausbauprogramm oder den örtlichen Ausbaugepflogenheiten entsprechend fertiggestellten Erschließungsanlagen oder Teile von Erschließungsanlagen" (§ 246 a Abs. 4 BauGB). Angesichts der weiten Fassung dieser Ausschlußklausel liegt die Annahme nicht fern, in den neuen Bundesländern werde das Erschließungsbeitragsrecht für schon vor dem 3. Oktober 1990 angelegte Erschließungsstraßen relativ selten anwendbar sein (vgl. im einzelnen § 2 Rdnrn. 37 ff.).

15   Namentlich im Zusammenhang mit dem Inkrafttreten des Baugesetzbuchs am 1. Juli 1987 ist zu beachten, daß bei der Beurteilung der **Rechtmäßigkeit** eines Erschließungsbeitragsbescheids grundsätzlich auf das Recht abzustellen ist, das im Zeitpunkt seines **Erlasses** maßgebend war.[22] Folglich richtet sich die Rechtmäßigkeit eines Bescheids, der unter Geltung des Bundesbaugesetzes in seiner Fassung durch Art. 1 des (sog. Beschleunigungs-)Gesetzes vom 6. Juli 1979 ergangen ist, grundsätzlich nach den Vorschriften des Bundesbaugesetzes. Etwas anderes gilt jedoch insoweit, als der vorbezeichnete Grundsatz durch eine der Überleitungsbestimmungen des § 242 BauGB durchbrochen worden ist.[23]

---

[22] BVerwG, u. a. Urteil v. 10. 5. 1985 – 8 C 17–20.84 – Buchholz 406.11 § 127 BBauG Nr. 46 S. 29 (30) = NVwZ 85, 833 = KStZ 85, 212.
[23] BVerwG, u. a. Urteil v. 24. 9. 1987 – 8 C 75.86 – BVerwGE 78, 125 (126) = KStZ 87, 230 = NVwZ 88, 359.

b) Gesetzgebung der Länder

Gemäß der ihnen vom Grundgesetz verliehenen, durch das Inkrafttreten 16
des Bundesbaugesetzes und des Baugesetzbuchs unberührt gebliebenen Gesetzgebungsbefugnis auf dem Gebiet des Ausbaubeitragsrechts haben außer
den Ländern Baden-Württemberg[24] und Berlin alle Bundesländer durch den
Erlaß entsprechender Bestimmungen den Kommunen das Recht eingeräumt,
Ausbaubeiträge zu erheben. Diese Vorschriften sind in den (verbleibenden)
zwölf Flächenstaaten in die Kommunalabgabengesetze aufgenommen worden – § 8 des Kommunalabgabengesetzes für das Land Nordrhein-Westfalen
(KAG NW) vom 21. Oktober 1969 (GVNW S. 712),[25] Art. 5 des Kommunalabgabengesetzes für das Land Bayern (KAG Bay) in der Fassung der Bekanntmachung vom 4. April 1993 (GVBl S. 264),[26] § 8 des Kommunalabgabengesetzes für das Land Brandenburg (BraKAG) vom 27. Juni 1991 (GVBl
S. 200), § 11 des Gesetzes für kommunale Abgaben in Hessen (KAG Hess)
vom 17. März 1970 (GVBl S. 225),[27] § 8 des Kommunalabgabengesetzes für
das Land Mecklenburg-Vorpommern (KAG MV) vom 1. Juni 1993 (GVBl
S. 522), § 6 des Niedersächsischen Kommunalabgabengesetzes (KAG Ns)
vom 8. Februar 1973 (GVBl S. 41) in der Fassung vom 11. Februar 1992
(GVBl S. 29), § 13 f. des Kommunalabgabengesetzes Rheinland-Pfalz (KAG
R-P) vom 5. Mai 1986 (GVBl S. 103),[28] § 8 des Kommunalabgabengesetzes
des Saarlandes (KAG Saarl) in der Fassung der Bekanntmachung vom 15. Ju-
ni 1985 (Abl S. 729), §§ 26 ff. des Sächsischen Kommunalabgabengesetzes
(SächsKAG) vom 16. Juni 1993 (GVBl S. 502), § 6 des Kommunalabgabenge-
setzes für das Land Sachsen-Anhalt (KAG-LSA) vom 11. Juni 1991 (GVBl
S. 105), § 8 des Kommunalabgabengesetzes des Landes Schleswig-Holstein
(KAG SH) in der Fassung der Bekanntmachung vom 29. Januar 1990 (GVBl
S. 50) und § 7 des Thüringer Kommunalabgabengesetzes (TKAG) vom
7. August 1991 (GVBl S. 329). In Bremen können Ausbaubeiträge nach dem
Ortsgesetz über die Erhebung von Beiträgen für die Erweiterung und Verbesserung von Erschließungsanlagen vom 12. Juni 1973 (Brem. GBl S. 127)
und in Hamburg nach den §§ 51 ff. des Wegegesetzes in der Fassung vom
22. Januar 1974 (GVBl S. 41) angefordert werden.

---

[24] Das Kommunalabgabengesetz in Baden-Württemberg in der Fassung vom 15. Fe-
bruar 1982 (GBl S. 57), zuletzt geändert durch Gesetz vom 15. Dezember 1986 (GBl
S. 465), läßt ausschließlich die Erhebung von Anschlußbeiträgen (§ 10) und von Beiträgen für die erstmalige Herstellung von „aus tatsächlichen oder rechtlichen Gründen
nicht mit Kraftfahrzeugen" befahrbaren Wegen innerhalb der Baugebiete (§ 10b) zu.
Letztere Bestimmung dürfte allerdings seit dem Inkrafttreten des § 127 Abs. 2 Nr. 2
BauGB aus Rechtsgründen (Art. 31 GG) wirkungslos geworden sein (vgl. in diesen
Zusammenhang auch Ruff in KStZ 85, 149).
[25] Zuletzt geändert durch Gesetz vom 16. Dezember 1992 (GVBl. S. 561).
[26] Zuletzt geändert durch Gesetz vom 24. Dezember 1993 (GVBl S. 1093).
[27] Zuletzt geändert durch Gesetz vom 31. Oktober 1991 (GVBl S. 333).
[28] Zuletzt geändert durch Gesetz vom 28. November 1991 (GVBl S. 361).

3. Baugesetzbuch und Kommunalabgabengesetz für das Land Nordrhein-Westfalen

17   Eine systematische Darstellung des Erschließungsbeitragsrechts einschließlich des Erschließungsrecht sowie des Ausbaubeitragsrechts setzt eine Orientierung an Inhalt und Aufbau bestimmter **gesetzlicher Normen** voraus.

Für das Erschließungs- und Erschließungsbeitragsrecht kommen dafür (gegenwärtig noch) nur die Vorschriften des Baugesetzbuchs (§§ 123 ff. BauGB) in Betracht. Soweit sie sich wörtlich mit den entsprechenden Bestimmungen des "Rechtsvorgängers" des Baugesetzbuchs, d. h. des Bundesbaugesetzes, **decken**, ist es **unbedenklich**, auf die dazu ergangene Rechtsprechung abzustellen. Demgemäß wird im folgenden auf diese Rechtsprechung zurückgegriffen, **ohne jeweils** im einzelnen darauf hinzuweisen, daß **diese Rechtsprechung Vorschriften des Bundesbaugesetzes betrifft**. Gleiches gilt für einschlägige Äußerungen in der Literatur.

Für das Ausbaubeitragsrecht drängt sich ein Anknüpfen an das Kommunalabgabengesetz für das Land Nordrhein-Westfalen (§ 8 KAG NW) auf. Dies gilt nicht nur deshalb, weil die §§ 8 BraKAG, KAG MV und KAG Saarl in weiten Teilen sogar im Wortlaut mit § 8 KAG NW übereinstimmen, sondern vor allem deshalb, weil zum einen dieses Gesetz schon relativ "früh" in Kraft getreten ist, und zum anderen Nordrhein-Westfalen das mit Abstand bevölkerungsreichste Bundesland ist. Beide Umstände lassen einen Rückschluß auf eine Vielfalt von Erfahrungen zu, die mit der Erhebung von Ausbaubeiträgen auf der Grundlage gerade des § 8 KAG NW gewonnen worden sind und die einer Darstellung des Ausbaubeitragsrechts nur zugute kommen können. Der Orientierung an § 8 KAG NW kommt in diesem Zusammenhang jedoch keine entscheidende sachliche Bedeutung zu, da trotz des zum Teil voneinander abweichenden Wortlauts die das Ausbaubeitragsrecht betreffenden Vorschriften der jeweiligen Kommunalabgabengesetze in ihrem **materiellen Gehalt** ganz überwiegend **übereinstimmen**. Das trifft jedoch **nicht** für das Kommunalabgabengesetz des Landes **Rheinland-Pflaz** vom 5. Mai 1986 zu. Dieses Gesetz weicht namentlich im inhaltlichen Gehalt von Begriffen und in der Systematik derart von den entsprechenden Regelungen in den anderen Kommunalabgabengesetzen ab, daß es im folgenden grundsätzlich **unberücksichtigt** bleiben muß. Mit dieser Maßgabe werden für einzelne Länder geltende Besonderheiten unter Hinweis auf die entsprechende obergerichtliche Rechtsprechung jedenfalls dann angemessen behandelt, wenn dies gerechtfertigt erscheint.

18   Allerdings hat das Anknüpfen an das Ausbaubeitragsrecht des Landes Nordrhein-Westfalen eine terminologische Folge, die den Begriff "**öffentliche Einrichtungen und Anlagen**" betrifft. In allen Kommunalabgabengesetzen, mit Ausnahme denen der Länder Nordrhein-Westfalen, Brandenburg und Mecklenburg-Vorpommern, werden als Gegenstand beitragsfähiger Ausbaumaß-

nahmen lediglich „öffentliche Einrichtungen" genannt. Da das Oberverwaltungsgericht Münster im Urteil vom 23. Oktober 1968[29] entschieden hatte, daß „zu den öffentlichen Einrichtungen i. S. des § 18 GO NW" nicht „die Sachen in Gemeingebrauch" gehören, hat der Gesetzgeber in Nordrhein-Westfalen (und ihm folgend die Gesetzgeber in Brandenburg und Mecklenburg-Vorpommern) dem Begriff der öffentlichen Einrichtung den der öffentlichen Anlage beigefügt, „damit auch die sogenannten Sachen im Gemeingebrauch, insbesondere die (wegerechtlich) öffentlichen Wege, zweifelsfrei miterfaßt werden. Der Begriff der öffentlichen Anlage beschränkt sich aber nicht auf die öffentlichen Sachen, sondern **umfaßt auch** die öffentlichen Einrichtungen".[30] Im folgenden wird daher grundsätzlich der weitergehende, den Begriff der öffentlichen Einrichtung[31] miterfassende **Begriff der öffentlichen Anlage** i. S. des § 8 KAG NW zugrunde gelegt. Dabei wird jedoch nicht außer acht gelassen, daß der Begriff der öffentlichen Anlage i. S. des Ausbaubeitragsrechts ein landesrechtlicher Begriff ist und es jedem Landesgesetzgeber freisteht, diesen ausbaubeitragsrechtlichen Begriff beispielsweise – wie es etwa der Landesgesetzgeber in Hamburg getan hat[32] – auf Erschließungsanlagen i. S. des § 127 Abs. 2 BauGB zu beschränken (vgl. zum Anlagen- bzw. Einrichtungsbegriff im einzelnen § 30 Rdnrn. 11 ff.).

Zum Abschluß dieser einführenden Bemerkungen noch folgende verfassungsrechtlichen Hinweise: Die Vorschriften des Baugesetzbuchs über die Abwälzung der für die Durchführung von Erschließungsmaßnahmen entstandenen Kosten auf die erschlossenen Grundstücke stellen ebenso wie beispielsweise die ausbaubeitragsrechtlichen Vorschriften des § 8 KAG NW zulässige **Inhalts- und Schrankenbestimmungen** im Sinne des Art. 14 Abs. 1 Satz 2 GG dar und sind verfassungsrechtlich nicht zu beanstanden.[33] Das gilt auch für die Erhebung von Vorausleistungen;[34] die Auferlegung einer Geldleistungspflicht läßt die Eigentumsgarantie grundsätzlich unberührt.[35]   **19**

---

[29] OVG Münster, Urteil v. 23. 10. 1968 – III A 1522/64 – OVGE 24, 175 = NJW 69, 1077 = VerwRspr 20, 460.

[30] OVG Münster, Urt. v. 1. 6. 1977 – II A 1475/75 – KStZ 77, 219 = DVBl 79, 239.

[31] Vgl. zu diesem Begriff u. a. OVG Koblenz, Urteil v. 5. 7. 1976 – 6 A 16/75 – KStZ 76, 217.

[32] Vgl. § 51 des hamburgischen Wegegesetzes i. d. F. vom 22. 1. 1974 (HGVBl S. 41).

[33] Vgl. zu den erschließungsbeitragsrechtlichen Vorschriften BVerfG, u. a. Beschluß v. 8. 11. 1972 – 1 BvL 15/68 u. 26/69 – BVerfGE 34, 139 (145 ff.) = NJW 73, 505 = DÖV 72, 204.

[34] BVerfG, u. a. Beschluß v. 6. 4. 1989 – 1 BvR 442/86.

[35] St. Rspr. des BVerfG, u. a. Urteil v. 29. 5. 1962 – 2 BvL 15, 16/61 – BVerfGE 14, 221 (241 f.).

§ 2 Konkurrenz zwischen erschließungs- und ausbaubeitragsrechtlichen Vorschriften

I. Sonderregelung (§§ 127 ff. BauGB) – Grundnorm (§ 8 KAG NW)

1   Das Erschließungsbeitragsrecht und das Ausbaubeitragsrecht haben jeweils **nichtleitungsgebundene** öffentliche Anlagen zum Gegenstand beitragsfähiger Ausbaumaßnahmen, stehen also – was ihre Anwendungsbereiche angeht – in Konkurrenz zueinander. Die Beantwortung der Frage, ob für die Abrechnung einer Baumaßnahme die erschließungs- oder die ausbaubeitragsrechtlichen Vorschriften zugrunde gelegt werden müssen, ist vor allem deshalb von einigem finanziellen Gewicht, weil der Anteil der Kommunen am entstandenen beitragsfähigen Gesamtaufwand im Ausbaubeitragsrecht regelmäßig höher als im Erschließungsbeitragsrecht und der Anteil der Bürger dementsprechend geringer ist.

2   Bereits ein flüchtiger Blick auf die §§ 127 ff. BauGB macht deutlich, daß sich die erschließungsbeitragsrechtlichen Vorschriften sowohl hinsichtlich des Gegenstands (§ 127 Abs. 2 BauGB – beitragsfähige Erschließungsanlagen) als auch hinsichtlich der Zielrichtung der erfaßten Bauvorhaben (§ 128 Abs. 1 Nr. 2 BauGB – erstmalige Herstellung) nur auf einen Ausschnitt aus den Baumaßnahmen beziehen, die von einer Gemeinde an ihren nichtleitungsgebundenen öffentlichen Anlagen durchzuführen sind und die einen nicht unerheblichen finanziellen Aufwand verursachen. Der dadurch vermittelte Eindruck, das Baugesetzbuch mit seinen erschließungsbeitragsrechtlichen Vorschriften enthalte lediglich eine bestimmte Ausbautatbestände betreffende Sonderregelung, neben die die ausbaubeitragsrechtlichen Bestimmungen der Länder als ("Auffang"-)Grundnormen treten, wird vor allem bestätigt durch das rechtliche Verhältnis zwischen den "Rechtsvorgängern" der §§ 127 ff. BauGB einerseits und – stellvertretend für die übrigen ausbaubeitragsrechtlichen Vorschriften der Länder – dem § 8 KAG NW andererseits. Dieses Verhältnis sei hier exemplarisch dargestellt an den für den Straßenbau maßgeblichen Regelungen des preußischen Rechtsbereichs seit Inkrafttreten des Gesetzes betreffend die Anlegung und Veränderung von Straßen und Plätzen in Städten und ländlichen Ortschaften vom 2. Juli 1875 (GS S. 561) – PrFluchtlG –.

3   Gemäß § 15 PrFluchtlG konnten die Gemeinden durch den Erlaß eines **Ortsstatuts** (Ortsgesetzes) die Möglichkeit schaffen, die Straßenanlieger in folgenden drei Fällen zu Beiträgen für die Kosten u. a. der ersten Einrichtung, Entwässerung und Beleuchtungsvorrichtung einer Straße heranzuziehen: bei der Anlegung einer neuen Straße, der Verlängerung einer bereits bestehenden Straße und dem Anbau an schon vorhandenen, jedoch bisher unbebauten

Straßen und Straßenteilen. „Auf die Anlegung von Plätzen und auf schon vorhandene, wenn auch im mäßigsten Umfange bereits bebaute Straßen" bezog „§ 15 sich nicht";[1] der Ausbau dieser Anlagen blieb beitragsfrei. Diese Rechtlage änderte sich mit Inkrafttreten des Preußischen Kommunalabgabengesetzes vom 14. Juli 1893 (GS S. 152) – PrKAG – insofern, als nunmehr gemäß § 9 dieses Gesetzes Beiträge für Ausbaukosten zur Herstellung und Unterhaltung auch solcher Anlagen erhoben werden konnten, die nicht unter § 15 PrFluchtlG fielen. In ihrem Kommentar schildern von Strauß und Torney/Saß die nun maßgebliche Rechtslage wie folgt: „Es muß davon ausgegangen werden, daß der § 15 FluchtlG die von ihm behandelte Materie für das Gebiet der neuen und unbebauten Straßen erschöpfend (als lex specialis) geregelt ... hat." Die gleiche Materie (und dazu noch andere wie z. B. Verbesserungen) für „alle übrigen Straßen und Plätze erfaßt lediglich der § 9 des PrKAG".[2]

Die herrschende Meinung in Rechtsprechung und Literatur[3] teilte diese Auffassung. Sie sah hinsichtlich der Straßenbaubeitragspflicht § 15 PrFluchtlG als **Sonderregelung** (lex specialis) und § 9 PrKAG als **Grundnorm** an. Lag ein Sachverhalt vor, der einem der in § 15 PrFluchtlG geregelten Tatbestände entsprach, fand ausschließlich diese Vorschrift Anwendung. Die Gemeinde konnte in solchen Fällen selbst dann keine Beiträge nach § 9 PrKAG erheben, wenn sie ein Ortsstatut gemäß § 15 PrFluchtlG nicht erlassen hatte und deshalb ihr Recht, Anliegerbeiträge nach dieser Vorschrift zu erheben, nicht ausüben konnte. Andererseits konnte die Gemeinde Beiträge für die nicht im § 15 PrFluchtlG geregelten Tatbestände nach § 9 PrKAG verlangen.

Die überkommene Subsidiarität des § 9 PrKAG gegenüber § 15 **4** PrFluchtlG folgte im Hinblick darauf, daß beide Vorschriften dem Landesrecht angehörten, nur aus dem **Grundsatz der Spezialität.** Mit Inkrafttreten des Bundesbaugesetzes traten die bundesrechtlichen Bestimmungen der §§ 127 ff. BBauG an die Stelle des § 15 PrFluchtlG, ihr Vorrang gegenüber dem § 9 PrKAG wurde bereits durch Art. 31 GG („Bundesrecht bricht Landesrecht") begründet. Da im übrigen § 127 Abs. 2 BBauG in Anlehnung an § 15 PrFluchtlG bestimmte Erschließungsanlagen als beitragsfähig herausgriff und § 180 Abs. 2 BBauG die "vorhandenen" Anlagen ausdrücklich von der Erschließungsbeitragspflicht ausnahm, ergab sich unabhängig vom verfassungsrechtlich begründeten Vorrang, daß es sich bei den §§ 127 ff. BBauG einschließlich § 180 Abs. 2 BBauG im Ergebnis „ebenfalls um eine spezielle

---

[1] Surén, Gemeindeabgabenrecht, § 10 Erl. 2 a; ebenso Nöll/Freund/Surén, Kommunalabgabengesetz, § 10 Anm. 5 b aa und v. Strauß und Torney/Saß, Straßen- und Baufluchtengesetz, § 15 Bem. 2 a.

[2] v. Strauß und Torney/Saß, a. a. O., § 15 Bem. 13 b.

[3] Vgl. dazu im einzelnen die bei Streit, Erschließungsbeiträge nach dem Bundesbaugesetz und Beiträge nach § 9 des Preußischen Kommunalabgabengesetzes, S. 108, angegebenen Fundstellen.

gesetzliche Beitragsregelung (lex specialis) handelt, die der in § 9 PrKAG enthaltenen allgemeinen Beitragspflicht vorgeht".[4]

5   An dem damit gekennzeichneten rechtlichen Verhältnis zwischen den erschließungs- und den ausbaubeitragsrechtlichen Vorschriften hat sich nach der Ablösung der §§ 127 ff. BBauG durch die §§ 127 ff. BauGB und – vorher schon – des § 9 PrKAG durch § 8 KAG NW sachlich nichts geändert. Der § 8 KAG NW ist mithin seiner Rechtsnatur nach ebenso wie die entsprechenden Vorschriften der übrigen Länder – allerdings nur in dem Rahmen, den die jeweiligen Regelungen vorgeben – als eine **"Auffang"-Norm** zur Erhebung von Beiträgen für die Ausbaumaßnahmen an nichtleitungsgebundenen öffentlichen Anlagen zu qualifizieren, die keine Erschließungsbeitragspflichten auslösen.

II. Reichweite des Vorrangs der erschließungsbeitragsrechtlichen Vorschriften

6   Das vorstehend an der "historischen" Entwicklung dargestellte Verhältnis zwischen den erschließungsbeitragsrechtlichen Vorschriften einerseits und den ausbaubeitragsrechtlichen Vorschriften andererseits vermittelt lediglich einen grundsätzlichen Überblick, nicht aber ein klares Bild von der Reichweite des gesetzlichen Vorrangs der Regelungen des Baugesetzbuchs. Das, was der Wortlaut des § 8 KAG NW – und zwar speziell des Abs. 2 Satz 1 dieser Bestimmung[5] – in diesem Zusammenhang hergibt, trägt tendenziell eher zur Verwirrung als zur Klärung bei. Denn er spricht von dem gesetzlichen Vorrang des (im Zeitpunkt seines Inkrafttretens noch geltenden) Bundesbaugesetzes lediglich „bei den dem öffentlichen Verkehr gewidmeten Straßen, Wegen und Plätzen" und könnte dadurch den Eindruck erwecken, dieser Vorrang erstrecke sich nur auf diese Art von nichtleitungsgebundenen öffentlichen Anlagen. Doch kommt es darauf – und das lehrt spätestens Art. 31 GG – nicht an. Was weiterführt, ist eine Untersuchung des Inhalts der §§ 127 ff. BauGB, und dieser Inhalt macht deutlich, daß die erschließungsbeitragsrechtlichen Vorschriften einen zwar über die dem öffentlichen Verkehr gewidmeten Straßen, Wege und Plätze hinausgehenden, gleichwohl aber – ihrem Wesen als Sonderregelung entsprechend – **begrenzten Anwendungsbereich** für sich reklamieren. Dieser Anwendungsbereich, und in der Folge die Reichweite des gesetzlichen Vorrangs der §§ 127 ff. BauGB, ist in mehrfacher Hinsicht beschränkt. Er ist es gegenständlich durch zweierlei Entscheidungen des Bundesgesetzgebers, nämlich zum einen durch die Qualifizierung nur bestimmter Erschließungsanlagen als beitragsfähige Erschließungsanlagen sowie zum anderen durch das Abstellen ausschließlich auf zur erstmaligen end-

---

[4] Streit, a.a.O., S. 109.
[5] Entsprechende Formulierungen enthalten u.a. § 7 Art. 1 Satz 3 TKAG und Art. 5 Abs. 1 Satz 3 KAG Bay.

gültigen Herstellung dieser Anlagen führende Baumaßnahmen, und er ist es hinsichtlich des Regelungsinhalts, der mangels entsprechender Bestimmungen den Bereich der Abwicklung sämtlicher dem Erschließungsbeitragsrecht zuzurechnender Ansprüche grundsätzlich nicht erfaßt.

1. Gegenständliche Beschränkung der Reichweite

a) Beitragsfähige Erschließungsanlagen

Die §§ 127 ff. BauGB beziehen sich auf die im Katalog des § 127 Abs. 2 **7** BauGB aufgezählten Erschließungsanlagen. Dieser Katalog ist abschließend. Andere nichtleitungsgebundene Anlagen, wie z. B. Privatwege und Eigentümerwege, können zwar Erschließungsanlagen i. S. des § 123 Abs. 2 BauGB, nicht aber Erschließungsanlagen i. S. des § 127 Abs. 2 BauGB sein. Dementsprechend werden vom gesetzlichen Vorrang der §§ 127 ff. BauGB erfaßt nur die öffentlichen zum Anbau bestimmten Straßen, Wege und Plätze (§ 127 Abs. 2 Nr. 1 BauGB), die unbefahrbaren Verkehrsanlagen i. S. des § 127 Abs. 2 Nr. 2 BauGB, die Sammelstraßen i. S. des § 127 Abs. 2 Nr. 3 BauGB und die (selbständigen) Parkflächen i. S. des § 127 Abs. 2 Nr. 4 BauGB (vgl. zu den drei zuletzt genannten Arten von Anlagen aber § 2 Rdnrn. 45 ff.) sowie die (selbständigen) Grünanlagen (§ 127 Abs. 2 Nr. 4 BauGB) und die (selbständigen) Immissionsschutzanlagen (§ 127 Abs. 2 Nr. 5 BauGB). Dies gilt für alle bezeichneten Arten von Anlagen allerdings nur, sofern es sich bei ihnen nicht um sog. vorhandene Erschließungsanlagen i. S. des § 242 Abs. 1 oder – in den neuen Bundesländern – um bereits hergestellte Erschließungsanlagen i. S. des § 246 a Abs. 4 BauGB handelt.

Damit ist das gekennzeichnet, was sich in diesem Zusammenhang für die Reichweite des Vorrangs der erschließungsbeitragsrechtlichen Vorschriften gegenüber denen des Ausbaubeitragsrechts aus den §§ 127 Abs. 2, 242 Abs. 1, 246 a Abs. 4 BauGB herleiten läßt.

Gleichwohl sei zur Abrundung des Bildes von den Anlagen, die Erschlie- **8** ßungsbeitragspflichten auszulösen geeignet und in diesem Sinne beitragsfähige Erschließungsanlagen sind, bereits an dieser Stelle auf folgendes hingewiesen: Beitragsfähige Erschließungsanlagen i. S. des § 127 Abs. 2 BauGB sind die in dieser Vorschrift genannten Anlagen nur, wenn sie von einer Gemeinde in **Erfüllung** der ihr gemäß § 123 Abs. 1 BauGB obliegenden **gesetzlichen** Erschließungslast (vgl. dazu auch § 10 Rdnrn. 2 f und § 12 Rdnr. 2) hergestellt worden sind.[6]

Nach § 123 Abs. 1 BauGB ist die Erschließung „Aufgabe der Gemeinde, soweit sie nicht nach anderen gesetzlichen Vorschriften oder öffentlich-rechtlichen Verpflichtungen einem anderen obliegt". Der Bundesgesetzgeber hat

---

[6] BVerwG, Urteil v. 5. 9. 1975 – IV C 2.73 – Buchholz 406.11 § 123 BBauG Nr. 13 S. 1 (3) = DÖV 75, 855 = ZMR 76, 250.

mit dieser **Einschränkung** dem Umstand Rechnung getragen, daß die Erschließung nicht nur Aufgabe der Gemeinden, sondern auch der Kreise, Länder oder des Bundes sein kann, die ihrerseits – wie § 127 Abs. 1 BauGB zeigt – zur Erhebung von Erschließungsbeiträgen nicht berechtigt sind. Obliegt die örtliche Erschließung – ausnahmsweise – nicht der Gemeinde, so erfüllt diese, wenn sie – aus welchen Gründen immer – gleichwohl Erschließungsmaßnahmen durchführt, **nicht** eine gesetzlich ihr obliegende Aufgabe mit der Folge, daß sie Erschließungsbeiträge nicht erheben kann. Ist beispielsweise dem **Bund** die Schaffung einer öffentlichen zum Anbau bestimmten (Anlieger-)-Straße als Anlage i.S. des § 17 Abs. 4 FStrG durch einen bestandskräftigen Planfeststellungsbeschluß auferlegt worden, löst deren Herstellung durch eine Gemeinde selbst dann **keinen** Erschließungsbeitragsanspruch aus, wenn diese sich zur Herstellung auf eigene Kosten vertraglich verpflichtet hat.[7] Mangels einer der Gemeinde obliegenden Erschließungsaufgabe ist die hergestellte Anlage keine i.S. des § 127 Abs. 2 BauGB beitragsfähige Erschließungsanlage. Entsprechendes gilt für eine Straße als rechtlicher Bestandteil einer öffentlichen Sache (z.B. Hochwasserschutzanlage), die ihrerseits nicht in Erfüllung der gemeindlichen Erschließungslast hergestellt worden ist.[8] Maßgeblich sind in diesem Zusammenhang jeweils die objektiven Verhältnisse; erfüllt eine Gemeinde mit der Herstellung einer der in § 127 Abs. 2 BauGB genannten Erschließungsanlagen **objektiv** eine ihr gemäß § 123 Abs. 1 obliegende Erschließungsaufgabe, wird die Beitragsfähigkeit dieser Anlage nicht dadurch berührt, daß die Gemeinde mit der Herstellung eine andere, nur vermeintlich ihr obliegende Aufgabe wahrnehmen wollte.[9]

Scheitert die Beitragsfähigkeit einer hergestellten Anlage an einer fehlenden gemeindlichen Erschließungsaufgabe, eröffnet das gleichwohl nicht den Weg zu einer Beitragserhebung nach den landesrechtlichen Bestimmungen über das Straßenbaubeitragsrecht. Denn Grundlage für die Erhebung von Straßenbaubeiträgen ist allein die Ausbauverpflichtung, die sich für die Gemeinde im Rahmen ihrer Straßenbaulast aus den Straßengesetzen ergibt.[10] Nur die in Erfüllung dieser gesetzlichen Verpflichtung entstehenden Aufwendungen dürfen (teilweise) auf die Anlieger abgewälzt werden.

b) Erstmalige endgültige Herstellung

9   Das Bundesrecht interessiert sich für Erschließungsanlagen im allgemeinen und für beitragsfähige Erschließungsanlagen im besonderen ausschließlich, soweit es um deren erstmalige Herstellung geht. Dies machen deutlich so-

---

[7] BVerwG, Urteil v. 25. 11. 1981 – 8 C 10.81 – Buchholz 406.11 § 123 BBauG Nr. 22 S. 13 (15 f.) = DÖV 82, 328 = KStZ 82, 92.
[8] BVerwG, Urteil v. 25. 1. 1985 – 8 C 82.83 – KStZ 85, 150 = ZMR 85, 242.
[9] BVerwG, Urteil v. 13. 8. 1993 – 8 C 36.91 – DVBl 93, 1367 = ZMR 94, 73 = KStZ 94, 136.
[10] OVG Lüneburg, Beschluß v. 24. 6. 1980 – 9 B 41/80 – KStZ 80, 153.

wohl die erschließungsrechtlichen (§§ 123 Abs. 2 und 125 Abs. 1 BauGB) als auch die erschließungsbeitragsrechtlichen Vorschriften (§§ 128 Abs. 1 Nr. 2, 132 Nr. 4 und 133 Abs. 2 BauGB).

Gemäß § 123 Abs. 2 BauGB sollen die Erschließungsanlagen entsprechend **10** den Erfordernissen der Bebauung und des Verkehrs *hergestellt* werden und spätestens bis zur Fertigstellung der anzuschließenden baulichen Anlagen **benutzbar** sein. An diese den Vollzug der Erschließung betreffende Regelung knüpft § 125 Abs. 1 BauGB an, indem er anordnet, die in § 123 Abs. 2 BauGB angesprochene Herstellung aller beitragsfähigen Erschließungsanlagen „setzt einen Bebauungsplan voraus". Dieser Zusammenhang und die Stellung der beiden genannten Vorschriften im Gesetz erhellen, daß der **Begriff** der Herstellung in beiden Bestimmungen **inhaltsgleich** ist. Es geht hier um die Erschließung im Sinne einer Schaffung der für das betreffende Gebiet erforderlichen Anlagen, um die Herstellung von – in erster Linie – Straßen im Sinne ihrer erstmaligen Anlegung, was bebauungsrechtlich für die Zulässigkeit von Bauvorhaben von Bedeutung ist. Sind sie entsprechend den Festsetzungen des Bebauungsplans in der Örtlichkeit angelegt und benutzbar, ist insoweit dem bundesrechtlichen Erschließungserfordernis Genüge getan, ohne daß schon dies erschließungsbeitragsrechtliche Folgen hätte.

Erschließungsbeitragspflichten entstehen erst, wenn der Ausbau einer nach **11** Maßgabe der §§ 127 Abs. 2, 242 Abs. 1, 246 a Abs. 4 BauGB beitragsfähigen Erschließungsanlage den Endpunkt, nämlich die erstmalige endgültige Herstellung i.S. des § 133 Abs. 2 BauGB erreicht hat. Folgerichtig bestimmt § 128 Abs. 1 Satz 1 Nr. 2 BauGB, daß zum beitragsfähigen Aufwand für Anlagen i.S. des § 127 Abs. 2 BauGB die Kosten für „ihre erstmalige Herstellung einschließlich der Einrichtungen für ihre Entwässerung und ihre Beleuchtung" gehören. Ob die Baumaßnahmen, die der erstmaligen Herstellung von solchen Anlagen dienen, zu einer "endgültigen Herstellung" i.S. des § 133 Abs. 2 BauGB geführt haben, richtet sich nach den gemäß § 132 Nr. 4 BauGB in der Erschließungsbeitragssatzung festzulegenden „Merkmalen der endgültigen Herstellung" einschließlich ggfs. des sie ergänzenden Bauprogramms (vgl. zur Bedeutung des Bauprogramms § 11 Rdnrn. 34 ff.). Maßstab sind mithin in erster Linie die in der Satzung festgelegten Herstellungsmerkmale, und dies verdeutlicht, daß das Erschließungsbeitragsrecht auf eine Herstellung im Rechtssinne abhebt, d.h. auf eine Herstellung, die den ortsrechtlichen Merkmalsbestimmungen entspricht (vgl. zum Begriff der "endgültigen Herstellung" i.S. des § 133 Abs. 2 BauGB im einzelnen § 19 Rdnrn. 2 ff.).

c) Umfassender Vorrang der §§ 127 ff. BauGB im Rahmen der gegenständlichen Beschränkung

Im Rahmen der vorstehend gekennzeichneten gegenständlichen Beschrän- **12** kung gilt der gesetzliche Vorrang der Vorschriften des Baugesetzbuchs "absolut". Diese – im Hinblick auf Art. 31 GG – selbstverständliche Feststellung hat die Anwendung der ausbaubeitragsrechtlichen Bestimmungen ausschließende Folgen u. a. für die erstmalige Herstellung von Grünanlagen in Altbaugebieten und von Fahrbahnen der Ortsdurchfahrten sog. klassifizierter Straßen.

13 Für die **erstmalige** endgültige Herstellung von (selbständigen) Grünanlagen i. S. des § 127 Abs. 2 Nr. 4 BauGB – und ebenso von (selbständigen) Immissionsschutzanlagen i. S. des § 127 Abs. 2 Nr. 5 BauGB – können nur Erschließungs-, nicht aber Ausbaubeiträge erhoben werden, und zwar selbst dann, wenn sie nicht in Neubaugebieten, sondern in (innergemeindlichen) **Altbaugebieten** angelegt werden. Unerheblich ist in diesem Zusammenhang, ob die Grundstücke etwa in solchen Altbaugebieten durch Straßen erschlossen sind, für deren weiteren Ausbau keine Erschließungsbeiträge mehr erhoben werden können, weil sie entweder nach Inkrafttreten des Bundesbaugesetzes bereits erstmalig endgültig hergestellt worden sind oder es sich bei ihnen um sog. "vorhandene" Erschließungsanlagen i. S. des § 242 Abs. 1 BauGB bzw. um bereits hergestellte Erschließungsanlagen i. S. des § 246 a Abs. 4 BauGB handelt. Eine gegebene wegmäßige Erschließung von Grundstücken durch Anlagen i. S. des § 127 Abs. 2 Nr. 1 BauGB, deren Ausbau keine Erschließungsbeitragspflichten mehr auszulösen vermag, hat keinen Einfluß darauf, daß diese Grundstücke durch weitere beitragsfähige Erschließungsanlagen aller Art *zusätzlich* erschlossen werden können (sog. Mehrfacherschließung) und daß für deren erstmalige endgültige Herstellung kraft Gesetzes Erschließungsbeitragspflichten entstehen. Diesen Gesichtspunkt verkennt beispielsweise das Verwaltungsgericht Schleswig in seiner Entscheidung vom 22. September 1982,[11] wenn es meint, Erschließungsbeiträge könnten nur für die erstmalige Herstellung einer Ortsstraße und den dazu gehörenden Nebenanlagen erhoben werden. Sei die (wegemäßige) Erschließung von Grundstücken in (Altbau-)Gebieten abgeschlossen, könne sie durch die Herstellung einer anderen beitragsfähigen Erschließungsanlage lediglich erweitert werden, doch entstünden dafür keine (neuen) Erschließungsbeitragspflichten.

14 Die Kosten für die erstmalige endgültige Herstellung der "Normalbreite" von **Fahrbahnen der Ortsdurchfahrten** sog. **klassifizierter Straßen** (Bundes-, Landes- und Kreisstraßen) gehören gemäß § 128 Abs. 3 Satz 2 BauGB nicht zum beitragsfähigen Erschließungsaufwand. Für insoweit durchgeführte Baumaßnahmen können die Gemeinden daher – selbst wenn sie Straßenbaulastträger sind und ihnen ein Aufwand entsteht[12] – keine Erschließungsbeiträge erheben. Das eröffnet jedoch **nicht** die Möglichkeit, Straßenbaubeiträge zu verlangen. Denn klassifizierte Straßen sind, sofern sie zum Anbau bestimmt i. S. des § 127 Abs. 2 Nr. 1 BauGB sind, mit allen ihren Teilanlagen Erschlie-

---

[11] VG Schleswig, Urteil v. 22. 9. 1982 – 4 A 47/82 – KStZ 83, 148.

[12] Wer Träger der Straßenbaulast für die Ortsdurchfahrten im Zuge von klassifizierten Straßen ist, richtet sich – wenn es sich um eine Bundesstraße handelt – nach § 5 Abs. 2 FStrG und im übrigen nach den entsprechenden Bestimmungen der Landesstraßengesetze.

ßungsanlagen.[13] Der Vorrang der erschließungsbeitragsrechtlichen Vorschriften erstreckt sich deshalb auch auf die erstmalige endgültige Herstellung von deren Fahrbahnen im Bereich der Ortsdurchfahrten und das hat zur Folge, daß kraft der abschließenden bundesrechtlichen, verfassungsrechtlich unbedenklichen[14] Regelung für den durch die erstmalige Herstellung der "Normalbreiten" entstandenen Aufwand keinerlei Beitragserhebung in Betracht kommt.

2. Beschränkung durch den Regelungsinhalt

§ 127 Abs. 1 BauGB ordnet an, daß Erschließungsbeiträge „nach Maßgabe **15** der folgenden Vorschriften" zu erheben sind; er begründet eine **Beitragserhebungspflicht** nach Maßgabe der erschließungsrechtlichen Bestimmungen (vgl. zur Beitragserhebungspflicht im einzelnen § 10 Rdnrn. 1 ff.). Die damit angesprochenen Vorschriften des Baugesetzbuchs behandeln allerdings – verkürzt ausgedrückt – lediglich den Inhalt der Erschließungsbeitragsforderung, ihren Schuldner, ihr Entstehen und ihre Fälligkeit sowie bestimmte Billigkeitsregelungen. Da der Erschließungsbeitrag eine kommunale Abgabe ist (vgl. § 1 Rdnr. 6), richtet sich das Schicksal der im Baugesetzbuch vorgesehenen Ansprüche im übrigen grundsätzlich nach dem **Kommunalabgabengesetz** des jeweiligen Landes, das seinerseits hinsichtlich des anzuwendenden Verfahrens in erster Linie auf Vorschriften der Abgabenordnung verweist. Dieser Grundsatz erfährt jedoch eine **Einschränkung** dadurch, daß Landesrecht nicht die Erfüllung der durch Bundesrecht begründeten Beitragserhebungspflicht behindern kann.[15] Insoweit können vielmehr vom Bundesrecht nur solche landesrechtlichen Behinderungen berücksichtigt werden, die sich ihrerseits inhaltlich mit einem bundes(verfassungs)rechtlichen Grundsatz decken, der (einfache) Bundesgesetzgeber das Landesrecht also gleichsam nur zur "Handhabung" des bundes(verfassung)rechtlich vorgegebenen Grundsatzes ermächtigt hat. Dies trifft zu z.B. auf die Rechtsinstitute der Verjährung und Verwirkung.

Die **Verjährung** dient der Rechtssicherheit. Diese wiederum ist ein wesentli- **16** cher Bestandteil des bundesverfassungsrechtlich gewährleisteten Rechtsstaatsprinzips, so daß eine angemessen bemessene Verjährungsfrist des Landesrechts der Erfüllung der bundesrechtlich begründeten Beitragserhebungspflicht eine vom Bundesrecht zu beachtende (zeitliche) Grenze setzt. In diesem Rahmen ist Bundesrecht für die Frage der Verjährung von erschlie-

---

[13] BVerwG, Urteile v. 31. 1. 1969 – IV C 47.67 – Buchholz 406.11 § 127 BBauG Nr. 6 S. 1 (3) = VerwRspr 20, 835 = ZMR 69, 248, und v. 20. 8. 1986 – 8 C 58. 95 – Buchholz 406.11 § 127 BBauG Nr. 49 S. 47 (48) = NVwZ 87, 56 = KStZ 86, 211; vgl. ferner u.a. OVG Lüneburg, Beschluß v. 24. 6. 1980 – 9 B 41/80 – KStZ 80, 153.

[14] BVerfG, Beschluß v. 8. 11. 1972 – 1 BvL 15/68 u. 26/69 – BVerfGE 34, 139 = NJW 73, 505 = DÖV 72, 204.

[15] Vgl. etwa BVerwG, Urteile v. 27. 9. 1982 – 8 C 145.81 – Buchholz 406.11 § 130 BBauG Nr. 26 S. 1 (3) = DVBl 83, 135 = KStZ 83, 95, und v. 18. 3. 1988 – 8 C 92.87 – BVerwGE 79, 163 (167 ff.) = NVwZ 89, 159 = KStZ 88, 141.

ßungsbeitragsrechtlichen Ansprüchen nur noch insoweit von Belang, als Voraussetzung für den Beginn des Laufs einer landesrechtlich geregelten Verjährungsfrist das Entstehen eines entsprechenden Anspruchs ist. Solange beispielsweise eine Erschließungsbeitragspflicht – aus welchen Gründen immer – nicht entstanden ist, kann sich die Frage der Verjährung nicht stellen (vgl. zur Verjährung im einzelnen § 19 Rdnrn. 30 ff.).

Namentlich richtet sich nach **Landesrecht** die Verjährung von Beitrags- und Vorausleistungsansprüchen[16] sowie von diese umkehrenden Erstattungsansprüchen, von vertraglich begründeten Ablösungszahlungsansprüchen und diese umkehrenden Erstattungsansprüchen,[17] von vertraglich begründeten Vorauszahlungsansprüchen und diese umkehrenden Erstattungsansprüchen[18] sowie von aus § 129 Abs. 1 Satz 3 BauGB herzuleitenden Ansprüchen.[19]

17   Nach Landesrecht bestimmt sich auch, welches Ereignis – abgesehen vom Entstehen eines dem Erschließungsbeitragsrecht zuzurechnenden Anspruchs – die Verjährungsfrist in Lauf setzt[20] und ob ein – inzwischen zurückgenommener – Heranziehungsbescheid den Lauf der Verjährungsfrist unterbrochen hat. **Bundesrechtlich** nicht zu beanstanden ist es, wenn der Landesgesetzgeber bei der Ausgestaltung seiner Verjährungsvorschriften eine Unterscheidung zwischen der Festsetzungsverjährung und der Zahlungsverjährung getroffen hat.[21] Selbst wenn der Landesgesetzgeber in seinen die Verjährung betreffenden Vorschriften des kommunalen Abgabenrechts auf Bestimmungen der Abgabenordnung Bezug genommen hat, sind diese dem Landesrecht zuzurechnen. Bundesrechtliche Qualität nämlich kommt einer Norm nur zu, wenn sie kraft des Gesetzesbefehls des Bundesgesetzgebers gilt, nicht aber, wenn in dem anzuwendenden Landesrecht auf Bundesrecht verwiesen oder Bezug genommen wird, um eine bestimmte landesrechtliche Materie zu ergänzen.[22]

18   Der Rechtsgedanke der **Verwirkung** ist Ausfluß des Grundsatzes von Treu und Glauben. Das Gebot, sich so zu verhalten, wie Treu und Glauben es verlangen, gehört zu den allgemeinen Grundsätzen sowohl des Verwaltungsrechts des Bundes als auch des Verwaltungsrechts der Länder. Welchem Rechtskreis dieser Grundsatz im Einzelfall zuzurechnen ist, hängt von der Qualität des Rechts ab, zu dessen Ergänzung der allgemeine Grundsatz herangezogen wird: Bundesrecht wird durch bundesrechtliche allgemeine

---

[16] BVerwG u.a. Urteil v. 14. 8. 1987 – 8 C 60.86 – Buchholz 406.11 § 132 BBauG Nr. 42 S. 1 (4) = NVwZ 88, 361 = KStZ 87, 211.

[17] BVerwG, Urteil v. 27. 1. 1982 – 8 C 99.81 – Buchholz 406.11 § 133 BBauG Nr. 80 S. 24 (26) = KStZ 82, 133 = ID 82.194.

[18] BVerwG, Urteil v. 28. 10. 1981 – 8 C 8.81 – Buchholz 406.11 § 133 BBauG Nr. 78 S. 10 (14 f.) = NVwZ 82, 377 = KStZ 82, 109.

[19] BVerwG, Beschluß v. 3. 11. 1981 – 8 ER 219.81 –.

[20] BVerwG, Urteil v. 2. 12. 1977 – 4 C 55.75 – KStZ 79, 129 = BauR 78, 133.

[21] BVerwG, Beschluß v. 18. 1. 1982 – 8 B 231.81 –.

[22] St. Rspr. vgl. u. a. BVerwG, Urteil v. 3. 6. 1977 – IV C 12.76 – Buchholz 310 § 137 VwGO Nr. 86 S. 15 (16) mit weiteren Nachweisen.

Grundsätze, Landesrecht durch landesrechtliche allgemeine Grundsätze ergänzt.[23] Da es in diesem Zusammenhang um die Auswirkung des Grundsatzes von Treu und Glauben auf die sich nach Landesrecht richtende Abwicklung von erschließungsbeitragsrechtlichen Ansprüchen, also um die **Ergänzung von Landesrecht** geht, handelt es sich hier um die Anwendung eines dem Landesrecht angehörenden allgemeinen Grundsatzes.[16] Bundesrecht steht einer Verwirkung solcher Ansprüche nicht entgegen. Allerdings sind die Voraussetzungen der Verwirkung des Anspruchs auf eine öffentliche Abgabe streng zu prüfen; Zeitablauf allein vermag eine Verwirkung nicht zu begründen[24] (vgl. zur Verwirkung im einzelnen § 19 Rdnrn. 41 ff.).

Ebenfalls nach Landesrecht richtet sich, ob dann, wenn z. b. mangels wirksamer Verteilungsregelung Erschließungsbeitragspflichten nicht entstanden sind und deshalb weder eine Verjährung noch eine Verwirkung einer Beitragserhebung entgegensteht, gleichwohl der **allgemeine** Grundsatz von Treu und Glauben eine Beitragserhebung ausschließen kann. Das Verwaltungsgericht Düsseldorf[25] hat dies mit der Begründung bejaht, ein Grundeigentümer dürfe jedenfalls dann schutzwürdig darauf vertrauen, daß für die erstmalige Herstellung einer beitragsfähigen Erschließungsanlage keine Beiträge mehr erhoben werden, wenn die Anlage, durch die sein Grundstück erschlossen wird, seit **20 Jahren** entsprechend der einschlägigen Merkmalsregelung technisch fertiggestellt ist und die Gemeinde während des gesamten Zeitraums keinerlei Schritte unternommen hat, die ihren Willen erkennen lassen, das Entstehen der Beitragspflichten herbeizuführen. Dem dürfte im Grundsatz zuzustimmen sein; in der Tat dürfte die Annahme schwerlich vertretbar sein, es gebe bei einer derartigen Konstellation für eine (noch) zumutbare Belastung mit Erschließungsbeiträgen schlechthin keine zeitliche Grenze. **19**

Ob und unter welchen Voraussetzungen gegen eine Erschließungsbeitragsforderung **aufgerechnet** werden kann, entscheidet sich in Auslegung und Anwendung des Landesabgabenrechts und der dieses Recht ergänzenden allgemeinen landesrechtlichen Verwaltungsrechtsgrundsätze.[26] Eine Beschränkung der Zulässigkeit einer Aufrechnung auf gerichtlich festgestellte oder unbestrittene Forderungen z. B. hat ihre Begründung im kommunalen Abgabenrecht und ist bundesrechtlich nicht zu beanstanden.[27] **20**

[23] BVerwG, u. a. Urteile v. 20. 10. 1972 – IV C 27.70 – Buchholz 406.11 § 30 BBauG Nr. 6 S. 7 (10) = DÖV 73, 350 = BauR 73, 295, und v. 14. 4. 1978 – 4 C 6.76 – BVerwGE 55, 237 (239) = Buchholz 310 § 137 VwGO Nr. 90 S. 18 (19) = VerwRspr 30, 273.

[24] BVerwG, Urteil v. 24. 11. 1971 – IV C 24.70 – Buchholz 406.11 § 133 BBauG Nr. 42 S. 28 (29) = DVBl 72, 226 = KStZ 72, 99; vgl. in diesem Zusammenhang auch OVG Münster, Urteil v. 12. 4. 1989 – 3 A 1637/88 – NWVBl 90, 63.

[25] VG Düsseldorf, Urteil v. 3. 5. 1988 – 17 K 2555/85 – KStZ 89, 115.

[26] BVerwG, u. a. Beschluß v. 2. 2. 1982 – 8 B 236.81 –; vgl. zur Aufrechnung gegen Kommunalabgaben im einzelnen Kohls in KStZ 85, 181.

[27] BVerwG, Urteil v. 8. 2. 1974 – IV C 21.72 – VerwRspr 26, 331 = ID 74, 167 vgl. zur Aufrechnung mit rechtswegfremder Forderung auch BVerwG, Beschluß v. 31. 3. 1993 – 7 B 5/93 – NJW 93, 2255 = DVBl. 93, 885.

21 Auch die Frage, ob für die Zeit der Aussetzung der Vollziehung eines Erschließungsbeitragsbescheids **Aussetzungszinsen** geschuldet werden, beantwortet sich nach Landesrecht. Bundesrecht wird nicht verletzt, wenn das Landesrecht bestimmt, daß ein entstandener Anspruch auf Aussetzungszinsen unabhängig davon fortbesteht, ob die ihn begründende Vorschrift ex nunc weggefallen ist[28] (vgl. zu Aussetzungszinsen im einzelnen § 24 Rdnr. 42 ff.).

III. Einzelne, von den §§ 127 ff. BauGB nicht erfaßte Erschließungsanlagen

1. Nach Inkrafttreten des Bundesbaugesetzes oder des Baugesetzbuchs endgültig hergestellte Erschließungsanlagen

22 Die erschließungsbeitragsrechtlichen Vorschriften erfassen lediglich **Baumaßnahmen**, die zur erstmaligen endgültigen Herstellung von beitragsfähigen Erschließungsanlagen mit ihren Teilen i. S. des § 127 Abs. 3 BauGB (vgl. zum Begriff der Teile i. S. des § 127 Abs. 3 BauGB im einzelnen § 20 Rdnrn. 7 f.) führen. Ob eine **nach** Inkrafttreten des Bundesbaugesetzes[29] oder des Baugesetzbuchs[30] durchgeführte Baumaßnahme eine Erschließungs- oder eine Ausbaubeitragspflicht auslöst, hängt mithin davon ab, ob die ausgebaute Anlage insgesamt oder jedenfalls einzelne ihrer Teile (Teilanlagen) **zuvor** bereits endgültig hergestellt waren. Ob eine Erschließungsanlage insgesamt oder einzelne ihrer Teilanlagen irgendwann nach Inkrafttreten des Bundesbaugesetzes oder des Baugesetzbuchs endgültig hergestellt worden sind, bestimmt sich nach diesen Gesetzen in Verbindung mit den in der einschlägigen Erschließungsbeitragssatzung aufgenommenen Merkmalen der endgültigen Herstellung (§ 132 Nr. 4 BBauG bzw. BauGB). Die Abrechnung von Baumaßnahmen, die **nach** der unter Geltung des Bundesbaugesetzes oder des Baugesetzbuchs erfolgten endgültigen Herstellung entweder der Erschließungsanlage insgesamt oder einzelner Teilanlagen an ihr oder ihnen durchgeführt werden, richtet sich ausschließlich nach den **ausbaubeitragsrechtlichen Bestimmungen.** Das gilt selbst dann, wenn die Gemeinde – aus welchen Gründen auch immer – versäumt hat, Erschließungsbeiträge für die erstmalige Herstellung der Erschließungsanlage oder – im Wege der Kostenspaltung – der Teilanlagen zu erheben.

---

[28] BVerwG, Beschluß v. 26. 5. 1981 – 8 B 180.81 – Buchholz 406.11 § 135 BBauG Nr. 16 S. 3 (4) = ID 82, 82.
[29] Der die Erschließung einschließlich des Erschließungsbeitrags behandelnde Teil des Bundesbaugesetzes (Sechster Teil des Gesetzes) ist am 30. Juni 1961 in Kraft getreten. Mit einer Ausnahme: nach § 189 Abs. 2 BBauG in seiner ursprünglichen, am 29. Juni 1960 verkündeten Fassung ist § 133 schon am 30. Oktober 1960 geltendes Recht geworden. Zu diesem Zeitpunkt sind auch die Überleitungsbestimmungen des § 180 BBauG in Kraft getreten.
[30] Das Baugesetzbuch ist in den neuen Bundesländern am 3. Oktober 1990 und im übrigen am 1. Juli 1987 in Kraft getreten.

Sind lediglich einzelne Teilanlagen bereits nach Inkrafttreten des Bundes- 23 baugesetzes oder des Baugesetzbuchs endgültig hergestellt worden, lösen spätere Bauarbeiten, die **sämtliche Teilanlagen** der Erschließungsanlage einschließlich der bereits zuvor endgültig hergestellten betreffen und die hinsichtlich der Erschließungsanlage **insgesamt** erstmalig zu deren endgültiger Herstellung führen, gleichwohl nur insoweit Erschließungsbeitragpflichten aus, als sie sich auf die zuvor noch nicht endgültig hergestellten Teilanlagen beziehen. Für die übrigen Teilanlagen kann das Entstehen von Ausbaubeitragspflichten in Betracht kommen. Allerdings sind in einem solchen Fall im Rahmen der Erschließungsbeitragserhebung auch die **Aufwendungen** zu berücksichtigen, die für die seinerzeit endgültige Herstellung dieser Teilanlagen entstanden sind, sofern nicht eine Kostenspaltung durchgeführt worden ist. Da Erschließungsteilbeitragspflichten für die erstmalige endgültige Herstellung von Teilanlagen grundsätzlich erst mit dem Ausspruch der Kostenspaltung entstehen (vgl. dazu im einzelnen § 20 Rdnr. 11), steht dem der Gesichtspunkt der Verjährung nicht entgegen.

Grundstückseigentümer (Erbbauberechtigte) unterliegen der Beitragspflicht 24 nach dem Baugesetzbuch für **nach** Inkrafttreten dieses Gesetzbuchs erstmalig endgültig hergestellte Straßen unabhängig davon, ob – namentlich in Bayern im Zusammenhang mit § 62 der Bauordnung von 1901 – unter Geltung des vor Inkrafttreten des Bundesbaugesetzes maßgeblichen Rechts eine vertragliche Regelung über die Beitragspflicht erfolgt ist oder nicht. Etwas anderes gilt nur, wenn in dem Vertrag nicht die spätere Beitragspflicht geregelt (sog. Sicherungsvertrag), sondern die Vertragspartner seinerzeit eindeutig, d. h. zweifelsfrei, übereinstimmend verabredet haben, daß das Entstehen einer Beitragspflicht für alle Zeiten und ohne Rücksicht auf die jeweilige Rechtslage ausgeschlossen sein soll. Diese Voraussetzung ist nur erfüllt, wenn die entsprechende Vereinbarung – unter Berücksichtigung der insoweit beachtlichen Umstände – **einzig** die Deutung zuläßt, die Vertragspartner hätten das spätere Entstehen einer Beitragspflicht schlechthin ausschließen wollen. Das ist nicht erreicht, wenn einer solchen Deutung begründete Zweifel entgegenstehen.[31] Haben die Vertragspartner seinerzeit zweifelsfrei eine "Ablösungsabrede" getroffen, schließt das auch für das geltende Recht das Entstehen einer Erschließungsbeitragspflicht aus.[32]

2. Vorhandene Erschließungsanlagen i. S. des § 242 Abs. 1 BauGB

Den nach Inkrafttreten des Bundesbaugesetzes oder des Baugesetzbuchs 25 **insgesamt** erstmalig endgültig hergestellten Erschließungsanlagen (beitrags-)rechtlich gleichgestellt sind die sog. vorhandenen Erschließungsanlagen i. S.

---

[31] BVerwG, Beschluß v. 27. 8. 1987 – 8 B 81.87 –.
[32] BVerwG, st. Rspr. u. a. Urteile v. 21. 5. 1969 – IV C 93.67 – Buchholz 406.11 § 129 BBauG Nr. 2 S. 1 (2 f.) = VerwRspr. 20, 951 = BayVBl 70, 252, und v. 29. 5. 1970 – IV C 140.68 – Buchholz 406.11 § 128 BBauG Nr. 10 S. 16 (17 f.) = ZMR 71, 63 = BayVBl 71, 19.

des § 242 Abs. 1 BauGB mit der Folge, daß für die an ihnen nach Inkrafttreten des Bundesbaugesetzes oder des Baugesetzbuchs durchgeführten Baumaßnahmen keine Erschließungsbeiträge, wohl aber **Ausbaubeiträge** erhoben werden können. § 242 Abs. 1 BauGB bestimmt lediglich, daß für vorhandene Erschließungsanlagen, für die eine Beitragspflicht aufgrund der bis zum Inkrafttreten des Bundesbaugesetzes geltenden Vorschriften nicht entstehen konnte, auch nach dem Baugesetzbuch kein Beitrag, d. h. kein Erschließungsbeitrag erhoben werden kann. Er schließt jedoch nicht eine Beitragserhebung nach den ausbaubeitragsrechtlichen Vorschriften aus, sondern eröffnet einer solchen vielmehr erst den Weg.

26   Dies gilt selbst dann, wenn der Ausbauzustand einzelner Teilanlagen einer vorhandenen Straße i. S. des § 242 Abs. 1 BauGB vor Beginn einer straßenbaulichen Maßnahme nicht den Herstellungsmerkmalen der Erschließungsbeitragssatzung entsprach.[33] Auch in diesem Falle ist eine beitragsrechtlich relevante erstmalige Herstellung unter der Geltung und nach den Bestimmungen des Baugesetzbuchs nicht mehr möglich.[34] Eine Erschließungsanlage ist – mit anderen Worten – entweder **insgesamt** eine **vorhandene** oder sie ist es überhaupt nicht. Der eindeutige Wortlaut des § 242 Abs. 1 BauGB hebt ab auf die „Erschließungsanlage" und läßt deshalb **nicht** zu, beispielsweise eine Straße, die vor der Ausbaumaßnahme keine befestigten Gehwege besaß, nur hinsichtlich der übrigen, bereits früher angelegten Teilanlagen, nicht aber auch hinsichtlich der (tatsächlich erst jetzt erstmalig endgültig hergestellten) Gehwege als vorhandene Erschließungsanlage zu qualifizieren, also für deren Herstellung Erschließungsbeiträge zu erheben.

27   Nach der ständigen Rechtsprechung des Bundesverwaltungsgerichts[35] ist der Begriff der "**vorhandenen**" Erschließungsanlage lediglich eine andere Bezeichnung für die "bereits hergestellte Erschließungsanlage" i. S. des (nicht in das Baugesetzbuch übernommenen) § 133 Abs. 4 BBauG. Zu den "bereits hergestellten Erschließungsanlagen" des § 133 Abs. 4 BBauG gehören in den Ländern, in denen bis zum Inkrafttreten des Bundesbaugesetzes das **preußische** Anliegerbeitragsrecht galt, zum einen die vor Inkrafttreten des Bundesbaugesetzes insgesamt programmgemäß fertiggestellten Straßen und zum anderen die "vorhandenen" Straßen i. S. des ehemaligen preußischen Anliegerbeitragsrecht (vgl. § 15 PrFluchtlG). In den übrigen Ländern richtet sich die Beantwortung der Frage, ob eine Straße bereits vor Inkrafttreten des Bundes-

---

[33] Vgl. u. a. OVG Münster, Beschluß v. 23. 1. 1975 – II B 189/74 – Städtetag 76, 42 = GemHH 76, 95 = DWW 76, 166, sowie Driehaus in Städtetag 74, 547 ff.

[34] OVG Münster, Urteil v. 2. 3. 1977 – II A 675/75 – OVGE 32, 248 = GemTg 78, 32.

[35] Vgl. ausgehend vom Urteil v. 25. 2. 1964 – I C 88.63 – BVerwGE 18, 80 (89 f.) = NJW 64, 1468 = DVBl 64, 443, statt vieler Urteil v. 16. 9 1977 – IV C 99.74 – Buchholz 406.11 § 133 BBauG Nr. 62 S. 31 (33) = VerwRspr 29, 836 = GemTg 78, 14; siehe zur vorhandenen Erschließungsanlage und ihrer Abgrenzung zu provisorisch hergestellten Straßen u. a. Schmid in KStZ 83, 157 mit weiteren Nachweisen.

baugesetzes "fertiggestellt" oder "vorhanden" war, nach dem dort seinerzeit geltenden **Anliegerbeitragsrecht** und damit nach irrevisiblem Landesrecht.[36] In allen Ländern ist insoweit von **rechtlichen** Kriterien auszugehen, so daß es nicht allein auf die tatsächiche Existenz der Straße als einer zu Verkehrszwecken nutzbaren Fläche ankommt.[37]

Namentlich im Geltungsbereich des preußischen Fluchtliniengesetzes konnte sich der Charakter als vorhandene Straße auf eine **Teilstrecke** (Abschnitt) einer darüber hinaus reichenden Straße **beschränken**,[38] wobei die Grenzen des Abschnitts nicht den topographischen Marken wie Querstraßen, Brücken usw. angelehnt sein mußten.[39] Die Qualifizierung lediglich eines Straßenabschnitts als **vorhandene**, beitragsfreie Straße führte insoweit zu einer "abrechnungsmäßigen Verselbständigung" nach früherem Landesrecht, die vom nachfolgenden Bundesrecht (zunächst § 180 Abs. 2 BBauG und nun § 242 Abs. 1 BauGB) durch Gewährung einer Erschließungsbeitragsfreiheit respektiert wird.[40] **28**

a) Vor Inkrafttreten des Bundesbaugesetzes insgesamt programmgemäß fertiggestellte Straßen

Nach beispielsweise dem **preußischen** Anliegerbeitragsrecht (§ 15 PrFluchtlG) war eine Straße im Rechtssinne insgesamt fertiggestellt, wenn ihre "**erste Einrichtung**" den in einer Ortssatzung (Ortsstatut) festgelegten Merkmalen für die Fertigstellung einer Straße, einem Plan für die Art und Weise des technischen Ausbaus (Bauprogramm) oder – wenn weder eine Satzung mit einer Merkmalsregelung noch ein spezielles Bauprogramm vorlag – den örtlichen Straßenbaugepflogenheiten entsprach. Die Merkmalsregelung einer nach Inkrafttreten des Bundesbaugesetzes oder des Baugesetzbuchs ergangenen Erschließungsbeitragssatzung kann für die Beantwortung der Frage, ob eine Straße nach dem früheren Anliegerbeitragsrecht (endgültig) fertiggestellt war, nichts hergeben.[41] **29**

---

[36] Vgl. dazu, daß es sich bei dem bis zum Inkrafttreten des Bundesbaugesetzes geltenden Recht um irrevisibles Landesrecht handelt, BVerwG, u.a. Beschluß v. 15. 9. 1993 – 8 B 156.93 – KStZ 94, 154, sowie z.B. zum Landesrecht in Bayern BayVGH, u.a. Urteil v. 16. 5. 1987 – 6 B 85 A.24 – m.w.N., sowie zum Landesrecht in Baden-Württemberg betreffend den ehemals badischen Landesteil VGH Mannheim, u.a. Urteil v. 31.1. 1991 – 2 S 1826/89 – und betreffend den ehemals württembergischen Landesteil VGH Mannheim, u.a. Urteil v. 11. 5. 1993 – 1 S 2302/92 – VBlBW 93, 338 = BWGZ 93, 646 = NVwZ-RR 94, 177 m.w.N.

[37] BVerwG, Beschluß v. 12. 10. 1979 – 4 B 103–105.79 – Buchholz 406.11 § 133 BBauG Nr. 72 S. 59.

[38] OVG Münster, u.a. Urteil v. 19. 7. 1990 – 3 A 2934/86 – GmbHH 91, 184 = NVwZ-RR 91, 265 = NWVBl 91, 296.

[39] Vgl. Pr.OVG, Urteil v. 26. 1. 1905 – IV 135 – PrVwBl 26, 524.

[40] BVerwG, Urteil v. 3. 5. 1974 – IV C 31.72 – ZMR 75, 62 = BayVBl 74, 704 = GemTg 74, 304.

[41] BVerwG, Urteil v. 2. 7. 1969 – IV C 130.68 – Buchholz 406.11 § 131 BBauG Nr. 3 S. 4 (6) = GemTg 70, 268 = ZMR 70, 93.

Schon nach früherem Recht war zu unterscheiden zwischen Bestimmungen über den Umfang der zu erstattenden Kosten und solchen über die Merkmale für die Fertigstellung einer Straße bzw. ihrer Teilanlagen. Enthielt ein Ortsstatut nur Vorschriften hinsichtlich des Umfangs der zu erstattenden Kosten, konnte daraus für die Fertigstellungsmerkmale nichts hergeleitet werden. Das gleiche gilt für die Regelungen in den früher üblichen Polizeiverordnungen, weil diese weder Ortssatzungen noch sonstige Willensäußerungen der Gemeinde darstellten. Allerdings konnte eine Gemeinde in ihrer Ortssatzung ausdrücklich auf die Anforderungen einer Polizeiverordnung Bezug nehmen und diese dadurch zu ihren Fertigstellungsmerkmalen machen.

30 Steht fest, daß unter der Geltung des alten Rechts eine funktionstüchtige Straße vorhanden war, ist aber offen, ob die Straße dem Inhalt eines nach dem seinerzeitigen Recht für ihre Fertigstellung maßgeblichen, aber nicht mehr auffindbaren Straßenbau-, Straßen- und Baufluchten- oder Bebauungsplans entsprach, trägt die Gemeinde für den Fall der Unerweislichkeit des Planinhalts die **Feststellungslast** mit der Folge, daß die entsprechende Straße als bereits früher endgültig fertiggestellt anzusehen ist.[42] Dementsprechend trifft die Gemeinde die materielle Beweislast für alle Tatsachen, die im Zusammenhang damit stehen, ob der Ausbauzustand einer funktionstüchtigen Straße den Anforderungen genügt hat, die an die endgültige Fertigstellung zu stellen waren.[43] Dagegen tragen die betroffenen Grundeigentümer die Beweislast, wenn unaufklärbar geblieben ist, ob unter Geltung des alten Rechts überhaupt eine funktionstüchtige, zur Erschließung der anliegenden Grundstücke geeignete Straße vorhanden war.[42]

31 Als funktionstüchtig wird man – jeweils abhängig von den seinerzeitigen Anforderungen – z. B. eine Fahrbahn mit festem Unterbau und wassergebundener Schotterschicht als Oberflächenbelag oder eine Straßenentwässerung ansehen können, die jedenfalls in Verbindung mit der Gesamtkanalisation der Gemeinde eine angemessene Benutzung der Straße auch bei länger anhaltendem Regen von normaler Stärke ermöglichte. War seinerzeit lediglich ein kleines Teilstück einer offensichtlich auf eine größere Länge konzipierten Straße angelegt, fehlte es grundsätzlich an einer funktionstüchtigen Straße.[44] Wenn der Ausbauzustand einer Straße jahrzehntelang unverändert geblieben ist, kann u. U. eine **widerlegbare Vermutung** dafür sprechen, daß er nach dem damaligen Willen der Gemeinde die "erste Einrichtung" hat bilden sollen.[45] Diese Vermutung kann z. B. durch ein Ausbauprogramm widerlegt werden,

---

[42] BVerwG, Urteil v. 26. 1. 1979 – 4 C 52.76 – Buchholz 406.11 § 133 BBauG Nr. 67 S. 46 (49) = KStZ 79, 190 = DÖV 79, 602; ebenso VGH Mannheim, Urteil v. 4. 8. 1987 – 2 S 72/85 – BWGZ 87, 903.

[43] BVerwG, Urteil v. 9. 12. 1988 – 8 C 72.87 – Buchholz 406.11 § 125 BBauG Nr. 23 S. 1 (5) = DVBl 89, 420 = BayVBl 89, 376.

[44] VGH Mannheim, Urteil v. 4. 8. 1987 – 2 S 72/85 – BWGZ 87, 903.

[45] OVG Münster, Urteile v. 12. 5. 1971 – III A 160/69 – GemTg 71, 356, und v. 21. 2. 1968 – III A 995/66 – NJW 68, 1844.

aus dem sich ergibt, daß es sich bei dem seinerzeit hergestellten Ausbauzustand um ein Provisorium handelte. Waren nach dem früheren Anliegerbeitragsrecht nicht alle, sondern lediglich **einzelne** der angelegten Teilanlagen programmgemäß fertiggestellt, handelt es sich *nicht* insgesamt (vgl. Rdn. 26) um eine "vorhandene" Erschließungsanlage i.S. des § 242 Abs. 1 BauGB. Nach Inkrafttreten des Bundesbaugesetzes oder des Baugesetzbuchs durchgeführte Baumaßnahmen an unter Geltung des frühren Anliegerbeitragsrechts bereits programmgemäß fertiggestellten Teilanlagen, z.B. der Fahrbahn oder der Straßenbeleuchtung, werden gleichwohl nicht von den erschließungsbeitragsrechtlichen Vorschriften erfaßt. Die Kosten für die Änderung solcher Teilanlagen können – mit anderen Worten – bei der Erhebung von Erschließungsbeiträgen *nicht* berücksichtigt werden.[46] Baut eine Gemeinde eine Straße, die nach früherem Recht nicht in allen, sondern lediglich in einzelnen der aufgelegten Teilanlagen programmgemäß fertiggestellt war, nach Inkrafttreten des Bundesbaugesetzes oder des Baugesetzbuchs in einem Zuge, d.h. alle Teilanlagen gleichzeitig, aus, hat das die nicht selten verkannte Folge, daß die Gemeinde für einzelne Teilanlagen, nämlich für die, die zuvor noch nicht endgültig hergestellt waren, Erschließungsbeiträge erheben muß, sie den entstandenen Aufwand für die übrigen Teilanlagen aber nur nach Maßgabe der ausbaubeitragsrechtlichen Vorschriften decken kann. Denn Baumaßnahmen an diesen Teilanlagen können nach deren früherer programmgemäßer Fertigstellung lediglich zu einer Verbesserung, Erneuerung usw. geführt haben.

Um Mißverständnissen vorzubeugen, sei folgendes klargestellt: Die vorste- 32 henden Ausführungen beziehen sich auf **nach** Inkrafttreten des Bundesbaugesetzes **durchgeführte** Baumaßnahmen. Eine ganz andere Frage ist, ob auf Baumaßnahmen **vor** Inkrafttreten des Bundesbaugesetzes nunmehr das Baugesetzbuch anwendbar ist. Diese Frage hat – angesichts des inzwischen eingetretenen Zeitablaufs – heute kaum mehr praktische Bedeutung. Deshalb dürften hierzu folgende Bemerkungen genügen:[47] Für die Baumaßnahmen **vor** Inkrafttreten des Bundesbaugesetzes gelten die erschließungsbeitragsrechtlichen Vorschriften, wenn die endgültige Herstellung der Anlage **insgesamt** erst nach dessen Inkrafttreten eingetreten ist, und zwar auch, wenn die vor Inkrafttreten des Bundesbaugesetzes vorgenommenen Maßnahmen zu einer nach früherem Recht endgültigen Fertigstellung **einzelner** Teilanlagen geführt haben. War nach der dem Bundesbaugesetz vorangegangenen Rechtslage für seinerzeit endgültig hergestellte Teilanlagen eine Kostenspaltung möglich, findet für ihre Abrechnung altes Recht nur Anwendung, wenn eine Abspaltung tatsächlich noch vor Inkrafttreten des Bundesbaugesetzes durchgeführt

---

[46] BVerwG, u.a. Urteil v. 22. 11. 1968 – IV C 82.67 – BVerwGE 31, 90 (92f.) = DVBl 69, 271 = KStZ 69, 199.
[47] Vgl. zur beitragsrechtlichen Beurteilung von Erschließungsmaßnahmen aus der Zeit vor dem Bundesbaugesetz im einzelnen Finkelnburg/Ortloff, Öffentliches Baurecht, 1981, S. 334 ff.

worden ist.[48] Ist das nicht geschehen, sind auch derartige Maßnahmen zusammen mit den nach Inkrafttreten des Bundesbaugesetzes oder des Baugesetzbuchs erfolgten, zur endgültigen Herstellung der Gesamtanlage führenden nach den §§ 127 ff. BBauG bzw. BauGB abzurechnen. Allerdings können für die bereits früher programmgemäß fertiggestellten Teilanlagen nur die Kosten berücksichtigt werden, die damals entstanden sind. Wird der beitragsfähige Aufwand nach Einheitssätzen ermittelt (§ 130 Abs. 1 BauGB), können nach Inkrafttreten des Bundesbaugesetzes festgelegte Einheitssätze auf die zurückliegenden Erschließungsarbeiten nicht angewendet werden, wenn der sich so ergebende Erschließungsaufwand in einem groben Mißverhältnis zu den seinerzeit tatsächlich entstandenen Kosten steht.[49] In einem solchen Fall müssen Abschläge vom Einheitssatz gemacht oder die tatsächlichen Kosten in Ansatz gebracht werden.[50]

b) "Vorhandene" Straßen i. S. des preußischen Anliegerbeitragsrechts

33   Nach der inbesondere vom Oberverwaltungsgericht Münster[51] fortentwikkelten Rechtsprechung des Preußischen Oberverwaltungsgerichts ist eine Straße dann eine "vorhandene" Straße i. S. des preußischen Anliegerbeitragsrechts, wenn sie zu einem **vor** Inkrafttreten des ersten wirksamen[52] **Ortsstatuts** nach § 15 PrFluchtlG liegenden Zeitpunkt in ihrem damals vorhandenen Zustand mit dem Willen der Gemeinde wegen ihres insoweit für ausreichend erachteten Zustands dem inneren Anbau und innerörtlichem Verkehr zu diesen bestimmt war und gedient hat.[53, 54]

34   Von dieser "vorhandenen" Straße im Rechtssinne ist die beim Inkrafttreten des ersten Ortsstatuts noch in der Anlegung begriffene Straße zu unterscheiden: Wenn eine zum inneren Anbau bestimmte Straße dem innerörtlichen (Haus zu Haus) Verkehr diente, die Gemeinde aber noch (und spätestens) unmittelbar vor dem Inkrafttreten des ersten Ortsstatuts – obwohl die beiden Merkmale des inneren Anbaus und des innerörtlichen Verkehrs zu jenem Zeitpunkt von der betreffenden Straße erfüllt waren – **eindeutig** durch Erklärung oder Verhalten **zu erkennen gab,** daß die Straße einer derartigen Zweck-

---

[48] BVerwG, Urteil v. 22. 1. 1971 – IV C 60.69 – BVerwGE 37, 99 (100) = VerwRspr 22, 731 = ZMR 71, 288.

[49] BVerwG, u. a. Urteil v. 6. 12. 1968 – IV C 30.67 – VerwRspr 20, 244 = DVBl 69, 272 = KStZ 69, 167.

[50] BVerwG, Urteil v. 25. 9. 1968 – IV C 81.66 – BVerwGE 30, 240 (241) = DVBl 69, 274 = KStZ 69, 142.

[51] Vgl. im einzelnen OVG Münster, Beschluß v. 1. 7. 1974 – III B 139/74 – KStZ 75, 12 = DÖV 75, 106 = ZMR 75, 87 mit weiteren Nachweisen.

[53] Von der Wirksamkeit kann nach dem Grundsatz "legalia praesumuntur" regelmäßig ausgegangen werden, vgl. u. a. OVG Münster, Urteil v. 28. 9. 1955 – III A 698/53 –.

[54] Vgl. zum Begriff der "vorhandenen" Straße im einzelnen u. a. Schmidt/Bogner/Steenbock, Handbuch des Erschließungsrechts, S. 172 ff., mit weiteren Nachweisen, sowie Arndt in KStZ 84, 107 ff.

bestimmung nicht gewachsen war, dann handelt es sich nicht um eine "vorhandene", sondern um eine bei Inkrafttreten des ersten Ortsstatuts noch in der Anlegung begriffene (neue) Straße. Besaß eine Gemeinde kein gültiges Ortsrecht oder überhaupt kein Ortsstatut nach § 15 PrFluchtlG, tritt an die Stelle des sonst mit dem Inkrafttreten des ersten Ortsstatuts bezeichneten Zeitpunkts der letzte Tag, an dem die Gemeinde ein solches Statut nach dem alten Recht noch hätte in Kraft setzen können, d.h. der 29. Juni 1961. Eine Straße kann somit nur dann eine "vorhandene" im Rechtssinne sein, wenn sie zum maßgeblichen Zeitpunkt den **objektiven Tatbestand** (innerörtliche Gemeindestraße, zur geschlossenen Ortslage gehörender Anbau, innerörtlicher Verkehr) und den **subjektiven Tatbestand** (nach dem Willen der Gemeinde wegen des hinreichenden Ausbauzustands für den inneren Anbau bestimmt und zur Bewältigung des innerörtlichen Verkehrs geeignet) erfüllte.[55] Voraussetzung für das Vorliegen des Merkmals "innerörtlicher Verkehr" beispielsweise ist, daß die an der betreffenden Straße gelegenen Gebäude einen Zugang zu ihr hatten, der (allein oder neben Zugängen zu anderen Straßen) den Verkehr von Haus zu Haus innerhalb der Ortslage ermöglichte.[56]

Liegen – wie recht häufig – ausdrückliche Willenskundgebungen der Gemeinde nicht vor, kann aus sonstigen Tatsachen auf den Willen und die Vorstellungen der Gemeinde **geschlossen** werden. Grenzten lediglich drei Gebäude an eine ca. 200 m lange Straße, dürfte es grundsätzlich an der Bestimmung zum Anbau gefehlt haben.[55] Eine besonders wichtige Indiztatsache ist der **Ausbauzustand**,[57] insbesondere auch im Verhältnis zum Zustand der hinsichtlich Art und Ausmaß der Bebauung vergleichbaren Straßen.[58] Fehlte etwa jeder kunstmäßige Ausbau (Auskofferung, Packlage, Pflasterung oder Teer- und Asphaltdecke, Regenrinne, Bordsteine, befestigte Fußwege, Kanalisation), kann kein Zweifel daran bestehen, daß die betreffende Straße keine "vorhandene" ist. Welche Teilanlagen in welchem Ausbauzustand bestanden haben müssen, um eine Straße als "vorhandene" qualifizieren zu können, läßt sich jeweils nur im Einzelfall beurteilen. Die zu stellenden Anforderungen – bezogen auf den maßgeblichen Zeitpunkt des Inkrafttretens des ersten auf § 15 PrFluchtlG beruhenden Ortsstatuts – sind u.a. abhängig von der Größe der Gemeinde. So konnte eine kleine Landgemeinde auch einen relativ primitiven Ausbauzustand als dem innerörtlichen Anbau und Verkehr genügend ansehen. Gewisse **Mindestanforderungen** aber wird man allgemein stellen können, nämlich das Vorhandensein einer hinreichend befestigten Fahrbahn, einer – wenn auch primitiven – Straßenentwässerung und einer Straßenbe-

---

[55] VGH Mannheim, Beschluß v. 16. 5. 1989 – 2 S 125/89 – VBlBW 89, 461.
[56] OVG Münster, Urteil v. 7. 6. 1973 – III A 847/71 – GemTg 74, 119 = ZMR 74, 315.
[57] Vgl. u. a. OVG Lüneburg, Urteil v. 22. 5. 1969 – I A 174/67 – Ns Gemeinde 70, 71 und OVG Münster, Urteil v. 26. 8. 1975 – III A 764/72 – KStZ 76, 36.
[58] Vgl. u. a. OVG Lüneburg, Urteil v. 4. 12. 1973 – I A 88/72 – Ns Gemeinde 74, 234.

leuchtung, die einen ungefährdeten Haus-zu-Haus-Verkehr zuließ. Kann auch aufgrund der gesamten Umstände nicht festgestellt werden, ob die Gemeinde in dem maßgeblichen Zeitpunkt den Zustand der Straße als für den inneren Anbau und Verkehr ausreichend oder nicht ausreichend angesehen hat, muß sie die Folgen der Unaufklärbarkeit des Sachverhalts tragen, d.h. ist die entsprechende Straße als eine "vorhandene" anzusehen.[59]

c) Historische Straßen i. S. des § 12 PrFluchtlG

36   Der Begriff der "historischen" Straße hat im preußischen Landesrecht[60] Bedeutung nur im Zusammenhang mit der Anbauverbotsregelung nach § 12 PrFluchtlG, nicht aber im Zusammenhang mit dem Anliegerbeitragsrecht nach § 15 PrFluchtlG. Auf eine "historische" Straße durfte das ortsgesetzliche **Anbauverbot** nicht ausgedehnt werden, weil sie eine fertige Straße i. S. des § 12 PrFluchtlG war.[61] Unter den Begriff der "historischen" Straße fielen die Ortsstraßen, die bereits beim Inkrafttreten des Anbauverbots nach dem Willen der Gemeinde für den inneren Anbau und Verkehr bestimmt und in ihrer Entwicklung als Ortsstraßen in allen wesentlichen Beziehungen zum Abschluß gelangt waren.[62]

Eine "historische" Straße ist zwar stets auch eine "vorhandene" Straße im Rechtssinne und damit erschließungsbeitragsfrei, sie unterscheidet sich von dieser aber dadurch, daß sie darüber hinaus eine fertige Straße i. S. des § 12 PrFluchtlG war, während die "vorhandene" Straße gerade nicht im Sinne eines Bauprogramms fertiggestellt zu sein brauchte, und zwar auch dann nicht, wenn die Gemeinde das nach § 15 PrFluchtlG erforderliche Bauprogramm schon vor Inkrafttreten des ersten Ortsstatuts formlos für die Zukunft festgelegt hatte.[63]

3. Bereits hergestellte Erschließungsanlagen i. S. des § 246a Abs. 4 BauGB

37   Den nach Inkrafttreten des Bundesbaugesetzes oder des Baugesetzbuchs endgültig hergestellten sowie den vorhandenen Erschließungsanlagen i. S. des § 242 Abs. 1 BauGB beitragsrechtlich gleichgestellt sind – ausschließlich in

---

[59] OVG Münster, u.a. Urteile v. 25. 11. 1970 – III A 1335/68 – GemTg 71, 190 = ZMR 73, 95 = DWW 71, 414, und v. 4. 5. 1972 – III A 269/70 – KStZ 72, 197 = GemTg 73, 20 = DWW 74, 262.

[60] Siehe dagegen zum Begriff der historischen Ortsstraße z.B. nach dem württembergischen Landesrecht VGH Mannheim, Urteil v. 11. 5. 1993 – 1 S 2302/92 – VBlBW 93, 338 = BWGZ 93, 646 = NVwZ-RR 94, 177.

[61] Vgl. im einzelnen v. Strauß und Torney/Saß, Straßen- und Baufluchtengesetz, § 12 Bem. 3b, mit weiteren Nachweisen.

[62] Vgl. u.a. OVG Münster, Beschluß v. 1. 7. 1974 – III B 139/74 – KStZ 75, 12 = DÖV 75, 106 = ZMR 75, 87, und OVG Berlin, Urteil v. 3. 3. 1989 – 5 B 107/87 –.

[63] Vgl. OVG Münster, u.a. Urteil v. 5. 6. 1968 – III A 983/66 – KStZ 69, 41 = Städtetag 69, 30.

den neuen Bundesländern – die i. S. des § 246 a Abs. 4 BauGB am 3. Oktober 1990 bereits hergestellten Erschließungsanlagen und Teile von Erschließungsanlagen. Aus der zeitlichen Begrenzung folgt, daß diese Vorschrift keine das Erschließungsbeitragsrecht ausschließende (**Sperr-**)**Wirkung** entfaltet für Erschließungsanlagen oder Teile von Erschließungsanlagen, die erst **nach** dem 3. Oktober 1990 **angelegt** worden sind.

Zwar sagt § 246 a Abs. 4 Satz 1 BauGB nicht ausdrücklich, was unter "Erschließungsanlagen" und "Teile von Erschließungsanlagen" zu verstehen ist. Doch ergibt sich aus dem mit dieser Vorschrift verfolgten Zweck, für bestimmte Konstellationen die Erhebung von Erschließungsbeiträgen nach den §§ 127 ff. BauGB zu verhindern, ohne weiteres, daß mit "Erschließungsanlagen" (nicht die Erschließungsanlagen im Sinne des § 123 Abs. 2 BauGB, sondern) die in § 127 Abs. 2 BauGB abschließend aufgezählten beitragsfähigen Erschließungsanlagen einschließlich der Anbaustraßen (§ 127 Abs. 2 Nr. 1 BauGB) gemeint sind. Aus der Tatsache, daß der Gesetzgeber den Begriff "Teile von Erschließungsanlagen" außer in § 246 a Abs. 4 Satz 1 BauGB auch in § 127 Abs. 3 BauGB verwandt hat, und keinerlei Anhaltspunkte dafür erkennbar sind, er habe ihm hier einen anderen Inhalt als dort geben wollen, drängt sich die Annahme auf, unter "Teile von Erschließungsanlagen" seien (nicht Teilstrecken im Sinne von Abschnitten – § 130 Abs. 2 Sätze 1 und 2 BauGB –, sondern) **Teileinrichtungen** wie Fahrbahn, Gehwege, Radwege, Beleuchtung und Entwässerung zu verstehen, die sich regelmäßig durch die ganze Länge der Erschließungsanlage ziehen. **38**

Anders als die Übergangsregelung des § 242 Abs. 1 BauGB bezieht § 246 a Abs. 4 Satz 1 BauGB "Teile von Erschließungsanlagen" in seine Regelung ein. Diesem Unterschied kommt erhebliches rechtliches Gewicht zu. § 242 Abs. 1 BauGB stellt ab auf eine Erschließungsanlage insgesamt; sie ist als solche entweder eine vorhandene Erschließungsanlage im Sinne dieser Vorschrift oder sie ist es nicht (vgl. Rdn. 26). Das schließt aus, beispielsweise eine Anbaustraße, die vor Inkrafttreten des Bundesbaugesetzes keine Gehwege besaß, nur hinsichtlich der übrigen, bereits früher angelegten Teileinrichtungen, nicht aber auch hinsichtlich der (tatsächlich erst jetzt erstmals hergestellten) Gehwege als vorhandene Erschließungsanlage i. S. des § 242 Abs. 1 BauGB zu qualifizieren, also für die Herstellung der Gehwege Erschließungsbeiträge zu erheben. Infolge der selbständigen Erwähnung der "Teile von Erschließungsanlagen" in § 246 a Abs. 4 Satz 1 BauGB ist insoweit eine abweichende, im Ergebnis **differenziertere** Beurteilung geboten. Wies eine Anbaustraße in dem maßgeblichen Zeitpunkt (unmittelbar) vor dem 3. Oktober 1990 lediglich eine i. S. des § 246 a Abs. 4 Satz 1 BauGB bereits hergestellte Fahrbahn auf, waren also andere Teileinrichtungen wie etwa Gehwege, Straßenbeleuchtung und -entwässerung in diesem Zeitpunkt entweder noch gar nicht angelegt oder jedenfalls nicht in diesem Sinne bereits hergestellt, versperrt § 246 a Abs. 4 Satz 1 BauGB den Weg für eine Erhebung von Erschließungsbeiträgen ausschließlich für die Kosten des (weiteren) Ausbaus **39** der Fahrbahn, nicht aber auch für die Kosten der erstmaligen Anlegung oder des (weiteren) Ausbaus der übrigen Teileinrichtungen.[64]

40 In Satz 2 des § 246a Abs. 4 BauGB hat der Gesetzgeber angeordnet, als am 3. Oktober 1990 "bereits hergestellt" seien anzusehen die seinerzeit „einem technischen Ausbauprogramm oder den örtlichen Ausbaugepflogenheiten entsprechend fertiggestellten Erschließungsanlagen oder Teile von Erschließungsanlagen". Infolge der dadurch vom Gesetzgeber **vorgegebenen** Reihenfolge hat die Beantwortung der Frage, ob eine bestimmte, in der Örtlichkeit vorhandene Teileinrichtung (Anbaustraße) am 3. Oktober 1990 bereits hergestellt war, mit der Prüfung zu **beginnen**, ob der Zustand dieser Teileinrichtung (Anbaustraße) am 3. Oktober 1990 den Anforderungen entsprach, die ein aus der Zeit davor stammendes, technisches Ausbauprogramm für sie stellt. Diese Prüfung setzt die Suche und das Auffinden des für die jeweilige Teileinrichtung (Anbaustraße) maßgebenden technischen Ausbauprogramms voraus. Dafür ist von Bedeutung, daß der Gesetzgeber das Merkmal "technisches Ausbauprogramm" sehr allgemein, **sehr weit** gefaßt hat. Er hat mit ihm abgehoben auf irgendein Ausbauprogramm, d. h. einen Plan, nach dem die betreffende Teileinrichtung (Anbaustraße) gebaut werden sollte, gleichgültig von wem (etwa von der Gemeinde, der örtlichen Parteileitung, einem nichtstaatlichen Planungsbüro, einer Mehrzahl von Privatpersonen usw.) und in welcher Form der Plan aufgestellt worden ist sowie ob er sich auf eine einzelne Anbaustraße bzw. Teileinrichtung oder auf eine unbestimmte Vielzahl derartiger Anlagen bezieht. **Ohne** Belang ist ferner, ob sich das technische Ausbauprogramm unmittelbar aus z. B. einem Beschlußprotokoll oder nur mittelbar aus Aktenvermerken sowie Verträgen, Anweisungen oder sonstigen Vorgaben an die für die Durchführung der jeweiligen Ausbaumaßnahme zuständige Stelle entnehmen läßt. In besonders gelagerten Fällen ist auch denkbar, daß aus den technischen Ausbauprogrammen anderer Anbaustraßen (oder Teileinrichtungen) auf das technische Ausbauprogramm einer bestimmten Straße (oder Teileinrichtung) geschlossen werden kann; das kann z. B. zutreffen, wenn neun Straßen in einer zehn Straßen umfassenden Siedlung einem aufgefundenen, insoweit identischen technischen Ausbauprogramm entsprechend fertiggestellt worden sind und die zehnte Straße zwar den gleichen Ausbauzustand aufweist, "ihr" technisches Ausbauprogramm indes nicht auffindbar ist.

41 Da die Teileinrichtungen einer Anbaustraße (§ 127 Abs. 2 Nr. 1 BauGB) regelmäßig auf der Grundlage irgendeines technischen Ausbauprogramms (in dem zuvor bezeichneten, weiten Sinne) angelegt werden, ist für die Anwendung der zweiten Alternative des § 246a Abs. 4 Satz 2 BauGB in der Regel **nur Raum**, wenn mit Blick auf eine bestimmte Teileinrichtung entweder bis zum 3. Oktober 1990 das technische Ausbauprogramm nicht erfüllt war oder dieses Ausbauprogramm – etwa durch die Kriegsereignisse oder sonstige

---

[64] Ebenso Löhr in Battis/Krautzberger/Löhr, BauGB, § 242 Rdn. 11.

widrige Umstände – wahrhaft verlorengegangen ist. Trifft das eine oder andere zu, ist die betreffende Teileinrichtung (und ggf. sogar die Straße insgesamt) gleichwohl mit der Folge, daß **nicht** Erschließungs-, sondern Straßenbaubeiträge zu erheben sind, als "bereits hergestellt" i.S. des Satzes 1 des § 246a Abs. 4 BauGB anzusehen, wenn sie am 3. Oktober 1990 „den örtlichen Ausbaugepflogenheiten entsprechend" fertiggestellt war, d.h. wenn ihr Zustand in diesem Zeitpunkt den „örtlichen Ausbaugepflogenheiten" entsprach.

Mit dem Merkmal "örtliche Ausbaugepflogenheiten" knüpft der Gesetzgeber ersichtlich an die **Ausbaugepflogenheiten** in einem **Ort**, also einer Gemeinde bzw. Stadt, nicht aber an die einer anderen räumlichen Einheit wie Ortsteil (Stadtteil), Siedlung usw. an. Maßgebend abzustellen ist auf die Ausbaugepflogenheiten in dem jeweiligen Ort, die ihren optischen Ausdruck im **durchschnittlichen** Ausbaustandard der Anbaustraßen und ihren Teileinrichtungen finden. Entspricht der Ausbauzustand einer bestimmten Teileinrichtung (Straße) dem durchschnittlichen Ausbaustandard der Teileinrichtungen (Anbaustraßen) in der Gemeinde, ist sie den örtlichen Ausbaugepflogenheiten entsprechend fertiggestellt, also "bereits hergestellt" i.S. des § 246a Abs. 4 Satz 1 BauGB und folglich dem Anwendungsbereich des Erschließungsbeitragsrechts entzogen. Ist das nicht der Fall, sind die Kosten der entsprechenden Ausbaumaßnahme nach den Regeln des Erschließungsbeitragsrechts abzurechnen. **42**

Die Beantwortung der Frage, ob eine Teileinrichtung (Straße) den örtlichen Ausbaugepflogenheiten entsprechend fertiggestellt ist, erfordert einen Vergleich des Ausbauzustands dieser Teileinrichtung (Straße) am 3. Oktober 1990 mit dem seinerzeitigen durchschnittlichen Ausbauzustand der entsprechenden Teileinrichtungen in der betreffenden Gemeinde. Dieser Vergleich setzt die Ermittlung eines solchen durchschnittlichen Ausbauzustands voraus. Dazu sind hinsichtlich etwa der Fahrbahn (oder auch der Gehwege) – um exemplarisch nur auf zwei verschiedene Gruppen abzustellen – die Flächen der am 3. Oktober 1990 befestigten Fahrbahnen (Gehwege) in ein Verhältnis zu den Flächen der seinerzeit unbefestigten Fahrbahnen (Gehwege) zu setzen. **Überwiegen** dabei die befestigten Flächen, geben sie den durchschnittlichen Ausbauzustand wieder; im anderen Fall gilt dies für die unbefestigten Flächen. Es dürfte nicht geboten sein, für die Ermittlung des in Rede stehenden Durchschnittstandards das Gebiet der gesamten Gemeinde (Stadt) zugrunde zu legen. Vielmehr dürfte anzunehmen sein, daß ein für das gesamte Gemeindegebiet **repräsentativer** (Orts-)Teil geeignet ist, als Grundlage für die Bestimmung der "ortsüblichen Ausbaugepflogenheiten" zu dienen. **43**

Vor dem bezeichneten Hintergrund ist jede Gemeinde gut beraten, die – mit Blick auf den maßgeblichen Zeitpunkt des 3. Oktober 1990 – möglichst zeitnah sowohl den durchschnittlichen Ausbauzustand der Teileinrichtungen von Anbaustraßen in ihrem Gebiet ermittelt als auch – in einer Art Bestandsverzeichnis – den Ausbauzustand der Teileinrichtungen der einzelnen Straßen festgehalten hat oder entsprechendes alsbald nachholt. Fehlt es einer **44**

Gemeinde an insoweit hinreichendem und überzeugendem Material, geht das zu ihren Lasten. Ihr ist es dann verwehrt, mit Aussicht auf Erfolg geltend zu machen, der Ausbau einer bestimmten Teileinrichtung löse eine Erschließungsbeitragspflicht aus, weil am 3. Oktober 1990 weder das für sie aufgestellte technische Ausbauprogramm erfüllt gewesen sei noch ihr seinerzeitiger Ausbauzustand den ortsüblichen Ausbaugepflogenheiten entsprochen habe.[65]

4. Vielzahl von Sammelstraßen i.S. des § 127 Abs. 2 Nr. 3 BauGB, selbständigen Parkflächen i.S. des § 127 Abs. 2 Nr. 4 BauGB und Fußwegen i.S. des § 127 Abs. 2 Nr. 2 BauGB

45 Eine Vielzahl von Sammelstraßen i.S. des § 127 Abs. 2 Nr. 3 BauGB, selbständigen Parkflächen i.S. des § 127 Abs. 2 Nr. 4 BauGB und von (mit Kraftwagen nicht befahrbaren und in diesem Sinne) unbefahrbaren Fußwegen i.S. des § 127 Abs. 2 Nr. 2 BauGB sind **keine** beitragsfähigen Erschließungsanlagen, so daß für ihre erstmalige endgültige Herstellung keine Erschließungsbeiträge erhoben werden können. Mit dieser angesichts der Regelung des § 127 Abs. 2 BauGB zunächst verblüffenden Aussage hat es folgende Bewandtnis: Eine Anlage ist eine beitragsfähige Erschließungsanlage im Sinne des § 127 Abs. 2 BauGB nur, wenn sie ihrer Erschließungsfunktion nach einem Abrechnungsgebiet zuzuordnen ist, das hinsichtlich des Kreises der beitragspflichtigen Grundstücke hinreichend genau **bestimmt** und **abgegrenzt** werden kann. Das ergibt sich u.a. aus dem Ziel des Baugesetzbuchs, durch die Erhebung des Erschließungsbeitrags einen durch die Anlage vermittelten besonderen Vorteil auszugleichen, was die **Abgrenzbarkeit** zwischen den Grundstücken, die von der Anlage einen besonderen, beitragsrechtlich relevanten Vorteil haben, und den Grundstücken, die einen solchen Vorteil nicht haben, voraussetzt.

46 Die für die Erfüllung des Begriffs "beitragsfähige Erschließungsanlage" i.S. des § 127 Abs. 2 BauGB erforderliche Abgrenzbarkeit ist bei **Sammelstraßen** nur in seltenen (Ausnahme-)Fällen anzutreffen. Sie besteht etwa in Fällen, in denen aufgrund der topographischen Gegebenheiten (z.B. Insellage mit nur einer Brücke über den diesen Bereich umschließenden Flußlauf) die Sammelstraße die einzige Erschließungsanlage ist, welche die Verbindung der einzelnen Erschließungsstraßen zum übrigen Verkehrsnetz der Gemeinde vermittelt, wenn also jeder Anlieger der einzelnen Erschließungsstraßen ausschließlich über die Sammelstraße das übrige Verkehrsnetz der Gemeinde erreichen kann.[66] In den sonstigen (Regel-)Fällen scheidet eine Sammelstraße i.S. des § 127 Abs. 2 Nr. 3 BauGB aus dem Kreis der beitragsfähigen Erschließungs-

---

[65] Vgl. zu § 246a Abs. 4 BauGB im einzelnen Driehaus in ZMR 94, 245.

[66] BVerwG, Urteile v. 25. 11. 1981 – 8 C 16–19.81 – Buchholz 406.11 § 127 BBauG Nr. 36 S. 1 (3f.) = KStZ 82, 49 = NVwZ 82, 555, und v. 3. 6. 1983 – BVerwG 8 C 70.82 – BVerwGE 67, 216 (221) = NVwZ 84, 170 = DVBl. 83, 908.

anlagen mit der Folge aus, daß ihre erstmalige endgültige Herstellung von den erschließungsbeitragsrechtlichen Vorschriften nicht erfaßt wird (vgl. dazu im einzelnen § 12 Rdnr. 71). Eine Erhebung von Ausbaubeiträgen ist in diesen Fällen **ebenfalls nicht** möglich. Denn auch die Anwendung der ausbaubeitragsrechtlichen Bestimmungen setzt voraus, daß die Grundstücke, die von der abzurechnenden Anlage einen besonderen, beitragsrechtlich relevanten Vorteil haben, von denen hinreichend deutlich abgegrenzt werden können, die einen solchen Vorteil nicht haben.[67]

Entsprechendes gilt für **selbständige öffentliche Parkflächen** i. S. des § 127 **47** Abs. 2 Nr. 4 BauGB. Bei derartigen Erschließungsanlagen ist in der Regel ebenfalls eine hinreichend genaue und überzeugende Abgrenzung der durch sie erschlossenen von den nicht durch sie erschlossenen Grundstücken nicht möglich. Wie das Bundesverwaltungsgericht im Urteil vom 24. September 1987[68] im einzelnen dargelegt hat, kann für eine solche Abgrenzung – anders als bei selbständigen Grünanlagen – nicht auf eine einem potentiellen Benutzerkreis zumutbare metrische Entfernung zwischen Anlage und (noch) erschlossenen Grundstücken abgestellt werden; auch geben weder Feststellungen über die tatsächliche Benutzung einer selbständigen öffentlichen Parkfläche noch der auf die Anlegung einer solchen Anlage ausgerichtete gemeindliche Planungswille und der ihm zugrundeliegende Bedarf etwas Überzeugendes her für die Unterscheidung zwischen den Grundstücken, denen die Herstellung einer selbständigen öffentlichen Parkfläche einen zur Beitragserhebung rechtfertigenden **Sondervorteil** vermittelt, und den Grundstücken, denen lediglich ein **beitragsfreier Gemeinvorteil** geboten wird. Angesichts dessen kommt eine Beitragserhebung für die erstmalige Herstellung einer solchen Anlage, die ihrer Funktion nach dazu bestimmt ist, der Aufnahme des ruhenden Verkehrs in einem bestimmten (Erschließungs-)Gebiet zu dienen, ausschließlich dann in Betracht, wenn es sich bei diesem Gebiet ausnahmsweise um eine – etwa aufgrund einer topographisch bedingten "Insellage" – gleichsam "geschlossenes" Gebiet derart handelt, daß wegen dieser tatsächlichen Situation alle Grundstücke innerhalb dieses Gebiets annähernd gleichmäßig von der Herstellung einer selbständigen öffentlichen Parkfläche profitieren.[68]

Im Ergebnis nichts anderes trifft zu auf öffentliche aus rechtlichen oder **48** tatsächlichen Gründen **nicht mit Kraftwagen befahrbare Fußwege** innerhalb der Baugebiete i. S. des § 127 Abs. 2 Nr. 2 BauGB. Nach dem Wortlaut dieser Bestimmung dürften insoweit (vgl. zu den öffentlichen unbefahrbaren **Wohnwegen** i. S. dieser Vorschrift § 12 Rdnrn. 58 ff.) erfaßt sein vornehmlich die dem Fußgänger- (ggf. und/oder Fahrrad-)Verkehr vorbehaltenen Wege innerhalb der Baugebiete, die entlang u. a. von gewerblich genutzten (nutzba-

---

[67] Vgl. dazu u. a. OVG Lüneburg, Beschluß v. 6. 1. 1981 – 9 B 33/80 – KStZ 81, 71 = HSGZ 81, 144 = ID 81, 155.
[68] BVerwG, Urteil v. 24. 9. 1987 – 8 C 75.86 – BVerwG 78, 125 (126 ff.) = NVwZ 88, 359 = KStZ 87, 230.

ren) und/oder zwischen Gärten von in ihrem vorderen Teil mit Wohngebäuden bebauten Grundstücken verlaufen und eine fußläufige Verbindung etwa zwischen einem Wohngebiet und dem (möglicherweise entfernter gelegenen) Versorgungszentrum einer Gemeinde vermitteln, d. h. die Fuß- (und/oder Rad)Wege, die ihrer "Qualität" nach als öffentliche Verbindungswege früher als Sammelfußwege (mit "Fußgängerdurchgangsverkehr") dem § 127 Abs. 2 Nr. 2 BBauG zuzurechnen gewesen sein dürften. Solche Anlagen sind, ungeachtet dessen, daß sie aus städtebaulichen Gründen bedeutsam und erwünscht sein mögen, in aller Regel aus den gleichen Gründen als **nicht** beitragsfähig zu qualifizieren, aus denen Sammelstraßen i. S. des § 127 Abs. 2 Nr. 3 BauGB und selbständige öffentliche Parkflächen regelmäßig aus dem Kreis der beitragsfähigen Erschließungsanlagen ausscheiden.[69] Hier wie dort nämlich ist in den allermeisten Fällen keine hinreichend deutliche und überzeugende Abgrenzung möglich zwischen den Grundstücken, denen eine Anlage der bezeichneten Art einen besonderen, beitragsrechtlich relevanten Vorteil verschafft, und den Grundstücken, für die dies nicht zutrifft. Der immerhin erwägenswerte Gedanke, durch einen derartigen Verbindungsweg seien erschlossen i. S. des § 131 Abs. 1 Satz 1 BauGB und hätten folglich den umlagefähigen Aufwand zu tragen **allein** die Grundstücke, die an ihn angrenzen, **verbietet** sich angesichts der (städtebaulichen) Zweckbestimmung und des durch eine solche Anlage begünstigten Personenkreises (Bewohner des Wohngebiets, die den Weg erfahrungsgemäß benutzen) von selbst.[69]

5. Kinderspielplätze

49   Vor dem Inkrafttreten des Baugesetzbuchs gehörten zu den beitragsfähigen Erschließungsanlagen i. S. des § 127 Abs. 2 BBauG auch Kinderspielplätze innerhalb der Baugebiete mit der Folge, daß ihre erstmalige endgültige Herstellung kraft Bundesrecht Erschließungsbeitragspflichten auslöste. Aus erschließungsbeitragsrechtlicher Sicht waren unter Geltung des Bundesbaugesetzes gleichsam **drei verschiedene Arten** von Kinderspielplätzen voneinander zu unterscheiden, nämlich – erstens – **unselbständige** Kinderspielplätze, die sich innerhalb von (selbständigen) Grünanlagen als deren Bestandteile befinden, – zweitens – **selbständige** Kinderspielplätze, bei denen der Pflanzenbewuchs, d. h. die **Begrünung,** nicht von so untergeordneter Bedeutung ist, daß er den Charakter der betreffenden Anlage nicht mitbestimmt, und – drit-

---

[69] Das entspricht inzwischen der ganz überwiegend vertretenen Auffassung; vgl. einerseits u. a. OVG Saarlouis, Urteil v. 25. 10. 1990 – 1 R 98/87, – NVwZ-RR 1991, 423, sowie VGH Mannheim, Beschluß v. 2. 10. 1989 – 2 S 2606/87 –, und andererseits u. a. Schmaltz in DVBl 87, 207 (211 f.), Reif in BWGZ 87, 474 (476), Uechtritz in BauR 88, 1 (4) und Bielenberg in Bielenberg/Krautzberger/Söfker, BauGB-Leitfaden Rdnr. 282, sowie – jedenfalls in der Tendenz – Ernst in Ernst/Zinkahn/Bielenberg, BauGB § 127 Rdnr. 15d, Dieckmann, BauGB § 127 Rdnr. 1, und wohl auch Mainczyk, BauGB, § 127 Rdnr. 14; a. A. Löhr in Battis/Krautzberger/Löhr, BauGB § 127 Rdnr. 24, und Peters in ZKF 89, 5 (8).

tens – selbständige Kinderspielplätze, bei denen die Begrünung das vorbezeichnete Maß nicht erreicht, die also in diesem Sinne **nicht hinreichend** begrünt sind.[70] Während die letztere Art von selbständigen (nicht hinreichend oder überhaupt nicht begrünten) Kinderspielplätzen von § 127 Abs. 2 Nr. 4 **BBauG** erfaßt wurde,[71] richtete sich die Erschließungsbeitragspflicht der beiden anderen Arten von Kinderspielplätzen als Grünanlage i.S. des § 127 Abs. 2 Nr. 3 **BBauG** bzw. – soweit es unselbständige Kinderspielplätze betrifft – als Bestandteile von solchen Grünanlagen nach den für diese Anlagen maßgebenden Bestimmungen.[72]

Der Gesetzgeber hat davon **abgesehen,** die Nr. 4 des § 127 Abs. 2 BBauG 50 in das Baugesetzbuch zu übernehmen, d.h. er hat die selbständigen nicht hinreichend begrünten Kinderspielplätze aus dem Bundesrecht entlassen. Gleiches gilt für selbständige hinreichend begrünte, unter Geltung des Bundesbaugesetzes als Grünanlagen zu qualifizierende Kinderspielplätze. Insoweit hat der Gesetzgeber des Baugesetzbuchs aus der an die Stelle der Nr. 3 des § 127 Abs. 2 BBauG getretenen, neu gefaßten, (neben selbständigen Parkflächen auch selbständige) Grünanlagen betreffenden Nr. 4 des § 127 Abs. 2 BauGB die Kinderspielplätze ausdrücklich ausgenommen („Grünanlagen mit Ausnahme von Kinderspielplätzen"). Von dem Ausschluß aus dem Erschließungsbeitragsrecht **nicht** erfaßt sind indes die **unselbständigen** Kinderspielplätze, d.h. die Kinderspielplätze, die sich innerhalb von Grünanlagen als deren Bestandteile befinden[73] (vgl. dazu im einzelnen § 12 Rdnrn. 87f.).

An die Entscheidung des Gesetzgebers, **selbständige** Kinderspielplätze aus 51 dem Kreis der kraft Bundesrecht beitragsfähigen Erschließungsanlagen auszuschließen, knüpft die **Übergangsregelung** des § 242 Abs. 5 BauGB an. Satz 1 dieser Bestimmung ordnet als Grundsatz an, daß es dann, wenn „für einen Kinderspielplatz eine Beitragspflicht bereits aufgrund der vor dem 1. Juli 1987 geltenden Vorschriften (§ 127 Abs. 2 Nrn. 3 und 4 des Bundesbaugesetzes) entstanden" ist, dabei bleibt. Wie sich namentlich aus der Gegenüberstellung der Sätze 2 und 3 des § 242 Abs. 5 BauGB ergibt, hat der Gesetzgeber in Satz 1 dieser Übergangsregelung abgestellt darauf, ob vor Inkrafttreten des Baugesetzbuchs (1. Juli 1987) nach den Vorschriften des Bundesbaugesetzes für einen (selbständigen) Kinderspielplatz **sachliche** Erschließungsbeitragspflichten gemäß § 133 Abs. 2 BBauG entstanden sind. Trifft das zu, richtet sich die Abwicklung dieser Erschließungsbeitragspflichten **weiterhin** nach Bundesrecht, und zwar nach den vom Bundesbaugesetz aufgestellten mate-

---

[70] Vgl. so schon BVerwG, Urteil v. 8. 1. 1971 – IV C 43.69 – BVerwGE 37, 76f. = ZMR 71, 286 = KStZ 72, 29.

[71] BVerwG, u.a. Urteil v. 11. 10. 1985 – 8 C 26.84 – BVerwGE 72, 143f. = NVwZ 86, 130 = DVBl 85, 1175.

[72] Vgl. dazu BVerwG, Urteil v. 10. 5. 1985 – 8 C 17–20.84 – Buchholz 406.11 § 127 BBauG Nr. 46 S. 24ff. = NVwZ 85, 883 = DVBl 85, 1175.

[73] U.a. OVG Münster, Urteil v. 30. 8. 1989 – 3 A 2051/87 – GemHH 91, 19 m.w.N.

riellen Regeln[74] unter Berücksichtigung der Bestimmungen des § 242 Abs. 5 Sätze 2 und 3 BauGB. Sind hingegen solche sachlichen Erschließungsbeitragspflichten für einen (selbständigen) Kinderspielplatz – aus welchen Gründen immer – bis zum 1. Juli 1987 **nicht** entstanden, interessiert sich das Bundesrecht für diesen Platz nicht mehr. Das hat zur Folge, daß sich die Beantwortung der Frage, ob ein (selbständiger) Kinderspielplatz beitragsfrei angelegt worden ist, sowohl für einen unter Geltung des Bundesbaugesetzes technisch endgültig hergestellten Platz, **sofern** für ihn bis zum 1. Juli 1987 sachliche Erschließungsbeitragspflichten nach § 133 Abs. 2 BBauG etwa mangels wirksamer Verteilungs- oder Merkmalsregelungen **nicht** entstanden sind, als auch für einen später technisch endgültig hergestellten Kinderspielplatz einzig nach dem jeweils einschlägigen **Landesrecht** richtet.

52   Zu der Frage, ob namentlich eine **nach** Inkrafttreten des Baugesetzbuchs erfolgte Herstellung eines selbständigen öffentlichen Kinderspielplatzes **landesrechtlich begründete** Beitragspflichten auslöst, läßt sich folgendes sagen: Da im Kommunalabgabengesetz des Landes Baden-Württemberg Vorschriften fehlen, die eine Erhebung von Ausbaubeiträgen erlauben (vgl. § 1 Rdnr. 16), könnten in diesem Land Beitragspflichten für die Errichtung eines Kinderspielplatzes allenfalls nach Maßgabe der Spezialvorschrift des § 7 des Gesetzes über Kinderspielplätze vom 6. Mai 1975 (GBl S. 260) entstehen. Jedoch ist diese Vorschrift durch das Inkrafttreten des eine Erschließungsbeitragspflicht für Kinderspielplätze begründenden § 127 Abs. 2 Nr. 4 BBauG 1976 mit Wirkung vom 1. Januar 1977 verdrängt und damit nichtig geworden. Daran hat sich durch das Baugesetzbuch und die dadurch bewirkte Aufhebung des § 127 Abs. 2 Nr. 4 BBauG 1976 nichts geändert; § 7 ist durch diese Aufhebung nicht automatisch wieder "aufgelebt".[75] In Niedersachsen hat der Gesetzgeber durch Art. 16 des Rechtsvereinfachungsgesetzes vom 19. September 1989 (GVBl S. 345) die §§ 12 ff. des Niedersächsischen Gesetzes über Spielplätze vom 6. Februar 1973 (GVBl S. 29) aufgehoben und in § 11 dieses (Spielplatz-)Gesetzes nunmehr ausdrücklich angeordnet, für selbständige öffentliche Kinderspielplätze seien keine Beiträge nach § 6 NKAG zu erheben.[76] Entsprechend ist der Landesgesetzgeber in Schleswig-Holstein verfahren; durch Art. 3 des Gesetzes vom 21. März 1989 (GVBl S. 44) hat er in § 11 Abs. 1 Satz 3 des Kinderspielplatzgesetzes i. d. F. vom 18. Januar 1974 (GVBl S. 30) einen Halbsatz eingefügt, wonach Beiträge nach § 8 KAG SH für

---

[74] Vgl. zu diesen Regeln die in den Fußnoten 71 und 72 angegebenen Urteile des BVerwG sowie zur Erschließung durch Kinderspielplätze – §§ 127 Abs. 2, 131 Abs. 1 BBauG – im einzelnen Driehaus in ZMR 85, 217 = ID 85, 123.

[75] BVerwG, Urteil v. 27. 11. 1992 – 8 C 9.91 – NVwZ 93, 1197 = KStZ 93, 74 = BayVBl 93, 214.

[76] Diese Ansicht wird auch vertreten im Bericht des Ausschusses für Raumordnung, Bauwesen und Städtebau zum Entwurf des BauGB, BT-Drucksache 10/6166, S. 145, wo an die Länder appelliert wird, durch eine Änderung der KAG eine kraft Landesrecht begründete Beitragsfähigkeit von Kinderspielplätzen zu beseitigen.

Kinderspielplätze nicht erhoben werden dürfen. Im Ergebnis gleiches gilt etwa für Sachsen, wo der Gesetzgeber in § 26 SächsKAG den Kreis der beitragsfähigen Anlagen auf Verkehrsanlagen beschränkt hat. Dagegen eröffnen die ausbaubeitragsrechtlichen Vorschriften in den übrigen Ländern – in Rheinland-Pfalz sieht § 13 Abs. 4 Satz 1 KAG dies sogar ausdrücklich vor – grundsätzlich den Weg zu einer Beitragserhebung sowohl für die erstmalige Herstellung von selbständigen öffentlichen Kinderspielplätzen als auch für deren spätere Verbesserung oder Erneuerung. Demgegenüber meint der Innenminister des Landes Nordrhein-Westfalen in einem an die Regierungspräsidenten des Landes gerichteten, in seiner Begründung schwerlich den Eindruck eines hinreichenden Verständnisses der ausbaubeitragsrechtlichen Bestimmungen des § 8 KAG NW vermittelnden Erlaß vom 22. August 1988, „die vom Nordrhein-Westfälischen Städte- und Gemeindebund vertretene Auffassung (vgl. Mitteilungen NWStGB 9/1988, S. 150), daß die Erhebung von Beiträgen für die Herstellung [von selbständigen öffentlichen Kinderspielplätzen] rechtlich zulässig sei, kann ... nicht geteilt werden."[77] Mit besseren Gründen hält jedoch der Nordrhein-Westfälische Städte- und Gemeindebund in seiner Erwiderung vom 20. Oktober 1988[78] an seiner Auffassung fest.

Sind **sachliche** Erschließungsbeitragspflichten nach den Bestimmungen des 53 Bundesbaugesetzes **bereits vor** dem 1. Juli 1987 entstanden, bleibt es gemäß § 242 Abs. 5 Satz 1 BauGB dabei und richtet sich – wie bereits gesagt – die Abwicklung dieser Beitragspflichten nach den materiellen Regeln ausschließlich des Bundesrechts. Davon ausgehend regelt § 242 Abs. 5 Satz 2 BauGB den Fall, in dem eine **persönliche** Beitragspflicht vor Inkrafttreten des Baugesetzbuchs noch nicht entstanden, d.h. ein Erschließungsbeitragsbescheid vor dem 1. Juli 1987 noch nicht zugestellt worden ist. Er bestimmt für diese Konstellation **nicht** etwa, daß die Gemeinden von der Erhebung des Erschließungsbeitrags absehen müssen oder nach ihrem Ermessen absehen dürfen, sondern daß sie nur dann **ausnahmsweise** von der Geltendmachung des Erschließungsbeitrags „ganz oder teilweise absehen" sollen, „**wenn** dies aufgrund der örtlichen Verhältnisse, insbesondere unter Berücksichtigung des Nutzens des Kinderspielplatzes für die Allgemeinheit, geboten ist". Für diesen Wortlaut hat offensichtlich die Regelung des § 135 Abs. 5 BBauG "Pate gestanden"; der Gesetzgeber hat durch ihn zum Ausdruck gebracht, daß – erstens – das Absehen von einer Beitragserhebung und damit der Erlaß der entstandenen sachlichen Beitragsforderung **strikt** abhängig ist vom Vorliegen der entsprechenden gesetzlichen Voraussetzung, – zweitens – dann, wenn diese Voraussetzung erfüllt ist, die Gemeinden regelmäßig zum Erlaß ihrer Beitragsforderungen verpflichtet sind, und – drittens – (**ausschließlich**) die Entscheidung über die Höhe („ganz oder teilweise") dieses gebotenen Erlas-

---

[77] Aktenzeichen III B 4–7/3–6216/88; abgedruckt in ZKF 89, 21.
[78] Abgedruckt in Mitteilungen NWStGB 20/88, S. 346.

ses im Ermessen der Gemeinde steht. Da die in § 242 Abs. 5 BauGB behandelten Fallgestaltungen in der Praxis keine Rolle mehr spielen dürften, kann davon abgesehen werden, hier[79] näher auf diese Übergangsvorschrift einzugehen. Gleichwohl mag folgender abschließender Hinweis erwähnenswert sein:

54   Die namentlich von Quaas[80] zu Recht als „unnötig kompliziert, sprachlich und rechtstechnisch mißglückt" qualifizierte Regelung des § 242 Abs. 5 BauGB hat **keinen** Einfluß auf die Rechtmäßigkeit eines ergangenen Erschließungsbeitragsbescheids; sie setzt in ihrem insoweit maßgeblichen Satz 2 den Erlaß eines rechtmäßigen Heranziehungsbescheids voraus.[81] Hält eine Gemeinde zu Unrecht die tatbestandlichen Voraussetzungen des § 242 Abs. 5 Satz 1 BauGB und damit für einen (teilweisen oder vollständigen) Erlaß für nicht erfüllt, ist der Betroffene deshalb gehalten, sein Begehren auf einen (teilweisen) Erlaß im Wege der Verpflichtungsklage weiter zu verfolgen.[82]

IV. Folgen einer Verletzung des Vorrangs der §§ 127 ff. BauGB

55   Insbesondere bei einer älteren Straße ist die für die Abgrenzung des Anwendungsbereichs der erschließungs- und der ausbaubeitragsrechtlichen Vorschriften maßgebliche Entscheidung, ob es sich um eine "vorhandene" Erschließungsanlage i. S. des § 242 Abs. 1 BauGB handelt, häufig nicht ohne weiteres zu treffen. Das hatte jedenfalls in der Vergangenheit nicht selten zur Folge, daß die Gemeinden in Zweifelsfällen ihre Heranziehungsbescheide auf ausbaubeitragsrechtliche Vorschriften stützten und dadurch einen teilweisen finanziellen Ausfall in Kauf nahmen. In Zeiten, in denen die Mittel der Gemeinden eher knapp bemessen sind, mag eine umgekehrte Tendenz erkennbar werden. Wie auch immer: In nicht wenigen Fällen verkennen die Gemeinden die richtige **Ermächtigungsnorm** für die Abrechnung von Maßnahmen, die den Ausbau von nichtleitungsgebundenen Anlagen zum Gegenstand haben, ziehen also die Beitragspflichtigen auf der Grundlage (früher des Bundesbaugesetzes bzw. nunmehr) des Baugesetzbuchs heran, obwohl die ausbaubeitragsrechtlichen Bestimmungen einschlägig sind, und umgekehrt. Eine solche Verfahrensweise verletzt das von der Struktur her klare **Konkurrenzverhältnis** zwischen den erschließungs- und ausbaubeitragsrechtlichen Bestimmungen, ist in der einen oder anderen Richtung nicht mit dem kraft der grundgesetzlichen Regelung des Art. 31 GG den §§ 127 ff. BauGB zukommenden Vorrang vereinbar.

56   Die Anfechtung eines solchermaßen auf eine unzutreffende Ermächtigungsnorm gestützten Heranziehungsbescheids hat jedoch **nicht** zwangsläufig dessen **volle Aufhebung** durch die Verwaltungsgerichte zur Folge. Dies

---

[79] Siehe zu § 242 Abs. 5 im einzelnen die Vorauflage, Rdnrn. 55 ff.
[80] Quaas in VBlBW 87, 281 (285).
[81] Vgl. u. a. VGH Kassel, Urteil v. 29. 7. 1992 – 5 UE 1864/90 –.
[82] BVerwG, Beschluß v. 20. 9. 1989 – 8 B 143.89 –.

ergibt sich letztlich aus § 113 Abs. 1 Satz 1 VwGO. Denn die nach dieser Vorschrift den Verwaltungsgerichten in erster Linie auferlegte Pflicht, zu prüfen, ob und inwieweit der angefochtene Verwaltungsakt rechtmäßig bzw. rechtswidrig ist, erstreckt sich bei Abgabebescheiden, die – wie der Erschließungs- und der Ausbaubeitragsbescheid – eine durch das materielle Recht begründete Abgabepflicht lediglich deklaratorisch festsetzen, darauf, **alle rechtlichen Begründungen** und **Tatsachen** zu berücksichtigen, die die angefochtene Festsetzung ganz oder teilweise zu rechtfertigen vermögen. Das schließt die Berücksichtigung auch solcher Rechtsgründe und Tatsachen ein, die die Verwaltungsbehörde zur Begründung des angefochtenen Bescheids nicht angeführt hat,[83] es sei denn, dies führte zu dessen **Wesensänderung.**

Eine **Wesensänderung** wäre beispielsweise anzunehmen, wenn die in dem 57 Bescheid enthaltene (Betrags-)Festsetzung zugunsten einer anderen Abgabe-(art) aufrechterhalten (Gebühr oder Steuer anstelle Erschließungs- bzw. Ausbaubeitrag) oder der Bezugsgegenstand des Bescheids ausgetauscht wird (Grünanlage A gegen Straße B). Dagegen bleibt der Wesensgehalt eines vor Entstehen sachlicher Beitragspflichten, d.h. verfrüht ergangenen Heranziehungsbescheids durch dessen "Umstellung" auf einen **Vorausleistungsbescheid** für den Fall unberührt, daß eine Entscheidung der Gemeinde zugunsten der Vorfinanzierung bisher entstandener Ausbaukosten durch die Erhebung von Vorausleistungen durch das zuständige Gemeindeorgan getroffen worden ist.[84]

Eine Wesensänderung ist überdies in allen Fällen zu **verneinen,** in denen ein 58 Bürger für eine ganz bestimmte Baumaßnahme an einer ganz bestimmten nichtleitungsgebundenen Anlage einen entweder kraft des Erschließungs- oder kraft des Ausbaubeitragsrechts **entstandenen Beitrag** (bzw. eine entstandene Vorausleistung) zahlen muß.[85] Kommt dementsprechend ein Gericht zu dem Ergebnis, ein Heranziehungs- oder Vorausleistungsbescheid, mit dem ein Beitrag oder eine Vorausleistung für die Kosten einer solchen Baumaßnahme verlangt wird, sei zu Unrecht auf das Straßenbaubeitragsrecht gestützt,[86] ist es gemäß § 113 Abs. 1 Satz 1 VwGO verpflichtet, durch ("schlich-

---

[83] BVerwG, Urteil v. 27. 1. 1982 – 8 C 12.81 – BVerwGE 64, 356 (358) = DVBl 82, 548 = DÖV 82, 700: Diesen Gesichtspunkt übersieht Prutsch (Konversion von Straßenbaubeiträgen nach BBauG und KAG, in DÖV 81, 941 ff.), wenn er meint, ein auf die unzutreffende Ermächtigungsnorm gestützter Beitragsbescheid könne nur durch eine von der Behörde vorgenommene Umdeutung (teilweise) aufrechterhalten werden; im übrigen wird sich in einer entsprechenden Situation jede Gemeinde zumindest hilfsweise auf eine solche Umdeutung berufen, um ihren Bescheid (teilweise) zu "retten".

[84] BVerwG, Urteil v. 25. 2. 1994 – 8 C 14.92 – DVBl 94, 812 = ZMR 94, 433 = NVwZ 94, 913.

[85] BVerwG, Urteil v. 3. 6. 1983 – 8 C 70.82 – BVerwGE 67, 216 (221 f.) = NVwZ 84, 170 = DVBl 83, 908.

[86] Zu Recht weist das VG Köln (Urteil v. 18. 4. 1989 – 17 K 2730/88 – KStZ 89, 175, 176) darauf hin, ein Beitragsbescheid sei nicht erst dann zu Unrecht auf das Straßenbaubeitragsrecht gestützt, wenn für die abgerechnete Maßnahme tatsächlich ein Er-

te") Anwendung der einschlägigen Vorschriften des Erschließungsbeitragsrechts zu prüfen, ob und ggfs. in welchem Umfang der Bescheid mit Blick auf
diese Vorschriften aufrechterhalten werden kann. Bei einer solchen Konstellation – so hat das Bundesverwaltungsgericht in zwei Urteilen vom 19. August 1988[87] ausgeführt – bedürfe es keiner (richterlichen) Umdeutung,[88] so
daß die Aufrechterhaltung des Bescheids nicht davon abhänge, ob die Voraussetzungen für eine Umdeutung erfüllt seien: Bei der **Umdeutung** werde die
von dem Verwaltungsakt getroffene **Regelung** durch eine andere ersetzt, bei
der richterlichen Berücksichtigung anderer (Rechtfertigungs-)Gründe bleibe
dagegen – ebenso wie beim verwaltungsbehördlichen Nachschieben von
Gründen – die Regelung als solche unangetastet. Daraus ergebe sich, daß es,
wenn bei einem Beitragsbescheid die ihm beigegebene Rechtfertigung durch
eine andere ersetzt werden solle, einer Umdeutung allenfalls dann bedürfte,
wenn die Angabe der Rechtsgrundlage zur Regelung, d. h. zum Spruch des
Bescheids gehörte und deshalb die Aufrechterhaltung des Bescheids einen
Eingriff in den Spruch erforderte. Ob das zutreffe, richte sich – sofern nicht
namentlich **höherrangiges** Recht Abweichendes vorgebe – nach dem Recht,
das geeignet sei, den Spruch zu rechtfertigen.[89] Das sei in diesem Zusammenhang das bundesrechtliche Erschließungsbeitragsrecht. Nach diesem Recht
gehörten die §§ 127 ff. BBauG/BauGB zu den Gründen von Erschließungsbeitragsbescheiden, nicht zu ihrem Spruch. Infolgedessen sei ein durch das
Erschließungsbeitragsrecht materiell gerechtfertigter Bescheid nicht schon
deshalb rechtswidrig i. S. des § 113 Abs. 1 Satz 1 VwGO, weil er nicht auf die
§§ 127 BBauG/BauGB, sondern – wenn auch fälschlicherweise – auf das
Straßenbaubeitragsrecht gestützt sei. Das diese Folge anordnende, vorrangige
materielle Erschließungsbeitragsrecht **schließt** insoweit etwaige entgegenstehende landesrechtliche Verfahrensvorschriften in Gestalt etwa des – über die
Verweisungsklauseln in den KAG entsprechend anwendbaren – § 157 Abs. 1
Satz 2 AO **aus.**[90]

---

schließungsbeitrag erhoben werden kann, sondern auch dann, wenn eine Straße erstmals hergestellt worden ist und deshalb die Vorschriften der §§ 127 ff. BauGB anzuwenden sind.

[87] BVerwG, Urteile v. 19. 8. 1988 – 8 C 29.87 – BVerwGE 80, 96 (97 ff.) = NVwZ
89, 471 = KStZ 88, 230, und – 8 C 3.88 –.

[88] Ebenso u. a. VGH Kassel, Urteil v. 25. 3. 1993 – 5 UE 544/89 – NVwZ-RR 94, 231
= GemHH 94, 231 = HSGZ 94, 31, und OVG Schleswig, Beschluß v. 8. 10. 1993 – 2
M 49/93.

[89] Diesem rechtlichen Ansatz trägt Erbguth (in NVwZ 89, 531, 534) bei seiner Kritik
nicht hinreichend Rechnung, wenn er mit seinem Vorwurf, die Entscheidungen des
BVerwG vom 19. 8. 1988 (vgl. Fußnote 87) seien „in sich widerspruchsvoll", an einen
Ausgangspunkt anknüpft, den das Gericht als Auffassung des Berufungsgerichts zum
irrevisiblen Straßenbaubeitragsrecht referiert hat, der im Ergebnis jedoch nicht seiner
eigenen Ansicht zum hier allein maßgeblichen bundesrechtlichen Erschließungsbeitragsrecht entspricht.

[90] BVerwG, u. a. Urteil v. 4. 6. 1993 – 8 C 55.91 – Buchholz 310 § 113 VwGO
Nr. 256 = BayVBl 93, 758 = KStZ 94, 110 m. w. N.

Im Ergebnis entsprechendes gilt im gleichsam umgekehrten Fall, d. h. dann, 59 wenn ein Gericht zu der Erkenntnis gelangt, ein Heranziehungsbescheid sei zu Unrecht auf das Erschließungsbeitragsrecht gestützt. Bei einer solchen Konstellation auferlegt das Bundesrecht in einer die Maßgeblichkeit des Landesrechts ausschließenden Weise dem Gericht die **Pflicht**, gemäß § 113 Abs. 1 Satz 1 VwGO zu prüfen, ob und ggfs. in welchem Umfang der Bescheid mit Blick auf das Straßenbaubeitragsrecht **aufrechterhalten** werden kann; auch insoweit stellt sich die Frage der Umdeutung nicht.[91]

Wie bereits angedeutet, kann ein Beitragsbescheid durch die Berücksichti- 60 gung der von der Gemeinde nicht herangezogenen, aber einschlägigen Ermächtigungsnorm nur aufrechterhalten werden, *wenn und soweit* die Gemeinde auf deren Grundlage einen materiell ihr zustehenden Beitragsanspruch geltend machen kann. Ein zu Unrecht auf die §§ 127 ff. BauGB gestützter Beitragsbescheid etwa kann lediglich aufrechterhalten werden, wenn und soweit er nach dem Ausbaubeitragsrecht erlassen werden durfte.[85] Da in den meisten Fällen im Ausbaubeitragsrecht der Gemeindeanteil höher als im Erschließungsbeitragsrecht und dementsprechend der Anteil der Beitragspflichtigen am entstandenen beitragsfähigen Aufwand im Ausbaubeitragsrecht vergleichsweise niedriger ist, wird ein solcher Bescheid sehr häufig nur teilweise aufrechterhalten werden können, und auch dies ausschließlich, wenn u. a. die maßgebliche Ausbaubeitragssatzung einschließlich der Verteilungsregelung rechtswirksam ist. Andererseits unterliegt ein zu Unrecht auf das Ausbaubeitragsrecht gestützter Bescheid der vollen Aufhebung, wenn der mit ihm geforderte Beitrag für eine Baumaßnahme, die der erstmaligen endgültigen Herstellung einer bestimmten beitragsfähigen Erschließungsanlage dient, zuvor bereits durch einen Ablösungsbetrag, eine Vorausleistung oder eine ähnliche Zahlung abgegolten worden ist. In einem solchen Fall ist das Grundstück insoweit erschließungsbeitragsfrei und diese Beitragsfreiheit kann nicht durch eine Heranziehung nach ausbaubeitragsrechtlichen Vorschriften unterlaufen werden.[92]

---

[91] BVerwG, u. a. Urteil v. 9. 12. 1988 – 8 C 72.87 – Buchholz 406.11 § 125 BBauG Nr. 23 S. 1 (6) = DVBl 89, 420 = BayVBl 89, 376; im Ergebnis ebenso u. a. VGH Kassel, Urteil v. 25. 3. 1993 – 5 UE 544/89 – a. a. O., OVG Schleswig, Beschluß v. 26. 10. 1993 – 2 M 65/93 –, und OVG Lüneburg, Beschluß v. 24. 8. 1994 – 9 M 3025/94; a. A. OVG Münster, Urteil v. 19. 7. 1990 – 3 A 2934/86 – GemHH 91, 184 = NVwZ-RR 91, 265 = NWVBl 91, 296.

[92] OVG Münster, u. a. Urteile v. 13. 3. 1978 – II A 483/75 – und v. 19. 12. 1986 – 2 A 1223/84 –.

§ 3 Ausschluß einer Erschließungs- und Ausbaubeitragserhebung durch Regelungen des besonderen Städtebaurechts (§§ 136 ff. BauGB)

I. Einleitung

1   Mit dem Erlaß des Baugesetzbuchs ist das schon seit langem angestrebte Ziel der Zusammenfassung von Bundesbaugesetz und Städtebauförderungsgesetz verwirklicht worden. Die früher im Städtebauförderungsgesetz enthaltenen Regelungen wurden in das zweite Kapitel des Baugesetzbuchs aufgenommen, das mit "Besonderes Städtebaurecht" überschrieben ist. Das hat u.a. zur Folge, daß die früher in § 6 des Städtebauförderungsgesetzes – StBauFG – geregelten Rechtsfolgen, die der (als Ortsatzung ergehende) rechtswirksame Beschluß über die förmliche **Festlegung eines Sanierungsgebiets** auslöst, nunmehr im Baugesetzbuch enthalten sind. Allerdings hat der Gesetzgeber des Baugesetzbuchs – anders als der des Städtebauförderungsgesetzes – davon abgesehen, die Wirkungen der förmlichen Festlegung eines Sanierungsgebiets in einer Vorschrift zusammenzufassen.

2   Nach § 6 Abs. 7 StBauFG waren „Vorschriften über die Erhebung von Beiträgen" nicht anzuwenden, wenn im förmlich festgelegten Sanierungsgebiet „Erschließungsanlagen i.S. des § 127 Abs. 2 des Bundesbaugesetzes hergestellt, erweitert oder verbessert" wurden (Satz 1), es sei denn, „Beitragspflichten" waren bereits „vor der förmlichen Festlegung entstanden" (Satz 2). Im städtebaulichen Entwicklungsbereich galt § 6 Abs. 7 StBauFG gemäß § 57 Abs. 1 Nr. 1 StBauFG entsprechend. An die Stelle des § 6 Abs. 7 Sätze 1 und 2 StBauFG sind nunmehr **zwei verschiedene** Bestimmungen getreten: In Abs. 1 Satz 2 des den Ausgleichbetrag des Eigentümers regelnden § 154 BauGB ist angeordnet, daß dann, wenn „im förmlich festgelegten Sanierungsgebiet Erschließungsanlagen i.S. des § 127 Abs. 2 hergestellt, erweitert oder verbessert" werden, „Vorschriften über die Erhebung von Beiträgen für diese Maßnahmen auf Grundstücke im förmlich festgelegten Sanierungsgebiet nicht anzuwenden" sind. Und § 156 Abs. 1 BauGB bestimmt, daß „Beitragspflichten für Erschließungsanlagen i.S. des § 127 Abs. 2, die vor der förmlichen Festlegung entstanden sind, ... unberührt" bleiben. Im städtebaulichen Entwicklungsbereich ist gemäß § 169 Abs. 1 Nr. 8 BauGB § 154 Abs. 1 Satz 2 BauGB und gemäß § 169 Abs. 1 Nr. 9 BauGB § 156 Abs. 1 BauGB entsprechend anzuwenden. Allerdings ist nach § 142 Abs. 4 BauGB in der Sanierungssatzung die Anwendung der §§ 152–156 BauGB auszuschließen, „wenn sie für die Durchführung der Sanierung nicht erforderlich ist und die Durchführung hierdurch voraussichtlich nicht erschwert wird (vereinfachtes Verfahren)"; in einem solchen Fall sind daher auch die §§ 154 Abs. 1 Satz 2 und 156 Abs. 1 BauGB nicht anwendbar (vgl. auch § 152 BauGB).

Mit ihrem insoweit eindeutigen Wortlaut erfassen die §§ 154 Abs. 1 Satz 2,   3
156 Abs. 1 (sowie § 169 Abs. 1 Nrn. 8 und 9) BauGB – vergleichbar den
früher geltenden §§ 6 Abs. 7, 57 Abs. 1 Nr. 2 StBauFG – nicht nur Maßnahmen zur erstmaligen Herstellung von Erschließungsanlagen i.S. des § 127
Abs. 2 BauGB, die nach dem Baugesetzbuch grundsätzlich eine Erschließungsbeitragspflicht entstehen lassen, **sondern auch** Maßnahmen zur Erweiterung und Verbesserung von solchen Anlagen, d. h. Maßnahmen, die beitragsrechtlich den Regelungen des **landesrechtlichen** Ausbaubeitragsrechts (Straßenbaubeitragsrechts) unterliegen. Die Gesetzgebungszuständigkeit des Bundes für diese somit selbst in das landesrechtliche Straßenbaubeitragsrecht
eingreifenden Bestimmungen ergibt sich aus Art. 74 Nr. 18 GG i.V.m.
Art. 72 Abs. 2 GG. Nach Art. 74 Nr. 18 GG hat der Bundesgesetzgeber das
Recht der konkurrierenden Gesetzgebung u. a. für das Bodenrecht. Die Materie Bodenrecht umfaßt auch das **Bauplanungsrecht.**[1] Da die §§ 154 Abs. 1
Satz 2, 156 Abs. 1 BauGB die Wirkungen eines Planungsakts, nämlich die
Wirkungen der förmlichen Festlegung eines Sanierungsgebiets regeln, haben
sie bauplanungsrechtlichen Charakter mit der Folge, daß sie der Materie
Bodenrecht zuzurechnen sind.[2]

II. Ausschlußwirkung der §§ 154 Abs. 1 Satz 2, 156 Abs. 1 BauGB

1. Gegenständliche Reichweite der Ausschlußwirkung

Nach § 154 Abs. 1 Satz 2 BauGB sind für Maßnahmen der Herstellung,   4
Erweiterung und Verbesserung einer **innerhalb** eines förmlich festgelegten
Sanierungsgebiets gelegenen Erschließungsanlage i.S. des § 127 Abs. 2
BauGB die „Vorschriften über die Erhebung von Beiträgen" nicht anzuwenden. Die sich daraus ergebende beitragsrechtliche **Sonderbehandlung** bestimmter Grundstückseigentümer in einer Gemeinde findet ihre innere, mit
Rücksicht auf Art. 3 GG erforderliche Rechtfertigung darin, daß Erschließungsmaßnahmen in förmlich festgelegten Sanierungsgebieten gemäß § 147
Abs. 1 Satz 1 Nr. 4 BauGB grundsätzlich Ordnungsmaßnahmen i.S. des
§ 146 BauGB sind und die Eigentümer von innerhalb des Sanierungsgebiets
gelegenen Grundstücken anders als die Eigentümer von Grundstücken außerhalb des Sanierungsgebiets gemäß § 154 Abs. 1 Satz 1 BauGB einen Ausgleichsbetrag in Geld zur Finanzierung der Sanierung an die Gemeinde zu
entrichten haben. Müßten sie daneben für die gleiche Erschließungsmaßnahme (Ordnungsmaßnahme) noch Erschließungs- oder Straßenbaubeiträge
zahlen, führte das zu einer vom Gesetzgeber nicht gewollten (wirtschaftlichen) **Doppelbelastung.**[3]

---

[1] BVerfG, Rechtsgutachten v. 16. 6. 1954 – 1 PBvV 2/52 – BVerfGE 3, 407 (423 ff).
[2] BVerwG, Urteil v. 21. 10. 1983 – 8 C 40.83 – BVerwGE 68, 130 (132) = DVBl 84,
190 = KStZ 84, 73.
[3] Vgl. so schon die Begründung im Regierungsentwurf zum Städtebauförderungsgesetz, BT-Drucksache VI/510, S. 30.

5   Aus der damit gekennzeichneten inneren Rechtfertigung der Sonderregelung des § 154 Abs. 1 Satz 2 BauGB folgt, daß sich die gegenständliche Reichweite der Ausschlußwirkung dieser Vorschrift auf Grundstücke **beschränkt,** die ohne sie für eine bestimmte Herstellungs-, Erweiterungs- oder Verbesserungsmaßnahme an einer Erschließungsanlage i.S. des § 127 Abs. 2 BauGB einer Doppelbelastung (Ausgleichsbeträge und Beiträge) ausgesetzt sein könnten. Für die Anwendung des § 154 Abs. 1 Satz 2 BauGB ist daher kein Raum, wenn die "Gefahr" einer Doppelbelastung nicht besteht.

6   Liegt beispielsweise eine öffentliche, zum Anbau bestimmte Straße i.S. des § 127 Abs. 2 Nr. 1 BauGB **innerhalb** eines förmlich festgelegten Sanierungsgebiets, ist eine an ihr durchgeführte Erschließungsmaßnahme grundsätzlich eine Ordnungsmaßnahme i.S. des § 147 Abs. 1 Satz 1 Nr. 4 BauGB. Für die Kosten (u.a.) dieser Ordnungsmaßnahme können gemäß § 154 Abs. 1 Satz 1 BauGB die Eigentümer der **Grundstücke innerhalb** des Sanierungsgebiets zu einem **Ausgleichsbetrag** herangezogen werden; für diese Grundstücke ist daher – wie sich anders als unter Geltung des § 6 Abs. 7 StBauFG nunmehr bereits aus dem Wortlaut des § 154 Abs. 1 Satz 2 BauGB („auf Grundstücke im förmlich festgelegten Sanierungsgebiet") ergibt – eine Beitragserhebung nach § 154 Abs. 1 Satz 2 BauGB **ausgeschlossen.** Grenzen an die ausgebaute Erschließungsanlage auch **außerhalb** des Sanierungsgebiets gelegene Grundstücke, gilt § 154 Abs. 1 Satz 2 BauGB für sie mit der Folge **nicht,** daß diese Vorschrift einer Beitragserhebung nach Maßgabe der beitragsrechtlichen Bestimmungen nicht entgegensteht.[4] Ob die Eigentümer dieser Grundstücke letztlich tatsächlich zu Beiträgen herangezogen werden können, hängt ausschlaggebend davon ab, ob der Gemeinde für die Durchführung der Erschließungsmaßnahme ein durch Beiträge zu deckender Aufwand verbleibt, d.h. ein Aufwand, der nicht nach den für Ordnungsmaßnahmen geltenden Regeln zu decken ist. Das kann, muß aber nicht so sein (vgl. dazu Rdnrn. 13ff.).

7   Verläuft eine ausgebaute **Erschließungsanlage außerhalb** des Sanierungsgebiets, findet § 154 Abs. 1 Satz 2 BauGB schon nach seinem Wortlaut keine Anwendung. Im übrigen kommt eine Beitragsfreistellung nach dem dieser Vorschrift zugrundeliegenden Gedanken der Vermeidung einer Doppelbelastung für die innerhalb des Sanierungsgebiets gelegenen Grundstücke **regelmäßig,** d.h. abgesehen von dem in § 147 Abs. 1 Satz 2 BauGB geregelten Sonderfall, in dem selbst der Ausbau einer solchen Anlage sanierungsbedingt ist, deshalb **nicht** in Betracht, weil in diesen Regelfällen die Ausbaumaßnahme an der Erschließungsanlage außerhalb des Sanierungsgebiets keine Ordnungsmaßnahme i.S. des § 147 Abs. 1 Satz 1 Nr. 4 BauGB ist und insoweit Kosten nicht in die von den Eigentümern der Grundstücke innerhalb des Sanierungsgebiets gemäß § 154 Abs. 1 Satz 1 BauGB über Ausgleichsbeiträge mitzutragenden Kosten der Ordnungsmaßnahmen einbezogen werden kön-

---

[4] Vgl. u.a. Breer in DVBl 83, 226 mit weiteren Nachweisen sowie Löhr in Battis/ Krautzberger/Löhr, BauGB, § 127 Rdnr. 9.

nen. Eine Doppelbelastung scheidet in solchen Fällen somit bereits vom Ansatz aus.[5]

2. Sachliche Reichweite der Ausschlußwirkung

Gemäß § 156 Abs. 1 BauGB bleiben „Beitragspflichten für Erschließungs- [8] anlagen i. S. des § 127 Abs. 2, die vor der förmlichen Festlegung des Sanierungsgebiets entstanden sind", durch § 154 Abs. 1 Satz 2 BauGB unberührt, d. h. insoweit sollen Beiträge nach Maßgabe der beitragsrechtlichen Vorschriften erhoben werden. Auf den ersten Blick könnte der Wortlaut des § 156 Abs. 1 BauGB den Eindruck vermitteln, maßgeblich sei insoweit, ob im Zeitpunkt der förmlichen Festlegung des Sanierungsgebiets für den vorher erfolgten Ausbau einer durch dieses Gebiet verlaufenden Erschließungsanlage i. S. des § 127 Abs. 2 BauGB bereits endgültige sachliche (Teil- oder Voll-)Beitragspflichten entstanden sind.[6] Träfe diese Annahme zu, wäre eine Beitragserhebung auch für vor längerer Zeit durchgeführte Herstellungs-, Erweiterungs- oder Verbesserungsmaßnahmen, die etwa mangels einer wirksamen Verteilungsregelung in der Beitragssatzung bis zum Zeitpunkt der förmlichen Festlegung des Sanierungsgebiets sachliche Beitragspflichten nicht ausgelöst haben, **selbst dann** ausgeschlossen, wenn zur Erfüllung des Sanierungsziels weitere Ausbaumaßnahmen an dieser Anlage nicht vorgesehen sind. Zu einem solchen Verständnis der sachlichen Reichweite der Ausschlußwirkung des § 154 Abs. 1 Satz 2 BauGB zwingt jedoch bei verständiger Würdigung seines Wortlauts § 156 Abs. 1 BauGB **nicht**. Es ist überdies auch vom Zweck dieser Regelung nicht gedeckt.

Für den Wortlaut des § 156 Abs. 1 BauGB („Beitragspflichten ... entstan- [9] den sind") hat – ebenso wie für den seines "Vorgängers" § 6 Abs. 7 Satz 2 StBauFG – der Wortlaut des § 133 Abs. 2 BBauG Pate gestanden. Nach § 133 Abs. 2 Satz 1 BBauG (sowie BauGB) entstehen die Beitragspflichten „mit der endgültigen Herstellung". Der Gesetzgeber hat mit der Formulierung in § 156 Abs. 1 BauGB offensichtlich abstellen wollen auf den **Zeitpunkt des Abschlusses der zur endgültigen Herstellung im Rechtssinne führenden** (technischen) **Ausbauarbeiten**. Ebenso wie der Gesetzgeber schon des Bundesbaugesetzes[7] ist er davon ausgegangen, daß in diesem Zeitpunkt grundsätzlich bereits alle Voraussetzungen für das Entstehen der Beitragspflichten erfüllt sind. Nach seinem damit schon im Wortlaut des § 156 Abs. 1 BauGB zum Ausdruck kommenden Willen sollen nur für die **nach** der förmlichen Festle-

---

[5] Ebenso u. a. Reiter im GemTg 1977, 160 (161) und Prahl in BlGBW 1982, 101 (102).

[6] Vgl. zu den Voraussetzungen für das Entstehen der sachlichen Erschließungsbeitragspflichten im einzelnen § 19 Rdnrn. 1 ff.

[7] Vgl. dazu BVerwG, u. a. Urteil v. 21. 9. 1973 – IV C 39.72 – Buchholz 406.11 § 133 BBauG Nr. 46 S. 37 (38) = DVBl 74, 294 = KStZ 74, 112.

gung des Sanierungsgebiets abgeschlossenen Ausbauarbeiten keine Beiträge erhoben werden.

10 Diese Auffassung wird bestätigt durch den Zusammenhang der Vorschriften über städtebauliche Sanierungsmaßnahmen, vor dessen Hintergrund § 156 Abs. 1 BauGB zu sehen ist. Anknüpfend an die Sonderregelung des § 154 Abs. 1 Satz 2 BauGB und den sie rechtfertigenden Grund, Doppelbelastungen zu vermeiden, sollen solche Herstellungs-, Erweiterungs- und Verbesserungsmaßnahmen nicht von der Ausschlußwirkung erfaßt werden, die schon vor der förmlichen Festlegung des Sanierungsgebiets abgeschlossen worden sind. Denn derartige Maßnahmen sind **keine** Ordnungsmaßnahmen i.S. der §§ 146, 147 Abs. 1 BauGB und die dafür aufgewandten Kosten können daher keine Kosten sein, die nach Maßgabe der für Ordnungsmaßnahmen geltenden Bestimmungen zu decken sind. Deshalb hat – einerseits – die Gemeinde keine Möglichkeit, ihre Aufwendungen für diese Maßnahmen nach den Vorschriften über städtebauliche Sanierungsmaßnahmen auszugleichen, und laufen – andererseits – die Eigentümer der Grundstücke im Sanierungsgebiet nicht Gefahr, einer Doppelbelastung ausgesetzt zu sein. Die sachliche Reichweite der Ausschlußwirkung des § 154 Abs. 1 Satz 2 BauGB erstreckt sich mithin auf Erschließungsmaßnahmen, die **nach** der förmlichen Festlegung des Sanierungsgebiets als Ordnungsmaßnahmen i.S. der §§ 146, 147 Abs. 1 BauGB **durchgeführt** worden sind.

11 Das hat zur Folge, daß für vor dem Zeitpunkt der förmlichen Festlegung des Sanierungsgebiets (endgültig) **abgeschlossene** Ausbaumaßnahmen (Teil- oder Voll-)Beiträge erhoben werden können. Ist dies vor diesem Zeitpunkt geschehen, hat es damit beitragsrechtlich sein Bewenden. Entstehen die Beitragspflichten für solche Maßnahmen – aus vom Zeitpunkt des Abschlusses der technischen Ausbauarbeiten unabhängigen Gründen – erst nach der förmlichen Festlegung des Sanierungsgebiets, können insoweit Beiträge jedenfalls noch erhoben werden, wenn die Erreichung des Sanierungsziels eine Änderung des geschaffenen Ausbauzustands nicht erfordert. Sind vor dem Zeitpunkt der förmlichen Festlegung des Sanierungsgebiets **Vorausleistungen** im Hinblick auf (nun) erst nach diesem Zeitpunkt abzuschließende, vom Sanierungszweck umfaßte Ausbaumaßnahmen erhoben worden, sind diese den Eigentümern der im Sanierungsgebiet gelegenen Grundstücke zurückzuzahlen, weil im Hinblick auf § 154 Abs. 1 Satz 2 BauGB endgültige (sachliche) Beitragspflichten (voraussichtlich) nicht entstehen können (vgl. dazu § 21 Rdnr. 36).

12 Wird die **Satzung** über die förmliche Festlegung des Sanierungsgebiets gemäß § 162 Abs. 1 Nrn. 2 und 3 BauGB **aufgehoben,** ist hinsichtlich der Ausschlußwirkung des § 154 Abs. 1 Satz 2 BauGB abzustellen darauf, ob die Ausbaumaßnahmen während des Bestands der Satzung **abgeschlossen** worden sind oder nicht. Ist ersteres der Fall, können Beiträge nicht erhoben werden, im anderen Fall können Beiträge grundsätzlich unter Einbeziehung selbst des Aufwands verlangt werden, der zuvor entstanden

ist.[8] Denn auch insoweit kommt grundsätzlich die Gefahr einer Doppelbelastung nicht in Betracht.

III. Ausschlußwirkung der Finanzierungsregelungen für Kosten von Ordnungsmaßnahmen i. S. der §§ 146, 147 Abs. 1 BauGB

Kosten für Ordnungsmaßnahmen im Sinne der §§ 146, 147 Abs. 1 BauGB 13
sind nach Maßgabe der Regelungen des besonderen Städtebaurechts zu dek-
ken (vgl. etwa § 149 Abs. 2 und 3, 154 BauGB). Deshalb verbleibt der Gemeinde für die Durchführung einer Erschließungsmaßnahme kein durch Er-
schließungs- bzw. Ausbaubeiträge zu deckender Aufwand, wenn und soweit
diese Maßnahme eine Ordnungsmaßnahme i. S. der §§ 146, 147 Abs. 1
BBauG ist. Zwar gehören Erschließungsmaßnahmen grundsätzlich zu den
Ordnungsmaßnahmen (vgl. Rdnr. 4). Doch gilt dies nach der einschränkenden Regelung des § 146 BauGB[9] ausschließlich für Maßnahmen, „die nach
den Zielen und Zwecken der Sanierung **erforderlich** sind". Mit dieser **Begrenzung** werden Erschließungsmaßnahmen aus dem Kreis der Ordnungsmaßnahmen und der für sie geltenden Kostentragungsregelung ausgeschlossen,
wenn und soweit sie nicht der Erschließung des Sanierungsgebiets dienen.
Denn Ordnungsmaßnahme ist nach § 146 BauGB das, „aber auch nur das,
was die Durchführung der Sanierung sowohl überhaupt als auch dem Umfang nach erfordert".

Ob eine Erschließungsmaßnahme ganz oder nur teilweise für die Errei- 14
chung des Sanierungsziels **erforderlich** ist, hängt – erstens – vom dem mit der
Durchführung der Sanierung verfolgten Zweck und – zweitens – davon ab,
auf welche Teile i. S. des § 127 Abs. 3 BauGB einer beitragsfähigen Erschließungsanlage sich die Ausbaumaßnahme erstreckt.[10] Umfaßt der Sanierungszweck den Ausbau einer "normalen" Anbaustraße innerhalb des Sanierungsgebiets, die Grundstücke **sowohl** innerhalb als auch außerhalb des Sanierungsgebiets erschließt, „bestimmt sich die Erforderlichkeit des Ausbaus einzelner Teile danach, ob sie überwiegend der Erschließung der Grundstücke
im Sanierungsgebiet oder der Grundstücke außerhalb des Sanierungsgebiets
dienen. Nur soweit ersteres zutrifft, handelt es sich um eine Ordnungsmaßnahme" im Sinne des § 146 BauGB „mit der Folge, daß der darauf entfallende
Anteil der Ausbaukosten einer Deckung durch" die Finanzierungsregelungen
des besonderen Städtebaurechts zugänglich sind. „Im übrigen verbleibt der
Gemeinde ein durch Beiträge zu deckender Aufwand."[11]

---

[8] Ebenso Bielenberg/Koopmann/Krautzberger, Städtebauförderungsrecht, § 154,
Rdnr. 48.
[9] § 146 BauGB ist an die Stelle des § 12 Abs. 1 Satz 1 StBauFG getreten; zugleich
sind die Vorschriften der Ordnungsmaßnahmenverordnung vom 20. Januar 1976
(BGBl I S. 174) außer Kraft getreten (vgl. Art. 2 Nr. 25 BauGB).
[10] Vgl. auch Bielenberg/Koopmann/Krautzberger, a. a. O., Rdnr. 46.
[11] So schon BVerwG, Urteil v. 21. 10. 1983 – 8 C 40.83 – BVerwGE 68, 130 (135 ff.)
= DVBl 84, 190 = KStZ 84, 73, zu § 12 Abs. 1 Satz 1 StBauFG.

15   Die somit von § 146 BauGB – wie früher von § 12 Abs. 1 Satz 1 StBauFG – in Fällen der hier behandelten Art geforderte **Aufspaltung** einer Erschließungsmaßnahme in einerseits eine sanierungsbedingte und andererseits eine nicht sanierungsbedingte Erschließung und dem folgend eine entsprechende Aufteilung der für diese Maßnahme entstandenen Kostenmasse ist „aus der Natur der Sache nur möglich bei Teilen einer Erschließungsanlage, die hinreichend deutlich der einen oder anderen Erschließung zugeordnet werden können. Das ist regelmäßig nicht der Fall etwa bei der Fahrbahn, der Straßenentwässerung und Straßenbeleuchtung, so daß solche Teile einer Anbaustraße in der Regel entweder insgesamt oder überhaupt nicht für (sanierungs-)erforderlich"[11] im Sinne des § 146 BauGB zu halten sind. Ist der Ausbau solcher Teile erforderlich i.S. des § 146 BauGB, können mangels eines Aufwands, der nach den beitragsrechtlichen Vorschriften zu decken ist, Beiträge **selbst** von den Eigentümern nicht erhoben werden, deren durch diese Anlage erschlossene Grundstücke außerhalb des Sanierungsgebiets liegen. Entsprechendes gilt, wenn Zweck der Sanierung ist, insbesondere die Verkehrsverhältnisse in der Innenstadt zu verbessern, und zur Erreichung dieses Sanierungszwecks eine Hauptgeschäftsstraße zur Fußgängerzone ausgebaut wird, so daß nach dem Ausbau unterschiedliche Teile wie Fahrbahn, Gehwege und Parkstreifen nicht vorliegen.[12] Und ebenfalls **keine** Erschließungs- oder Ausbaubeiträge können für außerhalb des förmlich festgelegten Sanierungsgebiets gelegene Grundstücke erhoben werden, wenn eine Maßnahme an der sie erschließenden Anlage i.S. des § 127 Abs. 2 BauGB mit der Folge als eine (insgesamt erforderliche) Ordnungsmaßnahme nach Maßgabe des § 147 Abs. 1 Satz 2 BauGB zu qualifizieren ist, daß die Kosten nach den für Ordnungsmaßnahmen geltenden Regeln zu decken sind. Die Ausschlußwirkung der Finanzierungsregelungen für Kosten von Ordnungsmaßnahmen i.S. der §§ 146, 147 Abs. 1 BauGB kann – mit anderen Worten – **weiter gehen** als die des § 154 Abs. 1 Satz 2 BauGB.[10]

16   Bei "normalen" Anbaustraßen ist bezüglich bestimmter Teile i.S. des § 127 Abs. 3 BauGB, wie z.B. einseitigen Gehwegen, Radwegen und Parkstreifen, die nach § 146 BauGB gebotene Aufspaltung zwischen sanierungsbedingter und nicht sanierungsbedingter Erschließung **ohne weiteres möglich.** „Befinden sich derartige Teile einer Erschließungsanlage vor Grundstücken **außerhalb des Sanierungsgebiets,** kann aufgrund ihrer räumlich engen Beziehung zu diesen Grundstücken in der Regel angenommen werden, daß sie überwiegend der Erschließung dieser Grundstücke dienen, nicht aber von den Grundstücken im Sanierungsgebiet auf der anderen Straßenseite erfordert werden."[11]

17   Ergibt sich aufgrund der tatsächlichen Umstände des Einzelfalls, daß der Sanierungszweck den Ausbau einer **innerhalb des Sanierungsgebiets** verlaufenden Anbaustraße erfaßt, die sowohl Grundstücke innerhalb als auch außerhalb des Sanierungsgebiets erschließt, ist diese Erschließungsmaßnahme in

---

[12] Vgl. OVG Münster, Urteil v. 6. 6. 1985 – 2 A 2793/83 –.

der Regel insoweit nicht i.S. des § 146 BauGB erforderlich, als sie z.B. die Gehwege oder Radwege vor den Grundstücken außerhalb des Sanierungsgebiets betrifft. Insoweit ist sie **keine Ordnungsmaßnahme**, so daß die Gemeinde nicht gehindert ist, den entsprechenden Anteil an der Kostenmasse für die Erschließungsmaßnahme nach Maßgabe der einschlägigen beitragsrechtlichen Vorschriften umzulegen, „und zwar allein auf die Grundstücke außerhalb des Sanierungsgebiets, deren Erschließung diese Teile"[11] i.S. des § 127 Abs. 3 BauGB überwiegend dienen. Für eine auch nur rechnerische Berücksichtigung der übrigen Grundstücke bei der Aufwandsverteilung ist kein Raum.

§ 4 Landesrechtliche, den straßenbaubeitragsrechtlichen Bestimmungen vorgehende Spezialvorschriften

Nur den straßenbaubeitragsrechtlichen Bestimmungen, – selbstverständlich – nicht auch den §§ 127ff. BauGB, gehen zwei in mehreren Ländern bedeutsame Spezialvorschriften sowie eine nur das Land Bayern betreffende Sonderregelung im Rahmen ihrer Anwendungsbereiche vor. Bei den ersteren Normen handelt es sich – in Nordrhein-Westfalen – zum einen um § 16 Abs. 1 Satz 1 des Straßen- und Wegegesetzes i.d.F. der Bekanntmachung vom 1. August 1983 (GVNW S. 306) – StrWG NW – und zum anderen um § 9 KAG NW; bei der letzteren um § 54 Abs. 3 BayStrWG. Verkennt eine Gemeinde das besondere **Konkurrenzverhältnis** zwischen diesen landesrechtlichen Spezialvorschriften einerseits und den straßenbaubeitragsrechtlichen Bestimmungen andererseits, gilt grundsätzlich das entsprechend, was dazu im Zusammenhang mit einer Verletzung des Vorrangs der §§ 127ff. BauGB ausgeführt worden ist (vgl. § 2 Rdnrn. 55ff.). 1

I. Vorrang des § 16 Abs. 1 Satz 1 StrWG NW

Die Erstattung von Mehrkosten, die durch die Anlegung einer **einzelnen Überfahrt** im Rahmen des Ausbaus von Bürgersteigen entstanden sind, kann die Gemeinde nach § 16 Abs. 1 Satz 1 StrWG NW verlangen. Diese Vorschrift ist gegenüber § 8 KAG NW die speziellere Norm, weil sie nicht nur einen Beitrag zu den Gesamtkosten, sondern die Erstattung der im Einzelfall tatsächlich entstandenen Mehrkosten vorsieht.[1] Um von § 16 Abs. 1 Satz 1 StrWG NW erfaßte Kosten handelt es sich u.a. bei Mehrkosten für die aufwendigere Gestaltung von Gehwegüberfahrten (Betonverbundpflaster statt Betonplatten), soweit die besondere Gestaltung ihren Grund darin hat, daß die Gehwege in diesen Bereichen einer verstärkten Belastung durch überfah- 2

---

[1] OVG Münster, Urteil v. 18. 10. 1972 – III A 331/71 – zur "Rechtsvorgängerin" des § 16 Abs. 1 Satz 1 StrWG, nämlich zu § 22 Abs. 1 Satz 1 des Landesstraßengesetzes vom 28. November 1961 (GVNW S. 305).

rende Kraftfahrzeuge ausgesetzt sind bzw. eine befriedigende konstruktive Gestaltung der notwendigen Gehwegabsenkungen mit dem ansonsten verwendeten Baumaterial nicht möglich ist; diese Mehrkosten tragen ausschließlich die durch die aufwendigere Herstellung begünstigtem Grundeigentümer.[2] Dem § 16 Abs. 1 Satz 1 StrWG NW in der Sache vergleichbare Vorschriften enthalten die meisten Straßengesetze der Länder.[3]

II. Vorrang des § 9 KAG NW

3   Der den "allgemeinen" Straßenbaubeitrag betreffenden Vorschrift des § 8 KAG NW geht ferner vor die im § 9 KAG NW unter der Überschrift „Besondere Wegebeiträge" getroffene Regelung. Danach können die Gemeinden, falls Straßen und Wege, die **nicht** dem **öffentlichen Verkehr** gewidmet sind, kostspieliger als gewöhnlich ausgebaut werden müssen, weil sie im Zusammenhang mit der Nutzung von Grundstücken oder mit einem gewerblichen Betrieb außergewöhnlich beansprucht werden, von den Grundstückseigentümern oder Unternehmern besondere **Wegebeiträge** zum Ersatz der Mehraufwendungen erheben. Sofern dieser Sondertatbestand erfüllt ist, können Beiträge nach § 8 KAG NW nicht verlangt werden.[4] "Besondere Wegebeiträge" regelnde Vorschriften sind auch in den Kommunalabgabengesetzen verschiedener anderer Länder aufgenommen.[5]

III. Vorrang des § 54 Abs. 3 BayStrWG

4   Während für die Kosten der erstmaligen Herstellung sowie der Verbesserung bzw. Erneuerung eines außerhalb der Ortslage in der Feldmark verlaufenden öffentlichen (sog.) **Wirtschaftswegs** etwa in Nordrhein-Westfalen[4] und Niedersachsen[6] ein Straßenbaubeitrag erhoben werden kann, können die Gemeinden in Bayern nicht Straßenbaubeiträge nach Art. 5 BayKAG verlangen, sondern gemäß § 54 Abs. 3 BayStrWG dann, wenn ihnen „die Baulast an öffentlichen Feld- und Waldwegen" obliegt, „bis zu 75 vom Hundert ihrer

---

[2] OVG Münster, Urteil v. 31. 1. 1992 – 2 A 1176/90 –.
[3] Vgl. u. a. Art. 14 Abs. 4 des Bayerischen Straßen- und Wegegesetzes in der Fassung vom 5. 10. 1981 (GVBl S. 448), § 21 Abs. 1 des Hessischen Straßengesetzes vom 9. 10. 1962 (GVBl S. 437), § 16 Abs. 1 des Niedersächsischen Straßengesetzes in der Fassung vom 24. 9. 1980 (GVBl. S. 359), § 44 Abs. 1 des Landesstraßengesetzes Rheinland-Pfalz in der Fassung vom 1. 8. 1977 (GVBl S. 274), § 16 Abs. 1 Satz 1 des Sächsischen Straßengesetzes vom 21. 1. 1993.
[4] OVG Münster, Urteil v. 1. 6. 1977 – II A 1475/75 – KStZ 77, 219 = DVBl 79, 239.
[5] Vgl. u. a. § 7 KAG Ns und KAG LSA, § 9 KAG MV und KAG Saarl sowie § 32 SächsKAG (GVBl. S. 93), § 16 Abs. 1 Satz 1 des Thüringer Straßengesetzes vom 7. 5. 1993 (GVBl. S. 273) und § 8 Abs. 7 KAG S-H.
[6] Vgl. OVG Lüneburg, u. a. Urteil v. 27. 2. 1980 – 9 C 2.79 – DVBl 80, 760 = KStZ 81, 89.

nicht anderweitig gedeckten sächlichen Aufwendungen aus der Baulast auf die Beteiligten" nach Maßgabe eines im Gesetz selbst oder in einer gemeindlichen Satzung abweichend davon näher geregelten Verhältnisses umlegen. Im Sinne des § 54 Abs. 3 BayStrWG Beteiligte sind diejenigen, deren Grundstücke über den öffentlichen Feldweg (Waldweg) bewirtschaftet werden, also zunächst einmal die Eigentümer, deren Grundstücke an den öffentlichen Weg angrenzen (Anlieger), sowie die Eigentümer hinterliegender Grundstücke, die von dem öffentlichen Weg aus über eine private Feldzufahrt erreicht werden (Hinterlieger). Umgelegt werden können lediglich die „sächlichen" Aufwendungen einschließlich des Zinsendienstes, nicht jedoch die personalen Aufwendungen, und erstere auch nur insoweit, als sie nicht anderweitig gedeckt sind.[7]

---

[7] Vgl. im einzelnen Sieder/Zeitler/Kreuzer/Zech, Bayerisches Straßen- und Wegegesetz, § 54 Rdnrn. 22 ff.

Zweiter Teil
Erschließungs- und Erschließungsbeitragsrecht

Erster Abschnitt
Erschließungsrecht

§ 5 Erschließungslast

I. Begriff der Erschließung und Erschließungsanlagen i.S. des § 123 Abs. 2 BauGB

Der Begriff der Erschließung ist nicht gesetzlich definiert. Die in § 135 der 1 Regierungsvorlage zum Bundesbaugesetz[1] enthaltene Bestimmung des Inhalts der Erschließung hat keinen Eingang in das Gesetz gefunden, u.a. weil der Gesetzgeber den Begriff der Erschließung für bekannt und durch andere Vorschriften des Gesetzes für ausreichend verdeutlicht ansah.[2] Entsprechendes gilt für den Gesetzgeber des Baugesetzbuchs. Was immer unter Erschließung in anderen Zusammenhängen zu verstehen sein mag,[3] im Erschließungsrecht des 6. Teils des 1. Kapitels im Baugesetzbuch geht es um die Erschließung von Bauland oder genauer: um **bauliche Maßnahmen,** die der völligen Baureifmachung des Baulands dienen. Unter Erschließung i.S. der §§ 123 ff. BauGB sind daher die baulichen Maßnahmen zu verstehen, die die bauliche und gewerbliche Nutzung des Baulands durch Herstellung der für die Allgemeinheit bestimmten Erschließungsanlagen i.S. des § 123 Abs. 1 BauGB **ermöglichen** und **erleichtern.** Die Erschließung zielt auf das Baureifmachen von Grundstücken.[4] Zu diesem Zweck errichtete Anlagen sind **unabhängig** davon , ob ihre Herstellung kraft Bundesrecht bzw. kraft Landesrecht Beitragspflichten auslösen oder nicht, Erschließungsanlagen i.S. des § 123 Abs. 2 BauGB. Zu ihnen zählt namentlich auch eine Tiefendrainageanlage, sofern angenommen werden kann, ohne ihre Anlegung wäre eine bauliche oder gewerbliche Nutzung des betreffenden Gebiets mangels hinreichender Abflußgeschwindigkeit des Grundwassers nicht möglich.[5]

---

[1] Vgl. BT-Drucksache III/336, S. 35 und 97.
[2] Vgl. Ausschußbericht, BT – *zu* Drucksache III/1974, S. 23.
[3] Vgl. dazu u.a. Weyreuther in DVBl 1970, 3 ff., und in UPR 1994, 121 (128), sowie Gloria in NVwZ 1991, 720 ff.
[4] BVerfG, Rechtsgutachten v. 16.6. 1954 – 1 PBvV 2/52 – BVerfGE 3, 407 [429].
[5] BVerwG, Urteil v. 13.11. 1992 – 8 C 41.90 – ZMR 93, 82 = KStZ 93, 31 = HSGZ 93, 76.

2   Allerdings trifft das Bundesrecht in bezug auf die Erschließung von Grundstücken nur eine **eingeschränkte** Regelung. Sein Anwendungsbereich erschöpft sich dem Gegenstand nach in dem **erstmaligen** (**einmaligen**) Erschlossensein von Grundstücken, d. h. es verhält sich nicht zum Erschlossensein von Grundstücken auf Dauer: § 123 Abs. 1 BauGB regelt, wer für die von § 30 Abs. 1 BauGB geforderte Erschließungssicherung zuständig ist (vgl. dazu Rdnrn. 9 ff.), und § 123 Abs. 2 BauGB bestimmt über den rechtlichen Umfang und den Zeitpunkt der Erschließung (vgl. Rdnrn. 17 ff.). Alle diese bundesrechtlichen Vorschriften haben – wie es das Bundesverwaltungsgericht ausgedrückt hat[6] – „einen spezifischen zeitlichen Bezug; sie sollen ... gewährleisten, daß – erstens – im Zeitpunkt der Erteilung der Baugenehmigung die Erschließung der Grundstücke gesichert ist und – zweitens – im Zeitpunkt der Fertigstellung der genehmigten baulichen Anlagen (soweit es die wegemäßige Erschließung betrifft) eine den Erfordernissen der Bebauung und des Verkehrs genügende Erschließungsstraße tatsächlich und – nach Maßgabe des Bebauungsplans – rechtlich benutzbar ist." Hat derjenige, der gemäß § 123 Abs. 1 BauGB für die Erschließung zuständig ist, seine Aufgabe in einer den jeweiligen Anforderungen des konkreten Einzelfalls genügenden Weise erfüllt, erlischt seine Aufgabe mit der Folge, daß sich die Beantwortung aller Fragen, die die Aufrechterhaltung der Erschließung betreffen, nicht mehr nach dem bundesrechtlichen Erschließungsrecht richtet.

3   Wie sich aus dem Zusammenhang zwischen Abs. 1 und Abs. 2 des § 123 BauGB ergibt, stellt die letztere Vorschrift in erster Linie auf **öffentliche Erschließungsanlagen** ab. Zu den Erschließungsanlagen in diesem Sinne zählen nach der Entscheidung des Gesetzgebers zum einen die in § 127 Abs. 2 BauGB aufgeführten, kraft Bundesrecht beitragsfähigen Erschließungsanlagen mit ihren Teilanlagen i. S. des § 127 Abs. 3 BauGB und zum anderen die sonstigen (nicht kraft Bundesrecht beitragsfähigen) Erschließungsanlagen, nämlich u. a. die „Anlagen zur Ableitung von Abwasser sowie zur Versorgung mit Elektrizität, Gas, Wärme und Wasser" (§ 127 Abs. 4 Satz 2 BauGB) mit ihren Nebeneinrichtungen wie etwa Trafostationen und Pumpanlagen, ferner die Anlagen zur Beseitigung fester Abfallstoffe[7] sowie die – seit Inkrafttreten des Baugesetzbuchs nicht mehr kraft Bundesrecht beitragsfähigen – (selbständigen) Kinderspielplätze.[8] Dagegen ist der Schienenweg der Deutschen Bundesbahn keine Erschließungsanlage i. S. des § 123 Abs. 2 BauGB, er dient nicht einer – auf die bauliche oder gewerbliche Nutzung ausgerichteten – Erschließung von Grundstücken eines örtlichen Gebiets, sondern hat in erster Linie eine überörtliche Verbindungsfunktion.[9]

---

[6] BVerwG, Urteil v. 11. 11. 1987 – 8 C 4.86 – BVerwGE 78, 266 (270) = NVwZ 88, 335 = KStZ 88, 92.

[7] Vgl. u. a. Ernst in Ernst/Zinkahn/Bielenberg, BauGB, § 123 Rdnr. 4.

[8] Vgl. im übrigen Gloria in NVwZ 91, 720.

[9] BVerwG, Urteil v. 11. 12. 1987 – 8 C 85.86 – BVerwGE 78, 321 (325 f.) = NVwZ 88, 632 = KStZ 88, 51.

Über die bereits genannten Anlagen hinaus können Erschließungsanlagen 4 (nicht i. S. des § 127 Abs. 2 Nrn. 1 oder 2 BauGB, aber) i. S. des § 123 Abs. 2 BauGB zum einen namentlich **private** Wohnwege, und zwar befahrbare und nichtbefahrbare Wohnwege (vgl. zum Begriff des Wohnwegs im einzelnen § 12 Rdnrn. 59 ff.), und zum anderen sog. Eigentümerwege und Privatwegenetze sein, die der "inneren Erschließung" von **Reihenhausanlagen** dienen. Aus erschließungs**beitrags**rechtlicher Sicht ist von allen diesen privaten Verkehrsanlagen **nur** eine solche von Bedeutung, die um ihrer selbst willen in der Lage ist, das Erschlossensein der (einzig) an sie angrenzenden Grundstücke durch die öffentliche Anbaustraße i. S. des § 127 Abs. 2 Nr. 1 BauGB, von der sie abzweigt, und in der Folge das Entstehen sachlicher Beitragspflichten für diese Anbaustraße **auszuschließen.** Das setzt voraus, daß die jeweilige private Verkehrsanlage ihrerseits – erstens – **zum Anbau bestimmt** sowie zur verkehrsmäßigen Erschließung der an sie angrenzenden Grundstücke geeignet ist, d. h. allein das hergeben kann, was an verkehrsmäßiger Erschließung zur Bebaubarkeit dieser Grundstücke erforderlich ist, und sie – zweitens – als **erschließungsrechtlich selbständig** zu qualifizieren ist. Einem **unbefahrbaren** privaten Wohnweg kommt (ebenso wie einem unbefahrbaren öffentlichen Wohnweg, vgl. § 12 Rdnr. 31) diese Eignung – unabhängig davon, ob er als erschließungsrechtlich selbst- oder unselbständig einzustufen ist – schon deshalb **nicht** zu, weil er nur gleichsam eine "Sekundärerschließung" verschafft, d. h. eine verkehrsmäßige Erschließung, die zur Bebaubarkeit nach §§ 30 ff. BauGB nur in Verbindung mit einer befahrbaren – vorhandenen oder jedenfalls verläßlich alsbald zu erwartenden –, eine "Primärerschließung" vermittelnden Verkehrsanlage führt.[10] Grundstücke, die angrenzen entweder an einen solchen nicht befahrbaren Privat-(Wohn-)Weg oder an eine erschließungsrechtlich unselbständige, aber befahrbare Privatzuwegung bzw. – in einer relativ kleinen Reihenhausanlage – an ein erschließungsrechtlich unselbständiges, aber befahrbares privates Zuwegungssystem, das in ein oder mehrere öffentliche Erschließungsstraßen mündet, werden grundsätzlich (nur) von der jeweils **nächsten** erreichbaren öffentlichen Anbaustraße erschlossen.[11]

Ob eine Verkehrsanlage "**zum Anbau bestimmt**" ist, ist bei öffentlichen 5 Erschließungsanlagen (§ 127 Abs. 2 Nr. 1 BauGB) ebenso wie bei privaten Verkehrsanlagen und damit Erschließungsanlagen i. S. des § 123 Abs. 2 BauGB nicht abhängig von einer (subjektiven) Absicht der Gemeinde oder der (Mit-)Eigentümer der Anlage, sondern (objektiv) davon, ob an ihr tatsächlich gebaut werden kann und rechtlich gebaut werden darf. Maßgebend ist in dem einen wie dem anderen Fall, ob die jeweilige Verkehrsanlage den

---

[10] Siehe dazu etwa BVerwG, Urteil v. 10. 12. 1993 – 8 C 58.91 – DVBl 94, 705 = ZMR 94, 174 = HSGZ 94, 108.

[11] Vgl. in diesem Zusammenhang sowie zur Differenzierung zwischen Erschließungsanlagen i. S. des § 123 Abs. 2 BauGB und beitragsfähigen Erschließungsanlagen i. S. des § 127 Abs. 2 Nr. 1 BauGB u. a. BVerwG, Urteil v. 30. 1. 1970 – IV C 151.68 – Buchholz 406.11 § 123 BBauG Nr. 4 S. 5 (7) = DVBl 70, 839 = DÖV 70, 862.

angrenzenden Grundstücken das verschafft, was für ihre Bebaubarkeit (oder erschließungsrechtlich vergleichbare Nutzbarkeit) bebauungsrechtlich erforderlich ist (vgl. zum Merkmal "zum Anbau bestimmt" im einzelnen § 12 Rdnrn. 28 ff.). Das trifft für Privatstraßen (sowie Eigentümerwege und Privatwegesysteme in Reihenhausanlagen) **grundsätzlich** zu, wenn allein ihretwegen für ausschließlich an sie, nicht aber auch an eine öffentliche Erschließungsanlage grenzende Grundstücke die Genehmigung zur Errichtung etwa von Wohnhäusern erteilt worden ist.[12] Zugleich indiziert die Tatsache einer solchen Genehmigungserteilung, daß die entsprechende private Verkehrsanlage zur Erschließung dieser Grundstücke geeignet ist, da sie deren zulässige Bebauung ermöglicht, d. h. das hergegeben hat, was für deren zulässige Bebauung an verkehrsmäßiger Erschließung erforderlich ist. Infolgedessen kann diese Eignung nur dann überhaupt in Zweifel gezogen werden, wenn tatsächlich oder rechtlich **nicht** gewährleistet ist, daß über die Privatstraße (den Eigentümerweg, das Privatwegesystem) an die lediglich an sie grenzenden Grundstücke mit Personenkraftwagen und Versorgungsfahrzeugen **herangefahren** werden kann, d. h. wenn sie als **unbefahrbare** Verkehrsanlagen zu werten sind. Das ist der Fall, wenn entweder mangels einer hinreichenden Breite (z. B. unter 2 m) oder wegen einer auf den Fußgängerverkehr beschränkten Widmung eines Eigentümerwegs bzw. – bei einem nicht gewidmeten Privatweg, der im Miteigentum derjenigen steht, deren Grundstücke an ihn grenzen, so daß das Miteigentum an sich eine Anfahrmöglichkeit hinreichend rechtlich sichert – infolge einer entsprechenden Nutzungsbeschränkung durch privatrechtliche Vereinbarung der Miteigentümer ein Anfahren der Grundstücke beispielsweise mit Öltankfahrzeugen und Möbelwagen schlechthin ausgeschlossen ist oder untersagt sein soll. Unerheblich ist in diesem Zusammenhang hingegen, in welchem Umfang von einer tatsächlich wie rechtlich gegebenen Anfahrmöglichkeit Gebrauch gemacht wird, ob also beispielsweise der Einmündungsbereich einer Privatstraße, die im Miteigentum mehrerer Wohngrundstückseigentümer steht, grundsätzlich – zur "**Aussperrung**" eines allgemeinen Kraftfahrzeugverkehrs – durch Pfeiler versperrt ist, die von jedem Miteigentümer entsprechend einer von ihnen getroffenen Vereinbarung nur bei einem – mehr oder weniger dringenden – Bedarf beseitigt werden dürfen.[9]

6   Mit der Annahme, eine befahrbare Privatstraße (Eigentümerweg, Privatwegenetz) sei zum Anbau bestimmt und zur verkehrsmäßigen Erschließung geeignet, sie habe eine auf die bauliche (oder erschließungsbeitragsrechtlich vergleichbare) Nutzbarkeit der an sie grenzenden Grundstücke gerichtete Erschließungsfunktion, ist noch nicht darüber entschieden, ob sie (schon) eine **selbständige Erschließungsanlage** oder (nur) eine unselbständige Zuwe-

---

[12] BVerwG, Urteil v. 23. 3. 1984 – 8 C 65.82 – DVBl 84, 683 = KStZ 84, 149 = ID 84, 153; vgl. ferner BVerwG, Urteil v. 2. 7. 1982 – 8 C 28, 30 u. 33.81 – Buchholz 406.11 § 131 BBauG Nr. 51 S. 58 (61 f.) = NVwZ 83, 153 = DVBl 82, 1056.

gung und als solche ein "Anhängsel" der öffentlichen Erschließungsstraße i. S. des § 127 Abs. 2 Nr. 1 BauGB ist, in die sie einmündet. Denn auch unselbständige befahrbare Zuwegungen (unselbständige befahrbare Zuwegungssysteme) haben häufig eine Erschließungsfunktion. Sie werden in der Regel angelegt, um die Bebauung von Grundstücken zu ermöglichen, die nicht unmittelbar an eine selbständige Erschließungsanlage grenzen. Gleichwohl ist maßgebliche Erschließungsanlage für solche Grundstücke nicht die unselbständige Zufahrt (bzw. das unselbständige Zufahrtssystem), sondern die nächste erreichbare selbständige Erschließungsanlage, in die die Zufahrt einmündet.[11]

Für die Beantwortung der Frage, ob eine – öffentliche oder private – Verkehrsanlage erschließungsrechtlich einen selbständigen oder unselbständigen Charakter hat, ist abzuheben allein auf den **Gesamteindruck**, den die zu beurteilende Anlage nach den tatsächlichen Verhältnissen vermittelt. Dabei kommt besondere Bedeutung ihrer Ausdehnung und ferner ihrer Beschaffenheit, der Zahl der an sie angrenzenden Grundstücke sowie vor allem dem **Maß der Abhängigkeit** zwischen ihr und der Straße zu, in die sie einmündet. Das Maß der Abhängigkeit ist deshalb von erheblichem Gewicht, weil eine Verkehrsanlage ohne Verbindungsfunktion („Stichweg") ausschließlich auf die Straße angewiesen ist, von der sie abzweigt, sie dadurch ein typischerweise eine Unselbständigkeit kennzeichnendes Merkmal aufweist und deshalb der Eindruck der Unselbständigkeit häufig noch bei einer Ausdehnung erhalten bleibt, bei der eine Anlage mit Verbindungsfunktion schon den Eindruck der Selbständigkeit vermittelt.[13] Diese Betrachtung findet ihre innere Rechtfertigung letztlich in einer auf § 131 Abs. 1 Satz 1 BauGB und damit auf beitragsfähige Anbaustraßen ausgerichteten Überlegung. Wie das Bundesverwaltungsgericht im Zusammenhang mit sog. Hinterliegergrundstücken dargelegt hat, „ist bei der Beurteilung der Frage, ob ein nicht an eine öffentliche Anbaustraße grenzendes (Hinterlieger-)Grundstück von dieser beitragsfähigen Erschließungsanlage erschlossen ist, ausschlaggebend darauf abzustellen, ob die Eigentümer der übrigen durch die Anbaustraße erschlossenen Grundstücke nach den bestehenden Verhältnissen schutzwürdig erwarten können, daß auch die nicht angrenzenden (Hinterlieger-)Grundstücke in den Kreis der erschlossenen Grundstücke einbezogen werden müssen und sich so die Beitragsbelastung dieser übrigen Grundstücke vermindert. In der Sache nichts anderes gilt, wenn zu entscheiden ist, ob mehrere Grundstücke, die durch einen privaten Weg mit einer öffentlichen Anbaustraße verbunden sind, als von dieser beitragsfähigen Anlage erschlossen zu qualifizieren sind. Das trifft nicht zu, wenn der Weg, an dem die Grundstücke liegen, seinerseits nach den tatsächlichen Verhältnissen einem unbefangenen Beobachter nicht den Eindruck (nur) eines **Anhängsels der Anbaustraße**, sondern den einer ei-

---

[13] BVerwG, Urteil v. 25. 1. 1985 – 8 C 106.83 – Buchholz 406.11 § 131 BBauG Nr. 59 S. 78 (80) = NVwZ 85, 753 = DVBl 85, 621.

genständigen Anlage vermittelt, die von der öffentlichen Anbaustraße lediglich in einem Maße abhängig ist, wie dies für – mehr oder weniger kleine Straßen – üblich zu sein pflegt. Dann nämlich können die Eigentümer der übrigen von der beitragsfähigen Anbaustraße erschlossenen Grundstücke vernünftigerweise nicht erwarten, die Grundstücke, die an der in diese Anbaustraße einmündenden Anlage liegen, seien zu ihren Gunsten – beitragsmindernd – an der Verteilung des Aufwands für die öffentliche Erschließungsanlage zu beteiligen".[12]

8   Die Anwendung der vorstehenden Überlegungen im Einzelfall führt zu dem Schluß, daß beispielsweise ein bis zu 100 m langer befahrbarer Stichweg in der Regel erschließungsrechtlich unselbständig ist, während ein ca. 280 m langes, zwischen ca. 3,5 m und 11 m breites, nicht gewidmetes Privatwegesystem, das der "inneren Erschließung" einer aus 31 Wohngrundstücken bestehenden Reihenhausanlage dient und im Miteigentum derjenigen steht, deren Wohngrundstücke daran grenzen, regelmäßig als eine selbständige Erschließungsanlage i. S. des § 123 Abs. 2 BauGB zu qualifizieren ist, und zwar selbst dann, wenn das Privatwegesystem keine Beleuchtungsanlage aufweist. „Denn der Gesamteindruck einer Anlage wird nicht entscheidend von den Verhältnissen bei Dunkelheit geprägt. Ist die Ausleuchtung einer Anlage vor allem für Fußgänger unbefriedigend, so gilt das für eine unselbständige Zufahrt wie eine selbständige Erschließungsanlage im Sinne des § 123 Abs. 2 BBauG in gleicher Weise. Dieser Gesichtspunkt gibt daher als solcher nichts Entscheidendes für die Abgrenzung her."[12] Im Ergebnis entsprechendes gilt unabhängig von seinem technischen Ausbauzustand für einen 105 m langen, 5 m breiten und 12 Grundstücke erschließenden Eigentümer(stich)weg.[14]

II. Träger der Erschließungslast

9   Das Gesetz spricht (in der Überschrift des § 123 BauGB) von „Erschließungs*last*" und knüpft damit an die im Straßen- und Wegerecht übliche Bezeichnung der "Straßenbau*last*" an. Es macht dadurch zugleich deutlich, daß die Durchführung der Erschließung grundsätzlich lediglich eine mehr allgemeine, eine gewisse Freiheit der Entscheidung über das "ob", "wie" und "wann" nicht ausschließende öffentlich-rechtliche Pflicht darstellt.[15] Dieser mehr allgemeinen Erschließungspflicht steht grundsätzlich *kein* (einklagbarer) Rechtsanspruch eines einzelnen oder mehrerer Bauwilliger gegenüber (vgl. § 123 Abs. 3 BauGB), und zwar selbst dann nicht, wenn die von ihnen gewünschte Erschließungsanlage im Bebauungsplan ausgewiesen ist[16] oder

---

[14] BayVGH, Urteil v. 10. 2. 1994 – 6 B 91.3414 –.

[15] BVerwG, u. a. Urteil v. 4. 10. 1974 – IV C 59.72 – Buchholz 406.11 § 123 BBauG Nr. 11 S. 19 (20) = NJW 75, 402 = KStZ 75, 51.

[16] BVerwG, Beschluß v. 27. 3. 1968 – IV B 11.68 – Buchholz 406.11 § 123 BBauG Nr. 2 S. 1.

wenn zuvor eine Änderung des Bebauungsplans im Normenkontrollverfahren für nichtig erklärt worden ist, weil die Gemeinde das Interesse eines Grundeigentümers an der Erschließung seines Grundstücks nicht in die Abwägung eingestellt hatte.[17] Die Erschließungsvorschriften sind dem allgemeinen Interesse, nicht aber dem individuellen Interesse einzelner zu dienen bestimmt. Deshalb ist grundsätzlich nicht einmal ein Anspruch eines einzelnen auf eine fehlerfreie Ermessensentscheidung über die Erschließung seines Grundstücks anzuerkennen.[18]

1. Gemeinde als Träger der Erschließungslast

Der Bau öffentlicher Ortsstraßen ist im preußischen Rechtsbereich seit etwa dem 18. Jahrhundert mehr und mehr zu einer ursprünglichen Aufgabe der Gemeinden geworden.[19] An diesen überkommenen Rechtszustand hat zunächst das Bundesbaugesetz angeknüpft und knüpft jetzt das Baugesetzbuch an, wenn es in § 123 Abs. 1 BauGB die Erschließung im Grundsatz der Gemeinde als (Teil der gemeindlichen Selbstverwaltungs-)Aufgabe zuweist und damit die Gemeinde im Regelfall zum Träger der Erschließungslast für die Erschließungsanlagen i.S. des § 123 Abs. 2 BauGB bestimmt. Nur zum **teilweisen "Ausgleich"** der ihr dadurch auferlegten (mehr) allgemeinen öffentlich-rechtlichen **Erschließungspflicht** hat der Gesetzgeber der Gemeinde einen öffentlich-rechtlichen (Erstattungs-)Anspruch für die durch die erstmalige Herstellung von (lediglich) beitragsfähigen Erschließungsanlagen entstehenden Aufwendungen begründet (vgl. auch § 2 Rdnr. 8). Diesen abschließend dem öffentlichen Recht zugewiesenen Regelungen kann sich eine Gemeinde nicht dadurch entziehen, daß sie sich bei der ihr obliegenden Durchführung von Erschließungsmaßnahmen in die Rolle eines privaten Unternehmers begibt und sodann ein privat-rechtliches (etwa kostendeckendes) Entgelt für die Herstellung (auch nicht beitragsfähiger) Erschließungsanlagen verlangt.[20]

Die Erfüllung der gemeindlichen Erschließungslast findet grundsätzlich eine **Grenze in der finanziellen Leistungsfähigkeit** der Gemeinde, d.h. in ihrer ordnungsgemäßen Haushaltsführung.[21] Die sich aus dem Kommunalrecht ergebenden Grundsätze der Haushalts- und Wirtschaftsführung sind durch das Baugesetzbuch nicht geändert worden. Im übrigen wäre eine Regelung, die zu einem Verfall der kommunalen Finanzen führen könnte, ohne daß die

10

11

---

[17] VGH Mannheim, Urteil v. 7. 2. 1991 – 5 S 138/90 – NVwZ 91, 1109 = BWGZ 91, 266.
[18] BVerwG, Beschluß v. 2. 2. 1978 – IV B 122.77 – Buchholz 406.11 § 123 BBauG Nr. 16 S. 7 (8 f.) = ID 78, 108 = BRS 37, 18.
[19] Vgl. Weyreuther in EPlaR IV BVerfG 11.72/8 mit weiteren Nachweisen.
[20] BVerwG, Urteil v. 22. 8. 1975 – IV C 7.73 – Buchholz 406.11 § 127 BBauG Nr. 23 S. 11 (13) = NJW 76, 341 = KStZ 75, 229.
[21] BVerwG, Urteil v. 23. 4. 1969 – IV C 69.67 – BVerwGE 32, 37 (40) = NJW 69, 2162 = DVBl 69, 699.

Gemeinden die Möglichkeit hätten, eine entsprechende Belastung eigenverantwortlich zu regulieren, mit der Garantie der örtlichen Selbstverwaltung gemäß Art. 28 Abs. 2 Satz 1 GG, zu der wesensmäßig auch die Finanzhoheit gehört, nicht vereinbar.

2. Andere Träger der Erschließungslast

12   Nach § 123 Abs. 1 BauGB ist die Gemeinde nicht ausnahmslos Träger der Erschließungslast; sie ist es dann nicht, wenn die Erschließung „nach anderen gesetzlichen Vorschriften oder öffentlich-rechtlichen Verpflichtungen einem anderen obliegt". Ist das der Fall, hat die Gemeinde aus dem Gesichtspunkt der Erschließungslast keine Aufgaben und Pflichten, auch nicht subsidiärer Natur. Das ergibt der klare Wortlaut des Gesetzes, der die gemeindliche Aufgabe in diesen (Ausnahme-)Fällen ausdrücklich vollständig ausschließt.

a) Gesetzliche Vorschriften

13   Der Vorbehalt der „anderen gesetzlichen Vorschriften" beschränkt sich – erstens – nicht auf Regelungen durch Gesetze im formellen Sinne, sondern bezieht sich auf das materielle Recht schlechthin und umfaßt selbst Gewohnheitsrecht.[22] Und er beschränkt sich – zweitens – nicht auf bei Inkrafttreten des Baugesetzbuchs bestehende Bestimmungen, sondern läßt auch **spätere gesetzliche Sonderregelungen** zu.

14   Als andere gesetzliche Vorschrift i. S. des § 123 Abs. 1 BauGB kommt zunächst einmal § 203 Abs. 1 BauGB in Betracht, wonach auch die Erschließung auf eine andere Gebietskörperschaft oder einen Verband übertragen werden kann, an dessen Willensbildung die Gemeinde mitwirkt.[23] Besonders bedeutsame, die Erschließungslast der Gemeinde ausschließende andere gesetzliche Vorschriften finden sich im **Straßenrecht**. Nach § 5 Abs. 1 bis 3 des Bundesfernstraßengesetzes in der Fassung vom 1. Oktober 1974 (BGBl III 911-1) – FStrG – ist Träger der Straßenbaulast für Ortsdurchfahrten von Bundesstraßen mit Ausnahme der Gehwege und Parkflächen in Gemeinden bis zu 80 000 Einwohnern der Bund, soweit die Gemeinde nicht nach Maßgabe des § 5 Abs. 2a FStrG die Straßenbaulast durch ausdrückliche Erklärung übernommen hat. Ob die Straßenbaulast des Bundes für Ortsdurchfahrten abweichend hiervon durch öffentlich-rechtlichen Vertrag überhaupt von der Gemeinde übernommen werden kann, ist zweifelhaft; jedenfalls kann dies nicht ohne Mitwirkung der nach § 5 Abs. 4 FStrG bei der Festsetzung von Ortsdurchfahrten zu beteiligenden Behörden geschehen.[24] Dem § 5 FStrG gleichartige Vorschriften enthalten die Straßengesetze der Länder für die

---

[22] Vgl. Brügelmann-Förster, BBauG, § 123 Rdnrn. 6 ff.

[23] Ebenso Ernst in Ernst/Zinkahn/Bielenberg, BauGB, § 123 Rdnr. 15.

[24] BVerwG Urteil v. 5. 9. 1975 – IV C 2.73 – Buchholz 406.11 § 123 BBauG Nr. 13 S. 1 = DÖV 75, 855 = ZMR 76, 250.

Ortsdurchfahrten der Landstraßen I. Ordnung (Staatsstraßen, Landesstraßen) und der Landstraßen II. Ordnung (Kreisstraßen). Im übrigen kann in diesem Zusammenhang von Belang sein die Pflicht der Teilnehmergemeinschaft nach § 42 des Flurbereinigungsgesetzes in der Fassung der Bekanntmachung vom 16. März 1976 (BGBl III 7815–1) – FlurG –, u.a. Wege und Straßen entsprechend dem Wege- und Gewässerplan nach § 41 FlurG herzustellen und zu unterhalten.[25] Schließlich können Observanzen (örtlich geltendes Gewohnheitsrecht) Anliegern namentlich die Pflicht zur Herstellung von Bürgersteigen auferlegen, doch dürften die meisten Observanzen inzwischen ausdrücklich oder gewohnheitsrechtlich aufgehoben worden sein.[22]

Andere gesetzliche Vorschriften i.S. des § 123 Abs. 1 BauGB können sich 15 überdies aus dem Gesetz über Kreuzungen von Eisenbahnen und Straßen vom 14. August 1963 (BGBl I S. 681) sowie aus landesrechtlichen Zweckverbandsgesetzen ergeben. Andere gesetzliche Regelungen sind weiter § 6 des Reichsgesetzes zur Förderung der Energiewirtschaft vom 13. Dezember 1935 (RGBl I S. 1451; zuletzt geändert durch Gesetz vom 19. Dezember 1977 – BGBl I S. 2750), wonach die Versorgung der Bevölkerung mit Strom, Wärme und Gas grundsätzlich den Energieunternehmen obliegt, die ein bestimmtes Gebiet versorgen,[26] sowie landesrechtliche Bestimmungen i.S. des § 3 Abs. 2 des Abfallbeseitigungsgesetzes in der Fassung der Bekanntmachung vom 5. Januar 1977 (BGBl I S. 41), sofern sie nicht den Gemeinden, sondern anderen Körperschaften des öffentlichen Rechts die Beseitigung der in ihrem Gebiet anfallenden Abfälle auferlegen.[23]

b) Öffentlich-rechtliche Verpflichtungen

Öffentlich-rechtliche Verpflichtungen können durch Vertrag oder durch 16 Verwaltungsakt begründet sein. In erster Linie kommen hier Planfeststellungsbeschlüsse nach den Straßengesetzen,[27] dem Personenbeförderungsgesetz und dem Wasserhaushaltsgesetz in Verbindung mit den einschlägigen Vorschriften der Wassergesetze in Betracht. Auf Erschließungsverträgen i.S. des § 124 BauGB (früher § 123 Abs. 3 BBauG) beruhende Verpflichtungen gehören nicht hierher, da durch sie nicht die Erschließungslast übertragen wird.

III. Umfang und Zeitpunkt der Erschließung

§ 123 Abs. 2 BauGB umschreibt mit den Worten „die Erschließungsanla- 17 gen sollen entsprechend den Erfordernissen der Bebauung und des Verkehrs

---

[25] Vgl. Löhr in Battis/Krautzberger/Löhr, BauGB, § 123 Rdnr. 2.
[26] Vgl. im einzelnen H. Schrödter in Schrödter, BauGB, § 123 Rdnr. 11.
[27] Vgl. u.a. BVerwG, Urteil v. 25. 11. 1981 – 8 C 10.81 – Buchholz 406.11 § 123 BBauG Nr. 22 S. 13 (15) = DÖV 82, 328 = KStZ 82, 92.

hergestellt werden" den sachlichen Umfang der (in der Regel) gemeindlichen **Erschließungsaufgabe** in bezug namentlich auf Erschließungsstraßen nur allgemein; doch macht schon das deutlich, daß z.B. die Reinigung des auf diesen Straßen anfallenden und von ihnen abgeleiteten Regenwassers nicht zur gemeindlichen Erschließungsaufgabe gehört.[28] Im übrigen läßt § 123 Abs. 2 BauGB Raum für die Gemeinde, auf die Erfordernisse des Einzelfalls abstellende Konkretisierungen ihrer Erschließungsaufgabe vorzunehmen. Konkretisiert dementsprechend eine Gemeinde den Inhalt ihrer Erschließungsaufgabe in bezug auf eine bestimmte Straße ortsgesetzlich z.B. dadurch, daß sie diese im Bebauungsplan als öffentliche Verkehrsfläche ausweist, kann ihre Erschließungsaufgabe frühestens erfüllt sein, wenn die Anlage nach Maßgabe der einschlägigen landesstraßenrechtlichen Vorschriften dem öffentlichen Verkehr gewidmet ist.[29]

18   Unabhängig davon müssen beispielsweise die der **wegemäßigen Erschließung** dienenden Anlagen den Anforderungen gerecht werden, die durch den zu erwartenden Verkehr in dem betreffenden Gebiet gestellt werden, und sie müssen das zu vermitteln geeignet sein, was eine Bebauung der anliegenden Grundstücke und in der Folge die funktionsgerechte Nutzbarkeit der auf den Grundstücken genehmigten baulichen Anlagen ermöglicht. Für die Beurteilung, ob eine Straße in der Lage ist, eine insoweit ausreichende wegemäßige Erschließung zu vermitteln, ist von Bedeutung zum einen der Charakter des Gebiets (z.B. Wochenendhausgebiet, reines Wohngebiet oder Gewerbe- und Industriegebiet), durch das die Straße verlaufen soll, und zum anderen die Nutzbarkeit der angrenzenden Grundstücke. Beide Faktoren haben Einfluß auf den Umfang des zu erwartenden Verkehrsaufkommens. In jedem Fall müssen bestimmte **Mindestbedingungen** erfüllt sein. Zu diesen Mindestbedingungen gehören erstens, daß die erschlossenen Grundstücke jederzeit mit Kraftfahrzeugen erreichbar sein müssen, die im öffentlichen Interesse – insbesondere zur Gefahrenabwehr – im Einsatz sind, zweitens, daß die anzulegende Straße nicht überlastet werden darf, und drittens, daß der zu erwartende Verkehr nicht zur Schädigung des (zunächst) geplanten Straßenzustands führen darf.[30]

19   Hinsichtlich der **leitungsgebundenen** Erschließungsanlagen umfaßt die Erschließungsaufgabe grundsätzlich die Verlegung der anschlußgeeigneten Wasserversorgungsleitungen und Entwässerungskanäle, von deren Vorhandensein die bauliche oder gewerbliche Nutzbarkeit der Grundstücke des betreffenden Gebiets abhängig ist. Dagegen gehört zum Inhalt der Erschließungsaufgabe nicht, Vorsorge zu treffen gegen Unwetterkatastrophen wie

---

[28] BVerwG, Urteil v. 18. 4. 1986 – 8 C 10.84 – Buchholz 406.11 § 128 BBauG Nr. 36 S. 22 (24) = NVwZ 87, 143 = KStZ 86, 150.

[29] BVerwG, Urteil v. 11. 11. 1987 – 8 C 4.86 – BVerwGE 78, 226 (271) = NVwZ 88, 355 = KStZ 88, 82.

[30] Vgl. BVerwG, u.a. Urteil v. 13. 2. 1976 – IV C 53.74 – Buchholz 406.11 § 34 BBauG Nr. 52 S. 4 (8) = NJW 76, 1855 = DÖV 76, 561.

etwa Überschwemmungen bei Hochwasser oder Überflutungen bei Wolkenbrüchen.[31]

Die Erschließungsanlagen „sollen" – so schreibt § 123 Abs. 2 BauGB vor – 20 „spätestens bis zur Fertigstellung der anzuschließenden baulichen Anlagen benutzbar sein". Zu diesem Zeitpunkt soll etwa eine der wegemäßigen Erschließung dienende Anlage den vorbezeichneten Mindestanforderungen genügen. Es ist also nicht erforderlich, daß sie bereits benutzbar ist, bevor mit der Bebauung begonnen wird; sie soll aber so rechtzeitig angelegt sein, daß die Bebauung beginnen kann. Wenn die Anlagen spätestens bei der Fertigstellung der anzuschließenden baulichen Anlagen (nur) benutzbar sein sollen, folgt daraus, daß sie zu diesem Zeitpunkt nicht bereits in allen Teilanlagen entsprechend der Merkmalsregelung in der Erschließungsbeitragssatzung endgültig hergestellt i.S. des – ohnehin nur für die beitragsfähigen Erschließungsanlagen anwendbaren – § 133 Abs. 2 BauGB sein müssen. Der Zeitpunkt der **endgültigen Fertigstellung** hat für das Erschließungsrecht nur insoweit Bedeutung, als die durch § 123 Abs. 1 BauGB begründete Erschließungsaufgabe in bezug auf eine bestimmte beitragsfähige Erschließungsanlage mit deren endgültiger Herstellung erlischt. Nach der endgültigen Herstellung einer Anlage nämlich richten sich die einschlägigen Rechte und Pflichten ausschließlich nach Landesrecht (vgl. § 128 Abs. 2 BauGB einerseits und § 123 Abs. 4 BauGB andererseits).[32]

§ 123 Abs. 2 BauGB ist vom Gesetzgeber als **Sollvorschrift** ausgestaltet 21 worden. Sollvorschriften sind jedoch für die Verwaltung ebenso verbindlich wie Mußvorschriften, wenn nicht besondere Umstände vorliegen, die ausnahmsweise ein Abweichen von der Regel zulassen.[33] Wie – in erster Linie – die Gemeinden als Träger der Erschließungslast zur Erfüllung ihrer Aufgaben angehalten werden können, sagt das Baugesetzbuch nicht. Die in § 136 Abs. 6 der Regierungsvorlage zum Bundesbaugesetz enthaltene Regelung, nach der bei säumigen Gemeinden die Durchführung der Erschließung von der höheren Verwaltungsbehörde angeordnet und nach fruchtlosem Fristablauf vorgenommen werden sollte (**Ersatzvornahme**),[34] ist im Laufe des Gesetzgebungsverfahrens auf Empfehlung des Bundesrates gestrichen worden, „der in dieser Vorschrift einen unzulässigen Eingriff in das Kommunalverfassungsrecht der Länder erblickte".[35] Die Vorschriften der Länder über eine Ersatzvornahme im Rahmen der Kommunalaufsicht wurden seinerzeit ebenso wie bei der Verabschiedung des Baugesetzbuchs als ausreichend angesehen. Darüber hinaus kommt bei bereits angelegten, aber nicht verkehrssicheren Erschließungs-

---

[31] VGH Mannheim, Urteil v. 13. 4. 1989 – 2 S 2801/87 –.

[32] BVerwG, Urteil v. 28. 10. 1981 – 8 C 4.81 – Buchholz 406.11 § 123 BBauG Nr. 21 S. 2 (6) = DVBl 82, 540 = DÖV 82, 156.

[33] BVerwG, u. a. Urteil v. 27. 1. 1967 – IV C 12.65 – BVerwGE 26, 103 (110) = NJW 67, 840 = DVBl 68, 25 mit weiteren Nachweisen.

[34] Vgl. BT-Drucksache III/336, S. 35 und 97f.

[35] Vgl. Ausschußbericht, BT – *zu* Drucksache III/1794, S. 3 und 23.

straßen ein Eingreifen der Straßenaufsichtsbehörden in Betracht, die ebenfalls die Durchführung der notwendigen Maßnahmen gegenüber den Gemeinden als Träger der Straßenbaulast unter Fristsetzung anordnen und bei fruchtlosem Fristablauf im Wege der Ersatzvornahme durchführen können.[36]

IV. Verdichtung der Erschließungsaufgabe zu einer aktuellen Erschließungspflicht

22   Gemäß § 123 Abs. 3 BauGB besteht ein Rechtsanspruch auf Erschließung **nicht.** Mit dieser Aussage zieht § 123 Abs. 3 BauGB die Konsequenz daraus, daß es nach § 123 Abs. 1 BauGB an einer (hinreichend substantiierten) Pflicht fehlt, der ein Anspruch korrespondieren könnte; der Gehalt des § 123 Abs. 3 BauGB liegt somit in einer klarstellenden Ergänzung des § 123 Abs. 1 BauGB; Abs. 1 dieser Vorschrift soll – ebenso wie deren Abs. 3 – sichern, daß die Erschließung als Instrument zur Gewährleistung einer geordneten städtebaulichen Entwicklung in der **Hand der Gemeinde** bleibt und ihr nicht durch den einzelnen und in dessen alleinigem Interesse entwunden wird.[37] Selbst wenn eine Erschließungsanlage im Bebauungsplan "zugunsten" eines Grundeigentümers vorgesehen ist, kann dieser nicht ohne weiteres die Anlegung dieser Anlage erzwingen.[38] Er hat nicht einmal einen Anspruch auf eine ermessensfehlerfreie Entscheidung über die Erschließung seines Grundstücks. Denn auch ein Anspruch auf eine fehlerfreie Ermessensausübung bedarf der **Rechtsgrundlage.**[39] Daran mangelt es, wenn die ein Ermessen einräumende gesetzliche Regelung (hier: § 123 Abs. 1 BauGB) nicht (zumindest auch) dem Interesse der Betroffenen zu dienen bestimmt ist.[39] So verhält es sich im Zusammenhang mit der Erschließung, weil die Erschließungsvorschriften **ausschließlich** dem **allgemeinen** Interesse, nicht aber auch dem individuellen Interesse einzelner dienen sollen.[40]

---

[36] Vgl. u. a. § 50 Abs. 2 des Straßengesetzes für Baden-Württemberg v. 20. 3. 1964 (GBl S. 127), § 49 Abs. 2 des Hessischen Straßengesetzes v. 9. 10. 1962 (GVBl S. 437), § 57 Abs. 2 des Niedersächsischen Straßengesetzes in der Fassung vom 24. 9. 1980 (GVBl S. 359) und § 50 Abs. 3 des Landesstraßengesetzes für Rheinland-Pfalz in der Fassung v. 1. 8. 1977 (GVBl S. 274).
[37] BVerwG, Urteil v. 7. 2. 1986 – 4 C 30.84 – Buchholz 406.11 § 36 BBauG Nr. 36 S. 14 (21).
[38] BVerwG, Beschluß v. 27. 3. 1968 – IV B 11.68 – Buchholz 406.11 § 123 BBauG Nr. 2 S. 1.
[39] BVerwG, u. a. Urteil v. 29. 6. 1990 – 8 C 26.89 – Buchholz 448.0 § 13a WPflG Nr. 20 S. 6 (7 f.).
[40] BVerwG, Beschluß v. 2. 2. 1978 – 4 B 122.77 – Buchholz 406.11 § 123 BBauG Nr. 16 S. 7 (8) = ID 78, 108 = BRS 37, 18.

Gleichwohl kann sich nach der ständigen Rechtsprechung des Bundesver- **23** waltungsgerichts[41] bei Vorliegen bestimmter Voraussetzungen die (in der Regel) der Gemeinde nach § 123 Abs. 1 BauGB obliegende, nur allgemeine Erschließungsaufgabe **ausnahmsweise** zu einer strikten, von einem Bürger **einklagbaren Pflicht** zur Durchführung in erster Linie die wegemäßige Erschließung betreffender Maßnahmen verdichten.[42] Angesichts vor allem der im Kern durch Art. 28 Abs. 2 Satz 1 GG verfassungsrechtlich garantierten gemeindlichen Planungs-, Erschließungs- und Finanzhoheit und der Regelung des § 123 Abs. 3 BauGB bedarf diese Annahme über die Tatsache einer **mangelhaften Erschließungssituation** eines Grundstücks **hinaus** einer **besonderen Rechtfertigung**, und zwar einer Rechtfertigung, die sich auf ein Verhalten der Gemeinde gründet. Denn es ist allgemein anerkannt, daß das Verhalten eines Entscheidungsträgers – bis hin zum Wegfall – **Einschränkungen seiner Entscheidungsfreiheit** zur Folge haben kann. Hat eine Gemeinde durch **ihr Verhalten** die Grundlage für ihre im "Normalfall" bestehende Entscheidungsfreiheit entzogen, reduziert sich der ihr durch Art. 28 Abs. 2 Satz 1 GG und § 123 Abs. 3 BauGB gewährte Schutz vor Ansprüchen auf Durchführung von Erschließungsmaßnahmen auf eine angemessene Bestimmung des Zeitpunkts, bis zu dem sie eine bestimmte Erschließungsmaßnahme vorgenommen haben muß. Er versagt nach Überschreiten dieses Zeitpunkts ebenso, wie er versagt, wenn die Gemeinde durch Vertrag einem anderen einen Erschließungsanspruch eingeräumt hat. Allerdings kann nicht jedes, in irgend einem Zusammenhang mit der Erschließung von Grundstücken stehende Verhalten der Gemeinde eine aufgabenverdichtende Wirkung auslösen. Es muß sich vielmehr um ein Verhalten handeln, dem in Richtung auf die Durchführung bestimmter Erschließungsmaßnahmen aus der Sicht des "betroffenen" Bürgers **besonderes Gewicht** zukommt, ihm gleichsam eine schutzwürdige Vertrauensposition mit der Folge vermittelt, daß ihm von einem bestimmten Zeitpunkt an ein weiteres Untätigbleiben der Gemeinde nicht mehr zugemutet werden kann. Dazu ist beispielsweise weder die Erteilung einer Bescheinigung, daß es sich bei einem Grundstück um Bauerwartungsland handelt, noch die Abgabe einer positiven Stellungnahme zu einem Antrag auf Erteilung einer Teilungsgenehmigung geeignet, und auch das Heranführen der Erschließung anderer Grundstücke in die Nähe eines bisher nicht erschlossenen Grundstücks kann für dessen Eigentümer keinen subjektiven Anspruch auf eine gemeindliche Erschließung begründen.[40]

Vor dem skizzierten Hintergrund lautet die entscheidende Frage, **welche 24 Rechtsgründe** es im einzelnen sind, die dazu führen können, daß sich die nur allgemeine Erschließungsaufgabe der Gemeinde zu einer aktuellen, einklag-

---

[41] BVerwG, u.a. Urteile v. 4. 10. 1974 – IV C 59.72 – Buchholz 406.11 § 123 BBauG Nr. 11 S. 19 (20ff.) = NJW 75, 402 = KStZ 75, 51, und v. 28. 10. 1981 – 8 C 4.81 – BVerwGE 64, 186 (195) = DVBl 82, 540 = KStZ 82, 149.

[42] Vgl. in diesem Zusammenhang auch Gloria in NVwZ 91, 720 (723ff.).

baren Erschließungspflicht verdichtet. Der Behandlung dieser Frage seien die
drei folgenden, mehr allgemeinen Bemerkungen vorangestellt:

25   Hat ein **Eigentümer** die Erschließung eines sein Grundstück erfassenden
Baugebiets vertraglich übernommen, fehlt es im Verhältnis zu ihm an einer
der Verdichtung zugänglichen gemeindlichen Erschließungsaufgabe. Zwar
wird durch den Abschluß eines Erschließungsvertrags die gemeindliche Erschließungsaufgabe nicht beseitigt, doch wird sie im Verhältnis zum Erschließungsunternehmer durch die von ihm eingegangenen (Erschließungs-)Ver-
pflichtungen schlechthin **überlagert** (und insofern verdrängt). Während des
Bestehens des Erschließungsvertrags eintretende Umstände sind daher nicht
geeignet, etwas für das Entstehen eines Erschließungsanspruchs zugunsten
des Unternehmers herzugeben. Das muß sein etwaiger Rechtsnachfolger im
Eigentum gegen sich gelten lassen.[43]

26   Selbst wenn im Einzelfall ein Rechtsgrund vorliegt, der die Annahme einer
Aufgabenverdichtung rechtfertigt, muß ein auf die Durchführung von Erschließungsmaßnahmen gerichtetes Begehren **erfolglos** bleiben, wenn der An-
spruchsberechtigte der Gemeinde gegenüber zuvor auf die Geltendmachung
des Erschließungsanspruchs verzichtet hat. Ein solcher Verzicht ist rechtlich
möglich.[43]

27   Unterliegt das Bestehen eines Verdichtungsgrunds und in der Folge des
Bestehens einer konkreten gemeindlichen Erschließungspflicht Zweifeln, beginnt jedoch ein **potentieller Erschließungsunternehmer** unter Vorgriff auf einen noch nicht zustande gekommenen Erschließungsvertrag mit der Erschließung, dann tut und will er das beherrschend als **eigenes "Geschäft"** und angesichts dessen auch auf eigenes Risiko. Aus diesem Grunde ist das Begehren
unbegründet, die für durchgeführte Erschließungsmaßnahmen entstandenen
Aufwendungen (aus Geschäftsführung ohne Auftrag) in entsprechender Anwendung des § 683 BGB ersetzt zu bekommen.[44]

1. Allgemeine Rechtsgründe einer Aufgabenverdichtung

28   Von jeher ist angenommen worden, **zulässige Verträge** seien geeignet, eine
Erschließungspflicht und einen Anspruch auf Erschließung zu begründen. In
diesem Zusammenhang ist u. a. auch ein Ablösungsvertrag zu nennen. Die
Zahlung auf einen (wirksamen) **Ablösungsvertrag** (vgl. dazu § 133 Abs. 3
Satz 5 BauGB) dürfte eine Aufgabenverdichtung begründen, wenn es die
Gemeinde ungeachtet dieser Zahlung versäumt, z. B. die Erschließungsstraße,
deren Herstellungskosten durch den Ablösungsbetrag anteilig gedeckt wer-
den sollen, innerhalb eines angemessenen Zeitraums von etwa sechs Jahren

---

[43] BVerwG, Urteil v. 3. 5. 1991 – 8 C 77.89 – BVerwGE 88, 166 (172 f.) = NVwZ 91,
1086 = DVBl 91, 1304.
[44] BVerwG, Beschluß v. 13. 2. 1992 – 8 B 1.92 – NVwZ 92, 672 = KStZ 92, 170 =
HSGZ 92, 246.

benutzbar im Sinne des § 133 Abs. 3 Satz 3 BauGB zu machen.[45] Die als Alternative denkbare Lösung, anzunehmen, nach "fruchtlosem" Ablauf eines solchen Zeitraums erwachse dem betreffenden Grundeigentümer – etwa unter dem Blickwinkel des Wegfalls der Geschäftsgrundlage – ein Anspruch auf Rückzahlung des Ablösungsbetrags, wird der Interessenlage schwerlich gerecht. Durch die Zahlung des Ablösebetrags überläßt der Grundeigentümer der Gemeinde "vorzeitig" und endgültig Finanzierungsmittel für die Herstellung einer bestimmten beitragsfähigen Erschließungsanlage in der schutzwürdigen Erwartung, die Gemeinde werde ihm (abgesehen von einer "Freistellung" vom anderenfalls später entstehenden Erschließungsbeitrag) – in Erfüllung gleichsam einer vertraglichen Nebenpflicht – innerhalb eines angemessenen Zeitraums diese Anlage (zumindest) benutzbar zur Verfügung stellen.

Überdies kann zu einer Pflichtverdichtung – in der Regel nur – bei **unbebauten Grundstücken** beitragen der **Erlaß eines qualifizierten Bebauungsplans.** Denn der Erlaß eines solchen Bebauungsplans kann unter bestimmten Umständen bei einer erschließungsunwilligen Gemeinde die Wirkung einer Veränderungssperre haben, deren entschädigungslose Hinnahme einem betroffenen Grundstückseigentümer nicht auf unbegrenzte Dauer zumutbar ist. Diese **Sperrwirkung** setzt allerdings eine Konstellation voraus, in der ein Grundstück nach Maßgabe des § 34 BauGB oder des § 35 BauGB bebaubar war, in diese Rechtsposition aber durch die Festsetzungen des Bebauungsplans derart eingegriffen wird, daß das Grundstück mangels hinreichender Erschließung(ssicherung) nicht in der im Plan vorgesehenen Weise bebaut werden darf, d.h. der qualifizierte Bebauungsplan die Durchsetzung eines Bauanspruchs "sperrt" und dadurch zu einem Mittel wird, mit dem entgegen § 17 BauGB eine unbefristete Veränderungssperre erreicht wird.[46] Demgegenüber gibt der Erlaß eines qualifizierten Bebauungsplans jedenfalls dann **nichts** für eine Verdichtungswirkung her, wenn Grundstücke beplant werden, deren Erschließung (auch) **bisher nicht** gesichert war[47]; in solchen Fällen kann keine Rede davon sein, daß ein bestehender Bauanspruch entschädigungslos gesperrt wird.[48] In Anlehnung an die Zeitdauer, während der nach §§ 17f. BauGB eine Veränderungssperre entschädigungslos hingenommen werden muß, kann – sofern die entsprechenden Voraussetzungen erfüllt sind – nach Ablauf dieser Dauer eine aktuelle Erschließungspflicht der Gemeinde entstehen.[49]

29

---

[45] Vgl. etwa Klausing, Baurecht aktuell, Festschrift für Felix Weyreuther, S. 455 ff. (469), und OVG Lüneburg, Urteil v. 22. 5. 1991 – 9 L 54/90 –.

[46] Vgl. BVerwG, Urteil v. 6. 2. 1985 – 8 C 44.84 – Buchholz 406.11 § 123 BBauG Nr. 29 S. 20 ff. = DVBl 85, 623 = BauR 85, 310.

[47] Ebenso VGH Mannheim, Urteil v. 7. 2. 1991 – 2 S 138/90 – NVwZ 91, 1109 = BWGZ 91, 266.

[48] BVerwG, Urteil v. 21. 2. 1986 – 4 C 10.83 – DVBl 86, 685 = NVwZ 86, 646 = BauR 86, 305.

[49] BVerwG, Urteil v. 28. 11. 1981 – 8 C 4.81 – BVerwGE 64, 186 (189) = DVBl 82, 540 = DÖV 82, 156.

30   Der Erlaß eines qualifizierten Bebauungsplans kann – wie angedeutet – eine Aufgabenverdichtung **auch** bewirken, wenn Grundstücke des **Außenbereichs beplant** werden. Der Eintritt einer Verdichtung setzt in einem solchen Fall jedoch voraus, daß durch den Erlaß des Bebauungsplans ein bis zu diesem Zeitpunkt beabsichtigtes, nach Maßgabe des § 35 BauGB zulässiges und im Hinblick auf einen außenbereichsgemäßen Erschließungsstandard[50] genehmigungsfähiges Vorhaben bebauungsrechtlich **unzulässig** wird und zugleich die nach dem Plan vorgesehene Nutzung mangels hinreichender Erschließung nicht verwirklicht werden darf.[51]

31   Mit Blick auf den **Rechtsgedanken der Folgenbeseitigung** kann ferner die gemeindliche Mitwirkung am Entstehen einer wegen unzureichender Erschließung nicht nutzbaren Bebauung zu einer Aufgabenverdichtung führen. Dazu können – ausschließlich – bei **bereits bebauten** Grundstücken die (seinerzeitige) **Genehmigung eines Bauvorhabens** und seine Ausführung beitragen, sofern die Genehmigung mangels bebauungsrechtlich geforderter Erschließungssicherung **rechtswidrig** erteilt worden ist. Die Annahme, namentlich „die Erteilung der Baugenehmigung könne von verdichtender Auswirkung auf die Erschließungsaufgabe sein, findet ihre Rechtfertigung in der Erwägung, daß, wenn eine ohne hinreichend gesicherte Erschließung erteilte Baugenehmigung zum Entstehen eines rechtswidrigen Zustands führt und sich daraus Unzuträglichkeiten ergeben, denen nur durch Erschließungsmaßnahmen abgeholfen werden kann, den daran mitverantwortlichen Behörden verwehrt ist, es einfach bei dem sich so ergebenden Zustand bewenden zu lassen und sich auf den Standpunkt zurückzuziehen, daß es allein Sache des Betroffenen sei, mit diesem Zustand fertig zu werden".[52] Der Gemeinde muß also – soll der Erlaß einer Baugenehmigung eine aufgabenverdichtende Wirkung auslösen – ein **Fehlverhalten** angelastet werden können, was voraussetzt, daß sie eine rechtswidrige Baugenehmigung erteilt oder an ihrer Erteilung mitgewirkt hat (vgl. § 36 BauGB). Hat der Grundstückseigentümer selbst eine wesentliche Ursache für die etwaige Rechtswidrigkeit der ihm erteilten Baugenehmigung gesetzt, kann er nicht von der Gemeinde die Beseitigung von Unzuträglichkeiten der Erschließung verlangen. Eine Verdichtung setzt in den in Rede stehenden Konstellationen voraus, daß gerade die Baugenehmigung zum Entstehen eines materiell-rechtswidrigen Zustands geführt hat. Daran **fehlt** es, wenn die Verwirklichung eines **Bauvorhabens** der Genehmigungserteilung **vorausgeht**. In diesem Fall trägt die Genehmigung zum Entstehen des Zustands als solchem nichts bei und dementsprechend fehlt es in

---

[50] Vgl. dazu BVerwG, u. a. Urteil v. 7. 2. 1986 – 4 C 30.84 – BVerwGE 74, 19 (25 f.) = DVBl 86, 682 = NJW 86, 2775.

[51] BVerwG, Urteil v. 3. 5. 1991 – 8 C 77.89 – BVerwGE 88, 166 (174) = NVwZ 91, 1086 = DVBl 91, 1304.

[52] BVerwG, Urteil v. 11. 11. 1987 – 8 C 4.86 – BVerwGE 78, 266 (273) = NVwZ 88, 355 = KStZ 88, 92.

dieser Richtung an einer eine Verdichtungswirkung auslösenden Mitverantwortung der Behörde.[53]

Hat ein Grundeigentümer die Baugenehmigung für ein Gebäude mit einer   32
z.B. auf die Abwasserbeseitigung **ausgerichteten Anordnung** erhalten, bestimmt und begrenzt diese Genehmigung die legale bauliche Nutzung. Nutzt der Eigentümer später das Grundstück in einer Weise und Intensität, für die die Art und Kapazität der betreffenden Abwasserbeseitigung nicht ausreicht, geschieht dies unter Überschreitung der Genehmigung. Bedürfnisse, die sich daraus ergeben, sind nicht der Gemeinde anzulasten. Von einer Eignung derartiger Bedürfnisse, die gemeindliche Erschließungsaufgabe zu verdichten und zugunsten des Grundeigentümers einen Erschließungsanspruch zu begründen, kann deshalb keine Rede sein.[54]

Für die Bestimmung des **Zeitraums,** nach dessen Ablauf einem Bürger mit   33
Blick auf eine rechtswidrig erteilte Baugenehmigung bei Vorliegen aller insoweit maßgeblichen Voraussetzungen ein Anspruch auf die Durchführung von Erschließungsmaßnahmen zuwachsen kann, ist zu berücksichtigen, daß hier – erstens – nicht die bauliche Ausnutzung des Grundstücks überhaupt, sondern lediglich die funktionsgerechte Nutzbarkeit bestimmter vorhandener Baulichkeiten auf dem Spiel steht und – zweitens – nicht das Erschließungsrecht, sondern das Ordnungsrecht die Aufgabe hat, für die Vermeidung (Beseitigung) ordnungswidriger (Erschließungs-)Zustände zu sorgen. Das legt die Annahme nahe, bei der durch die Erteilung einer Baugenehmigung und der Ausführung des genehmigten Vorhabens gegebenenfalls bewirkten Aufgabenverdichtung erwachse dem betroffenen Grundeigentümer ein einklagbarer Erschließungsanspruch erst nach **Ablauf einer Reihe** von Jahren, wobei etwa an eine Frist von zehn Jahren gedacht werden kann.

Auf der Grundlage des Baugesetzbuchs hat die **Erhebung einer Vorausleis**   34
stung mit Rücksicht auf die Regelung des § 133 Abs. 3 Satz 3 BauGB ihre Bedeutung als Verdichtungsgrund verloren.[55] Insoweit begründet der Zeitpunkt des Inkrafttretens des Baugesetzbuchs am 1. Juli 1987 eine strikte Zäsur: War in diesem Zeitpunkt das die Vorausleistung betreffende Verwaltungsverfahren bereits länger als sechs Jahre abgeschlossen und deshalb dem Vorausleistenden bei immer noch fehlender Benutzbarkeit der Erschließungsanlage nach Maßgabe der Rechtsprechung des Bundesverwaltungsgerichts[56] zur seinerzeitigen Rechtslage ein Erschließungsanspruch entstanden, ist § 133 Abs. 3 Satz 3 BauGB nicht anwendbar, d.h. verblieb es bei dem entstandenen Erschließungsanspruch. War dagegen in diesem Zeitpunkt mangels Ablaufs der Sechs-Jahres-Frist ein Erschließungsanspruch noch

---

[53] BVerwG, Urteil v. 3. 5. 1991 – 8 C 77.89 – BVerwGE 88, 166 (171) = NVwZ 91, 1086 = DVBl 91, 1304.
[54] BVerwG, Beschluß v. 8. 5. 1991 – 8 B 38.91.
[55] A. A. u. a. Gloria in NVwZ 91, 720 (726 f.).
[56] Vgl. BVerwG, Urteil v. 28. 10. 1981 – 8 C 4.81 – BVerwGE 64, 186 (193 f.) = DVBl 82, 540 = DÖV 82, 156.

nicht entstanden, ist „§ 133 Abs. 3 Satz 3 BauGB mit der Folge anwendbar, daß nicht mehr ein Erschließungsanspruch, sondern ausschließlich ein zu verzinsender Rückzahlungsanspruch entstehen konnte."[57]

35   Ein **qualifizierender Bebauungsplan** kann für eine Aufgabenverdichtung nicht nur kraft der ihm eigenen Sperrwirkung, sondern auch **im Zusammenhang mit anderen Umständen** von Belang sein. Das setzt in dem einen wie dem anderen Fall die **Rechtswirksamkeit** des Bebauungsplans voraus. Denn der Erlaß eines qualifizierten Bebauungsplans kann nichts zur Verdichtung der gemeindlichen Erschließungsaufgabe beitragen, wenn der Plan nichtig und deshalb rechtlich wirkungslos ist. Selbst wenn er rechtsgültig ist, ergibt sich eine Verdichtungserheblichkeit **nicht** schon dann, wenn die Gemeinde eine der Verwirklichung dieses Plans dienende **Umlegung** durchgeführt hat. Die Umlegung liefert nicht um ihrer selbst willen einen tragfähigen Verdichtungsgrund. Sie ist – wo es ihrer bedarf – lediglich ein Schritt zur Verwirklichung des Bebauungsplans, dem sie dient.[58] „Sie durchzuführen, zwingt nicht einfach aus sich zu weiteren Schritten."[59]

36   Im Urteil vom 22. Januar 1993[59] hat es das Bundesverwaltungsgericht ausdrücklich offengelassen, ob das dem Rechtsstaatsprinzip innewohnende **Gebot des Vertrauensschutzes** als Rechtsgrund für eine Verdichtung der gemeindlichen Erschließungslast geeignet ist, wobei als Ansatzpunkt für ein Eingreifen des Vertrauensschutzes nur der Bebauungsplan zuzüglich eines in ihn – seine Existenz und seinen Inhalt – gesetzten Vertrauens in Betracht kommt. Eine solche Eignung dürfte tendenziell eher **zweifelhaft** sein. Sie setzte nämlich voraus, daß es einen Vertrauensschutz bei Bebauungsplänen – mit Blick speziell auf das Stattfinden einer plangemäßen Erschließung – gibt und daß sich (wenn das zu bejahen sein sollte) etwaige Konsequenzen nicht – wofür die Regelung in § 39 BauGB sprechen könnte – in der Ebene der Entschädigung erschöpfen. Unabhängig davon kann das Gebot des Vertrauensschutzes nur dort ergiebig sein, wo ein etwaiges Vertrauen schutzwürdig ist. Daran fehlt es, wenn der Vertrauende wider besseren Wissens vertraut oder doch entgegen einem Wissen, daß er nach den gegebenen Umständen haben kann oder muß.

37   Dagegen kann das Verhalten einer Gemeinde im Zusammenhang mit dem **Erlaß** und der **Verwirklichung von Bebauungsplänen Treu und Glauben** widerstreiten und dies kann von Fall zu Fall zum Entstehen eines Erschließungsanspruchs führen: Auch nach Erlaß eines Bebauungsplans kann sich eine Gemeinde entscheiden, diesen Plan nicht (mehr) auszuführen. Hat sie sich so entschieden, muß sie diesen Plan aufheben (§ 2 Abs. 4 BauGB) und sich der daraus etwa folgenden Entschädigungspflicht (§ 44 BauGB) stellen. Geht sie

---

[57] BVerwG, Urteil v. 23. 4. 1993 – 8 C 35.91 – BVerwGE 92, 242 (246) = NVwZ 93, 1209 = DVBl 93, 1363.

[58] Vgl. etwa H. Schrödter in Schrödter, BauGB, § 123 Rdnr. 20.

[59] BVerwG, Urteil v. 22. 1. 1993 – 8 C 46.91 – BVerwGE 92, 8 (18) = NVwZ 93, 1102 = DVBl 93, 669.

diesen Weg nicht, sondern sieht sie schlicht von der Durchführung der Erschließung ab, ist ihr **Verhalten** bauplanungsrechtlich **unzulässig** und kann zur Folge haben, daß sie sich dem Erschließungsbegehren der betroffenen Grundstückseigentümer gegenüber nicht mit Erfolg darauf berufen kann, ihr obliege nur eine allgemeine, sie zu nichts verpflichtende Erschließungsaufgabe. Entsprechendes gilt, wenn eine Gemeinde die Durchführung einer in einem Bebauungsplan vorgesehenen Erschließung **ungebührlich verzögert**.[60] Unter welchen Voraussetzungen und nach Ablauf welcher Zeit eine Verzögerung für in diesem Sinne ungebührlich gehalten werden muß, richtet sich wiederum nach Treu und Glauben. Das schließt allgemeine Festlegungen aus, erfordert vielmehr eine Bewertung auf der Grundlage der Umstände des jeweiligen Einzelfalls. Auf diese Bewertung kann für und gegen die Annahme einer Ungebührlichkeit von Einfluß sein, mit welchen Kostenfolgen bei Verwirklichung des Bebauungsplans gerechnet werden muß, was daran vorhersehbar war, welche Änderungen – namentlich in der Haushaltslage der Gemeinde – im einzelnen eingetreten sind, wie es dazu gekommen ist und wer das zu vertreten hat.[60]

2. Verdichtungsgrund des § 124 Abs. 3 Satz 2 BauGB

Häufig wird die **angespannte Haushaltslage** der Gemeinde der Grund für 38 die Verweigerung sein, ein qualifiziert beplantes Gebiet zu erschließen. Der Sache nach setzt hier die in der Rechtsprechung des Bundesverwaltungsgerichts seit dem Urteil vom 20. September 1976[61] anerkannte und mit Inkrafttreten des Investitionserleichtungs- und Wohnbaulandgesetzes in § 124 Abs. 3 Satz 2 BauGB am 1. Mai 1993 gesetzlich normierte[62] **Verdichtungserheblichkeit** von **Erschließungsangeboten** derer an, denen die Verdichtung der Erschließungsaufgabe zugute kommt: „Eine Gemeinde, die sich gegenüber dem Vorwurf einer ungebührlichen Verzögerung der Planverwirklichung unwiderlegbar damit verteidigt, aus wirtschaftlichen Gründen zur Planverwirklichung außerstande zu sein, muß sich gefallen lassen, daß ihr angebliches Unvermögen als ein gegen Treu und Glauben verstoßendes Nichtwollen gewertet wird, wenn sie an ihrer Ablehnung festhält, obgleich ihr die Betroffenen ein Angebot gemacht haben, das geeignet war, die wirtschaftliche Belastung entfallen zu lassen oder sie doch hinreichend zu reduzieren."[63]

§ 124 Abs. 3 Satz 2 BauGB beschränkt die Verdichtungserheblichkeit der 39 Ablehnung eines **Erschließungsangebots** auf das **Zusammentreffen** mit einem –

[60] Vgl. im einzelnen BVerwG, Urteil v. 22. 1. 1993 – 8 C 46.91 – a.a.O.

[61] BVerwG, Urteil v. 10. 9. 1976 – IV C 5.76 – Buchholz 406.11 § 14 Nr. 8 S. 28 = NJW 77, 405 = DVBl 77, 41.

[62] Vgl. zu dieser gesetzlichen Regelung u.a. Weyreuther in UPR 104, 121 (130f.), und Birk in VBlBW 93, 457 (462f.).

[63] BVerwG, Urteil v. 22. 1. 1993 – 8 C 46.91 – BVerwGE 92, 8 (22f.) = NVwZ 93, 1102 = DVBl 93, 669.

wirksamen – qualifizierten Bebauungsplan (§ 30 Abs. 1 BauGB). Diese Beschränkung leuchtet mit Blick auf den Außenbereich schon deshalb ohne weiteres ein, weil sich – wie § 124 Abs. 2 Satz 1 BauGB mit dem Merkmal "Erschließungsgebiet" deutlich macht – ein Erschließungsvertrag und das ihm sozusagen "vorgelagerte" Angebot auf Abschluß eines solchen Vertrags nicht auf die Herstellung von Anlagen im Außenbereich beziehen kann. Zwar liegt es insoweit anders, wenn es um die Herstellung von Erschließungsanlagen im unbeplanten Innenbereich geht. Doch fehlt es im Zusammenhang mit diesen Gebieten an einem Anknüpfungspunkt für die Annahme, die gemeindliche Verweigerung einer (weiteren) Erschließung könne gegen Treu und Glauben verstoßen. Aus diesem Grunde ist die Gemeinde bei Vorhaben im unbeplanten Innenbereich grundsätzlich frei, Erschließungsangebote Dritter anzunehmen oder auch abzulehnen.[64]

40   Allerdings ist gemäß § 124 Abs. 3 Satz 2 BauGB nicht jedes nach Erlaß eines qualifizierten Bebauungsplans ergehende Angebot eines Dritten geeignet, die allgemeine Erschließungsaufgabe der Gemeinde zu einer strikten Erschließungspflicht zu verdichten. Dies trifft vielmehr lediglich zu für ein "zumutbares" Angebot. Das Merkmal der "Zumutbarkeit" wird damit zum Mittelpunkt für die Verdichtungserheblichkeit eines Erschließungsangebots. Es hat Bedeutung nicht nur unter dem Blickwinkel der Seriösität und der inhaltlichen Angemessenheit des Angebots, sondern entfaltet Auswirkungen schon auf das "Vorfeld" eines Erschließungsvertrags, nämlich die Vertragsverhandlungen.

41   § 124 Abs. 3 Satz 2 BauGB begründet über das Merkmal "zumutbar" eine Last der Gemeinde, nach Erlaß eines qualifizierten Bebauungsplans auf ein Erschließungsangebot einzugehen; diese Last schließt ihre Last zu einem angemessenen Verhandeln über den Vertrag ein. Das verwehrt ihr – will sie sich nicht des "Verteidigungsmittels" der Unzumutbarkeit begeben –, sich einem Angebot kategorisch zu verweigern. Zwar muß der Dritte ein hinreichend substantiiertes Angebot machen,[65] doch obliegt es dann der Gemeinde ihrerseits, substantiiert Einwände vorzubringen, d. h. auf aus ihrer Sicht bestehende Unzulänglichkeiten hinzuweisen. Die Gemeinde muß bei den Verhandlungen im Interesse einer Klarstellung der Rechtslage mitwirken, sie muß „über das Angebot in einer Weise ... verhandeln, durch die herausgearbeitet wird, weshalb die Annahme des Angebots unzumutbar sein könnte bzw. soll."[66] Dazu gehört gegebenenfalls auch die Vorlage eines Vertragsentwurfs, den die Gemeinde bereits in anderen Fällen verwandt hat und zu dessen Bedingungen sie auch in diesem Fall abschließen würde.

---

[64] Vgl. BVerwG, Beschluß v. 7. 1. 1977 – IV B 202.76 – Buchholz 406.11 § 34 Nr. 59 S. 23 (25).
[65] Vgl. zu den Anforderungen an das Angebot des Dritten u. a. BVerwG, Beschluß v. 18. 5. 1993 – 4 B 65.93 – NVwZ 93, 1101 = DÖV 93, 918 = ZfBR 93, 305.
[66] BVerwG, Urteil v. 22. 1. 1993 – 8 C 46.91 – a. a. O., S. 24.

Das Merkmal "zumutbar" ist in erster Linie ausgerichtet auf die Seriösität 42 des Angebots, d. h. die **personelle und sachliche Verläßlichkeit.** Der Anbieter muß von seiner Unternehmensstruktur und den personellen wie sachlichen Kapazitäten gemessen an der Erschließungsaufgabe die Gewähr dafür bieten, daß er die Erschließung sach- und plangemäß durchführt. Dazu gehört, daß die vom Anbieter vorgesehenen Hilfskräfte (Ingenieure, bauausführende Firmen usw.) die Voraussetzungen für eine technisch und wirtschaftlich genügende Durchführung der Baumaßnahmen mitbringen. Wegen der engen Verknüpfung von Erschließung und anschließender Bebauung sollte ein Anbieter, der als Bauträger tätig ist, die Erlaubnis nach § 34 c GewO besitzen; ist deren Bestand durch ein schwebendes Entziehungsverfahren gefährdet, kann die Gemeinde von den Vertragsverhandlungen Abstand nehmen. Angebote, die aus irgend einem Grunde nicht hinreichend vertrauenswürdig sind, braucht die Gemeinde nicht anzunehmen, und zwar schon deshalb nicht, weil sie, wenn ein anderer die Erschließung übernommen hat, latent erschließungspflichtig bleibt und für den Fall "einspringen" muß, daß dieser – aus welchen Gründen immer – die Erschließung einstellt.[67]

Als weiteres Zumutbarkeitselement ist die **inhaltliche Angemessenheit** des 43 Angebots zu nennen. Sie umfaßt verschiedene Komponenten. Zum einen geht es um das Gegenständliche; das Angebot einer "abweichenden", einer "halben" oder einer "mangelhaften" Erschließung ist unbeachtlich. Zum anderen geht es sowohl um eine zeitliche als auch um eine wirtschaftliche Komponente. Da § 124 Abs. 3 Satz 2 BauGB als Rechtsfolge eine unmittelbare Erschließungspflicht der Gemeinde anordnet, bewirkt das Merkmal "zumutbar" im Interesse der gemeindlichen Planumsetzungshoheit einen gewissen Schutz; das in Aussicht genommene Erschließungsgebiet muß in **zeitlicher Hinsicht** nach der geordneten Entwicklung der Gemeinde zur Erschließung anstehen, so daß etwa das Entstehen von erschlossenen und bebauten "Inseln" innerhalb des Gemeindegebiets vermieden werden kann. Zwar sind Bauleitpläne gemäß § 1 Abs. 3 BauGB nur aufzustellen, sobald und soweit es für die städtebauliche Entwicklung und Ordnung erforderlich ist. Das schließt aber nicht die gemeindliche Freiheit aus, innerhalb des dadurch abgesteckten Rahmens Erschließungsprioritäten festzulegen. Im übrigen können sich stets Änderungen der baulichen Entwicklung ergeben, die zu einer von der früheren Beurteilung abweichenden Bewertung der Dringlichkeit der Erschließung in einem bestimmten Planbereich führen, ohne daß dies bereits Anlaß für eine Planänderung oder gar -aufhebung sein muß. Bei dieser Bewertung wird der Gemeinde – weil ihr das Element planerischen Wollens immanent ist – ein gewisser **Gestaltungsspielraum** zuzugestehen sein.

Mit Blick auf die **wirtschaftliche Belastung** ist zweifellos das Angebot eines 44 Dritten zumutbar, nach dem dieser sich zur Übernahme der **gesamten Er-**

---

[67] Vgl. BVerwG, u. a. Urteil v. 9. 11. 1984 – 8 C 77.83 – BVerwGE 70, 247 (256) = NVwZ 85, 346 = DVBl 85, 297.

schließungskosten verpflichtet; eine derartige Vereinbarung ist gemäß § 124 Abs. 2 Satz 2 BauGB zulässig. Das läßt offen, wo die Zumutbarkeitsgrenze gleichsam nach unten liegt. Beitragskonforme Angebote, d. h. Angebote, nach denen die Gemeinde die Kosten übernehmen soll, die sie bei Durchführung der Erschließung in eigener Regie tragen müßte, sind jedenfalls nicht schlechthin unzumutbar. Denn sie belasten die Gemeinde lediglich in dem Umfang, in dem ihr die gesetzlichen Erschließungsregeln Kosten auferlegen. Allerdings **bleibt** der Gemeinde bei derartigen Angeboten der Einwand unzureichender Haushaltsmittel. Zur Klarstellung sei jedoch darauf hingewiesen, daß dieser Einwand die Gemeinde vor einer Aufgabenverdichtung nur schützt, wenn sich die Erschließungsverzögerung **nicht** als ungebührliche Verzögerung der Planverwirklichung erweist und deshalb unter dem Blickwinkel von Treu und Glauben selbst ohne ein Erschließungsangebot eine Aufgabenverdichtung begründet.

45   Schließlich ist die Zumutbarkeit abhängig von der vorgesehenen **inhaltlichen Ausgestaltung** des Vertrags u. a. mit Klauseln zur Leistungsbeschreibung, zu Ausschreibungs- und Durchführungsbedingungen, gemeindlichen Mitwirkungsbefugnissen, Haftung und Verkehrssicherung, Gewährleistung und Abnahme sowie Übergabe der Erschließungsanlagen an die Gemeinde.

3. Inhalt von Erschließungsansprüchen

46   Erschließungsansprüche haben einen **unterschiedlichen Inhalt** je nachdem, auf welchen Rechtsgrund sie zurückgehen. Beruht der Anspruch – bei unbebauten Grundstücken – auf der qualifizierten Bebauungsplänen eigenen **Sperrwirkung**, hat er die **plangemäße Erschließung** zum Inhalt.[68] Denn diesen ("Sperr-")Fall kennzeichnet, daß der Begünstigte eine Erschließung zu erhalten hat, die ihm eine durch § 30 BauGB erlaubte bauliche Nutzung gestattet. Darin liegt es bei einer Verdichtung, die zum einen auf einen Verstoß gegen **Treu und Glauben** sowie zum anderen auf – gleichsam einen Unterfall davon – die Verweigerung eines zumutbaren Erschließungsangebots zurückgeht, **nicht** anders. Denn auch bei ihr muß eine Bebaubarkeit nach § 30 Abs. 1 BauGB erreicht werden. Wenn ein Grundeigentümer bei diesen Konstellationen einen Anspruch auf Erschließung hat, kann er **alles das verlangen,** was für eine Bebauungsgenehmigung nach § 30 Abs. 1 BauGB erforderlich ist.

47   Einen **anderen** Inhalt hat jedoch ein auf dem Gedanken der **Folgenbeseitigung** basierender Erschließungsanspruch. Dieser Anspruch beschränkt sich auf die Erschließungsmaßnahmen, die für die **funktionsgerechte Nutzbarkeit** der auf dem Grundstück vorhandenen baulichen Anlagen nach Lage der Dinge unerläßlich sind.[69] Ob etwa eine Verkehrsanlage das zu leisten geeignet

---

[68] Vgl. BVerwG, Urteil v. 21. 2. 1986 – 4 C 10.83 – DVBl 86, 685 = NVwZ 86, 646 = BauR 86, 305.

[69] BVerwG, u. a. Urteil v. 28. 10. 1981 – 8 C 4.81 – BVerwGE 64, 186, [195] = DVBl 82, 540 – KStZ 82, 149.

ist, hängt davon ab, ob sie eine angemessene, hinreichend gefahrlose Verbindung des Grundstücks mit dem übrigen Verkehrsnetz der Gemeinde und in diesem Sinne eine ausreichende wegemäßige Erschließung vermittelt. Welche konkreten Anforderungen dazu zu stellen sind, richtet sich nach den Umständen des Einzelfalls, wobei Art und Anzahl der angrenzenden Grundstükke, ihre Nutzung sowie der Gebietscharakter von Bedeutung sind. Jedoch muß eine Straße gewisse **Mindestvoraussetzungen** (vgl. Rdnr. 18) erfüllen, um eine ausreichende wegemäßige Erschließung zu vermitteln. Darüber hinaus müssen z.B. in einem der Wohnbebauung dienenden Gebiet eine Beleuchtungsanlage und eine Straßenentwässerungseinrichtung vorhanden sein, damit zwischen dem in Rede stehenden Grundstück und der nächsten voll ausgebauten Straße sowohl bei Dunkelheit als auch bei "normalem" Regenwetter ohne weiteres ein unbehinderter Fußgängerverkehr stattfinden kann. Bei einem Fahrzeugverkehr von nicht völlig untergeordneter Bedeutung ist zusätzlich ein abgesetzter Gehweg erforderlich.[69]

Allerdings ist z.B. der Umstand, daß das Befahren einer Straße mit – wenn **48** auch teilweise mangelhaftem – Asphaltbelag lediglich bei Schnee- und Eisglätte (namentlich in bergigen Regionen) nicht möglich ist, in diesem Zusammenhang grundsätzlich unbeachtlich: Denn für derartige Behinderungen ist regelmäßig nicht ein noch nicht abgeschlossener Ausbau der Straße, sondern ein **unzureichender Wetterdienst** ursächlich.[70] Aus dem damit angesprochenen Gesichtspunkt der **Verkehrssicherungspflicht** läßt sich auch im übrigen kein Anspruch auf Durchführung bestimmter Erschließungsmaßnahmen herleiten; entsprechendes gilt für § 1004 Abs. 1 BGB in Verbindung mit § 906 BGB.[71]

§ 6 Erschließungsvertrag

I. Einführung

Während der Geltungsdauer des Bundesbaugesetzes war der Erschlie- **1** ßungsvertrag in § 123 Abs. 3 BBauG geregelt; mit gleichem Wortlaut ist diese Bestimmung als § 124 Abs. 1 in das Baugesetzbuch übernommen worden. Durch das Inkrafttreten des Investitionserleichterungs- und Wohnbaulandgesetzes vom 22. April 1993 (BGBl. I S. 466) sind mit Wirkung vom 1. Mai 1993 zum einen dem § 124 Abs. 1 BauGB **drei Absätze** und zum anderen der Überleitungsvorschrift des § 242 BauGB ein Absatz **angefügt** worden, die sich mit einer Ausnahme einzig zum Erschließungsvertrag verhalten. Diese Ausnahme betrifft § 124 Abs. 3 Satz 2 BauGB, in dem der Gesetzgeber einen

---

[70] Vgl. VGH Kassel, Urteil v. 23. 7. 1985 – II OE 92/82 – HSGZ 85, 489.
[71] Vgl. Ernst in Ernst/Zinkahn/Bielenberg, BauGB, § 123 Rdnr. 32.

Einzelfall aus dem Bereich der von der Rechtsprechung des Bundesverwaltungsgerichts entwickelten sog. Verdichtung der gemeindlichen Erschließungsaufgabe zu einer aktuellen Erschließungspflicht (vgl. dazu § 5 Rdnrn. 23 ff.) aufgegriffen hat, nämlich den Fall, daß die Gemeinde nach Erlaß eines qualifizierten Bebauungsplans ein ihr zumutbares Angebot eines Dritten ablehnt, die im Bebauungsplan vorgesehene Erschließung vorzunehmen. Mit diesem Inhalt setzt § 124 Abs. 3 Satz 2 BauGB eine Konstellation voraus, in der es **gerade nicht** zum Abschluß eines Erschließungsvertrags gekommen ist. Diese Regelung steht daher in einem sachlichen Zusammenhang nicht mit dem Erschließungsvertrag, sondern mit der Frage nach dem Entstehen eines Erschließungsanspruchs; sie ist aus diesem Grunde auch dort behandelt worden (vgl. § 5 Rdnrn. 38 ff.).

2   Mit der Ergänzung des § 124 BauGB um die Absätze 2 bis 4 hat der Gesetzgeber in erster Linie das Ziel verfolgt, die Gemeinden weitgehend von den mit der Durchführung einer Erschließung verbundenen finanziellen Belastungen freizustellen. Nach der bis zum 30. April 1993 maßgebenden Rechtslage hatten sie auch bei Abschluß eines Erschließungsvertrags alle Kosten der Erschließung zu tragen, die auf sie entfallen wären, wenn sie die Erschließung in eigener Regie durchgeführt hätten. Sie mußten in entsprechender Anwendung des § 129 Abs. 1 Satz 3 BauGB einen (zumindest) zehnprozentigen Anteil am beitragsfähigen Erschließungsaufwand übernehmen[1] und durften auf den Erschließungsunternehmer **nur** diejenigen Kosten vertraglich **abwälzen,** für die eine gesetzliche Erhebung von Beiträgen vorgesehen war.[2] Mit Blick auf die somit selbst bei Abschluß von Erschließungsverträgen auf die Gemeinden entfallenden finanziellen Belastungen hat der Gesetzgeber befürchtet, die Erschließungstätigkeit könne spürbar zurückgehen. Deshalb wollte er den Gemeinden die Möglichkeit eröffnen, die Erschließungskosten vollständig auf den Erschließungsunternehmer zu überbürden.[3]

II. Erschließungsvertrag und verwandte Vertragstypen

3   Die Erschließung ist gemäß § 123 Abs. 1 BauGB grundsätzlich Aufgabe der Gemeinde. Sie kann diese Aufgabe – wenn sie einen entsprechenden "Bauhof" hat – mit eigenen Kräften durchführen, was jedoch in der Praxis

---

[1] Vgl. BVerwG, u.a. Urteil v. 17. 10. 1984 – 8 C 52.83 – NJW 85, 642 = DVBl 85, 285.

[2] BVerwG, Urteil v. 23. 8. 1991 – 8 C 61.90 – BVerwGE 89, 7 = DVBl 92, 372 = KStZ 92, 29; vgl. in diesem Zusammenhang im einzelnen Weyreuther in UPR 94, 121 ff.

[3] Vgl. dazu BT-Drucksache 12/3944, S. 29, sowie u.a. Busse in BayVBl 93, 193 (194); siehe zum "neuen" Erschließungsvertrag im übrigen u.a. Birk in VBlBW 93, 457 ff., und Reif in BWGZ 94, 200 ff., Döring in NVwZ 94, 853 ff., und Fischer in: Hoppenberg, Handbuch des öffentlichen Baurechts, Kapitel X, VII, S. 34 ff.

sehr selten geschieht. Ganz überwiegend bedient sich die Gemeinde zur Erfüllung ihrer Erschließungsaufgaben fremder Kräfte, sie schließt – in der Regel – mit mehreren Privatunternehmen privatrechtliche (Lieferungs- und) Werkverträge über die Vornahme bestimmter Erschließungsarbeiten ab. In diesen Fällen werden die Erschließungsmaßnahmen unter der Regie der Gemeinde in ihrem Auftrag und auf ihre Kosten durchgeführt.

Durch § 124 Abs. 1 BauGB hat der Gesetzgeber den Gemeinden die Möglichkeit eröffnet, „die Erschließung" als solche, also nicht nur einzelne Erschließungsarbeiten, „durch Vertrag auf einen Dritten zu übertragen". Diese ihrer Natur nach öffentlich-rechtlichen Verträge[4] bilden vielfach die Grundlage für die Erschließung neuer Baugebiete vor allem durch Wohnungsbauunternehmen.[5] Sie stellen als **"Erschließungsunternehmer"** auf regelmäßig ihnen gehörenden Grundstücksflächen die Erschließungsanlagen auf eigene Kosten als eigene Einrichtungen her, veräußern die von den Anlagen erschlossenen Einzelgrundstücke in bebautem oder unbebautem Zustand, wälzen dabei die ihnen entstandenen Erschließungskosten auf die Grundstückserwerber ab und übergeben schließlich die hergestellten Anlagen an die Gemeinde. Diese ist an der technischen Durchführung der Erschließung und ihrer Finanzierung zunächst nicht beteiligt. Ihr entstehen bei einer ordnungsgemäßen Abwicklung eines echten Erschließungsvertrags aus der Erschließung keine beitragsfähigen Aufwendungen, so daß für eine Erhebung von Erschließungsbeiträgen kein Raum ist.

Allerdings kann die Gemeinde nach § 124 Abs. 1 BauGB nur die technische Durchführung und kostenmäßige Abwicklung der Erschließung auf den Erschließungsunternehmer übertragen, nicht aber die ihr gemäß § 123 Abs. 1 BauGB obliegende Erschließungslast. Diese bleibt durch den Abschluß eines Erschließungsvertrags unberührt. Die sich aus der Erschließungslast ergebende Erschließungsaufgabe wird durch den Abschluß eines Erschließungsvertrags nicht erfüllt, sondern tritt lediglich gleichsam in den Hintergrund. Kommt der Erschließungsunternehmer seinen vertraglichen Verpflichtungen nicht nach, **aktualisiert sich die Erschließungsaufgabe** der Gemeinde mit der Folge, daß sie die Erschließung (wieder) selbst übernehmen bzw. vollenden muß.[6] Die Gemeinde kann auch keine Hoheitsrechte übertragen, wie etwa das Recht, einen Bebauungsplan aufzustellen oder die Anlieger durch Bescheide zu Erschließungsbeiträgen heranzuziehen. Der Erschließungsunter-

4

5

---

[4] St. Rspr. u. a. BVerwG, Urteil v. 23. 4. 1969 – IV C 69.67 – BVerwGE 32, 37 (38) = NJW 169, 2162 = DVBl 69, 699, und BGH, Urteil v. 30. 9. 1970 – I ZR 137/68 – NJW 70, 2107 = DVBl 71, 395 = DÖV 70, 870; vgl. zu Erschließungsverträgen und ihrer Entwicklung aus den Unternehmerverträgen nach altem Landesrecht Ernst in BWGZ 84, 699 ff.

[5] Vgl. zu rechtlicher Einordnung und Rechtsfragen von Erschließungsabreden auch Erbguth/Rapsch in DÖV 92, 45 ff.

[6] BVerwG, Urteil v. 22. 8. 1975 – IV C 7.73 – Buchholz 406.11 § 127 BBauG Nr. 23 S. 11 (13) = NJW 76, 341 = KStZ 75, 229.

nehmer übt im Grunde eine rein technisch-finanzielle Tätigkeit aus, er bleibt im Rechtssinne eine Privatperson.[7]

6   Von einem echten Erschließungsvertrag zu unterscheiden ist ein verwandter Vertragstyp, der sog. **Vorfinanzierungsvertrag.**[8] Durch einen solchen, durch die Neufassung des § 124 BauGB weitgehend bedeutungslos gewordenen Vertrag verpflichtet sich ein Dritter, die Flächen der Erschließungsanlagen in einem Gebiet der Gemeinde zu übertragen, die Erschließungsanlagen auszubauen und den entstehenden Aufwand vorzufinanzieren. Nach Abschluß der Bauarbeiten kann etwa in der Weise abgerechnet werden, daß die Gemeinde dem "Vorfinanzierer" (in Raten) erstattet sowohl die vertraglich nicht endgültig auf den Erschließungsunternehmer abgewälzten Kosten als auch ggfs. den Anteil eines i.S der § 128f. BauGB beitragsfähigen Erschließungsaufwands, der durch die Veranlagung von nicht dem Vorfinanzierer gehörenden erschlossenen Grundstücken zu Erschließungsbeiträgen gedeckt werden kann. Für die im Eigentum des Vorfinanzierers stehenden erschlossenen Grundstücke wird die Erhebung eines Erschließungsbeitrags vertraglich ausgeschlossen.

7   Nicht zu den Erschließungsverträgen oder diesen verwandten Vertragstypen gehören die sog. **Folgelastenverträge,** durch die sich Bauwillige – meist eines größeren Wohnkomplexes – der Gemeinde gegenüber verpflichten, anteilige Kosten für kommunale Folgeeinrichtungen zu übernehmen. Anders als ein Erschließungsvertrag (und z.B. ein Vorfinanzierungsvertrag) begründet ein Folgelastenvertrag für den Dritten nicht die Verpflichtung zur Durchführung der Erschließung, sondern die Verpflichtung zur Zahlung eines Geldbetrags als Zuschuß zu den kommunalen Folgelasten. Derartige Verträge waren bis zum Inkrafttreten des Investitionserleichterungs- und Wohnbaulandgesetzes am 1. Mai 1993 bundesrechtlich nicht geregelt und nur begrenzt zulässig; ihre Zulässigkeit beschränkte sich auf die Abwälzung solcher Kosten, die durch das jeweilige Bauvorhaben bzw. durch den seiner Zulässigkeit zugrundeliegenden Bebauungsplan verursacht wurden.[9] Nunmehr ist der Folgelastenvertrag im neugefaßten § 6 Abs. 3 des Maßnahmegesetzes zum Baugesetzbuch behandelt.[10]

---

[7] Vgl. zur – z.B. vor einem geplanten Abschluß eines Erschließungsvertrags erfolgten – Geschäftsführung ohne Auftrag durch einen Privaten hinsichtlich der Erschließungsaufgabe der Gemeinde OVG Münster, Urteil v. 15. 3. 1989 – 3 A 919/86 – KStZ 89, 195.

[8] Siehe zu den in diesem Zusammenhang zu unterscheidenden Vertragstypen im einzelnen Döring in NVwZ 94, 853 ff., sowie zur Abgrenzung zwischen einem "echten" Erschließungsvertrag und einem Vorfinanzierungsvertrag OVG Saarland, Urteil v. 7. 11. 1988 – 1 R 322/87 – DÖV 89, 861.

[9] BVerwG, Urteil v. 14. 8. 1992 – 8 C 19.90 – BVerwGE 90, 310 = KStZ 93, 50.

[10] Vgl. dazu im einzelnen u. a. Neuhausen, BauGB-Maßnahmegesetz Rdnrn. 327 ff.

III. Abschluß und Gegenstand eines Erschließungsvertrags

Der Erschließungsvertrag des § 124 BauGB ist ein besonderer Typ der im **8**
übrigen in § 6 BauGB-Maßnahmegesetz geregelten städtebaulichen Verträge;
§ 124 BauGB ist im Verhältnis zu § 6 BauGB-Maßnahmegesetz mit der Folge
die **speziellere Norm**, daß die in § 124 BauGB aufgestellten Regeln ausschließlich für den Erschließungsvertrag maßgebend sind. Zwar beantwortet § 124
BauGB nicht alle mit Erschließungsverträgen zusammenhängende Fragen,
sondern beschränkt sich auf einzelne Bestimmungen über Abschluß und Inhalt solcher Verträge. Soweit er allerdings Regelungen trifft, haben sie für den
Erschließungsvertrag **abschließenden** Charakter. Mit der Anordnung in § 124
Abs. 3 Satz 1 BauGB, die vertraglich vereinbarten Leistungen müßten den
gesamten Umständen nach angemessen sein und im sachlichen Zusammenhang mit der Erschließung stehen, hat der Gesetzgeber deutlich gemacht, daß
Erschließungsverträge keine sog. subordinationsrechtlichen Verträge im Sinne des § 54 Abs. 2 VwVfG sind und deshalb § 56 VwVfG keine Anwendung
findet, der für subordinationsrechtliche Verträge in seinem Abs. 1 Satz 2 eine
dem § 124 Abs. 3 Satz 1 BauGB entsprechende Bestimmung enthält.[11] In
§ 124 BauGB **nicht** behandelt ist beispielsweise die **Abwicklung** von Erschließungsverträgen; sie richtet sich deshalb nach Landesrecht,[12] und zwar – da
ein Erschließungsvertrag kein abgabenrechtlicher Vertrag[13] ist – nach den
einschlägigen Vorschriften des jeweiligen Verwaltungsverfahrensgesetzes
(vgl. Rdnrn. 41 ff.).

1. Abschluß eines Erschließungsvertrags

Grundsätzlich besteht kein Anspruch eines Dritten darauf, daß die Ge- **9**
meinde mit ihm einen Erschließungsvertrag abschließt. Allerdings hat die
Gemeinde in der Regel ein Interesse an einem solchen Abschluß, weil sie auf
diese Weise nicht nur eine langfristige Bindung ihrer Finanzmittel, sondern
sogar weitgehend jede Belastung mit Erschließungskosten vermeiden kann.
Führt sie nämlich die Erschließungsmaßnahmen in eigener Regie durch, muß
sie diese aus eigenen bzw. aufgenommenen Mitteln vorfinanzieren, bis sie –
jedenfalls – ihre beitragsfähigen Aufwendungen durch die Erhebung von
Beiträgen decken kann. Da einerseits die finanziellen Mittel der Gemeinden –
bekanntermaßen – in den letzten Jahren knapper geworden sind und andererseits der Druck wächst, dem Bodenmarkt erschlossene Grundstücke anzubie-
ten, um dadurch die Voraussetzungen für eine Bautätigkeit zu schaffen, dürfte der Erschließungsvertrag in Zukunft zunehmend an Bedeutung gewinnen.

---

[11] Ebenso u. a. Weyreuther im UPR 94, 121 ff. (125).
[12] Vgl. BVerwG, Urteil v. 23. 8. 1991 – 8 C 61.90 – BVerwGE 89, 7 (9) = DVBl 92,
372 = KStZ 92, 29.
[13] So u. a. schon Birk in VBlBW 84, 97 ff. (108).

10   Gleichwohl sollte ein Erschließungsvertrag erst abgeschlossen werden, wenn ein **rechtsverbindlicher Bebauungsplan** in Kraft getreten ist, denn er dient dessen Verwirklichung. Wird ein Erschließungsvertrag jedoch früher abgeschlossen, sollte er wirksam werden erst mit der Rechtsverbindlichkeit des entsprechenden Bebauungsplans. Andernfalls sind zumindest die unverbindlichen Zielvorstellungen in den Vertrag aufzunehmen, die die Gemeinde mit dem von ihr beabsichtigten Bebauungsplan zu verfolgen gedenkt, und es sollte sichergestellt werden, daß der Erschließungsunternehmer etwaige Vorarbeiten auf eigenes Risiko durchführt. Die Gemeinde kann sich dem Unternehmer gegenüber nicht rechtswirksam zum Erlaß eines Bebauungsplans mit einem bestimmten Inhalt verpflichten.[14]

11   Bricht eine Gemeinde Verhandlungen über den Abschluß eines Erschließungsvertrags aus **sachfremden** Gründen ab, kann sich daraus u.U. eine Verpflichtung zur Leistung eines Schadenersatzes für sie ergeben.[15] Die im bürgerlichen Recht entwickelten Grundsätze über eine Haftung wegen Verschuldens bei Vertragsabschluß gelten auch für Erschließungsverträge.[16]

12   Als öffentlich-rechtlicher Vertrag bedarf der Erschließungsvertrag gemäß § 124 Abs. 4 BauGB grundsätzlich der **Schriftform;** diese erfordert nach § 126 Abs. 2 Satz 1 BGB die Unterzeichnung der Vertragspartner auf derselben Urkunde.[17] Enthält ein Vertrag – was in der Regel der Fall ist – die Verpflichtung zur Übertragung des Eigentums an den Flächen der Erschließungsanlagen, ist § 313 Satz 1 BGB entsprechend anzuwenden, d.h. es ist – auch für einen Vorvertrag – eine **notarielle Beurkundung** erforderlich.[18] Ob eine fehlende notarielle Beurkundung zur Nichtigkeit des gesamten Erschließungsvertrags oder nur zur Nichtigkeit des die Eigentumsübertragung betreffenden Teils führt, hängt gemäß der ebenfalls entsprechend anwendbaren Bestimmung des § 139 BGB im Einzelfall davon ab, ob das Rechtsgeschäft auch ohne den nichtigen Teil vorgenommen worden wäre.[19] Ein etwaiger Formmangel wird nach § 313 Satz 2 BGB durch Auflassung und Eintragung in das Grundbuch geheilt; der Vertrag wird dann seinem ganzen Inhalt nach gültig.[20]

13   Nach dem einschlägigen Landesrecht richtet sich, wem auf Seiten der Gemeinde der Abschluß eines Erschließungsvertrags obliegt; in erster Linie wird dies Aufgabe des **Bürgermeisters** oder seines Stellvertreters sein. **Intern** bedarf der Abschluß eines solchen Vertrags in der Regel der **Zustimmung** des

---

[14] BGH, Urteil v. 22. 11. 1979 – III ZR 186/77 – NJW 80, 926.
[15] Vgl. dazu BGH, Urteil v. 7. 2. 1980 – III ZR 23/78 – NJW 80, 1679.
[16] OVG Lüneburg, Urteil v. 10. 6. 1980 – 9 A 63/78 – S-H Gemeinde 80, 383.
[17] Vgl. OVG Lüneburg, Urteil v. 13. 8. 1991 – 9 L 362/89 – NJW 92, 1404 = GemHH 92, 261.
[18] BVerwG, Urteil v. 9. 11. 1984 – 8 C 77.83 – BVerwGE 70, 247 (254f.) = DVBl 85, 297 = NVwZ 85, 346.
[19] Vgl. u.a. OVG Koblenz, Urteil v. 2. 5. 1977 – 6 A 52/75 – HSGZ 80, 314, und OVG Münster, Urteil v. 8. 2. 1979 – III A 132/77 – HSGZ 79, 313.
[20] Ebenso z.B. OVG Saarland, Urteil v. 7. 11. 1988 – 1 R 322/87 – DÖV 89, 861.

Gemeinderats bzw. des durch den Gemeinderat im Einzelfall oder kraft der Hauptsatzung für zuständig erklärten Ausschusses, es sei denn, dem Bürgermeister ist eine derartige Aufgabe ausdrücklich übertragen worden. Um ein Geschäft der laufenden Verwaltung handelt es sich beim Abschluß eines Erschließungsvertrags nicht, und zwar unabhängig von der Gemeindegröße.[21] Eine **Genehmigung** der Rechtsaufsichtsbehörde ist grundsätzlich nicht erforderlich. Jedoch kann sich je nach dem Inhalt eines Erschließungsvertrags nach Maßgabe der einschlägigen landesrechtlichen Bestimmungen im Einzelfall das Erfordernis einer Genehmigung ergeben.[22]

2. Gegenstand eines Erschließungsvertrags

§ 124 Abs. 2 Satz 1 BauGB bestimmt abschließend, was Gegenstand eines Erschließungsvertrags sein kann; es sind dies „nach Bundes- oder nach Landesrecht beitragsfähige sowie nichtbeitragsfähige Erschließungsanlagen". Mit dieser Formulierung knüpft der Gesetzgeber an den **weiten Erschließungsanlagenbegriff** des § 123 Abs. 2 BauGB und überdies an die Erkenntnis an, daß es innerhalb der Vielzahl von Erschließungsanlagen in diesem Sinne **drei verschiedene** Gruppen gibt, nämlich – erstens – kraft Bundesrecht beitragsfähige Erschließungsanlagen (vgl. § 127 Abs. 2 BauGB), – zweitens – kraft Landesrecht beitragsfähige Erschließungsanlagen wie etwa Wasserversorgungs- und Abwasseranlagen sowie – drittens – unter Berücksichtigung von Bundes- und Landesrecht beitragsfreie Erschließungsanlagen. Zu letzteren zählen – soweit das zutrifft (vgl. § 2 Rdnrn. 49 ff.) – Kinderspielplätze, ferner die von § 127 Abs. 2 BauGB nicht erfaßten Sammelstraßen, Parkflächen und Fußwege (vgl. dazu § 2 Rdnrn. 45 ff.) und überdies u. a. eine Tiefendrainage[23] sowie die Erschließungsanlagen zur Versorgung mit Elektrizität, Gas und Fernwärme.[24] Jedenfalls muß es um Erschließungsanlagen, d. h. erschließungsrechtlich **selbständige** Anlagen gehen (vgl. dazu § 5 Rdnrn. 6 ff.), so daß unselbständige Anhängsel von z. B. einer Anbaustraße (§ 127 Abs. 2 Nr. 1 BauGB) als Gegenstand eines Erschließungsvertrags mangels Erfüllung des Merkmals "Erschließungsanlage" ausscheiden. 14

Vorauszusetzen ist in diesem Zusammenhang überdies, daß es sich um Anlagen handelt, die von der der **Gemeinde** gemäß § 123 Abs. 1 BauGB **auferlegten Erschließungslast** erfaßt werden.[25] Das folgt aus dem Wesen der Übertragung, auf die § 124 Abs. 1 BauGB abhebt; die Gemeinde kann nicht eine „Erschließung ... auf einen Dritten übertragen" (§ 124 Abs. 1 BauGB), die 15

---

[21] Vgl. etwa Birk in VBlBW 93, 457 (461).

[22] Siehe dazu im einzelnen Reif in BWGZ 94, 200 (212).

[23] Siehe dazu BVerwG, Urteil v. 13. 11. 1992 – 8 C 41.90 – Buchholz 406.11 § 123 BBauG/BauGB Nr. 37 S. 25 (28) = NVwZ 93, 1203 = KStZ 93, 31.

[24] Vgl. zu diesen Anlagen BVerwG, Urteil v. 11. 12. 1987 – 8 C 85.86 – BVerwGE 78, 321 (325) = NVwZ 88, 632 = DVBl 88, 893.

[25] Ebenso u. a. Weyreuther in UPR 94, 121 (127).

nicht ihr, sondern einem Dritten als Aufgabe obliegt. Diese Übertragung ist – wie gesagt – auf die der Gemeinde durch § 123 Abs. 1 BauGB auferlegte „Erschließung" ausgerichtet; das macht zugleich deutlich, daß lediglich die **erstmalige Herstellung** von Erschließungsanlagen in einem Erschließungsvertrag verabredet werden kann. Denn ausschließlich diese Herstellung im Sinne von Anlegung ist Gegenstand der bundesrechtlich geregelten und nach § 124 Abs. 1 BauGB **übertragbaren** gemeindlichen **Erschließungsaufgabe.**[26] § 124 BauGB ist also eingebettet in die erschließungsrechtlichen Vorschriften sowohl des § 123 BauGB als auch – worauf sogleich einzugehen sein wird (vgl. Rdnr. 19) – des § 125 BauGB; er ist von diesen erschließungsrechtlichen Vorschriften "eingerahmt". Das führt zu einer weiteren Erkenntnis:

16   § 124 Abs. 1 Satz 1 BauGB stellt ab auf "Erschließungsanlagen". Das meint Anlagen, die der **Erschließung** dienen, d. h. die dazu bestimmt sind, die **bauliche Nutzung** von (**Bau**-)**Grundstücken** zu ermöglichen und zu erleichtern bzw. zu verbessern (vgl. § 5 Rdnr. 1). An dieser Anforderung **scheitert** die Annahme, z. B. ein im Außenbereich zu errichtender Wirtschaftsweg könne Gegenstand eines Erschließungsvertrags sein. Die Herstellung einer solchen (Nichterschließungs-)Anlage mag jedoch ebenso wie etwa die Herstellung eines erschließungsrechtlich unselbständigen Anhängsels und die Verbesserung oder Erneuerung einer kraft Bundesrecht beitragsfähigen Erschließungsanlage in einem städtebaulichen Vertrag nach § 6 BauGB-Maßnahmengesetz vereinbart werden können.

17   § 124 Abs. 2 Satz 1 BauGB spricht zwar von Erschließungsanlagen im Plural. Das schließt jedoch nicht aus, über eine **einzelne** Erschließungsanlage einen Erschließungsvertrag abzuschließen, sei es über eine Anbaustraße oder eine Wasserversorgungs- oder Abwasseranlage. Auch bestehen keine Bedenken, den Gegenstand eines Erschließungsvertrags zwar auf (mehrere) Anbaustraßen zu beschränken und leitungsgebundene Erschließungsanlagen zum Gegenstand eines anderen, das gleiche Gebiet erfassenden Erschließungsvertrags zu machen. Ferner ist es mit Blick beispielsweise auf eine besonders lange Erschließungsstraße nicht zu beanstanden, wenn insoweit eine Begrenzung auf eine **verselbständigungsfähige Teilstrecke** erfolgt,[27] wobei die für die Abschnittsbildung maßgebenden Anforderungen des § 130 Abs. 2 Satz 2 BauGB einzuhalten sein dürften. Dagegen dürfte eine Abrede **nicht** mehr von § 124 BauGB gedeckt sein, nach der der Erschließungsunternehmer nur eine Teileinrichtung wie etwa einen Gehweg oder beispielsweise den Unterbau der Fahrbahn herstellen soll. Denn insoweit fehlt es an einem "vertragsfähigen" Gegenstand, nämlich einer Erschließungsanlage.[28]

---

[26] Vgl. u. a. Weyreuther in UPR 94, 121 (127); a. A. Birk in VBlBW 93, 457 (460) und Reif in BWGZ 94, 200 (202).

[27] Vgl. in diesem Zusammenhang OVG Lüneburg, Urteil v. 11. 12. 1990 – 9 L 179/89 – NsGemeinde 91, 199.

[28] A. A. Reif in BWGZ 94, 200 (209).

Im übrigen begrenzt § 124 Abs. 2 Satz 1 den Vertragsgegenstand **räumlich** 18 dahin, daß durch einen Erschließungsvertrag nur die Herstellung von Erschließungsanlagen „in einem bestimmten **Erschließungsgebiet** in der Gemeinde" einem Dritten übertragen werden kann. Damit hat der Gesetzgeber folgender, schon bisher maßgebenden Überlegung Ausdruck verliehen: Da die durch § 123 Abs. 1 BauGB begründete Erschließungslast durch den Abschluß eines Erschließungsvertrags unberührt bleibt (vgl. Rdnr. 5), kann ein solcher Vertrag sich nicht auf die Übernahme dieser Last und in der Folge die Herstellung aller Erschließungsanlagen in einer Gemeinde (in Gegenwart und Zukunft) beziehen. Er muß sich vielmehr räumlich **beschränken** auf die Erschließung eines bestimmten (Erschließungs-)Gebiets oder genauer: auf die Herstellung der für die Erschließung dieses Gebiets vorgesehenen Erschließungsanlagen. Um welches Gebiet es sich dabei handelt, muß im Erschließungsvertrag bestimmt werden, so daß das Erschließungsgebiet im Sinne des § 124 Abs. 2 Satz 1 BauGB durch den **Erschließungsvertrag** sozusagen **geschaffen** wird.[29] Es umfaßt die Bauflächen (Grundstücke), die durch die vom Erschließungsunternehmer herzustellenden Anlagen erschlossen werden sollen, sowie die Flächen dieser Anlagen selbst. Dieses **Erschließungs(vertrags)- gebiet** muß schon zur Erfüllung des gesetzlichen Merkmals der Bestimmtheit im Vertrag genau umschrieben werden, wobei es angezeigt ist, Karten und Pläne zu Vertragsbestandteilen zu machen.

Soweit Gegenstand des Erschließungsvertrags eine im Sinne des § 127 19 Abs. 2 BauGB **beitragsfähige Erschließungsanlage** ist, ist zu beachten, daß eine solche Anlage auch vom Erschließungsunternehmer (erschließungsrechtlich) **rechtmäßig** nur bei Vorliegen eines Bebauungsplans oder einer Zustimmung der höheren Verwaltungsbehörde hergestellt werden kann[30] und deshalb die Gemeinde die Herstellung einer derartigen Anlage von ihrem Vertragspartner solange nicht verlangen kann, wie ein rechtsverbindlicher Bebauungsplan oder eine Zustimmung nicht vorliegt.[31] Denn der Erschließungsvertrag ist den gesetzlichen Regeln des Erschließungsrechts unterworfen (vgl. Rdnr. 15). Allerdings hat das Fehlen sowohl eines Bebauungsplans als auch einer Zustimmung im Zeitpunkt des Abschlusses eines Erschließungsvertrags keinen Einfluß auf dessen Wirksamkeit.[32] Haben dagegen die Vertragspartner vereinbart, der Unternehmer solle z.B. eine Anbaustraße (§ 127 Abs. 2 Nr. 1 BauGB) **abweichend** von den Festsetzungen eines Bebauungsplans herstellen, und wird diese Abweichung nicht durch § 125 Abs. 3 BauGB gedeckt, ist

---

[29] Ebenso u.a. Reif in BWGZ 94, 200 (203), während Birk (in VBlBW 93, 457 [459]) zwischen dem Erschließungsgebiet als den Bauflächen, die hinsichtlich der zu ihrer Erschließung notwendigen Baumaßnahmen in einem sachlich-technischen Gesamtzusammenhang stehen, und dem Erschließungsvertragsgebiet unterscheidet.
[30] OVG Münster, Urteil v. 24. 8. 1979 – XI A 611/79 – StuGR 80, 38.
[31] Ebenso u.a. Brügelmann-Förster, § 123 RdNr. 27.
[32] A. A. – wohl – VGH Mannheim, Urteil v. 25. 7. 1985 – 2 S 107/83 – BWGZ 86, 568, und Löhr in Battis/Krautzberger/Löhr, § 124 Rdnr. 5.

zumindest der betreffende Vertragteil wegen eines Verstoßes gegen das dem § 125 Abs. 3 BauGB zugrundeliegende Verbot **nichtig**, Anlagen abweichend von den Festsetzungen eines Bebauungsplans herzustellen; durch eine die vereinbarte Herstellung deckende Planänderung kann der Nichtigkeitsgrund lediglich nach Maßgabe der auf öffentlich-rechtliche Verträge entsprechend anwendbaren §§ 308 Abs. 1, 309 BGB entfallen.[33] Jedoch läßt die Vereinbarung einer von den Festsetzungen eines Bebauungsplan abweichenden Straßenherstellung die Wirksamkeit des Erschließungsvertrags insgesamt unberührt, wenn sich im Wege der Vertragsauslegung ergibt, der Unternehmer solle die Straße in Übereinstimmung mit einer noch zu beschließenden Bebauungsplanänderung, d.h. erst nach Abschluß des Planänderungsverfahrens, bauen.[34]

20   **Nicht** erforderlich ist, daß der Erschließungsunternehmer die Durchführung der Erschießungsarbeiten **selbst** übernimmt; er kann sich zur Erledigung der ihm übertragenen Aufgaben Dritter (Baufirmen) bedienen. Dritter in diesem Sinne kann auch die Gemeinde selbst sein,[35] die etwa mit der Erstellung der Straßenbeleuchtungsanlagen beauftragt werden kann. Regelmäßig wird beispielsweise ein Stomversorgungsunternehmen mit der Herstellung der Anlagen zur Versorgung der Grundstücke mit Elektrizität betraut.

IV. Rechtsbeziehungen im Zusammenhang mit einem Erschließungsvertrag

21   Im Zusammenhang mit dem Abschluß und der Abwicklung eines Erschließungsvertrags sind **verschiedene** Rechtsbeziehungen voneinander zu trennen, und zwar Rechtsbeziehungen zwischen – erstens – der Gemeinde und dem Erschließungsunternehmer, – zweitens – diesem und den Eigentümern bzw. Erwerbern der durch die von ihm hergestellten Anlagen erschlossenen Grundstücke einschließlich der sog. Fremdanlieger sowie – drittens – der Gemeinde und dem zuletzt genannten Personenkreis.

1. Rechtsbeziehungen zwischen Gemeinde und Erschließungsunternehmer

22   Die Rechtsbeziehungen zwischen der Gemeinde und dem Erschließungsunternehmer beginnen mit den Verhandlungen und dem Abschluß des Erschließungsvertrags und enden – mangels hinreichender sachlicher und/oder finanzieller Geeignetheit des Unternehmers – nicht eben selten damit, daß

---

[33] Vgl. zur entsprechenden Anwendbarkeit der §§ 308 Abs. 1, 309 BGB auf öffentlich-rechtliche Verträge BVerwG, Urteil v. 27. 1. 1981 – 8 C 99, 81 – Buchholz 406.11 § 133 BBauG Nr. 80 S. 24 (25) = NJW 82, 2392 = KStZ 82, 133.
[34] OVG Münster, Urteil v. 12. 7. 1988 – 3 A 1207/85 – KStZ 89, 94.
[35] Siehe u. a. OVG Münster, Urteil v. 12. 7. 1988 – 3 A 1207/85 – KStZ 89, 94.

dieser seine Verpflichtungen nicht ordnungsgemäß erfüllt und sich deshalb die Frage stellt, ob und wie die Gemeinde die Erfüllung dieser Pflichten durchsetzen kann. Mit Rücksicht schon auf dieses Risiko ist es geboten, daß sich die Gemeinde vor Vertragsabschluß Gewißheit über die **personelle** und **wirtschaftliche Verläßlichkeit** (Bonität) ihres potentiellen Vertragspartners verschafft. Das stößt jedenfalls auf weniger Schwierigkeiten, wenn es sich bei dem Partner um **eine** (ggfs. juristische) Person handelt.[36] Unabhängig davon sollte sich die Gemeinde für den Fall absichern, daß der Vertragspartner die Herstellung der vereinbarten Erschließungsanlagen ganz oder teilweise nicht ausführt oder aufgetretene Mängel nicht beseitigt. Diese Sicherung kann durch die Erfüllungsbürgschaft[37] einer Bank erreicht werden, die zu gegebener Zeit in eine Gewährleistungsbürgschaft übergeleitet werden kann.

a) Kostenvereinbarung im Erschließungsvertrag

23 Nach der Rechtsprechung des Bundesverwaltungsgerichts[38] zu § 124 Abs. 1 BauGB in seiner **früheren Fassung** durfte die Gemeinde durch eine Kostenvereinbarung im Erschließungsvertrag ausschließlich solche Kosten auf Erschließungsunternehmer abwälzen, die sie anderenfalls – bei einer Durchführung der Erschließung auf eigene Rechnung – **abgabenrechtlich zu liquidieren berechtigt** war, d. h. die sie nach Bundes- oder Landesrecht auf die einer Beitragspflicht unterliegenden Grundstücke umlegen durfte (umlagefähiger Aufwand). Die der Gemeinde vom Gesetzgeber eingeräumte Ermächtigung zum Abschluß eines Erschließungsvertrags war **seinerzeit** vor allem dadurch **beschränkt**, daß es ihr verwehrt war, in den Erschließungsvertrag eine Kostenvereinbarung aufzunehmen, durch die der Erschließungsunternehmer mit Kosten belastet wurde, die – führte die Gemeinde die Erschließung selbst durch – nach den gesetzlichen Regeln nicht über Beiträge auf die Grundstückseigentümer überbürdet werden konnten, sondern bei ihr verbleiben mußten. Diese bundesrechtliche "Kostenabwälzungsschranke" hat der Gesetzgeber durch den neuen Abs. 2 Sätze 2 und 3 des § 124 BauGB **beseitigt**.

24 Gemäß § 124 Abs. 2 Satz 2 BauGB kann sich der Erschließungsunternehmer der Gemeinde gegenüber „verpflichten, die Erschließungskosten ganz oder teilweise zu tragen". Mit dem Begriff "**Erschließungskosten**" hat der Gesetzgeber einen anderen Begriff gewählt als den, den er in § 128 BauGB benutzt hat, wo er von "**Erschließungsaufwand**" spricht. Diese Abweichung leuchtet ein. Denn für kraft Landesrecht beitragsfähige sowie für überhaupt nicht beitragsfähige Anlagen kann kein Erschließungsaufwand im Sinne des

---

[36] Bei der von Birk (in VBlBW 93, 457 [458]) in diesem Zusammenhang behandelten Mehrheit von Grundeigentümern als Vertragspartner dürfte es sich – zumindest in der Tendenz – eher um eine baden-württembergische Besonderheit handeln.

[37] Vgl. zur Vereinbarung einer Erfüllungsbürgschaft in einem Erschließungsvertrag u. a. OVG Münster, Urteil v. 12. 7. 1988 – 3 A 1207/85 – KStZ 89, 94.

[38] BVerwG, Urteil v. 23. 8. 1991 – 8 C 61.90 – BVerwGE 89, 7 = DVBl 92, 372 = KStZ 92, 29.

§ 128 BauGB entstehen. Der Begriff "Erschließungskosten" ist also im Verhältnis zum Begriff "Erschließungsaufwand" der **weitere** Begriff und das hat zur Folge, daß von der Kostenvereinbarung eines Erschließungsvertrags **auch** Kosten erfaßt werden können, die nicht zum beitragsfähigen Erschließungsaufwand im Sinne des § 128 BauGB zählen. Deshalb können dem Erschließungsunternehmer beispielsweise (anteilig oder vollständig) sowohl in § 128 Abs. 1 BauGB **nicht genannte** als auch durch § 128 Abs. 3 BauGB aus dem beitragsfähigen Erschließungsaufwand **ausgeschlossene** Kosten auferlegt werden.[39] **Anders** liegt es indes mit den Kosten, die **mangels Erforderlichkeit** nach § 129 Abs. 1 BauGB aus dem beitragsfähigen Erschließungsaufwand ausscheiden, und zwar sowohl mangels Erforderlichkeit der Anlage und ihres Umfangs als auch mangels Erforderlichkeit der Höhe des Aufwands. Denn es ist nicht mit dem in § 124 Abs. 3 Satz 1 BauGB angeordneten Gebot der Angemessenheit vereinbar, vom Erschließungsunternehmer auf dessen Rechnung mehr zu verlangen als das, was für eine ordnungsgemäße Erschließung geboten ist,[40] d. h. die Gemeinde darf dem Unternehmer nicht eine auf seine Kosten durchzuführende Erschließung auferlegen, die in Art und Umfang über das hinausgeht, was sie nach Maßgabe des § 129 Abs. 1 Satz 1 BauGB für erforderlich halten darf.[41] Wünscht sie – aus welchen Gründen immer – gleichwohl einen das Erforderliche überschreitenden Ausbau, löst das eine Pflicht zu ihrer Beteiligung an den Kosten aus.

25   Die in § 124 Abs. 2 Satz 2 BauGB eröffnete Möglichkeit, dem Erschließungsunternehmer in der Kostenvereinbarung die **gesamten** Erschließungskosten aufzubürden, erfaßt auch den Anteil, den die Gemeinde – bei Durchführung der Erschließung auf eigene Rechnung – gemäß § 129 Abs. 1 Satz 3 BauGB (allerdings) vom beitragsfähigen Erschließungsaufwand zu tragen hat (**Gemeindeanteil**). Angesichts dessen kommt § 124 Abs. 2 Satz 3 BauGB, der anordnet, daß § 129 Abs. 3 BauGB im Rahmen von Erschließungsverträgen „nicht anzuwenden" ist, keine rechtsbegründende, sondern ausschließlich **klarstellende** Bedeutung zu. Allerdings ist folgendes zu beachten: Ist Gegenstand eines Erschließungsvertrags eine kraft Landesrecht beitragsfähige Erschließungsanlage und schreibt das **Landesrecht** eine – auch für Erschließungsverträge geltende – **Beteiligung** der Gemeinde an den Erschließungskosten vor, hat es damit sein Bewenden. Denn mangels einer Gesetzgebungskompetenz des Bundes insoweit dürfte § 124 Abs. 2 Sätze 2 und 3 BauGB **keinen** Einfluß auf eine landesrechtlich begründete Beteiligungspflicht der Gemeinde haben.[42]

---

[39] Ebenso u. a. Weyreuther in UPR 94, 121 (129) und Birk in VBlBW 93, 457 (460).

[40] Vgl. Begründung des Gesetzentwurfs BR-Drucksache 868/92, S. 89.

[41] Im Ergebnis ebenso Weyreuther in UPR 94, 121 (130) und Birk in VBlBW 93, 457 (460 f.).

[42] Vgl. dazu Weyreuther in UPR 94, 121 (127) sowie Löhr in Battis/Krautzberger/ Löhr, BauGB, § 124 Rdnr. 9.

Der Gesetzgeber hat mithin der Gemeinde jedenfalls im Grundsatz **erlaubt,** 26
dem Erschließungsunternehmer im Vertrag die **gesamten** Erschließungskosten **aufzuerlegen.** Das begegnet keinen durchgreifenden verfassungsrechtlichen Bedenken.[43] Ob der Gemeinde allerdings im Einzelfall eine volle Kostenabwälzung gelingt, wird von den jeweiligen Umständen abhängig sein.
Diese Umstände werden in erster Linie von der Marktlage bestimmt, d. h.
von der "Attraktivität" der jeweiligen Region. Nur wenn eine hinreichende
Attraktivität anzunehmen ist, ein Erschließungsunternehmer also davon ausgehen kann, etwaige übernommene Erschließungskosten über den Verkaufspreis für von ihm erschlossene und ggf. bebaute Grundstücke an deren Erwerber abwälzen zu können, wird sich die Gemeinde aus möglicherweise
mehreren potenten Bewerbern denjenigen als Vertragspartner aussuchen
können, der sich zu einer vollständigen Kostenübernahme bereit findet. Ist
das nicht der Fall und ist die Gemeinde gleichwohl etwa mangels hinreichender Verwaltungskraft oder aus anderen sachlich vertretbaren Gründen zum
Abschluß eines Erschließungsvertrags gehalten, wird sie unter Umständen
einen **nicht unerheblichen** Anteil der Erschließungskosten **selbst übernehmen**
müssen. Im übrigen kann die beabsichtigte Nutzung der Grundstücke, deren
Erschließung dem Erschließungsunternehmer übertragen werden soll, eine
Differenzierung bei der Kostenvereinbarung angezeigt erscheinen lassen.
Sind diese Grundstücke für eine gewerbliche Nutzung vorgesehen, wird eine
vollständige Kostenüberbürdung auf den Erschließungsunternehmer näher
liegen als dann, wenn die Grundstücke für den sozialen Wohnungsbau genutzt werden sollen.

Hat die Gemeinde aus dem einen oder anderen Grunde nach der Kosten 27
vereinbarung im Erschließungsvertrag einen mehr oder weniger großen **Anteil**
an den Erschließungskosten zu **übernehmen,** stellt sich die Frage, ob ihr insoweit – wenigstens teilweise – ein über Erschließungsbeiträge **abwälzbarer**
beitragsfähiger Aufwand im Sinne des § 128 Abs. 1 BauGB entsteht. Das dürfte zu **verneinen** sein. Denn die Anwendbarkeit der erschließungsbeitragsrechtlichen Vorschriften setzt voraus, daß die Gemeinde eine beitragsfähige
Erschließungsanlage in Erfüllung einer ihr gemäß § 123 Abs. 1 BauGB obliegenden Erschließungslast in eigener Regie herstellt. Daran **fehlt** es, wenn sie
mit Blick auf die betreffende Erschließungsanlage die Erschließung gemäß
§ 124 Abs. 1 BauGB durch Vertrag auf einen Dritten übertragen hat und sich

---

[43] Löhr (in Battis/Krautzberger/Löhr, BauGB, § 124 Rdnr. 8) hält allerdings mit
Blick auf die sich bei einer Erschließung durch die Gemeinde einerseits (keine Abwälzung des Gemeindeanteils) und einem Unternehmer andererseits (volle Kostenabwälzung) für die Grundeigentümer ergebende Ungleichbehandlung verfassungsrechtlich
eine einengende Auslegung des § 124 Abs. 2 Sätze 2 und 3 BauGB für geboten: Die
volle Übernahme der Erschließungskosten durch den Unternehmer sei nur zulässig,
wenn die Gemeinde nachweisen könne, daß es sich um eine zusätzliche Erschließungsmaßnahme handele, die die Gemeinde bei eigener Kostenbeteiligung zum gegenwärtigen Zeitpunkt und in absehbarer Zukunft nicht durchführen könnte.

lediglich an den Kosten beteiligt, die diesem durch die von ihm durchgeführte Herstellung der Anlage entstehen. Im übrigen steht einer solchen Annahme die getroffene Kostenvereinbarung entgegen. Diese Abrede würde nämlich unterlaufen, wenn es der Gemeinde möglich wäre, den Erschließungsunternehmer durch die Veranlagung seiner Grundstücke zu Erschließungsbeiträgen mit Kosten zu belasten, die sie sich ihm gegenüber im Erschließungsvertrag zu übernehmen verpflichtet hat.

b) Überleitungsregelung für Kostenvereinbarungen in Altverträgen

28   Der in den § 242 BauGB eingefügte Abs. 8 enthält eine Übergangsregelung für Kostenvereinbarungen in solchen Erschließungsverträgen, die vor dem Inkrafttreten des Investitionserleichterungs- und Wohnbaulandgesetzes am 1. Mai 1993 abgeschlossen worden sind (**Altverträge**). Mit Blick auf diese Verträge trifft Abs. 8 folgende Regelungen: Zum einen (Satz 1) bestimmt er, daß § 124 Abs. 2 Satz 2 BauGB in seiner neuen Fassung auch auf die Kostenvereinbarungen dieser (Alt-)Verträge anwendbar ist. Überdies (Satz 2) ordnet er an, daß auf die Altverträge § 129 Abs. 1 Satz 3 BauGB weiterhin anzuwenden ist. Vor diesem Hintergrund sind für die rechtliche Beurteilung **drei** verschiedene Kostenvereinbarungen in Altverträgen zu unterscheiden:

29   Als **erstes** sind Kostenvereinbarungen zu nennen, die dem **bis** zum 30. April 1993 **geltenden Recht entsprechen**, weil die Gemeinde ihren von § 129 Abs. 1 Satz 3 BauGB (ausdrücklich nur im Rahmen einer Beitragsabrechnung) angeordneten Eigenanteil und überdies alle die Kosten übernommen hat, die sie – bei einer Durchführung der Erschließung auf eigene Rechnung – nicht hätte auf die Beitragspflichtigen abwälzen können.[44] Kostenvereinbarungen mit diesem Inhalt bleiben unberührt. Sie genügen nämlich bereits den Anforderungen des § 124 Abs. 2 Satz 2 BauGB, weil er sowohl eine vollständige als auch – wie hier geschehen – eine (nur) teilweise Abwälzung der Erschließungskosten erlaubt und § 129 Abs. 1 Satz 3 BauGB berücksichtigt worden ist.

30   Kostenvereinbarungen jedoch, in denen die Gemeinde dem **Erschließungsunternehmer sämtliche** Erschließungskosten angelastet hat, sind kraft der Anordnung des § 242 Abs. 8 Satz 2 BauGB insoweit **teilnichtig**, als es um den **Eigenanteil** der Gemeinde (Gemeindeanteil) geht. Insoweit besteht – wie nach dem bis zum 30. April 1993 maßgebenden Recht – ein Erstattungsanspruch des Erschließungsunternehmers.[45] Dagegen sollen diese Kostenvereinbarungen nach Abs. 8 Satz 1 in dem **Umfang**, in dem die Gemeinde dem Unternehmer abgabenrechtlich **nicht abwälzbare Kosten** überbürdet hat und in dem sie wegen eines Verstoßes gegen dieses gesetzliche Abwälzungsverbot nach dem

---

[44] Vgl. in diesem Zusammenhang BVerwG, Urteil v. 23. 8. 1991 – 8 C 61.90 – BVerwGE 89, 7 = DVBl 92, 373 = KStZ 92, 29.

[45] Vgl. u. a. BVerwG, Urteil v. 19. 10. 1984 – 8 C 52.83 – NJW 85, 642 = DVBl 85, 295.

bisherigen Recht ebenfalls **nichtig** waren, **mit** Inkrafttreten des Investitionser-
leichterungs- und Wohnbaulandgesetzes **geheilt** worden sein.

Im **letzteren** Punkt entsprechendes gilt schließlich für Kostenvereinbarun- 31
gen, in denen die Gemeinde nur ihren **Eigenanteil übernommen**, alle anderen
Erschließungskosten hingegen dem Erschließungsunternehmer **auferlegt** hat.
Solche Vereinbarungen waren nach dem bis zum 30. April 1993 geltenden
Recht in ihrem ersteren Teil wirksam, im übrigen aber nichtig. Der letzte Teil
soll nunmehr kraft §§ 242 Abs. 8 Satz 1 i. V. m. 124 Abs. 2 Satz 2 BauGB am
1. Mai 1993 wirksam geworden sein.

§ 242 Abs. 8 Satz 1 BauGB **hebt** – wie angedeutet – hinsichtlich der Er- 32
schließungskosten, die die Gemeinde – bei Durchführung der Erschließung
auf eigene Rechnung – selbst hätte tragen müssen und die sie aus diesem
Grunde nach früherem Recht auch nicht im Rahmen eines Erschließungsvertrags abwälzen durfte, **rückwirkend** das von diesem Recht begründete gesetzliche **Verbot** der Vereinbarung einer Kostenüberbürdung **auf**. Das begegnet
verfassungsrechtlichen Bedenken.[46] In Fällen dieser Art ist die Kostenvereinbarung kraft des bis zum 30. April 1993 geltenden Rechts wegen des Verstoßes
gegen das bezeichnete gesetzliche Verbot mit der Folge **teilnichtig**, daß dem
Unternehmer ein entsprechender öffentlich-rechtlicher **Erstattungsanspruch**
gegen die Gemeinde **entstanden** ist, dessen Höhe vom Umfang seiner Er-
schließungsleistung abhängt. Ebenso wie ein steuerlicher Erstattungsanspruch[47] ist auch der erschließungsrechtliche Erstattungsanspruch des Unternehmers Eigentum im Sinne des Art. 14 Abs. 1 GG und fällt daher in den
Schutzbereich der verfassungsrechtlichen Eigentumsgarantie. Zwar ist dem
Gesetzgeber im Rahmen der Neugestaltung eines Rechtsgebiets selbst die
(völlige) **Beseitigung** bisher bestehender, durch die Eigentumsgarantie geschützter Rechtspositionen nicht schlechthin versagt.[48] Doch unterliegt er
dabei **besonderen verfassungsrechtlichen Schranken:** Abgesehen davon, daß –
was hier ohne weiteres zu bejahen ist – die in Rede stehende Neuregelung als
solche, d. h. unabhängig von der Frage der Beseitigung einer bestehenden
Rechtsposition, verfassungsmäßig sein muß, ist zu verlangen, daß der Eingriff
in die nach früherem Recht entstandene Rechtsposition durch Gründe des
öffentlichen Interesses unter Berücksichtigung des Grundsatzes der Verhält-
nismäßigkeit gerechtfertigt ist. Die Gründe des öffentlichen Interesses, die
für einen solchen Eingriff sprechen, müssen so schwerwiegend sein, daß sie
Vorrang haben vor dem Vertrauen des Bürgers auf den Fortbestand seines
Rechts, das durch die Bestandsgarantie des Art. 14 Abs. 1 Satz 1 GG gesichert
wird,[49] d. h. sie müssen bei der vorzunehmenden Abwägung **von größerem**

---

[46] Zu Recht meint Reif in BWGZ 94, 200 (207), diese Regelung sei „nicht unproblematisch".
[57] Vgl. dazu BVerfG, Beschluß v. 8. 10. 1985 – 1 BvL 17, 19/83 – BVerfGE 70, 278
(285).
[48] Vgl. u. a. BVerfG, Beschluß v. 8. 3. 1988 – 1 BvR 1092/84 – BVerfGE 78, 58 (75).
[49] BVerfG, u. a. Beschluß v. 8. 1. 1991 – 1 BvR 929/89 – BVerfGE 83, 201 (212).

Gewicht sein. Ob das in diesem Zusammenhang angenommen werden kann, dürfte jedenfalls nicht unzweifelhaft sein.

33   Zur Rechtfertigung der Ausdehnung des § 124 Abs. 2 Satz 2 BauGB auf die Kostenvereinbarungen von Altverträgen heißt es in der Amtlichen Begründung des Gesetzentwurfs[50], das Bundesverwaltungsgericht habe „entgegen bisheriger Praxis und abweichend von der bis dahin vertretenen Rechtsauffassung" im Urteil vom 23. August 1991[51] entschieden, daß die Gemeinden dem Erschließungsunternehmer **nur** die Kosten auferlegen dürfen, für die eine Beitragserhebung vorgesehen sei. Bis zu dieser Entscheidung hätten die Gemeinden „im Vertrauen darauf, daß sämtliche Kosten überwälzt werden können, entsprechende Erschließungsverträge" abgeschlossen. Sie sollten „daher nachträglich nicht mit Erschließungskosten bzw. einer Erstattung dieser Kosten an den Erschließungsunternehmer … belastet werden, die im Zeitpunkt des Vertragsabschlusses nicht vorhersehbar waren". Zwar klingt in dieser Begründung der Gesichtspunkt des Vertrauens und – gleichsam dahinterstehend – der der Rechtssicherheit an, der seinerseits von Fall zu Fall ein den Eingriff in bestehende Rechtspositionen rechtfertigender Grund sein kann. Indes **trifft** der in der Amtlichen Begründung vermittelte Eindruck **nicht zu,** es sei für die Gemeinden vor der Entscheidung des Bundesverwaltungsgerichts vom 23. August 1991[51] nicht vorhersehbar gewesen, mangels Abwälzbarkeit der in Rede stehenden Erschließungskosten mit ihnen belastet zu werden.

34   Richtig ist, daß sich das Bundesverwaltungsgericht **erstmals** im Urteil vom 23. August 1991[51] mit der Abwälzbarkeit dieser Kosten beschäftigt hat. Das begründet indes lediglich die Annahme, diese **Frage** sei vorher – weil höchstrichterlich noch nicht geklärt – **offen** gewesen und deshalb ungeeignet, Grundlage für das Entstehen eines Vertrauens in die eine oder andere Richtung zu sein. Diese Offenheit wird **bestätigt** durch die seinerzeitige Praxis: Nach einer vom Deutschen Städte- und Gemeindebund durchgeführten Umfrage wurden nur in 597 von 1201 Erschließungsverträgen die Unternehmer auch mit nicht abwälzbaren Erschließungskosten belastet. Zwar weichen die Ergebnisse in den einzelnen Ländern[52] mehr oder weniger deutlich von den genannten Zahlen ab, doch belegen diese zweifelsfrei, daß seinerzeit schlechthin **keine Rede** von einer einheitlichen Praxis sein konnte. In der Literatur[53] wurde bereits viele Jahre vor der Entscheidung des Bundesverwaltungsgerichts die Ansicht vertreten, die das Bundesverwaltungsgericht in dem genannten Urteil für richtig erkannt hat. Angesichts dessen dürften die Gemeinden durch die Entscheidung des Bundesverwaltungsgerichts **nicht** son-

---

[50] Vgl. BR-Drucksache 868/92, S. 101 f.

[51] BVerwG, Urteil v. 23. 8. 1991 – 8 C 61.90 – BVerwGE 89, 7 = DVBl 92, 372 = KStZ 92, 29.

[52] Vgl. dazu das Ergebnis des Gemeindetags Baden-Württemberg in Gt–Info 293/92 v. 30. 4. 1992.

[53] Vgl. etwa Löhr in Battis/Krautzberger/Löhr, BBauG, 1. Aufl., 1985, § 127 Rdnr. 127, und Driehaus, Erschließungs- und Ausbaubeiträge, 1. Aufl., 1984, Rdnrn. 97 ff.

derlich überrascht worden, ein etwa auf eine andersartige Entscheidung "bauendes" Vertrauen jedenfalls nicht **besonders schutzwürdig** gewesen sein. Folglich dürfte das, was unter diesem Blickwinkel zugunsten des öffentlichen Interesses in die Abwägung einzubringen ist, kaum als schwerwiegend anzusehen sein. Entsprechendes dürfte für den in der Amtlichen Begründung nur am Rande erwähnten Gesichtspunkt der gemeindlichen Haushaltssituation gelten.

Vor diesem Hintergrund läßt sich § 242 Abs. 8 Satz 1 BauGB verfassungs- 35 rechtlich wohl allenfalls mit der **Erwägung halten,** daß die Eigentumsposition des Erschließungsunternehmers ebenfalls als eher mindergewichtig anzusehen sein dürfte. Er hat nämlich mit dem Abschluß des Vertrags freiwillig eine Leistung übernommen und die sich für ihn daraus ergebende wirtschaftliche Belastung in seine Kalkulation einbezogen. Er hat im Umfang der nichtigen Verpflichtung kraft Gesetzes einen Erstattungsanspruch erworben, mit dessen Entstehen er – wie sein gegenteiliger Vertragswille belegt – nicht rechnen konnte. Sollte er bereits beim Vertragsschluß die Nichtigkeit gekannt, diesen Punkt aber im Interesse eines von ihm gewünschten Vertragsabschlusses **bewußt zurückgehalten** haben, um sich später mit dem Erstattungsanspruch "schadlos" zu halten, geriete er zumindest in die Nähe treuwidrigen Verhaltens, das entsprechend dem Gedanken des § 814 BGB kein schutzwürdiges Vertrauen zu begründen geeignet ist. Alles in allem besteht ein bedeutsamer Unterschied zum Eingriff in eine Rechtsposition, auf deren Bestand der Rechtsinhaber aus guten Gründen vertrauen durfte. Es dürfte sich daher immerhin vertreten lassen, daß der Gesetzgeber berechtigt war, durch eine rückwirkende Aufhebung des Verbotsgesetzes eine Abwicklung der Altverträge entsprechend dem Inhalt anzuordnen, den die Beteiligten vereinbart haben, um so eine einheitliche Handhabung ohne finanzielle Belastung der Gemeinde zu erreichen. Allerdings gibt § 242 Abs. 8 Satz 1 BauGB **nichts** für die Annahme her, durch ihn könnte ein Rückerstattungsanspruch zugunsten solcher Gemeinden begründet worden sein, die einen nach dem bisherigen Recht entstandenen Erstattungsanspruch bereits erfüllt haben.

c) Grenzen für im Erschließungsvertrag enthaltene Leistungspflichten

§ 124 Abs. 3 Satz 1 BauGB begründet erstmals ausdrücklich Grenzen für 36 die Leistungspflichten, die in einem Erschließungsvertrag vereinbart werden dürfen. Danach müssen diese Leistungen „den **gesamten Umständen** nach **angemessen** sein" und sie müssen überdies „in **sachlichem Zusammenhang** mit der **Erschließung** stehen". Der Sache nach werden damit für einen Erschließungsvertrag die beiden Leistungsgrenzen gezogen, die für einen subordinationsrechtlichen Vertrag im Sinne des § 54 Abs. 2 VwVfG der § 56 Abs. 1 Satz 2 VwVfG vorgibt (vgl. Rdnr. 8). Die erste Anforderung zielt ab auf eine **Ausgewogenheit** von Leistung und Gegenleistung, die zweite auf ein sog. **Kopplungsverbot,** das untersagt, Dinge miteinander zu verknüpfen, die der Sache nach nichts miteinander zu tun haben. Die Angemessenheit und der sachliche Zusammenhang sind unbestimmte Rechtsbegriffe, die der vollen gerichtlichen Überprüfung unterliegen.

37   Mit dem **Angemessenheitsgebot** soll dem Grundsatz der Verhältnismäßigkeit und dem Übermaßverbot Rechnung getragen werden. Die in einem Erschließungsvertrag vereinbarten Leistungen müssen den „gesamten Umständen nach" angemessen sein; die Angemessenheit bezieht sich sowohl auf die Leistung des Unternehmers als auch auf die der Gemeinde. Die Leistungen müssen nicht nur im Verhältnis zum Vertragszweck, sondern auch im Verhältnis untereinander ausgewogen sein, wobei eine **wirtschaftliche** Betrachtungsweise des **Gesamtvorgangs** geboten ist. Die durch das Angemessenheitsgebot gezogene Grenze kann überschritten werden etwa bei "Luxuserschließungen", d. h. Erschließungen, die über das hinausgehen, was durch die Erfordernisse der Bebauung und des Verkehrs (vgl. § 123 Abs. 2 BauGB) im Erschließungsgebiet verlangt ist, oder bei Maßnahmen wie z. B. der Herstellung von Kinderspielplätzen oder Grünanlagen, die in einem nicht unwesentlichen Umfang auch Grundstücken außerhalb des Erschließungsgebiets zugute kommen. In derartigen und ähnlichen Fallgestaltungen kann eine Angemessenheit dadurch herbeigeführt werden, daß dem Erschließungsunternehmer **nur** die Kosten angelastet werden, die auf das Erschließungsgebiet "entfallen". Insbesondere die Kostenvereinbarung darf nicht zu einer unzumutbaren Belastung führen, und zwar weder für den Vertragspartner noch für etwaige Dritte, auf die der Unternehmer die Lasten abwälzt. Durch den Hinweis auf die „gesamten Umstände" hat der Gesetzgeber klargestellt, daß Leistung und Gegenleistung in einem größeren Rahmen zu sehen sind, also die Gesamtheit der im Verhältnis zwischen den Vertragspartnern getroffenen Regelungen zu berücksichtigen ist.

38   Ist Gegenstand des Erschließungsvertrags (auch) die Herstellung der **Wasserversorgungs-** und **Entwässerungseinrichtungen** im Erschließungs(vertrags)-gebiet, etwa die Verlegung der Kanäle und Anschlußleitungen beispielsweise der Abwasserbeseitigung, ist zu beachten, daß für die Baugrundstücke in diesem Gebiet mit der **betriebsfertigen** Herstellung der leitungsgebundenen Anlagen kraft Gesetzes nach Maßgabe der einschlägigen landes- und ortsrechtlichen Vorschriften eine (**Anschluß-**)**Beitragspflicht** entsteht.[54] Mit dem zu entrichtenden Anschlußbeitrag beteiligt sich der betreffende Grundeigentümer an dem Investitionsaufwand für die Gesamtanlage, die – um bei dem Beispiel der Abwasserbeseitigung zu bleiben – aus dem Zentralklärwerk, den Transportleitungen, evtl. Hebewerken, den Hauptsammlern und – soweit Teil der öffentlichen Einrichtung – den Grundstücksanschlüssen besteht. Der Beitrag bei den leitungsgebundenen Anlagen stellt mithin keinen Ersatz für die tatsächlichen Kosten der Verlegung von Kanalisations- und Anschlußleitungen vor den einzelnen Grundstücken bzw. im Erschließungs(vertrags)ge-

---

[54] Vgl. dazu etwa OVG Münster, Urteil v. 28. 11. 1973 – II A 299/72 – OVGE 29, 136.

biet dar. Aus diesem Grunde ist die Gemeinde selbst dann zur **Geltendma-chung** ihrer Beitragsansprüche **gehalten,** wenn die Herstellungskosten für das Leitungsnetz in dem betreffenden Gebiet vom Erschließungsunternehmer übernommen würden. Vor diesem Hintergrund führte eine uneingeschränkte Überbürdung der Herstellungskosten für das Leitungsnetz auf den Erschlie-ßungsunternehmer zu dessen der Sache nach schlechthin unangemessener Doppelbelastung.[55] Dem kann dadurch begegnet werden, daß im Erschlie-ßungsvertrag vereinbart wird, mit der Übernahme der entsprechenden Ko-sten durch den Unternehmer sei die Anschlußbeitragspflicht für seine Grundstücke im Erschließungsgebiet **abgelöst,** sofern die Erschließung ver-tragsgemäß durchgeführt wird. Für etwaige nicht dem Unternehmer gehö-rende Grundstücke im Erschließungsgebiet ist der Anschlußbeitrag unabhän-gig von einer solchen Regelung nach Entstehen der Anschlußbeitragspflicht zu erheben.

Der **sachliche Zusammenhang** ist immer dann gegeben, wenn die im Vertrag 39 vereinbarten Leistungen durch die **Erschließung** der Grundstücke des betref-fenden Gebiets **veranlaßt** sind, d.h. wenn diese Leistungen dazu bestimmt und geeignet sind, gleichsam anstelle von Leistungen der Gemeinde zu treten und die ihr gemäß § 123 Abs. 1 BauGB obliegende Erschließungsaufgabe zu erfüllen. Das trifft jedenfalls zu, wenn die Herstellung der Anlage, die dem Unternehmer übertragen werden soll, dem entspricht, was das planungs-rechtliche Konzept für das Erschließungsgebiet vorsieht. Im übrigen soll durch den Erschließungsvertrag nichts miteinander verbunden werden, was nicht (ohnehin) in innerem Zusammenhang mit der vorgesehenen Erschlie-ßung steht. Durch dieses Kopplungsverbot soll verhindert werden, daß sach-widrige oder sachfremde Erwägungen die Vertragspartner zum Abschluß eines Erschließungsvertrags veranlassen.

Verstößt eine im Erschließungsvertrag getroffene Vereinbarung gegen das 40 Angemessenheitsgebot oder das Kopplungsverbot, ist der Vertrag grundsätz-lich **nichtig.** Betrifft diese Nichtigkeit nur einen Teil des Vertrags, dürfte nach dem Rechtsgedanken des § 59 Abs. 3 VwVfG der gesamte Vertrag nichtig sein, sofern nicht anzunehmen ist, daß er auch ohne den nichtigen Teil ge-schlossen worden wäre. Ist ein Erschließungsvertrag ganz oder teilweise nichtig, kann dem Erschließungsunternehmer, der bereits Bauleistungen er-bracht hat, ein öffentlich-rechtlicher Erstattungsanspruch gegen die Gemein-de zustehen. Den ihr dadurch entstehenden Aufwand dürfte sie jedenfalls dann nach Maßgabe der §§ 127ff. BauGB abwälzen können, wenn der Er-schließungsvertrag insgesamt nichtig und deshalb nicht geeignet ist, die der Gemeinde gemäß § 123 Abs. 1 BauGB obliegende Erschließungsaufgabe zu berühren. Jedenfalls insoweit nämlich könnte dieser Aufwand als Kosten im Sinne des § 128 Abs. 1 Nr. 3 BauGB beitragsfähig sein.

---

[55] Vgl. im einzelnen Klausing in Driehaus, Kommunalabgabenrecht, § 8 Rdnrn. 1070f.

d) Abwicklung des Erschließungsvertrags

41   Auch nach Abschluß eines Erschließungsvertrags bleibt die Gemeinde letztendlich für die Erschließung verantwortlich. Demzufolge hat sie die ordnungsmäßige und zeitgerechte Abwicklung des Erschließungsvertrags zu überwachen.[56] Erfüllt der Erschließungsunternehmer seine Verpflichtungen nicht vertragsgemäß, kann die Gemeinde **Schadensersatz** verlangen und/ oder – sofern im Vertrag insofern keine Regelung getroffen worden ist – nach Fristsetzung vom Vertrag zurücktreten; ggfs. kann sie auch zu Lasten des Erschließungsunternehmers die erforderlichen Arbeiten selbst durchführen lassen. Nach den einschlägigen Landesverwaltungsverfahrensgesetzen finden die bürgerlich-rechtlichen Vorschriften über die Rechtsfolgen bei Verzug oder Schlechterfüllung entsprechende Anwendung.[57]

42   Zur Durchsetzung einzelner Verpflichtungen aus dem Erschließungsvertrag muß die Gemeinde notfalls **Leistungsklage** vor dem Verwaltungsgericht erheben.[58] § 124 Abs. 1 BauGB stellt keine gesetzliche Ermächtigung für die Durchsetzung von Verpflichtungen aus dem Erschließungsvertrag durch den Erlaß von Verwaltungsakten dar;[59] der Erschließungsvertrag selbst ist kein Vollstreckungstitel. Eine Möglichkeit, in einem abgekürzten Verfahren einen Titel zur Erfüllung oder Sicherung eines Anspruchs aus dem Erschließungsvertrag zu erlangen, ist in der VwGO nicht vorgesehen. Auch kann gegen einen in wirtschaftliche Schwierigkeiten geratenen Erschließungsunternehmer als Partner eines öffentlich-rechtlichen Vertrags **kein Arrest** erwirkt werden.[60] Dies ist ein Grund mehr, einen Erschließungsvertrag grundsätzlich nur mit *einem* Partner abzuschließen, und zwar einem Partner, der finanzstark ist und eine ausreichende Sicherung der voraussichtlichen Kosten der Erschließung in Form einer Bankbürgschaft erbringt (vgl. Rdnr. 22).

43   Bricht ein Erschließungsunternehmer, der sich zur Herstellung einer beitragsfähigen Erschließungsanlage im Sinne des § 127 Abs. 2 BauGB auf eigene Kosten verpflichtet hat, die Erschließungsarbeiten vorzeitig ab, ist die Gemeinde gehalten, die Erschließung fortzuführen. Die ihr dadurch entstehenden Kosten gehören jedoch nur dann zum beitragsfähigen Aufwand im Sinne der §§ 128 f. BauGB, wenn es ihr aus tatsächlichen oder rechtlichen Gründen nicht möglich ist, die Kosten durch eine Inanspruchnahme des Erschließungsunternehmers bzw. einer von ihm beigebrachten Bankbürgschaft "anderweitig" im Sinne des § 129 Abs. 1 Satz 1 BauGB zu decken.

---

[56] Ebenso u. a. Brügelmann-Förster, BBauG, § 123 Rdnr. 22.

[57] Siehe zu Leistungsstörungen bei der Abwicklung von Erschließungsverträgen im einzelnen Ruff in KStZ 88, 220.

[58] Vgl. u. a. Ernst in Ernst/Zinkahn/Bielenberg, BauGB, § 124 Rdnr. 14.

[59] BVerwG, Urteil v. 13. 2. 1976 – IV C 44.74 – Buchholz 11 Art. 20 GG Nr. 38 S. 2 (6 f.) = NJW 76, 1516 = DÖV 76, 353.

[60] Vgl. im einzelnen Johlen in DVBl 72, 881 ff. (883), sowie Ruff in KStZ 88, 220 (222).

Denn eine Gemeinde ist grundsätzlich **nicht berechtigt**, zu Lasten der Beitragspflichtigen einen Dritten aus einer ihr gegenüber vertraglich begründeten Verpflichtung zur Übernahme von Erschließungskosten zu entlasten. Tut
sie es dennoch, ohne daß dafür ein dies ausnahmsweise rechtfertigender
Grund gegeben ist, scheidet der dem Anspruch entsprechende Teil der Kosten als anderweitig gedeckt aus dem beitragsfähigen Aufwand aus.[61]

2. Rechtsbeziehungen zwischen Erschließungsunternehmer und Grundstückseigentümern

Die Rechtsbeziehungen zwischen dem Erschließungsunternehmer und den **44**
Eigentümern der Grundstücke, die durch die von ihm hergestellten Erschließungsanlagen erschlossen werden, sind rein **privatrechtlicher Natur**. Der Unternehmer übt insoweit keine hoheitliche Gewalt aus, kann also keine Beiträge erheben. Im Idealfall ist er (ursprünglich) Eigentümer (oder Erbbauberechtigter) der gesamten Flächen des Erschließungsgebiets, so daß Eigentümer von Grundstücken nur die werden können, die von ihm (Bau-)Grund-
stücke kaufen. Nicht selten aber stehen mehr oder weniger viele Grundstücke
im Eigentum von sog. Fremdanliegern, d. h. von Personen, die ihre im Er-
schließungs(vertrags)gebiet gelegenen Grundstücke nicht vom Unternehmer
erworben haben.

a) Erwerber von Grundstücken des Erschließungsunternehmers

Der Unternehmer schließt in der Regel einen Erschließungsvertrag in der **45**
Absicht ab, ihm gehörende Grundstücksflächen zu erschließen und als erschlossene Einzelgrundstücke in bebautem oder unbebautem Zustand mit
Gewinn zu veräußern. Über die Kaufpreise wälzt er – verdeckt oder offen –
die ihm entstandenen Erschließungskosten auf die Erwerber ab. Die Grund-
stückskaufverträge sind privatrechtliche Vereinbarungen, die damit verbundenen **Risiken** tragen allein die jeweiligen Vertragspartner. Will sich ein
Grundstückserwerber für den Fall schützen, daß der Erschließungsunternehmer die Herstellung beitragsfähiger Erschließungsanlagen im Sinne des § 127
Abs. 2 BauGB nicht beendet und die Gemeinde mit der möglichen Folge
einer Beitragserhebung einspringen muß, darf er an den Unternehmer nur
Zahlungen entsprechend dem jeweiligen Stand der Erschließungsmaßnahmen
leisten. Zahlt er mehr, etwa weil er anderenfalls das von ihm begehrte Grundstück nicht erwerben könnte, tut er dies auf eigenes Risiko. Gleiches gilt,
wenn er vom Unternehmer mit höheren Erschließungskosten belastet wird,
als es der Fall gewesen wäre, wenn die Gemeinde die Erschließung selbst
durchgeführt hätte. Einen Anspruch auf Erstattung des Differenzbetrags ge-

---

[61] BVerwG, Urteil v. 9. 11. 1984 – 8 C 77.83 – BVerwGE 70, 247 (257 ff.) = NVwZ
85, 346 = DVBl 85, 297.

gen die Gemeinde hat er in einem solchen Fall nicht; weder aus öffentlichem noch aus privatem Recht läßt sich eine Anspruchsgrundlage herleiten.[62]

b) Fremdanlieger

46   Durch eine vom Erschließungsunternehmer hergestellte beitragsfähige Erschließungsanlage im Sinne des § 127 Abs. 2 Nr. 1 BauGB werden **auch** die Grundstücke der Fremdanlieger erschlossen; sie werden baureif und erfahren dadurch eine erhebliche Wertsteigerung. Für den Fall, daß der Unternehmer den auf diese Grundstücke entfallenden Anteil am beitragsfähigen Erschließungsaufwand nicht übernehmen will, muß er versuchen, durch den (vorherigen) Abschluß privatrechtlicher Verträge entsprechende Zahlungsforderungen gegen die Fremdanlieger zu begründen.[63] Gelingt ihm dies nicht, hat er einen Anspruch auf einen anteiligen Ersatz der Erschließungskosten weder aus Geschäftsführung ohne Auftrag noch aus ungerechtfertigter Bereicherung.[64] Die Gemeinde – an die sich in einem solchen Fall der Erschließungsunternehmer zur Vermeidung des Ausfalls der auf die Fremdanlieger entfallenden Erschließungskosten zu wenden pflegt – kann und muß zwar die Fremdanlieger zu Anschlußbeiträgen veranlagen, wenn ihren Grundstücken eine Anschlußmöglichkeit an die gemeindliche Wasserversorgungs- und Entwässerungsanlage vermittelt wird (vgl. Rdnr. 38), sie ist aber dann, wenn im Erschließungsvertrag keine "Vorsorge" für eine derartige Konstellation getroffen worden ist, mangels eigener Aufwendungen nicht in der Lage, die Fremdanlieger zu Erschließungsbeiträgen heranzuziehen. Es ist ihr auch **nicht möglich,** abweichend von etwaigen Vereinbarungen des Erschließungsvertrags dem Unternehmer den entsprechenden Kostenanteil zu erstatten und dadurch nachträglich beitragsfähige Aufwendungen im Sinne der §§ 128 f. BauGB zu "machen".[65]

47   Eine Beteiligung der Fremdanlieger an den Kosten für die Herstellung von beitragsfähigen Erschließungsanlagen im Sinne des § 127 Abs. 2 BauGB kann im Rahmen eines **echten** Erschließungsvertrags, der voraussetzungsgemäß für eine Erschließungsbeitragserhebung keinen Raum läßt, nicht ohne weiteres erreicht werden. Es empfiehlt sich deshalb dann, wenn in einem Erschließungsgebiet auch Grundstücke von Fremdanliegern liegen, auf den sogenannten **Vorfinanzierungsvertrag** (vgl. Rdnr. 6) auszuweichen oder – was dem der Sache nach gleich kommt – den Erschließungsvertrag von Anfang an

[62] Ebenso u. a. Brügelmann-Förster, BBauG, § 123 Rdnr. 29; vgl. auch VGH Mannheim, Urteil v. 26. 4. 1984 – 2 S 1542/83 – BWGZ 84, 712 (713), sowie Ernst in BWGZ 84, 699 ff. (709 f.).

[63] Vgl. im einzelnen OVG Saarland, Urteil v. 7. 11. 1988 – 1 R 322/87 – DÖV 89, 861 mit weiteren Nachweisen.

[64] BGH, Urteil v. 8. 11. 1973 – VII ZR 246/72 – NJW 74, 96 = DVBl 74, 287 = DÖV 74, 202.

[65] BVerwG, Urteil v. 18. 9. 1981 – 8 C 21.81 – Buchholz 406.11 § 125 BBauG Nr. 14 S. 7 (9) = DVBl 82, 79 = MDR 82, 1047.

entsprechend zu modifizieren. Das kann – der Kostentragungsvereinbarung für leitungsgebundene Anlagen vergleichbar (vgl. Rdnr. 38) – dadurch geschehen, daß die Gemeinde sich im Erschließungsvertrag dem Unternehmer gegenüber verpflichtet, ihm die für die Herstellung z. B. einer Anbaustraße (§ 127 Abs. 2 Nr. 1 BauGB) entstehenden Kosten, die dem beitragsfähigen Aufwand i. S. der §§ 128 f. BauGB entsprechen, mit der Maßgabe zu erstatten, daß der auf die Grundstücke des Erschließungsunternehmers entfallende Anteil am umlagefähigen Aufwand gemäß § 133 Abs. 3 Satz 5 BauGB abgelöst wird und der Erstattungs- und der Ablösungsbetrag gegeneinander verrechnet werden, sofern der Unternehmer die Erschließung vertragsgemäß durchführt.[66] Mit einer solchen Vereinbarung wird sichergestellt, daß der Gemeinde Aufwendungen entstehen, die sie – nach Abzug ihres Eigenanteils (§ 129 Abs. 1 Satz 3 BauGB) – auf alle i. S. des § 131 Abs. 1 Satz 1 BauGB erschlossenen Grundstücke einschließlich der Grundstücke des Unternehmers nach ihrer Erschließungsbeitragssatzung umzulegen hat. Da die Beitragspflichten für die Grundstücke des Erschließungsunternehmers abgelöst sind, hat die Gemeinde ausschließlich noch die Grundstücke der Fremdanlieger zu veranlagen.[67]

3. Rechtsbeziehungen zwischen Gemeinde und Grundstückseigentümern

Zwischen der Gemeinde und den Eigentümern, die ihre Grundstücke vom 48
Erschließungsunternehmer erworben haben, sowie eventuellen Fremdanliegern bestehen zunächst keine Rechtsbeziehungen. Sie können jedoch entstehen sowohl, wenn der Unternehmer die Erschließung vorzeitig abbricht, als auch, wenn er sie vertragsgemäß durchgeführt hat.

a) Vorzeitiger Abbruch der Erschließung durch den Erschließungsunternehmer

Bricht der Erschließungsunternehmer – aus welchen Gründen immer – die 49
Erschließung vor der Herstellung der Erschließungsanlagen ab, hat die Gemeinde sie weiterzuführen. Für ihr dadurch entstehende beitragsfähige Auf-

---

[66] Vgl. dazu und zur Erhebung von Erschließungsbeiträgen von Fremdanliegern im einzelnen VGH Mannheim, Urteil v. 5. 12. 1985 – 2 S 2833/83 – NJW 86, 2452 = BWGZ 86, 201.
[67] Das OVG Münster (Urteil v. 25. 1. 1994 – 3 A 1721/89) hält nunmehr eine Vereinbarung für angezeigt, „daß der Unternehmer den gesamten Straßenausbau für alle erschlossenen Grundstücke durchführt, vorfinanziert und der Gemeinde 'in Rechnung stellt', daß die Gemeinde die ihr 'in Rechnung gestellten' Erschließungskosten an den Unternehmer nur insoweit bezahlt, als sie von ihr als Gemeindeanteil gemäß § 129 Abs. 1 Satz 3 BauG getragen werden müssen und als sie durch Erschließungsbeiträge von Fremdanliegern gedeckt werden, und die restliche Kostenerstattungsforderung des Unternehmers erfüllt, indem sie diese Forderung mit ihren (bei vertragsgemäßer Leistung des Unternehmers) in der Summe gleich hohen Erschließungsbeitragsforderungen für die Unternehmergrundstücke verrechnet".

wendungen im Sinne der §§ 128 f. BauGB – und nur für diese (vgl. dazu Rdnr. 43) – hat sie von den Eigentümern (Erbbauberechtigten), deren Grundstücke durch die entsprechende Anlage erschlossen werden, Erschließungsbeiträge zu erheben. Dabei ist es unerheblich, ob der Unternehmer noch keine Leistung erbracht, ob er etwa nur den Unterbau für eine Fahrbahn oder eine vollständige Teileinrichtung (z. B. die Gehwege) hergestellt hat.[68]

50   Auf die entstandene Erschließungsbeitragspflicht können Beträge, die – jedenfalls teilweise – für die gleichen Erschließungsmaßnahmen aufgrund von (Kauf-)Verträgen an den Erschließungsunternehmer gezahlt worden sind, *nicht* angerechnet werden,[69] die öffentlich-rechtlichen Erschließungsbeitragspflichten gegenüber der Gemeinde werden durch die privatrechtlichen Vereinbarungen mit dem Unternehmer nicht berührt. Die sich daraus ergebende "Doppelbelastung" – Zahlung an den Unternehmer und die Gemeinde – rechtfertigt nicht ohne weiteres einen (teilweisen) **Billigkeitserlaß** nach § 135 Abs. 5 BauGB,[70] denn sie ist letztlich eine Folge einer im Risikobereich der Grundstückseigentümer liegenden Entscheidung (vgl. Rdnr. 45). Selbst ein von der Gemeinde im Erschließungsvertrag zugunsten dieser Eigentümer ausgesprochener „Verzicht auf Erhebung von Erschließungsbeiträgen" bleibt in einem solchen Fall **nicht ohne weiteres** wirksam. Vielmehr ist nach Lage des Einzelfalls zu prüfen, ob die Voraussetzungen des § 135 Abs. 5 BauGB vorliegen oder ob der "Verzicht" mangels Rechtfertigung durch diese Rechtsvorschrift nichtig ist.[71]

Entsprechendes gilt, wenn Gegenstand des Erschließungsvertrags (auch) die Verlegung von Leitungen für die Wasserversorgung und Abwasserbeseitigung war. In diesem Fall entsteht für jedes einzelne Grundstück eine Anschlußbeitragspflicht in dem Zeitpunkt, in dem durch die Gemeinde eine Anschlußmöglichkeit an die entsprechenden kommunalen Anlagen vermittelt wird.

b) Vertragsgemäße Durchführung der Erschließung

51   Handelt es sich um einen echten Erschließungsvertrag, können Erschließungsbeiträge mangels eigener Aufwendungen der Gemeinde nicht erhoben werden, und zwar auch nicht von den Fremdanliegern. Wird der Erschließungsvertrag in der oben bezeichneten Weise modifiziert (vgl. Rdnr. 47), sind allein die Fremdanlieger zu Erschließungsbeiträgen zu veranlagen.

---

[68] Ebenso namentlich auch für den Fall, daß eine Teileinrichtung teils durch den Erschließungsunternehmer und teils (später) durch die Gemeinde hergestellt worden ist, Ruff in KStZ 88, 220 (222).

[69] Vgl. u. a. Schmidt/Bogner/Steenbock, Handbuch des Erschließungsrechts, Rdnr. 280 mit weiteren Nachweisen.

[70] BVerwG, Urteil v. 6. 6. 1975 – IV C 27.73 – Buchholz 406.11 § 135 BBauG Nr. 7 S. 1 (5) = DÖV 75, 717 = DVBl 76, 306.

[71] BVerwG, Urteil v. 8. 9. 1972 – IV C 21.72 – Buchholz 406.11 § 123 BBauG Nr. 6 S. 13 (14) = DVBl 73, 499 = KStZ 73, 77.

Eine Anschlußbeitragspflicht entsteht ggf. für alle Grundstückseigentümer, soweit nicht durch eine entsprechende Vereinbarung im Erschließungsvertrag die Anschlußbeitragspflicht für die Grundstücke, die ursprünglich dem Erschließungsunternehmer gehört haben, abgelöst worden ist.

IV. Inhalt eines Erschließungsvertrags

Auf der Grundlage der vorstehenden Darlegungen läßt sich der wesentliche Inhalt[72] eines Erschließungsvertrags stichwortartig wie folgt skizzieren: 52
- Verpflichtung zur Durchführung der Erschließung
- Festlegung des Erschließungsgebiets
- Angabe der maßgeblichen Pläne; Bebauungsplan und ggf. Pläne der Entwässerungs- und Versorgungsanlagen
- Beschreibung der vom Erschließungsunternehmer herzustellenden Erschließungsanlagen nach Art, Umfang und Ausführung
- Festlegung des Ausbaustandards
- Grunderwerb; Übertragung der Erschließungsflächen zur Vermeidung von eventuell eintretenden Schwierigkeiten (Konkurs) möglichst vor Beginn der Erschließung
- Vorlage eines exakten Erschließungsentwurfs zur Genehmigung durch die Gemeinde, ggf. Verpflichtung zur Einholung von bau-, wasserbehördlichen und sonstigen Genehmigungen bzw. Zustimmungen
- Verfahren der Planung und Ausschreibung
- Baubeginn, zeitliche Abfolge
- Kontrolle der Bauarbeiten durch die Gemeinde; Mängelbeseitigungspflicht; Recht der Gemeinde, bei Verzug insgesamt oder bei einer Mängelbeseitigung die Fertigstellung auf Kosten des Unternehmers vorzunehmen
- Abnahme der Bauarbeiten und Übernahme der hergestellten Anlagen, Gewährleistung
- Sicherheitsleistung (Bankbürgschaft in Höhe der geschätzten Baukosten)
- Gefahrtragung, Verkehrssicherung und Haftung
- Kostenregelung
  a) Kostenübernahme durch den Unternehmer
  b) ggf. besondere Vereinbarung bei Fremdanliegern und leitungsgebundenen Anlagen sowie in sonstigen Einzelfällen
- eventuell Vorbehalt betreffend eine Genehmigung durch den Rat und/oder die Aufsichtsbehörde

---

[72] Vgl. zum Inhalt eines Erschließungsvertrags im einzelnen das von der Bundesvereinigung der kommunalen Spitzenverbände in der Arbeitshilfe 7, „Erschließungs- und Erschließungsbeitragsrecht – Vertrags- und Satzungsmuster mit Erläuterungen", S. 1 ff., vorgestellte Vertragsmuster, das mit geringfügigen, durch das Inkrafttreten des Investitionserleichterungs- und Wohnbaulandgesetzes am 1. Mai 1993 bedingten Änderungen weiter verwandt werden kann, sowie die von Grziwotz, Baulanderschließung, S. 330 ff., Reif in BWGZ 94, 214 ff., und von Richarz/Steinfort, Erschließung in der kommunalen Praxis, S. 349 ff., vorgestellten und erläuterten Vertragsmuster; siehe zum Inhalt eines Erschließungsvertrags im übrigen u. a. Birk in VBlBW 93, 457 (459 f.).

§ 7 Bindung an den Bebauungsplan

I. Erschließungsrechtliches Planerfordernis und planungsrechtliche Bindung

1   Der Gesetzgeber des Baugesetzbuchs hat – ebenso wie zuvor der Gesetzgeber des Bundesbaugesetzes – die Vorschrift des § 125 mit der Überschrift „Bindung an den Bebauungsplan" versehen. Diese Überschrift wird dem Regelungsgehalt des § 125 BauGB – bzw. zuvor des § 125 BBauG – nur unvollkommen gerecht. Dem Bebauungsplan kommt nämlich im Rahmen des § 125 BauGB in völlig unterschiedlicher Hinsicht Bedeutung zu. Er hat – erstens – eine rein erschließungsrechtliche Bedeutung als Voraussetzung für die (erschließungsrechtlich) rechtmäßige Herstellung ausschließlich der in § 125 Abs. 1 BauGB bezeichneten, beitragsfähigen Erschließungsanlagen. Und überdies wird in § 125 BauGB – zweitens – die von einem Bebauungsplan kraft seiner Stellung als Rechtssatz ausgehende, alle Erschließungsanlagen unabhängig von ihrer Beitragsfähigkeit einschließende planungsrechtliche Bindung bekräftigt.[1] Mit dem erschließungsrechtlichen Planerfordernis befassen sich die Abs. 1 und 2, mit der planungsrechtlichen Bindung Abs. 3 des § 125 BauGB.

1. Erschließungsrechtliches Planerfordernis

2   Nach § 125 Abs. 1 BauGB setzt die – rechtmäßige – Herstellung aller beitragsfähigen Erschließungsanlagen einen Bebauungsplan voraus; vorbehaltlich der Regelung des § 125 Abs. 2 BauGB ist die Herstellung einer beitragsfähigen Erschließungsanlage ohne Bebauungsplan rechtswidrig. Die grundsätzliche Erforderlichkeit einer weitgehenden Einbeziehung des Baus insbesondere **örtlicher Anbaustraßen** (§ 127 Abs. 2 Nr. 1 BauGB) in die Bauleitplanung ergibt sich unabhängig von § 125 Abs. 1 BauGB bereits aus der Bedeutung solcher Anlagen für die städtebauliche Ordnung (vgl. § 1 Abs. 3 BauGB); gemäß § 9 Abs. 1 Nr. 11 BauGB können im Bebauungsplan die Verkehrsflächen (nach Nrn. 15 und 24 überdies u. a. Grünflächen sowie Flächen für besondere Anlagen und Vorkehrungen zum Schutz vor schädlichen Umwelteinwirkungen im Sinne des Bundes-Immissionsschutzgesetzes) festgesetzt werden. Ist eine Anbaustraße im Bebauungsplan ausgewiesen, hat sich ihre nachfolgende Herstellung mit Rücksicht auf die Rechtssatzqualität des Bebauungsplans und seines nach § 9 BauGB festsetzbaren Inhalts (vgl. § 10 BauGB) an die getroffenen Festsetzungen zu halten; die Gemeinde ist dann

---

[1] BVerwG, Urteil v. 11. 10. 1985 – 8 C 26.84 – BVerwGE 72, 143 (147 f.) = NVwZ 86, 130 = KStZ 86, 11.

für den Straßenbau an diese Festsetzungen gebunden. Vor diesem Hintergrund ist nicht ohne weiteres ersichtlich, warum § 125 Abs. 1 BauGB das Erfordernis eines Bebauungsplans nochmals bestätigt. Das dürfte abgesehen davon, daß dadurch die Eigenständigkeit des Erschließungsrechts betont werden sollte, vor allem zwei Gründe haben: Zum einen ist es dem Bundesgesetzgeber offenbar darum gegangen, die Anbaustraßen nicht den Regeln des landesrechtlichen Straßenrechts zu unterwerfen, und zum anderen hat er eine gewisse Distanz zum Bauplanungsrecht begründen wollen. Deshalb ist es gerechtfertigt, mit Blick auf § 125 Abs. 1 BauGB von einem **speziellen erschließungsrechtlichen Planerfordernis** zu sprechen.[2]

Die Rechtmäßigkeit der Herstellung beitragsfähiger Erschließungsanlagen 3 setzt das **vorherige Inkrafttreten** eines Bebauungsplans voraus, dessen Festsetzungen die entsprechenden Flächen, z. B. als Verkehrsflächen (vgl. § 9 Abs. 1 Nr. 11 BauGB) oder als Grünflächen (vgl. § 9 Abs. 1 Nr. 15 BauGB), ausweisen. Der Beschluß, einen Bebauungsplan aufzustellen, oder ein Planentwurf reichen zur Erfüllung der Anforderung des § 125 Abs. 1 BauGB nicht.[3] Das ergibt sich schon aus dem eindeutigen Wortlaut dieser Vorschrift. Tritt ein Bebauungsplan nach der Herstellung einer beitragsfähigen Erschließungsanlage in Kraft, wird die Herstellung grundsätzlich, d. h., falls kein Ausnahmetatbestand vorliegt (vgl. dazu Rdnrn. 16 ff.), erst in diesem Zeitpunkt mit Wirkung ex-nunc erschließungsrechtlich rechtmäßig.

Wird eine Verkehrsanlage auf einer Fläche hergestellt, die im Bebauungs- 4 plan nicht gemäß § 9 Abs. 1 Nr. 11 BauGB als Verkehrsfläche, sondern gemäß § 9 Abs. 1 Nr. 21 BauGB als mit Geh-, Fahr- und Leitungsrechten zugunsten der Gemeinde als Erschließungsträger belastete Fläche ausgewiesen ist, dürfte auch diese Herstellung als von der Bauleitplanung (noch) gedeckt und deshalb rechtmäßig zu qualifizieren sein. Im übrigen – und das ergibt sich schon aus dem Regelungsgehalt eines Bebauungsplans – erstreckt sich das erschließungsrechtliche Planerfordernis nur auf **örtliche Anlagen.** Für Bundesstraßen etwa gelten die §§ 16 ff. FStrG, für sonstige überörtliche Straßen die Vorschriften des jeweiligen Landesstraßenrechts.

Der Bebauungsplan gibt für die Erfüllung des erschließungsrechtlichen 5 Planerfordernisses nur dann etwas her, wenn er **wirksam** ist. Zwar gilt im Verwaltungsprozeß der Grundsatz der Amtsermittlung (§ 86 Abs. 1 VwGO). Doch bedeutet das nicht, daß das Gericht namentlich in erschließungsbeitragsrechtlichen Verfahren „ungefragt in eine Suche nach Fehlern in der Vor- und Entstehungsgeschichte des Bebauungsplans einzutreten" hätte.[4] Vielmehr ist die gerichtliche Prüfung in derartigen Verfahren grundsätzlich auf

[2] Ebenso u. a. Gaentzsch, BauGB, 1991, § 125 Rdnr. 2.
[3] BVerwG, u. a. Urteil v. 29. 5. 1970 – IV C 141.68 – BVerwGE 35, 222 (224) = ZMR 70, 381 = ID 70, 241; s. dazu auch Kregel in NVwZ 88, 1102 (1103).
[4] BVerwG, Urteil v. 7. 9. 1979 – 4 C 7.77 – Buchholz 406.11 § 10 BBauG Nr. 10 S. 9 (18) = DVBl 80, 230 = ZfBR 79, 255.

„sich aufdrängende Fehler"[5] sowie auf solche Gesichtspunkte **beschränkt**, die die Beteiligten zum Gegenstand ihres Vortrags gemacht haben.[6]

6   Das erschließungsrechtliche Planerfordernis verlangt **keine** zentimetergenaue Einhaltung der Festsetzungen eines Bebauungsplans. Es will nicht auf eine "Bindung" hinaus, sondern auf eine (qualifizierte) Zustimmung; insoweit gilt nichts anderes als im Zusammenhang mit einem straßenrechtlichen Planfeststellungsbeschluß. Der Bebauungsplan entfaltet daher die ihm von § 125 Abs. 1 BauGB zugedachte (Zustimmungs-)Wirkung ungeachtet der von ihm als Rechtssatz ausgelösten planungsrechtlichen Bindung **auch bei geringfügigen Planabweichungen.** Unter dem Blickwinkel des erschließungsrechtlichen Planerfordernisses scheitert die Rechtmäßigkeit einer Straßenherstellung weder, wenn im Einzelfall die durch den Plan für diese Herstellung reklamierte Fläche tatsächlich nicht in vollem Umfang in Anspruch genommen worden ist, noch, wenn nicht alle Teile dieser Fläche so ausgebaut worden sind, wie es seinerzeit geplant war;[7] derartige Planabweichungen sind vielmehr ebenso wie geringfügige Planüberschreitungen kraft des bundesrechtlichen Erschließungsrechts noch durch den Bebauungsplan gedeckt. Diese durch § 125 Abs. 1 BauGB begründete "**Auflockerung**" der von einem Bebauungsplan ausgehenden planungsrechtlichen Bindung hat einleuchtende Gründe für sich:

7   § 125 Abs. 1 BauGB macht die Rechtmäßigkeit der Herstellung von (Anbau-)Straßen vom Vorhandensein eines (wirksamen) Bebauungsplans abhängig; es geht um die **Gestattung** der **Vornahme** der zu dieser Herstellung führenden Straßenbaumaßnahmen. Eine solche Gestattung von Straßenbaumaßnahmen erfolgt außerhalb des Anwendungsbereichs des § 125 Abs. 1 BauGB nach Maßgabe bundes- und landesrechtlicher Bestimmungen im Rahmen von

---

[5] OVG Münster, Urteil v. 30. 8. 1989 – 3 A 2051/87 – NVwZ 90, 794.

[6] Vgl. zur sog. Inzidentprüfung des Bebauungsplans auch Uechtritz in NVwZ 90, 734.

[7] BVerwG, Urteil v. 10. 11. 1989 – 8 C 27.88 – Buchholz 406.11 § 125 BBauG Nr. 25 S. 7 (9 ff.) = DVBl 90, 436 = DÖV 90, 284. Soweit es in dieser Entscheidung heißt, dem erschließungsrechtlichen Planerfordernis sei nicht genügt, wenn eine Planabweichung „zur Folge hat, daß für die hergestellte Anlage mehr an Fläche in Anspruch genommen wird, als nach dem Bebauungsplan ... vorgesehen ist," handelt es sich um eine mißverständliche Formulierung. Wie nämlich insbesondere die Ausführungen im Zusammenhang mit § 125 Abs. 2 Satz 2 BauGB („geringfügige Variationsmöglichkeiten nur hinsichtlich der Breite sind ... unbeachtlich") deutlich machen, geht es dem erschließungsrechtlichen Planerfordernis entsprechend der mit ihm verfolgten "Grobabstimmung" (vgl. Rdnr. 8) – anders als der planungsrechtlichen Bindung – gerade nicht um eine exakte Einhaltung der Festsetzungen des Bebauungsplans, so daß unter dem Blickwinkel des erschließungsrechtlichen Planerfordernisses nicht nur eine Planunterschreitung, sondern auch eine mit Rücksicht auf die städtebauliche Struktur des betreffenden Gebiets unbeachtliche Planüberschreitung unschädlich ist (so ausdrücklich auch BVerwG, Urteil v. 9. 3. 1990 – 8 C 76.88 – NVwZ 90, 873 = DÖV 90, 784 = DVBl 90, 786).

Planfeststellungsverfahren.[8] Für Anbaustraßen tritt der Bebauungsplan gemäß § 125 Abs. 1 BauGB an die Stelle sonst üblicher Planfeststellungsbeschlüsse. Weicht die Herstellung einer Bundes- oder Landesstraße **geringfügig** von dem festgesetzten Plan ab, ist also die im Vergleich zum Plan eingetretene Änderung von – was immer das im einzelnen bedeuten mag – (nur) unwesentlicher Bedeutung, bedarf es keines neuen Planfeststellungsverfahrens, d.h. bleibt die Rechtmäßigkeit der Straßenherstellung unberührt.[9] Nichts anderes gilt – da der Bebauungsplan hier sozusagen die Funktion eines Planfeststellungsbeschlusses übernimmt – im Ergebnis im Zusammenhang mit § 125 Abs. 1 BauGB. Gefragt ist in § 125 Abs. 1 BauGB **nicht** der Bebauungsplan als städtebaulicher **Rechtssatz**, sondern gefragt ist seine Legitimationswirkung, **maßgebend** ist nicht seine Form, sondern seine ihm von § 125 Abs. 1 BauGB verliehene, einem Planfeststellungsbeschluß entsprechende **Legitimationskraft.**

Dieses Verständnis der Bedeutung des Bebauungsplans im Rahmen des   8 § 125 Abs. 1 BauGB wird durch den mit dieser Regelung verfolgten **Zweck** bestätigt. Wie die Gesetzesmaterialien[10] belegen, ist es dem Gesetzgeber bei dem erschließungsrechtlichen Planerfordernis nicht darum gegangen, daß die jeweilige Anbaustraße mehr oder weniger exakt den Angaben eines Bebauungsplans entsprechend hergestellt wird. Vielmehr hat er lediglich eine Art "Grobabstimmung" angestrebt; er hat sicherstellen wollen, daß namentlich die Anbaustraßen in Übereinstimmung mit der übrigen städtebaulichen Struktur der betreffenden Gemeinde angelegt werden.[11] Das erschließungsrechtliche Planerfordernis soll verhindern, daß beitragsfähige Erschließungsanlagen wegen einer fehlenden Koordinierung mit weiteren Planungen später geändert werden müssen;[12] wo dafür – im unbeplanten Innenbereich – schon im Zeitpunkt des Beginns der zur endgültigen Herstellung führenden Straßenbauarbeiten kein Raum ist, sind unter dem Blickwinkel des erschließungsrechtlichen Planerfordernisses Anforderungen nicht zu stellen (vgl. § 125 Abs. 2 Satz 2 BauGB).

Außerdem drängt der (im Jahre 1979 erstmals als Absatz 1a[13] in das Bun-   9 desbaugesetz eingefügte) Absatz 3 des § 125 BauGB zu diesem "großzügigen" Verständnis des § 125 Abs. 1 BauGB. Denn in § 125 Abs. 3 BauGB hat der Gesetzgeber die Rechtmäßigkeit der Herstellung u.a. von Anbaustraßen aus-

---

[8] Siehe zur Erforderlichkeit der Planfeststellung im einzelnen u.a. Kodal in Kodal/ Krämer, Straßenrecht, 4. Aufl., S. 860ff.

[9] Vgl. dazu etwa Kregel, Örtliche Straßenplanung, 1983, S. 166, und Fickert, Planfeststellung für den Straßenbau, 1978, S. 103f.

[10] Vgl. BT-Drucksache 3/336, S. 98 und 3/zu 1794, S. 24.

[11] U.a. BVerwG, Urteil v. 10.11.1989 – 8 C 27.88 – Buchholz 406.11 § 125 BBauG Nr. 25 S. 7 (10) = DVBl 90, 436 = DÖV 90, 284.

[12] So schon BayVGH, Urteil v. 26.7.1971 – 309 VI 70 – KStZ 71, 246 = BayVBl 72, 272.

[13] Vgl. zu den mit der Einfügung des Abs. 1a vom Gesetzgeber verfolgten Zielen BT-Drucksache 8/2885, S. 34f., sowie u.a. Kregel in KStZ 80, 143ff.

drücklich von der Einhaltung der Festsetzungen eines Bebauungsplans gelöst, sofern die dort näher bezeichneten Voraussetzungen erfüllt sind. Diese Regelung liefe im Ergebnis leer, d. h. es bliebe selbst im Falle einer durch § 125 Abs. 3 BauGB gedeckten Planabweichung bei der Rechtswidrigkeit einer Straßenherstellung, wenn angenommen werden müßte, das durch § 125 Abs. 1 BauGB begründete erschließungsrechtliche Planerfordernis zwinge zu einer strikten Einhaltung der Festsetzungen des einschlägigen Bebauungsplans.

10   Die vorstehende Überlegung weist zugleich den Weg für die Beantwortung der Frage, unter welchen Voraussetzungen mit Blick auf das erschließungsrechtliche Planerfordernis eine **Planabweichung** als noch geringfügig, deshalb tolerabel und folglich **unbeachtlich** einzustufen ist. Insoweit liegt eine entsprechende Anwendung des § 125 Abs. 3 BauGB nahe, so daß Planabweichungen, die nach dieser Bestimmung die Rechtmäßigkeit der Herstellung einer (beitragsfähigen) Erschließungsanlage unberührt lassen, der Erfüllung des erschließungsrechtlichen Planerfordernisses nicht entgegenstehen.

11   Ungeachtet des einzig auf einen Bebauungsplan abstellenden Wortlauts des § 125 Abs. 1 BauGB soll bei **überörtlich bedeutsamen** örtlichen, insbesondere bei sog. klassifizierten Straßen i. S. des § 128 Abs. 3 Nr. 2 BauGB im Zuge der Ortsdurchfahrten an die Stelle eines Bebauungsplans ein **Planfeststellungsbeschluß** treten können.[14] Das kann allerdings **nur** im Rahmen des § 38 BauGB gelten, d. h. sowohl für eine nach § 38 Satz 1 BauGB einem Bebauungsplan vorgehende Planfeststellung nach § 17 FStrG als auch für eine nach Maßgabe des § 38 Satz 2 BauGB aufgrund Landesstraßenrechts erfolgende Planfeststellung.[15] Durch einen entsprechenden Planfeststellungsbeschluß werden Ausmaß und Verlauf der Straße festgelegt; Sinn einer solchen überörtlichen Planung ist es, eine Abstimmung mit dem übrigen Straßennetz zu gewährleisten. Den Interessen der Gemeinde und ihrer Planungshoheit wird durch deren Beteiligung am Planfeststellungsverfahren Rechnung getragen.[14] Etwas anderes gilt indes für die gleichsam "normalen" gemeindlichen Erschließungsstraßen; insoweit gehen – sofern das Landesstraßenrecht überhaupt für lediglich örtlich bedeutsame Straßen eine Planfeststellung vorsieht – die bundesrechtlichen Vorschriften über die Planung von Erschließungsstraßen den landesrechtlichen Bestimmungen mit der Folge vor, daß eine Planfeststellung nur außerhalb des Geltungsbereichs des § 125 BauGB überhaupt zulässig sein dürfte.[16]

12   Gemäß § 125 Abs. 1 BauGB setzt nur die (rechtmäßige) **Herstellung** im Sinne einer erstmaligen Anlegung der beitragsfähigen Erschließungsanlagen (§ 127 Abs. 2 BauGB) den Erlaß eines Bebauungsplans voraus.[15] Deshalb erfaßt diese Vorschrift beispielsweise nicht die (eine Straßenbaubeitrags-

---

[14] So etwa OVG Schleswig, Beschluß v. 29. 1. 1992 – 2 M 33/91 –.
[15] Ebenso Löhr in Battis/Krautzberger/Löhr, BauGB, § 125 Rdnr. 3.
[16] Vgl. Kregel, Örtliche Straßenplanung, 1983, S. 157.

pflicht auslösende) Verbesserung einer bereits vorhandenen Erschließungsstraße;[16] auf das Straßenbaubeitragsrecht ist § 125 Abs. 1 BauGB auch nicht entsprechend anwendbar.[17]

2. Planungsrechtliche Bindung

Ist ein Bebauungsplan in Kraft getreten, hat sich die ihm nachfolgende **13** Herstellung nicht nur der in § 125 Abs. 1 BauGB aufgezählten beitragsfähigen, sondern auch aller übrigen Erschließungsanlagen nach seinen Festsetzungen zu richten (vgl. Rdnr. 2). Die damit angesprochene, vom Bebauungsplan kraft seiner Stellung als Rechtssatz ausgehende **Bindung** (vgl. dazu Art. 20 Abs. 3 GG) lösen allerdings lediglich Aussagen des Bebauungsplans aus, die dessen **Rechtssatz**qualität teilen. Das trifft ausschließlich auf solche Planinhalte zu, die in § 9 Abs. 1 BauGB genannt sind; diese Vorschrift bestimmt nämlich abschließend den zulässigen Inhalt der **planerischen Festsetzungen,** regelt also erschöpfend, was Gegenstand einer möglichen Festsetzung sein kann. Angaben in Bebauungsplänen, die darüber hinausgehen, kommt lediglich **nachrichtliche** Qualität zu.[18]

Sieht ein Bebauungsplan die **Unterteilung** der ausgewiesenen Verkehrsflä- **14** chen etwa in Fahrbahn und Gehwege vor, ist stets zu prüfen, ob diese Unterteilung als an der Rechtssatzqualität teilnehmende Festsetzung getroffen oder lediglich nachrichtlicher Natur ist. Die Möglichkeit, im Bebauungsplan die besondere Zweckbestimmung der Verkehrsflächen festzusetzen, ist erst durch § 9 Abs. 1 Nr. 11 des Gesetzes zur Änderung des Bundesbaugesetzes vom 18. August 1976 (BGBl I S. 2121) eröffnet worden; die ursprüngliche Gesetzesfassung (§ 9 Abs. 1 Nr. 3 des Bundesbaugesetzes vom 23. Juni 1960 – BGBl I S. 341) sah das nicht vor. Folglich sind derartige Unterteilungen in Bebauungsplänen, die vor Inkrafttreten des bezeichneten Änderungsgesetzes erlassen worden sind, regelmäßig nur nachrichtlich gemeint. „Selbst gegenwärtig sind übrigens solche Unterteilungen häufig von lediglich nachrichtlicher Qualität; wenn eine Unterteilung als Festsetzung getroffen, also den Träger der Straßenbaulast binden soll, muß dies **eindeutig** aus dem Plan hervorgehen."[19]

Die von den Festsetzungen eines Bebauungsplans kraft ihrer Rechtssatz- **15** qualität ausgehende Bindung wird durch die Bestimmung des § 125 Abs. 3 BauGB teilweise durchbrochen, und zwar mit Blickrichtung (in erster Linie) auf das **Erschließungsbeitragsrecht** durchbrochen (vgl. Rdnr. 31).

---

[16] BVerwG, Urteil v. 18. 9. 1981 – 8 C 22.81 – DÖV 82, 118 = KStZ 82, 32 = ZMR 82, 346.

[17] OVG Münster, Urteil v. 2. 3. 1977 – II A 675/75 – OVGE 32, 248.

[18] BVerwG, Urteil v. 18. 1. 1991 – 8 C 14.89 – BVerwGE 87, 288 (292) = DVBl 91, 449 = KStZ 92, 72.

[19] BVerwG, Urteil v. 26. 5. 1989 – 8 C 6.88 – BVerwGE 82, 102 (104) = DVBl 89, 1205 = HSGZ 89, 396.

II. Ausnahmen vom erschließungsrechtlichen Planerfordernis

16   In § 125 Abs. 2 Satz 1 BauGB hat der Gesetzgeber abweichend von der Regel des § 125 Abs. 1 BauGB angeordnet, daß beitragsfähige Erschließungsanlagen **ausnahmsweise** auch nach vorheriger **Zustimmung** der höheren Verwaltungsbehörde rechtmäßig hergestellt werden können (vgl. Rdnrn. 17 ff.). In § 125 Abs. 2 Satz 2 BauGB hat er überdies für bestimmte Konstellationen sowohl einen Bebauungsplan als auch eine Zustimmung für **entbehrlich** erklärt (vgl. Rdnr. 27 f.). Eine weitere Ausnahme vom Plan- bzw. Zustimmungserfordernis hat die Rechtsprechung des Bundesverwaltungsgerichts unter bestimmten Voraussetzungen für Fälle entwickelt, in denen der Ausbau einer beitragsfähigen Erschließungsstraße bereits vor Inkrafttreten des Bundesbaugesetzes begonnen worden ist (vgl. Rdnr. 29).

1. Zustimmung der höheren Verwaltungsbehörde

17   Liegt ein rechtsverbindlicher Bebauungsplan mit Festsetzungen für die herzustellenden Anlagen i. S. des § 125 Abs. 1 BauGB nicht vor, etwa weil ein Bebauungsplan noch nicht in Kraft getreten ist, ein in Kraft getretener Plan entsprechende Festsetzungen nicht enthält oder er in einem Normenkontrollverfahren nach § 47 VwGO für unwirksam erklärt worden ist, dürfen diese Anlagen ausnahmsweise mit Zustimmung der höheren Verwaltungsbehörde hergestellt werden. Die – nach Maßgabe des § 125 Abs. 2 Satz 3 BauGB zu erteilende – Zustimmung ist ihrer Funktion nach darauf ausgerichtet, bei bestimmten Konstellationen **an die Stelle** eines nicht vorhandenen (wirksamen) Bebauungsplans zu treten. Darin, d. h. in der Ausrichtung auf das erschließungsrechtliche Planerfordernis, **erschöpft** sich ihre Bedeutung. Weder der Wortlaut des § 125 Abs. 2 BauGB noch seine Stellung oder sein Sinn deuten darauf hin, daß der Zustimmung über ihre Eignung hinaus, unter bestimmten Voraussetzungen die Anforderungen des erschließungsrechtlichen Planerfordernisses zu erfüllen, auch im Zusammenhang mit der planungsrechtlichen Bindung eine Wirkung zukommen sollte, d. h. sie die von einem Bebauungsplan ausgehende planungsrechtliche Bindung sollte durchbrechen können. Aus diesem Grunde kann eine Zustimmung **nichts** für die Rechtfertigung einer unter Verstoß gegen die planungsrechtliche Bindung erfolgten, von § 125 Abs. 3 BauGB nicht gedeckten Herstellung einer Erschließungsanlage hergeben.[20]

18   Die Zustimmung muß – soll die Herstellung einer beitragsfähigen Erschließungsanlage von Anfang an erschließungsrechtlich rechtmäßig sein – vorliegen, **bevor** die Herstellung begonnen wird. Wird die Zustimmung erst nach-

---

[20] BVerwG, Urteil v. 7. 3. 1986 – 8 C 103.84 – Buchholz 406.11 § 125 BBauG Nr. 20 S. 23 (26) = NVwZ 86, 647 = KStZ 86, 132.

träglich erteilt, wird die Herstellung im Zeitpunkt des Wirksamwerdens der Zustimmung rechtmäßig.[21] Als (feststellender) **Verwaltungsakt** (vgl. Rdnr. 23) wird sie wirksam mit ihrer Bekanntgabe an den Zustimmungsadressaten, d.h. regelmäßig die Gemeinde.[22] Eine öffentliche Bekanntmachung ist nicht erforderlich.

Da das erschließungsrechtliche Planerfordernis lediglich darauf ausgerichtet ist, eine "Grobabstimmung" zwischen den beitragsfähigen Erschließungsanlagen und der übrigen städtebaulichen Struktur der Gemeinde sicherzustellen (vgl. Rdnr. 8), ist eine Herstellung kraft Bundesrecht selbst dann durch eine Zustimmung **gedeckt,** wenn sie von dem, was der der Zustimmung zugrundeliegende Ausbauplan vorsieht, geringfügig abweicht. Daran ändert nichts, daß die Zustimmung – anders als der Bebauungsplan – eine individuelle Willenserklärung ist. Denn die der höheren Verwaltungsbehörde vom Bundesrecht gestellte Frage lautet, ob die jeweilige Erschließungsanlage in dem im Ausbauplan ausgewiesenen oder einem geringfügig davon abweichenden Verlauf und Umfang den in § 1 Abs. 4 bis 6 BauGB bezeichneten Anforderungen widerspricht. Mangels Vorliegens eines Bebauungsplans kann bei dieser Fallgestaltung für die Beantwortung der Frage, welche Abweichung noch als – weil von minderem Gewicht – unschädlich zu werten ist, nicht auf eine entsprechende Anwendung des § 125 Satz 3 BauGB abgehoben werden. Doch läßt sich immerhin der **Rechtsgedanke** dieser Vorschrift derart auf den der Zustimmung zugrundeliegenden Ausbauplan **übertragen,** daß eine Planabweichung (noch) als von der Zustimmung gedeckt zu beurteilen ist, wenn – unterstellt, er wäre ein Bebauungsplan – mit Blick auf diesen Ausbauplan angenommen werden dürfte, die Voraussetzungen des § 125 Abs. 3 BauGB seien erfüllt.[23] Auf diese Weise werden im übrigen – jedenfalls weitgehend – unterschiedliche Ergebnisse je nach dem vermieden, ob eine Straßenherstellung durch einen Bebauungsplan oder eine Zustimmung erlaubt wird.

Durch die Zustimmung der höheren Verwaltungsbehörde wird deren nach 20 Maßgabe des § 11 BauGB ggf. erforderliche Genehmigung des Bebauungsplans bzw. – sofern lediglich die Durchführung eines Anzeigeverfahrens nach § 11 Abs. 3 BauGB geboten ist – deren (konkludenter oder ausdrücklicher) Verzicht auf die Geltendmachung einer Verletzung von Rechtsvorschriften **vorweggenommen,** soweit es die Festsetzung von Flächen der in § 125 Abs. 1 BauGB genannten Anlagen betrifft. Deshalb darf etwa die ggf. nach § 11

[21] BVerwG, u.a. Urteil v. 23. 5. 1975 – IV C 51.73 – Buchholz 406.11 § 125 BBauG Nr. 8 S. 5 (7) = DÖV 75, 716 = ZMR 76, 63; vgl. zur nachträglichen Zustimmung auch Stollmann in BauR 93, 415.
[22] BVerwG, Urteil v. 27. 9. 1982 – 8 C 145.81 – Buchholz 406.11 § 130 BBauG Nr. 26 S. 1 (3) = DVBl 83, 135 = KStZ 83, 95.
[23] BVerwG, Urteil v. 27. 4. 1990 – 8 C 77.88 – DVBl 90, 1403 = ZMR 90, 352 = NVwZ 91, 76; in diesem Sinne auch Kregel in KStZ 80, 143 (147), und in NVwZ 88, 1102 (1105).

BauGB erforderliche Genehmigung eines späteren Bebauungsplans in dem von der Zustimmung gedeckten Umfang allenfalls versagt werden, wenn sich die Verhältnisse grundlegend geändert haben. Die höhere Verwaltungsbehörde kann in ihre Prüfung, ob sie eine Zustimmung erteilen will, lediglich die Gesichtspunkte einbeziehen, die sie insoweit bei einem Genehmigungs- bzw. Anzeigeverfahren nach § 11 BauGB zu berücksichtigen hätte. Sie ist in diesem Zusammenhang ebenso auf eine **Rechtsaufsicht beschränkt,** wie sie dies bei der Kontrolle eines Bebauungsplans ist; die planerische Gestaltungsfreiheit verbleibt hier wie dort bei der Gemeinde. § 125 Abs. 2 Satz 3 BauGB schreibt dementsprechend vor, daß die Zustimmung nur versagt werden darf, wenn die Herstellung der Anlagen den in § 1 Abs. 4 bis 6 BauGB bezeichneten Anforderungen widerspricht. Ist das nicht der Fall, hat die Gemeinde (oder ein an ihrer Stelle zuständiger Erschließungsträger) einen im Verwaltungsrechtsweg durchsetzbaren **Rechtsanspruch** auf die Erteilung der Zustimmung.[23]

21   Die Anforderungen des § 1 Abs. 4 bis 6 BauGB betreffen – erstens – das Anpassungsgebot des § 1 Abs. 4 BauGB, – zweitens – die Planungsleitsätze und abwägungserheblichen Belange des § 1 Abs. 5 BauGB sowie – drittens – das Abwägungsgebot des § 1 Abs. 6 BauGB. Das Anpassungsgebot des § 1 Abs. 4 BauGB ist regelmäßig nicht geeignet, etwas für die Rechtfertigung der **Versagung** einer beantragten Zustimmung herzugeben. Im Ergebnis nichts anderes dürfte für die in § 1 Abs. 5 BauGB enthaltenen Planungsleitsätze und abwägungserheblichen Belange gelten, sie erlangen ihre eigentliche Bedeutung erst im Rahmen der von § 1 Abs. 6 BauGB verlangten gerechten **Abwägung.** Denn namentlich mit Blick auf „die Belange ... des Verkehrs" (§ 1 Abs. 5 Satz 2 Nr. 8 BauGB) dürfte den Anforderungen an das Berücksichtigungsgebot des § 1 Abs. 5 Satz 2 BauGB nur dann ausnahmsweise nicht genügt sein, wenn dieser Belang ungeachtet seiner Berücksichtigungsbedürftigkeit schlechthin nicht berücksichtigt worden ist.[23] Angesichts dessen wird eine Versagung der Zustimmung praktisch in erster Linie in Betracht kommen, wenn die von § 1 Abs. 6 BauGB verlangte **Abwägung fehlerhaft** ist. In diesem Zusammenhang kommt der von der Gemeinde vorzunehmenden Gewichtung der einzelnen Belange ausschlaggebende Bedeutung zu; sie ist jedoch fehlerhaft erst dann, wenn einer der Belange in einer Weise berücksichtigt worden ist, die zu seinem objektiven Gewicht außer Verhältnis steht, wenn ein Belang und sein Gewicht einfach verkannt worden ist, so daß das Abwägungsergebnis nicht akzeptabel ist.[24]

22   Die damit aufgezeigte **Grenze der planerischen Gestaltungsfreiheit** kann mit Rücksicht auf die Belange des Verkehrs bei der Herstellung einer schmalen **Stichstraße ohne Wendeanlage** mit der Folge überschritten sein, daß die Versagung einer beantragten Zustimmung gerechtfertigt sein kann. Das trifft je-

---

[24] Vgl. BVerwG, Urteil v. 5. 6. 1974 – IV C 50.72 – BVerwGE 45, 309 (326) = NJW 75, 70 = DVBl 75, 308.

doch nur ausnahmsweise in Konstellationen zu, in denen der **regelmäßige** Kraftwagenverkehr des betreffenden Gebiets insbesondere infolge der Enge der Straße und des Verzichts auf die Herstellung einer Wendeanlage nach der Einfahrt in die Sackgasse wahrhaft keine Wendemöglichkeit hat und deshalb für die Ausfahrt aus der Stichstraße und die Einfahrt in die Straße, von der die Sackgasse abzweigt, zum Rückwärtsfahren mit den damit verbundenen Gefahren insbesondere für die übrigen Benutzer des Straßenraums gezwungen ist. Das dürfte etwa der Fall sein, wenn mehrere Grundstücke in einem Gewerbe- oder Industriegebiet ausschließlich über eine z. B. 4,5 m breite und 100 m lange Sackgasse an das übrige Verkehrsnetz der Gemeinde angebunden sind und der Zuschnitt dieser Grundstücke so ist, daß auf ihnen keine Wendemöglichkeit für Lastkraftwagen besteht. Da Grundstücke in Gewerbe- und Industriegebieten typischerweise mit Lastkraftwagen angefahren werden, wäre somit der regelmäßige Kraftwagenverkehr für die Ausfahrt aus der Sackgasse und die Einfahrt in die Straße, von der die Sackgasse abzweigt, ständig zum Rückwärtsfahren gezwungen; das dürfte als Ergebnis in aller Regel unakzeptabel sein. Entsprechendes dürfte etwa gelten, wenn eine 3,50 m breite und 200 m lange befahrbare Sackgasse in einem Wohngebiet eine Mehrzahl von nach dem einschlägigen Baurecht in geschlossener Bauweise bebaubaren Grundstücken erschließt, ohne daß Gehwegüberfahrten oder Garagenflächen Wendemöglichkeiten eröffnen. Denn unter diesen Umständen wäre der **regelmäßige** Kraftwagenverkehr dieses Gebiets, d. h. der Personenkraftwagenverkehr, entweder für die Einfahrt in die Sackgasse oder die Ausfahrt aus der Sackgasse und die Einfahrt in die Straße, von der die Sackgasse abzweigt, faktisch zum Rückwärtsfahren gezwungen.[23]

Die Zustimmung ist ein **Verwaltungsakt**; das **Verfahren** bei Erlaß dieses 23 Verwaltungsakts richtet sich mangels einschlägiger Bestimmungen im Baugesetzbuch nach den Vorschriften des Landesverwaltungsverfahrensrechts.[25] Nach Landesrecht kann die schlechte Qualität und ein kleiner Maßstab (etwa 1 : 5000) des der Zustimmung zugrundeliegenden Ausbauplans unter dem Blickwinkel des Erfordernisses hinreichender inhaltlicher Bestimmtheit zur Nichtigkeit der Zustimmung führen.[26]

Die Zustimmung enthält die für § 125 Abs. 2 Satz 3 BauGB entscheidende **Feststellung**, die Herstellung der betreffenden Anlage entspreche den in § 1 Abs. 4 bis 6 BauGB bezeichneten Anforderungen.[27] Für die Überprüfung der Rechtmäßigkeit eines Erschließungsbeitragsbescheids bedeutet dies, daß dann, wenn die höhere Verwaltungsbehörde eine beantragte Zustimmung zur Herstellung einer bestimmten beitragsfähigen Erschließungsanlage erteilt hat, regelmäßig solange von der **erschließungsrechtlichen Rechtmäßigkeit** dieser

---

[25] BVerwG, Urteil v. 3. 7. 1992 – 8 C 34.90 – NVwZ 93, 1198 = ZMR 93, 83 = HSGZ 93, 75.

[26] Vgl. OVG Münster, Urteil v. 14. 6. 1991 – 3 A 960/86 – NVwZ-RR 92, 209.

[27] BVerwG, u. a. Urteil v. 9. 12. 1988 – 8 C 72.87 – Buchholz 406.11 § 125 BBauG Nr. 23 S. 1 (2) = DVBl 89, 420 = BayVBl 89, 376.

Herstellung auszugehen ist, wie die Zustimmung besteht, also nicht – sei es auf Anfechtung eines Betroffenen oder sei es aus einem anderen Grund – wieder aufgehoben wurde. Die Rechtmäßigkeit der Zustimmung ist **nicht** im Verfahren der Anfechtung eines Erschließungsbeitragsbescheids,[28] sondern in einem Verfahren zu prüfen, in dem sie Anfechtungsgegenstand ist. Für die Bemessung der Frist, innerhalb der Widerspruch gegen eine Zustimmung erhoben werden kann, dürfte anzuknüpfen sein an das, was die Rechtsprechung in diesem Zusammenhang für einen Verwaltungsakt mit Drittwirkung, der dem Dritten nicht bekanntgegeben worden ist, namentlich im baurechtlichen Nachbarschutz entwickelt hat.[29] Für die **Zulässigkeit einer Anfechtungsklage** gegen eine erteilte Zustimmung reicht in der Regel nicht schon aus, daß der Kläger geltend machen kann, sein Grundstück sei für die Anlage, auf die sich die Zustimmung bezieht, beitragspflichtig. Da im Rahmen des Abs. 2 der Zustimmung – als Ersatz für einen Bebauungsplan – in Bezug auf Gemeindestraßen eine dem Planfeststellungsbeschluß für Bundes- und Landstraßen vergleichbare Funktion zukommt, erfordert die Legitimation zur Anfechtung einer Zustimmung vielmehr einen ähnlichen Vortrag, wie er für die Zulässigkeit einer Klage gegen einen straßenrechtlichen Planfeststellungsbeschluß verlangt wird.[25]

24   Gemäß § 80 Abs. 1 VwGO hat der Widerspruch (sowie eine Anfechtungsklage) gegen eine Zustimmung **aufschiebende Wirkung.** Allerdings hat das **nicht** notwendig zur Folge, daß deshalb in Bezug auf die von der Zustimmung erfaßte beitragsfähige Erschließungsanlage solange, wie die aufschiebende Wirkung anhält, nicht dem erschließungsrechtlichen Planerfordernis genügt und deshalb ihre Herstellung erschließungsrechtlich rechtswidrig ist. Das ist vielmehr nur der Fall, wenn der Widerspruch gegen die Zustimmung eingelegt worden ist, **bevor** die technische Herstellung abgeschlossen war. **Anders** ist es jedoch, wenn entweder allein der Widerspruch oder aber schon die Zustimmung und folglich auch der Widerspruch der technischen Herstellung nachfolgen. Dann wird die Herstellung kraft Gesetzes erschließungsrechtlich rechtmäßig in dem Zeitpunkt, in dem die Zustimmung dem Zustimmungsadressaten, d.h. (regelmäßig) der Gemeinde, bekanntgegeben wird. „Mit der Legalisierung der zuvor erfolgten Herstellung hat die Zustimmung die ihr vom Gesetz zugedachte Funktion erfüllt; ihre gesetzliche Zweckbestimmung, ein bestimmtes Handeln zu erlauben, ist mit dem Abschluß dieses Handelns erschöpft, so daß sie von diesem Zeitpunkt an gleichsam erledigt ist. Daran vermag die durch den Widerspruch herbeigeführte aufschiebende Wirkung nichts zu ändern."[30] Da die Zustimmung typischerweise erst im

---

[28] BVerwG, Urteil v. 16. 8. 1985 – 8 C 120–122.83 – Buchholz 406.11 § 125 BBauG Nr. 19 S. 15 (17 f.) = NJW 86, 1122 = DVBl 86, 345.

[29] Vgl. dazu BVerwG, Urteil v. 25. 1. 1974 – IV C 2.72 – BVerwGE 44, 294 ff. = NJW 74, 1260 = BauR 74, 402.

[30] BVerwG, Urteil v. 9. 12. 1988 – 8 C 72.87 – Buchholz 406.11 § 125 BBauG Nr. 23 S. 1 (3 f.) = DVBl 89, 420 = BayVBl 89, 376.

Zusammenhang mit einem Erschließungsbeitragsbescheid und damit nach der technischen Herstellung angefochten wird, kann im erschließungsbeitragsrechtlichen Verfahren regelmäßig bis zur Aufhebung einer erteilten Zustimmung von einer erschließungsrechtlichen Rechtmäßigkeit der Herstellung der betreffenden Anlage ausgegangen werden.

Ist ein Bebauungsplan nichtig, kann unter bestimmten Voraussetzungen 25 die **Umdeutung** (vgl. § 140 BGB) der seinerzeit gemäß § 11 BBauG bzw. nunmehr nach Maßgabe des § 11 BauGB erteilten Genehmigung und des – soweit ein Anzeigeverfahren (§ 11 Abs. 3 BauGB) stattgefunden hat – (jedenfalls ausdrücklichen) Verzichts auf die Geltendmachung einer Verletzung von Rechtsvorschriften in eine Zustimmung in Betracht kommen.[31] Dagegen kann die Erteilung einer Baugenehmigung die Zustimmung zur Herstellung einer beitragsfähigen Erschließungsanlage selbst dann nicht ersetzen, wenn die Baugenehmigungsbehörde zugleich für die Zustimmung zuständig ist.[32]

2. Entbehrlichkeit von Bebauungsplan und Zustimmung

Die Herstellung der in § 125 Abs. 1 BauGB bezeichneten Anlagen kann 26 ausnahmsweise sogar ohne Bebauungsplan und ohne Zustimmung der höheren Verwaltungsbehörde von Anfang an rechtmäßig sein, wenn entweder die **beiden Voraussetzungen** des § 125 Abs. 2 Satz 2 BauGB erfüllt sind oder die Ausbauarbeiten maßgeblich bereits vor Inkrafttreten des Bundesbaugesetzes begonnen haben (vgl. Rdnr. 16).

a) Entbehrlichkeit nach Maßgabe des § 125 Abs. 2 Satz 2 BauGB

Gemäß § 125 Abs. 2 Satz 2 BauGB ist sowohl ein Bebauungsplan als auch 27 eine Zustimmung entbehrlich, wenn die Anlage bereits im Zeitpunkt ihrer Herstellung innerhalb eines im Zusammenhang bebauten Ortsteils i.S. des § 34 BauGB liegt *und* wenn in diesem Zeitpunkt – zusätzlich – die Aufstellung eines Bebauungsplans für diese *Anlage*[33] nicht erforderlich ist; d.h. wenn im Zeitpunkt des **Beginns** der zur erstmaligen endgültigen Herstellung der Anlage führenden Baumaßnahmen deren Verlauf und Umfang bereits in einer Weise **festliegen**, die für eine gestaltende Planung keinen Raum mehr

---

[31] Vgl. dazu BVerwG, Urteil v. 10. 6. 1981 – 8 C 15.81 – BVerwGE 62, 300 (306 f.) = NVwZ 82, 244 = DVBl 82, 72; siehe zur Umdeutung einer Genehmigung auch OVG Münster, Urteil v. 31. 5. 1990 – 3 A 883/89 – GemHH 91, 206 = StuGR 91, 84, und VGH Kassel, Urteil v. 14. 2. 1990 – 5 UE 3287/87, sowie zur Umdeutung der Erklärung der höheren Verwaltungsbehörde im Anzeigeverfahren etwa Gaentzsch, BauGB, § 125 Rdnr. 3.

[32] BVerwG, Urteil v. 3. 10. 1975 – IV C 78.73 – Buchholz 406.11 § 130 BBauG Nr. 16 S. 1 ff. = DÖV 76, 97 = ZMR 77, 94.

[33] BVerwG, u.a. Urteil v. 4. 4. 1975 – IV C 75.72 – Buchholz 406.11 § 125 BBauG Nr. 7 S. 1 (3) = DÖV 75, 713 = GemTg 76, 92 mit weiteren Nachweisen; siehe auch Zundel in KStZ 85, 85; a.A. Ernst in Ernst/Zinkahn/Bielenberg, BauGB, § 125 Rdnr. 5.

läßt und deshalb von dem Erfordernis eines Bebauungsplans ebenso wie dem einer Zustimmung abgesehen werden kann.[34] Diese Voraussetzung ist beispielsweise bei einer Straße anzunehmen, wenn eine (im wesentlichen) beidseitige Bebauung im Ortsinnern der Gemeinde ohnehin keinen nennenswerten Spielraum für ihre Herstellung läßt, wenn also nach der vorhandenen Bebauung (und den sonst bestehenden Umständen) der Verlauf und das Ausmaß der Anlage derart festgelegt ist, daß ein Bebauungsplan daran nichts mehr ändern könnte.[35] Verbleibende **geringfügige** Variationsmöglichkeiten nur hinsichtlich der Breite sind in diesem Zusammenhang unbeachtlich, sie allein erfordern für eine Straße im Innenbereich nicht die Aufstellung eines Bebauungsplans.[32] Als in diesem Sinne geringfügig ist jedoch nicht mehr ein Spielraum anzusehen, der der Gemeinde die Möglichkeit läßt, bei der Ausbaubreite um mehrere Meter zu variieren.[36]

28   Verläuft eine Erschließungsstraße entlang solcher Grundstücke, die zu einem im Zusammenhang bebauten Ortsteil gehören, während die Grundstücke auf der anderen Seite der Anlage dem Außenbereich zuzuordnen sind, ist für ihre rechtmäßige Herstellung grundsätzlich ein Bebauungsplan oder die Zustimmung der höheren Verwaltungsbehörde erforderlich.[37] Denn bei einer solchen Konstellation ist **nicht** auszuschließen, daß eine geordnete städtebauliche Entwicklung dazu zwingen kann, die Erschließungsanlage weiter in den Außenbereich hinein zu verlegen und von ihr aus Stichwege zu den bereits bebauten Grundstücken einzurichten. Auch die Breite der Straße und ihre Anbindung an andere Erschließungsanlagen ist verschiedenen Gestaltungsmöglichkeiten zugänglich.

b) Kein Plan-(Zustimmungs-)erfordernis bei Ausbaubeginn vor Inkrafttreten des Bundesbaugesetzes

29   Bebauungsplan und Zustimmung der höheren Verwaltungsbehörde sind ferner entbehrlich, wenn sich aufgrund der vor Inkrafttreten des Bundesbaugesetzes bereits begonnenen bzw. durchgeführten Ausbauarbeiten Umfang und Führung der Erschließungsanlage derart **deutlich abzeichnen**, daß es unnötig wäre, zu ihrer Festsetzung noch eine förmliche Planungsentscheidung herbeizuführen, weil eine solche auf die Herstellung der Straße – faktisch – keinen Einfluß mehr nehmen könnte. In diesem Sinne zeichnen sich Umfang und Führung hinreichend deutlich ab, wenn die Arbeiten ein Ausmaß von einigem Gewicht erreicht haben, und zwar von Gewicht für die endgültige

---

[34] BVerwG, Urteil v. 3. 7. 1992 – 8 C 34.90 – NVwZ 93, 1198 = ZMR 93, 83 = HSGZ 93, 75.

[35] BVerwG, u.a. Urteil v. 22. 3. 1974 – IV C 23.72 – Buchholz 406.11 § 127 BauG Nr. 18 S. 29 (3) = DÖV 75, 573 = ZMR 74, 307 mit weiteren Nachweisen.

[36] Ebenso VGH Mannheim, Urteil v. 21. 1. 1988 – 2 S 1660/87 – VBlBW 88, 438, sowie VGH Kassel, Beschluß v. 2. 8. 1989 – 5 TH 1416/88 – ZMR 90, 72.

[37] BVerwG, Urteil v. 12. 10. 1973 – IV C 3.72 – Buchholz 406.11 § 125 BBauG Nr. 4 S. 1 (2 f.) = DVBl 74, 238 = KStZ 74, 233.

Herstellung der Anlage. Das ist nicht der Fall, wenn vor Inkrafttreten des Bundesbaugesetzes nur **provisorische Ausbauarbeiten** durchgeführt worden sind, die lediglich dazu dienen, eine Straße oder einen Weg vorläufig befahrbar zu machen, ohne zur endgültigen Herstellung im Rechtssinne beizutragen. Ein Provisorium, dessen spätere Beseitigung beabsichtigt ist oder doch im Bereich des Wahrscheinlichen liegt, schreibt Umfang und Führung der Erschließungsanlage nicht derart fest, daß eine förmliche Planungsentscheidung daran nicht mehr vorbeigehen könnte.[38]

III. Ausnahmen von der planungsrechtlichen Bindung

Infolge der von einem rechtswirksamen Bebauungsplan als Rechtssatz ausgehenden planungsrechtlichen Bindung ist der Erschließungsträger, also grundsätzlich die Gemeinde, gehalten, sämtliche (nicht nur die in § 125 Abs. 1 BauGB genannten) Erschließungsanlagen entsprechend den Festsetzungen des Bebauungsplans herzustellen, d.h. entsprechend den Bestimmungen des Bebauungsplans, die an seiner **Rechtssatzqualität** teilnehmen (vgl. dazu Rdnr. 13). Ein von diesen Festsetzungen abweichender Ausbau ist als Maßnahme **planungsrechtlich rechtswidrig**, ohne daß damit schon etwas darüber gesagt wäre, ob der durch diese Maßnahme geschaffene Zustand rechtswidrig ist und welche abgabenrechtlichen Konsequenzen dies hat.[39] 30

Durch die Regelung des § 125 Abs. 3 BauGB (früher § 125 Abs. 1a BBauG) hat der Gesetzgeber für die Herstellung **aller** Erschließungsanlagen[40] eine Ausnahme von der planungsrechtlichen Bindung mit der Folge zugelassen, daß eine planabweichende Ausbaumaßnahme, die sich im Rahmen der Voraussetzungen des § 125 Abs. 3 BauGB bewegt, **planungsrechtlich rechtmäßig** ist. Ungeachtet der Tatsache, daß sich § 125 Abs. 3 BauGB auf alle Erschließungsanlagen bezieht, ist er seinerzeit als Abs. 1a durch die Novelle vom 6. Juli 1979[41] mit Blick auf das **Erschließungsbeitragsrecht**[42] in den § 125 BBauG eingefügt worden. Er ist deshalb nicht nur als planungsrechtliche, sondern auch und in erster Linie als erschließungsbeitragsrechtliche Bestimmung i.S. des § 127 Abs. 1 BauGB zu verstehen. Insoweit hat § 125 Abs. 3 BauGB **abschließenden** Charakter, d.h. er schließt im Rahmen seiner zeitlichen Reichweite die Anwendbarkeit anderer Rechtsvorschriften zur Rechtfertigung einer Planabweichung aus. Das hat zur Folge, daß dann, wenn eine Planabweichung nicht von § 125 Abs. 3 BauGB gedeckt ist, mit Auswirkun- 31

---

[38] BVerwG, Urteil v. 9. 6. 1976 – IV C 58.74 – Buchholz 406.11 § 125 BBauG Nr. 11 S. 9 (11 f.) = DÖV 76, 855 = GemTg 77, 10.

[39] Vgl. im einzelnen BVerwG, Urteil v. 18. 9. 1981 – 8 C 22.81 – Buchholz 406.11 § 125 BBauG Nr. 13 S. 1 (2 ff.) = DÖV 82, 118 = KStZ 82, 32.

[40] Ebenso u.a. von Müller in BauR 79, 372 (374).

[41] Gesetz zur Beschleunigung von Verfahren und zur Erleichterung von Investitionsvorhaben im Städtebaurecht vom 6. Juli 1979 (BGBl I S. 949).

[42] Vgl. Ernst in Ernst/Zinkahn/Bielenberg, BauGB, § 125 Rdnr. 12.

gen auf das Erschließungsbeitragsrecht weder die Zustimmung der höheren Verwaltungsbehörde noch der Umstand von Belang ist, daß z. B. der planabweichende Ausbau einer Straße den Festsetzungen eines Planentwurfs entspricht, hinsichtlich dessen die Voraussetzungen des § 33 BauGB erfüllt sind. Die vom Gesetz tolerierte Abweichung von den Festsetzungen eines Bebauungsplans ist – dem Ausnahmecharakter des § 125 Abs. 3 BauGB entsprechend – in mehrfacher Hinsicht **sachlich eingeschränkt.**

32   Gemäß **§ 125 Abs. 3 Nr. 1** BauGB ist eine Planabweichung in Fällen zulässig, in denen die Erschließungsanlage hinter den Festsetzungen des Bebauungsplans zurückbleibt (**Planunterschreitung**). Das Gesetz meint hier ein räumliches Zurückbleiben. Denn über die technische Ausgestaltung der Erschließungsanlagen wird nicht im Bebauungsplan bestimmt. Der Auffassung, bei Anbaustraßen sei als Planunterschreitung ausschließlich ein – im Vergleich zur Planfestsetzung – Zurückbleiben in der Breite, nicht aber auch in der Länge zu verstehen, weil die Zulässigkeit einer Längenbeschränkung durch die Möglichkeit der Abschnittsbildung in § 130 Abs. 2 BauGB geregelt sei,[43] kann **nicht** zugestimmt werden.[44] Die Befugnis, das Teilstück einer Erschließungsstraße als Abschnitt abrechnungsmäßig zu verselbständigen, **setzt** nämlich das Vorhandensein dieser Anlage, d. h. die (erfolgte) Anlegung einer weitergehenden, **in der Länge teilbaren** Straße **voraus.** Gerade daran fehlt es indes in Fällen der in Rede stehenden Art, in denen eine im Bebauungsplan mit einer Länge von beispielsweise 200 m ausgewiesene Straße nur auf einer Länge von 180 m angelegt und – etwa wegen einer von der ursprünglichen Erwartung abweichenden Entwicklung der Bebauung sowie des Verkehrs – die Fläche der restlichen 20 m tatsächlich für andere als für Verkehrszwecke in Anspruch genommen wird.

33   Die noch weitergehende Ansicht,[45] in dem soeben skizzierten Fall des längenmäßigen Zurückbleibens einer Straße hinter der Festsetzung im Bebauungsplan liege überhaupt keine Planabweichung im Sinne des § 125 Abs. 3 BauGB vor, weil Erschließungsanlage im Sinne dieser Vorschrift ausschließlich die tatsächlich angelegte, nicht aber auch die lediglich auf dem "Bebauungsplan-Papier" stehende Straße sei, vermag ebenfalls nicht zu überzeugen.[44] Richtig ist, daß – jedenfalls mit Blick auf Anbaustraßen – einzig das Erschließungsbeitragsrecht, nicht hingegen das Planungsrecht über den Begriff der beitragsfähigen Erschließungsanlage befindet und daß der Inhalt dieses Begriffs nicht von planerischen Vorstellungen, sondern von einer natürlichen Betrachtungsweise geprägt ist.[46] Richtig ist ferner, daß – wiederum

---

[43] Diese Auffassung vertritt u. a. Ernst in Ernst/Zinkahn/Bielenberg, BauGB, § 125 Rdnr. 15.

[44] BVerwG, Urteil v. 25. 2. 1994 – 8 C 14.92 – DVBl 94, 812 = NVwZ 94, 913 = ZMR 94, 433.

[45] Vgl. dazu Halter, Gemeindekasse Baden-Württemberg 93, 62 (65).

[46] BVerwG, u. a. Urteil v. 15. 2. 1991 – 8 C 56.89 – BVerwG 88, 53 (55 f.) = DVBl 91, 591 = NVwZ 91, 1094.

bezogen auf beitragsfähige Anbaustraßen – § 125 Abs. 3 BauGB an diesen beitragsrechtlichen Erschließungsanlagenbegriff anknüpft. Vor diesem Hintergrund erfordert § 125 Abs. 3 Nr. 1 BauGB einen Vergleich der tatsächlich angelegten Straße mit der im Bebauungsplan festgesetzten Erschließungsanlage und ist eine Planunterschreitung anzunehmen, wenn die tatsächlich angelegte Straße in Breite und/oder Länge hinter den für die entsprechende Anlage im Bebauungsplan getroffenen Festsetzungen zurückbleibt.[44, 47]

Ein Fall des § 125 Abs. 3 Nr. 1 kann unter bestimmten Voraussetzungen **34** auch vorliegen, wenn eine Gemeinde Teile der im Bebauungsplan für den fließenden Verkehr vorgesehenen Fläche nicht als Straße, sondern als (unselbständigen) Parkplatz oder als (unselbständige) Grünfläche herstellt.[48] Besteht die Abweichung jedoch in der Herstellung **einer anderen** Erschließungsanlage (z.B. selbständiger Parkplatz statt selbständiger Grünfläche oder umgekehrt) handelt es sich um einen nach § 125 Abs. 3 Nr. 2 BauGB zu beurteilenden Planwiderspruch, der regelmäßig nicht mit den Grundzügen der Planung (vgl. dazu Rdnr. 36 ff.) vereinbar und aus diesem Grunde nicht durch § 125 Abs. 3 BauGB gedeckt sein dürfte.[49]

Zum Anwendungsbereich der **Nr. 2** des § 125 Abs. 3 BauGB gehören – wie **35** sich aus der insoweit alternativen Ausgestaltung der Vorschrift ergibt – **nur Planüberschreitungen** bzw. **Planwidersprüche.**[50] Diese Regelung macht die planungsrechtliche Unbeachtlichkeit einer Planabweichung von zwei – kumulativen – Anforderungen abhängig, nämlich davon, daß – erstens – die Erschließungsbeitragspflichtigen nicht höher als bei einer plangemäßen Herstellung belastet werden und – zweitens – die Abweichung die Nutzung der Betroffenen Grundstücke nicht wesentlich beeinträchtigt.

Der **ersten** Anforderung ist genügt, wenn entweder – mangels Beitragsfähigkeit der entsprechenden Anlage – keine Erschließungsbeiträge erhoben werden können oder – bei beitragsfähigen Erschließungsanlagen – die planabweichende Herstellung **keine zusätzliche Belastung** der Erschließungsbeitragspflichtigen als Gruppe mit sich bringt, d.h. der beitragsfähige Erschließungsaufwand (§ 128 BauGB) sich nicht erhöht, sei es, weil diese Herstellung kostenneutral ist, sei es, weil die Gemeinde evtl. Mehrkosten bei der Ermittlung des beitragsfähigen Aufwands außer Ansatz läßt.[51] Eine solche Nichtberücksichtigung von Herstellungskosten ist mit Rücksicht auf die von § 127 Abs. 1 BauGB angeordnete Beitragserhebungspflicht nicht ganz unproblematisch; sie rechtfertigt sich aber aus der Überlegung, daß § 127 Abs. 1 BauGB

---

[47] Ebenso u.a. schon BayVGH, Urteil v. 30. 1. 1992 – 6 B 88.2083 – NVwZ-RR 92, 579.

[48] Vgl. BVerwG, Urteil v. 12. 12. 1986 – 8 C 9.86 – NVwZ 87, 420 = DVBl 87, 630 = HSGZ 87, 364.

[49] Vgl. etwa OVG Münster, Urteil v. 7. 3. 1989 – 3 A 1004/87 – DÖV 90, 289.

[50] Vgl. u.a. Brügelmann-Förster, BBauG, § 125 Rdnr. 17.

[51] Vgl. BVerwG, Urteil v. 7. 3 1986 – 8 C 103.84 – Buchholz 406.11 § 125 BBauG Nr. 20 S. 23 (25) = NVwZ 86, 647 = KStZ 86, 132.

mit seinem Tatbestandsmerkmal "nach Maßgabe der folgenden Vorschriften" entgegen dem durch diesen Wortlaut („folgenden") vermittelten Eindruck auch § 125 Abs. 3 Nr. 2 BauGB erfaßt (vgl. § 10 Rdnr. 1).

Die **zweite** Anforderung stellt ab auf die **Auswirkung der Abweichung** für die Nutzung der "betroffenen" Grundstücke. Die Nutzung dieser Grundstücke darf durch die Abweichung nicht wesentlich beeinträchtigt werden. Betroffen i. S. dieser Bestimmung können auch Grundstücke sein, die nicht an die Erschließungsanlage angrenzen oder von ihr im erschließungsbeitragsrechtlichen Sinne erschlossen werden, sofern sich die Abweichung auf ihre Nutzung nicht nur geringfügig negativ auswirkt. Eine wesentliche Beeinträchtigung kann sich etwa ergeben, wenn sich infolge einer Änderung der Zweckbestimmung einer Anlage (z. B. statt Fußgängerweg Durchfahrtsstraße) die Geräuschimmissionen erhöhen oder wenn durch eine Umgestaltung der Straßenführung die Zugänglichkeit des Grundstücks erschwert wird.[52]

36 **Zusätzlich** zu den in § 125 Abs. 2 Nr. 1 bzw. 2 BauGB genannten Erfordernissen muß die Planabweichung - soll sie die Rechtmäßigkeit der Herstellung nicht berühren – „mit den Grundzügen der Planung vereinbar sein". Der Begriff "Grundzüge der Planung" ist im Baugesetzbuch außer in § 125 Abs. 3 auch in den §§ 13 Abs. 1 und 31 Abs. 2 Nr. 2 verwandt; mangels anderweitiger Anhaltspunkte ist die Annahme geboten, der Inhalt dieses Begriffs decke sich in allen drei Vorschriften. Das führt zu der Ansicht, daß § 125 Abs. 3 BauGB Planabweichungen von **minderem Gewicht** meint, d. h. Abweichungen, „die deshalb von minderem Gewicht sind, weil sie nur den – gleichsam formalen – Festsetzungsinhalt treffen, nicht hingegen auch das, was an Planungskonzeption diese Festsetzung trägt und damit den für sie wesentlichen Gehalt bestimmt. Solche Abweichungen von minderem Gewicht sollen die Rechtmäßigkeit der Herstellung einer Erschließungsanlage nicht beseitigen, ebenso wie ihretwegen planungsrechtlich nur ein vereinfachtes Planänderungsverfahren stattzufinden braucht (§ 13 Abs. 2 BauGB) und bebauungsrechtlich die Erteilung einer Befreiung in Betracht kommt (§ 31 Abs. 2 Nr. 2 BauGB). Ob eine Abweichung von in diesem Sinne minderem Gewicht ist, beurteilt sich nach dem im Bebauungsplan zum Ausdruck gekommenen planerischen Wollen. Bezogen auf dieses Wollen darf der Abweichung vom Planinhalt keine derartige Bedeutung zukommen, daß die angestrebte und im Plan zum Ausdruck gebrachte städtebauliche Ordnung in beachtlicher Weise beeinträchtigt wird. Die Abweichung muß – soll sie mit den Grundzügen der Planung vereinbar sein – durch das planerische Wollen gedeckt sein; es muß – mit anderen Worten – angenommen werden können, die Abweichung liege noch im Bereich dessen, was der Planer gewollt hat oder gewollt hätte, wenn er die weitere Entwicklung einschließlich des Grundes für die Abweichung gekannt hätte."[53]

---

[52] Ebenso u. a. Ernst in Ernst/Zinkahn/Bielenberg, BauGB, § 125 Rdnr. 16.
[53] BVerwG, Urteil v. 9. 3. 1990 – 8 C 76.88 – NVwZ 90, 873 = DÖV 90, 784 = DVBl 90, 786.

Ob einer Planabweichung derartiges Gewicht zukommt, kann grundsätz- 37
lich **nicht allein** nach deren flächenmäßigem Umfang, sondern lediglich im
Zusammenhang mit den übrigen Größenverhältnissen beurteilt werden.
Maßgeblich ist insoweit eine auf die **Gesamtumstände** abstellende Betrachtungsweise des konkreten Einzelfalls, weil nur auf dieser Grundlage erkannt
werden kann, ob durch die Abweichung eine Grenze überschritten worden
ist, von der anzunehmen ist, ihrer Einhaltung komme aus der Sicht des Planers ausschlaggebende Bedeutung zu.[54] Das kann von Fall zu Fall nicht nur
zutreffen, wenn der im Bebauungsplan festgelegte Verlauf der Trasse in beachtlichem Umfang verschoben, sondern auch, wenn ohne eine solche Tras-
senverschiebung durch die Planabweichung die Sicherheit und Leichtigkeit
des Verkehrs nennenswert beeinträchtigt, die Verkehrsbedeutung der Straße
geändert,[55] deren Erschließungsfunktion wesentlich gemindert, durch Umwandlung ihrer Zweckbestimmung der Gebietscharakter geändert oder gar
die Entwicklung des Baugebiets behindert wird.[56]

Wird beispielsweise ein Bürgersteig entgegen den Festsetzungen des Be- 38
bauungsplans nicht in einer Breite von zwei, sondern nur von einem Meter
angelegt (Planunterschreitung i. S. des § 125 Abs. 3 Nr. 1 BauGB), ist das
grundsätzlich mit den "Grundzügen der Planung" vereinbar. Denn in ihrem
geringen Ausmaß dürfte eine solche Planabweichung schwerlich in einem
wesentlichen Punkt dem in einem qualifizierten Bebauungsplan (§ 30
BauGB) zum Ausdruck gebrachten Konzept einer städtebaulichen Ordnung
widersprechen.[57] Entsprechendes gilt, wenn außerhalb der festgesetzten Straßenfluchtlinie auf einer Länge von ca. 10 m eine dreieckförmige Fläche von
etwa 10 qm als Gehwegfläche zusätzlich asphaltiert worden ist oder die tatsächlich hergestellte Gehwegbegrenzung derart hinter der festgesetzten Straßenfluchtlinie zurückbleibt, daß der mit einer Breite von 5 m vorgesehene
Gehweg stellenweise um ca. 0,50 m schmaler angelegt ist.[53] **Dagegen** ist
grundsätzlich der Ausbau einer Fahrbahn – sofern die Unterteilung in Fahrbahn und Gehweg an der Rechtssatzqualität des Bebauungsplans teilnimmt
(vgl. dazu Rdnr. 14) – als eine mit den Grundzügen der Planung nicht verein-
bare Planabweichung zu qualifizieren, wenn er um mehr als die Hälfte hinter
der im Bebauungsplan festgesetzten Breite zurückbleibt.[58] Ebenfalls mit den
Grundzügen der Planung unvereinbar ist die Herstellung einer **einseitig zum
Anbau bestimmten** Straße, die – verglichen mit der Festsetzung im Bebauungsplan – nur in halber Breite ausgebaut worden ist.[59] Überdies nicht durch

---

[54] BVerwG, Urteil v. 15. 2. 1991 – 8 C 46.89 – NVwZ 91, 1092.

[55] Vgl. etwa VGH Mannheim, Urteil v. 30. 11. 1989 – 2 S 1987/78 –.

[56] U. a. OVG Lüneburg, Urteil v. 23. 10. 1991 – 9 L 8/90 –.

[57] BVerwG, Urteil v. 18. 9. 1981 – 8 C 21.81 – Buchholz 406.11 § 125 BBauG Nr. 14
S. 7 (11) = DVBl 82, 79 = MDR 82, 1047.

[58] Vgl. dazu OVG Lüneburg, Urteil v. 8. 11. 1988 – 9 A 11/87 – ZMR 89, 232.

[59] BVerwG, Urteil v. 26. 5. 1989 – 8 C 6.88 – BVerwGE 82, 102 (105) = DVBl 89,
1205 = NVwZ 90, 165.

§ 125 Abs. 3 BauGB gedeckt ist beispielsweise der Ausbau einer Straße auf 12 m Breite an einer Stelle, für die der Bebauungsplan zur funktionellen und gestalterischen Verklammerung der Grünflächen auf beiden Straßenseiten eine Verengung auf 3 m festsetzt.[60]

39   Selbst wenn es sich bei dem maßgeblichen Plan um einen förmlich festgestellten **Fluchtlinienplan** handelt, der als festgestellter städtebaulicher Plan i.S. des § 173 Abs. 3 Satz 1 BBauG fortgilt und der sich seinem Festsetzungsinhalt nach auf die Festsetzung von **Straßenfluchtlinien beschränkt**, greift eine Abweichung von dem Plan in die Planungsgrundzüge nur ein, wenn angenommen werden muß, aus der Sicht des Planers komme **jeder Einzelheit** des Festsetzungsinhalts wesentliche Bedeutung zu, der Planer habe also unabhängig davon, was sich im Zuge der Planverwirklichung noch ergeben werde, jede Einzelheit festschreiben wollen. „Kann das – wie wohl in der Regel – nicht angenommen werden, hängt die Beachtlichkeit einer Abweichung vom Festsetzungsinhalt vom Ausmaß dieser Abweichung ab. Mit den Planungsgrundsätzen unvereinbar sind dann lediglich Abweichungen von einigem Gewicht, d.h. Abweichungen, bei denen sich unter Berücksichtigung des sich aus den Gesamtumständen ergebenden (mutmaßlichen) Willens des Planers die Annahme aufdrängt, daß sie etwas tangieren, was dem Planer unter dem Blickwinkel der angestrebten städtebaulichen Ordnung wichtig gewesen ist. Um eine Abweichung von derartigem Gewicht ging es in dem dem Urteil vom 7. März 1986 – BVerwG 8 C 103.84 – ... zugrundeliegenden Fall **offensichtlich;** der Senat hatte dementsprechend keinen Anlaß, das zu problematisieren. Mit Blick darauf hat der Senat in jenem Urteil dargelegt, bei Konstellationen der zu beurteilenden Art – d.h. bei Abweichungen, die nicht schon in Ermangelung jeglichen Gewichts als unerheblich ausscheiden – bedürfe es besonderer Anhaltspunkte, um annehmen zu dürfen, sie seien gleichwohl vom Willen des Planers gedeckt und deshalb mit den Grundzügen der Planung vereinbar".[53]

40   Im übrigen spricht bei vor vielen Jahren insbesondere in Fluchtlinienplänen getroffenen Festsetzungen eher eine **Vermutung** dafür, daß „nach dem planerischen Wollen die festgesetzten Linien nicht 'auf Jahrzehnte' unabhängig von aller Entwicklung schlechthin festgeschrieben werden sollten. Abweichungen von objektiv untergeordnetem Gewicht dürften daher in der Regel ohne weiteres hinzunehmen sein".[53]

IV. Bedeutung des erschließungsrechtlichen Planerfordernisses und der planungsrechtlichen Bindung für das Erschließungsbeitragsrecht

41   **Weder** die erschließungs- **noch** die erschließungsbeitragsrechtlichen Bestimmungen lassen **erkennen**, ob und ggfs. welche Bedeutung namentlich das

---

[60] BayVGH, Urteil v. 29. 6. 1992 – 6 B 89.3481.

erschließungsrechtliche Planerfordernis und die planungsrechtliche Bindung für das **Erschließungsbeitragsrecht** haben, d. h. ob das Entstehen von (sachlichen) Erschließungs(teil)beitragspflichten abhängig ist von der erschließungsrechtlichen Rechtmäßigkeit einer beitragsfähigen Erschließungsanlage. Es kann daher nicht verwundern, daß diese Frage in der ersten Zeit nach Inkrafttreten des Bundesbaugesetzes unterschiedlich beantwortet worden ist.[61]

1. Erschließungs- und planungsrechtliche Rechtmäßigkeit als Voraussetzung für das Entstehen von Erschließungs(teil)beitragspflichten

Im Anschluß u.a. an das Urteil des Bayerischen Verwaltungsgerichtshofs **42** vom 23. Februar 1967[62] sowie in Übereinstimmung etwa mit Schmidt[63] und Finkler[64] hat das Oberverwaltungsgericht Lüneburg am 22. Februar 1968[65] erkannt, ein **Verstoß** gegen § 125 Abs. 1 (seinerzeit noch) BBauG habe **keinen** Einfluß auf das Erschließungsbeitragsrecht. Der Erschließungsbeitragsanspruch sei nämlich ein Anspruch, der seine Rechtfertigung in dem Vorteil finde, den der Anlieger durch die Straßenherstellung erhält. Werde sein Grundstück durch die Straße erschlossen und bewirke die Widmung der ausgebauten Straße, daß der Vorteil von Dauer ist, sei nach der Vorstellung des Gesetzgebers die Voraussetzung für die Erhebung eines Erschließungsbeitrags gegeben.

Bereits wenige Monate später hat das Bundesverwaltungsgericht durch sei- **43** ne Entscheidung vom 21. Oktober 1968[66] einen **Meinungswandel** eingeleitet. Zur Begründung seiner Ansicht, Erschließungsbeiträge könnten **nur** für Straßen gefordert werden, die aufgrund eines Bebauungsplans (oder mit Zustimmung der höheren Verwaltungsbehörde) hergestellt worden sind, hat das Bundesverwaltungsgericht seinerzeit ausgeführt: § 125 BBauG stehe zwar nicht in dem mit „Erschließungsbeitrag" überschriebenen Zweiten Abschnitt des die Erschließung regelnden Sechsten Teils des Bundesbaugesetzes. Er gehöre vielmehr zu dem mit „Allgemeine Vorschriften" bezeichneten ersten Abschnitt dieses Teils. Der Systematik von Gesetzen entspreche es aber, daß allgemeine Vorschriften auch im Rahmen von besonderen Teilen eines Gesetzes anzuwenden sind, soweit dem besondere Vorschriften nicht entgegenstehen. An entgegenstehenden Vorschriften fehle es im zweiten Abschnitt des Sechsten Teils, so daß die Herstellung einer Erschließungsanlage auch hinsichtlich der Beitragspflicht nur dann für rechtmäßig zu erachten sei, wenn die Voraussetzungen des § 125 BBauG erfüllt seien.

---

[61] Vgl. u.a. Heise in KStZ 69, 53 f., und Kregel in KStZ 80, 143 (144).
[62] BayVGH, Urteil v. 23. 2. 1967 – 132 IV 66 – KStZ 67, 101 (103 f.).
[63] Schmidt, Handbuch des Erschließungsrechts, S. 49.
[64] Finkler, Das Erschließungsrecht, 2. Aufl., § 125 Anm. 4.
[65] OVG Lüneburg, Urteil v. 22. 2. 1968 – I OVG A 121/66 – KStZ 68, 184 (185).
[66] BVerwG, Urteil v. 21. 10. 1968 – IV C 94.67 – Buchholz 406.11 § 127 BBauG Nr. 4 S. 8 (12) = DVBl 69, 275 = ZMR 69, 187.

Diese Begründung **trägt** die Auffassung des Bundesverwaltungsgerichts **nicht.** Daran ändert die Tatsache nichts, daß sich das Bundesverwaltungsgericht in seinen späteren Entscheidungen[67] bis zu seinem Urteil vom 21. Oktober 1994[68] darauf beschränkt hat, sich zur Stützung seiner Ansicht auf die zuvor behandelte Entscheidung vom 21. Oktober 1968 zu berufen.

44   Richtig ist zwar der seinerzeitige Ausgangspunkt des Bundesverwaltungsgerichts, es entspreche der Systematik von Gesetzen, daß allgemeine Vorschriften auch im Rahmen von besonderen Teilen des Gesetzes anzuwenden sind, soweit dem keine besonderen Bestimmungen entgegenstehen. Doch ist schon fraglich, ob es sich bei den §§ 123 ff. BBauG (bzw. BauGB) um **allgemeine Vorschriften** in diesem Sinne, also um sozusagen „vor die Klammer" gezogene Bestimmungen handelt. Das ist – wie das Bundesverwaltungsgericht nunmehr im Urteil vom 21. Oktober 1994[68] erkannt hat – **zu verneinen,** weil es in den §§ 123 ff. BBauG (BauGB) nicht um (allgemeines) Abgabenrecht geht. Doch mag das letztlich auf sich beruhen. Selbst wenn man nämlich insoweit anderer Meinung wäre, rechtfertigte das ausschließlich die Ansicht, die **Herstellung** einer Straße, die mangels Erfüllung der Voraussetzungen des § 125 als erschließungs- bzw. planungsrechtlich **rechtswidrig** zu qualifizieren ist, sei auch mit Blick auf das Erschließungsbeitragsrecht als rechtswidrig zu beurteilen. Damit ist indessen **nichts gewonnen** für die Beantwortung der sich daran anschließenden, aus der Sicht des Erschließungsbeitragsrechts zumindest ebenso wichtigen Frage, ob die Erhebung des **Erschließungsbeitrags** überhaupt **eine rechtmäßige Herstellung** der Straße **voraussetzt.** Diese Frage beantwortet sich nicht schon gleichsam von selbst in einem dies bejahenden Sinne. Denn es gibt **keinen** allgemeinen bundesrechtlichen **Rechtssatz,** der es ausschlösse, einen rechtswidrigen Zustand oder ein rechtswidriges Verhalten zur Grundlage der Erhebung einer Abgabe zu machen.[69] Das wird im Steuerrecht hinreichend deutlich u. a. durch die bereits in der Weimarer Republik übliche Besteuerung des sog. Dirnenlohns[70] und ist vom Bundesgesetzgeber in § 40 AO nachdrücklich mit den Worten betont worden „für die Besteuerung ist es unerheblich, ob ein Verhalten, das den Tatbestand eines Steuergesetzes ganz oder zum Teil erfüllt, gegen ein gesetzliches Gebot oder Verbot oder gegen die guten Sitten verstößt". Ferner kann etwa ein Bürger, der mangels einer entsprechenden Erlaubnis durch eine Inanspruchnahme des öffentlichen Verkehrsraums eine unerlaubte Sondernutzung ausübt, nicht damit rechnen,

---

[67] BVerwG, u. a. Urteile v. 12. 12. 1969 – IV C 100.68 – Buchholz 406.11 § 133 BBauG Nr. 34 S. 7 (9) = NJW 70, 876 = DVBl 70, 417, v. 29. 5. 1970 – IV C 141.68 – BVerwGE 35, 222 (224) = ZMR 70, 381 = MDR 70, 954, und v. 12. 10. 1973 – IV C 3.72 – Buchholz 406.11 § 125 BBauG Nr. 4 S. 1 (2) = DVBl 74, 238 = KStZ 74, 233.

[68] BVerwG, Urteil vom 21. Oktober 1994 – 8 C 2.93 – DVBl 95, 63.

[69] BVerwG, Urteil v. 18. 9. 1981 – 8 C 22.81 – Buchholz 406.11 § 125 BBauG Nr. 13 S. 1 (4 f.) = DÖV 82, 118 = KStZ 82, 32.

[70] BFH, u. a. Urteile v. 23. 6. 1964 – Gr. S. 1/64 S – BFHE 80, 73 (75 f.), und v. 17. 4. 1970 – VI R 164/68 – BFHE 99, 200 (202 f.).

schon allein mit Blick auf die fehlende Erlaubnis von der Auferlegung einer Sondernutzungsgebühr befreit zu sein.[71]

Im **Ergebnis** freilich ist der dargestellten, heute ganz einhellig geteilten Auf- 45 fassung des Bundesverwaltungsgerichts **zuzustimmen.** Dieses Ergebnis begründet sich auf § 125 BauGB.[68] Der Gesetzgeber hat dieser Vorschrift – übrigens zu Recht – ein derartiges Gewicht beigemessen, daß **sie selbst** und nicht erst das Erschließungsbeitragsrecht dessen Abhängigkeit von einer rechtmäßigen Herstellung **bestimmt.** Zwar ist dieser letzteren Annahme keine nennenswerte Bedeutung zugekommen, solange der Bund die Gesetzgebungszuständigkeit sowohl für das Erschließungs- als auch für das Erschließungsbeitragsrecht hatte. Das hat sich jedoch seit dem 15. November 1994 geändert (vgl. § 1 Rdnr. 10). Seither ist die Gesetzgebungszuständigkeit für diese beiden Materien zwischen Bund und Ländern entsprechend dem Vorschlag der Gemeinsamen Verfassungskommission durch eine Änderung des Art. 74 Abs. 1 Nr. 18 GG[72] derart aufgeteilt, daß der Bund weiterhin für die Gesetzgebung im Bereich des Erschließungsrechts, die Länder aber für die Gesetzgebung im Bereich des Erschließungsbeitragsrechts zuständig sind.

Um bei dem zuletzt (vgl. Rdnr. 44) behandelten Gesichtspunkt zu begin- 46 nen: Aus der Tatsache, daß im Steuer- und Gebührenrecht Abgaben von Fall zu Fall unabhängig von der Rechtmäßigkeit eines Verhaltens oder Zustands verlangt werden dürfen, läßt sich **nichts** zugunsten der Meinung herleiten, Erschließungsbeitragspflichten könnten ohne Rücksicht auf die Anforderungen des § 125 BauGB entstehen. Soweit nämlich eine Abgabenerhebung von einer solchen Rechtmäßigkeit gelöst wird, beruht das ausschlaggebend auf der Erwägung, ein unzulässiges oder allgemein zu mißbilligendes Verhalten des potentiellen Abgabenschuldners dürfe nicht durch einen Verzicht auf eine Abgabenerhebung begünstigt werden, der potentiell Abgabepflichtige dürfe für sein Fehlverhalten abgabenrechtlich nicht sozusagen noch belohnt werden. Dieser Gedanke ist in dem zu beurteilenden Zusammenhang **unergiebig,** weil die in Rede stehende Rechtswidrigkeit einer Straßenherstellung nicht auf ein Verhalten der potentiell erschließungsbeitragspflichtigen Anlieger, sondern auf ein solches der Gemeinde selbst zurückzuführen ist. Der damit angesprochene Gesichtspunkt der Verantwortlichkeit drängt vielmehr die Auffassung auf, die Gemeinde solle für ihr (Fehl-)Verhalten selbst einstehen und das heißt, ihr solle bis zu einer ihr in der Regel ohne weiteres möglichen Beseitigung des Mangels durch das nachträgliche Inkraftsetzen eines Bebauungsplans oder die nachträgliche Einholung einer Zustimmung das Recht versagt sein, die von ihr für die Straßenherstellung aufgewandten Mittel über Erschließungsbeiträge erstattet zu bekommen.

---

[71] Vgl. insoweit etwa Kastner in Marschall/Schroeter/Kastner, Bundesfernstraßengesetz, 4. Aufl., § 8 Rdnr. 6, 7.
[72] Vgl. dazu im einzelnen den Bericht der Gemeinsamen Verfassungskommission, BT-Drucksache 12/6000, S. 34.

47   Folgende **verfassungrechtliche** Überlegung unterstützt diese Auffassung: Der Erschließungsbeitrag ist – wie jeder Beitrag im abgabenrechtlichen Sinne – eine durch den Gesichtspunkt der Gegenleistung gekennzeichnete Abgabe, mit der ein Ausgleich für einen durch eine Leistung der Gemeinde ausgelösten **Sondervorteil** verlangt wird.[73] Gerade der besondere wirtschaftliche Vorteil, den bestimmte Personen von der Straßenherstellung haben, ist Voraussetzung dafür, sie und nicht (auch) andere an den Kosten dieser Maßnahme anteilig zu beteiligen;[74] ohne einen solchen Sondervorteil wäre die Heranziehung zu einem Erschließungsbeitrag verfassungsrechtlich nicht zu rechtfertigen.[75] Eine den **vollen** Erschließungsbeitrag legitimierende Kraft hat indes ausschließlich ein dem korrespondierender "voller", nicht durch irgendwelche Belastungen in der Wertigkeit geminderter Sondervorteil; nur er deckt eine zum Ausgleich für eine Leistung der Gemeinde geforderte volle Beitrags(gegen)leistung. Einen solchen Sondervorteil verschafft allerdings lediglich eine rechtmäßig hergestellte Anbaustraße. Fehlt es an der Rechtmäßigkeit, ist die Herstellung und der durch sie ausgelöste Sondervorteil mit einem **Makel**, mit einem Risiko belastet, dem Risiko nämlich, daß die Straße früher oder später zur Behebung des eingetretenen rechtswidrigen Zustands beseitigt wird. Dabei ist unerheblich, unter welchen Voraussetzungen im einzelnen eine Beseitigung der Straße erfolgen kann und wie hoch der Grad der Wahrscheinlichkeit einer solchen Beseitigung ist. Denn diese Gesichtspunkte haben Einfluß lediglich auf das Gewicht des Makels der einer rechtswidrig hergestellten Straße und dem durch sie vermittelten Sondervorteil anhaftet, nicht aber auf dessen Existenz.[68]

48   Schließlich bestätigen die Gesetzesmaterialien die Meinung, das Entstehen sachlicher Erschließungsbeitragspflichten sei kraft des § 125 BauGB von einer nach Maßgabe dieser Bestimmung rechtmäßigen Straßenherstellung abhängig. Der von der Bundesregierung eingebrachte Entwurf eines Bundesbaugesetzes[76] enthielt im Sechsten Teil in den §§ 135 bis 146 eine Vielzahl allgemeiner erschließungsrechtlicher Vorschriften. Im Rahmen der Beratungen des federführenden Ausschusses für Wohnungswesen, Bau- und Bodenrecht wurden die meisten von ihnen gestrichen. Abgesehen von dem seinerzeitigen § 124 (Ermächtigung zur Aufstellung von Richtlinien über die städtebaulichen Grundsätze der Erschließung) und dem § 126 (Pflichten des Eigentümers) schlug der Ausschuß vor, nur solche „Allgemeine(n) Vorschriften" zu verabschieden, die „für die Regelung des Erschließungsbeitrags von

---

[73] Vgl. BVerfG, u. a. Beschlüsse v. 20. 5. 1959 – 1 BvL 1/58 – BVerfGE 9, 291 (297), und v. 16. 10. 1962 – 2 BvL 27/60 – BVerfGE 14, 312 (317).

[74] BVerfG, u. a. Beschluß v. 4. 2. 1958 – 2 BvL 31/56 – BVerfGE 7, 244 (254 f.).

[75] Siehe dazu BVerwG, u. a. Urteile v. 29. 4. 1977 – IV C 1.75 – Buchholz 406.11 § 131 BBauG Nr. 22 S. 26 (30) = DÖV 77, 680 = DVBl 78, 298, und v. 1. 2. 1980 – 4 C 63 u. 64.78 – Buchholz 406.11 § 131 BBauG Nr. 33 S. 64 (69) = NJW 80, 1973 = DVBl 80, 755.

[76] BT-Drucksache III/336.

Bedeutung sind".[77] Der Gesetzgeber ist diesem Votum gefolgt und hat dadurch seinen Willen zum Ausdruck gebracht, daß das **Erschließungsbeitragsrecht** (nicht nur namentlich dem § 123 Abs. 1 BBauG, sondern auch) dem **§ 125 BBauG unterworfen** sein soll. Diesen Willen hat er nachdrücklich bekräftigt im Zusammenhang mit dem Gesetz zur Beschleunigung von Verfahren und zur Erleichterung von Investitionsvorhaben im Städtebau vom 6. Juli 1979 (BGBl I S. 949), mit dem er den damaligen Absatz 1 a und jetzigen Absatz 3 in den § 125 BBauG bzw. BauGB eingefügt hat. In dieser Bestimmung hat er angeordnet, Abweichungen von den Festsetzungen eines Bebauungsplans ließen in den in dieser Vorschrift bezeichneten Grenzen die Rechtmäßigkeit der Herstellung von Erschließungsanlagen unberührt. In der Sache ging es dem Gesetzgeber darum, die bei derartigen Abweichungen von ihm als offen angesehene Frage zu beantworten, „ob und wieweit Erschließungsbeiträge erhoben werden können".[78] Durch die Änderung des § 125 BBauG wollte er erreichen, „daß die Rechtmäßigkeit der Herstellung von Erschließungsanlagen und damit zugleich die Erhebung von Erschließungsbeiträgen nicht mehr daran scheitern soll, daß gewisse Abweichungen vom Bebauungsplan vorkommen".[79] Diese Aussagen drängen nicht nur den Schluß auf eine **Abhängigkeit** des Erschließungsbeitragsrechts von der Rechtmäßigkeit einer Straßenherstellung, sondern überdies auf eine **von § 125 BBauG/BauGB** begründete Abhängigkeit auf.[68]

Nach der Rechtsprechung des Bundesverwaltungsgerichts[80] setzt – bei einer Abrechnung im Wege der **Kostenspaltung** (§ 127 Abs. 3 BauGB) – selbst das Entstehen von sachlichen Erschließung**steilbeitragspflichten** eine nach Maßgabe des § 125 BauGB rechtmäßige Herstellung der betroffenen Straßenteile im Sinne von Teileinrichtungen voraus. Das geht ohne weiteres in Ordnung. Der Erschließungsteilbeitrag ist wie der Vollbeitrag ein endgültiger Beitrag; seine Erhebung setzt daher ebenso wie die Erhebung eines Vollbeitrags das Vorliegen eines lediglich durch eine rechtmäßige Herstellung vermittelbaren ungeschmälerten Sondervorteils voraus.

Das läßt die Frage offen, ob – wie verschiedene Oberverwaltungsgerichte[81] meinen – auch schon die Erhebung einer **Vorausleistung** jedenfalls dann, wenn die Gemeinde von der sog. **Herstellungsalternative** (vgl. § 133 Abs. 3 Satz 3 BauGB) Gebrauch macht, davon abhängt, daß die Anforderungen des § 125 BauGB erfüllt sind. Diese Frage läßt sich aus den zuvor behandelten Gründen nicht schon mit der Erwägung bejahen, ohne Erfüllung der Anforderun-

49

50

---

[77] BT-Drucksache III/*zu* Drucksache 1794, S. 23.
[78] BT-Drucksache 8/2451, S. 30.
[79] BT-Drucksache 8/2885, S. 34 f.
[80] BVerwG, Urteil v. 18. 1. 1991 – 8 C 14.89 – BVerwGE 87, 288 (291) = DVBl 91, 449 = ZMR 91, 153.
[81] OVG Lüneburg, Beschluß v. 20. 12. 1990 – 9 M 120/90 – Ns Gemeinde 91, 102, OVG Münster, u. a. Beschluß v. 15. 3. 1991 – 3 B 1048/89 – DVBl 91, 1312, und OVG Schleswig, Urteil v. 16. 11. 1992 – 2 L 184/91 – KStZ 93, 97.

gen des § 125 BauGB sei ein Beginn der Herstellung einer beitragsfähigen Erschließungsanlage nicht erlaubt, eine ohne Bebauungsplan bzw. Zustimmung der höheren Verwaltungsbehörde begonnene Herstellung sei als Maßnahme rechtswidrig. Sie ist vielmehr im Ergebnis zu **verneinen**.[82]

51   Abgesehen davon, daß die zuvor (vgl. Rdnr. 48) bezeichneten Gesetzesmaterialien ausschließlich die Erhebung eines endgültigen Erschließungsbeitrags zum Gegenstand haben, streitet durchgreifend eine Beurteilung der Vorteilssituation für die Annahme, die Erhebung einer **Vorausleistung** sei **unabhängig** davon zulässig, ob den Anforderungen des § 125 BauGB genügt ist. Eine Vorausleistung stellt ihrem Wesen nach gleichsam einen Vorschuß auf den Ausgleich eines später mit der Herstellung einer beitragsfähigen Erschließungsanlage vermittelten "**vollen**" Sondervorteils dar. Schon deshalb setzt die Erhebung einer Vorausleistung **nicht** das Vorhandensein eines voll ausgebildeten Sondervorteils voraus; vielmehr reicht in diesem Stadium die Vermittlung lediglich eines in seiner Wertigkeit noch geminderten Sondervorteils aus und damit selbst eines Sondervorteils, der mit dem Makel einer rechtswidrig begonnenen Straßenherstellung belastet ist. Eine andere Beurteilung käme allenfalls in Betracht, wenn die Rechtswidrigkeit des Beginns der Herstellung stets die Rechtswidrigkeit auch des Endes erwarten ließe. Ein solcher Schluß ist indes nicht gerechtfertigt.[82] Dem Vorausleistenden erwächst durch den Verzicht auf die Erfüllung der Anforderungen des § 125 BauGB **kein** unzumutbarer Nachteil. Denn eine erbrachte Vorausleistung ist zu erstatten, wenn für eine Erschließungsanlage, deren Herstellungskosten Gegenstand der Vorausleistungserhebung waren, die endgültigen (Voll-)Beitragspflichten nicht entstehen,[83] und zwar selbst dann, wenn das Entstehen dieser Beitragspflichten – endgültig – an einer rechtswidrigen Herstellung scheitern sollte.

52   Aus den vorstehenden Gründen und in dem Bestreben, die Handhabbarkeit der Vorausleistung als Vorfinanzierungsinstitut nicht unnötig zu erschweren, d.h. von allen nicht vorausleistungsspezifischen Voraussetzungen zu befreien, hat das Bundesverwaltungsgericht im Jahre 1985[84] zu der seinerzeit einzig möglichen Vorausleistungserhebung aus Anlaß der Erteilung einer Baugenehmigung (sog. Genehmigungsalternative) entschieden, das Entstehen von Vorausleistungspflichten hänge nicht davon ab, daß die Anforderungen des § 125 erfüllt sind. Nichts anderes gilt für die Herstellungsalternative. Die **Vorläufigkeit** einer Vorausleistung, die auch die Herstellungsalternative kennzeichnet, läßt das Vorliegen der Voraussetzungen des § 125 BauGB in diesem Stadium als entbehrlich erscheinen.[82]

---

[82] BVerwG, Urteil v. 21. 10. 1994 – 8 C 2.93 – DVBl 95, 63.

[83] BVerwG, u.a. Urteil v. 13. 12. 1991 – 8 C 8.90 – Buchholz 406.11 § 133 BBauG Nr. 115 S. 35 (36) = NVwZ 92, 495 = KStZ 92, 131.

[84] BVerwG, Urteil v. 22. 2. 1985 – 8 C 114.83 – Buchholz 406.11 § 133 BBauG Nr. 90 S. 45 (49) = DVBl 85, 626 = NVwZ 85, 751.

2. Erschließungsbeitragsrechtliche Folgen einer Verletzung des erschließungsrechtlichen Planerfordernisses bzw. der planungsrechtlichen Bindung

a) Folgen einer Verletzung des erschließungsrechtlichen Planerfordernisses

Ergeht trotz Plan- bzw. Zustimmungserfordernisses für die erstmalige end- 53
gültige Herstellung einer beitragsfähigen Erschließungsanlage ein auf den
endgültigen Erschließungs(teil)beitrag gerichteter **Heranziehungsbescheid**, bevor ein rechtswirksamer Bebauungsplan in Kraft getreten bzw. eine Zustimmung erteilt worden ist, ist dieser Bescheid mangels Entstehens der (sachlichen) Beitragspflichten rechtswidrig. Er kann jedoch in einer bis zur abschließenden mündlichen Verhandlung der letzten Tatsacheninstanz im gerichtlichen Verfahren zu beachtenden Weise dadurch **geheilt** werden, daß nachträglich ein den Ausbau festsetzender Bebauungsplan erlassen oder die Zustimmung zur Herstellung der Anlage nachträglich erteilt wird. Im Zeitpunkt des
Inkrafttretens eines solchen Bebauungsplans bzw. des Wirksamwerdens der
Zustimmung entstehen – sofern alle übrigen dafür erforderlichen Voraussetzungen erfüllt sind – die (sachlichen) Beitragspflichten mit der Folge, daß der
nunmehr rechtmäßig gewordene Bescheid nicht mehr der gerichtlichen Aufhebung unterliegt. Für eine derartige Heilung ist nur dann kein Raum, wenn
zwischen der Bekanntgabe des ursprünglich rechtswidrigen Bescheids und
dem das Entstehen der (sachlichen) Beitragspflichten herbeiführenden Ereignis ein Wechsel im Eigentum (Erbbaurecht) stattgefunden hat.[85]

b) Folgen einer planabweichenden Herstellung

Weicht die Herstellung einer beitragsfähigen Erschließungsanlage von den 54
Festsetzungen, d.h. von den an der **Rechtssatzqualität** teilnehmenden Angaben (vgl. dazu Rdnr. 13) eines Bebauungsplans ab, ist ein gleichwohl ergehen-
der Heranziehungsbescheid (insgesamt) mangels Entstehens der (sachlichen)
Beitragspflichten rechtswidrig. Das trifft nur dann **nicht** zu, wenn die Herstellung ungeachtet der Planabweichung planungsrechtlich rechtmäßig ist.
Das ist nach § 125 Abs. 3 BauGB der Fall, wenn die Planabweichung sich
innerhalb des Rahmens bewegt, den diese Vorschrift bezeichnet. Dabei ist es
nach § 242 Abs. 3 BauGB **ohne Belang,** wann der betreffende Bebauungsplan
in Kraft getreten ist. Während nach (dem früher maßgebenden) § 183 e Satz 2
BBauG § 125 Abs. 1a BBauG auch gilt, wenn die Erschließungsanlage vor
dem 1. August 1979 (Inkrafttreten des § 125 Abs. 1a BBauG) hergestellt worden ist, enthält die Übergangsvorschrift des § 242 Abs. 3 BauGB keine entsprechende Regelung. Das ist indes **ohne** besondere Bedeutung. Denn wenn
Erschließungsanlagen vor Inkrafttreten des Baugesetzbuchs abweichend von

---

[85] BVerwG, u.a. Urteil v. 27. 9. 1982 – 8 C 145.81 – Buchholz 406.11 § 130 BBauG
Nr. 26 S. 1 (4) = DVBl 83, 135 = KStZ 83, 95.

den Festsetzungen eines Bebauungsplans, aber im Rahmen der Anforderungen des § 125 Abs. 1a BBauG hergestellt worden sind, ist ihre Herstellung kraft der §§ 125 Abs. 1a, 183e BBauG planungsrechtlich rechtmäßig, und zwar hinsichtlich solcher Anlagen, die noch vor Inkrafttreten des § 125 Abs. 1a BBauG hergestellt worden sind, (erst) seit dem 1. August 1979; etwaige Mängel, die einem früher erlassenen Erschließungsbeitragsbescheid im Hinblick auf die planungsrechtliche Bindung anhaften, sind von diesem Zeitpunkt an geheilt.[86] Wurde eine Planabweichung mit Rücksicht (auf das inzwischen weggefallene) Erfordernis der Vereinbarkeit mit öffentlichen Belangen auch unter Würdigung nachbarlicher Interessen nicht von § 125 Abs. 1a BBauG, nunmehr aber von § 125 Abs. 3 BauGB gedeckt, können die sachlichen Beitragspflichten **frühestens** mit Inkrafttreten des Baugesetzbuchs entstanden sein.

55   Beschränkt sich ein Bebauungsplan mit Blick auf eine Straße auf die Festsetzung von Straßenbegrenzungslinien und deckt § 125 Abs. 3 Nr. 1 BauGB einen **planunterschreitenden, hinter** der festgesetzten Straßenbreite von z.B. 12 m um 1 m zurückbleibenden Ausbau, richtet sich die Beantwortung der **Frage,** ob bei einer der satzungsmäßigen Merkmalsregelung entsprechenden Herstellung der einzelnen Teilanlagen und Vorliegen der sonstigen einschlägigen Voraussetzungen die **sachlichen Beitragspflichten** gemäß § 133 Abs. 2 BauGB **kraft Gesetzes** mit der endgültigen Herstellung entstehen, danach, **ob** durch die Anlegung der flächenmäßigen Teilanlagen – hier einer Fahrbahn und beidseitiger Gehwegen – das **in diesem Zeitpunkt maßgebende** (grundsätzlich formlose) **Bauprogramm** für diese Straße erfüllt ist.[87] Das ist **nicht** der Fall, wenn und solange dieses Bauprogramm weiterhin eine Fahrbahn von 8 m und beidseitige Gehwege von je 2 m vorsieht. Trifft das zu, macht die Gemeinde durch das Unterlassen der Änderung des Bauprogramms deutlich, daß sie **beabsichtigt,** die gesamte, im Bebauungsplan (ohne jede Unterteilung) für Verkehrszwecke festgesetzte Fläche entsprechend dem aufgestellten Bauprogramm auszubauen. Etwas **anderes** gilt indes, wenn sich die Gemeinde entweder schon vor Beginn der Ausbauarbeiten oder später (durch dessen entsprechende Änderung) für ein Bauprogramm entschieden hat, nach dem eine Fahrbahn von nur 7 m und beidseitige Gehwege von je 2 m Breite angelegt, der verbleibende Meter jedoch nicht für Straßenzwecke in Anspruch genommen werden soll. In einem solchen Fall ist bei Vorliegen der Voraussetzungen des Abs. 3 Nr. 1 im Zeitpunkt der endgültigen Herstellung (§ 133 Abs. 2) **allen** erschließungs- und erschließungsbeitragsrechtlichen **Anforderungen** mit der Folge genügt, daß die sachlichen Erschließungsbeitragspflichten kraft Gesetzes entstehen; einer gesonderten **Fertigstellungserklärung** der

---

[86] BVerwG, Urteil v. 18. 9. 1981 – 8 C 21.81 – Buchholz 406.11 § 125 BBauG Nr. 14 S. 7 (10) = DVBl 82, 327 = MDR 86, 785.
[87] Vgl. zur Bedeutung des Bauprogramms im Erschließungsbeitragsrecht BVerwG, Urteil v. 18. 1. 1991 – 8 C 14.89 – BVerwGE 87, 288 (298) = DVBl 91, 449 = NVwZ 92, 492.

Gemeinde bedarf es dazu **nicht**. Entgegen der Annahme des Oberverwaltungsgerichts Lüneburg[88] hat der Gesetzgeber die "Rechtfertigungsregelung" des § 125 Abs. 3 Nr. 1 BauGB nämlich **nicht** als eine **Befugnis** ausgestaltet, von der die Gemeinde nach ihrem Belieben Gebrauch machen kann. Vielmehr ergibt der durch die Gesetzesmaterialien[89] bestätigte Wortlaut des § 125 Abs. 3 BauGB hinreichend deutlich, daß § 125 Abs. 3 Nr. 1 BauGB anknüpft an eine **tatsächliche Abweichung** und er eine solche Abweichung unabhängig vom Willen der Gemeinde rechtfertigt, sofern die gesetzlichen Voraussetzungen erfüllt sind.[90] Richtig ist allerdings, daß die Gemeinde oder genauer: das nach Maßgabe der einschlägigen kommunalrechtlichen Bestimmungen zuständige Gemeindeorgan **auch** im Falle einer von § 125 Abs. 3 Satz 1 BauGB **gedeckten** Planunterschreitung über die Aufstellung oder Änderung des Bauprogramms Einfluß auf den Zeitpunkt des Entstehens der sachlichen Beitragspflichten nehmen kann. Ist durch den Ausbau der Straße mit einer 7 m breiten Fahrbahn und beidseitigen je 2 m breiten Gehwegen das Bauprogramm – weil weiterhin eine 8 m breite Fahrbahn vorsehend – **noch nicht** erfüllt, kann ungeachtet der durch § 125 Abs. 3 Nr. 1 BauGB gedeckten Planunterschreitung erst eine auf den tatsächlichen Ausbau ausgerichtete **Änderung** dieses Bauprogramms zum Entstehen der sachlichen Erschließungsbeitragspflichten führen.

Die vorstehenden Überlegungen gelten entsprechend, wenn der **Bebauungsplan selbst** über die Begrenzungslinien hinaus Angaben über die **Unterteilung** der Gesamtfläche der Straße enthält, also seinerseits etwa eine Fahrbahn von 8 m und beidseitige Gehwege von je 2 m Breite vorsieht. Unabhängig davon, ob diese zusätzlichen Angaben an der Rechtssatzqualität des Bebauungsplans teilnehmen (vgl. dazu Rdnr. 13), stellen sie das für die betreffende Straße **maßgebende** Bauprogramm dar. Nehmen sie ganz ausnahmsweise an der Rechtssatzqualität teil, liegt in dem behandelten Ausgangsfall (festgesetzte Straßenbreite von 12 m sowie festgesetzte Fahrbahn von 8 m und festgesetzte Gehwege von je 2 m Breite, tatsächliche Straßenbreite von 11 und tatsächliche Fahrbahnbreite von 7 m) eine sozusagen zweifache Planunterschreitung vor, nämlich eine Planunterschreitung – erstens – mit Blick auf die Straßenbreite (11 statt 12 m) und – zweitens – mit Blick auf die – das Bauprogramm betreffende – Breite der Fahrbahn (7 statt 8 m). Sowohl seinem Wortlaut als auch seiner Zweckbestimmung[88] nach dürfte § 125 Abs. 3 Nr. 1 BauGB beide Planunterschreitungen rechtfertigen, d. h. die Herstellung dürfte insgesamt als rechtmäßig zu qualifizieren sein. Alles andere, namentlich die Beantwortung der Fragen, welche Teileinrichtungen in welchem Umfang und welcher Qualität eine Straße aufweisen muß, um sachliche Erschließungsbei-

56

---

[88] OVG Lüneburg, u. a. Urteil v. 23. 1. 1991 – 9 L 242/89 – Ns Gemeinde 91, 197 = Ns Städtetag 91, 164.
[89] Vgl. Begründung des Gesetzentwurfs BT-Drucksache 8/2451, S. 30, sowie Ausschußbegründung BT-Drucksache 8/2485, S. 34 f.
[90] Vgl. u. a. VGH Kassel, Urteil v. 2. 10. 1990 – 5 UE 214/90 – GemHH 91, 210.

tragspflichten auslösen zu können, betreffen einzig das Erschließungsbeitragsrecht. Das Erschließungsbeitragsrecht aber bestimmt, daß eine zum Entstehen sachlicher Erschließungsbeitragspflichten führende **endgültige** Herstellung erst anzunehmen ist, wenn (u. a.) das für die einzelne Erschließungsstraße aufgestellte Bauprogramm erfüllt ist. Trifft das – wie im geschilderten Fall (Fahrbahnbreite nicht 8, sondern nur 7 m) – nicht zu, können die Erschließungsbeitragspflichten erst entstehen, wenn (entweder die Fahrbahn um einen Meter verbreitert oder) das Bauprogramm dem tatsächlichen Ausbau angepaßt, also entsprechend geändert worden ist. Da kraft des Erschließungsbeitragsrechts ein Bauprogramm nur in der Form geändert werden kann, in der es aufgestellt worden ist,[86] und da bei der in Rede stehenden Fallgestaltung das Bauprogramm durch (den Bebauungsplan als) ein Ortsgesetz aufgestellt worden ist, erfordert die Änderung des Bauprogramms hier ein Ortsgesetz (eine Satzung), so daß erst mit Inkrafttreten einer entsprechenden – erschließungsbeitragsrechtlichen – Änderungssatzung eine **endgültige** Herstellung erreicht ist und die sachlichen Erschließungsbeitragspflichten entstehen können. Sind die Angaben über die Unterteilung der Gesamtfläche – wie in der Regel – von lediglich nachrichtlicher Qualität, setzt das Entstehen der sachlichen Beitragspflichten für den planunterschreitenden, von § 125 Abs. 3 Nr. 1 BauGB gedeckten Ausbau ebenfalls eine entsprechende Änderung des Bauprogramms voraus, und zwar eine **formlose Änderung** durch das nach dem Kommunalrecht zuständige Organ der Gemeinde. Eine solche Änderung kann ggf. angenommen werden, wenn die Gemeinde die auf nur 7 m Breite ausgebaute Fahrbahn zur Abrechnung stellt und damit zu erkennen gibt, der erreichte Zustand solle den Endzustand darstellen.[86]

57   Die Rechtmäßigkeit eines **planüberschreitenden** Ausbaus und in der Folge das Entstehen der sachlichen Beitragspflichten für die so ausgebaute Erschließungsanlage ist gemäß § 125 Abs. 3 Nr. 2 BauGB u. a. davon abhängig, daß „die Erschließungsbeitragspflichten nicht mehr als bei einer plangemäßen Herstellung belastet werden". Mit diesem Wortlaut stellt das Gesetz für den Fall, daß der Ausbau Mehrkosten verursacht hat, auf eine **konstitutive** Entscheidung der Gemeinde dahin ab, sie werde die Mehrkosten nicht geltend machen (vgl. dazu Rdnr. 35). Erst wenn sie einen derartigen Verzicht erklärt hat, wird der planüberschreitende, Mehrkosten verursachende Ausbau rechtmäßig und können die sachlichen Beitragspflichten entstehen.[91] Eine entsprechende Verzichtserklärung kann ausdrücklich oder konkludent (etwa durch Abrechnung auf der Grundlage des angefallenen Aufwands ausschließlich der Mehrkosten und selbst noch durch eine entsprechende Verhaltensweise in einem gegen einen die Mehrkosten anteilig enthaltenen Beitragsbescheid angestrengten Berufungsverfahren) von der Gemeindeverwaltung abgegeben werden. Für die Annahme, die Abgabe einer solchen Erklärung sei dem Rat

---

[91] OVG Münster, Beschluß v. 26. 7. 1982 – 3 B 1260/82 – KStZ 83, 151, und Urteil v. 19. 8. 1988 – 3 A 1511/86 –.

vorbehalten oder sie müsse gar in Satzungsform erfolgen, gibt das Gesetz nichts her.[92] Will die Gemeinde auch die Mehrkosten der Beitragspflicht unterwerfen, kann sie das dadurch erreichen, daß sie anstelle einer Verzichtserklärung den Bebauungsplan ändert und dadurch den durchgeführten Ausbau sanktioniert, ihm also den "Makel" der Planüberschreitung nimmt. In diesem Fall entstehen die Beitragspflichten – sofern alle übrigen Voraussetzungen dafür bereits erfüllt sind – im Zeitpunkt des Inkrafttretens der Planänderung. § 125 Abs. 3 Nr. 2 BauGB verlangt zur Rechtfertigung einer Planüberschreitung für den Fall, daß durch die Planüberschreitung Mehrkosten verursacht worden sind, einen Verzicht auf **gerade diese** Mehrkosten, d. h. eine **reale Absetzung dieses Mehraufwands** (vgl. Rdnr. 35). Dieser Anforderung ist nicht genügt, wenn eine Gemeinde sich beim Ausbau etwa einer Anbaustraße (§ 127 Abs. 2 Nr. 1 BauGB) nicht auf den in einer Planüberschreitung liegenden Verstoß gegen die planungsrechtliche Bindung beschränkt, sondern überdies durch eine Planunterschreitung an anderer Stelle ein weiteres Mal gegen die planungsrechtliche Bindung verstößt, auf diese Weise Kosten einspart und diese mit den durch die Planüberschreitung verursachten Mehrkosten sozusagen verrechnet.[93] Denn bei dieser Verfahrensweise werden die Beitragspflichtigen entgegen der Forderung des § 125 Abs. 3 Nr. 2 BauGB mit dem für die Planüberschreitung entstandenen Mehraufwand **belastet;** dieser Aufwand wird rechnerisch nicht vom beitragsfähigen Aufwand abgesetzt, sondern in ihn einbezogen. Ferner spricht die gesetzliche Trennung der beiden Tatbestände **gegen** die Ansicht, eine **Kompensation** der Kosten des Mehrausbaus mit denen des Minderausbaus könne zur Erfüllung der Anforderung des § 125 Abs. 3 Nr. 2 BauGB ausreichen. Im übrigen liegt ohnehin die Annahme eher fern als nahe, ein zweiter Verstoß gegen die vom Bebauungsplan als Ortsgesetz (vgl. § 10 BauGB) ausgehende Bindung könne geeignet sein, einen ersten Verstoß zu rechtfertigen; jedenfalls fehlt jeder Anhaltspunkt im Gesetz, der eine solche Annahme stützen könnte.

---

[92] Ebenso u. a. BVerwG, Urteil v. 9. 3. 1990 – 8 C 76.88 – NVwZ 90, 873 = DÖV 90, 784 = DVBl 90, 786, und OVG Münster, Beschluß v. 26. 7. 1982 – 3 B 1260/82 – KStZ 83, 151, sowie Löhr in Battis/Krautzberger/Löhr, BauGB, § 125 Rdnr. 8; a. A. OVG Lüneburg, Beschlüsse v. 6. 7. 1989 – 9 M 34/89 – und v. 29. 8. 1989 – 9 M 44/89 –, sowie Ernst in Ernst/Zinkahn/Bielenberg, BauGB, § 125 Rdnr. 17.

[93] Ebenso OVG Münster, Urteil v. 31. 1. 1991 – 3 A 563/87 – DVBl 91, 1311 = GemHH 91, 263 = NWVBl 91, 244.

Zweiter Abschnitt
Einführung in das Erschließungsbeitragsrecht und Erschließungsbeitragssatzung

§ 8 Aufbau des Erschließungsbeitragsrechts

I. Gliederung nach der rechtslogischen Abfolge

1   Der Gesetzgeber hat (grundsätzlich) den Gemeinden die Durchführung der Erschließung als Aufgabe übertragen (§ 123 Abs. 1 BauGB). Zugleich hat er angeordnet, daß die Gemeinden zur (teilweisen) Deckung der ihnen in Erfüllung dieser Aufgabe *entstandenen Aufwendungen* von den durch die Erschließung *Begünstigten* nach den im Baugesetzbuch festgelegten Regeln Erschließungsbeiträge *erheben* müssen (§ 127 Abs. 1 BauGB). Durch diese grobe Skizzierung der Rechtslage ist die Gliederung des Erschließungsbeitragsrechts im Sinne einer rechtslogischen Abfolge gleichsam vorgegeben: Der Auflistung der entstandenen beitragsfähigen Aufwendungen folgt zunächst die Ermittlung der Begünstigten, auf die diese Aufwendungen zu verteilen sind, und sodann die Erhebung der auf sie entfallenden Beiträge. Dementsprechend ergeben sich drei rechtslogisch aufeinanderfolgende "Phasen" (oder "Stufen"), nämlich – erstens – die Aufwendungsphase, – zweitens – die Verteilungsphase und – drittens – die (Erhebungs- oder) Heranziehungsphase.[1] Die Reihenfolge der erschließungsbeitragsrechtlichen Vorschriften orientiert sich – wenn auch mit einigen Ausnahmen – im wesentlichen an diesem Aufbau.

II. Aufwendungsphase, Verteilungsphase und Heranziehungsphase

1. Aufwendungsphase

2   In dieser ersten, im wesentlichen in den §§ 127 Abs. 2 bis 130 Abs. 2 BauGB geregelten Phase geht es um die **Ermittlung** der beitragsfähigen Aufwendungen. Ausgangspunkt dafür sind die beitragsfähigen Erschließungsanlagen (§ 127 Abs. 2 BauGB). Allerdings sind berücksichtigungsfähig lediglich für bestimmte Maßnahmen (§§ 128 Abs. 1 und 3 sowie 129 Abs. 2 BauGB)

---

[1] Vgl. zu dieser Einteilung sowie zu den die einzelnen Phasen kennzeichnenden Interessengegensätzen im einzelnen Weyreuther in Festschrift für Werner Ernst, S. 519 ff. (521 ff.).

entstandene Kosten, die entweder real oder auf der Grundlage von Einheitssätzen (§ 130 Abs. 1 BauGB) errechnet werden können, und zwar bezogen auf eine einzelne Anlage, einen Abschnitt davon oder auf mehrere Anlagen (§ 130 Abs. 2 BauGB). Weitere Beschränkungen können sich aus dem Gebot, den Rahmen des Erforderlichen einzuhalten (§ 129 Abs. 1 Satz 1 BauGB) sowie dadurch ergeben, daß nach dem Entstehen der sachlichen Beitragspflichten (§ 133 Abs. 2 BauGB) anfallende (Grunderwerbs-)Kosten außer Ansatz zu lassen sind.[2]

2. Verteilungsphase

In der zweiten Phase findet die Verteilung des beitragsfähigen Aufwands 3 oder genauer: die rechnerische **Zuschreibung** von Anteilen aus der zuvor ermittelten "negativen Vermögensmasse"[3] statt. Vorab scheiden aus ein Anteil von mindestens 10 vom Hundert als Eigenanteil der Gemeinde (§ 129 Abs. 1 Satz 3 BauGB) sowie ggf. ein durch Zuwendungen Dritter gedeckter Anteil (§ 129 Abs. 1 Satz 1 BauGB). Das, was verbleibt (umlagefähiger Aufwand), ist bestimmten Grundstücken (§ 131 Abs. 1 Satz 1 BauGB) nach Maßgabe eines ausgewählten Maßstabs (§ 131 Abs. 2 und 3 BauGB) zuzurechnen. Hier entscheidet sich somit, welche Grundstücke in welchem Umfang zum rechnerischen Ausgleich der negativen Vermögensmasse zu belasten sind.

3. Heranziehungsphase

Diese – dritte – Phase ist ausgerichtet auf das eigentliche Ziel der beitrags- 4 rechtlichen Vorschriften, nämlich die **Liquidation** der "angesammelten" negativen Vermögensmasse nach Maßgabe der erfolgten Zuschreibung. Sie kann grundsätzlich erst von dem Zeitpunkt an durchgeführt werden, in dem für die einzelne Anlage, einen Abschnitt von ihr oder die zur gemeinsamen Aufwandsermittlung zusammengefaßten Anlagen (§ 130 Abs. 2 Satz 3 BauGB) die sachlichen Beitragspflichten entstanden sind (§ 133 Abs. 2 i.V.m. § 132 BauGB), die auf den einer solchen Beitragspflicht unterliegenden Grundstücken (§ 133 Abs. 1 BauGB) als öffentliche Last (§ 134 Abs. 2 BauGB) ruhen. Eine frühzeitigere Aufwandsdeckung kommt nur in Betracht, wenn die Voraussetzungen für eine Heranziehung im Wege der Kostenspaltung (§§ 133 Abs. 2 und 127 Abs. 3 i.V.m. § 132 Nr. 3 BauGB) oder für eine Vorausleistungserhebung (§ 133 Abs. 3 Satz 1 BauGB) vorliegen bzw. wenn Vorauszahlungs- oder Ablösungsverträge (§ 133 Abs. 3 Satz 5 BauGB) abgeschlos-

---

[2] Das ist z.B. von Bedeutung, wenn der Grunderwerb kein Merkmal der endgültigen Herstellung i.S. des § 132 Nr. 4 BauGB ist und deshalb die sachlichen Beitragspflichten schon entstehen können, bevor der Grunderwerb abgeschlossen ist; vgl. BVerwG, u.a. Urteil v. 29. 11. 1985 – 8 C 59.84 – Buchholz 406.11 § 133 BBauG Nr. 93 S. 55 (58 f.) = NVwZ 86, 303 = BayVBl 86, 282.

[3] Weyreuther, a.a.O., S. 520.

sen worden sind. Der persönlich Beitragspflichtige (§ 134 Abs. 1 BauGB) hat schließlich nach Fälligkeit des Beitrags (§ 135 Abs. 1 BauGB) diesen sofort und in voller Höhe zu entrichten, sofern nicht wegen besonderer Umstände eine andere Zahlungsweise zugelassen oder gar ein (teilweiser) Erlaß gewährt worden ist (§ 135 Abs. 2 bis 6 BauGB).

III. Bedeutung der Gliederung nach der rechtslogischen Abfolge

5   Die gekennzeichnete Gliederung nach der rechtslogischen Abfolge eröffnet einen Weg zum Verständnis der Systematik der erschließungsbeitragsrechtlichen Vorschriften. Darin erschöpft sich ihre Bedeutung jedoch nicht. Sie schafft vielmehr und vor allem eine wesentliche Voraussetzung für eine **sachgerechte Beantwortung** vieler sich bei der Anwendung dieser Bestimmungen ergebender Fragen. Als Beleg dafür mag folgendes Beispiel dienen:[4]

Eine Gemeinde rechnet eine Anlage ab und geht dabei – wie sich später herausstellt – zu Unrecht davon aus, es seien neunzehn und nicht zwanzig Grundstücke von der Anlage erschlossen i.S. des § 131 Abs. 1 Satz 1 BauGB. Nachdem sie ihren Irrtum bemerkt hat, veranlagt sie auch das zwanzigste Grundstück. Der jetzt Herangezogene wehrt sich mit dem Argument, der beitragsfähige Aufwand sei bereits anderweitig i.S. des § 129 Abs. 1 Satz 1 BauGB, nämlich durch die Beiträge der übrigen neunzehn Grundstückseigentümer gedeckt, der Gemeinde sei kein Aufwand verblieben, der durch den von ihm verlangten Beitrag zu decken sei. Auf den ersten Blick scheint die damit aufgeworfene Frage die Höhe des auf die Beitragspflichtigen (noch) umzulegenden Erschließungsaufwands und damit die Aufwendungsphase zu betreffen und sie könnte – wenn dies zuträfe – im Sinne des Klägers zu beantworten sein. Bei genauerer Betrachtung ergibt sich jedoch, daß die Gemeinde einen Fehler in der Verteilungsphase gemacht hat; sie hat ein bei der Aufwandsverteilung zu berücksichtigendes Grundstück unbeachtet gelassen und in der Folge den zunächst Veranlagten einen zu hohen Anteil vom umlagefähigen Aufwand zugeschrieben. Das hat weder Einfluß auf die zuvor mit zutreffendem Ergebnis abgeschlossene Aufwendungsphase noch auf die Ermittlung des umlagefähigen Aufwands. Deshalb kann die erst nach der Ermittlung des umlagefähigen Aufwands erfolgte zu hohe Veranlagung einzelner Beitragspflichtiger nicht zu einer zugunsten eines anderen Beitragspflichtigen zu berücksichtigenden anderweitigen Deckung i.S. des § 129 Abs. 1 Satz 1 BauGB führen.[5] Vielmehr ist eine neue Aufwandsverteilung vorzunehmen und im Anschluß daran zu prüfen, welche Auswirkungen diese Neuverteilung für die einzelnen Beitragspflichtigen hat.

---

[4] Weitere Beispiele führt mit aufschlußreichen Erkenntnissen Weyreuther, a.a.O., S. 523 ff., an.
[5] BVerwG, Beschluß v. 16.7. 1982 – 8 B 35.82 – Buchholz 406.11 § 129 BBauG Nr. 17 S. 1 (2) = DVBl 82, 1058 = NVwZ 83, 152.

§ 9 Erschließungsvorteil

I. Erschließungsbeitrag und Erschließungsvorteil

Die beitragsrechtlichen Vorschriften des Baugesetzbuchs enthalten weder 1
eine Definition oder Umschreibung des Beitragsbegriffs noch eine unmittelbare Aussage über die Abhängigkeit des Beitrags vom Erschließungsvorteil.
Das ist jedoch unschädlich. Denn der Beitrag ist eine durch den „Gesichtspunkt der Gegenleistung" gekennzeichnete[1] Abgabe, mit der ein Ausgleich
für den durch eine Leistung der Gemeinde ausgelösten Sondervorteil verlangt
wird.[2] Verkürzt ausgedrückt läßt sich sagen: Beitrag heißt Abgeltung eines
Sondervorteils, **Erschließungsbeitrag also Abgeltung eines Erschließungsvorteils.**
Ohne einen (Sonder-)Erschließungsvorteil wäre die Heranziehung zu einem
Erschließungsbeitrag verfassungsrechtlich nicht zu rechtfertigen.[3]

Allerdings ist dieser Erschließungsvorteil nicht identisch mit dem, was sich 2
im Einzelfall konkret als nützlich und (in Mark und Pfennig meßbar) wert-
steigernd erweist.[4] Maßgeblich abzustellen ist nicht auf eine sich im Einzelfall
ergebende Nützlichkeit und errechenbare Wertsteigerung, sondern darauf,
daß die Gemeinde eine Anlage herstellt, die infolge der räumlich engen Beziehungen zu bestimmten Grundstücken von diesen aus eine auf ihre bauliche
oder erschließungsbeitragsrechtlich vergleichbare Nutzbarkeit ausgerichtete,
gleichsam *qualifizierte Inanspruchnahmemöglichkeit* eröffnet und dadurch
deren Eigentümer (Erbbauberechtigte, vgl. § 134 BauGB) aus dem Kreis der
Allgemeinheit, d.h. von nicht individualisierbaren Dritten, heraushebt. Dementsprechend hat das Bundesverwaltungsgericht[5] wiederholt zum Ausdruck
gebracht, daß der durch die Herstellung von beitragsfähigen Erschließungsanlagen ausgelöste Erschließungsvorteil „letztlich auf der Möglichkeit der
Inanspruchnahme dieser Anlagen beruht". Dieser Vorteil wird baulich (oder
erschließungsbeitragsrechtlich vergleichbar) nutzbaren Grundstücken beispielsweise durch eine Anbaustraße i.S. des § 127 Abs. 2 Nr. 1 BauGB in

---

[1] BVerfG, u.a. Beschlüsse v. 20. 5. 1959 – 1 BvL 1/58 – BVerfGE 9, 291 (297), und v.
16. 10. 1962 – 2 BvL 27/60 – BVerfGE 14, 312 (317).
[2] BVerfG, u.a. Beschlüsse v. 4. 2. 1958 – 2 BvL 31/56 – BVerfGE 7, 244 (254f.), und
v. 26. 5. 1976 – 2 BvR 995/75 – BVerfGE 42, 223 (228).
[3] BVerwG, u.a. Urteile v. 29. 4. 1977 – IV C 1.75 – Buchholz 406.11 § 131 BBauG
Nr. 22 S. 26 (30) = DVBl 78, 298 = ZMR 78, 343, und v. 1. 2. 1980 – 4 C 63 u. 64.78 –
Buchholz 406.11 § 131 BBauG Nr. 33 S. 64 (69) = NJW 80, 1973 = KStZ 80, 170.
[4] Vgl. dazu und zum Erschließungsvorteil im einzelnen Weyreuther in DVBl 1970,
3ff. (8ff.).
[5] BVerwG, u.a. Urteile v. 10. 6. 1981 – 8 C 15.81 – BVerwGE 62, 300 (303) =
NVwZ 82, 244 = DVBl 82, 72, und v. 19. 3. 1982 – 8 C 35, 37 u. 38.81 – Buchholz
406.11 § 131 BBauG Nr. 47 S. 48 (50) = KStZ 82, 190.

einer die Beitragserhebung rechtfertigenden Weise „erst dann wahrhaft verschafft, wenn von ihnen, was den Zustand der Erschließungsanlage betrifft", die Straße rechtlich wie tatsächlich ungehindert in Anspruch „genommen werden kann. Das ist nicht erreicht, wenn die Benutzung noch durch entgegenstehende rechtliche oder tatsächliche (beachtliche) Hindernisse ausgeschlossen wird", sondern erst, „wenn die Anlage von den heranzuziehenden Grundstücken tatsächlich ungehindert benutzt werden kann".[6]

II. Beschreibung des Erschließungsvorteils nach der Funktion der jeweiligen beitragsfähigen Erschließungsanlage

3   Der eine Beitragserhebung rechtfertigende Erschließungsvorteil *beruht* – wie gesagt – entscheidend auf einer qualifizierten und ungehinderten Inanspruchnahmemöglichkeit (Benutzungsmöglichkeit) einer beitragsfähigen Erschließungsanlage von einem baulich (oder erschließungsbeitragsrechtlich vergleichbar) nutzbaren Grundstück aus; von dem Ausmaß der wahrscheinlichen Inanspruchnahme hängt daher der Umfang des Erschließungsvorteils und in der Folge die Höhe des Beitrags ab (vgl. zur Quantifizierung der Erschließungsvorteile im einzelnen Rdnrn. 17f.). Doch besagt das noch nichts darüber, **worin** im einzelnen der Erschließungsvorteil besteht. Die Antwort auf diese Frage liegt eigentlich auf der Hand. Er besteht in der durch eine beitragsfähige Erschließungsanlage bewirkten Erschließung oder genauer: in dem, was eine beitragsfähige Erschließungsanlage über die "nackte" Inanspruchnahmemöglichkeit hinaus für die bauliche bzw. eine ihr erschließungsbeitragsrechtlich gleichgestellte Nutzbarkeit eines Grundstücks hergibt. Das führt zu der weiteren Frage, was denn eine beitragsfähige Erschließungsanlage über eine solche Inanspruchnahmemöglichkeit hinaus für die bauliche bzw. eine ihr beitragsrechtlich gleichgestellte Nutzbarkeit eines Grundstücks herzugeben in der Lage ist. Diese Frage lenkt den Blick auf § 127 Abs. 2 BauGB und die dort genannten beitragsfähigen Erschließungsanlagen. Beitragsfähig sind danach u.a. öffentliche zum Anbau bestimmte Straßen (Nr. 1), selbständige Grünanlagen (Nr. 4) und selbständige Immissionsschutzanlagen (Nr. 5). Schon diese (unvollständige) Aufzählung läßt erkennen, daß – erstens – ihrer Funktion nach völlig verschiedene Erschließungsanlagen beitragsfähig sind und – zweitens – die jeweiligen Anlagen ihren andersartigen Funktionen entsprechend notwendigerweise Unterschiedliches für die Nutzbarkeit der Grundstücke hergeben. Deshalb kann der Erschließungsvorteil **nicht** näher **definiert,** sondern nur jeweils nach der bestimmungsgemäßen Funktion der Arten der beitragsfähigen Erschließungsanlagen beschrieben werden.

---

[6] BVerwG, Urteil v. 26. 9. 1983 – 8 C 86.91 – BVerwGE 68, 41 (46f.) = DVBl 84, 184 = NVwZ 84, 172.

1. Erschließungsanlagen i. S. des § 127 Abs. 2 Nr. 1 BauGB

Im Mittelpunkt des gesamten Erschließungsbeitragsrechts stehen – verall- **4** gemeinernd gesagt – **Anbaustraßen**, d. h. Erschließungsanlagen i. S. des § 127 Abs. 2 Nr. 1 BauGB, und dies nicht von ungefähr. Denn das Erschließungsbeitragsrecht knüpft an das ihm vorangegangene Anliegerbeitragsrecht an. Seinerzeit waren beitragsfähig überhaupt nur Anbaustraßen (vgl. etwa § 15 PrFluchtlG). U. a. deshalb haben nahezu alle Aussagen zum Erschließungsvorteil (mehr oder weniger deutlich ausgesprochen) diese Anlagen zum Gegenstand.

Anbaustraßen dienen – wie in § 127 Abs. 2 Nr. 1 BauGB zum Ausdruck kommt – in erster Linie dem Anbau und der Bewältigung des dadurch ausgelösten Verkehrs. Sie sind ihrer Funktion nach (im wesentlichen) darauf ausgerichtet, den anliegenden Grundstücken (einschließlich ggf. den Hinterliegergrundstücken) das zu gewährleisten, was für ihre nach dem Bebauungsrecht (§§ 30, 33, 34 und 35 BauGB) **zulässige Ausnutzbarkeit** an verkehrsmäßiger Erschließung erforderlich ist. Indem die Gemeinde durch die Herstellung von Anbaustraßen über deren Inanspruchnahmemöglichkeit die Voraussetzung für diese Ausnutzbarkeit schafft, vermittelt sie den Eigentümern (Erbbauberechtigten) der erschlossenen Grundstücke (Sonder-)Vorteile, die es rechtfertigen, einen Erschließungsbeitrag zu erheben. Der durch den Erschließungsbeitrag für die erstmalige Herstellung einer Anbaustraße gewährte Erschließungsvorteil liegt somit nicht schon darin, daß die Möglichkeit einer (ungehinderten) Zufahrt zu einem Grundstück geboten wird, sondern erst in der letztlich durch das Zugänglichwerden in diesem Sinne ermöglichten bebauungsrechtlich zulässigen Ausnutzbarkeit.[7] Das Erschließungsbeitragsrecht knüpft – mit anderen Worten – unter dem hier maßgebenden Blickwinkel an das Bebauungsrecht an: Vermittelt eine Anbaustraße einem Grundstück das, was für dessen zulässige bauliche Nutzbarkeit an verkehrlicher Erschließung vom Bebauungsrecht (§§ 30 ff. BauGB) verlangt wird, ist das Grundstück also durch diese Straße bebauungsrechtlich hinreichend verkehrsmäßig erschlossen, rechtfertigt das die Annahme, dem betreffenden Grundstück wachse eben durch die Vermittlung des bebauungsrechtlichen Erschlossenseins ein Erschließungsvorteil zu, und es werde deshalb durch die Anbaustraße auch in einem die Erhebung eines Erschließungsbeitrags rechtfertigenden Sinne, d. h. erschließungsbeitragsrechtlich (§ 131 Abs. 1 Satz 1 BauGB) erschlossen.[8]

---

[7] BVerwG, st. Rspr. u. a. Urteil v. 29. 4. 1977 – IV C 1.75 – BVerwGE 52, 364 (368) = DVBl 78, 298 = DÖV 77, 680. Bedauerlicherweise verengt z. B. Lehmann (Kommunale Beitragserhebung, Schriften zum deutschen Kommunalrecht, Band 27, S. 52 ff.) den „Tatbestand der bundesbaugesetzlichen Beitragserhebung" auf die „Erhebung von Beiträgen für die verkehrsmäßige Erschließung" (nach § 127 Abs. 2). Dadurch verbaut er sich den Weg zu einem sachgerechten Verständnis des Begriffs "Erschließungsvorteil".

[8] BVerwG, Urteil v. 1. 12. 1989 – 8 C 52.88 – Buchholz 406.11 § 131 BBauG Nr. 82 S. 47 (49) = ZMR 90, 233 = KStZ 90, 150.

2. Erschließungsanlagen i. S. des § 127 Abs. 2 Nrn. 2 bis 5 BauGB

5   Nach den Vorstellungen des Gesetzgebers gehören zur Erschließung i. S. der §§ 123 ff. BauGB nicht nur Maßnahmen, die erst die Voraussetzungen für eine bebauungsrechtlich zulässige Nutzung der Grundstücke schaffen, sondern auch solche, die diese Nutzung „erleichtern".[9] Infolgedessen hat der Gesetzgeber – der Entwicklung des modernen Städtebaus Rechnung tragend – den Kreis der beitragsfähigen Erschließungsanlagen über die Anbaustraßen hinaus auf die in § 127 Abs. 2 Nrn. 2 bis 5 BauGB bezeichneten Anlagen erweitert. Diese Erweiterung ist verfassungsgemäß.[10]

6   Unbefahrbare Verkehrsanlagen i. S. des § 127 Abs. 2 Nr. 2 BauGB kommen – soweit sie überhaupt beitragsfähige Erschließungsanlagen sind (vgl. dazu im einzelnen § 12 Rdnrn. 57 ff.) – ihrer bestimmungsgemäßen Funktion nach Anbaustraßen (§ 127 Abs. 2 Nr. 1 BauGB) am nächsten. Namentlich öffentliche, mangels hinreichender Breite mit Kraftwagen nicht befahrbare Wohnwege unterscheiden sich von Anbaustraßen dadurch, daß sie – anders als jene – **allein nicht** in der Lage sind, das herzugeben, was rechtlich für die Bebaubarkeit der an sie angrenzenden Grundstücke erforderlich ist. Sie verschaffen diesen Grundstücken (lediglich) gleichsam eine "Sekundärerschließung", d. h. eine verkehrsmäßige Erschließung, die zu deren Bebaubarkeit nach §§ 30 ff. BauGB nur in Verbindung mit – vorhandenen oder jedenfalls verläßlich alsbald zu erwartenden – eine "Primärerschließung" vermittelnden Anbaustraßen führt (vgl. § 5 Rdnr. 4). Gleichwohl: Unbefahrbare Wohnwege (von beschränkter Länge) tragen dazu bei, Voraussetzungen zu erfüllen, von denen das Bebauungs- und das Bauordnungsrecht die Bebaubarkeit der betreffenden Grundstücke abhängig machen; diese Grundstücke (bzw. deren Eigentümer) haben deshalb von der Herstellung solcher Anlagen (Sonder-) Erschließungsvorteile.

7   Sammelstraßen i. S. des § 127 Abs. 2 Nr. 3 BauGB sind dazu bestimmt, den von (vornehmlich) den Grundstücken an den Anbaustraßen ausgelösten Verkehr aufzunehmen und gesammelt weiterzuleiten sowie umgekehrt einen gesammelten Verkehr auf die Anbaustraßen zu verteilen.[11] Ihre Aufgabe ist es, den Verkehrsfluß zu kanalisieren und dadurch die Erreichbarkeit und in der Folge die bebauungsrechtlich zulässige Ausnutzbarkeit von Grundstücken zu erleichtern. Darin liegt für die Grundstücke, denen der von der Sammelstraße

---

[9] Begründung des Regierungsentwurfs zum Bundesbaugesetz, BT-Drucksache III/336, S. 96; vgl. dazu auch BVerwG, Urteil v. 24. 9. 1987 – 8 C 75.86 – BVerwGE 78, 125 (128) = NVwZ 88, 359 = KStZ 87, 230.

[10] BVerwG, Urteil v. 21. 10. 1970 – IV C 72.69 – BVerwGE 36, 155 (156) = DVBl 71, 214 = DÖV 71, 389.

[11] BVerwG, u. a. Urteile v. 25. 11. 1981 – 8 C 16–19.81 – Buchholz 406.11 § 127 BBauG Nr. 36 S. 1 (4) = NVwZ 82, 555 = KStZ 82, 49, und v. 3. 6. 1988 – 8 C 114.86 – Buchholz 406.11 § 127 BBauG Nr. 54 S. 27 (30) = KStZ 89, 10.

bewältigte Verkehr "zugerechnet" werden kann – sofern das ausnahmsweise möglich ist (vgl. dazu § 2 Rdnr. 46 und § 12 Rdnr. 71) –, ein über den beitragsfreien Gemeinvorteil hinausgehender Sondervorteil.

Selbständige Grünanlagen i.S. des § 127 Abs. 2 Nr. 4 BauGB dienen neben **8** der Luftverbesserung vor allem der Erholung, ihnen kommt eine "Gartenersatz"-Funktion zu.[12] Sie vermitteln den Grundstücken, von denen aus die Inanspruchnahme dieser Anlagen typischerweise erwartet werden kann, einen im Verhältnis zu allen übrigen Grundstücken in einer Gemeinde besonderen, beitragsbegründenden Erschließungsvorteil. Entsprechendes gilt für die selbständigen Parkflächen i.S. des § 127 Abs. 2 Nr. 4 BauGB ("Parkplatzersatz"-Funktion), die ausnahmsweise (vgl. dazu § 2 Rdnr. 47 und § 12 Rdnr. 81) als beitragsfähige Erschließungsanlagen qualifiziert werden können. Alle diese Anlagen sind geeignet, die – im weiteren Sinne verstandene – **Erschließungssituation** der entsprechenden Grundstücke **positiv zu beeinflussen** und dadurch den – wenn auch regelmäßig nicht quantifizierbaren – **Nutzungswert zu erhöhen.**

Beitragsfähige Erschließungsanlagen i.S. des § 127 Abs. 2 Nr. 5 BauGB **9** sollen Grundstücke gegen Immissionen schützen, die ihre Ausnutzbarkeit beeinträchtigen. Der durch diese Anlagen bewirkte Erschließungsvorteil liegt in der Abwehr von Immissionen, die die Ausnutzbarkeit der Grundstücke negativ beeinflussen.

III. Erschließungsvorteil im Rahmen einzelner Vorschriften der §§ 127 ff. BauGB

Der Erschließungsvorteil hat für das Erschließungsbeitragsrecht nicht nur **10** Bedeutung als (verfassungsrechtlich gebotene) Voraussetzung für die Erhebung eines Erschließungsbeitrags. Er steht vielmehr zumindest als Motiv hinter einer Vielzahl von Einzelregelungen, und diese Erkenntnis ist bei deren Anwendung im Einzelfall zu berücksichtigen. Das wird durch die drei folgenden Beispiele deutlich, die jeweils eine andere Phase des Erschließungsbeitragsrechts betreffen.

1. Beschränkung des beitragsfähigen Aufwands (§ 129 Abs. 1 Satz 1 BauGB)

Gemäß § 129 Abs. 1 Satz 1 BauGB gehören zum beitragsfähigen Erschlie- **11** ßungsaufwand nur Aufwendungen für die Erschließungsanlagen, die „erforderlich sind, um die Bauflächen und die gewerblich zu nutzenden Flächen entsprechend den baurechtlichen Vorschriften zu nutzen". In dieser Begrenzung auf das Erforderliche „steckt eine Beziehung zum Erschließungsvorteil allerdings nicht etwa in dem Sinne, daß der Kläger mit Erfolgsaussichten

---

[12] BVerwG, Urteil v. 25. 4. 1975 – IV C 37.73 – BVerwGE 48, 205 (208) = KStZ 75, 231 = GemTg 76, 75.

geltend machen könnte, er habe" an der Herstellung der Anlage „keinerlei Interesse gehabt und anderen Anliegern sei es ebenso ergangen".[13] Denn die Erforderlichkeit beurteilt sich nicht nach der Beziehung der Anlagen zu einzelnen Grundstücken, sondern nach den Bedürfnissen des gesamten zu erschließenden Gebiets.[14] Gleichwohl ist dieses Merkmal dazu bestimmt, vom beitragsfähigen Erschließungsaufwand das **fernzuhalten**, was nicht beitragsbegründendem Sondervorteil, sondern beitragsfreiem Gemeingebrauch zuzurechnen ist.[15]

2. Beteiligung an der Aufwandsverteilung (§ 131 Abs. 1 Satz 1 BauGB)

12   Der beitragsfähige Aufwand ist nach Abzug des Gemeindeanteils gemäß § 131 Abs. 1 Satz 1 BauGB auf die erschlossenen Grundstücke zu verteilen, d. h. auf die Grundstücke, die von der Herstellung der Anlage einen erschließungsbeitragsrechtlich relevanten (Sonder-)Vorteil haben. In diesem Bereich kommt dem Erschließungsvorteil eine **zentrale Bedeutung** zu, denn hier entscheidet sich, welche Grundstücke bei der Verteilung des umlagefähigen Aufwands mit der Folge zu beteiligen sind, „daß es sich für die einzelnen Beitragspflichtigen beitragserhöhend oder beitragsvermindernd auswirkt, ob der Kreis der einbezogenen Grundstücke kleiner oder größer ist".[16] Jedenfalls dies macht verständlich, daß die Frage nach dem Vorliegen eines Erschließungsvorteils allein nach objektiven Kriterien zu beantworten ist, d. h. unabhängig von den subjektiven Vorstellungen, die die Gemeinde zur Herstellung der Anlage bewogen und mit denen die Anlieger oder einzelne von ihnen diese Herstellung verfolgt haben. Erst im Rahmen einer aus den subjektiven Vorstellungen herausgehobenen Betrachtung läßt sich beurteilen, ob (und in welchem Umfang) ein Erschließungsvorteil eingetreten ist, der zu einer Kostenbeteiligung berechtigt.

13   Deshalb kann es auf vieles von dem nicht ankommen, was ein zum Erschließungsbeitrag Herangezogener – insbesondere im Fall einer Zweiterschließung – zur Begründung seiner Ansicht vorzutragen pflegt, gerade bei ihm fehle es an einem Erschließungsvorteil. Ohne rechtliches Gewicht ist beispielsweise, ob er (und ggf. mit ihm andere) die Herstellung der (weiteren) Anlage subjektiv als einen eigenen individuellen Vorteil empfindet[17] und ob

---

[13] Weyreuther in DVBl 1970, 3 ff. (10).

[14] BVerwG, st. Rspr. , u. a. Urteil v. 21. 5. 1969 – IV C 93.67 – Buchholz 406.11 § 129 BBauG Nr. 2 S. 1 (4) = ZMR 69, 373 = BBauBl 70, 421.

[15] Vgl. u. a. BVerwG, Urteil v. 24. 4. 1975 – IV C 37.73 – BVerwGE 48, 205 (209 f.) = KStZ 75, 231 = ZMR 76, 118.

[16] BVerwG, Urteil v. 7. 10. 1977 – IV C 103.74 – Buchholz 406.11 § 131 BBauG Nr. 25 S. 35 (37) = NJW 78, 438 = DVBl 78, 302.

[17] BVerwG, Urteil v. 23. 5. 1973 – IV C 19.72 – Buchholz 406.11 § 127 BBauG Nr. 15 S. 23 (27) = DVBl 73, 887 = KStZ 74, 13.

er die Anlage benutzen will oder nicht.[18] Unbeachtlich ist ferner, ob er die Herstellung der Anlage gewünscht hat oder nicht.[19] Und gleichfalls unerheblich ist, „wenn etwa wegen der vorhandenen Bebauung und ihrer Ausrichtung, wegen der Lage des Blumenfensters, des Gartens oder aus ähnlichen Gründen" z.B. an der Erschließung durch eine zweite Anbaustraße „ersichtlich kein Interesse besteht und insofern ein Vorteil gegenwärtig nicht erkennbar ist, ja die Lage der Dinge praktisch nahezu ausschließt, daß der Betroffene von der Straße überhaupt jemals Gebrauch machen wird".[13]

3. (Teilweiser) Erlaß wegen unbilliger Härte (§ 135 Abs. 5 Satz 1 BauGB)

Tritt ein Erschließungsvorteil wegen der besonderen Umstände des Einzelfalls nur in *wesentlich* **vermindertem Umfang** ein, kann die volle Veranlagung eines Beitragspflichtigen eine unbillige Härte i.S. des § 135 Abs. 5 Satz 1 BauGB und in der Folge einen Anspruch auf einen (teilweisen) Erlaß der Beitragsforderung begründen. So kann beispielsweise angenommen werden, einem Friedhofsgrundstück werde im Verhältnis zu Wohn- und Geschäftsgrundstücken ein derart verminderter Erschließungsvorteil vermittelt, daß – sofern nicht schon die Anwendung der satzungsmäßigen Verteilungsregelung zu einem vorteilsangemessenen Ausgleich führt – ein (teilweiser) **Billigkeitserlaß** angezeigt ist.[20]   14

IV. Erschließungsvorteil und Gleichheitssatz

Aus dem verfassungsrechtlichen Gleichheitssatz (Art. 3 Abs. 1 GG) folgt   15 für das Erschließungsbeitragsrecht der Rechtsgrundsatz der **Beitragsgerechtigkeit,** der fordert, daß Grundstücke, die einen höheren Erschließungsvorteil haben, stärker belastet werden sollen als die anderen, die nur geringere Vorteile haben. Diese Forderung kann – da das Erschließungsbeitragsrecht grundsätzlich anknüpft an die Herstellung einer **bestimmten** Anlage sowie die dafür entstandenen Kosten – bezogen werden nur (relativ) auf die "Anlieger" dieser Anlage, nicht jedoch (absolut) auf alle Grundstückseigentümer einer Gemeinde. Auch eine solche (relative) Beitragsgerechtigkeit läßt sich allerdings häufig im einzelnen nicht erreichen. Dies gilt vor allem deshalb, weil ortsgesetzliche Regelungen in der Erschließungsbeitragssatzung, insbesondere der Verteilungsmaßstab, ihrer Natur als generelle Rechtsnormen entsprechend "nur" auf im wesentlichen gleiche und überdies typische Sachverhalte abstellen können und müssen.

---

[18] BVerwG, st. Rspr., u.a. Urteil v. 26. 4. 1968 – IV C 188.65 – Buchholz 406.11 § 133 BBauG Nr. 24 S. 90 (91) = VerwRspr 19, 847.

[19] BVerwG, Urteil v. 6. 5. 1966 – IV C 136.65 – Buchholz 406.11 § 133 BBauG Nr. 8 S. 39 (42) = NJW 66, 1832 = DVBl 66, 693.

[20] Vgl. BVerwG, Urteil v. 4. 5. 1979 – 4 C 25.76 – Buchholz 406.11 § 133 BBauG Nr. 69 S. 50 (56) = DVBl 79, 784 = KStZ 79, 167.

16   Im übrigen rechtfertigt es u. a. der Grundsatz der **Verwaltungspraktikabilität**, bis zu einem gewissen Grade Abweichungen im Vorteil im Einzelfall unberücksichtigt zu lassen. Eine Individualisierung, die auf den Umfang des konkret im Einzelfall eintretenden Sondervorteils abhebt, ist grundsätzlich dem Erschließungsbeitragsrecht ebenso wie dem Beitragsrecht im allgemeinen fremd.[21]

1. Quantifizierung des Erschließungsvorteils

17   Die der Verwirklichung des Rechtsgrundsatzes der Beitragsgerechtigkeit im Erschließungsbeitragsrecht (notwendigerweise) gesetzten Grenzen führen dazu, daß dieser Grundsatz – richtig verstanden – (lediglich) eine **angemessen vorteilsgerechte** Beitragsbelastung der von einer bestimmten beitragsfähigen Erschließungsanlage erschlossenen Grundstücke verlangt. Wird beispielsweise eine Anbaustraße abgerechnet, durch die etwa gleich viele **Anlieger- und Hinterliegergrundstücke** erschlossen werden, erlaubt der Grundsatz der Beitragsgerechtigkeit eine annähernd gleichgewichtige Beitragsbelastung aller Grundstücke der einen wie der anderen Gruppe nur dann, wenn das Ausmaß der den einzelnen Grundstücken der beiden Gruppen vermittelten Erschließungsvorteile als annähernd gleich hoch eingestuft werden kann. Ob das zutrifft, hängt von einer **Bewertung** der den Anlieger- und den Hinterliegergrundstücken jeweils verschafften Erschließungsvorteile ab. Dabei ist von der Einsicht auszugehen, daß die Höhe des von einer beitragsfähigen Erschließungsanlage ausgelösten Erschließungsvorteils einer rechnerisch exakten Ermittlung **nicht** zugänglich ist. Doch läßt sich immerhin sagen: „Das Ausmaß des jeweiligen Erschließungsvorteils richtet sich nach dem Umfang der zugelassenen Ausnutzbarkeit des Grundstücks und der ihr korrespondierenden Möglichkeit der Inanspruchnahme der Erschließungsanlage."[22] Das ergibt sich aus folgenden Erwägungen:

18   Der den erschlossenen Grundstücken durch die Herstellung einer beitragsfähigen Erschließungsanlage vermittelte Erschließungsvorteil beruht letztlich darauf, daß ihnen eine (wegen der räumlichen Nähe zur Anlage) qualifizierte Möglichkeit der Inanspruchnahme geboten wird (vgl. Rdnr. 2), und zwar eine Inanspruchnahmemöglichkeit, die auf ihre erschließungsbeitragsrechtlich relevante Ausnutzbarkeit ausgerichtet ist.[23] Dieser Ansatz legt es nahe, für die Quantifizierung der Erschließungsvorteile wesentlich abzustellen darauf, in welchem Umfang ein erschlossenes Grundstück infolge seiner Ausnutzbarkeit eine Inanspruchnahme der Anlage erfahrungsgemäß auslöst, d. h.

---

[21] BVerwG, Urteil v. 23. 6. 1972 – IV C 16.71 – BVerwGE 40, 182 (184) = DVBl 72, 893 = KStZ 73, 75.

[22] BVerwG, Urteil v. 18. 4. 1986 – 8 C 51 u. 52.85 –BVerwGE 74, 149 (157) = DVBl 86, 774 = KStZ 86, 169.

[23] Vgl. BVerwG, Urteil v. 26. 9. 1983 – 8 C 86.81 – BVerwGE 68, 41 (46) = NVwZ 84, 172 = DVBl 84, 184.

auf die **wahrscheinliche Inanspruchnahme.**[24] Je mehr die hergestellte Anlage von einem erschlossenen Grundstück aus erfahrungsgemäß in Anspruch genommen wird, desto **wertvoller** ist die durch die Herstellung der Anlage gebotene Inanspruchnahmemöglichkeit und desto größer sind die ihm vermittelten Erschließungsvorteile. Die Höhe der durch eine beitragsfähige Erschließungsanlage vermittelten Vorteile ist somit abhängig vom Maß der wahrscheinlichen Inanspruchnahme, deren Umfang ihrerseits maßgeblich von der jeweiligen Ausnutzbarkeit eines erschlossenen Grundstücks beeinflußt wird. Das führt zu der Annahme, daß eine beitragsfähige Erschließungsanlage und namentlich eine Anbaustraße – erstens – Grundstücken mit vergleichbarer Ausnutzbarkeit grundsätzlich annähernd gleich hohe, Grundstücken mit (nach Maß oder Art) unterschiedlicher Ausnutzbarkeit grundsätzlich jeweils entsprechend ihrer unterschiedlichen Ausnutzbarkeit verschieden hohe Erschließungsvorteile vermittelt und daß sie – zweitens – Anliegergrundstücken und in ihrer Ausnutzbarkeit vergleichbaren Hinterliegergrundstücken grundsätzlich annähernd gleich hohe Erschließungsvorteile bietet.[22] Denn es gibt keinen verläßlichen Erfahrungssatz des Inhalts, von einem Hinterliegergrundstück aus werde die betreffende Anbaustraße **nennenswert weniger** in Anspruch genommen als von einem in seiner Ausnutzbarkeit vergleichbaren Anliegergrundstück aus.

2. Gleichheitssatz und Erschließungsbeitragssatzung (Verteilungsmaßstab)

Art. 3 Abs. 1 GG beläßt dem Gesetzgeber und damit auch dem Ortsgesetzgeber eine weitgehende Gestaltungsfreiheit. Er verbietet lediglich eine *willkürliche* **Gleichbehandlung** (im wesentlichen) ungleicher und eine *willkürliche* **Ungleichbehandlung** (im wesentlichen) gleicher Sachverhalte; er verlangt – verkürzt ausgedrückt – nicht mehr und nicht weniger als die Abwesenheit von Willkür. Die sich daraus ergebende Grenze wird deshalb erst dort überschritten, wo ein sachlich einleuchtender, rechtfertigender Grund für die gesetzliche Differenzierung bzw. Gleichbehandlung fehlt.[25] Nur diese äußerste Grenze ist unter dem Gesichtspunkt des Gleichheitssatzes zu prüfen, nicht aber die Frage, ob der Gesetzgeber im einzelnen die zweckmäßigste, vernünftigste oder gerechteste Lösung gefunden hat.[26] So ist beispielsweise eine Gemeinde selbst dann nicht gehalten, (überwiegend) gewerblich genutzte Grundstücke in qualifiziert beplanten Wohngebieten mit einem sog. Artzuschlag (vgl. dazu § 18 Rdnrn. 48 ff.) zu belegen, wenn sie sich im übrigen für eine Verteilungsregelung entschieden hat, nach der in allen unbeplanten

19

---

[24] Vgl. in diesem Zusammenhang etwa BVerwG, Urteil v. 11. 10. 1985 – 8 C 26.84 – BVerwGE 72, 143 (151) = DVBl 86, 347 = KStZ 86, 11.

[25] BVerfG, u. a. Beschlüsse v. 16. 6. 1959 – 2 BvL 10/59 – BVerfGE 9, 334 (337), und v. 14. 4. 1964 – 2 BvR 69/62 – BVerfGE 17, 319 (330).

[26] BVerwG, u. a. Urteil v. 14. 4. 1967 – VII C 15.65 – BVerwGE 26, 317 (320) = DÖV 67, 792 = KStZ 67, 252.

Gebieten tatsächlich (überwiegend) gewerblich genutzte Grundstücke mit dem Artzuschlag zu belegen sind. Eine solche Differenzierung ist schon deshalb gerechtfertigt, weil mit ihr an bebauungsrechtlich jeweils nicht vergleichbare Sachverhalte angeknüpft wird.[27]

20   Überdies ist für das Abgabenrecht ganz allgemein der Begriff der **Typengerechtigkeit** entwickelt worden, der es dem Gesetzgeber gestattet, zu verallgemeinern und zu pauschalieren.[28] Danach genügt es, Regelfälle eines Sachbereichs zu erfassen und sie als sog. typische Fälle gleichartig zu behandeln. Geschieht dies, können Betroffene, die auf der Grundlage der gesetzlichen Regelung ungleich behandelt werden, weil die Umstände ihres Einzelfalls nicht denen der Typenfälle entsprechen, nicht mit Erfolg geltend machen, die Regelung beruhe auf Willkür und sei mit dem Gleichheitssatz nicht vereinbar.[29]

21   Darüber hinaus kann insbesondere auch der Grundsatz der **Verwaltungspraktikabilität** eine schon in der ortsgesetzlichen Regelung ”angelegte“ Ungleichbehandlung rechtfertigen, sofern nicht gewichtige Gründe entgegenstehen.[30]

3. Gleichheitssatz und Einzelabrechnung

22   Ungleichbehandlungen – und das liegt in der Natur der Sache – ergeben sich im Rahmen von Einzelabrechnungen. In der Regel beruhen sie jedoch nicht auf willkürlichen Entscheidungen der Gemeinde, sondern werden vor allem von den zuvor bezeichneten Grundsätzen der Typengerechtigkeit und Verwaltungspraktikabilität gedeckt. Sie sind von dem Betroffenen hinzunehmen, sofern sie nicht im Einzelfall den Grad einer unbilligen Härte i. S. des § 135 Abs. 5 Satz 1 BauGB erreichen.

23   So kann etwa der Eigentümer eines an eine Straße angrenzenden Grundstücks eine – vergleichsweise – niedrigere Beitragsforderung grundsätzlich nicht erwarten, wenn z. B. aus besonderen Gründen vor seinem Grundstück, anders als vor den übrigen Grundstücken, d. h. den Regelfällen, Fahrbahn oder Gehweg weniger breit hergestellt worden ist oder sein Grundstück nicht wie die anderen Grundstücke unmittelbar an die Straße, sondern an eine kurze Zufahrt grenzt, die als Teil der Straße anzusehen ist.[31] Bei der Verteilung des Erschließungsaufwands ebenfalls unberücksichtigt bleiben darf, daß

---

[27] Vgl. dazu im einzelnen BVerwG, Urteil v. 19. 2. 1982 – 8 C 36.81 – Buchholz 406.11 § 131 BBauG Nr. 46 S. 45 (47 f.) = NVwZ 82, 434 = KStZ 82, 93.

[28] BVerfG, Beschluß v. 3. 12. 1958 – 1 BvR 488/57 – BVerfGE 9, 3 (13), und Urteil v. 10. 5. 1962 – 1 BvL 31/58 – BVerfGE 14, 76 (102).

[29] BVerwG, u. a. Urteil v. 19. 10. 1966 – IV C 99.65 – BVerwGE 25, 147 (148) = DVBl 67, 289 = ZMR 67, 232.

[30] BVerwG, u. a. Urteil v. 26. 7. 1979 – 7 C 53.77 – BVerwGE 58, 230 (243) = NJW 80, 796 = JuS 80, 304.

[31] BVerwG, Urteil v. 23. 6. 1972 – IV C 16.71 – BVerwGE 40, 182 (184) = DVBl 72, 893 = KStZ 73, 75.

ein entfernter liegendes Grundstück im allgemeinen einen geringeren Vorteil namentlich von einer selbständigen Grünanlage hat als ein näher gelegenes. Angesichts der (schwerlich sachgerecht zu bewältigenden) Schwierigkeiten, entsprechend dem Umfang des von einer solchen Anlage ausgelösten Erschließungsvorteils nach Gruppen von erschlossenen Grundstücken oder gar nach einzelnen Grundstücken zu differenzieren, kann eine insoweit gleichmäßige Heranziehung aller im Abrechnungsgebiet liegenden Grundstücke nicht als Willkür angesehen werden, so daß eine Verletzung des Gleichheitssatzes nicht vorliegt.[32]

§ 10 Beitragserhebungspflicht

I. Beitragserhebungspflicht und Erschließungspflicht

§ 127 Abs. 1 BauGB stellt gleichsam die Grund- oder Einstiegsnorm für **1** das Erschließungsbeitragsrecht dar. Er ist den Vorschriften, die die Erhebung von Erschließungsbeiträgen im einzelnen regeln, vorangestellt und ordnet an, daß die Gemeinden zur Deckung ihres anderweitig nicht gedeckten Aufwands für Erschließungsanlagen einen Erschließungsbeitrag **nach Maßgabe** der folgenden Vorschriften erheben (vgl. dazu auch § 7 Rdnr. 35).

Zur Erhebung von Erschließungsbeiträgen sind nach dem Gesetz nur die **2** Gemeinden, nicht aber auch der Bund, die Länder oder die Kreise befugt. Diese Befugnis der Gemeinden hat der Gesetzgeber als eine sie **bindende Verpflichtung** ausgestaltet,[1] und zwar u. a. im Interesse einer möglichst gleichartigen Behandlung der Grundstückseigentümer (Erbbauberechtigten) in allen Gemeinden, d. h. im Interesse der Beitragsgerechtigkeit.[2] Vor allem aber hat er mit dieser Regelung bodenpolitische Ziele verfolgt,[3] zu denen auch gehört, die Gemeinden mit Mitteln zu versehen, die sie in die Lage versetzen, die gemäß § 123 Abs. 1 BauGB grundsätzlich ihnen auferlegte (mehr allgemeine) Erschließungspflicht kontinuierlich und zügig erfüllen zu können. Der Beitragserhebungspflicht der Gemeinde korrespondiert ihre Erschließungspflicht. Diesem Verhältnis zwischen § 123 Abs. 1 BauGB einerseits und § 127 Abs. 1 BauGB andererseits hat das Bundesverwaltungsgericht[4] entnommen, daß die Gemeinden einen Erschließungsbeitrag nur erheben dürfen

---

[32] BVerwG, Urteil v. 21. 10. 1970 – IV C 72.69 – BVerwGE 36, 155 (159) = DVBl 71, 214 = DÖV 71, 389.

[1] BVerwG, st. Rspr., u. a. Urteil v. 23. 4. 1969 – IV C 15.67 – Buchholz 406.11 § 132 BBauG Nr. 4 S. 1 (3) = DÖV 70, 203 = ZMR 69, 369.

[2] BVerwG, Urteil v. 18. 11. 1977 – IV C 104.74 – Buchholz 406.11 § 135 BBauG Nr. 10 S. 7 (9) = DÖV 78, 611 = ZMR 79, 88.

[3] Vgl. im einzelnen Ernst in Ernst/Zinkahn/Bielenberg, BauGB, § 127 Rdnr. 7.

[4] BVerwG, u. a. Urteil v. 25. 11. 1981 – 8 C 10.81 – Buchholz 406.11 § 123 BBauG Nr. 22 S. 13 (15f.) = DÖV 82, 328 = KStZ 82, 92.

(und müssen), wenn die Erschließung der Gemeinde als eigene Aufgabe obliegt. Dem Gesetzgeber sei es lediglich darum gegangen, „die Beitragspflicht für Straßen zu regeln, deren Baulastträger die Gemeinden sind".[5]

3   Obliegt die Erschließung im Einzelfall ausnahmsweise nicht der Gemeinde, sondern einem anderen (§ 123 Abs. 1 BauGB), ist eine Erschließungsbeitragserhebung ausgeschlossen. Deshalb scheidet eine Beitragserhebung aus, wenn eine Gemeinde aufgrund eines Vertrags eine nicht in ihre Baulast fallende Ortsdurchfahrt (bzw. deren Verlängerung) ausbaut.[6] Und gleiches gilt, wenn dem Träger der Straßenbaulast für eine Bundesstraße zur Ermöglichung des Ausbaus einer Ortsdurchfahrt nach § 17 Abs. 4 FStrG im Planfeststellungsbeschluß der Ausbau einer parallelen Anbaustraße auferlegt wird und die Gemeinde durch einen Vertrag mit dem Bund diesen Ausbau übernimmt.[7] Auch dann ist der Ausbau keine *eigene*, der Gemeinde gemäß § 123 Abs. 1 BauGB obliegende Aufgabe (vgl. im einzelnen § 2 Rdnr. 8).

II. Beitragserhebungspflicht und Aufwandsdeckung

4   Die Beitragserhebungspflicht zielt ab auf die Deckung des Aufwands für beitragsfähige Erschließungsanlagen. Der in § 127 Abs. 1 BauGB dem Wort „Aufwand" beigefügte Zusatz „anderweitig nicht gedeckten" hat in diesem Zusammenhang keine eigenständige Bedeutung. Denn – erstens – ist es nahezu selbstverständlich, daß nur ein nicht gedeckter Aufwand Raum für eine Beitragserhebung läßt, und – zweitens – betrifft die Frage, welcher Anteil am beitragsfähigen Erschließungsaufwand – weil anderweitig gedeckt – nicht auf die Grundstückseigentümer (Erbbauberechtigten) umgelegt werden kann, die Verteilung des der Gemeinde entstandenen beitragsfähigen Aufwands, also die Verteilungsphase (Ermittlung des umlagefähigen Aufwands), und ist deshalb zu Recht in einer später zu behandelnden Vorschrift, nämlich in § 129 Abs. 1 Satz 1 BauGB, geregelt (vgl. § 16 Rdnrn. 8 ff.).

5   Der Erschließungsbeitrag wird zur teilweisen Deckung eines der Gemeinde entstandenen Aufwands erhoben. Die Gemeinde ist infolge der ihr obliegenden Erschließungslast grundsätzlich **vorleistungspflichtig**. Sie begleicht die Erschließungskosten regelmäßig zunächst aus allgemeinen Haushaltsmitteln und erhebt Beiträge zur (teilweisen) Erstattung einer erbrachten (finanziellen) Leistung (Grundsatz der nachträglichen Aufwandsdeckung). Etwas anderes gilt nur, wenn sie Vorausleistungen i.S. des § 133 Abs. 3 Satz 1 BauGB oder Zahlungen aufgrund von Vorauszahlungs- und Ablösungsverträgen verlan-

---

[5] BVerwG, Urteil v. 22. 1. 1968 – IV C 82.67 – BVerwGE 31, 90 (92) = DVBl 69, 271 = KStZ 69, 199.
[6] BVerwG, Urteil v. 5. 9. 1975 – IV C 2.73 – Buchholz 406.11 § 123 BBauG Nr. 13 S. 1 (2 ff.) = DÖV 75, 855 = GemTg 76, 119.
[7] BVerwG, Urteil v. 25. 11. 1981 – 8 C 10.81 – Buchholz 406.11 § 123 BBauG Nr. 22 S. 13 (15 ff.) = DÖV 82, 328 = KStZ 82, 92.

gen kann. Ihr ist ein Aufwand bereits entstanden, wenn entsprechende Forderungen gegen sie begründet worden sind. So entsteht beispielsweise der Aufwand für eine Straßenfläche mit dem Abschluß des Kaufvertrags, in dem sich die Gemeinde verpflichtet, einen bestimmten Kaufpreis zu entrichten.[8] Daß entstandene Verbindlichkeiten schon beglichen, die Rechnungen von der Gemeinde also bereits bezahlt sind, ist nicht erforderlich.

Die von der Gemeinde durch die Beitragserhebung erzielten Einnahmen **6** sind *nicht zweckgebunden*. Die Gemeinde ist nicht verpflichtet, die erhaltenen Geldbeträge für die Herstellung von (weiteren) Erschließungsanlagen zu verwenden. Das Baugesetzbuch ordnet eine Zweckbindung nicht an, es bleibt deshalb das kommunale Haushaltsrecht maßgebend. Dieses geht vom **Gesamtdeckungsprinzip** aus, d. h., alle Einnahmen des Verwaltungshaushalts dienen insgesamt zur Deckung der Ausgaben des Verwaltungshaushalts und alle Einnahmen des Vermögenshaushalts sind insgesamt zur Deckung der Ausgaben des Vermögenshaushalts bestimmt. Etwas **anderes** gilt nur für die aufgrund von Vorausleistungsanforderungen erzielten Einnahmen. Die Gemeinde darf eine Vorausleistung nur verlangen, um die Geldmittel für den Bau einer bestimmten Erschließungsanlage zur Verfügung zu erhalten und alsbald für den Bau gerade dieser Anlage zu verbrauchen.[9] Kommt die Gemeinde der durch die Vorausleistungsanforderung gleichsam begründeten "Baupflicht" nicht in angemessener Zeit und in angemessenem Umfang nach, muß sie die Vorausleistung erstatten und verzinsen (vgl. § 133 Abs. 3 Sätze 3 und 4 BauGB).

Die Beitragserhebungspflicht beschränkt sich – der begrenzten Abgaben- **7** hoheit entsprechend – auf **innerhalb** des Gemeindegebiets gelegene Grundstücke. Dies gilt selbst dann, wenn eine Gemeinde eine Erschließungsanlage herstellt, durch die auch zum Gebiet einer Nachbargemeinde gehörende Grundstücke erschlossen werden, z.B. bei einer beidseitig anbaubaren Straße, deren Körper noch im Gemeindegebiet liegt, an die auf einer Seite aber Grundstücke der Nachbargemeinde grenzen. In einem solchen Fall steht der herstellenden Gemeinde kraft Gesetzes ein Erstattungsanspruch weder gegen die Nachbargemeinde noch gegen die Eigentümer der auf dem Gebiet der anderen Gemeinde gelegenen Grundstücke zu.[10] Das hat jedoch nicht zur Folge, daß die herstellende Gemeinde den gesamten umlagefähigen Aufwand durch eine Heranziehung der Eigentümer der Grundstücke in ihrem Gebiet decken könnte. Vielmehr wird sie der Veranlagung dieser Beitragspflichtigen in weitläufiger Anlehnung an die Grundsätze, die das Bundesverwaltungsge-

---

[8] BVerwG, Urteil v. 13. 5. 1977 – IV C 82.74 – Buchholz 406.11 § 128 BBauG Nr. 18 S. 4 (8) = GemTg 77, 232 = KStZ 78, 110.
[9] Vgl. BVerwG, Urteil v. 5. 9. 1975 –IV CB 75.73 – NJW 76, 818 = DÖV 76, 96 = ZMR 77, 118; im Ergebnis ebenso u.a. Löhr in Battis/Krautzberger/Löhr, BauGB, § 133 Rdnr. 27, sowie Ernst in Ernst/Zinkahn/Bielenberg, BauGB, § 127 Rdnr. 7a; a. A. u.a. Brügelmann-Förster, BBauG, § 133 Rdnr. 47.
[10] Vgl. OVG Saarland, Urteil v. 4. 7. 1972 – III R 85.71 – KStZ 73, 60.

richt[11] für die Abrechnung von einseitig anbaubaren Straßen entwickelt hat, regelmäßig nur die Hälfte des für die Herstellung entstandenen umlagefähigen Aufwands zugrundelegen können. Den Ausfall in Höhe der (anderen) Hälfte hat die herstellende Gemeinde selbst zu tragen. Um dies zu verhindern, sollte schon bei der Planung der Erschließungsanlagen dafür Sorge getragen werden, daß die von ihr erschlossenen Grundstücke grundsätzlich insgesamt im Gebiet der herstellenden Gemeinde liegen. Wo dies nicht möglich ist, sollte jedenfalls darauf geachtet werden, daß die Gemeindegrenze in der Mitte der Erschließungsanlage verläuft, beide Gemeinden zusammen die Erschließungsanlage herstellen und sie jeweils getrennt den ihnen entstandenen Aufwand auf die erschlossenen Grundstücke in ihrem Gebiet umlegen.[12]

8   Soweit eine Gemeinde ihrer Beitragserhebungspflicht nicht genügt, kann die **Rechtsaufsichtsbehörde** nach Maßgabe der einschlägigen landesrechtlichen Vorschrift wie etwa des § 122 GemO BW anordnen, daß die Gemeinde innerhalb einer angemessenen Frist die notwendigen Maßnahmen durchführt. Eine solche Vorschrift ermächtigt die Rechtsaufsichtsbehörde, von der Gemeinde ein bestimmtes positives Handeln zu verlangen, wenn sie untätig bleibt, obwohl sie zum Handeln verpflichtet ist. Der ihr obliegenden Beitragserhebungspflicht kommt eine Gemeinde nicht nur dann nicht nach, wenn sie keine Beiträge erhebt, sondern – sofern sie Widerspruchsbehörde ist – auch dann nicht, wenn sie gegen erlassene Beitragsbescheide eingelegte Widersprüche nicht zurückweist, obwohl das nach der Rechtslage geboten ist. Ein solches Verhalten ist dem Untätigbleiben hinsichtlich der Beitragserhebung gleichzusetzen und rechtfertigt ein Einschreiten der Aufsichtsbehörde nach pflichtgemäßem Ermessen.[13]

9   Hat eine Gemeinde – aus welchen Gründen immer – versäumt, für die erstmalige Herstellung einer bestimmten beitragsfähigen Erschließungsanlage Erschließungsbeiträge zu erheben, läßt sich daraus für die Rechtmäßigkeit der Abrechnung einer anderen beitragsfähigen Erschließungsanlage nichts herleiten. Denn es liegt auf der Hand, daß diese Gemeinde als Folge eines rechtswidrigen Handelns in einem Fall nicht aufgrund des Gleichheitssatzes verpflichtet sein kann, unter Verstoß gegen ihre gesetzlich angeordnete Beitragserhebungspflicht auch in einem anderen Fall von einer Beitragserhebung abzusehen.[14]

10   Die **Pflicht**, Erschließungsbeiträge zu erheben, wird regelmäßig **durchbrochen**, wenn eine Gemeinde die ihr obliegende Erschließung gemäß § 124

---

[11] BVerwG, Urteile v. 29. 4. 1977 – IV C 1.75 – BVerwGE 52, 364 (367 ff.) = GemTg 77, 215 = DVBl 78, 298, und v. 26. 5. 1989 – 8 C 6.88 – BVerwGE 82, 102 (105 ff.) = DVBl 89, 1205 = HSGZ 89, 396.

[12] Vgl. Brügelmann-Förster, BBauG, § 127 Rdnr. 12.

[13] VGH Mannheim, Urteil v. 11. 5. 1993 – 1 S 2302/92 – VBlBW 93, 338 = BWGZ 93, 646.

[14] BVerwG, u. a. Beschluß v. 11. 6. 1986 – 8 B 16.86 – NVwZ 86, 758 = KStZ 86, 191 mit weiteren Nachweisen.

Abs. 1 BauGB auf einen Dritten überträgt (vgl. § 6 Rdnr. 4) oder eine Erschließungsanlage als Ordnungsmaßnahme i. S. des § 147 Abs. 1 Satz 1 Nr. 4 BauGB innerhalb eines förmlich festgelegten Sanierungsgebiets herstellt (vgl. § 3 Rdnrn. 4 ff.). In beiden Fällen kommt eine Beitragserhebung mangels eigener bzw. mangels durch Erschließungsbeiträge zu deckender Aufwendungen der Gemeinde nicht in Betracht.

III. Beitragserhebungspflicht nach Maßgabe der Vorschriften des Baugesetzbuchs

§ 127 Abs. 1 BauGB begründet nicht nur eine Pflicht zur Beitragserhebung **11** überhaupt, sondern eine Pflicht zur Beitragserhebung nach Maßgabe der Vorschriften des Baugesetzbuchs. Das hat Auswirkungen sowohl auf den Eigenanteil der Gemeinde (§ 129 Abs. 1 Satz 3 BauGB), den (teilweisen) Erlaß (§ 135 Abs. 5 Satz 1 BauGB) und die Nachforderung bei ursprünglich zu niedrigen Beitragsveranlagungen als auch auf die Zulässigkeit einer Vereinbarung über Erschließungskosten und eines Beitrags(voraus)verzichts.

1. Eigenanteil der Gemeinde und Beitragserlaß

Gemäß § 129 Abs. 1 Satz 3 BauGB tragen die Gemeinden mindestens **12** 10 v. H. des beitragsfähigen Erschließungsaufwands selbst. Ein höherer Eigenanteil kann nach § 132 Nr. 2 BauGB nur durch eine Beitragssatzung festgelegt werden.[15] Eine (allenfalls theoretisch denkbare) Satzungsbestimmung, durch die der Gemeindeanteil derartig hoch festgesetzt wird (z. B. 95 v. H.), daß der von den Beitragspflichtigen noch zu leistende Beitrag praktisch nicht mehr ins Gewicht fällt, wäre mit dem Erhebungszwang nicht vereinbar und deshalb rechtswidrig.

Im Einzelfall kann die Gemeinde nach § 135 Abs. 5 Satz 1 BauGB von der **13** Erhebung eines Erschließungsbeitrags ganz oder teilweise absehen, wenn dies im öffentlichen Interesse oder zur Vermeidung unbilliger Härten geboten ist. Diese (Ausnahme-)Regelung ist vor dem Hintergrund der gesetzlich angeordneten Beitragserhebungspflicht zu sehen. Während die §§ 127 ff. BauGB (in Verbindung mit den Vorschriften der Erschließungsbeitragssatzung) für die typischen Regelfälle bestimmen, ob und in welcher Weise ein Beitrag zu erheben ist, gibt § 135 Abs. 5 Satz 1 BauGB die Möglichkeit, in atypischen Ausnahmefällen einen Beitrag ganz oder teilweise zu erlassen und dadurch zu Ergebnissen zu gelangen, die der Beitragsgerechtigkeit angemessen sind.[16] In derartigen Fällen kann bereits vor Entstehen der Beitragspflicht eine Freistel-

---

[15] BVerwG, Urteil v. 22. 3. 1974 – IV C 23.72 – BauR 74, 337 = ID 74, 190 = DÖV 75, 573.

[16] BVerwG, Urteil v. 18. 11. 1977 – IV C 104.74 – Buchholz 406.11 § 135 BBauG Nr. 10 S. 7 (9) = DÖV 78, 611 = ZMR 79, 88.

lung erfolgen (§ 135 Abs. 1 Satz 2 BauGB). An eine vor Inkrafttreten des Bundesbaugesetzes ausgesprochene Freistellung ist eine Gemeinde nur gebunden, wenn die Voraussetzungen des § 135 Abs. 5 Satz 1 BBauG bzw. (nunmehr) BauGB erfüllt sind, also eine Freistellung auch nach dem geltenden Recht zulässig wäre.[17]

14   Erklärungen, wie z. B. sog. **Anliegerbescheinigungen,** berühren die Beitragserhebungspflicht in der Regel nicht. Sie sind grundsätzlich nicht als Beitragsfreistellungen i. S. des § 135 Abs. 5 Satz 2 BauGB, sondern lediglich als Mitteilungen über die im Zeitpunkt ihrer Abgabe bestehende Rechtslage zu verstehen. Mit ihnen will die Gemeinde – vor allem mit Bescheinigungen zur Vorlage bei Kreditinstituten – regelmäßig nichts anderes zum Ausdruck bringen, als daß gegenwärtig eine Beitragspflicht (noch) nicht entstanden ist und daher auf dem – zur Beleihung anstehenden – Grundstück keine öffentliche Last ruht. Als eine Beitragsfreistellung kann eine solche Erklärung nur ausnahmsweise verstanden werden, wenn sich ein endgültiger und unbedingter Verzichtswille aus den Umständen oder dem Wortlaut eindeutig ergibt.[18] Ist das der Fall, hängt ihre Wirksamkeit vom Vorliegen der Voraussetzungen des § 135 Abs. 5 Satz 1 BauGB ab.

2. Nacherhebung bei ursprünglich zu niedriger Beitragsveranlagung

15   Das Gebot, Erschließungsbeiträge nach Maßgabe der Vorschriften des Baugesetzbuchs zu erheben, beinhaltet – abgesehen von der Ausnahmeregelung des § 135 Abs. 5 BauGB – die Verpflichtung, einen entstandenen Beitragsanspruch *in vollem Umfang* geltend zu machen. Diesem Gesichtspunkt kommt besondere Bedeutung zu, wenn *ein* Grundstückseigentümer (Erbbauberechtigter) zunächst versehentlich zu niedrig veranlagt worden ist – z. B. weil ihm zu Unrecht eine Eckgrundstücksvergünstigung gewährt oder die für sein Grundstück maßgebliche Fläche ohne einen dies rechtfertigenden Grund nur zu einem Teil berücksichtigt worden ist – und wenn *alle* Beitragspflichtigen etwa deshalb nicht in voller Höhe herangezogen worden sind, weil ein Rechnungsposten (z. B. die Grunderwerbskosten) bei der Ermittlung des beitragsfähigen Aufwands übersehen worden ist. Selbst wenn die entsprechenden Beitragsbescheide bestandskräftig geworden sind, ist die Gemeinde in derartigen Fällen bis zum Eintritt der (Festsetzungs-)Verjährung *kraft Bundesrecht* grundsätzlich *gehalten*, durch (selbständige) Bescheide Nachforderungen zu erheben, um dadurch ihre Beitragsansprüche voll auszuschöpfen:

16   Das Bundesverwaltungsgericht hat in drei Entscheidungen vom 18. März

---

[17] BVerwG, u. a. Urteil v. 27. 5. 1981 – 8 C 6.81 – Buchholz 406.11 § 135 BBauG Nr. 17 S. 4 (7) = NVwZ 82, 196 = MDR 82, 77.
[18] BVerwG, Urteil v. 30. 1. 1968 – IV C 60.66 – Buchholz 406.11 § 133 BBauG Nr. 20 S. 83 (84); ebenso u. a. VGH Mannheim, Urteil v. 29. 2. 1988 – 2 S 750/86 –, und OVG Münster, Urteil v. 12. 4. 1989 – 3 A 1637/88 – NWVBl 90, 63.

1988[19] aus den erschließungsbeitragsrechtlichen Vorschriften des Bundesrechts hergeleitet, sie beschränkten sich nicht auf die Begründung einer sozusagen "nackten" Pflicht zur Erhebung von Erschließungsbeiträgen, sondern ordneten überdies eine Erfüllung dieser Pflicht durch die vollständige Ausschöpfung entstandener Erschließungsbeitragsansprüche an, was in Fällen der hier in Rede stehenden Art die (**verfahrensrechtliche**) **Pflicht zur Nacherhebung** einschließe. Diese verfassungsrechtlich unbedenkliche[20] Annahme habe zur Folge, daß es wegen des durch Art. 31 GG gekennzeichneten Verhältnisses zwischen Bundes- und Landesrecht letzterem verwehrt sei, die Zulässigkeit der Nacherhebung im Erschließungsbeitragsrecht von einschränkenden Voraussetzungen abhängig zu machen. Da die – durch die Verweisungen in den Kommunalabgabengesetzen lediglich der Länder Baden-Württemberg, Brandenburg, Mecklenburg-Vorpommern, Rheinland-Pfalz und Sachsen dort – entsprechend anwendbaren §§ 172 ff. AO in diesem Zusammenhang ihrer Qualität nach dem Landesrecht zuzuordnen sind,[21] stehen sie mithin einer Nacherhebung nicht entgegen.[22] Zu Unrecht wird dazu gelegentlich[23]

---

[19] BVerwG, Urteile v. 18. 3. 1988 – 8 C 92.87 – BVerwGE 79, 163 (166 ff.) = NVwZ 89, 159 = KStZ 88, 141, – 8 C 63.87 – und – 8 C 115.86 – Buchholz 406.11 § 127 BBauG Nr. 52 S. 17 (19 ff.) = NVwZ 88, 938 = BWGZ 88, 531; ebenso Urteil v. 7. 7. 1989 – 8 C 86.87 – BVerwGE 82, 215 (218) = DVBl 89, 1208 = BWGZ 90, 23.

[20] So ausdrücklich BVerwG, B. v. 24. 8. 1989 – 8 B 107.89 –, und VGH Mannheim, Urteil v. 13. 4. 1989 – 2 S 1879/88 – VBlBW 89, 427; a. A. Erbguth in NVwZ 89, 531 (533).

[21] Eine bundesrechtliche Regelung hat die Qualität von Landesrecht, wenn sie nicht kraft eines Gesetzesbefehls des Bundesgesetzgebers, sondern nur deshalb heranzuziehen ist, weil in dem anzuwendenden Landesrecht auf das Bundesrecht verwiesen bzw. Bezug genommen wird, um eine bestimmte landesrechtliche Materie zu ergänzen; BVerwG, st. Rspr., u. a. Urteile v. 30. 1. 1974 – VIII C 12.73 – Buchholz 310 § 137 VwGO Nr. 69 S. 26 (28), mit weiteren Nachweisen und – speziell zur Abgabenordnung – v. 8. 9. 1972 – VII C 41.70 – Buchholz 401.84 Benutzungsgebühren Nr. 19 S. 39 (40).

[22] Dieses eine uneingeschränkte Nacherhebung ermöglichende, nicht nur vom Bundesgesetzgeber für das Erschließungsbeitragsrecht geforderte, sondern von den meisten Landesgesetzgebern – mit Ausnahme lediglich von denen in Baden-Württemberg Brandenburg, Mecklenburg-Vorpommern, Rheinland-Pfalz und Sachsen – durch den Ausschluß der Anwendbarkeit der §§ 172 ff. AO im kommunalen Abgabenrecht erstrebte Ergebnis hat namentlich in Baden-Württemberg eine – wie Küstler in BWVPr 89, 100 (101) schreibt – "Unruhe verursacht. Der Städtetag Baden-Württemberg hat deshalb beim Innenministerium angefragt, ob es von der Aufsichtsbehörde beanstandet würde, wenn die Gemeinden auf eine Nacherhebung verzichteten ... Mit Schreiben vom 18. 1. 1989 hat das Innenministerium darauf hingewiesen, daß Prüfung und Rechtsaufsicht bis auf weiteres davon absehen würden, die Gemeinden in bestandskräftig abgeschlossenen Fällen zur Nacherhebung von Erschließungsbeiträgen zu veranlassen ... Diese Auffassung des Innenministeriums ist aus **rechtsstaatlicher** Sicht **nicht unbedenklich,** da die Verwaltung an Recht und Gesetz gebunden ist (Art. 20 Abs. 3 GG, Art. 25 Abs. 2 LV). Dazu gehört auch, daß die Verwaltung höchstrichterliche Entscheidungen zu respektieren hat."

[23] Vgl. etwa Rodewoldt in VBlBW 88, 429 (431), und Uechtritz in VBlBW 89, 81 (83).

kritisch bemerkt, diese Ansicht sei nicht vereinbar mit dem Verhältnis zwischen § 85 AO, der ebenfalls eine Erhebungspflicht begründe, und den §§ 172 ff. AO. Dabei wird nämlich übersehen, daß diese Bestimmungen **normenhierarchisch** gleichgestellt sind, d. h. es dem Bundesgesetzgeber selbstverständlich freisteht, eine von ihm an einer Stelle begründete Pflicht an anderer Stelle teilweise zurückzunehmen. Eine solche Befugnis hat allerdings nur er, nicht aber auch – was im Zusammenhang mit der Pflicht zur Nacherhebung bei noch nicht voll ausgeschöpften Erschließungsbeitragsansprüchen allein von Belang ist – ein Landesgesetzgeber. Selbst der Hinweis auf die Befugnis der Länder, über die Verjährung von erschließungsbeitragsrechtlichen Ansprüchen zu befinden,[24] gibt nichts für die Annahme her, die Länder könnten berechtigt sein, die Zulässigkeit der Nacherhebung eines noch bestehenden Erschließungsbeitragsanspruchs von bestimmten Voraussetzungen abhängig zu machen. Denn das Bundesrecht begründet – wie gesagt – zwar eine Pflicht zur grundsätzlich vollständigen Ausschöpfung entstandener Erschließungsbeitragsansprüche einschließlich ggfs. einer Nacherhebung, es verhält sich jedoch nicht zu der ganz anderen Frage, wie lange diese Pflicht besteht und wann sie deshalb entfällt, weil der Beitragsanspruch, auf den sie ausgerichtet ist, infolge Verjährung erloschen ist.

17   Die **Bestandskraft** des Heranziehungsbescheids, mit dem ein zu niedriger Erschließungsbeitrag verlangt worden ist, steht einer Nacherhebung durch einen weiteren (selbständigen) Bescheid, mit dem der noch nicht ausgeschöpfte Teil eines entstandenen Beitragsanspruchs gefordert wird, **nicht** entgegen. Eine gegenteilige Auffassung wäre nur gerechtfertigt, wenn der Eintritt der Bestandskraft zur Beendigung des zwischen der Gemeinde und dem betreffenden Grundstückseigentümer (Erbbauberechtigten) kraft Gesetzes entstandenen Beitragsschuldverhältnisses führte und deshalb kein Raum mehr für eine Nacherhebung wäre. Das ist jedoch nicht der Fall: Die rechtliche Tragweite der Bestandskraft eines Verwaltungsakts bestimmt sich nach dem jeweils einschlägigen materiellen Recht,[25] hier also nach den §§ 127 ff. BauGB. Diese ordnen – wie zuvor dargelegt – an, daß die Gemeinden entstandene Erschließungsbeitragsansprüche grundsätzlich in vollem Umfang, d. h. ziffernmäßig voll ausschöpfen müssen. Dieses bundesrechtliche Gebot schließt nicht nur die Auffassung aus, der Eintritt der Bestandskraft eines Heranziehungsbescheids, der seinem Regelungsgehalt nach einen entstandenen Erschließungsbeitragsanspruch nicht voll ausschöpft, könne zur Beendigung eines Beitragsschuldverhältnisses führen, sondern „zwingt überdies zu der Annahme, daß ein solches Schuldverhältnis unabhängig vom Erlaß eines Heranziehungsbescheids und dessen Bestandskraft erst in dem Zeitpunkt

---

[24] BVerwG, u. a. Urteil v. 14. 8. 1987 – 8 C 60.86 – Buchholz 406.11 § 132 BBauG Nr. 42 S. 1 (4) = NVwZ 88, 361 = KStZ 87, 211.
[25] BVerwG, u. a. Urteil v. 6. 6. 1975 – IV C 15.73 – BVerwGE 48, 271 (279) = NJW 76, 40 = DÖV 76, 58.

endet, in dem – aus welchen Gründen immer – der Beitragsanspruch selbst erlischt."[26]

Eine Nacherhebung kann daher nur ausscheiden, wenn der bundes(verfas- **18** sungs)rechtliche **Grundsatz des Vertrauensschutzes** zugunsten eines Betroffenen eingreift. Das ist jedoch regelmäßig nicht der Fall. Zwar ist ein Bescheid, mit dem ein Erschließungsbeitrag (rechtswidrig) zu niedrig festgesetzt ist, ein nach seinem Tenor ausschließlich belastender Verwaltungsakt. Doch kann auch ein solcher Bescheid ein geeigneter Gegenstand für ein verfassungsrechtlich geschütztes Vertrauen sein.[27] Allerdings setzt ein solches Vertrauen neben einer Vertrauensbetätigung und einer Schutzwürdigkeit der Vertrauensbetätigung voraus, daß im Zuge der abschließend gebotenen Abwägung die Interessen des Betroffenen gegenüber denen der Allgemeinheit überwiegen. Alle drei Voraussetzungen aber sind regelmäßig nicht erfüllt.

Ob eine Vertrauensbetätigung eines zu niedrig veranlagten Beitragspflichti- **19** gen vorliegt, ob er also im Vertrauen auf die "Endgültigkeit" der zu niedrigen Heranziehung etwas "ins Werk gesetzt" hat, läßt sich nur im Einzelfall feststellen, dürfte jedoch in den meisten Fällen zu verneinen sein. Ist ausnahmsweise eine adäquate Vertrauensbetätigung anzunehmen, wird diese regelmäßig nicht schutzwürdig sein. Denn „nicht jeder belastende Verwaltungsakt ist schon aus der Natur der Sache tragfähig für den – ein entsprechendes Vertrauen rechtfertigenden – Gegenschluß, daß von dem Betroffenen mehr als dies nicht verlangt werden solle. Im Gegenteil ist ein solcher Schluß **in der Regel nicht** gerechtfertigt, so daß besondere Umstände hinzutreten müssen, wenn er sich (zumal aus verfassungsrechtlichen Gründen) dennoch rechtfertigen soll".[28] Besondere Umstände, die einen solchen Schluß rechtfertigen könnten, ergeben sich kaum jemals aus dem Tenor oder den Gründen eines Erschließungsbeitragsbescheids; diese enthalten erfahrungsgemäß keine Erklärungen des Inhalts, eine weitergehende Beitragspflicht sei nicht entstanden, sie werde erlassen oder nicht geltend gemacht, der Beitragspflichtige werde mit einem weitergehenden Betrag nicht belastet werden. Selbst wenn in einem Ausnahmefall ein Beitragspflichtiger eine schutzwürdige Vertrauensbetätigung vorgenommen haben sollte, muß er sich im Rahmen der dann gebotenen **Interessenabwägung** entgegenhalten lassen, daß es sich hier um einen Erschließungsbeitrag handelt, daß die Gemeinde ihre Leistung u.a. auch zugunsten des Beitragspflichtigen erbracht hat und daß sie und die hinter ihr stehende Allgemeinheit die volle dafür nach dem Gesetz entstandene Gegenleistung fordern können, und zwar nicht nur im Interesse des Haushalts der Gemeinde, sondern auch im Interesse der Beitragsgerechtigkeit.

---

[26] BVerwG, u.a. Urteil v. 18. 3. 1988 – 8 C 92.87 – BVerwGE 79, 163 (165) = NVwZ 89, 159 = KStZ 88, 141; vgl. dazu auch Rodewoldt in VBlBW 88, 429 (430).
[27] BVerwG, u.a. Urteil v. 12. 7. 1968 – VII C 48.66 – BVerwGE 30, 132 (133f.) = NJW 68, 2075 = KStZ 69, 77; vgl. dazu auch Schröcker in NJW 68, 2035.
[28] BVerwG, Urteile v. 15. 4. 1983 – 8 C 170.81 – BVerwGE 67, 129 (134) = NVwZ 83, 612 = KStZ 83, 205, und – 8 C 169.81 – ZfBR 83, 287.

Spätestens daran scheitert regelmäßig die Annahme, der Grundsatz des bundes(verfassungs)rechtlichen Vertrauensschutzes könne zugunsten desjenigen, der mit einem Nacherhebungsbescheid konfrontiert ist, etwas für dessen Rechtswidrigkeit hergeben.[29] Will die Gemeinde jegliches "Restrisiko" ausschalten, kann sie das durch eine dem Erschließungsbeitragsbescheid beigefügte **Vorbehaltsklausel** erreichen. Eine solche Vorbehaltsklausel ist zulässig;[30] sie verhindert das Entstehen eines Vertrauenstatbestands, weil sie dem Betroffenen deutlich macht, daß er ggf. – in den Grenzen der Festsetzungsverjährung – mit einer Nacherhebung von Erschließungsbeiträgen rechnen muß.[31]

20   Ein Nacherhebungsbescheid ist zu richten an den Grundeigentümer (Erbbauberechtigten), dem auch der erste, den entstandenen Erschließungsbeitragsanspruch nicht voll ausschöpfende Heranziehungsbescheid (wirksam) bekanntgegeben bzw. zugestellt worden ist. Das gilt **selbst dann,** wenn das Eigentum (Erbbaurecht) zwischenzeitlich auf eine andere Person übertragen worden ist.[32] Denn durch den ersten Heranziehungsbescheid ist gemäß § 134 Abs. 1 BauGB der persönlich Beitragspflichtige für die **gesamte** entstandene Beitragsforderung bestimmt (vgl. auch § 24 Rdnr. 18).

21   Eine Nacherhebung ist nicht nur geboten, wenn alle Grundeigentümer (Erbbauberechtigten) eines Abrechnungsgebiets zu niedrig veranlagt worden sind, weil die Gemeinde etwa versehentlich einen Posten des beitragsfähigen Aufwands nicht in Rechnung gestellt hat, sondern auch, wenn dies lediglich auf einzelne von ihnen zutrifft, weil die **Verteilungsregelung** der Satzung, auf die die zur Abrechnung einer Anlage ergangenen Bescheide gestützt worden sind, sich als fehlerhaft erweist und später durch eine fehlerfreie (rückwirkend oder nicht rückwirkend in Kraft getretene) Verteilungsregelung ersetzt worden ist. Es liegt in der Natur einer solchen Fallgestaltung, daß die mit dem Inkrafttreten dieser (erstmals wirksamen) Verteilungsregelung entstandenen Beitragspflichten häufig für einzelne Betroffene höher, für andere dagegen niedriger sind als die, die durch die Satzung mit der fehlerhaften Verteilungsregelung begründet zu sein schienen und die der durchgeführten Abrechnung zugrunde lagen. Der in solchen Fällen kraft Bundesrecht bestehenden Pflicht, von den zu niedrig veranlagten Beitragspflichtigen einen entsprechenden Betrag nachzufordern, korrespondiert grundsätzlich eine – sich nach Maßgabe des Landes(verwaltungsverfahrens)rechts richtende – Pflicht der Gemeinde, auf Antrag der zu hoch veranlagten Beitragspflichtigen abge-

---

[29] BVerwG, Urteil v. 18. 3. 1988 – 8 C 92.87 – BVerwGE 79, 163 (170) = NVwZ 89, 159 = KStZ 88, 141.

[30] BVerwG, Beschluß v. 2. 6. 1986 – 8 B 15.86 –.

[31] Vgl. zu den Schranken einer Nacherhebung in einem Sonderfall, nämlich dem Fall einer Erstattungsverfügung als Folge einer verrechneten Vorausleistung, die höher war als der zunächst festgesetzte Beitrag, OVG Lüneburg, Beschluß v. 23. 12. 1988 – 9 B 95/88 – NVwZ 89, 1193 = DÖV 89, 865 = KStZ 89, 194.

[32] Ebenso u. a. Reif in BWGZ 88, 533.

schlossene Heranziehungsverfahren zu deren Gunsten wiederaufzugreifen und unter teilweiser Aufhebung der der Höhe nach rechtswidrigen Bescheide die überschießenden Beträge zu erstatten. Zwar liegt es grundsätzlich im Ermessen der Behörde, ob sie ein abgeschlossenes Heranziehungsverfahren wiederaufgreifen und einen bestandskräftig gewordenen Bescheid – teilweise – aufheben will. Jedoch ist insoweit kein überzeugender Grund erkennbar, der eine andersartige Ermessensentscheidung der Gemeinde rechtfertigen könnte, zumal alle für die Ermittlung der richtigen Beitragshöhe maßgeblichen Faktoren bekannt sind und deshalb der Gesichtspunkt der Verwaltungspraktikabilität schwerlich zu ihren Gunsten ins Feld geführt werden kann.[33] Allerdings besteht eine somit grundsätzlich anzunehmende **Korrekturpflicht** zugunsten der Beitragspflichtigen **nicht** in den Ländern, in denen die §§ 172 ff. AO entsprechend anzuwenden sind (vgl. dazu Rdnr. 16). Dort kommt eine Korrektur eines erhöhten Beitragsbescheids nur in Betracht, wenn die Voraussetzungen des § 173 AO erfüllt sind. Das dürfte für die hier in Rede stehenden Konstellationen regelmäßig nicht zutreffen.[34]

Hebt eine Gemeinde in einem Fall, in dem die Abrechnung einer beitrags- 22 fähigen Erschließungsanlage auf einer unwirksamen Verteilungsregelung beruht, von sich aus **alle** Beitragsbescheide auf, ist sie angesichts der von § 127 Abs. 1 BauGB angeordneten Beitragserhebungspflicht gehalten, die durch das Inkrafttreten der Satzung mit der (ersten) fehlerfreien Verteilungsregelung entstandenen Beitragsforderungen selbst dann in vollem Umfang geltend zu machen, wenn im Einzelfall mit dem neuen Bescheid ein Beitrag verlangt wird, der die Höhe des mit dem ersten (aufgehobenen) Bescheid geforderten Betrags übersteigt.[35] Im übrigen ist es **verfassungsrechtlich** auch **unbedenklich,** einen Beitragspflichtigen **nachzuveranlagen,** der einen auf eine Satzung mit einer fehlerhaften Verteilungsregelung gestützten Heranziehungsbescheid angefochten hat, sofern die später (rückwirkend oder nicht rückwirkend) in kraft getretene fehlerfreie Verteilungsregelung einen gegenüber der ursprünglichen Heranziehung höheren Beitragsanspruch begründet. Entsprechendes gilt, wenn die Gemeinde den angefochtenen Bescheid aufgehoben und durch einen neuen, den erhöhten Beitrag festsetzenden Bescheid ersetzt hat. In beiden Fällen greift zu Lasten dieses Beitragspflichtigen die

---

[33] Vgl. in diesem Zusammenhang BVerwG, Beschluß v. 16. 7. 1982 – 8 B 35.82 – Buchholz 406.11 § 129 BBauG Nr. 17 S. 1 (2 f.) = NVwZ 83, 152 = KStZ 82, 233.

[34] Siehe im einzelnen Uechtritz in VBlBW 89, 81 (84), der im übrigen in seiner Schlußbemerkung (S. 85) mit Blick auf dieses Ergebnis meint, es sollte der baden-württembergische „Gesetzgeber im KAG die Verweisung auf §§ 172 ff. AO streichen und so eine Ermessensentscheidung über die Frage ermöglichen, ob ein Wiederaufgreifen zugunsten des Beitragspflichtigen erfolgen soll. Für diese Überlegung spricht, daß die Angemessenheit dieser Bestimmung auf das fehlerträchtige Erschließungsbeitragsrecht ohnehin zweifelhaft war. Die meisten anderen Bundesländer kannten diese Verweisung nicht. In Niedersachsen wurde sie 1985 korrigiert."

[35] BVerwG, Urteil v. 13. 12. 1985 – 8 C 66.84 – DVBl 86, 349 = KStZ 86, 91 = ZfBR 86, 93.

Zulässigkeit einer Verböserung (sog. reformatio in peius) mit der Folge durch, daß eine verfassungsrechtliche Schranke für eine weitergehende Beitragsbelastung nicht besteht.[36] Denn er hat durch seine Anfechtung selbst die Aufrechterhaltung des Bescheids „in Frage gestellt und ihm dadurch die Eignung als Grundlage eines schutzwürdigen Vertrauens genommen. Wer einen Bescheid anficht, muß – dies jedenfalls unter dem Blickwinkel des verfassungsrechtlichen Vertrauensschutzes – grundsätzlich auch die Verschlechterung seiner Position in Kauf nehmen und kann deshalb ein entgegenstehendes schutzwürdiges Vertrauen aufgrund dieses Bescheids nicht bilden".[37] Etwas anderes kommt allenfalls in Betracht, wenn die Verböserung „zu nahezu untragbaren Verhältnissen für den Betroffenen führen würde".[38]

3. (Grundsätzlicher) Ausschluß einer Vereinbarung über die Abwälzung von Erschließungskosten sowie eines Beitragsverzichts

23   § 127 Abs. 1 BauGB begründet für die Gemeinden eine Beitragserhebungspflicht nach Maßgabe der Vorschriften des Baugesetzbuchs. Die Gemeinden dürfen daher grundsätzlich Erschließungskosten nicht durch *vertragliche Vereinbarungen* mit den Anliegern auf diese abwälzen, sondern sind gehalten, die Kosten durch Beiträge aufgrund einer Ortssatzung abzudecken.[39] Etwas anderes gilt nur, wenn das Gesetz ausnahmsweise den Abschluß von vertraglichen Vereinbarungen gestattet. Diese Bindung an das Gesetz (vgl. Art. 20 Abs. 3 GG) ist im Abgabenrecht von **besonderer Bedeutung**. Der Grundsatz, daß die Abgabenerhebung nur nach Maßgabe der Gesetze und nicht abweichend von den gesetzlichen Regelungen aufgrund von Vereinbarungen zwischen Abgabengläubiger und Abgabenschuldner erfolgen kann, „ist für einen Rechtsstaat so fundamental und für jeden rechtlich Denkenden so einleuchtend, daß seine Verletzung als Verstoß gegen ein gesetzliches Verbot zu betrachten ist, das Nichtigkeit zur Folge hat".[40]

24   Von dem **gesetzlichen Verbot,** Kosten für die Erschließung durch vertragliche Vereinbarungen auf die Anlieger zu überbürden, läßt § 133 Abs. 3 Satz 5

---

[36] Vgl. BVerwG, u. a. Urteile v. 23. 5. 1962 – V C 73.61 – BVerwGE 14, 175 (179) = DVBl 62, 639 = DÖV 64, 68, und v. 12. 11. 1976 – IV C 34.75 – BVerwGE 51, 310 (313 ff.) = NJW 77, 1894 = DÖV 77, 371.

[37] BVerwG, Urteile v. 15. 4. 1983 – 8 C 170.81 – BVerwGE 67, 129 (134) = NVwZ 83, 612 = KStZ 83, 205, und – 8 C 169.81 – ZfBR 83, 287 mit weiteren Nachweisen.

[38] Vgl. für den Fall der rechtswidrigen Zusage BVerwG, Urteil v. 24. 6. 1966 – VI C 72.63 – DVBl 66, 857.

[39] BVerwG, u. a. Urteile v. 23. 4. 1969 – IV C 15.67 – Buchholz 406.11 § 132 BBauG Nr. 4 S. 2 (3) = ZMR 69, 369 = DÖV 70, 203, und v. 22. 5. 1975 – IV C 7.73 – BVerwGE 49, 125 (128) = NJW 76, 341 = DÖV 76, 349; vgl. im übrigen zu Verträgen im kommunalen Abgabenrecht Koglin in KStZ 85, 228, Gern in KStZ 85, 81, sowie Heun in DÖV 89, 1053.

[40] BVerwG, u. a. Urteile v. 5. 6. 1959 – VII C 83.57 – BVerwGE 8, 329 (330) = NJW 59, 1937 = KStZ 59, 189, und v. 27. 1. 1982 – 8 C 24.81 – BVerwGE 64, 361 (363) = DVBl 82, 550 = KStZ 82, 129.

BauGB eine Ausnahme zu. Er gestattet den Gemeinden, unter bestimmten Voraussetzungen Verträge über die Ablösung des Erschließungsbeitrags im ganzen vor Entstehen der Beitragspflicht abzuschließen (vgl. § 22 Rdnrn. 1 ff.).

Ebenfalls von dem gesetzlichen Verbot ausgenommen sind sog. Vorauszahlungsverträge (vgl. § 21 Rdnrn. 44 ff.). Mit ihnen darf nicht nur eine Vorauszahlung als solche, sondern – für die Errechnung ihrer Höhe – auch ein vom Baugesetzbuch abweichender Verteilungsmaßstab verabredet werden, allerdings mit dem Vorbehalt, daß die endgültige Beitragserhebung auf der Grundlage der dann geltenden Beitragssatzung erfolgen muß.[41] Geregelt werden darf in solchen Verträgen ferner, ob die Vorauszahlung die Erhebung einer Vorausleistung ausschließen soll.

Von der grundsätzlichen Unzulässigkeit von Verträgen sind darüber hinaus **25** nicht betroffen sog. **Erschließungssicherungsverträge**, d. h. Verträge, durch die der Antragsteller einer Baugenehmigung etwa im Zusammenhang mit § 35 BauGB das Hindernis unwirtschaftlicher Erschließungsaufwendungen ausräumt,[42] und privatrechtliche Entlastungsverträge, durch die sich ein Dritter dem (potentiellen) Beitragspflichtigen gegenüber verpflichtet, im Innenverhältnis den Beitrag zu tragen.[43]

Regelungen jeglicher Art über einen nicht von § 135 Abs. 5 BauGB gedeck- **26** ten "Beitragsverzicht" sind wegen eines Verstoßes gegen die durch die §§ 127 ff. BauGB begründete Beitragserhebungspflicht rechtswidrig. Für die Beantwortung der Frage, ob sie überdies **nichtig** sind, ist besonders bedeutungsvoll die **Form**, in der die Gemeinde gehandelt hat. Als Handlungsformen kommen namentlich dann, wenn es um eine Freistellung von einer noch nicht entstandenen Beitragspflicht geht, neben dem Verwaltungsakt vor allem der öffentlich-rechtliche Vertrag sowie die (einseitige) Zusage in Betracht. Welche dieser Handlungsformen im Einzelfall in Rede steht, ist nicht selten erst im Wege einer Auslegung unter Einbeziehung aller maßgebenden Umstände zu ermitteln. Will die Gemeinde im voraus auf einen künftigen Beitragsanspruch verzichten, d. h. sofort über ihn verfügen, wird sie ihre Entscheidung in die Form eines Verwaltungsakts kleiden. Will sie sich hingegen lediglich verpflichten, im Zeitpunkt des (späteren) Entstehens des Beitrags diesen zu erlassen, wird sie in erster Linie einen (zweiseitigen) Vertrag oder eine (einseitige) Zusage als Handlungsform wählen.[44]

---

[41] BVerwG, Urteil v. 22. 5. 1975 – IV C 7.73 – BVerwGE 49, 125 (130) = NJW 76, 341 = DÖV 76, 349.

[42] Vgl. dazu BVerwG, Urteil v. 22. 3. 1972 – IV C 121.68 – Buchholz 406.11 § 35 BBauG Nr. 97 S. 51 (52 ff.) = DÖV 72, 827 = BauR 72, 222.

[43] Siehe zu einer Abart eines solchen Vertrags BVerwG, Urteil v. 16. 9. 1981 – 8 C 1 u. 2.81 – Buchholz 406.11 § 133 BauG Nr. 76 S. 1 (4) = NJW 82, 951 = DVBl 82, 73.

[44] Vgl. zum Unterschied zwischen der Zusage eines künftigen Abgabenverzichts und einem bereits erfolgten Abgabenvorausverzicht BVerwG, Urteil v. 21. 10. 1983 – 8 C 174.81 – Buchholz 401.9 Beiträge Nr. 23 S. 15 (18) = DVBl 84, 192 = KStZ 84, 112.

27   **Rechtsgeschäftliche** Erklärungen der Gemeinde bzw. eines ihrer Organe, mit denen entweder schon ein endgültiger Beitragsverzicht oder aber lediglich die Verpflichtung begründet werden soll, im Falle des Entstehens eines Beitragsanspruchs auf diesen zu verzichten, bedürfen nach den einschlägigen Bestimmungen der Gemeindeordnungen in der Regel der **Schriftform**; das gilt z. B. in Baden-Württemberg gemäß § 54 Abs. 1 GO für einen vom Bürgermeister erklärten Vorausverzicht ebenso wie für dessen Zusage eines künftigen Abgabenverzichts.[45] Überdies müssen entsprechende Erklärungen von bestimmten (meist zwei) Amtsinhabern unterzeichnet sein. An der auch etwa in Bayern erforderlichen Schriftform mangelt es, wenn (lediglich) der Gemeinderat einen Vorausverzicht oder eine Verzichtszusage beschließt, und zwar selbst dann, wenn der Beschluß in die Niederschrift über die Gemeinderatssitzung aufgenommen wird. Denn bei der Beschlußfassung als solcher handelt es sich um ein „Internum, das dem Betroffenen gegenüber erst wirksam wird, wenn es vom Ersten Bürgermeister nach Art. 36 GO vollzogen ist; daß der Betroffene von dem Beschluß Kenntnis erlangt, genügt nicht. Die vollziehbare Willenserklärung als die für die Wirksamkeit nach außen maßgebliche Rechtshandlung bedarf der schriftlichen Form".[46] Fehlt es an den bezeichneten Voraussetzungen, ist eine entsprechende Erklärung schon wegen eines Formverstoßes **nichtig** und für die Gemeinde nicht verbindlich.[47] Gegenüber der sich aus den jeweiligen Gemeindeordnungen ergebenden Rechtsfolge der Unverbindlichkeit formnichtiger Verpflichtungserklärungen (Zusagen) kann sich ein Bürger grundsätzlich nicht auf Treu und Glauben oder darauf berufen, daß ihm die entsprechende Regelung nicht bekannt gewesen sei. Denn nur **außergewöhnliche** Umstände rechtfertigen es, das Vertrauen eines Bürgers in die Verbindlichkeit etwa einer ihm erteilten formungültigen Zusage zu schützen, da das in den einschlägigen landesrechtlichen Bestimmungen zum Ausdruck gekommene öffentliche Interesse, die Gemeinde und damit die Allgemeinheit vor unüberlegten und belastenden Verpflichtungen zu schützen, regelmäßig dem Einzelinteresse an der Einhaltung formungültiger Zusagen vorrangig ist. Nur wenn die Nichteinhaltung einer solchen Zusage zu nahezu untragbaren Verhältnissen für den Betroffenen führt, kann dessen Vertrauen geschützt werden.[48] Wenn ein **vertraglich** begründeter Beitragsverzicht den formellen Anforderungen des einschlägigen Landesrechts entspricht, ergibt sich die Nichtigkeitsfolge regelmäßig deshalb, weil Art. 20 Abs. 3 GG ein **gesetzliches Verbot** begründet, vom Gesetz abwei-

---

[45] VGH Mannheim, Urteil v. 3. 9. 1987 – 2 S 8/87 –.
[46] BayVGH, Urteil v. 9. 1. 1989 – Nr. 6 B 85 A. 1560 u. a. –.
[47] Vgl. u. a. OVG Münster, Urteil v. 7. 9. 1976 – II A 1591/74 –, und VGH Kassel, Urteil v. 16. 2. 1979 – V TH 89/78 – HSGZ 80, 26; s. in diesem Zusammenhang auch BGH, Urteil v. 13. 10. 1973 – III ZR 158/82 – NJW 84, 606.
[48] Vgl. dazu u. a. OVG Münster, Urteil v. 26. 5. 1975 – II A 28/73 – OVGE 31, 113 = KStZ 76, 73, sowie VGH Kassel, Urteil v. 26. 1. 1976 – V TH 26/75 – ESVGH 27, 105 = KStZ 76, 176.

chende Vereinbarungen über einen Abgabenanspruch zu treffen, sofern nicht ein Gesetz dies ausnahmsweise gestattet (vgl. Rdnr. 22).

Ob ein im Wege eines **Verwaltungsakts** ausgesprochener Beitrags(voraus)- **28** verzicht den strengen Formvorschriften der Gemeindeordnungen unterliegt, hängt davon ab, ob er deren primär auf Verpflichtungserklärungen ausgerichteten Anwendungsbereichen unterfällt. Dies ist beispielsweise für die Regelung des § 54 Abs. 1 GO BW zu bejahen;[49] für die entsprechende Bestimmung des § 50 Abs. 2 GO SH aber zu verneinen.[50] Ob ein solcher Verzicht (überdies oder nur) wegen eines Verstoßes gegen Art. 20 Abs. 3 GG nichtig ist, beurteilt sich nach dem jeweils einschlägigen **Landesverfahrensrecht**.[51] Die Kommunalabgabengesetze – mit Ausnahme des schleswig-holsteinischen Kommunalabgabengesetzes – sehen insoweit über ihre allgemeinen Verweisungsklauseln die Anwendbarkeit des § 125 AO mit der Folge vor, daß ein einen Beitragsverzicht aussprechender Verwaltungsakt nichtig ist, „soweit er an einem besonders schwerwiegenden Fehler leidet und dies bei verständiger Würdigung aller in Betracht kommenden Umstände offenkundig ist".[52] Im Ergebnis nichts anderes gilt in Schleswig-Holstein, wo § 11 Abs. 1 KAG auf § 113 Abs. 1 LVwG verweist, dessen Inhalt dem des § 44 Abs. 1 VwVfG und dem des § 125 AO entspricht. Ob die Voraussetzungen vorliegen, von denen § 125 AO bzw. § 113 Abs. 1 LVwG die Nichtigkeit eines "Verzichtsbescheids" abhängig macht, läßt sich nur auf der Grundlage der jeweiligen Umstände des Einzelfalls beurteilen.

Ist ein durch einen rechtswidrigen Verwaltungsakt ausgesprochener Ver- **29** zicht auf die Erhebung eines Beitrags **nicht** nichtig, kann er von der Gemeinde grundsätzlich nur unter den Voraussetzungen des § 130 AO (bzw. – in Schleswig-Holstein – des § 116 LVwG) zurückgenommen werden. Fehlt es an diesen Voraussetzungen, bleibt der Verzicht auf die Beitragserhebung beachtlich.[50] Trifft das ausnahmsweise z.B. im Zusammenhang mit der Aufhebung eines Beitragsbescheids zu, d.h. wird im Zusammenhang mit einer solchen Aufhebung die (als begünstigender Verwaltungsakt zu wertende) Erklärung abgegeben, eine weitere Veranlagung werde nicht erfolgen, steht das der Rechtmäßigkeit einer erneuten Heranziehung entgegen. In der Regel allerdings berührt die Tatsache, daß ein (erster) Heranziehungsbescheid von der Gemeinde aufgehoben worden ist, die Rechtmäßigkeit des ihn in der Sache ersetzenden Bescheids nicht.[53]

---

[49] So VGH Mannheim, Urteil v. 7. 10. 1982 – 2 S 35/82 – und v. 3. 9. 1987 – 2 S 8/87 –.

[50] So OVG Lüneburg, Urteil v. 11. 6. 1985 – 9 A 5/82 – KStZ 86, 93 = Ns Gemeinde 86, 158.

[51] Vgl. u. a. BVerwG, Urteil v. 21. 10. 1983 – 8 C 174.81 – Buchholz 401.9 Beiträge Nr. 23 S. 15 (18) = DVBl 84, 192 = KStZ 84, 112.

[52] Vgl. in diesem Zusammenhang Dohle in VBlBW 86, 128(136).

[53] U. a. OVG Münster, Urteil v. 28. 7. 1988 – 2 A 400/87 –.

§ 11 Erschließungsbeitragssatzung

I. Erschließungsbeitragssatzung zur Ergänzung der §§ 127 ff. BauGB

1   Die erschließungsbeitragsrechtlichen Vorschriften des Baugesetzbuchs stellen lediglich "**Rahmenbestimmungen**" dar; im übrigen hat der Bundesgesetzgeber in § 132 BauGB „den Gemeinden die Aufgabe zugewiesen, durch Ortssatzung ein ihren Verhältnissen angepaßtes Erhebungssystem einzuführen".[1] Das geltende Erschließungsbeitragsrecht besteht dementsprechend zum einen aus den §§ 127 ff. BauGB und zum anderen aus den Bestimmungen der Erschließungsbeitragssatzung. Letztere ergänzen die Vorschriften des Baugesetzbuchs.

2   § 132 BauGB ist als eine verfassungsrechtlich unbedenkliche (bundesrechtliche) Ermächtigungsgrundlage für den Erlaß von Erschließungsbeitragssatzungen durch die Gemeinden zu qualifizieren.[2] Der Inhalt dieser Satzungen ist dem Ortsrecht zuzurechnen, denn die Qualität von Rechtsvorschriften bestimmt sich nach dem Gesetzgeber, der zu ihrem Erlaß ermächtigt worden ist.[3]

3   Die Gemeinden sind zum Erlaß von Erschließungsbeitragssatzungen nicht nur berechtigt, sondern grundsätzlich auch **verpflichtet**.[4] Das folgt aus dem bestimmungsgemäßen Zweck einer solchen Satzung, die bundesrechtlichen Vorschriften zu ergänzen, in Verbindung mit der Beitragserhebungspflicht, die ohne eine solche Ergänzung mit Rücksicht auf die – bewußte – Unvollständigkeit des Bundesrechts ins Leere ginge. Das Vorliegen einer (wirksamen) Erschließungsbeitragssatzung ist eine Voraussetzung für die Beitragserhebung, nicht aber – wie der Bebauungsplan oder die Zustimmungserklärung (§ 125 Abs. 1 und Abs. 2 BauGB) – für die rechtmäßige Herstellung einer beitragsfähigen Erschließungsanlage. Die Gemeinden können durch die **Kommunalaufsicht** nach den landesrechtlichen Vorschriften zum Erlaß einer Erschließungsbeitragssatzung angehalten werden. Nach Maßgabe dieser Bestimmungen kann die Kommunalaufsicht eine Satzung auch im Wege der **Ersatzvornahme** erlassen; eine solche Satzung kann von einem betroffenen Bürger nicht gemäß § 43 Abs. 2 Satz 2 VwGO mit der Klage auf Feststellung ihrer Nichtigkeit angegriffen werden.[5] Die Kommunalaufsicht kann aller-

---

[1] Ausschußbericht zum Bundesbaugesetz, BT-Drucksache zu III/1794, S. 23; siehe zur Satzung als Voraussetzung der Beitragspflicht nach den §§ 127 ff. BauGB u. a. Schmittat in DVBl 83, 313.

[2] BVerwG, Urteil v. 2. 7. 1971 – IV C 71.69 – Buchholz 406.11 § 131 BBauG Nr. 6 S. 12 (13 f.) = NJW 72, 700 = KStZ 71, 220.

[3] BVerfG, Beschluß v. 22. 3. 1965 – 2 BvN 1/62 – BVerfG 18, 407 (413 ff.).

[4] BVerwG, st. Rspr., u. a. Urteil v. 23. 4. 1969 – IV C 15.67 – Buchholz 406.11 § 132 BBauG Nr. 4 S. 1 (3) = DÖV 70, 203 = ZMR 69, 369.

[5] BVerwG, Beschluß v. 2. 4. 1993 – 7 B 38.93 – DVBl 93, 886.

dings erst tätig werden, wenn in der betreffenden Gemeinde eine Erschließungstätigkeit in Aussicht genommen ist, doch kann davon heute grundsätzlich in jeder Gemeinde ausgegangen werden.

Nach dem Inkrafttreten einer – insbesondere bezüglich der Merkmalsregelung (vgl. dazu im einzelnen Rdnrn. 32 ff.) – gültigen Beitragssatzung können Erschließungsbeiträge auch für solche Anlagen gefordert werden, die **vor** dem Zeitpunkt des Inkrafttretens der Satzung **technisch** endgültig fertiggestellt worden sind.[6] Denn eine Erschließungsanlage ist derart, daß (sachliche) Beitragspflichten begründet werden, endgültig hergestellt erst in dem Zeitpunkt, in dem ihre Herstellung den gemäß § 132 Nr. 4 BauGB in einer gültigen Satzung wirksam bestimmten "Merkmalen der endgültigen Herstellung" sowie – bei Anbaustraßen (§ 127 Abs. 2 Nr. 1 BauGB) – dem auf die flächenmäßigen Teileinrichtungen ausgerichteten, in der Regel formlos aufgestellten Bauprogramm für die betreffende Anlage (vgl. zum Bauprogramm im einzelnen Rdnr. 35) entspricht. Vorher kann auch bei Abschluß des technischen Ausbaus der Anlage **nicht** von einer Beitragspflichten begründenden "endgültigen" Herstellung gesprochen werden. Nur anhand der Satzung in Verbindung mit – bei Anbaustraßen – dem Bauprogramm kann festgestellt werden, ob eine Anlage endgültig hergestellt ist. Die (sachlichen) Beitragspflichten können mithin frühestens entstehen, wenn die Merkmale der endgültigen Herstellung wirksam in einer gültigen Satzung bestimmt sind **und** im konkreten Fall der technische Ausbau entsprechend dieser Bestimmung erfolgt ist, so daß es unerheblich ist, ob die Regelung der Merkmale durch die Satzung der technischen Herstellung der Anlage zeitlich vorausgeht oder ihr zeitlich folgt.

Diese Rechtsansicht führt **nicht** dazu, daß eine Erschließungsanlage dann nach verschiedenen Beitragssatzungen abgerechnet werden muß, wenn einzelne von ihr erschlossene Grundstücke in dem Zeitpunkt, in dem nach § 133 Abs. 2 BauGB die sachlichen Beitragspflichten entstehen, z. B. wegen einer Veränderungssperre noch nicht bebaubar sind, und sie erst bebaut werden dürfen, nachdem eine neue Beitragssatzung in Kraft getreten ist. In einem solchen Fall bestimmt sich nämlich der auf die noch nicht bebaubaren und deshalb noch nicht nach § 133 Abs. 1 BauGB beitragspflichtigen Grundstücke entfallende Beitrag nach der Satzung, die für die – alle i. S. des § 131 Abs. 1 Satz 1 BauGB erschlossenen Grundstücke erfassende – Verteilung des Aufwands gilt. Der sich so ergebende Beitrag geht allerdings zunächst (vorübergehend) zu Lasten der Gemeinde und kann von ihr erst nach Eintritt der Bebaubarkeit (z. B. Wegfall der Veränderungssperre) geltend gemacht werden. Die Höhe des Beitrags aber liegt aufgrund der für alle erschlossenen Grundstücke erfolgten Aufwandsverteilung fest.[7]

---

[6] BVerwG, u. a. Urteil v. 21. 9. 1973 – IV C 39.72 – Buchholz 406.11 § 133 BBauG Nr. 46 S. 37 (38) = DVBl 74, 294 = KStZ 74, 112.

[7] BVerwG, Urteil v. 14. 3. 1975 – IV C 34.73 – Buchholz 406.11 § 132 BBauG Nr. 17 S. 1 (4 f.) = NJW 75, 1426 = KStZ 75, 152.

6   Unterschiedliche Beitragssatzungen sind allerdings dann maßgebend, wenn der technische Ausbau einer Anlage den wirksamen Herstellungsmerkmalen einer gültigen Satzung entsprechend abgeschlossen wird, die (sachlichen) Beitragspflichten **aber** – etwa mangels frühzeitiger Widmung einer Anbaustraße – erst nach Inkrafttreten einer neuen Satzung entstehen. Grundsätzlich bestimmt sich der **Erschließungsbeitragsanspruch** und korrespondierend die Erschließungsbeitragspflicht nach dem (Satzungs-)Recht, das im **Zeitpunkt des Entstehens dieses Anspruchs** bzw. dieser Pflicht anzuwenden ist. Eine Ausnahme gilt indes für die "endgültige Herstellung" der Anlage dergestalt, daß sich nach der im Zeitpunkt der tatsächlichen Herstellung gültigen Satzung bestimmt, nach welchen Merkmalen (§ 132 Nr. 4 BauGB) die Anlage endgültig hergestellt ist.[8] Dementsprechend ist eine tatsächlich hergestellte Erschließungsanlage – unabhängig davon, wann die sonstigen Voraussetzungen für das Entstehen der (sachlichen) Beitragspflichten erfüllt sind und welches Satzungsrecht in dem Zeitpunkt gilt, in dem dies zutrifft – i. S. des § 133 Abs. 2 Satz 1 BauGB endgültig hergestellt, sobald sie erstmals den (wirksamen) Herstellungsmerkmalen (irgend)einer gültigen Satzung sowie – bei Anbaustraßen – den Anforderungen des für sie maßgebenden Bauprogramms entspricht. In diesem Augenblick **verdichtet** sich eine ggf. schon vorher gegebene tatsächliche Herstellung zu einer endgültigen Herstellung im Rechtssinne mit der Folge, daß eine spätere Beitragssatzung – selbst wenn sie die Herstellungsmerkmale rückwirkend erweitert (z. B. den Grunderwerb rückwirkend erstmals als Herstellungsmerkmal nennt) – an dieser Rechtstatsache **nichts** mehr zu ändern vermag.[9] Folgt also beispielsweise die Widmung als letztes Element für das Entstehen der Beitragspflichten der endgültigen Herstellung nach, richtet sich – abgesehen von eben dem Element der endgültigen Herstellung – die gesamte Abrechnung nach der nunmehr im Zeitpunkt der Widmung geltenden (neuen) Satzung.[8]

II. Erlaß, Genehmigung und Bekanntmachung der Erschließungsbeitragssatzung

7   Erlaß, Genehmigung und Bekanntmachung der Erschließungsbeitragssatzung richten sich – mangels entsprechender bundesrechtlicher Vorschriften – nach dem einschlägigen **Orts- und Landesrecht.** Die Erschließungsbeitragssatzung ist von dem Gesetzgebungsorgan der Gemeinde zu erlassen. Dabei können auch solche Parlamentsmitglieder (Gemeinderäte, Ratsmitglieder usw.) mitwirken, die als Grundstückseigentümer potentielle Beitragspflichti-

---

[8] BVerwG, u. a. Urteil v. 22. 8. 1975 – IV C 11.73 – BVerwGE 49, 131 (134) = DÖV 76, 95 = BauR 76, 120.
[9] BVerwG, Urteil v. 29. 11. 1985 – 8 C 59.84 – Buchholz 406.11 § 133 BBauG Nr. 93 S. 55 (57) = NVwZ 86, 303 = BayVBl 86, 282.

ge sind. Sie sind insoweit nicht wegen Befangenheit ausgeschlossen.[10] Etwas anderes gilt für die Mitwirkung eines Ratsmitglieds an einem Beschluß über die Bildung eines Abschnitts oder die Zusammenfassung mehrerer Anlagen zur gemeinsamen Aufwandsermittlung und Abrechnung, wenn er Eigentümer (Erbbauberechtigter) eines Grundstücks ist, das in dem so gebildeten Abrechnungsgebiet liegt.[11]

Wird entgegen orts- oder landesrechtlichen Vorschriften die Tagesordnung 8 einer Gemeindevertretersitzung nicht in der vorgeschriebenen Form veröffentlicht, hat das nicht die Unwirksamkeit einer in der entsprechenden Sitzung beschlossenen Satzung zur Folge.[12] Ist eine einzelne Vorschrift in einer Satzung unwirksam und soll sie deshalb durch eine den Anforderungen des Baugesetzbuchs genügende ersetzt werden, ist es **nicht erforderlich,** daß die übrigen Bestimmungen der Satzung erneut in die Beschlußfassung einbezogen werden.[13] Besteht eine einzelne Vorschrift wie etwa die Verteilungsregelung aus einer Vielzahl von Teilbestimmungen und ist die (Verteilungs-)Regelung **insgesamt** unwirksam, kann sie nicht dadurch "geheilt" werden, daß lediglich die zur Gesamtunwirksamkeit führende Teilbestimmung neu beschlossen und verkündet wird; insoweit ist vielmehr die (Verteilungs-)Regelung in vollem Umfang neu zu beschließen.[14] Eine Satzung, die mit einer Inkrafttretensregelung bekannt gemacht worden ist, die von der vom Satzungsgeber beschlossenen Inkrafttretensregelung abweicht, kann **nicht** wirksam werden.[15]

Die durch § 246a Abs. 1 Nr. 4 BauGB in seiner ursprünglichen Fassung für 9 die Erschließungsbeitragssatzungen in den neuen Bundesländern begründete Genehmigungspflicht ist durch die Neufassung dieser Bestimmung mit Wirkung vom 1. Mai 1993 entfallen. Nunmehr richtet sich die Beantwortung der Frage, ob und wann für die Wirksamkeit einer Erschließungsbeitragssatzung die **Genehmigung** der kommunalen Aufsichtsbehörde notwendig ist, nach dem einschlägigen Landesrecht. In den meisten Ländern ist inzwischen **selbst** für rückwirkende Satzungen das Erfordernis einer aufsichtsbehördlichen Ge-

---

[10] Vgl. zu den entsprechenden Vorschriften in den Gemeindeordnungen u.a. VGH Mannheim, Urteil v. 21. 9. 1977 – II 827/76 – ESVGH 28, 62 = KStZ 78, 55 = DGemStZ 78, 132, OVG Münster, Urteil v. 24. 7. 1980 – 3 A 1664/79 – KStZ 81, 14 = ZMR 81, 191 = BauR 81, 466, und BayVGH, Beschluß v. 9. 7. 1986 – Nr. 6 N 86.01521 – BayVBl 87, 49; s. zur Befangenheit von Rats- und Ausschußmitgliedern nach nordrhein-westfälischem Recht im einzelnen Schink in NWVBl 89, 109.

[11] OVG Münster, Urteil v. 29. 3. 1973 – III A 91/71 – KStZ 73, 223 = GemTg 73, 380 = DGemStZ 74, 23.

[12] VGH Kassel, Urteil v. 18. 7. 1978 – V TH 25/78 – VerwRspr 30, 819 = HSGZ 80, 64.

[13] BVerwG, Urteil v. 28. 11. 1975 – IV C 45.74 – BVerwGE 50, 2 (5) = NJW 76, 1115 = DVBl 76, 942.

[14] VGH Mannheim, u.a. Urteile v. 18. 10. 1984 – 2 S 2803/82 – VBlBW 85, 299, und v. 21. 3. 1989 – 2 S 1046/86 –.

[15] OVG Münster, Urteil v. 23. 1. 1992 – 11a NE 104/90 – HSGZ 92, 286.

nehmigung weggefallen (vgl. z. B. für Nordrhein-Westfalen § 4 Abs. 1 GO NW in der Fassung des Gesetzes vom 11. 11. 1977 – GVBl S. 140 – und für Niedersachsen § 2 KAG Ns in der Fassung des Gesetzes vom 2. 7. 1985 – GVBl S. 207).[16] Soweit das zutrifft, hat das zur Folge, daß die Gemeinden in den betreffenden Ländern ihren Satzungen rückwirkende Kraft beilegen können, ohne daß sie dazu eine Genehmigung der Aufsichtsbehörde einholen müssen.

10   Wie alle gemeindlichen Satzungen bedürfen auch Erschließungsbeitragssatzungen der **Ausfertigung**.[17] Mit der Ausfertigung wird die Originalurkunde geschaffen und bezeugt, daß ihr Inhalt mit dem Beschluß des zuständigen Organs übereinstimmt und die für die Rechtswirksamkeit maßgeblichen Umstände beachtet wurden.[17] Die Ausfertigung darf erst erfolgen, wenn eine etwa erforderliche Genehmigung der Rechtsaufsichtsbehörde erteilt worden ist; sie muß vor der Bekanntmachung liegen.[18] Wird diese zeitliche Reihenfolge nicht eingehalten, ist die Satzung unwirksam.[18] Zum Zwecke der Ausfertigung hat der Bürgermeister oder sein Stellvertreter den beschlossenen Normtext unter Angabe des Datums handschriftlich zu unterzeichnen.[17]

11   Die Erschließungsbeitragssatzung ist – jedenfalls z. B. in Nordrhein-Westfalen – in der **Veröffentlichungsform** bekanntzumachen, die die jeweils geltende Hauptsatzung der Gemeinde vorschreibt.[15] Eine Hauptsatzung ihrerseits muß grundsätzlich in der Form veröffentlicht werden, die in der im Zeitpunkt ihrer Veröffentlichung noch geltenden Verkündungsnorm der vorhergehenden Hauptsatzung vorgeschrieben ist. Steht im Zeitpunkt der Veröffentlichung der (neuen) Hauptsatzung kein wirksames Veröffentlichungsrecht zur Verfügung, z. B. nach dem Zusammenschluß mehrerer bisher selbständiger Gemeinden zu einer neuen Großgemeinde,[19] darf die betreffende Hauptsatzung nach der in ihrer eigenen Verkündungsnorm vorgeschriebenen Bekanntmachungsregelung veröffentlicht werden.[20]

---

[16] Vgl. ebenso für Bayern BayVGHG, Urteil v. 27. 5. 1993 – 6 B 93.1048 – KStZ 94, 200; siehe im übrigen dazu, ob ein Rechtsanspruch der Gemeinde auf Erteilung der Genehmigung besteht, OVG Koblenz, Urteil v. 1. 7. 1974 – 7 A 21/74 – Amtl. Sammlung 13, 410 = KStZ 75, 94 = S-H Gemeinde 75, 223.

[17] BayVGH, Urteil v. 16. 3. 1990 – 23 B 88.00567 – NVwZ-RR 90, 588 = BayVBl 91, 23.

[18] BayVGH, Urteil v. 25. 2. 1993 – 23 B 90.931 – BayVBl 93, 530.

[19] Vgl. zu Fragen betreffend die Veröffentlichung von Satzungen im Zusammenhang mit der Eingliederung von Gemeinden u. a. OVG Münster, Urteile v. 14. 11. 1977 – II A 22/75 – DVBl 79, 238 = Städtetag 78, 598, und v. 31. 8. 1978 – II A 1145/75 –.

[20] OVG Münster, Urteile v. 20. 12. 1972 – III A 963/71 – BBauBl 74, 482 = ZMR 73, 341 = Städtetag 74, 214, und v. 26. 5. 1975 – II A 28/73 – OVGE 31, 113 = KStZ 76, 73 = DWW 75, 273; insoweit allerdings weitergehend VGH Kassel, Urteile v. 11. 12. 1975 – V OE 26/74 – DÖV 76, 683 = GemTg 77, 113, und v. 12. 5. 1977 – V OE 21/75 – Recht der Landwirtschaft 78, 193, wonach eine Hauptsatzung selbst dann, wenn in einer Gemeinde gültiges Bekanntmachungsrecht bereits vorhanden ist, in der Veröffentlichungsform wirksam bekanntgemacht werden kann, die sie selbst für das neu zu schaffende Ortsrecht nunmehr vorschreibt.

Eine Großstadtgemeinde kann ihr Ortsrecht – bei entsprechender Rege- 12
lung in der Hauptsatzung – in einem eigenen Verkündungsblatt wirksam
veröffentlichen; sie ist nicht verpflichtet, dies auch in den Tageszeitungen zu
tun. Ein solches Verkündungsblatt der Gemeinde braucht nicht beim Einzel-
händler (in Buchhandlungen, Kiosken u. ä.) zum Verkauf auszuliegen.[21] Den
vom Rechtsstaatsgebot des Grundgesetzes hinsichtlich der Veröffentlichung
von (Orts-)Rechtsnormen gestellten Mindestanforderungen ist genügt, wenn
– bei einer entsprechenden Regelung in der Hauptsatzung – eine Ortssatzung
nur in **einer** Zeitung (einem Verkündungsblatt) veröffentlicht wird, sofern
sichergestellt ist, daß diese Zeitung von interessierten Bürgern erworben werden kann.[22] Aus dem Rechtsstaatsprinzip des Grundgesetzes läßt sich nicht
herleiten, daß Rechtsnormen nur in der Form bekanntgemacht werden dürften, die am besten geeignet ist, den betroffenen Bürgern die Kenntnis des
Rechts zu verschaffen.[23] Deshalb kann beispielsweise in Bayern die amtliche
Bekanntmachung gemäß Art. 26 Abs. 2 Satz 2 2. Halbsatz GO auch dadurch
bewirkt werden, daß die Satzung in der Verwaltung der Gemeinde niederge-
legt und die Niederlegung durch Anschlag an den für öffentliche Bekanntma-
chungen allgemein bestimmten Stellen (Gemeindetafeln) bekanntgegeben
wird. Zwar sollen nach § 1 Abs. 2 Satz 3 der Bekanntmachungsverordnung
vom 19. Januar 1983 (GVBl S. 14) die Anschläge mindestens 14 Tage angehef-
tet bleiben, doch läßt selbst eine frühere Abnahme der Anschläge die Wirksamkeit der Satzung unberührt.[24]

Soweit in Grenzänderungsverträgen Bestimmungen über die Fortgeltung 13
von Ortssatzungen der mit dem Gemeindezusammenschluß untergehenden
Gemeinde enthalten sind, bedürfen sie der öffentlichen Bekanntmachung.[25]
Ist bei der Bekanntmachung einer Satzung in der Eingangsformel ein falsches
Beschlußdatum genannt, berührt das ihre Wirksamkeit nicht.[26]

III. Inhalt der Erschließungsbeitragssatzung

Die Gemeinden „regeln durch Satzung" die in § 132 Nrn. 1 bis 4 BauGB 14
genannten Materien. Zur Erfüllung dieser Aufgabe verwenden die Gemeinden – wie typischerweise jeder andere Gesetzgeber auch – **unbestimmte
Rechtsbegriffe**, die der Beurteilung u. a. nach Maßgabe des **verfassungsrechtlichen Bestimmtheitsgebots** unterliegen. Dabei ist jedoch zu beachten, daß dieses Gebot im Zusammenhang mit Abgaben ganz allgemein lediglich die

---

[21] OVG Münster, Urteil v. 6. 10. 1971 – III A 1160/69 –GemTg 72, 126 = ZMR 73,
27 = DWW 72, 262.
[22] BVerwG, Urteil v. 13. 12. 1985 – 8 C 66.84 – DVBl 86, 349 = KStZ 86, 91 =
BWGZ 86, 173.
[23] BVerwG, Beschluß v. 18. 9. 1989 – 8 B 32.89 –.
[24] BayVGH, Beschluß v. 9. 7. 1986 – Nr. 6 N 86.01521 – BayVBl 87, 49.
[25] VGH Kassel, Beschluß v. 17. 12. 1980 – V OE 131/78 – HSGZ 81, 285.
[26] VGH Kassel, Beschluß v. 20. 9. 1979 – V OE 78/76 – HSGZ 81, 99.

Funktion hat, Vorschriften auszuschließen, die infolge ihrer Unbestimmtheit den Behörden die Möglichkeit einer rechtlich nicht hinreichend überprüfbaren willkürlichen Handhabung eröffnen. Das setzt dem Erfordernis der Bestimmtheit im Abgabenrecht enge Grenzen und reduziert dieses Erfordernis auf die dem jeweiligen Sachzusammenhang angemessene Bestimmtheit. Ein Verstoß gegen das bundesverfassungsrechtliche Bestimmtheitsgebot bei Verwendung unbestimmter Rechtsbegriffe liegt erst dann vor, wenn es wegen der Unbestimmtheit nicht mehr möglich ist, objektive Kriterien zu gewinnen, die eine willkürliche Handhabung durch die Behörden und die Gerichte ausschließen.[27]

15   Jede einzelne in § 132 Nrn. 1 bis 4 BauGB aufgezählte Position ist einer Vorschrift des Baugesetzbuchs zugeordnet, die durch eine Satzungsbestimmung ergänzt werden soll. Ob bzw. in welchem Maße eine Satzungsbestimmung zur Ergänzung bundesrechtlicher Normen erforderlich ist, beurteilt sich nach den **Folgen,** die ihr Fehlen oder ihre Unwirksamkeit für eine Beitragserhebung hat. Führt das Fehlen oder die Unwirksamkeit einer Satzungsvorschrift zu einer eine Beitragserhebung ausschließenden Unvollständigkeit des "Erschließungsbeitragsrechts", handelt es sich um eine **unbedingt** (qualifiziert) erforderliche Bestimmung. Ist das nicht der Fall, ist ihr Vorhandensein oder ihre Wirksamkeit Voraussetzung lediglich für die Anwendbarkeit eines bestimmten "Verfahrens" im Rahmen der Beitragserhebung, ist die entsprechende Regelung nur **bedingt** (einfach) erforderlich. Ob es zulässig ist, in § 132 BauGB nicht angesprochene Materien in der Satzung zu behandeln, hängt davon ab, ob das Bundesrecht insoweit eine ortsgesetzliche Regelung gestattet.

16   Unabhängig von der Erforderlichkeit im einzelnen läßt sich zur Bedeutung des § 132 BauGB allgemein sagen: Über die in ihm angegebenen Materien kann, wenn über sie entschieden werden soll, nur durch eine Erschließungsbeitragssatzung wirksam entschieden werden.

1. Unbedingt erforderliche Satzungsbestimmungen

a) Art der Erschließungsanlagen (§ 132 Nr. 1 BauGB)

17   Zu den unbedingt erforderlichen Bestimmungen in der Satzung gehört die Angabe, für welche Arten von beitragsfähigen Erschließungsanlagen Erschließungsbeiträge erhoben werden. Dies läßt sich zwar nicht unmittelbar aus dem Baugesetzbuch selbst herleiten, das in § 127 Abs. 2 BauGB die Arten der beitragsfähigen Erschließungsanlagen abschließend aufzählt. Es ergibt sich jedoch aus den (ebenfalls) die erschließungsbeitragsrechtlichen Vorschriften des Bundes ergänzenden Regelungen der kommunalen Abgabengesetze. So ist beispielsweise in § 2 Abs. 1 Satz 2 KAG NW ebenso wie in den

---

[27] BVerwG, Beschluß v. 26. 10. 1989 – 8 B 59.89 –.

entsprechenden Vorschriften der anderen Bundesländer vorgeschrieben, daß eine gemeindliche Abgabe – zu der auch der Erschließungsbeitrag zählt – nur aufgrund einer **Satzung** erhoben werden darf, die u. a. den die Abgabe begründenden Tatbestand angibt, d. h. die Leistung der Gemeinde nennt, an deren Erbringung die Erschließungsbeitragspflicht anknüpft. Die den Erschließungsbeitrag begründende Leistung der Gemeinde ist die erstmalige Herstellung einer der verschiedenen beitragsfähigen Erschließungsanlagen. Da das Baugesetzbuch selbst eine Fixierung dieses Tatbestands nur in Richtung auf die erstmalige Herstellung vornimmt, bedarf es zur Ermöglichung einer Beitragserhebung noch einer Satzungsbestimmung, die festlegt, für welche Arten von beitragsfähigen Erschließungsanlagen (ggf. für alle) ein Beitrag erhoben wird.

Unterläßt es eine Gemeinde, eine der Arten der beitragsfähigen Erschlie- **18** ßungsanlagen – z. B. die (selbständigen) Grünanlagen oder die Immissionsschutzanlagen – in ihre (allgemeine) Beitragssatzung aufzunehmen, kann die erstmalige Herstellung dieser Anlage (sachliche) **Erschließungsbeitragspflichten**[28] erst auslösen, wenn eine insoweit das Ortsrecht ergänzende Satzung ergangen ist. Es ist rechtlich unbedenklich, eine solche Satzung selbst noch nach dem Abschluß der technischen Ausbauarbeiten an der betreffenden Anlage zu erlassen, einer **Rückwirkungsanordnung** bedarf es dazu nicht. Ein schutzwürdiges Vertrauen der potentiellen Beitragspflichtigen steht einem solchen Verfahren nicht entgegen. Denn schon seit Erlaß des Bundesbaugesetzes – bzw. speziell für die unbefahrbaren Verkehrsanlagen i. S. des § 127 Abs. 2 Nr. 2 BauGB seit Inkrafttreten des Baugesetzbuchs – muß allgemein damit gerechnet werden, daß die Kosten für die erstmalige Herstellung von beitragsfähigen Erschließungsanlagen umgelegt werden. Der Vertrauensschutz des Bürgers erstreckt sich insoweit allein darauf, daß eine Inanspruchnahme erst nach Erlaß der Satzung erfolgt, an Hand deren er die Herstellung der Anlage und die Berechnung des Beitrags überprüfen kann.[29]

b) Art der Verteilung des Aufwands (§ 132 Nr. 2 BauGB)

Das Baugesetzbuch stellt in § 131 Abs. 2 BauGB mehrere Verteilungsmaß- **19** stäbe (vgl. im einzelnen § 18 Rdnrn. 14 ff.) zur Verfügung, die auch miteinander verbunden werden können. Ohne eine Ergänzung dieser Rahmenbestimmung i. S. der Festlegung auf einen bestimmten Verteilungsmaßstab durch den Ortsgesetzgeber wäre eine Aufteilung des Erschließungsaufwands in Bei-

---

[28] Klarstellend sei auf folgendes hingewiesen: Die erstmalige endgültige Herstellung einer beitragsfähigen Erschließungsanlage löst eine **Mehrzahl** von (sachlichen) Erschließungsbeitragspflichten aus, nämlich – so jedenfalls im Grundsatz – je eine für jedes von dieser Anlage i. S. der § 131 Abs. 1 Satz 1 BauGB erschlossene Grundstück; für jedes einzelne dieser Grundstücke entsteht mithin **eine** (sachliche) Erschließungsbeitragspflicht.

[29] BVerwG, Urteil v. 21. 9. 1973 – IV C 39.72 – Buchholz 406.11 § 133 BBauG Nr. 46 S. 37 (39) = DVBl 74, 294 = KStZ 74, 112.

tragsbeträge nicht möglich, das "Erschließungsbeitragsrecht" **wäre mangels Vollständigkeit nicht anwendbar.** Ein vom Ortsgesetzgeber in der Satzung bestimmter Verteilungsmaßstab, der sich an den bundesrechtlichen Vorgaben in den Abs. 2 und 3 des § 131 BauGB zu orientieren hat, ist daher Voraussetzung für das Entstehen der (sachlichen) Beitragspflichten,[30] eine entsprechende Satzungsvorschrift ist somit unbedingt erforderlich.

c) Merkmale der endgültigen Herstellung (§ 132 Nr. 4 BauGB)

20   Die Merkmale der endgültigen Herstellung (vgl. Rdnrn. 32 ff.) sind ausgerichtet auf den Zeitpunkt der endgültigen Herstellung i.S. des § 133 Abs. 2 Satz 1 BauGB, in dem die (sachlichen) Beitragspflichten entstehen. Da diese Beitragspflichten nur entstehen können, wenn eine beitragsfähige Erschließungsanlage im Rechtssinne endgültig hergestellt ist, d.h. wenn sie den Zustand (tatsächliches Element) erreicht hat, der den für die endgültige Herstellung maßgeblichen, gemäß § 132 Nr. 4 BauGB in der Satzung festzulegenden Merkmalen (rechtliches Element) sowie bei Anbaustraßen dem – mit Blick auf die flächenmäßigen Teileinrichtungen aufgestellten – (formlosen) Bauprogramm entspricht, ist eine Satzungsbestimmung über die Herstellungsmerkmale Voraussetzung (zwar nicht für eine rechtmäßige, aber) für eine endgültige Herstellung i.S. des § 133 Abs. 2 Satz 1 BauGB und damit für das Entstehen der Beitragspflichten; sie ist ebenfalls unbedingt erforderlich. Ohne eine (wirksame) Merkmalsregelung kann auch bei Abschluß des technischen Ausbaus der Anlage nicht von einer (die Beitragspflichten begründenden) "endgültigen Herstellung" gesprochen werden, weil es an dem vom Gesetzgeber in § 132 Nr. 4 BauGB geforderten Kriterium fehlt, anhand dessen die Frage der endgültigen Herstellung zu beurteilen ist. Ob eine (wirksame) Satzungsbestimmung über die Herstellungsmerkmale vor oder nach dem technischen Ausbau erlassen wird, ist **rechtlich unerheblich;** in beiden Fällen entstehen die Beitragspflichten in dem Zeitpunkt, in dem das rechtliche (Merkmalsregelung) und tatsächliche (technischer Ausbau entsprechend der Merkmalsregelung) Element der endgültigen Herstellung gegeben ist, sofern die sonstigen Voraussetzungen für das Entstehen der Beitragspflichten erfüllt sind (vgl. dazu auch Rdnrn. 4 ff.).

2. Bedingt erforderliche Satzungsbestimmungen

a) Umfang der Erschließungsanlagen i.S. des § 129 BauGB (§ 132 Nr. 1 BauGB)

21   Gemäß § 132 Nr. 1 BauGB ist der Umfang, d.h. die räumliche Ausdehnung der Erschließungsanlagen, in der Satzung zu regeln. In der bezeichneten

---

[30] BVerwG, st. Rspr., u.a. Urteil v. 20. 1. 1978 – 4 C 70.75 – Buchholz 406.11 § 132 BBauG Nr. 27 S. 28 (29) = BauR 78, 396 = ZMR 79, 157.

Vorschrift wird Bezug genommen auf § 129 Abs. 1 Satz 1 BauGB, wonach Erschließungsbeiträge nur insoweit erhoben werden dürfen, als die Erschließungsanlagen „erforderlich" sind, „um die Bauflächen ... entsprechend den baurechtlichen Vorschriften zu nutzen". Hier geht es vom Grundsatz her nicht – oder jedenfalls nicht primär – um eine Voraussetzung für das Entstehen der Beitragspflichten, sondern um die **Höhe des beitragsfähigen Aufwands** oder genauer: um die Trennung des durch den Ausbau der Erschließungsanlage ausgelösten beitragsbegründenden Sondervorteils von dem beitragsfreien Gemeinvorteil (vgl. § 9 Rdnr. 11).

Dem Erfordernis des § 132 Nr. 1 BauGB wird bei **Straßen und Wegen** ge-   22 nügt durch die Festlegung von Höchstbreiten allein oder in Verbindung mit Mindestbreiten unter Berücksichtigung der unterschiedlichen Nutzung der erschlossenen Grundstücke.[31] Dabei ist nach bestimmten Straßentypen (z. B. Geschäftsstraßen, Haupterschließungsstraßen, Anliegerstraßen usw.) zu differenzieren. Nicht zu beanstanden ist, wenn nach der Satzung die jeweils höhere zulässige Nutzung für die Bestimmung der maßgeblichen Höchstbreite im Einzelfall zugrundezulegen ist. Für **selbständige Grünanlagen** und Parkflächen eignen sich zur Festlegung des Umfangs in erster Linie Flächenmaße, die auf die Geschoßflächen oder Grundstücksflächen der erschlossenen Grundstücke bezogen werden können. So begegnet bei selbständigen Grünanlagen ein Maß von 25 v. H. der Geschoßflächen der erschlossenen Grundstücke keinen rechtlichen Bedenken.[32] In gleicher Weise kann für Parkspuren und **unselbständige** Grünanlagen als Bestandteile von Verkehrsanlagen verfahren werden; insoweit ist für eine unselbständige **Parkfläche** ein Maß von 10 v. H. der Geschoßflächen der erschlossenen Grundstücke unbedenklich.[33] Wenn eine Satzung für unselbständige Grünanlagen als Bestandteile von Anbaustraßen den Umfang auf eine „weitere" Breite von 4 m begrenzt, knüpft nach Auffassung des Verwaltungsgerichtshofs Mannheim[34] diese Begrenzung nicht an die in der Satzung festgelegten beitragsfähigen Höchstbreiten der Straßen, sondern mit der Folge an die tatsächliche Ausbaubreite an, daß eine Anrechnung nicht ausgenutzter Straßenhöchstbreiten auf die beitragsfähige Breite der unselbständigen Grünanlage ausscheidet. Für **Immissionsschutzanlagen** lassen sich kaum satzungsmäßige Regelungen generell und abstrakt von vornherein treffen, so daß sachgerechte Lösungen wohl nur in Einzelsatzungen gefunden werden können, die auf konkrete Immissionsschutzanlagen abstellen.[35]

---

[31] BVerwG, Urteil v. 13. 8. 1976 – IV C 23.74 – Buchholz 406.11 § 132 BBauG Nr. 21 S. 14 (16) = GemTg 77, 55 = BRS 37, 142.

[32] BVerwG, Urteil v. 25. 4. 1975 – IV C 37.73 – BVerwGE 48, 205 (210) = KStZ 75, 231 = ZMR 76, 118.

[33] BVerwG, Urteil v. 5. 9. 1969 – IV C 67.68 – Buchholz 406.11 § 128 BBauG Nr. 5 S. 3 (6) = DVBl 70, 81 = ZMR 70, 91.

[34] VGH Mannheim, Urteil v. 26. 6. 1986 – 2 S 1393/85 –.

[35] Ebenso u. a. Ernst in Ernst/Zinkahn/Bielenberg, BauGB, § 129 Rdnr. 9.

23   Allerdings machen satzungsmäßige Begrenzungen des Umfangs der beitragsfähigen Erschließungsanlagen nicht die Prüfung entbehrlich, ob eine Anlage im Einzelfall in ihrem Umfang über das Maß des Erforderlichen i. S. des § 129 Abs. 1 Satz 1 BauGB hinausgeht.[36] Schon das verdeutlicht, daß eine Satzungsvorschrift über den Umfang der Erschließungsanlagen von der bundesrechtlichen Norm des § 129 Abs. 1 Satz 1 BauGB gleichsam "verdrängt" werden kann. Fehlt eine (wirksame) Satzungsbestimmung über den Umfang der Erschließungsanlagen, hat das nicht zur Folge, daß (sachliche) Beitragspflichten nicht entstehen. Vielmehr ist dann zu untersuchen, ob die Gemeinde sich in dem konkreten Einzelfall im Rahmen dessen gehalten hat, was ihr § 129 Abs. 1 Satz 1 BauGB für eine entsprechende Ermessensentscheidung hergibt (vgl. im einzelnen § 15 Rdnrn. 2 ff.).

b) Art der Aufwandsermittlung und Höhe der Einheitssätze (§ 132 Nr. 2 BauGB)

24   Mit Art der Aufwandsermittlung meint § 132 Nr. 2 BauGB lediglich die Ermittlungs**methode**, d. h. nach dieser Bestimmung muß in der Satzung festgelegt werden, von welcher der beiden in § 130 Abs. 1 BauGB zur Verfügung gestellten Methoden (tatsächliche Kosten oder Einheitssätze) die Gemeinde zur Ermittlung des Erschließungsaufwands Gebrauch machen will. Denn zur Entscheidung darüber, auf welchen Raum (einzelne Anlage, Abschnitt oder Erschließungseinheit) für die Aufwandsverteilung im Einzelfall abgestellt werden soll, ist die Gemeinde unmittelbar aufgrund des § 130 Abs. 2 BauGB befugt, insoweit bedarf es keiner Regelung in der Satzung (vgl. § 14 Rdnr. 11). Entscheidet sich eine Gemeinde – zumindest (was zulässig ist) hinsichtlich einzelner Teileinrichtungen wie z. B. der Straßenentwässerung – für eine Aufwandsermittlung nach **Einheitssätzen,** muß sie insoweit auch die Höhe der Einheitssätze in der Satzung angeben. Fehlt eine satzungsmäßige Entscheidung über die Methode der Aufwandsermittlung oder sind – soweit sich eine Gemeinde für eine Aufwandsermittlung nach Einheitssätzen in der Satzung entschieden hat – festgesetzte Einheitssätze (aus welchen Gründen immer) unanwendbar, berührt das die Wirksamkeit der Satzung im übrigen nicht, sondern hat lediglich zur Folge, daß **kraft Gesetzes,** d. h. unabhängig vom Willen der Gemeinde, die Beitragspflichten auf der Grundlage der **tatsächlichen Kosten** entstehen.[37]

c) Gemeindeanteil (§ 132 Nr. 2 BauGB)

25   Nach dem Willen des Bundesgesetzgebers ist der beitragsfähige Erschließungsaufwand auf die Gemeinde einerseits (§ 129 Abs. 1 Satz 3 BauGB) und

---

[36] BVerwG, Urteil v. 8. 8. 1975 – IV C 74.73 – Buchholz 406.11 § 127 BBauG Nr. 22 S. 6 (9) = DÖV 76, 109 = ZMR 76, 319.
[37] BVerwG, Urteil v. 15. 11. 1985 – 8 C 41.84 – Buchholz 406.11 § 130 BBauG Nr. 35 S. 40 (47 f.) = NVwZ 86, 299 = BWGZ 86, 83.

die erschlossenen Grundstücke andererseits (§ 131 Abs. 1 Satz 1 BauGB) zu verteilen. Dementsprechend ist gemäß § 132 Nr. 2 BauGB (Art der Aufwandsverteilung) nicht nur der **Verteilungsmaßstab**, sondern auch die **Höhe des Gemeindeanteils** in der Satzung festzulegen.[38] Fehlt eine Bestimmung über die Höhe des Gemeindeanteils in der Satzung, ist auf den in § 129 Abs. 1 Satz 3 BauGB festgelegten Mindestanteil von 10 v. H. abzustellen.

d) Kostenspaltung (§ 132 Nr. 3 BauGB)

Nur wenn eine Gemeinde von der durch § 127 Abs. 3 BauGB eingeräumten Möglichkeit der Kostenspaltung Gebrauch machen will, bedarf es einer satzungsmäßigen Entscheidung. Enthält die Satzung keine positive Festlegung über die Kostenspaltung, ist sie ausgeschlossen. Das berührt jedoch die Wirksamkeit der Beitragssatzung nicht.

Die Kostenspaltung kann in der Satzung sowohl als Möglichkeit als auch in der Weise vorgesehen sein, daß sie bei Vorliegen der entsprechenden Voraussetzungen gleichsam automatisch eintritt.[39] Ist ersteres der Fall, erfordert ihre Vornahme im Einzelfall (und damit das Entstehen der Beitragspflichten für den abgespaltenen Teil) einen darauf gerichteten Ausspruch (vgl. § 20 Rdnr. 11). Ist in die Beitragssatzung eine Bestimmung über die Kostenspaltung nicht aufgenommen worden, kann eine Kostenspaltung gleichwohl für zurückliegende Ausbauarbeiten an Teilen der Erschließungsanlagen i. S. des § 127 Abs. 3 BauGB ausgesprochen werden, sobald die Satzung entsprechend ergänzt worden ist. Gegen eine solche, zeitlich zurückliegende Ausbauarbeiten erfassende Einführung der Möglichkeit, im Wege der Kostenspaltung abzurechnen, bestehen keine rechtlichen Bedenken. Dies gilt schon deshalb, weil die betroffenen Anlieger mit einer jederzeitigen endgültigen Herstellung der gesamten Anlage und in der Folge mit der Heranziehung zu den vollen Erschließungsbeiträgen rechnen mußten und müssen, zu ihren Gunsten also kein Vertrauenstatbestand entstanden ist, der der Ergänzung der Beitragssatzung entgegensteht. Es ist nicht erforderlich, daß die Änderungssatzung eine Rückwirkungsanordnung beigefügt wird.[40]

3. Sonstige Satzungsbestimmungen

Neben den unbedingt und bedingt erforderlichen Bestimmungen (§ 132 BauGB) kann die Erschließungsbeitragssatzung noch weitere Regelungen

---

[38] Dies ist jedenfalls erforderlich, wenn der Gemeindeanteil höher als 10 v. H. des beitragsfähigen Aufwands sein soll, vgl. BVerwG, Urteil v. 22. 3. 1974 – IV C 23.72 – BauR 74, 337 = ID 74, 190 = DÖV 75, 573.
[39] BVerwG, u. a. Urteil v. 29. 10. 1969 – IV C 43.68 – Buchholz 406.11 § 133 BBauG Nr. 33 S. 6 (7) = DVBl 70, 834 = BauR 70, 42.
[40] BVerwG, Urteil v. 22. 9. 1967 – IV C 116.65 – BVerwGE 27, 345 (346) = DVBl 68, 519 = DÖV 68, 139.

26

27

28

enthalten. Sie dürfen jedoch – um als wirksam qualifiziert werden zu können – nicht von zwingenden Vorgaben des Bundesrechts abweichen.

29 **Ungültig** ist beispielsweise eine Satzungsbestimmung, nach der **nachträglich** Entschädigungen für früher unentgeltlich oder unter Wert abgetretenes Straßenland gezahlt und diese in den beitragsfähigen Aufwand eingehen sollen. Damit wird den Beitragspflichtigen ein **zusätzlicher Erschließungsaufwand** aufgebürdet, der in § 128 BauGB nicht vorgesehen und deshalb nach dieser Vorschrift nicht von den Beitragspflichtigen zu erstatten ist.[41] Ebenfalls unwirksam ist eine Satzungsbestimmung, nach der abweichend vom bürgerlich-rechtlichen Grundstücksbegriff *generell* auf den Grundstücksbegriff der wirtschaftlichen Einheit abzustellen ist[42] (vgl. zum Grundstücksbegriff § 17 Rdnrn. 4 ff.). Zulässig ist hingegen die Einführung einer **Tiefenbegrenzung,** allerdings nur für Grundstücke in unbeplanten, nicht auch in beplanten Gebieten[43] (vgl. zur Tiefenbegrenzung § 17 Rdnrn. 28 ff.).

30 **Unbedenklich** – wenn auch überflüssig – ist eine Wiedergabe des Inhalts der erschließungsbeitragsrechtlichen Vorschriften des Baugesetzbuchs. Zu denken ist dabei etwa an Materien, die – wenn sie der Bundesgesetzgeber nicht schon abschließend geregelt hätte – deshalb in der Satzung zu behandeln wären, weil die kommunalen Abgabengesetze (z. B. § 2 Abs. 1 Satz 2 KAG NW) sie zum Mindestinhalt einer Abgabensatzung erklären: die Abgabeschuldner (vor allem Eigentümer, Erbbauberechtigte – § 134 Abs. 1 BauGB) und den Zeitpunkt der Fälligkeit der Abgabe (§ 135 Abs. 1 BauGB).

Ebenfalls unschädlich sind Angaben darüber, daß unter den im Baugesetzbuch genannten Voraussetzungen Vorausleistungen erhoben (§ 133 Abs. 3 Satz 1 BauGB) sowie daß Abschnitte gebildet und mehrere Anlagen (Abschnitte) zur gemeinsamen Aufwandsermittlung und Abrechnung zusammengefaßt werden können (§ 130 Abs. 2 BauGB).

31 **Zweckmäßig** ist hingegen, die gemäß § 133 Abs. 3 Satz 5 BauGB als Voraussetzung für den Abschluß von Ablösungsverträgen erforderlichen "Bestimmungen über die Ablösung" in die allgemeine Beitragssatzung aufzunehmen.[44] Gleiches gilt für über § 135 Abs. 4 BauGB hinausgehende, nach Maßgabe des § 135 Abs. 6 BauGB zulässige Stundungsregelungen. Da § 135 Abs. 4 BauGB keine abschließende Regelung der Stundung enthält,[45] ist eine Bestimmung für sonstige Stundungen bundesrechtlich unbedenklich. Üblich ist im übrigen die Angabe des Zeitpunkts des Inkrafttretens der Satzung.

---

[41] BVerwG, u. a. Urteil v. 22. 2. 1974 – IV C 18.73 – Buchholz 406.11 § 128 BBauG Nr. 14 S. 23 (26 f.) = NJW 74, 1345 = DÖV 74, 573.

[42] BVerwG, Urteil v. 30. 7. 1976 – IV C 65 u. 66.74 – Buchholz 406.11 § 131 BBauG Nr. 15 S. 7 (9) = DÖV 77, 247 = KStZ 77, 72.

[43] BVerwG, Urteil v. 19. 2. 1982 – 8 C 27.81 – Buchholz 406.11 § 131 BBauG Nr. 45 S. 35 (39 ff.) = NVwZ 82, 677 = DVBl 82, 552.

[44] BVerwG, Urteil v. 27. 1. 1982 – 8 C 24.81 – BVerwGE 64, 361 (364 f.) = DVBl 82, 550 = KStZ 82, 129.

[45] BVerwG, Urteil v. 10. 9. 1971 – IV C 22.70 – BVerwGE 38, 297 f. = KStZ 72, 70 = DÖV 72, 504.

Fehlt eine solche Angabe, richtet sich dieser Zeitpunkt nach dem jeweiligen Landeskommunalrecht.[46]

IV. Merkmale der endgültigen Herstellung im einzelnen

Die durch § 132 Nr. 4 BauGB gebotene Festlegung der Merkmale der end- 32
gültigen Herstellung in der Satzung soll dem Bürger möglichst **erkennbar machen**, wann die sein Grundstück erschließende Anlage endgültig mit der Rechtsfolge hergestellt ist, daß nach § 133 Abs. 2 BauGB die sachlichen Beitragspflichten entstehen, sofern die sonstigen dafür erforderlichen Voraussetzungen erfüllt sind. Die Satzung muß daher für **Anbaustraßen** (§ 127 Abs. 2 Nr. 1 BauGB) eindeutige Angaben sowohl darüber enthalten, welche **nichtflächenmäßigen** Teileinrichtungen (Teilanlagen) diese Anlagen aufweisen müssen, um als endgültig hergestellt qualifiziert werden zu können (Teileinrichtungsprogramm), als auch darüber, wie die für eine solche Erschließungsanlage – sei es im Teileinrichtungsprogramm, sei es (mit Blick auf die flächenmäßigen Teileinrichtungen) im Bauprogramm (vgl. dazu Rdnr. 35) – vorgesehenen Teileinrichtungen bautechnisch ausgestaltet sein sollen, z.B. Asphaltdecke, Plattenbelag usw. (Ausbauprogramm). Für sonstige beitragsfähige Erschließungsanlagen muß die Merkmalsregelung auf die Erfüllung tatsächlicher Merkmale der Herstellung abstellen, so daß es nicht ausreicht, insoweit auf die Freigabe der Anlage für den Benutzungszweck abzuheben.[47] So genügt bei **Grünanlagen** eine satzungsmäßige Merkmalsregelung bundesrechtlichen Anforderungen, die diese Anlagen unter der Voraussetzung als endgültig hergestellt erklärt, daß sie gärtnerisch gestaltet sind.[48] Bei **Immissionsschutzanlagen** wird eine satzungsmäßige Verweisung auf das jeweilige für eine bestimmte Anlage (formlos) aufgestellte Bauprogramm dem § 132 Nr. 4 BauGB gerecht. Da – so führt das Bundesverwaltungsgericht[49] zur Begründung dieser Ansicht aus – die Gemeinde mit einer solchen Verweisung eine Selbstverpflichtung begründe, eine Einsichtnahme in das Bauprogramm während der üblichen Dienstzeit zu gestatten, und da dem ein Einsichtnahmerecht jedes Bürgers korrespondiere, für dessen Grundstück durch die Herstellung der betreffenden Immissionsschutzanlage eine Beitragspflicht entstehen kann, sei durch eine Merkmalsregelung dieser Art gewährleistet, daß die Betroffenen entsprechend dem mit § 132 Nr. 4 BauGB verfolgten Zweck die

---

[46] Vgl. zur Notwendigkeit und rechtlichen Bedeutung einer Präambel Reimers in KStZ 72, 107, sowie dazu, daß es keiner Angabe der Ermächtigungsnorm in der Satzung bedarf, OVG Saarland, Urteil v. 23. 8. 1985 – 2 R 71/85 – KStZ 86, 55.
[47] BVerwG, Urteil v. 11. 10. 1985 – 8 C 26.84 – BVerwGE 72, 143 (146) = NVwZ 86, 130 = DVBl 86, 347.
[48] BVerwG, Urteil v. 10. 5. 1985 – 8 C 17–20.84 – Buchholz 406.11 § 127 BBauG Nr. 46 S. 29 (37) = NVwZ 85, 833 = DVBl 85, 1175.
[49] BVerwG, Urteil v. 19. 8. 1988 – 8 C 51.87 – BVerwGE 80, 99 (112) = NVwZ 89, 566 = KStZ 88, 225.

Möglichkeit hätten, sich durch einen Vergleich des konkreten Bauprogramms mit dem tatsächlichen Zustand, in dem sich die gebaute Anlage befindet, ein Bild darüber zu verschaffen, ob die Anlage endgültig hergestellt ist oder nicht. Unbedenklich ist aber auch, in der allgemeinen Beitragssatzung zu regeln, die Herstellungsmerkmale seien im jeweiligen konkreten Einzelfall durch eine Einzelsatzung festzulegen.[50]

1. Teileinrichtungsprogramm bzw. Bauprogramm

33   Bei **Anbaustraßen** i. S. des § 127 Abs. 2 Nr. 1 BauGB ist nach der ständigen Rechtsprechung des Bundesverwaltungsgerichts[51] zwischen den Teileinrichtungen **Beleuchtung** und **Entwässerung** einerseits sowie den **flächenmäßigen** Teileinrichtungen (Fahrbahn, Gehwege, Radwege, Grünstreifen, Parkspur usw.) andererseits zu unterscheiden. Die von § 132 Nr. 4 BauGB aufgestellte Forderung eines generalisierenden Teileinrichtungsprogramms in der Satzung erstrecke sich **ausschließlich** auf die Teileinrichtungen Beleuchtung und Entwässerung; mit Blick einzig auf sie nämlich lasse sich übersehen, wo und für welche Anlagen – unter Berücksichtigung der örtlichen Verhältnisse – diese Teileinrichtungen hergestellt werden sollen. Fehlt die Festlegung beispielsweise der Beleuchtung als Herstellungsmerkmal oder ist die entsprechende Aussage in der Satzung zu unbestimmt, führt das kraft Bundesrecht nur dazu, daß die insoweit entstandenen Kosten nicht zum beitragsfähigen Erschließungsaufwand gehören, läßt jedoch die Wirksamkeit sowohl der Merkmalsregelung im übrigen als auch der Erschließungsbeitragssatzung insgesamt unberührt.[52] Zu unbestimmt ist z. B. eine Formulierung, nach der eine Erschließungsanlage endgültig hergestellt sein soll, wenn sie „die etwa vorgesehene Beleuchtung" aufweist.[53] Denn bei einer solchen Formulierung fehlt gerade eine eindeutige Erklärung, ob oder ob nicht oder unter welchen Voraussetzungen die Beleuchtungsanlage ein Merkmal der endgültigen Herstellung ist.

34   **Anders** ist die Rechtslage dagegen bei den **flächenmäßigen** Teileinrichtungen; § 132 Nr. 4 BauGB verlangt **nicht**, daß in der Satzung eine Flächeneinteilung der Straße vorgenommen wird.[51] Es braucht daher in der Satzung nicht festgelegt zu werden, welche Teileinrichtungen auf der Fläche der Gesamtanlage eingerichtet werden und welchen Anteil die einzelnen Teileinrichtungen

---

[50] Ebenso u. a. VG Stuttgart, Urteil v. 5. 12. 1984 – 7 K 2042/82 – VBlBW 85, 395, und Peters in ZKF 84, 108; vgl. dazu auch das Satzungsmuster für einen Lärmschutzwall in ZKF 84, 244.

[51] BVerwG, u. a. Urteil v. 23. 6. 1972 – IV C 15.71 – BVerwGE 40, 177 (180 f.) = DÖV 73, 205 = ZMR 73, 25.

[52] BVerwG, u. a. Urteil v. 21. 5. 1969 – IV C 104.67 – ZMR 69, 375 = ID 69, 160 = BauR 70, 116.

[53] BVerwG, u. a. Urteil v. 2. 12. 1977 – IV C 55.75 – Buchholz 406.11. § 128 BBauG Nr. 25 S. 20 (21) = KStZ 79, 129 = ZMR 79, 372.

an dieser Fläche haben sollen. Bei der Entscheidung über die Herstellung dieser flächenmäßigen Bestandteile seien – so hat das Bundesverwaltungsgericht[51] ausgeführt – erfahrungsgemäß die örtlichen Verhältnisse im Einzelfall derart bestimmend, daß hierüber in einer allgemeinen Satzung keine bindenden Aussagen gemacht werden könnten, von denen nicht in zahlreichen Fällen abgewichen werden müßte. Eine solche Entscheidung sei abhängig von den Gegebenheiten des konkreten Einzelfalls und deshalb einer generalisierenden Regelung nicht zugänglich.

An diese Rechtsprechung anknüpfend hat das Bundesverwaltungsgericht **35** im Urteil vom 18. Januar 1991[54] erkannt, der Verzicht auf eine satzungsmäßige Festlegung bedeute allerdings **nicht**, daß insoweit keinerlei Festlegungen erforderlich seien. Denn anderenfalls fehlte es an Anhaltspunkten für die Beantwortung der Frage, wann eine bestimmte Straße mit der Folge endgültig hergestellt i.S. des § 133 Abs. 2 Satz 1 BauGB sei, daß sie sachliche Erschließungsbeitragspflichten auslöse. Vielmehr trete bei Anbaustraßen hinsichtlich der flächenmäßigen Teileinrichtungen an die **Stelle der Satzung** (oder genauer: des satzungsmäßigen Teileinrichtungsprogramms) das auf eine **konkrete** Einzelanlage bezogene **Bauprogramm**, das bestimme, welche flächenmäßigen Teileinrichtungen in welchem Umfang die Gesamtfläche der jeweiligen Straße in Anspruch nehmen sollen. Dem Bundesrecht genüge, wenn ein solches Bauprogramm **formlos** aufgestellt werde; es könne sich sogar (mittelbar) aus Beschlüssen des Rates oder seiner Ausschüsse sowie den solchen Beschlüssen zugrundeliegenden Unterlagen und selbst aus der Auftragsvergabe ergeben. Das Bauprogramm könne – insoweit vergleichbar dem auf den technischen Ausbau ausgerichteten Ausbauprogramm (vgl. dazu Rdnr. 50) – solange mit Auswirkungen auf das Erschließungsbeitragsrecht geändert werden, wie die Straße insgesamt noch nicht einem für sie aufgestellten Bauprogramm entsprechend hergestellt worden sei. An die Änderung des Bauprogramms seien keine anderen formellen Anforderungen zu stellen als an seine Aufstellung.[55]

Die damit gekennzeichnete Auffassung des Bundesverwaltungsgerichts **36** stellt eine **folgerichtige** "Fortschreibung" seiner bisherigen Rechtsprechung dar; sie ist – wie Ernst[56] zutreffend formuliert – in dieser „Rechtsprechung angelegt".[57] Sie hat zur Folge, daß für eine **Anbaustraße** sachliche Erschließungsbeitragspflichten (§ 133 Abs. 2 Satz 1 BauGB) erst entstehen, wenn die

---

[54] BVerwG, Urteil v. 18. 1. 1991 – 8 C 14.89 – BVerwGE 87, 288 (298 f.) = DVBl 91, 449 = NVwZ 92, 492; vgl. ebenso im einzelnen u.a. OVG Schleswig, Urteil v. 16. 3. 1993 – 2 L 172/91 –.

[55] Ebenso VGH Mannheim, Urteil v. 13. 8. 1992 – 2 S 749/91 –.

[56] Ernst in Ernst/Zinkahn/Bielenberg, § 132 Rdnr. 20b; ebenso u.a. OVG Schleswig, Urteil v. 30. 8. 1993 – 2 L 246/91 –.

[57] Das übersieht offenbar Kallerhoff (in DVBl 91, 975) bei seiner Kritik an der Rechtsprechung des Bundesverwaltungsgerichts; im Ergebnis entsprechendes gilt für die Entscheidung des OVG Münster vom 5. 3. 1991 (3 A 1629/87 – NVwZ-RR 92, 428), die im übrigen vom Bundesverwaltungsgericht (Urteil v. 29. 10. 1993 – 8 C 53.91 – KStZ 94, 76 = ZMR 94, 128) aufgehoben worden ist.

in der Satzung (Teileinrichtungsprogramm) und dem einschlägigen (formlosen) Bauprogramm vorgesehenen Teileinrichtungen den Anforderungen des technischen Ausbauprogramms entsprechend hergestellt sind.

37 Legt eine Gemeinde gleichwohl in ihrer Satzung – überflüssigerweise – eindeutig fest, daß Straßen erst endgültig hergestellt sein sollen, wenn sie z. B. mit **Radwegen** versehen sind, können sachliche Beitragspflichten nicht vor Herstellung des Radwegs bzw. vor Inkrafttreten einer die Anforderungen vermindernden Änderungssatzung entstehen. Allerdings kann aus der Tatsache, daß in der Satzung die Art der Befestigung (Ausbauprogramm) von Radwegen genannt ist, nicht ohne weiteres geschlossen werden, daß sämtliche Straßen erst endgültig hergestellt sein sollen, wenn Radwege ausgebaut worden sind.[58]

38 Sofern nicht ausnahmsweise die flächenmäßigen Teileinrichtungen in der Satzung festgelegt sind, richtet sich also nach dem **konkreten Bauprogramm** die Beantwortung der Frage, ob z. B. eine im Bebauungsplan als 12 m breite Anlage vorgesehene Anbaustraße bereits endgültig hergestellt ist, wenn lediglich eine 8 m breite Fahrbahn sowie ein einseitiger, 2 m breiter Gehweg technisch fertiggestellt und der übrige Streifen von 2 m Breite unbefestigt geblieben ist und sich als gleichsam ″natürlicher″ Grünstreifen entwickelt. Ebenfalls nach dem einschlägigen Bauprogramm beurteilt sich etwa, ob eine Anbaustraße mit oder ohne Radwege bzw. eine Stichstraße mit oder ohne Wendeanlage endgültig hergestellt sein soll. Etwaigen Angaben im Bebauungsplan betreffend die Aufteilung der Fläche kommt in diesem Zusammenhang grundsätzlich Bedeutung nur zu, soweit sie an dessen Rechtssatzqualität teilnehmen (vgl. dazu § 7 Rdnr. 14), weil ihnen ausschließlich dann die Kraft zukommt, ein konkretes (formloses) Bauprogramm des dafür zuständigen Gemeindeorgans zu ″verdrängen″. Für den Bürger ist – dem Anliegen des § 132 Nr. 4 BauGB entsprechend – die endgültige Herstellung der **Fläche** z. B. einer Straße jedenfalls **erkennbar,** wenn sie insgesamt in einen Zustand versetzt worden ist, der den Anforderungen genügt, die das satzungsmäßige Ausbauprogramm (vgl. dazu Rdnrn. 43 ff.) an die endgültige Herstellung (irgendwelcher) flächenmäßiger Teileinrichtungen stellt. Das kann beispielsweise der Fall sein sowohl, wenn die gesamte Fläche nach dem für eine Fahrbahn maßgebenden Ausbauprogramm hergestellt worden ist, als auch, wenn sich die Fläche aufteilt in etwa drei Längsstreifen und der Zustand je eines dieser Streifen den Anforderungen des Ausbauprogramms für die Fahrbahnen, die Gehwege und die Radwege entspricht. Nicht zuletzt aus diesem Grunde ist es wichtig, daß das Ausbauprogramm eine Regelung für alle in einer Gemeinde in Betracht kommenden flächenmäßigen Teileinrichtungen enthält.

39 Der **Grunderwerb** kann in der Satzung als Merkmal der endgültigen Herstellung einer Erschließungsanlage i. S. des § 132 Nr. 4 BauGB festgelegt wer-

---

[58] BVerwG, u. a. Urteil v. 6. 9. 1968 – IV C 96.66 – Buchholz 406.11 § 130 BBauG Nr. 1 S. 1 (4 f.) = DVBl 69, 274 = DÖV 69, 287.

den, er muß es jedoch nicht.[59] Das gesetzgeberische Ziel des § 132 Nr. 4 BauGB – nämlich die endgültige Herstellung der Erschließungsanlage möglichst eindeutig erkennbar zu machen – wird nicht gefährdet, wenn auch der Grunderwerb zu einem Merkmal der endgültigen Herstellung erklärt wird. Der Grunderwerb ist zwar nicht – wie die bautechnischen Merkmale einer Erschließungsanlage – äußerlich sichtbar, er läßt sich aber anhand objektiver, eindeutig erkennbarer Kriterien – besonders im Hinblick auf die Eintragung im Grundbuch – feststellen. Gleiches gilt jedoch **nicht** für eine Bestimmung, die neben dem „Eigentum der Gemeinde" an den Straßenflächen auch „die Zustimmung des Eigentümers zur Widmung" oder „einen Besitzüberlassungsvertrag zugunsten der Gemeinde" als Herstellungsmerkmal angibt. Denn ob solche Rechtsgeschäfte vorliegen, können die betroffenen Bürger nicht anhand erkennbarer objektiver Kriterien sicher feststellen. Eine entsprechende Merkmalsregelung ist deshalb jedenfalls insoweit unwirksam.[60] Ebenfalls nicht mit § 132 Nr. 4 BauGB vereinbar und deshalb unwirksam ist eine Bestimmung innerhalb der Merkmalsregelung, nach der das Eigentum der Gemeinde an der Straßenfläche nur unter der Bedingung zu einem Herstellungsmerkmal erklärt wird, daß eine landesrechtlich begründete Erwerbspflicht besteht, die ihrerseits von einem diesbezüglichen, an keine Frist gebundenen Antrag des Eigentümers der Straßenfläche abhängt. Denn ob und ggfs. wann ein solcher eine Erwerbspflicht auslösender Antrag gestellt wird, können die Bürger nicht anhand erkennbarer objektiver Kriterien sicher feststellen.[61] Mangels hinreichender Eindeutigkeit unzureichend ist schließlich eine den Grunderwerb betreffende Merkmalsregelung, nach der der Grunderwerb bereits als abgeschlossen gelten soll, wenn eine „völlig unbedeutende" oder „geringfügige" Restfläche noch nicht im Eigentum der Gemeinde steht.[62] Schließlich ist eine satzungsmäßige Merkmalsregelung wegen eines Verstoßes gegen Bundesrecht insoweit unwirksam, als sie im Falle eines planunterschreitenden, durch § 125 Abs. 3 BauGB gedeckten Ausbaus einer Anbaustraße deren endgültige Herstellung vom Erwerb des Eigentums selbst an einer Fläche abhängig macht, die zwar im Bebauungsplan als Straßenfläche ausgewiesen ist, jedoch nicht zu dieser Erschließungsanlage gehört.[63]

Ist in der Beitragssatzung der Eigentumserwerb des Straßenlands (wirksam) zum Herstellungsmerkmal bestimmt, ergibt eine sachgerechte Auslegung der entsprechenden Vorschrift regelmäßig, daß die Erfüllung dieses **40**

---

[59] BVerwG, u.a. Urteil v. 8. 2. 1974 – IV C 21.72 – Buchholz 406.11 § 130 BBauG Nr. 15 S. 26 = GemTg 75, 12 = ZMR 74, 182.

[60] BVerwG, Urteil v. 21. 1. 1977 – IV C 84–92.74 – Buchholz 406.11 § 131 BBauG Nr. 20 S. 20 (23) = NJW 77, 1740 = BauR 77, 266.

[61] BVerwG, Urteil v. 14. 8. 1987 – 8 C 60.86 – Buchholz 406.11 § 132 BBauG Nr. 42 S. 1 (3) = NVwZ 88, 361 = KStZ 87, 211.

[62] BVerwG, Urteil v. 19. 11. 1982 – 8 C 39–41.81 – Buchholz 406.11 § 127 BBauG Nr. 38 S. 6 (11) = NVwZ 83, 473 = HSGZ 83, 111.

[63] BVerwG, Urteil v. 15. 2. 1991 – 8 C 56.89 – BVerwGE 88, 53 (58f.) = KStZ 91, 171 = NVwZ 91, 1094.

Merkmals den Abschluß der erforderlichen **Vermessung** des Straßenlands voraussetzt. Es ist jedoch unschädlich, wenn die Vermessung der Straßenfläche aus Gründen äußerster Klarheit zusätzlich als Herstellungsmerkmal aufgeführt wird.[64]

41   Im Ergebnis belanglos ist es, die **Feststellbarkeit** des entstandenen Aufwands oder die **Widmung** der Anlage zum Herstellungsmerkmal zu erklären. Entweder handelt es sich bei solchen (Satzungs-)Zusätzen im Hinblick darauf, daß eine beitragsfähige Erschließungsanlage ohnehin erst in dem Zeitpunkt endgültig hergestellt i.S. des § 133 Abs. 2 BauGB ist, in dem im Anschluß an die Beendigung der technischen Arbeiten der hierfür entstandene Aufwand feststellbar ist,[65] bzw. die Widmung kraft § 127 Abs. 2 BauGB eine Voraussetzung für das Entstehen sachlicher Beitragspflichten ist, um überflüssige (unschädliche) Hinweise. Oder aber eine entsprechende Regelung ist **insoweit,** z.B. weil die Widmung ein zulässiges Merkmal der endgültigen Herstellung nicht sein darf, nichtig, ohne daß dies Konsequenzen für die Merkmalsregelung im übrigen hat.[66]

42   Mit dem Baugesetzbuch nicht vereinbar ist hingegen eine Bestimmung, nach der eine Erschließungsanlage erst endgültig hergestellt i.S. des § 133 Abs. 2 BauGB sein soll, wenn dies von der Gemeinde festgestellt und öffentlich bekannt gemacht worden ist.[67]

2. Ausbauprogramm

43   Die bautechnische Ausgestaltung (z.B. Befestigung) namentlich der flächenmäßigen Teileinrichtungen einer Erschließungsanlage muß in der Beitragssatzung in einer Art bestimmt sein, die es dem Bürger ermöglicht, sich durch einen Vergleich zwischen dem tatsächlich erreichten Ausbauzustand und den Angaben in der Satzung ein eigenes Urteil darüber zu bilden, ob bzw. wann eine Erschließungsanlage der Merkmalsregelung entsprechend endgültig hergestellt ist.[68] Diesem Gesichtspunkt kommt kraft Bundesrecht besondere Bedeutung zu für die Teileinrichtungen, deren Ausbau erfahrungsgemäß die höchsten Kosten verursacht, z.B. bei einer Straße für die Befestigung einer Fahrbahn. Genügt das Ausbauprogramm für die Fahrbahn insgesamt nicht den nach § 132 Nr. 4 BauGB zu stellenden Anforderungen, ist die Erfüllung der Beitragserhebungspflicht in ihrem Wesen in Frage gestellt.

---

[64] BVerwG, Urteil v. 26. 1. 1979 – 4 C 17.76 – Buchholz 406.11 § 133 BBauG Nr. 66 S. 42 (44) = DÖV 79, 644 = KStZ 80, 52.

[65] BVerwG, Urteil v. 22. 8. 1975 – IV C 11.73 – BVerwGE 49, 131 (134f.) = DÖV 76, 95 = BauR 76, 120.

[66] BVerwG, Urteil v. 15. 11. 1985 – 8 C 41.84 – Buchholz 406.11 § 130 BBauG Nr. 35 S. 40 (46) = NVwZ 86, 299 = BWGZ 86, 63.

[67] BVerwG, Urteil v. 6. 9. 1968 – IV C 96.66 – BVerwGE 30, 207 (209f.) = DVBl 69, 274 = DÖV 69, 350.

[68] BVerwG, u.a. Urteil v. 21. 5. 1969 – IV C 104.67 – Buchholz 406.11 § 132 BBauG Nr. 5 S. 4 (5) = ZMR 69, 375 = BauR 70, 116.

Deshalb führt die völlige Unbrauchbarkeit einer Vorschrift über das Ausbauprogramm für derart "zentrale" Teileinrichtungen zu einer bundesrechtlich
beachtlichen Unvollständigkeit der Merkmalsregelung und in der Folge kraft
Bundesrecht zu ihrer **Gesamtunwirksamkeit.** Sieht das Ausbauprogramm für
eine Fahrbahn mehrere verschiedene Befestigungsarten (vgl. Rdnr. 48) vor
und ist eine der angegebenen Alternativen mangels hinreichender Bestimmtheit unbrauchbar, entscheidet sich nach Landesrecht, ob die bundesrechtlich
ausgelöste Unwirksamkeit dieses Teils des Ausbauprogramms Auswirkungen
auf die Wirksamkeit der Merkmalsregelung im übrigen hat (§ 139 BGB).

Kraft Bundesrecht unwirksam ist eine Merkmalsregelung, wenn sie für   **44**
Verkehrsanlagen lediglich auf Ausbaupläne verweist, einen Ausbau entsprechend den Verkehrserfordernissen vorschreibt oder auf eine öffentliche Bekanntmachung abstellt.[69] Auch reicht es zur Erfüllung der Anforderungen
des § 132 Nr. 4 BauGB nicht aus, wenn ausschließlich die Herstellung einer
„Straßendecke"verlangt wird, weil darunter jede Oberflächenbehandlung
verstanden werden kann.[70] Ebenfalls unzulänglich und daher als Merkmalsregelung unbrauchbar ist eine Satzungsvorschrift, die nur auf die „Regeln der
Baukunst, der Technik und des Verkehrs" abstellt.[71]

Nicht schon kraft Bundesrecht insgesamt unwirksam ist eine Merkmalsre-   **45**
gelung, nach der eine Fahrbahn endgültig hergestellt sein soll, wenn sie mit
Pflaster, Schwarzdecke, Betondecke, Platten „oder in der sonst vorgeschriebenen Ausführung" befestigt ist.[72] Sie ist kraft Bundesrecht vielmehr mangels
hinreichender **Bestimmtheit** unwirksam nur in ihrem letzten Teil, und zwar
dann, wenn diese ortsrechtliche (und deshalb irrevisible) Vorschrift dahin
ausgelegt wird, daß das Merkmal „sonst vorgesehene Ausführung" sowohl
einen neuzeitlichen Anforderungen entsprechenden als auch einen deutlich
dahinter zurückbleibenden Ausbau zuläßt. Dann nämlich ist dem Bürger,
sofern die Herstellung der Fahrbahn nicht mit Pflaster, Schwarzdecke, Betondecke oder Platten erfolgt, auf der Grundlage dieser Regelung nicht erkennbar, welche von mehreren denkbaren sonstigen Ausführungsarten die
vorgesehene (endgültige) Herstellung der Fahrbahn sein soll.[73] Hingegen ist
eine Vorschrift nicht zu unbestimmt, wenn sie vorschreibt, daß die Fahr-

---

[69] BVerwG, u. a. Urteil v. 29. 10. 1969 – IV C 78. 68 – Buchholz 406.11 § 132 BBauG
Nr. 6 S. 7 (8) = BauR 70, 172 = ZMR 70, 144.

[70] BVerwG, Urteil v. 21. 5. 1969 – IV C 104.67 – Buchholz 406.11 § 132 BBauG
Nr. 5 S. 4 (6) = ZMR 69, 375 = BauR 70, 116.

[71] BVerwG, Urteil v. 14. 11. 1975 – IV C 76.73 – GemTg 76, 250 = DÖV 76, 351 =
KStZ 76, 210.

[72] Vgl. dazu OVG Münster, Urteil v. 5. 5. 1977 – III A 1028/75 – KStZ 77, 199 =
BauR 77, 269. Siehe zu einer Regelung, nach der eine Befestigung mit Asphalt, Beton,
Chaussierung, Kleinschlag, Teerbeton „oder auf ähnliche Weise" verlangt wird, OVG
Münster, Urteil v. 2. 2. 1978 – III A 1630/76 – KStZ 78, 234 = DWW 78, 266 = HSGZ
79, 233.

[73] BVerwG, Urteil v. 25. 2. 1981 – 8 C 7.81 – Buchholz 406.11 § 132 BBauG Nr. 32
S. 1 (39) = KStZ 81, 132 = ZMR 81, 382.

bahndecke neben der Ausstattung mit Asphalt, Teer, Beton oder Pflaster auch aus einem „ähnlichen Material" bestehen kann. Denn in aller Regel läßt sich ohne besondere Schwierigkeiten ermitteln, ob ein zur Herstellung der Fahrbahn verwendetes „ähnliches" Material den genannten Materialien von der Substanz her gleichartig und hinsichtlich seiner Funktion, eine feste Grundlage für den Straßenverkehr zu schaffen sowie der Straßenentwässerung zu dienen, den Materialien „Asphalt, Teer, Beton und Pflaster" gleichwertig ist.[74]

46 Ebenfalls hinreichend bestimmt ist eine Regelung, nach der die Fahrbahn einer Anbaustraße endgültig hergestellt sein soll, wenn sie „eine Pflasterung, eine Asphalt-, Teer-, Beton- oder ähnliche Decke **neuzeitlicher Bauweise"** aufweist. Das gilt unabhängig davon, ob man mit dem Verwaltungsgerichtshof Mannheim[75] der Ansicht ist, dem Zusatz „neuzeitliche Bauweise" komme keine selbständige Bedeutung zu, weil der Ortsgesetzgeber durch die Aufzählung der Ausbauarten lediglich beispielhaft umschrieben habe, welche Fahrbahnbefestigungen seiner Meinung nach einer neuzeitlichen Bauweise entsprechen, oder ob man dem Oberverwaltungsgericht Münster[76] in der Annahme folgt, der in Rede stehende Zusatz beziehe sich nicht auf die alternativ genannten Merkmale „Aspalt-, Teer-, Beton-"(Decke), sondern ausschließlich auf eine andere, den damit bezeichneten Decken „ähnliche Decke". Jedenfalls die letztere Auffassung hat zur Konsequenz, daß bereits durch eine vor vielen Jahren aufgebrachte Teerdecke, die beispielsweise mangels hinreichender Stärke neuzeitlichen Anforderungen schlechthin nicht entspricht, die Fahrbahn in den Zustand der endgültigen Herstellung versetzt worden sein kann.[76]

47 Zweifelhaft wird die Wirksamkeit solcher und ähnlicher Regelungen, wenn den Materialien Aspalt, Teer, Beton usw. der Zusatz „den Verkehrserfordernissen entsprechende Befestigung aus . . ." vorangestellt ist. Fehlerhaft sind solche Vorschriften jedenfalls, wenn sie dahin auszulegen sind, daß die geregelten Merkmale (etwa Pflasterung, Asphalt-, Teer-, Beton- oder ähnliche Decke neuzeitlicher Bauweise) nur dann zu einer endgültigen Herstellung der Erschließungsanlage führen sollen, wenn die jeweilige Ausbauart (zusätzlich) den Verkehrserfordernissen entspricht.[77] Mit einem solchen Inhalt ist das Ausbauprogramm insgesamt zu unbestimmt.

48 Es ist nicht zu beanstanden, wenn im Ausbauprogramm – was regelmäßig

---

[74] BVerwG, u.a. Beschluß v. 4. 9. 1980 – 4 B 119 u. 120.80 – Buchholz 406.11 § 131 BBauG Nr. 36 S. 81 (83) = KStZ 81, 30 = DVBl 81, 827.

[75] VGH Mannheim, u.a. Urteile v. 28. 7. 1987 – 2 S 1109/86 – und v. 13. 4. 1989 – 2 S 1879/88 –.

[76] OVG Münster, Urteil v. 19. 8. 1988 – 3 A 1967/86 – KStZ 89, 151.

[77] BVerwG, Urteil v. 10. 6. 1981 – 8 C 66.81 – Buchholz 406.11 § 131 BBauG Nr. 41 S. 23 (26) = NVwZ 82, 37 = BauR 82, 476; vgl. zu einer ähnlichen, allerdings noch hinreichenden Regelung auch BVerwG, Urteil v. 15. 11. 1985 – 8 C 41.84 – Buchholz 406.11 § 130 BBauG Nr. 35 S. 40 (46) = NVwZ 86, 299 = BWGZ 86, 63.

z. B. für die Befestigungen von Fahrbahnen, Geh- und Radwegen geschieht – mehrere Ausführungsarten **wahlweise** nebeneinander gestellt werden.[78] Wird dementsprechend in einer Satzung geregelt, daß z. B. Gehwege endgültig hergestellt sind, wenn sie mit einem Unterbau sowie einer wahlweise aus Asphalt, Teer, Platten oder Pflastersteinen bestehenden Decke versehen sind, dann sind sie in dem Zeitpunkt endgültig hergestellt, in dem alle Gehwegteile mit einer satzungsgemäßen Decke, sei es teilweise mit Platten, sei es teilweise mit einer Asphaltdecke oder in der sonst vorgesehenen Art, befestigt sind. Trifft dies zu, ist die endgültige Herstellung auch dann gegeben, wenn die Gemeinde einige Teile der Gehwege nur provisorisch herstellen wollte. Will die Gemeinde diese Rechtsfolge verhindern, kann sie dies durch eine – auf den konkreten Fall beschränkte – **Satzungsänderung** tun. Die bloße tatsächliche Verwaltungsübung, einen mit einer Asphaltdecke versehenen Gehweg erst nach Bebauung der anliegenden Grundstücke mit Platten zu belegen, reicht jedenfalls dazu nicht aus.[79]

Grundsätzlich ist ein **besonderes** Ausbauprogramm erforderlich für die **49** Herstellung **verkehrsberuhigter (Wohn-)Straßen** (vgl. zu deren Beitragsfähigkeit § 12 Rdnrn. 54 ff.) in der für diese Art von Verkehrsanlagen typischen Form einer einheitlichen Mischfläche.[80] Da eine solche Mischfläche nach § 42 Abs. 4 a StVO allen Verkehrsarten gleichermaßen offen steht, d. h. neben dem fließenden Kraftfahrzeug-, Fahrrad- und Fußgängerverkehr auch dem ruhenden Verkehr dient und überdies gelegentlich (kleinere) Grüninseln aufweist, kann ihre endgültige Herstellung ohne entsprechende ortsgesetzliche Anordnung nach dem Ausbauprogramm weder für die Fahrbahn noch dem für die Parkflächen oder die Gehwege beurteilt werden; letzteres gilt namentlich, wenn die Gehwege nach der Satzung einer Abgrenzung gegen die Fahrbahn bedürfen. Auf der Grundlage der jeweiligen Einzelregelungen kann sich der betroffene Bürger nämlich nicht ohne weiteres durch deren Vergleich mit dem tatsächlich erreichten Ausbauzustand ein Urteil darüber bilden, ob die verkehrsberuhigte Straße nunmehr endgültig hergestellt ist (vgl. dazu Rdnr. 43). Zwar wird man annehmen dürfen, daß ausnahmsweise eine Mischfläche auch ohne besonderes Ausbauprogramm als endgültig hergestellt qualifiziert werden kann, wenn alle in der Satzung vorgesehenen Herstellungsmerkmale der in der Mischfläche integrierten Teilanlagen (Fahrbahn, Rad- und Gehweg, Parkflächen) „erfüllt sind"[81] oder wenn „nach dem Ausbauprogramm

---

[78] BVerwG, u. a. Urteil v. 6. 9. 1968 – IV C 96.66 – BVerwGE 30, 207 (210) = DVBl 69, 274 = DÖV 69, 287.

[79] BVerwG, Urteil v. 5. 9. 1975 – IV CB 75.73 – Buchholz 406.11 § 133 BBauG Nr. 55 S. 15 (16 f.) = NJW 76, 818 = DÖV 76, 96.

[80] Ebenso u. a. OVG Bremen, Urteil v. 30. 8. 1988 – 1 BA 23/88 – KStZ 89, 55, OVG Lüneburg, Urteil v. 8. 11. 1988 – 9 A 11/87 – ZMR 89, 232, und Witte in NWVBl 88, 233.

[81] OVG Bremen, Urteil v. 30. 8. 1988 – 1 BA 23/88 – KStZ 89, 55, und OVG Schleswig, Beschluß v. 3. 9. 1991 – 2 M 8/91 –.

der Satzung für Gehwege keine Abgrenzung gegen die Fahrbahn gefordert und die Mischfläche in ihrer gesamten Ausdehnung den Ausbauprogrammen für Fahrbahn und Gehwege entspricht."[82] Doch dürfte das nur gelten, wenn – erstens – das Ausbauprogramm der damit bezeichneten Teileinrichtungen identisch ist und – zweitens – der betreffende verkehrsberuhigte Bereich durchgängig befestigt ist. Im übrigen aber dürfte ein besonderes Ausbauprogramm für „Straßenanlagen, die keine getrennten Flächen für den Geh- und Fahrverkehr haben"[83] geboten sein. Hinsichtlich der Art der Befestigung dürfte eine Bezugnahme alternativ auf die für Fahrbahnen und Gehwege maßgeblichen Ausbauprogramme[83] schwerlich auf durchgreifende Bedenken stoßen und mit Blick auf ggfs. angelegte nicht befestigte Teile ("Grüninseln") könnte einem Vorschlag von Witte[84] entsprechend angeordnet werden, die in Rede stehenden Anlagen seien insoweit endgültig hergestellt, „sobald die unbefestigten Teile mit Bäumen, Sträuchern oder anderweitig bepflanzt oder mit Rasen eingesät sind."

50   Einer zusätzlichen **Ortssatzung** bedarf es im übrigen, wenn eine Straße nicht entsprechend dem in der Satzung festgelegten Ausbauprogramm ausgeführt werden soll, und zwar nicht nur, wenn eine bessere Ausführung für erforderlich gehalten wird, sondern auch, wenn von den Erfordernissen der Satzung zugunsten einer geringerwertigen Herstellung abgewichen werden soll. Die Gemeinde kann das Ausbauprogramm der Straße – auch zu Lasten der Beitragspflichtigen – so lange jederzeit **ändern**, als die Straße noch nicht endgültig hergestellt ist, danach jedoch nicht mehr.[85] Auch in ihrer gesamten Ausdehnung endgültig hergestellte Teileinrichtungen können nicht mehr auf Kosten der Beitragspflichtigen geändert werden.[85] Ist eine Erschließungsanlage – z.B. eine Straße oder eine ihrer Teileinrichtungen, etwa die Fahrbahn oder die Gehwege – den rechtsgültigen Herstellungsmerkmalen entsprechend ausgebaut worden, kann in diesen Rechtszustand auch durch eine rückwirkende Änderung (Erhöhung der Anforderungen) der Herstellungsmerkmale nicht eingegriffen werden (vgl. Rdnr. 6).

3. Folgen einer unwirksamen Merkmalsregelung

51   Genügt eine Merkmalsregelung nicht den Anforderungen des § 132 Nr. 4 BauGB und kann deshalb eine Erschließungsanlage nicht endgültig hergestellt im Rechtssinne sein, vermag auch die "Einigkeit" der Parteien über die endgültige Herstellung an dieser Unfertigkeit im Rechtssinne nichts zu ändern. Denn die jeweiligen Vorstellungen der Parteien über den durch den

---

[82] OVG Lüneburg, Urteil v. 8. 11. 1988 – 9 A 11/87 – ZMR 89, 232.

[83] So § 11 Abs. 1c des bremischen Ortsgesetzes über die Erhebung von Erschließungsbeiträgen vom 20. 12. 1982 (BremGBl S. 405).

[84] Vgl. Witte in NWVBl 88, 233.

[85] BVerwG, u.a. Urteil v. 13. 12. 1985 – 8 C 66.84 – Buchholz 406.11 § 128 BBauG Nr. 35 S 19 (20f.) = DVBl 86, 349 = KStZ 86, 91.

Ausbau erreichten Zustand der Erschließungsanlage lassen die **objektiv** nach dem Ortsrecht zu beurteilende Fertigkeit oder Unfertigkeit einer Anlage unberührt.[86] Die Unbrauchbarkeit eines Teils der Merkmalsregelung oder ihre Gesamtunwirksamkeit führt nicht schon kraft Bundesrecht zu einer Unwirksamkeit auch der übrigen, mit dem Baugesetzbuch in Einklang stehenden Satzungsvorschriften.[87] Bundesrecht rechtfertigt vielmehr die Annahme, daß die Satzung – abgesehen von den unwirksamen Teilen – wirksam bleibt. Die unwirksamen Teile können durch fehlerfreie ersetzt werden, ohne daß die übrigen Vorschriften der Satzung erneut in die Beschlußfassung des Gemeinderats einbezogen werden müssen.[87] Allerdings ist ein Heranziehungsbescheid, der auf eine Satzung mit einer insgesamt unbrauchbaren Merkmalsregelung gestützt ist, rechtswidrig. Denn ohne eine wirksame Merkmalsregelung kann eine Erschließungsanlage nicht endgültig hergestellt im Rechtssinne sein, eine Beitragsforderung kann in einem solchen Fall erst mit Inkrafttreten einer fehlerfreien Merkmalsregelung entstehen. Der zuvor fehlerhafte Bescheid wird in diesem Zeitpunkt geheilt (vgl. zur Heilung im einzelnen § 19 Rdnrn. 19 ff.).

V. Auslegung von Satzungsvorschriften und Revisibilität

Die Auslegung des Inhalts von Satzungsvorschriften ist Auslegung von 52 Landesrecht; sie ist als solche nicht revisibel (§ 137 Abs. 1 VwGO). Allerdings ist bei einer solchen Auslegung das kraft Bundesrecht geltende Gebot, orts- oder landesrechtliche Normen **bundesrechtskonform** auszulegen, zu beachten. Danach ist es nicht zulässig, etwa eine Bestimmung der Erschließungsbeitragssatzung, die mit ihrem durch die Entstehungsgeschichte bestätigten Wortlaut bundesrechtlichen Anforderungen standhält, gegen ihren Wortlaut korrigierend in einem Sinne auszulegen, der Bundesrecht verletzt und daher zur Nichtigkeit führen würde. Ein Verstoß gegen das Gebot der bundesrechtskonformen Auslegung ist beispielsweise anzunehmen, wenn ein zur Auslegung von ortsrechtlichen Vorschriften berufenes Gericht eine Merkmalsregelung, nach der der Grunderwerb an der Straßenfläche Herstellungsmerkmal i. S. des § 132 Nr. 4 BauGB ist, dahin auslegt, der Grunderwerb solle bereits abgeschlossen sein, wenn eine „völlig unbedeutende" oder „geringfügige" Restfläche noch nicht im Eigentum der Gemeinde steht[88] (vgl. Rdnr. 39).

Für die Beantwortung der Frage nach den Auswirkungen einer teilweisen 53 Unwirksamkeit einzelner Satzungsvorschriften – etwa der Verteilungsrege-

---

[86] BVerwG, Urteil v. 2. 12. 1977 – 4 C 55.75 – Buchholz 406.11 § 132 BBauG Nr. 25 S. 20 (23) = KStZ 79, 129 = ZMR 79, 372.
[87] BVerwG, u. a. Urteil v. 28. 11. 1975 – IV C 45.74 – BVerwGE 50, 2 (5) = NJW 76, 1115 = DVBl 76, 942.
[88] BVerwG, Urteil v. 19. 11. 1982 – 8 C 39–41.84 – Buchholz 406.11 § 127 BBauG Nr. 38 S. 6 (11).

lung und der Merkmalsregelung – gilt folgendes: Führt die teilweise Unwirksamkeit zu einer bundesrechtlich beachtlichen Unvollständigkeit der Verteilungsregelung (vgl. § 18 Rdnrn. 8 ff.) oder der Merkmalsregelung (vgl. § 11 Rdnrn. 44 ff.), ist **Bundesrecht** mit der Folge berührt, daß kraft Bundesrecht die gesamte Verteilungs- oder Merkmalsregelung unwirksam ist. Nach **irrevisiblem Landesrecht** richtet sich dagegen, ob im übrigen die Unwirksamkeit eines Teils der Satzung oder einer einzelnen Satzungsvorschrift aus dem Rechtsgedanken des § 139 BGB die Unwirksamkeit der gesamten Satzung oder der einzelnen Vorschrift nach sich zieht.[89]

VI. Rückwirkung

54   Im Erschließungsbeitragsrecht kommt der Rückwirkung von Satzungen **keine** besondere praktische Bedeutung zu. Das Vorliegen einer wirksamen Erschließungsbeitragssatzung ist *eine* Voraussetzung für das Entstehen der sachlichen Beitragspflichten. Ein Heranziehungsbescheid, der vor Inkrafttreten einer wirksamen Satzung ergeht, ist ebenso rechtswidrig wie ein Bescheid, der ergeht, obwohl die sachlichen Beitragspflichten aus anderen Gründen (z. B. weil eine erforderliche Zustimmungserklärung nicht erteilt, die Anlage nicht gewidmet oder nicht endgültig hergestellt worden ist) noch nicht entstanden sind. Das Fehlen einer wirksamen Erschließungsbeitragssatzung mit gültiger Verteilungs- und Merkmalsregelung ist „nicht anders und nicht qualifizierter Grund für die Rechtswidrigkeit eines Beitragsbescheids, als dies für das Nichtbestehen" der sachlichen Beitragspflichten aus anderen Gründen zutrifft.[90] Wird ein Bescheid bestandskräftig, obwohl er auf eine fehlerhafte

---

[89] Vgl. zur Verteilungsregelung BVerwG, u. a. Beschluß v. 27. 11. 1981 – 8 B 189.81 – Buchholz 406.11 § 131 BBauG Nr. 44 S. 28 (33 f.) = DVBl 82, 546, und zur Merkmalsregelung BVerwG, u. a. Urteil v. 25. 2. 1981 – 8 C 7.81 – Buchholz 406.11 § 132 BBauG Nr. 32 S. 1 (3) = KStZ 81, 132 = ZMR 81, 382.

[90] BVerwG, Urteil v. 25. 11. 1981 – 8 C 14.81 – BVerwGE 64, 218 (223) = NVwZ 82, 375 = DVBl 82, 544. Insbesondere diese Entscheidung nimmt Schmitt at (in DVBl 83, 313) zum Anlaß, die – sich im übrigen auch etwa bei einer nachträglichen Zustimmung oder Widmung ergebende – Frage zu behandeln, ob nicht in Fällen, in denen das Inkrafttreten einer Satzung ohne Rückwirkungsanordnung erst viele Jahre nach Abschluß der technischen Ausbaumaßnahme das Entstehen der Beitragspflichten bewirkt, also weder eine Verjährung noch eine Verwirkung in Betracht kommt, ein schutzwürdiges Interesse des Bürgers anzuerkennen ist, nicht ohne zeitliche Begrenzung für eine zurückliegende Maßnahme herangezogen zu werden. Schmitt at bejaht diese Frage mit dem Hinweis auf den Verfassungsgrundsatz der Rechtssicherheit. Dabei vernachlässigt er allerdings, daß die Rechtssicherheit nur *ein* Bestandteil des verfassungsrechtlich gewährleisteten Rechtsstaatsprinzips ist und dem der Grundsatz der materiellen Gerechtigkeit gleichrangig gegenübersteht. Der letztere Grundsatz aber dürfte grundsätzlich tendentiell gegen die Annahme sprechen, allein ein (weder zur Verjährung noch zur Verwirkung führender) Zeitablauf könne es rechtfertigen, einen Bürger entgegen der von § 127 Abs. 1 BauGB nicht zuletzt im Interesse der materiellen Gerechtigkeit (Gleichbehandlung) allgemein angeordneten Beitragserhebungspflicht von einer Bela-

Satzung gestützt und – weil vor Entstehen der sachlichen Beitragspflichten ergangen – rechtswidrig ist, hat es damit sein Bewenden; die Bestandskraft deckt den Mangel.[91] Ist ein solcher Bescheid hingegen angefochten, kann er grundsätzlich dadurch in einer im gerichtlichen Verfahren noch zu berücksichtigenden Weise geheilt werden, daß eine fehlerfreie Erschließungsbeitragssatzung bzw. (nur) eine wirksame Verteilungs- oder Merkmalsregelung nachträglich in Kraft tritt, einer **Rückwirkungsanordnung** bedarf es dazu **nicht**[90] (Heilung mit Wirkung ex-nunc).

Allerdings ist für eine derartige Heilung kein Raum, wenn zwischen der **55** Bekanntgabe des rechtswidrigen Bescheids und dem das Entstehen der sachlichen Beitragspflichten (nachträglich) herbeiführenden Ereignis (hier: Inkrafttreten der Satzung ohne Rückwirkungsanordnung) ein **Wechsel im Eigentum** (Erbbaurecht) an dem einer Beitragspflicht unterliegenden Grundstück stattgefunden hat. Ist das in einem Abrechnungsgebiet ausnahmsweise in einer Vielzahl von Fällen geschehen, kann eine Gemeinde ein Interesse daran haben, die entsprechenden Bescheide dadurch rückwirkend zu heilen, daß sie die (nun) fehlerfreie (Änderungs-)Satzung mit einer Rückwirkungsanordnung ausstattet (Heilung mit Wirkung ex-tunc), wobei der Rückwirkungszeitraum zumindest den Zeitpunkt des Zugangs des Widerspruchsbescheids erfassen muß.[92] Nur bei einer solchen (sehr seltenen) Fallgestaltung gewinnt die Rückwirkung praktische Bedeutung und stellt sich die Frage nach ihrer Zulässigkeit.

Der Rückwirkung von Rechtssätzen sind durch das im Rechtsstaatsprinzip **56** (Art. 20 und 28 GG) verankerte Gebot des Vertrauensschutzes **Grenzen** gezogen.[93] Diese Grenzen lassen sich nicht mit Hilfe nur eines einzigen Merkmals bestimmen, sie müssen vielmehr von Fallgruppe zu Fallgruppe festgelegt werden.[94] Die hier in Rede stehende Fallgruppe ist dadurch gekennzeichnet, daß die Gemeinde eine Erschließungsbeitragssatzung erlassen hat, die sich (entweder insgesamt oder jedenfalls) in einem oder mehreren zentralen Punkten, etwa der Verteilungs- oder der Merkmalsregelung, mit der Folge als

---

stung mit einem Erschließungsbeitrag freizustellen. Etwas anderes kann nur in einem besonderen Ausnahmefall angenommen werden, etwa dann, wenn seit der technischen Herstellung der Anlage 20 Jahre vergangen und die Gemeinde innerhalb dieses Zeitraums keine Schritte unternommen hat, die ihren Willen erkennen lassen, das Entstehen der Beitragspflichten herbeizuführen.

[91] Allerdings steht die Bestandskraft nach der Rechtsprechung des BGH (vgl. u. a. Urteil v. 13. 10. 1994 – III ZR 24/94 – DVBl 95, 109) nicht der Geltendmachung eines Amtshaftungsanspruches (§ 839 BGB i. V. m. Art. 34 GG) entgegen; wird ein solcher Anspruch darauf gestützt, daß die Amtspflichtverletzung im Erlaß eines rechtswidrigen Heranziehungsbescheids bestehe, haben die Zivilgerichte die Rechtmäßigkeit dieses Bescheides ohne Rücksicht auf seine Bestandskraft zu überprüfen.

[92] BVerwG, Urteil v. 14. 12. 1979 – 4 C 12–16 u. 18.77 – Buchholz 406.11 § 132 BBauG Nr. 29 S. 36 (38) = KStZ 80, 70 = DÖV 80, 341.

[93] BVerfG, u. a. Urteil v. 19. 12. 1961 – 2 BvL 6/59 – BVerfGE 13, 261 (271).

[94] BVerfG, u. a. Beschlüsse v. 31. 3. 1965 – 2 BvL 17/73 – BVerfGE 18, 429 (439), und v. 16. 10. 1968 – 1 BvL 7/62 – BVerfGE 24, 220 (230).

fehlerhaft erweist, daß Erschließungsbeitragspflichten für den (regelmäßig bereits beendeten) technischen Ausbau einer beitragsfähigen Erschließungsanlage noch nicht entstanden sind. Durch die rückwirkend in Kraft gesetzte (Änderungs-)Satzung wird **nicht in** einen (erst mit dem Entstehen der Beitragspflichten) **abgeschlossenen Tatbestand eingegriffen**, sondern auf einen gegenwärtig noch nicht abgeschlossenen mit Wirkung für die Zukunft eingewirkt. Es handelt sich deshalb um einen Fall der sog. **unechten**[95] Rückwirkung, der regelmäßig vorliegt, wenn die Satzungsänderung sich auswirkt auf Sachverhalte zwischen dem Beginn der (hier: gemeindlichen) Leistung[96] und dem Entstehen der Abgabepflicht.[97]

57   Im Hinblick auf die Einmaligkeit des Erschließungsbeitrags, der – ist er einmal entstanden – durch nachträgliche Satzungsänderungen nicht mehr berührt werden kann,[98] ist eine **echte** Rückwirkung im Erschließungsbeitragsrecht **unzulässig**. Es ist daher im Einzelfall stets zunächst zu prüfen, ob die Ausgangssatzung einschließlich der Verteilungsregelung wirksam ist und sachliche Beitragspflichten hat entstehen lassen. Erweisen sich Zweifel an der Gültigkeit etwa der Verteilungsregelung als **unbegründet**, ist für eine rückwir-

---

[95] Hier und im folgenden wird an der herkömmlichen Unterscheidung zwischen echter und unechter Rückwirkung festgehalten, und zwar ungeachtet der Tatsache, daß die neuere Rechtsprechung des 2. Senats des Bundesverfassungsgerichts (vgl. etwa Beschlüsse v. 14. 5. 1986 – 2 BvL 2/83 – BVerfGE 72, 200,241 ff., v. 20. 1. 1988 – 2 BvL 23/82 – BVerfGE 77, 370,376, und v. 8. 6. 1988 – 2 BvL 9/85 – BVerfGE 78, 249,283) zwischen dem sachlichen und zeitlichen Anwendungsbereich einer Norm bzw. zwischen ihrem tatbestandlichen Anknüpfungsbereich und dem zeitlichen Bereich ihrer Rechtsfolgenanordnung unterscheidet. Nach Ansicht des 2. Senats entfaltet eine Rechtsnorm dann (und nur dann) Rückwirkung, wenn der Beginn ihres zeitlichen Anwendungsbereichs normativ auf einen Zeitpunkt festgelegt ist, der vor dem Zeitpunkt liegt, zu dem die Norm rechtlich existent, d. h. gültig geworden ist. Für die Frage der Rückwirkung ist danach die zeitliche Zuordnung der normativ angeordneten Rechtsfolgen im Hinblick auf den Zeitpunkt der Verkündung der Norm maßgebend, d. h. ob diese Rechtsfolgen für einen bestimmten, vor der Verkündung der Norm liegenden Zeitraum eintreten sollen oder erst für einen nach diesem Zeitpunkt beginnenden Zeitraum. Nach dieser Auffassung betreffen alle anderen in einer Norm enthaltenen Merkmale ihren sachlichen Anwendungsbereich, gehören also zu ihren Tatbestandsmerkmalen. Eine tatbestandliche Rückanknüpfung ist einer Norm insoweit eigen, als sie den Eintritt ihrer Rechtsfolgen von Gegebenheiten aus der Zeit vor ihrer Verkündung abhängig macht (vgl. dazu auch Fiedler in NJW 88, 1624, sowie die Kritik an dem Beschluß v. 14. 5. 1986 – 2 BvL 2/83 – in KStZ 87, 210).

[96] Etwas anderes gilt, wenn eine Abgabe ausnahmsweise nicht entscheidend an eine Leistung der Gemeinde, sondern an eine Investition des Bürgers anknüpft, wie z. B. die Wohnungsbauabgabe nach § 9 KAG S-H. Hat der Bürger seine, die lastauslösende Wohnung erbaut, greift jede Änderung des Abgabegesetzes i. S. einer echten Rückwirkung in einen "abgeschlossenen" Sachverhalt ein; vgl. dazu BVerwG, Urteil v. 27. 1. 1978 – 7 C 32.76 – Buchholz 401.69 Wohnungsbauabgaben Nr. 3 S. 3 (6) = KStZ 78, 149 = DGemStZ 79, 42.

[97] BVerfG, u. a. Beschluß v. 23. 3. 1971 – 2 BvL 17/69 – BVerfGE 30, 392 (402 f.).

[98] BVerwG, u. a. Urteil v. 20. 1. 1978 – 4 C 2.75 – Buchholz 406.11 § 132 BBauG Nr. 26 S. 25 (27) = DÖV 78, 568 = KStZ 79, 89.

kende Änderungssatzung kein Raum und bleibt eine gleichwohl erfolgte rückwirkende Änderung ohne Konsequenzen, weil – sofern alle übrigen dafür erforderlichen Voraussetzungen erfüllt sind – auf der Grundlage der Ausgangssatzung Erschließungsbeitragspflichten mit der Folge entstanden sind, daß eine spätere Satzung ungeachtet einer ihr beigelegten Rückwirkung die Beitragspflichten nicht ein weiteres Mal und gar in einer anderen Höhe entstehen lassen kann.[99] Ist hingegen die Ausgangssatzung fehlerhaft und haben deshalb keine Beitragspflichten entstehen können, bestehen gegen ein rückwirkendes Inkraftsetzen der Änderungssatzung **keine** Bedenken, eine solche unechte Rückwirkung ist grundsätzlich zulässig. Einem etwaigen Vertrauen eines Betroffenen, wegen der Unwirksamkeit der ursprünglichen Satzung von einer Beitragspflicht überhaupt verschont zu bleiben, fehlt die Schutzwürdigkeit, weil schon seit Inkrafttreten des Bundesbaugesetzes jeder Bürger bei der erstmaligen Herstellung einer beitragsfähigen Erschließungsanlage mit einer Belastung durch Erschließungsbeiträge rechnen muß.[100]

Eine andere, über die (bloße) Heilung eines angefochtenen, ursprünglich 58 mangels wirksamer Satzung (Verteilungsregelung) fehlerhaften Bescheids mit Wirkung ex-tunc hinausgehende und in erster Linie die Möglichkeit einer *Nacherhebung* (vgl. § 10 Rdnrn. 15 ff.) betreffende Frage ist, ob sich das Gebot des Vertrauensschutzes zugunsten eines Betroffenen und gegen die Zulässigkeit einer unechten Rückwirkung "auszahlt", wenn bzw. soweit die rückwirkende (Änderungs-)Satzung für sein Grundstück zu einer höheren Beitragspflicht führt, als sie durch die vorangegangene fehlerhafte Satzung begründet zu sein schien. Diese Frage ist uneingeschränkt zu verneinen, sofern die Verteilungsregelung der Satzung mangels Vereinbarkeit mit § 131 Abs. 2 und 3 BauGB nichtig war und das Entstehen einer höheren Beitragspflicht eine **unmittelbare** Konsequenz der rückwirkenden Beseitigung gerade **dieses** Fehlers ist. „Müssen die Betroffenen nämlich in solchen Fällen überhaupt mit einer (notfalls rückwirkend ermöglichten) Inanspruchnahme rechnen, dann schließt dies im Fall der Nichtigkeit des Beitragsmaßstabs der Ausgangssatzung ein, mit einer höheren Inanspruchnahme rechnen zu müssen. Denn die Notwendigkeit einer von der nichtigen Satzung abweichenden Verteilung des Aufwands hat unausweichlich zur Folge, daß sich die Höhe der einzelnen Beitragspflichten ändert. Das gehört daher bei Fallgestaltungen, von denen hier die Rede ist, zu den in der Natur der Sache liegenden und dementsprechend den Betroffenen als vorhersehbar anzulastenden Risiken."[101] **Dagegen scheitert** eine nachträgliche Beitragserhöhung am bundesverfassungsrechtlichen Grundsatz des Vertrauensschutzes, die sich daraus er-

---

[99] BVerwG, Urteil v. 7. 4. 1989 – 8 C 83.87 – Buchholz 406.11 § 132 BBauG Nr. 43 S. 5 (6 ff.) = DVBl 89, 678 = HSGZ 89, 267.
[100] BVerwG, u. a. Urteil v. 28. 11. 1975 – IV C 45.74 – BVerwGE 50, 2 (8) = NJW 76, 1116 = DVBl 76, 942 mit weiteren Nachweisen.
[101] BVerwG, Urteile v. 15. 4. 1983 – 8 C 170.81 – BVerwGE 67, 129 (132) = NVwZ 83, 188 = KStZ 83, 205, und – 8 C 169.81 – ZfBR 83, 287.

klärt, daß der Ortsgesetzgeber die rückwirkende Beseitigung eines Fehlers der Verteilungsregelung zum Anlaß genommen hat, diese Verteilungsregelung zugleich auch durch den Austausch einer rechtlich unbedenklichen Maßstabskomponente zu ändern. „Mit auf einem derartigen rückwirkenden Austausch beruhenden Beitragsumverteilungen brauchen die betroffenen Grundstückseigentümer nicht zu rechnen, darauf zurückzuführende Höherbelastungen sind für sie nicht vorhersehbar und können ihnen daher nicht aufgebürdet werden, so daß eine entsprechende Rückwirkungsanordnung insoweit wegen Verstoßes gegen Bundesrecht nichtig ist."[99]

59   Soweit nicht das Landesrecht den zulässigen Zeitraum für eine Rückwirkung auf den **Verjährungszeitraum** begrenzt (vgl. z.B. § 3 Abs. 2 Satz 3 KAG Hess), gilt für die Rückwirkung keine den Verjährungsvorschriften entsprechende zeitliche Beschränkung. Von Bundesrechts wegen vermag der Gedanke an die Verjährung für eine zeitliche Grenze der Rückwirkung nichts herzugeben.[102]

---

[102] BVerwG, Urteil v. 28. 11. 1975 – IV C 45.74 – BVerwGE 50, 2 (9) = NJW 76, 1115 = DVBl 76, 942.

Dritter Abschnitt
Aufwendungsphase

§ 12 Beitragsfähige Erschließungsanlagen

I. Abschließende Festlegung der beitragsfähigen Erschließungsanlagen

In § 127 Abs. 2 BauGB hat der Bundesgesetzgeber die Erschließungsanla- 1
gen, für die ein Erschließungsbeitrag zu erheben ist, abschließend und bindend festgelegt. Zur Erweiterung oder Einengung des Kreises der beitragsfähigen Erschließungsanlagen ist seit Inkrafttreten des Gesetzes zur Änderung
des Grundgesetzes vom 27. Oktober 1994 am 15. November 1994 (vgl. dazu
§ 1 Rdnr. 9) zwar – jedenfalls im Ergebnis – der Landes-, nicht aber der
Ortsgesetzgeber befugt.[1]

Allerdings hat die kraft Bundesrecht erfolgte Festlegung der beitragsfähi- 2
gen Erschließungsanlagen lediglich eine mehr **negative** Ausschlußwirkung in
dem Sinne, daß für andere als die in § 127 Abs. 2 BauGB aufgezählten Erschließungsanlagen Erschließungsbeiträge nicht erhoben werden können. Sie
hat aber **nicht** zwangsläufig zur Folge, daß alle in § 127 Abs. 2 BauGB genannten Anlagen (positiv) immer und in vollem Umfang beitragsfähige Erschließungsanlagen sind. So können beispielsweise Anlagen der in § 127
Abs. 2 BauGB bezeichneten Art beitragsfähig nur sein, wenn sie von der
Gemeinde im Rahmen ihrer Erschließungslast nach § 123 Abs. 1 BauGB hergestellt worden sind[2] (vgl. § 2 Rdnr. 8). Deshalb ist etwa eine Straße keine
beitragsfähige Erschließungsanlage i.S. des § 127 Abs. 2 Nr. 1 BauGB, wenn
sie rechtlich Bestandteil einer öffentlichen Sache ist, die ihrerseits nicht in
Erfüllung der gemeindlichen Erschließungslast hergestellt worden ist.[3] Dagegen kann die Gemeinde Erschließungsbeiträge beispielsweise selbst dann erheben, wenn sie in Vollzug eines Bebauungsplans eine Anbaustraße auf der
Fläche eines Genossenschaftswegs ausgebaut hat.[4]

Schon bei der Abgrenzung der beitragsfähigen von den nicht beitragsfähi- 3
gen Erschließungsanlagen muß dem hinter jeder Beitragserhebung stehenden

---

[1] Vgl. BVerfG, Beschluß v. 5. 7. 1972 – 2 BvL 6/66 u. a. – BVerfGE 33, 265 (286 ff.)
= NJW 72, 1851 = DVBl 72, 887.
[2] BVerwG, u. a. Urteil v. 25. 11. 1981 – 8 C 10.81 – Buchholz 406.11 § 123 BBauG
Nr. 22 S. 13 (15 f.) = NVwZ 82, 435 = KStZ 82, 92.
[3] BVerwG, Urteil v. 25. 1. 1985 – 8 C 82.83 – Buchholz 406.11 § 127 BBauG Nr. 44
S. 25 ff. = KStZ 85, 150 = ZMR 85, 242.
[4] Vgl. OVG Lüneburg, Urteil v. 25. 1. 1989 – 9 A 166/86 – KStZ 89, 239.

Gedanken des Sondervorteils angemessen Rechnung getragen werden. Beitragsfähig kann daher eine Anlage i. S. des § 127 Abs. 2 BauGB **lediglich** sein, wenn sie ihrer Erschließungsfunktion nach einem (Abrechnungs-)Gebiet zuzuordnen ist, das hinsichtlich des Kreises der beitragspflichtigen Grundstükke genau bestimmt und abgegrenzt werden kann. Denn das mit dem Gesetz verfolgte Ziel, durch die Erhebung des Erschließungsbeitrags einen durch die Anlage vermittelten besonderen Vorteil auszugleichen, kann nur erreicht werden, wenn eine hinreichend deutliche und überzeugende **Differenzierung** möglich ist zwischen den Grundstücken, die von der Anlage einen besonderen, beitragsbegründenden Sondervorteil haben, und den Grundstücken, für die die Anlage lediglich einen beitragsfreien Gemeinvorteil auslöst. Eine solche Möglichkeit besteht in der Regel nicht bei Sammelstraßen i. S. des § 127 Abs. 2 Nr. 3 BauGB (vgl. § 2 Rdnr. 46 und § 12 Rdnr. 71), bei selbständigen Parkflächen i. S. des § 127 Abs. 2 Nr. 4 BauGB (vgl. § 2 Rdnr. 47 und § 12 Rdnr. 81) sowie bei Verbindungsfußwegen i. S des § 127 Abs. 2 Nr. 2 BauGB (vgl. § 2 Rdnr. 48 und § 12 Rdnr. 63). Und sie besteht ferner beispielsweise nicht bei besonders großen Grünanlagen (etwa Tiergarten in Berlin oder Englischer Garten in München), die nicht der Erholung der Bevölkerung eines abgrenzbaren (Bau-)Gebiets, sondern der einer ganzen Gemeinde zu dienen bestimmt sind.

4   Der Begriff der beitragsfähigen Erschließungsanlage ist nicht ein **Begriff** des Erschließungs- oder des Planungsrechts, sondern ein solcher **des Erschließungsbeitragsrechts.** Nach der ständigen Rechtsprechung des Bundesverwaltungsgerichts[5] stellt dieser Begriff ab auf eine **"natürliche Betrachtungsweise"**; maßgebend ist das durch die tatsächlichen Gegebenheiten geprägte Erscheinungsbild, nicht aber eine z. B. lediglich "auf dem Papier stehende" planerische Festsetzung. Das gilt für alle in § 127 Abs. 2 BauGB aufgezählten beitragsfähigen Erschließungsanlagen und hat bei Anbaustraßen im Sinne des § 127 Abs. 2 Nr. 1 BauGB beispielsweise zur Folge, daß – erstens – für den Fall, daß eine Gemeinde eine im Bebauungsplan mit einer Länge von 500 m ausgewiesene Straße nur in einer Länge von 400 m anlegt, ausschließlich die **tatsächlich angelegte** Straße beitragsfähige Erschließungsanlage sein kann, insoweit also kein Raum für eine Abschnittsbildung (vgl. § 130 Abs. 2 Sätze 1 und 2 BauGB) ist, und daß – zweitens – einem Grundstück **keine** Eckgrundstücksvergünstigung zu gewähren ist, wenn es außer an die jetzt abgerechnete Anbaustraße "grenzt" an eine lediglich im Bebauungsplan festgesetzte, tatsächlich aber noch nicht angelegte zweite Straße.[6] Denn mangels tatsächlicher Existenz steht diese zweite Straße nur "auf dem Papier" und erfüllt damit nicht die Voraussetzungen, die die Annahme rechtfertigen, es handele sich bei ihr (schon) um eine beitragsfähige Erschließungsanlage.

---

    [5] BVerwG u. a. Urteil v. 15. 2. 1991 – 8 C 56.89 – BVerwGE 88, 53(55 f.) = DVBl 91, 591 = NVwZ 91, 1094.
    [6] Ebenso u. a. OVG Hamburg, Urteil v. 25. 7. 1989 – Bf VI 1/89 – KStZ 90, 180.

Bereits an dieser Stelle sei mit Blick namentlich auf Anbaustraßen auf **zwei** 5
Ausnahmen vom Grundsatz der Maßgeblichkeit des durch die tatsächlichen
Gegebenheiten geprägten Gesamteindrucks hingewiesen: Zum einen kann
entgegen dem sich auf der Grundlage einer natürlichen Betrachtungsweise
ergebenden Gesamteindruck z.B. eine nur 7 m lange Stichstraße eine selbst-
ständige Erschließungsanlage sein, wenn sie erst **nach** endgültiger Herstellung
und **Entstehen der sachlichen Beitragspflichten** für die Anbaustraße angelegt
worden ist, von der sie abzweigt (vgl. Rdnr. 15). Und zum anderen erfüllt
eine Straße, die lediglich einseitig zum Anbau bestimmt ist, von Fall zu Fall,
d.h. im Rahmen des Anwendungsbereichs des sog. **Halbteilungsgrundsatzes,**
ebenfalls entgegen dem durch die tatsächlichen Verhältnisse geprägten Erscheinungsbild nur in ihrer den bebaubaren Grundstücken zugewandten
Hälfte den Begriff der beitragsfähigen Erschließungsanlage im Sinne des
§ 127 Abs. 2 Nr. 1 BauGB (vgl. Rdnr. 39).

Die verschiedenen, in den Nrn. 1 bis 5 des § 127 Abs. 2 BauGB aufgezähl- 6
ten Arten von Erschließungsanlagen haben **unterschiedliche (Haupt-)Funktio-
nen.** So dienen beispielsweise die öffentlichen zum Anbau bestimmten Straßen, Wege und Plätze (Anbaustraßen – Nr. 1) in erster Linie dem Anbau und
der Bewältigung des dadurch ausgelösten Verkehrs, während die (selbständigen) Grünanlagen (Nr. 4) eine Gartenersatzfunktion und die (selbständigen)
Immissionsschutzanlangen (Nr. 5) eine Abwehrfunktion haben. Diese Erkenntnis ist nicht nur von Bedeutung für die Beschreibung des Erschließungsvorteils (vgl. § 9 Rdnrn. 3 ff.) und in der Folge für die Abgrenzung
zwischen den erschlossenen und den nicht erschlossenen Grundstücken (vgl.
§ 131 Abs. 1 Satz 1 BauGB), sondern auch für die Beantwortung der Frage,
ob eine Erschließungsanlage insgesamt, d.h. mit allen ihr zurechenbaren Bestandteilen, eine i.S. des § 127 Abs. 2 BauGB beitragsfähige Anlage ist. Das
ist nur hinsichtlich der Bestandteile zu bejahen, die der besonderen (Haupt-)
Funktion der jeweiligen Anlage zu dienen bestimmt und ihr zu dienen geeignet sind, die also *in diesem Sinne wesentliche* **Bestandteile** der Anlage sind.
Wird beispielsweise eine Anbaustraße nicht im Hinblick auf den durch die
angrenzenden Grundstücke, sondern durch den von einem nahegelegenen
Messegelände, Fußballstadion usw. ausgelösten Fahrzeugverkehr mit einer
breiten Parkspur versehen, ist diese kein wesentlicher Bestandteil dieser Anbaustraße; sie ist nicht der (Haupt-)Funktion dieser Anlage zu dienen bestimmt, die Straße ist deshalb – unabhängig von der Regelung des § 129
Abs. 1 Satz 1 BauGB – insoweit keine beitragsfähige Anlage.[7] Hingegen sind
etwa Sitzbänke ein wesentlicher Bestandteil einer Grünanlage, da diese anderenfalls nicht ihre Funktion (Erholung) erfüllen kann.[8] Würde eine Gemeinde
in einer Grünanlage gleichsam Sitzbank an Sitzbank reihen, änderte dies

---

[7] Vgl. dazu BVerwG, Urteil v. 11. 12. 1970 – IV C 25.69 – DVBl 71, 508 = ZMR 71,
290 = KStZ 71, 180.
[8] BVerwG, Urteil v. 21. 10. 1970 – IV C 51.69 – Buchholz 406.11 § 127 BBauG
Nr. 10 S. 11 (12 f.) = DVBl 71, 213 = DÖV 71, 391.

nichts daran, daß die Grünanlage auch insoweit eine beitragsfähige Erschließungsanlage ist. Allerdings wäre in einem solchen Fall das, was für eine funktionsgerechte Nutzung der Anlage erforderlich ist, bei weitem überschritten mit der Folge, daß durch die Anwendung des § 129 Abs. 1 Satz 1 BauGB eine Begrenzung des Umfangs des beitragsfähigen Aufwands vorzunehmen wäre.

II. Öffentliche zum Anbau bestimmte Straßen, Wege und Plätze

7   Nach dem früheren Anliegerbeitragsrecht (vgl. etwa § 15 PrFluchtlG) waren beitragsfähige Anlagen nur die sog. Anbaustraßen. Zwar hat der Bundesgesetzgeber den Kreis der beitragsfähigen Erschließungsanlagen erweitert, jedoch stehen gleichwohl die Anbaustraßen im Mittelpunkt des Erschließungsbeitragsrechts. Von zentraler Bedeutung ist daher weiterhin der Begriff "öffentliche zum Anbau bestimmte Straßen" (einschließlich Wege und Plätze).

1. Selbständige Straßen, Wege und Plätze

8   Der Bundesgesetzgeber hat in § 127 Abs. 2 Nrn. 1 bis 3 BauGB nicht definiert, was Straßen, Wege und Plätze im Sinne dieser Vorschrift sind. In § 127 Abs. 2 Nr. 4 BauGB (bei der Verweisung auf die Nrn. 1 bis 3) hat er sie sämtlich als „**Verkehrsanlagen**" bezeichnet, was bei Straßen und Wegen ihrer Natur nach ohnehin unzweifelhaft ist. Für Plätze folgt daraus, daß sie – sollen sie von § 127 Abs. 2 Nr. 1 BauGB erfaßt werden – zumindest auch dem Verkehr und nicht ausschließlich anderen Zwecken (z. B. als Marktplatz oder Erholungsfläche) dienen müssen.

9   Der Begriff "Straße" (einschließlich Wege und Plätze) ist in § 127 Abs. 2 Nr. 1 BauGB (und gleiches gilt für die entsprechenden Begriffe in den Nrn. 2 und 3 des § 127 Abs. 2 BauGB) ein *eigenständiger* (bundesrechtlicher) **Begriff des Erschließungsbeitragsrechts**, er ist dem erschließungsbeitragsrechtlichen Begriff der beitragsfähigen Erschließungsanlage untergeordnet.[9] Deshalb bestimmt allein das Bundesrecht, ob eine Verkehrsanlage eine selbständige Straße (ein Weg oder ein Platz) i. S. des § 127 Abs. 2 Nr. 1 BauGB ist und ob bestimmte Teileinrichtungen wie z. B. die Straßenbeleuchtung[10] (vgl. § 128

---

[9] BVerwG, Urteil v. 13. 12. 1985 – 8 C 66.84 – DVBl 86, 173 = KStZ 86, 91 = ZfBR 86, 93.

[10] Das übersieht Gaßner (in DÖV 83, 412,416), wenn er meint, eine Straßenbeleuchtungsanlage sei nicht Bestandteil einer Straße im Sinne des Landes- bzw. Ortsstraßenrechts und folglich könne sie nicht Gegenstand einer Erschließungsbeitragserhebung sein. Zwar ist Gaßner zuzustimmen, daß das Grundgesetz dem Bundesgesetzgeber keine Zuständigkeit zur Regelung des Ortsstraßenrechts eingeräumt hat, doch ist diese Aussage unergiebig. Denn der Bundesgesetzgeber hat kraft der ihm seinerzeit zustehenden Gesetzgebungsbefugnis für das Erschließungs- und Erschließungsbeitragsrecht eine Regelung getroffen, die nur für dieses Rechtsgebiet, nicht aber auch für das Ortsstraßenrecht Geltung beansprucht.

Abs. 1 Nr. 2 i. V. m. § 127 Abs. 2 Nr. 1 BauGB) zu den Teileinrichtungen einer solchen beitragsfähigen Erschließungsanlage gehören.

Das Erschließungsbeitragsrecht hebt in § 127 Abs. 2 Nr. 1 BauGB ab auf 10 eine selbständige Verkehrsanlage als **einzelne** Erschließungsanlage. Für die Beantwortung der Frage, ob eine Straße bzw. ein Straßenzug eine einzelne Erschließungsanlage ist oder aus mehreren Anlagen besteht, kommt es regelmäßig nicht auf eine einheitliche Straßenbezeichnung an. „Vielmehr ist, ausgehend von einer **natürlichen Betrachtungsweise,** maßgebend auf das Erscheinungsbild (z. B. Straßenführung, Straßenbreite, Straßenlänge, Straßenausstattung) abzustellen, so daß Unterschiede, welche jeden der Straßenteile zu einem augenfällig abgegrenzten Element des Straßennetzes machen, jeden dieser Straßenteile als eine eigene Erschließungsanlage kennzeichnen."[11]

Auf der Grundlage dieser Betrachtungsweise ergibt sich beispielsweise, daß 11 eine Straße mit zwei durch einen (schmalen) Grün- oder Parkstreifen getrennten **Richtungsfahrbahnen** grundsätzlich eine einzelne Erschließungsanlage ist, die die Gemeinde mangels einer sie dazu ermächtigenden Bestimmung nicht in Längsrichtung trennen und so in zwei selbständige Erschließungsanlagen zerlegen darf.[11] Zulässig ist in einem solchen Fall jedoch, jede Richtungsfahrbahn als eine Teilanlage i. S. des § 127 Abs. 3 BauGB getrennt im Wege der Kostenspaltung abzurechnen.[12] Dagegen handelt es sich um zwei einzelne Erschließungsanlagen, wenn die Richtungsfahrbahnen z. B. durch ein Gewässer, einen abgesonderten Schienenweg oder einen breiten Mittelstreifen *augenfällig* voneinander abgegrenzt werden.[13] An einer derartigen augenfälligen Trennung fehlt es, wenn eine Straße einen höhengleichen Schienenweg der Bahn kreuzt; durch eine solche Kreuzung wird deshalb eine Straße nicht in zwei Erschließungsanlagen geteilt.[14]

Auf der Grundlage einer **natürlichen Betrachtungsweise** beurteilt sich auch, 12 wieweit die Fläche einer bestimmten Straße reicht.[15] Demgemäß gehört zu einer Straße das an Fläche, was tatsächlich durch den Ausbau unmittelbar für Straßenzwecke benutzt worden ist, d. h. die Fläche, die für die Herstellung sog. **flächenmäßiger Teilanlagen** – wie etwa für die Herstellung von Fahrbahnen, Geh- und Radwegen oder von (selbständigen) Park- bzw. Grünstreifen – **optisch sichtbar** in Anspruch genommen worden ist. Folglich zählt die (Teil-)Fläche eines Anliegergrundstücks, auf der die Gemeinde eine zur Stüt-

---

[11] BVerwG, Urteil v. 21. 9. 1979 – 4 C 55.76 – Buchholz 406.11 § 130 BBauG Nr. 24 S. 23 (25) = DÖV 80, 833 = KStZ 80, 110; vgl. in diesem Zusammenhang auch BVerwG, Beschluß v. 7. 10. 1983 – 8 B 91.83 – Buchholz 406.11 § 127 BBauG Nr. 41 S. 17 (18 f.).

[12] BVerwG, Urteil v. 8. 8. 1975 – IV C 74.73 – Buchholz 406.11 § 127 BBauG Nr. 22 S. 6 (9) = DÖV 76, 347 = GemTg 76, 113.

[13] Ebenso bei einem 28, 5 m breiten Grünstreifen VGH Kassel, Beschluß v. 15. 12. 1988 – 5 TH 3482/86 –.

[14] OVG Lüneburg, Urteil v. 20. 11. 1989 – 9 A 5/88 – KStZ 90, 173.

[15] Vgl. BVerwG, Urteil v. 15. 2. 1991 – 8 C 56.89 – BVerwGE 88, 53(56) = DVBl 91, 591 = NVwZ 91, 1094.

zung der Straße erforderliche Böschung (oder Stützmauer) angelegt hat, selbst dann nicht zur beitragsfähigen Erschließungsanlage im Sinne des § 127 Abs. 2 Nr. 1 BauGB, wenn sie nach dem einschlägigen Landesstraßenrecht Teil der Straße ist.[16]

13   Das äußere Erscheinungsbild, d.h. der **Gesamteindruck**, den die jeweiligen tatsächlichen Verhältnisse einem unbefangenen Beobachter vermitteln, ist grundsätzlich auch maßgebend für die Beantwortung der insbesondere bei der Abrechnung einer öffentlichen Stichstraße (Sackgasse) bedeutsamen Frage, ob es sich insoweit um eine erschließungsrechtlich **selbständige** Erschließungsanlage i.S. des § 127 Abs. 2 Nr. 1 BauGB oder "lediglich" um einen unselbständigen Bestandteil, d.h. um einen Abschnitt der Anbaustraße handelt, von der sie abzweigt. Von Belang sind für die Beurteilung der erschließungsrechtlichen Selbständigkeit die Ausdehnung der jeweiligen Verkehrsanlage, ihre Beschaffenheit, die Zahl der durch sie erschlossenen Grundstücke und vor allem das **Maß der Abhängigkeit** zwischen ihr und der Straße, in die sie einmündet. Das Maß der Abhängigkeit ist deshalb von besonderem Gewicht, weil etwa eine Stichstraße (Sackgasse) ausschließlich auf die Straße angewiesen ist, von der sie abzweigt, sie darin einer (unselbständigen) Zufahrt ähnelt und deshalb der Eindruck der Unselbständigkeit auch bei einer Ausdehnung besteht, bei der eine Anlage mit Verbindungsfunktion schon den Eindruck der Selbständigkeit vermittelt. Dementsprechend ist grundsätzlich eine öffentliche, für das Befahren mit Kraftfahrzeugen aller Art vorgesehene, bis zu 100 m lange und **nicht verzweigte** Sackgasse (Stichstraße), die eine ihrer Ausdehnung angemessene Anzahl von Grundstücken erschließt, als **erschließungsrechtlich unselbständig** und als Bestandteil der Anbaustraße anzusehen, in die sie einmündet.[17]

14   Das gilt allerdings – wie gesagt – nur für nicht verzweigte, d.h. für **nicht abknickende** im Sinne von gerade verlaufende Sackgassen. Der Sache nach geht es in diesem Zusammenhang um eine Abgrenzung zwischen (noch) unselbständigen Zufahrten und (schon) selbständigen Straßen sowie die Beantwortung der Frage, wann eine Sackgasse einer **unselbständigen Zufahrt** so sehr **ähnelt**, daß es gerechtfertigt ist, sie (noch) als erschließungsrechtlich unselbständig, als "Anhängsel" der Straße anzusehen, von der sie abzweigt. Das ist dann der Fall, wenn ein unbefangener Beobachter, der im **Bereich der Abzweigung** steht, aufgrund der tatsächlichen Gegebenheiten den Eindruck gewinnt, die Sackgasse könne doch wohl unmöglich selbst schon eine "richtige" (selbständige) Straße sein, sie sei doch lediglich ein "Anhängsel" der Verkehrsanlage, von der sie abzweigt. Dieser Eindruck wird u.a. davon geprägt, ob der bezeichnete Beobachter – wie bei einer unselbständigen Zufahrt – von seinem Standort aus das **Ende** der zu beurteilenden Sackgasse **sehen**

[16] BVerwG, Urteil v. 29. 10. 1993 – 8 C 53.91 – Buchholz 406.11 § 127 BBauG/BauGB Nr. 70 S. 101 (103) = ZMR 94, 128 = KStZ 94, 76.
[17] BVerwG, u.a. Urteil v. 25. 1. 1985 – 8 C 106.83 – Buchholz 406.11 § 131 BBauG Nr. 59 S. 78ff. = NVwZ 85, 753 = DVBl 85, 621.

kann. Das trifft **nicht** zu, wenn eine Stichstraße nach z. B. 20 m im rechten Winkel abknickt und dann noch eine mehr oder weniger lange Strecke weiterläuft. Eine solche Sackgasse ist deshalb eine **selbständige** Erschließungsanlage.[18]

Ebenfalls stets als **selbständig** ist eine Stichstraße zu qualifizieren, die erst **15** nach der endgültigen Herstellung und dem **Entstehen der sachlichen Beitragspflichten** für die Anbaustraße angelegt worden ist, von der die Sackgasse abzweigt; trifft das zu, kann z. B. selbst eine nur 7 m lange und 6 m breite (befahrbare) Stichstraße eine selbständige beitragsfähige Erschließungsanlage sein.[19] Unabhängig von ihrer Länge ist als erschließungsrechtlich selbständig überdies eine zum Anbau bestimmte Straßenteilstrecke einzustufen, um die eine vorhandene Erschließungsanlage i. S. des § 242 Abs. 1 BauGB verlängert worden ist.[20] Entsprechendes gilt für zunächst im Außenbereich gelegene Verlängerungsstrecken von endgültig hergestellten beitragsfähigen Anbaustraßen dann, wenn sich die rechtlichen Verhältnisse derart verändert haben, daß sie nunmehr im Innenbereich verlaufen.[21]

Ist eine öffentliche, für das Befahren mit Kraftfahrzeugen aller Art vorgese- **16** hene (Stich-)Straße als erschließungsrechtlich **unselbständig** zu qualifizieren, ist sie als ein "Anhängsel", als Bestandteil der Straße anzusehen, in die sie einmündet. Das hat zur Folge, daß der beitragsfähige Aufwand für die unselbständige Anlage Teil des Aufwands für die entsprechende Erschließungsstraße ist. Unabhängig von dieser Straße kann die unselbständige Anlage nur abgerechnet werden, wenn die Voraussetzungen für eine **Abschnittsbildung** gemäß § 130 Abs. 2 Satz 2 BauGB erfüllt sind (vgl. dazu § 14 Rdnrn. 19 ff.). Grenzt in einem solchen Fall ein Grundstück an zwei zulässigerweise gebildete Abschnitte (somit nur) einer beitragsfähigen Anbaustraße, ist diesem Umstand bei der Aufwandsverteilung für jeden der Abschnitte dadurch Rechnung zu tragen, daß das Grundstück rechnerisch geteilt und jeweils nur mit dem Anteil an den sich aus der einschlägigen Satzungsbestimmung ergebenden "Verteilungswerten" berücksichtigt wird, der dem Verhältnis der Frontlängen an dem einen und dem anderen Abschnitt entspricht.[22]

Nach der ständigen Rechtsprechung des Bundesverwaltungsgerichts[23] be- **17** schränkt sich die "Fähigkeit" von Verkehrsanlagen, (als "Anhängsel") Be-

---

[18] A. A. VGH Mannheim, (nicht rechtskräftiges) Urteil v. 29. 4. 1993 – 2 S 2794/91 –.

[19] BVerwG, Urteil v. 18. 5. 1990 – 8 C 80.88 – Buchholz 406.11 § 127 BBauG/ BauGB Nr. 61 S. 59 (62 f.) = NVwZ 91, 77 = ZMR 90, 354.

[20] BVerwG, Urteil v. 5. 10. 1984 – 8 C 41.83 – Buchholz 406.11 § 135 BBauG Nr. 26 S. 30 (33) = DVBl 85, 294 = KStZ 85, 49.

[21] BVerwG, Urteil v. 26. 9. 1982 – 8 C 145.81 – Buchholz 406.11 § 130 BBauG Nr. 26 S. 1 (6) = DVBl 83, 135 = KStZ 83, 95.

[22] BVerwG, Urteil v. 9. 11. 1984 – 8 C 77.83 – BVerwGE 70, 247 (253 f.) = NVwZ 85, 346 = ZMR 85, 139.

[23] BVerwG, u. a. Urteile v. 23. 6. 1972 – IV C 16.71 – BVerwGE 40, 182 (184) = DVBl 72, 893 = KStZ 73, 75, und v. 3. 6. 1988 – 8 C 114.86 – Buchholz 406.11 § 127 BBauG Nr. 54 S. 27 (29) = KStZ 89, 10 = ID 88, 137.

standteil der Anbaustraße zu sein, von der sie abzweigen, auf solche Anlagen, die ihrer Erschließungsfunktion nach einer Anbaustraße gleichen, d.h. auf Anlagen, die – im Falle ihrer erschließungsrechtlichen Selbständigkeit – **selbst beitragsfähige Anbaustraßen** wären. Aus diesem Grunde scheiden als Bestandteile einer Anbaustraße alle Verkehrsanlagen aus, die sich in ihrer bestimmungsgemäßen Erschließungsfunktion wesentlich von der einer Anbaustraße unterscheiden.[24] Das trifft zu auf alle Verkehrsanlagen, die aus rechtlichen und/oder tatsächlichen Gründen einem Fußgänger- und Fahrradverkehr vorbehalten sind, wie dies beispielsweise bei (nicht zu einer Anbaustraße gehörenden) Fuß-, Rad-, Treppen- sowie unbefahrbaren Wohnwegen der Fall ist. Aus der Sicht einer Anbaustraße ist von allen diesen Anlagen grundsätzlich nur eine solche von Belang, an die – wie etwa an einen privaten oder öffentlichen Wohnweg – angebaut werden darf, und zwar unter dem Blickwinkel ausschließlich der Frage, ob die betreffenden Grundstücke an der Verteilung des beitragsfähigen Aufwands für die Anbaustraße teilnehmen, also als Hinterliegergrundstücke (im weiteren Sinne) durch die Anbaustraße i.S. des § 131 Abs. 1 Satz 1 BauGB erschlossen werden (vgl. dazu § 17 Rdnrn. 78 ff.).

18   Weist eine Verkehrsanlage zunächst eine Fahrbahn mit Gehwegen, später aber nur noch einen – z.B. eineinhalb Meter breiten – Fußweg auf, endet die beitragsfähige Erschließungsanlage i.S. des § 127 Abs. 2 Nr. 1 BauGB mit der Einmündung in den Fußweg und schließt sich ggfs. eine beitragsfähige Erschließungsanlage i.S. des § 127 Abs. 2 Nr. 2 BauGB an.[25]

19   Fahrbahnen und Gehwege sind grundsätzlich Teile der **einheitlichen** Erschließungsanlage "Straße".[26] Das gilt auch, wenn – erstens – die Gehwege erst später angelegt werden,[27] es sich – zweitens – um die Ortsdurchfahrt einer Bundestraße bzw. einer Landstraße I. oder II. Ordnung handelt[27] und – drittens – die Baulastträger von Fahrbahn und Gehwegen nicht identisch sind.[28] Eine Ausnahme von diesem Grundsatz ist denkbar, etwa bei völlig getrennter Führung des Gehwegs als Fußgängerstraße.[29]

20   Wird ein Straßenzug durch einen Platz unterbrochen, endet – sofern es sich nicht nur um eine kleine Verbreiterung oder Ausbuchtung der Straße handelt – jeweils eine selbständige Erschließungsanlage im beitragsrechtlichen

---

[24] Ebenso u.a. OVG Saarland, U. v. 28. 6. 1989 – 1 R 204/88 – sowie Müller in KStZ 88, 61 (63) und Uechtritz in BauR 88, 1 (5); a.A. OVG Münster, U. v. 13. 6. 1985 – 2 A 787/85 – KStZ 86, 14 und Schmaltz in DVBl 87, 207 (210).

[25] Vgl. dazu etwa BVerwG, Urteil v. 23. 6. 1972 – IV C 16.71 – BVerwGE 40, 182 (184) = DVBl 72, 893 = KStZ 73, 75.

[26] BVerwG, u.a. Urteil v. 19.9. 1969 – IV 68.68 – Buchholz 406.11 § 133 BBauG Nr. 31 S. 1 (3) = DVBl 70, 82 = ZMR 70, 148.

[27] BVerwG, Urteil v. 30. 1. 1970 – IV C 131.68 – Buchholz 406.11 § 128 BBauG Nr. 7 S. 9 (10) = ZMR 70, 252.

[28] BVerwG, u.a. Urteil v. 20. 8. 1986 – 8 C 58.85 – KStZ 86, 211 = NVwZ 87, 56 = ZMR 87, 68.

[29] Vgl. dazu OVG Saarland, Urteil v. 10. 5. 1968 – III R 29/65 – KStZ 68, 221.

Sinne an diesem Platz.³⁰ Ist der Platz sowohl zum Anbau als auch zum Parken von Fahrzeugen bestimmt, kann er erschließungsbeitragsrechtlich keine selbständige Parkfläche i.S. des § 127 Abs. 2 Nr. 4 BauGB sein, sondern ein Platz i.S. des § 127 Abs. 2 Nr. 1 BauGB, der als Teileinrichtung eine unselbständige Parkfläche besitzt.³¹

Fällt der Lichtschein einer Beleuchtungseinrichtung auf zwei angrenzende **21** Erschließungsanlagen, ist für die beitragsrechtliche Zuordnung dieser Einrichtung maßgebend, zu welcher Erschließungsanlage sie ihrem Standort nach gehört.³²

2. Öffentliche Verkehrsanlagen (Widmung)

Beitragsfähig i.S. des § 127 Abs. 2 Nr. 1 BauGB sind nur *öffentliche* Stra- **22** ßen, Wege und Plätze. Öffentlich ist hier nicht verkehrsrechtlich, sondern straßenrechtlich zu verstehen.³³ Maßgebend ist insoweit nicht eine tatsächliche, jedermann mögliche Benutzung der Anlage (vgl. §§ 1 Abs. 1 Satz 1 StVG, 1 Abs. 1 Satz 1 StVZO). Vielmehr muß die Anlage **gemeingebräuchlich** sein, d.h., sie muß rechtlich – privatrechtlicher Verfügungsmacht entzogen – dem allgemeinen Gebrauch dienen.³⁴ Unter welchen Voraussetzungen das der Fall ist, richtet sich nach den Bestimmungen des jeweiligen Landesstraßenrechts; diese stellen ausnahmslos auf eine Widmung der Anlage für den öffentlichen Verkehr ab. Erschließungsanlagen i.S. des § 127 Abs. 2 Nr. 1 BauGB sind daher nur dem öffentlichen Verkehr gewidmete Straßen, Wege und Plätze.

Ist eine Straße dem öffentlichen Verkehr noch nicht gewidmet, wie das in **23** der Regel bei neu angelegten Straßen der Fall sein wird, können (sachliche) Beitragspflichten noch nicht mit ihrer endgültigen Herstellung, sondern erst mit der darauf folgenden Widmung entstehen, weil erst dann eine Erschließungsanlage i.S. des § 127 Abs. 2 Nr. 1 BauGB vorliegt, die Grundlage solcher Beitragspflichten sein kann. Eine straßenrechtliche Widmung als Voraussetzung für das Entstehen (sachlicher) Beitragspflichten muß schon deswegen verlangt werden, weil nur sie dem Anlieger Rechte gewährt, die ihm als Beitragspflichtigen nicht vorenthalten werden können. Wird eine straßenrechtlich öffentliche Straße eingezogen, kann dem Anlieger ggfs. eine Entschädigung zustehen.³³

---

³⁰ OVG Münster, Beschluß v. 1. 7. 1974 – III B 139/74 – KStZ 75, 12 mit weiteren Nachweisen, vgl. ebenso OVG Lüneburg, Beschluß v. 16. 8. 1994 – 9 M 3939/94. –
³¹ OVG Münster, Urteil v. 27. 9. 1972 – III A 667/70 – KStZ 73, 240 = ZMR 73, 182 = DWW 73, 70.
³² VGH Kassel, Urteil v. 27. 9. 1968 – OS IV 121/64 – HessVerwRspr 69, 1.
³³ BVerwG, Urteil v. 14. 6. 1968 – IV C 65.66 – Buchholz 406.11 § 127 BBauG Nr. 3 S. 5 (6f.) = DVBl 68, 808 = KStZ 69, 78.
³⁴ BVerwG, Urteil v. 13. 12. 1985 – 8 C 66.84 – DVBl 86, 93 = KStZ 86, 91 = ZfBR 86, 93.

24   Der Charakter als öffentliche Straße wird nach dem modernen Landesstraßenrecht durch eine formalisierte Widmung begründet. Die Zuständigkeit
zur Widmung, ihre Form und ihr Vollzug richten sich nach den Vorschriften
des jeweiligen **Landesstraßengesetzes**. Grundsätzlich werden neu angelegte
Straßen, Wege und Plätze durch eine Allgemeinverfügung gewidmet (vgl.
etwa § 6 Abs. 1 StrWG NW). Diese Allgemeinverfügung ist gemäß § 6 Abs. 1
Satz 2 StrWG NW (ggfs. i.V.m. § 41 Abs. 3 VwVfG NW) mit einer Rechtsbehelfsbelehrung öffentlich bekanntzumachen;[35] zum Widmungsinhalt gehört u.a. die Festlegung der Straßengruppe, zu der die jeweilige Straße zählt
(Einstufung)[36] sowie die Beschränkung der Widmung auf bestimmte Wid-
mungsarten wie z.B. Fußgängerverkehr oder Fahrverkehr (§ 6 Abs. 3 StrWG
NW).[37] Die förmliche Widmung kann unter bestimmten Voraussetzungen
durch die Verkehrsübergabe ersetzt werden, wenn Straßen in einem förmlichen Verfahren unter Beteiligung des Straßenbaulastträgers als öffentliche
Verkehrsflächen ausgewiesen worden sind (vgl. etwa § 6 Abs. 5 LStrG Ns
und § 6 Abs. 7 StrWG NW). Von jeher war umstritten, ob das Bebauungsplanverfahren als ein solches förmliches Verfahren anzusehen ist.[38] Kraft der
gesetzlichen Widmungsfiktion nach § 5 Abs. 6 StrG BW erlangt in Baden-
Württemberg eine Straße, die aufgrund eines Bebauungsplans hergestellt
worden ist, die Eigenschaft einer ”öffentlichen“ Straße i.S. des § 127 Abs. 2
Nr. 1 BauGB bereits mit der endgültigen Überlassung für den Verkehr und
nicht erst mit deren öffentlicher Bekanntmachung, sofern sich die Zuordnung
der Straße zu einer bestimmten Gruppe i.S. des § 3 StrG BW aus den Festsetzungen des Bebauungsplans zweifelsfrei entnehmen läßt.[39] Nach § 2 Abs. 1
Satz 2 des hessischen Straßengesetzes gilt eine Straße schon dann als mit der
Verkehrsübergabe gewidmet, wenn sie auf Grund eines von der höheren
Verwaltungsbehörde genehmigten Bebauungsplans gebaut worden ist, wobei
ohne Belang ist, ob der Bebauungsplan wegen Mängeln des Bekanntma-
chungsrechts nicht wirksam geworden ist;[40] im übrigen ist für den Eintritt
der Widmungsfiktion nicht die in § 4 Abs. 3 Satz 2 des hessischen Straßenge-

---

[35] Vgl. zur öffentlichen Bekanntmachung einer Straßenwidmung unter Bezugnahme
auf die Ausweisung eines Bebauungsplans OVG Münster, Beschluß v. 29. 7. 1988 – 3 B
1205/87 – NWVBl 89, 26.
[36] Vgl. zur Bedeutung der Festlegung der jeweiligen Straßengruppe OVG Münster,
Beschluß v. 9. 12. 1992 – 3 B 122/91 – NVwZ 93, 281 = StuGR 93, 206 = NWVBl 93,
221.
[37] Siehe zur Bindung an die Zustimmung zur Widmung einer öffentlichen Straße bei
Eigentümerwechsel BayVGH, Beschluß v. 21. 2. 1989 – 8 B 87.00100 – DÖV 89, 1044.
[38] Vgl. zu § 6 Abs. 7 StrWG NW im einzelnen Fickert, Straßenrecht in Nordrhein-
Westfalen, Kommentar, 3. Aufl., § 6 Rdnrn. 62 ff., sowie zu § 6 Abs. 5 LStrG Ns OLG
Celle, Urteil v. 13. 12. 1977 – 4 U (Baul) – Ns Rechtspfleger 78, 94, und Schmaltz in
DVBl 71, 792.
[39] VGH Mannheim, Urteil v. 8. 7. 1986 – 14 S. 1362/85 –.
[40] VGH Kassel, Beschluß v. 30. 6. 1987 – 5 TE 978/87 – HSGZ 88, 35 = ZKF 87,
254.

setzes vorausgesetzte Bekanntmachung der Verkehrsübergabe erforderlich.[41] Im räumlichen Geltungsbereich eines Bebauungsplans darf die Widmung nur in inhaltlicher Übereinstimmung mit den Festsetzungen dieses Bebauungsplans verfügt werden. Dies folgt aus der rechtssatzmäßigen Verbindlichkeit des Bebauungsplans.[42] Soweit etwa eine Anbaustraße in einem von § 125 Abs. 3 BauGB gedeckten Umfang abweichend von der Festsetzung eines Bebauungsplans hergestellt worden ist, gebietet allerdings eine entsprechende Anwendung des § 125 Abs. 3 BauGB, die Widmung in dem entsprechenden Rahmen abweichend von der betreffenden Festsetzung zu verfügen.

Erweist sich eine von der Gemeinde abgerechnete Straße als eine "einzelne   25 Erschließungsanlage" i.S. des § 130 Abs. 2 Satz 1 BauGB, zerfällt sie **nicht** deshalb in mehrere "einzelne Erschließungsanlagen", weil sie in einigen Teilen – noch – nicht dem öffentlichen Verkehr gewidmet ist. Vielmehr fehlt es dann an dem in § 127 Abs. 2 Nr. 1 BauGB für die Beitragserhebung vorausgesetzten Tatbestandsmerkmal, daß es sich bei der Anlage um eine – insgesamt – "öffentliche" Straße handelt.[43]

Hat die Gemeinde bereits vor der Widmung Beitragsbescheide erlassen, die   26 die endgültigen Beitragspflichten betreffen, kann sie – ohne Rücknahme dieser Bescheide – die Widmung nachholen. Die Beitragspflichten entstehen dann jedoch in einem entsprechend späteren Zeitpunkt; die mangels Vorliegens der Widmung ursprünglich fehlerhaften Bescheide können durch die – auch noch während des Berufungsverfahrens beachtliche – **Nachholung** der Widmung geheilt werden (vgl. zur Heilung im einzelnen § 19 Rdnrn. 19ff.). Folgt die Widmung der tatsächlichen Herstellung nach, ist – da abgesehen von den Merkmalen der Herstellung bei der Heranziehung zu Erschließungsbeiträgen auf die im Zeitpunkt des Entstehens der Beitragspflichten geltende Beitragssatzung abzustellen ist (vgl. § 11 Rdnr. 6) – z.B. für die Verteilung des beitragsfähigen Aufwands die im Zeitpunkt der Widmung geltende Satzung maßgebend.[44]

Eine – noch – fehlende Widmung steht nicht der Anforderung von (Teil-)   27 Beiträgen für die Herstellung von Teilanlagen (z.B. der Fahrbahn oder der Bürgersteige) im Wege der **Kostenspaltung** entgegen. Wenn § 127 Abs. 3 BauGB die Kostenspaltung für Teile der Erschließungsanlage gestattet, geht er davon aus, daß eine Erschließungsanlage i.S. von § 127 Abs. 2 BauGB noch nicht vorhanden ist. Die Erschließungsanlage braucht mithin in diesem Stadium noch keine öffentliche Anlage zu sein. Ebenso steht nichts der Anforderung einer Vorausleistung nach § 133 Abs. 3 Satz 1 BauGB für eine noch

---

[41] VGH Kassel, Beschluß v. 24. 5. 1988 – 5 TH 1582/84 – GemHH 89, 138.

[42] BVerwG, Urteil v. 1. 11. 1974 – IV C 38.71 – Buchholz 406.11 § 1 BBauG Nr. 10 S. 65 (68) = NJW 75, 841 = DVBl 75, 492.

[43] BVerwG, Urteil v. 21. 1. 1977 – IV C 84–92.74 – Buchholz 406.11 § 131 BBauG Nr. 20 S. 20 (24) = NJW 77, 140 = GemTg 77, 134.

[44] BVerwG, Urteil v. 22. 8. 1975 – IV C 11.73 – BVerwGE 49, 131 (133f.) = DÖV 76, 95 = BauR 76, 120.

nicht gewidmete Straße entgegen. Sowohl bei der Kostenspaltung als auch bei der **Vorausleistung** für eine noch nicht gewidmete Straße bleibt der Anlieger jedoch gegenüber einer etwaigen tatsächlichen Einziehung der Straße gesichert, da er in beiden Fällen geleistete Beiträge zurückverlangen kann.[45]

3. Bestimmung zum Anbau

28   Nach dem Wortlaut des § 127 Abs. 2 Nr. 1 BauGB sind beitragsfähig nicht alle von der Gemeinde (im Rahmen ihrer Erschließungslast) hergestellten selbständigen öffentlichen Straßen, Wege und Plätze, und zwar selbst dann nicht, wenn sie innerhalb der Baugebiete liegen. Anders als etwa in § 127 Abs. 2 Nrn. 2, 3 und 4 BauGB hat der Gesetzgeber in § 127 Abs. 2 Nr. 1 BauGB nicht auf das Merkmal "innerhalb der Baugebiete", sondern – mit einer im Ergebnis unbefahrbare Verkehrsanlagen ausschließenden Konsequenz[46] (vgl. Rdnr. 31) – auf das Merkmal "zum Anbau bestimmt" abgestellt. Damit hat er – wie sich aus dem Wort "An*bau*" zweifelsfrei ergibt – an das Bebauungsrecht (§§ 30 ff. BauGB) angeknüpft und deutlich gemacht, daß nach § 127 Abs. 2 Nr. 1 BauGB beitragsfähig nur solche selbständigen öffentlichen Verkehrsanlagen sind, die dazu bestimmt sind, den von ihnen **erschlossenen** Grundstücken **allein** das an verkehrsmäßiger Erschließung zu verschaffen, was für ihre Bebaubarkeit (oder erschließungsbeitragsrechtlich vergleichbare Nutzbarkeit) **bebauungsrechtlich** erforderlich ist.[47]

29   Diese Verbindung zwischen "Bebaubarkeit" und "Erschlossensein" erhellt, daß die Merkmale "zum Anbau bestimmt" i. S. des § 127 Abs. 2 Nr. 1 BauGB und "Erschlossensein" i. S. des § 131 Abs. 1 Satz 1 BauGB in ihrem **Kern** übereinstimmen.[48] Was sie im wesentlichen unterscheidet, ist ihre Blickrichtung. Für § 127 Abs. 2 Nr. 1 BauGB „ist eine von der selbständigen Verkehrsanlage ausgehende und darum entsprechend verallgemeinernde Betrachtung maßgebend. Er ist auf die Funktion der gesamten Anlage und den für sie zugelassenen (Gemein-)Gebrauch", § 131 Abs. 1 Satz 1 BauGB hingegen ist auf das einzelne Grundstück „und seine Beziehung zu dieser Erschließungsanlage ausgerichtet".[49] Diesem Unterschied kommt – und darauf sei bereits an dieser Stelle hingewiesen – besondere Bedeutung beispielsweise für die Beantwortung der Frage zu, ob durch eine zum Anbau bestimmte Straße auch ein (aus der Sicht dieser Anlage) Hinterliegergrundstück i. S. des § 131 Abs. 1 Satz 1 BauGB erschlossen wird, das einzig an einen öffentlichen unbe-

---

[45] BVerwG, Urteil v. 14. 6. 1968 – IV C 65.66 – Buchholz 406.11 § 127 BBauG Nr. 3 S. 5 (7) = DVBl 68, 808 = KStZ 69, 78.

[46] Ebenso u. a. OVG Saarland, Urteil v. 28. 6. 1989 – 1 R 204/88 –.

[47] Vgl. dazu auch Sellner in NJW 86, 1073 (1074 f.).

[48] BVerwG, u. a. Urteil v. 1. 2. 1980 – 4 C 63 u. 64.78 – Buchholz 406.11 § 131 BBauG Nr. 33 S. 64 (69) = NJW 80, 1973 = DVBl 80, 755.

[49] BVerwG, Urteil v. 3. 6. 1983 – 8 C 70.82 – BVerwGE 67, 216 (219) = DVBl 83, 908 = NVwZ 84, 170.

fahrbaren Wohnweg (beitragsfähige Erschließungsanlage i. S. des § 127 Abs. 2 Nr. 2 BauGB) angrenzt, der in die Anbaustraße einmündet (vgl. dazu § 17 Rdnr. 88).

Das Merkmal "zum Anbau bestimmt" hebt nicht ab auf eine (subjektive) **30** Absicht der Gemeinde oder der Benutzer der Anlage, sondern (objektiv) darauf, ob bei der gebotenen **verallgemeinernden Betrachtung** die selbständige Verkehrsanlage geeignet ist, den anliegenden Grundstücken (einschließlich den – etwa über private Zuwegungen zugänglichen – Hinterliegergrundstücken) das an verkehrsmäßiger Erschließung zu verschaffen, was sie nach Maßgabe der §§ 30 ff. BauGB bebaubar oder sonstwie in nach § 133 Abs. 1 BauGB (erschließungsbeitragsrechtlich) beachtlicher Weise nutzbar macht.[50] Dabei ist es unerheblich – und auch das folgt aus der gebotenen verallgemeinernden Betrachtungsweise –, ob für das eine oder andere Grundstück aus tatsächlichen oder rechtlichen Gründen eine solche Nutzbarkeit ausgeschlossen ist.[51] Maßgeblich ist, daß eine selbständige Verkehrsanlage als solche – soll sie zum Anbau bestimmt sein – *allein,* d. h. unabhängig von einer schon durch eine andere Anlage vermittelten verkehrsmäßigen Erschließung,[52] und kraft ihrer durch die Widmung festgelegten Bestimmung *allgemein,* also ungeachtet etwaiger Sonder-(Anlieger-)Rechte oder eine entsprechende Nutzbarkeit erst ermöglichender Erlaubnisse, *kausal* dafür sein muß, daß ein oder mehrere anliegende Grundstücke derart bebaut (oder erschließungsbeitragsrechtlich vergleichbar genutzt) werden dürfen, daß sie nach § 133 Abs. 1 BauGB einer Beitragspflicht unterliegen können. Die Anlage muß – mit anderen Worten – das hergeben, was bundesrechtlich erforderlich ist, damit die anliegenden Grundstücke als verkehrsmäßig erschlossen und deshalb – soweit dies davon abhängig ist – als bebaubar qualifiziert werden können.

Eine (bebauungsrechtlich) hinreichende verkehrsmäßige Erschließung setzt **31** grundsätzlich voraus, „daß die Grundstücke für Kraftfahrzeuge, besonders auch solche der Polizei, der Feuerwehr, des Rettungswesens und der Ver- und Entsorgung erreichbar sind",[53] d. h., daß mit Personen- und Versorgungsfahrzeugen bis zur Höhe dieser Grundstücke gefahren und sie von da ab – ggfs. über einen Gehweg und/oder Radweg – betreten werden können.[54] Das Bebauungsrecht läßt insoweit in aller Regel ein **Heranfahrenkönnen** im vorbezeichneten Sinne durch Personen- und kleinere Versorgungsfahrzeuge

---

[50] BVerwG, u. a. Urteil v. 2. 7. 1982 – 8 C 28.30 u. 33.81 – Buchholz 406.11 § 131 BBauG Nr. 51 S. 58 (62) = NVwZ 83, 153 = DVBl 82, 1056.

[51] BVerwG, u. a. Urteil v. 29. 4. 1977 – IV C 1.75 – BVerwGE 52, 364 (366 f.) = DÖV 77, 680 = DVBl 78, 298.

[52] BVerwG, u. a. Urteil v. 10. 2. 1978 – 4 C 4.75 – Buchholz 406.11 § 127 BBauG Nr. 29 S. 22 (24) = ZMR 79, 159 = ID 78, 190.

[53] BVerwG, Urteil v. 30. 8. 1985 – 4 C 48.81 – Buchholz 406.11 § 35 BBauG Nr. 228 S. 136 (137) = NVwZ 86, 38 = DVBl 86, 38.

[54] BVerwG, u. a. Urteil v. 1. 3. 1991 – 8 C 59.89 – BVerwGE 88, 70 (72) = DVBl 91, 593 = NVwZ 91, 1090.

genügen, also ein Heranfahrenkönnen, das bereits durch einen nur auf einer Breite von etwa 2,75 m befestigten befahrbaren Wohnweg verschafft werden kann.[55] Eine selbständige Verkehrsanlage, die aus tatsächlichen (z.B. mangels ausreichender Breite) oder aus rechtlichen (z.B. mangels entsprechenden Widmungsumfangs) Gründen nicht geeignet ist, eine solche **Heranfahrmöglichkeit** zu eröffnen, ist nicht in der Lage, um ihrer selbst willen, d.h. ohne das Vorhandensein bzw. das verläßlich zu erwartende Vorhandensein der Straße, in die die betreffende Verkehrsanlage einmündet bzw. einmünden soll, den an sie anliegenden Grundstücken eine Bebaubarkeit zu vermitteln und sie ist deshalb nicht zum Anbau bestimmt. Das trifft beispielsweise zu auf unbefahrbare Wohnwege sowie auf sonstige ausschließlich einem Fußgänger- und/oder Fahrradverkehr gewidmete Anlagen. Hingegen erfüllen – sofern nicht ein Fall des § 127 Abs. 2 Nr. 3 BauGB vorliegt – unabhängig von ihrer jeweiligen Breite grundsätzlich alle **befahrbaren** Verkehrsanlagen im innerörtlichen Bereich das Tatbestandsmerkmal "zum Anbau bestimmt"; sie sind nämlich dazu geeignet, den anliegenden Grundstücken das zu verschaffen, was für deren Bebaubarkeit an wegemäßiger Erschließung erforderlich ist.[55] Das gilt sowohl für befahrbare Wohnwege als auch – weil regelmäßig für einen eingeschränkten Fahrzeugverkehr zugelassen – für sog. Fußgängerzonen und verkehrsberuhigte Wohnstraßen.[56]

32 Die somit das Merkmal "zum Anbau bestimmt" entscheidend beeinflussende **Heranfahrmöglichkeit** bis zur Höhe der betreffenden Grundstücke setzt in tatsächlicher Hinsicht voraus, daß die entsprechende selbständige Verkehrsanlage eine für die Benutzung von Personen- und Versorgungsfahrzeugen ausreichende Breite und Festigkeit aufweist. Deshalb kann beispielsweise ein nur etwa ein bis eineinhalb Meter breiter (öffentlicher) Weg keine zum Anbau bestimmte Erschließungsanlage i.S. des § 127 Abs. 2 Nr. 1 BauGB sein. In rechtlicher Hinsicht hängt die Heranfahrmöglichkeit davon ab, ob die Verkehrsanlage für diese Fahrzeuge (wenn auch bezüglich des Benutzerkreises und/oder des Benutzungszwecks eingeschränkt) allgemein zugelassen ist, ob sich also die Widmung ihrem Umfang nach auf die Benutzung der Anlage durch derartige Fahrzeuge erstreckt. Läßt die die Benutzung einer Verkehrsanlage regelnde Widmung nicht einmal einen zumindest – wie bei Fußgängerzonen üblich – eingeschränkten Fahrzeugverkehr zu, gestattet sie ausschließlich etwa einen Fußgänger- und/oder Fahrradverkehr, verschafft die entsprechende Verkehrsanlage den anliegenden Grundstücken allgemein nicht **allein** das, was zu ihrer Bebaubarkeit bundesrechtlich an Erschließung erforderlich ist.[56]

33 Eine Verkehrsanlage – so lassen sich die vorstehenden, auf die **bebauungsrechtliche Erschließung** ausgerichteten Ausführungen zusammenfassen – "er-

---

[55] BVerwG, Urteil v. 4. 6. 1993 – 8 C 33.91 – DVBl 93, 1365 = KStZ 93, 214 = ZMR 94, 37.
[56] BVerwG, Urteil v. 3. 6. 1983 – 8 C 70.82 – BVerwGE 67, 216 (218f.) = DVBl 83, 908 = NVwZ 84, 170.

füllt die an das Merkmal 'zum Anbau bestimmt' zu stellenden Anforderungen nur, wenn sie bei verallgemeinernder Betrachtung den anliegenden Grundstücken eine tatsächliche und vom Widmungsumfang gedeckte Anfahrmöglichkeit bietet",[57] d. h. gewährleistet, daß mit Personen- und (kleineren) Versorgungsfahrzeugen bis zur Höhe dieser Grundstücke gefahren werden kann. Ob eine Verkehrsanlage in diesem Sinne "zum Anbau bestimmt" ist, richtet sich ausschließlich nach der **straßenrechtlichen Widmung.** Ein nur für den Fußgängerverkehr gewidmeter Wohnweg wird deshalb nicht dadurch zu einer zum Anbau bestimmten Straße, daß mittels einer straßenverkehrsrechtlichen Maßnahme ein auf die Anlieger beschränkter Kraftfahrzeugverkehr (unzulässigerweise) zugelassen wird.[58]

Straßen im **Außenbereich** sind – trotz der ausnahmsweisen Zulässigkeit bestimmter Vorhaben – nicht zum Anbau bestimmt.[59] Denn bei einer gebotenen typisierenden Betrachtung sind Grundstücke im unbeplanten Innenbereich und innerhalb beplanter Baugebiete grundsätzlich bebaubar, während es Grundstücke im Außenbereich ebenso grundsätzlich nicht sind. Demgemäß kann eine Straße im Außenbereich weder als solche noch als Verlängerung einer Straße, die bereits im Innenbereich liegt, eine zum Anbau bestimmte Erschließungsanlage i. S. des § 127 Abs. 2 Nr. 1 BauGB sein. Das gilt auch für Straßen in bebauten Bereichen des Außenbereichs, für die die Gemeinde eine **Satzung** nach § 4 Abs. 4 des BauGB-Maßnahmegesetzes erlassen hat. Denn der Erlaß einer solchen Satzung **ändert nichts** an der Zugehörigkeit des betreffenden Gebiets zum Außenbereich. **34**

Zwar verliert eine Straße ihren Charakter als zum Anbau bestimmte Verkehrsanlage nicht ohne weiteres dadurch, daß sie streckenweise durch unbebaubares (bzw. nur nach Maßgabe des § 35 BauGB bebaubares) Gelände des Außenbereichs verläuft. Denn es ist darauf abzustellen, daß die Anlage der Erschließung eines Gebiets dient und daher auch dann in ihrer gesamten Länge eine beitragsfähige Erschließungsanlage i. S. des § 127 Abs. 2 Nr. 1 BauGB sein kann, wenn sie einzelne ihr anliegende Grundstücke nicht erschließt. Jedoch **endet** ihre Bestimmung zum Anbau und damit ihre Eigenschaft als beitragsfähige Erschließungsanlage, wenn sie **endgültig** in den Außenbereich eintritt, sich also bebaubares Gelände nicht mehr anschließt.[60] Andererseits kann eine Straße, die als Verbindungsweg besteht und in dieser Funktion fertig hergestellt ist, später, wenn sich die rechtlichen Verhältnisse geändert haben, zum Anbau bestimmt und zu einer – möglicherweise erst **35**

---

[57] BVerwG, Urteil v. 3. 6. 1988 – 8 C 114.86 – Buchholz 406.11 § 127 BBauG Nr. 54 S. 27 (28 f.) = KStZ 89, 10 = ID 88, 137.
[58] VGH Mannheim, Urteil v. 20. 3. 1987 – 14 S 1009/86 – BWVPr 87, 186.
[59] BVerwG, u. a. Urteil v. 29. 4. 1977 – IV C 1.75 – BVerwGE 52, 364 (366 ff.) = DÖV 77, 680 = DVBl 78, 298.
[60] BVerwG, Urteil v. 20. 9. 1974 – IV C 70.72 – Buchholz 406.11 § 133 BBauG Nr. 48 S. 41 (43) = NJW 75, 323 = DVBl 75, 378.

noch endgültig herzustellenden – Erschließungsanlage i.S. des § 127 Abs. 2 Nr. 1 BauGB werden.[61]

36   Der Bestimmung einer Verkehrsanlage zum Anbau steht nicht entgegen, daß sie auch wichtige **innerörtliche Verbindungsfunktionen** hat. Die Aufnahme dieses über den reinen Anliegerverkehr hinausgehenden Verkehrs gehört nämlich grundsätzlich zur Erschließungsfunktion einer Straße[62] und berührt nicht deren Funktion, die anliegenden Grundstücke bebaubar oder gewerblich nutzbar zu machen. Der Tatsache, daß solche Straßen auch dem allgemeinen innerörtlichen Verkehr dienen, wird im übrigen durch den Eigenanteil der Gemeinde an den Herstellungskosten (§ 129 Abs. 1 Satz 3 BauGB) Rechnung getragen. Entsprechendes gilt für Straßen, die zugleich dem überörtlichen Durchgangsverkehr dienen. Sind allerdings beispielsweise einzelne Fahrspuren ausschließlich für den überörtlichen Durchgangsverkehr angelegt worden, handelt es sich insoweit nicht mehr um eine beitragsfähige Erschließungsanlage (vgl. Rdnr. 6); jedenfalls ist der Aufwand für solche Teilbreiten der Straße nicht beitragsfähig, weil diese nicht erforderlich i.S. von § 129 Abs. 1 Satz 1 BauGB sind, um die erschlossenen Grundstücke der baulichen oder gewerblichen Nutzung zuzuführen.[62]

37   *Ortsdurchfahrten* von Bundesstraßen sind mit der Folge zum Anbau bestimmt, daß – schon im Hinblick auf § 128 Abs. 3 Nr. 2 BauGB *nicht* der Aufwand für die Herstellung der "normalen" Breite der Fahrbahn, wohl aber – z.B. der Aufwand für die erstmalige Herstellung der Gehwege als wesentliche Bestandteile einer Erschließungsanlage i.S. des § 127 Abs. 2 Nr. 1 BauGB beitragsfähig ist, wenn das „Vorhandensein der Straße den anliegenden Grundstücken die Qualität der (verkehrlichen) Erschließung vermittelt, also ihretwegen eine von der Erschließung abhängige Nutzung der anliegenden Grundstücke – etwa nach den §§ 30ff. BauGB – sowohl tatsächlich möglich als auch rechtlich zulässig ist".[63] Das gleiche gilt für Ortsdurchfahrten von Landstraßen I. Ordnung (Staatsstraßen) und II. Ordnung (Kreisstraßen).

4. Einseitige Anbaubarkeit und sog. Halbteilungsgrundsatz

38   Eine Straße ist selbst dann zum Anbau bestimmt, wenn ein Anbau nur von einer Seite her zulässig ist, z.B. weil die an die andere Straßenseite angrenzenden Grundstücke im Außenbereich liegen, deshalb typischerweise nicht bebaubar und unabhängig von einer nach Maßgabe des § 35 BauGB erfolgten Bebauung nicht erschlossen i.S. des § 131 Abs. 1 Satz 1 BauGB sind.[64] Eine

---

[61] BVerwG, Urteil v. 31. 1. 1969 – IV C 47.67 – Buchholz 406.11 § 127 BBauG Nr. 6 S. 1 (3) = ZMR 69, 248 = BBauBl 70, 419.
[62] BVerwG, Urteil v. 8. 8. 1975 – IV C 74.73 – Buchholz 406.11 § 127 BBauG Nr. 22 S. 6 (10) = DÖV 76, 347 = GemTg 76, 113.
[63] BVerwG, Urteil v. 22. 8. 1975 – IV C 58.72 – Buchholz 407.4 § 9 FStrG Nr. 16 S. 19 (22) = BauR 75, 408 = GemTg 76, 117.
[64] BVerwG, Urteil v. 14. 2. 1986 – 8 C 115.84 – Buchholz 406.11 § 133 BBauG Nr. 95 S. 62ff. = NVwZ 86, 568 = KStZ 86, 90.

solche **einseitige Anbaubarkeit** einer Straße kann auch durch sonstige rechtliche (z. B. entsprechende Ausweisung im Bebauungsplan) oder tatsächliche (z. B. parallel zur Straße verlaufende Eisenbahnschiene, Gewässer usw.) Gründe bewirkt werden. Sie hat jedoch nicht gleichsam zwangsläufig zur Folge, daß die Eigentümer (Erbbauberechtigten) der an die bebaubare Straßenseite angrenzenden Grundstücke regelmäßig allein den umlagefähigen Aufwand für die gesamte Straße tragen müßten. Vielmehr gebietet das Bundesrecht nach Auffassung des Bundesverwaltungsgerichts[65] jedenfalls im Grundsatz, daß auf die Grundstücke an der bebaubaren Straßenseite nur die Hälfte der für die Anlegung der Straße entstandenen Kosten verteilt werden können. Dieser sog. **Halbteilungsgrundsatz** blockiert – soweit er eingreift – die Abwälzbarkeit einer Hälfte der für den Erstausbau einer einseitig anbaubaren Straße angefallenen Kosten und gibt diese Hälfte erst zur Abwälzung frei, sofern und sobald die bisher z. B. wegen ihrer Lage im Außenbereich nicht bebaubaren Grundstücke bebaubar werden und damit der Erschließungsbeitragspflicht unterliegen.[66]

Gegenstand des Halbteilungsgrundsatzes ist ausschließlich der erschließungsbeitragsrechtliche **Begriff der Anbaustraße.** Nach Maßgabe dieses Grundsatzes erfüllt „eine Straße, die lediglich einseitig zum Anbau bestimmt ist, von Fall zu Fall nur in ihrer den bebaubaren Grundstücken zugewandten Hälfte den Begriff der beitragsfähigen Erschließungsanlage im Sinne des § 127 Abs. 2 Nr. 1 BBauG; das hat zur Konsequenz, daß dann ausschließlich die auf diese Hälfte entfallenden Kosten als Kosten für ihre erstmalige Herstellung im Sinne des § 128 Abs. 1 Satz 1 Nr. 2 BBauG anzusehen (und auf die Grundstücke der anbaubaren Straßenseite zu verteilen) sind".[65] Der Halbteilungsgrundsatz begründet somit im Rahmen seines Anwendungsbereichs eine **Ausnahme** von der **Maßgeblichkeit** der natürlichen Betrachtungsweise für die Beurteilung, ob ein Straßenzug insgesamt oder nur teilweise eine beitragsfähige Anbaustraße ist (vgl. Rdnr. 5). Er führt zwar nicht zu einer realen Teilung der Verkehrsanlage, sondern läßt sie als solche unberührt. Doch zerfällt die real einheitliche Verkehrsanlage bei dieser Betrachtungsweise gleichsam in **zwei ideelle Hälften,** von denen lediglich eine "zum Anbau bestimmt" ist. Ändern sich später die Verhältnisse derart, daß nunmehr – etwa infolge einer förmlichen Beplanung – auch die Grundstücke der gegenüberliegenden Straßenseite bebaubar werden, erlangt auch die andere (ideelle) Hälfte die rechtliche Qualität der Bestimmung zum Anbau und wird damit – als **sozusagen zweite** einseitig anbaubare Straße – mit der Folge Teil einer beitragsfähigen Gesamtanlage, daß der für diese (zweite) Hälfte schon früher angefallene und deshalb der Höhe nach feststehende, aber bisher blockierte

---

[65] Vgl. zuletzt Urteil v. 31. 1. 1992 – 8 C 31.90 – BVerwGE 89, 362 ff. = NVwZ 92, 670 = DVBl 1104.

[66] Siehe zur einseitig anbaubaren Straße und zum Halbteilungsgrundsatz im einzelnen Driehaus in: Baurecht aktuell, Festschrift für Felix Weyreuther, S. 445 ff.

Herstellungsaufwand beitragsfähig (§ 128 Abs. 1 BauGB) wird und nach Abzug des Gemeindeanteils (einzig) auf die durch diese "zweite Hälfte" gemäß § 131 Abs. 1 Satz 1 BauGB erschlossenen Grundstücke umzulegen ist.

40   Die ausschließlich **ideelle Teilung** der Straße vermeidet Schwierigkeiten, die sich anderenfalls ergeben könnten, wenn etwa die Rohre der Straßenentwässerungseinrichtung in der den bebaubaren Grundstücken abgewandten Straßenhälfte liegen. Vor dem bezeichneten Hintergrund ist nämlich die Lage der Rohre oder der Stand der Straßenleuchten ohne Belang. Die betreffenden Teileinrichtungen nehmen unabhängig von derartigen tatsächlichen Gegebenheiten an der Spaltung der Straße in eine beitragsfähige und eine (zunächst noch) nicht beitragsfähige Erschließungsanlage teil, so daß jeweils nur eine Hälfte des für ihre Herstellung entstandenen Aufwands den jetzt schon bebaubaren Grundstücken angelastet werden kann. Im übrigen folgt aus der gebotenen ideellen Betrachtungsweise, daß die sachlichen Erschließungsbeitragspflichten (§ 133 Abs. 2 BauGB) selbst für den anbaubaren Straßenteil erst entstehen können, wenn die ausgebaute Anlage insgesamt den Anforderungen der satzungsmäßigen Merkmalsregelung (§ 132 Nr. 4 BauGB) und des einschlägigen Bauprogramms genügt (vgl. zur Bedeutung des Bauprogramms im Erschließungsbeitragsrecht § 11 Rdnrn. 33 ff.).

a) Anwendungsbereich des Halbteilungsgrundsatzes

41   Für die **Anwendung** des Halbteilungsgrundsatzes ist Raum nur dort, wo die Möglichkeit besteht, daß die Grundstücke an der zunächst nicht anbaubaren Straßenseite später bebaubar werden, und die Interessenlage eine zeitweilige Blockierung der Abwälzbarkeit entstandener Herstellungskosten zugunsten der Grundstücke an der anbaubaren und zu Lasten (letztlich) der Grundstücke an der gegenüberliegenden Straßenseite geboten erscheinen läßt. Diese Voraussetzungen sind nicht bei allen nicht (in vollem Umfang) beidseitig anbaubaren Straßen gegeben.

42   Gleichsam den **Grundfall** für die Anwendung des Halbteilungsgrundsatzes bildet unabhängig davon, ob eine einseitig anbaubare Straße und die bebaubaren Grundstücke an ihrer einen Seite in einem beplanten Gebiet oder im unbeplanten Innenbereich liegen, folgende Gestaltung: Die Gemeinde **projektiert** und baut eine solche Anlage mit Blick auf eine alsbald zu erwartende bauliche Nutzung der noch dem Außenbereich angehörenden Grundstücke an der (zunächst) nicht anbaubaren Straßenseite in einem **Umfang** aus, der über das hinaus geht, was die hinreichende Erschließung der Grundstücke an der **bebaubaren Seite erfordert**, d.h. für diese Erschließung **unerläßlich**[67] ist. In

---

[67] In früheren Entscheidungen, namentlich im Urteil v. 29. 4. 1977 (IV C 1.75 – BVerwGE 52, 364 ff. = DÖV 77, 680 = DVBl 78, 298), hat das BVerwG anstelle des Merkmals "unerläßlich" das Merkmal "schlechthin unentbehrlich" verwandt. Der steigernde Zusatz "schlechthin" kann indes leicht mißverstanden werden, weil er auf Anforderungen abzustellen scheint, die in dem hier maßgeblichen Zusammenhang

einem derartigen Fall fehlt es an einer Rechtfertigung, den gesamten entstandenen Aufwand allein den Grundstücken der zum Anbau bestimmten Straßenseite anzulasten. Vielmehr gebietet eine an der Interessenlage ausgerichtete Betrachtung die Annahme, die Gemeinde sei bei einer solchen Konstellation gehalten, die für die Herstellung der zweiten Hälfte der Straße entstandenen Kosten „vorerst selbst zu tragen und sie gegebenenfalls in dem Zeitpunkt auf die Grundstücke der anderen Seite abzuwälzen, in dem diese bebaubar werden und deshalb dem ihnen zugewandten Straßenteil die (nachträglich eingetretene) Bestimmung zum Anbau mit der Folge 'zuwächst', daß auch dieser Teil beitragsfähige Erschließungsanlage wird und der für ihren Ausbau angefallene (von der Gemeinde dann gewissermaßen vorgestreckte) Aufwand die Qualität von erschließungsbeitragsfähigen Kosten erlangt".[65] Dieser Grundfall stellt für die Bestimmung des Anwendungsbereichs des Halbteilungsgrundsatzes ausschlaggebend darauf ab, ob sich die Straße in dem Umfang, der sich aus dem für sie aufgestellten (formlosen) Bauprogramm ergibt, innerhalb dessen hält, was für die hinreichende Erschließung der Grundstücke an der anbaubaren Straßenseite unerläßlich ist. Somit kommt dem unbestimmten Rechtsbegriff "unerläßlich" eine **zentrale Bedeutung** für den Halbteilungsgrundsatz zu. Auf ihn bzw. auf die Ermittlung der mit diesem Merkmal bezeichneten (Ausbau-)Schranke wird deshalb später noch im einzelnen einzugehen sein (vgl. Rdnrn. 48 ff.). Hier genügt die Erkenntnis, daß durch dieses Merkmal eine erschließungsbeitragsrechtliche (Belastungs-)Grenze markiert wird, die bestimmt ist durch den erschließungsbeitragsrechtlichen Gesichtspunkt, daß den Eigentümern der Grundstücke auf der anbaubaren Straßenseite vernünftigerweise **nicht zugemutet** werden kann, mit Kosten belastet zu werden, die in keinem sachlichen Zusammenhang mit der Aufgabe der betreffenden Straße stehen, den von den Grundstücken der anbaubaren Straßenseite ausgelösten Ziel- und Quellverkehr zu bewältigen und überdies dem nach den Umständen des Einzelfalls hier üblichen Durchgangsverkehr zu dienen.

Allerdings bedarf die Aussage, der Halbteilungsgrundsatz sei in einer Kon- 43 stellation der skizzierten Art anwendbar, einer **Einschränkung**, die sich gewissermaßen aus seiner Zweckbestimmung ergibt: Der Halbteilungsgrundsatz soll verhindern, daß die Eigentümer der Grundstücke an der bebaubaren Straßenseite mit im Sinne des § 128 Abs. 1 BauGB erschließungsbeitragsfähigen Kosten belastet werden, die sie deshalb nichts angehen, weil sie für Teilflächen der Verkehrsanlage entstanden sind, die für eine hinreichende Erschließung ihrer Grundstücke entbehrlich sind. Er soll – mit anderen Wor-

---

nicht am Platze sind. Das BVerwG hat deshalb bereits im Urteil v. 26. 5. 1989 (8 C 6.88 – BVerwGE 82, 102 = DVBl 89, 1205 = HSGZ 89, 396) bemerkt, die Beibehaltung dieses Zusatzes empfehle sich nicht (vgl. dazu auch Reif in BWGZ 90, 28); im Urteil v. 31. 1. 1992 (8 C 31.90 – a. a. O.) hat das BVerwG zugunsten des Merkmals "unerläßlich" auf das Merkmal "schlechthin unentbehrlich" verzichtet. Diesem "Wandel" kommt jedoch keinerlei materielle Bedeutung zu.

ten – zugunsten dieser Eigentümer gewisse Erstausbaukosten blockieren, die
– soweit es ihre Art betrifft – nach Maßgabe der §§ 127 ff. BauGB abrechenbar sind. An einer solchen Abrechenbarkeit **fehlt** es, wenn es um die Kosten
von (Erst-)Ausbaumaßnahmen an einseitig anbaubaren Straßen geht, die als
vorhandene Erschließungsanlagen gemäß § 242 Abs. 1 BauGB (vgl. dazu § 2
Rdnrn. 25 ff.) und – in den neuen Bundesländern – als bereits hergestellte
Erschließungsanlagen und Teileinrichtungen gemäß § 246 a Abs. 4 BauGB
(vgl. dazu § 2 Rdnrn. 37 ff.) vom Geltungsbereich der erschließungsbeitragsrechtlichen Vorschriften nicht erfaßt sind. Daran fehlt es überdies mit Blick
auf alle Kosten, die aus der Sicht des Erschließungsbeitragsrechts von vornherein als unbeachtlich einzustufen sind. Das trifft beispielsweise zu auf Kosten, die bereits anderweitig gedeckt sind, sei es – bei vor dem Zweiten
Weltkrieg angefallenen Kosten – durch eine seinerzeit auf der Grundlage des
einschlägigen Landesrechts erfolgte Abgabenerhebung, sei es durch staatliche
oder sonstige Zuwendungen. Ferner trifft das zu auf Kosten, die kraft § 128
Abs. 3 BauGB aus dem beitragsfähigen Erschließungsaufwand ausgeschlossen sind. Jedoch rechtfertigt die Tatsache, daß die Kosten für die Herstellung
der Fahrbahn in der Ortsdurchfahrt (auch) einer einseitig anbaubaren klassifizierten Straße gemäß § 128 Abs. 3 Nr. 2 BauGB nicht zum beitragsfähigen
Erschließungsaufwand zählen, nicht den Schluß, bei einer solchen Straße
laufe der Halbteilungsgrundsatz leer. Das ist jedenfalls insoweit nicht der
Fall, als die betreffende Gemeinde Träger der Straßenbaulast etwa für die
Straßenentwässerungseinrichtung ist.[68] Die Beleuchtung der öffentlichen
Straße obliegt der Gemeinde unabhängig davon, wer Träger der Straßenbaulast ist.[69] Kosten, die für die erstmalige Herstellung der Straßenbeleuchtung
entstanden sind, können deshalb in dem bisher behandelten Grundfall ohne
weiteres Gegenstand der vom Halbteilungsgrundsatz ausgelösten Blockade
sein.

44   In diesem Zusammenhang ist noch eine Erwägung einzufügen, die sich auf
die Teileinrichtung **Gehweg** bezieht. Hat die Gemeinde in dem Grundfall
nicht nur auf der bebaubaren Straßenseite, sondern überdies bereits auf der
gegenüberliegenden Straßenseite einen Gehweg gebaut, nimmt der beidseitige
Gehweg bzw. die für seine Herstellung entstandenen Kosten an der durch
den Halbteilungsgrundsatz begründeten Blockierung teil. Etwas **anderes** gilt
indes, wenn die Gemeinde sich entsprechend dem maßgeblichen Baupro-
gamm auf die Anlegung eines einseitigen Gehwegs in einem Umfang beschränkt hat, der sich im Rahmen der ortsüblichen Breite von (einseitigen)
Gehwegen bewegt. Da ein solcher Gehweg funktionell in erster Linie den
Grundstücken an der anbaubaren Seite zu dienen bestimmt ist und bleibt,
besteht **kein** durchgreifender Anlaß für eine deren Eigentümer schützende,

---

[68] Für welche Teileinrichtungen in der Ortsdurchfahrt einer klassifizierten Straße die
Gemeinde die Straßenbaulast trägt, bestimmt das einschlägige Landesstraßengesetz.
[69] BVerwG, Urteil v. 15. 9. 1988 – 8 C 4.88 – Buchholz 406.11 § 131 BBauG Nr. 80
S. 36 (42) = NVwZ 90, 374 = HSGZ 90, 63.

letztlich zu Lasten der Grundstücke an der anderen Straßenseite wirkende Halbierung der Gehwegkosten. Vielmehr geht der Aufwand für einen derartigen einseitigen Gehweg in den beitragsfähigen Erschließungsaufwand der einseitig anbaubaren Straße ein. Daß dies eine interessengerechte Lösung darstellt, belegt folgende Überlegung: Beplant die Gemeinde später die Grundstücke des Außenbereichs und kommt sie in diesem Rahmen zu dem Ergebnis, deren angemessene Erschließung erfordere die Anlegung eines Gehwegs auch an dieser Seite, gehen die nach einer entsprechenden Änderung des Bauprogramms für diese Straße entstehenden Gehwegkosten zu Lasten der vormaligen Außenbereichsgrundstücke.

Von Bedeutung ist der Halbteilungsgrundsatz auch in einer Fallgestaltung, **45** in der eine Gemeinde in ihrem Bauprogramm einen (später auszuführenden) **vollen Ausbau** einer (zunächst) als einseitig anbaubar anzulegenden Straße **beschließt,** sich aber wegen der Außenbereichslage und der deshalb fehlenden Baulandqualität der Grundstücke an der einen Straßenseite **anfänglich** auf einen (Ausbau-)Umfang **beschränkt,** der durch die hinreichende Erschließung der bebaubaren Grundstücke der anderen Straßenseite gefordert ist. Trifft das zu, ist kraft des Halbteilungsgrundsatzes die angelegte Verkehrsanlage zwar noch nicht die hier vorgesehene Gesamterschließungsanlage, aber rechtlich doch die beitragsfähige, einseitig anbaubare Straße, die einzig die Grundstücke an ihrer anbaubaren Seite erschließt; diese tragen deshalb auch allein den für den (der satzungsmäßigen Merkmalsregelung entsprechenden) Ausbau entstandenen beitragsfähigen Erschließungsaufwand. Soweit die Gesamtanlage in einem Bebauungsplan ausgewiesen ist, setzt die Rechtmäßigkeit ihrer hinter diesem Plan zurückbleibenden Herstellung und damit der Einstieg in das Erschließungsbeitragsrecht die Erfüllung der Anforderungen des § 125 Abs. 3 BauGB voraus.[70] Werden bei einer solchen Konstellation die Außenbereichsgrundstücke später z.B. durch förmliche Beplanung zum Bauland und wird im Zuge dieser neuen Bauleitplanung die Straße in dem im Bauprogramm vorgesehenen Umfang **verbreitert,** stellt „die Verbreiterung gleichsam die zweite, zum Vollausbau der Gesamtanlage führende einseitig anbaubare Straße mit der Folge dar, daß der von ihr verursachte Aufwand als beitragsfähiger Aufwand einzig auf die durch sie erschlossenen vormaligen Außenbereichsgrundstücke umzulegen ist".[71] In diesem Zusammenhang wirkt der

---

[70] Da eine Planunterschreitung – soll sie von § 125 Abs. 3 BauGB gedeckt sein – mit den Grundzügen der Planung vereinbar sein muß, kommt in diesem Zusammenhang in erster Linie ein relativ geringfügiges Zurückbleiben hinter den Festsetzungen eines Bebauungsplans in Betracht, doch kann nach Maßgabe der Umstände des jeweiligen Einzelfalls selbst dann, wenn ein Bebauungsplan eine Straßenfläche von 10 m Breite festsetzt, ein Straßenausbau von nur 6, 5 m Breite noch mit den Grundzügen der Planung vereinbar sein (so OVG Lüneburg im Urteil v. 23. 10. 1991 – 9 L 8.90). Gleichwohl wird die hier behandelte Konstellation vor allem mit Blick auf einseitig anbaubare Straßen im unbeplanten Innenbereich von Bedeutung sein.

[71] BVerwG, Urteil v. 31. 1. 1992 – 8 C 31.90 – BVerwGE 89, 362 ff. = DVBl 92, 1104 = NVwZ 92, 670.

Halbteilungsgrundsatz nicht (kosten-)blockierend, sondern – wiederum im Interesse einer vorteilsangemessenen Aufwandsverteilung zugunsten der den früheren Außenbereichsgrundstücken gegenüberliegenden Grundstücke – **kostenabschirmend.** Allerdings ist der Hinweis auf eine "zweite … einseitig anbaubare Straße" nicht beim Wort zu nehmen, sondern mehr bildhaft zu verstehen. Die zum Vollausbau führende Verbreiterung löst nämlich keine erneute Anwendbarkeit des Halbteilungsgrundsatzes aus. Anderenfalls könnte die Verbreiterung dann, wenn sie in ihrem Umfang das übersteigt, was – isoliert betrachtet – für die hinreichende Erschließung der vormaligen Außenbereichsgrundstücke unerläßlich ist, dazu führen, daß die Erstausbaukosten für einen zwischen der ersten und der (vermeintlich) zweiten einseitig anbaubaren Straße liegenden Streifen erschließungsbeitragsrechtlich nicht abrechenbar wären. Dem aber steht durchgreifend **entgegen,** daß die Gemeinden nach dem Willen des Gesetzgebers die ihnen durch die Erfüllung ihrer gesetzlichen Erschließungsaufgabe (§ 123 Abs. 1 BauGB) entstandenen Kosten möglichst uneingeschränkt durch Beiträge auf die Eigentümer der im Sinne des § 131 Abs. 1 Satz 1 BauGB erschlossenen Grundstücke sollen umlegen können und daß das, was von diesen Kosten endgültig zu ihren Lasten gehen soll, abschließend in den §§ 128 Abs. 3 (ausgeschlossene Kosten), 129 Abs. 1 Satz 1 (nicht erforderliche Aufwendungen), 129 Abs. 1 Satz 3 (Gemeindeanteil) und 135 Abs. 5 (Erlaß) bestimmt ist.[72]

46   Die mit dem Halbteilungsgrundsatz angestrebte angemessene Belastung der vormaligen Außenbereichsgrundstücke **greift nicht,** wenn eine Gemeinde den Ausbau einer einseitig anbaubaren Straße entsprechend dem einschlägigen Bauprogramm von **vornherein** auf einen Umfang beschränkt, der für die hinreichende Erschließung der Grundstücke an der zum Anbau bestimmten Straße **unerläßlich** ist. In diesem Fall ist die in ihrem Umfang unerläßliche Anlage zugleich die beitragsfähige Gesamterschließungsanlage. Ist sie den Herstellungsmerkmalen einer Erschließungsbeitragssatzung oder – unter Geltung noch des dem Erschließungsbeitragsrecht vorangegangenen Anliegerbeitragsrechts – einer anderen einschlägigen Bestimmung entsprechend ausgebaut worden, ist sie erstmals endgültig hergestellt und – soweit das in Betracht kommt – nach den erschließungsbeitragsrechtlichen Vorschriften abzurechnen. Da die Unerläßlichkeitsgrenze nicht überschritten ist, ist kein Raum für eine ideelle Aufspaltung der Anlage und deshalb „kommt es nicht zu einer erschließungsbeitragsrechtlichen Kostenhalbierung, keinem Vorstrecken erst später abwälzbarer Kosten und keinem erst nachfolgenden Erstausbau einer Gesamtanlage".[71] Werden die bisherigen Außenbereichsgrundstücke bebaubar, erhalten sie ihre Erschließung ohne kostenmäßige Belastung, weil der Halbteilungsgrundsatz nicht eingreifen und deshalb keine Kosten zu ihren Lasten blockieren konnte.

---

[72] BVerwG, Urteil v. 29. 5. 1991 – 8 C 67.89 – BVerwGE 88, 248 (253) = DVBl 91, 1306 = NVwZ 91, 1098.

Im übrigen gibt es mehrere Fallgestaltungen, in denen der Halbteilungs- 47
grundsatz schon vom Ansatz her **nicht anzuwenden** ist, weil die durch ihn
zugunsten der Grundstücke an der anbaubaren Straßenseite bewirkte Entlastung bei sachgerechter Würdigung nicht der Interessenlage entspricht. Dazu
gehören nach der Entscheidung des Bundesverwaltungsgerichts vom
29. April 1977[73] – erstens – Fälle, in denen eine Straßenseite oder auch ein
Straßenteil (etwa deshalb, weil eine Felswand an die Straße stößt) einem
Ausbau auf Dauer entzogen ist, die Straße jedoch auch insoweit überwiegend
die Funktion hat, den erschlossenen Grundstücken die Verbindung zum allgemeinen Straßennetz zu verschaffen. Außerdem zählen hierzu – zweitens –
Fälle, in denen die Anbaufähigkeit (aus welchen Gründen immer) auf einer
Seite lediglich bei in ihrer Ausdehnung unbedeutenden Straßenstücken fehlt.
Ferner sind in diesem Zusammenhang – drittens – Fälle zu nennen, in denen
eine Straße infolge von Anbauhindernissen auf einer verhältnismäßig kurzen
Strecke auf beiden Seiten nicht anbaubar ist. Schließlich hat – wie bereits
gesagt – bei nur einseitig anbaubaren Straßen eine rechtliche Teilung der
Verkehrsanlage und in der Folge eine Aufspaltung in beitragsfähigen und
(zunächst) nicht beitragsfähigen Erschließungsaufwand in den vorstehend
ausführlich behandelten Konstellationen zu unterbleiben, in denen die Gemeinde die Anlegung der Straße auf eine Breite beschränkt hat, die für die
hinreichende Erschließung der Grundstücke an der zum Anbau bestimmten
Seite „unerläßlich" ist.

b) Unerläßliche Ausbaubreite

Über die Bestimmung der **Ausbaubreite**, die für die hinreichende Erschlie- 48
ßung der Grundstücke an der anbaubaren Straßenseite **unerläßlich** ist, läßt
sich folgendes sagen: Dem gemeindlichen Erschließungs- (bzw. Straßen-)
Recht obliegt es, über Art und Umfang des Ausbaus einer Straße zu befinden
(vgl. § 125 Abs. 1 und 2 BauGB). Daran **knüpft** – unter dem Blickwinkel einer
gegebenenfalls gebotenen Begrenzung der (Kosten-)Belastung auf ein zumutbares Maß – das Erschließungsbeitragsrecht mit der Frage **an**, ob der Umfang
der Straße, den das Erschließungs-(Straßen-)Recht vorgegeben hat, für die
Erschließung der Grundstücke an der anbaubaren Straßenseite unerläßlich
ist. Die Beantwortung dieser Frage beruht auf einer Abwägung, d. h. auf einer
wertenden und vorausschauenden Beurteilung einer konkreten Erschließungssituation. Das Erschließungsbeitragsrecht ermächtigt folglich die Gemeinde zu beurteilen, welche Ausbaubreite für die Erschließung der Grundstücke an der anbaubaren Seite einer bestimmten Straße unerläßlich ist; es
räumt ihr damit einen entsprechenden **Beurteilungsspielraum** ein.[74] Das – re-

---

[73] BVerwG, Urteil v. 29. 4. 1977 – IV C 1.75 – BVerwGE 52, 364 ff. = DÖV 77, 680
= DVBl 78, 298.

[74] Die Frage, ob einer Behörde im Rahmen der Anwendung eines unbestimmten
Rechtsbegriffs ein Beurteilungsspielraum zusteht, richtet sich nach dem jeweils anzu-
wendenden materiellen Recht. Vgl. BVerwG, u.a. Urteile v. 26. 8. 1976 – V C 41.75 –,
BVerwGE 51, 104 (110), und v. 13. 12. 1979 – 5 C 1.79 –, BVerwGE 59, 213 (215).

gelmäßig (erst) im Rahmen einer Beitragsabrechnung zum Ausdruck kommende – Ergebnis der gemeindlichen Beurteilung ist gerichtlich nur darauf überprüfbar, ob die insoweit vom Erschließungsbeitragsrecht vorgegebenen äußersten Grenzen eingehalten worden sind.[75]

49   Die Erkenntnis, das Erschließungsbeitragsrecht räume der Gemeinde einen der **gerichtlichen Kontrolle** nur beschränkt zugänglichen Beurteilungsspielraum ein, schließt für das Gericht aus, annehmen zu dürfen, in einem Einzelfall sei nur eine einzige, metrisch exakt faßbare Größe als aus der Sicht des Erschließungsbeitragsrechts unerläßliche Ausbaubreite festzustellen. Schon aus diesem Grunde kann es bei der gerichtlichen Überprüfung einer gemeindlichen Unerläßlichkeitsentscheidung nicht darum gehen, zu untersuchen, ob auch eine andere als die von der Gemeinde für unerläßlich gehaltene (Fahrbahn-)Breite (gerade) noch genügt hätte, um eine hinreichende Erschließung der Grundstücke der anbaubaren Straßenseite zu sichern. Maßgebend ist insoweit vielmehr, ob objektiv-sachliche, an den **konkreten Verhältnissen** orientierte Gesichtspunkte die gemeindliche Beurteilung rechtfertigen und es deshalb den Eigentümern der Grundstücke an der anbaubaren Straßenseite zugemutet werden muß, die entstandenen Kosten – mit Ausnahme des Gemeindeanteils (§ 129 Abs. 1 Satz 3 BauGB) gleichsam als Ausgleich für die Inanspruchnahme der Anlage durch den Durchgangsverkehr – allein, d.h. ohne finanzielle Beteiligung (zunächst) der Gemeinde und (möglicherweise letztendlich) der Grundstücke auf der gegenüberliegenden Straßenseite zu tragen.

50   Als **objektiv-sachliche** Gesichtspunkte können für die Beurteilung der Gemeinde von Belang sein u.a. die Länge der einseitig anbaubaren Straße, die Anzahl der durch sie erschlossenen Grundstücke und vor allem der jeweilige Gebietscharakter. Alle diese Faktoren haben Einfluß auf den **Umfang des zu erwartenden Verkehrsaufkommens,** der seinerseits für die Annahme von Bedeutung ist, eine Straße sei in der Lage, eine hinreichende wegemäßige Erschließung für die Grundstücke an der anbaubaren Straßenseite zu vermitteln. Allgemeine Anhaltspunkte dafür können etwa die "Empfehlungen für die Anlage von Erschließungsstraßen", Ausgabe 1985, der Forschungsgesellschaft für Straßen- und Verkehrswesen als sachverständige Konkretisierung moderner Grundsätze des Straßenbaus liefern. Neben den sich daraus ergebenden Hinweisen auf den Raumbedarf für einen – jedenfalls bei längeren, durch Gewerbe- und Industriegebiete verlaufenden Straßen zu berücksichtigenden – Lastkraftwagen-Begegnungsverkehr kann die Gemeinde unter dem Blickwinkel der Sicherheit und Leichtigkeit des Verkehrs[76] in ihre Überlegungen einbeziehen sowohl, daß ein sicheres Ein- und Ausfahren von Last-

---

[75] Vgl. zum Beurteilungsspielraum und zur Kontrolldichte verwaltungsgerichtlicher Rechtsprechung dazu Redeker in NVwZ 1992, 305 ff.

[76] Siehe dazu auch BVerwG, Urteil v. 12. 6. 1970 – IV C 5.68 –, Buchholz 406.11 § 130 BBauG Nr. 6 S. 3 (5) = DVBl 70, 904 = ZMR 70, 382.

kraftwagen auf bzw. von angrenzenden Grundstücken einen Flächenbedarf begründet, der über den für einen üblichen Lastkraftwagen-Begegnungsverkehr ausreichenden befahrbaren Raum hinausgeht, als auch, daß es – je nach den Umständen des Einzelfalls – angezeigt sein kann, Vorsorge für das Abstellen von Kraftfahrzeugen und Anhängern zu treffen. Eine Rolle kann in diesem Zusammenhang u. a. auch der Verlauf der Straße spielen; ein kurviger Verlauf kann eher Anlaß für eine Entscheidung in Richtung auf eine größere (Fahrbahn-)Breite geben.[77]

Bei Anlegung dieses Maßstabs bestehen keine Bedenken gegen die Beurtei- **51** lung einer Gemeinde, mit Rücksicht u. a. auf den bei einer 550 m langen Straße in einem reinen Wohngebiet zu beachtenden **Begegnungsverkehr** von Last- und Personenkraftwagen eine Fahrbahnbreite von 5 m (und eine Fußwegbreite von 1,50 m)[78] bzw. eine Fahrbahnbreite von 5,5 m (und eine Fußwegbreite von 1,75 m)[79] als für die Erschließung der Grundstücke an der anbaubaren Straßenseite unerläßlich zu halten; im Ergebnis Entsprechendes kann mit Blick auf eine Mehrzahl von Parkplätzen und Parkbuchten sowie 238 Wohneinheiten sogar bei einer Sackgasse mit einer 7 m breiten Fahrbahn gelten.[80] In einem Industriegebiet darf die Gemeinde in der Regel eine Fahrbahnbreite von 7 m für unerläßlich ansehen.[81] Bei einer durch ein Gewerbe- und Industriegebiet verlaufenden, 512 m langen und 13 Grundstücke erschließenden einseitig anbaubaren Straße ist selbst bei einer Fahrbahnbreite von 7,50 m noch nicht die Grenze erreicht, die das Erschließungsbeitragsrecht der Gemeinde für ihre Entscheidung setzt.[82]

Hat eine Gemeinde z. B. bei einer in einem reinen Wohngebiet verlaufen- **52** den, 200 m langen einseitig anbaubaren Straße zur Erschließung von zehn Grundstücken einen Fahrbahnausbau in einer Breite von 10 m für unerläßlich gehalten und kommt das Gericht bei der Überprüfung eines darauf gestützten Erschließungsbeitragsbescheids zu dem Ergebnis, damit sei die der Gemeinde vom Erschließungsbeitragsrecht gesetzte (**äußerste**) **Grenze überschritten**, ist es nicht befugt, von sich aus über den unerläßlichen Ausbauumfang zu befinden. Das materielle Recht weist diese Beurteilung der Gemeinde zu und

---

[77] Grenzt an die anbaubare Seite der Straße ein Grundstück etwa mit einer Schule, zu der besonders viele Schüler mit am Straßenrand haltenden (Schul-)Bussen gebracht werden, kann innerhalb des gemeindlichen Beurteilungsspielraums sogar die Bewertung liegen, ein auf der gegenüberliegenden Straßenseite (jedenfalls im Bereich des Schulgrundstücks) angelegter Gehweg sei mit der Folge für die Erschließung der Grundstücke auf der anbaubaren Straßenseite unerläßlich, daß auch diese Teileinrichtung zur einseitig anbaubaren Straße zählt und der für sie entstandene Aufwand einzig von den Grundstücken der anbaubaren Straßenseite zu tragen ist.

[78] OVG Lüneburg, Urteil v. 23. 5. 1979 – IX A 137/77 – KStZ 79, 174.

[79] VGH Mannheim, Urteil v. 17. 11. 1983 – 2 S 1811/83 –.

[80] VGH Mannheim, Urteil v. 23. 5. 1985 – 2 S 336/84 – VBlBW 86, 145.

[81] BVerwG, Urteil v. 8. 10. 1976 – IV C 76.74 – KStZ 77, 71 (72).

[82] BVerwG, Urteil v. 26. 5. 1989 – 8 C 6.88 – BVerwGE 82, 102 (111) = DVBl 89, 1205 = NVwZ 90, 165.

räumt ihr dafür einen vom Gericht zu beachtenden **Bewertungsspielraum** ein. Das Gericht ist demgemäß darauf beschränkt, zu prüfen, ob die Gemeinde diesen Spielraum eingehalten oder die ihr dadurch zugleich gesetzte Grenze überschritten hat. Trifft letzteres zu, zwingt der Halbteilungsgrundsatz nach Maßgabe der vorstehenden Überlegungen zu der Annahme, es könnten auf die Grundstücke der anbaubaren Straßenseite nur die Hälfte dieser Kosten – abzüglich des Gemeindeanteils – umgelegt werden. Demgemäß muß ein angegriffener Beitragsbescheid in der entsprechenden Höhe aufgehoben werden.

53   Ist eine einseitig anbaubare Straße **selbst** nach dem Verständnis der **Gemeinde** im Umfang "großzügiger" ausgebaut als dies bei angemessener Bewertung der von den erschlossenen Grundstücken ausgehenden Verkehrsanforderungen verlangt ist, kann die Gemeinde die Konsequenz, im Ergebnis immerhin die Hälfte der Erstausbaukosten insbesondere der Fahrbahn für eine mehr oder weniger lange Zeit vorstrecken zu müssen, zumindest teilweise dadurch **vermeiden,** daß sie schon bei der Abrechnung dieser Anlage einen Aufwand lediglich für einen Ausbauumfang einstellt, den sie als für die Erschließung der bebaubaren Grundstücke unerläßlich halten darf.[83] Der verbleibende Restaufwand erlangt in einem solchen Fall die Qualität "beitragsfähig", sofern und sobald auch die Grundstücke der anderen Straßenseite bebaubar werden, und zwar ausschließlich hinsichtlich dieser Grundstücke und der sie erschließenden "zweiten" einseitig anbaubaren Straße.

5. Verkehrsberuhigte Wohnstraßen

54   Gemäß § 9 Abs. 1 Nr. 11 BauGB können die Gemeinden im Bebauungsplan „Verkehrsflächen besonderer Zweckbestimmung" festsetzen. Zu den Verkehrsflächen besonderer Zweckbestimmung gehören neben den sog. Fußgängerstraßen (Fußgängerbereichen) u.a. verkehrsberuhigte (Wohn-)Straßen.[84] Zwar werden verkehrsberuhigte Wohnstraßen ebenso wie Fußgängerstraßen überwiegend durch eine entsprechende Umwandlung von "normalen" Anliegerstraßen in Altbaugebieten geschaffen, doch stellen die Gemeinden gelegentlich derartige öffentliche Anlagen auch in Neubaugebieten erstmalig her.[85] In letzteren Fällen stellt sich die Frage, ob für diese Arten von Verkehrsanlagen Erschließungsbeiträge zu erheben sind, was voraussetzt, daß sie beitragsfähige Erschließungsanlagen i.S. des § 127 Abs. 2 Nr. 1 BauGB sind. Das ist bei sog. Fußgängerstraßen jedenfalls dann ohne weiteres zu bejahen,[86] wenn die ihre Benutzung regelnde Widmung zumindest einen

---

[83] So auch BVerwG, Urteil v. 26. 5. 1989 – 8 C 6.88 – a.a.O., allerdings ausschließlich im 5. Leitsatz.

[84] Vgl. u.a. Bielenberg in Ernst/Zinkahn/Bielenberg, BBauG, § 9 Rdnr. 49a.

[85] Vgl. zu Gestaltungs- und Rechtsfragen bei der Einführung von verkehrsberuhigten Wohnstraßen im einzelnen Brohm, Verkehrsberuhigung in Städten, mit zahlreichen Nachweisen.

[86] Vgl. dazu u.a. Peine, Rechtsfragen der Einrichtung von Fußgängerstraßen, S. 251 ff. mit weiteren Nachweisen.

– wenn auch hinsichtlich des Benutzerkreises und/oder des Benutzungszwecks – eingeschränkten Fahrzeugverkehr zuläßt (vgl. Rdnr. 31). Es ist aber auch bei den verkehrsberuhigten Wohnstraßen zu bejahen.[87]

Bei der erstmaligen Herstellung verkehrsberuhigter Wohnstraßen wird **55** häufig der Straßenkörper in seiner gesamten Breite als **Mischfläche** mit einer sog. Straßenmöblierung,[85] wie sie bei Fußgängerstraßen üblich ist, angelegt; es wird also auf die herkömmliche Trennung zwischen Flächen für den Kraftfahrzeug-, Fahrrad- und Fußgängerverkehr verzichtet. Darüber hinaus wird gelegentlich die Straßenfläche mit Fahrgassenversätzen und/oder Schwellen versehen. Nach § 42 Abs. 4 a StVO dürfen die Fußgänger die Straße in ihrer ganzen Breite benutzen, Kinderspiele sind überall erlaubt, der Fahrzeugverkehr muß Schrittgeschwindigkeit einhalten und das Parken ist außerhalb der dafür markierten Flächen unzulässig. Diese kurze Beschreibung dessen, was typischerweise eine verkehrsberuhigte Wohnstraße kennzeichnet, macht deutlich, daß solche Anlagen bis zu einem gewissen Grade die Funktionen von Straßen, Parkflächen, Grünanlagen und Kinderspielplätzen wahrnehmen. Im Zeitpunkt der Verabschiedung des Baugesetzbuchs war dem Gesetzgeber diese "Sonderform" von Erschließungsanlage bekannt. Gleichwohl hat er keine Veranlassung gesehen, sie ausdrücklich in den Katalog der beitragsfähigen Erschließungsanlagen aufzunehmen. Mangels irgendwelcher entgegenstehender Anhaltspunkte rechtfertigt das den Schluß, er habe sie als beitragsfähige Erschließungsanlage i. S. des § 127 Abs. 2 Nr. 1 BauGB qualifiziert.

Eine verkehrsberuhigte Wohnstraße ist eine öffentliche Verkehrsanlage, die **56** den anliegenden Grundstücken eine Anfahrmöglichkeit verschafft, d. h. die Möglichkeit, bis zu ihrer Höhe mit Personen- und (zumindest kleineren) Versorgungsfahrzeugen fahren zu können; sie ist zum Anbau bestimmt (vgl. Rdnrn. 30 f.). Ihr ist lediglich zu der herkömmlichen (Haupterschließungs-)-Funktion einer Anbaustraße, dem Anbau und dem dadurch ausgelösten Verkehr zu dienen, eine zweite (Haupterschließungs-)Funktion zugewiesen worden, nämlich das Wohnumfeld zu verbessern, und zwar in erster Linie durch die Vermittlung einer (relativ) sicheren Kinderspielfläche und des Eindrucks einer Grünanlage (Blumenkübel, Begleitgrün) sowie vor allem durch eine Reduzierung des Verkehrslärms und der vom Fahrzeugverkehr ausgehenden Gefahren.[88] Eine verkehrsberuhigte Wohnstraße mit Mischfläche und Straßenmöblierung ist daher als eine beitragsfähige Erschließungsanlage i. S. des

---

[87] Vgl. ebenso u. a. VGH Mannheim, Urteil v. 28. 7. 1987 – 2 S 1109/86 – VBlBW 88, 67; OVG Bremen, Urteil v. 30. 8. 1988 – 1 BA 23/88 – KStZ 89, 55, und OVG Lüneburg, Urteil v. 8. 11. 1988 – 9 A 11/87 – ZMR 89, 232, sowie Mattner/Panke in StuGR 79, 374 ff. (375 f.), Neusüß in BBauBl 80, 541 ff. (544), Walprecht in StuGR 80, 367 f., Muthesius in Städtetag 80, 290 ff. (293), Cosson in Kommunalpolitische Blätter 81, 25 ff., und Johlen in KStZ 87, 41 ff.

[88] Vgl. zu den mit Verkehrsberuhigungsmaßnahmen verfolgten Zielen im einzelnen u. a. Mattner in StuGR 79, 366 ff., mit weiteren Nachweisen, und die Beiträge von Monheim, Menke u. a. in Verkehrsberuhigung, Schriftenreihe des Bundesministers für Raumordnung, Bauwesen und Städtebau, Städtebauliche Forschung, Heft 03.071.

§ 127 Abs. 2 Nr. 1 BauGB mit einer ihrer besonderen Funktion entsprechenden Ausgestaltung einzustufen. Alle Anlagenteile, die den beiden (Haupt-)-Funktionen einer solchen Verkehrsanlage zu dienen bestimmt und geeignet sind, sind wesentliche Bestandteile dieser Anlage (vgl. dazu Rdnr. 6), bilden *die* beitragsfähige Erschließungsanlage.[89]

IV. Öffentliche unbefahrbare Verkehrsanlagen

1. Beitragsfähigkeit von unbefahrbaren Wohn- und Fußwegen

57   Nach Nr. 2 des § 127 Abs. 2 BauGB gehören zu den beitragsfähigen Erschließungsanlagen auch solche öffentlichen Verkehrsanlagen innerhalb der Baugebiete, die aus rechtlichen oder tatsächlichen Gründen **nicht** mit „Kraftfahrzeugen" befahrbar und deshalb nicht zum Anbau bestimmt i. S. des § 127 Abs. 2 Nr. 1 BauGB sind (vgl. Rdnr. 31). Dadurch, daß der Gesetzgeber diese Art von Verkehrsanlagen nicht durch einen entsprechenden Zusatz in § 127 Abs. 2 Nr. 1 BauGB geregelt, sondern sie in einer eigenen Nummer in den § 127 Abs. 2 BauGB aufgenommen hat, hat er zweifelsfrei zum Ausdruck gebracht, daß er sie als **selbständige** beitragsfähige Erschließungsanlagen und nicht als unselbständige Bestandteile der Anbaustraßen verstanden wissen will, von denen sie abzweigen.[90] Damit hat der Gesetzgeber der ständigen Rechtsprechung des Bundesverwaltungsgerichts[91] Rechnung getragen, nach der eine derartige Anlage wegen ihrer andersartigen Erschließungsfunktion nicht Bestandteil einer Anbaustraße sein kann. Namentlich aus dem mit dieser Neuregelung verfolgten Zweck, die nicht zum Anbau bestimmten unbefahrbaren Verkehrsanlagen einer Erschließungsbeitragspflicht zu unterwerfen, ergibt sich, daß der Begriff "Kraftfahrzeuge" hier nicht identisch ist mit dem entsprechenden, Krafträder einschließenden Begriff in den §§ 1 Abs. 2 StVG, 4 Abs. 1 Satz 1 StVZO. Unter "Kraftfahrzeuge" i. S. des § 127 Abs. 2 Nr. 2 BauGB sind vielmehr ausschließlich Personen- und Versorgungs**kraftwagen** aller Art zu verstehen.[92]

58   Der Gesetzentwurf der Bundesregierung[93] erfaßte mit dem Wortlaut „die öffentlichen aus rechtlichen oder tatsächlichen Gründen mit Kraftfahrzeugen nicht befahrbaren Verkehrsanlagen innerhalb der Baugebiete (Wohnwege)" nur nicht befahrbare öffentliche Wohnwege. Auf Vorschlag des Bundesrates wurde im Laufe des Gesetzgebungsverfahrens der Klammerzusatz von

[89] Ebenso VGH Mannheim, Urteil v. 28. 7. 1987 – 2 S 1109/86 – VBlBW 88, 67.
[90] BVerwG, Urteil v. 10. 12. 1993 – 8 C 58.91 – Buchholz 406.11 § 127 BBauG/auGB Nr. 71 S. 104 = DVBl 94, 88 = ZMR 94, 174.
[91] BVerwG u. a. Urteil v. 9. 11. 1984 – 8 C 77.83 – BVerwGE 70, 247 (251) = NVwZ 85, 346 = DVBl 85, 297.
[92] Ebenso u. a. Dieckmann, BauGB, § 127 Rdnr. 1, und Reif in BGBW 87, 474 (476).
[93] Vgl. BT-Drucksache 10/4630 S. 19.

„Wohnwege" in „z. B. Fußwege, Wohnwege" geändert. In der Begründung dieses Vorschlags heißt es, „die alleinige Benennung von Wohnwegen läßt ... den Schluß zu, daß andere nicht befahrbare öffentliche Wege keine Erschließungsanlagen im Sinne dieser Vorschrift sein sollen. Dies ist jedoch nicht beabsichtigt".[94] Gleichwohl: Ausgangspunkt für die Aufnahme der (neuen) Nr. 2 in den Abs. 2 des § 127 BauGB waren die sog. unbefahrbaren Wohnwege,[95] deren erstmalige Herstellung vor Inkrafttreten des Baugesetzbuchs eine Erschließungsbeitragspflicht **nicht** auslösen konnte.[96] Das legt es nahe, zunächst den Begriff "**Wohnweg**" i. S. des § 127 Abs. 2 Nr. 2 BauGB zu klären.

Durch die Einbeziehung der (unbefahrbaren öffentlichen) Wohnwege in 59 den Kreis der beitragsfähigen Erschließungsanlagen hat der Begriff "**Wohnweg**" **erstmals bundesrechtliche** Qualität erlangt (vgl. in diesem Zusammenhang Rdnr. 8). Vor Inkrafttreten des Baugesetzbuchs ist dieser Begriff lediglich in einigen Landesbauordnungen[97] verwandt worden; es bestehen keine Bedenken, zur Auslegung des bundesrechtlichen Begriffs „Wohnweg" i. S. des § 127 Abs. 2 Nr. 2 BauGB die entsprechenden landesrechtlichen Begriffe zu Rate zu ziehen. Danach sind unter Wohnwegen zu verstehen sowohl private als auch öffentliche „Wege, an denen ausschließlich Wohngebäude liegen oder zulässig sind. Sie können Fahrverkehr haben, jedoch findet ein Durchgangsverkehr nicht statt".[98] Sind Wohnwege **unbefahrbar,** können sie zur bauordnungsrechtlichen Zulässigkeit nur „für Gebäude geringer Höhe", und zwar ausschließlich dann beitragen, wenn sie nicht „länger als 50 m" (§ 4 Abs. 1 Nr. 1 BauO NW wie § 4 Abs. 1 Nr. 2 BbgBO) bzw. „von begrenzter Länge" (Art. 4 Abs. 2 Nr. 1 BayBauO) sind, sofern „keine Bedenken wegen des Brandschutzes oder des Rettungsdienstes bestehen" (Art. 4 Abs. 2 Nr. 1 BayBauO wie § 4 Abs. 1 Nr. 2 BbgBO).

Der Wohnwegbegriff des § 127 Abs. 2 Nr. 2 BauGB ist gegenüber den 60 damit gekennzeichneten landesrechtlichen Wohnwegbegriffen in zweierlei Hinsicht **enger.** Er erstreckt sich (nicht auch auf private, sondern) nur auf öffentliche Anlagen und er erfaßt überdies (nicht die befahrbaren, sondern) ausschließlich die (mit Kraftwagen nicht befahrbaren und in diesem Sinne) unbefahrbaren Wohnwege, und zwar in erster Linie die **mangels hinreichender Breite unbefahrbaren** Wohnwege; überdies bezieht er ein die hinreichend breiten, aber mangels entsprechender Widmung nicht mit Kraftwagen befahrbaren Wohnwege. Daß in Notfällen z. B. Einsatzfahrzeuge ungeachtet der be-

---

[94] Vgl. BT-Drucksache 10/5027 S. 13.
[95] Vgl. Begründung des Regierungsentwurfs, BT-Drucksache 10/4630, S. 113.
[96] BVerwG, u. a. Urteil v. 3. 6. 1983 – 8 C 70.82 – BVerwGE 67, 216 ff. = NVwZ 84, 170 = DVBl 83, 908.
[97] Vgl. etwa Art. 4 Abs. 3 BayBauO i. d. F. der Bekanntmachung v. 2. 7. 1982 (GVBl S. 419), § 4 Abs. 1 LBO Bad-Württ i. d. F. v. 28. 11. 1983 (GBl S. 770), § 4 Abs. 1 Satz 2 HessBauO i. d. F. der Bekanntmachung v. 16. 12. 1977 (GVBl 78 S. 1) und § 4 Abs. 1 Nr. 1 BauO NW v. 26. 6. 1984 (GVNW S. 419).
[98] Gädke/Böckenförde/Temme, Kommentar zur BauO NW, § 4 Rdnr. 20.

schränkten Widmung diese Wohnwege befahren dürfen, ist in diesem Zusammenhang ohne Belang.[99]

61   Namentlich nach den Landesbauordnungen der Länder Brandenburg und Nordrhein-Westfalen – und sinngemäß entsprechendes gilt für die übrigen Landesbauordnungen – können (aus tatsächlichen oder aus rechtlichen[100] Gründen) unbefahrbare Wohnwege in Verbindung mit der öffentlichen Straße, in die sie einmünden, zur bauordnungsrechtlich hinreichenden Zugänglichkeit und damit zur Bebaubarkeit der (einzig) an sie angrenzenden Grundstücke lediglich soweit etwas hergeben, als sie von begrenzter Länge, d.h. z.B. in Nordrhein-Westfalen und Brandenburg 50 m (vgl. § 4 Abs. 1 Nr. 1 BauO NW und § 4 Abs. 1 Nr. 2 BbgBO) und im übrigen nur so lang sind, daß „keine Bedenken wegen des Brandschutzes bestehen".[101] Die über die damit angegebene Länge **hinausgehenden Teilstrecken** von unbefahrbaren Verkehrsanlagen tragen **nichts** zur zulässigen Bebaubarkeit der an sie angrenzenden Grundstücke bei; diese Grundstücke sind mangels Erfüllbarkeit des bauordnungsrechtlichen Zuwegungserfordernisses **schlechthin nicht bebaubar,** „und zwar selbst dann nicht, wenn sie in einem Bebauungsplan als Bauland ausgewiesen sind. Denn der Bebauungsplan kann sich hinsichtlich der Anforderungen an die Erreichbarkeit von Grundstücken nicht über das Bauordnungsrecht hinwegsetzen, er kann nicht die bauordnungsrechtlichen Zuwegungserfordernisse verdrängen".[90,102] Angesichts dessen kommt den in Rede stehenden Teilstrecken schon deshalb nicht mehr die Qualität "Wohnweg" zu, weil an ihnen keine Wohngebäude errichtet werden dürfen. Da – aus welchen Gründen immer – **schlechthin nicht bebaubare** Grundstücke, unabhängig davon, um welche Art von beitragsfähiger Erschließungsanlage es im Einzelfall geht, "unfähig" sind, einer Erschließungsbeitragspflicht nach § 133 Abs. 1 BauGB zu unterliegen, und sie überdies – wegen des Verhältnisses zwischen § 131 Abs. 1 Satz 1 BauGB einerseits und § 133 Abs. 1 BauGB andererseits – auch von keiner beitragsfähigen Anlage i.S. des § 131 Abs. 1 Satz 1 BauGB erschlossen sein können (vgl. dazu § 17 Rdnrn. 19 ff.), drängt sich die Annahme auf, daß – erstens – unbefahrbare Verkehrsanlagen **beitragsfähige** Wohnwege i.S. des § 127 Abs. 2 Nr. 2 BauGB nur soweit sind, als sie bauordnungsrechtlich etwas **zur Bebaubarkeit** von für Wohnzwecke vorgese-

---

[99] Vgl. u.a. VG Münster, Beschluß v. 17. 11. 1989 – 3 K 252/89 – KStZ 90, 53.

[100] A.A. Löhr in Battis/Krautzberger/Löhr, BauGB, § 127 Rdnr. 24; dabei verkennt allerdings Löhr, daß Grundstücke z.B. in Nordrhein-Westfalen jenseits der 50 m-Grenze auch dann unbebaubar sind, wenn der Wohnweg aus rechtlichen Gründen unbefahrbar ist; vgl. VG Münster, Beschluß v. 17. 11. 1989 – a.a.O., sowie OVG Münster, Urteil v. 5. 7. 1991 – 3 A 422/91 – StuGR 92, 193 = NWVBl 92, 179.

[101] So etwa § 4 Abs. 1 LBO Bad-Württ (siehe Fußnote 81) und § 4 LBO Schl-H v. 24. 2. 1983 (GVBl S. 86).

[102] A.A. unter Vernachlässigung des normenhierarchischen Verhältnisses zwischen ortsrechtlichem Bebauungsplan und landesrechtlichem Bauordnungsrecht Bielenberg in Bielenberg/Krautzberger/Söfker, BauGB, Rdnr. 282, und Maincyk, BauGB, § 127 Rdnr. 13.

henen Grundstücken hergeben,[90] und daß – zweitens – die weitergehenden Teilstrecken derartiger (unbefahrbarer) Verkehrsanlagen beitragsfähig allenfalls als (sonstige) Fußwege i. S. des § 127 Abs. 2 Nr. 2 BauGB sein könnten, wobei jedoch die einzig an sie angrenzenden Grundstücke mangels Bebaubarkeit und in der Folge mangels Erschlossenseins i. S. des § 131 Abs. 1 Satz 1 BauGB (überhaupt) keiner Erschließungsbeitragspflicht unterliegen.

Für den Wohnwegbegriff des § 127 Abs. 2 Nr. 2 BauGB folgt aus den **62** vorstehenden Überlegungen, daß von ihm nur die öffentlichen (vgl. dazu Rdnrn. 22 ff.) aus rechtlichen (z. B. mangels weitergehenden Widmungsumfangs) oder tatsächlichen (z. B. mangels ausreichender Breite) Gründen mit Kraftwagen nicht befahrbaren Wege bis zu einer – sich hinsichtlich der metrischen Ausdehnung im Einzelfall nach Maßgabe des einschlägigen **Landesrechts**[103] richtenden – beschränkten Länge erfaßt werden, an denen ausschließlich Wohngebäude zulässig sind. Mit anderen Worten: Unbefahrbare Wohnwege sind beitragsfähige Erschließungsanlagen nur, **wenn und soweit** nach Maßgabe des einschlägigen Bauordnungsrechts **Wohngebäude errichtet werden dürfen.**[90] Durch diese Einschränkung ist zugleich der gesetzlichen Anforderung "innerhalb der Baugebiete" genügt.[104] Vor diesem Hintergrund ergibt sich, daß die "Wohnwegalternative" des § 127 Abs. 2 Nr. 2 BauGB für die Gemeinden relativ bedeutungslos bleiben dürfte.[105] Denn zum einen werden Wohnwege dieser Art – wenn nicht überwiegend, so doch jedenfalls – sehr häufig von den Eigentümern der an sie angrenzenden Grundstücke als private Anlagen hergestellt, die dementsprechend nicht unter § 127 Abs. 2 Nr. 2 BauGB fallen. Und zum anderen dürften sich dann, wenn die Gemeinde einen – mangels hinreichender Breite nicht befahrbaren – Wohnweg als öffentliche Anlage herstellt, die Kosten dafür im Hinblick auf die geringe Breite und Länge sowie den "Ausbaustandard" (z. B. ohne besonderen Unterbau) nicht selten in einer Größenordnung bewegen, die in Frage stellen kann, ob der für eine Beitragserhebung erforderliche Verwaltungsaufwand noch in einem angemessenen Verhältnis zu dem zu erwartenden (Beitrags-) Ertrag steht.

Ob und ggfs. welche **sonstigen** nicht mit Kraftwagen befahrbaren öffentli- **63** chen Verkehrsanlagen innerhalb der Baugebiete eine Beitragspflicht nach § 127 Abs. 2 Nr. 2 BauGB auslösen können, ist zweifelhaft; insoweit lassen sich klärende Anhaltspunkte aus den Gesetzesmaterialien nicht entnehmen. Ohne weiteres scheiden in diesem Zusammenhang aus Geh- und Radwege an Anbaustraßen, da sie Teile dieser Anlagen sind (vgl. Rdnr. 19) und deshalb für sie entstehende Kosten nach den für Anbaustraßen geltenden Regeln

---

[103] Nach baden-württembergischem Landesrecht (vgl. dazu Reif in BWGZ 87, 474, 476) soll insoweit ebenso wie nach bayerischem Landesrecht (s. Peters in ZKF 89, 5) eine Länge von 80 m maßgebend sein.
[104] Ebenso statt vieler OVG Lüneburg, Beschluß v. 26. 6. 1989 – 9 M 30/89 – DÖV 90, 296, und VG Münster, Beschluß v. 17. 11. 1989 – 3 K 252/89 – KStZ 90, 53.
[105] Siehe etwa Theil/Beunink in GemHH 90, 226.

abzurechnen sind, und zwar selbst dann, wenn es sich bei der Anbaustraße um eine sog. klassifizierte (Bundes- oder Landes-)Straße handelt.[106] Nach dem Wortlaut des § 127 Abs. 2 Nr. 2 BauGB dürften – neben den zuvor behandelten "Verlängerungsstrecken" von beitragsfähigen Wohnwegen – vornehmlich die dem Fußgänger- (ggf. und/oder Fahrrad-)Verkehr vorbehaltenen Wege innerhalb der Baugebiete in Betracht kommen, die entlang u. a. von gewerblich genutzten (nutzbaren) und/oder zwischen Gärten von in ihrem vorderen Teil mit Wohngebäuden bebauten Grundstücken verlaufen und eine fußläufige Verbindung etwa zwischen einem Wohngebiet und dem (möglicherweise entfernter gelegenen) Versorgungszentrum einer Gemeinde vermitteln, d. h. die Fuß-(und/oder Rad-)Wege, die ihrer "Qualität" nach als öffentliche **Verbindungswege** den Sammelfußwegen (mit Fußgängerdurchgangsverkehr) i. S. des früheren § 127 Abs. 2 Nr. 2 BBauG zuzurechnen gewesen sein dürften. Da bei solchen (Verbindungs-)Fußwegen in den allermeisten Fällen eine hinreichend deutliche und überzeugende Differenzierung nicht möglich ist zwischen den Grundstücken, die von der Anlage einen die Beitragserhebung rechtfertigenden Sondervorteil haben, und den Grundstücken, für die dies nicht zutrifft,[107] scheiden sie regelmäßig als beitragsfähige Erschließungsanlagen aus (vgl. § 2 Rdnr. 48). Etwas anderes kann (jedenfalls theoretisch) allenfalls **ausnahmsweise** gelten, wenn ein solcher Weg z. B. die **einzige** unmittelbare fußgängergerechte Verbindung zwischen einem nach seinen Grundstücken **eindeutig abgrenzbaren** Wohngebiet und einem sich an ihn anschließenden Gemeindezentrum vermittelt.[108] In einem solchen Fall wäre es denkbar, daß die Grundstücke dieses Wohngebiets zusammen mit den an den Weg angrenzenden Grundstücken das für diese Verkehrsanlage maßgebende Abrechnungsgebiet bilden.

2. Überleitungsregelungen

64   § 242 Abs. 4 BauGB enthält in seinen beiden Sätzen Überleitungsbestimmungen für öffentliche unbefahrbare (im praktischen Ergebnis wohl nur) **Wohnwege.** Er ordnet an, § 127 Abs. 2 Nr. 2 BauGB sei anzuwenden auch auf solche beitragsfähigen Anlagen im Sinne dieser Vorschrift, die vor dem 1. Juli 1987 (Inkrafttreten des Baugesetzbuchs) „endgültig hergestellt worden sind", es sei denn, eine Beitragspflicht ist vor dem 1. Juli 1987 bereits nach Landesrecht entstanden. Mit seinem Wortlaut unterwirft § 242 Abs. 4 BauGB grundsätzlich, d. h., soweit nicht kraft Landesrecht eine Beitragspflicht entstanden ist, alle Anlagen i. S. des § 127 Abs. 2 Nr. 2 BauGB einer Erschlie-

---

[106] BVerwG, u. a. Urteil v. 20. 8. 1986 – 8 C 58.85 – KStZ 86, 211 = NVwZ 87, 56 = ZMR 87, 68.
[107] Vgl. u. a. OVG Saarland, Urteil v. 25. 10. 1990 – 1 R 98/87 – NVwZ-RR 91, 423, sowie Uechtritz in DVBl 86, 1125 (1129), und Schmaltz in DVBl 87, 207 (211).
[108] Im Ergebnis ebenso u. a. VGH Mannheim, Beschluß v. 2. 10. 1989 – 2 S 2606/87 –, sowie statt vieler Reif in BWGZ 87, 474 (476), und Müller in GemHH 89, 220 (221).

ßungsbeitragspflicht, **unabhängig** davon, wann sie (technisch) endgültig hergestellt worden sind.[109] Auf dieser Grundlage ist – jedenfalls theoretisch – nicht auszuschließen, daß selbst vor Inkrafttreten des Bundesbaugesetzes, d. h. also z. B. im Jahre 1955, endgültig hergestellte unbefahrbare Wohnwege eine Erschließungsbeitragspflicht auszulösen geeignet sein könnten, weil solche Anlagen schwerlich als "vorhandene" Erschließungsanlagen i. S. des § 242 Abs. 1 BauGB zu qualifizieren sein dürften und sich deshalb aus dieser Vorschrift nichts für eine (zeitliche) Beschränkung herleiten lassen dürfte. Doch mag das auf sich beruhen. Denn es spricht nichts dafür, daß § 242 Abs. 4 Satz 1 BauGB die von ihm angeordnete Rückwirkung über das Inkrafttreten des Bundesbaugesetzes hinaus erstrecken soll. Selbst wenn man von einer Beschränkung der Rückwirkung auf den Zeitpunkt des Inkrafttretens des Bundesbaugesetzes ausgeht, ist die Frage, ob diese (so eingeschränkte) Rückwirkung verfassungsrechtlich zulässig ist, nicht ohne weiteres in dem einen oder dem anderen Sinne zu beantworten. Insoweit fehlt bisher eine Entscheidung des Bundesverwaltungsgerichts; in der übrigen Rechtsprechung werden ebenso wie in der Literatur unterschiedliche Meinungen vertreten. Während etwa das Oberverwaltungsgericht Lüneburg[110] sowie u. a. Sellner,[111] Dohle,[112] Uechtritz,[113] Vogel[114] und Schrödter[115] ernsthafte Zweifel an der Verfassungsmäßigkeit der Rückwirkung äußern, halten das Oberverwaltungsgericht Münster[116] und der Verwaltungsgerichtshof Kassel[117] sowie u. a. Quaas[118] und Mainczyk[119] die Rückwirkungsanordnung für unbedenklich. Der Bayerische Verwaltungsgerichtshof[120] sowie Ernst[121] vertreten sozusagen einen Mittelweg und meinen, im Wege verfassungskonformer Auslegung sei § 242 Abs. 4 BauGB dahin zu verstehen, daß er nur die nach der Entscheidung des Bundesverwaltungsgerichts vom 3. Juni 1983[122], die "Auslöser" für die Aufnahme der Nr. 2 in den § 127 Abs. 2 BauGB gewesen sei, technisch fertiggestellten unbefahrbaren Verkehrsanlagen erfasse; mit **dieser** zeitlichen Beschränkung bestünden keine durchgreifenden verfassungsrechtlichen Be-

---

[109] Vgl. so auch VG Münster, Beschluß v. 15. 12. 1989 – 3 L 636/89 – KStZ 90, 55.
[110] OVG Lüneburg, Beschluß v. 3. 5. 1994 – 9 L 1300/92 –.
[111] In NJW 86, 1073.
[112] In NJW 88, 402.
[113] In BauR 88, 1.
[114] In Brügelmann-Vogel, BauGB, § 242 Anm. 1.
[115] In Schrödter, BauGB, § 242 Rdnr. 7.
[116] OVG Münster, a. Beschluß v. 15. 10. 1990 – 2 B 226/90 – KStZ 91, 78 = HSGZ 91, 159 = GemHH 91, 261.
[117] VGH Kassel, Beschluß v. 27. 8. 1991 – 5 TH 3602/90 – KStZ 91, 215 = HSGZ 91, 453.
[118] In VBlBW 87, 282.
[119] In Mainczyk, BauGB, § 242 Rdnr. 5.
[120] BayVGH, Beschluß v. 8. 10. 1992 – 6 B 92.2055 u. a. –.
[121] In Ernst/Zinkahn/Bielenberg, BauGB, § 242 Rdnr. 4.
[122] BVerwG, Urteil v. 3. 6. 1983 – 8 C 70.82 – BVerwGE 67, 216 ff. = DVBl 83, 908 = NVwZ 84, 170.

denken gegen die Rückwirkungsanordnung. Gleichwohl: Selbst eine derartige zeitliche Begrenzung entbindet nicht von der Notwendigkeit, zu prüfen, ob die (auf diese Weise begrenzte) Rückwirkungsanordnung mit der Verfassung vereinbar ist.

65   Vor Inkrafttreten des Baugesetzbuchs gehörten – wie das Bundesverwaltungsgericht[122] mehrfach entschieden hat – öffentliche unbefahrbare (Fuß- und) Wohnwege nicht zu den beitragsfähigen Erschließungsanlagen i. S. des § 127 Abs. 2 BBauG in seiner seit Inkrafttreten des Bundesbaugesetzes am 30. Juni 1961 geltenden Fassung; es handelte sich bei ihnen seit Inkrafttreten des Bundesbaugesetzes regelmäßig um **erschließungsbeitragsfreie** Anlagen. War eine solche Anlage (technisch) endgültig hergestellt, war damit ein Tatbestand abgeschlossen, der aus der Sicht des Erschließungsbeitragsrechts ohne Folgen blieb. Einen solchen abgeschlossenen Tatbestand unterwirft nunmehr § 242 Abs. 4 Satz 1 BauGB nachträglich einer Erschließungsbeitragspflicht, so daß es sich bei der von ihm angeordneten Rückwirkung um einen Fall der sog. **echten** Rückwirkung handelt.[123] Denn eine echte Rückwirkung eines Gesetzes liegt vor, wenn das Gesetz nachträglich in abgeschlossene, der Vergangenheit angehörende Tatbestände eingreift.[124] Belastende Gesetze, die sich echte Rückwirkung beilegen, sind regelmäßig mit dem Gebot der Rechtsstaatlichkeit **unvereinbar**, zu dessen wesentlichen Elementen die Rechtssicherheit gehört, die für den Bürger in erster Linie Vertrauensschutz bedeutet. Doch ist ein belastender Eingriff mit Rückwirkung **ausnahmsweise** zulässig, wenn das Vertrauen des Bürgers auf eine bestimmte Rechtslage sachlich nicht gerechtfertigt und daher nicht schutzwürdig war.[125] Das ist der Fall, wenn – erstens – die Rückwirkung durch zwingende Gründe des gemeinen Wohls gefordert ist, wenn – zweitens – die rückwirkende Norm eine unklare Rechtslage bereinigt, wenn – drittens – die betroffene Rechtsstellung lediglich auf einem durch eine ungültige Norm erzeugten Rechtsschein beruht oder wenn – viertens – ein Vertrauen auf ihren Fortbestand nicht begründet war, weil der Bürger nach der rechtlichen Situation in dem Zeitpunkt, auf den der Eintritt der Rechtsfolge vom Gesetz zurückbezogen wird, mit dieser Regelung rechnen mußte.[126] Von diesen vier "Rechtfertigungskonstellationen" scheiden hier die drei ersten offensichtlich aus. Es kann mit Rücksicht auf die geringe praktische Bedeutung des § 127 Abs. 2 Nr. 2 BauGB (vgl. Rdnr. 62 f.) und die eindeutige Rechtsprechung des Bundesverwaltungsgerichts[122] keine Rede davon sein, zwingende Gründe des gemeinen Wohls forderten die Rückwirkung oder es sei eine bisher unklare, verworrene Rechtslage bereinigt worden. Angesichts dessen dürfte die Rückwirkungsan-

---

[123] Ebenso u. a. Reif in BWGZ 87, 474 (476), und VG Münster, Beschluß v. 15. 12. 1989 – 3 L 636/89 – a. a. O.; a. A. Dieckmann, BauGB, § 242 Rdnr. 4.
[124] BVerfG, u. a. Beschluß v. 31. 5. 1960 – 2 BvL 24/59 – BVerfGE 11, 139 (145 f.).
[125] BVerfG, u. a. Beschluß v. 17. 1. 1979 – 1 BvR 446, 1174/77 – BVerfGE 50, 177 (193).
[126] BVerfG, u. a. Urteil v. 19. 12. 1961 – 2 BvL 6/59 – BVerfGE 13, 261 (272).

ordnung des § 242 Abs. 4 Satz 1 BauGB **verfassungsrechtlich** wohl nur dann haltbar sein, wenn angenommen werden könnte, die betroffenen Grundstückseigentümer hätten bei objektiver Betrachtung in dem Zeitpunkt, bis zu dem der Eintritt der Rechtsfolge des § 127 Abs. 2 Nr. 2 BauGB durch § 242 Abs. 4 Satz 1 BauGB zurückbezogen wird, d. h. im Zeitpunkt entweder des Inkrafttretens des Bundesbaugesetzes (30. Juni 1961) oder der Entscheidung des Bundesverwaltungsgerichts vom 3. Juni 1983, mit der nunmehr getroffenen Regelung rechnen müssen.

Stellt man auf den ersteren Zeitpunkt ab, d. h. geht man von einer **Rückwir-** 66 **kung** bis zum **Inkrafttreten** des Bundesbaugesetzes aus, läßt sich folgendes sagen: In diesem Zeitpunkt dürfte die Anlegung von öffentlichen unbefahrbaren Wohnwegen von beschränkter Länge (vgl. Rdnr. 61) städtebaulich noch keine besondere Rolle gespielt haben. Selbst wenn das anders gewesen sein sollte, läßt sich daraus schwerlich Überzeugendes dafür herleiten, die Grundstückseigentümer hätten seinerzeit bei der Herstellung solcher Anlagen mit einer Belastung mit Erschließungsbeiträgen rechnen müssen. Denn § 127 Abs. 2 BBauG in der damals geltenden Fassung erfaßte nur einen sehr kleinen Teil von Erschließungsanlagen und erstreckte sich nicht einmal auf alle Anlagen, von deren Vorhandensein oder verläßlich zu erwartendem Vorhandensein die Zulässigkeit von Bauvorhaben (§§ 30 ff. BBauG) abhängig ist (vgl. in diesem Zusammenhang etwa § 127 Abs. 4 BBauG). Das Bundesrecht interessierte sich für andere als die ausdrücklich und **abschließend** im damaligen § 127 Abs. 2 BBauG aufgezählten Erschließungsanlagen nicht, sondern überließ deren "abgabenrechtliches Schicksal" dem **Landesrecht**. Das hat das Bundesverwaltungsgericht in seiner Entscheidung vom 3. Juni 1983 der Sache nach mit aller Deutlichkeit bestätigt. Ob Grundstückseigentümer im Zeitpunkt des Inkrafttretens des Bundesbaugesetzes schutzwürdig erwarten konnten, die Gemeinden würden ihnen unbefahrbare öffentliche Wohnwege gleichsam "kostenlos" zur Verfügung stellen, dürfte deshalb ausschlaggebend von dem damals einschlägigen Landesrecht abhängen. **Wenn und soweit** es die Herstellung derartiger Anlagen einer Beitragspflicht unterwarf, könnte die Annahme begründet sein, ein schutzwürdiges Vertrauen der Grundstückseigentümer stehe der Rückwirkungsanordnung in § 242 Abs. 4 Satz 1 BauGB jedenfalls in dem Umfang nicht entgegen, in dem diese seinerzeit mit einer Beitragsbelastung rechnen mußten.

Der Sache nach greift § 242 Abs. 4 Satz 2 BauGB diesen Gedanken auf, wenn er bestimmt, daß es dann, wenn vor Inkrafttreten des Baugesetzbuchs „eine Beitragspflicht nach Landesrecht entstanden" ist, dabei verbleibt, und zwar **selbst** dann, wenn diese Beitragspflicht der Höhe nach (u. U. recht erheblich) hinter dem Beitrag zurückbleibt, der sich bei einer rückwirkenden Anwendung des Baugesetzbuchs ergeben würde. Im Sinne des § 242 Abs. 4 Satz 2 BauGB ist „eine Beitragspflicht ... entstanden" nicht erst, wenn ein entstandener Ausbaubeitrag festgesetzt, d. h. durch einen Beitragsbescheid erhoben worden ist, sondern bereits dann, wenn für die abzurechnende Baumaßnahme die sachlichen Ausbaubeitragspflichten nach Maßgabe des einschlägigen Landesrechts entstanden sind. Für diese Annahme spricht schon der Wortlaut des § 242 Abs. 4 Satz 2 BauGB; sie wird bestätigt durch die Entstehungsgeschichte dieser Vorschrift.[127]

67   Wenn eine Gemeinde einen Wohnweg i.S. des § 127 Abs. 2 Nr. 2 BauGB **vor** dem 1. Juli 1987 endgültig hergestellt hat – wobei unter dem Begriff "endgültige Herstellung" i.S. des § 242 Abs. 4 Satz BauGB wohl nur eine endgültige Herstellung im tatsächlichen Sinne gemeint sein kann, weil das Bundesbaugesetz während seiner Geltungsdauer derartige Anlagen nicht erfaßte und sich folglich die von § 132 Nr. 4 BBauG geforderte Merkmalsregelung nicht auf sie erstrecken konnte – und sie diesen **nach** Inkrafttreten des Baugesetzbuchs nach Maßgabe der nunmehr maßgeblichen bundesrechtlichen Vorschriften abrechnet, dürften vor dem zuvor gekennzeichneten Hintergrund drei verschiedene "Grundkonstellationen" voneinander zu trennen sein: Handelt es sich um eine Gemeinde in einem Land, in dem das einschlägige Landesrecht die Herstellung von unbefahrbaren öffentlichen Wohnwegen **keiner** Beitragspflicht unterwarf, dürfte die Heranziehung zu einem Erschließungsbeitrag aus verfassungsrechtlichen Gründen problematisch sein. Wenn die Gemeinde einem Land angehört, dessen Recht eine Beitragserhebung für die Herstellung der in Rede stehenden Anlagen zwar vorsah, sachliche Beitragspflichten aber – aus welchen Gründen immer – vor Inkrafttreten des Baugesetzbuchs noch nicht entstanden waren, gilt das gleiche hinsichtlich **des Teils** des geforderten Erschließungsbeitrags, der den Betrag übersteigt, der sich auf der Grundlage des Landesrechts hätte ergeben könnnen. Geht schließlich eine Gemeinde zu **Unrecht** davon aus, nach Maßgabe des für sie einschlägigen Landes- und Ortsrechts seien sachliche Beitragspflichten für die Herstellung eines unbefahrbaren öffentlichen Wohnwegs im Zeitpunkt des Inkrafttretens des Baugesetzbuchs noch nicht entstanden gewesen, verstößt ein ergangener Erschließungsbeitragsbescheid gegen § 242 Abs. 4 Satz 2 BauGB und ist – allerdings nur[128] – insoweit aufzuheben, als er der Höhe nach den kraft Landesrecht begründeten Beitrag übersteigt. Den damit – je nach Lage des Einzelfalls – zusammenhängenden Fragen ist im Rahmen der Überprüfung der Rechtmäßigkeit von Bescheiden nachzugehen, mit denen Erschließungsbeiträge für Wohnwege i.S. des § 127 Abs. 2 Nr. 2 BauGB gefordert werden, die **vor** dem 1. Juli 1987 „endgültig hergestellt worden sind" (§ 242 Abs. 4 Satz 1 BauGB).

68   Die für die beiden ersten Grundkonstellationen aufgezeigten verfassungsrechtlichen Bedenken dürften **nicht** durchgreifen, wenn und soweit die tatsächlichen Gegebenheiten die Ansicht rechtfertigen, vom Zeitpunkt der Entscheidung des Bundesverwaltungsgerichts vom 3. Juni 1983[122] an hätten die

---

[127] BVerwG, Beschluß v. 28. 8. 1989 – 8 B 123.89 – Buchholz 406.11 § 242 BauGB Nr. 1.
[128] Vgl. dazu BVerwG, u. a. Urteil v. 27. 1. 1982 – 8 C 12.81 – BVerwGE 68, 356 ff. = DVBl 82, 540 = DÖV 82, 700.

betroffenen Eigentümer damit rechnen müssen, für die erstmalige Herstellung von unbefahrbaren Wohnwegen mit Erschließungsbeiträgen belastet zu werden, d. h. von diesem Zeitpunkt an sei ein etwaiges Vertrauen auf die weitere Freiheit von einer Belastung mit Erschießungsbeiträgen nicht mehr schutzwürdig gewesen, weil ein entsprechendes und alsbaldiges "Einschreiten" des Gesetzgebers vernünftigerweise habe erwartet werden müssen. Das nimmt – unter Hinweis auf die Gesetzesbegründung – Ernst[121] an. Sollte das zutreffen, wäre ihm in der Auffassung zuzustimmen, verfassungsrechtlich unbedenklich sei die in Rede stehende Rückwirkungsanordnung jedenfalls mit Blick „auf die selbständigen, nicht befahrbaren Verkehrsanlagen, die in der Zeit zwischen dem Urteil des BVerwG vom 3. Juni 1983 und dem 1. Juli 1987 (Inkrafttreten des BauGB) endgültig hergestellt worden sind."[121]

V. Sammelstraßen

Nach § 127 Abs. 2 Nr. 3 BauGB können beitragsfähig auch „Sammelstra- **69** ßen innerhalb der Baugebiete" sein, d. h. „öffentliche Straßen, Wege und Plätze, die selbst nicht zum Anbau bestimmt, aber zur Erschließung der Baugebiete notwendig sind". Eine Sammelstraße unterscheidet sich (ebenso wie eine öffentliche unbefahrbare Verkehrsanlage i. S. des § 127 Abs. 2 Nr. 2 BauGB) von einer Anbaustraße i. S. des § 127 Abs. 2 Nr. 1 BauGB dadurch, daß sie nicht zum Anbau bestimmt ist. Sie dient der **mittelbaren Erschließung** von Grundstücken, die unmittelbar bereits durch zum Anbau bestimmte Erschließungsanlagen verkehrsmäßig erschlossen sind.[129]

Aus dem Begriff "Sammelstraße" folgt, daß diese Straße aufgrund ihrer **70** Lage und Funktion geeignet sein muß, Verkehr aus den zum Anbau bestimmten Anlagen aufzunehmen und gesammelt weiterzuleiten sowie umgekehrt einen gesammelten Verkehr auf diese Straßen zu verteilen. „Von einer Sammelstraße kann mithin nur bei einer Anlage die Rede sein, in der ein aus mehreren selbständigen Anbaustraßen kommender Verkehr zusammentrifft, d. h. bei einer Anlage, der auf diese Weise der Verkehr eines größeren Gebiets zugeführt wird".[130] Eine Verkehrsanlage verliert ihren Charakter als Sammelstraße i. S. des § 127 Abs. 2 Nr. 3 BauGB nicht dadurch, daß sie gleichzeitig – vielleicht sogar überwiegend – dem überörtlichen Verkehr dient.[131]

Eine Sammelstraße ist trotz der Aufnahme dieser Art von Verkehrsanlagen **71** in den Katalog des § 127 Abs. 2 BauGB nur ganz **ausnahmsweise** eine beitragsfähige Erschließungsanlage (vgl. § 2 Rdnr. 46), nämlich nur dann, wenn sie die einzige Anlage ist, die die Verbindung der einzelnen Anbaustraßen

---

[129] BVerwG, Urteil v. 23. 5. 1973 – IV C 19.72 – Buchholz 406.11 § 127 BBauG Nr. 15 S. 23 (24) = DVBl 73, 887 = KStZ 74, 13.
[130] BVerwG, Urteil v. 3. 6. 1988 – 8 C 114.86 – Buchholz 406.11 § 127 BBauG Nr. 54 S. 27 (29 f.) = KStZ 89, 10 = ID 88, 137.
[131] BVerwG, Urteil v. 8. 8. 1975 – IV C 74.73 – Buchholz 406.11 § 127 BBauG Nr. 22 S. 6 (8) = DÖV 76, 347 = GemTg 76, 113.

zum übrigen Verkehrsnetz der Gemeinde vermittelt, wenn also die Anlieger der zum Anbau bestimmten Straßen *ausschließlich* über die Sammelstraße das übrige Verkehrsnetz der Gemeinde erreichen können.[132] Nur in einem solchen (Ausnahme-)Fall ist es möglich, den Kreis der Grundstücke, die von der erstmaligen Herstellung einer solchen Anlage einen beitragsbegründenden Sondervorteil haben, von denen hinreichend deutlich zu trennen, für die die Anlage lediglich einen beitragsfreien Gemeinvorteil auslöst. Eine solche Möglichkeit besteht indes nicht, wenn eine Straße zwar den gesamten Verkehr des auf einer ihrer Seiten gelegenen Baugebiets aufnimmt, jedoch der Verkehr aus dem an die andere Seite angrenzenden Baugebiet über eine Mehrzahl von Anbaustraßen mit dem übrigen Verkehrsnetz der Gemeinde verbunden ist. Denn bei einer solchen Konstellation fehlt es an einer hinreichend deutlichen Abgrenzbarkeit des Kreises der Grundstücke, die durch diese Straße einen beitragsrechtlich relevanten (Sonder-)Vorteil haben.[133] Grenzt eine Seite einer Straße, von der der **gesamte** Verkehr aus dem Baugebiet an ihrer anderen Seite aufgenommen wird, an den Außenbereich, ist also eine Abgrenzbarkeit der bevorteilten Grundstücke einzig mit Blick auf die an einer Seite der Sammelstraße gelegenen Grundstücke möglich, rechtfertigt das grundsätzlich nicht eine entsprechende Anwendung des zur einseitig anbaubaren Straße entwickelten Halbteilungsgrundsatzes (vgl. Rdnrn. 38ff.). Etwas anderes kann nur angenommen werden, wenn feststeht, daß bei einer späteren "Umwandlung" des Außenbereichs in ein Bebauungsplangebiet auch insoweit das Merkmal der hinreichenden Abgrenzbarkeit erfüllt sein wird, d.h. alle Straßen dieses Gebiets einzig über die Sammelstraße an das übrige Verkehrsnetz der Gemeinde angebunden werden. Das aber dürfte schwerlich jemals zutreffen.

72   Ist das Merkmal der hinreichenden Abgrenzbarkeit ausnahmsweise einmal erfüllt, hängt die Beitragsfähigkeit einer ihrem Charakter nach als Sammelstraße zu qualifizierenden Verkehrsanlage zunächst davon ab, ob sie "**innerhalb der Baugebiete**" liegt. Insoweit ist auf eine räumliche Betrachtung abzustellen. Freilich verlangt dieses Merkmal nicht, daß die Straße in vollem Umfang durch planungsrechtlich der Bebauung zugängliches Gelände verläuft. Vielmehr ist für die Erfüllung dieses Merkmals unschädlich, wenn eine solche Anlage streckenweise auch durch den Außenbereich führt. Das gilt indes nur dann, wenn der Außenbereichsteil im Vergleich zur übrigen Strecke der Sammelstraße **nicht ins Gewicht** fällt und deshalb nach den Umständen des Einzelfalls der Eindruck erhalten bleibt, es gehe insgesamt (noch) um eine "innerhalb der Baugebiete" verlaufende Verkehrsanlage.[134]

---

[132] BVerwG, u.a. Urteil v. 25. 11. 1981 – 8 C 16–19.81 – Buchholz 406.11 § 127 BBauG Nr. 36 S. 1 (4) = NVwZ 82, 555 = KStZ 82, 49.
[133] BVerwG, Urteil v. 25. 2. 1994 – 8 C 13.92 – ZMR 94, 382 = NVwZ-RR 94, 413 = BWGZ 94, 430.
[134] BVerwG, Urteil v. 26. 2. 1992 – 8 C 24.90 – NVwZ 92, 673 = KStZ 92, 212 = DÖV 92, 1058.

Zur Erfüllung des Tatbestandsmerkmals "notwendig" braucht eine Sam- 73
melstraße zur – mittelbaren – Erschließung des Baugebiets nicht unerläßlich
und schlechterdings unentbehrlich zu sein, wobei weder in diesem Zusammenhang noch im Rahmen des § 127 Abs. 2 Nrn. 2, 4 und 5 BauGB ein
Baugebiet mit einem Bebauungsplangebiet verwechselt werden darf. Vielmehr ist darauf abzustellen, ob die Sammelstraße nach städtebaulichen
Grundsätzen angezeigt und unter **diesem** Gesichtspunkt notwendig ist. Maßgebend ist „nicht, ob ein dringender Bedarf für die Anlegung einer Sammelstraße besteht. Abzuheben ist vielmehr darauf, ob es einleuchtende Gründe
gibt, die nach städtebaulichen Grundsätzen die Herstellung einer solchen
Verkehrsanlage – unter Berücksichtigung der örtlichen Gegebenheiten des
jeweiligen Einzelfalls – als eine zur ordnungsgemäßen verkehrlichen Bedie-
nung des betreffenden Gebiets angemessene Lösung erscheinen lassen."[130]
Bei der Prüfung, ob eine Sammelstraße nach städtebaulichen Grundsätzen
notwendig ist, sind insbesondere auch die durch sie bewirkte Erleichterung
des Erschließungsverkehrs und Abschirmung der Anlieger von größerer
Lärmbelästigung zu berücksichtigen.[131]

Der unbestimmte Rechtsbegriff der "Notwendigkeit" unterliegt der **vollen** 74
verwaltungsgerichtlichen Überprüfung, während den Gemeinden bei der Beurteilung dessen, was sie im konkreten Fall für "erforderlich" i.S. des § 129
Abs. 1 S. 1 BauGB halten, ein weiter, gerichtlich nur eingeschränkt überprüf-
barer Spielraum zusteht.[135]

VI. Parkflächen und Grünanlagen

Parkflächen und Grünanlagen i.S. des § 127 Abs. 2 Nr. 4 BauGB sind – na- 75
turgemäß nur in den Grenzen der Widmung – stets öffentliche Flächen. Denn
"öffentlich" in dem Sinne, daß die Anlage für die Benutzung durch die in
Frage kommende Allgemeinheit gesichert zur Verfügung steht, muß **jede**
beitragsfähige Erschließungsanlage sein, weil anderenfalls Sondervorteile
nicht in auf Dauer rechtlich gesicherter Weise entstehen und sich infolgedessen eine Beitragserhebung nicht rechtfertigt.[136] Sie sind "öffentlich" entweder
als Bestandteile der unter § 127 Abs. 2 Nrn. 1 bis 3 BauGB aufgeführten
Verkehrsanlagen (z.B. Parkstreifen als Teil einer Straße, Parkflächen als Teil
eines öffentlichen Platzes oder Grünanlagen als Mittelstreifen einer Straße)
oder als **selbständige**, aber nach städtebaulichen Grundsätzen zur Erschießung
notwendige Anlagen innerhalb eines Baugebiets (z.B. größere Parkflächen in
nicht unmittelbarem Zusammenhang mit einer Straße oder einem Platz,
Grünflächen zur Auflockerung der Bebauung sowie zur psychischen und

---

[135] Vgl. dazu und zum Begriff der "Notwendigkeit" im einzelnen BVerwG, Urteil v.
23. 5. 1973 – IV C 19.72 – Buchholz 406.11 § 127 BBauG Nr. 15 S. 23 (25 ff.) = DVBl
73, 887 = KStZ 74, 13.
[136] BVerwG, Urteil v. 10. 5. 1985 – 8 C 17–20.84 – Buchholz 406.11 § 127 BBauG
Nr. 46 S. 29 (35) = NVwZ 85, 833 = DVBl 85, 1175.

physischen Erholung der Menschen), die einer eigenen Widmung bedürfen (vgl. Rdnr. 78). Ob Parkflächen und Grünanlagen Bestandteile einer Verkehrsanlage i. S. des § 127 Abs. 2 Nrn. 1 bis 3 BauGB oder selbständige Erschließungsanlagen sind, bestimmt sich nach ihrer Lage und Größe.

1. Unselbständige Parkflächen und Grünanlagen

76   Parkflächen, die neben Fahrbahn und Gehwegen auf einem besonderen Teil der Straßenfläche angelegt und deutlich erkennbar ihrer Funktion nach ausschließlich zum Parken bestimmt sind, gehören nicht zur Teileinrichtung Fahrbahn (etwas anders gilt nur für am Fahrbahnrand verlaufende Standspuren, die als Fahrbahn ausgebaut sind und auch befahren werden können), sondern sind als eigene, im Wege der Kostenspaltung abspaltbare Teileinrichtungen Bestandteil der betreffenden Straßen.[137] Dabei ist es unerheblich, ob es sich um eine neben der Straße verlaufende Parkspur handelt, die unmittelbar von der Fahrbahn aus oder auch durch besondere Zufahrten erreicht wird, ob auf dem Parkstreifen längs oder quer geparkt wird und ob die Parkfläche sich mit der Fahrbahn auf gleicher Höhe befindet oder über einen Randstein erreicht wird.[138] Ist ein Parkplatz auch zum Anbau bestimmt, ist er erschließungsbeitragsrechtlich keine selbständige Parkfläche, sondern ein Platz, der als Teileinrichtung eine unselbständige Parkfläche besitzt (vgl. Rdnr. 20).

77   Mit den (unselbständigen oder selbständigen) Parkflächen i. S. des § 127 Abs. 2 Nr. 4 BauGB sind die gemäß § 9 Abs. 1 Nr. 22 BauGB in einen Bebauungsplan aufnehmbaren Flächen für Gemeinschaftsstellplätze **nicht** vergleichbar. Letztere dienen – ebenso wie die Gemeinschaftsgaragen – nicht der Bewältigung des ruhenden – **allgemeinen** – Verkehrs, sondern der Unterbringung der Kraftfahrzeuge der Bewohner mehrerer Häuser oder Häusergruppen.

78   Auch unselbständige Grünanlagen – z. B. Grünanlagen als Mittelstreifen einer Straße – gehören regelmäßig nicht zur Teileinrichtung Fahrbahn, sondern sind eigene Teileinrichtungen von Straßen. Grundsätzlich spricht eine enge Verbindung zwischen Verkehrsanlage und Grünanlage dafür, daß es sich um eine unselbständige Grünanlage handelt, doch macht diese enge Verbindung allein z. B. eine verhältnismäßig große Grünanlage noch nicht zum Bestandteil der Verkehrsanlage.[139] Allerdings kann eine nur 395 qm große Grünfläche keine selbständige Erschließungsanlage sein.[140]

---

[137] BVerwG, Urteil v. 11. 12. 1970 – IV C 24.69 – Buchholz 406.11 § 127 BBauG Nr. 11 S. 13 (14) = KStZ 72, 12 = GemTg 71, 186.

[138] BVerwG, Urteil v. 14. 7. 1972 – IV C 28.71 – Buchholz 406.11 § 127 BBauG Nr. 14 S. 21 (22) = DVBl 72, 894 = DÖV 72, 860.

[139] BVerwG, Urteil v. 21. 10. 1970 – IV C. 51.69 – Buchholz 406.11 § 127 BBauG Nr. 10 S. 11 (12) = DVBl 71, 2 3 = DÖV 71, 391.

[140] BVerwG, Beschluß v. 11. 3. 1977 – IV B 214.76 –.

Wird ein unselbständiger Parkstreifen oder eine unselbständige Grünanlage 79 nachträglich an einer **vorhandenen** Erschließungsanlage i.S. des § 242 Abs. 1 BauGB oder einer nach Inkrafttreten des Bundesbaugesetzes (bzw. des Baugesetzbuchs) schon erstmals endgültig fertiggestellten Straße angelegt, löst diese Maßnahme keine Erschließungsbeitragspflicht aus. Es handelt sich um eine nach dem landesrechtlichen Straßenbaubeitragsrecht zu beurteilende Maßnahme, und zwar unabhängig davon, ob für den Parkstreifen (die Grünanlage) zusätzlich Grundflächen in Anspruch genommen worden sind (Erweiterung) oder nicht (Verbesserung). Etwas anderes gilt indes für eine i.S. des § 246a Abs. 4 BauGB bereits hergestellte Erschließungsanlage; wird nach dem 3. Oktober 1990 an einer z.B. in Fahrbahn, Gehwegen, Beleuchtung und Entwässerung **bereits hergestellten** Verkehrsanlage eine derartige Teileinrichtung (erstmals) angelegt, sind für deren Kosten Erschließungsbeiträge zu erheben (vgl. § 2 Rdnrn. 38 ff.).

2. Selbständige Parkflächen und Grünanlagen

Selbständige Grünanlagen und Parkflächen bedürfen einer **eigenen Wid- 80 mung,** durch die sie dem allgemeinen Gebrauch zur Verfügung gestellt werden. Mangels besonderer Vorschriften werden selbständige Grünanlagen durch einen formlosen Willensakt der Gemeinde – Gebrauchsübergabe an die Öffentlichkeit ("Indienststellung") z.B. durch Bekanntgabe einer (jedoch nicht erforderlichen) Benutzungsordnung – gewidmet. Die Widmung der selbständigen Parkflächen richtet sich nach dem jeweiligen Landesstraßenrecht.

Selbständige Parkflächen sind – anders als selbständige Grünanlagen – nur 81 ganz **ausnahmsweise** beitragsfähige Erschließungsanlagen, nämlich nur dann, wenn es sich bei dem (Erschließungs-)Gebiet, dessen ruhenden Verkehr die öffentliche selbständige Parkfläche aufzunehmen bestimmt ist, um ein – etwa aufgrund einer topographisch bedingten "Insellage" – gleichsam "geschlossenes" Gebiet derart handelt, daß wegen dieser tatsächlichen Situation alle Grundstücke innerhalb dieses Gebiets annähernd gleich von der Herstellung einer solchen Anlage profitieren (vgl. im einzelnen § 2 Rdnr. 47). Überdies können öffentliche selbständige Parkflächen – und insoweit gilt entsprechendes für öffentliche selbständige Grünanlagen – beitragsfähige Erschließungsanlagen ausschließlich sein, wenn sie „innerhalb der Baugebiete" liegen. Dieses Merkmal ist jedoch nicht nur bei Anlagen erfüllt, die ringsum von baulich oder gewerblich nutzbaren Flächen umgeben sind. Vielmehr wird man auch am Rande von Baugebieten gelegene selbständige Parkflächen und Grünanlagen noch als innerhalb der Baugebiete liegend qualifizieren können, wenn sie entweder noch von einem Bebauungsplan miterfaßt werden[141] oder unmittelbar an Baugebiete angrenzen und bei natürlicher Betrachtungsweise ihnen zuzurechnen sind. Ob es sich bei den betreffenden Baugebieten um Alt- oder

---

[141] BVerwG, Urteil v. 9. 12. 1994 – 8 C 6.93 –.

Neubaugebiete handelt, ist unerheblich. Die erstmalige Herstellung etwa einer selbständigen Grünanlage kann eine Erschließungsbeitragspflicht auch auslösen, wenn die für sie verwandte Grundfläche etwa in einem Altbaugebiet zuvor anderen Zwecken gedient hat.

82 Voraussetzung für die Beitragsfähigkeit von selbständigen (öffentlichen) Parkflächen und Grünanlagen ist, daß sie nach städtebaulichen Grundsätzen innerhalb der Baugebiete *notwendig* sind. Das Merkmal der Notwendigkeit drückt zwar einen verhältnismäßig hohen Anforderungsgrad aus, wird jedoch durch die Verknüpfung mit den "städtebaulichen Grundsätzen" im Ergebnis wesentlich abgeschwächt.[142] Wann solche Anlagen nach diesen Grundsätzen notwendig sind, läßt sich nicht allgemein, sondern nur im Einzelfall unter Berücksichtigung der örtlichen Gegebenheiten beurteilen.

83 **Besonders große** Grünanlagen, die als Erholungsgebiete für die gesamte Bevölkerung einer Gemeinde oder auch nur (bei Städten) eines größeren Ortsteils in Frage kommen, sind keine beitragsfähigen Erschließungsanlagen (vgl. Rdnr. 3); sie sind nicht nach städtebaulichen Grundsätzen für die Erschließung der ihnen nach Lage der Dinge zuzuordnenden Baugebiete notwendig.[143] Jedoch kann das grundsätzlich nur bei einer Grünanlage angenommen werden, die ihrem Flächenumfang nach alle **typischen Größenordnungen** von Grünanlagen innerhalb von Baugebieten schlicht **sprengt**, so daß sich der Eindruck aufdrängt, die Anlage könne in ihrer Bedeutung für die physische und psychische Erholung von Menschen unmöglich einem Baugebiet oder einzelnen zusammenhängenden Baugebieten zuzuordnen sein, sie sei – in ihrer "überlokalen" Funktion – vergleichbar etwa dem Tiergarten in Berlin oder dem Englischen Garten in München. „Nur bei Anlagen dieser Größenordnung ... steht mit Blick auf ihre besondere Ausdehnung das Merkmal der Notwendigkeit und damit deren Qualität als beitragsfähige Erschließungsanlage auf dem Spiel."[144] Auch beim **Zusammentreffen** von zwei in ihrer Funktion (im wesentlichen) vergleichbaren benachbarten städtischen Grünanlagen, die der Allgemeinheit durchgehend zu Erholungszwecken zur Verfügung stehen, mangelt es der hinzukommenden Grünanlage an der Notwendigkeit nur dann, wenn für den Fall, daß die Flächen der vorhandenen und der hinzukommenden Anlage **gemeinsam** eine Grünanlage bildeten, angenommen werden müßte, die Notwendigkeit dieser "Gesamtanlage" sei ihrer Größe wegen zu verneinen. Das ist allerdings bei einer Fläche von 78 000 qm noch nicht der Fall.[145]

---

[142] BVerwG, Urteil v. 25. 4. 1975 – IV C 37.73 – BVerwGE 48, 205 (207 f.) = BauR 75, 338 = KStZ 75, 231.

[143] BVerwG, Urteil v. 21. 10. 1970 – IV C 72.69 – BVerwGE 36, 155 (157) = DVBl 71, 214 = DÖV 71, 389.

[144] BVerwG, Urteil v. 11. 11. 1988 – 8 C 71.87 – Buchholz 406.11 § 127 BBauG Nr. 56 S. 43 (46 f.) = DVBl 89, 418 = KSTZ 89, 71.

[145] BVerwG, Urteil v. 13. 8. 1993 – 8 C 47.91 – DVBl 93, 1370 = KStZ 94, 139 = NVwZ 94, 908.

Eine öffentliche selbständige Grünanlage, deren Beitragsfähigkeit nicht 84
schon wegen einer ungewöhnlichen Ausdehnung scheitert, kann möglicherweise infolge einer auf ihrer **besonderen Ausstattung** beruhenden Attraktivität
als nicht mehr notwendig i. S. des § 127 Abs. 2 Nr. 3 BauGB anzusehen sein.
Dazu wäre allerdings Voraussetzung, daß es sich um eine Anlage handelt,
„deren Ausstattung ihr eine Qualität vermittelt, die sie ohne weiteres erkennbar aus dem Kreis der üblichen, der Erschließung von Baugebieten dienenden
Anlagen heraushebt."[144]

Auch für **besonders kleine** selbständige Anlagen können Beiträge nicht er- 85
hoben werden, weil sie nicht geeignet sind, den bestimmungsgemäßen Zweck
von beitragsfähigen Grünanlagen zu erfüllen, d. h. der psychischen und physischen Erholung der Menschen durch Luftverbesserung, Lärmschutz und
Aufenthalt im Freien zu dienen. **Allein** die Auflockerung eines Baugebiets in
optischer Hinsicht genügt nicht der gesetzlichen Anforderung der "Notwendigkeit". An der Notwendigkeit einer Grünanlage kann es außerdem fehlen,
wenn genügend andere Grünanlagen in erreichbarer Nähe vorhanden sind
oder wenn sich in dem betreffenden Gebiet nur Einfamilienhäuser mit Gärten
befinden, die eine ausreichende Erholung garantieren. Demgegenüber ist die
Notwendigkeit einer Grünanlage in einem Gebiet mit offener Bauweise und
Gärten anzuerkennen, wenn dort auch Mieter wohnen, für welche die Benutzung der vorhandenen Gärten nicht sichergestellt ist.[142]

Ist eine Grünanlage ihrem Flächenumfang nach nicht einer Anlage wie dem 86
Tiergarten in Berlin oder dem Englischen Garten in München vergleichbar,
gleichwohl aber für eine ordnungsgemäße Erschließung der Grundstücke
ihres **Abrechnungsgebiets** reichlich groß bemessen, kann sich die Frage stellen,
ob sie in vollem Umfang erforderlich im Sinne des § 129 Abs. 1 Satz 1 BauGB
ist.[146] Das Abrechnungsgebiet wird nach der Rechtsprechung des Bundesverwaltungsgerichts[147] im allgemeinen gebildet aus allen Grundstücken, die von
der Grünanlage nicht weiter als 200 m Luftlinie entfernt sind, doch können es
örtliche Gegebenheiten (z. B. verkehrsreiche Straße, besondere topographi-
sche Verhältnisse) rechtfertigen, diese Grenze im Einzelfall in angemessener
Weise zu über- oder unterschreiten (vgl. § 17 Rdnrn. 91 ff.).

Nach Inkrafttreten des Baugesetzbuchs zählen **selbständige** Grünanlagen, 87
die ihrer tatsächlichen Beschaffenheit und Funktion nach als hinreichend
begrünte **Kinderspielplätze** i. S. der Nr. 3 des § 127 Abs. 2 BBauG zu qualifizieren sind, nicht mehr zu den beitragsfähigen Erschließungsanlagen i. S. des
§ 127 Abs. 2 Nr. 4 BauGB (vgl. § 2 Rdnr. 50). Das läßt allerdings die Frage
offen, wie seit Inkrafttreten des Baugesetzbuchs beitragsrechtlich ein **unselbständiger** Kinderspielplatz zu behandeln ist, d. h. ein Kinderspielplatz, der

---

[146] Vgl. BVerwG, Urteil v. 25. 4. 1975 –IV C 37.73 – BVerwGE 48, 205 (210) =
BauR 75, 338 = KStZ 75, 231.
[147] BVerwG, Urteil v. 10. 5. 1985 – 8 C 17–20.84 – Buchholz 406.11 § 127 BBauG
Nr. 46 S. 29 (34) = NVwZ 85, 833 = DVBl 85, 1175.

Bestandteil einer Grünanlage ist. Diese Frage kann – entgegen der Annahme von Löhr[148] – nicht schlicht unter Berufung auf den Gleichbehandlungsgrundsatz des Art. 3 Abs. 1 GG dahin beantwortet werden, der Ausschluß der Beitragsfähigkeit für selbständige Kinderspielplätze habe "zwangsläufig" zur Folge, daß Kosten für unselbständige Kinderspielplätze nicht mehr zum beitragsfähigen Aufwand für selbständige Grünanlagen gehörten. Art. 3 Abs. 1 GG gibt nämlich in diesem Zusammenhang schon deshalb nichts her, weil es sich bei der Abrechnung von selbständigen Kinderspielplätzen und selbständigen Grünanlagen (mit unselbständigen Kinderspielplätzen als Bestandteilen) um **unterschiedliche** Sachverhalte handelt, der Gleichbehandlungsgrundsatz aber lediglich die willkürliche Ungleichbehandlung gleicher Sachverhalte verbietet.

88   Zu den Bestandteilen einer Grünanlage gehören (neben der jeweiligen Grundfläche) Grünpflanzen, Wege, Sitzbänke sowie sonst übliche Einrichtungen mit der Folge, daß sie rechtlich das **Schicksal der Hauptsache** (Grünanlage) teilen, d. h. deren Kosten in den beitragsfähigen Aufwand der Grünanlage eingehen und nach Maßgabe der für sie maßgeblichen Regeln abzurechnen sind. § 127 Abs. 2 Nr. 4 BauGB ist nicht zu entnehmen, ob dieser Grundsatz für einen **unselbständigen** Kinderspielplatz als Bestandteil einer Grünanlage eine **Ausnahme** dahingehend erfahren soll, daß etwa die Kosten für den Erwerb der Grundfläche, auf der er angelegt ist, sowie die Kosten für deren Freilegung, den Erwerb und die Aufstellung von Spielgeräten usw. nicht zum Erschließungsaufwand der Grünanlage zählen. Das ist angesichts der Stellung des § 127 Abs. 2 Nr. 4 BauGB im Rahmen der erschließungsbeitragsrechtlichen Vorschriften nicht verwunderlich. Der systematisch richtige Weg, eine Durchbrechung des vorbezeichneten Grundsatzes zu erreichen, wäre die Einfügung einer entsprechenden Bestimmung in den den Umfang des Erschließungsaufwands regelnden § 128 BauGB gewesen. Ein "Vorbild" dafür stellt namentlich die aus dem Bundesbaugesetz übernommene Regelung des § 128 Abs. 3 Nr. 2 BauGB dar, nach der Kosten für "Normalbreiten" der Fahrbahnen der Ortsdurchfahrten von sog. klassifizierten Straßen ungeachtet der Tatsache, daß diese Fahrbahnen Bestandteile der jeweiligen Anbaustraßen i. S. des § 127 Abs. 2 Nr. 1 BauGB sind (vgl. Rdnr. 19), insgesamt **nicht** zum beitragsfähigen Erschließungsaufwand gehören. Diesen Weg ist der Gesetzgeber nicht gegangen. Aus dem Wortlaut der erschließungsbeitragsrechtlichen Vorschriften des Baugesetzbuchs läßt sich somit nichts für einen Willen des Gesetzgebers herleiten, die Kosten für die Anlegung unselbständiger Kinderspielplätze sollten nach Inkrafttreten des Baugesetzbuchs nicht mehr durch Erschließungsbeiträge (für selbständige Grünanlagen) gedeckt werden. Da die Regelungen betreffend Kinderspielplätze erst im Laufe der Ausschußberatungen in das Baugesetzbuch Eingang gefunden haben und da der (feder-

---

[148] Löhr in Battis/Krautzberger/Löhr, BauGB, § 127 Rdnr. 34.

führende) Ausschuß des Bundestags seine diesbezüglichen Vorschläge mit Schwierigkeiten bei der Abrechnung von selbständigen Kinderspielplätzen begründet hat, ohne auch nur ein Wort über unselbständige Kinderspielplätze zu verlieren,[149] drängt sich der Schluß auf, unselbständige Kinderspielplätze seien unter Geltung des Baugesetzbuchs wie unter Geltung des Bundesbaugesetzes als Bestandteile von selbständigen Grünanlagen (und ggfs. im Wege der Kostenspaltung allein) nach den einschlägigen Vorschriften des bundesrechtlichen Erschließungsbeitragsrechts abzurechnen.[150]

Für die **Abgrenzung** zwischen einem (aus dem Anwendungsbereich des Erschließungsbeitragsrechts ausgeschlossenen, vgl. § 2 Rdnr. 50) selbständigen Kinderspielplatz in Gestalt einer Grünanlage und einer (weiterhin vom Erschließungsbeitragsrecht erfaßten) Grünanlage mit einem unselbständigen Kinderspielplatz als ihrem Bestandteil ist abzustellen auf die tatsächliche Beschaffenheit und Funktion der jeweiligen Anlage oder genauer: darauf, welchen Eindruck die tatsächlichen Verhältnisse einer Anlage einem unbefangenen Beobachter vermitteln (vgl. zu diesem Ansatz Rdn. 13). Kann und muß ein solcher Beobachter aufgrund der konkreten tatsächlichen Verhältnisse den Eindruck eines begrünten Kinderspielplatzes gewinnen, etwa weil die **überwiegende Fläche** von Spielgeräten und sonstigen Spielmöglichkeiten in Anspruch genommen wird, ist die betreffende Anlage durch § 127 Abs. 2 Nr. 4 BauGB mit der Maßgabe des § 242 Abs. 5 BauGB aus dem Erschließungsbeitragsrecht entlassen. Anderenfalls, d. h. wenn die überwiegenden Flächen begrünt oder mit für Grünanlagen typischen Wegen, Sitzbänken oder sonstigen insoweit üblichen Einrichtungen bedeckt sind, handelt es sich um eine nach wie vor beitragsfähige Grünanlage mit einem unselbständigen Kinderspielplatz als Bestandteil.[150]

---

[149] Vgl. Beschlußempfehlung und Bericht des Ausschusses für Raumordnung, Bauwesen und Städtebau, BT-Drucksache 10/6166, S. 144f.

[150] Vgl. im einzelnen BVerwG, Urteil v. 9. 12. 1994 – 8 C 28.92 –; im Ergebnis ebenso u. a. OVG Münster, Urteil v. 30. 8. 1989 – 3 A 2051/87 – HSGZ 90, 102 = GemHH 91, 19, sowie Brügelmann-Vogel, BauGB, § 127 Anm. 5, Sailer in Cholewa/David/Dyong/von der Heide, BauGB, § 127 Anm. 4e, Dieckmann, BauGB, § 127 Rdnr. 3, Reif, Erschließungsbeitrag nach dem BauGB, Bem. 2.5.4, Czepanski in KStZ 88, 197 (202), Hummel in Sonderdruck aus Bayerischer Gemeindetag 8/87, S. 1, und Uechtritz in BauR 88, 1 (8); a.A. Ernst in Ernst/Zinkahn/Bielenberg, BauGB, § 127 Rdnr. 18c, Bielenberg in Bielenberg/Krautzberger/Söfker, BauGB, Rdnr. 281, Löhr in Battis/Krautzberger/Löhr, BauGB, § 127 Rdnr. 34, Mainczyk, BauGB, § 127 Rdnr. 17, sowie Krautzberger in KStZ 87, 1 (5). Träfe die Ansicht der letztgenannten Autoren zu, d.h. gehörten die Kosten für die Herstellung von unselbständigen Kinderspielplätzen als Bestandteile von (selbständigen) Grünanlagen seit Inkrafttreten des Baugesetzbuchs nicht mehr zum beitragsfähigen Erschließungsaufwand solcher Grünanlagen, hätte das zur Folge, daß es sich insoweit gleichsam um "beitragsfreie Oasen" innerhalb von (selbständigen) Grünanlagen handeln müßte.

VII. Immissionsschutzanlagen

89   Anlagen zum Schutz von Baugebieten gegen schädliche Umwelteinwirkungen können – jedenfalls theoretisch – Bestandteile von beitragsfähigen Erschließungsanlagen i.S. des § 127 Abs. 2 Nrn. 1 bis 4 BauGB sein. Soweit das der Fall ist, wird der für ihre erstmalige Herstellung entstandene Aufwand im Rahmen der Abrechnung *der* Erschließungsanlage auf die Beitragspflichtigen umgelegt, der die Schutzanlage als Bestandteil zuzurechnen ist.

90   § 127 Abs. 2 Nr. 5 BauGB ermöglicht eine Beitragserhebung für (ausschließlich) **selbständige** Immissionsschutzanlagen, d.h. für Anlagen, die nicht Bestandteil von Erschließungsanlagen i.S. des § 127 Abs. 2 Nrn. 1 bis 4 BauGB sind,[151] und zwar nur für öffentliche, nicht auch für private.[152] Diese Anlagen sind zum Schutz von Baugebieten „gegen schädliche Umwelteinwirkungen" bestimmt, wobei es **ohne Belang** ist, ob es sich im jeweiligen Einzelfall um ein beplantes oder unbeplantes Gebiet handelt.[153] Was unter "schädlichen Umwelteinwirkungen" zu verstehen ist, ergibt sich aus § 3 BImSchG. Nach § 3 Abs. 1 BImschG sind es „Immissionen, die nach Art, Ausmaß oder Dauer geeignet sind, Gefahren, erhebliche Nachteile oder erhebliche Belästigungen für die Allgemeinheit oder die Nachbarschaft herbeizuführen". Immissionen sind nach § 3 Abs. 2 BImSchG „auf Menschen sowie Tiere, Pflanzen und andere Sachen einwirkende Luftverunreinigungen, Geräusche, Erschütterungen, Licht, Wärme, Strahlen oder ähnliche Umwelteinwirkungen". Anlagen zum Schutz vor allen diesen Einwirkungen können theoretisch als Immissionsschutzanlagen nach § 127 Abs. 2 Nr. 5 BauGB in Betracht kommen. Praktisch reduziert sich jedoch der Anwendungsbereich des § 127 Abs. 2 Nr. 5 BauGB auf selbständige Anlagen zum Schutz gegen **Lärm**.[154]

91   Infolgedessen ist in diesem Zusammenhang in erster Linie zu denken etwa an Lärmschutzwälle, Dämme, Zäune, Wände usw., kurzum an alles, was zur Abwehr schädlicher Lärmbelastungen – und zwar zum *Schutz von Baugebieten* – geeignet ist. Aufgrund der gesetzlichen Zweckbestimmung kommen nur solche Anlagen in Betracht, die **gebietsbezogen** sind, d.h. die für ein Baugebiet Schutzwirkungen entfalten können, wobei das Merkmal "Schutz von Baugebieten" nicht dahin zu verstehen ist, daß eine Anlage allen Grundstücken eines bestimmten Baugebiets zugute kommen muß.[155] Vielmehr reicht es aus, wenn sich die Anlage für eine größere Anzahl von Grundstük-

---

[151] Vgl. u.a. Ernst in Ernst/Zinkahn/Bielenberg, BauGB, § 127 Rdrn. 19a, und Taegen in DVBl 77, 518ff. (519); a.A. Förster in ZfBR 79, 226ff. (228), und Löhr in Battis/Krautzberger/Löhr, BauGB, § 127 Rdnr. 38.

[152] Vgl. dazu im einzelnen Ziegler in KStZ 81, 147ff.

[153] BVerwG, Urteil vom 19. 8. 1988 – 8 C 51.87 – BVerwGE 80, 99 (101) = DVBl 88, 1162 = NVwZ 89, 566.

[154] Vgl. Förster in ZfBR 79, 226ff. (228).

[155] Ebenso OVG Lüneburg, Beschluß v. 11. 5. 1988 – 9 B 24/88 – NVwZ 89, 281.

ken innerhalb eines Baugebiets lärmmindernd auswirkt.[156] Deshalb scheiden z. B. auf bestimmte Grundstücke bzw. Gebäude bezogene Maßnahmen (etwa der Einbau von Doppelfenstern, Schalldämmschichten usw.) als beitragsfähig aus.[157] Der Schutzzweck wird nicht selten voraussetzen, daß die Anlagen nicht innerhalb der Baugebiete, sondern vor ihnen hergestellt werden. Aus diesem Grunde fehlt hier – anders als bei Erschließungsanlagen i. S. des § 127 Abs. 2 Nrn. 2 bis 4 BauGB – die Bestimmung, daß beitragsfähig nur innerhalb der Baugebiete hergestellte Schutzanlagen sind. Das schließt selbstverständlich nicht aus, daß auch solche Anlagen beitragsfähig sein können. Die Lage der Schutzanlagen muß sich jeweils nach Art und Quelle der abzuwehrenden Immissionen sowie danach richten, wie die beste Schutzwirkung erzielt werden kann.

Anders als regelmäßig bei Sammelstraßen (vgl. Rdnr. 71) und bei selbständigen Parkflächen (vgl. Rdnr. 79) scheitert die Beitragsfähigkeit von **Lärmschutzanlagen nicht** schon an einer mangelnden **Abgrenzbarkeit** der Grundstücke, denen durch die Herstellung einer solchen Anlage ein beitragsbegründender Sondervorteil vermittelt wird und die deshalb durch sie im Sinne des § 131 Abs. 1 Satz 1 BauGB **erschlossen** sind, von den Grundstücken, denen dadurch allenfalls ein beitragsfreier Gemeinvorteil geboten wird und die deshalb nicht im Sinne des § 131 Abs. 1 Satz 1 BauGB erschlossen sind. Angesichts des mit Lärmschutzanlagen verfolgten Zwecks, eine (größere) Anzahl von Grundstücken eines Baugebiets vor (in erster Linie) Straßenlärm zu schützen oder genauer: den deren Ausnutzbarkeit negativ beeinflußenden Lärm zu vermindern, ist die Annahme gerechtfertigt, mit den Kosten für die erstmalige Herstellung einer derartigen Anlage „seien die Grundstücke zu belasten, für die sich – im Unterschied zu anderen Grundstücken – der durch diese Anlage vermittelte Schutz merkbar auswirkt, d. h. . . . für die die Herstellung einer solchen Anlage zu einer merkbaren Schallpegelminderung führt. Als in diesem Sinne merkbar ist eine Schallpegelminderung anzusehen, die mindestens 3 dB (A) ausmacht".[153]

92

Beitragsfähig i. S. des § 127 Abs. 2 Nr. 5 BauGB sind jedoch *nur* solche Anlagen, die die **Gemeinde** in Erfüllung ihrer **Erschließungslast** (§ 123 Abs. 1 BauGB) **herzustellen verpflichtet ist**. Obliegt die Verpflichtung einem anderen – etwa dem Straßenbaulastträger, dem Träger einer Eisenbahn oder dem Betreiber einer anderen emissionsträchtigen Anlage –, ist die entsprechende Schutzanlage keine beitragsfähige Erschließungsanlage.

93

Die Herstellung von Immissionsschutzanlagen kann aus verschiedenen Gründen erforderlich werden, wobei – mit Auswirkungen auf die Kostenträgerschaft und die Beitragserhebung – drei **Grundfallgestaltungen** zu unterscheiden sind. Sie kann geboten sein, weil – erstens – ein Baugebiet im Ein-

---

[156] Vgl. u. a. OVG Koblenz, Beschluß v. 4. 1. 1985 – 6 B 52.84 – KStZ 85, 217, sowie Peters in ZKF 84, 108.

[157] Ebenso u. a. Ernst in Ernst/Zinkahn/Bielenberg, BauGB, § 127 Rdnr. 19.

wirkungsbereich von bereits vorhandenen emittierenden Anlagen erschlossen werden soll, weil – zweitens – zu einem vorhandenen störungsfreien Baugebiet Lärmquellen hinzukommen und weil – drittens – Nutzungen innerhalb eines Baugebiets Immissionsschutzanlagen erfordernde Emissionen verursachen.[158]

94   Soll ein Baugebiet im Einwirkungsbereich von bereits **vorhandenen emittierenden Anlagen** erschlossen werden bzw. dehnt sich ein Baugebiet in diese Richtung aus, weist also z. B. eine Gemeinde ein Wohngebiet in der Nähe einer Autobahn oder einer emittierenden Industrieanlage aus, fallen erforderlich werdende Immissionsschutzanlagen unter § 127 Abs. 2 Nr. 5 BauGB. Sie dienen dem Schutz von Grundstücken dieses Baugebiets, sie vermitteln Grundstücken in diesem Gebiet eine Nutzbarkeit, die heutigen Anforderungen entspricht. Die für die erstmalige Herstellung derartiger Anlagen entstehenden beitragsfähigen Aufwendungen sind deshalb auf die von ihnen erschlossenen Grundstücke zu verteilen.[159]

95   Werden Anlagen zum Schutz eines **bisher störungsfreien,** erschlossenen Baugebiets vor einer hinzukommenden Lärmquelle hergestellt, können jedenfalls die Grundstücke dieses Gebiets nicht mit Erschließungsbeiträgen belastet werden.[160] Dies gilt unabhängig davon, ob etwa eine überörtliche Straße oder ein einzelner Gewerbebetrieb[161] hinzukommt oder ob sich ein neues Industriegebiet[162] an das bisher störungsfreie Baugebiet anschließt. Wird beispielsweise eine Bundesstraße nahe an ein vorhandenes Wohngebiet herangelegt, obliegt die Errichtung der notwendigen Schutzeinrichtungen gemäß § 17 Abs. 4 FStrG dem Straßenbaulastträger; für die Gemeinde besteht mit der Folge keine Erschließungslast, daß die Schutzanlagen keine beitragsfähigen Anlagen i. S. des § 127 Abs. 2 Nr. 5 BauGB sind.[163]

96   Gehen Emissionen in einem geplanten oder vorhandenen Baugebiet von Gewerbebetrieben innerhalb dieses Gebiets aus, sind etwaige Immissionsschutzanlagen von deren Betreibern herzustellen. Erfordern jedoch – z. B. weil der entsprechende Verkehr ″sprunghaft″ zugenommen hat – von Gemeindestraßen ausgelöste Emissionen die Herstellung von Schutzanlagen, sind dies beitragsfähige Erschließungsanlagen i. S. des § 127 Abs. 2 Nr. 5 BauGB. Etwas anderes gilt, wenn es sich insoweit um Ortsdurchfahrten von Bundes-, Land- oder Kreisstraßen handelt. Schutzanlagen, die gegen von

---

[158] Vgl. zu diesen Fallgestaltungen und den sich daraus ergebenden Konsequenzen für das Erschließungsbeitragsrecht im einzelnen Taegen in DVBl 77, 518 ff., Gaentzsch, BauGB, § 127 Rdnr. 9, und Ziegler in KStZ 1981, 147 ff. (165 ff.).

[159] Ebenso in einem Fall, in dem ein Baugebiet an eine bestehende öffentliche Straße herangeführt wurde, VG Stuttgart, Urteil v. 5. 12. 1984 – 7 K 2042/82 – VBlBW 85, 395.

[160] BVerwG, Urteil v. 13. 8. 1993 – 8 C 36.91 – DVBl 93, 1367 = ZMR 94, 73 = KStZ 94, 136.

[161] Vgl. u. a. Gaentzsch, a. a. O.

[162] Vgl. u. a. Ziegler in KStZ 81, 147 ff. (167).

[163] Ebenso u. a. Peters in ZKF 84, 108.

ihnen ausgehende Emissionen erforderlich werden, sind entsprechend dem Gedanken des § 128 Abs. 3 Nr. 2 BauGB selbst dann **keine** beitragsfähigen Immissionsschutzanlagen, wenn die Gemeinde Träger der Straßenbaulast ist.[164] Denn in einem solchen Fall trifft die Gemeinde eine Abwendungspflicht als Träger der Straßenbaulast, nicht aber als Träger einer ihr gemäß § 123 Abs. 1 BauGB obliegenden Erschließungslast.

§ 13 Umfang des Erschließungsaufwands

I. Einleitung

Zum Umfang des Erschließungsaufwands verhält sich § 128 BauGB. Mit **1** Inkrafttreten des Baugesetzbuchs ist der frühere § 128 Abs. 1 Satz 2 **BBauG** um einen Satz 3 ergänzt worden. Dieser Satz 3 stellt ab auf eine Konstellation, in der der Gemeinde Flächen der beitragsfähigen Erschließungsanlagen in einem **Umlegungsverfahren** als Flächen gemäß § 55 Abs. 2 BauGB zugeteilt worden sind. Nach früherem Recht durften die Gemeinden nach Ansicht des Bundesverwaltungsgerichts[1] jedenfalls dann, wenn die Verteilungsmasse nach dem Verhältnis der Werte (§ 57 BBauG) verteilt wurde, den Wert solcher ihnen zugeteilter Flächen weder nach § 128 Abs. 1 Satz 1 Nr. 1 BBauG noch nach § 128 Abs. 1 Satz 2 BBauG in den beitragsfähigen Erschließungsaufwand einbeziehen. Wenn – was nach Auffassung des Bundesverwaltungsgerichts nicht der seinerzeitigen Rechtslage entsprach, gleichwohl in der Praxis nicht selten vorkam – die Gemeinden bei der Ermittlung des Verkehrswerts der Zuteilungsgrundstücke die durch die Flächen im Sinne des § 55 Abs. 2 BBauG bewirkten Erschließungsvorteile unberücksichtigt ließen und die Zuteilungsgrundstücke "straßenlandbeitragspflichtig" zuteilten, d.h. den Wert der Zuteilungsgrundstücke auf der Grundlage ermittelten, daß Erschließungsbeiträge auch in bezug auf die Flächen i.S. des § 55 Abs. 2 BBauG noch zu zahlen seien, führte diese Rechtsprechung dazu, daß bei den Gemeinden zum Teil ganz erhebliche Verluste eintraten. Satz 3 des § 128 Abs. 1 BauGB soll – zusammen mit namentlich dem neugefaßten § 57 Satz 4 BauGB, der in seinem zweiten Halbsatz nunmehr eine "erschließungsbeitragspflichtige" Zuteilung ausdrücklich zuläßt – sicherstellen, daß den Gemeinden im Falle einer "erschließungsbeitragspflichtigen" Zuteilung keine Nachteile entstehen[2] (vgl. im einzelnen Rdnrn. 32ff.).

---

[164] Ebenso u.a. Ernst in Ernst/Zinkahn/Bielenberg, BauGB, § 127 Rdnr. 19b, und Ziegler in KStZ 81, 147ff. (167) mit weiteren Nachweisen.

[1] BVerwG, Urteile v. 4.2.1981 – 8 C 13.81 – BVerwGE 61, 316ff. = NJW 81, 2370 = DVBl 81, 827, und – 8 C 42.81 – ZMR 81, 279 = BayVBl 81, 725.

[2] Vgl. Begründung des Regierungsentwurfs, BT-Drucksache 10/4630, S. 114.

II. Erschließungsaufwand/Berücksichtigungsfähige Kosten

2   Beitragsfähig sind nicht die in § 127 Abs. 2 BauGB aufgezählten Erschließungsanlagen als solche, sondern – wie § 128 Abs. 1 BauGB deutlich macht – bestimmte Kosten für bestimmte Maßnahmen an diesen Anlagen. § 128 Abs. 1 BauGB nennt abschließend die Maßnahmen, deren Kosten in den Erschließungsaufwand eingehen können.[3] Kosten für andere Maßnahmen sind erschließungsbeitragsrechtlich unbeachtlich.

1. Kostenbegriff

3   Begrifflich zählt zu den Kosten i.S. des § 128 Abs. 1 BauGB grundsätzlich nur der Aufwand, den die Gemeinde für in dieser Vorschrift genannte Maßnahmen im Zusammenhang mit ihrer Aufgabe als Erschließungsträger (vgl. § 123 Abs. 1 BauGB) aufgrund gesetzlicher oder vertraglicher Verpflichtungen machen *mußte;* während alles das, was sie geleistet hat, ohne im Hinblick auf wechselseitige Rechtsbeziehungen dazu verpflichtet zu sein, grundsätzlich nicht dazu gehört.[4] § 128 Abs. 1 BauGB setzt das Entstandensein derartiger Verpflichtungen voraus, wobei der rechtliche Entstehungsgrund belanglos ist. So können z.B. beim Landerwerb Kauf, Tausch, Enteignung usw. in Betracht kommen. Berücksichtigungsfähig sind insoweit die angefallenen Haupt- und Nebenkosten (vgl. zu den einzelnen Maßnahmen zurechenbaren Kosten Rdnrn. 21 ff.). Die sich aufgrund von obligatorischen Verträgen ergebenden Kosten entstehen der Gemeinde bereits durch die jeweils im Vertrag eingegangene schuldrechtliche Verpflichtung, die vereinbarte Zahlung zu erbringen.[5] Ob die Gemeinde schon geleistet hat, ist dagegen unerheblich. Soweit etwa in Unternehmerrechnungen ein Mehrwertsteuerbetrag enthalten ist, gehört auch er zu den Kosten i.S. des § 128 Abs. 1 Satz 1 BauGB.

4   Eine **Ausnahme** von dem Grundsatz, daß nur das in den Erschließungsaufwand eingeht, was Kosten verursacht hat, ist außer durch Satz 3 des § 128 Abs. 1 BauGB (Wert im Umlegungsverfahren zugeteilter Flächen, vgl. Rdnrn. 21 ff.) auch durch die Regelung des § 128 Abs. 1 Satz 2 BauGB begründet, nach der der „Wert der von der Gemeinde aus ihrem Vermögen bereitgestellten Flächen" zum Erschließungsaufwand gehört (vgl. Rdnrn. 26 ff.). In entsprechender Anwendung dieser letzteren (Ausnahme-)Regelung

---

[3] BVerwG, u.a. Urteil v. 22. 2. 1974 – IV C 18.73 – Buchholz 406.11 § 128 BBauG Nr. 14 S. 23 (26) = NJW 74, 1345 = DÖV 74, 573.
[4] BVerwG, u.a. Urteil v. 18. 9. 1981 – 8 C 21.81 – Buchholz 406.11 § 125 BBauG Nr. 14 S. 7 (8) = DVBl 82, 79 = MDR 82, 1047.
[5] BVerwG, Urteil v. 13. 5. 1977 – IV C 82.74 – Buchholz 406.11 § 128 BBauG Nr. 18 S. 4 (8) = GemTg 77, 232 = BauR 77, 411.

zählt zum beitragsfähigen Erschließungsaufwand ferner der Wert von Sachaufwendungen der Gemeinde (z.B. Baumaterial, Bepflanzungen usw.);[6] gleiches dürfte für den **Wert von Arbeitsleistungen** eigener Dienstkräfte der Gemeinde gelten, die speziell für den **technischen** Ausbau einer bestimmten beitragsfähigen Erschließungsanlage angefallen sind, etwa wenn die Gemeinde – aus Gründen der Kostenersparnis – anstelle eines Unternehmers Dienstkräfte ihres Bauhofs mit der Herstellung eines Gehwegs betraut hat.[7] Allerdings ist die Berücksichtigung von **allgemeinen Kosten** für den Einsatz eigener Bediensteter (Verwaltungskosten) und damit auch die Einbeziehung eines Verwaltungskostenzuschlags (z.B. für die Bauleitung) in den Erschließungsaufwand **unzulässig**.[8] Entstehen der Gemeinde hingegen Aufwendungen durch die Vergabe von **Aufträgen an Dritte**, beispielsweise für die Vorplanung, die Vermessung, die Bauleitung und Überwachung, gehören selbst diese zum beitragsfähigen Aufwand.[9] Das gilt auch mit Blick auf die einer kreisangehörigen Gemeinde vom Landkreis in Rechnung gestellten Kosten für die im Auftrag der Gemeinde vom Tiefbauamt des Landkreises durchgeführte Bauleitung und Bauüberwachung.[10] Maßgebend ist in diesem Zusammenhang jeweils, ob es sich um Aufwendungen handelt, die als **zusätzliche** Kosten aus dem Rahmen der allgemeinen Verwaltungskosten herausfallen, die also nicht zum Besoldungsaufwand für die gemeindlichen Beamten/Angestellten und Arbeiter zählen, die unabhängig davon beschäftigt werden, ob die Gemeinde eine bestimmte Erschließungsmaßnahme durchführt.[9]

Der Erschließungsaufwand umfaßt – soweit nicht die Gemeinde auf der 5 Grundlage von Einheitssätzen abrechnet (vgl. § 130 Abs. 1 Satz 1 BauGB und § 14 Rdnrn. 6ff.) sowie abgesehen von den Bestimmungen des § 128 Abs. 1 Sätze 2 und 3 BauGB – **ausschließlich** solche Kosten, die der Gemeinde für die Durchführung einer der in § 128 Abs. 1 Satz 1 Nrn. 1 bis 3 BauGB genannten Maßnahmen tatsächlich in dieser Höhe nachweisbar entstanden, d.h. die für die Durchführung einer solchen Maßnahme an einer bestimmten Erschließungsanlage (Abschnitt) hinreichend **eindeutig feststellbar angefallen** sind.[11] Im Unterschied dazu muß ein Aufwand unberücksichtigt bleiben, den die Gemeinde nicht selbst erbracht hat, und ebenso ein solcher, von dem sich nicht feststellen läßt, ob und inwieweit die Gemeinde ihn erbracht hat; das

---

[6] BVerwG, u.a. Urteil v. 5.9.1969 – IV C 67.68 – BVerwGE 34, 19 = DVBl 70, 81 = MDR 70, 167.

[7] Ebenso u.a. VGH Mannheim, Beschluß vom 14.3.1990 – 2 S 25/90 –.

[8] BVerwG, u.a. Urteil v. 22.11.1968 – IV C 82.67 – BVerwGE 31, 90 (93f.) = DVBl 69, 271 = KStZ 69, 199; u.a. auch dieser Umstand führt dazu, daß die Beitragsveranlagung ein "Minus-Geschäft" bleibt, vgl. dazu im einzelnen Thyen in KStZ 86, 186.

[9] Vgl. OVG Münster, Urteil v. 30.4.1985 – 3 A 3181/83 – KStZ 85, 178 = NVwZ 87, 347.

[10] VGH Mannheim, Beschluß v. 17.7.1992 – 2 S 2278/91 – VBlBW 1993, 138.

[11] BVerwG, Urteil v. 13.5.1977 – IV C 82.74 – Buchholz 406.11 § 128 BBauG Nr. 18 S. 4 (9) = GemTg 77, 232 = BauR 77, 411.

ergibt sich aus den allgemeinen Beweis- und Beweislastgrundsätzen.[12] Das tatsächliche Entstandensein bestimmter Kosten für eine (oder mehrere) bestimmte beitragsfähige Erschließungsanlagen (Abschnitte) gehört ebenso wie beispielsweise die "Erstmaligkeit" der Herstellung einer (schon vorher funktionstüchtig vorhandenen) Straße zu den anspruchsbegründenden Tatsachen, für deren Vorliegen die Gemeinde die materielle Beweis- (bzw. Feststellungs-)Last trägt.[13]

6   § 128 Abs. 1 BauGB stellt – wie gesagt – grundsätzlich lediglich auf **tatsächlich** angefallene Kosten ab, d. h. auf von der Gemeinde tatsächlich erbrachte Ausgaben. Es ist daher kein Raum für die Berücksichtigung von Aufwendungen ausschließlich betriebswirtschaftlicher Art (vgl. Rdnr. 12) und von fiktiven Kosten, die der Gemeinde entstanden wären, wenn sie eine Maßnahme zu einem anderen Zeitpunkt – früher oder später – durchgeführt hätte.[11] Aus diesem Grunde kann ein Anlieger regelmäßig nicht mit Erfolg geltend machen, ein Teil der Kosten wäre bei einer frühzeitigeren Herstellung der Erschließungsanlage nicht entstanden, insoweit sei der Erschließungsaufwand zu reduzieren. Die Gemeinden haben bei der Ausführung ihrer Erschließungsmaßnahmen in weitem Umfang eine Ermessensfreiheit; im übrigen können selbst finanzielle Gründe es rechtfertigen, eine Baumaßnahme aufzuschieben, obwohl sie gegenwärtig mit geringeren Kosten durchgeführt werden könnte als später.[14]

7   Grundsätzlich begründet § 128 Abs. 1 BauGB (in Verbindung mit § 130 Abs. 1 BauGB) eine – auf die jeweils abzurechnende Anlage bezogene – Pflicht der Gemeinde zur "pfennig-genauen" Kostenermittlung. Diese Pflicht greift indes nicht uneingeschränkt durch. Es gebe Fälle – so hat das Bundesverwaltungsgericht[15] die **ausnahmsweise** zulässige Durchbrechung des Grundsatzes der "pfennig-genauen" Kostenermittlung begründet – in denen eine solche Kostenermittlung praktisch unmöglich sei, ohne daß sich deshalb der Schluß rechtfertige, die Gemeinde könne einen ihr nachweislich entstandenen Aufwand überhaupt nicht geltend machen. So liege es z. B., wenn feststehe, daß der Gemeinde etwa Freilegungskosten in einer insgesamt bestimmten Höhe entstanden seien, jedoch ungewiß sei, wie diese Kosten – beispielsweise weil sie für zu Unrecht zur gemeinsamen Aufwandsermittlung zusammengefaßte Erschließungsanlagen insgesamt in Rechnung gestellt wurden – den einzelnen Anlagen zuzurechnen, wie also die gerade für sie angefal-

---

[12] BVerwG, Urteil v. 29. 7. 1977 – IV C 3.75 – Buchholz 406.11 § 130 BBauG Nr. 21 S. 16 (17 f.) = KStZ 78, 12 = ZMR 78, 142.

[13] Vgl. dazu BVerwG, Urteil v. 26. 1. 1979 – 4 C 52.76 – Buchholz 406.11 § 133 Nr. 67 S. 46 (47 ff.) = BauR 79, 313 = KStZ 79, 190.

[14] BVerwG, Urteil v. 13. 12. 1985 – 8 C 66.84 – DVBl 86, 349 = KStZ 86, 91 = ZfBR 86, 93.

[15] BVerwG, vgl. etwa Urteile v. 16. 8. 1985 – 8 C 120–122.83 – Buchholz 406.11 § 125 BBauG Nr. 19 S. 15 (21 f.) = DVBl 86, 345 = KStZ 86, 72, und v. 15. 11. 1985 – 8 C 41.84 – Buchholz 406.11 § 130 BBauG Nr. 35 S. 40 (49 f.) = NVwZ 86, 299 = BWGZ 86, 63.

lenen Kosten zu ermitteln seien. Und so liege es ferner, wenn der Gemeinde für vor langer Zeit auf ihre Kosten durchgeführte Herstellungsarbeiten die Rechnungen nicht mehr zugänglich seien. Für derartige und vergleichbare (Ausnahme-)Fälle begründe das materielle Recht (§§ 128 Abs. 1, 130 Abs. 1 BauGB) eine Befugnis der Gemeinde, den beitragsfähigen Aufwand bzw. Teile dieses Aufwands mit Hilfe gesicherter Erfahrungssätze zu schätzen. Diese **Schätzungsbefugnis** sei notwendigerweise mit einem gewissen Spielraum, d. h. einer sowohl den Weg der Schätzung als auch deren Ergebnis betreffenden Toleranz verbunden. Das geltende Recht verlange bei Konstellationen, bei denen die Gemeinde von der ihr ausnahmsweise zur Aufwandsermittlung zustehenen Schätzungsbefugnis im Verwaltungsverfahren keinen Gebrauch gemacht hat, daß das Gericht ihr in einem anhängigen Verfahren Gelegenheit gebe, dies nachzuholen. Bezüglich des Ergebnisses der in Ausübung einer solchen Schätzungsbefugnis vorgenommenen Aufwandsermittlung habe das Gericht in Anlehnung an das Merkmal der Vergleichbarkeit im Sinne des § 130 Abs. 1 Satz 2 BauGB lediglich zu prüfen, ob dieses nicht den Aufwand übersteigt, der erfahrungsgemäß – etwa nach handelsüblichen Preisen – in der jeweils in Frage stehenden Zeit für die Herstellung entsprechender Erschließungsanlagen oder die Durchführung entsprechender Teilmaßnahmen angefallen sei. Diese vom materiellen Recht den **Gemeinden** für bestimmte Ausnahmefälle eingeräumte Schätzungsbefugnis schließe das Bestehen einer damit konkurrierenden, d. h. einer diese materiell-rechtliche Befugnis von Fall zu Fall verdrängenden prozessualen Schätzungsbefugnis des Gerichts in entsprechender Anwendung des § 287 Abs. 2 ZPO für das erschließungsbeitragsrechtliche Verwaltungsstreitverfahren aus.

2. Unentgeltliche Zuwendungen

Eine Kosten im Sinne des § 128 Abs. 1 Satz 1 BauGB verursachende Leistung liegt nicht vor, wenn der Gemeinde etwas **wahrhaft** unentgeltlich zugewandt worden ist. Deshalb können etwa Leistungen von Anliegern, die diese z. B. durch eine unentgeltliche Straßenlandabtretung erbracht haben, nicht aufwanderhöhend – und damit zu Lasten der übrigen Beitragspflichtigen – berücksichtigt werden. Auch eine Anrechnung derartiger Leistungen, mit denen die jeweiligen Anlieger regelmäßig die Erreichung eines bestimmten Ziels (Erfüllung einer Voraussetzung für die Genehmigung eines Bauvorhabens oder einer sich aus dem Landesstraßengesetz ergebenden Obliegenheit) verfolgt haben, als "freiwillige" Vorausleistung kommt nicht in Betracht, weil sie auf diesem Umweg gleichwohl in den Erschließungsaufwand einbezogen würden. Entsprechendes gilt, wenn einem Anlieger vor Jahren die Anlegung einer Gehwegüberfahrt mit der Auflage genehmigt worden ist, die fertige Überfahrt später der Gemeinde unentgeltlich zu überlassen, und die Überfahrt jetzt beim Ausbau des Gehwegs von der Gemeinde mitverwendet worden ist. In dieser ebenso wie in ähnlichen Fallgestaltungen nämlich ist der

8

Anlieger der Gemeinde gegenüber als "**Schenker**" aufgetreten und daran muß er sich festhalten lassen.[16]

9   Anders liegen die Dinge indes, wenn die Gemeinde **ohne** ein solches "Schenkungsverhältnis" einen Teil eines von einem Anlieger angelegten Gehwegs in ihre Straßenbaumaßnahme einbezieht. In einem solchen Fall kann dem Anlieger für die von ihm eingebauten Materialien ein **Ausgleichsanspruch** nach §§ 946, 951 BGB zustehen, der mit seinem Wert in den beitragsfähigen Aufwand eingehen und dem Anlieger wie eine Vorausleistung gutgebracht werden kann. Im übrigen kann sich ausnahmsweise aus dem Gesichtspunkt des **Gleichbehandlungsgrundsatzes** eine Verpflichtung der Gemeinde ergeben, einem Anlieger dessen Aufwendungen für die Herstellung etwa eines von ihr verwandten Gehwegteils (teilweise) zu erstatten. Das kann z. B. zutreffen, wenn die Gemeinde in vergleichbaren Fällen nachträglich Entschädigungen oder Abfindungen gezahlt hat, dem betreffenden Anlieger gegenüber aber eine solche Leistung verweigert, weil der Streit über die Höhe des zu vergütenden Betrags nicht einvernehmlich beigelegt werden kann.[17]

10   Überdies können einer Gemeinde für etwa schon vor Inkrafttreten des Bundesbaugesetzes unentgeltlich abgetretenes Straßenland Kosten im Sinne des § 128 Abs. 1 Satz 1 BauGB entstehen, sofern und soweit sie aus **Rechtsgründen** nicht auf der Unentgeltlichkeit beharren darf, z. B. weil infolge einer Erschütterung der Geschäftsgrundlage des seinerzeit abgeschlossenen Abtretungsvertrags nunmehr nachträglich ein Entgelt für den Grunderwerb zu zahlen ist. Ob und ggfs. in welcher Höhe einem Straßenanlieger für eine solche unentgeltliche Straßenlandabtretung nach den Grundsätzen über die Erschütterung der Geschäftsgrundlage ein Anspruch auf ein (nachträgliches) Entgelt entsteht, beurteilt sich nach dem einschlägigen Landes(schuld)recht.[18]

11   Schließlich können sich Kosten im Sinne des § 128 Abs. 1 Satz 1 BauGB ergeben, wenn sich die Gemeinde **vor** beispielsweise der Abtretung einer Straßenfläche bzw. der Anlegung einer Gehwegüberfahrt zur Anrechnung der entsprechenden Aufwendungen auf den späteren Erschließungsbeitrag vertraglich verpflichtet hat oder ausnahmsweise – etwa bezüglich einer bestimmten, vom Anlieger im Interesse der erschließungspflichtigen Gemeinde durchgeführten Erschließungsmaßnahme – ein Aufwendungsersatzanspruch in entsprechender Anwendung der Vorschriften über die Geschäftsführung ohne Auftrag bestehen sollte.[19] Jedoch können Kosten für unentgeltliche Zuwendungen nicht dadurch "erzeugt" werden, daß nachträglich – individuell oder allgemein etwa durch eine entsprechende Satzungsregelung – ein

---

[16] Vgl. im einzelnen Weyreuther in Festschrift für Werner Ernst, S. 519 ff. (523 ff.).

[17] Siehe dazu OVG Saarland, Urteil v. 7. 4. 1988 – 1 R 108/87 – KStZ 89, 148.

[18] Vgl. BVerwG, Urteil v. 25. 2. 1983 – 8 C 131.81 – Buchholz 406.11 § 128 BBauG Nr. 29 S. 8 (10 f.) = DÖV 83, 939 = KStZ 83, 138.

[19] Vgl. dazu u. a. BVerwG, Urteil v. 4. 5. 1979 – 4 C 16.76 – Buchholz 406.11 § 128 BBauG Nr. 24 S. 16 (20 f.) = DVBl 79, 785 = KStZ 79, 192, sowie VGH Mannheim, Urteil v. 21. 9. 1976 – II 427/72 – NJW 77, 1843, und Menger in VerwArch 78, 397.

Ausgleich angeordnet bzw. vorgesehen wird.[20] Dies gilt auch für Leistungen, die zu erbringen sich ein Erschließungsunternehmer – zu seinen Lasten – in einem Erschließungsvertrag verpflichtet hat.

3. Fremdkapitalkosten

Zu den Kosten i.S. des § 128 Abs. 1 Satz 1 BauGB gehören auch Zinsen **12** und sonstige Kosten (z.B. Disagio) für Darlehen, die eine Gemeinde zur Finanzierung einer der in dieser Vorschrift genannten Maßnahmen aufgenommen hat (Kreditbeschaffungskosten).[21] Dagegen zählen zu den Kosten in diesem Sinne **nicht** auch Zinsen auf für beitragsfähige Erschließungsmaßnahmen eingesetztes Eigenkapital der Gemeinde. Denn § 128 Abs. 1 Satz 1 BauGB stellt ausschließlich auf von der Gemeinde erbrachte Ausgaben, nicht aber auf betriebswirtschaftliche Kosten ab (vgl. Rdnr. 6).[22]

Bei der Ermittlung der Darlehenskosten für eine bestimmte Maßnahme ist **13** zu berücksichtigen, daß in den meisten Ländern seit dem 1. Januar 1974, in den Ländern Rheinland-Pfalz und Saarland seit dem 1. Januar 1975 die Verordnung über die Aufstellung und Ausführung des Haushaltsplans der Gemeinden vom 4. September 1937 (RGBl I S. 921) durch landesrechtliche Gemeindehaushaltsverordnungen abgelöst worden ist und daß das seither geltende Haushaltsrecht grundsätzlich sämtliche investiven Ausgaben in den Vermögenshaushalt verweist und im Vermögenshaushalt bundeseinheitlich das Prinzip der **Gesamtdeckung** gilt. Anders als nach dem das frühere Haushaltsrecht kennzeichnenden Einzeldeckungsprinzip im außerordentlichen Haushalt, dem jeder vermögenswirksame Vorgang, bei dem z.B. Darlehen als Deckungsmittel eingesetzt wurden, zuzurechnen war, ist es heute nicht mehr möglich, Darlehen zur Finanzierung einzelner Maßnahmen in den Haushalt einzustellen. Die einzelnen investiven Vorhaben werden nun nicht mehr im einzelnen finanziert, sondern insgesamt über gemeinsame Deckungsmittel. Dem Haushalt kann also nicht mehr entnommen werden, welcher Teil der Kreditaufnahme oder der Zuführungsrate des Verwaltungshaushalts (sofern eine solche vorhanden ist) der einzelnen Erschließungsanlage zuzurechnen ist.[23]

Das rechtfertigt jedoch nicht die Ansicht, daß Zinsen nicht in den Erschlie- **14** ßungsaufwand eingehen dürfen, sondern von der Gemeinde zu tragen sind. Eine solche Annahme verbietet sich schon deshalb, weil nach dem Willen des

---

[20] Vgl. BVerwG, Urteil v. 28. 4. 1978 – 4 C 49.76 – BVerwGE 55, 349 (354 f.) = NJW 79, 561 = KStZ 78, 208.

[21] Vgl. statt vieler BVerwG, Urteil v. 21. 6. 1974 – IV C 41.72 – BVerwGE 45, 215 ff. = NJW 74, 2147 = DVBl 74, 783; siehe dazu auch Müller, Erschließungsbeitragsrecht, S. 67 f.

[22] BVerwG, Urteil v. 23. 8. 1990 – 8 C 4.89 – BVerwGE 85, 306 (310) = DVBl 90, 1408 = KStZ 91, 62.

[23] Vgl. im einzelnen Giebler in DÖV 76, 586 ff.

Gesetzgebers die Gemeinde grundsätzlich nicht stärker am beitragsfähigen Erschließungsaufwand beteiligt werden soll, als sich für sie an Belastung durch den Eigenanteil nach § 129 Abs. 1 Satz 3 BauGB ergibt. Der ohnehin – im Hinblick auf nicht beitragsfähige Aufwendungen wie etwa (allgemeine) Personalkosten – in der Praxis schlechthin nicht zu erreichende Deckungsgrad von annähernd 90 v. H. würde sich bei einer Nichtberücksichtigung der Fremdkapitalkosten noch erheblich verringern. Angesichts der durch das neue Haushaltsrecht geschaffene Situation ist auch hier (vgl. im übrigen Rdnr. 7) ein Abweichen vom Grundsatz der exakten Kostenermittlung (Kostenzuordnung) zulässig, da seine Einhaltung die Gemeinden vor unangemessene Schwierigkeiten stellen und dem Bedürfnis nach Verwaltungspraktikabilität nicht gerecht würde. Den Gemeinden kann daher bei der Ermittlung der Darlehenskosten für eine konkrete Erschließungsanlage nur das an Genauigkeit abverlangt werden, was ihnen unter Vermeidung von unvernünftigem und in diesem Sinne unvertretbarem Verwaltungaufwand **möglich** ist,[24] d. h. sie sind befugt, diese Kosten auf der Grundlage gesicherter Erfahrungssätze zu ermitteln.[22]

15   Darlehenskosten für eine konkrete Erschließungsanlage lassen sich – zweckmäßigerweise auf einem Formblatt[25] gesondert festgehalten[26] – in einer den gesetzlichen Anforderungen (§§ 128 Abs. 1, 130 Abs. 1 BauGB) genügenden Weise dadurch errechnen, „daß an den durch diese Maßnahme ausgelösten **Kreditbedarf** angeknüpft und dieser unter Rückgriff auf die **Fremdfinanzierungsquote** des betreffenden Haushaltsjahres ermittelt wird, wobei sich die Fremdfinanzierungsquote ihrerseits aus dem Verhältnis errechnet, in dem die Gesamtausgaben des Vermögenshaushalts für Investitionen zu den Gesamteinnahmen aus Krediten stehen. Sind nämlich alle Investitionen einer Gemeinde in einem Haushaltsjahr zu einem bestimmten Prozentsatz fremdfinanziert, rechtfertigt dies mit einem hinreichend hohen Maß an Wahrscheinlichkeit die Auffassung, auch die Aufwendungen für eine bestimmte Erschließungsmaßnahme seien in diesem Umfang fremdfinanziert."[22] Wurden die Investitionen einer Gemeinde in einem Haushaltsjahr z. B. zu 70 v. H. fremdfinanziert, führt das grundsätzlich zu der Annahme, daß auch alle Erschließungsmaßnahmen des jeweiligen Jahres in dieser Höhe fremdfinanziert wurden.[27] Sind etwa für die Erschließungsmaßnahme in diesem Jahr Aufwendungen von 100 000 DM angefallen, so ergibt sich, daß grundsätzlich Aufwendungen von 70 000 DM fremdfinanziert worden sind. Allerdings ist (korrigie-

---

[24] Vgl. etwa OVG Koblenz, Urteil v. 9. 11. 1982 – 6 A 29/81 – KStZ 84, 94, sowie VGH Mannheim, Urteil v. 7. 2. 1985 – 2 S 812/84 – VBlBW 85, 428.

[25] Ein solches Formblatt ist als Muster beispielsweise dem Bericht der Kommunalen Gemeinschaftsstelle für Verwaltungsvereinfachung Nr. 9/1986 als Anlage 7 beigefügt.

[26] Siehe dazu auch Richarz in KStZ 91, 105 ff., sowie die Beispielsrechnung in Richarz/Steinfort, Erschließung in der kommunalen Praxis, S. 396 ff.

[27] Ebenso u. a. VGH Mannheim, Urteil vom 2. 10. 1986 – 2 S 1702/84 – VBlBW 87, 337.

rend) zu berücksichtigen, daß sich der Kreditbedarf für diese Maßnahme entsprechend verringert, wenn und soweit in diesem Jahr zweckgerichtete Zuschüsse gewährt oder Vorausleistungen erbracht worden sind.[22] Ändert sich die Fremdfinanzierungsquote des Vermögenshaushalts im nächsten Haushaltsjahr und/oder verringert sich der Kreditbedarf durch weitere Zuschüsse und Vorausleistungen, ist das bei der Ermittlung der Fremdkapitalkosten für die in diesem Jahr angefallenen Aufwendungen zu beachten.[27]

Da es nach dem Gesamtdeckungsprinzip nicht möglich ist, auf einen bestimmten Darlehensvertrag mit seinen Konditionen abzustellen, kann für den **Beginn** der Kapitalkostenlaufzeit nicht das Datum einer bestimmten Darlehensaufnahme zugrunde gelegt werden. Maßgeblich sind insoweit vielmehr die **einzelnen Zahlungen,** die im Moment ihrer Entrichtung einen Kreditbedarf ausgelöst haben. Durch das Anknüpfen an die einzelnen Ausgaben läßt sich der Beginn der Kapitalkostenlaufzeit exakt bestimmen. Sie **endet** nicht erst in dem Zeitpunkt, in dem die Gemeinde nicht mehr auf die Fremdfinanzierung angewiesen ist, weil sie Beiträge einziehen kann, sondern bereits in dem (früheren) Zeitpunkt, in dem für die ausgebaute Erschließungsanlage kraft Gesetzes gemäß § 133 Abs. 2 BauGB die (sachlichen) Beitragspflichten entstanden sind.[22] Denn mit dem Zeitpunkt des Entstehens der Beitragspflichten tritt eine Beschränkung des beitragsfähigen Aufwands ein (vgl. im einzelnen § 15 Rdnr. 20). In diesem Rahmen ist es grundsätzlich unerheblich, wie lange die endgültige Herstellung gedauert hat und wie lange dementsprechend Fremdmittel in Anspruch genommen worden sind.[28] Bei der Erhebung von Erschließungsbeiträgen im Wege der Kostenspaltung tritt an die Stelle des Zeitpunkts des Entstehens der sachlichen Erschließungs(voll)beitragspflichten der Zeitpunkt, in dem gemäß § 133 Abs. 2 Satz 1 2. Alternative BauGB die sachlichen Beitragspflichten für die von der Kostenspaltung erfaßten Teileinrichtungen entstehen.[29]

Ist z.B. eine Anbaustraße erst zehn Jahre nach Beginn der ersten, mit **17** Fremdmitteln finanzierten Baumaßnahme endgültig hergestellt worden, ist es nicht nur rechtlich unbedenklich, sondern mit Rücksicht auf die von § 127 Abs. 1 BauGB angeordnete Pflicht, Beitragsansprüche in vollem Umfang geltend zu machen, geboten, die Fremdfinanzierungskosten für die **gesamte** Kapitalkostenlaufzeit in den beitragsfähigen Erschließungsaufwand einzubeziehen. Das führt im übrigen nicht zu einer unangemessenen wirtschaftlichen Belastung der Beitragspflichtigen. Würde nämlich die Gemeinde beispielsweise zur Abkürzung der Kapitalkostenlaufzeit frühzeitig Vorausleistungen in der voraussichtlichen Höhe der endgültigen Beiträge erheben, entzöge sie den Beitragspflichtigen entsprechendes Kapital mit der Folge, daß diese auf Zinsvorteile verzichten müßten. Finanziert die Gemeinde die Bauarbeiten

---

[28] Vgl. im einzelnen BVerwG, Urteil v. 29. 1. 1993 – 8 C 3.92 – NVwZ 93, 1200 = KStZ 93, 118 = ZMR 93, 296.

[29] BVerwG, Urteil v. 26. 2. 1993 – 8 C 4.91 – Buchholz 406.11 § 133 BauGB Nr. 117 S. 40 (44) = NVwZ 93, 1205 = BWGZ 93, 331.

hingegen längerfristig mit Fremdkapital, verbleibt den Beitragspflichtigen nicht nur die Möglichkeit, ihr Kapital zinsgünstig anzulegen, sondern werden sie überdies noch dadurch entlastet, daß die Gemeinde – über ihren Eigenanteil (§ 129 Abs. 1 Satz 3 BauGB) – an den Fremdfinanzierungskosten anteilig beteiligt ist.[28]

18   Die Gemeinde hat die ihr entstandenen Fremdfinanzierungskosten selbst dann in voller Höhe in den beitragsfähigen Erschließungsaufwand einzubeziehen, wenn sie davon **abgesehen** hat, von der ihr offenstehenden Möglichkeit Gebrauch zu machen, **Vorausleistungen** zu erheben und dadurch Umfang und Dauer der Inanspruchnahme von Fremdfinanzierungsmitteln zu beschränken.[30] Denn es steht in ihrem Ermessen, ob sie Vorausleistungen erheben will oder nicht. Der Verzicht auf eine Vorausleistungserhebung und in der Folge die Aufnahme höherer Fremdmittel führt nicht zu einer unangemessenen wirtschaftlichen Belastung des Beitragspflichtigen. Würde die Gemeinde nämlich (zur Abkürzung der Kapitalkostenlaufzeit) frühzeitig Vorausleistungen etwa in der voraussichtlichen Höhe der endgültigen Beiträge erheben, entzöge sie den Beitragspflichtigen entsprechendes Kapital, so daß diese auf Zinsvorteile verzichten müßten.[28]

19   Hinsichtlich der **Höhe** der Darlehenskosten kann für die einzelnen Jahre der Kapitalkostenlaufzeit auf den banküblichen Jahresdurchschnittszinssatz abgestellt werden.[22] Das ist jedenfalls hinreichend genau, wenn in dem jeweiligen Jahr nur sehr geringe Zinsschwankungen aufgetreten sind.

20   Für die Beitragsfähigkeit entstandener und nach Maßgabe der vorstehenden Ausführungen ermittelter Fremdfinanzierungskosten sowie in der Folge die Höhe des auf ein bestimmtes Grundstück entfallenden Erschließungsbeitrags ist **ohne** Belang, ob dessen Eigentümer zu einer **Vorausleistung** herangezogen worden ist. Ein Grundeigentümer ist – mit anderen Worten – auch dann wie jeder andere Beitragspflichtige anteilig mit Fremdfinanzierungskosten zu belasten, wenn er eine Vorausleistung erbracht und in diesem Umfang einen Rückgriff auf Fremdmittel unnötig gemacht hat.[31] Die §§ 127ff. BauGB enthalten keine Bestimmung, der zu entnehmen ist, zugunsten eines vorausleistenden Eigentümers sei auf dessen Beitragspflicht gleichsam kraft Gesetzes ein entsprechender Betrag "anzurechnen"; vielmehr entspricht es den erschließungsbeitragsrechtlichen Vorschriften, daß alle Kosten, die zum beitragsfähigen Erschließungsaufwand zählen – und damit auch die Fremdfinanzierungskosten –, nach den Regeln des § 131 BauGB in Verbindung mit dem satzungsmäßigen Verteilungsmaßstab auf die erschlossenen Grundstücke umgelegt werden. Treffen beitragsfähige Fremdkapitalkosten und Vorausleistungen zusammen, läßt sich eine Entlastung der Beitragspflichtigen, die eine Vorausleistung erbracht haben, auch nicht über § 135 Abs. 5 Satz 1

---

[30] U.a. VGH Mannheim, Urteil v. 19. 8. 1993 – 2 S 2097/91 –.
[31] BVerwG, Urteil v. 23. 8. 1990 – 8 C 4.89 – BVerwGE 85, 306 (308ff.) = NVwZ 91, 485 = DVBl 90, 1408.

BauGB erreichen. Zwar werden diese Beitragpflichtigen im Verhältnis zu den Beitragpflichtigen, die nicht der Vorausleistungspflicht unterlagen, wirtschaftlich stärker belastet. Doch begründet diese Mehrbelastung keine unbillige Härte im Sinne des § 135 Abs. 5 Satz 1 BauGB, weil der Gesetzgeber die Mehrbelastung als zumutbare Härte in Kauf genommen hat.[31] Das begegnet verfassungsrechtlich keinen durchgreifenden Bedenken.[31]

III. Berücksichtigungsfähige Maßnahmen und deren Kosten im einzelnen

1. Kosten/Wert der Flächen

Mit dem Aufwand der Flächen für die Erschließungsanlagen befassen sich 21 **drei** Bestimmungen. Während § 128 Abs. 1 Satz 1 Nr. 1 BauGB die Kosten für den (zweckgerichteten) Erwerb von Flächen zum Gegenstand hat, behandeln § 128 Abs. 1 Satz 2 BauGB den Wert der von der Gemeinde aus ihrem (Fiskal-)Vermögen bereitgestellten Flächen und § 128 Abs. 1 Satz 3 BauGB den Wert der einer Gemeinde im Umlegungsverfahren gemäß § 55 Abs. 2 BauGB zugeteilten Flächen.

Steht fest, daß eine Gemeinde für eine Erschließungsanlage Flächen zur 22 Verfügung gestellt hat, läßt sich allerdings nicht aufklären, ob dem ein (zweckgerichteter) Grunderwerb i.S. des § 128 Abs. 1 Satz 1 Nr. 1 BauGB zugrunde liegt oder es sich um eine Bereitstellung i.S. des § 128 Abs. 1 Satz 2 BauGB handelt, ist die Gemeinde nicht schon deshalb gehindert, einen Aufwandsposten für die Grundfläche in den Aufwand einzubeziehen. Bei einer solchen Konstellation ist vielmehr der die Beitragpflichtigen **weniger belastende** der beiden in Betracht kommenden Aufwandsposten bei der Ermittlung der beitragsfähigen Kosten zu berücksichtigen.[32]

a) Kosten erworbener Flächen

§ 128 Abs. 1 Satz 1 Nr. 1 BauGB erfaßt lediglich die Kosten für den **zweck-** 23 **gerichteten** Erwerb der für Erschließungsanlagen i.S. des § 127 Abs. 2 BauGB selbst benötigten Flächen. Zu diesen Kosten rechnet nicht nur der Kaufpreis, sondern darüber hinaus alles das, was die Gemeinde aufwenden muß, um das Eigentum an der Fläche einer ganz bestimmten Erschließungsanlage zu erwerben. Dazu zählen Kosten für die katasteramtliche Vermessung, für die notarielle Beurkundung sowie für die Eintragung oder Löschung von Rechten im Grundbuch;[33] im übrigen kommen Maklergebühren sowie eine etwai-

---

[32] BVerwG, Urteil v. 15. 11. 1985 – 8 C 41.84 – Buchholz 406.11 § 130 BBauG Nr. 35 S. 40 (51) = NVwZ 86, 299 = BWGZ 86, 63.
[33] BVerwG, Urteil v. 14. 11. 1975 – IV C 76.74 – Buchholz 406.11 § 128 BBauG Nr. 17 S. 1 (2) = KStZ 76, 210 = DÖV 76, 351.

ge Enteignungsentschädigung nebst den Kosten des Enteignungsverfahrens einschließlich Gerichts- und Anwaltskosten in Betracht. Mußte die Gemeinde neben der Fläche selbst darauf stehende Baulichkeiten, Bäume usw. mitkaufen, gehören auch die hierfür gemachten Aufwendungen zu den Erwerbskosten.[34] Das gleiche gilt für Aufwendungen, die der Gemeinde für z.B. in Straßenlandabtretungsverträgen vereinbarte Entschädigungen für Aufbauten, Aufwuchs, Einzäunung der Grundfläche[35], Versetzen eines Gartentors[36] sowie Neuerrichtung von Einfriedungen zur Abgrenzung von der Erschließungsanlage (vgl. auch Rdnr. 39) oder für Entschädigungen zur Ablösung eventueller an der Grundfläche bestehender Rechte und für die Verpflichtung zur Zahlung von Wertminderungen für verbleibende Restgrundstücke entstanden sind.[37] Hat die Gemeinde in diesem Zusammenhang z.B. (noch verwertbare) Pflanzen oder nicht für die Erschließungsanlage in Anspruch genommene Grundflächen erwerben müssen, ist sie grundsätzlich gehalten, deren Wert zu realisieren und sodann aufwandmindernd zu berücksichtigen.

24　Grundsätzlich geht in den beitragsfähigen Erschließungsaufwand der von der Gemeinde bezahlte Kaufpreis ein. Allerdings unterliegt mit Rücksicht darauf, daß der Kaufpreis – abgesehen vom Gemeindeanteil – letztlich von dem Beitragspflichtigen zu tragen ist, die **Höhe** dessen, was die Gemeinde als Kaufpreis in den beitragsfähigen Aufwand einsetzen darf, einer äußersten Begrenzung durch das Merkmal der "Erforderlichkeit" (vgl. § 15 Rdnr. 16). Innerhalb des damit gesteckten Rahmens steht der Gemeinde bei der Beurteilung, ob ein z.B. für Straßenland geforderter Kaufpreis (noch) angemessen ist und deshalb (im Ergebnis ganz überwiegend) zu Lasten der Beitragspflichtigen vereinbart werden darf, ein weiter Entscheidungsspielraum zu.[38] Die Gemeinde ist deshalb „nicht auf die Zahlung des Kaufpreises festgelegt, der dem Verkehrswert des Straßenlands entspricht. Beschleunigung des Grunderwerbs, Vermeidung von erfahrungsgemäß langwierigen Enteignungsverfahren oder andere sachliche ähnliche Gründe können ein Überschreiten des Verkehrswerts – unter Umständen auch ein beträchtliches Überschreiten – rechtfertigen. Freilich müssen die Rechtfertigungsgründe um so gewichtiger sein, je beträchtlicher die Überschreitung des Verkehrswerts ist."[39]

25　Zwar gehören nach Maßgabe der vorstehenden Ausführungen alle der Gemeinde für den Grunderwerb tatsächlich entstandenen (Haupt- und Neben-) Kosten zum Erschließungaufwand, doch können von ihnen zu Lasten der

---

[34] Ebenso u.a. Ernst in Ernst/Zinkahn/Bielenberg, BauGB, § 128 Rdnr. 4.

[35] Vgl. OVG Münster, Urteil v. 17. 5. 1984 – 3 A 1117/83 – NVwZ 86, 499 = KStZ 85, 17.

[36] VGH Mannheim, Urteil v. 18. 3. 1993 – 2 S 1976/91 –.

[37] Vgl. zur Wertminderung des Restgrundstücks bei Enteignung eines Grundstücksteils BGH, Urteil v. 28. 10. 1982 – III ZR 48/81 – DVBl 83, 625.

[38] Vgl. in diesem Zusammenhang im einzelnen Guttenberger in BayVBl 88, 102.

[39] BVerwG, Urteil v. 14. 12. 1979 – 4 C 28.76 – BVerwGE 59, 249 (253) = DVBl 80, 754 = KStZ 80, 68.

Beitragspflichtigen nur diejenigen berücksichtigt werden, die *bis* zum Zeitpunkt des Entstehens der sachlichen Beitragspflichten angefallen, d. h. die bis zu diesem Zeitpunkt durch den Abschluß eines entsprechenden Kaufvertrags begründet worden sind;[40] **später** entstandene Kosten für den Grunderwerb gehen zu Lasten der Gemeinde (vgl. § 15 Rdnr. 20). Dieser Gesichtspunkt ist bedeutsam für Gemeinden, die in ihrer Satzung den Grunderwerb *nicht* zum Herstellungsmerkmal i. S. des § 132 Nr. 4 BauGB bestimmt haben. Eine solche Bestimmung ist zulässig, aber nicht zwingend erforderlich.[41] Will eine Gemeinde das Risiko vermeiden, die entstehenden Grunderwerbskosten nicht vollständig umlegen zu dürfen, ist sie gehalten, den Grunderwerb als Herstellungsmerkmal in die Satzung aufzunehmen, weil nur dann gesichert ist, daß die sachlichen Beitragspflichten nicht vor Abschluß des Grunderwerbs entstehen können. Das kann – bei zeitraubenden Grunderwerbsverhandlungen bzw. bei Durchführung eines Enteignungsverfahrens – zur Folge haben, daß sich der Zeitpunkt des Entstehens der sachlichen Beitragspflichten lange hinauszögert, doch braucht das nicht zu erheblichen finanziellen Nachteilen der Gemeinde zu führen. Denn es bleibt ihr unbenommen, den umlagefähigen Aufwand für die programmgemäße Herstellung der übrigen Teileinrichtungen schon vorab im Wege der Kostenspaltung geltend zu machen oder Vorausleistungen zu erheben.

b) Wert bereitgestellter Flächen

Gemäß § 128 Abs. 1 Satz 2 BauGB gehört zum Erschließungsaufwand **26** auch der Wert der von der Gemeinde aus ihrem „Vermögen" für eine Erschließungsanlage i. S. des § 127 Abs. 2 BauGB bereitgestellten Flächen im Zeitpunkt der Bereitstellung. Zwar gibt das Gesetz nicht an, um welchen Wert es sich hier handelt, doch kann nicht zweifelhaft sein, daß damit der ggfs. durch ein Gutachten des Gutachterausschusses nach §§ 192 ff. BauGB zu ermittelnde **Verkehrswert** gemeint ist.[42]

Der Begriff "Vermögen" in § 128 Abs. 1 Satz 2 BauGB hat eine **besondere** **27** Bedeutung. Das ergibt sich aus der gesetzlichen Gegenüberstellung von Abs. 1 Satz 1 Nr. 1 und Abs. 1 Satz 2 des § 128 BauGB. Denn im allgemeinen weiteren Sinne gehört auch das z. B. für Straßenzwecke gemäß § 128 Abs. 1 Satz 1 Nr. 1 BauGB erworbene und für die Straße zur Verfügung gestellte Gelände zum gemeindlichen Vermögen. Wäre der Begriff des Vermögens i. S. des § 128 Abs. 1 Satz 2 BauGB identisch mit dem allgemeinen Vermögensbegriff, wäre § 128 Abs. 1 Satz 1 Nr. 1 BauGB ohne eigenständigen Regelungsinhalt stets ein Unterfall des § 128 Abs. 1 Satz 2 BauGB. Nach der Fassung des Gesetzes aber kann eine Fläche nur entweder gemäß § 128 Abs. 1 Satz 1

---

[40] Siehe u. a. BayVGH, Urteil v. 18. 2. 1986 – Nr. 6 B 82 A 628 – BayVBl 87, 433.
[41] BVerwG, u. a. Urteil v. 24. 10. 1972 – IV C 30.71 – BVerwGE 41, 72 (73 f.) = DVBl 73, 500 = DÖV 73, 351.
[42] Ebenso u. a. Löhr in Battis/Krautzberger/Löhr, BauGB, § 128 Rdnr. 12.

Nr. 1 BauGB erworben oder gemäß § 128 Abs. 1 Satz 2 BauGB aus dem kommunalen Vermögen bereitgestellt sein, eine Differenzierung, die wegen der in beiden Fällen verschiedenen Zeitpunkte, auf die die Berechnung des Bodenwerts zu beziehen ist, von großer praktischer Bedeutung ist. Im ersten Fall ist der Preis maßgebend, der für den Erwerb gezahlt wurde, im zweiten Fall der Verkehrswert im Zeitpunkt der Bereitstellung. Daher ist unter "Vermögen" i. S. des § 128 Abs. 1 Satz 2 BauGB nur das allgemeine Liegenschaftsvermögen der Gemeinde zu verstehen, also das allgemeine Grundvermögen, das nicht konkret für Erschließungsanlagen zweckgebunden ist.[43] Zum allgemeinen Liegenschaftsvermögen gehören z. b. auch Flächen, die die Gemeinde im Rahmen einer der städtebaulichen Entwicklung angepaßten vorausschauenden Bodenvorratspolitik erworben hat, ohne daß die Grundstücke für konkrete Erschließungsanlagen bestimmt sind.[44]

28   Ob ein Fall des § 128 Abs. 1 Satz 1 Nr. 1 BauGB oder ein solcher des § 128 Abs. 1 Satz 2 BauGB vorliegt, läßt sich nicht allgemein, sondern nur im jeweiligen Einzelfall sagen und hängt grundsätzlich ab vom **Willen der Gemeinde** beim Erwerb der Flächen, d. h. davon, ob sie die Flächen für eine konkrete Erschließungsanlage oder unabhängig von irgendwelchen Erschließungsanlagen für ihr Fiskalvermögen erwerben will. Diesem Willen kommt indes **keine** Bedeutung mehr zu, wenn die Flächen, um die es geht, im Zeitpunkt des Erwerbs durch (nicht notwendig förmliche) Planung bereits für bestimmte Erschließungsanlagen vorgesehen sind und deshalb ein Erwerb praktisch allein noch für diesen Zweck möglich ist. Ein solcher Fall liegt vor, wenn Flächen im Zeitpunkt des Erwerbs in einem Bebauungsplan etwa als Straßenflächen ausgewiesen sind. Und er liegt überdies vor, wenn zwar ein Bebauungsplan noch nicht in Kraft getreten ist, aber eine die Fläche erfassende Straßentrasse bereits angelegt ist.[45]

29   Die Bereitstellung der Flächen aus dem Gemeindevermögen ist deren Herausnahme aus dem allgemeinen Liegenschaftsvermögen, d. h. deren **Verselbständigung**. Maßgebend ist grundsätzlich das gemeindliche Handeln, durch das erstmalig das **endgültige Ausscheiden** der betreffenden Fläche aus dem allgemeinen Liegenschaftsvermögen und deren Benutzung für eine bestimmte Erschließungsanlage deutlich wird. Dazu bedarf es keines formalen "Bereitstellungsakts"; vielmehr reicht insoweit selbst eine **verwaltungsinterne** Maßnahme der für die Verwaltung des allgemeinen Liegenschaftsvermögens innerhalb der Gemeinde zuständigen Stelle (z. B. eine Erklärung der Liegenschaftsverwaltung, durch die die Fläche der Bauverwaltung für eine bestimmte Erschließungsanlage zur Verfügung gestellt wird). Das Ausmessen oder die Abschreibung der Fläche ist in aller Regel nicht entscheidend, sondern zu-

---

[43] BVerwG, Urteil v. 4. 2. 1981 – 8 C 13.81 – BVerwGE 61, 316 (324) = NJW 81, 2370 = DVBl 81, 827.

[44] Ebenso u. a. Ernst in Ernst/Zinkahn/Bielenberg, BauGB, § 128 Rdnr. 11.

[45] BVerwG, Urteil v. 15. 11. 1985 – 8 C 41.84 – Buchholz 406.11 § 130 BBauG Nr. 35 S. 40 (52) = NVwZ 86, 299 = BWGZ 86, 63.

meist die früher liegende Handlung, in der erstmals die Verwendung der Fläche für die betreffende Erschließungsanlage erkennbar wird.[46] Das kann etwa durch das tatsächliche Einbeziehen der jeweiligen Fläche in eine Straßentrasse geschehen. Hat ein Bebauungsplanentwurf, der die Fläche erfaßt, die **Planreife** i. S. des § 33 Abs. 1 Nr. 1 BauGB erreicht, ist dieser Zeitpunkt als der maßgebliche Bereitstellungszeitpunkt anzusehen. Entsprechendes gilt im unbeplanten Gebiet; insoweit ist auf den Zeitpunkt der Fertigstellung des **Ausbauplans** abzustellen, der dem Antrag auf Erteilung einer Zustimmung nach § 125 Abs. 2 Satz 1 BauGB und dem eigentlichen Straßenbau zugrundeliegt.

Den Zeitpunkt der Bereitstellung legt § 128 Abs. 1 Satz 2 BauGB als Bezugspunkt für die Bemessung des Werts der bereitgestellten Flächen zwingend fest. Ein anderer Zeitpunkt kann weder durch die Erschließungsbeitragssatzung bestimmt noch von den Beteiligten vereinbart werden.[47]

Zum Erschließungsaufwand im Sinne des § 128 Abs. 1 Satz 2 BauGB zäh- 30 len auch die **Bereitstellungsnebenkosten.** Zu denken ist hier z. B. an Vermessungs- und Grundbuchkosten, etwa wenn nur ein Teil eines gemeindeeigenen Grundstücks bereitgestellt wird.[48]

Nicht zu den von der Gemeinde bereitgestellten Flächen im Sinne des § 128 31 Abs. 1 Satz 2 BauGB gehört Gelände, das die Gemeinde aus vorhandenen, dem öffentlichen Verkehr bereits **gewidmeten Straßen** zur Verfügung stellt. Es hat keinen beachtlichen Vermögenswert und kann daher nicht in den Erschließungsaufwand eingehen.[49]

c) Wert im Umlegungsverfahren zugeteilter Flächen

Nach § 128 Abs. 1 Satz 3 BauGB gehört zum Erschließungsaufwand für 32 die Flächen von Erschließungsanlagen (seit Inkrafttreten des Baugesetzbuchs) „im Falle einer erschließungsbeitragpflichtigen Zuteilung im Sinne des § 57 Satz 4 und des § 58 Abs. 1 Satz 1 auch der Wert nach § 68 Abs. 1 Nr. 4". Damit stellt der Gesetzgeber auf Flächen ab, die der Gemeinde in einem Umlegungsverfahren nach § 55 Abs. 2 BauGB zugeteilt worden sind, und bestimmt zunächst für den Fall, in dem die Verteilungsmasse gemäß § 57 BauGB im Verhältnis der **Werte** verteilt wird und die Umlegungsstelle bei der Bewertung der Zuteilungsgrundstücke die umlegungsbedingten Erschließungsvorteile unberücksichtigt läßt, d. h. diese „**erschließungsbeitragpflichtig**" zugeteilt werden, daß der im Umlegungsverzeichnis (§ 68 BauGB) aufgeführte Wert „der Flächen nach § 55 Abs. 2 bei einer insoweit erschließungs-

---

[46] BVerwG, Urteil v. 23. 5. 1980 – 4 C 62 u. 73.77 – Buchholz 406.11 § 128 BBauG Nr. 26 S. 21 (23) = DÖV 80, 834 = KStZ 80, 230.

[47] BVerwG, Urteil v. 13. 5. 1977 – IV C 82.74 – Buchholz 406.11 § 128 BBauG Nr. 18 S. 4 (9f.) = BauR 77, 411 = KStZ 78, 110.

[48] BVerwG, Urteil v. 14. 11. 1975 – IV C 76.73 – Buchholz 406.11 § 128 BBauG Nr. 17 S. 1 (3) = DÖV 76, 351 = KStZ 76, 210.

[49] BVerwG, Urteil v. 14. 11. 1969 – IV C 88.68 – Buchholz 406.11 § 128 BBauG Nr. 6 S. 6 (8) = DÖV 70, 426 = BauR 70, 177.

beitragspflichtigen Zuteilung" (§ 68 Abs. 1 Nr. 4 BauGB) in den beitragsfähigen Aufwand einzubeziehen ist. Durch diese Bezugnahme auf den im Umlegungsverzeichnis festgehaltenen Wert ist es den Gemeinden möglich, die Höhe des insoweit als Erschließungsaufwand zu berücksichtigenden Postens aus dem Umlegungsverzeichnis zu entnehmen.

33   § 55 Abs. 2 BauGB erfaßt nunmehr alle beitragsfähigen, in einem Bebauungsplan festgesetzten Erschließungsanlagen; dadurch hat der Gesetzgeber sichergestellt, daß der Gemeinde (oder dem sonstigen Erschließungsträger) in einem Umlegungsverfahren aus der Umlegungsmasse vorab alle für diese Anlagen vorgesehenen Flächen zuzuteilen sind. An diese Regelung knüpft – für den Fall der Verteilung der Verteilungsmasse nach Werten – der Halbsatz 2 des § 57 Satz 4 BauGB mit den Worten an, „sollen Grundstücke in bezug auf Flächen nach § 55 Abs. 2 erschließungsbeitragspflichtig zugeteilt werden, bleiben Wertänderungen insoweit unberücksichtigt". Mit der Einfügung dieses Halbsatzes in den § 57 Satz 4 BauGB hat es folgende Bewandtnis: In der Praxis hängt die für die Bewertung der Zuteilungsgrundstücke maßgebliche Höhe des **Umlegungsvorteils** wesentlich davon ab, ob bei der Ermittlung des Verkehrswerts dieser Grundstücke von einer in bezug auf die Flächen nach § 55 Abs. 2 BauGB erschließungsbeitragsfreien oder -pflichtigen Zuteilung ausgegangen wird. Wird – was in der Praxis sehr häufig geschieht – erschließungsbeitragsfrei zugeteilt, wird die durch die Flächen für öffentliche (Erschließungs-)Zwecke bewirkte Wertsteigerung der Zuteilungsgrundstücke im Umlegungsvorteil abgeschöpft. Dieses Verfahren war auf der Grundlage des Bundesbaugesetzes das einzig zulässige; das Bundesverwaltungsgericht hat in zwei Urteilen vom 4. Februar 1981[50] entschieden, das (seinerzeit) geltende Recht erlaube der Behörde nicht, bei der Ermittlung der Verkehrswerte der Zuteilungsgrundstücke die durch die Flächen i. S. des § 55 Abs. 2 BBauG bewirkten Erschließungsvorteile unberücksichtigt zu lassen und die Grundstücke erschließungsbeitragspflichtig zuzuteilen. **Schwierigkeiten** ergaben sich aus dieser Rechtsprechung namentlich dann, wenn das Umlegungsgebiet nicht mit dem für die Erschließungsbeitragserhebung maßgeblichen Abrechnungsgebiet (§ 131 Abs. 1 BBauG) übereinstimmt. Es ist jedoch zumindest gelegentlich notwendig, jedenfalls zweckmäßig, von verschiedenen Anlagen erschlossene Grundstücke zu einem Umlegungsgebiet zusammenzufassen oder für die Erhebung von Erschließungsbeiträgen auf ein Abrechnungsgebiet (z.B. Grundstücke eines Abschnitts oder einer aus zwei Erschließungsanlagen gebildeten sog. Erschließungseinheit) abzustellen, von dem nur einzelne Grundstücke zum Umlegungsgebiet gehören. Nach der Rechtsprechung des Bundesverwaltungsgerichts in den genannten Urteilen war es unter Geltung des Bundesbaugesetzes nicht möglich, die nicht im Umlegungsgebiet liegenden Grundstücke eines solchen Abrechnungsgebiets ebenso wie die

---

[50] BVerwG, u.a. Urteil v. 4. 2. 1981 – 8 C 13.81 – BVerwGE 61, 316 (322) = NJW 81, 2370 = DVBl 81, 827.

Grundstücke dieses Abrechnungsgebiets, die zugleich im Umlegungsgebiet liegen, mit Anteilen am Wert der nach § 55 Abs. 2 BBauG zugeteilten Flächen für beitragsfähige Erschließungsanlagen zu belasten. Eine solche Besserstellung der nicht zugleich im Umlegungsgebiet gelegenen Grundstücke hielt der Gesetzgeber für sachlich nicht vertretbar, für eine mit dem Grundsatz der Abgabengleichheit nicht zu vereinbarende **Ungleichbehandlung**.[51]

Um zum einen die von ihm für erforderlich gehaltene Gleichstellung der beiden Gruppen von Grundstücken zu erreichen und zum anderen zu **vermeiden**, daß dadurch (finanzielle) Nachteile für die Gemeinden entstehen (vgl. Rdnr. 1), ist der Gesetzgeber in zwei Schritten vorgegangen: Er hat – erstens – durch die Ergänzung des § 57 Satz 4 BauGB um den Halbsatz 2 eine erschließungsbeitragpflichtige Zuteilung zugelassen und erlaubt, daß dann, wenn Grundstücke in dieser Weise zugeteilt werden sollen, die Wertänderungen, die sich aus den von den Flächen i.S. des § 55 Abs. 2 BauGB bewirkten Erschließungsvorteilen ergeben, bei der Ermittlung der Verkehrswerte unberücksichtigt bleiben dürfen, also nicht im Ergebnis zu Lasten von deren (zukünftigen) Eigentümern angerechnet werden. Und er hat sodann – zweitens – durch die Aufnahme des Satz 3 in § 128 Abs. 1 BauGB angeordnet, daß im Falle einer erschließungsbeitragpflichtigen Zuteilung der – gemäß § 68 Abs. 1 Nr. 4 BauGB in das Umlegungsverzeichnis aufzunehmende – Wert der Flächen nach § 55 Abs. 2 BauGB zum Erschließungsaufwand gehört und er damit (allerdings nach Abzug des Gemeindeanteils, § 129 Abs. 1 Satz 3 BauGB) nach den für die Verteilung des umlagefähigen Aufwands geltenden Regeln auf alle Grundstücke in dem betreffenden Abrechnungsgebiet verteilt wird, d.h. unabhängig davon, ob die Grundstücke zugleich auch im Umlegungsgebiet liegen oder nicht. **34**

§ 128 Abs. 1 Satz 3 in der Fassung der durch den Bundesbauminister erfolgten Bekanntmachung vom 8. Dezember 1986 (BGBl I S. 2253) **deckt** sich namentlich insoweit **nicht** mit der entsprechenden Bestimmung in der Fassung des Gesetzes über das Baugesetzbuch vom 8. Dezember 1986 (BGBl I S. 2191), als ausschließlich in ersterer, nicht aber auch in letzterer außer auf den Fall einer erschließungsbeitragpflichtigen Zuteilung im Sinne des § 57 Satz 4 (**zusätzlich**) auch auf eine solche Zuteilung im Sinne des § 58 Abs. 1 Satz 1 abgehoben wird. Mit anderen Worten: Der Bundesbauminister hat die ihm in Art. 3 des Gesetzes über das Baugesetzbuch eingeräumte Ermächtigung, „den Wortlaut des Baugesetzbuchs im Bundesgesetzblatt bekannt(zu)-machen und dabei Unstimmigkeiten des Wortlauts (zu) berichtigen" u.a. dazu benutzt, den Wortlaut des § 128 Abs. 1 Satz 3 in der Fassung des Gesetzes über das Baugesetzbuch um den Zusatz „**und des § 58 Abs. 1 Satz 1**" zu ergänzen. Das begegnet Bedenken.[52] **35**

---

[51] Vgl. Begründung des Regierungsentwurfs, BT-Drucksache 10/4630, S. 114.

[52] Ebenso Brügelmann-Vogel, BauGB, § 128 Bem. zu Abs.1 Satz 3, und Reif in BWGZ 87, 474 (478); a.A. Ernst in Ernst/Zinkahn/Bielenberg, BauGB, § 128 Rdnr. 10.

36   Im Hinblick darauf, daß das Gesetz über das Baugesetzbuch nach seinem Art. 5 erst am 1. Juli 1987 in Kraft getreten ist, ist schon nicht ganz unzweifelhaft, ob die in Art. 3 dieses Gesetzes enthaltene Bekanntmachungs- und Berichtigungsermächtigung überhaupt legitimierende Wirkung schon vor dem 1. Juli 1987 entfalten konnte. Doch mag das auf sich beruhen. Von ungleich **größerem** Gewicht ist nämlich, ob der vom Bundesbauminister eingefügte, auf eine erschließungsbeitragspflichtige Zuteilung im Sinne des § 58 Abs. 1 Satz 1 abhebende Zusatz in § 128 Abs. 1 Satz 3 in der Fassung der Bekanntmachung vom 8. Dezember 1986 von der Ermächtigung dazu, „Unstimmigkeiten des Wortlauts zu berichtigen", gedeckt ist.

Das Bundesverfassungsgericht hat sich u. a. im Beschluß vom 23. Februar 1965[53] mit einer einem Bundesminister erteilten Ermächtigung zur Beseitigung von Unstimmigkeiten des Wortlauts von Gesetzen beschäftigt und ausgeführt, sie begründe keine Rechtsetzungsbefugnis, ihre Ausübung lasse die (durch das Gesetz selbst geschaffene) Rechtslage unberührt, sie diene nach Sinn und Zweck lediglich dazu, „die deklaratorische Feststellung eines authentischen und einwandfreien Textes" zu veranlassen. Im Beschluß vom 15. Februar 1978[54] hat das Bundesverfassungsgericht nochmals betont, es dürfe „der **materielle Normgehalt** durch die Berichtigung **keinesfalls angetastet** werden". Dies gilt – wie u. a. Kirn[55] zutreffend dargelegt hat – selbst dann, wenn der "fehlerhafte", vom Gesetzgeber verabschiedete Text „einen anderen als den gewollten, aber ebenfalls möglichen Sinn" ergibt.

37   Vor diesem Hintergrund dürfte es unerheblich sein, ob der Gesetzgeber des Baugesetzbuchs im Rahmen des Erschließungsbeitragsrechts außer dem Fall einer erschließungsbeitragspflichtigen Zuteilung im Sinne des § 57 Satz 4 auch den einer solchen Zuteilung im Sinne des § 58 Abs. 1 Satz 1 regeln wollte. Denn **objektiv** hat er in § 128 Abs. 1 Satz 3 des Gesetzes über das Baugesetzbuch nur den ersten, nicht aber auch den zweiten Fall geregelt, so daß die Annahme nicht fernliegt, durch den in Rede stehenden, vom Bundesbauminister eingefügten Zusatz werde der materielle Normgehalt des vom Gesetzgeber verabschiedeten § 128 Abs. 1 Satz 3 angetastet, nämlich erweitert.[52] Träfe das zu, hätte der Bundesbauminister durch die Einfügung dieses Zusatzes – zumal schwerlich angenommen werden kann, ohne ihn ergebe § 128 Abs. 1 Satz 3 schlechthin keinen möglichen Sinn – den Umfang der ihm erteilten Berichtigungsermächtigung überschritten mit der Folge, daß § 128 Abs. 1 Satz 3 Geltung **nur** in der Fassung des Gesetzes über das Baugesetzbuch entfalten kann, d. h. in den beitragsfähigen Erschließungsaufwand nur der Wert nach § 68 Abs. 1 Nr. 4 BauGB eingeht, der sich auf eine erschließungsbeitragspflichtige Zuteilung im Sinne des § 57 Satz 4 BauGB bezieht.[56]

---

[53] BVerfG, Beschluß v. 23. 2. 1965 – 2 BvL 19/62 – BVerfGE 18, 389 (391).
[54] BVerfG, Beschluß v. 15. 2. 1978 – 2 BvL 8/74 – BVerfGE 48, 1 (19).
[55] Vgl. Kirn in ZRP 73, 49 (51).
[56] Zutreffend weist Ernst (a. a. O.) darauf hin, für eine Differenzierung zwischen den beiden in Rede stehenden Konstellationen gebe es aus der Sicht des Erschließungsbei-

In der **Überleitungsregelung** des § 242 Abs. 6 BauGB hat der Gesetzgeber 38 im übrigen bestimmt, § 128 Abs. 1 Satz 3 BauGB sei rückwirkend auch auf Fälle einer (erkennbar) erschließungsbeitragspflichtigen Zuteilung anzuwenden, in denen der Umlegungsplan (§ 66 BBauG) oder die Vorwegregelung (§ 76 BBauG) schon vor Inkrafttreten des Baugesetzbuchs ortsüblich bekannt gemacht worden ist. Anders als bei der von § 242 Abs. 4 BauGB angeordneten Rückwirkung (vgl. dazu § 12 Rdnrn. 64ff.) handelt es sich bei der Rückwirkung des § 242 Abs. 6 BauGB (lediglich) um eine sog. **unechte** Rückwirkung,[57] die regelmäßig vorliegt, wenn eine Gesetzesänderung sich auswirkt auf Sachverhalte zwischen dem Beginn der (hier: gemeindlichen Erschließungs-)Leistung und dem Entstehen der Abgabenpflicht.[58] Denn selbst Kosten, die – wie z.B. in diesem Zusammenhang der Wert der Flächen i.S. des § 55 Abs. 2 BauGB – von § 128 Abs. 1 BauGB erfaßt werden, können zu Lasten der Beitragspflichtigen nur insoweit berücksichtigt werden, als sie bis zum Zeitpunkt des Entstehens der (sachlichen) Beitragspflichten angefallen sind (vgl. im einzelnen § 15 Rdnr. 20), so daß § 242 Abs. 6 BauGB Wirkung zu Lasten der Beitragspflichtigen ausschließlich für die beitragsfähigen Erschließungsanlagen haben kann, für die im Zeitpunkt des Inkrafttretens des Baugesetzbuchs (1. Juli 1987) sachliche Beitragspflichten nach § 133 Abs. 2 Satz 1 BBauG noch nicht entstanden waren. Eine solche unechte Rückwirkung ist grundsätzlich zulässig. Im Hinblick darauf, daß – wie sich aus dem sachlichen Zusammenhang mit § 239 Abs. 2 BauGB ergibt – Voraussetzung für die Rückwirkung des § 242 Abs. 6 BauGB die den Grundstückseigentümern **erkennbar** erschließungsbeitragspflichtige (straßenlandbeitragspflichtige) Zuteilung der Baugrundstücke ist, ist nicht ersichtlich, daß dieser Regelung eine schutzwürdige Vertrauensposition der betroffenen Grundsückseigentümer entgegenstehen könnte.

2. Freilegung der Flächen

Zu den Kosten der Freilegung gehören alle Kosten, die die Gemeinde 39 aufwenden muß, um die für die Erschließungsanlage erworbenen oder bereit-

---

tragsrechts keinen sachlichen Grund, sie sei „vielmehr sachwidrig und unter dem Gesichtspunkt des verfassungsrechtlichen Gleichheitssatzes nicht vertretbar". Nicht gefolgt werden kann ihm indes, wenn er zur Vermeidung der sich daraus ergebenden Folgen die Vorschrift des § 128 Abs. 1 Satz 3 BauGB mit den Worten in den Bereich der rechtlichen Bedeutungslosigkeit "verbannt", „daß die ganze durch das BauGB in § 128 vorgenommene Änderung nach keinerlei materielle Rechtsetzung ist, sondern nur eine Klarstellung". Das gilt schon deshalb, weil es dem Gesetzgeber des Erschließungsbeitragsrechts selbstverständlich freisteht, aus einer bestimmten Regelung (hier:) des Umlegungsrechts die eine oder die andere (erschließungsbeitragsrechtliche) Konsequenz zu ziehen.

[57] Ebenso u.a. Löhr in Battis/Krautzberger/Löhr, BauGB, § 128 Rdnr. 7.
[58] Vgl. BVerfG, u.a. Beschluß v. 23.3.1971 – 2 BvL 17/69 – BVerfGE 30, 392 (402 f.).

gestellten Flächen von den Hindernissen (auf den Grundflächen selbst, d.h. innerhalb der Straßenbegrenzungslinien) freizumachen, die der Verwirklichung einer – der Planung entsprechenden – Herstellung entgegenstehen. Zu den Maßnahmen, die zur Erreichung dieses Zwecks erforderlich sind, können z.B. der Abbruch von innerhalb der Straßenfluchtlinie liegenden Gebäuden sowie die Beseitigung von Bäumen, Sträuchern usw. zählen. Dagegen dürften die Freilegungskosten nicht auch Umlegungskosten für Zaunanlagen umfassen. Der Wert derartiger Zäune ist bereits bei den Grunderwerbskosten zu berücksichtigen (vgl. Rdnr. 23), da für den Substanzverlust in erster Linie eine Entschädigung zu zahlen ist. Vereinbaren die Beteiligten statt einer Barentschädigung eine Sachentschädigung in Form einer Umsetzung eines Zauns, so dürften diese Kosten ihrer Qualität nach gleichwohl Kosten des Grunderwerbs bleiben. Die Freilegung erfaßt auch die Beseitigung von Hindernissen unter der Erdoberfläche wie z.B. das Entfernen von Ruinen im Boden; dafür entstehende Kosten zählen deshalb zum beitragsfähigen Erschließungsaufwand.[59] Im Ergebnis entsprechendes dürfte für sog. **Altlasten** gelten. Ist z.B. verseuchter Boden aufzunehmen und zu beseitigen, dürften für den Fall, daß der dafür entstandene Aufwand schlechthin keinem Dritten (wie etwas dem Verursacher oder dessen Rechtsnachfolger) angelastet werden kann, ausschließlich die Beseitigungs-, nicht aber auch die Reinigungs- und ggfs. Lagerungskosten dem beitragsfähigen Freilegungsaufwand zuzuordnen sein.

3. Erstmalige Herstellung

40 Der Begriff der "erstmaligen Herstellung" in § 128 Abs. 1 Satz 1 Nr. 2 BauGB deckt sich nicht mit dem der "endgültigen" Herstellung in den §§ 132 Nr. 4 und 133 Abs. 2 BauGB. Dies ergibt sich daraus, daß nach § 128 Abs. 1 Satz 1 BauGB der Erschließungsaufwand die Kosten umfaßt für „1. den Erwerb und die Freilegung der Flächen für die Erschließungsanlagen" und „2. ihre erstmalige Herstellung einschließlich der Einrichtungen für ihre Entwässerung und ihre Beleuchtung". Der Grunderwerb gehört folglich, wie der Vergleich der Nrn. 1 und 2 des § 128 Abs. 1 Satz 1 zeigt, nicht zur erstmaligen Herstellung. Die erstmalige Herstellung ist also nur der – sichtbare – technische Ausbau nebst Entwässerung und Beleuchtung. Die "endgültige" Herstellung kann dagegen neben der erstmaligen Herstellung auch den Grunderwerb umfassen.[60] Da nach § 132 Nr. 4 BauGB in der Satzung die Merkmale der endgültigen Herstellung zu regeln sind, sind die Gemeinden nicht gehindert, in der Satzung Herstellungsmerkmale festzulegen, die über

---

[59] BVerwG, Urteil v. 13. 11. 1992 – 8 C 41.90 – NVwZ 93, 1203 = ZMR 93, 82 = KStZ 93, 31.

[60] Vgl. BVerwG, u.a. Urteil v. 8. 2. 1974 – IV C 21.72 – Buchholz 406.11 § 132 BBauG Nr. 15 S. 26f. = GemTg 75, 13 = ZMR 74, 182.

die erstmalige Herstellung und damit über den eigentlichen – sichtbaren – technischen Straßenausbau hinausgehen.[61]

Erhebt eine Gemeinde für eine nach Inkrafttreten des Bundesbaugesetzes 41 an einer beitragsfähigen Erschließungsanlage durchgeführte Ausbaumaßnahme Erschließungsbeiträge, hat sie – sofern dazu Anlaß besteht – darzutun, daß erst und gerade diese Maßnahme die vorher noch unfertige Anlage erstmalig hergestellt hat. Die ″Erstmaligkeit″ der Herstellung gehört zu den anspruchsbegründenden Tatsachen; „sie ist Rechtmäßigkeitsvoraussetzung des Heranziehungsbescheids, und das schließt begrifflich ein, daß die Erschließungsanlage nicht schon vorher endgültig hergestellt war.″[62] War schon unter Geltung des dem Bundesbaugesetz vorangegangenen (landesrechtlichen) Anliegerbeitragsrechts eine funktionstüchtige Straße vorhanden (vgl. dazu § 2 Rdnr. 3), trifft die Gemeinde die materielle **Beweislast** für alle Tatsachen, die im Zusammenhang damit stehen, ob der seinerzeitige Ausbauzustand nach Maßgabe der damaligen Anforderungen die erstmalige Herstellung der Anlage darstellte.[62] Etwas anderes gilt nur dann, d.h. nicht die Gemeinde, sondern die Anlieger tragen die Beweislast, wenn unaufklärbar ist, ob unter Geltung des alten Rechts überhaupt eine funktionstüchtige, zur Erschließung der anliegenden Grundstücke geeignete Straße vorhanden war.[63]

§ 128 Abs. 1 Satz 1 Nr. 2 BauGB knüpft mit dem Merkmal ″ihre erstmalige 42 Herstellung″ an § 127 Abs. 2 BauGB an und bezieht sich demgemäß jeweils auf eine bestimmte Erschließungsanlage **insgesamt**. Erst wenn geklärt ist, was ″die Erschließungsanlage″ ist, „kann – in einem zweiten Schritt – gefragt werden, ob **diese** Anlage durch die Baumaßnahme, die bzw. deren Kosten Gegenstand der Betrachtung sind, erstmalig hergestellt, d.h. gleichsam neu angelegt, oder aber nach einer früheren (erstmaligen) endgültigen Herstellung lediglich verändert, erweitert oder verbessert worden ist.″[64] Werden Straßenverhältnisse **umgestaltet**, erfordert die Beantwortung der Frage, ob die betreffenden Baumaßnahmen zu einer erstmaligen Herstellung geführt haben, den neuen Zustand mit dem alten Zustand zu vergleichen. Ergibt dieser Vergleich, daß die durch die abgerechnete Maßnahme gebaute z.B. Anbaustraße nicht identisch mit einer früher im Sinne des Erschließungsbeitragsrechts ″endgültig″ hergestellten, aber inzwischen eingezogenen Anbaustraße ist, zählen die für den neuen Ausbau entstandenen Aufwendungen auch insoweit zu den Kosten der erstmaligen Herstellung, als sie angefallen sind für eine Teilfläche, auf der zuvor eine Teilstrecke der eingezogenen Anlage verlaufen ist.[64]

---

[61] BVerwG, u.a. Urteil v. 13. 5. 1977 – IV C 82.74 – Buchholz 406.11 § 128 BBauG Nr. 18 S. 4 (7) = BauR 77, 441 = KStZ 78, 110.

[62] BVerwG, Urteil v. 9. 12. 1988 – 8 C 72.87 – Buchholz 406.11 § 125 BBauG Nr. 23 S. 1 (5) = DVBl 89, 420 = BayVBl 89, 376.

[63] BVerwG, Urteil v. 26. 1. 1979 – 4 C 52.76 – Buchholz 406.11 § 133 BBauG Nr. 67 S. 46 (49) = KStZ 79, 190 = DÖV 79, 602.

[64] BVerwG, Urteil v. 21. 10. 1988 – 8 C 64.87 – Buchholz 406.11 § 128 BBauG Nr. 38 S. 2 (3) = DVBl 89, 417 = ZMR 89, 72.

43   Der Erschließungsaufwand für die erstmalige Herstellung umfaßt die Kosten aller Maßnahmen, die erforderlich sind, um eine beitragsfähige Erschließungsanlage anzulegen und in einen Ausbauzustand zu versetzen, der den insoweit einschlägigen Bestimmungen der Erschließungsbeitragssatzung entspricht. Welche Maßnahmen dazu im Einzelfall erforderlich sind, richtet sich zum einen nach den in allgemeiner und abstrakter Form in der Merkmalsregelung der Satzung enthaltenen Festsetzungen betreffend die anzulegenden (regelmäßig nur nichtflächenmäßigen) Teileinrichtungen (Straßenentwässerungs- und -beleuchtungseinrichtungen, vgl. dazu § 11 Rdnrn. 33 ff.) sowie die technische Ausgestaltung (Ausbauprogramm, vgl. dazu § 11 Rdnrn. 43 ff.) und zum anderen nach dem jeweiligen die flächenmäßigen Teileinrichtungen erfassenden formlosen Bauprogramm der Gemeinde, den diese im Rahmen der gesetzlichen Vorschriften (z. B. §§ 125, 129 Abs. 1 Satz 1, 132 Nr. 1 BauGB und ggfs. den Anforderungen nach dem Landesstraßengesetz) frei gestalten kann (vgl. zum Bauprogramm § 11 Rdnrn. 35 f.). Alle diese Programme für eine beitragsfähige Erschließungsanlage bzw. eines ihrer Teile (i. S. des § 127 Abs. 3 BauGB) kann die Gemeinde – soweit das satzungsmäßige Teileinrichtungs- und Ausbauprogramm betroffen ist allerdings nur in satzungsmäßiger Form – solange mit der Folge **ändern**, daß die Kosten für die Herstellung entsprechend der geänderten Planung Aufwendungen i. S. des § 128 Abs. 1 Satz 1 Nr. 2 BauGB sind, wie die Erschließungsanlage bzw. der betreffende Teil noch **nicht erstmals** (**endgültig**) **hergestellt** ist. Nur wenn beispielsweise eine einzelne Teilanlage (unter Geltung etwa noch des früheren Anliegerbeitragsrechts oder des Bundesbaugesetzes) insgesamt bereits erstmals endgültig hergestellt worden war, ist die Gemeinde gehindert, diese Teilanlage im Zuge des weiteren Ausbaus der entsprechenden Erschließungsanlage noch wieder mit erschließungsbeitragsrechtlicher Auswirkung zu ändern. Berücksichtigungsfähig sind dann vielmehr bezogen auf diese Teilanlage nicht die Änderungskosten, sondern ausschließlich diejenigen Kosten, die durch die erstmalige, **seinerzeit** endgültige Fertigstellung entstanden sind.[65] Teilanlagen einer beitragsfähigen Erschließungsanlage wie etwa der Gehweg einer Anbaustraße sind erst dann erstmalig hergestellt, wenn sie **insgesamt**, insbesondere in ihrer gesamten Ausdehnung (Länge und Breite), den in der Satzung und dem einschlägigen Bauprogramm als endgültig vorgesehenen Zustand erreicht haben.[66] Demgemäß ist eine Gemeinde beispielsweise dann, wenn sie etwa den Gehweg einer 500 m langen Anbaustraße zunächst auf einer Länge von 450 m ihrem Ausbauprogramm entsprechend anlegt, dieses Ausbauprogramm jedoch später durch ein qualitativ höhere Anforderungen stellendes Ausbauprogramm ersetzt, berechtigt, nunmehr den Gehweg in

---

[65] BVerwG, Urteil v. 22. 11. 1968 – IV C 82.67 – BVerwGE 31, 90 (92 f.) = DVBl 69, 271 = KStZ 69, 199.
[66] BVerwG, Urteil v. 12. 12. 1985 – 8 C 66.84 – Buchholz 406.11 § 128 BBauG Nr. 35 S. 19 (20 f.) = DVBl 86, 349 = KStZ 86, 91.

seiner gesamten Länge dem neuen Ausbauprogramm entsprechend herzustellen und (nur) die dafür entstandenen Kosten in den Erschließungsaufwand einzubeziehen.

a) Flächenmäßige Teileinrichtungen

Zum Erschließungsaufwand für die erstmalige Herstellung etwa von Stra-   **44** ßen können unabhängig davon, ob die entsprechenden flächenmäßigen Teileinrichtungen im Rahmen der satzungsmäßigen Merkmalsregelung oder "nur" im formlosen Bauprogramm genannt sind (vgl. § 11 Rdnrn. 34, 38), gehören: Die Kosten u. a. für die Anlegung von Fahrbahnen, Gehwegen, Rinn- und Bordsteinen, Radfahrwegen, Wendeanlagen, (unselbständigen) Parkflächen und (unselbständigen) Grünanlagen. Ferner kommen die Kosten für die Herstellung von Verkehrsinseln in Betracht; zwar hat die Kosten für Verkehrseinrichtungen i. S. der § 43 StVO gemäß § 5b StVG allein der Träger der Straßenbaulast zu tragen,[67] doch ist eine Verkehrsinsel, die ähnlich einem Mittelstreifen die Fahrbahnen einer Straße räumlich trennt, keine Verkehrseinrichtung i. S. des § 43 StVO, sondern ein (flächenmäßiger) Bestandteil der Straße.[68] Zum Erschließungsaufwand zählen auch die Kosten für die Anlegung von Gehwegüberfahrten. Dies trifft jedenfalls dann zu, wenn sie für alle Grundstücke errichtet werden müssen.[69] Entsprechendes gilt für die Kosten der erstmaligen Herstellung eines Gehwegs *nur* auf *einer* Straßenseite, und zwar selbst dann, wenn die Anlieger der anderen Straßenseite "ihren" Gehweg allein plangemäß hergerichtet und bezahlt haben.[70]

Kosten, die für die Anlegung einer "erforderlichen" **Stützmauer** entstanden   **45** sind, d. h. für eine Stützmauer, die zur Herstellung und/oder Aufrechterhaltung der für die Benutzbarkeit einer Anbaustraße gebotenen Sicherheit entweder eine höher gelegene Straße gegen angrenzende Grundstücke oder anliegende Grundstücke gegen eine tieferliegende Straße abstützt, können selbst dann beitragsfähiger Erschließungsaufwand der betreffenden Straße sein, wenn die Stützmauer auf einem Anliegergrundstück errichtet ist. Die Beitragsfähigkeit der Kosten einer erforderlichen Stützmauer setzt nicht voraus, daß die Mauer gemäß § 9 Abs. 1 Nr. 26 BauGB im Bebauungsplan ausgewiesen ist. Ebenso ist – bei einer Stützmauer auf einem Anliegergrundstück – unerheblich, ob die Gemeinde die Mauer auf eigene Rechnung hat errichten lassen oder ob der Grundeigentümer sie auf seine Kosten angelegt und die Gemeinde ihm den dafür entstandenen Aufwand erstattet hat.[71]

---

[67] OVG Koblenz, Urteil v. 18. 10. 1978 – 6 A 27/76 – KStZ 79, 96.

[68] VGH Mannheim, Urteil v. 2. 10. 1986 – 2 S 1702/84 – VBlBW 87, 337.

[69] Vgl. etwa Löhr in Battis/Krautzberger/Löhr, BauGB, § 128 Rdnr. 19.

[70] BVerwG, Urteil v. 30. 1. 1970 – IV C 131.68 – Buchholz 406.11 § 128 BBauG Nr. 7 S. 9 (10 f.) = ZMR 70, 252.

[71] BVerwG, Urteil v. 7. 7. 1989 – 8 C 86.87 – BVerwGE 82, 215 (219 ff.) = DVBl 89, 1208 = NVwZ 90, 78.

46   Zum beitragsfähigen Erschließungsaufwand etwa einer Anbaustraße können überdies zählen Aufwendungen, die die Gemeinde zum Ausgleich oder Ersatz eines durch die erstmalige Herstellung einer solchen Anlage bewirkten **Eingriffs** in **Natur** und **Landschaft** zu erbringen hat. Gemäß beispielsweise § 4 Abs. 2 Nr. 4 des nordrhein-westfälischen Gesetzes zur Sicherung der Landschaft in der Fassung der Bekanntmachung vom 26. Juni 1980 (GVBl. S. 734) stellt die Errichtung (oder wesentliche Umgestaltung) von Straßen einen Eingriff dar, der nach den Bestimmungen dieses Gesetzes die Verpflichtung zur Durchführung einer Ausgleichs- oder Ersatzmaßnahme, ggfs. auch zur Zahlung eines Geldbetrags begründet; in der Sache vergleichbare Regelungen enthalten die einschlägigen Gesetze der anderen Länder.[72] Ist die erstmalige Herstellung einer Anbaustraße nach Maßgabe dieser Bestimmungen von der Durchführung entsprechender Maßnahmen bzw. der Zahlung eines Geldbetrags **abhängig,** gehören die jeweiligen Aufwendungen zu den beitragsfähigen Kosten dieser Anlage im Sinne des § 128 Abs. 1 Satz 1 Nr. 2 BauGB.[73] Soll nach § 8 a BNatSchG für eine beitragsfähige Erschließungsanlage ein **Kostenerstattungsbetrag** erhoben werden, geht dieser ebenfalls in den beitragsfähigen Erschließungsaufwand ein. Denn die insoweit spezielleren Bestimmungen des Erschließungsbeitragsrechts schließen mit Blick auf beitragsfähige Erschließungsanlagen eine Anwendbarkeit der (Muster-)Satzung für die Erhebung von Kostenerstattungsbeträgen nach § 8 a BNatSchG aus.[74]

47   Wie die vorstehenden Ausführungen deutlich machen, umfaßt der Begriff "Kosten für ... ihre erstmalige Herstellung" in § 128 Abs. 1 Satz 1 Nr. 2 BauGB nicht nur Aufwendungen, die „für Maßnahmen im Bereich der Fläche der betreffenden Anlage selbst angefallen sind, sondern darüber hinaus auch sonstige von der erstmaligen Herstellung erforderte und in diesem Sinne notwendige Kosten der erstmaligen Herstellung".[75] Zu den in diesem Sinne **"notwendigen"** Kosten der erstmaligen Herstellung etwa einer Anbaustraße zählen neben den zuvor (vgl. Rdnrn. 45 f.) behandelten Kosten und den Fremdfinanzierungskosten (vgl. Rdnrn. 12 ff.) für den Fall, daß diese Straße in eine bestehende Bundesstraße einmündet, auch die nach Maßgabe des § 12 Abs. 1 Sätze 1 und 2, Abs. 6 Satz 1 FStrG von der Gemeinde zu tragenden, einmündungsbedingten Kosten einschließlich ggfs. der Kosten für die Anlegung von **Abbiegespuren** auf der Bundesstraße;[75] entsprechendes gilt im Fall der Einmündung einer Anbaustraße in eine Landstraße I. oder II. Ordnung für die nach Maßgabe des einschlägigen Landesstraßengesetzes von der Ge-

---

[72] Vgl. etwa das Hessische Naturschutzgesetz v. 19. 9. 1980 (GVBl S. 309) und das Niedersächsische Naturschutzgesetz v. 20. 3. 1981 (GVBl S. 31).

[73] Im Ergebnis ebenso u.a. Blume in Natur + Recht 89, 332 (336), Pfalzgraf in HSGZ 91, 42 ff., sowie im einzelnen Theil in GemHH 93, 151 ff.; a.A. Panke/Leschke in HSGZ 91, 337.

[74] Ebenso Richarz/Steinfort, Erschließung in der kommunalen Praxis, S. 271.

[75] BVerwG, Urteil v. 23. 2. 1990 – 8 C 75.88 – Buchholz 406.11 § 128 BBauG Nr. 42 S. 15 (17) = NVwZ 90, 869 = DVBl 90, 784.

meinde zu tragenden einmündungsbedingten Kosten. Dagegen gehören **nicht** zu den durch die erstmalige Herstellung einer Anbaustraße "erforderten" Kosten, d.h. den Kosten, die für Maßnahmen angefallen sind, die ihrerseits **Voraussetzung** für den (erstmaligen) Bau einer funktionsfähigen beitragsfähigen Erschließungsanlage sind, Kosten, die als **Folge** der erstmaligen Herstellung einer solchen Erschließungsstraße für Änderungsmaßnahmen an baulichen Anlagen auf Privatgrundstücken entstanden sind wie z.B. die Kosten für das Tieferlegen einer Garage[76] oder des Versetzen einer Hauseingangstreppe auf einem Anliegergrundstück.

Der Erschließungsaufwand i.S. des § 128 Abs. 1 Satz 1 Nr. 2 BauGB erfaßt **48** auch nicht die Kosten der Erweiterung oder Verbesserung einer bei Inkrafttreten des Bundesbaugesetzes vorhandenen oder nach Maßgabe des Bundesbaugesetzes bzw. nunmehr des Baugesetzbuchs endgültig hergestellten Erschließungsanlage (insoweit kommt nur eine Beitragserhebung nach den Kommunalabgabengesetzen der Länder in Betracht) sowie die Kosten der Unterhaltung von Erschließungsanlagen. Die Kosten für die Einrichtung einer provisorischen Erschließungsanlage sind nur insoweit Kosten der erstmaligen Herstellung, als sie Teile betreffen, die bei der endgültigen Herstellung bestehen bleiben, z.B. der Unterbau einer Straße.[77] Im übrigen zählen die Kosten einer **provisorischen** Erschließungsanlage ebenso wie die Kosten ihrer späteren Beseitigung zum Erschließungsaufwand, wenn nach den Regeln der Bautechnik die Einrichtung der provisorischen Anlage erforderlich erschien, um später die endgültige Anlage ordnungsgemäß herstellen zu können.[78]

Zum Erschließungsaufwand für die Herstellung von Grünanlagen gehören **49** u.a. die Kosten der jeweiligen Anpflanzungen, der Anlegung von unselbständigen Kinderspielplätzen (vgl. § 12 Rdnr. 88) und von Wegen, der Erstausstattung mit Sitzbänken, einem Wasserbecken usw., kurzum die Kosten für alle wesentlichen Bestandteile einer solchen Anlage, d.h. für alle Bestandteile, die der Funktion dieser Anlage zu dienen **bestimmt und geeignet** sind (vgl. § 12 Rdnr. 6). Entsprechendes gilt für die erstmalige Herstellung u.a. von verkehrsberuhigten Wohnstraßen, sog. Fußgängerstraßen, (selbständigen) Parkflächen und Immissionsschutzanlagen.

b) Entwässerung und Beleuchtung

Die Kosten für die Teileinrichtungen Entwässerung und Beleuchtung können **50** nur dann in den beitragsfähigen Erschließungsaufwand einbezogen werden, wenn diese Teileinrichtungen in der Beitragssatzung als Merkmale der endgültigen Herstellung genannt sind (vgl. § 11 Rdnr. 33). Die (gegenüber

---

[76] BVerwG, Urteil v. 13. 5. 1977 – IV C 82.74 – Buchholz 406.11 § 128 BBauG Nr. 18 S. 4 (11f.) = BauR 77, 411 = GemTg 77, 232.
[77] BVerwG, Urteil v. 27. 2. 1970 – IV C 36.69 – Buchholz 406.11 § 128 BBauG Nr. 9 S. 12 (13) = DVBl 70, 835 = KStZ 71, 179.
[78] BVerwG, u.a. Urteil v. 5. 9. 1969 – IV C 67.68 – BVerwGE 34, 19f. = DVBl 70, 81 = MDR 70, 167.

den flächenmäßigen Bestandteilen einer Straße unterschiedliche) Behandlung dieser Teileinrichtungen beruht auf der Überlegung, daß (theoretisch noch heute kurze Straßen ohne Einrichtung einer besonderen Entwässerungsanlage hergestellt werden könnten und) es nicht ausgeschlossen erscheint, in besonderen Fällen von einer Beleuchtung abzusehen.[79] Außerdem entstehen für diese beiden Teileinrichtungen erhebliche **zusätzliche** Kosten, so daß der Bürger über diese Merkmale endgültiger Herstellung ausdrücklich unterrichtet werden muß.[80] Anders als z. B. die Grunderwerbskosten, die unabhängig davon, ob der Grunderwerb ein Herstellungsmerkmal ist oder nicht, insoweit beitragsfähig sind, als sie bis zum Zeitpunkt des Entstehens der (sachlichen) Beitragspflichten angefallen sind (vgl. § 13 Rdnr. 25), können etwa Beleuchtungskosten nur in den beitragsfähigen Aufwand eingehen, wenn die Beleuchtung in wirksamer Weise zum Herstellungsmerkmal bestimmt worden ist.[81]

51   Während der Umfang des Erschließungsaufwands für die erstmalige Herstellung namentlich der Straßenentwässerung einer besonderen Betrachtung bedarf (vgl. dazu Rdnrn. 53 ff.), läßt sich zur **Beleuchtung** folgendes sagen: Insoweit gehören zum Erschließungsaufwand die Kosten für Kabel, Röhren, Masten, Lampen usw. im Bereich der Anlage, deren Bestandteil die jeweilige Beleuchtungseinrichtung ist. Das gilt überdies für die Kosten von "Transportkabeln", die zur Energieversorgung von Leuchten etwa einer von der "zuständigen" Transformatorenstation entfernter liegenden Straße bestimmt sind. Dem steht nicht entgegen, daß diese Kabel nicht (nur) in der Erschließungsstraße verlegt sind, deren Beleuchtung sie dienen, sondern streckenweise auch in anderen Erschließungsanlagen. Denn selbst insoweit sind die Kabel für die Beleuchtung der betreffenden Anlage unentbehrlich und die entsprechenden Kosten deshalb als "notwendige" (vgl. dazu Rdnr. 47) für deren Beleuchtung anzusehen. Werden durch eine derartige "Transportleitung" die Leuchten mehrerer Anbaustraßen mit Energie versorgt, sind die Kosten den jeweiligen Anlagen im Verhältnis des von ihnen ausgelösten Bedarfs zuzurechnen.

52   Dagegen zählen nicht zum beitragsfähigen Erschließungsaufwand die Betriebs-, Unterhaltungs- und Reparaturkosten. Auch die Kosten etwa für die Errichtung eines Elektrizitätswerks können **nicht** anteilig in den Erschließungsaufwand einbezogen werden, weil die Bereitstellung der Beleuchtungskraft eine allgemeine Aufgabe der Gemeinde ist und nicht zur Einrichtung z. B. der Straßenbeleuchtung gehört.[82]

---

[79] Vgl. dazu BVerwG, Urteil v. 21. 5. 1969 – IV C 104.67 – Buchholz 406.11 § 132 BBauG Nr. 5 S. 4 (6) = ZMR 69, 375 = BauR 70, 116.

[80] BVerwG, Urteil v. 13. 6. 1973 – IV C 66.71 – Buchholz 406.11 § 132 BBauG Nr. 13 S. 19 (21) = GemTg 73, 373 = KStZ 74, 90.

[81] BVerwG, u. a. Urteil v. 13. 5. 1977 – IV C 82.74 – Buchholz 406.11 § 128 BBauG Nr. 18 S. 4 (10f.) = BauR 77, 411 = GemTg 77, 232.

[82] BVerwG, Urteil v. 27. 2. 1970 – IV C 36.69 – Buchholz 406.11 § 128 BBauG Nr. 9 S. 12 (14) = DVBl 70, 835 = KStZ 71, 179.

4. Erstmalige Herstellung der (Straßen-)Entwässerungseinrichtungen

a) Entwässerungssystem-Entscheidung der Gemeinde

Von § 128 Abs. 1 Satz 1 Nr. 2 BauGB erfaßt werden nur die Kosten für die 53
Entwässerung der **beitragsfähigen Erschließungsanlagen**, d. h. – bezogen gleichsam stellvertretend für die anderen Erschließungsanlagen hier auf Anbaustraßen (§ 127 Abs. 2 Nr. 1 BauGB) – vom Ansatz her die Kosten für Einrichtungen, die **ausschließlich** dem Abfluß des auf der jeweiligen Anbaustraße anfallenden Regenwassers dienen (sog. **Einzeleinrichtungen**). Allerdings handelt es
sich bei § 128 Abs. 1 Satz 1 Nr. 2 BauGB hinsichtlich der Entwässerung nicht
um eine "geschlossene" Norm, sondern um eine Vorschrift, die der Ausfüllung durch die Gemeinde zugänglich ist, und zwar der Ausfüllung dahingehend, auf welches Entwässerungssystem sie zur Ermittlung der Straßenentwässerungskosten für eine einzelne Straße abstellen will. Der Abfluß des auf
einer Straße anfallenden Regenwassers ist nicht nur davon abhängig, daß
gerade in dieser Straße Kanalisationsrohre usw. verlegt sind, sondern auch
davon, daß diese Rohre eine Verbindung an das übrige Entwässerungssystem
der Gemeinde haben. Dem trägt der Wortlaut des § 128 Abs. 1 Satz 1 Nr. 2
BauGB insoweit Rechnung, als er von "Einrichtungen für ihre (d. h. hier der
Anbaustraße) Entwässerung" spricht. Das legt es nahe, bei der Ermittlung
der Kosten für die Straßenentwässerung nicht ausschließlich auf die Kosten
der Rohre usw. in einer bestimmten Straße, sondern auf das abzuheben, was
darüber hinaus funktionell der Entwässerung der Straße dient. § 128 Abs. 1
Satz 1 Nr. 2 BauGB läßt den Gemeinden zur Ermittlung der Straßenentwässerungskosten **einer einzelnen Straße** die Freiheit, sich nach ihrem Ermessen
für eine der **drei** im folgenden (vgl. Rdnrn. 54 bis 56) behandelten Möglichkeiten zu entscheiden. Trifft sie eine solche Entscheidung (innerdienstlicher
Ermessensakt) nicht rechtzeitig, d. h. bevor die (sachlichen) Beitragspflichten
für eine bestimmte Straße entstehen, ist für diese Anlage kraft Gesetzes auf
die (für die Beitragspflichtigen günstigere) erste Möglichkeit abzustellen (vgl.
dazu Rdnr. 58).

Die Gemeinde kann der Erschließungsbeitragserhebung jeweils lediglich 54
die Kosten zugrunde legen, die tatsächlich für die Entwässerungseinrichtung
in **gerade einer bestimmten Straße** oder – bei einer Aufwandsermittlung nach
§ 130 Abs. 2 Satz 3 BauGB – für die Entwässerungseinrichtung in den (beiden) eine Erschließungseinheit bildenden Straßen entstanden sind, und damit
die Kosten unberücksichtigt lassen, die für das weitergehende (funktionell
auch noch der Straßenentwässerung dienende) Entwässerungssystem anfallen.[83]

---

[83] Vgl. in diesem Zusammenhang BVerwG, Urteil v. 9. 12. 1983 – 8 C 112.82 –
BVerwGE 68, 249 ff. = DVBl 84, 194 = KStZ 84, 231.

55   Jedoch bestehen bundesrechtlich auch keine Bedenken, wenn eine Gemeinde zur Ermittlung der Entwässerungskosten für eine Straße – hier wiederum nur bezogen auf eine allein der Straßenoberflächenentwässerung dienende "Einzeleinrichtung" – nicht auf die Kosten der in dieser Anlage verlegten Kanalisationsrohre usw., sondern auf den Herstellungsaufwand für ein funktionsfähiges, räumlich und technisch **abgegrenztes Entwässerungssystem** abstellt, das etwa auf einen bestimmten Vorfluter ausgerichtet ist.[84] Trifft eine Gemeinde **rechtzeitig** eine derartige Entscheidung, tritt an die Stelle der Kosten für einen Anlagenteil – nämlich für die Kanalisationsrohre usw. der einzelnen Straße – eine nur rechnerisch abgrenzbare Teilhabe am entsprechenden Entwässerungssystem. Diese Betrachtung findet ihre Grundlage in § 128 Abs. 1 Satz 1 Nr. 2 BauGB, nicht aber in § 130 Abs. 1 Satz 2 BauGB. Das bedeutet, daß auch diejenigen Gemeinden, die in ihrer Satzung keine Einheitssätze für die Straßenentwässerung festgelegt haben, den Erschließungsbeitrag für eine einzelne Straße nach Maßgabe der kostenmäßigen Teilhabe an dem betreffenden Entwässerungssystem berechnen dürfen. Die Abrechnung nach den tatsächlichen Kosten erfolgt dann nach einem "Durchschnittssatz", der auf der Grundlage der für das betreffende Entwässerungssystem tatsächlich entstandenen Kosten zu ermitteln ist. Ein derartiger Durchschnittssatz ähnelt einem Einheitssatz nach § 130 Abs. 1 BauGB; jedoch bleibt als Unterschied bestehen, daß er auf konkrete Unternehmerrechnungen zurückzuführen sein muß.

56   Schließlich ist auch nicht zu beanstanden, wenn die Gemeinde unabhängig von der technischen und räumlichen Selbständigkeit einzelner Entwässerungssysteme wegen des funktionellen Zusammenhangs der Straßenentwässerung in ihrem Gebiet auf die Kosten für ihr **gesamtes Straßenentwässerungsnetz** abhebt.[85]

57   Von der entsprechenden gemeindlichen "Entwässerungssystem-Entscheidung", d.h. davon, ob die Gemeinde sich zur Ermittlung der Straßenentwässerungskosten für ein enges (z.B. nur für eine Straße) oder ein weiteres (z.B. ein räumlich und funktionell abgegrenztes oder gar ein das gesamte Gemeindegebiet umfassendes) Entwässerungssystem entscheidet, hängt naturgemäß ab, ob und ggfs. welche **zusätzlichen** Teilanlagen (z.B. Zuleitungen, Pumpanlagen usw.) jeweils zum einzelnen Entwässerungssystem gehören. Entscheidet sich die Gemeinde für die erstere Alternative, ergeben sich insoweit keine Probleme; maßgebend sind dann nur die Kosten für die Verlegung der Kanalisationseinrichtungen in der jeweiligen Straße. Entscheidet sie sich für ein weiteres Entwässerungssystem als Ermittlungsgrundlage, führt das auf die Frage, für welche zusätzlichen Teilanlagen Kosten anteilig zum beitragsfähi-

---

[84] Vgl. BVerwG, Urteil v. 25. 8. 1971 – IV C 93.69 – Buchholz 406.11 § 130 BBauG Nr. 9 S. 12 (14 f.) = DÖV 72, 502 = KStZ 72, 114.
[85] Vgl. im einzelnen BVerwG, Urteil v. 29. 7. 1977 – IV C 86.75 – BVerwGE 54, 225 ff. = DÖV 78, 56 = BauR 78, 50.

gen Erschließungsaufwand für **eine einzelne** Straße gehören. Diese Frage läßt sich nur auf der Grundlage einer funktionellen Betrachtungsweise beantworten. Aufgabe der Einrichtungen für die Straßenentwässerung ist es, die Straßen frei von Überflutungen und damit fahr- und gehbereit zu halten.[85] Alle Teilanlagen, die diesem Zweck dienen, können mit Kosten in den erschließungsbeitragsfähigen Aufwand eingehen. Da die in der jeweiligen Erschließungsanlage verlegten Kanalisationsrohre die ihnen zukommende Aufgabe vernünftigerweise nur in Verbindung mit weiteren Einrichtungen für die Entwässerung außerhalb des räumlichen Bereichs der jeweiligen Erschließungsanlage erfüllen können, können zu den zusätzlichen, mit Blick auf § 128 Abs. 1 Satz 1 Nr. 2 BauGB beitragsfähige Erschließungskosten verursachenden Anlagen u. a. andere Rohrleitungen, größere Revisionsschächte sowie evtl. Pumpstationen und **Regenrückhaltebecken** zählen, sofern und soweit sie dazu beitragen, die Straßen vor Überflutungen zu schützen und sie fahr- und gehbereit zu halten. Letzteres trifft beispielsweise zu für Regenrückhaltebecken, da sie dazu bestimmt sind, Abflußspitzen, die bei Starkregen auftreten, zurückzuhalten und anschließend im Kanalnetz weiterzuführen.

Nicht zu den weiteren, der Straßenentwässerung zuzurechnenden Anlagen zählen dagegen **Klärwerke**[86] und alle Teilanlagen, die der Behandlung (Reinigung) des Straßenoberflächenwassers dienen, wie z. B. Regenüberlaufbecken und Regenklärbecken, die ihrer Funktion nach dazu bestimmt sind, den Vorfluter vor Schmutzstoffen zu schützen. Derartige Anlagen tragen nicht dazu bei, Straßen vor Überflutungen zu bewahren und sie geh- und fahrbereit zu halten; anteilige Kosten für derartige Anlagen können daher auch nicht über § 128 Abs. 1 Satz 1 Nr. 2 BauGB in den beitragsfähigen Erschließungsaufwand für eine einzelne Anbaustraße eingehen.

Dem Gesetz ist nicht unmittelbar zu entnehmen, bis zu welchem **Zeitpunkt** 58 die Gemeinde ihre entsprechende Entwässerungssystementscheidung mit Auswirkungen auf die Höhe des beitragsfähigen Erschließungsaufwands für eine bestimmte Anbaustraße im Sinne des § 127 Abs. 2 Nr. 1 BauGB treffen muß. Gleichwohl läßt sich insoweit sagen: Wie sich namentlich aus der vom Gesetzgeber gewählten Reihenfolge der Methoden und der Räume für die Aufwandsermittlung (vgl. § 130 Abs. 1 BauGB einerseits und § 130 Abs. 2 BauGB andererseits) ergibt, stellt die Aufwandsermittlung nach den tatsächlich entstandenen Kosten für eine einzelne Erschließungsanlage den gesetzlichen Regelfall dar.[87] Sind die tatsächlichen Kosten für eine einzelne Erschließungsanlage mit dem Eingang der letzten Unternehmerrechnung feststellbar, entstehen – sofern alle übrigen Voraussetzungen erfüllt sind – für diese Anlage kraft Gesetzes die (sachlichen) Beitragspflichten nach Maßgabe der tatsächlichen Kosten mit der Folge, daß der damit der Höhe nach voll ausgebil-

---

[86] BVerwG, Urteil v. 18. 4. 1986 – 8 C 90.84 – Buchholz 406.11 § 128 BBauG Nr. 36 S. 22 (23) = DVBl 86, 773 = KStZ 86, 150.
[87] BVerwG, Urteil v. 15. 11. 1985 – 8 C 41.84 – Buchholz 406.11 § 130 BBauG Nr. 35 S. 40 (47) = NVwZ 86, 299 = BWGZ 86, 63.

dete Erschließungsbeitrag nicht mehr veränderbar ist.[88] Dieser Bezug auf die einzelne Erschließungsanlage und die für sie tatsächlich entstandenen Kosten führt zu der Annahme, daß die Gemeinde ihre "Entwässerungssystem-Entscheidung" mit Auswirkungen auf die Höhe des beitragsfähigen Erschließungsaufwands für eine bestimmte Anbaustraße nur so lange treffen kann, wie für diese Anlage die **Beitragspflichten** nach Maßgabe der tatsächlichen Kosten für die in ihr verlegten Kanalisationseinrichtungen noch **nicht entstanden** sind. Sind die Beitragspflichten bereits entstanden, ist es der Gemeinde **verwehrt**, die Höhe dieser Kosten noch durch das Abstellen auf ein umfassenderes Straßenentwässerungssystem zu beeinflussen.

59   Die Entscheidung der Gemeinde über das maßgebliche Entwässerungssystem ist als ein innerdienstlicher Ermessensakt zu qualifizieren. Sie muß – soll sie Beachtung finden können – **eindeutig** getroffen und in Unterlagen **feststellbar** sein. Sie ergibt sich dann, wenn die Gemeinde zur Ermittlung der Kosten der Straßenentwässerung auf Einheitssätze abhebt, regelmäßig schon aus den Grundlagen für die Berechnung der Einheitssätze; im übrigen aber aus den Grundlagen zur Berechnung des "Durchschnittssatzes", der nach Maßgabe der für das gewählte Entwässerungssystem tatsächlich entstandenen Kosten ermittelt wird.

60   Es ist der Gemeinde unbenommen, eine von ihr getroffene Entwässerungssystementscheidung zu **ändern**. Hat sie beispielsweise bisher stets auf die Kosten abgestellt, die tatsächlich für die Herstellung der Entwässerungseinrichtungen in der jeweils abgerechneten Anbaustraße angefallen sind, sich also ausdrücklich oder (mangels entsprechender Erklärung) konkludent für die einzelne Straße als maßgebliches Entwässerungssystem entschieden, steht es ihr frei, diese Entscheidung zu ändern und für die **Zukunft** etwa auf ihr gesamtes Straßenentwässerungsnetz abzuheben. Zwar kann die Gemeinde durch eine solche Entscheidung die Voraussetzung dafür schaffen, anteilige Kosten z. B. für eine Pumpstation oder ein Regenrückhaltebecken über Erschließungsbeiträge namentlich auf die Grundeigentümer an den Anbaustraßen abzuwälzen, die sachliche Erschließungsbeitragspflichten noch nicht ausgelöst haben. Doch ist es ihr verwehrt, dadurch auch die auf solche Erschließungsanlagen entfallenden Anteile derartiger Kosten zu überbürden, für die im Zeitpunkt der Änderungsentscheidung bereits sachliche Erschließungsbeitragspflichten entstanden waren; diese Anteile hat die Gemeinde selbst zu tragen.

b) Herstellung von Gemeinschaftseinrichtungen

61   Die vorstehenden Ausführungen (Rdnrn. 53 ff.) beziehen sich ausschließlich auf "Einzeleinrichtungen", d. h. auf Einrichtungen, die **einzig** zur Aufnahme des Straßenniederschlagswassers bestimmt sind. In der Praxis werden

---

[88] Vgl. etwa BVerwG, Urteil v. 9. 12. 1983 – 8 C 112.82 – BVerwGE 68, 249 (259) = DVBl 84, 194 = KStZ 84, 231.

– im Interesse der Kostenersparnis – indes in der Regel nicht solche Einzeleinrichtungen, sondern "Gemeinschaftseinrichtungen" hergestellt. Das begegnet aus der Sicht des Bundesrechts keinen Bedenken; § 128 Abs. 1 Satz 1 Nr. 2 BauGB schließt eine solche Verfahrensweise nicht aus.[89] Derartige Gemeinschaftseinrichtungen kommen vor – erstens – in Form einer **Trennkanalisation**, d. h. einer Kanalisation, die neben dem Straßenoberflächenwasser auch das Oberflächenwasser der anliegenden Grundstücke aufnimmt (Straßen- und Grundstücksentwässerung), – zweitens – in Form eines sog. **abgemagerten Mischsystems** (zur Aufnahme des Straßenoberflächenwassers und des Grundstücksschmutzwassers ausschließlich des Grundstücksoberflächenwassers) sowie – drittens – in Form des **(reinen) Mischsystems**, d. h. einer Kanalisation, die sowohl der Straßenentwässerung und der Grundstücksentwässerung als auch der Schmutzwasserableitung dient. Auch wenn die Gemeinde eine dieser drei Formen von Gemeinschaftseinrichtungen herstellt, hat sie für die Ermittlung des beitragsfähigen Aufwands für die Straßenentwässerung **zunächst** nach ihrem Ermessen die zuvor behandelte Entscheidung über das maßgebliche **Entwässerungssystem** zur Ausfüllung der Regelung des § 128 Abs. 1 Satz 1 Nr. 2 BauGB zu treffen. **Unabhängig davon** aber ist im Falle der Herstellung einer solchen Gemeinschaftseinrichtung im Hinblick auf § 128 Abs. 1 Satz 1 Nr. 2 BauGB eine **Aufteilung** des für die jeweilige Gemeinschaftseinrichtung entstandenen Aufwands in **erschließungsbeitragsfähige** und **nichterschließungsbeitragsfähige** Kosten geboten, und das wirft Fragen zur **Kostenermittlung** und zur **Kostenzuordnung** auf. Dementsprechend soll zunächst am Beispiel der ersteren Form von Gemeinschaftseinrichtungen (Trennkanalisation), aber entsprechend auch für die anderen Formen geltend, hier die Kostenermittlungsfrage (Rdnr. 62) und sodann, und zwar insoweit getrennt nach den drei Formen von Gemeinschaftseinrichtungen, die Kostenzuordnungsfrage (Rdnrn. 63 bis 65) behandelt werden.

Eine Gemeinschaftseinrichtung, die der Straßen- und der Oberflächenentwässerung der anliegenden Grundstücke dient (Regenwasserkanalisation, **Trennsystem**) besteht aus mehreren **Bestandteilen**, die je nach ihrer bestimmungsmäßigen Funktion entweder (nur) der Straßenentwässerung (z. B. die Straßenrinnen und Straßensinkkästen) oder (nur) der Grundstücksentwässerung (z. B. die Grundstücksanschlußleitungen) oder beiden Zwecken (z. B. der Hauptkanal) dienen. Während die Kosten, die für die Herstellung der nur die Straßenentwässerung betreffenden Bestandteile entstanden sind, zweifelsfrei Kosten im Sinne des § 128 Abs. 1 Satz 1 Nr. 2 BauGB und folglich ohne weiteres erschließungsbeitragsfähig sind, trifft gleiches ebenso zweifelsfrei nicht zu für Kosten, die für die Herstellung solcher Bestandteile anfallen, die lediglich der Grundstücksentwässerung dienen. Eine **dritte Kostenmasse** schließlich bilden die Kosten solcher (Kanalisations-)Bestandteile, die sich

62

---

[89] BVerwG, Urteil v. 9. 12. 1983 – 8 C 112.82 – BVerwGE 68, 249 (252 ff.) = DVBl 84, 194 = KStZ 84, 231.

sowohl auf die Straßen- als auch auf die Grundstücksentwässerung beziehen; diese (dritte) Kostenmasse enthält dementsprechend erschließungsbeitragsfähige und nichterschließungsbeitragsfähige Kosten mit der Folge, daß eine Aufteilung, d. h. eine **Zuordnung** zu der einen oder anderen dieser beiden "Kostenarten", geboten ist.

Allerdings kann sich die **Kostenzuordnungsfrage** erst stellen, wenn zuvor außer den beiden zuerst genannten Kostenmassen auch die dritte Kostenmasse in einer den gesetzlichen Anforderungen genügenden Weise **ermittelt** worden ist. Dazu ist es erforderlich, daß die Gemeinde die Materialkosten für die drei Gruppen von Bestandteilen der Gemeinschaftseinrichtung genau und jeweils getrennt feststellt. Dagegen ist sie berechtigt, die Lohnkosten und die Kosten für den Einsatz von Maschinen und sonstigen Hilfsmitteln für die Herstellung der (gesamten) Regenwasserkanalisation zusammen zu errechnen und auf der Grundlage gesicherter Erfahrungssätze die Anteile zu schätzen, die von diesen Kosten auf die Herstellung der Bestandteile entfallen, die – erstens – allein der Straßenentwässerung, – zweiten – allein der Grundstücksentwässerung und schließlich – drittens – der Straßen- und der Grundstücksentwässerung dienen.[89]

63   Die Summe aus den (ggfs. geschätzten) Lohnkosten sowie den Materialkosten für die Herstellung der sowohl **der Straßen-** als auch **der Oberflächenentwässerung** der anliegenden Grundstücke dienenden Bestandteile der Gemeinschaftseinrichtung "Regenwasserkanalisation", d.h. die **dritte Kostenmasse,** enthält – wie gesagt – erschließungsbeitragsfähige und nichterschließungsbeitragsfähige Kosten, so daß im Rahmen des § 128 Abs. 1 Satz 1 Nr. 2 BauGB eine **Aufteilung** der Summe in die eine und die andere dieser beiden Kostenarten geboten ist. Für diese **Aufteilung** ist abzustellen darauf, „wie hoch (etwa) die Kosten bei einem Verzicht auf die Gemeinschafseinrichtung gewesen, d.h. ... welche Kosten (anteilig) angefallen wären, wenn sich die Gemeinde zum Bau von zwei getrennten Kanalisationsanlagen entschieden hätte. Das führt zu einem Zuordnungsschlüssel, für den es ausschlaggebend auf die durch die Herstellung einer Gemeinschaftseinrichtung hier und dort ersparten Kosten ... ankommt. Da ... die Herstellung einer gemeinsamen Kanalisation ... zu einer annähernd gleichen **Kostenersparnis** für die Straßen- und die Grundstücksoberflächenentwässerung führt, rechtfertigt sich in der Regel, ... die Straßenentwässerung sowie die Grundstücksentwässerung je zur Hälfte mit den Kosten zu belasten, die für die Herstellung der ihnen beiden dienenden Bestandteile der Regenwasserkanalisation entstehen".[89]

Unterstellt man einmal – und damit soll ausschließlich zur Verdeutlichung ein rein **hypothetisches** Zahlenbeispiel gewählt werden – die Gesamtkosten für die in Rede stehende Gemeinschaftseinrichtung hätten 100 000 DM betragen und geht man ferner – wiederum rein hypothetisch – davon aus, für die allein der Straßenentwässerung und die allein der Grundstücksentwässerung dienenden Bestandteile seien von den Gesamtkosten von 100 000 DM jeweils 20 000 DM angefallen, verbleibt für die Kosten der Herstellung der beiden

Zwecken dienenden Bestandteile ein Betrag von 60 000 DM. Hebt man weiter darauf ab, daß hier der Regel entsprechend – und damit in einem Fall, in dem nicht die tatsächlich entstandenen Kosten einen anderen **Zuordnungsschlüssel** aufdrängen – von diesen 60 000 DM je die Hälfte auf die Straßen- und Grundstücksentwässerung entfällt, ergibt sich in diesem Beispielsfall ein im Sinne des § 128 Abs. 1 Satz 1 Nr. 2 BauGB beitragsfähiger Erschließungsaufwand von (20 000 DM + 30 000 DM =) 50 000 DM.

Handelt es sich bei der hergestellten Gemeinschaftseinrichtung um eine 64
– erstens – der Straßenoberflächenentwässerung (Straßenentwässerung) und
– zweitens – der Ableitung des Schmutzwassers der anliegenden Grundstücke dienende Anlage, also um eine Anlage, die – weil sie die Oberflächenentwässerung der anliegenden Grundstücke nicht erfaßt – als **abgemagertes** Mischsystem bezeichnet wird, gelten vom Grundsatz her die vorstehenden Überlegungen entsprechend. Zunächst sind wiederum als erschließungsbeitragsfähig die Kosten der Bestandteile zu ermitteln, die ausschließlich der Straßenentwässerung dienen, sie sollen – anknüpfend an das gegebene Zahlenbeispiel (Rdnr. 63) – auch hier mit 20 000 DM veranschlagt werden. Sodann sind als nichterschließungsbeitragsfähig auszugrenzen die Kosten der Bestandteile, die einzig der Schmutzwasserableitung dienen; sie mögen hier **rein fiktiv** ebenfalls mit 20 000 DM angesetzt werden. Es verbleibt also von den unterstellten Gesamtkosten von 100 000 DM ein Betrag von 60 000 DM für die Kosten der Bestandteile, die sowohl der Straßenentwässerung als auch der Schmutzwasserableitung dienen. Bei der Ermittlung der hier mit 60 000 DM bezifferten dritten Kostenmasse können – und das liegt gleichsam in der Natur der Sache – nur Kosten für solche Anlageteile berücksichtigt werden, die der "Gemeinschaft" zuzurechnen sind, d. h. die **sowohl** dazu beitragen, Straßen vor Überflutungen zu bewahren und sie geh- und fahrbereit zu halten, **als auch** der Schmutzwasserableitung dienen. Diese Voraussetzung ist z. B. nicht erfüllt bei Kläranlagen und den ihnen zuzuordnenden Teilanlagen (vgl. Rdnr. 57). Kosten für die letzteren Anlagenteile müssen daher schon im "Vorfeld" ausgesondert werden; sie sind in diesem (erschließungsbeitragsrechtlichen) Zusammenhang unbeachtlich. Mit dieser Maßgabe ist für die insoweit erforderliche **Kostenzuordnung** wiederum abzustellen darauf, wie hoch (etwa) die Kosten bei einem Verzicht auf die Herstellung dieser Art von **Gemeinschaft**seinrichtung gewesen, d. h. welche Kosten angefallen wären, wenn sich die Gemeinde zum Bau einer Regenwasserkanalisation für die Straßenentwässerung und einer Schmutzwasserkanalisation für die Ableitung der Schmutzwasser der anliegenden Grundstücke entschieden hätte,[90] und

---

[90] BVerwG, Urteil v. 27. 6. 1985 – 8 C 124.83 – Buchholz 406.11 § 128 BBauG Nr. 31 S. 12 (17f.) = NVwZ 86, 221 = KStZ 86, 31. Das BVerwG hat die diesem Urteil zugrundeliegende Sache an das Berufungsgericht zurückverwiesen. In seinem daraufhin ergangenen Urteil v. 29. 8. 1986 (Nr. 23 B 85 A. 2268) hat der BayVGH zu Unrecht die Kosten für die Kläranlage bei der Ermittlung des Zuordnungsschlüssels berücksichtigt, d.h. er hat die (hypothetischen) Kosten für die Herstellung einer getrennten

zwar insoweit ebenfalls unter Ausschluß der Kosten für Anlagenteile, die – wie etwa eine Kläranlage – funktionell nicht der Straßenentwässerung zugerechnet werden können und deshalb nicht zur "Gemeinschaft" gehören. **Wenn und soweit in einer Gemeinde beispielweise** der Schmutzwasserkanal etwa mit Blick auf die Kellertiefen und die Bauhöhe der Kellersinkkästen **typischerweise eine Tiefenlage von 3 m bis 3,50 m aufweist**, hingegen für einen reinen Straßenentwässerungskanal regelmäßig eine Grabensohle von etwa 1,20 bis 1,50 m nicht überschritten wird, liegt unter Berücksichtigung u. a. auch des Umstands, daß für die Schmutzwasserableitung in der Regel aufwendigeres Material zu verwenden sein wird, die Annahme jedenfalls nicht fern, eine mit Hilfe gesicherter Erfahrungssätze vorgenommene Schätzung **in dieser Gemeinde** komme zu dem Ergebnis, daß der Aufwand für die Herstellung einer getrennten Schmutzwasserkanalisation etwa dreimal so hoch sein könnte wie der für die Herstellung einer reinen Straßenregenwasserkanalisation. **Bei diesem Ansatz** führte das zu einem **Zuordnungsschlüssel** von 3 (Schmutzwasserableitung) zu 1 (Straßenoberflächenentwässerung) mit der Folge, daß von den Kosten der Bestandteile, die beiden Zwecken dienen, d. h. den verbleibenden 60 000 DM, 15 000 DM der Straßenoberflächenentwässerung und 45 000 DM der Schmutzwasserkanalisation zuzuordnen wären. Ausgehend von dem gewählten Beispiel mit den – wie nochmals zu betonen ist – **unterstellten Zahlenangaben** ergäbe sich somit, daß zum beitragsfähigen Erschließungsaufwand i. S. des § 128 Abs. 1 Satz 1 Nr. 2 BauGB ein Betrag von (20 000 DM + 15 000 DM =) 35 000 DM zählt.

65   Schließlich kann eine Gemeinschaftseinrichtung **drei verschiedenen** Zwecken dienen, nämlich – erstens – der Straßenoberflächenentwässerung, – zweitens – der Grundstücksoberflächenentwässerung und – drittens – der Schmutzwasserableitung **(reine Mischkanalisation)**. Auf der Grundlage der Rechtsprechung des Bundesverwaltungsgerichts, das über eine Fallgestaltung der hier in Rede stehenden Art **noch nicht** befunden hat, sind auch hier zur Bestimmung des nach § 128 Abs. 1 Satz 1 Nr. 2 BauGB erschließungsbeitragsfähigen Aufwands zunächst verschiedene Kostenmassen zu bilden, und zwar Kosten für die allein der Straßenentwässerung dienenden Bestandteile, für die allein der Grundstücksoberflächenentwässerung (Grundstücksentwässerung) dienenden Bestandteile sowie für die allein der Schmutzwasserableitung dienenden Bestandteile. Abschließend ist noch eine – vierte – Kostenmasse für die Bestandteile festzulegen, die **allen drei Zwecken gemeinsam** die-

---

Straßenentwässerungseinrichtung den (hypothetischen) Kosten für die Herstellung einer Einrichtung zur Schmutzwasserableitung **einschließlich** der Kosten für die Kläranlage gegenübergestellt. Dadurch ist er ("zugunsten" der Straßenentwässerung) zu einem Zuordnungsschlüssel von ca. 1 (Straßenentwässerung) zu 9 (Schmutzwasserableitung) gelangt. Bei richtiger Rechtsanwendung (Gegenüberstellung der – hypothetischen – Kosten nur für jeweils die Anlagenteile, die "Gemeinschaft" bilden) hätte sich auf der Grundlage der festgestellten Zahlenangaben ein Zuordnungsschlüssel von etwa 1 (Straßenentwässerung) zu 4, 5 (Schmutzwasserableitung) ergeben.

nen. Allerdings ist aus erschließungsbeitragsrechtlicher Sicht nicht zwingend erforderlich, die Kostenmassen für die allein der Grundstücksentwässerung und der Schmutzwasserableitung dienenden Bestandteile getrennt zu ermitteln; diese Kostenmassen können als solche - da ohnehin keinen erschließungsbeitragsfähigen Aufwand betreffend – ohne weiteres zusammengefaßt werden. Setzt man bei dieser Konstellation ebenfalls – **rein hypothetisch** – die Kosten für die allein der Straßenentwässerung dienenden Bestandteile mit 20 000 DM an und die Kosten der sowohl der Grundstücksentwässerung als auch der Schmutzwasserableitung dienenden Bestandteile gleichfalls mit 20 000 DM, verbleibt für die Kostenzuordnung der allen drei Zwecken dienenden Bestandteile von dem angenommenen Gesamtaufwand von 100 000 DM auch hier ein Betrag von 60 000 DM. Für die nunmehr vorzunehmende **Kostenzuordnung** ist wiederum abzustellen darauf, daß die Gemeinde im Kosteninteresse auf die Herstellung von drei getrennten Kanalisationsanlagen verzichtet hat, so daß maßgebend ist, in welchem **Verhältnis** die Kosten stehen, die für drei **jeweils getrennte** Kanalisationsanlagen angefallen wären, wenn die Gemeinde sich nicht für die Herstellung dieser Art von Gemeinschaftseinrichtung entschieden hätte. **Anknüpfend** an die Überlegungen zur Zuordnung in den **beiden vorbehandelten Konstellationen** (Rdnrn. 63 f.) könnte eine mit Hilfe gesicherter Erfahrungssätze vorgenommene Schätzung zu dem Ergebnis führen, daß eine getrennte Schmutzwasserkanalisation einen dreimal so hohen Aufwand verursachen würde wie jeweils eine getrennte Grundstücksentwässerungs- und eine getrennte Straßenentwässerungskanalisation, während sich die Kosten für zwei getrennte Anlagen der letzteren Art annähernd gleichen würden. Das hätte zur Folge, daß hier ein **Zuordnungsschlüssel** von 3 (Schmutzwasserableitung) zu 1 (Grundstücksoberflächenentwässerung) zu 1 (Straßenoberflächenentwässerung) in Betracht kommen könnte, so daß von dem Aufwand für die Bestandteile, die allen drei Zwecken dienen, drei Fünftel der Schmutzwasserableitung und je ein Fünftel der Grundstücks- und der Straßenentwässerung zuzurechnen wären. Das führte bei dem gewählten Zahlenbeispiel dazu, daß von den insoweit zu "verteilenden" 60 000 DM ein Anteil von 12 000 DM auf die Straßenentwässerung entfiele. Bei der hier behandelten, drei verschiedenen Zwecken dienenden Gemeinschaftseinrichtung gehörten somit zum beitragsfähigen Erschließungsaufwand nach § 128 Abs. 1 Satz 1 Nr. 2 BauGB (20 000 DM + 12 000 DM =) 32 000 DM.

Abweichend von dem vorstehend skizzierten Ansatz für den Fall eines **66** sozusagen **vollständigen Mischsystems,** der ausschlaggebend auf die Dreifachfunktion dieser Gemeinschaftseinrichtung abhebt (sog. **Dreikammersystem**), hält der Verwaltungsgerichtshof Mannheim bei der Aufteilung der Kosten der allen drei Zwecken gemeinsam dienenden Anlagenteile das sog. Zweikammersystem für maßgebend und meint, die Kostenzuordnung sei vorzunehmen in dem Verhältnis, "in dem die Kosten eines Regenwasserkanals für die Straße und eines Grundstücksentwässerungskanals, der zur Aufnahme des Oberflächenwassers und des Schmutzabwassers bestimmt ist, zueinander stehen ... (Es) erscheint jedenfalls im Lande Baden-Württemberg die Annahme fernliegend, die Gemeinde habe im Falle des nicht abgemagerten Mischsystems im Kosteninteresse auf die Herstellung von drei getrennten Kanalisationsanlagen verzichtet. ... entweder wird das auf den Grundstücken anfallende Oberflächenwasser in den Straßenentwässerungskanal oder über einen gemeinsamen Anschluß in den Schmutzwasserkanal eingeleitet".[91] Diese Begründung vermag nicht zu überzeugen. Zum einen übersieht sie, daß es in diesem Zusammenhang darauf, wie **tatsächlich** die Gemeinden in dem einen oder anderen Land ihr Kanalisationssystem typischerweise, überwiegend oder ausschließlich organisieren, deshalb **nicht** ankommt, weil es hier immer um eine tatsächlich hergestellte Gemeinschaftseinrichtung geht, die lediglich zu der von § 128 Abs. 1 Satz 1 Nr. 2 BauGB geforderten rechnerischen "Ausgrenzung" der Straßenentwässerungskosten gleichsam fiktiv in Einzeleinrichtungen "zerlegt" wird. Zum anderen vernachlässigt sie, daß es bei einer Kanalisationsanlage, die – erstens – das auf den Grundstücken anfallende Regenwasser und – zweitens – das auf den Grundstücken anfallende Schmutzwasser aufnimmt, bereits um eine Gemeinschaftseinrichtung geht, die zwei Zwecken dient, nämlich sowohl der Grundstücksentwässerung als auch der Schmutzwasserableitung. Da im Fall der vollständigen (reinen) Mischkanalisation die entsprechende Anlage **zusätzlich** das auf der Straße anfallende Regenwasser aufnimmt, diese Anlage also neben der Grundstücksentwässerung sowie der Schmutzwasserableitung auch dem Zweck "Straßenentwässerung" und damit zweifelsfrei drei Zwecken dient und da ferner nach der dargestellten Rechtsprechung des Bundesverwaltungsgerichts sich die Kostenzuordnung bei einer Gemeinschaftseinrichtung – soweit es die Anzahl fiktiv zu berücksichtigender Anlagen betrifft – nicht einfach an der Herkunft des Wassers (Grundstück oder Straße), sondern an den mit einer solchen Anlage verfolgten Zwecken orientiert, liegt – wie gesagt (vgl. Rdnr. 65) – die Annahme nahe, im Fall einer reinen Mischkanalisation sei eine Kostenzuordnung im Verhältnis der Kosten angezeigt, die angefallen wären, wenn die Gemeinde für die Straßenentwässerung, die Grundstücksentwässerung und die Schmutzwasserableitung jeweils eine getrennte Kanalisation errichtet hätte. Anderenfalls bestünde mit Blick auf die Kostenzuordnung kein Unterschied zwischen dem abgemagerten sowie dem vollständigen Mischsystem und bliebe **zu Lasten** der Straßenentwässerung bei der Kostenzuordnung unberücksichtigt, daß das letztere anders als das abgemagerte Mischsystem nicht nur der Straßenentwässerung und der Schmutzwasserableitung, **sondern zusätzlich auch noch** der Grundstücksentwässerung dient.[92]

---

[91] VGH Mannheim, Urteil v. 3. 9. 1987 – 2 S 6/87 – VBlBW 88, 305; ebenso u.a. Beschluß v. 14. 8. 1987 – 2 S 1246/87 –.

[92] Im Ergebnis ebenso Klausing in Driehaus, Kommunalabgabenrecht, § 8 Rdnr. 1006; ferner wohl auch OVG Münster, Urteil v. 19. 12. 1986 – 2 A 1087/75 –, und OVG Lüneburg, Urteil v. 26. 4. 1989 – 9 K 7/89 –.

Es ist zulässig, den auf die Straßenentwässerung entfallenden Kostenanteil 67
namentlich eines (abgemagerten oder reinen) Mischsystems durch eine Ver-
gleichsberechnung auf der Grundlage der Werte einiger für das Gemeindegebiet repräsentativer Straßenzüge in Form eines Vomhundertsatzes zu ermitteln.[93] § 128 Abs. 1 Satz 1 Nr. 2 BauGB gebietet nicht, den Kostenanteil für
die Straßenentwässerung nach Maßgabe der Kostenverhältnisse sämtlicher
einzelner Straßen der Gemeinde zu errechnen. Eine gegenteilige Annahme
würde zu einem der Gemeinde unzumutbaren und deshalb unvertretbaren
Verwaltungsaufwand führen.[93]

5. Übernahme von Anlagen

Gemäß § 128 Abs. 1 Satz 1 Nr. 3 BauGB umfaßt der Erschließungsauf- 68
wand auch die Kosten für die Übernahme von Anlagen als gemeindliche
Erschließungsanlagen, d.h. die Kosten für die Übernahme einer bereits fertiggestellten oder in der Anlegung begriffenen Erschließungsanlage. Zur
Übernahme in Betracht kommen etwa Privatstraßen oder Privatgrünanlagen,
die als solche keine beitragsfähigen Erschließungsanlagen sind, ihrer Art nach
aber beitragsfähige Erschließungsanlagen im Sinne des § 127 Abs. 2 BauGB
sein können. Als "Übernahme" in diesem Sinne kann ausschließlich die
Übereignung einer solchen Anlage von einem bisherigen (Privat-)Eigentümer
auf die Gemeinde verstanden werden.[94] Übernimmt eine Gemeinde vertraglich von einem Dritten eine nicht abschließend fertiggestellte Anlage, so gehören die Übernahmekosten gemäß § 128 Abs. 1 Satz 1 Nr. 3 BauGB und die
anschließenden Herstellungskosten gemäß § 128 Abs. 1 Satz 1 Nr. 1 bzw.
Nr. 2 BauGB zum Erschließungsaufwand.

An § 128 Abs. 1 Satz 1 Nr. 3 BauGB knüpft die Regelung des § 129 Abs. 2 69
BauGB an, nach der „Kosten, die ein Eigentümer oder sein Rechtsvorgänger
bereits für Erschließungsmaßnahmen aufgewandt hat, ... bei der Übernahme
als gemeindliche Erschließungsanlagen nicht erneut erhoben werden" dürfen.
Diese Bestimmung „soll den Eigentümer vor Doppelleistungen schützen".[95]
Sie setzt voraus, daß nach § 128 Abs. 1 Satz 1 Nr. 3 BauGB die Kosten der
Übernahme, insbesondere also der dem Ausbauunternehmer gezahlte Preis,
als Erschließungsaufwand umgelegt werden.[96] Sie dürfte – wie sich aus ihrer
Stellung im Gesetz und ihrer Anknüpfung an § 128 Abs. 1 Satz 1 Nr. 3
BauGB entnehmen lassen könnte – abstellen auf eine **Begrenzung** des Er-

---

[93] Vgl. BVerwG, Beschluß v. 27. 2. 1987 – 8 B 144.86 – Buchholz 406.11 § 128
BBauG Nr. 37 S. 1 f. = KStZ 87, 90 = DÖV 87, 64.

[94] OVG Saarland, Urteil v. 7. 4. 1988 – 1 R 108/87 – KStZ 89, 148.

[95] So die Begründung im Ausschußbericht zu § 150a des Regierungsentwurfs eines
Bundesbaugesetzes.

[96] BVerwG, Urteil v. 4. 2. 1972 – IV C 74.70 – Buchholz 406.11 § 129 BBauG Nr. 7
S. 12 (14) = ZMR 72, 250 = GemTg 72, 344.

schließungsaufwands zu Lasten der Gemeinde und zugunsten des Unternehmers, der als Eigentümer eines von der übernommenen Anlage erschlossenen Grundstücks Gefahr läuft, außer durch die von ihm für eine Erschließungsmaßnahme erbrachten Aufwendungen auch noch durch eine Beitragserhebung und insoweit in doppelter Weise belastet zu werden.

70   Gleichwohl ist nicht klar, welche Fallgestaltungen von § 129 Abs. 2 BauGB erfaßt werden.[97] Die Vorschrift findet jedenfalls keine Anwendung, wenn die Gemeinde eine (mehr oder weniger fertiggestellte) Erschließungsanlage unentgeltlich übernommen hat, also keine Übernahmekosten umgelegt werden können. Für ihre Anwendung ist ferner kein Raum, wenn etwa eine Straße im Zeitpunkt der Übernahme noch keine Bürgersteige besaß und nunmehr für die später von der Gemeinde angelegten Bürgersteige im Wege der Kostenspaltung Beiträge erhoben werden. Denn für eine solche Erschließungsmaßnahme hat der Unternehmer/Eigentümer früher keine Leistung erbracht, so daß sich eine Doppelbelastung nicht ergeben kann. § 129 Abs. 2 BauGB ist auch nicht anwendbar, wenn dem Unternehmer/Eigentümer für die von ihm durchgeführte Erschließungsmaßnahme, z. B. die endgültige Herstellung ausschließlich der Fahrbahn, eine Vergütung gewährt worden ist, die seinen Aufwendungen entspricht oder deren Wert gar übersteigt. Seine ihm durch die Durchführung der Erschließungsmaßnahme entstandene Belastung ist durch die Vergütung beseitigt, die spätere Anforderung von Erschließungsbeiträgen stellt dann die einzige Belastung dar, so daß eine Doppelbelastung ausscheidet.

71   Streng genommen gilt entsprechendes, wenn die Vergütung den Wert der Aufwendungen des Unternehmers/Eigentümers unterschreitet, er also beispielsweise für die endgültige Herstellung der Fahrbahn 100 000 DM aufgewandt, aber nur 80 000 DM vergütet bekommen hat. Da in einem solchen Fall lediglich die Vergütung von 80 000 DM als Übernahmekosten gemäß § 128 Abs. 1 Satz 1 Nr. 3 BauGB in den Erschließungsaufwand eingeht, kann ein Erschließungsbeitrag insoweit nur auf dieser Basis mit der Folge erhoben werden, daß der "Verlust" von 20 000 DM bei der Ermittlung der Höhe des Beitrags unberücksichtigt bleibt, er sich deshalb also ebenfalls nicht als Doppelbelastung im eigentlichen Sinne auswirken kann. Allerdings ist bei einer solchen Fallgestaltung nicht zu übersehen, daß der Unternehmer/Eigentümer, anders als die übrigen Beitragspflichtigen, neben dem Erschließungsbeitrag zusätzlich noch den Verlust aus der von ihm durchgeführten Erschließungsmaßnahme zu tragen hat und sich deshalb eine Billigkeitsregelung in der Weise aufdrängt, daß ein dem Verlust entsprechender Betrag (nicht vom beitragsfähigen Erschließungsaufwand, sondern **ausschließlich**) von seiner Beitragsschuld abgesetzt wird, er – zu Lasten der Gemeinde – also nur einen

---

[97] Vgl. im einzelnen u. a. Ernst in Ernst/Zinkahn/Bielenberg, BauGB, § 129 Rdnrn. 26 ff., und Schmidt/Bogner/Steenbock, Handbuch des Erschließungsrechts, Rdnrn. 1730 ff.

Beitrag zahlen muß, soweit dieser seinen Verlust übersteigt.[98] Beschränkte sich der Anwendungsbereich des § 129 Abs. 2 BauGB auf eine solche Fallgestaltung, wäre die Vorschrift als eine besondere Billigkeitsregelung zu verstehen, die ihrem Regelungsgehalt nach nicht in die Aufwendungsphase, sondern in die Heranziehungsphase gehörte.

IV. Ausgeschlossene Kosten

Aus dem Erschließungsaufwand schlechthin ausgeschlossen sind gemäß 72 § 128 Abs. 3 Nr. 1 BauGB Kosten für die Herstellung von Brücken, Tunnels und Unterführungen mit den dazugehörigen Rampen, ohne daß es im Einzelfall darauf ankommt, ob und aus welchen Gründen ihre Herstellung erforderlich war. Damit hat der Gesetzgeber dem Gesichtspunkt Rechnung getragen, daß solche Anlagen regelmäßig im Hinblick auf den überörtlichen Verkehr (z. B. Überquerung einer Autobahn oder einer anderen verkehrsreichen Straße) errichtet und gestaltet werden und die mit ihrer Herstellung verbundenen häufig verhältnismäßig hohen Kosten zu einer nur schwer tragbaren Belastung für die Beitragspflichtigen führen würde. Liegen diese Anlagen im Zuge einer Erschließungsstraße, sind die Kosten der Fahrbahndecke und des Fußwegbelags, die ohnehin entstanden wären, jedoch zum Erschließungsaufwand zu rechnen, da sonst dieses Straßenstück anders behandelt würde als im übrigen ein zur Ortsstraße gehörender, vom Anbau frei zu haltender Straßenabschnitt.[99] Das gilt ebenso für Grunderwerbs- und Freilegungskosten. Auch insoweit sind nur die Kosten ausgeschlossen, die *zusätzlich* durch die Herstellung der in § 128 Abs. 3 Nr. 1 BauGB genannten Bauwerke entstanden sind.

Nach § 128 Abs. 3 Nr. 2 BauGB umfaßt der Erschließungsaufwand Kosten 73 für die erstmalige Herstellung der **Fahrbahnen von Ortsdurchfahrten** sog. **klassifizierter Straßen** (Bundesstraßen sowie Landstraßen I. und II. Ordnung) *nur* insoweit, als sie gegenüber den anschließenden freien Strecken eine größere Breite aufweisen. Diese Vorschrift beschränkt nicht den Umfang der Erschließungsanlage – Fahrbahn und Bürgersteige der Ortsdurchfahrt sind Teile der gesamten Erschließungsanlage –, sondern nimmt lediglich bestimmte Kosten vom Erschließungsaufwand aus.[100] Verfassungsrechtliche Bedenken bestehen gegen diese Regelung nicht.[101] Erweitert sich eine auf der freien Strecke z. B. 10 m breite Fahrbahn einer klassifizierten Straße innerhalb der

---

[98] Vgl. so u. a. Ernst in Ernst/Zinkahn/Bielenberg, BauGB, § 129 Rdnr. 30, und OVG Münster, Urteil v. 17. 5. 1984 – 3 A 2691/82 – NVwZ 86, 500 = KStZ 85, 16.

[99] Ebenso u. a. OVG Münster, Urteil v. 17. 5. 1984 – 3 A 2691/82 – KStZ 85, 16 = NVwZ 86, 500, OVG Schleswig, Beschluß v. 29. 1. 1992 – 2 M 33/91 –, und Ernst in Ernst/Zinkahn/Bielenberg, BauGB, § 128 Rdnr. 47.

[100] BVerwG, Urteil v. 30. 1. 1970 – IV C 131.68 – Buchholz 406.11 § 128 BBauG Nr. 7 S. 9 (10) = ZMR 70, 252.

[101] BVerfG, Beschluß v. 8. 11. 1972 – 1 BvL 15/68 u. 26/69 – BVerfGE 34, 139 (148) = NJW 73, 505 = EPlaR VI BVerfG 11.72 mit Anm. von Weyreuther.

Ortsdurchfahrt auf 14 m, gehören die für die "Mehrbreite" entstandenen Kosten zum Erschließungsaufwand.

74   § 128 Abs. 3 Nr. 2 BauGB nimmt aus dem beitragsfähigen Erschließungsaufwand der Anbaustraße "Ortsdurchfahrt einer klassifizierten Straße" **ausschließlich** die Kosten für die technische Herstellung und den Grunderwerb der **Fahrbahn** aus; zu den übrigen Teilanlagen im Sinne des § 127 Abs. 3 BauGB verhält sich § 128 Abs. 3 Nr. 2 BauGB nicht. Ob für deren erstmalige Herstellung ein beitragsfähiger Erschließungsaufwand entstehen kann, hängt – abgesehen von der Teilanlage (Teileinrichtung) Straßenbeleuchtung (vgl. dazu Rdnr. 75) – davon ab, ob die Gemeinde Träger der Straßenbaulast der betreffenden Teileinrichtung ist. Liegt die Baulast für eine Teileinrichtung wie z. B. einen Geh- oder Radweg, eine Parkfläche oder die Straßenentwässerungsanlage **nicht** bei der Gemeinde, sondern bei einem Dritten, erfüllt die Gemeinde, wenn sie eine solche Teileinrichtung gleichwohl auf ihre Kosten herstellen läßt, nicht eine ihr obliegende "Aufgabe" im Sinne des § 123 Abs. 1 BauGB. Fehlt es an dieser Voraussetzung, kommt – wie den §§ 123 Abs. 1, 127 Abs. 1 BauGB zu entnehmen ist – eine Erschließungsbeitragserhebung nicht in Betracht (vgl. § 12 Rdnr. 2). Für welche der bezeichneten Teileinrichtungen in der Ortsdurchfahrt einer klassifizierten Straße die Gemeinde die Straßenbaulast trägt, bestimmt das einschlägige Straßenrecht.

75   Anders als die Herstellung der übrigen Teileinrichtungen wird die Herstellung der Beleuchtungseinrichtung einer Anbaustraße nicht von der Straßenbaulast erfaßt; die **Beleuchtung** der öffentlichen Straßen ist nicht Gegenstand der Straßenbaulast, sondern eine **selbständige öffentliche Aufgabe**, die der Gemeinde obliegt unabhängig davon, wer Träger der Straßenbaulast ist.[102] Die Gemeinde erfüllt aber durch die Herstellung der Straßenbeleuchtung mit der Folge stets eine ihr obliegende „Aufgabe" im Sinne des § 123 Abs. 1 BauGB, daß die für die erstmalige Herstellung einer Straßenbeleuchtung entstandenen Kosten selbst dann zum beitragsfähigen Erschließungsaufwand zählen, wenn es um die Beleuchtungsanlage in der Ortsdurchfahrt einer klassifizierten Straße geht.[102]

76   Wird eine klassifizierte Straße zu einer Gemeindestraße abgestuft bevor für die erstmalige Herstellung dieser Anbaustraße die sachlichen Erschließungsbeitragspflichten (§ 133 Abs. 2 BauGB) entstanden sind, können gleichwohl die Kosten der erstmaligen technischen Fertigstellung der Fahrbahn nach Maßgabe des § 128 Abs. 3 Nr. 2 BauGB aus dem beitragsfähigen Erschließungsaufwand ausgeschlossen sein. Das ist dann der Fall, wenn diese Anlage im **Zeitpunkt der technischen Fertigstellung** der Fahrbahn noch Ortsdurchfahrt einer klassifizierten Straße gewesen ist.[103] Überdies verhindert § 128 Abs. 3

---

[102] BVerwG, Urteil v. 15. 9. 1989 – 8 C 4.88 – Buchholz 406.11 § 131 BBauG Nr. 80 S. 36 (41 f.) = NVwZ 90, 374.
[103] BVerwG, Urteil v. 9. 3. 1990 – 8 C 76.88 – NVwZ 90, 873 = DVBl 90, 786 = HSGZ 90, 291.

Nr. 2 BauGB das Entstehen eines beitragsfähigen Erschließungsaufwands für den Ausbau der Fahrbahn einer als gemeindliche Erschließungsanlage hergestellten Anbaustraße, wenn diese nach ihrer Übernahme z. B. durch den Bund rechtlich die Eigenschaft als Ortsdurchfahrt einer Bundesstraße erlangt hat, bevor mit Blick auf die Fahrbahnkosten (Teil-)Beitragspflichten entstanden sind.[104]

Eine entsprechende Anwendung des § 128 Abs. 3 Nr. 2 BauGB auf eine 77 Straße, die zwar keine Ortsdurchfahrt z. B. einer Bundesstraße ist, aber dennoch – etwa infolge einer entsprechenden Beschilderung – eine gleichartige Funktion erfüllt und die deswegen einer Aufstufung zur Bundesstraße zugänglich oder deren Aufstufung sogar gemäß § 2 Abs. 3 a FStrG geboten ist, **verbietet** sich mit Rücksicht auf die im Abgabenrecht erforderlichen eindeutigen Abgrenzungen. Nach dem Ausbau einer Straße als örtliche Erschließungsanlage kann die dafür zuständige Behörde die Beitragserhebung durchführen, ohne prüfen zu müssen, wie die Straßenverkehrsbehörde die Straße ausgeschildert und aus welchen Gründen etwa die zuständige Straßenbehörde eine Aufstufung der Straße zur Bundesstraße bislang unterlassen hat.[105]

§ 14 Ermittlung des Erschließungsaufwands

I. Art der Aufwandsermittlung

Die Höhe des nach Maßgabe des § 128 BauGB berücksichtigungsfähigen 1 Erschließungsaufwands kann gemäß § 130 Abs. 1 Satz 1 BauGB entweder nach den tatsächlich entstandenen Kosten oder nach Einheitssätzen ermittelt werden (*Ermittlungsmethode*, Art der Aufwandsermittlung im engeren, in § 132 Nr. 2 BauGB gemeinten Sinne[1]). Diese Aufwandsermittlung kann gemäß § 130 Abs. 2 BauGB abstellen sowohl auf die einzelne Erschließungsanlage als auch – unter bestimmten Voraussetzungen – auf Abschnitte von ihr oder auf zwei, eine sog. Erschließungseinheit bildende Erschließungsanlagen (*Ermittlungsraum*). Die Gemeinde kann von den ihr dadurch vom Gesetzge-

---

[104] OVG Koblenz, Urteil v. 12. 11. 1973 – 6 A 10/72 – KStZ 74, 91.

[105] BVerwG, Urteil v. 24. 11. 1978 – 4 C 18.76 – Buchholz 406.11 § 135 BBauG Nr. 11 S. 14 (16 f.) = DÖV 79, 178 = BauR 79, 239; für einen Autobahnzubringer ebenso BVerwG, Beschluß v. 1. 4. 1971 – IV B 152.70 – Buchholz 406.11 § 128 BBauG Nr. 11 S. 19.

[1] BVerwG, Urteil v. 23. 10. 1969 – IV C 26.68 – BVerwGE 30, 293 (295) = KStZ 69, 166 = ZMR 69, 190.

ber eingeräumten Möglichkeiten zur Aufwandsermittlung grundsätzlich nach ihrem Ermessen Gebrauch machen. Allerdings *büßt* sie, bezogen auf eine bestimmte Erschließungsanlage, diese Wahlfreiheit *ein*, wenn sie entsprechende Entscheidungen über die Ermittlungsmethode und den Ermittlungsraum nicht trifft, *bevor* kraft Gesetzes gemäß § 133 Abs. 2 BauGB die (sachlichen) Beitragspflichten auf der Grundlage der tatsächlich entstandenen Kosten für eine einzelne Erschließungsanlage entstanden sind.[2]

2   Wie sich u. a. aus der vom Gesetzgeber gewählten Reihenfolge der Ermittlungsmethoden und der Ermittlungsräume ergibt, stellt die Aufwandsermittlung nach den tatsächlich entstandenen Kosten für eine einzelne Erschließungsanlage den gesetzlichen *Regelfall*[3] dar. Sind die tatsächlich entstandenen Kosten für eine einzelne Erschließungsanlage mit Eingang der letzten Unternehmerrechnung feststellbar,[4] entstehen – sofern alle übrigen Voraussetzungen bereits erfüllt sind – für diese Anlage **kraft Gesetzes** die (sachlichen) Beitragspflichten mit der Folge, daß der damit der Höhe nach voll ausgebildete Erschließungsbeitrag für jedes einzelne erschlossene Grundstück nicht mehr veränderbar ist.[5] Von diesem Zeitpunkt an ist daher – bezogen auf die betreffende einzelne Erschließungsanlage – Raum weder für eine Entscheidung, (ganz oder teilweise) nach Einheitssätzen abzurechnen, noch für eine solche, auf Abschnitte oder mehrere Erschließungsanlagen abzustellen. Maßgebend für diese zeitliche Begrenzung ist mithin allein das **Entstehen** der sachlichen Beitragspflichten, nicht aber deren Verjährung.[5]

II. Ermittlungsmethoden

3   Es obliegt der Gemeinde, sich für die eine oder die andere der beiden in § 130 Abs. 1 BauGB genannten Ermittlungsmethoden zu entscheiden und diese Entscheidung gemäß § 132 Nr. 2 BauGB in der Erschließungsbeitragssatzung festzulegen. Die generelle Festlegung der Ermittlungsmethode in der Satzung soll die Anwendung gleicher Grundsätze in allen Einzelfällen und damit die Gleichbehandlung aller Betroffenen sichern. Es ist mit diesem Gedanken vereinbar und daher zulässig, für bestimmte Teileinrichtungen – wie z. B. die Straßenentwässerung – die Ermittlung nach Einheitssätzen, für andere Teileinrichtungen der gleichen Erschließungsanlage dagegen die Ermitt-

---

[2] BVerwG, u. a. Urteil v. 26. 9. 1983 – 8 C 47.67–69.82 – BVerwGE 68, 48 (53) = DVBl 84, 186 = NVwZ 84, 369.

[3] BVerwG, u. a. Urteil v. 15. 11. 1985 – 8 C 41.84 – Buchholz 406.11 § 130 BBauG Nr. 35 S. 40 (47) = NVwZ 86, 299 = BWGZ 86, 63.

[4] Vgl. zur Bedeutung der Feststellbarkeit BVerwG, u. a. Urteil v. 22. 8. 1975 – IV C 11.73 – BVerwGE 49, 131 (134 f.) = DÖV 76, 95 = BauR 76, 120.

[5] BVerwG, u. a. Urteil v. 9. 12. 1983 – 8 C 112.82 – Buchholz 406.11 § 130 BBauG Nr. 29 S. 19 (26 f.) = DVBl 84, 194 = ZMR 84, 103.

lung nach tatsächlichen Kosten ortsrechtlich vorzuschreiben.[6] Es muß lediglich sichergestellt sein, daß hinsichtlich der Ermittlungsmethode für Ermessensentscheidungen im einzelnen Ermittlungsfall kein Raum bleibt.[7] Entscheidet sich die Gemeinde für eine Aufwandsermittlung nach Einheitssätzen – die am ehesten geeignet ist für Teileinrichtungen (wie die Straßenentwässerung), die regelmäßig nach annähernd einheitlichen Grundsätzen hergestellt werden –, ist ferner festzulegen, welcher Einheitssatz für welche Aufwendungen gelten soll. Die Einheitssätze sind in der Satzung der Höhe nach festzusetzen. **Fehlt** eine satzungsmäßige Entscheidung für eine Aufwandsermittlung nach Einheitssätzen oder sind festgesetzte Einheitssätze unwirksam, hat das (nur) zur Folge, daß die Aufwandsermittlung auf der Grundlage der tatsächlich entstandenen Kosten vorzunehmen ist (vgl. § 11 Rdnr. 54).

1. Ermittlung nach tatsächlich entstandenen Kosten

Mit dem Begriff "Kosten" knüpft § 130 Abs. 1 BauGB an § 128 BauGB an; 4 er umfaßt alle nach § 128 BauGB zum Erschließungsaufwand gehörenden Aufwendungen der Gemeinde. Im Sinne von § 130 Abs. 1 BauGB "tatsächlich entstanden" sind Kosten, wenn sie als Ausgabe oder im Wege der Wertberechnung (vgl. § 128 Abs. 1 Sätze 2 und 3 BauGB) angefallen sind; und zwar selbst dann, wenn ihre Höhe im Einzelfall mit Hilfe gesicherter Erfahrungssätze geschätzt werden darf (vgl. § 13 Rdnrn. 7 und 14).

Die Aufwandsermittlung nach den tatsächlich entstandenen Kosten 5 schließt vom Grundsatz her aus, daß die Beitragspflichtigen der Gemeinde durch die Beiträge mehr erstatten, als diese – abzüglich ihres Eigenanteils – aufgewandt hat. Diese Ermittlungsmethode trägt daher dem Gedanken der Aufwandserstattung in besonderer Weise Rechnung; sie hat den Vorteil der **größten Genauigkeit** und ist für die Gemeinden mit einem allenfalls geringen rechtlichen Risiko verbunden. Im übrigen verursacht sie jedenfalls dann, wenn eine bestimmte Baumaßnahme – wie z. B. die Herstellung der Fahrbahn oder der Gehwege – abgerechnet wird, keinen wesentlichen zusätzlichen Verwaltungsaufwand, da die von den Bauunternehmen eingereichten Rechnungen aus haushaltsrechtlichen Gründen ohnehin überprüft werden müssen. Allerdings hat diese Ermittlungsmethode den Nachteil, daß sie längere Zeit in Anspruch nimmt, da die abschließende Ermittlung erst vorgenommen werden kann, wenn alle Kosten berechnet werden können. Dadurch wird nicht selten das Entstehen der (sachlichen) Beitragspflichten eine längere Zeit hinausgeschoben, obwohl die Erschließungsanlage technisch bereits endgültig hergestellt ist (vgl. § 19 Rdnr. 6).

---

[6] BVerwG, Urteil v. 31. 1. 1968 – IV C 221.65 – BVerwGE 29, 90 (92) = NJW 68, 1250 = DVBl 68, 520.
[7] Vgl. dazu BVerwG, Urteil v. 6. 9. 1968 – IV C 96.66 – BVerwGE 30, 207 (208) = DÖV 69, 287 = DVBl 69, 274.

2. Ermittlung nach Einheitssätzen

6   Grundlage für die Bildung von Einheitssätzen muß wie bei der vom Gesetzgeber in erster Linie vorgesehenen Berechnung nach den tatsächlichen Kosten der für die jeweiligen Erschließungsanlagen entstandene Aufwand sein. Mit der Möglichkeit, den Erschließungsaufwand nach Einheitssätzen zu ermitteln, soll den Gemeinden erkennbar nicht die Befugnis eingeräumt werden, einen pauschalen Erschließungsbeitrag unabhängig von den Kosten der jeweiligen Erschließungsanlage zu erheben.[8] Diesem Gedanken hat der Gesetzgeber mit der Forderung nach "Vergleichbarkeit" Ausdruck verliehen, durch die eine Orientierung am Kostendeckungsprinzip sichergestellt werden soll. Vergleichbar i.S. von § 130 Abs. 1 Satz 2 BauGB sind nur solche Erschließungsanlagen, die in den für die Höhe der Kosten wesentlichen Merkmalen (z.B. Grunderwerb und Herstellungszeitraum) vergleichbar sind. Für sie treten an die Stelle der tatsächlich entstandenen Kosten die üblichen Durchschnittskosten, die erfahrungsgemäß – etwa nach handelsüblichen Preisen – für entsprechende Erschließungsanlagen bzw. Teileinrichtungen zu zahlen sind. Dabei ist es ohne Bedeutung, ob solche Kosten bereits jemals in der Gemeinde angefallen sind.[9] Orientiert sich eine Gemeinde zur Ermittlung eines Einheitssatzes für die Straßenentwässerung an den Herstellungskosten für einzelne funktionell abgegrenzte Entwässerungssysteme in ihrem Gebiet (vgl. dazu § 13 Rdnr. 55), ist sie gehalten, insoweit auf die Kosten mehrerer Systeme, zumindest aber auf die Kosten eines für alle repräsentativen Systems abzuheben.[10] Stellt sie auf die funktionale Einheit des gesamten Straßenentwässerungsnetzes und damit auf die Teilhabe an diesem Netz ab (vgl. dazu § 13 Rdnr. 56), darf sie zur Bildung von Einheitssätzen auch dann auf die durchschnittlichen Kosten zurückgreifen, die für derartige Anlagen erfahrungsgemäß in jener Gegend zu zahlen sind, wenn sie selbst bestimmte Straßenentwässerungseinrichtungen erstmalig herstellt.

7   Einheitssätze sind ihrem Wesen nach ausgerichtet auf eine **Kostenpauschalierung**. Mit der Aufwandsermittlung nach Einheitssätzen wird daher in Kauf genommen, daß im Einzelfall ein hinter den tatsächlich entstandenen Kosten zurückbleibender oder ein diese übersteigender Erschließungsaufwand ermittelt wird; die tatsächlich entstandenen Kosten bilden keine äußerste Grenze für den nach Einheitssätzen ermittelten Erschließungsaufwand.[11] Gleichwohl leitet sich aus dem auch für die Aufwandsermittlung nach Einheitssätzen geltenden Prinzip der Kostendeckung die Forderung des § 130 Abs. 1 Satz 2 BauGB ab, daß die anzuwendenden Einheitssätze den tatsächlichen Kosten

---

[8] BVerfG, Beschluß v. 5.7.1972 – 2 BvL 6/66 u.a. – BVerfGE 33, 265 (299).

[9] BVerwG, Urteil v. 29.7.1977 – IV C 86.75 – BVerwGE 54, 225 (232) = DÖV 78, 56 = BauR 78, 50.

[10] BVerwG, Urteil v. 15.11.1985 – 8 C 41.84 – NVwZ 86, 299 = BWGZ 86, 63.

[11] BVerwG, Urteil v. 22.1.1971 – IV C 60.69 – BVerwGE 37, 99 (102) = ZMR 71, 288 = GemTg 71, 182.

möglichst **nahekommen** müssen und sie sich von den tatsächlichen Kosten jedenfalls nicht weiter entfernen dürfen, als dies durch den Gesichtspunkt der Praktikabilität gerechtfertigt ist, dem die Möglichkeit der Abrechnung nach Einheitssätzen dienen soll. Vor diesem Hintergrund ergibt sich, daß bei der Ermittlung des beitragsfähigen Erschließungsaufwands nach Einheitssätzen diejenigen Einheitssätze zugrunde zu legen sind, die **im Zeitpunkt des Abschlusses der Herstellungsarbeiten** für die Erschließungsanlage gelten. Werden Teilanlagen einer Erschließungsanlage zu unterschiedlichen Zeitpunkten hergestellt, ist der Erschließungsaufwand jeweils nach dem Einheitssatz zu ermitteln, der im Zeitpunkt des Abschlusses der Arbeiten für die jeweilige Teilanlage gilt.[12] Sind **einzelne** Erschließungsarbeiten lange vor Abschluß der Herstellung einer Teilanlage durchgeführt worden, ist die Anwendung des im Zeitpunkt des Abschlusses der Herstellung geltenden Einheitssatzes nicht zulässig, wenn der auf der Grundlage dieses Einheitssatzes errechnete Erschließungsaufwand in einem **groben Mißverhältnis** zu den (seinerzeit) tatsächlich entstandenen Kosten steht.[13] Für einen solchen Fall können in der Satzung Abschläge vom Einheitssatz angeordnet werden.[14] Enthält eine Satzung eine entsprechende Regelung nicht, ist eine Aufwandsermittlung nach den tatsächlichen Kosten vorzunehmen (vgl. Rdnr. 3).

Bei der Beantwortung der Frage, ob ein grobes Mißverhältnis vorliegt, 8 dürfen nach der Entscheidung des Bundesverwaltungsgerichts vom 3. März 1972[15] nicht allein die Zahlen der Geldbeträge miteinander verglichen werden, vielmehr sind auch andere **wirtschaftlich erhebliche Umstände** zu berücksichtigen, wie z.B. der Zinsgewinn des Beitragspflichtigen, der erst mehrere Jahre nach Entstehen (eines Teils) der Herstellungskosten zur Beitragsleistung herangezogen wird. Auf der Grundlage dieser Rechtsauffassung wäre ein grobes Mißverhältnis noch nicht anzunehmen, wenn – wie z.B. in dem seinerzeit entschiedenen Fall – der auf der Grundlage eines im Jahre 1962 festgesetzten Einheitssatzes ermittelte Erschließungsaufwand für die Herstellung einer im Jahre 1966 abgerechneten Fahrbahn um rd. 60 v.H. höher liegt als der Erschließungsaufwand, der tatsächlich für die im wesentlichen im Jahre 1957 durchgeführten Arbeiten entstanden ist. Denn – so meint das Bundesverwaltungsgericht – eine solche Steigerung werde durch den Pauschalierungsspielraum und den Zinsgewinn in den Jahren 1957 bis 1966 derart gedeckt, daß die Anwendung des im Jahre 1962 ortsgesetzlich bestimmten Einheitssatzes nicht zu beanstanden sei. Es erscheint nicht ganz unzweifelhaft, ob eine derartige Differenz noch mit dem Wesen der Kostenerstattung

---

[12] BVerwG, Urteil v. 25. 1. 1985 – 8 C 55.83 – BVerwGE 71, 25 (26 ff.) = DVBl 85, 620 = ZMR 85, 245.

[13] Vgl. etwa BVerwG, Urteil v. 25. 9. 1968 – IV C 81.66 – BVerwGE 30, 240 (241) = DÖV 69, 357 = KStZ 69, 142.

[14] Ebenso u. a. OVG Saarland, Urteil v. 25. 10. 1990 – 1 R 96/87 –.

[15] BVerwG, Urteil v. 3. 3. 1972 – IV C 49.70 – Buchholz 406.11 § 130 BBauG Nr. 11 S. 16 (17 ff.) = DÖV 72, 861 = GemTg 73, 14.

vereinbar ist.[16] Nach Auffassung etwa des Oberverwaltungsgerichts Lüneburg[17] kann ein im Jahre 1972 auf der Basis der seinerzeit geltenden Lohn- und Materialkosten errechneter Einheitssatz mit Rücksicht auf die zwischenzeitlich eingetretenen Veränderungen des Lohn-Preisgefüges nicht auf 8 Jahre zurückliegende Arbeiten angewandt werden, obwohl seinerzeit die Preissteigerungsrate verhältnismäßig gering war.[18] Dagegen tritt eine Überschreitung des der Gemeinde eingeräumten Pauschalierungsspielraums nicht ein, wenn die Gemeinde Einheitssätze, für deren Festsetzung Tiefbaupreise bis zurück zum Jahre 1900 ermittelt worden sind und von denen der niedrigste – von 1905 – gewählt worden ist, auch für vor 1900 erfolgte Erschließungsarbeiten angewandt werden.[19] Im übrigen ist es jedenfalls geboten, die Einheitssätze in angemessenen Zeitabständen der Lohn- und Materialkostenentwicklung **anzupassen**. Um dies zu erreichen, ist es zweckmäßig und zulässig, die Höhe der Einheitssätze an einen Baukostenindex zu binden.[20]

9   Eine Größeneinheit, auf die ein Einheitssatz zu beziehen ist, schreibt das Gesetz nicht vor. Regelmäßig eignet sich als Bezugsgröße eine Quadratmeterfläche der Erschließungsanlage. Wird z. B. bei Straßen der Einheitssatz auf den laufenden Meter bezogen, muß zusätzlich nach Straßentypen und Straßenbreiten differenziert werden. Jedenfalls ist es nicht zulässig, den gleichen Einheitssatz für Straßen zugrunde zu legen, die in ihrer Breite mehr als zwei Meter voneinander abweichen.[21] Bildet eine Gemeinde Einheitssätze auf der Grundlage des gesamten Entwässerungsnetzes (vgl. dazu § 13 Rdnr. 56), darf sie dann, wenn in ihrem Gebiet sowohl das Misch- als auch das Trennsystem vorhanden ist, grundlegende Kostenunterschiede zwischen diesen beiden Systemen nicht unberücksichtigt lassen. In einem solchen Fall sind grundsätzlich – und zwar unabhängig von der ohnehin angezeigten Staffelung der Höhe der Einheitssätze nach dem Zeitpunkt der entsprechenden Arbeiten – zumindest getrennte Einheitssätze für jede der beiden Entwässerungsarten zu bilden.[22] Darauf kann nur verzichtet werden, wenn wesentliche Kostenunterschiede zwischen diesen beiden Kanalisationsarten nicht bestehen.[23]

---

[16] Vgl. dazu Ernst in Ernst/Zinkahn/Bielenberg, BauGB, § 130 Rdnr. 8.

[17] OVG Lüneburg, Urteil v. 20. 9. 1976 – IV A 91/76 –.

[18] Vgl. zur Rechtsprechung etwa des VGH Mannheim, nach der eine Differenz von 25 v. H. noch nicht als grobes Mißverhältnis anzusehen ist, Buhl in VBlBW 85, 446 (448).

[19] VGH Kassel, Urteil v. 11. 1. 1989 – 5 UE 2130/84 –.

[20] Vgl. im einzelnen BVerwG, Beschluß v. 12. 5. 1977 – VII B 27.76 – Buchholz 401.9 Beiträge Nr. 12 S. 12f. = DÖV 77, 682, und BayVGH, Urteil v. 3. 12. 1975 – 69 IV 73 – KStZ 76, 58 = BayVBl 77, 247.

[21] BVerwG, Urteil v. 6. 9. 1968 – IV C 96.66 – BVerwGE 30, 207 (209) = DÖV 69, 287 = DVBl 69, 274.

[22] BVerwG, u. a. Urteil v. 25. 8. 1971 – IV C 93.69 – BVerwGE 38, 275 (276) = DÖV 72, 502 = KStZ 72, 114.

[23] BVerwG, Urteil v. 29. 7. 1977 – IV C 86.75 – BVerwGE 54, 225 (233) = DÖV 78, 56 = BauR 78, 50.

Ist in einer Satzung für die Herstellung der Gehwege ein Einheitssatz je 10
Quadratmeter Gehwegfläche festgesetzt, darf er nur auf diejenigen Teile des
Gehwegs bezogen werden, die die Gemeinde (nachweislich) auf ihre Kosten
hergestellt hat.[24]

III. Ermittlungsräume

Die Ermittlung des Erschließungsaufwands i.S. des § 128 BauGB nach den 11
tatsächlich entstandenen Kosten oder nach Einheitssätzen kann gemäß § 130
Abs. 2 BauGB auf der Grundlage von drei verschiedenen räumlichen Einhei-
ten erfolgen. Zunächst nennt § 130 Abs. 2 Satz 1 BauGB die einzelne (beitragsfähige) Erschließungsanlage i.S. des § 127 Abs. 2 BauGB; **im Regelfall** ist
auf diese räumliche Einheit abzustellen (vgl. Rdnr. 2), einer bestimmten,
darauf ausgerichteten Willensentscheidung der Gemeinde bedarf es dazu
nicht.[25] Ferner kommen als Ermittlungsräume – sofern die insoweit jeweils
erforderlichen Voraussetzungen erfüllt sind – Abschnitte von (beitragsfähigen) Erschließungsanlagen und zwei Erschließungsanlagen in Betracht, die
eine sog. Erschließungseinheit bilden. Es liegt grundsätzlich im Ermessen der
Gemeinde, darüber zu entscheiden, ob sie im Einzelfall einen dieser letztgenannten Ermittlungsräume der Aufwandsermittlung zugrunde legen will, insoweit bedarf es keiner Regelung in der Erschließungsbeitragssatzung. Will
sie abweichend von der Regel den Erschließungsaufwand nicht auf der
Grundlage einer einzelnen Erschließungsanlage, sondern auf der Grundlage
eines Abschnitts oder mehrerer Erschließungsanlagen ermitteln, ist dazu auch
keine besondere ortsgesetzliche Ermächtigung erforderlich. Denn § 130 Abs. 2
BauGB ist mit der Folge als eine "vollständige" bundesrechtliche Norm ausgestaltet, daß diese die Gemeinde abschließend zur Bildung von Abschnitten
und zur Zusammenfassung von zwei Anlagen, die eine Erschließungseinheit
bilden, zur gemeinsamen Aufwandsermittlung ermächtigt und keinen Raum
läßt für zusätzliche landes- oder ortsrechtliche Anforderungen.[26] Deshalb
kann das Landesrecht für eine derartige Entscheidung der Gemeinde im Einzelfall auch nicht einen zu veröffentlichenden Ratsbeschluß verlangen, der im
Ergebnis einer Ergänzung des Ortsrechts gleich käme.[27] Im übrigen bestimmt
das Bundesrecht nicht im einzelnen, in welcher *Form* eine solche Entschei-

---

[24] BVerwG, Urteil v. 29. 7. 1977 – IV C 3.75 – Buchholz 406.11 § 130 BBauG Nr. 21
S. 16 (17 f.) = KStZ 78, 12 = ZMR 78, 142.

[25] BVerwG, u.a. Urteil v. 26. 9. 1983 – 8 C 27.82 – Buchholz 406.11 § 130 BBauG
Nr. 27 S. 7 (8) = DÖV 84, 117.

[26] Vgl. u.a. BVerwG, Urteil v. 23. 10. 1968 – IV C 26.68 – BVerwGE 30, 293 (295) =
KStZ 69, 166 = ZMR 69, 190.

[27] BVerwG, u.a. Urteil v. 12. 6. 1970 – IV C 5.68 – Buchholz 406.11 § 130 BBauG
Nr. 6 S. 3 (6) = DVBl 70, 904 = GemTg 71, 16.

dung, die als *innerdienstlicher Ermessensakt*[28] zu werten ist (vgl. § 20 Rdnr. 2), zu ergehen hat. Da diese Entscheidung jedoch ein Handeln der Gemeinde darstellt, ist bundesrechtlich erforderlich, daß sie ihren entsprechenden Willen deutlich bekundet.[29] Dies kann z.B. durch zu den Akten zu nehmende Vermerke, Niederschriften usw. geschehen. Einer Bekanntgabe bedarf diese Entscheidung nicht, auch unterliegt sie keiner Begründungspflicht.[30]

12   Nach Landesrecht richtet sich, welches Organ der Gemeinde für eine Abschnittsbildung oder eine Zusammenfassungsentscheidung zuständig ist. Angesichts des Ausnahmecharakters einer solchen Entscheidung und mit Rücksicht auf ihre Bedeutung für eine Vielzahl von Einzelgrundstücken ist regelmäßig die Zuständigkeit des Gemeinderats begründet.[31] Etwas anderes gilt, wenn die Gemeindevertretung die Zuständigkeit für die Entscheidung nach Maßgabe der einschlägigen Gemeindeordnung auf den Hauptausschuß oder den Gemeindedirektor (Oberstadtdirektor usw.) übertragen hat. Die Übertragung auf den Gemeindedirektor bedeutet allerdings nicht, daß dieser die Entscheidung in eigener Person treffen müßte. Es reicht dann auch aus, wenn die Entscheidung von einer insoweit nach den Bestimmungen der Gemeindeordnung vertretungsberechtigten Person gefaßt wird.[32]

13   Ist ein Beitragsbescheid ohne einen entsprechenden (Rats-)Beschluß erlassen worden, kann der diesbezügliche Verfahrensfehler – sofern nicht inzwischen unabhängig von einem entsprechenden Willen der Gemeinde kraft Gesetzes die (sachlichen) Beitragspflichten für die einzelne das Grundstück des Herangezogenen erschließende Anlage entstanden und deshalb insoweit kein Raum mehr für die Bildung eines Abschnitts oder für eine gemeinsame Aufwandsermittlung gemäß § 130 Abs. 2 Satz 3 BauGB ist (vgl. Rdnr. 1 f.) – noch bis zum Abschluß der mündlichen Verhandlung in der Berufungsinstanz mit der Folge behoben werden, daß der ursprünglich fehlerhafte Be-

---

[28] Ebenso u.a. VGH Mannheim, Urteile v. 25. 11. 1986 – 14 S 161/86 – VBlBW 87, 190, und v. 2. 10. 1986 – 2 S 1702/84 – VBlBW 87, 377, sowie OVG Berlin, Urteil v. 3. 3. 1989 – 5 B 107.87 –.

[29] Vgl. etwa BVerwG, Urteil v. 17. 9. 1982 – 8 C 145.81 – Buchholz 406.11 § 130 BBauG Nr. 26 S. 1 (6) = DVBl 83, 135 = KStZ 83, 95.

[30] VGH Mannheim u.a. Urteil v. 5. 11. 1985 – 14 S 1236/85 – BWVPr 86, 85 = VBlBW 87, 70.

[31] Vgl. zur Abschnittsbildung u.a. VGH Mannheim, Urteil v. 8. 12. 1970 – II 852/67 – VBlBW 71, 42 = ESVGH 22, 21; OVG Münster, Urteil v. 1. 6. 1977 – II A 1475/75 – KStZ 77, 219 = DVBl 79, 239, OVG Schleswig, Urteil v. 3. 9. 1991 – 2 M 8/91 –, sowie Driehaus in ZMR 74, 289, und Müller in VR 84, 47, jeweils mit weiteren Nachweisen; zur Erschließungseinheit u.a. OVG Münster, Urteil v. 12. 8. 1974 – III A 819/73 – OVGE 30, 28 = GemTg 75, 132 = ZMR 76, 38, BayVGH, Urteil v. 29. 3. 1976 – 137 VI 72 – AS 29, 53, OVG Koblenz, Urteil v. 30. 5. 1963 – 1 A 52/62 – VerwRspr 16, 217, VGH Kassel, Beschluß v. 17. 12. 1982 – V TH 60/82 – NVwZ 83, 301 = HSGZ 83, 156 = GemHH 83, 290, sowie VGH Mannheim, Urteil v. 23. 5. 1985 – 2 S 336/84 – VBlBW 86, 145.

[32] U.a. OVG Münster, Urteil v. 15. 2. 1989 – 2 A 2562/86 – NWVBl 89, 410.

scheid geheilt wird.[33] Beruht die mit einem Heranziehungsbescheid geltend gemachte Beitragsforderung auf einer gemeinsamen Aufwandsermittlung gemäß § 130 Abs. 2 Satz 3 BauGB, obwohl die von der Gemeinde zusammengefaßten Anlagen keine Erschließungseinheit i. S. dieser Vorschrift bilden und die Zusammenfassungsentscheidung deshalb fehlerhaft ist, unterliegt der Bescheid gleichwohl nicht der gerichtlichen Aufhebung, wenn sich herausstellt, daß für die das Grundstück des Klägers erschließende, einzelne Anbaustraße ein ebenso hoher oder gar höherer Beitrag entstanden ist, vorausgesetzt allerdings, daß diese Straße auch ein Bestandteil der vermeintlichen Erschließungseinheit war.[34] Entsprechendes gilt bei einer Heranziehung auf der Grundlage einer fehlerhaften Abschnittsbildung.[35]

Eine Gemeinde kann ihre Entscheidung, den Erschließungsaufwand für 14 einen Abschnitt einer Erschließungsanlage oder mehrere Erschließungsanlagen zusammen zu ermitteln, grundsätzlich wieder **ändern**. Eine dies ausschließende Bindungswirkung entfaltet die Entscheidung erst, wenn auf ihrer Grundlage die (sachlichen) Beitragspflichten entstanden sind,[36] und zwar unabhängig davon, ob zu diesem Zeitpunkt bereits ein Heranziehungsbescheid ergangen ist oder nicht. Ist ein Heranziehungsbescheid auf der Grundlage einer fehlerhaften Abschnittsbildung oder einer fehlerhaften Zusammenfassungsentscheidung ergangen, löst auch das keine Bindungswirkung etwa derart aus, daß die Gemeinde – selbst wenn dazu mangels Entstehens der (sachlichen) Beitragspflichten für eine einzelne Erschließungsanlage noch Raum ist – gehalten wäre, einer Aufwandsermittlung nunmehr einen fehlerfrei gebildeten Abschnitt bzw. eine fehlerfreie Zusammenfassungsentscheidung zugrunde zu legen. Vielmehr kann die Gemeinde in einem solchen Fall grundsätzlich selbst dann auf die Aufwandsermittlung für eine einzelne Erschließungsanlage abstellen, wenn dies zu einer höheren Beitragspflicht des Herangezogenen führt und deshalb eine Nachforderung veranlaßt ist. Dem steht der bundes-(verfassungs)rechtliche Grundsatz des Vertrauensschutzes regelmäßig nicht entgegen (vgl. dazu im einzelnen § 10 Rdnrn. 18 ff.).

Der Regelungsgehalt des § 130 Abs. 2 BauGB – und das liegt in der Natur 15 der Sache – erschöpft sich nicht darin, eine Aufwandsermittlung auch für Abschnitte einer (beitragsfähigen) Erschließungsanlage oder für zwei (beitragsfähige) Erschließungsanlagen (Erschließungseinheit) zuzulassen. Gleichsam **zwangsläufige Folge** einer entsprechenden Entscheidung der Gemeinde ist, daß der für einen Abschnitt bzw. die eine Erschließungseinheit bildenden Erschließungsanlagen ermittelte Aufwand gemäß § 131 Abs. 1 Satz 1 BauGB

---

[33] Vgl. u.a. OVG Lüneburg, Beschluß v. 1. 3. 1979 – IX B 6/79 – ID 79, 176, sowie VGH Mannheim, Urteil v. 5. 11. 1985 – 14 S 1236/85 – a. a. O.

[34] BVerwG, Urteil v. 17. 1. 1982 – 8 C 12.81 – BVerwGE 64, 356 (359) = NVwZ 82, 620 = DÖV 82, 700.

[35] Ebenso u.a. VGH Kassel, Urteil v. 12. 4. 1989 – 5 UE 622/85 –.

[36] BVerwG, Urteil v. 26. 9. 1983 – BVerwG 8 C 27.82 – Buchholz 406.11 § 130 Nr. 27 S. 7 (8) = DÖV 84, 117.

auf die durch den Abschnitt bzw. die mehreren Erschließungsanlagen erschlossenen Grundstücke zu verteilen ist[37] und daß mit Blick auf jedes einzelne dieser Grundstücke die (sachliche) Beitragspflicht gemäß § 133 Abs. 2 BauGB erst entstehen kann, wenn der Abschnitt bzw. die zur Aufwandsermittlung zusammengefaßten Erschließungsanlagen endgültig hergestellt sind, der Erschließungsaufwand mit Eingang der letzten Unternehmerrechnung also feststellbar ist.[38] Solange beispielsweise bei einer Erschließungseinheit auch nur eine der beiden zur gemeinsamen Aufwandsermittlung zusammengefaßten Anlagen noch nicht den Herstellungsmerkmalen der Satzung entsprechend ausgebaut worden ist, kann – abgesehen von einer Aufwandsermittlung nach Einheitssätzen – der gemeinsame Aufwand noch nicht abschließend ermittelt werden, so daß eine Beitragspflicht mangels Bestimmbarkeit ihrer Höhe für alle erschlossenen Grundstücke noch nicht entstehen kann.[38]

16   Weitergehende Befugnisse etwa derart, daß die Gemeinde aus mehreren eine Erschließungseinheit bildenden Anlagen durch deren Zusammenfasung zur gemeinsamen Aufwandsermittlung und Abrechnung eine neue einzelne ("Super"-)Erschließungsanlage schaffen könnte, räumt § 130 Abs. 2 Satz 3 BauGB hingegen nicht ein. Sowohl der Wortlaut dieser Vorschrift als auch deren Stellung im Gesetz machen deutlich, daß sie sich nur auf die Aufwandsermittlung und die zuvor behandelten zwangsläufigen Folgen daraus bezieht, den Begriff der beitragsfähigen Erschließungsanlage i.S. des § 127 Abs. 2 BauGB jedoch unberührt läßt,[39] ja ihn als gegeben voraussetzt. Auch im Falle einer Entscheidung nach § 130 Abs. 2 Satz 3 BauGB bleiben daher die zur Aufwandsermittlung zusammengefaßten einzelnen Erschließungsanlagen als solche **rechtlich selbständige Anlagen** i.S. des § 127 Abs. 2 BauGB.[40] Das hat u. a. zur Folge, daß Eckgrundstücke ungeachtet einer Zusammenfassungsentscheidung Eckgrundstücke sind, weil sie jeweils von zwei rechtlich selbständigen Erschließungsanlagen erschlossen werden,[39] und daß unabhängig vom Zeitpunkt des Entstehens der Beitragspflichten für die Grundstücke, die durch eine andere der zu einer Erschließungseinheit zusammengefaßten Anlagen erschlossen werden, die Beitragspflichten für die Grundstücke, die von einer mangels Vorliegens der Voraussetzungen des § 125 Abs. 1 und 2 BauGB nicht rechtmäßig hergestellten Anlage erschlossen werden, erst entstehen, wenn ein Bebauungsplan nachträglich in Kraft getreten oder eine Zustimmungserklärung nachträglich erteilt worden ist (vgl. § 19 Rdnr. 14).

---

[37] Vgl. BVerwG, Urteil v. 9. 12. 1983 – 8 C 112.82 – Buchholz 406.11 § 130 BBauG Nr. 29 S. 19 (28 f.) = DVBl 84, 194 = ZMR 84, 103.

[38] Vgl. dazu BVerwG, u. a. Urteil v. 22. 8. 1975 – IV C 11.73 – BVerwGE 49, 131 (134 f.) = DÖV 76, 95 = BauR 76, 120.

[39] BVerwG, Urteil v. 9. 12. 1983 – 8 C 112.82 – Buchholz 406.11 § 130 BBauG Nr. 29 S. 19 (29) = DVBl 84, 194 = ZMR 84, 103.

[40] Ebenso u. a. Ernst in Ernst/Zinkahn/Bielenberg, BauGB, § 130 Rdnr. 17 g.

1. Einzelne Erschließungsanlage

§ 130 Abs. 2 Satz 1 BauGB bestimmt nicht ausdrücklich, daß insoweit als **17** räumliche Einheit für die Aufwandsermittlung nur einzelne *beitragsfähige* Erschließungsanlagen in Betracht kommen. Das ist jedoch unschädlich. Da die Aufwandsermittlung ausgerichtet ist auf den Erschließungsbeitrag und Erschließungsbeiträge ausschließlich für die im § 127 Abs. 2 BauGB genannten Anlagen erhoben werden können, ergibt sich zwangsläufig, daß § 130 Abs. 2 Satz 1 BauGB einzig auf beitragsfähige Erschließungsanlagen i. S. des § 127 Abs. 2 BauGB abhebt.

Eine Gesamtermittlung des Aufwands für mehrere Erschließungsanlagen **18** läßt das Gesetz grundsätzlich nur unter den Voraussetzungen des § 130 Abs. 2 Satz 3 BauGB zu. Deshalb darf eine vom Bauunternehmer vorgelegte Kostenabrechnung, die etwa mehrere, *keine* Erschließungseinheit bildende Straßen, d. h. mehrere einzelne Erschließungsanlagen umfaßt, der Aufwandsermittlung lediglich dort (und damit ganz ausnahmsweise) zugrunde gelegt werden, wo die tatsächlichen Verhältnisse bei allen Straßen so vollkommen gleich sind, daß trotz der gemeinsamen Kostenabrechnung der Aufwand für die einzelne Erschließungsanlage ermittelt wird.[41]

2. Abschnitte einer Erschließungsanlage

Der Erschließungsaufwand kann auch für „bestimmte Abschnitte einer **19** Erschließungsanlage ermittelt werden" (§ 130 Abs. 2 Satz 1 BauGB). Abschnitte sind **räumliche Teilstücke** von Erschließungsanlagen, die – ohne rechtlich selbständig zu sein – die Teileinrichtungen (bei einer Straße z. B. Fahrbahn, Gehwege, Beleuchtungsanlage usw.) aufweisen, die eine selbständige Anlage vergleichbarer Art üblicherweise hat. Die Befugnis, etwa eine Teilstrecke einer Anbaustraße als Abschnitt für die Aufwandsermittlung zu verselbständigen, setzt das **Vorhandensein** dieser Straße, d. h. die erfolgte Anlegung einer **weitergehenden**, in der Länge teilbaren Erschließungsanlage voraus.[42]

Eine – nur bis zum Zeitpunkt des Entstehens der sachlichen Beitragspflich- **20** ten für die Gesamtanlage zulässige[43] (vgl. Rdnrn. 1 f.) – Abschnittsbildung unterscheidet sich von einer Kostenspaltung (vgl. dazu § 20 Rdnrn. 1 ff.) im Gegenstand und in der Funktion. Während erstere sich auf **alle** Teileinrichtungen (Teilanlagen) eines Teilstücks (einer Teilstrecke) einer Anlage bezieht,

---

[41] BVerwG, u. a. Urteil v. 16. 3. 1970 – IV C 69.68 – Buchholz 406.11 § 133 BBauG Nr. 35 S. 13 (15) = DVBl 70, 838 = ZMR 70, 255.
[42] BVerwG, Urteil v. 25. 2. 1994 – 8 C 14.92 – DVBl 94, 812 = NVwZ 94, 913 = ZMR 94, 433.
[43] BVerwG, u. a. Urteil v. 9. 12. 1983 – 8 C 112.82 – BVerwGE 68, 249 (258 f.) = DVBl 84, 194 = NVwZ 84, 437.

also auf eine Gegenstandsteilung ausgerichtet ist, erfaßt die Kostenspaltung **eine** oder mehrere Teileinrichtungen der Anlage in deren gesamtem Umfang und zielt ab auf eine vorzeitige Beitragserhebung für diese. Im Falle der Abschnittsbildung wird der Erschließungsaufwand – abgesehen vom Gemeindeanteil – für alle Teileinrichtungen auf nur die von diesem Abschnitt der Anlage erschlossenen Grundstücke umgelegt, hingegen wird bei der Kostenspaltung der Aufwand für eine oder mehrere Teileinrichtungen abgetrennt und auf alle Anlieger der gesamten Anlage verteilt. Bei einer Kostenspaltung für Teileinrichtungen lediglich eines Abschnitts werden die dafür entstandenen Kosten auf die Anlieger ausschließlich dieses Abschnitts umgelegt.[44] Allerdings kann der Erschließungsaufwand nicht hinsichtlich verschiedener Teileinrichtungen (z. B. Fahrbahn einerseits und Gehwege andererseits) für unterschiedlich lange, einander überschneidende Abschnitte im Wege der Kostenspaltung erhoben werden.[45]

21   Der Gesetzgeber des Baugesetzbuchs hat den zuvor geltenden § 130 Abs. 2 BBauG insoweit **geändert**, als er dem Satz 1 dieser Vorschrift einen Satz 2 angefügt hat, der sich näher zur Abschnittsbildung verhält. Dieser Satz 2 des § 130 Abs. 2 BauGB nennt zwei alternative Gruppen von Anknüpfungspunkten für die Bildung von Abschnitten, d. h. dafür, eine (beitragsfähige) Erschließungsanlage in räumliche Teilstücke aufteilen und jedes Teilstück **abrechnungsmäßig** verselbständigen zu dürfen. Er gestattet zum einen eine Abschnittsbildung „nach örtlich erkennbaren Merkmalen"; als solche kommen Querstraßen, Straßeneinmündungen, Plätze, Brücken, Wasserläufe sowie das Ende des bebauten Geländes oder die Baugebietsgrenze in Betracht. Und er erlaubt zum anderen eine Abschnittsbildung nach rechtlichen Gesichtspunkten und bezeichnet als solche „z. B. Grenzen von Bebauungsplangebieten, Umlegungsgebieten, förmlich festgelegten Sanierungsgebieten"; insoweit kann ferner etwa an die Grenze eines Gebiets gedacht werden, in dem einem Erschließungsunternehmer gemäß § 124 Abs. 1 BauGB die Durchführung der Erschließung durch Vertrag übertragen worden ist.[46] Ist ein Abschnitt auf der Grundlage solcher Begrenzungsmerkmale gebildet worden, ist es unschädlich, wenn für die Beschreibung dieses Abschnitts im Bemühen um größte Genauigkeit Katasterbezeichnungen von Anliegergrundstücken benutzt werden.[47]

22   Wird als Grenze eines Abschnitts z. B. eine einmündende Straße gewählt, ist es ausreichend, wenn in dem – grundsätzlich erforderlichen (vgl. Rdnr. 12) –

---

[44] Vgl. dazu BVerwG, Urteil v. 11. 12. 1970 – IV C 24.69 – ZMR 71, 287 = GemTg 71, 186 = KStZ 72, 12.

[45] BVerwG, Urteil v. 4. 10. 1974 – IV C 9.73 – BVerwGE 47, 64 (70 ff.) = NJW 75, 323 = DVBl 75, 375.

[46] Vgl. dazu sowie zu einem "Zwangsabschnitt" im Zusammenhang mit der durch einen Schienenweg bewirkten Kreuzung OVG Lüneburg, Urteil v. 20. 11. 1989 – 9 A 5/88 – KStZ 90, 173 = NVwZ-RR 90, 438.

[47] VGH Kassel, Urteil v. 12. 4. 1989 – 5 UE 622/85 –.

Ratsbeschluß die jeweilige Straße als Merkmal der Begrenzung namentlich bezeichnet wird; einer weiteren Angabe über die genaue Grenzziehung (etwa durch Angabe von Grundstücks-, Widmungs- und Ausbaugrenzen sowie des Standorts von Verkehrszeichen) bedarf es nicht.[48] In einem solchen Fall orientiert sich die Grenzziehung, sofern der Rat nicht ausdrücklich etwas anderes beschlossen hat, „an der Mittelachse der einmündenden Straße".[49] Mündet die betreffende Straße schiefwinkelig ein, ist die Grenzziehung an der Mittelachse dieser Straße derart vorzunehmen, daß die Grenze des Abschnitts durch eine von dem Punkt, in dem die Mittelachse auf die aufnehmende Straße trifft, rechtwinklig zur Begrenzungslinie der letzteren Straße verlaufende Gerade gebildet wird.[48]

Unabhängig vom Vorliegen eines der zuvor bezeichneten Begrenzungs- **23** merkmale muß z. B. eine Straßenteilstrecke – um als Abschnitt abrechnungsmäßig verselbständigt werden zu können – grundsätzlich eine gewisse **eigenständige Bedeutung** als Verkehrsanlage haben; sie muß von ihrem Umfang her – gleichsam stellvertretend – "Straße" sein können, so daß es grundsätzlich – sofern nicht besondere Umstände, namentlich die in Satz 2 des § 130 Abs. 2 BauGB genannten rechtlichen Gesichtspunkte etwas anderes ausnahmsweise rechtfertigen – ausgeschlossen ist, daß ein Straßenteilstück vor einem einzelnen Grundstück ein Abschnitt ist.[50] Überdies muß die Teilstrecke – um Abschnitt i. S. des § 130 Abs. 2 Satz 2 BauGB sein zu können – Teil einer beitragsfähigen Erschließungsanlage sein können,[51] darf also nicht im Außenbereich verlaufen.

Sowohl die grundsätzliche Forderung einer gewissen selbständigen Bedeu- **24** tung als auch das Verlangen einer optisch erkennbaren oder aus Rechtsgründen gleichsam vorgegebenen Begrenzung des Abschnitts sind letzten Endes darauf ausgerichtet, **willkürliche Abschnittsbildungen zu verhindern**; die Zulässigkeit einer Abschnittsbildung findet eine bundesrechtliche Schranke im Willkürverbot.[52] Dies führt dazu, daß es der Gemeinde grundsätzlich, d. h. soweit nicht Abweichendes aus besonders gewichtigen Rechtsgründen ausnahmsweise angezeigt ist, verwehrt ist, eine Teilstrecke als Abschnitt abzurechnen, wenn für die so gebildeten Anliegergruppen oder für einzelne Anlieger trotz im wesentlichen gleicher Vorteilssituation infolge der Abschnittsbildung erheblich un-

---

[48] BayVGH, Urteil v. 22. 10. 1992 – 6 B 89.3052 – BayVBl 93, 469.

[49] OVG Münster, Urteil v. 13. 12. 1990 – 2 A 751/87 – KStZ 91, 193 = NWVBl 91, 245 = HSGZ 91, 305.

[50] Vgl. BVerwG, u. a. Urteil v. 3. 5. 1974 – IV C 31.72 – Buchholz 406.11 § 128 BBauG Nr. 15 S. 29 (34) = GemTg 74, 304 = ZMR 75. Insbesondere durch diese Forderung soll eine sog. Atomisierung des Begriffs "Abschnitte einer Erschließungsanlage" vermieden werden. Siehe zum Verbot einer "atomisierenden" Kostenspaltung u. a. BVerwG, Urteil v. 10. 6. 1981 – 8 C 20.81 – BVerwGE 62, 308 (316) = NVwZ 82, 246 = ZMR 82, 246.

[51] BVerwG, Urteil v. 27. 9. 1982 – 8 C 145.81 – Buchholz 406.11 § 130 BBauG Nr. 26 S. 1 (6) = DVBl 83, 135 = KStZ 83, 95.

[52] Vgl. BVerwG, u. a. Urteile v. 29. 5. 1968 – IV C 23.66 – KStZ 69, 57 = ZMR 68, 277 = DWW 68, 340, und v. 11. 12. 1970 – IV C 24.69 – ZMR 71, 287 = GemTg 71, 186 = KStZ 72, 12.

terschiedliche Beitragslasten anfallen. Das Eingreifen dieser Sperre ist abhängig vom Vorliegen von **zwei** Voraussetzungen: Bereits im Zeitpunkt der Abschnittsbildung muß – erstens – das Entstehen in der Höhe erheblich unterschiedlicher Beitragslasten erkennbar sein, und zwar bei – zweitens – im wesentlichen gleicher Vorteilssituation der Anliegergruppen. Fehlt es an einer dieser Voraussetzungen, ist eine Abschnittsbildung trotz unterschiedlicher Beitragslasten unbedenklich.[53]

25   Vor diesem Hintergrund stößt eine Abschnittsbildung auf Bedenken, wenn bei einer Anbaustraße, die aus einem Hauptzug und einem von diesem abzweigenden (erschließungsrechtlich) unselbständigen öffentlichen befahrbaren Stichweg besteht, der Aufwand für die Herstellung des Stichwegs (wegen dessen geringer Breite sowie etwa fehlender Gehwege usw.) im Verhältnis zum Aufwand des Hauptzugs derart gering ist, daß die abschnittsweise Abrechnung zur Folge hätte, daß die Anlieger des Stichwegs erheblich niedriger und die Anlieger des Hauptzugs entsprechend höher belastet würden als es der Fall wäre, wenn die beiden Abschnitte (Hauptzug und Stichweg) nach ihrer endgültigen Herstellung insgesamt abgerechnet würden; trifft das zu, ist die abrechnungsmäßige Verselbständigung von Teilstrecken unzulässig.[54] Gleiches gilt – bei einer Aufwandsermittlung nach den tatsächlich entstandenen Kosten –, wenn die Eigentümer der Grundstücke, die an dem zunächst fertiggestellten Abschnitt liegen, mit besonderen Aufwendungen belastet würden, die für den noch nicht ausgebauten Abschnitt nicht anfallen werden, z.B. weil der erste Abschnitt mit besonderen Teileinrichtungen (etwa Parkstreifen) versehen ist, die für den zweiten nicht geplant sind, aber auch den Eigentümern der an diesem Abschnitt liegenden Grundstücke demnächst zugute kommen werden.[55] Zu nicht zu vertretenden und in diesem Sinne willkürlichen Beitragserhebungen führt eine Abschnittsbildung auch, wenn die Herstellung des ersten Straßenabschnitts außergewöhnliche Kosten verursacht hat, die für den noch fehlenden Straßenabschnitt in dieser Höhe nicht angefallen sind oder anfallen werden, beispielsweise weil nur für den ersten Straßenabschnitt felsiger Untergrund zu bearbeiten war oder Gebäude abzureißen waren oder hier die Fahrbahn oder die Gehwege wesentlich breiter sind. Unzulässig wäre eine solche Abschnittsbildung, weil das für die Anlieger des ersten Straßenabschnitts zu einer unverhältnismäßig stärkeren Belastung führen würde als für die Anlieger des folgenden Abschnitts – und dies nur als Folge der Abschnittsbildung.[55]

---

[53] OVG Lüneburg, Beschluß v. 18. 3. 1992 – 9 M 899/92 – KStZ 92, 172.
[54] Vgl. BVerwG, Urteil v. 9. 11. 1984 – 8 C 77.83 – BVerwGE 70, 247 (252 ff.) = DVBl 85, 297 = ZMR 85, 139.
[55] OVG Münster, Urteil v. 23. 8. 1972 – III A 1197/70 – GemTg 73, 198 = Städtetag 73, 336; vgl. zum entsprechenden Fall der Bildung eines Abschnitts aus der Teilstrecke einer Straße, an der sich eine Grünanlage befindet, BVerwG, Urteil v. 16. 3. 1970 – IV C 69.68 – Buchholz 406.11 § 133 BBauG Nr. 35 S. (16) = DVBl 70, 838 = ZMR 70, 225.

Die Abrechnungsabschnitte brauchen sich nicht unbedingt mit Bauab- 26
schnitten zu decken, wenn eine Orientierung z. B. an der Gemarkungsgrenze
bzw. an sonstigen Gegebenheiten willkürliche Unterschiede hinsichtlich der
Kostenbelastung verhindert.[56] Jedenfalls kann eine als Gesamtheit hergestellte Erschließungsanlage grundsätzlich nicht rechnerisch in Teilabschnitte zerlegt werden, um deren (unterschiedliche) Kosten auf die Eigentümer nur der
vom jeweiligen Abschnitt erschlossenen Grundstücke zu verteilen.[57]

Ist eine Anbaustraße vor Inkrafttreten des Bundesbaugesetzes teilweise 27
ausgebaut und damals nach dem maßgeblichen Landesrecht (Anliegerbeitragsrecht) im Wege zulässiger Abschnittsbildung abgerechnet worden, ist
der Ausbau und die Abrechnung der **Reststrecke** als Abschnitt i. S. des § 130
Abs. 2 Satz 1 BauGB unbedenklich. Insoweit ist von der vorgegebenen Abschnittsbildung auszugehen, so daß der Gemeinde nunmehr kein Entscheidungsspielraum verbleibt. Bundes(verfassungs)recht könnte von der seinerzeitigen Abschnittsbildung allenfalls berührt sein, wenn sie, da nunmehr allein die Anlieger der Reststrecke deren etwa wegen der Anlegung einer Wendeplatte höhere Herstellungskosten anteilig zu tragen haben, zu einer mit
Verfassungsgrundsätzen (Übermaßverbot) nicht zu vereinbarenden und in
diesem Sinne willkürlichen Mehrbelastung jedes einzelnen dieser Anlieger
führte,[58] was jedoch nur in seltenen Ausnahmefällen anzunehmen sein dürfte.
Entsprechendes gilt, wenn eine Gemeinde eine Reststrecke einer Anbaustraße
z. B. deshalb als Abschnitt endgültig herstellen und abrechnen muß, weil ein
Erschließungsunternehmer aufgrund eines Erschließungsvertrags die erste
Teilstrecke hergestellt hat.

Grenzt ein Grundstück **an zwei** (z. B. im Hinblick auf eine dem Grund- 28
stück gegenüberliegende Straßenmündung zulässigerweise gebildete) **Abschnitte** und wird es von beiden Abschnitten erschlossen, ist diesem Umstand
bei der Verteilung des für die beiden Abschnitte (gleichzeitig oder zeitlich
aufeinanderfolgend) entstandenen Aufwands dadurch Rechnung zu tragen,
daß das Grundstück *rechnerisch* geteilt und jeweils nur mit dem Anteil an den
sich aus der einschlägigen Satzungsbestimmung ergebenden "Verteilungswerten" berücksichtigt wird, der dem Verhältnis der Frontlängen an dem einen
und dem anderen Abschnitt entspricht.[47] Gleiches ist für ein Hinterliegergrundstück anzunehmen: Mündet der eine Verbindung zwischen der betreffenden Anbaustraße und dem Hinterliegergrundstück vermittelnde "Weg" in
zwei (zulässigerweise gebildete) Abschnitte, kommt eine rechnerische Aufteilung der auf das Hinterliegergrundstück entfallenden "Verteilungswerte" im
Verhältnis der Frontlängen des Verbindungswegs an dem abzurechnenden

---

[56] BVerwG, Urteil v. 29. 5. 1968 – IV C 23.66 – KStZ 69, 57 = ZMR 68, 277 =
DWW 68, 340.
[57] OVG Münster, Urteil v. 21. 10. 1964 – III A 1317/62 – Ns Gemeinde 65, 188 =
BB 65, 609.
[58] Vgl. BVerwG, Urteil v. 21. 4. 1982 – 8 C 61.81 – Buchholz 406.11 § 131 BBauG
Nr. 49 S. 55 (57f.) = DVBl 82, 1052 = DÖV 82, 992.

und dem von der Abrechnung nicht betroffenen Abschnitt der Erschließungsanlage in Betracht.[59] Dagegen ist für eine solche rechnerische Aufteilung **kein** Raum, wenn ein Grundstück an **zwei** sich aneinander anschließende selbständige Anbaustraßen grenzt[60] (vgl. § 17 Rdnr. 27).

29   Will eine Gemeinde mit der Beitragserhebung für eine insgesamt endgültig hergestellte Straße nicht bis zu deren vollständiger Widmung für den öffentlichen Verkehr warten, steht es in *geeigneten* Fällen in ihrem Ermessen, sich mit der Bildung – bereits gewidmeter – Abschnitte zu behelfen. Tut sie dies nicht, ist es jedenfalls rechtsfehlerhaft, wenn ein Gericht den insoweit der Gemeinde gegebenen Ermessensspielraum nicht beachtet und selbst in vermeintlicher Rechtsanwendung einen solchen Abschnitt bildet, um auf diese Weise eine noch nicht beitragsfähige Straße wenigstens zum Teil beitragsfähig zu machen.[61]

30   Die Beantwortung der Frage, welche **Erwägungen** die Gemeinde in ihre **Ermessensentscheidung** für oder gegen eine Abschnittsbildung einstellen darf, richtet sich nach dem vom Gesetzgeber mit der Abschnittsbildung verfolgten **Zweck.** Nach dem Willen des Gesetzgebers stellt die Abschnittsbildung – ebenso wie die Kostenspaltung und die Vorausleistungserhebung – ein im Interesse der Finanzsituation der Gemeinden zugelassenes Vorfinanzierungsinstitut dar. Deshalb haben sich Ermessenserwägungen grundsätzlich auf diese **Vorfinanzierungsfunktion** zu beschränken, d. h. hat sich die Gemeinde bei ihrer Entscheidung über eine Abschnittsbildung in erster Linie an ihrer Haushaltslage zu orientieren. Dagegen ist im Rahmen dieser Ermessensentscheidung kein Raum für Erwägungen darüber, ob sich eine abschnittsweise Abrechnung günstiger für die betroffenen Grundstückseigentümer auswirkt; es ist daher auch nicht angezeigt, vor der Entscheidung über die Abschnittsbildung eine (Vergleichs-)Berechnung aufzustellen, aus der sich ergibt, welche Beitragsbeträge auf die einzelnen Grundstücke bei einer Abrechnung nur eines Abschnitts und welche bei einer Abrechnung der gesamten Anlage entfallen würden.[62]

31   Die Abschnittsbildung hat – ebenso wie die Zusammenfassung mehrerer eine Erschließungseinheit bildender Anlagen – praktische Bedeutung nahezu ausschließlich für befahrbare Verkehrsanlagen; die Vorschrift des § 130 Abs. 2 BauGB ist eindeutig ausgerichtet auf diese Art von Erschließungsanlagen. Jedenfalls theoretisch aber kommt auch eine Abschnittsbildung etwa bei selbständigen Grünanlagen oder Immissionsschutzanlagen in Betracht. Bei ersteren können neben den in § 130 Abs. 2 Satz 2 BauGB genannten Merk-

---

[59] Ebenso VGH Mannheim, Urteil v. 3. 9. 1987 – 2 S 6/87 – VBlBW 89, 305.
[60] BVerwG, Urteil v. 22. 4. 1994 – 8 C 18.92 – ZMR 94, 339 = HSGZ 94, 307 = NVwZ-RR 94, 539; a. A. VGH Mannheim, Urteil v. 3. 2. 1994 – 2 S 2961/92 –.
[61] BVerwG, Urteil v. 21. 1. 1977 – IV C 84–92.74 – Buchholz 406.11 § 131 BBauG Nr. 20 S. 20 (24) = NJW 77, 140 = GemTg 77, 134.
[62] A. A. zumindest in der Tendenz OVG Hamburg, Urteil v. 1. 12. 1992 – Bf VI 101/90 – KStZ 93, 217.

malen durch sie hindurchführende Wege oder Gewässer geeignete Abgrenzungen sein.

3. Mehrere Erschließungsanlagen (Erschließungseinheit)

§ 130 Abs. 2 Satz 3 BauGB ermächtigt die Gemeinden dann, wenn „mehre- 32
re Anlagen ... für die Erschließung der Grundstücke eine Einheit bilden",
den „Erschließungsaufwand insgesamt" zu ermitteln. Voraussetzung für eine
gemeinsame Aufwandsermittlung und Abrechnung oder genauer: für die
Entscheidung einer Gemeinde, mehrere Anlagen – und/oder Abschnitte[63] –
zur gemeinsamen Aufwandsermittlung und Abrechnung zusammenzufassen,
ist das Vorliegen einer von **diesen Anlagen** (Abschnitten) zur Erschließung der
Grundstücke **gebildeten Einheit.** Mit diesem Inhalt ist § 130 Abs. 2 Satz 3
BauGB als eine sog. **Kopplungsvorschrift** zu qualifizieren, d.h. eine Vorschrift, die durch einen unbestimmten Rechtsbegriff ("Erschließungs"-Ein-
heit) und ein Rechtsfolgeermessen geprägt ist. Ohne Bedeutung ist in diesem
Zusammenhang indes, ob die in Rede stehenden Erschließungsstraßen in
ihren Teileinrichtungen übereinstimmen.[64]

Zentrale Bedeutung im Rahmen des § 130 Abs. 2 Satz 3 BauGB kommt 33
mithin dem Begriff "(Erschließungs-)Einheit" zu. Von einer solchen Einheit
kann nur **ausnahmsweise** dann die Rede sein, wenn mehrere (in der Regel:
zwei, vgl. Rdnr. 38) in der Örtlichkeit **tatsächlich vorhandene** Anlagen derart
voneinander „abhängen, daß die Grundstücke erst durch die Gesamtheit dieser Anlagen erschlossen werden".[65] Daran anknüpfend hat das Bundesverwaltungsgericht u.a. bereits im Urteil vom 3. November 1972[66] erkannt,
mehrere einzelne Erschließungsanlagen bildeten zur Erschließung der
Grundstücke eine (Erschließungs-)Einheit, wenn sie ein System darstellten,
das gekennzeichnet sei durch einen Funktionszusammenhang zwischen den
einzelnen Anlagen, „der sie, mehr als es für das Verhältnis von Erschließungsanlagen untereinander üblicherweise zutrifft, zueinander in Beziehung
setzt und insofern voneinander **abhängig** macht". Eine Erschließungseinheit
setzt – mit anderen Worten – die **funktionelle Abhängigkeit** selbständiger Erschließungsanlagen voneinander voraus.[67]

Abgesehen von der Entstehungsgeschichte des § 130 Abs. 2 Satz 3 BauGB 34
zwingt insbesondere das mit dieser Regelung verfolgte **gesetzgeberische Ziel**

---

[63] BVerwG, u.a. Urteil v. 21. 9. 1979 – 4 C 55.76 – Buchholz 406.11 § 130 BBauG
Nr. 24 S. 23 (24) = KStZ 80, 110 = DÖV 80, 833.
[64] VGH Kassel, Urteil v. 4. 4. 1990 – 5 UE 292/87 – GemHH 91, 164 = HSGZ 91,
109.
[65] Vgl. Begründung des Vorschlags zur Fassung des späteren § 130 Abs. 2 Satz 2
BBauG im Ausschußbericht, BT-Drucksache III/*zu* 1794, S. 25.
[66] BVerwG, Urteil v. 3. 11. 1972 – IV C 37.71 – Buchholz 406.11 § 130 BBauG
Nr. 13 S. 24 (25f.) = DVBl 73, 501 = KStZ 73, 135 mit weiteren Nachweisen.
[67] Vgl. zur Erschließungseinheit u.a. auch Pape in BauR 89, 7ff.

i. V. m. § 131 Abs. 1 Satz 1 BauGB und dem **Vorteilsprinzip**, eine derartige funktionelle Abhängigkeit zu fordern und damit den Anwendungsbereich des § 130 Abs. 2 Satz 3 BauGB im Ergebnis auf (relativ wenige) Ausnahmefälle zu beschränken. Durch diese Regelung – so hat das Bundesverwaltungsgericht im Urteil vom 11. Oktober 1985[68] seine diesbezügliche Ansicht begründet – habe der Gesetzgeber insbesondere für den Fall, daß die Herstellung von zwei selbständigen beitragsfähigen Erschließungsanlagen unterschiedlich hohe Aufwendungen verursacht, die Möglichkeit eröffnet, auch die Grundstücke anteilig an den Kosten der aufwendigeren Anlage zu beteiligen, die durch diese Anlage als solche nicht im Sinne des § 131 Abs. 1 Satz 1 BauGB erschlossen werden; Sinn der Zusammenfassung von Anlagen zur gemeinsamen Aufwandsermittlung und -verteilung sei, daß die durch die einzelnen zusammengefaßten Anlagen jeweils erschlossenen Grundstücke teils geringer, teils stärker mit Beiträgen belastet werden, als dies bei der einzelnen Abrechnung der Anlagen der Fall wäre. Eine solche zu Lasten der nicht durch die aufwendigere Erschließungsanlage erschlossenen Grundstücke gehende **Nivellierung** der Beitragshöhe sei indes mit dem das Erschließungsbeitragsrecht prägenden Vorteilsprinzip nur vereinbar, wenn die betroffenen Grundstücke auch von der aufwendigeren Anlage einen nennenswerten, über den Gemeinvorteil hinausgehenden **Sondervorteil** hätten, und zwar einen Sondervorteil, der zusammen mit dem von der preiswerteren Anlage ausgelösten Sondervorteil (also insgesamt) in etwa dem Sondervorteil gleiche, der den durch die aufwendigere Anlage erschlossenen Grundstücken vermittelt werde. Das aber könne nur angenommen werden, wenn von den durch die preiswertere Anlage erschlossenen Grundstücken aus erfahrungsgemäß die aufwendigere Anlage deshalb in **besonderem Umfang in Anspruch genommen** werde, weil die beiden Anlagen einander nicht nur – wie es typischerweise für alle Erschließungsanlagen eines Baugebiets angesichts ihrer Zweckbestimmung, die bauliche Nutzung der Grundstücke zu ermöglichen oder zu erleichtern, mehr oder weniger zutreffe – ergänzten, sondern sie in einer derartigen Beziehung zueinander stünden, daß die eine (preiswertere) Anlage ihre Funktion **nur im Zusammenwirken** mit der anderen (aufwendigeren) Anlage in vollem Umfang zu erfüllen geeignet sei.

35   Vor dem Hintergrund der dargestellten Betrachtungsweise, die ausschlaggebend abstellt darauf, daß von den Grundstücken an der preiswerteren "Nebenstraße" aus die aufwendigere "Hauptstraße" in vergleichbarem Umfang in Anspruch genommen wird wie von den an der "Hauptstraße" gelegenen Grundstücken aus, drängt sich die Annahme auf, die Rechtmäßigkeit einer gemeindlichen Entscheidung, eine Hauptstraße und eine von ihr funktionell abhängige Nebenstraße zur gemeinsamen Aufwandsermittlung und -verteilung zusammenzufassen, setze voraus, daß die im Zeitpunkt dieser Entschei-

---

[68] BVerwG, Urteil v. 11. 10. 1985 – 8 C 26.84 – BVerwGE 72, 143 (150 f.) = DVBl 86, 347 = KStZ 86, 11.

dung ermittelbaren Daten die Prognose erlauben, die gemeinsame Abrechnung werde im Vergleich zu einer Einzelabrechnung der Hauptstraße jedenfalls nicht zu einer Mehrbelastung der durch diese Anlage erschlossenen Grundstücke führen.[69]

Eine funktionelle Abhängigkeit in dem zuvor erwähnten Sinne „kann nur 36 angenommen werden, wenn Erschließungsstraßen in einer derartigen Beziehung zueinander stehen, daß eine Anlage ihre Funktion lediglich im Zusammenwirken mit einer bestimmten anderen Anlage in vollem Umfang zu erfüllen geeignet ist, d. h. wenn **ausschließlich** die letztere Anlage der ersteren die Anbindung an das übrige Straßennetz der Gemeinde vermittelt." An ihr fehlt es deshalb bei Straßen, bei denen „der Anschluß an das weiterführende Straßennetz der Gemeinde **nicht** ausschließlich über eine einzige" der Anbaustraßen des betreffenden Gebiets erfolgt, sondern von denen „aus zumindest zwei Möglichkeiten (bestehen), das übrige Straßennetz der Gemeinde zu erreichen."[70]

In dem bezeichneten funktionellen Abhängigkeitsverhältnis zueinander 37 stehen typischerweise eine Hauptstraße und eine von ihr abzweigende, erschließungsrechtlich **selbständige**, zum Anbau bestimmte **Sackgasse**, die ihre Funktion, die bauliche Nutzung der anliegenden Grundstücke und deren Anbindung an das Verkehrsnetz der Gemeinde zu ermöglichen, nur in Verbindung mit der Hauptstraße erfüllen kann. Entsprechendes gilt für eine Straße, die von einer anderen Straße abzweigt und nach **ringförmigem Verlauf wieder in sie einmündet. Hingegen kann von einer solchen Abhängigkeit keine** Rede sein bei zwei selbständigen Grünanlagen[68] oder bei zwei selbständigen Parkflächen i. S. des § 127 Abs. 2 Nr. 4 BauGB. Solche Anlagen können daher nicht zur gemeinsamen Aufwandsermittlung nach § 130 Abs. 2 Satz 3 BauGB zusammengefaßt werden; gleiches dürfte grundsätzlich auch für Immissionsschutzanlagen zutreffen (vgl. dazu, ob **verschiedene** Arten von beitragsfähigen Erschließungsanlagen, namentlich etwa Anbaustraßen und Wohnwege i. S. des § 127 Abs. 2 Nr. 2 BauGB, zur gemeinsamen Aufwandsermittlung zusammengefaßt werden dürfen, Rdnr. 40 f.).

Eine Erschließungseinheit besteht in aller Regel aus **lediglich zwei** selbstän- 38 digen Anbaustraßen. Mehrere selbständige Sackgassen, die jeweils von der gleichen Hauptstraße abzweigen, bilden mangels funktioneller Abhängigkeit voneinander **keine** Erschließungseinheit und können deshalb nicht mit der Hauptstraße zur gemeinsamen Aufwandsermittlung und -verteilung zusammengefaßt werden. Mangels eines funktionellen Abhängigkeitsverhältnisses etwa der (selbständigen) Sackgasse A von der (selbständigen) Sackgasse B fehlt es an einer Rechtfertigung, die einzig durch die A-Straße i. S. des § 131

---

[69] Vgl. so BVerwG, u. a. Urteil v. 22. 5. 1992 – 8 C 57.90 – BVerwGE 90, 208 (210 f.) = DVBl 92, 1107 = NVwZ 93, 1201.
[70] BVerwG, Beschluß v. 7. 7. 1989 – 8 B 73.89 –, ebenso u. a. Urteil v. 22. 5. 1992 – 8 C 4.92 – ZMR 92, 405 = HSGZ 92, 351 = NVwZ 93, 1202.

Abs. 1 Satz 1 BauGB erschlossenen Grundstücke anteilig mit dem für die Herstellung der B-Straße entstandenen umlagefähigen Erschließungsaufwand zu belasten. Das Bundesverwaltungsgericht hat diese Ansicht im Urteil vom 25. Februar 1994[71] wie folgt begründet:

39   § 131 Abs. 1 Satz 1 BauGB ordne nicht nur eine Beteiligung der Grundstücke an der Verteilung des für die Herstellung einer bestimmten Erschließungsanlage angefallenen umlagefähigen Erschließungsaufwands an, die durch diese Anlage erschlossen werden, sondern er schütze zugleich die Grundstücke vor einer entsprechenden Beteiligung, auf die dies nicht zutreffe. Durch eine gemeinsame Aufwandsermittlung und -verteilung nach § 130 Abs. 2 Satz 3 BauGB werde den einzig durch die jeweils andere Erschließungsanlage erschlossenen Grundstücken der ihnen anderenfalls durch § 131 Abs. 1 Satz 1 BauGB vermittelte Schutz genommen; die gemeinsame Abrechnung führe zu einer Abweichung von der durch § 131 Abs. 1 Satz 1 BauGB begründeten Regel, daß an der Verteilung des für eine bestimmte beitragsfähige Erschließungsanlage entstandenen umlagefähigen Aufwands lediglich die Grundstücke zu beteiligen seien, die durch diese Anlage erschlossen werden. Diese Abweichung bedürfe einer Rechtfertigung, und diese Rechtfertigung lasse sich im Rahmen des auf den Ausgleich eines wirtschaftlichen Vorteils ausgerichteten Erschließungsbeitragsrechts ausschließlich aus dem Vorteilsprinzip herleiten. Die Beteiligung der Anlieger einer (preisgünstigeren) Nebenstraße auch an den Kosten für die erstmalige Herstellung einer (aufwendigeren) Hauptstraße sei ungeachtet des mangelnden Erschlossenseins durch diese Anlage vom Vorteilsprinzip gedeckt, wenn angenommen werden dürfe, dem Anlieger der Nebenstraße werde durch die Herstellung der Hauptstraße deshalb ein dem Anlieger an der Hauptstraße im Ansatz vergleichbarer Sondervorteil vermittelt, weil die Hauptstraße erfahrungsgemäß von den Anliegern der Nebenstraße in einem der Benutzung dieser Anlage durch die Anlieger der Hauptstraße vergleichbaren Umfang in Anspruch genommen werde. Das aber sei ausschließlich der Fall, wenn der Anlieger der Nebenstraße – wie der Anlieger der Hauptstraße – die aufwendigere Hauptstraße benutzen müsse, um das übrige Straßennetz der Gemeinde zu erreichen. Fehle es – wie bei dem zuvor gebildeten Beispiel im Verhältnis der A-Straße und der B-Straße untereinander – an einem derartigen „Benutzungszwang“, fehle es an einer vom Vorteilsprinzip gedeckten Rechtfertigung für eine Abweichung von der Regel des § 131 Abs. 1 Satz 1 BauGB und sei deshalb eine gemeinsame Abrechnung unzulässig.

40   Grundsätzlich ebenfalls **nicht** ”zusammenfassungsfähig“ sind **unterschiedliche Arten** von beitragsfähigen Erschließungsanlagen. Deshalb kann beispielsweise eine selbständige Grünanlage (eine selbständige Parkfläche) selbst dann nicht mit einer Anbaustraße zur gemeinsamen Aufwandsermittlung und Ab-

---

[71] BVerwG, Urteil v. 25. 2. 1994 – 8 C 14.92 – DVBl 94, 812 = NVwZ 94, 913 = ZMR 94, 433.

rechnung zusammengefaßt werden, wenn diese die einzige zu ihr führende Verkehrsanlage ist und somit jedenfalls die Grünanlage von dieser Anbaustraße "abhängig" ist, also insoweit ein – wenn auch einseitiger – qualifizierter Funktionszusammenhang besteht.[72] Da eine Anbaustraße einen anderen Kreis von Grundstücken erschließt als eine Grünanlage (vgl. § 17 Rdnrn. 50 ff. und 90 ff.), hätte ihre Zusammenfassung zur Folge, daß einem Teil der Beitragspflichtigen, nämlich dem Teil, dessen Grundstücke an die Straße grenzen, durch die beiden Anlagen sowohl die Bebaubarkeit ihrer Grundstücke und deren Anschluß an das öffentliche Verkehrsnetz als auch eine erschließungsbeitragsrechtlich relevante Inanspruchnahmemöglichkeit der Grünanlage vermittelt, einem anderen Teil aber lediglich diese Inanspruchnahmemöglichkeit geboten würde, weil insoweit keine unmittelbare Verbindung von der Straße zum Grundstück besteht. Bei einer derart unterschiedlichen Vorteilssituation aber ist eine Zusammenfassung zur gemeinsamen Aufwandsermittlung und Abrechnung **nicht mehr gerechtfertigt.**[73] Entsprechendes gilt für die Zusammenfassung einer Immissionsschutzanlage mit einer Anbaustraße sowie einer – ausnahmsweise – beitragsfähigen Sammelstraße i.S. des § 127 Abs. 2 Nr. 3 BauGB mit Anbaustraßen; letzteres kann nur in Betracht kommen, wenn der Kreis der von der Sammelstaße erschlossenen Grundstücke identisch ist mit dem, der von den einbeziehbaren Anbaustraßen erschlossen wird.[74]

Überdies ist es nicht zulässig, einen **Wohnweg** i.S. des § 127 Abs. 2 Nr. 2 **41** BauGB (vgl. zum Begriff des Wohnwegs i.S. dieser Vorschrift § 12 Rdnrn. 59 ff.) mit der Anbaustraße, von der er abzweigt, zur gemeinsamen Aufwandsermittlung zusammenzufassen.[75] Zweifellos steht ein solcher Wohnweg in dem von § 130 Abs. 2 Satz 3 BauGB geforderten funktionellen Abhängigkeitsverhältnis zu der betreffenden Anbaustraße. Da jedoch die an den (unbefahrbaren) Wohnweg angrenzenden Grundstücke **nicht nur** durch diese Anlage, sondern darüber hinaus **auch** von der Anbaustraße (insoweit als zufahrtslose Hinterliegergrundstücke) i.S. des § 131 Abs. 1 Satz 1 BauGB erschlossen werden[76] und demgemäß **ohnehin** an der Verteilung des umlagefähigen Erschließungsaufwands für die Anbaustraße beteiligt sind, entspräche eine Zusammenfassung der beiden in Rede stehenden Arten von beitragsfähi-

---

[72] Vgl. im einzelnen OVG Lüneburg, Urteil v. 28. 11. 1979 – IX A 53/78 – KStZ 80, 55 = HSGZ 80, 213 = ID 80, 62; ebenso BayVGH, Urteil v. 25. 1. 1986 – 6 CS 81 A. 2311 – BayVBl 82, 280.

[73] Ebenso u.a. Löhr in Battis/Krautzberger/Löhr, BauGB, § 130 Rdnr. 33.

[74] BVerwG, Urteil v. 23. 5. 1973 – IV C 19.72 – DVBl 73, 887 = KStZ 74, 13 = GemTg 73, 370.

[75] BVerwG, Urteil v. 10. 12. 1993 – 8 C 58.91 – DVBl 94, 705 = ZMR 94, 174 = HSGZ 94, 108.

[76] Vgl. dazu BVerwG, Urteile v. 18. 4. 1986 – 8 C 51 u. 52.85 – Buchholz 406.11 § 131 BBauG Nr. 67 S. 97 (101 ff.) = DVBl 86, 774 = KStZ 86, 169, und v. 10. 12. 1993 – 8 C 59.91 – Buchholz 406.11 § 127 BauGB Nr. 72 S. 110 (112 f.) = HSGZ 94, 110 = BWGZ 94, 124.

gen Erschließungsanlagen offensichtlich nicht dem vom Gesetzgeber mit der Regelung des § 130 Abs. 2 Satz 3 BauGB verfolgten Ziel (vgl. dazu Rdnr. 34). Denn in einem solchen Fall führte eine gemeinsame Aufwandsermittlung lediglich dazu, daß die allein durch die Anbaustraße erschlossenen Grundstücke anteilig auch die Kosten für den Wohnweg mit tragen müßten, ohne daß dafür ein dies rechtfertigender Grund ersichtlich ist.[77]

42   Dem nach der früheren Rechtsprechung des Bundesverwaltungsgerichts[78] neben dem Funktionszusammenhang beachtlichen Merkmal der deutlichen **Abgrenzbarkeit** kommt auf der Grundlage der neueren, zuvor dargestellten Rechtsprechung **keine** nennenswerte Bedeutung mehr zu. Da eine Erschließungseinheit in der Regel lediglich aus zwei selbständigen Anbaustraßen besteht (vgl. Rdnr. 38 f.), nämlich aus einer "Hauptstraße" und einer Sackgasse oder einer Ringstraße (vgl. Rdnr. 37), ergeben sich mit Blick auf die Abgrenzbarkeit dieser Einheit von den sonstigen Erschließungsstraßen des betreffenden Gebiets kaum jemals ernsthafte Schwierigkeiten.

43   Ob eine Gemeinde zwei Erschließungsanlagen dann, wenn sie eine Erschließungseinheit bilden, zur gemeinsamen Aufwandsermittlung und Abrechnung zusammenfaßt, steht grundsätzlich **in ihrem Ermessen**. Im Rahmen ihres Ermessens darf die Gemeinde berücksichtigen, in welchen zeitlichen Abständen sich der Ausbau der beitragsfähigen Erschließungsanlagen nach ihrer Planung vollziehen soll, d.h. sie darf berücksichtigen, daß die Abrechnung einer Erschließungseinheit eher zu einer Verzögerung der Beitragserhebung führt, da diese erst erfolgen kann, nachdem die zur gemeinsamen Aufwandsermittlung und Abrechnung zusammengefaßten Anlagen den Herstellungsmerkmalen der Satzung entsprechend ausgebaut worden sind.[79] Nur ganz ausnahmsweise können die Umstände des Einzelfalls so sein, daß sich nach Lage der Dinge das Ermessen der Gemeinde auf *eine* rechtmäßige Entscheidung reduziert, sie also zur Zusammenfassung der Anlagen, die eine Erschließungseinheit bilden, verpflichtet ist. Davon kann aber allenfalls die Rede sein, wenn die Gemeinde bei einer Aufwandsermittlung nach § 130 Abs. 2 Satz 1 BauGB und in der Folge einer Abrechnung der Einzelanlagen bestimmte Grundstücke an einer breiten Straße gegenüber den Grundstücken an der anderen Straße „ungebührlich stark belasten müßte".[80]

44   **Gegenstand** einer Zusammenfassungsentscheidung nach § 130 Abs. 2 Satz 3 BauGB können nur solche beitragsfähigen Anbaustraßen (§ 127 Abs. 2 Nr. 1 BauGB) sein, die im Zeitpunkt dieser Entscheidung noch **keine** sachlichen Erschließungsbeitragspflichten ausgelöst haben. Denn im Erschließungsbei-

---

[77] Vgl. u. a. Löhr in Battis/Krautzberger/Löhr, BauGB, § 130 Rdnr. 34.

[78] BVerwG, u. a. Urteil v. 3. 11. 1972 – Buchholz 406.11 § 130 BBauG Nr. 13 S. 24 (25) = DVBl 73, 501 = KStZ 73, 135.

[79] BVerwG, u. a. Urteil v. 15. 9. 1978 – 4 C 36, 38–41.76 – Buchholz 406.11 § 130 BBauG Nr. 23 S. 18 (22) = BauR 79, 51 = KStZ 79, 90.

[80] BVerwG, Urteil v. 5. 9. 1969 – IV C 106.67 – BVerwGE 34, 15 (17 f.) = DVBl 70, 79 = ZMR 70, 92.

tragsrecht gilt der Rechtsgrundsatz, daß die Beitragspflicht für ein Grundstück bezogen auf die erstmalige Herstellung einer bestimmten Erschließungsanlage *nur einmal* entsteht.[81] Ist eine solche Beitragspflicht kraft Gesetzes einmal mit Blick auf eine Einzelanlage entstanden, kann sie nicht nachträglich – im Zusammenhang mit einer Erschließungseinheit – zu einem anderen Zeitpunkt und gar in anderer Höhe noch einmal entstehen. Will eine Gemeinde das Entstehen sachlicher Beitragspflichten für eine Einzelanlage verhindern und den Weg zu einer Einbeziehung der für ihre erstmalige Herstellung entstandenen Kosten in eine Aufwandsermittlung nach § 130 Abs. 2 Satz 3 BauGB freihalten, kann sie dies nur dadurch erreichen, daß sie die eine Einheit i. S. der genannten Vorschrift „bildenden Einzelanlagen rechtzeitig, d. h. *vor* dem Entstehen der Beitragspflichten für die Einzelanlagen zur gemeinsamen Abrechnung zusammenfaßt. Eine solche Zusammenfassung 'sperrt' das Entstehen einer Beitragspflicht für die betroffenen Einzelanlagen".[82]

Hat eine Gemeinde zwei Anlagen, die eine Erschließungseinheit bilden, 45
zur gemeinsamen Aufwandsermittlung und Abrechnung fehlerfrei zusammengefaßt, ist es ihr verwehrt, ohne Aufhebung dieser Entscheidung eine dieser Anlagen wieder in Abschnitte zu zerlegen und als solche abzurechnen.[83] Auch darf ein mit allen Teileinrichtungen fertiggestellter Abschnitt einer Straße oder eine einzelne Straße selbst, der bzw. die als Bestandteil einer Erschließungseinheit von einer Zusammenfassungsentscheidung erfaßt ist, nicht im Wege der Kostenspaltung – unter Einbeziehung aller Grundstücke im Gebiet der Erschließungseinheit – abgerechnet werden.[84] Unbedenklich ist es dagegen, einzelne (abspaltbare) Teileinrichtungen der beiden eine Erschließungseinheit bildenden beitragsfähigen Erschließungsanlagen, z. B. die Gehwege in der Erschließungseinheit, im Wege der Kostenspaltung abzurechnen. Soll auf der Grundlage einer Erschließungseinheit eine Vorausleistung erhoben werden, setzt dies voraus, daß das dafür zuständige Gemeindeorgan zuvor beschlossen hat, die Anlagen, die die Einheit bilden, zur gemeinsamen Aufwandsermittlung und Abrechnung zusammenzufassen, d. h., es setzt das Vorliegen einer wirksamen Zusammenfassungsentscheidung voraus.[85]

---

[81] BVerwG, u. a. Urteil v. 20. 1. 1978 – 4 C 2.75 – Buchholz 406.11 § 132 BBauG Nr. 26 S. 25 (27) = DÖV 78, 568 = KStZ 79, 89 mit weiteren Nachweisen.

[82] BVerwG, Urteil v. 26. 9. 1983 – 8 C 47, 67–69.81 – BVerwGE 68, 48 (53) = DVBl 84, 186 = NVwZ 84, 369.

[83] U. a. OVG Münster, Urteil v. 26. 7. 1972 – III A 220/70 – VerwRspr 25, 196 = NJW 73, 163 = KStZ 73, 59, sowie BayVGH, Urteil v. 19. 8. 1974 – 7 VI 74 – KStZ 74, 193 = BayVBl 74, 645.

[84] BVerwG, u. a. Urteile v. 15. 9. 1978 – 4 C 65.77 – Buchholz 406.11 § 130 BBauG Nr. 23 a S. 23 = DVBl 79, 122, und – 4 C 36, 38–41.76 – Buchholz 406.11 § 130 BBauG Nr. 23 S. 18 (19 f.) = BauR 79, 51 = KStZ 79, 90.

[85] OVG Lüneburg, Beschluß v. 1. 3. 1979 – IX B 6/79 – ID 79, 176 = Ns Gemeinde 79, 380.

46   Bilden **zwei** Anbaustraßen eine Erschließungseinheit, ist es der Gemeinde gleichwohl **verwehrt**, sie zur gemeinsamen Aufwandsermittlung zusammenzufassen, wenn für eine der beiden **zuvor** bereits die sachlichen Beitragspflichten entstanden sind (vgl. Rdnrn. 1 f. und 44); ein gleichwohl ergangener (Rats-)Beschluß ist unwirksam.[86] In einem solchen Fall bedarf es für das Entstehen der sachlichen Beitragspflichten für die verbliebene Anbaustraße keiner besonderen Entscheidung der Gemeinde[87] (vgl. Rdnrn. 2 und 11). **Irrtümliche** Vorstellungen des zuständigen Beschlußorgans der Gemeinde etwa über den Kreis der erschlossenen Grundstücke führen nur dann ausnahmsweise zur Unwirksamkeit einer Zusammenfassungsentscheidung, wenn nach den Umständen des Einzelfalls nicht auszuschließen ist, daß bei Vermeidung des Irrtums eine solche Zusammenfassungsentscheidung nicht getroffen worden wäre.[88]

4. Kreuzungen und Einmündungen

47   Das Baugesetzbuch enthält keine besondere Vorschrift, die regelt, wie im Falle des Zusammentreffens von **zwei Gemeindestraßen** (Anbaustraßen) der für den (Ermittlungs-)Raum "Kreuzungen und Einmündungen" entstehende Herstellungsaufwand erschließungsbeitragsrechtlich zu behandeln ist, d. h., welcher Straße diese Kosten für eine Beitragserhebung zuzurechnen sind. Grundsätzlich ist für die Beantwortung dieser "**Zurechnungsfrage**" von zwei verschiedenen Konstellationen auszugehen; für beide ist die katasterliche Zuordnung der Straßengrundstücke ohne Belang.[89]

Wird **eine neue** Erschließungsanlage gebaut, die eine sog. vorhandene Straße im Rechtssinne oder eine fertiggestellte Straße überschneidet, sind die Kosten der Kreuzung im allgemeinen bei der Beitragserhebung für diese neue hinzukommende Anlage zu berücksichtigen. Nichts anderes gilt, wenn (nur) eine einmündende Straße neu gebaut wird. In einem solchen Fall sind alle Kosten der Einmündung einschließlich der Aufwendungen für den Anschluß an die alte Straße Teil des beitragsfähigen Erschließungsaufwands für die neue Straße, und zwar selbst dann, wenn die Anschlußarbeiten Änderungen am Körper der alten Straße erfordern.[90]

Kreuzen sich **zwei** beitragsfähige **neue** Straßen, entsteht also die Kreuzung erst durch die Herstellung dieser Erschließungsanlagen, ist die so entstandene

---

[86] Im Ergebnis ebenso u.a. VGH Mannheim, Urteil v. 10. 4. 1986 – 2 S 2584/85 – VBlBW 87, 104.

[87] Vgl. VGH Mannheim, Urteil v. 3. 9. 1987 – 2 S 6/87 – VBlBW 88, 305.

[88] VGH Mannheim, Urteil v. 2. 10. 1986 – 2 S 1702/84 – VBlBW 87, 337.

[89] OVG Münster, Urteil v. 21. 10. 1964 – III A 1317/62 – Ns Gemeinde 65, 188.

[90] Ebenso im Anschluß an Preußisches OVG, Urteile v. 7. 7. 1902 – IV C 123/01 – OVGE 41, 143 (150), und v. 23. 2. 1914 – IV C 117/13 – OVGE 66, 151 (152), u.a. Ernst in Ernst/Zinkahn/Bielenberg, BauGB, § 130 Rdnr. 18, sowie Schmidt/Bogner/Steenbock, Handbuch des Erschließungsrechts, Rdnr. 1409 mit weiteren Nachweisen.

Kreuzungsfläche kostenmäßig anteilig den einzelnen sich kreuzenden Straßen zuzurechnen, und zwar in dem Verhältnis, in dem ihre Breiten zueinander stehen. Dementsprechend sind die Kosten für die Herstellung dieser Kreuzung aufzuteilen.[91]

Trifft eine Anbaustraße mit **einer klassifizierten Straße** zusammen, ist zu-   48
nächst die Frage zu beantworten, ob der Straßenbaulastträger der Anbaustraße oder der der klassifizierten Straße die kreuzungs- oder einmündungsbedingten Kosten zu tragen hat. Denn nur soweit die Gemeinde Straßenbaulastträger ist, hat sie einen Aufwand, der für eine Abwälzung durch die Erhebung von Erschließungsbeiträgen in Betracht kommen kann. Ob der eine oder andere Straßenbaulastträger die bezeichneten Kosten zu tragen hat, richtet sich nach dem einschlägigen Straßengesetz; beim Zusammentreffen einer Anbaustraße mit einer Landstraße I. oder II. Ordnung nach dem jeweiligen Landesstraßengesetz und beim Zusammentreffen einer Anbaustraße mit einer Bundesstraße nach § 12 FStrG. Kreuzt eine Anbaustraße eine **bestehende Bundesstraße** oder mündet sie in eine solche ein, hat gemäß § 12 Abs. 1 Satz 1 (in Verbindung mit Abs. 6 Satz 1) FStrG die Gemeinde als Trägerin der Straßenbaulast der **hinzukommenden** Straße die gesamten kreuzungs- bzw. einmündungsbedingten Kosten zu tragen. Sie alle gehören dann zum beitragsfähigen Erschließungsaufwand für die erstmalige Herstellung der betreffenden Anbaustraße (vgl. § 13 Rdnr. 47). Kreuzungs- bzw. einmündungsbedingt sind auch die Kosten der Änderungen, die durch die neue Kreuzung bzw. Einmündung „an der anderen öffentlichen Straße unter Berücksichtigung der überschaubaren Verkehrsentwicklung notwendig sind" (§ 12 Abs. 1 Satz 2 FStrG), d. h. die Aufwendungen für alle Maßnahmen, die nach den Regeln der Straßenbau- und -verkehrstechnik infolge des Hinzukommens der neuen Anbaustraße notwendig sind, damit die Kreuzungs- bzw. Einmündungsanlage unter Berücksichtigung der überschaubaren Verkehrsentwicklung den Anforderungen der Verkehrssicherheit und der Straßenbaugestaltung genügt.[91] Zu den in diesem Sinne notwendigen Maßnahmen wird in Konstellationen der in Rede stehenden Art nicht selten u. a. die Anlegung von **Abbiegespuren** auf der bestehenden Bundesstraße mit der Folge zählen, daß auch die dafür entstehenden Kosten vom beitragsfähigen Erschließungsaufwand für die erstmalige Herstellung der hinzukommenden Anbaustraße erfaßt werden.[92]

---

[91] Siehe dazu im einzelnen Brügelmann-Förster, BBauG, § 130 Rdnr. 43 f.; ferner VGH Kassel, Urteil v. 27. 9. 1968 – OS IV 121/63 – HessVGRspr 69, 1.
[92] BVerwG, Urteil v. 23. 2. 1990 – 8 C 75.88 – BVerwGE 85, 1 (2) = DVBl 90, 784 = NVwZ 90, 869.

§ 15 Beitragsfähiger Erschließungsaufwand

I. Erforderlichkeit

1   Beitragsfähig ist der gemäß § 130, 128 BauGB ermittelte Erschließungsaufwand nur insoweit, als er für Erschließungsanlagen entstanden ist, die „erforderlich sind, um die Bauflächen und die gewerblich zu nutzenden Flächen entsprechend den baurechtlichen Vorschriften zu nutzen" (§ 129 Abs. 1 Satz 1 BauGB). In dieser gesetzlichen Begrenzung auf das Erforderliche steckt eine Beziehung zum Erschließungsvorteil; dieses Merkmal ist dazu bestimmt, vom beitragsfähigen Erschließungsaufwand das fernzuhalten, was nicht beitragsbegründendem Sondervorteil, sondern beitragsfreiem Gemeingebrauch zuzurechnen ist (vgl. § 9 Rdnr. 11).

1. Anlagebezogener Erforderlichkeitsbegriff

2   Der Begriff der Erforderlichkeit stellt nach dem eindeutigen Wortlaut des § 129 Abs. 1 Satz 1 BauGB allein darauf ab, ob die *Erschließungsanlagen* erforderlich sind, damit die angrenzenden Grundstücke ordnungsgemäß genutzt werden können;[1] er ist anlagebezogen, was freilich offenläßt, ob § 129 Abs. 1 Satz 1 BauGB auf Fragen der "Kosten-Erforderlichkeit" entsprechend anwendbar ist (vgl. dazu Rdnrn. 16 ff.). Nach der ständigen Rechtsprechung des Bundesverwaltungsgerichts[2] hat die Gemeinde zu prüfen, ob die Anlage *überhaupt* und ob sie nach *Umfang* und Art erforderlich ist. § 129 Abs. 1 Satz 1 BauGB bezieht sich mithin auf das "ob" und "wie" der Herstellung einer Erschließungsanlage, d.h., die Erforderlichkeit erfaßt nicht nur den Umfang, sondern auch die Anlage als solche. Letzteres zeigt die systematische Nähe zu § 127 Abs. 2 BauGB; die Erforderlichkeit einer Anlage sowie einzelner ihrer Teileinrichtungen überhaupt und damit ihre Beitragsfähigkeit gehört der Sache nach in den § 127 Abs. 2 BauGB (vgl. § 12 Rdnr. 6).

3   Der Gesetzgeber hat der sich aus § 129 Abs. 1 Satz 1 BauGB ergebenden Begrenzung des beitragsfähigen Erschließungsaufwands – soweit es um den **Umfang** der Erschließungsanlagen geht – eine Stufe **vorgeschaltet,** indem er den Gemeinden in § 132 Nr. 1 BauGB u. a. aufgegeben hat, den „Umfang der Erschließungsanlagen im Sinne des § 129" in ihrer Beitragssatzung zu regeln. Er hat sie dadurch hinsichtlich der Höhe des beitragsfähigen Aufwands einer **Selbstbeschränkung** unterworfen. In der Praxis erfüllen die Gemeinden die

---

[1] BVerwG, Urteil v. 14. 12. 1979 – 4 C 28.76 – BVerwGE 59, 249 (251) = DVBl 80, 754 = KStZ 80, 68.
[2] Vgl. statt vieler Urteile v. 13. 8. 1976 – IV C 23.74 – Buchholz 406.11 § 132 BBauG Nr. 21 S. 14 (16) = GemTg 77, 55 = BRS 37, 142, und v. 10. 2. 1978 – 4 C 4.75 – Buchholz 406.11 § 127 BBauG Nr. 29 S. 22 (26) = ZMR 79, 159 = ID 78, 190, mit weiteren Nachweisen.

Forderung nach Angabe des Umfangs von Erschließungsanlagen bei Straßen, Wegen und Plätzen regelmäßig – und zwar zulässigerweise – durch die Festlegung von Höchstbreiten unter Berücksichtigung der unterschiedlichen Nutzbarkeit der erschlossenen Grundstücke (vgl. § 11 Rdnr. 22). Ist z. B. eine Wohnstraße, für die die Satzung eine anrechenbare Höchstbreite von zwölf Metern bestimmt, tatsächlich in einer Breite von zwanzig Metern hergestellt worden, beträgt der beitragsfähige Aufwand – als Folge der Selbstbeschränkung – allenfalls drei Fünftel des nach Maßgabe der §§ 128, 130 BauGB ermittelten Aufwands.

Allerdings macht die satzungsmäßige Beschränkung auf anrechenbare 4 Höchstbreiten nicht die gemäß § 129 Abs. 1 Satz 1 BauGB vorzunehmende Prüfung entbehrlich, ob die Erschließungsanlage in ihrem nach der Satzung nur zu berücksichtigenden Umfang noch über das Maß dessen hinausgeht, was nach dieser Vorschrift für die Ermittlung des beitragsfähigen Aufwands anerkannt werden kann.[3] Wenn und soweit eine satzungsmäßige Selbstbeschränkungsregelung fehlt, ist das für das Entstehen der (sachlichen) Beitragspflichten unschädlich; es greift dann allein die bundesrechtliche Begrenzung durch das Merkmal der Erforderlichkeit ein (vgl. § 11 Rdnr. 23).

2. Bezugspunkt und Beurteilung der Erforderlichkeit

Sachlicher Bezugspunkt für die Erforderlichkeit sind „die Bauflächen und 5 die gewerblich zu nutzenden Flächen". Eine Erschließungsanlage muß erforderlich sein, um diese Flächen „entsprechend den baurechtlichen Vorschriften zu nutzen". Doch ist die Erforderlichkeit nicht im Sinne einer conditio sine qua non zu verstehen. Vielmehr darf eine Gemeinde im Einzelfall eine Anbaustraße schon dann für erforderlich halten, wenn im Hinblick auf die Erschließungssituation der durch diese Straße erschlossenen Grundstücke **sachlich einleuchtende** Gründe für ihre Anlegung sprechen;[4] das kann auch bei einer Anbaustraße der Fall sein, die ausschließlich Grundstücke erschließt, die im Zeitpunkt ihrer Anlegung bereits anderweitig bebauungs- und erschließungsbeitragsrechtlich erschlossen waren.[5] Die übrigen beitragsfähigen Erschließungsanlagen müssen – um dem Merkmal der Erforderlichkeit zu genügen – dazu beitragen, die Wohnsituation der von ihnen erschlossenen Grundstücke zu verbessern, d.h., ihnen eine prinzipiell bessere Erschließungssituation im bebauungsrechtlichen Sinne zu vermitteln.[6]

Den Begriff der "Baufläche" definiert § 5 Abs. 2 Nr. 1 BauGB als die nach 6 dem Flächennutzungsplan für die Bebauung vorgesehene Fläche. Dem Be-

---

[3] BVerwG, u.a. Urteil v. 13. 8. 1976 – IV C 23.74 – Buchholz 406.11 § 132 BBauG Nr. 21 S. 14 (16) = GemTg 77, 55 = BRS 37, 142.

[4] BVerwG, u.a. Urteil v. 14. 12. 1979 – 4 C 28.76 – BVerwGE 59, 249 (251) = DVBl 80, 754 = KStZ 80, 68.

[5] Vgl. dazu BVerwG, Urteil v. 3. 3. 1995 – 8 C 25.93 –.

[6] BVerwG, Urteil v. 10. 5. 1985 – 8 C 17–20.85 – Buchholz 406.11 § 127 BBauG Nr. 46 S. 29 (36) = NVwZ 85, 833 = DVBl 85, 1175.

bauungsplan, dessen zulässiger Inhalt in § 9 BauGB erschöpfend aufgeführt ist, ist der Begriff der Baufläche fremd. Im Hinblick auf die enge Bindung der Erschließung an den Bebauungsplan (vgl. u.a. § 125 BauGB) ist die Annahme nicht gerechtfertigt, der Gesetzgeber habe in § 129 Abs. 1 Satz 1 BauGB an den Flächennutzungsplan anknüpfen und nur in einem Flächennutzungsplan dargestellte Bauflächen oder gewerbliche Flächen zum Bezugspunkt für die Beurteilung der Erforderlichkeit machen wollen. Denn dies führte zu dem nicht vertretbaren Ergebnis, daß in allen Fällen, in denen dem Bebauungsplan kein Flächennutzungsplan vorangegangen ist, ein beitragsfähiger Erschließungsaufwand nicht entstehen könnte. Als Bauflächen und gewerblich zu nutzende Flächen sind bei sachgerechter Auslegung *Baugebiete* zu verstehen, die gewerblich genutzte Gebiete miterfassen können. Baugebiete in diesem Sinne sind (häufig) nicht identisch mit Bebauungsplangebieten. Unabhängig von deren Grenzen ist vielmehr maßgebend die erschließungsmäßige Einordnung der einzelnen Gebiete in die städtebaulichen Zusammenhänge, d.h., es ist abzustellen auf die Erschließungszusammenhänge. Die Erforderlichkeit einer Erschließungsanlage ist mithin aus ihrer Beziehung zu einem „gesamten Erschließungsgebiet"[7] zu beurteilen. Damit ist zugleich ausgeschlossen, daß ein einzelnes Grundstück und dessen Nutzung als Kriterium für die Beurteilung der Erforderlichkeit einer Erschließungsanlage in Betracht kommen könnte. Denn die Erschließung eines Grundstücks ist notwendig in die Erschließung eines mehr oder weniger umfangreichen Gebiets eingebettet. Diesem Zusammenhang ist sie untergeordnet.[8]

7   Nur die den baurechtlichen Vorschriften entsprechende, d.h. die **zulässige,** nicht aber die tatsächliche **Nutzung** ist von Bedeutung für die Beurteilung der Erforderlichkeit einer Erschließungsanlage. Dies folgt zum einen aus der insoweit eindeutigen Formulierung des Gesetzes und ergibt sich zum anderen daraus, daß die tatsächliche Nutzung für die Beitragserhebung grundsätzlich ohne Belang ist. Je nachdem, ob etwa eine Straße durch ein reines Wohngebiet, ein Kleinsiedlungsgebiet, ein Kerngebiet usw. verläuft, wird – entsprechend der jeweils zulässigen Nutzung – der Umfang dessen, was insoweit für das betreffende Gebiet erforderlich ist, unterschiedlich sein. Diesem Gesichtspunkt hat im übrigen auch der Satzungsgeber bei der von § 132 Nr. 1 BauGB verlangten Festlegung des Umfangs der Erschließungsanlagen durch unterschiedliche Festsetzungen von (Höchst-)Breiten Rechnung zu tragen.

8   Den Gemeinden steht bei der Beurteilung dessen, was sie im konkreten Fall für erforderlich halten, ein „weiter Spielraum"[9] zu. In einer (kaum überschaubaren) Vielzahl von Entscheidungen hat das Bundesverwaltungsge-

---

[7] BVerwG, Urteil v. 6.5.1966 – IV C 136.65 – Buchholz 406.11 § 133 BBauG Nr. 8 S. 39 (43) = NJW 66, 1832 = DVBl 66, 693.
[8] BVerwG, u.a. Urteil v. 13.8.1976 – IV C 23.74 – Buchholz 406.11 § 132 BBauG Nr. 21 S. 14 (17) = GemTg 77, 55 = BRS 37, 142.
[9] BVerwG, u.a. Urteil v. 21.10.1970 – IV C 51.69 – Buchholz 406.11 § 127 BBauG Nr. 10 S. 11 (13) = DVBl 71, 213 = DÖV 71, 391.

richt[10] ausgeführt, bei der Entscheidung darüber, ob im Einzelfall die mit dem Merkmal "erforderlich" markierte Grenze eingehalten sei, handele es sich um eine "Ermessensentscheidung". Es ist zumindest zweifelhaft, ob diese Betrachtungsweise der rechtlichen Ausgestaltung des § 129 Abs. 1 Satz 1 BauGB vollauf gerecht wird und ob das Bundesverwaltungsgericht an ihr festhalten wird. Zweifel in letzterer Hinsicht könnten Formulierungen zu dem der Sache nach dem Merkmal "erforderlich" vergleichbaren, im Zusammenhang mit sog. einseitig anbaubaren Straßen beachtlichem Merkmal "unerläßlich" (vgl. dazu § 12 Rdnrn. 42 und 48 ff.) begründen, wenn es im Urteil vom 26. Mai 1989[11] heißt, über die mit diesem Merkmal „bezeichnete Grenze zu befinden, ist – unmittelbar als solches – keine Ermessensentscheidung der Gemeinde. In aller Regel findet eine solche Entscheidung der Gemeinde konkretisierbar (und, was erforderlich wäre, um das Vorliegen innerer Ermessensfehler gegebenenfalls gerichtlich überprüfen zu können, auf bestimmte Motive und Abwägungen gestützt) auch gar nicht statt." Angesichts der Tatsache, daß sich diese Formulierungen ohne weiteres auf die Entscheidung über die mit dem Merkmal "erforderlich" markierte Grenze übertragen lassen,[12] und mit Rücksicht auf die sachliche Nähe der beiden in Rede stehenden Merkmale liegt es nicht fern, anzunehmen, hier wie dort gehe es um eine Beurteilung durch die Gemeinde, hier wie dort räume das Erschließungsbeitragsrecht der Gemeinde einen gerichtlich nur beschränkt überprüfbaren Beurteilungsspielraum ein (vgl. dazu im einzelnen § 12 Rdnrn. 48 f.). Demgemäß spricht das Bundesverwaltungsgericht im Urteil vom 13. August 1993[13] nunmehr von dem Spielraum „der den Gemeinden bei der Beurteilung dessen zuzubilligen ist, was sie im Einzelfall für erforderlich halten dürfen".

3. Erforderlichkeit von Anlagen i. S. des § 127 Abs. 2 Nr. 1 BauGB

An der Erforderlichkeit einer Anbaustraße schlechthin wird in aller Regel 9 jedenfalls kein Zweifel bestehen können, wenn sie ein oder mehrere Grundstücke erstmalig erschließt. Etwas anderes kann nur dann **ausnahmsweise** gelten, wenn die an eine solche Straße angrenzenden Grundstücke bereits vollzählig anderweitig verkehrsmäßig erschlossen[14] sind **und** diese Anlage deshalb

---

[10] BVerwG, statt vieler Urteil v. 24. 11. 1978 – 4 C 18.76 – Buchholz 406.11 § 135 BBauG Nr. 11 S. 14 (18) = DÖV 78, 178 = BauR 79, 239 mit weiteren Nachweisen.

[11] BVerwG, Urteil v. 26. 5. 1989 – 8 C 6.88 – BVerwGE 82, 102 (110) = DVBl 89, 1205 = HSGZ 89, 396.

[12] Vgl. dazu auch Reif in BWGZ 90, 28.

[13] BVerwG, Urteil v. 13. 8. 1993 – 8 C 36.91 – Buchholz 406.11 § 127 BauGB Nr. 67 S. 86 (93) = DVBl 93, 1367 = KStZ 94, 136.

[14] Ebenso bei einem Abschnitt einer Anbaustraße, nämlich einem 30 m langen befahrbaren Stichweg, an den ausschließlich bereits anderweitig verkehrsmäßig erschlossene Grundstücke angrenzen, OVG Koblenz, Urteil v. 14. 1. 1986 – 6 A 147/84 – KStZ 86, 157 = HGSZ 86, 264 = NVwZ 86, 586.

nicht beitragsfähig (eigentlich schon i. S. des § 127 Abs. 2 Nr. 1 BauGB) ist, weil sie nicht der Erschließung dieses Gebiets, sondern ausschließlich dazu dient, den direkten Zugang z. B. zu einem Sportgelände oder zu einem Aussichtsturm zu gewährleisten.[15]

10   Bei ihrer Entscheidung, in welcher Breite eine Anbaustraße (und ebenso eine – ausnahmsweise – beitragsfähige Sammelstraße) hergestellt werden soll, kann die Gemeinde auch das Bedürfnis nach Sicherheit und Leichtigkeit des Verkehrs in ihre Überlegungen einbeziehen.[16] Insoweit ist im übrigen zu beachten, daß jede Straße nicht nur dem Nutzen der von ihr erschlossenen Grundstücke, sondern auch dem **Wohl der Allgemeinheit** zu dienen bestimmt ist; sie steht nicht nur dem Anliegerverkehr, sondern auch dem üblichen Durchgangsverkehr zur Verfügung.[17] Die Bewältigung selbst dieses Verkehrs gehört grundsätzlich zur Erschließungsfunktion einer Straße und eine diesen Umstand mitberücksichtigende Ausgestaltung stellt die Erforderlichkeit in der Regel nicht in Frage. Allerdings kann die Erforderlichkeit dem Umfang nach in Zweifel zu ziehen sein, wenn eine Straße gerade im Hinblick auf einen überörtlichen Durchgangsverkehr eine bestimmte Ausgestaltung erfahren hat.[18]

11   Für eine ordnungsgemäße Erschließung des Erschließungsgebiets kann auch die Teilstrecke einer Straße erforderlich sein, an die nicht angebaut werden kann. Dies gilt jedenfalls dann, wenn ihre Länge im Verhältnis zur Länge der Erschließungsanlage insgesamt oder zur Länge der beiden zu einer gemeinsamen Aufwandsermittlung zusammengefaßten Erschließungsanlagen von untergeordneter Bedeutung ist.[19]

12   Selbst an der Erforderlichkeit nur einzelner Teileinrichtungen, wie z. B. eines Parkstreifens, kann es u. U. fehlen. Jedoch ist insoweit zu berücksichtigen, daß Parkstreifen heute in jeder größeren städtischen Straße grundsätzlich als für die Erschließung erforderlich zu qualifizieren sind, und zwar selbst dann, wenn der durch die Kraftfahrzeuge der Eigentümer der erschlossenen Grundstücke ausgelöste Parkplatzbedarf (weitestgehend) auf diesen Grundstücken gedeckt werden kann.[20] Jedenfalls ist es regelmäßig als im Rahmen des § 129 Abs. 1 Satz 1 BauGB liegend anzusehen, wenn öffentliche Parkgele-

---

[15] BVerwG, Urteil v. 10. 2. 1978 – 4 C 4.75 – Buchholz 406.11 § 127 BBauG Nr. 29 S. 22 (26) = ZMR 79, 150 = ID 78, 190.

[16] BVerwG, Urteil v. 12. 6. 1970 – IV C 5.68 – Buchholz 406.11 § 130 BBauG Nr. 6 S. 3 (5) = DVBl 70, 904 = GemTg 71, 16.

[17] Vgl. im einzelnen Weyreuther in DVBl 70, 3 (11).

[18] BVerwG, Urteile v. 8. 8. 1975 – IV C 74.73 – Buchholz 406.11 § 127 BBauG Nr. 22 S. 6 (10) = DÖV 76, 347 = GemTg 76, 113, und v. 24. 11. 1978 – 4 C 18.76 – Buchholz 406.11 § 135 BBauG Nr. 11 S. 14 (18) = NJW 79, 2220 = DVBl 79, 780.

[19] BVerwG, Urteil v. 8. 10. 1976 – IV C 76.74 – Buchholz 406.11 § 130 BBauG Nr. 17 S. 6 (8 f.) = KStZ 77, 71 = ZMR 77, 223.

[20] Vgl. z. B. VGH Mannheim, Urteil v. 19. 8. 1993 – 2 S 2204/91 –.

genheiten bis zu einem Zehntel der auf den erschlossenen Grundstücken nutzbaren Geschoßflächen eingerichtet werden.[21]

4. Erforderlichkeit von Anlagen i.S. des § 127 Abs. 2 Nrn. 2 bis 5 BauGB

Unbefahrbare Wege i.S. des § 127 Abs. 2 Nr. 2 BauGB sind nur dann erfor- **13** derlich, wenn sie dazu beitragen, Grundstücken in Baugebieten eine prinzipiell bessere Erschließungssituation im bebauungsrechtlichen Sinne zu vermitteln. Das dürfte ohne weiteres zutreffen für öffentliche unbefahrbare **Wohnwege** (vgl. zu diesem Begriff § 12 Rdnrn. 59f.), da sie den (nur) an sie angrenzenden Grundstücken in Verbindung mit der Anbaustraße, in die sie einmünden, das an verkehrsmäßiger Erschließung verschaffen, was die bebauungsrechtlichen Vorschriften für deren Bebaubarkeit verlangen. Hingegen ist zweifelhaft, ob **fußläufige Verbindungswege** – sofern ihre Beitragsfähigkeit nicht schon aus anderen Gründen zu verneinen ist (vgl. § 12 Rdnr. 63) – erforderlich i.S. des § 129 Abs. 1 Satz 1 BauGB sind. Bezogen auf die an sie angrenzenden Grundstücke, die voraussetzungsgemäß durch eine Anbaustraße erschlossen und deshalb baulich nutzbar sind, dürfte das von Fall zu Fall eher zu verneinen sein. Indes dürfte im Einzelfall jedenfalls nicht völlig auszuschließen sein, daß sie im Hinblick auf ihre Funktion, eine bequeme fußläufige Verbindung zwischen Grundstücken eines **eindeutig** abgrenzbaren Wohngebiets und dem Versorgungszentrum der Gemeinde zu vermitteln, geeignet sein können – vergleichbar etwa einer Grünanlage –, etwas zur Verbesserung der Wohnsituation der betreffenden Grundstücke herzugeben.

Namentlich bei (selbständigen Parkflächen und) **Grünanlagen** erledigt sich **14** die Prüfung, ob sie als Anlage im Einzelfall **überhaupt** erforderlich sind, von selbst, da schon ihre Beitragsfähigkeit als solche davon abhängt, daß sie (nach städtebaulichen Grundsätzen) notwendig sind. Insoweit kann sich nur noch die Frage stellen, ob sie nach ihrem Umfang für die baurechtlich vorgesehene Nutzung der erschlossenen Grundstücke erforderlich sind. Ist z.B. eine Grünanlage in ihrer Flächenausdehnung im Verhältnis zu dem durch eine Luftlinienentfernung von etwa 200 m gekennzeichneten Abrechnungsgebiet (vgl. dazu § 17 Rdnr. 88f.) zu groß, ist sie lediglich **zum Teil** erforderlich. Nur soweit die Anlage ihrer Größe nach erforderlich ist, darf eine Heranziehung der Beitragspflichtigen erfolgen; der übrige Teil der Kosten geht zu Lasten der Gemeinde.[22] Dagegen ist die Erforderlichkeit von Einzelbestandteilen einer Grünanlage, wie z.B. ein über sie verlaufender Fußweg, einzelne Sitzbänke und die Grünpflanzen selbst, regelmäßig nicht in Zweifel zu ziehen.[23]

---

[21] BVerwG, Urteil v. 5. 9. 1969 – IV C 67.68 – Buchholz 406.11 § 128 BBauG Nr. 5 S. 3 (5f.) = DVBl 70, 81 = MDR 70, 167.

[22] BVerwG, Urteil v. 25. 4. 1975 – IV C 37.73 – BVerwGE 48, 205 (210) = KStZ 75, 231 = ZMR 76, 118.

[23] Vgl. BVerwG, Urteil v. 10. 5. 1985 – 8 C 17–20.84 – Buchholz 406.11 § 127 Nr. 46 S. 29 (36) = DVBl 85, 1175 = NVwZ 85, 833.

15   Bei Anlagen zum Schutz gegen *Verkehrslärm* (Immissionsschutzanlagen i. S. des § 127 Abs. 2 Nr. 5 BauGB) hat sich die Beurteilung der Erforderlichkeit an den für das betreffende Gebiet maßgebenden **Zumutbarkeitsgrenzwerten** zu orientieren; dabei ist – soweit das in Betracht kommt – dem einschlägigen Grenzwert der von einer Straße und etwaigen Betrieben eines Gewerbe- oder Industriegebiets verursachte Lärm gemeinsam als sog. **Summenpegel** gegenüberzustellen. Für die Ermittlung des beispielsweise für ein Wohngebiet maßgebenden Zumutbarkeitsgrenzwerts kann als "Orientierungsmarke" herangezogen werden zum einen § 2 Abs. 1 Nr. 2 der Verkehrslärmschutzverordnung vom 12. Juni 1990 (BGBl. I S. 1036), der zum Schutz der Nachbarschaft vor schädlichen Umwelteinwirkungen durch Verkehrsgeräusche beim Bau oder bei wesentlicher Änderung namentlich von öffentlichen Straßen einen Grenzwert von 59 dB(A) am Tag und 49 dB(A) in der Nacht vorsieht, und zum anderen die vor dem Inkrafttreten dieser Verkehrslärmschutzverordnung ergangene Rechtsprechung des Bundesverwaltungsgerichts,[24] nach der für ein von anderen Störfaktoren nicht vorbelastetes Wohngebiet die Grenze des noch zumutbaren Straßenverkehrslärms bei einem äquivalenten Dauerschallpegel von etwa 55(A) am Tag und 45 dB(A) bei Nacht erreicht wird.[25] Nähern sich Lärmimmissionen diesen Werten (oder übersteigen sie sie sogar), ist eine von der Gemeinde errichtete Schutzanlage als erforderlich zu qualifizieren. Im übrigen ist zu beachten, daß alle diese Werte sich in **erster Linie** auf die Straßenplanfeststellung beziehen und § 45 Abs. 1 Satz 3 StVO Schutz vor Verkehrslärm nicht erst ermöglicht und gewährt, wenn dieser einen bestimmten Schallpegel überschreitet, sondern bereits dann, wenn der Lärm Beeinträchtigungen mit sich bringt, die jenseits dessen liegen, was unter Berücksichtigung der Belange des Verkehrs im konkreten Fall als ortsüblich hingenommen und damit zugemutet werden muß.[26] Es ist nicht zu beanstanden, wenn eine Gemeinde auch diesen Gesichtspunkt im Rahmen der Beurteilung der Erforderlichkeit einer Lärmschutzanlage berücksichtigt.

16   Der im Zusammenhang mit der Erhebung einer **Vorausleistung** anzustellenden Prognose, ob zum Schutz eines (neuen) **Wohngebiets** vor dem von den Grundstücken eines vorhandenen Gewerbe- und Industriegebiets verursachten Lärm eine Lärmschutzanlage erforderlich ist, ist der Lärmpegel zugrunde zu legen, der sich bei Ausschöpfung der **zulässigen** Nutzung der emittierenden

---

[24] BVerwG, Urteil v. 22. 5. 1987 – 4 C 33–35.83 – BVerwGE 77, 285 (286) = NJW 87, 2886; siehe zu den Zumutbarkeitsgrenzen bei Straßenverkehrslärm u. a. auch Kersten in BayVBl 87, 641 ff., zur rechtlichen und fachlichen Problematik von Grenzwerten für die zumutbare Belastung von Verkehrslärm Stich in ZfBR 90, 10, sowie zur höchstrichterlichen Rechtsprechung über die Bedeutung des Verkehrslärms für die Bauleitplanung und die Zulässigkeit von Bauvorhaben Sommer in ZfBR 90, 54.
[25] BVerwG, Urteil v. 13. 8. 1993 – 8 C 36.91 – Buchholz 406.11 § 127 BauGB Nr. 67 S. 86 (91 ff.) = DVBl 93, 1367 = KStZ 94, 136.
[26] Vgl. im einzelnen BVerwG, Urteil v. 4. 6. 1986 – 7 C 76.84 – BVerwGE 74, 234 (238 ff.) = NJW 86, 2655.

Grundstücke im Zeitpunkt der endgültigen Herstellung der Schutzanlage ergibt.[25]

5. Kostenbezogene Erforderlichkeit

§ 129 Abs. 1 Satz 1 BauGB ist entsprechend anwendbar, wenn nicht die **17** Erforderlichkeit der Anlage, sondern die **Angemessenheit** und in diesem Sinne die Erforderlichkeit der angefallenen Kosten in Frage steht. Denn diese Vorschrift ist jedenfalls auch als Ausprägung des allgemeinen beitragsrechtlichen Gebots der sparsamen und wirtschaftlichen Haushaltsführung bei solchen öffentlichen Anlagen anzusehen, die eine Beitragspflicht auslösen. Diese entsprechende Anwendung hat zur Folge, daß der Gemeinde bei der Beurteilung der Angemessenheit von Kosten ein „ebenso weiter Entscheidungsspielraum zuzubilligen" ist, wie er ihr „in unmittelbarer Anwendung des § 129 Abs. 1 Satz 1 ... zusteht. ... Durch den Begriff der Erforderlichkeit" wird „lediglich eine äußerste Grenze markiert, die die Gemeinde nicht überschreiten darf".[27] Demgemäß können die Beitragspflichtigen die Höhe der Kosten, die der Gemeinde für erforderliche Erschließungsanlagen entstanden sind, grundsätzlich nicht mit Erfolg beanstanden.[28] Etwas anderes gilt nur ausnahmsweise, wenn sich die Gemeinde etwa bei der Vergabe der Aufträge oder dem Kauf von Grundflächen ohne dies rechtfertigende sachliche Gründe nicht an das Gebot der Wirtschaftlichkeit gehalten und dadurch augenfällige Mehrkosten entstanden sind, d. h., wenn die Kosten in für die Gemeinde **erkennbarer Weise** eine *grob unangemessene* **Höhe** erreichen, also sachlich schlechthin unvertretbar sind.[29]

Bei der Entscheidung beispielsweise, einen bestimmten Kaufpreis für Stra- **18** ßenland zu zahlen, können Gesichtspunkte wie Beschleunigung des Grunderwerbs, Vermeidung von erfahrungsgemäß langwierigen Enteignungsverfahren oder ähnliche sachliche Gründe ein Überschreiten des Verkehrswerts – unter Umständen auch ein beträchtliches Überschreiten – rechtfertigen.[29] Dagegen kann es ggfs. an einem dies rechtfertigenden Grund fehlen, wenn eine Gemeinde nach ordnungsgemäßer Ausschreibung für Erschließungsarbeiten den Zuschlag einem Unternehmer erteilt, dessen Angebot weit über dem sachgerecht kalkulierten Angebot eines anderen Bewerbers liegt. Haben offensichtlich – etwa durch eine angemessene Bauüberwachung – vermeidbare (technische) Fehler zu einer nicht unerheblichen Kostensteigerung geführt, muß die Gemeinde den entsprechenden Unternehmer in Regreß nehmen,

---

[27] BVerwG, Urteil v. 14. 12. 1979 – 4 C 28.76 – BVerwGE 59, 249 (252 f.) = DVBl 80, 754 = KStZ 80, 68.
[28] Vgl. u. a. VGH Kassel, Urteil v. 22. 10. 1971 – IV OE 15/70 – GemTg 72, 133 = ZMR 72, 252, und OVG Lüneburg, Beschluß v. 6. 1. 1981 – 9 B 33/80 – KStZ 81, 71 = HSGZ 81, 144 = ID 81, 155.
[29] BVerwG, Urteil v. 14. 12. 1979 – 4 C 28.76 – BVerwGE 59, 249 (253) = DVBl 80, 754 = KStZ 80, 68.

jedenfalls sind solche zusätzlichen Kosten nicht noch ohne weiteres als sachlich vertretbar und deshalb erforderlich zu qualifizieren.[30]

19   Die Gemeinde hat nach pflichtgemäßem Ermessen über den Zeitpunkt der Ausführung von Erschließungsarbeiten zu befinden; diese Entscheidung deckt gewöhnlich auch den Anfall von Mehrkosten.[31] Das gilt allerdings nur für Kosten, die z. B. infolge einer verzögerlichen Durchführung der Erschließung zusätzlich entstanden sind, nicht jedoch für Kosten, die nicht notwendigerweise veranlaßt sind durch die Erschließung des betreffenden Gebiets.[31] Einwendungen eines Beitragspflichtigen beispielsweise, Herstellungsarbeiten seien zu spät und deshalb zu teuer durchgeführt worden, geben folglich nichts zu seinen Gunsten her.[32] Selbst das – in der Sache zutreffende – Vorbringen, etwa die Tiefbauarbeiten seien ohne Ausschreibung an den Unternehmer vergeben worden, der die übrigen Erschließungsmaßnahmen durchgeführt habe, ist rechtlich beachtlich ausschließlich, wenn zugleich dargetan werden kann, daß durch eine Ausschreibung erheblich günstigere Angebote bei gleicher Qualität abgegeben und die Arbeiten auch entsprechend durchgeführt worden wären.[33] Selbst wenn die Umstände einer Auftragsvergabe Zweifel an der Angemessenheit von geforderten Preisen erwecken können, ist die durch die entsprechende Anwendung des § 129 Abs. 1 Satz 1 BauGB gezogene Genze noch nicht überschritten, wenn der tatsächlich entstandene Aufwand die von einem Sachverständigen als unerläßlich ermittelten Kosten um ca. 24 v. H. übersteigt.[34]

20   Hinsichtlich des für die Herstellung von beitragsfähigen Anlagen zu verwendenden **Materials** kann die Gemeinde unter mehreren in Betracht kommenden Möglichkeiten das haltbarere (und damit teurere) wählen, um notwendige Instandsetzungsarbeiten möglichst hinauszuschieben.[35]

II. Begrenzung durch den Zeitpunkt des Entstehens der (sachlichen) Beitragspflichten

21   Von den für erforderliche Erschließungsmaßnahmen entstandenen Kosten können solche *nicht* in den beitragsfähigen Aufwand einbezogen werden, die erst *nach* dem Zeitpunkt des Entstehens der (sachlichen) Beitragspflichten

---

[30] Vgl. Sellner in Bauernfeind/Clauß/von Müller/von Mutius/Sellner, Grundfragen des Erschließungsbeitragsrechts in der kommunalen Praxis, Schriften zum Deutschen Kommunalrecht, Band 6, S. 40.

[31] BVerwG, Urteil v. 10. 11. 1989 – 8 C 50.88 – Buchholz 406.11 § 131 BBauG Nr. 81 S. 42 (46) = NVwZ 90, 870.

[32] BVerwG, Urteil v. 12. 12. 1985 – 8 C 66.84 – DVBl 86, 349 = KStZ 86, 91 = BWGZ 86, 173.

[33] Vgl. VGH Mannheim, Urteil v. 24. 9. 1987 – 2 S 1930/86 –.

[34] BayVGH, Urteil v. 30. 1. 1992 – 6 B 88.2083 – KStZ 92, 172 = NVwZ-RR 92, 579 = BayVBl 92, 536.

[35] BVerwG, Urteil v. 21. 10. 1970 – IV C 51.69 – Buchholz 406.11 § 127 BBauG Nr. 10 S. 11 (13) = DVBl 71, 213 = DÖV 71, 391.

angefallen sind.[36] Der Zeitpunkt des Entstehens der Beitragspflichten (§ 133 Abs. 2 BauGB) „legt den äußersten Umfang der beitragsfähigen Kosten fest; was darüber hinaus noch an Kosten anfällt, wird jedenfalls durch das Bundesrecht einer Beitragspflicht nicht unterworfen".[37] In diesem Sinne vor Entstehen der sachlichen Beitragspflichten "angefallen" sind Kosten nur dann, wenn sie vor diesem Zeitpunkt **der Höhe nach** feststanden.[38] Denn die Annahme, mit dem Zeitpunkt des Entstehens der (sachlichen) Beitragspflichten trete eine Beschränkung des beitragsfähigen Erschließungsaufwands ein, folgt aus der Erwägung, daß diese Beitragspflichten – sobald sämtliche dafür erforderlichen Voraussetzungen erfüllt sind – kraft Gesetzes "vollausgebildet", d. h. in bestimmter und nicht mehr veränderbarer Höhe, entstehen.[37] Damit die Beitragspflichten in nicht mehr veränderbarer und in diesem Sinne endgültiger Höhe entstehen können, muß – wegen der Abhängigkeit der Beitragshöhe vom entstandenen Aufwand – dieser Aufwand nicht nur schon dem Grunde nach, sondern überdies auch der Höhe nach feststellbar sein. Das ist mit Blick beispielsweise auf den für die Durchführung von technischen Arbeiten anfallenden Erschließungsaufwand regelmäßig nicht schon beim Abschluß des Vertrags der Fall, durch den sich ein Unternehmer zur Durchführung der betreffenden Erschließungsarbeiten und die Gemeinde zur Zahlung eines in der Höhe noch nicht bezifferbaren Betrags verpflichtet, sondern erst bei Eingang der letzten, im Anschluß an die Bauarbeiten erteilten Unternehmerrechnung.

Die durch den Zeitpunkt des Entstehens der Beitragspflichten (§ 133 **22** Abs. 2 BauGB) bewirkte Begrenzung des beitragsfähigen Erschließungsaufwands hat besondere praktische Bedeutung zum einen für Kosten, die für Ausbauarbeiten entsprechend einem nach der endgültigen Herstellung geänderten Ausbauprogramm entstanden sind[39] (vgl. dazu § 11 Rdnr. 50), sowie zum anderen für Kosten der Anlegung von **Stützmauern**[40] und vor allem für **Grunderwerbskosten.** Der Grunderwerb gehört zur endgültigen Herstellung i. S. des § 133 Abs. 2 BauGB ausschließlich, wenn er – was zulässig, von Bundesrechts wegen aber nicht zwingend geboten ist[41] – in der Satzung als ein Merkmal der endgültigen Herstellung festgelegt ist. Wird der Grunderwerb in der Satzung zum Herstellungsmerkmal bestimmt, ist eine Erschließungsanlage nicht vor Abschluß des Grunderwerbs endgültig hergestellt, so

---

[36] BVerwG, u. a. Urteil v. 29. 11. 1985 – 8 C 59.84 – Buchholz 406.11 § 133 BBauG Nr. 93 S. 55 (58f.) = NVwZ 86, 303 = KStZ 86, 213.

[37] BVerwG, Urteil v. 22. 8. 1975 – IV C 11.73 – BVerwGE 49, 131 (136) = DÖV 76, 95 = BauR 76, 120.

[38] BVerwG, Beschluß v. 21. 8. 1990 – 8 B 81.90 – BWGZ 92, 673.

[39] BVerwG, u. a. Urteil v. 16. 3. 1970 – IV C 69.69 – Buchholz 406.11 § 133 BBauG Nr. 35 S. 13 (14) = DVBl 70, 838 = ZMR 70, 225.

[40] Vgl. BVerwG, Urteil v. 7. 7. 1989 – 8 C 86.87 – BVerwGE 82, 215 (223f.) = DVBl 89, 1208 = NVwZ 90, 168.

[41] BVerwG, u. a. Urteil v. 24. 10. 1972 – IV C 30.71 – BVerwGE 41, 72 (73f.) = DVBl 73, 500 = KStZ 73, 119.

daß vor Abschluß des Grunderwerbs (sachliche) Beitragspflichten nicht entstehen können. Ist der Grunderwerb dagegen in der Satzung nicht zum Herstellungsmerkmal erklärt worden, ist er für die endgültige Herstellung und in der Folge für das Entstehen der (sachlichen) Beitragspflichten ohne Bedeutung. Will eine Gemeinde das Risiko **vermeiden,** daß die entstehenden Grunderwerbskosten nicht vollständig zum beitragsfähigen Erschließungsaufwand gehören, muß sie den Grunderwerb als Herstellungsmerkmal in die Satzung aufnehmen, weil nur dann gesichert ist, daß die endgültige Herstellung nicht vor dem letzten Grunderwerb eintreten kann.[42] Sie nimmt damit – etwa bei zeitraubenden Grunderwerbsvorgängen – nicht zwangsläufig eine Verzögerung der Beitragserhebung für die Kosten des technischen Ausbaus in Kauf. Denn es ist ihr unbenommen, diese Kosten bereits vorab im Wege der Kostenspaltung (vgl. § 20 Rdnrn. 1 ff.) geltend zu machen.

---

[42] BVerwG, u.a. Urteil v. 13. 5. 1977 – IV C 82.74 – Buchholz 406.11 § 128 BBauG Nr. 18 S. 4 (8) = BauR 77, 411 = KStZ 78, 110.

Vierter Abschnitt
Verteilungsphase

§ 16 Umlagefähiger Erschließungsaufwand

I. Ermittlung des umlagefähigen Erschließungsaufwands

Der nach Maßgabe der §§ 130, 128 BauGB für i.S. von § 129 Abs. 1 Satz 1   **1**
BauGB erforderliche Erschließungsanlagen vor dem Zeitpunkt des Entstehens der (sachlichen) Beitragspflichten angefallene und deshalb beitragsfähige Erschließungsaufwand bildet nach der Systematik der erschließungsbeitragsrechtlichen Vorschriften die **negative Vermögensmasse** (vgl. § 8 Rdnr. 3), die es im folgenden "aufzulösen" gilt, d.h., die einem rechnerischen Ausgleich zugeführt und in diesem Sinne verteilt werden muß. Bei der Verteilung dieser Masse sind – **entgegen** dem Eindruck, den § 131 Abs. 1 Satz 1 BauGB mit dem Wortlaut erweckt, „der ermittelte beitragsfähige Aufwand ... ist auf die ... erschlossenen Grundstücke zu verteilen" – nicht nur die erschlossenen Grundstücke, sondern auch (vorab) die Gemeinde (§ 129 Abs. 1 Satz 3 BauGB) und ggfs. Dritte bzw. deren Zuwendungen ("anderweitige Deckung" – § 129 Abs. 1 Satz 1 BauGB) zu berücksichtigen. Nur der Teil der negativen Vermögensmasse, der nicht durch den Gemeindeanteil und ggfs. Zuschüsse Dritter gedeckt ist, kommt als sog. umlagefähiger Aufwand für eine Verteilung auf die erschlossenen Grundstücke in Betracht. Der Ermittlung des beitragsfähigen Aufwands **schließt** sich mithin die Ermittlung des umlagefähigen Aufwands **an**. Dazu ist vom beitragsfähigen Aufwand zunächst der Gemeindeanteil und ggfs. sodann eine von dritter Seite geleistete Zuwendung in Abzug zu bringen, sofern diese nach dem Willen des Zuschußgebers nicht zum Ausgleich des Gemeindeanteils sowie der von der Gemeinde zu tragenden nichtbeitragsfähigen Kosten (vgl. z.B. § 128 Abs. 3 Nr. 1 BauGB) und damit (allein) zu deren Entlastung, sondern als "anderweitige Deckung" i.S. von § 129 Abs. 1 Satz 1 BauGB zur Entlastung der Beitragspflichtigen und deshalb zu einer entsprechenden Reduzierung des umlagefähigen Erschließungsaufwands bestimmt ist.

II. Gemeindeanteil

Die vom Gesetzgeber in § 129 Abs. 1 Satz 3 BauGB angeordnete Beteili-   **2**
gung der Gemeinde in Höhe von *mindestens* zehn vom Hundert des beitragsfähigen Erschließungsaufwands für alle Erschließungsanlagen i.S. des § 127 Abs. 2 BauGB hat nicht nur zum Ziel, die Gemeinden zur Sparsamkeit anzu-

halten. Sie trägt darüber hinaus dem Umstand Rechnung, daß Erschließungsanlagen nicht nur den erschlossenen Grundstücken, sondern außerdem allgemeinen Interessen dienen.[1] Ferner ist die Kostenbeteiligung der Gemeinde
Ausdruck ihrer Verantwortung für die sachgerechte Erschließung und damit
zugleich Ausdruck der unveräußerlichen gemeindlichen Planungshoheit.[2]
Gemäß § 124 Abs. 2 Satz 3 BauGB ist § 129 Abs. 1 Satz 3 BauGB seit Inkrafttreten des Investitionsförderungs- und Wohnbaulandgesetzes vom 22. April
1993 (BGBl. I S. 466) am 1. Mai 1993 auf **Erschließungsverträge** nicht mehr
entsprechend anwendbar (vgl. § 6 Rdnrn. 2 und 25).

3   Der Gemeindeanteil ist vom beitragsfähigen Aufwand **abzusetzen**; dieser
Vorgang gehört mit der Folge zur Verteilung des beitragsfähigen Aufwands,
daß der Beteiligungssatz gemäß § 132 Nr. 2 BauGB in der Satzung festzusetzen ist. Unterbleibt eine solche Festsetzung, gilt für alle beitragsfähigen Erschließungsanlagen und deren abspaltbare Teileinrichtungen der gesetzlich
festgelegte Mindestsatz von zehn vom Hundert (vgl. § 11 Rdnr. 25). Da das
Gesetz keine Obergrenze für die Selbstbeteiligung der Gemeinde bestimmt,
ist sie nicht gehindert, in ihrer Satzung einen über zehn vom Hundert hinausgehenden Eigenanteil festzulegen. Für eine diesbezügliche Entscheidung
steht der Gemeinde ein **Ermessensspielraum** zu, der jedoch regelmäßig durch
ihre Finanzlage und den im Gemeindehaushaltsrecht verankerten Grundsatz
der Wirtschaftlichkeit und Sparsamkeit praktisch eingeengt ist. Allerdings
wäre es mit der Pflicht der Gemeinde, Erschließungsbeiträge zu erheben,
nicht vereinbar, den Eigenanteil so hoch festzusetzen (ein wohl theoretischer
Fall!), daß die Beitragsleistung der Grundstückseigentümer gegenüber dem
Gemeindeanteil nicht mehr ins Gewicht fällt[3] (vgl. § 10 Rdnr. 9). Im übrigen
kann über eine beispielsweise auf das Finanzausgleichsgesetz (FAG) des jeweiligen Landes gestützte Richtlinie auf die Höhe der gemeindlichen Eigenbeteiligung – jedenfalls mittelbar – Einfluß genommen werden. Denn es verstößt weder gegen § 129 Abs. 1 Satz 3 BauGB noch gegen die Gewährleistung
der kommunalen Selbstverwaltung in Art. 28 Abs. 2 Satz 1 GG, wenn eine
durch einen Rechtssatz gedeckte Verwaltungsvorschrift die Bewilligung einer
zweckgebundenen Finanzzuweisung regelmäßig davon abhängig macht, daß
die Gemeinde, die eine Finanzzuweisung begehrt, ihre Einnahmequellen ausschöpft und sich daher darauf beschränkt, nur den Mindestanteil von 10 v. H.
des beitragsfähigen Erschließungsaufwands gemäß § 129 Abs. 1 Satz 3
BauGB zu tragen.[4]

---

[1] BVerwG, u. a. Urteil v. 23. 4. 1969 – IV C 69.67 – BVerwGE 32, 37 (39) = NJW 69,
2162 = DVBl 69, 699.

[2] BVerwG, Urteil v. 4. 2. 1972 – IV C 59.70 –Buchholz 406.11 § 129 BBauG Nr. 6
S. 6 (10) = NJW 72, 1588 = ZMR 72, 245.

[3] Vgl. auch BayVGH, Urteil v. 12. 3. 1971 – 290 VI 70 – KStZ 71, 140 = ZMR 71,
291.

[4] BVerwG, Beschluß v. 27. 1. 1989 – 7 B 12.89 – Buchholz 415.1 Allg. Kommunalrecht Nr. 82 = NVwZ 89, 469 = DVBl 89, 929; ebenso zuvor schon OVG Koblenz,
Urteil v. 6. 12. 1988 – 7 A 29/88 – KStZ 89, 91.

Es verletzt nicht den **Gleichheitssatz**, wenn eine Gemeinde ihren Anteilssatz 4
für das gesamte Gemeindegebiet einheitlich, also ohne Rücksicht darauf festsetzt, welche Kosten bei bestimmten Erschließungsanlagen (z. B. infolge na-
turbedingter Erschwerung ihrer Herstellung) anfallen.[5] Es wäre vielmehr mit
dem generellen Charakter der gebotenen ortsrechtlichen Festsetzung des Satzes des Gemeindeanteils nicht vereinbar, wenn er jeweils für einzelne bestimmte Erschließungsanlagen gesondert bestimmt würde.[6] Das schließt jedoch die Festlegung unterschiedlicher Anteilssätze weder für verschiedene
Arten von Erschließungsanlagen i. S. des § 127 Abs. 2 BauGB noch für verschiedene Straßenarten, d. h. ihrer Funktion nach unterschiedliche Straßen
wie z. B. Wohnstraßen einerseits und Industriestraßen andererseits, aus. Jedoch ist eine solche Differenzierung **nicht** geboten.[7]

Bei einer **Anbaustraße** ist es für die Höhe des gemeindlichen (Eigen-)Anteils 5
regelmäßig ohne Belang, ob von ihr außer Anliegerverkehr auch Durchgangsverkehr aufgenommen wird. Die Aufnahme von Durchgangsverkehr ist ein
Teil der ″normalen″ Funktion einer Straße; der Dienst, den sie dadurch der
Allgemeinheit leistet, wird erschließungsbeitragsrechtlich durch den auch
dies abgeltenden Gemeindeanteil ausgeglichen. Nur wenn **ganz außergewöhnliche** Umstände gegeben sind, kann angenommen werden, es dürfe in Fällen
der Aufnahme von Durchgangsverkehr nicht bei dem in § 129 Abs. 1 Satz 3
BauGB angeordneten (Mindest-)Gemeindeanteil sein Bewenden haben.[8]

Ist bei einer beitragsfähigen (selbständigen) **Grünanlage** im maßgeblichen 6
Zeitpunkt des Entstehens der sachlichen Beitragspflichten (§ 133 Abs. 2
BauGB) aufgrund konkreter Umstände zu erwarten, sie werde in ganz über-
wiegendem Maße von Grundstücken aus genutzt, die nicht zum Kreis der i. S.
des § 131 Abs. 1 Satz 1 BauGB erschlossenen Grundstücke gehören, zwingt
das zu einer **angemessenen Erhöhung** der gemeindlichen Eigenbeteiligung.
Über die Frage, in welchem Umfang ihr Eigenanteil am beitragsfähigen Erschließungsaufwand im Einzelfall zu erhöhen ist, hat die Gemeinde auf der
Grundlage einer nach ihrem Ermessen vorzunehmenden Vorteilsbewertung
zu befinden; ihre diesbezügliche Ermessensentscheidung hat sie in angemessener Weise zu orientieren an dem Ausmaß, in dem die voraussichtliche
Inanspruchnahme von den nicht erschlossenen Grundstücken aus die voraussichtliche Inanspruchnahme von den erschlossenen Grundstücken aus überwiegt. Zu der ggfs. gebotenen Erhöhung der gemeindlichen Eigenbeteiligung
bedarf es keiner satzungsrechtlichen Regelung; vielmehr genügt es, wenn die
Gemeinde z. B. durch eine Verminderung des beitragsfähigen Erschließungs-

---

[5] BVerwG, Urteil v. 12. 12. 1969 – IV C 100.68 – Buchholz 406.11 § 122 BBauG
Nr. 34 S. 7 (11) = NJW 70, 876 = DVBl 70, 417.
[6] Ebenso u. a. Ernst in Ernst/Zinkahn/Bielenberg, BauGB, § 129 Rdnr. 20.
[7] BVerwG, Urteil v. 31. 1. 1968 – IV C 221.65 – BVerwGE 29, 90 (91 f.) = NJW 68,
1250 = DVBl 68, 520.
[8] BVerwG, Urteil v. 26. 5. 1989 – 8 C 6.88 – BVerwGE 82, 102 (108) = DVBl 89,
1205 = NVwZ 90, 165.

aufwands um rechtlich berücksichtigungsfähige Kosten im wirtschaftlichen Ergebnis eine entsprechende Entlastung der Beitragspflichtigen bewirkt.[9]

7 Zur Ermittlung des umlagefähigen Aufwands ist der Gemeindeanteil grundsätzlich von dem beitragsfähigen Aufwand abzuziehen, der für die Herstellung einer einzelnen Erschließungsanlage, eines Abschnitts, einer Teileinrichtung oder der zur gemeinsamen Aufwandsermittlung und Abrechnung zusammengefaßten Anlagen errechnet worden ist, und zwar auch dann, wenn insoweit auf Einheitssätze – möglicherweise nur für eine einzelne Teileinrichtung, wie z. B. die Straßenentwässerung, – abgestellt worden ist. Ein Abzug bereits bei der Bemessung der Einheitssätze ist nur zulässig, wenn gewährleistet ist, daß mindestens zehn vom Hundert des beitragsfähigen Aufwands von der Gemeinde getragen werden und diese Beteiligung sich bei allen Erschließungsanlagen entsprechend auswirkt.[10]

III. Anderweitige Deckung

8 Gemäß § 129 Abs. 1 Satz 1 BauGB[11] kommt eine Beitragserhebung nur insoweit in Betracht, als der beitragsfähige Erschließungsaufwand nicht bereits "anderweitig", d. h. durch Zuwendungen von dritter Seite, gedeckt ist. Dem liegt die gleichsam selbstverständliche Überlegung zugrunde, daß die Gemeinde von den Eigentümern (Erbbauberechtigten) der erschlossenen Grundstücke keine Beiträge verlangen kann, soweit der nach Abzug ihres (Eigen-)Anteils verbleibende beitragsfähige Aufwand durch einen Zuschuß bereits **endgültig ausgeglichen** ist, der für die Herstellung einer einzelnen Erschließungsanlage (eines Abschnitts usw.) zweckgebunden, nämlich zur Entlastung der Beitragspflichtigen, gewährt worden ist. Anderweitig gedeckt wird daher der beitragsfähige Erschließungsaufwand nicht schon durch Mittel, die die Gemeinde aus der Aufnahme von Darlehen oder ihrem Vermögen zur Verfügung stellt; der finanztechnische Begriff der Haushaltsdeckung ist hier ohne Belang.[12] Maßgebend ist vielmehr, ob durch eine Zuwendung von dritter Seite der nach Abzug des Gemeindeanteils verbleibende beitragsfähige Aufwand mit der Folge endgültig ausgeglichen, d. h. anderweitig gedeckt ist, daß für eine Beitragserhebung insoweit kein Raum mehr ist.[13]

---

[9] BVerwG, Urteil v. 11. 11. 1988 – 8 C 71.87 – Buchholz 406.11 § 127 BBauG Nr. 56 S. 43 (48) = DVBl 89, 418 = KStZ 89, 71.

[10] BVerfG, Beschluß v. 5. 7. 1972 – 2 BvL 6/66 u. a. – BVerfGE 33, 265 (298) = NJW 72, 1891 = DVBl 72, 887.

[11] Der in § 127 Abs. 1 Satz 1 BauGB enthaltenen wortgleichen Formulierung kommt nach der Systematik der erschließungsbeitragsrechtlichen Vorschriften keine eigenständige Bedeutung zu; sie ist überflüssig.

[12] BVerwG, Urteil v. 12. 12. 1969 – IV C 100.68 – Buchholz 406.11 § 133 BBauG Nr. 34 S. 7 (10f.) = NJW 70, 876 = DVBl 70, 417.

[13] Ebenso u. a. Schmidt/Bogner/Steenbock, Handbuch des Erschließungsrechts, Rdnrn. 1710ff.

Ob die Zuwendung eines Dritten zu einer anderweitigen Deckung in die- 9
sem Sinne führt, richtet sich „**ausschlaggebend** nach dem **Zweck**, für den der
Dritte seine Leistung **bestimmt** hat. Hat der Dritte einen Zuschuß mit der
Maßgabe gewährt, dieser solle zur Deckung des von der Gemeinde (nicht nur
vorläufig, sondern) endgültig zu tragenden Aufwands, d. h. der nicht erschließungsbeitragsfähigen Kosten (z. B. im vorliegenden Fall der Kosten u. a. für
Brücken und die dazugehörigen Rampen, vgl. § 128 Abs. 2 Nr. 1 ...) sowie
des Gemeindeanteils am beitragsfähigen Erschließungsaufwand dienen, und
unterschreitet der Zuschuß die Höhe der Summe dieser beiden Posten, verbietet sich von vornherein die Annahme, der Zuschuß könne den beitragsfähigen Erschließungsaufwand ... decken und damit auch den Erschließungsbeitragspflichtigen zugute kommen. Selbst wenn bei einer derartigen Zweckbestimmung die Zuwendung die Höhe der von der Gemeinde endgültig zu
tragenden Kosten überschreitet, folgt daraus nicht oder doch nicht ohne
weiteres, daß der überschießende Betrag als anderweitige Deckung zu behandeln ist. Das trifft vielmehr nur dann ausnahmsweise zu, wenn der Dritte für
diesen Fall von vornherein auf eine Rückzahlung des Überschusses verzichtet
und damit zum Ausdruck gebracht hat, daß die Zuwendung ggf. auch zur
Entlastung der Erschließungsbeitragspflichtigen dienen solle. Entsprechendes
gilt, wenn der Dritte zwar ursprünglich seine Zuwendung ausschließlich zur
Deckung der von der Gemeinde endgültig zu tragenden Kosten gewährt hat,
er jedoch später unter Verzicht auf eine Rückforderung die Zweckbestimmung dahin **ändert**, daß der Überschuß den Erschließungsbeitragspflichtigen
zugute kommen solle. Allerdings ist eine derartige Änderung der Zweckbestimmung erschließungsbeitragsrechtlich nur dann von Belang, wenn sie **vor**
Entstehen der sachlichen Erschließungsbeitragspflichten (§ 133 Abs. 2 ...)
erfolgt. Denn der Zeitpunkt des Entstehens der sachlichen Beitragspflichten
legt den Umfang des beitragsfähigen Erschließungsaufwands und in der Folge
die Höhe des von den Erschließungsbeitragspflichtigen zu tragenden umlagefähigen Erschließungsaufwands derart fest, daß später eintretende Änderungen der Rechts- und Sachlage daran **nichts mehr** zu ändern vermögen."[14]
Zuwendungen aus Bundesmitteln nach dem **Gemeindeverkehrsfinanzierungsgesetz** sind zur Deckung solcher Kosten bestimmt, die die Gemeinden nicht –
z. B. auch nicht durch die Erhebung von Erschließungsbeiträgen – abwälzen
können.[14]

Erhält die Gemeinde einen Zuschuß zu den Kosten des Ausbaus einer 10
bestimmten **Straßenstrecke**, der den von ihr insoweit zu tragenden Eigenanteil übersteigt, und hat der Zuschußgeber hinsichtlich des übersteigenden
Teils auf eine Rückzahlung verzichtet, ist dieser Teil als anderweitige Dek-
kung zu behandeln, die – sofern nicht die Gemeinde abschnittsweise ab-

---

[14] BVerwG, Urteil v. 30. 1. 1987 – 8 C 10.86 – BVerwGE 75, 356 (358 f.) = NVwZ
87, 982 = DVBl 87, 632.

rechnet – den beitragsfähigen Erschließungsaufwand insgesamt mindert und deshalb nicht nur den durch diese Strecke erschlossenen, sondern **allen** durch die gesamte Erschließungsstraße erschlossenen Grundstücken zugute kommt.[15]

11   Fehlt eine (ausdrückliche oder durch Auslegung zu ermittelnde) Zweckbestimmung des Zuschußgebers, ist nach der **Herkunft** der Mittel zu differenzieren. Bei öffentlichen Zuweisungen vom Bund, den Ländern usw. spricht eine **Vermutung** dafür, daß sie zunächst zur Abdeckung des Gemeindeanteils verwandt werden sollen.[16] Das gilt z.B. für Zuschüsse, die einer Gemeinde zur Durchführung von Erschließungsmaßnahmen als **Arbeitsbeschaffungsmaßnahmen** nach dem Arbeitsförderungsgesetz gewährt werden (sog. ABM-Fördermittel). Da Zweck dieser Mittel ist, die Arbeitslosigkeit zu beseitigen, nicht aber die Beitragspflichtigen zu entlasten, sind die ABM-Fördermittel zunächst zur Entlastung der Gemeinde anzurechnen. Nur wenn diese (öffentlichen) Mittel den von der Gemeinde endgültig zu tragenden Anteil am Erschließungsaufwand übersteigen, kann ggf. der überschießende Betrag zu einer teilweisen anderweitigen Deckung und in der Folge insoweit zu einer Entlastung der Beitragspflichtigen führen.

Bei von Privatpersonen geleisteten Zuwendungen spricht grundsätzlich eine Vermutung für eine gewollte Entlastung der Beitragspflichtigen und deshalb eine anderweitige Deckung des beitragsfähigen Erschließungsaufwands im Umfang des gewährten Zuschusses.

12   Als zur anderweitigen Deckung geeignete Mittel kommen zweckgebundene Zuwendungen in Betracht, die etwa von einem einen höheren ”Beitrag“ zahlenden Beitragspflichtigen und von sonstigen Dritten freiwillig geleistet worden sind oder die aus vertraglichen und gesetzlichen Verpflichtungen herrühren. Eine anderweitige Deckung kann auch in einem Anspruch der Gemeinde gegen einen Dritten auf Übernahme von Erschließungskosten bestehen, sofern und soweit seiner Durchsetzbarkeit keine rechtlichen oder tatsächlichen Hindernisse entgegenstehen. Da die Gemeinde grundsätzlich verpflichtet ist, einen den Erschließungsaufwand ganz oder teilweise deckenden Anspruch zu realisieren, sind an etwaige rechtliche Hindernisse hohe Anforderungen zu stellen.[17] Dem ist beispielsweise genügt, wenn eine Inanspruchnahme des Dritten deshalb aus Rechtsgründen ausscheidet, weil sie sich mit Rücksicht auf die zwischen der Gemeinde und dem Dritten begründeten Rechtsbeziehungen als treuwidrig oder mißbräuchlich darstellen würde.[17] Entläßt die Gemeinde einen Dritten aus einer ihr gegenüber vertraglich begründeten Verpflichtung, **ohne** daß dafür ein dies ausnahmsweise **rechtfertigender** Grund gegeben ist,

---

[15] VGH Kassel, Beschluß v. 27. 8. 1991 – 5 TH 3093/90 – KStZ 91, 215 = HSGZ 91, 454.

[16] Vgl. u. a. VGH Kassel, Urteil v. 19. 5. 1969 – VI OE 69/68 – GemTg 70, 187.

[17] BVerwG, Urteil v. 18. 9. 1981 – 8 C 21.81 – Buchholz 406.11 § 125 BBauG Nr. 14 S. 7 (9) = DVBl 82, 79 = MDR 82, 1047.

scheidet der dem Anspruch entsprechende Teil der Kosten als anderweitig gedeckt aus dem beitragsfähigen Erschließungsaufwand aus.[18]

Dagegen sind vor Jahrzehnten für die erstmalige Herstellung einer bei- 13 tragsfähigen Erschließungsanlage eingesetzte Mittel nicht deshalb als "anderweitig gedeckt" von beitragsfähigen Erschließungsaufwand auszunehmen, weil sie die Gemeinde (im wirtschaftlichen Ergebnis) wegen des inzwischen eingetretenen Zeitablaufs nicht (mehr) belasten, die Gemeinde sie gleichsam "verkraftet" hat.[19] Und auch eine zu hohe Veranlagung einzelner Beitragspflichtiger führt nicht zu einer anderweitigen Deckung i.S. des § 129 Abs. 1 Satz 1 BauGB, die zugunsten eines (zunächst bei der Verteilung des umlagefähigen Erschließungsaufwands aus tatsächlichen oder rechtlichen Gründen "vergessenen") anderen Beitragspflichtigen zu berücksichtigen ist (vgl. § 8 Rdnr. 5). Vielmehr ist die Gemeinde in einem solchen Fall grundsätzlich gehalten, auf Antrag der zu hoch veranlagten Beitragspflichtigen die abgeschlossenen Heranziehungsverfahren zu deren Gunsten wieder aufzugreifen und unter teilweiser Aufhebung der der Höhe nach rechtswidrigen Heranziehungsbescheide die überschießenden Beiträge zu erstatten.[20]

§ 17 Anknüpfungsmerkmale für die Verteilung des umlagefähigen Erschließungsaufwands

I. Gesetzliche Regelung

In § 131 Abs. 1 Satz 1 BauGB hat der Bundesgesetzgeber die *grundlegen-* 1 *den* **Merkmale** für die Verteilung des umlagefähigen Erschließungsaufwands *bindend* festgelegt. Die Frage, in welcher Weise die Aufwandsverteilung *im einzelnen* vorzunehmen ist, beantwortet sich hingegen nach § 131 Abs. 2 (und 3) BauGB i.V.m. der Verteilungsregelung der jeweiligen Erschließungsbeitragssatzung (vgl. dazu § 18 Rdnrn. 1 ff.). Als allgemeine, das Verhältnis zwischen § 131 Abs. 1 Satz 1 BauGB einerseits und § 131 Abs. 2 (sowie 3) BauGB andererseits kennzeichnende **Regel** gilt, daß aufgrund des § 131 Abs. 2 (sowie Abs. 3) BauGB keine Verteilung gewählt werden darf, die der übergeordneten Vorschrift in § 131 Abs. 1 Satz 1 BauGB widerspricht. "Was über die Art der Aufwandsverteilung schon durch" § 131 Abs. 1 Satz 1

---

[18] BVerwG, Urteil v. 9. 11. 1984 – 8 C 77.83 – BVerwGE 70, 247 (258f.) = NVwZ 85, 346 = DVBl 85, 297.

[19] Vgl. VGH Kassel, Urteil v. 11. 1. 1989 – 5 UE 2130/84 –.

[20] BVerwG, Beschluß v. 16. 7. 1982 – 8 B 35.82 – Buchholz 406.11 § 129 BBauG Nr. 17 S. 1 (2f.) = NVwZ 83, 152 = DVBl 82, 1058; vgl. auch BayVGH Urt. v. 28. 11. 1983 – 6 B 81 A. 2658 – BayVBl 84, 213, u. Anm. v. Korber in BayVBl 85, 470.

BauGB „festgelegt ist, kann durch Satzung nicht abweichend geregelt werden".[1]

2   Nach § 131 Abs. 1 Satz 1 BauGB ist (nicht der beitragsfähige, sondern) der **umlagefähige** „Erschließungsaufwand für eine Erschließungsanlage ... auf ... Grundstücke zu verteilen". § 131 Abs. 1 Satz 1 BauGB knüpft mit diesem Wortlaut für die Aufwandsverteilung zunächst einmal an **Grundstücke** an, wobei – und das gilt nicht nur für das Merkmal "Grundstücke" – *maßgebend* sind die tatsächlichen und rechtlichen *Verhältnisse* in dem Zeitpunkt, in dem der Anfall der berücksichtigungsfähigen Aufwendungen (einschließlich des Rechnungseingangs) abgeschlossen ist und in dem im Regelfall gemäß § 133 Abs. 2 BauGB die *(sachlichen) Beitragspflichten kraft Gesetzes entstehen.*[2]

3   Der Regelungsgehalt des § 131 Abs. 1 Satz 1 BauGB erschöpft sich allerdings nicht darin, Grundstücke als Anknüpfungsmerkmale für die Verteilung des umlagefähigen Erschließungsaufwands zu nennen. Vielmehr ordnet diese Vorschrift darüber hinaus an, daß insoweit nur „auf die durch die Anlage **erschlossenen**" Grundstücke abzuheben ist. Aus der damit hergestellten Verbindung zwischen den Anknüpfungsmerkmalen "Anlage" und "Erschlossensein" ergibt sich die Rechtfertigung für die Beteiligung der betreffenden Grundstücke an der Aufwandszuschreibung und in der Folge – früher oder später – an der Beitragserhebung: Sie sind wegen ihrer durch die Anlage vermittelten Erschließung und dem damit einhergehenden (Sonder-)Vorteil (vgl. dazu § 9 Rdnrn. 1 ff.) zu berücksichtigen. Grundstücke (oder Teilflächen von ihnen), die mangels eines durch die Anlage vermittelten Erschlossenseins i.S. des § 131 Abs. 1 Satz 1 BauGB nicht an der Verteilung des für deren Herstellung entstandenen umlagefähigen Erschließungsaufwands teilnehmen, scheiden **zwangsläufig** auch für eine Beitragserhebung aus.[3]

II. Grundstücke (Grundstücksbegriff)

4   Ebenso wie im allgemeinen Baurecht ist auch im Erschließungsbeitragsrecht im Interesse der Rechtsklarheit und Rechtssicherheit grundsätzlich vom **bürgerlich-rechtlichen Begriff** des Grundstücks i.S. des Grundbuchrechts (formeller Grundstücksbegriff) auszugehen.[4] Unter einem Grundstück in diesem Sinne ist ein solcher Teil der Erdoberfläche zu verstehen, der auf einem

---

[1] BVerwG, Urteil v. 9. 12. 1983 – 8 C 112.82 – BVerwGE 68, 249 (260) = DVBl 84, 194 = ZMR 84, 103.

[2] Vgl. BVerwG, u. a. Urteil v. 22. 8. 1975 – IV C 11.73 – BVerwGE 49, 131 (135 f.) = DÖV 76, 95 = GemTg 76, 114, sowie Ernst in Ernst/Zinkahn/Bielenberg, BauGB, § 131 Rdnr. 3 a mit weiteren Nachweisen.

[3] BVerwG, st. Rspr. u. a. Urteil v. 14. 1. 1983 – 8 C 81.81 – Buchholz 406.11 § 133 BBauG Nr. 85 S. 32 (33) = DVBl 83, 904 = NVwZ 83, 669.

[4] BVerwG, u. a. Urteil v. 1. 4. 1981 – 8 C 5.81 – Buchholz 406.11 § 131 BBauG Nr. 37 S. 1 (2) = KStZ 81, 192 = ZMR 81, 380, im Anschluß an RG, Urteil v. 12. 3. 1914 – Rep. V 368/13 – RGZ 84, 265 (270).

besonderen Grundbuchblatt oder auf einem gemeinschaftlichen Grundbuchblatt unter **einer besonderen Nummer** im Verzeichnis der Grundstücke gebucht ist, so daß ein Grundstück auch aus mehreren Flurstücken bestehen kann.[4] Werden zwei Flurstücke zwar auf einem Grundbuchblatt, aber unter verschiedenen Nummern geführt, ist für die rechtliche Selbständigkeit der beiden Flurstücke ohne Belang, wie es zu dieser Eintragung gekommen ist.[5]

Allerdings stellt das Erschließungsbeitragsrecht entscheidend auf einen angemessenen Vorteilsausgleich ab und dieser Gesichtspunkt zwingt dazu, ausnahmsweise ein **Abweichen** vom bürgerlich-rechtlichen Grundstücksbegriff in solchen Fällen zuzulassen, in denen es nach dem Inhalt und Sinn des Erschließungsbeitragsrechts „gröblich unangemessen"[6] wäre, an diesem Grundstücksbegriff festzuhalten. Nur bei Vorliegen dieser (strengen) Voraussetzung kann auf den Begriff der "wirtschaftlichen Grundstückseinheit" zurückgegriffen werden, der darauf abhebt, ob zusammenhängende Flächen – unabhängig von ihrer katastermäßigen Einheit – ein wirtschaftliches Ganzes bilden und demselben Eigentümer gehören.[7] Dem Begriff der wirtschaftlichen Grundstückseinheit (materieller Grundstücksbegriff) kommt im Erschließungsbeitragsrecht mithin *ausschließlich* eine Korrekturfunktion zu. Grundsätzlich aber ist vom Baugesetzbuch der grundbuchrechtliche (formelle) Grundstücksbegriff mit der Folge vorgegeben, daß ein Ortsgesetzgeber in seiner Satzung nicht wirksam anordnen kann, in seinem Hoheitgebiet sei für das Erschließungsbeitragsrecht auf den Begriff der wirtschaftlichen Grundstückseinheit abzustellen.[8]

Ein Abweichen vom (sog. Buch-)Grundstücksbegriff des bürgerlichen Rechts ist **ausnahmsweise** gerechtfertigt, wenn das Festhalten an diesem Begriff dazu führt, daß ein (z.B. sog. Handtuch-)Grundstück bei der Verteilung des umlagefähigen Erschließungsaufwands **völlig** unberücksichtigt bleiben muß, obwohl es – mangels hinreichender Größe lediglich allein nicht bebaubar – zusammen mit einem oder mehreren Grundstücken des gleichen Eigentümers ohne weiteres baulich angemessen genutzt werden darf.[9] „Einzig bei einer solchen Konstellation führt das Festhalten am Buchgrundstücksbegriff zu der unter dem Blickwinkel des auf einen angemessenen Vorteilsausgleich ausgerichteten Erschließungsbeitragsrechts unerträglichen Konsequenz, daß das betreffende Grundstück überhaupt nicht mit einem Beitrag belastet werden kann, obgleich sich für den Eigentümer das Vorliegen nicht einer, son-

---

[5] Vgl. OVG Münster, Urteil v. 31. 1. 1989 – 3 A 922/87 –.

[6] BVerwG, u.a. Urteil v. 20. 6. 1973 – IV C 62.71 – BVerwGE 42, 269 (272) = KStZ 74, 11 = GemTg 74, 216.

[7] BVerwG, u.a. Urteil v. 16. 4. 1971 – IV C 82.69 – BVerwGE 38, 35 (36 f.) = NJW 72, 701 = DVBl 72, 781.

[8] BVerwG, Urteil v. 30. 7. 1976 – IV C 65 u. 66.74 – Buchholz 406.11 § 131 BBauG Nr. 15 S. 7 (9) = DÖV 77, 247 = KStZ 77, 72.

[9] BVerwG, Urteil v. 16. 4. 1971 – IV C 82.69 – BVerwGE 35 (36 f.) = NJW 72, 701 = DVBl 72, 781.

dern mehrerer (Buch-)Grundstücke baurechtlich in keiner Weise hinderlich auswirkt."[10] Für ein Abweichen vom Buchgrundstücksbegriff ist daher dort kein Raum, wo zwei selbständig bebaubare Grundstücke in Rede stehen; das gilt selbst dann, wenn die zwischen den Grundstücken verlaufende Grenze durch ein Bauwerk überbaut ist.[11] Ist ausnahmsweise ein Abweichen vom Buchgrundstücksbegriff gerechtfertigt, ist von einem (einzigen) Grundstück i.S. des Erschließungsbeitragsrechts auszugehen, für das dementsprechend nur eine Beitragsforderung (-pflicht) entsteht. Auch die Berechnung einer Vorausleistung kann ausnahmsweise auf mehrere (Buch-)Grundstücke desselben Eigentümers abheben, wenn sich der Erschließungsvorteil deshalb auf sie gemeinsam bezieht, weil sie – wie die sog. Handtuchgrundstücke – in ihrer Nutzbarkeit voneinander gleichsam abhängig sind. Diese Voraussetzung kann etwa bei der Errichtung eines Bauwerks auf einem mehrere Buchgrundstücke umfassenden Industriegelände erfüllt sein, sofern angenommen werden muß, daß sich der Erschließungsvorteil nicht nur für das Grundstück, auf dem das Bauwerk errichtet wird, sondern für die gesamte industriell genutzte Fläche auswirkt.[9] Die *einheitliche* **Nutzung** mehrerer Buchgrundstücke *allein* rechtfertigt ihre Zusammenfassung zu einer wirtschaftlichen Grundstückseinheit noch nicht.[12]

7   Andererseits ist auch die tatsächlich *unterschiedliche* Nutzung einzelner Grundstücksteile[13] eines Buchgrundstücks allein kein Grund dafür, dieses Grundstück abweichend vom grundbuchrechtlichen Grundstücksbegriff für die Berechnung des Erschließungsbeitrags in mehrere erschließungsbeitragsrechtlich selbständige Grundstücke zu zerlegen. Vielmehr ist eine solche Zerlegung nur ausnahmsweise gerechtfertigt, wenn einzelne, genau bestimmbare Grundstücksteile aufgrund der rechtlichen oder tatsächlichen Verhältnisse nur unterschiedlich genutzt werden können.[14] Das ist nach Auffassung des Bundesverwaltungsgerichts[15] beispielsweise der Fall, wenn von einem beplanten Buchgrundstück nur ein Teil bebaubar oder erschließungsbeitragsrechtlich relevant nutzbar, der übrige Teil aber infolge einer Festsetzung im Bebauungsplan als öffentliche Grünfläche einer solchen Nutzung schlechthin entzogen ist (vgl. dazu auch Rdnr. 27). Hingegen kommt eine Zerlegung eines Buchgrundstücks in einzelne selbständige Grundstücksteile nicht in

---

[10] BVerwG, Urteil v. 12. 12. 1986 – 8 C 9.86 – Buchholz 406.11 § 131 BBauG Nr. 69 S. 107 (111 f.) = NVwZ 87, 420 = DVBl 87, 630.

[11] BVerwG, Urteil v. 15. 1. 1988 – 8 C 111.86 – BVerwGE 79, 1 (3) = NVwZ 88, 636 = DVBl 88, 896.

[12] BVerwG, Urteil v. 20. 6. 1973 – IV C 62.71 – BVerwGE 42, 269 (272) = KStZ 74, 11 = GemTg 74, 216.

[13] Die Vorschrift des § 200 Abs. 1 BauGB, nach der die für Grundstücke geltenden Bestimmungen des Baugesetzbuchs für Grundstücksteile entsprechend anwendbar sind, gilt auch für das Erschließungsbeitragsrecht.

[14] Vgl. OVG Koblenz, Urteil vom 25. 1. 1983 – 6 A 2/82 – HSGZ 83, 301.

[15] Vgl. BVerwG, Urteil v. 25. 2. 1977 – IV C 35.74 – Buchholz 406.11 § 133 BBauG Nr. 60 S. 28 (30) = NJW 77, 1549 = KStZ 77, 129.

Betracht, wenn nur das Grundstück selbst, nicht aber auch alle in einem auf diesem Grundstück errichteten Gebäude befindlichen Wohnungen, die im Sondereigentum der Miteigentümer des Grundstücks stehen, von einer abzurechnenden Anbaustraße aus erreichbar sind.[16] Die auf einem einheitlich genutzten Buchgrundstück geschaffenen baulichen Gegebenheiten können nicht dazu führen, daß zu Lasten der übrigen Grundstücke Teile dieses Grundstücks verselbständigt werden und bei der Aufwandsverteilung unberücksichtigt bleiben.

In bestimmten Fällen ist für die Aufwandsverteilung lediglich auf einen **Teil** 8 **der Fläche** eines Buchgrundstücks abzustellen. Das betrifft aber **nicht** das Merkmal "Grundstück", sondern das Merkmal "Erschlossensein" (vgl. § 17 Rdnr. 26), und gilt nicht nur, wenn ein Grundstück infolge der rechtmäßigen Abschnittsbildung etwa bei einer Anbaustraße an zwei verschiedene Abschnitte grenzt und der Verteilung lediglich der für den Ausbau eines Abschnitts angefallene umlagefähige Aufwand zugrunde liegt (vgl. § 14 Rdnr. 28), sondern u. a. auch, wenn sich – in erster Linie in Fällen einer durch Anbaustraßen bewirkten Mehrfacherschließung – die Erschließungswirkung der abzurechnenden Anlage auf eine Teilfläche eines Buchgrundstücks beschränkt (vgl. Rdnr. 35 ff.) und wenn es sich bei dem Grundstück um ein Betriebsgrundstück der Deutschen Bundesbahn handelt, auf dem u. a. der Schienenweg verläuft (§ 17 Rdnr. 49).

III. Anlage i. S. des § 131 Abs. 1 Satz 1 BauGB

Der umlagefähige Erschließungsaufwand für „eine Erschließungsanlage" 9 ist auf die durch „die Anlage" erschlossenen Grundstücke zu verteilen (§ 131 Abs. 1 Satz 1 BauGB). Mit seiner einleitenden Bezugnahme auf „eine Erschließungsanlage" und dem darauf ausgerichteten Begriff „die Anlage" spricht § 131 Abs. 1 Satz 1 BauGB unmittelbar nur den **gesetzlichen Regelfall**[17] an, nämlich nur den Fall, daß der beitragsfähige Aufwand für eine „einzelne Erschließungsanlage" (§ 130 Abs. 2 Satz 1 BauGB) ermittelt wurde und dementsprechend lediglich auf die durch „die(se eine) Anlage" erschlossenen Grundstücke zu verteilen ist. Hat sich eine Gemeinde abweichend von der Regel für eine gemeinsame Aufwandsermittlung nach § 130 Abs. 2 Satz 3 BauGB entschieden, muß folglich in § 131 Abs. 1 Satz 1 BauGB für die dortige Einzahl – "eine Erschließungsanlage" – die Mehrzahl – "mehrere Erschließungsanlagen" – gesetzt werden, und das führt konsequenterweise dazu, daß für die Verteilung dieses Aufwands abzustellen ist auf das Erschlossensein

---

[16] Vgl. BVerwG, Urteil v. 29. 7. 1981 – 8 C 23.81 – BVerwGE 64, 4 (5 f.) = NJW 82, 459 = DÖV 82, 113.

[17] BVerwG, Urteil v. 26. 9. 1983 – 8 C 47, 67-69.82 – BVerwGE 68, 48 (53) = DVBl 84, 186 = NVwZ 84, 369.

durch "die mehreren Anlagen", die zur gemeinsamen Aufwandsermittlung zusammengefaßt worden sind.[18] Entsprechendes gilt, wenn die Gemeinde (rechtzeitig) einen Abschnitt gebildet hat (§ 130 Abs. 2 Satz 1 BauGB). Je nachdem, wie sich die Gemeinde bei der Aufwandsermittlung entschieden hat, bestimmt sich, ob für § 131 Abs. 1 Satz 1 BauGB auf eine "einzelne Anlage", "einen Abschnitt" oder auf "mehrere Anlagen" abzuheben ist.

IV. Erschlossen i. S. des § 131 Abs. 1 Satz 1 BauGB

10   Der Begriff "erschlossen" i. S. des § 131 Abs. 1 Satz 1 BauGB ist ein Rechtsbegriff, und zwar ein **Rechtsbegriff des Bundesrechts.** Das verhindert zum einen, für die Differenzierung zwischen erschlossenen und nichterschlossenen Grundstücken eine Einschätzungsprärogative oder einen Ermessensspielraum der Verwaltung als gegeben anzusehen,[19] und es verbietet zum anderen schon aus normenhierarchischen Erwägungen, für die Auslegung dieses Begriffs auf irgendwelche landes- und ortsrechtlichen Bestimmungen abzuheben. Die Nichtberücksichtigung solcher Bestimmungen hat auch sachlich einleuchtende Gründe für sich. Anderenfalls wäre die Frage nach dem Erschlossensein i. S. des § 131 Abs. 1 Satz 1 BauGB von Land (etwa Bayern) zu Land (etwa Mecklenburg-Vorpommern) und gar von Gemeinde zu Gemeinde unterschiedlich zu beantworten. Das wäre ein für die bundesrechtliche Regelungsebene des Erschließungsbeitragsrechts schlechterdings **unerträgliches** Ergebnis.

11   Das Merkmal "**erschlossen**" i. S. des § 131 Abs. 1 Satz 1 BauGB dient der Abgrenzung zwischen den Grundstücken, auf die der umlagefähige Erschließungsaufwand einer beitragsfähigen Erschließungsanlage zu verteilen ist, und denen, für die dies nicht zutrifft (vgl. Rdnr. 13 f.). Die Eigentümer (Erbbauberechtigten) der erschlossenen Grundstücke haben zusammen den umlagefähigen Erschließungsaufwand der Anlage zu tragen mit der Folge, daß es sich für jeden von ihnen beitragserhöhend oder beitragsmindernd auswirkt, ob der Kreis der einbezogenen Grundstücke größer oder kleiner ist. Allerdings nimmt ein Grundstück an der Aufwandsverteilung nur teil, **wenn es im maßgeblichen Zeitpunkt des Entstehens der sachlichen** (ggf. Teil-)**Beitragspflichten** (§ 133 Abs. 2 BauGB) durch die betreffende Anlage i. S. des § 131 Abs. 1 Satz 1 BauGB **erschlossen** war, und zwar – sofern dies zutrifft – ausschließlich nach Maßgabe der **in diesem Zeitpunkt bestehenden tatsächlichen und rechtlichen Verhältnisse.** Auf diese punktuelle Betrachtungsweise ist das Abgabenrecht ganz allgemein und insbesondere das Erschließungsbeitragsrecht angewiesen, ihre namentlich unter dem Blickwinkel der "Gerech-

---

[18] BVerwG, Urteil v. 9. 12. 1983 – 8 C 112.82 – BVerwGE 68, 249 (261) = DVBl 84, 194 = ZMR 84, 103.

[19] BVerwG, u.a. Urteil v. 25. 11. 1981 – 8 C 16-19.81 – Buchholz 406.11 § 127 BBauG Nr. 36 S. 1 (3 ff.) = NVwZ 82, 555 = KStZ 82, 49.

tigkeit" und ggfs. auch der Praktikabilität gelegentlich nicht vollauf überzeugenden Folgen müssen daher hingenommen werden.[20]

1. Aufwandsverteilung und Erschließungsvorteil

Bei der Verteilung (Zuschreibung) des für die Herstellung einer beitragsfä- **12** higen Erschließungsanlage (eines Abschnitts, mehrerer Anlagen) entstandenen umlagefähigen Aufwands (der negativen Vermögensmasse – vgl. § 8 Rdnr. 3) sind die Grundstücke zu berücksichtigen, die von dieser Anlage erschlossen werden, d.h., denen diese Anlage einen ("latenten" – vgl. § 17 Rdnr. 23) erschließungsbeitragsrechtlich relevanten Sondervorteil vermittelt. Unerheblich ist in diesem Zusammenhang der Umfang dieses Sondervorteils; er spielt eine Rolle erst für die Frage, in welcher Höhe ein Grundstück an der Aufwandsverteilung zu beteiligen ist, d.h. bei der Bemessung des Anteils an der negativen Vermögensmasse, der auf dieses Grundstück entfällt. § 131 Abs. 1 Satz 1 (und Satz 2) BauGB verhält sich – mit anderen Worten – ausschließlich dazu, ob und inwieweit ein (Buch-)Grundstück bei der Verteilung des umlagefähigen Erschließungsaufwands zu **berücksichtigen** ist (sog. Berücksichtigungsfrage). Die Beantwortung der sich anschließenden Frage, in welcher Höhe ein nach Maßgabe des § 131 Abs. 1 Satz 1 BauGB bei der Aufwandsverteilung zu berücksichtigendes Grundstück (rechnerisch) mit Erschließungsaufwand zu **belasten** ist (sog. Belastungsfrage), bestimmt sich nach § 131 Abs. 2 und 3 BauGB in Verbindung mit der Verteilungsregelung in der Satzung.[21]

Der Begriff "erschlossen" in § 131 Abs. 1 Satz 1 BauGB hat – seiner Stel- **13** lung innerhalb der Verteilungsphase entsprechend – eine besondere, auf die Verteilung des umlagefähigen Aufwands ausgerichtete Bedeutung. Er ist dazu bestimmt, die Grundstücke, die von der Anlage – sei es etwa eine Anbaustraße, eine (selbständige) Grünanlage oder eine Immissionsschutzanlage – einen beitragsrechtlich relevanten Vorteil haben, **abzugrenzen** von den Grundstücken, die einen solchen Vorteil nicht haben.[19] Diese Verbindung mit dem von einer der verschiedenen Arten von beitragsfähigen Anlagen ausgelösten Erschließungsvorteil verdeutlicht, daß der Begriff "erschlossen" i.S. des § 131 Abs. 1 Satz 1 BauGB einer einheitlichen, für alle Arten von Erschließungsanlagen i.S. des § 127 Abs. 2 Nrn. 1 bis 5 BauGB geltenden Definition *nicht* zugänglich ist. Vielmehr ist den unterschiedlichen Funktionen der verschiedenen Arten von beitragsfähigen Erschließungsanlagen entsprechend jeweils darauf abzustellen, welchen Grundstücken die im Einzelfall in Rede stehende Anlage das an Erschließungsvorteil vermittelt, was diese Anlage an Erschließungsvorteil gemäß ihrer speziellen Funktion **herzugeben geeignet** ist (z.B.

---

[20] Vgl. statt vieler BVerwG, Urteil v. 19. 8. 1988 – 8 C 51.87 – BVerwGE 80, 99 (102) = DVBl 88, 1162 = NVwZ 89, 566.
[21] BVerwG, Urteil v. 13. 12. 1985 – 8 C 24.85 – Buchholz 406.11 § 131 BBauG Nr. 65 S. 89 (91) = NVwZ 86, 566 = DVBl 86, 349.

Anbaustraße – verkehrsmäßige Erschließung als Voraussetzung für eine bebauungsrechtlich zulässige Ausnutzbarkeit, Immissisonsschutzanlage – Abwehr von die Ausnutzbarkeit negativ beeinflussenden Immissionen).

14 Für die **Abgrenzung** der erschlossenen von den nicht erschlossenen Grundstücken ist – mit anderen Worten – auszugehen von der **bestimmungsgemäßen** (Erschließungs-)**Funktion** der jeweiligen Anlage. Im Zusammenhang mit diesem Ausgangspunkt ist zu berücksichtigen, daß zu den beitragsfähigen Erschließungsanlagen gehören sowohl Anlagen, die dafür von Bedeutung sind, ob die Voraussetzungen für eine bebauungsrechtlich zulässige Nutzung der Grundstücke vorliegen, als auch Anlagen, die ihrer Funktion nach dazu bestimmt sind, die Erschließungssituation bebauungsrechtlich zulässig nutzbarer Grundstücke zu verbessern. Zur ersteren Art von Erschließungsanlagen zählen die **Anbaustraßen** (§ 127 Abs. 2 Nr. 1 BBauGB) und – diesen insoweit vergleichbar – die unbefahrbaren Wohnwege des § 127 Abs. 2 Nr. 2 BauGB; durch ihre erstmalige Herstellung werden die Grundstücke erschlossen, denen die jeweilige Anlage ihrer bestimmungsgemäßen Funktion entsprechend das vermittelt, was für ihre **Bebaubarkeit** an wegemäßiger Erschließung erforderlich ist.[22]

15 Die Beantwortung der Frage, welche Grundstücke von beitragsfähigen Erschließungsanlagen erschlossen i. S. des § 131 Abs. 1 Satz 1 BauGB werden, richtet sich also grundsätzlich unabhängig von der Art der Anlage danach, welchen Grundstücken die jeweilige Anlage das an Erschließungsvorteil vermittelt, was sie ihrer bestimmungsgemäßen Funktion entsprechend herzugeben geeignet ist.[23] Der Kreis der Grundstücke, die im Vergleich zu anderen von der Anlage einen erschließungsbeitragsrechtlich relevanten Sondervorteil haben und deshalb an der Aufwandsverteilung zu beteiligen sind, wird in erster Linie durch die Funktion der Anlage festgelegt (**funktionelle Abgrenzung**). Allerdings **versagt** ein Abstellen einzig auf die bestimmungsgemäße Funktion der jeweiligen Erschließungsanlage für die Abgrenzung der erschlossenen von den nicht erschlossenen Grundstücken bei den Anlagen, die anders als Anbaustraßen und unbefahrbare Wohnwege "lediglich" der **Verbesserung der Erschließungssituation** dienen. Denn bei diesen Anlagen ist angesichts ihrer weitgefaßten Zweckbestimmung die Grenze zwischen den Grundstücken, für die die durch die Herstellung der Anlage ausgelösten Vorteile sich zu einem beitragsrechtlich relevanten Sondervorteil verdichten, und denen, für die ein solcher Vorteil die Schwelle des beitragsfreien Gemeinvorteils nicht überschreitet, in der Regel ohne eindeutig feststellbare Konturen.[23] Deshalb ist bei diesen – abgesehen von den Fußwegen des § 127 Abs. 2 Nr. 2 BauGB – in § 127 Abs. 2 Nrn. 3 bis 5 BauGB aufgezählten Erschlie-

---

[22] Vgl. etwa BVerwG, Urteil v. 18. 4. 1986 – BVerwG 8 C 51 u. 52.85 – BVerwGE 74, 149 (153 ff.) = NVwZ 86, 1023 = DVBl 86, 774.
[23] BVerwG, Urteil v. 24. 9. 1987 – 8 C 75.86 – BVerwGE 78, 125 (128 f.) = DVBl 88, 239 = NVwZ 88, 359.

ßungsanlagen regelmäßig ein **zusätzliches** (Abgrenzungs-)Kriterium erforderlich, das anzunehmen ermöglicht, bestimmte Grundstücke und nur sie stünden zu einer Erschließungsanlage in einer Beziehung, die es rechtfertigt, sie und nicht auch andere Grundstücke mit Kosten für die erstmalige Herstellung dieser Anlage zu belasten. Kann ein solches Kriterium für eine Erschließungsanlage der in Rede stehenden Arten nicht gefunden werden, scheidet sie mangels Abgrenzbarkeit der Grundstücke, denen sie einen beitragsauslösenden Sondervorteil vermittelt, von denen, für die dies nicht zutrifft, (schon) aus dem Kreis der beitragsfähigen Erschließungsanlagen aus (vgl. § 12 Rdnr. 3).

Anbaustraßen (§ 127 Abs. 2 Nr. 1 BauGB) sind dazu bestimmt, anliegenden **16** Grundstücken (einschließlich ggfs. Hinterliegergrundstücken) das zu gewährleisten, was für ihre nach dem Bebauungsrecht zulässige Ausnutzbarkeit an verkehrsmäßiger Erschließung erforderlich ist. Vermittelt eine Anbaustraße einem Grundstück ein solches **bebauungsrechtliches Erschlossensein**, wächst ihm dadurch ein Erschließungsvorteil zu, der die Annahme erlaubt, es werde auch **erschließungsbeitragsrechtlich** erschlossen und nehme folglich an der Verteilung des für diese Straße entstandenen umlagefähigen Aufwands teil (vgl. im einzelnen § 9 Rdnr. 4). Das führt zu der Erkenntnis, daß das erschließungsbeitragsrechtliche Erschlossensein „wesentlich"[24] vom bebauungsrechtlichen Erschlossensein bestimmt wird, also erschließungsbeitragsrechtlich erschlossen grundsätzlich die Grundstücke sind, die durch die abzurechnende Straße bebauungsrechtlich erschlossen sind (vgl. im einzelnen Rdnrn. 50ff.). Das bezeichnet die Regel und läßt die Möglichkeit offen, daß im Einzelfall **ausnahmsweise** eine abweichende Betrachtungsweise geboten sein kann, wenn dies der Interessenlage nach angezeigt scheint, die sich hinter gerade (und ausschließlich) dem Erschlossensein als Anknüpfungsmerkmal für die Verteilung des umlagefähigen Aufwands verbirgt. Bezogen auf diese Interessenlage lautet die hinter dem Begriff ”erschlossen" stehende Frage, ob es, gemessen an den durch die Herstellung einer Anlage ausgelösten Erschließungsvorteilen, **gerechtfertigt** ist, bestimmte Grundstücke (oder nur eines) bei einem Vergleich mit den anderen in Betracht kommenden Grundstücken (endgültig) von jeder Belastung mit der Folge freizustellen, daß der Ausfall diesen anderen zuzuschreiben ist.[25] Betroffen von der Beantwortung dieser Frage sind – da die Höhe des umlagefähigen Aufwands feststeht – nicht nur die (Eigentümer der) Grundstücke, die (nach den Vorstellungen von deren Eigentümern) bei der Aufwandsverteilung unberücksichtigt bleiben sollen, sondern auch die (Eigentümer der) übrigen Grundstücke, d. h. die Grundstücke, die schon allein auf der Grundlage einer bebauungsrechtlich orientierten Betrachtungsweise erschlossen sind. Für sie nämlich wirkt es sich bei-

---

[24] BVerwG, Urteil v. 1. 3. 1991 – 8 C 59.89 – BVerwGE 88, 70 (72) = DVBl 91, 593 = KStZ 91, 132.

[25] Vgl. Weyreuther in Festschrift für Werner Ernst, S. 519ff. (531).

tragserhöhend oder beitragsmindernd aus, ob der Kreis der einbezogenen Grundstücke kleiner oder größer ist. Deshalb ist für die Beantwortung der Frage nach dem Erschlossensein i. S. des § 131 Abs. 1 Satz 1 BauGB durch **Anbaustraßen** im Einzelfall ausnahmsweise über das Bebauungsrecht hinausgehend „**ausschlaggebend** darauf abzustellen, ob die Eigentümer der übrigen ... Grundstücke nach den bestehenden tatsächlichen Verhältnissen **schutzwürdig erwarten** können, daß auch die" Grundstücke, deren Erschlossensein auf der Grundlage einzig der bebauungsrechtlichen Situation zu verneinen ist, „in den Kreis der erschlossenen Grundstücke einbezogen werden müssen und sich so die Beitragsbelastung dieser übrigen Grundstücke vermindert".[26]

17   Die schutzwürdige Erwartung der Eigentümer (Erbbauberechtigten) der zweifelsfrei erschlossenen Grundstücke kann mithin mit Blick auf Anbaustraßen ausnahmsweise das mangelnde bebauungsrechtliche Erschlossensein unter dem Blickwinkel des Erschließungsbeitragsrechts sozusagen ersetzen, d. h. das aus dem Bebauungsrecht folgende Ergebnis **korrigieren**.[27] **Vergleichbares Gewicht** kommt dem Gesichtspunkt der schutzwürdigen Erwartung insbesondere im Rahmen der Verteilungsphase auch in anderen Zusammenhängen zu (vgl. etwa Rdnrn. 24, 36 u. 80). Diese Erwartung knüpft hier wie dort typischerweise an **tatsächliche** Gegebenheiten an. Bei einer Anbaustraße beispielsweise können die Eigentümer der bebauungsrechtlich erschlossenen Grundstücke ohne weiteres sehen, daß von einem bebauungsrechtlich nicht erschlossenen Grundstück aus die Straße im gleichen Umfang (oder mehr) in Anspruch genommen wird wie von ihren Grundstücken aus und damit diesem Grundstück bzw. dessen Eigentümer ein nennenswerter, auf dieser Inanspruchnahme beruhender Vorteil zuwächst. Ob die Inanspruchnahme rechtmäßig erfolgt, entzieht sich regelmäßig der Betrachtung der betreffenden Grundeigentümer. Der Inhalt eines Bebauungsplans ist insoweit schon deshalb unergiebig, weil ihm hinsichtlich etwa einer Zufahrt, die entgegen einem von ihm angeordneten Zu- und Abfahrverbot tatsächlich besteht, nicht zu entnehmen ist, ob ihre Anlegung z. B. im Wege einer Befreiung genehmigt worden ist oder auf einen entsprechenden Antrag hin genehmigt würde.[27] Grundsätzlich können deshalb die übrigen Beitragspflichtigen die Einbeziehung des bzw. der weiteren Grundstücke **schutzwürdig erwarten**, wenn es die „Beziehung, in der sie zur Erschließungsanlage stehen, rechtfertigt, dem Eigentümer Kosten der Erschließung aufzuerlegen".[28]

---

[26] BVerwG, Urteil v. 23. 3. 1984 – 8 C 65.82 – Buchholz 406.11 § 127 BBauG Nr. 42 S. 19 (23) = DVBl 84, 683 = KStZ 84, 149; vgl. zum Gesichtspunkt der Schutzwürdigkeit im Zusammenhang mit dem Erschlossensein i. S. des § 131 Abs. 1 Satz 1 BauGB u. a. BVerwG, Urteile v. 1. 12. 1989 – 8 C 52.88 – Buchholz 406.11 § 131 BBauG Nr. 82 S. 47 (50) = KStZ 90, 150 = ZMR 90, 223, und vom 3. 2. 1989 – 8 C 78.88 – Buchholz 406.11 § 131 BBauG Nr. 79 S. 27 (33) = NVwZ 89, 1072 = KStZ 90, 31, jeweils mit weiteren Nachweisen.

[27] BVerwG, Urteil v. 17. 6. 1994 – 8 C 24.92 – DVBl 95, 55 = HSGZ 94, 462.

[28] BVerwG, Urteil v. 3. 6. 1971 – IV C 10.70 – Buchholz 406.11 § 133 BBauG Nr. 40 S. 24 (25) = DÖV 71, 817 = KStZ 71, 222.

Wann ein Grundstück mit einer beitragsfähigen Erschließungsanlage in 18
einer derartigen Beziehung steht, daß es gerechtfertigt ist, dessen Eigentümer
Kosten der Erschließung aufzuerlegen, hängt – erstens – von der jeweiligen
Art der in Rede stehenden **Anlage** oder genauer: von deren jeweils bestim-
mungsgemäßer Funktion sowie – zweitens – von der **Nutzbarkeit des Grundstücks** ab. Ob ein Grundstück erschlossen i. S. des § 131 Abs. 1 Satz 1 BauGB
ist, läßt sich abschließend nur auf der Grundlage der Umstände des jeweiligen
Einzelfalls beurteilen. Unerheblich ist jedenfalls, ob das betreffende Grundstück im Eigentum der öffentlichen Hand – auch der Gemeinde selbst – oder
im Eigentum einer Privatperson steht und ob es privaten (fiskalischen) oder
öffentlichen Zwecken (z. B. Schule, Rathaus, Post oder Bahn[29]) dient.

2. Verhältnis zu § 133 Abs. 1 BauGB

Mit der Berücksichtigung eines Grundstücks bei der Zuschreibung von 19
Anteilen an der negativen Vermögensmasse (Verteilung des umlagefähigen
Aufwands) ist noch **nichts** darüber gesagt, ob dieses Grundstück *sogleich* auch
der Beitragspflicht nach § 133 Abs. 1 BauGB unterliegt, d. h., ob es angemessen ist, von dessen Eigentümer (Erbbauberechtigten) jetzt schon eine Beitragszahlung zu verlangen. Das ist nur der Fall, wenn die hergestellte Anlage
von dem Grundstück aus tatsächlich wie rechtlich ungehindert benutzt werden kann und es nach Maßgabe des Bebauungs- und des Bauordnungsrechts
bebaubar oder in anderer nach § 133 Abs. 1 BauGB beachtlicher Weise nutzbar ist, es also – hier und im folgenden zunächst plakativ und (weil die
sonstige nach § 133 Abs. 1 BauGB beachtliche Nutzbarkeit vernachlässigend)
unscharf ausgedrückt – "baureif" ist (vgl. zu den Voraussetzungen des § 133
Abs. 1 BauGB im einzelnen § 23 Rdnrn. 1 ff.). Erst dann kann sich der Erschließungsvorteil in vollem Umfang auswirken; er aktualisiert sich in einer
Weise, die es rechtfertigt, den Eigentümer zu einem Beitrag heranzuziehen.

Die Verteilung des umlagefähigen Aufwands ist letztlich ausgerichtet auf 20
das Ziel der erschließungsbeitragsrechtlichen Vorschriften insgesamt, nämlich Beiträge zu erheben. Deshalb müssen (schon) bei der Aufwandsverteilung Grundstücke **unberücksichtigt** bleiben, **die auf Dauer nicht Gegenstand
einer Beitragspflicht** sein können, weil sie "unfähig" sind, jemals "baureif" zu
werden, d. h., die Voraussetzungen des § 133 Abs. 1 BauGB zu erfüllen.[30]

---

[29] Vgl. dazu BVerwG, Urteil v. 11. 12. 1987 – 8 C 85.86 – BVerwGE 78, 321 (327) =
NVwZ 88, 632 = DVBl 88, 893, sowie VGH Mannheim, Urteil v. 20. 2. 1986 – 2 S
2566/84 – BWVPr 86, 177.

[30] BVerwG, u. a. Urteile v. 25. 6. 1969 – IV C 14.68 – Buchholz 406.11 § 131 BBauG
Nr. 2 S. 1 (2) = NJW 69, 1870 = DÖV 69, 864, v. 11. 5. 1973 – IV C 7.72 – Buchholz
406.11 § 133 BBauG Nr. 44 S. 30 (32) = BauR 73, 243 = KStZ 73, 196 und v. 1. 2. 1980
– 4 C 43.76 – Buchholz 406.11 § 131 BBauG Nr. 32 S. 60 (63) = BauR 80, 349 = HSGZ
80, 261.

§ 131 Abs. 1 Satz 1 BauGB „kann nicht dazu dienen, Grundstücke in den Kreis der bei der Aufwandsverteilung zu berücksichtigenden Grundstücke einzubeziehen, die ... auf Dauer von der Erfüllung der Voraussetzungen des § 133 Abs. 1 ... ausgeschlossen sind".[31] Anderenfalls wäre die Gemeinde nicht nur vorübergehend gehindert, die auf diese Grundstücke entfallenden Anteile am umlagefähigen Aufwand durch Beiträge zu decken, sondern müßte sie sogar endgültig selbst tragen. Das entspricht grundsätzlich **nicht** der **Interessenlage**, die im Regelfall dadurch gekennzeichnet ist, daß die Gemeinde die ihr durch die Herstellung von beitragsfähigen Erschließungsanlagen entstandenen Kosten möglichst uneingeschränkt durch Beiträge auf die Eigentümer (Erbbauberechtigten) der i.S. des § 131 Abs. 1 Satz 1 BauGB erschlossenen Grundstücke soll umlegen können und das, was von diesen Kosten endgültig zu ihren Lasten gehen soll, abschließend in den §§ 128 Abs. 3 (ausgeschlossene Kosten), 129 Abs. 1 Satz 1 (nicht erforderliche Aufwendungen), 129 Abs. 1 Satz 3 (Eigenanteil) und 135 Abs. 5 BauGB (Erlaß) bestimmt ist.[32] Etwas anderes gilt nur **ausnahmsweise**, wenn ein etwaiger Ausfall Folge vor allem eines (Fehl-)Verhaltens der Gemeinde ist. Trifft das zu, ist es interessengerecht, die übrigen erschlossenen Grundstücke durch eine Berücksichtigung des in Rede stehenden Grundstückes bei der Aufwandsverteilung zu entlasten und die Gemeinde mit dem entsprechenden Ausfall zu belasten.[33]

21   Die Prüfung der Frage, ob ein Grundstück von einer bestimmten Anlage erschlossen i.S. des § 131 Abs. 1 Satz 1 BauGB wird, hat daher stets jeweils (auch) mit Blickrichtung auf § 133 Abs. 1 BauGB zu erfolgen. Grundstücke, die in dem für die Aufwandsverteilung maßgeblichen Zeitpunkt, d.h. im Zeitpunkt des **Entstehens der sachlichen Beitragspflichten** (vgl. Rdnrn. 2, 11) aufgrund der rechtlichen oder tatsächlichen Verhältnisse **keine Aussicht** auf Bebaubarkeit haben, also "niemals" beitragspflichtig i.S. des § 133 Abs. 1 BauGB werden können, scheiden grundsätzlich aus dem Kreis der i.S. des § 131 Abs. 1 Satz 1 BauGB erschlossenen Grundstücke aus. Das gilt z.B. für Abhänge und oberirdische Gewässer[34] sowie für Grundstücke, die im Zeitpunkt des Entstehens der sachlichen Beitragspflichten im **Außenbereich** liegen, und zwar selbst dann, wenn sie in diesem Zeitpunkt bebaut oder gewerblich genutzt sind.[35] Und es trifft überdies zu auf Grundstücke, die einer Beitragspflicht nach § 133 Abs. 1 BauGB entzogen sind, weil sie im Bebauungsplan gemäß § 9 Abs. 1 Nr. 18 BauGB als „Flächen für die Landwirtschaft

---

[31] BVerwG, Urteil v. 4. 5. 1979 – 4 C 25.76 – Buchholz 406.11 § 133 BBauG Nr. 69 S. 50 (53) = DVBl 79, 784 = KStZ 79, 167.

[32] BVerwG, u.a. Urteil v. 26. 2. 1993 – 8 C 35.92 – BVerwGE 92, 157 (161) = NVwZ 93, 1206 = DVBl 93, 667.

[33] BVerwG, Urteil v. 17. 6. 1994 – 8 C 24.92 – DVBl 95, 55 = HSGZ 94, 462.

[34] BVerwG, Beschluß v. 15. 9. 1981 – 8 B 77.81 – Buchholz 406.11 § 131 BBauG Nr. 43 S. 27 f. = KStZ 82, 11.

[35] BVerwG, Urteil v. 14. 2. 1986 – 8 C 115.84 – Buchholz 406.11 § 133 BBauG Nr. 95 S. 62 (63 ff.) = NVwZ 86, 568 = KStZ 86, 90.

und Wald" festgesetzt sind. Solche Grundstücke sind „in erschließungsbeitragsrechtlicher Hinsicht den im Außenbereich gelegenen Grundstücken gleichzustellen, auch wenn und soweit sie tatsächlich bebaut sind".[36, 37]

Ebenfalls nicht erschlossen i. S. des § 131 Abs. 1 Satz 1 BauGB sind Grundstücke, die deshalb nicht bebaut werden dürfen, weil bei ihnen den **kraft Landesrecht** zu stellenden Zuwegungserfordernissen nicht genügt werden kann, die also mangels Erfüllbarkeit dieser Anforderungen **schlechthin** nicht bebaubar und aus diesem Grunde "unfähig" sind, einer Beitragspflicht nach § 133 Abs. 1 BauGB zu unterliegen (vgl. § 12 Rdnr. 61). Vor diesem Hintergrund ergibt sich, daß letztlich mit Blick auf § 133 Abs. 1 BauGB nach den Umständen des jeweiligen Einzelfalls u. a. etwa die Frage zu beantworten ist, ob ein Grundstück, das planungsrechtlich für eine bauliche Nutzung vorgesehen ist, durch eine Anbaustraße selbst dann i. S. des § 131 Abs. 1 Satz 1 BauGB erschlossen wird, wenn sein an diese Straße angrenzender Teil besonders schmal ist (z. B. nur 1 m). Eine solche Konstellation ist nicht selten gekennzeichnet dadurch, daß das entsprechende Grundstück anderweitig durch eine zweite (oder gar dritte) Anbaustraße bereits "voll"-erschlossen ist, so daß lediglich in Frage steht, ob es (**zusätzlich**) auch durch die (weitere) Anbaustraße erschlossen wird, im Verhältnis zu der die bezeichnete "Einschränkung" besteht. Nach § 133 Abs. 1 BauGB unterliegt der Beitragspflicht ein Grundstück nur für die Anbaustraße, **deretwegen** es bebaubar ist, deretwegen die Voraussetzungen erfüllt sind, von denen das (bundesrechtliche) Bebauungsrecht und das (landesrechtliche) Bauordnungsrecht seine Bebaubarkeit abhängig macht (vgl. § 23 Rdnr. 5). Da das Bebauungsrecht (§§ 30 ff. BauGB) für die bauliche Nutzbarkeit eines Grundstücks hinsichtlich der verkehrsmäßigen Erschließung grundsätzlich jedenfalls in Wohngebieten nicht mehr fordert, als daß es für Kraftfahrzeuge erreichbar ist, d. h., daß auf der Fahrbahn bis zur Höhe des Grundstücks gefahren und es von da ab betreten werden kann,[38] hindert das Bundesrecht die Bebaubarkeit des betreffenden Grundstücks in der Regel nicht, vielmehr vermittelt ihm die in Rede stehende (weitere) Anbaustraße das, was bebauungsrechtlich für seine (verkehrsmäßige) Erschließung erforderlich ist, so daß von daher seinem Erschlossensein i. S. des § 131 Abs. 1 Satz 1 BauGB nichts im Wege steht. Etwas anderes kann sich jedoch im Einzelfall aus dem (landesrechtlichen) Bauord-

22

---

[36] OVG Münster, Urteil v. 15. 3. 1984 – 3 A 593/83 – KStZ 85, 18, ebenso u. a. OVG Lüneburg, Beschluß v. 10. 6. 1992 – 9 M 2024/92 – Ns Gemeinde 92, 355.
[37] Ferner unterliegt nach Ansicht des BayVGH (Urteil v. 8. 7. 1992 – 6 B 89.3378) ein jüdischer Friedhof jedenfalls in einem Ort, in dem es keine Jüdische Gemeinde mehr gibt, mit der Folge nicht der Beitragspflicht nach § 133 Abs. 1 BauGB, daß seine Grundfläche aus dem Kreis der bei der Aufwandsverteilung zu berücksichtigenden Grundstücksflächen ausscheidet.
[38] BVerwG, u. a. Urteil v. 1. 3. 1991 – 8 C 59.89 – BVerwGE 88, 70 (77 ff.) = DVBl 91, 593 = KStZ 91, 132.

nungsrecht ergeben.[39] Ist etwa ein Grundstück kraft des landesrechtlichen Zuwegungserfordernisses mangels hinreichender Breite seines an die Straße angrenzenden Teils nicht um dieser Straßen willen bebaubar oder scheitert die Bebauung eines in hinreichender Breite an die Straße angrenzenden Grundstücks deshalb, weil der rechtlich allein in Betracht kommende Gebäudestandort von der Straße zu weit entfernt ist, um das landesrechtliche Zuwendungserfordernis erfüllen zu können, kann das Grundstück nicht für diese Straße der Beitragspflicht nach § 133 Abs. 1 BauGB unterliegen und deshalb nicht durch sie i. S. des § 131 Abs. 1 Satz 1 BauGB erschlossen sein.

23   Allerdings bedeutet die gebotene Blickrichtung auf § 133 Abs. 1 BauGB nicht, daß erschlossen i. S. des § 131 Abs. 1 Satz 1 BauGB nur Grundstücke sind, die bereits die Qualität "baureif" erlangt haben. Vielmehr reicht es aus, wenn sie nach den rechtlichen und tatsächlichen Umständen in dem für die Aufwandsverteilung maßgebenden Zeitpunkt des Entstehens der sachlichen Beitragspflichten (vgl. Rdnr. 11) "baureif" werden können. § 131 Abs. 1 Satz 1 BauGB stellt – anders als § 133 Abs. 1 BauGB – nicht auf einen durch die Bebaubarkeit aktualisierten, eine Heranziehung rechtfertigenden, sondern nur auf einen **latenten Erschließungsvorteil** ab, der sich jedoch zu einem **akuten verdichten können muß**. Während – mit anderen Worten – § 133 Abs. 1 BauGB eine (abstrakte) Bebaubarkeit gleichsam positiv voraussetzt, verlangt § 131 Abs. 1 Satz 1 BauGB lediglich eine potentielle Bebaubarkeit. „Zwischen den Tatbeständen der" §§ 131 Abs. 1 Satz 1 und 133 Abs. 1 BauGB „besteht daher so etwas wie ein Spalt",[40] der vom Aktualitätsgrad der Bebaubarkeit gekennzeichnet ist. Wird beispielsweise ein Grundstück von einer Veränderungssperre gemäß § 14 BauGB erfaßt, steht das nicht schlechthin einer Bebaubarkeit und damit einem Erschlossensein i. S. des § 131 Abs. 1 Satz 1 BauGB, grundsätzlich aber mangels aktueller Bebaubarkeit dem Entstehen einer Beitragspflicht entgegen.[41] Erst mit Ablauf der Geltungsdauer der Sperre tritt die Bebaubarkeit ein, von da an unterliegt das Grundstück der Beitragspflicht nach § 133 Abs. 1 BauGB. In dem Zeitraum zwischen der Aufwandsverteilung und dem Eintritt der Bebaubarkeit ist es der Gemeinde versagt, den aufgrund der durchgeführten Zuschreibung feststehenden Beitrag zu erheben, sie hat den entsprechenden Anteil am umlagefähigen Aufwand vorläufig selbst zu tragen.[42]

---

[39] Vgl. in diesem Zusammenhang etwa BayVGH, Urteil v. 2. 5. 1988 – Nr. 6 B 85 A. 1837 – BayVBl 89, 343, wonach das bayerische Bauordnungsrecht zu der Annahme zwingen soll, ein lediglich mit 2 m Breite an eine Ortsstraße angrenzendes Grundstück werde nicht durch diese Straße i. S. des § 131 Abs. 1 Satz 1 BauGB erschlossen.

[40] Weyreuther, a. a. O., S. 531 mit weiteren Nachweisen.

[41] Vgl. BVerwG, Urteile v. 12. 12. 1969 – IV C 100.68 – Buchholz 406.11 § 133 BBauG Nr. 34 S. 7 (8) = NJW 70, 876 = DVBl 70, 417, und v. 19. 9. 1969 – IV C 68.68 – Buchholz 406.11 § 133 BBauG Nr. 31 S. 1 (3) = DVBl 70, 82 = ZMR 70, 148.

[42] Vgl. BVerwG, u. a. Urteil v. 14. 3. 1975 – IV C 34.73 – Buchholz 406.11 § 132 BBauG Nr. 17 S. 1 (5) = NJW 75, 1426 = DÖV 75, 713.

Der angesprochene "Spalt" zwischen den Tatbeständen der §§ 131 Abs. 1   24
Satz 1 und 133 Abs. 1 BauGB, der vom Aktualitätsgrad der Bebaubarkeit und
der – bisher vernachlässigten – sonstigen erschließungsbeitragsrechtlich dieser vergleichbaren Nutzbarkeit bestimmt wird, stellt somit nach der Konzeption der einschlägigen Vorschriften des Baugesetzbuchs vom Grundsatz her
nur ein **zeitliches** ("Fälligkeit"-)**Hindernis** dar, das vorübergehend eine Beitragserhebung für ein nach § 131 Abs. 1 Satz 1 BauGB erschlossenes Grundstück ausschließt. Dieses Verständnis des Verhältnisses zwischen den beiden
Tatbeständen bedingt nicht nur (wie bereits gesagt) – negativ –, daß Grundstücke, die aufgrund ihrer Nutzbarkeit unfähig sind, einer Beitragspflicht
nach § 133 Abs. 1 BauGB zu unterliegen, grundsätzlich nicht erschlossen i.S.
des § 131 Abs. 1 Satz 1 BauGB sind, sondern darüber hinaus – positiv –, daß
alle Grundstücke, die entweder bebaubar oder in einer der Bebaubarkeit
erschließungsbeitragsrechtlich vergleichbaren Weise nutzbar und deshalb fähig sind, einer Beitragspflicht nach § 133 Abs. 1 BauGB zu unterliegen, auch
erschlossen i.S. des § 131 Abs. 1 Satz 1 BauGB sein können. Das ist weitgehend unproblematisch, soweit eine bauliche oder eine (vom Gesetzgeber –
vgl. §§ 129 Abs. 1 Satz 1, 133 Abs. 1 BauGB – ausdrücklich gleichgestellte)
gewerbliche Nutzbarkeit in Rede steht, wirft aber die **Frage** auf, **welche Nutzbarkeit** eines Grundstücks im übrigen der Bebaubarkeit in einer Weise **vergleichbar** ist, daß die Eigentümer der bebaubaren (und gewerblich nutzbaren)
Grundstücke die Einbeziehung auch der (nur) anderweitig nutzbaren Grundstücke in den Kreis der beitragspflichtigen und zuvor bei der Aufwandsverteilung zu berücksichtigenden Grundstücke schutzwürdig erwarten können
(vgl. Rdnr. 17).

Diese Frage – und das liegt angesichts der unterschiedlichen Funktionen   25
der verschiedenen Arten von beitragsfähigen Erschließungsanlagen gleichsam
auf der Hand – kann nicht für alle Anlagen einheitlich beantwortet werden.
Ist ein z.B. in einem beplanten Gebiet gelegenes, an eine **Anbaustraße** angrenzendes Grundstück nur als Dauerkleingarten, Friedhof, Sportplatz oder
Schwimmbad nutzbar, ist dieses Grundstück, abgesehen davon, daß es regelmäßig mit kleineren, seinen Charakter nicht prägenden Bauwerken (Garten-
lauben, Kapellen, Umkleidekabinen) versehen ist, für seine bestimmungsgemäße Nutzung in vergleichbarer Weise auf die Inanspruchnahmemöglichkeit
dieser Erschließungsanlage angewiesen wie ein bebaubares (oder gewerblich
nutzbares) Grundstück. Erfahrungsgemäß ist die Inanspruchnahme einer solchen Anlage sowohl von dem einen als auch von dem anderen Grundstück
aus zu erwarten, so daß es gerechtfertigt ist, bezüglich der Anbaustraße die
genannten Nutzungsarten vom Ansatz her gleich zu behandeln und beide
Grundstücke mit einem Beitrag zu belasten.[43] Geht es hingegen nicht um eine
Anbaustraße, sondern um eine **Grünanlage**, kann angesichts der Funktion

---

[43] Vgl. BVerwG, u.a. Urteil v. 1.2. 1980 – 4 C 43.76 – Buchholz 406.11 § 131
BBauG Nr. 32 S. 60 (62) = BauR 80, 349 = HSGZ 80, 261.

dieser Anlage schwerlich angenommen werden, es sei erfahrungsgemäß davon auszugehen, von einem Dauerkleingarten-, Friedhof-, Sportplatz- oder Schwimmbadgrundstück aus werde sie ebenso in Anspruch genommen wie von einem bebaubaren Grundstück aus. Bezogen auf diese Art von beitragsfähiger Erschließungsanlage ist es daher *nicht* **gerechtfertigt**, die bezeichneten Nutzungsarten einer baulichen Nutzbarkeit i.S. des § 133 Abs. 1 BauGB gleichzustellen. Die entsprechenden Grundstücke unterliegen daher insoweit nicht einer Beitragspflicht und sind deshalb insoweit auch nicht erschlossen i.S. des § 131 Abs. 1 Satz 1 BauGB.

3. Begrenzung des Erschlossenseins auf Teilflächen von (Buch-)Grundstücken

26   Grundstücke sind erschlossen i.S. des § 131 Abs. 1 Satz 1 BauGB nur, *wenn* sie entweder bebaubar oder in einer der Bebaubarkeit erschließungsbeitragsrechtlich vergleichbaren Weise nutzbar und deshalb fähig sind, einer Beitragspflicht nach § 133 Abs. 1 BauGB zu unterliegen (vgl. Rdnr. 20), und sie sind es überdies nur, *soweit* dies zutrifft. Diese **räumliche** Begrenzung des Erschlossenseins von Grundstücken ist für die Aufwandsverteilung von Bedeutung ausschließlich, wenn und soweit die Größe der erschlossenen Grundstücksfläche (zumindest) ein Maßstabselement der satzungsmäßigen Verteilungsregelung ist. Diese Voraussetzung ist allerdings heute bei nahezu **allen** Verteilungsregelungen erfüllt.

27   Kraft des § 131 Abs. 1 Satz 1 BauGB – und damit für die nachfolgende Bestimmung des § 131 Abs. 2 (und 3) BauGB sowie die sie ergänzenden satzungsmäßigen Verteilungsmaßstäbe verbindlich (vgl. Rdnr. 1) – sind erschlossene Grundstücke „mit ihren von der Erschließung nicht mehr betroffenen Teilen an der Verteilung des beitragsfähigen Erschließungsaufwands nicht beteiligt";[44] daran kann die Erschließungsbeitragssatzung nichts ändern. Eine derartige räumliche Beschränkung des Erschlossenseins kann sich ergeben – erstens – bei besonders tiefen Grundstücken in unbeplanten Gebieten (vgl. zur sog. **Tiefenbegrenzung** Rdnrn. 28 ff.) oder beplanten Gebieten, die von einer bestimmten Tiefe an nicht mehr der abzurechnenden Anbaustraße wegen bebaubar[45] oder erschließungsbeitragsrechtlich vergleichbar nutzbar sind, sowie – zweitens – in Fällen, in denen sich bei einer durch Anbaustraßen bewirkten Mehrfacherschließung die **Erschließungswirkung** einer Anbaustraße erkennbar eindeutig auf eine Teilfläche beschränkt (vgl. Rdnrn. 35 ff.). Etwas ähnliches steht in Frage, wenn eine Wohnbebauung im Wege der Ausnahme auf einem in einem Gewerbegebiet gelegenen Grundstück zugelassen worden

---

[44] BVerwG, Urteil v. 10. 6. 1981 – 8 C 20.81 – BVerwGE 62, 308 (315) = NVwZ 82, 246 = ZMR 82, 246.
[45] Vgl. dazu BVerwG, Urteil v. 4. 10. 1990 – 8 C 1.89 – Buchholz 406.11 § 131 BBauG/BauGB Nr. 83 S. 51 (54 f.) = NVwZ 91, 31 = ZMR 91, 35.

ist, dessen plangemäße Erschließung eine Erreichbarkeit in Form des Herauffahrenkönnens erfordert, auf das aber von der abzurechnenden Anbaustraße
wegen eines angeordneten Zu- und Abfahrverbots nicht gefahren werden
kann (vgl. Rdnr. 42), und wenn ein Teil eines (Buch-)Grundstücks etwa
infolge seiner Ausweisung im Bebauungsplan als öffentliche Grünfläche jeder
erschließungsbeitragsrechtlich relevanten Ausnutzbarkeit entzogen ist (vgl.
Rdnr. 7). Dagegen hat es **keinen** Einfluß auf den Umfang der an der Aufwandsverteilung teilnehmenden Fläche, sondern lediglich auf den Umfang
des dabei ggfs. zu berücksichtigenden Nutzungsmaßes, wenn ein Grundstück
im beplanten Gebiet wegen eines öffentlich-rechtlichen Hindernisses (z.B.
Nutzungsverbot im Interesse des Umweltschutzes, Anbauverbot im Interesse der Belange des Verkehrs oder denkmalschutzrechtliches Änderungsver-
bot) nicht in dem Maße genutzt werden darf, wie ihm dies der einschlägige
Bebauungsplan zubilligt (vgl. Rdnrn. 43 ff.). Und ebenfalls **ohne Bedeutung**
für den Umfang der als erschlossen bei der Aufwandsverteilung zu berücksichtigenden Fläche ist, wenn der Bebauungsplan für eine bestimmte Teilfläche eines Baugrundstücks eine Festsetzung nach Maßgabe des § 9 Abs. 1
Nr. 21 BauGB[46] (mit Geh-, Fahr- und Leitungsrechten zu belastende Fläche)
oder nach Maßgabe des § 9 Abs. 1 Nr. 25 BauGB[47] (Flächen für Neuanpflan-
zungen und die Erhaltung von Bepflanzungen) trifft. Im Ergebnis entsprechendes gilt, wenn auf einem Grundstück z.B. eine Garage mit Abstellraum
derart errichtet worden ist, daß eine Weiterfahrt oder gar ein Durchgang zum
dahinter liegenden Grundstücksteil ausgeschlossen ist.[48] Die gesamte Fläche
ist überdies etwa bei der Verteilung des umlagefähigen Aufwands für die
Verlängerung einer i.S. des § 242 Abs. 1 BauGB vorhandenen Erschließungsstraße zugrundezulegen, wenn das Grundstück sowohl an diese Straße als
auch an die Verlängerungsstrecke angrenzt. Da es sich bei der Verlängerungsstrecke unabhängig von ihrer Länge um eine selbständige Anbaustraße i.S.
des § 127 Abs. 2 Nr. 1 BauGB handelt (vgl. § 12 Rdnr. 15), wird das Grundstück durch **zwei** selbständige Erschließungsanlagen i.S. des § 131 Abs. 1
Satz 1 BauGB erschlossen; das rechtfertigt – anders als in dem Fall, in dem ein
Grundstück an zwei zulässigerweise gebildete Abschnitte **einer** Erschließungsanlage angrenzt (vgl. dazu § 14 Rdnr. 28) – **keine** rechnerische Aufteilung der Grundstücksfläche.[49]

a) Tiefenbegrenzung

Nicht selten **fehlt** es Grundstücken ab einer gewissen Tiefe – etwa weil dort   28
der Außenbereich beginnt – an einer erschließungsbeitragsrechtlich relevan-

---

[46] OVG Lüneburg, Urteil v. 17. 2. 1988 – 9 A 137/86 –.
[47] BVerwG, Urteil v. 3. 2. 1989 – 8 C 78.88 – Buchholz 406.11 § 131 BBauG Nr. 79
S. 27 (34) = NVwZ 89, 1072 = DVBl 89, 675.
[48] OVG Lüneburg, Urteil v. 14. 12. 1988 – 9 A 96/87 –.
[49] OVG Lüneburg, Urteil v. 19. 5. 1988 – 9 A 144/87 – ZMR 89, 393.

ten **Ausnutzbarkeit.** Wo das der Fall ist, liegt insoweit ein Erschlossensein i. S. des § 131 Abs. 1 Satz 1 BauGB mit der Folge nicht vor, daß die entsprechenden Teilflächen mangels eines die Beitragserhebung rechtfertigenden Erschließungsvorteils (schon) bei der Verteilung des umlagefähigen Aufwands außer Betracht zu bleiben haben, sofern – was (wie gesagt) heute regelmäßig zutrifft – die Größe der erschlossenen Grundstücksfläche nach der Verteilungsregelung der einschlägigen Erschließungsbeitragssatzung von Belang ist. Deshalb ist es im Rahmen der Aufwandsverteilung geboten – und zwar unabhängig davon, welche der in § 127 Abs. 2 BauGB genannten Arten von beitragsfähigen Erschließungsanlagen jeweils abgerechnet werden soll – in einem **ersten Schritt** die Grenzen der erschließungsbeitragsrechtlich relevanten Ausnutzbarkeit der Grundstücke zu bestimmen, um auf die sich dadurch ergebenden, i. S. des § 131 Abs. 1 Satz 1 BauGB erschlossenen Grundstücksflächen – in einem weiteren Schritt – den umlagefähigen Aufwand nach Maßgabe des § 131 Abs. 2 (und 3) BauGB i. V. m. der Erschließungsbeitragssatzung zu verteilen. Das macht zugleich deutlich, daß eine in der Satzung festgelegte Tiefenbegrenzung **kein Bestandteil** des Verteilungsmaßstabs ist. „Sie steht auch – unabhängig davon, an welcher Stelle sie in der Beitragssatzung geregelt ist – in keinem so engen rechtlichen Zusammenhang mit der Verteilungsregelung, daß ihre Ungültigkeit die Gültigkeit der Verteilungsregelung berühren könnte."[50]

29   In qualifiziert *beplanten* **Gebieten** ergeben sich die Grenzen von Ausnutzbarkeit und Erschließungsvorteil der Grundstücke in aller Regel aus den Festsetzungen des Bebauungsplans selbst. Deshalb ist grundsätzlich, d. h., soweit nicht unter dem Blickwinkel einer beschränkten Erschließungswirkung mit Rücksicht auf eine gegebene Mehrfacherschließung eine Ausnahme angezeigt ist (vgl. Rdnrn. 36 ff.), die **gesamte** vom Bebauungsplan erfaßte Fläche als erschlossen i. S. des § 131 Abs. 1 Satz 1 BauGB zu qualifizieren. Das hat zur Folge, daß dem örtlichen Satzungsgeber kein Raum bleibt für die Festlegung einer Tiefenbegrenzung in qualifiziert beplanten Gebieten und eine gleichwohl für diese Gebiete satzungsmäßig angeordnete Tiefenbegrenzung wegen eines Verstoßes gegen § 131 Abs. 1 Satz 1 BauGB **unwirksam** ist.[51]

30   Für Grundstücke in *unbeplanten* Gebieten dagegen darf der Ortsgesetzgeber allgemein eine **satzungsmäßige Tiefenbegrenzung** anordnen.[52] Eine solche Anordnung ist zwar nicht von Rechts wegen, wohl aber im Interesse der Verwaltungspraktikabilität und damit letztlich im Interesse der Gemeinde

---

[50] BVerwG, Urteil v. 19. 3. 1982 – 8 C 35, 37 u. 38.81 – Buchholz 406.11 § 131 BBauG Nr. 47 S. 48 (51) = KStZ 82, 190.
[51] BVerwG, Urteil v. 19. 2. 1982 – 8 C 27.81 – Buchholz 406.11 § 131 BBauG Nr. 45 S. 35 (40 f.) = NVwZ 82, 677 = DVBl 82, 552.
[52] BVerwG, u. a. Urteile v. 4. 5. 1970 – 4 C 54.76 – Buchholz 406.11 § 131 BBauG Nr. 29 S. 53 = KStZ 79, 150 = HSGZ 79, 413, und v. 30. 7. 1976 – IV C 65 u. 66.74 – Buchholz 406.11 § 131 BBauG Nr. 15 S. 7 (9 f.) = DÖV 77, 247 = KStZ 77, 72.

selbst **dringend** geboten. Fehlt sie in der Satzung, muß die Gemeinde nämlich in jedem Einzelfall gemäß § 131 Abs. 1 Satz 1 BauGB entscheiden, inwieweit, d. h. bis zu welcher Tiefe, ein Grundstück im unbeplanten Gebiet erschlossen ist. Das jedoch führt, insbesondere angesichts der Anwendungsschwierigkeiten des § 34 BauGB, kaum jemals zu eindeutigen und überzeugenden Lösungen. Die sich daraus ergebenden Unsicherheiten können durch eine generelle Regelung der Tiefenbegrenzung für unbeplante Gebiete in der Erschließungsbeitragssatzung vermieden werden, weil dann bei der Aufwandsverteilung grundsätzlich von feststehenden Daten ausgegangen werden kann. Jedoch tritt die in einer Erschließungsbeitragssatzung angeordnete Tiefenbegrenzung **hinter** die Festsetzungen einer Satzung nach § 34 Abs. 4 BauGB zurück; deckt sich die in einer solchen Satzung gezogene Grenze mit Blick auf ein Grundstück im unbeplanten Bereich nicht mit der in der Erschließungsbeitragssatzung angegebenen Tiefengrenze, ist **erstere** als die **speziellere** Regelung maßgebend.[53]

Werden einzelne Grundstücke tatsächlich über die in der Erschließungs-   31 beitragssatzung festgelegte Tiefenbegrenzungslinie hinaus baulich oder erschließungsbeitragsrechtlich vergleichbar genutzt, muß die Fläche, auf die sich die **übergreifende Nutzung** bezieht, bei der Aufwandsverteilung berücksichtigt werden, weil die Grundstücke auch insoweit "eindeutig" erschlossen i. S. des § 131 Abs. 1 Satz 1 BauGB sind. Diese durch § 131 Abs. 1 Satz 1 BauGB zwingend angeordnete Folge zieht die Zweckmäßigkeit einer satzungsmäßigen Tiefenbegrenzung für unbeplante Gebiete allerdings nicht in Zweifel. Denn eine solche Tiefenbegrenzungsregelung begründet immerhin gleichsam die Vermutung dafür, „daß alle Grundstücke bis zur festgesetzten (Tiefen-)Grenze erschlossen sind und bei über die Grenze hinausreichenden Grundstücken hinsichtlich des die Grenze überschreitenden Teils ein Erschließungsvorteil wegen fehlender Ausnutzbarkeit nicht gegeben ist. Diese Vermutung ist nur widerlegt, wenn und soweit ein Grundstück über die Grenze hinaus *tatsächlich* baulich oder erschließungsbeitragsrechtlich vergleichbar genutzt wird".[54]

Für die metrische Festlegung der Tiefenbegrenzung in der Erschließungs-   32 beitragssatzung steht dem Ortsgesetzgeber ein Ermessen zu. Er hat sich dabei an der **ortsüblichen** Tiefe der baulichen Nutzung zu orientieren, weil sie einen sachgerechten Anhaltspunkt dafür gibt, daß eine bauliche Nutzung über diese Tiefe hinaus in der Regel nur unter besonderen Umständen zweckmäßig und möglich ist.[55] Sofern diesem Gesichtspunkt Rechnung getragen ist, kann die Festlegung einer Tiefenbegrenzung auf 35, 40 oder 50 m vom Ermessen

---

[53] Ebenso u. a. Klausing in Driehaus, Kommunalabgabenrecht, § 8 Rdnr. 1031.
[54] BVerwG, Urteil v. 19. 2. 1982 – 8 C 27.81 – Buchholz 406.11 § 131 BBauG Nr. 45 S. 35 (40) = NVwZ 82, 677 = DVBl 82, 552.
[55] BVerwG, Urteil v. 3. 6. 1971 – VI C 28.70 – BVerwGE 38, 147 (150) = DÖV 71, 815 = KStZ 71, 244.

des Ortsgesetzgebers gedeckt sein.[56] Wird beispielsweise in einer Erschließungsbeitragssatzung die Grenze der Ausnutzbarkeit von Grundstücken in unbeplanten Gebieten auf eine Tiefe von 40 m festgelegt, ist etwa von einer Anbaustraße diejenige Fläche eines Anliegergrundstücks erschlossen i.S. des § 131 Abs. 1 Satz 1 BauGB, die zwischen der Straßengrenze und einer im senkrechten Abstand von 40 m dazu "gezogenen" Linie liegt. Diese Linie kann, wenn die Straße gerade verläuft, eine Parallele zur Straße sein; im übrigen paßt sie sich den jeweiligen Biegungen des Straßenverlaufs an. Bei erschlossenen **Hinterliegergrundstücken** richtet sich die Anwendung der Tiefenbegrenzung nach der jeweiligen Satzungsbestimmung; ist ihr insoweit nichts zu entnehmen, ist die Tiefenbegrenzungslinie grundsätzlich vom Beginn des Hinterliegergrundstücks aus zu ermitteln.

33   Ordnet eine Satzung für unbeplante Gebiete eine Tiefenbegrenzung auf z. B. 50 m und darüber hinaus – im Rahmen des Verteilungsmaßstabs – eine Vergünstigung für mehrfach erschlossene Grundstücke (vgl. § 18 Rdnrn. 68 ff.) an, stellt sich für zwischen zwei (Parallel-)Straßen liegende, durchlaufende und deshalb übertiefe Grundstücke dann, wenn nicht von einer begrenzten Erschließungswirkung der beiden Straßen auszugehen ist (vgl. Rdn. 37), die Frage, **wie** die Vergünstigungsfläche, d. h. die Fläche zu ermitteln ist, die nicht in vollem Umfang, sondern etwa nur zu zwei Dritteln bei der Bemessung der Höhe des Beitrags zu berücksichtigen ist. Handelt es sich beispielsweise um ein 80 m tiefes Grundstück, ist eine Fläche bis zur Tiefe von 50 m von jeder der beiden Straßen erschlossen i.S. des § 131 Abs. 1 Satz 1 BauGB. Das hat zur Folge, daß dieses Grundstück mit einer (in seiner Mitte liegenden) Fläche von 20 m Tiefe sowohl von der einen als auch von der anderen Straße, also zweifach erschlossen wird. Die Vergünstigungsregelung kann sich demnach ausschließlich auf diese Fläche beziehen. Deshalb ist das durchlaufende Grundstück bei der Abrechnung jeder der beiden Straßen mit der jeweils ihr zugewandten Teilfläche von (50 minus 20 =) 30 m Tiefe voll und im übrigen jeweils mit einer Teilfläche von 20 m Tiefe entsprechend der Vergünstigungsregelung an der Aufwandsverteilung zu beteiligen. Durch diese Lösung ergibt sich ein gleitender Übergang bis zu durchlaufenden Grundstücken mit einer Tiefe von 100 m (oder mehr), die – sofern nicht der Gesichtspunkt der übergreifenden Nutzung (vgl. Rdn. 31) zu beachten ist – im Ergebnis wie zwei selbständige Grundstücke behandelt und jeweils nur von einer der beiden Straßen erschlossen werden.

34   Eine satzungsmäßige Regelung über die Tiefenbegrenzug ist weder unmittelbar noch mittelbar anwendbar, wenn ein Grundstück – aus der Sicht der abzurechnenden z. B. Anbaustraße – nicht besonders tief, sondern besonders **breit** ist. Denn in einem solchen Fall liegt das Grundstück – soweit das zutrifft – mit seiner **gesamten Breite** im **Innenbereich,** so daß keine Rede davon sein

---

[56] BVerwG, Urteil v. 30. 7. 1976 – IV C 65 u. 66.74 – Buchholz 406.11 § 131 BBauG Nr. 15 S. 7 (10) = DÖV 77, 247 = KStZ 77, 72.

kann, einer Teilfläche wachse mangels erschließungsbeitragsrechtlich relevanter Nutzbarkeit kein Erschließungsvorteil zu.[57]

b) Flächenbegrenzung in Fällen einer beschränkten Erschließungswirkung

Grundsätzlich ist bei Grundstücken in (qualifiziert) **beplanten** Gebieten die 35 **gesamte** im Plangebiet gelegene **Fläche** als erschlossen i. S. des § 131 Abs. 1 Satz 1 BauGB zu qualifizieren (vgl. Rdnr. 29) und dementsprechend bei der Verteilung des umlagefähigen Aufwands nach Maßgabe einer (auch) auf die Größe der erschlossenen Grundstücksflächen abhebenden Verteilungsregelung in vollem Umfang zu berücksichtigen. „Die Erstreckung auf die gesamte Grundstücksfläche rechtfertigt sich, obgleich so gut wie niemals diese gesamte Fläche der baulichen (oder sonstwie beitragsrechtlich relevanten) Nutzung zugeführt werden darf, obgleich also auf diese Weise auch nicht bzw. nicht relevant nutzbare Flächenteile als 'erschlossen' behandelt werden. Denn der Erschließungsbegriff in" § 131 Abs. 1 Satz 1 BauGB „kann nicht an der Rechtstatsache vorbeigehen, daß das Baurecht fast nie die volle Überbauung eines Baugrundstücks zuläßt, sondern die Zulässigkeit einer Bebauung meist die Freihaltung erheblicher Grundstücksteile voraussetzt, mithin für die Ausführbarkeit eines Bauvorhabens durchweg mehr an Fläche zur Verfügung stehen muß als für die bauliche Anlage als solche benötigt wird (s. dazu im einzelnen die §§ 16 ff. BauNVO)".[58]

Jedoch gebieten es Sinn und Zweck der erschließungsbeitragsrechtlichen 36 Vorschriften, in bestimmten Fällen einer durch Anbaustraßen vermittelten **Mehrfacherschließung** eine Ausnahme von dem Grundsatz zuzulassen, daß in beplanten Gebieten die **gesamte** vom Plan erfaßte, beitragsrechtlich relevant nutzbare Fläche eines Grundstücks als von **jeder** der in Betracht kommenden Anbaustraßen erschlossen i. S. des § 131 Abs. 1 Satz 1 BauGB anzusehen ist. Ist in einem **beplanten** Gebiet ein zwischen zwei (parallelen) Anbaustraßen durchlaufendes Grundstück an jeder Straße selbständig und ungefähr gleichgewichtig bebaubar, so daß sich **aufgrund der Festsetzungen** der Eindruck aufdrängt, daß es sich planerisch um zwei voneinander vollauf unabhängige Grundstücke handelt, erschließen die Straßen je nur einen Teil des Grundstücks. **Die Erschließungswirkung** der Straßen erstreckt sich dann, sofern nicht besondere Umstände, insbesondere der Inhalt des Bebauungsplans, zu einer anderen Abgrenzung führen, bis zu einer angenommenen ("Teilungs"-)-Grenze, die durch die Mittellinie zwischen den das Grundstück erschließenden Parallelstraßen gebildet wird.[59]

[57] Ebenso u. a. VGH Mannheim, Urteil v. 27. 8. 1987 – 2 S 1318/85 –.

[58] BVerwG, Urteil v. 25. 1. 1985 – 8 C 106.83 – Buchholz 406.11 § 131 BBauG Nr. 59 S. 78 (81 ff.) = NVwZ 85, 753 = DVBl 85, 621.

[59] BVerwG, Urteil v. 27. 6. 1985 – 8 C 30.84 – BVerwGE 71, 363 (366) = DVBl 85, 1180 = KStZ 86, 51, siehe u. a. auch BayVGH, Urteil v. 28. 11. 1988 – Nr. 6 B 85 A 148 – KStZ 89, 145.

37   Von einer jeweils begrenzten Erschließungswirkung zweier etwa parallel verlaufender Anbaustraßen für "durchlaufende" Grundstücke, die eindeutig erkennbar an jeder der beiden Straßen selbständig und ungefähr gleichgewichtig bebaubar sind, kann jedenfalls vom Ansatz her selbst dann auszugehen sein, wenn das Grundstück und die es erschließenden Anbaustraßen dem **unbeplanten** Innenbereich angehören.[60] Während sich in Plangebieten die Umstände, die zu einer derartigen sachlichen Grundstücksteilung führen können, **ausschließlich** aus den Festsetzungen des einschlägigen Bebauungsplans ergeben können,[61] ist in unbeplanten Gebieten insoweit auf tatsächliche "Vorgaben" abzustellen. Die Angemessenheit der aufgezeigten Lösung im (beplanten Gebiet wie im) unbeplanten Innenbereich wird deutlich durch einen Vergleich mit benachbarten Grundstücken, die nicht durchlaufen, sondern durch Teilung eines ähnlich tiefen Grundstücks gebildet worden sind. In Fällen dieser Art können die übrigen Anlieger einer Straße nicht schutzwürdig erwarten, daß zu ihren Gunsten ein solches Grundstück auch mit der von der Straße abgelegenen, hinteren Teilfläche bei der Aufwandsverteilung für "ihre" Anlage berücksichtigt wird. Wo die Grenze liegt, von der an bei Mehrfacherschließungen im unbeplanten Innenbereich eine "Teilung" eines übertiefen (Eck-)Grundstücks gerechtfertigt ist, hängt von den Gegebenheiten in der jeweiligen Gemeinde ab. Weisen in einer Gemeinde typischerweise die Baugrundstücke eine Tiefe von 30 bzw. 40 oder 50 m auf, kommt sie allenfalls bei mehr als 60 bzw. 80 oder 100 m tiefen Grundstücken in Betracht. Freilich kommt dem Gesichtspunkt der beschränkten Erschließungswirkung im unbeplanten Bereich eine vergleichsweise **geringe** Bedeutung deshalb zu, weil in diesem Bereich – anders als in beplanten Gebieten – regelmäßig eine satzungsmäßig angeordnete Tiefenbegrenzung greift (vgl. dazu Rdnr. 30 ff.).

38   Eine nur beschränkte Erschließungswirkung kann ferner grundsätzlich angenommen werden, wenn ein an zwei Seiten an je eine Anbaustraße angrenzendes, **übergroßes Grundstück** zwei ihrem Charakter nach **völlig unterschiedlichen** Baugebieten angehört, wie es z. B. zutrifft, wenn ein Grundstück – von der abzurechnenden Anbaustraße aus gesehen – in seinem vorderen Teil als allgemeines Wohngebiet und in seinem rückwärtigen Teil als "Sondergebiet Klinik" ausgewiesen ist, und der Bebauungsplan den vorderen Teil an die ausgebaute und den rückwärtigen Teil an eine andere Anbaustraße anbindet.[62] Derartige planerische Festsetzungen begründen die Vermutung einer

---

[60] Vgl. BVerwG, Urteil v. 22. 4. 1994 – 8 C 18.92 – ZMR 94, 339 = HSGZ 94, 307 = NVwZ-RR 94, 539, sowie VGH Kassel, Beschluß v. 14. 2. 1986 – 5 TH 2439/84 – KStZ 86, 116 = NVwZ 86, 587; ebenso u. a. Löhr in Battis/Krautzberger/Löhr, BauGB, § 131 Rdnr. 20.

[61] BVerwG, Urteil v. 4. 10. 1990 – 8 C 1.89 – Buchholz 406.11 § 131 BBauG/BauGB Nr. 83 S. 51 (55 f.) = NVwZ 91, 484 = KStZ 91, 31.

[62] BVerwG, Urteil v. 3. 2. 1989 – 8 C 78.88 – Buchholz 406.11 § 131 BBauG Nr. 79 S. 27 (32 ff.) = NVwZ 89, 1072 = DVBl 89, 675; siehe dazu auch Reif in BWGZ 89, 465.

ihnen entsprechenden Begrenzung der Erschließungswirkung mit der Folge, daß (bei dem angegebenen Beispiel) nur die vordere Teilfläche des übergroßen (Buch-)Grundstücks an der Aufwandsverteilung teilnimmt, d. h. die Fläche ist, die der nach Maßgabe der satzungsmäßigen Verteilungsregelung vorzunehmenden Aufwandsverteilung zugrunde zu legen ist.

Allerdings könne die zuvor bezeichnete Vermutung – so hat das Bundes- **39** verwaltungsgericht[62] ausgeführt – durch tatsächliche Umstände **widerlegt** werden, und sie werde beispielsweise widerlegt, wenn bei der zuvor geschilderten Sachlage die Voraussetzungen erfüllt seien, bei deren Vorliegen das Erschlossensein des rückwärtigen Grundstücksteils selbst dann zu bejahen wäre, wenn es sich um ein selbständiges Hinterlieger(buch)grundstück desselben Eigentümers handelte. Denn im Rahmen des § 131 Abs. 1 Satz 1 BauGB könnten die Anforderungen an das Erschlossensein des rückwärtigen Teils eines an eine Anbaustraße **angrenzenden** Buchgrundstücks nicht höher sein als die Anforderungen an das Erschlossensein eines Hinterliegergrundstücks, wenn dieses und das trennende Anliegergrundstück im Eigentum derselben Person stehen. Daraus folgt: Ein übergroßes Grundstück, das zwei ihrem Charakter nach völlig unterschiedlichen Baugebieten angehört, ist gleichwohl nicht nur mit seiner vorderen, an die abzurechnende Anbaustraße angrenzenden, sondern mit **seiner gesamten Fläche** bei der Aufwandsverteilung zu berücksichtigen, wenn die rückwärtige Teilfläche entweder **tatsächlich** über eine rechtlich unbedenkliche **Zufahrt** über die vordere Teilfläche zur in Rede stehenden Anlage verfügt oder wenn beide Teilflächen **einheitlich genutzt** werden (vgl. dazu Rdnrn. 70 ff.).

Im übrigen kann insbesondere bei einem mit einer schmalen Seite an die **40** abzurechnende Anbaustraße und mit einer breiten Seite an eine andere Anbaustraße angrenzenden (Eck-)Grundstück die Annahme geboten sein, dieses Grundstück nehme lediglich mit einer Teilfläche an der Verteilung des umlagefähigen Aufwands für die ausgebaute Anbaustraße teil. Das ist z. B. der Fall, wenn der Bebauungsplan für verschiedene Teilflächen ("Bauplätze") des (Buch-)Grundstücks sowohl Baugrenzen als auch die Stellung der jeweiligen baulichen Anlagen betreffende Vorgaben festsetzt und er überdies die Grenze der unterschiedlichen Stellung der baulichen Anlagen ausweist. Denn dadurch macht der Bebauungsplan die **Abmessungen** der jeweiligen "Bauplätze" und damit zugleich für den im Schnittwinkel der beiden Anbaustraßen liegenden "Bauplatz" die Grenzen der von der abzurechnenden Straße ausgehenden Erschließungswirkung mit der Folge deutlich, daß – sofern nicht die Anforderungen an das Erschlossensein eines im Eigentum derselben Person stehenden Hinterliegergrundstücks erfüllt sind (vgl. Rdnr. 39) – ausschließlich die Fläche dieses letzteren "Bauplatzes" bei der Aufwandsverteilung zu berücksichtigen ist.[62]

Die Annahme einer auf eine Teilfläche beschränkten Erschließungswir- **41** kung kann ferner gerechtfertigt sein, wenn der Bebauungsplan für zwei an jeweils andere Anbaustraßen angrenzende Teilflächen eines besonders großen

Buchgrundstücks unterschiedliche Festsetzungen über die zulässige Art **und** das zulässige Maß der baulichen Nutzung trifft (Gewerbegebiet mit sechs höchstzulässigen Vollgeschossen einerseits sowie Mischgebiet mit drei höchstzulässigen Vollgeschossen andererseits), sofern er darüber hinaus die Abgrenzung der Teilflächen voneinander durch entsprechende Planzeichen eindeutig markiert.[63] Im übrigen kann das Zusammentreffen einer Mehrzahl von – im Plangebiet – Festsetzungen des einschlägigen Bebauungsplans sowie von – im unbeplanten Innenbereich – tatsächlichen Einzelumständen eine derartige Verfestigung der Zuordnung der einen Teilfläche eines übergroßen Grundstücks zu einer bestimmten Anbaustraße und der anderen Teilfläche zu einer zweiten Anbaustraße bewirken, daß angenommen werden muß, die Erschließungswirkung jeder der beiden Erschließungsanlagen beschränke sich auf die jeweils ihr zuzuordnende Teilfläche.[64]

42   Schließlich kann sich die Erschließungswirkung einer Anbaustraße (**ohne** Zusammentreffen mit einer anderen Anbaustraße) noch in einer weiteren Konstellation auf die Teilfläche eines (angrenzenden) Grundstücks beschränken: Die im Wege einer Ausnahme zugelassene **Wohnbebauung** eines in einem **Gewerbegebiet** gelegenen Grundstücks, dessen plangemäße Erschließung eine verkehrliche Erreichbarkeit in Form des Herauffahrenkönnens erfordert, auf das aber von der abzurechnenden Anbaustraße wegen eines angeordneten **Zu- und Abfahrverbots** nicht gefahren werden darf, rechtfertigt jedenfalls dann die Annahme, eine dem errichteten Wohnhaus zuzuordnende Fläche dieses Grundstücks sei durch die Anbaustraße i.S. des § 131 Abs. 1 Satz 1 BauGB erschlossen, wenn tatsächlich ein genehmigter Zugang zu ihr besteht.[65] In einem solchen Fall ist erschlossen lediglich die Teilfläche, die nach Maßgabe der tatsächlichen Umstände unter Berücksichtigung baurechtlicher Anforderungen dem errichteten Wohnhaus zuzuordnen ist.

c) Keine Flächenverminderung, sondern Maßbegrenzung bei Ausnutzungsbehinderungen durch (öffentlich-rechtliche) Baubeschränkungen

43   In beplanten Gebieten **verhindern** nicht selten öffentlich-rechtliche Baubeschränkungen – seien dies etwa Nutzungsverbote im Interesse des Umweltschutzes, Anbauverbote im Interesse der Belange des Verkehrs, bauplanungsrechtliche Festsetzungen der überbaubaren Grundstücksfläche gemäß § 23 BauNVO, Abstandsgebote aller Art oder Bestimmungen, die die Zerstörung erhaltenswerter Bauten untersagen – die **Ausschöpfung** des für ein Grundstück nach dem Bebauungsplan vorgesehenen Maßes der zulässigen Nutzung, so daß dieses Maß nur gleichsam auf dem "Papier" steht. Diese Er-

---

[63] Vgl. dazu VGH Mannheim, Urteil v. 4. 12. 1989 – 2 S 1119/89 –.

[64] Siehe im einzelnen OVG Lüneburg, Urteil v. 19. 9. 1988 – 9 A 35/87 – NVwZ 89, 593 = NsGemeinde 89, 198.

[65] BVerwG, Urteil v. 17. 6. 1994 – 8 C 24.92 – DVBl 95, 55 = HSGZ 94, 462.

kenntnis rechtfertigt jedoch **nicht** die Ansicht, dem sei durch eine Verminderung des Umfangs der bei der Aufwandsverteilung zu berücksichtigenden Grundstücksfläche Rechnung zu tragen; derartige Ausnutzungsbehinderungen haben vielmehr **keinen Einfluß** auf den **Umfang der erschlossenen Grundstücksfläche.** Das Bundesverwaltungsgericht hat seine davon abweichende frühere Rechtsprechung in zwei Entscheidungen vom 3. Februar 1989[66] ausdrücklich aufgegeben.

Zur Begründung seiner Meinung hat das Bundesverwaltungsgericht im **44** wesentlichen ausgeführt, seine frühere Rechtsprechung könne insbesondere in den Fällen zu unter dem Blickwinkel der Beitragsgerechtigkeit sehr **unbefriedigenden** Ergebnissen führen, in denen die satzungsmäßige Verteilungsregelung auf den heute weitgehend üblichen, mit dem Grundflächenmaßstab kombinierten sog. Vollgeschoßmaßstab (vgl. zu diesem Maßstab im einzelnen § 18 Rdnrn. 32 ff.) abhebt. Das Gebot der Verwaltungspraktikabilität gebe zur Rechtfertigung der Ansicht, Nutzungsbehinderungen müßten ungeachtet dessen durch eine Verminderung der erschlossenen Grundstücksfläche berücksichtigt werden, nichts her. Im Gegenteil: Angesichts der Anzahl von öffentlich-rechtlichen Baubeschränkungen, die die Ausschöpfung des im Bebauungsplan für ein Grundstück vorgesehenen Nutzungsmaßes verhindern könnten, habe sich erwiesen, daß diese Rechtsauffassung die mit der Abrechnung von beitragsfähigen Erschließungsanlagen befaßten Gemeindebediensteten nicht selten vor schwer zu bewältigende Schwierigkeiten stelle.

Die Ansicht, Nutzungsbehinderungen der vorbezeichneten (vgl. Rdnr. **45** 43) Art hätten keinen Einfluß auf den Umfang der der Aufwandsverteilung zugrunde zu legenden Grundstücksfläche, führt jedoch nicht dazu, daß derartige Ausnutzungsbehinderungen für die Aufwandsverteilung stets ohne Bedeutung sind. Vielmehr leuchtet – erstens – ohne weiteres ein und ist – zweitens – durch das Differenzierungsgebot des § 131 Abs. 3 BauGB (vgl. dazu § 18 Rdnrn. 8 ff.) gefordert, daß bei der **Verteilung** des umlagefähigen Aufwands nicht das nur auf dem "(Bebauungsplan-)Papier stehende", sondern ausschließlich das im Einzelfall **tatsächlich realisierbare Nutzungsmaß** zur Grundlage der Ermittlung des auf ein bestimmtes Grundstück entfallenden Beitrags gemacht werden darf. Infolgedessen wirken sich Nutzungsbehinderungen aus, wenn das durch die **Baubeschränkung betroffene Nutzungsmaß eine Komponente der satzungsmäßigen Verteilungsregelung ist.**[66] Zu fragen ist daher in Fällen der hier in Rede stehenden Art zunächst nach dem Verteilungsmaßstab der jeweiligen Beitragssatzung. Ordnet er – was er unter bestimmten Voraussetzungen darf (vgl. § 18 Rdnrn. 14 ff.) – eine Aufwandsverteilung nach den Grundstücksflächen oder den Grundstücksbrei-

---

[66] BVerwG, Urteile v. 3. 2. 1989 – 8 C 66.87 – BVerwGE 81, 251 (252 ff.) = NVwZ 89, 1076 = DVBl 89, 421, und – 8 C 78.88 – Buchholz 406.11 § 131 BBauG Nr. 79 S. 27 (34) = NVwZ 89, 1072 = DVBl 89, 675.

ten an der Anlage (Frontmeter) an, ist das Maß der baulichen Nutzung und in der Folge auch eine Behinderung der Ausschöpfung dieses Nutzungsmaßes ohne Einfluß auf die Aufwandsverteilung. Entsprechendes gilt, wenn die anzuwendende Verteilungsregelung zwar auf ein Nutzungsmaß (z. B. Anzahl der Vollgeschosse) abhebt, nicht jedoch die Ausschöpfung dieses, sondern ausschließlich die eines anderen Nutzungsmaßes (z. B. Größe der bebaubaren Grundfläche) durch eine öffentlich-rechtliche Baubeschränkung behindert wird. **Nur wenn eine solche Baubeschränkung das Nutzungsmaß betrifft, auf das es nach der jeweiligen Verteilungsregelung ankommt,** muß die Nutzungsbehinderung im Rahmen der Aufwandsverteilung beachtet werden.

46   Dementsprechend ist kraft Bundesrecht die Bestimmung einer satzungsmäßigen Verteilungsregelung, die (außer auf die zu berücksichtigende Grundstücksfläche) auf ein "zulässiges" Nutzungsmaß – sei es die zulässige Geschoßfläche, die zulässige Baumasse oder die zulässige Anzahl der Vollgeschosse – abhebt, in ihrem Merkmal "zulässig" dahin auszulegen, daß als "zulässig" im Einzelfall das Nutzungsmaß zu verstehen ist, das unter Berücksichtigung auch öffentlich-rechtlicher Baubeschränkungen auf dem jeweiligen Grundstück **verwirklicht werden darf.**[67]

47   Allerdings verlangt – und das sei zur Abrundung hinzugefügt – **weder** das Bundes-[67] **noch** das Landesrecht,[68] bei der Beantwortung der Frage, welche Geschoßflächen auf einem Grundstück realisierbar und in der Folge "zulässig" in dem zuvor dargestellten Sinne sind, die nach § 20 Abs. 2 Satz 2 der Baunutzungsverordnung in der Fassung der Bekanntmachung vom 15. September 1977 (BGBl. I S. 1763) bzw. nach Maßgabe der Festsetzung im Bebauungsplan gemäß § 20 Abs. 3 Satz 2 der Baunutzungsverordnung in der Fassung der Bekanntmachung vom 23. Januar 1990 (BGBl. I S. 132) mitzurechnenden Geschoßflächen zu berücksichtigen. Für diese Ansicht sprechen insbesondere Bedürfnisse der Verwaltungspraktikabilität. Müßten die (nunmehr) in § 20 Abs. 3 Satz 2 BauNVO bezeichneten Flächen nämlich berücksichtigt werden, ergäbe sich im Zuge der Verteilung des umlagefähigen Aufwands ggfs. die Notwendigkeit, für jeden Einzelfall die legal erreichbaren Geschoßflächen von Aufenthaltsräumen in anderen (als Voll-, d. h. insbesondere in Dach- und Keller-)Geschossen „einschließlich der zu ihnen gehörenden Treppenräume und einschließlich ihrer Umfassungswände" (§ 20 Abs. 3 Satz 2 BauNVO) anhand der u. U. vielgestaltigen Bebauungsplanfestsetzungen (u. a. Dachneigung, Dachform usw.) zu ermitteln, d. h. in dieser Richtung für jedes betroffene Grundstück gleichsam ein fiktives Baugesuch zu erstellen, weil nur auf diese Weise festgestellt werden kann, welche Geschoßfläche maximal genehmigungsfähig wäre.

---

[67] BVerwG, Urteil v. 3. 2. 1989 – 8 C 66.87 – BVerwGE 81, 251 (256ff.) = NVwZ 89, 1076 = DVBl 89, 421.
[68] Vgl. etwa VGH Mannheim, Urteil v. 26. 10. 1989 – 2 S 827/89 –.

4. Grundflächen von Erschließungsanlagen

Von beitragsfähigen Erschließungsanlagen *nicht* erschlossen sind Flächen, 48
die deshalb einer **Bebaubarkeit** schlechthin entzogen sind, weil sie der Erschließung i. S. der §§ 30 ff. BauGB dienen, d. h. Flächen, die entweder kraft
einer entsprechenden Festsetzung im Bebauungsplan oder infolge ihrer Widmung „für eine öffentliche Nutzung"[69] **nicht bebaubar,** sondern Grundflächen von Erschließungsanlagen i. S. des § 123 Abs. 2 BauGB und des § 127
Abs. 2 BauGB sind. Die mangelnde Bebaubarkeit der Flächen dieser Anlagen
schließt die Annahme aus, diesen Flächen wachse durch die Herstellung einer
beitragsfähigen Erschließungsanlage ein eine Beitragserhebung rechtfertigender Sondervorteil zu.[70] Deshalb bleiben beispielsweise die Grundflächen von
Grünanlagen, Parkflächen und Immissionsschutzanlagen sowie (auch) von
Kinderspielplätzen – letztlich zu Lasten der Beitragspflichtigen – bei der
Verteilung des etwa für die Herstellung einer Anbaustraße entstandenen umlagefähigen Aufwands **außer Ansatz,** sofern diese Flächen im Bebauungsplan
als solche Anlagen ausgewiesen oder – etwa im unbeplanten Innenbereich –
für eine öffentliche Nutzung gewidmet sind. Entsprechendes gilt bei Vorliegen der bezeichneten Voraussetzung für Flächen von selbständigen Verkehrsanlagen aller Art,[71] wie z. B. von nicht beitragsfähigen Sammelstraßen, privaten wie öffentlichen Wohn- und Fußwegen, selbständigen Privatstraßen und
Privatwegesystemen sowie für Flächen, auf denen die Gemeinde ausschließlich Erschließungsanlagen betreibt, die „zur Ableitung von Abwasser sowie
zur Versorgung mit Elektrizität, Gas, Wärme und Wasser" (vgl. § 127 Abs. 4
Satz 2 BauGB) dienen.[71] Vor diesem Hintergrund kann – je nach den Umständen des Einzelfalls – zu den erschlossenen Grundstücken zählen oder aus
dem Kreis der erschlossenen Grundstücke ausscheiden etwa ein Grundstück,
auf dem eine zur Schmutzwasserbeseitigung bestimmte Kläranlage steht,[72]
oder eine Fläche, auf der ein Elektrizitätswerk z. B. eine Transformatorenstation unterhält.[73] Im Ergebnis nichts anderes trifft zu auf ein Grundstück, das
im Bebauungsplan gemäß § 9 Abs. 1 Nr. 12 BauGB als **Versorgungsfläche**
ausgewiesen ist.[74] Zwar kann eine solche Festsetzung nach § 40 Abs. 1 Nr. 6
BauGB einen Übernahmeanspruch auslösen. Doch entzieht sie allein dem
betreffenden Grundstück noch nicht die (erschließungsbeitragsrechtliche)

---

[69] BVerwG, Urteil v. 22. 3. 1974 – IV C 23.72 – Buchholz 406.11 § 127 BBauG
Nr. 18 S. 29 (31) = ZMR 74, 307 = BauR 74, 337.
[70] BVerwG, Beschluß v. 23. 4. 1969 – IV B 19.69 – zu öffentlichen Straßen.
[71] BVerwG, Urteil v. 11. 12. 1987 – 8 C 85.86 – BVerwGE 78, 321 ff. = NVwZ 88,
632 = DVBl 88, 893.
[72] Vgl. OVG Lüneburg, Urteil v. 24. 2. 1982 – 9 A 177/80 – S-H Gemeinde 82, 178.
[73] Siehe dazu BVerwG, Urteil v. 12. 11. 1971 – IV C 11.70 – ZMR 72, 155 = DÖV
72, 503 = GemTg 72, 129, sowie BayVGH, Urteil v. 18. 5. 1992 – 6 B 87.01614 –
BayVBl 92, 695.
[74] A. A. VGH Mannheim, Urteil v. 28. 7. 1994 – 2 S 315/94 –.

Baulandqualität (vgl. dazu § 23 Rdnrn. 7 ff). Denn für diese Baulandqualität kommt es nicht darauf an, ob die für dieses Grundstück planungsrechtlich vorgesehene Nutzung privaten (fiskalischen) oder öffentlichen Zwecken dient.[74]

49   Der **Schienenweg der Deutschen Bundesbahn** ist keine Erschließungsanlage i. S. des § 123 Abs. 2 BauGB. Gleichwohl ist das Schienengelände als öffentliche Verkehrsfläche zu qualifizieren und diese öffentliche Zweckbestimmung schließt eine (weitergehende) bauliche Nutzung und in der Folge die Annahme aus, den mit Gleisanlagen versehenen Flächen wachse z. B. durch die Herstellung einer beitragsfähigen Erschließungsstraße ein die Beitragserhebung rechtfertigender Sondervorteil zu.[71] Dagegen sind durch eine Anbaustraße erschlossen die zwischen der Straße und dem Schienenweg liegende Teilfläche[71] eines **Bahnhofsgrundstücks** einschließlich der auf diesem Gelände befindlichen Parkflächen[71].

V. Durch Anlagen i. S. des § 127 Abs. 2 Nr. 1 BauGB erschlossene Grundstücke

50   Eine Anbaustraße (Anbauweg oder -platz) i. S. des § 127 Abs. 2 Nr. 1 BauGB ist ihrer (seiner) Funktion nach dazu bestimmt, Grundstücken das an verkehrsmäßiger Erschließung zu verschaffen, was für deren Bebaubarkeit oder beitragsrechtlich vergleichbare Nutzbarkeit bebauungsrechtlich erforderlich ist (vgl. § 9 Rdnr. 4). Von einer solchen Anlage erschlossen wird daher ein Grundstück, für das die Anlage **allein, d. h.** unabhängig von einer weiteren Anbaustraße (Fall der sog. Mehrfacherschließung, vgl. dazu Rdnrn. 80 ff.), das herzugeben geeignet ist, was das **Bebauungsrecht** für seine **bestimmungsgemäße** Nutzung an verkehrsmäßiger Erschließung verlangt. Ob ein Grundstück durch eine Anbaustraße erschlossen wird, hängt somit ausschlaggebend von den **Anforderungen** ab, die das **Bebauungsrecht** an seine verkehrsmäßige Erschließung stellt. Diese namentlich durch das Wort "Anbau" in § 127 Abs. 2 Nr. 1 BauGB für Erschließungsanlagen im Sinne dieser Vorschrift zum Ausdruck kommende Abhängigkeit des durch Anbaustraßen bewirkten Erschlossenseins vom Bebauungsrecht macht **deutlich,** daß die Frage, ob ein bestimmtes Grundstück durch die abzurechnende Anbaustraße im Sinne des § 131 Abs. 1 Satz 1 BauGB erschlosssen ist, „nur **vordergründig eine erschließungsbeitragsrechtliche, in der Sache dagegen wesentlich eine bebauungsrechtliche Frage ist."**[75] (vgl. dazu Rdnr. 16).

51   Die in Bezug auf das Erschlossensein durch Anbaustraßen bestehende Abhängigkeit vom Bebauungsrecht **zwingt** dann, wenn zu beurteilen ist, ob ein bestimmtes Grundstück durch die abzurechnende Anbaustraße erschlossen i. S. des § 131 Abs. 1 Satz 1 BauGB wird, jeweils die Frage zu beantworten,

---

[75] BVerwG, Urteil v. 1. 3. 1991 – 8 C 59.89 – BVerwGE 88, 70 (72) = DVBl 91, 593 = KStZ 91, 132.

ob mit Blick auf gerade diese Anlage den Anforderungen genügt ist, die das Bebauungsrecht – soweit es um die verkehrsmäßige Erschließung geht – an die Bebaubarkeit des betreffenden Grundstücks stellt. Das Bebauungsrecht macht in allen seinen Vorschriften die Zulässigkeit der Ausführung baulicher Anlagen von der Sicherung u. a. der verkehrlichen Erschließung der Grundstücke abhängig (§§ 30 ff. BauGB). Diese verkehrliche Erschließung erfordert im Grundsatz, daß ein Grundstück über eine öffentliche Straße für **Kraftfahrzeuge** u. a. der Polizei und des Rettungswesens sowie der Ver- und Entsorgung einschließlich privater Kraftwagen **erreichbar** ist,[76] d. h. verlangt eine Erreichbarkeit dergestalt, daß an ein Grundstück herangefahren werden kann, sofern nicht das Bebauungsrecht ausnahmsweise – im Vergleich zu dieser (Grund-)Form der Erreichbarkeit – weniger, nämlich eine Erreichbarkeit lediglich für Fußgänger (Zugang) genügen läßt, oder mehr, nämlich eine Erreichbarkeit in Form der Möglichkeit, mit Kraftwagen auf das Grundstück herauffahren zu können, verlangt. **Herangefahren** werden kann in diesem Sinne an ein (Anlieger-)Grundstück mit Kraftwagen regelmäßig dann, wenn auf der **Fahrbahn** einer öffentliche Straße bis zur **Höhe des Grundstücks** mit Personen- und Versorgungsfahrzeugen gefahren und von da ab ggfs. über einen Gehweg und/oder Radweg das Grundstück betreten werden kann.[77] Allerdings fordert das Bundesrecht **nicht** schlechthin, daß an ein (Anlieger-)-Grundstück mit **Großfahrzeugen** herangefahren werden kann. Vielmehr begnügt sich das Bebauungsrecht für den Regelfall damit, daß die die wegemäßige Erschließung vermittelnde Verkehrsanlage für Kraftfahrzeuge der in Rede stehenden Art überhaupt befahrbar ist, ohne Rücksicht darauf, ob dies nur für Personen- und kleinere Kraftwagen zutrifft oder auch Großfahrzeuge einschließt.[78]

Aus der Abhängigkeit des Merkmals "erschlossen" i. S. des § 131 Abs. 1   **52** Satz 1 BauGB vom Bebauungsrecht ergibt sich, daß ein Grundstück ausnahmsweise – erstens – auch dann durch eine **Anbaustraße** erschlossen sein kann, wenn sie ihm keine Möglichkeit des Heranfahrens in dem zuvor beschriebenen Sinne, sondern – über einen (privaten oder öffentlichen) unbefahrbaren Wohnweg – nur einen Zugang vermittelt, und – zweitens – ggfs. ein solches Heranfahrenkönnen für ein Erschlossensein nicht ausreicht, sondern ein Herauffahrenkönnen auf das Grundstück erforderlich ist. Ersteres ist z. B. der Fall, wenn ein Bebauungsplan ein von einer Anbaustraße aus über einen unbefahrbaren Wohnweg zugängliches (Hinterlieger-)Grundstück als bebaubar ausweist, es also kraft der von der Anbaustraße **in Verbindung mit dem**

---

[76] BVerwG, Urteil v. 30. 8. 1985 – 4 C 48.81 – Buchholz 406.11 § 35 BBauG Nr. 228 S. 136 (137) = NVwZ 86, 38 = DVBl 86, 186.
[77] BVerwG u. a. Urteil v. 1. 3. 1991 – 8 C 59.89 – BVerwGE 88, 70 (77 ff.) = DVBl 91, 593 = KStZ 91, 132.
[78] BVerwG, Urteil v. 4. 6. 1993 – 8 C 33.91 – BVerwGE 92, 304 = DVBl 93, 1365 = KStZ 93, 214.

unbefahrbaren Wohnweg vermittelten Zugänglichkeit bebaubar ist.[79] Verlangt das Bebauungsrecht dagegen für eine bestimmte planungsrechtlich erlaubte Nutzung eines Grundstücks über ein Heranfahrenkönnen hinaus, daß mit Kraftfahrzeugen aller Art **auf** das Grundstück gefahren werden kann, ist ein solches Grundstück nur dann bebauungsrechtlich und in der Folge erschließungsbeitragsrechtlich erschossen, wenn die Anbaustraße ihm eine dem genügende verkehrsmäßige Erschließung verschafft.

53   Die Frage, bei welcher Art von Grundstücken anzunehmen ist, das Bebauungsrecht mache das bebauungsrechtliche Erschlossensein von der Möglichkeit abhängig, mit Kraftfahrzeugen auf sie **herauffahren** zu können, ist einer generalisierenden Beantwortung deshalb nicht zugänglich, weil die Anforderung an die (plangemäße) Erschließung in erster Linie dem jeweiligen Bebauungsplan bzw. – im unbeplanten Innenbereich – den nach Maßgabe des § 34 BauGB maßgebenden Umständen zu entnehmen ist. Mit diesem Vorbehalt lassen sich gewisse "allgemeine" Regeln aufstellen: In **Wohngebieten** werden Grundstücke durch eine Anbaustraße in der Regel erschlossen i.S. des § 131 Abs. 1 Satz 1 BauGB, wenn die Straße – bei Hinterliegergrundstücken ggfs. unter Inanspruchnahme eines vermittelnden (privaten) Zuwegs – die Möglichkeit eröffnet, mit Personen- und Versorgungsfahrzeugen im vorbezeichneten Sinne (vgl. Rdnr. 51) an sie **heranzufahren** und sie von da ab zu betreten.[79] Dagegen wird man annehmen können, das Herauffahrenkönnen auf die Grundstücke sei in der Regel für das bebauungsrechtliche und in der Folge erschließungsbeitragsrechtliche Erschlossensein von Grundstücken in Gewerbegebieten erforderlich.[80] Entsprechendes gilt für Grundstücke in Industriegebieten, **nicht** jedoch auch in Mischgebieten. Denn aus der Baugebietsart "Mischgebiet" läßt sich nicht herleiten, auf allen von dieser Ausweisung erfaßten Grundstücken solle jede Nutzung möglich sein, die § 6 Abs. 2 BauNVO gestattet. Bei der Ausweisung der Baugebietsart "Mischgebiet" handelt es sich um **eine** bebauungsrechtlich relevante Festsetzung. Führen weitere Festsetzungen wie z.B. solche über den Anschluß eines bestimmten Grundstücks an eine Straße dazu, daß auf diesem Grundstück im Mischgebiet nur eine Wohnnutzung verwirklicht werden darf, ist dieses Grundstück bebauungs- und in der Folge erschließungsbeitragsrechtlich erschlossen durch die Straße, die ihm diese Art der baulichen Nutzbarkeit vermittelt.[81]

54   Ohne Belang für das Erschlossensein eines Grundstücks i.S. des § 131 Abs. 1 Satz 1 BauGB ist, ob der Möglichkeit, es von der Fahrbahn aus über ggfs. einen Fuß- und/oder Radweg zu betreten oder – was jedenfalls in der Regel etwa in Gewerbegebieten von Bedeutung ist – auf dieses Grundstück

---

[79] Vgl. dazu BVerwG, u.a. Urteil v. 10. 12. 1993 – 8 C 59.91 – Buchholz 406.11 § 127 BauGB Nr. 72 S. 110 (113) = HSGZ 94, 110 = BWGZ 94, 124.

[80] BVerwG, Urteil v. 3. 11. 1987 – 8 C 77.86 – BVerwGE 78, 237 (242) = NVwZ 88, 354 = DVBl 88, 242.

[81] BVerwG, Urteil v. 1. 3. 1991 – 8 C 59.89 – BVerwGE 88, 70 (76) = DVBl 91, 593 = NVwZ 91, 1090.

herauffahren zu können, noch beachtliche tatsächliche oder rechtliche Hindernisse entgegenstehen, vorausgesetzt, sie sind **ausräumbar**.[82] Denn § 131 Abs. 1 Satz 1 BauGB stellt – anders als § 133 Abs. 1 BauGB – nur auf einen ''latenten'' Erschließungsvorteil ab, der sich allerdings zu einem ''akuten'' verdichten können muß (vgl. Rdnr. 23). An die Annahme, namentlich ein tatsächliches Hindernis sei als i. S. des § 131 Abs. 1 Satz 1 BauGB **beachtlich** anzusehen, sind relativ hohe Anforderungen zu stellen. Es muß von derartigem Gewicht sein, daß es bei verständiger Würdigung eines unbefangenen Betrachters geeignet ist, z. B. in Gewerbegebieten das Herauffahren auf ein Grundstück auszuschließen. Das ist noch nicht erreicht, wenn sich ein Herauffahren mit Rücksicht auf eine tatsächliche Gegebenheit (z. B. eine Bordsteinkante) nicht gerade aufdrängt, etwa weil es unbequem usw. ist, sondern erst dann, wenn ein Herauffahren wegen der damit verbundenen Gefahren für das Fahrzeug oder den übrigen Verkehr vernünftigerweise unzumutbar ist.

Davon, ob das einschlägige Bebauungsrecht für das (bebauungsrechtliche) **55** Erschlossensein eines Grundstücks die Möglichkeit des Herauffahren- oder nur des Heranfahrenkönnens verlangt, hängt grundsätzlich ab, ob dieses Grundstück selbst dann durch die Anbaustraße (erschließungsbeitragsrechtlich) erschlossen wird, an die es angrenzt, wenn in einem Bebauungsplan für das betreffende Grundstück ein **Zu- und Abfahrverbot** festgesetzt ist. Verlangt der einschlägige Bebauungsplan für das bebauungsrechtliche Erschlossensein eines Grundstücks ein Herauffahrenkönnen, hindert ein – zulässigerweise[83] – im Bebauungsplan festgesetztes Zu-und Abfahrverbot das bebauungsrechtliche und folglich regelmäßig auch das erschließungsbeitragsrechtliche Erschlossensein dieses Grundstücks. Das durch das Zu- und Abfahrverbot begründete rechtliche Hindernis, zulässigerweise auf das Grundstück fahren zu können, ist nicht im zuvor behandelten Sinne ausräumbar und deshalb im Rahmen des § 131 Abs. 1 Satz 1 BauGB beachtlich.[84] Denn einem rechtlichen Hindernis fehlt die ''Ausräumbarkeit'', wenn es zu seiner Beseitigung einer – wenn auch ggfs. nach Maßgabe des § 13 BauGB vereinfachten – Änderung des einschlägigen Bebauungsplans, also einer Änderung des geltenden Ortsrechts bedarf.[85] Allerdings kann ein Grundstück z. B. in einem ausgewiesenen Gewerbegebiet, für dessen bestimmungsgemäße Nutzbarkeit das Bebauungsrecht eine Erreichbarkeit in Form des Herauffahrenkönnens verlangt, **ausnahmsweise** ungeachtet dessen durch eine Anbaustraße im Sinne des § 131

---

[82] Vgl. BVerwG, Urteil v. 7. 10. 1977 – IV C 103.74 – Buchholz 406.11 § 131 BBauG Nr. 25 S. 35 (37 f.) = NJW 78, 438 = DVBl 78, 302.
[83] Vgl. dazu BVerwG, u. a. Urteil v. 26. 11. 1976 – 4 C 36.74 – Buchholz 406.11 § 9 BBauG Nr. 17 S. 1 (3 ff.) = BauR 77, 107 = DÖV 77, 325.
[84] Ebenso VGH Mannheim, u. a. Beschluß v. 3. 11. 1987 – 2 S 325/87 – KStZ 87, 235 = VBlBW 88, 343, sowie Urteil v. 4. 12. 1989 – 2 S 119/89 –.
[85] BVerwG, Urteil v. 25. 1. 1984 – 8 C 77.82 – Buchholz 406.11 § 131 BBauG Nr. 55 S. 72 f. = NVwZ 84, 583 = DVBl 84, 679.

Abs. 1 Satz 1 BauGB erschlossen sein, daß mit Blick auf diese Anlage ein Zu-
und Abfahrverbot festgesetzt ist. Das kann etwa zutreffen, wenn das betreffende Grundstück im Zeitpunkt des Entstehens sachlicher Beitragspflichten
(§ 133 Abs. 2 BauGB) schon seit vielen Jahren über eine rechtlich nicht
(mehr) zulässige, tatsächlich aber angelegte und weiterhin genutzte, von der
Gemeinde geduldete Zufahrt zur Straße verfügt und angesichts dessen die
Eigentümer der übrigen erschlossenen Grundstücke **schutzwürdig** die Berücksichtigung auch dieses Grundstücks bei der Aufwandsverteilung **erwarten** können[86] (vgl. Rdnr. 17).

56   Reicht – wie regelmäßig jedenfalls in Wohngebieten – für das bebauungsrechtliche und in der Folge das erschließungsbeitragsrechtliche Erschlossensein von Grundstücken die Möglichkeit aus, mit Personen- und Versorgungsfahrzeugen auf der Fahrbahn zu fahren und die Grundstücke von da ab
betreten zu können, bleibt diese Möglichkeit und damit auch das Erschlossensein dieser Grundstücke i.S. des § 131 Abs. 1 Satz 1 BauGB durch ein
bauplanungsrechtliches Zu- und Abfahrverbot **regelmäßig unberührt.**[87] Dieses
Ergebnis läßt sich nicht mit Blick auf die bauordnungsrechtlichen Stellplatz-
verpflichtungen der Länder in Zweifel ziehen.[88] Zwar ist richtig, daß – erstens
– ein Grundstück gemäß § 133 Abs. 1 BauGB nur der Beitragspflicht unterliegt, wenn es bebaubar (oder sonst erschließungsbeitragsrechtlich vergleichbar nutzbar) ist, d.h., wenn die bebauungs- und bauordnungsrechtlichen
Voraussetzungen für seine Bebauung erfüllt werden können, und daß – zweitens – Grundstücke, die unfähig sind, jemals den Anforderungen des § 133
Abs. 1 BauGB zu genügen, schon aus dem Kreis der i.S. des § 131 Abs. 1
Satz 1 BauGB erschlossenen Grundstücke ausscheiden (vgl. Rdnr. 20). Jedoch ist ein mit einem Zu-und Abfahrverbot belastetes Grundstück in der
Regel nicht in diesem Sinne unfähig, jemals den Anforderungen des § 133
Abs. 1 BauGB zu genügen. Denn die landesrechtlichen Stellplatzverpflich-
tungen des Bauordnungsrechts bestimmen **keineswegs ausnahmslos,** daß Stellplätze in angemessener Zahl auf dem jeweiligen Baugrundstück selbst zu
errichten sind. Vielmehr eröffnen sie für die Erfüllung der Stellplatzverpflichtung eine ganze Reihe von Möglichkeiten, von denen die meisten – einschließlich der Ablösung der Stellplatzverpflichtung durch Zahlung eines
Geldbetrags an die Gemeinde – nicht ein Herauffahren auf das Baugrundstück voraussetzen.[89] Angesichts dessen scheitert die Bebaubarkeit eines
Grundstücks **allenfalls** in Ausnahmefällen deshalb, weil die Stellplatzver-

---

[86] BVerwG, Urteil v. 17. 6. 1994 – 8 C 24.92 – DVBl 95, 55 = HSGZ 94, 462.

[87] So schon BVerwG, Urteil v. 3. 11. 1987 – 8 C 77.86 – BVerwGE 78, 237 (240ff.) =
NVwZ 88, 354 = DVBl 88, 242.

[88] Vgl. dazu BVerwG, Urteil v. 1. 3. 1991 – 8 C 59.89 – BVerwGE 88, 70 (75) =
DVBl 91, 593 = NVwZ 91, 1090; a. A. Quaas in DVBl 88, 243.

[89] Vgl. im einzelnen etwa Gloria in NVwZ 90, 305ff., sowie – speziell zur Ablösung
der Pflicht zur Schaffung notwendiger Garagen und Einzelstellplätze – Lauenroth in
Baurecht – Aktuell, Festschrift für Felix Weyreuther, S. 475ff.

pflichtung – letztlich wegen des bauplanungsrechtlichen Zu- und Abfahrverbots – nicht auf dem Baugrundstück erfüllt werden kann. Ausschließlich soweit das der Fall ist, kann es an der Bebaubarkeit des Grundstücks schlechthin und deshalb auch an dessen Erschlossensein i.S. des § 131 Abs. 1 Satz 1 BauGB fehlen.

Für das Erschlossensein in der einen oder der anderen Konstellation ist im 57 übrigen ohne Bedeutung, wenn ein Eigentümer für sein – bereits durch eine andere Anbaustraße hinreichend verkehrsmäßig erschlossenes – Grundstück durch die Errichtung einer Mauer, eines Zauns usw. unmittelbar hinter der Straßenbegrenzungslinie auf seinem Grundstück die Möglichkeit ausschließt, es von dieser Anlage aus betreten oder befahren zu können. Denn es kann nicht im Belieben des Eigentümers stehen, durch eine derartige Maßnahme sein Grundstück im Verhältnis zu einer bestimmten Straße mit der Folge zu "verschließen", daß sein (Anlieger- oder Hinterlieger-)Grundstück zu Lasten der anderen erschlossenen Grundstücke bei der Verteilung des umlagefähigen Aufwands für diese Straße unberücksichtigt zu bleiben hat.[90]

Unter dem Blickwinkel des bebauungs- und erschließungsbeitragsrechtli- 58 chen Erschlossenseins eines Grundstücks ist es grundsätzlich unerheblich, ob das Grundstück unmittelbar an die Anbaustraße angrenzt oder nicht. Zwar wird ein angrenzendes Grundstück in den meisten Fällen erschlossen sein, doch setzt das Erschlossensein weder ein Angrenzen voraus noch führt ein Angrenzen allein schon notwendigerweise zum Erschlossensein. Ein etwa an einem kurzen, von der Anbaustraße abzweigenden Privatweg gelegenes (Hinterlieger-)Grundstück kann von dieser Anbaustraße erschlossen sein, ohne anzugrenzen. Demgegenüber sind beispielsweise nur landwirtschaftlich nutzbare (und im Außenbereich gelegene) Grundstücke trotz eines Angrenzens nicht erschlossen, weil sie – wie § 133 Abs. 1 BauGB deutlich macht – als solche nicht der Beitragspflicht unterliegen können (vgl. Rdnr. 21). Gleichwohl bietet sich im Hinblick auf einige speziell die nicht angrenzenden (Hinterlieger-)Grundstücke betreffende Sonderfragen eine getrennte Behandlung an (vgl. dazu Rdnrn. 70ff.).

1. Angrenzende Grundstücke

a) *Rechtliche und tatsächliche Zufahrtsmöglichkeit*

An einer Anbaustraße liegende, beitragsrechtlich relevant nutzbare Grund- 59 stücke jedenfalls in Wohngebieten sind grundsätzlich (vgl. aber Rdnr. 49) erschlossen, wenn die **rechtliche** und **tatsächliche** Möglichkeit besteht, auf der Fahrbahn der betreffenden Anbaustraße bis zur Höhe der Grundstücke mit Kraftfahrzeugen zu fahren und sie von da aus ggfs. über Geh- und/oder Radwege zu betreten.

---

[90] BVerwG, Urteil v. 15. 1. 1988 – 8 C 111.86 – BVerwGE 79, 1 (7f.) = NVwZ 88, 636 = KStZ 88, 110.

60   In **rechtlicher Hinsicht** ist diese Möglichkeit grundsätzlich gegeben. Daß sich zwischen der Fahrbahn und dem angrenzenden Grundstück ein Gehweg oder etwa ein schmaler Grünstreifen befindet, der kraft Landesrecht Bestandteil der Straße ist, ist in diesem Zusammenhang regelmäßig ohne Belang, da den jeweiligen Anliegern grundsätzlich ein Rechtsanspruch darauf zusteht, die Erlaubnis zu bekommen, über derartige Bestandteile der Straße zu ihren Grundstücken gehen oder (sofern ein Herauffahrenkönnen bebauungsrechtlich für ein Erschlossensein erforderlich ist) fahren zu dürfen. Etwas anderes würde hinsichtlich des Herauffahrendürfens nur gelten, wenn – erstens – das Landesstraßenrecht ein Überfahren der Straßenbestandteile schlechthin auf Dauer ausschließen würde und – zweitens – auch der verfassungsrechtlich gewährleistete Anliegergebrauch nicht zu deren Überquerung berechtigte, wobei zu berücksichtigen ist, daß auf den Anliegergebrauch und dessen grundrechtliche (Kern-)Gewährleistung sich nur berufen kann, wer zur angemessenen Nutzung seines Grundstücks auf die Benutzung der Straße angewiesen ist.[91] Gestattet eine straßenrechtliche Widmung, die z. B. einen Grünstreifen als Bestandteil einer Straße erfaßt, dessen Überfahren erst nach entsprechender Befestigung, handelt es sich für den Fall, daß das Bebauungsrecht ausnahmsweise eine Erreichbarkeit in Form des Herauffahrenkönnens verlangt, um ein ausräumbares rechtliches Hindernis, das zwar nicht einem Erschlossensein i. S. des § 131 Abs. 1 Satz 1 BauGB, aber bis zu seiner Beseitigung einem Erschlossensein i. S. des § 133 Abs. 1 BauGB entgegensteht.[92] Ferner muß die Benutzung der Straße – eventuell wie bei sog. Fußgängerzonen nur zeitweise – durch Kraftfahrzeuge vom Widmungsumfang gedeckt sein.[93]

61   In **tatsächlicher** Hinsicht besteht eine das Erschlossensein begründende Möglichkeit des Heran- oder Herauffahrenkönnens, wenn dem keine oder nur solche Gegebenheiten entgegenstehen, die mit *wirtschaftlich zumutbarem Aufwand* ausräumbar sind, d. h. die die Herstellung einer hinreichend verkehrssicheren Möglichkeit des Betreten- oder Herauffahrenkönnens mit zumutbarem finanziellem Aufwand zulassen. In diesem Zusammenhang geht es allerdings **nicht** um solche auf dem *Straßengrund* befindlichen beachtlichen Hindernisse tatsächlicher Art (z. B. Abhänge), die *allen* Grundstücken einer Straße(nseite) ein Heranfahren an ihre Grenze verwehren. Wird ein Straße derart von den anliegenden Grundstücken "abgeschnitten", ist sie noch keine endgültig hergestellte, (beidseitig) zum Anbau bestimmte Anlage i. S. des § 127 Abs. 2 Nr. 1 BauGB. Sie kann als solche vielmehr erst im Rechtssinne

---

[91] BVerwG, u. a. Urteil v. 15. 12. 1972 – IV C 112.68 – Buchholz 407.4 § 7 FStrG Nr. 8 S. 5 = NJW 73, 913 = DÖV 73, 238.
[92] Vgl. dazu BVerwG, Urteil v. 20. 8. 1986 – 8 C 58.85 – KStZ 86, 211 = NVwZ 87, 56 = ZMR 87, 68.
[93] Vgl. BVerwG, Urteil v. 3. 6. 1983 – 8 C 70.82 – BVerwGE 67, 216 (220) = DVBl 83, 908 = NVwZ 84, 170.

endgültig hergestellt sein, wenn sie ihrer bestimmungsgemäßen Funktion zu dienen geeignet ist, also ein entsprechendes Hindernis auf dem Straßengrund ausgeräumt ist, was im übrigen ohne weiteres zur Folge hat, daß die dafür entstehenden Kosten als Kosten der erstmaligen Herstellung i.S. des § 128 Abs. 1 Nr. 2 BauGB zu qualifizieren sind.[94]

Bei einem Hindernis tatsächlicher Art, das *nicht* die "Zugänglichkeit" aller, **62** sondern **nur eines** Grundstücks oder einzelner Grundstücke berührt, ist für die Beantwortung der Frage, ob dieses oder diese Grundstück(e) erschlossen ist bzw. sind, weil das (noch bestehende) Hindernis mit zumutbarem finanziellen Aufwand ausräumbar ist, zu *unterscheiden* zwischen Hindernissen auf dem **Anliegergrundstück** und solchen auf dem **Straßengrund**. Je nach dem ändert sich die Blickrichtung, auf die die Beurteilung der Zumutbarkeit ausgerichtet ist. Befindet sich eine natürliche Gegebenheit (etwa eine Felswand, eine Böschung oder ein Gewässer) auf einem **Anliegergrundstück**, kann sie als im Rahmen des § 131 Abs. 1 Satz 1 BauGB **beachtlich** nur angesehen werden, wenn sie die durch die abzurechnende Straße vermittelte **Bebaubarkeit** berührt, d.h. verhindert, daß mit Blick auf diese Anlage die Erreichbarkeitsanforderungen erfüllt sind, von denen das Bebauungs- und das Bauordnungsrecht die Bebaubarkeit des Grundstücks abhängig machen. Trifft das nicht zu, fehlt es bereits an der Voraussetzung dafür, von einem tatsächlichen "Hindernis" auf dem Grundstück sprechen zu dürfen.[95] Hindert dagegen die natürliche Gegebenheit in der bezeichneten Weise die Bebaubarkeit eines Grundstücks, schließt sie dessen Erschlossensein durch die betreffende Anbaustraße gleichwohl nur aus, wenn das, was der Bebaubarkeit als Hindernis entgegensteht, nicht mit dem Grundeigentümer **zumutbaren** (finanziellen) Mitteln ausgeräumt werden kann. Der Aufwand finanzieller Mittel ist einem Grundeigentümer zur Beseitigung von Hindernissen, die der Erfüllung von bebauungs- und bauordnungsrechtlichen Erreichbarkeitsanforderungen entgegenstehen, zumutbar, wenn ein "vernünftiger" Eigentümer sie aufbringen würde, um die Bebaubarkeit seines Grundstücks zu erreichen,[95] wobei eine **anderweitige** verkehrsmäßige Erschließung **außer acht** zu lassen ist. Die Beurteilung der (Un-)Zumutbarkeit stellt – mit anderen Worten – ab auf einen Vergleich der Wertsteigerung, die sich aus einer "Umwandlung" eines nicht bebaubaren Grundstücks in ein bebaubares Grundstück ergibt, mit dem Aufwand, der für die zur Bebaubarkeit führende Maßnahme aufzubringen ist. Übersteigt die Wertsteigerung diesen Aufwand, würde ein "vernünftiger" Eigentümer diese Maßnahme – weil für ihn wirtschaftlich vorteilhaft – durch-

---

[94] Vgl. BVerwG, u.a. Urteil v. 13.5. 1977 – 4 C 82.74 – Buchholz 406.11 § 128 BBauG Nr. 18 S. 4 (12) = BauR 77, 411 = KStZ 78, 110, wo es heißt, daß neben den eigentlichen Ausbaukosten auch „die Kosten für Stützmauern und ähnliche der Straße zuzurechnende Anlagen" zum beitragsfähigen Aufwand gehören.

[95] BVerwG, Urteil v. 29.4. 1988 – 8 C 24.87 – BVerwGE 79, 283 (287ff.) = NVwZ 88, 1134 = DVBl 88, 901.

führen, und ist ihm deshalb der für diese Maßnahme anfallende finanzielle Aufwand zumutbar.[96]

63 Die dargestellte Ansicht drängt sich deshalb auf, weil anderenfalls "vernünftigerweise" nicht auszuschließen ist, daß der betreffende Eigentümer später, d.h. nach Abschluß der Aufwandsverteilung (und Beitragserhebung), das Bauhindernis, das zu seiner Nichtberücksichtigung bei der Aufwandsverteilung geführt hat, beseitigt und auf diese Weise – im Ergebnis zu Lasten der anderen Anlieger – beitragsfrei in den Genuß des Erschließungsvorteils kommt. Sie ist auch maßgebend, wenn – sofern das Bebauungsrecht eine derartige Form der Erreichbarkeit verlangt – ein Herauffahrenkönnen (nicht am Zustand der Anbaustraße, sondern) mangels einer dortigen Befestigung am Zustand des Grundstücks scheitert. Selbst bei einer solchen Konstellation wäre ein Erschlossensein allenfalls dann ausnahmsweise zu verneinen, wenn die Maßnahme, die durchgeführt werden muß, um zu ermöglichen, daß auf das Grundstück heraufgefahren werden kann, einen für den Grundeigentümer unzumutbaren Aufwand erfordern würde.[97]

64 Eine entsprechende Betrachtungsweise ist geboten, wenn z.B. ein Abhang *auf dem Straßengrund* derart steil ist, daß infolge des ungünstigen Neigungswinkels ein hinreichend verkehrssicheres Herauffahrenkönnen nur durch eine *neben dem Straßengrund zusätzlich das Anliegergrundstück* erfassende Abgrabung angelegt werden kann. Dann nämlich ist ebenfalls zu fragen, ob ein "vernünftiger" Eigentümer, wenn die Bebaubarkeit seines Grundstücks von einer solchen Abgrabung auf dem Grundstück abhinge, diese – und zwar insoweit allein – auf seine Kosten durchführen würde, weil der Vorteil der Bebaubarkeit den Nachteil der Kostentragung ausgleicht oder sogar überwiegt.

65 Etwas *anderes* gilt, wenn ein tatsächliches Hindernis *auf dem Straßengrund* einem Heranfahren- oder Herauffahrenkönnen entgegensteht und es Sache der Gemeinde ist, das Erschlossensein dieses Grundstücks durch geeignete Maßnahmen zu bewirken, *soweit das auf ihrem (Straßen-)Grundstück* möglich ist. In diesem Fall stellt das Ausräumen des Hindernisses bzw. dessen, was auf dem Straßengrund zur Beseitigung des Hindernisses mit wirtschaftlich zumutbarem Aufwand "machbar" ist, gleichsam eine erforderliche "Sondermaßnahme" der Gemeinde im Rahmen ihrer Erschließungstätigkeit dar, die (generell) darauf ausgerichtet ist, die funktionsgerechte Nutzbarkeit der Anbaustraße herzustellen. Die für eine solche "Sondermaßnahme" entstehenden Kosten können – sofern nicht bereits zuvor die Beitragspflichten nach § 133 Abs. 2 BauGB entstanden sind (vgl. § 15 Rdnr. 20) – zum beitragsfähigen Aufwand gehören. Sie gehören jedenfalls zu den Kosten i.S. des § 128 Abs. 1 BauGB, wenn – und nunmehr wendet sich der Blick für die Beurtei-

---

[96] BVerwG, Urteil v. 17.6.1994 – 8 C 22.92 – ZMR 94, 531 = HSGZ 94, 512 = BWGZ 94, 821.
[97] BVerwG, Beschluß v. 3.2.1992 – 8 B 10.92 –.

lung der Zumutbarkeit vom Eigentümer des zufahrtgehinderten Grundstücks zu den übrigen Anliegern – diese durch den anfallenden Aufwand nicht zusätzlich belastet werden. Wann das (noch nicht) der Fall ist, bestimmt sich nach dem Verhältnis zwischen dem Nachteil, der sich für die übrigen Anlieger durch die Aufnahme der Kosten für die "Sondermaßnahme" in den beitragsfähigen Aufwand ergibt, und dem Vorteil, der ihnen dadurch erwächst, daß ein weiteres Grundstück an der Verteilung des umlagefähigen Aufwands teilnimmt. Dieses Verhältnis ist abhängig von den Umständen des jeweiligen Einzelfalls, und zwar vor allem von der Höhe des beitragsfähigen Aufwands insgesamt einerseits und den Kosten für die "Sondermaßnahme" andererseits sowie davon, in welchem Umfang die Berücksichtigung des in Rede stehenden, noch zufahrtgehinderten Grundstücks zugunsten der übrigen Grundstücke den umlagefähigen Aufwand mindert. Überwiegt der Vorteil für die übrigen Anlieger, ist die wirtschaftliche Zumutbarkeit ohne weiteres zu bejahen. Überwiegt hingegen der Nachteil, ist grundsätzlich eine Unzumutbarkeit anzunehmen mit der Folge, daß das tatsächliche Hindernis als nicht ausräumbar zu qualifizieren ist. Allgemein läßt sich sagen, daß ein Hindernis tatsächlicher Art auf dem **Straßengrund** mit wirtschaftlich zumutbarem Aufwand beseitigt werden kann und deshalb das betreffende Grundstück erschlossen i.S. des § 131 Abs. 1 Satz 1 BauGB ist, wenn die dafür erforderliche "Sondermaßnahme" technisch einfach ist und absolut oder relativ, d.h. im Vergleich zu den Herstellungskosten für die gesamte Anlage, geringe Kosten verursacht.

Eröffnet eine Anbaustraße die Möglichkeit, auf ihrer Fahrbahn mit Personen- und Versorgungsfahrzeugen bis zur Höhe eines in einem Wohngebiet gelegenen Grundstücks zu fahren und es von da ab zu betreten, wird das Grundstück durch diese Anlage selbst dann i.S. des § 131 Abs. 1 Satz 1 BauGB erschlossen, wenn die Gemeinde die Straße unter **Inanspruchnahme** eines **Teils** des früher an eine **andere** Anbaustraße angrenzenden Grundstücks mit der Folge angelegt hat, daß das Grundstück nicht mehr – wie zuvor – an diese andere, sondern – in flächenmäßig reduziertem Umfang – an die neue Anbaustraße angrenzt.[98] Daran ändert nichts, daß dieses Grundstück seine früher durch die andere Anbaustraße vermittelte Erschließung verloren hat und dieser **Verlust** ggfs. eines Ausgleichs bedarf. Denn ob und ggfs. wie der Verlust der ersten Erschließung wirtschaftlich auszugleichen ist, entscheidet nicht das Erschließungsbeitragsrecht, sondern das Recht, nach der die Maßnahme zu beurteilen ist, die den Verlust ausgelöst hat. Ist das beispielsweise durch eine **Einziehung** der seinerzeit die verkehrliche Erschließung vermittelnden Anbaustraße geschehen, ist zu prüfen, ob dem betreffenden Grundeigentümer ein Entschädigungsanspruch nach Maßgabe der einschlägigen straßenrechtlichen Bestimmungen zusteht.[98]

66

---

[98] BVerwG, Urteil v. 1. 12. 1989 – 8 C 52.88 – Buchholz 406.11 § 131 BBauG Nr. 82 S. 47 (49ff.) = KStZ 90, 150 = ZMR 90, 233.

b) Beitragsrechtlich relevante Nutzbarkeit

67   Erschließungsbeitragsrechtlich relevant nutzbar und mithin für eine Erschließung i. S. von § 131 Abs. 1 Satz 1 BauGB "geeignet" (vgl. Rdnr. 24) sind schon nach dem Wortlaut des § 133 Abs. 1 BauGB baulich und gewerblich zu nutzende Grundstücke. Darüber hinaus können von einer *Anbaustraße* erschlossen werden Grundstücke, wenn ihre bestimmungsgemäße Nutzung jedenfalls in dem Sinne von der Straße *abhängig* ist, daß von ihnen ein nicht unerheblicher **Ziel- und Quellverkehr** ausgeht, die Straße also von ihnen aus erfahrungsgemäß in nicht unerheblichem Umfang in Anspruch genommen wird, und ihre Nutzung insofern weitläufig einer baulichen Nutzung **gleichartig** ist, als sie immerhin eine gewisse, wenn auch nicht prägende Bebauung eher einschließt. Das trifft beispielsweise zu in **beplanten** Gebieten auf Kleingarten-,[99] Friedhofs-,[100] Sportplatz- und Schwimmbadgrundstücke,[101] nach Auffassung des Hessischen Verwaltungsgerichtshofs[102] indes nicht auch auf eine im Bebauungsplan als "Schrebergärten" ausgewiesene Fläche, wenn diese nur einzelne Gärten erfaßt und deshalb – anders als bei einer Ausweisung als Dauerkleingärten – keine ein Gemeinschaftsleben ermöglichende Anlage darstellt. Wegen ihrer Ausdehnung sind namentlich Dauerkleingarten- und Sportplatzgrundstücke in **unbeplanten** Gebieten in der Regel dem Außenbereich zuzurechnen; soweit das zutrifft, zählen sie nicht zu den durch eine beitragsfähige Erschließungsanlage im Sinne des § 131 Abs. 1 Satz 1 BauGB erschlossenen Grundstücken.[103]

68   Ebenfalls aus dem Kreis der an der Aufwandsverteilung zu beteiligenden Flächen scheiden grundsätzlich (noch) Privatpersonen gehörende Grundstücke und Grundstücksteile aus, die im Bebauungsplan als **öffentliche** Grünflächen ausgewiesen sind.[104] Etwas anderes kann jedoch gelten, wenn der Bebauungsplan eine solche Ausweisung z. B. als "Parkanlage Kleinfeldspiele" konkretisiert und dadurch deutlich macht, daß die Grundstücke u. a. für Minigolfplätze und ähnliche Einrichtungen und damit in einer Weise genutzt werden können, die einer baulichen oder gewerblichen Nutzung erschließungsbeitragsrechtlich mit der Folge vergleichbar ist, daß eine Teilnahme an der Aufwandsverteilung angezeigt ist.[105] Der Oberbegriff "Öffentliche Grün-

---

[99] BVerwG, Urteile v. 1. 2. 1980 – 4 C 43.76 – Buchholz 406.11 § 131 BBauG Nr. 32 S. 60 (61 ff.) = BauR 80, 349 = HSGZ 80, 261, und – 4 C 63 u. 64.78 – Buchholz 406.11 § 131 BBauG Nr. 33 S. 64 (66 ff.) = NJW 80, 1973 = DVBl 80, 755.

[100] BVerwG, u. a. Urteil v. 4. 5. 1979 – 4 C 25.76 – Buchholz 406.11 § 133 BBauG Nr. 69 S. 50 (51 ff.) = DVBl 79, 784 = KStZ 79, 167.

[101] BVerwG, Urteil v. 3. 6. 1971 – IV C 28.70 – BVerwGE 38, 147 (151) = DÖV 71, 815 = KStZ 71, 244.

[102] VGH Kassel, Beschluß v. 7. 11. 1991 – 5 TH 472/91 –.

[103] BVerwG, Urteil v. 19. 8. 1994 – 8 C 23.92 – ZMR 94, 534 = HSGZ 94, 465.

[104] BVerwG, Urteil v. 25. 2. 1977 – IV C 35.74 – Buchholz 406.11 § 133 BBauGNr. 60 S. 28 (29 f.) = NJW 77, 1549 = DVBl 78, 297.

[105] VGH Mannheim, Urteil v. 19. 8. 1993 – 2 S 2097/91 –.

fläche" deckt nämlich sowohl solche Nutzungen, die einer baulichen oder gewerblichen Nutzung nicht gleichartig sind, als auch solche, für die das zutrifft.[106]

Auch private Kinderspielplätze können erschlossene Grundstücke sein.[107] 69 Entsprechendes gilt für solche Teilflächen von (Buch-)Grundstücken, die der Bebauungsplan gemäß § 9 Abs. 1 Nr. 15 BauGB als **private** Grünflächen ausweist.[108] Eine solche Teilfläche ist – anders als bei einer Festsetzung als öffentliche Grünfläche – nicht der privaten Nutzung entzogen. Sie wird vielmehr – wenn nicht regelmäßig, so doch jedenfalls – häufig zusammen mit der überbauten Fläche als "Wohngrundstück" genutzt. Sie begünstigt die bauliche Nutzbarkeit des Grundstücks in gleicher Weise wie andere Flächen, die – etwa infolge von Baulinien, Baugrenzen, Abstandsgeboten usw. – von einer Bebauung freizuhalten sind, so daß es an einer Rechtfertigung dafür fehlt, sie hinsichtlich der Frage des Erschlossenseins anders zu behandeln als diese anderen nicht überbaubaren Flächen.[109] Dieser Auffassung steht § 19 Abs. 3 BauNVO nicht entgegen. Zwar liegt eine als "private Grünfläche" ausgewiesene Fläche nicht "im Bauland" im Sinne dieser Bestimmung. Doch gibt das in diesem Zusammenhang schon deshalb nichts her, weil sich der Inhalt dieses Baulandbegriffs nicht mit dem des Erschließungsbeitragsrechts deckt. Das folgt aus ihrer unterschiedlichen Funktion: Während § 19 Abs. 3 BauNVO die Ermittlung der zulässigen Grundfläche regelt, geht es unter dem Blickwinkel des Erschließungsbeitragsrechts um eine angemessen vorteilsgerechte Verteilung des umlagefähigen Erschließungsaufwands.[110]

2. Hinterliegergrundstücke

Ein Hinterliegergrundstück (im engeren Sinne) ist ein Grundstück, das von 70 einer Anbaustraße durch ein Anliegergrundstück getrennt ist. Ein solches Hinterliegergrundstück ist **unabhängig** davon, ob das trennende Anliegergrundstück selbständig bebaubar ist oder nicht und ob Anlieger- und Hinterliegergrundstück im Eigentum derselben Person stehen, jedenfalls von der betreffenden Anbaustraße erschlossen i.S. des § 131 Abs. 1 Satz 1 BauGB (und unterliegt der Beitragspflicht nach § 133 Abs. 1 BauGB), wenn in dem maßgeblichen Zeitpunkt des Entstehens der sachlichen Beitragspflichten (§ 133 Abs. 2 BauGB) eine **Zufahrt** von der Anbaustraße über das Anlieger-

---

[106] BVerwG, Urteil v. 4. 5. 1979 – 4 C 25.76 – DVBl 79, 784 = KStZ 79, 167 = ZMR 80, 156.

[107] BVerwG, Urteil v. 22. 3. 1974 – IV C 23.72 – Buchholz 406.11 § 127 BBauG Nr. 18 S. 29 (31 f.) = DÖV 75, 573 = BauR 74, 337.

[108] BVerwG, Beschluß v. 29. 11. 1994 – 8 B 171.94 –; ebenso u. a. Buhl in VBlBW 89, 5.

[109] VGH Mannheim, Urteil v. 25. 4. 1991 – 2 S 413/90 – NVwZ-RR 92, 207.

[110] BVerwG, Beschluß v. 29. 11. 1994 – 8 B 171.94 –, sowie OVG Lüneburg, Urteil v. 31. 5. 1994 – 9 L 4667/92 –.

grundstück zum Hinterliegergrundstück **tatsächlich** vorhanden ist und diese Zufahrt in einer Weise rechtlich gesichert ist, die den bauordnungsrechtlichen Anforderungen an eine hinreichende Erreichbarkeit genügt.[111] Ist dagegen eine Zufahrt (noch) *nicht* vorhanden, gilt folgendes:

71   Unabhängig von den Eigentumsverhältnissen an Anlieger- und Hinterliegergrundstück ist im Fall des **Fehlens** einer Zufahrt von der Anlage über das Anlieger- zum Hinterliegergrundstück für die Beantwortung der Frage, ob ein nach den örtlichen Gegebenheiten zu der betreffenden Anbaustraße orientiertes Hinterliegergrundstück von ihr auch erschlossen i. S. des § 131 Abs. 1 Satz 1 BauGB wird, nach der Rechtsprechung des Bundesverwaltungsgerichts[112] wie folgt zu **differenzieren:** Hat das an die Straße angrenzende (Anlieger-)Grundstück einen solchen Zuschnitt, daß es selbst „baulich oder gewerblich nutzbar ist, so ist es typischerweise in einem solchen Maß an dem Erschließungsaufwand beteiligt und entlastet entsprechend die anderen Beitragspflichtigen dieser Anlage, daß diese nicht schutzwürdig die Einbeziehung weiterer (Hinterlieger-)Grundstücke in den beitragspflichtigen Kreis erwarten können. ... Hat dagegen das trennende Grundstück eine so geringe Tiefe, daß es selbst **nicht bebaut** oder gewerblich genutzt werden kann und darf, wird also das an sich zu der Erschließungsanlage orientierte Hinterliegergrundstück durch diesen schmalen und unbebaubaren Grundstücksstreifen ... derart von der Anlage getrennt, daß es bei räumlich-natürlicher Betrachtungsweise – gerade auch aus der Sicht der anderen Anlieger – als in den Kreis der von der Anlage erschlossenen Grundstücke gehörend anzusehen ist, so ist es von ihr im Sinne des § 131 Abs. 1 ... dann erschlossen, wenn ... die tatsächlichen oder rechtlichen Hindernisse, die" der Anlegung einer rechtlich unbedenklichen Zufahrt über das Anliegergrundstück „derzeit entgegenstehen, ausräumbar sind".[112]

72   Ob ein durch ein Anliegergrundstück von einer Anbaustraße getrenntes Hinterliegergrundstück durch diese Anlage i. S. des § 131 Abs. 1 Satz 1 BauGB erschlossen wird, hängt mithin dann, wenn eine **Zufahrt nicht besteht,** – erstens – von der Breite des trennenden Grundstücks und – zweitens – davon ab, ob der Anlegung einer Zufahrt ausschließlich (beachtliche) Hindernisse tatsächlicher oder rechtlicher Art entgegenstehen, die **ausräumbar** sind. Handelt es sich bei dem Anliegergrundstück lediglich um einen etwa 5 bis 7 m tiefen Grundstücksstreifen, ist ein Erschlossensein anzunehmen, wenn den Anforderungen der zweiten Voraussetzung genügt ist. Hinsichtlich der Ausräumbarkeit von tatsächlichen Hindernissen auf diesem nicht zum Stra-

---

[111] Vgl. BVerwG, u. a. Urteile v. 14. 1. 1983 – 8 C 81.81 – Buchholz 406.11 § 133 BBauG Nr. 85 S. 32 (35 ff.) = NVwZ 83, 669 = DVBl 83, 904, und v. 3. 2. 1989 – 8 C 78.88 – Buchholz 406.11 § 131 BBauG Nr. 79 S. 27 = NVwZ 89, 1072, = DVBl 89, 675.

[112] BVerwG, Urteil v. 7. 10. 1977 – IV C 103.74 – Buchholz 406.11 § 131 BBauG Nr. 25 S. 35 (38 f.) = NJW 78, 438 = DVBl 78, 302; vgl. dazu im einzelnen Weyreuther in Festschrift für Werner Ernst, S. 519 ff. (529 ff.).

ßengrund gehörenden (etwa Grün-)Streifen gilt das entsprechend, was dazu im Zusammenhang mit tatsächlichen Hindernissen auf einem Anliegergrundstück gesagt wurde (vgl. Rdnr. 62). Ob ein der Zufahrtnahme entgegenstehendes rechtliches Hindernis ausräumbar ist, richtet sich in beplanten Gebieten zunächst einmal nach der Festsetzung des Bebauungsplans für diesen Grundstücksstreifen. Weist er ihn etwa als (öffentliche) Grünfläche aus und wäre die Anlegung einer Zufahrt nur nach entsprechender (ggfs. vereinfachter, vgl. § 13 BauGB) Änderung des Bebauungsplans rechtlich zulässig, ist das Hindernis als nicht ausräumbar anzusehen.[113]

Eine für die Erfüllung des Merkmals "Erschlossensein" i.S. des § 131 **73** Abs. 1 Satz 1 BauGB hinreichende Möglichkeit zur Beseitigung des rechtlichen Hindernisses "fremdes Eigentum" besteht, wenn der Eigentümer des trennenden Grundstücks bereit ist, die Anlegung einer den bauordnungsrechtlichen Zugänglichkeitsanforderungen genügenden Zufahrt zu gestatten. Überdies ist ein solches rechtliches Hindernis grundsätzlich als ausräumbar anzusehen, wenn die Voraussetzungen dafür erfüllt sind, daß die Gemeinde den trennenden Grundstücksstreifen etwa durch eine Umlegung nach §§ 45 ff. BauGB oder durch sonstige Maßnahmen zum Bestandteil der Straße machen kann. Ist das geschehen, unterliegt das nunmehr anliegende Grundstück einer Beitragspflicht nach § 133 Abs. 1 BauGB erst, wenn die Widmung, die den früher trennenden Streifen als jetzigen Bestandteil der Straße erfaßt, sein Überfahren gestattet (vgl. Rdnr. 60).

Stehen Anliegergrundstück und Hinterliegergrundstück im Eigentum der- **74** selben Person (Fall der **Eigentümeridentität**), ist das Hinterliegergrundstück unabhängig davon, ob das Anliegergrundstück selbständig bebaubar ist oder nicht, selbst ohne das Vorhandensein einer Zufahrt zur Anbaustraße durch diese erschlossen i.S. des § 131 Abs. 1 Satz 1 BauGB, wenn beide Grundstücke **einheitlich genutzt** werden.[114] Denn aus der „Sicht der übrigen Beitragspflichtigen 'verwischt' eine einheitliche Nutzung von zwei Grundstücken deren Grenze und läßt sie in dieser Sicht als ein Grundstück erscheinen,"[115] so daß die übrigen Beitragspflichtigen schutzwürdig die Einbeziehung auch des Hinterliegergrundstücks in den Kreis der bei der Aufwandsverteilung zu berücksichtigenden Grundstücke erwarten können. Eine **Überbauung** der Grenze zwischen einem Anlieger- und einem Hinterliegergrundstück begründet eine in diesem Sinne einheitliche Nutzung der beiden Grundstücke, wobei es grundsätzlich ohne Bedeutung ist, in welchem Umfang sich das jeweilige Bauwerk auf das eine und das andere Grundstück erstreckt.[115] Eine

---

[113] BVerwG, Urteil v. 25. 1. 1984 – 8 C 77.82 – Buchholz 406.11 § 131 BBauG Nr. 55 S. 72 f. = DVBl 84, 679 = BauR 84, 288.

[114] Vgl. BVerwG, Urteile v. 1. 4. 1981 – 8 C 5.81 – Buchholz 406.11 § 131 BBauG Nr. 37 S. 1 (3) = KStZ 81, 192 = MDR 82, 522, und v. 27. 5. 1981 – 8 C 9.81 – Buchholz 406.11 § 131 BBauG Nr. 38 S. 5 (7).

[115] BVerwG, Urteil v. 15. 1. 1988 – 8 C 111.86 – BVerwGE 79, 1 (6 f.) = NVwZ 88, 636 = DVBl 88, 896.

einheitliche Nutzung ist ferner u. a. anzunehmen, wenn sich die Betriebsräume etwa einer Druckerei auf beiden Grundstücken befinden,[116] beide Grundstücke gemeinsam für schulische Zwecke[117] oder als „Wohnhausgrundstück mit zugehörigem Garten"[118] genutzt werden. Eine einheitliche Nutzung vermittelt das Erschlossensein eines Hinterliegergrundstücks i. S. des § 131 Abs. 1 Satz 1 BauGB nicht nur, wenn Eigentümer der beiden Grundstücke dieselbe Person ist, sondern auch, wenn die Grundstücke jeweils im Miteigentum derselben Personen stehen.[119]

75   Mit Blick auf Hinterliegergrundstücke ist **besonders** der Gesichtspunkt zu beachten, daß erschlossen i. S. des § 131 Abs. 1 Satz 1 BauGB nur solche Grundstücke sind, die auch der Beitragspflicht nach § 133 Abs. 1 BauGB unterliegen können (vgl. Rdnrn. 20 ff.). Das bereitet **keine** Schwierigkeiten, wenn Anlieger- und Hinterliegergrundstück im Eigentum der gleichen Person(en) stehen, weil es bei einer solchen Konstellation in der **Hand des Eigentümers** liegt, den vom Bebauungs- wie vom Bauordnungsrecht verlangten Erreichbarkeitsanforderungen zu genügen, und das ausreicht, um annehmen zu können, die Voraussetzungen des § 133 Abs. 1 BauGB seien erfüllt.[120] Im Ergebnis entsprechendes gilt, wenn der Eigentümer des Hinterliegergrundstücks einen durchsetzbaren Anspruch auf Übertragung des Eigentums am Anliegergrundstück hat. Dann nämlich steht es allein in seiner Verfügungsmacht, das Eigentum am Anliegergrundstück zu erlangen und dadurch die Voraussetzungen dafür zu schaffen, den (in erster Linie) bauordnungsrechtlichen Anforderungen an die hinreichende Erreichbarkeit des Hinterliegergrundstücks über das Anliegergrundstück zu genügen.[121]

76   Bei einer **Eigentümerverschiedenheit** setzt das Erschlossensein eines Hinterliegergrundstücks für den Fall, daß das Anliegergrundstück **selbständig bebaubar** ist (vgl. für nicht bebaubare Grundstücke Rdnr. 71), das Vorhandensein einer **Zufahrt** über das Anliegergrundstück voraus; eine einheitliche Nutzung führt zum Erschlossensein nur im Falle der Eigentümeridentität (vgl. Rdnr. 74). Stehen Anlieger- und Hinterliegergrundstück im Eigentum verschiedener Personen, scheitert die Annahme eines Erschlossenseins unter dem Blickwinkel des § 133 Abs. 1 BauGB grundsätzlich nur dann, wenn im Zeitpunkt

---

[116] BayVGH, Urteil v. 10. 2. 1989 – Nr. 6 B 87.03014 –.

[117] VGH Kassel, Beschluß v. 15. 12. 1988 – 5 TH 3482/86 –.

[118] OVG Münster, Urteil v. 31. 1. 1989 – 3 A 922/87 –.

[119] Vgl. VGH Kassel, Beschluß v. 23. 2. 1988 – 5 TH 2511/86 – GemHH, 89, 41 = NVwZ-RR 89, 44, sowie Urteil v. 8. 7. 1993 – 5 UE 209/89 – HSGZ 93, 460 = ZMR 94, 585.

[120] BVerwG, Urteil v. 26. 2. 1993 – 8 C 35.92 – BVerwGE 92, 157 (159 ff.) = NVwZ 93, 1206 = DVBl 93, 667; ebenso u. a. VGH Kassel, Urteil v. 8. 7. 1993 – 5 UE 209/89 – HSGZ 93, 460 = ZMR 94, 585, und zuvor schon OVG Münster, Urteil v. 31. 5. 1991 – 3 A 1593/90 – NVwZ 92, 587 = NWVBl 92, 145 = HSGZ 92, 81.

[121] BVerwG, Urteil v. 26. 2. 1993 – 8 C 45.91 – Buchholz 406.11 § 133 BBauG/ BauGB Nr. 119 S. 53 (56 f.) = NVwZ 93, 1208 = ZMR 94, 582.

des Entstehens der sachlichen Beitragspflichten **keine** Aussicht besteht, daß die (rechtlichen) Hindernisse, die gegenwärtig möglicherweise einer Erfüllung namentlich von bauordnungsrechtlichen Anforderungen an eine hinreichende Sicherung der bestehenden Zufahrt und damit der Bebaubarkeit des Hinterliegergrundstücks entgegenstehen, ausgeräumt werden können. Eine hinreichende Aussicht in dieser Richtung besteht, wenn der Eigentümer des Anliegergrundstücks dem Eigentümer des Hinterliegergrundstücks die Gewährung einer den bauordnungsrechtlichen Anforderungen genügende Sicherung der Zufahrt anbietet, wenn er – bei einer entsprechenden Anfrage des Eigentümers des Hinterliegergrundstücks – eine solche (dingliche) Sicherung zu zumutbaren Bedingungen einräumen würde und wenn er – etwa wenn die Gemeinde selbst Eigentümer des Anliegergrundstücks ist – zu Lasten seines Grundstücks eine den bauordnungsrechtlichen Anforderungen genügende Belastung in das Grundbuch eintragen läßt. Und sie besteht überdies, wenn die bestehende Zufahrt zum Hinterliegergrundstück durch die Eintragung einer **Grunddienstbarkeit** im Grundbuch zu Lasten des Anliegergrundstücks dinglich gesichert ist, sofern die Grunddienstbarkeit die Sicherstellung der Bebaubarkeit des Hinterliegergrundstücks bezweckt. Denn unter dieser Voraussetzung ist nach der Rechtsprechung des Bundesgerichtshofs[122] der Eigentümer des durch die Grunddienstbarkeit belasteten Anliegergrundstücks grundsätzlich verpflichtet, eine deckungsgleiche Baulast zu übernehmen.[123] Im übrigen begründet regelmäßig eine entsprechende, wirksam eingetragene Baulast auf dem Anliegergrundstück eine hinreichend gesicherte und deshalb eine Bebaubarkeit i.S. des § 133 Abs. 1 BauGB vermittelnde Erschließung.[124] Dagegen reicht insoweit die Festsetzung in einem Bebauungsplan, daß die betreffende Fläche mit einem **Geh- und Fahrrecht** zu belasten ist (vgl. § 9 Abs. 1 Nr. 21 BauGB), für sich zur Sicherung deshalb nicht aus, weil diese Festsetzung das entsprechende Recht noch nicht entstehen läßt, seine Begründung vielmehr durch Vertrag, im Wege der Umlegung oder Enteignung oder in einem Verfahren nach § 42 BauGB erfolgen muß.[125] Nach Auffassung des Oberverwaltungsgerichts Münster[126] soll schließlich bei schon **bebauten** Hinterliegergrundstücken, die als einzige Zuwegung eine tatsächliche Zufahrt über das Anliegergrundstück zur abzurechnenden Anbaustraße besitzen, aufgrund der bestandskräftigen Baugenehmigung eine den bauordnungsrechtlichen Anforderungen entsprechende Erreichbarkeit und damit auch ein Erschlossensein im Sinne des § 131 Abs. 1 Satz 1 BauGB feststehen.

---

[122] Vgl. BGH, Urteile v. 3. 2. 1989 – V ZR 224/87 – NJW 89, 1607, und v. 6. 10. 1989 – V ZR 127/88 – NVwZ 90, 192.

[123] Siehe ebenso OVG Münster, Beschluß v. 24. 2. 1992 – 3 B 2334/90 – NWVBl 92, 402, und Urteil v. 15. 4. 1992 – 2 A 1412/90 – StuGR 92, 305.

[124] Vgl. u. a. OVG Lüneburg , Beschluß v. 10. 9. 1993 – 9 L 262/93 –.

[125] Vgl. dazu Bielenberg in Ernst/Zinkahn/Bielenberg, BauGB, § 9 Rdnr. 64.

[126] OVG Münster, Urteile v. 23. 6. 1992 – 2 A 303/91 – und v. 20. 7. 1992 – 2 A 226/89 –; a. A. VGH Mannheim, Urteil v. 4. 11. 1985 – 14 S 1540/85 – KStZ 86, 92.

77   Fehlt es bei einem noch **unbebauten** Hinterliegergrundstück im Falle der **Eigentümerverschiedenheit** im Zeitpunkt des Entstehens der sachlichen Beitragspflichten (§ 133 Abs. 2 BauGB) an konkreten Anhaltspunkten, die die Annahme begründen, die bestehende Zufahrt über das Anliegergrundstück werde bei einer entsprechenden Entscheidung des Eigentümers des Hinterliegergrundstücks in einer den bauordnungsrechtlichen Anforderungen genügenden Weise gesichert werden, dürfte aufgrund der **Interessenlage** für die Beantwortung der Frage nach dem Erschlossensein des Hinterliegergrundstücks wie folgt zu **differenzieren** sein: Ist dieses Grundstück ohne eine anderweitige Anbindung an das öffentliche Straßennetz, ist es also für seine Bebaubarkeit zwingend auf die abzurechnende Anbaustraße angewiesen, können die übrigen Beitragspflichtigen schutzwürdig erwarten, daß dieses Grundstück an der Aufwandsverteilung teilnimmt und die Gemeinde diesen Anteil am umlagefähigen Aufwand zunächst vorhält. Denn bei einer solchen Sachlage kann mit einem ausreichend hohen Maß an Wahrscheinlichkeit damit gerechnet werden, daß früher oder später die bestehende Zufahrt hinreichend gesichert werden wird, um die Bebaubarkeit zu erreichen. Anders ist dagegen die Interessenlage zu bewerten, wenn das Hinterliegergrundstück zusätzlich über Verbindungen zu anderen Straßen verfügt, also z. B. an eine andere Straße angrenzt. Trifft das zu, kann nicht mit hinreichender Wahrscheinlichkeit erwartet werden, daß der Eigentümer des Hinterliegergrundstücks zu irgendeinem Zeitpunkt den Versuch machen wird, sich eine bauordnungsrechtlich hinreichende Sicherung der Zufahrt über das im fremden Eigentum stehende Anliegergrundstück zu verschaffen. Angesichts dessen wäre damit zu rechnen, daß – würde das Hinterliegergrundstück an der Aufwandsverteilung teilnehmen – die Gemeinde den auf dieses Grundstück entfallenden Anteil auf Dauer tragen müßte. Das aber entspricht nicht der Interessenlage (vgl. im einzelnen Rdnr. 20).

78   Zu den Hinterliegergrundstücken (im weiteren Sinne) gehören auch die Grundstücke, die mit einer **Anbaustraße** ausschließlich **verbunden** sind entweder durch einen von ihr abzweigenden, **unselbständigen**, aber tatsächlich wie rechtlich **befahrbaren** Privatweg oder durch eine von ihr abzweigende öffentliche, beispielsweise 10 oder 20 m tiefe Zufahrt, die ihrerseits Bestandteil der Anbaustraße ist, ohne bereits als unselbständige befahrbare Sackgasse erschließungsbeitragsrechtlich (als Abschnitt) verselbständigungsfähig zu sein (vgl. dazu § 14 Rdnr. 23). Diese (Hinterlieger-)Grundstücke werden von der Anbaustraße erschlossen, denn sie bietet ihnen – im ersteren Fall über die Vermittlung durch den Privatweg – eine dem bundesrechtlichen Erschließungserfordernis genügende Anfahrmöglichkeit. Verlangt das einschlägige Landesrecht für die Bebaubarkeit solcher Hinterliegergrundstücke eine öffentlich-rechtliche Sicherung der Benutzung des privaten Wegegrundstücks durch eine Baulast und fehlt diese im Zeitpunkt des Entstehens der sachlichen Beitragspflichten für die betreffende Anbaustraße, gelten die zuvor (Rdnrn. 75 ff.) dargestellten Erwägungen entsprechend.

Ferner können durch eine Anbaustraße erschlossen i.S. des § 131 Abs. 1 **79**
Satz 1 BauGB auch solche Hinterliegergrundstücke (im weiteren Sinne) sein,
die mit ihr nur durch einen privaten **unbefahrbaren** (Wohn-)Weg verbunden
sind (sog. zufahrtlose Hinterliegergrundstücke, vgl. Rdnr. 52). Entsprechendes gilt für Hinterliegergrundstücke, die über einen **öffentlichen Wohnweg** i.S.
des § 127 Abs. 2 Nr. 2 BauGB (vgl. zu diesem Begriff § 12 Rdnrn. 59ff.) Verbindung zu einer Anbaustraße haben. Diese Hinterliegergrundstücke sind
durch die (jeweils nächstgelegene, vgl. Rdnrn. 82f.) Anbaustraße erschlossen,
in die der private oder öffentliche, aus rechtlichen oder tatsächlichen Gründen nicht mit Kraftwagen befahrbare Wohnweg einmündet, sofern ihnen
durch diese Anbaustraße in Verbindung mit dem Wohnweg eine Zugänglichkeit vermittelt wird, die **bebauungsrechtlich** unter dem Blickwinkel der verkehrsmäßigen Erschließung für ihre Bebaubarkeit **ausreicht.** Das trifft jedenfalls zu, wenn diese Zugänglichkeit dem genügt, was ein qualifizierter **Bebauungsplan** für die Zulässigkeit einer baulichen (oder sonstwie erschließungsbeitragsrechtlich relevanten) Nutzung fordert.[127] Und es trifft überdies im **unbeplanten** Innenbereich zu, wenn diese Zugänglichkeit dazu geführt hat, daß für
ein Grundstück eine Baugenehmigung erteilt worden ist oder auf Antrag
erteilt werden müßte. Denn es wäre „schwer verständlich und wohl auch mit
Blick auf den Gleichheitssatz bedenklich, wenn das Erschließungsbeitragsrecht zu Lasten anderer (insbesondere der Anlieger-)Grundstücke die durch
eine Straße lediglich zugänglichen (insbesondere Hinterlieger-)Grundstücke
als i.S. des § 131 Abs. 1 ... nicht erschlossen auch dort behandelt, wo das
Bebauungsrecht für die Bebaubarkeit des Grundstücks mehr als eine Zugänglichkeit nicht verlangt".[127] Derartige Grundstücke unterliegen gemäß § 133
Abs. 1 BauGB der Beitragspflicht, sobald – wenn es sich um einen Privatweg
handelt – auch die bauordnungsrechtlichen Zuwegungserfordernisse erfüllt
werden können. Das ist bei aufgrund einer erteilten Baugenehmigung bebauten Grundstücken in der Regel der Fall, weil die Genehmigung eines Bauvorhabens die Abwesenheit bebauungs- und bauordnungsrechtlicher Hindernisse für die Bebaubarkeit indiziert.

3. Mehrfacherschließung

Ein Grundstück wird nicht selten durch **verschiedene Arten** von beitragsfä- **80**
higen Erschließungsanlagen i.S. des § 127 Abs. 2 BauGB erschlossen (Mehrfacherschließung im weiteren Sinne), z.B. durch eine Anbaustraße und eine
Grünanlage oder Immissionsschutzanlage; ein ausschließlich an einen Wohnweg i.S. des § 127 Abs. 2 Nr. 2 BauGB angrenzendes Grundstück wird

---

[127] BVerwG, Urteil v. 18.4.1986 – 8 C 51 u. 52.85 – BVerwGE 74, 149 (155f.) =
DVBl 86, 774 = KStZ 86, 169; vgl. in diesem Zusammenhang auch Uechtritz in DVBl
86, 1125 (1128), der mit zutreffendem Ergebnis insbesondere die Frage behandelt, ob
Grundstücke im unbeplanten Innenbereich durch unbefahrbare Wohnwege erschlossen sind.

gleichsam zwangsläufig durch diesen und die Anbaustraße erschlossen, in die er einmündet (vgl. Rdnr. 79). Darüber hinaus kann ein Grundstück auch von **zwei gleichartigen** beitragsfähigen Erschließungsanlagen erschlossen werden, z.B. zwei Anbaustraßen oder zwei Grünanlagen (Mehrfacherschließung im engeren, **hier** behandelten Sinne).

a) Durch Anbaustraßen bewirkte Mehrfacherschließung (Eckgrundstücke)

81   Zwar wird grundsätzlich ein Grundstück durch die von ihm aus nächsterreichbare **befahrbare und selbständige Verkehrsanlage** i.S. der §§ 127 Abs. 2 Nr. 1 und 123 Abs. 2 BauGb wegemäßig erschlossen,[128] nicht aber auch durch die Straße, in die diese selbständige Anlage einmündet.[129] Doch schließt das nicht aus, daß ein Grundstück durch mehrere Anbaustraßen (bzw. Abschnitte von ihnen) verkehrsmäßig erschlossen werden kann. Zu den in diesem Sinne mehrfach erschlossenen Grundstücken gehören neben den zwischen zwei Straßen liegenden Grundstücken die sog. **Eckgrundstücke**, und zwar sowohl Eckgrundstücke, die mit zwei Seiten unmittelbar an zwei Anbaustraßen angenzen, als auch solche, die nur an eine Straße angrenzen und aus der Sicht einer zweiten Anbaustraße als erschlossene Hinterliegergrundstücke zu qualifizieren sind. Selbst eine Einbahnstraße ist geeignet, eine erschließungsbeitragsrechtlich relevante Ecklage zu begründen.[130] Unerheblich ist, ob für die Anbaustraßen (bzw. Abschnitte von ihnen), die eine Mehrfacherschließung bewirken, der beitragsfähige Erschließungsaufwand gemäß § 130 Abs. 2 BauGB einzeln oder gemeinsam ermittelt worden ist. Ist er nach Maßgabe des § 130 Abs. 2 Satz 3 BauGB zulässigerweise gemeinsam ermittelt worden, soll nach § 131 Abs. 1 Satz 2 BauGB das entsprechende, mehrfach erschlossene Grundstück bei der Aufwandsverteilung nur einmal berücksichtigt werden (vgl. Rdnrn. 84 ff.).

82   Die Frage, ob ein Grundstück (auch) durch eine zweite (oder gar dritte) Anbaustraße erschlossen ist, beantwortet sich nach den **gleichen Kriterien,** die für das Erschlossensein durch die erste Anbaustraße maßgeblich sind. Die an die Erfüllung des Merkmals "Erschlossensein" i.S. des § 131 Abs. 1 Satz 1 BauGB (und des § 133 Abs. 1 BauGB) zu stellenden Anforderungen gestatten **keine** Differenzierung zwischen Erst- und Zweiterschließung derart, daß für die erstere ein Heranfahrenkönnen möglich sein muß, für die letztere aber stets die Möglichkeit eines Zugangs (Zugänglichkeit nur für Fußgänger) ausreicht:[131] Durch Anbaustraßen werden die Grundstücke im Sinne des § 131

---

[128] BVerwG, u.a. Urteil v. 30. 1. 1970 – IV C 151.68 – Buchholz 406.11 § 123 BBauG Nr. 4 S. 5 (7) = DVBl 70,839 = DÖV 70,862.

[129] Vgl. u.a. OVG Koblenz, Urteil v. 18. 10. 1978 – 6 A 27/76 – KStZ 79,96.

[130] BVerwG, Urteil v. 12. 6. 1970 – IV C 5.68 – Buchholz 406.11 § 130 BBauG Nr. 6 S. 3 (8f.) = DVBl 70,904 = GemTg 71,16.

[131] Vgl. im einzelnen BVerwG, Urteil v. 26. 9. 1983 – 8 C 86.81 – BVerwGE 68,41 (44ff.) = NVwZ 84,172 = DVBl 84,184; ebenso u.a. Urteil v. 25. 1. 1984 – 8 C 77.82 Buchholz 406.11 § 131 BBauG Nr. 55 S. 72f. = DVBl 84,679 = BauR 84,288.

Abs. 1 Satz 1 BauGB erschlossen, denen die Anlage ihrer bestimmungsgemäßen Funktion entsprechend das verschafft, was für ihre Bebaubarkeit an wegemäßiger Erschließung erforderlich ist (vgl. Rdnr. 50). Ob ein Grundstück im Falle z. B. eines Angrenzens an zwei Anbaustraßen durch die gerade abzurechnende Anlage erschlossen wird, beurteilt sich mithin danach, ob „das Grundstück – eine durch eine andere Anbaustraße vermittelte Bebaubarkeit hinweggedacht –"[132] mit Blick auf die wegemäßige Erschließung **allein** dieser Straße wegen nach Maßgabe der §§ 30 ff. BauGB bebaubar (oder in sonstwie nach § 133 Abs. 1 BauGB beachtlicher Weise nutzbar) ist. Es müssen – mit anderen Worten – bei der Prüfung des Erschlossenseins durch eine hinzutretende Anbaustraße andere für das betreffende Grundstück etwa schon bestehende Anbaustraßen „hinweggedacht werden".[133] Diese sog. **"Wegdenkenstheorie"** beschränkt sich auf Fälle des Zusammentreffens von **zwei (oder mehr) Anbaustraßen**; das schließt ihre Anwendbarkeit auf Fälle aus, in denen ein unbefahrbarer Wohnweg i. S. des § 127 Abs. 2 Nr. 2 BauGB mit einer Anbaustraße zusammentrifft, von der er abzweigt.[134] Ein Grundstück, das **einzig** an einem zwischen zwei Anbaustraßen verlaufenden unbefahrbaren Wohnweg liegt, wird außer durch diesen Wohnweg nicht, nicht auch noch durch beide, sondern lediglich noch durch die **eine** Anbaustraße erschlossen, die ihm metrisch näher liegt.[135] Das ergibt sich aus folgenden Erwägungen:

Zwar wird einem solchen (zufahrtlosen) Grundstück – in Verbindung mit 83 dem Wohnweg – selbst durch die metrisch entfernter verlaufende Anbaustraße die Bebaubarkeit vermittelt, so daß es auch durch diese Straße bebauungsrechtlich erschlossen wird. Das Bebauungsrecht bestimmt indes nur „wesentlich"[136] über das erschließungsbeitragsrechtliche Erschlossensein; etwas anderes gilt, wenn dies nach der Interessenlage angezeigt ist (vgl. Rdnr. 16). Ein solcher Fall ist hier gegeben. Es ist ohne weiteres einsichtig, daß die Belastung eines zufahrtlosen (Hinterlieger-)Grundstücks nicht nur mit den anteiligen Kosten des Wohnwegs, sondern überdies mit den anteiligen Kosten **beider** Anbaustraßen **schwerlich** interessengerecht ist. Zur Vermeidung eines solchen Ergebnisses kommen zwei Wege in Betracht: Zum einen könnte der Ausfall, der sich durch eine weniger starke, vorteilsangemessene Belastung des in Rede stehenden Grundstücks ergibt, den übrigen durch die jeweiligen Anbaustraßen erschlossenen Grundstücken angelastet werden, und zum anderen

---

[132] BVerwG, Urteil v. 29. 4. 1988 – 8 C 24.87 – BVerwGE 79, 283 (288) = NVwZ 88, 1134 = DVBl 88,901.

[133] BVerwG, Urteil v. 26. 9. 1983 – 8 C 86.81 – BVerwGE 68,41 (45) = DVBl 84,184 = KStZ 83,226.

[134] BVerwG, Urteil v. 10. 12. 1993 – 8 C 58.91 – Buchholz 406.11 § 127 BauGB Nr. 71 S. 104 (109) = ZMR 94,174 = DVBl 94, 705.

[135] A. A. OVG Münster Urteil v. 5. 7. 1991 – 3 A 127/90 –.

[136] BVerwG, Urteil v. 1. 3. 1991 – 8 C 59.89 – BVerwGE 88, 70 (72) = DVBl 91, 593 = KStZ 91, 132.

könnte er der Allgemeinheit (in Gestalt der Gemeinde) überbürdet werden. Abgesehen davon, daß der letzte Weg davon abhängig ist, ob die Satzung in der betreffenden Gemeinde eine anwendbare Vergünstigungsvorschrift enthält, entspricht er – ebenso wie ein (teilweiser) Erlaß – deshalb nicht der Interessenlage, weil nach dem Willen des Gesetzgebers in erster Linie die Grundstücke des Abrechnungsgebiets die angefallenen Erschließungskosten tragen sollen (vgl. Rdnr. 20). Angesichts dessen drängt sich eine Entscheidung zugunsten des ersten Weges auf, d. h. zugunsten der Annahme, das einzig an den unbefahrbaren Wohnweg angrenzende Grundstück werde außer durch diesen Weg lediglich noch durch die metrisch nächstgelegene Anbaustraße erschlossen. Dieser Weg ist im übrigen durch die Rechtsprechung des Bundesverwaltungsgerichts vorgezeichnet.[137] Zwar ist einzuräumen, daß beispielsweise dann, wenn ein Grundstück 30 m von der Anbaustraße A und 40 m von der Anbaustraße B entfernt liegt, es nach Maßgabe der Umstände des jeweiligen Einzelfalls so sein kann, daß von diesem Grundstück aus vorwiegend oder sogar ausschließlich die 10 m weiter entfernt gelegene Anbaustraße B in Anspruch genommen wird. Doch kommt es darauf in diesem Zusammenhang nicht an. Im Erschließungsbeitragsrecht ist ganz allgemein[138] eine **typisierende Betrachtungsweise** geboten und mit diesem Vorbehalt läßt sich sagen, daß ein Eigentümer von seinem an einer unbefahrbaren Verkehrsanlage gelegenen Grundstück aus erfahrungsgemäß typischerweise, d. h. losgelöst von den Umständen des jeweiligen Einzelfalls, von zwei Anbaustraßen, in die die unbefahrbare Verkehrsanlage einmündet, eher die metrisch nähergelegene als die metrisch ferner gelegene befahrbare Anbaustraße benutzen wird, wenn er das befahrbare Straßennetz der Gemeinde in Anspruch nehmen will. Ein Möbelwagen, ein Fahrzeug mit Baumaterialien, ein sonstiges Versorgungsfahrzeug usw. wird nach den Regeln der Wahrscheinlichkeit für den Fall, daß es ein solches zufahrtloses Grundstück mit Möbeln, Baumaterialien oder sonstigen Waren beliefern oder derartige schwere Gegenstände von dort abholen soll, die Anbaustraße benutzen, die weniger weit entfernt ist. Das trägt die Ansicht, die Anlieger der metrisch näher liegenden Anbaustraße, nicht aber auch nur annähernd vergleichbar die Anlieger der entfernteren Anlage könnten grundsätzlich **schutzwürdig** die Einbeziehung des zufahrtlosen (Hinterlieger-)Grundstücks in den Kreis der bei der Aufwandsverteilung für "ihre" Anbaustraße zu berücksichtigenden Grundstücke erwarten.

---

[137] Vgl. BVerwG, Urteil v. 30. 1. 1970 – IV C 151.68 – Buchholz 406.11 § 123 BBauG Nr. 4 S. 5 (7) = DVBl 70, 839 = ZMR 70, 248, und anknüpfend daran Urteil v. 2. 7. 1982 – 8 C 28, 30 und 33.81 – BVerwGE 66,69 (72) = DVBl 82, 1056 = NVwZ 83, 153.

[138] Vgl. etwa BVerwG, Beschluß v. 23. 11. 1982 – 8 B 126.82 – Buchholz 406.11 § 131 BBauG Nr. 52 S. 64 (65) = NVwZ 83, 291 = KStZ 83, 31.

b) Mehrfach erschlossene Grundstücke in der Erschließungseinheit

Durch das Inkrafttreten des Baugesetzbuchs ist der § 131 Abs. 1 BauGB **84** um einen Satz erweitert worden. Dieser Satz 2 des § 131 Abs. 1 BauGB schreibt vor, daß „mehrfach erschlossene Grundstücke ... bei gemeinsamer Aufwandsermittlung in einer Erschließungseinheit (§ 130 Abs. 2 Satz 3) bei der Verteilung des Erschließungsaufwands nur einmal zu berücksichtigen" sind. Er ist als eine „Reaktion" des Gesetzgebers auf die Rechtsprechung des Bundesverwaltungsgerichts zu verstehen,[139] nach der § 131 Abs. 1 BBauG (nunmehr § 131 Abs. 1 Satz 1 BauGB) bei einer Verteilung des beitragsfähigen Erschließungsaufwands für z. B. zwei einzelne Anbaustraßen (Abschnitte) eine zweifache Berücksichtigung von sog. Eckgrundstücken unabhängig davon gebietet, ob die Gemeinde den Erschließungsaufwand gemäß § 130 Abs. 2 Satz 1 BBauG bzw. BauGB getrennt oder gemäß § 130 Abs. 2 Satz 2 BBauG (nunmehr § 130 Abs. 2 Satz 3 BauGB) gemeinsam ermittelt hat.[140] Diese Rechtsprechung beruht auf der auch nach Inkrafttreten des Baugesetzbuchs zutreffenden Annahme, daß die "verfahrensrechtliche" Regelung (jetzt) des § 130 Abs. 2 Satz 3 BauGB keinen Einfluß nimmt auf die für alle Vorschriften des Erschließungsbeitragsrechts verbindliche Definition der beitragsfähigen Erschließungsanlagen in § 127 Abs. 2 BauGB, sondern **einzig** über die Art der Aufwandsermittlung bestimmt. Das hat zur Folge, daß – erstens – selbst bei einer gemeinsamen Aufwandsermittlung die einzelnen eine Erschließungseinheit bildenden Anbaustraßen rechtlich selbständig bleiben und – zweitens – Grundstücke, die an zwei solcher Anbaustraßen angrenzen, auch zweimal erschlossen sind und konsequenterweise durch dieses zweifache Erschlossensein einen anderen (höheren) Vorteil vermittelt bekommen, als Grundstücke, die nur durch eine Anbaustraße (einmal) erschlossen werden.

Der systematisch (wenn überhaupt) richtige Weg, das vom Gesetzgeber **85** mit der Einfügung des Satz 2 in den § 131 Abs. 1 BauGB verfolgte Ziel zu erreichen, wäre gewesen, durch eine Ergänzung des § 127 Abs. 2 BauGB oder (zumindest) des § 130 Abs. 2 BauGB zu bestimmen, daß dann, wenn sich die Gemeinde bei Vorliegen einer Erschließungseinheit zur gemeinsamen Abrechnung entschließt, die Erschließungseinheit **als solche** als eine (zusätzliche) beitragsfähige Erschließungsanlage zu qualifizieren ist.[141] Das hätte zur Folge gehabt, daß in einem solchen Fall alle Grundstücke durch diese **eine** Erschließungsanlage nur einmal erschlossen werden. Einen derartigen Weg (Ergän-

---

[139] Sellner in NJW 86, 1076 (1079).

[140] Vgl. BVerwG, u. a. Urteil v. 9. 12. 1983 – 8 C 112.82 – BVerwGE 68, 249 (259 ff.) = NVwZ 84, 247 = DVBl 84, 194.

[141] Siehe in diesem Zusammenhang auch Brügelmann-Vogel, BauGB, Bem. zu § 131 Abs. 1 Satz 2; Vogel spricht mit Recht davon, die gesetzliche Regelung „ist widerspruchsvoll".

zung des § 130 Abs. 2) hatte der Bundesrat mit den Worten „die Erschließungseinheit gilt als Erschließungsanlage"[142] vorgeschlagen; der Gesetzgeber ist ihm indes nicht gegangen. Er hat vielmehr durch die einleitenden Worte in § 131 Abs. 1 Satz 2 BauGB („mehrfach erschlossene Grundstücke") deutlich zum Ausdruck gebracht, daß auch seiner Meinung nach wie bisher etwa an zwei Anbaustraßen angrenzende (z.B. Eck-)Grundstücke durch jede dieser Straßen i.S. des § 131 Abs. 1 Satz 1 BauGB erschlossen werden und ihnen folglich jede dieser beiden Straßen einen Erschließungsvorteil vermittelt, und zwar unabhängig davon, ob die Straßen eine Erschließungseinheit bilden und ob – sofern dies zutrifft – sich die Gemeinde nach ihrem Ermessen für eine Zusammenfassung zur gemeinsamen Aufwandsermittlung und Abrechnung entscheidet oder nicht.

86   Vor diesem Hintergrund begegnet die Bestimmung des § 131 Abs. 1 Satz 2 BauGB unter dem Blickwinkel des **verfassungsrechtlichen Gleichbehandlungsgebots** (Art. 3 Abs. 1 GG) in zweierlei Hinsicht Bedenken[143]. Sie führt – erstens – zu einer Ungleichbehandlung beispielsweise von zwei Eckgrundstücken, die jeweils durch zwei eine Erschließungseinheit bildende Anbaustraßen erschlossen werden, sofern sich die Gemeinde – aus guten Ermessensgründen – in dem einen Fall für eine gemeinsame, im anderen aber für eine getrennte Aufwandsermittlung entscheidet oder es ihr in dem einen Fall – anders als in dem anderen – aus Rechtsgründen verwehrt ist, sich für eine gemeinsame Aufwandsermittlung zu entscheiden, etwa weil für eine der Straßen bereits kraft Gesetzes die sachlichen Beitragspflichten entstanden sind (vgl. § 14 Rdnr. 2). Und sie führt **insbesondere** – zweitens – dann, wenn die Gemeinde sich für eine gemeinsame Aufwandsermittlung entschieden hat, (anders als bei einer getrennten Aufwandsermittlung) z.B. in einem Gewerbegebiet zu einer Gleichbehandlung eines zweifach erschlossenen und dementsprechend höher bevorteilten Grundstücks mit lediglich einmal erschlossenen, gleich großen Grundstücken. Da die entsprechende Ermessensentscheidung der Gemeinde zweifellos keinen Einfluß auf die durch das zweimalige bzw. einmalige Erschlossensein geprägte Vorteilslage der jeweiligen Grundstücke hat, bedarf die Regelung des § 131 Abs. 1 Satz 2 BauGB – um vor Art. 3 Abs. 1 GG standhalten zu können – einer **besonderen Rechtfertigung**. Im Regierungsentwurf zum Baugesetzbuch wird als Rechtfertigungsgrund der Grundsatz der Verwaltungspraktikabilität angeführt; für § 131 Abs. 1 Satz 2 BauGB sprächen „insbesondere Gründe der Praktikabilität des Abrechnungsverfahrens".[144] Zwar trifft es zu, daß der Grundsatz der Verwaltungspraktikabilität geeignet sein kann, in gewissem Rahmen eine Ungleichbehandlung (im wesentlichen) gleicher und eine Gleichbehandlung (im we-

---

[142] Vgl. BT-Drucksache 10/5027 S. 14.
[143] A.A. mit wenig überzeugenden, weil auf einer unzutreffenden Fragestellung beruhenden Erwägungen VGH Mannheim, Urteil v. 19. 11. 1991 – 2 S 592/90 – BWGZ 90, 215.
[144] Vgl. BT-Drucksache 10/4630, S. 115.

sentlichen) ungleicher Sachverhalte zu rechtfertigen (vgl. § 9 Rdnr. 21). Doch ist – wie Sellner[139] zu Recht betont – **unverständlich,** wieso für die Bestimmung des § 131 Abs. 1 Satz 2 BauGB Gründe der Praktikabilität des Abrechnungsverfahrens sprechen sollen; „der Beitragssachbearbeiter" – so formuliert Reif[145] – wird die vom Gesetzgeber zur Rechtfertigung der Ungleichbehandlung herangezogene „Erleichterung wohl vergeblich suchen".[146] Da im Rahmen der Verteilung des umlagefähigen Erschließungsaufwands, der für die eine Erschließungseinheit bildenden Anlagen entstanden ist, ohnehin die sich nach Maßgabe der einschlägigen Verteilungsregelung ergebenden ”Verteilungswerte" für jedes einzelne erschlossene Grundstück ermittelt werden müssen, kann schwerlich davon die Rede sein, es begründe einen beachtlichen Gewinn an Verwaltungspraktikabilität, wenn ein zweifach erschlossenes (Eck-)Grundstück etwa in einem Wohngebiet nicht – wie unter Geltung des Bundesbaugesetzes erforderlich – z. B. (bei Beachtung einer entsprechenden Vergünstigungsregelung) mit zweimal 2/3, also insgesamt 4/3, des auf dieses Grundstück entfallenden ”Verteilungswerts", sondern nur einmal, d. h. mit 3/3 seines ”Verteilungswerts", bei der rechnerischen Zuschreibung von Anteilen am umlagefähigen Aufwand zu berücksichtigen ist.[147]

VI. Durch Anlagen i. S. des § 127 Abs. 2 Nrn. 2 bis 5 BauGB erschlossene Grundstücke

Für die Beantwortung der Frage, welche Grundstücke von beitragsfähigen 87 Erschließungsanlagen erschlossen i. S. des § 131 Abs. 1 Satz 1 BauGB werden, ist ganz allgemein und unabhängig von der Art der Anlage darauf abzustellen, **welchen Grundstücken** die jeweils in Rede stehende Anlage das **an Erschlie-**

---

[145] Reif in BWGZ 87, 474 (478).

[146] Uechtritz (in BauR 88, 1, 10) meint, als nennenswerter Praktikabilitätsgrund könne angesehen werden, daß die vom Gesetzgeber gewählte Lösung in den in Rede stehenden Konstellationen die Beantwortung der Frage entbehrlich mache, ob ein Grundstück ein Eckgrundstück ist. Das vermag schon deshalb nicht sonderlich zu überzeugen, weil die Beantwortung dieser Frage wohl nur in seltenen Ausnahmefällen Schwierigkeiten bereiten dürfte.

[147] Verfassungsrechtliche Bedenken äußern außer Czepanski (in KStZ 88, 197, 203) sowie Sellner (a. a. O.) und Reif (a. a. O.) u. a. auch Sailer in Cholewa/Dyong/von der Heide/Sailer, BauGB, S. 503, Schrödter in Schrödter, BauGB, § 131 Rdnr. 44, sowie Ernst in Ernst/Zinkahn/Bielenberg, BauGB, § 131 Rdnr. 53, und Löhr in Battis/Krautzberger/Löhr, BauGB, § 131 Rdnr. 11; jedoch meinen Ernst und Löhr, den von ihnen aufgezeigten verfassungsrechtlichen Bedenken sei zu begegnen „durch entsprechende satzungsmäßige Regelungen" (Ernst, a. a. O.) bzw. werde „im Vollzug dadurch begegnet werden müssen, daß die Gemeinden bei Vorliegen der Voraussetzungen entweder stets oder nie" eine Zusammenfassungsentscheidung treffen (Löhr, a. a. O.). Für verfassungsrechtlich unbedenklich halten die Regelung des § 131 Abs. 1 Satz 2 BauGB u. a. Mainczyk (BauGB, § 131 Rdnr. 12) und Uechtritz (a. a. O., siehe dazu Fußnote 146).

ßungsvorteil vermittelt, was sie ihrer bestimmungsgemäßen Funktion entsprechend **herzugeben geeignet ist** (vgl. Rdnr. 14f.). Der Kreis der Grundstücke, die im Vergleich zu anderen von der Anlage einen erschließungsbeitragsrechtlich relevanten (Sonder-)Vorteil haben und deshalb an der Aufwandsverteilung zu beteiligen sind, wird bestimmt insbesondere von der **Funktion** der Anlage (funktionelle Abgrenzung) und im übrigen von der Nutzbarkeit der betreffenden Grundstücke. Diese Erkenntnis ist für beitragsfähige Erschließungsanlagen i.S. des § 127 Abs. 2 Nrn. 3 bis 5 BauGB von gleichsam gesteigerter Bedeutung. Denn ihr Vorhandensein bzw. ihr verläßlich zu erwartendes Vorhandensein ist – anders als das von Anbaustraßen – typischerweise keine bebauungsrechtliche Voraussetzung für eine Bebaubarkeit (oder eine dieser erschließungsbeitragsrechtlich vergleichbare Nutzbarkeit) der betreffenden Grundstücke (bebauungsrechtliches Erschlossensein). Das darauf abstellende, speziell für Anbaustraßen maßgebliche Abgrenzungskriterium ist zwar im Ansatz auch für Wohnwege i.S. des § 127 Abs. 2 Nr. 2 BauGB, nicht aber für die beitragsfähigen Erschließungsanlagen i.S. des § 127 Abs. 2 Nrn. 3 bis 5 BauGB geeignet, so daß für diese Anlagen auf den allgemeinen Grundsatz zurückgegriffen werden muß. Demgemäß beurteilt sich das Erschlossensein i.S. des § 131 Abs. 1 Satz 1 BauGB bei diesen Anlagen danach, welche Grundstücke mit welcher Ausnutzbarkeit sich derart im (räumlichen) "Einzugsbereich" der jeweiligen Anlage befinden, daß erfahrungsgemäß zu erwarten ist, sie werde von ihnen aus ihrer bestimmungsgemäßen Funktion entsprechend "intensiver genutzt" als von anderen, außerhalb des Einzugsbereichs gelegenen Grundstücken aus, sie biete ihnen – im Vergleich zu den anderen – eine qualifizierte Inanspruchnahmemöglichkeit (vgl. § 9 Rdnr. 2) bzw. – bei Immissionsschutzanlagen – einen Schutz.

1. Unbefahrbare Wohnwege

88   Öffentliche mit Kraftwagen nicht befahrbare Wohnwege[148] (beitragsfähige Erschließungsanlagen i.S. des § 127 Abs. 2 Nr. 2 BauGB) sind dazu bestimmt, an ihnen liegenden, **zufahrtlosen** (Hinterlieger-)Grundstücken (vgl. Rdnrn. 52 und 79) das zu vermitteln, was zu ihrer Bebaubarkeit an verkehrsmäßiger Erschließung erforderlich ist. Sie sind ihrer Funktion nach darauf ausgerichtet, diesen Grundstücken eine **"Sekundärerschließung"** zu verschaffen, d.h. eine verkehrsmäßige Erschließung, auf die diese Grundstücke für ihre Bebaubarkeit nach §§ 30ff. BauGB **zusätzlich** zu der durch eine befahrbare – vorhandene oder jedenfalls verläßlich alsbald zu erwartende – Verkehrsanlage vermittelten "Primärerschließung" angewiesen sind (vgl. dazu § 5 Rdnr. 4). Dementsprechend kann ein unbefahrbarer Wohnweg für die Bebaubarkeit lediglich von zufahrtlosen (Hinterlieger-)Grundstücken etwas

---

[148] Vgl. zur Frage, welche unbefahrbaren Fußwege neben den Wohnwegen beitragsfähig und welche Grundstücke durch sie erschlossen sein können, § 12 Rdnr. 63.

hergeben. Denn nur sie, nicht aber auch die bereits durch die Anbaustraße, in die der Wohnweg einmündet, hinreichend verkehrsmäßig erschlossenen, an unbefahrbaren Wohnweg und Anbaustraße angrenzenden "Eckgrundstücke" erfahren durch einen solchen Wohnweg einen Erschließungsvorteil gleichsam in Gestalt einer ausschließlich für die Bebaubarkeit der zufahrtlosen (Hinterlieger-)Grundstücke unabdingbaren "Sekundärerschließung". Das hat zur Folge, daß durch einen unbefahrbaren Wohnweg i.S. des § 127 Abs. 2 Nr. 2 BauGB (vgl. zu diesem Begriff im einzelnen § 12 Rdnrn. 59ff.) einzig die zufahrtlosen (Hinterlieger-)Grundstücke erschlossen werden: Da ein unbefahrbarer Wohnweg, „für die Bebaubarkeit eines einzig an ihn angrenzenden Grundstücks von ausschlaggebender, für die Bebaubarkeit des zugleich an die Anbaustraße angrenzenden und von ihr erschlossenen 'Eckgrundstücks' aber ohne jede Bedeutung ist, drängt sich die Annahme auf, durch einen solchen Wohnweg sei nur das erstere, nicht jedoch auch das zweite Grundstück erschlossen im Sinne des § 131 Abs. 1 Satz 1 BauGB. Lediglich dem ersteren, nicht aber auch dem bereits durch die Anbaustraße allein hinreichend erschlossenen Grundstück wird nämlich durch den Wohnweg ein zusätzlicher Erschließungsvorteil vermittelt."[149] Außer den (einzig) an einen unbefahrbaren Wohnweg angrenzenden Grundstücken kommen als durch eine derartige Anlage erschlossen – jedenfalls theoretisch – (aus der Sicht dieser Art von Anlagen betrachtet) Hinterliegergrundstücke (im engeren Sinne, vgl. Rdnr. 67) in Betracht. Ein durch einen beitragsfähigen Wohnweg i.S. des § 127 Abs. 2 Nr. 2 BauGB erschlossenes Grundstück ist **zwangsläufig** zugleich auch immer durch die nächste Anbaustraße erschlossen, in die der Weg einmündet (vgl. Rdnr. 76).[150]

2. Sammelstraßen

Ist eine Sammelstraße i.S. des § 127 Abs. 2 Nr. 3 BauGB ausnahmsweise 89 eine beitragsfähige Erschließungsanlage (vgl. § 2 Rdnr. 46), werden von ihr die bebaubaren und i.S. der für Anbaustraßen geltenden Grundsätze erschließungsbeitragsrechtlich vergleichbar nutzbaren Grundstücke (vgl. Rdnr. 64) erschlossen, die in dem Baugebiet bzw. den Baugebieten liegen, zu deren Erschließung die Sammelstraße notwendig ist.[151] Das Merkmal "notwendig" in § 127 Abs. 2 Nr. 3 BauGB kennzeichnet mithin zugleich den Einzugsbereich der Sammelstraße und damit den Kreis der erschlossenen Grundstücke.

---

[149] BVerwG, Urteil v. 10. 12. 1993 – 8 C 58.91 – Buchholz 406.11 § 127 BauGB Nr. 71 S. 104 (108f.) = DVBl 94, 705 = ZMR 94, 174.
[150] BVerwG, Urteil v. 10. 12. 1993 – 8 C 59.91 – Buchholz 406.11 § 127 BauGB Nr. 72 S. 110 (112f.) = HSGZ 94, 110 = BWGZ 94, 124.
[151] Ebenso u. a. Ernst in Ernst/Zinkahn/Bielenberg, BauGB, § 131 Rdnr. 16.

3. (Selbständige) Grünanlagen und Parkflächen

90   Grünanlagen sind dazu bestimmt, der physischen und psychischen Erholung des Menschen zu dienen, ihnen kommt die Funktion eines "Gartenersatzes" zu (vgl. § 9 Rdnr. 8). Dieser Funktion kann eine (selbständige) Grünanlage nur für die Grundstücke in einer eine Erschließungsbeitragserhebung rechtfertigenden Weise gerecht werden, d.h. von ihr können ausschließlich Grundstücke erschlossen i.S. des § 131 Abs. 1 Satz 1 BauGB werden, die sich „in einer so nahen Entfernung von der Anlage" befinden, „daß die Anlage ohne nennenswerten Zeitaufwand aufgesucht werden kann".[152]

91   Zur Ermittlung der maßgeblichen Entfernung zwischen der Grünanlage und den noch erschlossenen Grundstücken sei – so hat das Bundesverwaltungsgericht[153] entschieden – abzustellen auf die **Inanspruchnahme durch Kinder und ältere Personen**, weil diese erfahrungsgemäß in erster Linie als Benutzer einer solchen Anlage in Frage kommen. Bezogen auf diesen Personenkreis könne davon ausgegangen werden, daß er eine Wegstrecke von ca. 200 m in der Regel zurücklegen werde, wenn er eine Grünanlage zur Benutzung anstelle eines ihm nicht zur Verfügung stehenden Gartens aufsuchen wolle. Von einer (selbständigen) Grünanlage erschlossen sind daher grundsätzlich die Grundstücke, die mit ihrem der Anlage nächstliegenden Punkt nicht weiter als **200 m Luftlinie** von der äußeren Begrenzung der ihnen zugewandten Seite der Anlage entfernt sind;[154] ohne Belang ist dabei, ob ein Grundstück in vollem Umfang innerhalb der damit bezeichneten Grenze liegt oder ob die Grenze nur noch einen Zentimeter eines Grundstücks erfaßt und ob die Fläche, die ggfs. gerade noch von der Grenze "angeschnitten" wird, zum bebaubaren oder unbebaubaren Teil des (Bau-)Grundstücks gehört. Bei Vorliegen besonderer Gründe, wie etwa einer verkehrsreichen Straße oder einem einheitlichen Baukomplex, kann die Grenze in gewissem Umfang über- oder unterschritten werden. Allerdings sind an die Annahme, es lägen solche Gründe vor, relativ strenge Anforderungen zu stellen.[155] So ist eine Straße im erschließungsbeitragsrechtlichen Sinne erst dann als verkehrsreich anzusehen, wenn ihre Verkehrsbelastung ein verkehrssicheres Überqueren durch diejenigen Benutzer der Grünanlage, für die sie vornehmlich bestimmt ist, nämlich durch ältere Menschen und Kinder, während der Tageszeiten, zu denen üblicherweise die Grünanlage aufgesucht wird, nicht mehr

---

[152] BVerwG, Urteil v. 25. 4. 1975 – IV C 37.73 – BVerwGE 48, 205 (208) = KStZ 75, 231 = BauR 75, 338.
[153] BVerwG, Urteil v. 21. 10. 1970 – IV C 72.69 – BVerwGE 36, 155 (158 f.) = DVBl 71, 214 = DÖV 71, 389.
[154] BVerwG, Urteil v. 10. 5. 1985 – 8 C 17-20.84 – Buchholz 406.11 § 127 BBauG Nr. 46 S. 29 (34) = NVwZ 85, 833 = DVBl 85, 1175.
[155] Vgl. BayVGH, Urteil v. 23. 12. 1985 – Nr. 6 B 82 A 617 – KStZ 86, 154.

zuläßt.[156] Dabei ist u.a. von Bedeutung, ob z.B. Verkehrsampeln ein hinreichend sicheres Überqueren einer Straße gewährleisten.

Die Maßgeblichkeit der zumutbaren Wegstrecke als Kriterium zur Ermitt- 92
lung der erschlossenen Grundstücke wird von der Größe der Grünanlage
nicht berührt, sofern die Größe nicht überhaupt ausschließt, die Anlage als
beitragsfähige Erschließungsanlage zu qualifizieren (vgl. § 12 Rdnr. 83). Ist
allerdings die Grünanlage in ihrer Flächenausdehnung im Verhältnis zu dem
durch die Luftlinienentfernung von ca. 200 m markierten Abrechnungsgebiet
zu groß, ist sie lediglich zum Teil erforderlich i.S. des § 129 Abs. 1 Satz 1
BauGB mit der Folge, daß nur die für diesen Teil entstandenen Kosten in den
beitragsfähigen Aufwand eingehen (vgl. § 15 Rdnr. 13). Wenn eine Gemeinde
diesem Gesichtspunkt durch eine Satzungsregelung Rechnung trägt, nach der
die Kosten für Grünanlagen nur bis zu einer Größe umgelegt werden dürfen,
die 25 v.H. der zugelassenen Geschoßflächen der erschlossenen Grundstücke
ausmacht, ist das nicht zu beanstanden.[157]

Von einer Grünanlage können ausschließlich solche von ihrem Einzugsbe- 93
reich erfaßten Grundstücke erschlossen i.S. des § 131 Abs. 1 Satz 1 BauGB
werden, die "fähig" sind, Gegenstand einer Beitragspflicht für diese Anlage
zu sein (vgl. Rdnr. 20). Das sind gemäß § 133 Abs. 1 BauGB neben den
baulich grundsätzlich die gewerblich nutzbaren Grundstücke. Diese in § 133
Abs. 1 BauGB und zuvor schon in § 129 Abs. 1 Satz 1 BauGB angeordnete –
eindeutig auf Anbaustraßen ausgerichtete – Gleichstellung der baulichen mit
der gewerblichen Nutzbarkeit hält einer verfassungsrechtlichen Überprüfung
nur stand, wenn neben den baulich auch den gewerblich nutzbaren Grundstücken im Einzugsbereich der jeweiligen Anlage aus deren Inanspruchnahmemöglichkeit ein (Sonder-)Vorteil erwächst; denn ohne (Sonder-)Vorteil
wäre eine Beitragserhebung verfassungsrechtlich nicht zu rechtfertigen (vgl.
§ 9 Rdnr. 1). Das Vorliegen dieser Voraussetzung läßt sich in bezug auf
Grünanlagen (noch) mit der Überlegung **bejahen**, daß Grünanlagen auch dem
Erholungsbedürfnis der auf gewerblich nutzbaren Grundstücken arbeitenden
Menschen dienen.[158] Zwar kann – zumal dieser Personenkreis nicht unbedingt zum "typischen" Benutzerkreis einer solchen Anlage zählen dürfte –
schwerlich angenommen werden, es sei erfahrungsgemäß zu erwarten, daß
der Umfang der Inanspruchnahme einer Grünanlage von diesen Grundstükken aus der vergleichbar sein werde, die von Wohngrundstücken ausgelöst
wird. Doch ist diesem Umstand entscheidend im Rahmen der Beitragsbemessung durch einen Artabschlag anstelle des für Anbaustraßen üblichen Artzuschlags (vgl. § 18 Rdnr. 48) Rechnung zu tragen.[158] Hingegen ist es bei Grünanlagen anders als bei Anbaustraßen grundsätzlich *nicht gerechtfertigt, in den*

---

[156] Ebenso u.a. Quaas, Erschließungs- und Erschließungsbeitragsrecht, Rdnr. 159.
[157] BVerwG, Urteil v. 21. 10. 1970 – IV C 72.69 – BVerwGE 36, 155 (159) = DVBl
71, 214 = DÖV 71, 389.
[158] Vgl. BVerwG, Urteil v. 9. 12. 1994 – 8 C 6.93 –.

Kreis der erschlossenen Grundstücke über baulich und gewerblich nutzbare Grundstücke hinaus auch etwa in einem Bebauungsplan als anderweitig – z. B. als Dauerkleingärten, Friedhöfe, Sportplätze, Schwimmbänder und private Parkanlagen (Grünflächen i. S. der §§ 5 Abs. 2 Nr. 5, 9 Abs. 1 Nr. 15 BauGB) – nutzbar ausgewiesene Grundstücke einzubeziehen[159] (vgl. Rdnr. 25). Befinden sich derartige Grundstücke im Einzugsbereich einer Grünanlage, muß das gleichwohl nicht zwangsläufig zu einer im Ergebnis unangemessen höheren Belastung der Beitragspflichtigen führen. Denn ihr Vorhandensein im Einzugsbereich kann unter Umständen Einfluß auf die Erforderlichkeit der Anlage überhaupt oder ihrem Umfang nach haben.

94   Zwar werden – und damit ist ein sowohl Grünanlagen als auch Sammelstraßen und Parkflächen betreffender Aspekt der Bemessung der Beitragshöhe angesprochen – im allgemeinen die **entferner** gelegenen Grundstücke einen **geringeren** Vorteil von einer dieser Anlagen haben als die näher gelegenen (vgl. in diesem Zusammenhang auch Rdnr. 88). Gleichwohl können die damit gekennzeichneten Vorteilsunterschiede bei der Verteilung des umlagefähigen Erschließungsaufwands für die genannten Anlagen unberücksichtigt bleiben.[160] Mit Rücksicht auf den Gleichbehandlungsgrundsatz (Art. 3 Abs. 1 GG) und das daraus folgende Gebot der Beitragsgerechtigkeit (vgl. § 9 Rdnr. 15) bedarf diese Annahme allerdings eines besonderen Rechtfertigungsgrundes, und diesen Grund "liefert" – allein – der Grundsatz der **Verwaltungspraktikabilität** (vgl. § 9 Rdnr. 21). "Angesichts der Schwierigkeiten, die eine" auf eine Differenzierung nach der Entfernung bei diesen Anlagen „abgestellte Verteilung mit sich bringen würde, kann eine gleichmäßige Heranziehung aller im Erschließungsgebiet liegenden Grundstücke nicht als Willkür angesehen werden, so daß eine Verletzung des Gleichheitsgrundsatzes nicht vorliegt".[160]

95   Eine (selbständige) **Parkfläche** i. S. des § 127 Abs. 2 Nr. 4 BauGB kann – ebenso wie jede andere in § 127 Abs. 2 BauGB genannte Anlage – eine beitragsfähige Erschließungsanlage nur sein, wenn sie ihrer Erschließungsfunktion nach einem Abrechnungsgebiet zuzuordnen ist, das hinsichtlich des Kreises der erschlossenen und in der Folge beitragspflichtigen Grundstücke hinreichend genau bestimmt und abgegrenzt werden kann (vgl. im einzelnen § 2 Rdnr. 45). Diese Voraussetzung ist bei (selbständigen) Parkflächen nur ganz ausnahmsweise erfüllt, nämlich wenn es sich bei dem Gebiet, dessen ruhenden Verkehr die Anlage aufnehmen soll, um ein – etwa aufgrund einer topographisch bedingten "Insellage" – gleichsam geschlossenes Gebiet derart handelt, daß wegen dieser tatsächlichen Situation vom Grundsatz her alle

---

[159] Vgl. u. a. Brügelmann-Förster, BBauG, § 131 Rdnr. 27; entsprechendes gilt für ein Grundstück, das nach den Festsetzungen eines Bebauungsplans ausschließlich zum Abstellen eines Kraftfahrzeugs bestimmt ist, vgl. VGH Mannheim, Urteil v. 14. 6. 1984 – 2 S 2089/83 –.

[160] BVerwG, Urteil v. 21. 10. 1970 – IV C 72.69 – BVerwGE 36, 155 (159) = DVBl 71, 214 = DÖV 71, 389, im Zusammenhang mit einer Grünanlage.

Grundstücke innerhalb dieses Gebiets annähernd gleichmäßig profitieren (vgl. § 2 Rdnr. 47). Trifft das zu, werden alle Grundstücke dieses Gebiets durch diese beitragsfähige Erschließungsanlage i.S. des § 131 Abs. 1 Satz 1 BauGB erschlossen, die baulich, gewerblich oder – nach Maßgabe der für Anbaustraße geltenden Kriterien (vgl. Rdnr. 67) – erschließungsbeitragsrechtlich vergleichbar nutzbar sind. Eine Ausnahme davon ist jedoch geboten, soweit Grundstücke aufgrund einer entsprechenden Ausweisung im Bebauungsplan[161] die gleiche Funktion haben wie (selbständige) Parkflächen, d.h., wenn sie ausschließlich zur Aufnahme parkender Kraftfahrzeuge nutzbar sind, wie z.B. mit einem Garagenhochhaus oder einem Parkhaus bebaute Grundstücke.[162]

4. Immissionsschutzanlagen

Beitragsfähige Immissionsschutzanlagen (vgl. dazu § 12 Rdnrn. 89 ff.) sind **96** ihrem Wesen nach – anders als die übrigen beitragsfähigen Erschließungsanlagen – einer ”Benutzung“ nicht zugänglich. Sie dienen voraussetzungsgemäß dem „Schutz von Baugebieten gegen schädliche Umwelteinwirkungen“ (§ 127 Abs. 2 Nr. 5 BauGB), wobei es ohne Belang ist, ob es sich insoweit um beplante oder unbeplante Baugebiete handelt. Dieser (Schutz-)Funktion entsprechend werden beispielsweise von einer Anlage zum **Schutz vor Straßenlärm** die Grundstücke des jeweiligen Baugebiets erschlossen i.S. des § 131 Abs. 1 Satz 1 BauGB, für die sich – im Unterschied zu anderen Grundstücken – der **gerade** und **einzig** durch die Anlage vermittelte Schutz **merkbar** auswirkt, d.h., durch einen Lärmschutzwall oder einen Lärmschutzdamm erschlossen i.S. des § 131 Abs. 1 Satz 1 BauGB sind die Grundstücke, für die allein die Herstellung einer solchen Anlage zu einer merkbaren Schallpegelminderung führt. „Als in diesem Sinne merkbar ist eine Schallpegelminderung anzusehen, die mindestens 3 dB(A) ausmacht. Denn eine Differenz von nur 2 dB(A) ist nach allgemeinen Erkenntnissen der Akustik kaum wahrnehmbar.“[163] Grundstücken, die durch die Anlage eine derartige Schallpegelminderung erfahren, vermittelt die Anlage einen die Beitragserhebung rechtfertigenden Sondervorteil. Unerheblich ist in diesem Zusammenhang, ob die Grundstükke bebaubar, gewerblich oder – nach Maßgabe der für Anbaustraßen geltenden Kriterien (vgl. Rdnr. 67) – anderweitig erschließungsbeitragsrechtlich relevant nutzbar sind. Denn typischerweise wirken sich schädliche Umweltbelastungen auf alle derart nutzbaren Grundstücke beeinträchtigend aus, so daß ein oder einzelne atypische Einzelfälle (z.B. störungsunempfindlicher

---

[161] Vgl. zur Zulässigkeit einer entsprechenden Festsetzung im Bebauungsplan u.a. Bielenberg in Ernst/Zinkahn/Bielenberg, BBauG, § 9 Rdnr. 39 mit weiteren Nachweisen.

[162] Ebenso u.a. Brügelmann-Förster, BBauG, § 131 Rdnr. 26.

[163] BVerwG, Urteil v. 19.8.1988 – 8 C 51.87 – BVerwGE 80, 99 (101 f.) = DVBl 88, 1162 = NVwZ 89, 566.

Gewerbebetrieb) vernachlässigt werden können. Etwas anderes gilt indes für Grundstücke, auf denen ausschließlich Garagen und Stellplätze sowie vergleichbare bauliche Anlagen errichtet werden dürfen.

97   Abgesehen von der vorstehenden, auf die spezifische Zweckbestimmung einer Lärmschutzanlage zurückgehenden Besonderheit gelten für das Erschlossensein durch eine derartige Anlage kraft der insoweit eine Differenzierung offensichtlich nicht gestattenden bundesrechtlichen Vorgaben die **gleichen Grundsätze** wie für das Erschlossensein durch andere beitragsfähige Erschließungsanlagen, und zwar sowohl was – "zeitlich" – die maßgebenden Verhältnisse als auch was – "räumlich" – den Gegenstand des Erschlossenseins betrifft. Maßgebend für die Beurteilung des durch (irgend-)eine beitragsfähige Erschließungsanlage bewirkten Erschlossenseins sind die tatsächlichen und rechtlichen Verhältnisse **im Zeitpunkt des Entstehens der sachlichen Beitragspflichten** (vgl. Rdnr. 11). Diese zeitliche Festlegung kann insbesondere bei Anlagen zum Schutz vor Straßenlärm „dazu führen, daß sich der Kreis der letztlich erschlossenen Grundstücke nicht mit dem Bereich deckt, für den diese Auswirkung aufgrund von Messungen angenommen wurde und angenommen werden durfte. So ist z. B. denkbar, daß sich für von der Lärmquelle weiter entfernt gelegene Grundstücke mittlerweile der Schallpegel deshalb gemindert hat, weil zwischenzeitlich ein Gebäude errichtet wurde und daher **der Lärmschutzwall** insoweit **eine merkbare Auswirkung nicht mehr hat.** Soweit das zutrifft und im Ergebnis dazu führt, daß der umlagefähige Aufwand auf weniger Grundstücke, als von der Gemeinde zunächst angenommen, zu verteilen ist, ist das die Folge der auf den Zeitpunkt des § 133 Abs. 2 BauGB ausgerichteten und in diesem Sinne punktuellen Betrachtungsweise, auf die das Abgabenrecht ganz allgemein und insbesondere das Erschließungsbeitragsrecht angewiesen ist und deren Folgen daher hingenommen werden müssen."[163] Es liegt auf der Hand, daß eine zwischen der Lärmquelle und einem bebaubaren (bebauten) Grundstück gelegene, "abschirmende" Bebauung im Rahmen einer endgültigen Beitragserhebung nur insoweit von Belang ist, als sie im maßgeblichen Zeitpunkt tatsächlich vorhanden ist, so daß es gleichgültig ist, was an der entsprechenden Stelle zulässigerweise gebaut werden darf. Zwar mögen die Auswirkungen der "Zufälligkeiten", die sich bei jeder "Stichtagslösung" (hier: Abstellen auf den Zeitpunkt des Entstehens der sachlichen Beitragspflichten) ergeben, im Zusammenhang mit Lärmschutzanlagen besonders gewichtig sein. Das rechtfertigt indes nicht, bei dieser Art von beitragsfähiger Erschließungsanlage von der durch den Gesetzgeber angeordneten, für das Erschließungsbeitragsrecht ebenso wie für das sonstige Abgabenrecht typischen punktuellen Betrachtungsweise abzuweichen.

98   Gegenstand des Erschlossenseins i. S. des § 131 Abs. 1 Satz 1 BauGB sind ausschließlich **Grundstücke** (vgl. im einzelnen Rdnrn. 4 ff.). Das schließt aus, annehmen zu dürfen, im Zusammenhang mit der Frage nach dem Erschlossensein durch Lärmschutzanlagen könnte als (Bezugs-)Gegenstand ein Baugebiet oder gar ein (für unbeplante Bereiche ohnehin unergiebiges) Bebau-

ungsplangebiet in Betracht kommen. Aus diesem Grunde finden im geltenden Erschließungsbeitragsrecht **keine Stütze** Überlegungen, die mit Rücksicht etwa darauf, daß es sich bei (Straßen-)Lärm um „ein wahrhaft 'krummes' Phänomen"[164] handelt, im – vermeintlichen oder ggfs. sogar tatsächlichen – Interesse einer praktikableren sowie sach- und beitragsgerechteren Abrechnung namentlich von Anlagen zum Schutz vor Straßenlärm abstellen auf ein von demjenigen, der die jeweilige „Schutzanlage verantwortlich plant"[164], zu umgrenzendes Schutzgebiet, das „mit dem späteren Abrechnungsgebiet grundsätzlich identisch ist".[164] Zwar trifft es zu, daß es bei beitragsfähigen Erschließungsanlagen i.S. des § 127 Abs. 2 Nr. 5 BauGB um „Anlagen zum Schutz von Baugebieten" geht, doch wird mit dieser Zweckbestimmung lediglich deutlich gemacht, daß etwa eine Lärmschutzanlage – soll sie beitragsfähig sein – sich für eine Mehrzahl von Grundstücken innerhalb eines Baugebiets lärmmindernd auswirken muß (vgl. § 12 Rdnr. 91). Keineswegs rechtfertigt diese Zweckbestimmung die Ansicht, entgegen dem eindeutigen Wortlaut des § 131 Abs. 1 Satz 1 BauGB und anders als bei allen anderen beitragsfähigen Erschließungsanlagen sei (Bezugs-)Gegenstand des Erschlossenseins nicht jeweils ein einzelnes Grundstück, sondern ein (von wem und wie auch immer gebildetes) Baugebiet.

Die von § 131 Abs. 1 Satz 1 BauGB angeordnete Maßgeblichkeit eines **99** Grundstücks (in seiner gesamten Fläche) als Bezugsgegenstand des Erschlossenseins steht überdies der Auffassung entgegen, ein Grundstück, dessen der Lärmquelle zugewandte Teilfläche irgendwo im Bereich ihrer Geländeoberfläche (Erdoberfläche) durch diese Anlage eine Schallpegelminderung von mindestens 3 dB(A) erfährt, sei gleichwohl unter bestimmten Voraussetzungen nicht oder doch nicht in vollem Umfang als erschlossen zu qualifizieren. Richtig ist, daß die Umstände von Fall zu Fall so sein können, daß sich eine **Schallpegelminderung** von mindestens 3 dB(A) **nur** auf einer **Teilfläche** eines Grundstücks ergibt und sich die Herstellung der Lärmschutzanlage in dem Bereich, in dem z.B. das Wohngebäude errichtet ist, nicht mehr merkbar auswirkt, d.h., daß das Grundstück von der "3-dB(A)-Lärmgrenze" sozusagen lediglich "angeschnitten" wird, also etwa nur mit einer Fläche von einem cm² im Bereich der maßgeblichen Schallminderung liegt. Das ändert indes nichts daran, daß das betreffende Grundstück – ebenso wie im vergleichbaren Fall, in dem ein Grundstück mit seinem einer selbständigen öffentlichen Grünanlage nächstliegenden Punkt exakt 200 m Luftlinie von der äußeren Begrenzung der ihm zugewandten Seite der Anlage entfernt ist – **in vollem Umfang** durch die abzurechnende Anlage **erschlossen** wird, und zwar selbst dann, wenn die (gerade noch) innerhalb der "3-dB(A)-Zone" liegende Fläche

---

[164] Kuschnerus in NVwZ 89, 528 (531). Kuschnerus hat bei seinen im übrigen interessanten und aufschlußreichen Ausführungen offenbar übersehen, daß seine „Ansätze einer praktikablen Lösung" schlicht unvereinbar mit den gesetzlichen Vorgaben sind. Das nimmt auch seiner vorangegangen kritischen Würdigung zumindest einiges an Überzeugungskraft.

zum unüberbaubaren Teil des (Bau-)Grundstücks zählt (vgl. Rdnr. 91). Wollte man demgegenüber für maßgebend halten, ob eine Schallpegelminderung von mindestens 3 dB(A) im Bereich der der Anlage zugewandten Außenmauer eines (Wohn-)Gebäudes oder sogar innerhalb des Gebäudes verschafft wird, hinge das Erschlossensein von der Zufälligkeit des jeweiligen Gebäudestandorts ab und versagte die Möglichkeit, ein Grundstück als durch eine Lärmschutzanlage erschlossen zu qualifizieren, vollständig, wenn dieses im maßgeblichen Zeitpunkt unbebaut ist, es sei denn, der Gebäudestandort ist durch Festsetzungen in Art der des § 23 BauNVO hinreichend bestimmt. Ein solches, vornehmlich zu Lasten der im maßgeblichen Zeitpunkt bebauten Grundstücke gehendes Ergebnis aber ist mit der bundesrechtlichen Konzeption des Erschließungsbeitragsrechts nicht vereinbar, zu dessen – im Vergleich zum vorangegangenen Rechtszustand – wesentlichen Neuerungen insbesondere die Loslösung der Beitragspflicht vom Baufall zählt.[165]

100 Die Annahme, in Fällen der zuletzt bezeichneten Art sei das entsprechende Grundstück als nicht erschlossen anzusehen, läßt sich auch nicht mit Blick auf die Rechtsprechung des Bundesverwaltungsgerichts zur sog. vertikalen Differenzierung[166] begründen, nach der Geschoßflächen (Geschosse), für die eine Lärmschutzanlage infolge ihrer (geringen) Höhe keine Schallpegelminderung bewirkt, bei der Verteilung des für die Anlage entstandenen umlagefähigen Erschließungsaufwands unberücksichtigt bleiben müssen. Denn diese Rechtsprechung betrifft ausschließlich die Belastungsfrage, d.h. die Frage, in welcher Höhe ein erschlossenes Grundstück (rechnerisch) mit Erschließungsaufwand zu belasten ist, **nicht** aber die hier allein einschlägige, **vorrangige** Berücksichtigungsfrage, d.h. die Frage, ob und in welchem Umfang ein Grundstück bei der Aufwandsverteilung – weil erschlossen – zu berücksichtigen ist (vgl. zur Berücksichtigungs- und zur Belastungsfrage im einzelnen Rdnr. 12). Der Gesichtspunkt, daß ein auf einem Grundstück errichtetes Gebäude in keinem Geschoß eine merkbare Schallpegelminderung erfährt, kann dementsprechend nur im Rahmen der Verteilung des umlagefähigen Aufwands auf die erschlossenen Grundstücke nach Maßgabe der einschlägigen satzungsmäßigen Verteilungsregelung von Belang sein (vgl. dazu § 18 Rdnr. 83). Entsprechendes gilt – wenn überhaupt –, soweit eine von der Anlage abgewandte **Eigentumswohnung**, die sich in einem auf einem erschlossenen Grundstück errichteten Gebäude befindet, keine merkbare Schallpegelminderung erfährt; etwas anderes läßt sich nicht aus § 134 Abs. 1 Satz 3 BauGB herleiten. Diese Vorschrift hat nämlich – wie schon ihre Stellung in der Heranziehungsphase deutlich macht (vgl. dazu § 8 Rdnr. 4) – keinen Einfluß auf Fragen im Zusammenhang mit dem Erschlossensein eines Grund-

---

[165] Siehe dazu etwa Ernst in Ernst/Zinkahn/Bielenberg, BauGB, Vorb. §§ 123-135, Rdnr. 7.
[166] BVerwG, Urteil v. 19. 8. 1988 – 8 C 51.87 – BVerwGE 88, 90 (104 ff.) = DVBl 88, 1162 = NVwZ 89, 566.

stücks.[167] Sie setzt vielmehr dessen Erschlossensein voraus und verhindert für eine spezielle Gruppe von Eigentümern – den Wohnungs- und Teileigentümern nach dem Wohnungseigentumsgesetz – das Entstehen einer einheitlichen, das Gesamtgrundstück betreffenden persönlichen Beitragspflicht, d. h. sie läßt in der Person des einzelnen Wohnungs- oder Teileigentümers eine Beitragspflicht lediglich in Höhe des Teils eines auf das Gesamtgrundstück entfallenden Beitrags entstehen, der dem rechnerischen Verhältnis seines Miteigentumsanteils am gemeinschaftlichen Eigentum entspricht (vgl. im einzelnen § 24 Rdnr. 9). Schließlich gibt die Rechtsprechung des Bundesverwaltungsgerichts zur beschränkten Erschließungswirkung[168] nichts für die Meinung her, dann, wenn ein auf dem Grundstück errichtetes Gebäude oder aber einzelne Eigentumswohnungen in einem solchen Gebäude keine merkbaren Schallpegelminderungen (mehr) erfahren, sei nur eine Teilfläche als erschlossen zu qualifizieren. Denn diese Rechtsprechung bezieht sich **einzig** auf bestimmte Fälle einer durch Anbaustraßen bewirkten Mehrfacherschließung (vgl. dazu Rdnrn. 35 ff.).

5. Mehrfacherschließung

Grundstücke können – jedenfalls theoretisch – durch **zwei** (selbständige) **101** Grünanlagen, Parkflächen oder Immissionsschutzanlagen i.S. des § 131 Abs. 1 Satz 1 BauGB erschossen werden.[169] Das ist mit Blick beispielsweise auf **selbständige Grünanlagen** anzunehmen, wenn ein Grundstück von zwei derartigen Anlagen jeweils nicht weiter als 200 m Luftlinie entfernt liegt.[170] Da alle zu Wohnzwecken und zu gewerblichen Zwecken nutzbaren Grundstücke innerhalb dieser Entfernungszone durch eine selbständige Grünanlage unabhängig davon erschlossen werden, ob sie etwa 50 m oder 150 m entfernt sind, **fehlt** es an einem einleuchtenden Grund, ein Grundstück nur deshalb bei der Verteilung des für die Herstellung einer Grünanlage entstandenen umlagefähigen Aufwands unberücksichtigt zu lassen, weil dieses Grundstück zugleich zum Einzugsbereich einer zweiten Grünanlage gehört.[170]

---

[167] Vgl. in diesem Zusammenhang BVerwG, Urteil v. 29. 7. 1981 – 8 C 23.81 – Buchholz 406.11 § 134 BBauG Nr. 4 S. 1 (2 ff.) = NJW 82, 459 = DÖV 82, 113.

[168] BVerwG, u. a. Urteil v. 3. 2. 1989 – 8 C 78.88 – Buchholz 406.11 § 131 BBauG Nr. 79 S. 27 (32 f.) = NVwZ 89, 1072 = DVBl 89, 675.

[169] Vgl. zu Grünanlagen im einzelnen Driehaus in ZMR 85, 217 = ID 85, 123.

[170] BVerwG, Urteil v. 9. 12. 1994 – 8 C 28.92 –.

§ 18 Verteilungsmaßstab

I. Allgemeine Grundsätze

1. Bedeutung der satzungsmäßigen Verteilungsregelung

1   Die Verteilung des umlagefähigen Erschließungsaufwands (Zuschreibung von Anteilen aus der negativen Vermögensmasse – vgl. § 8 Rdnr. 3) erfolgt in einem **zweistufigen Verfahren:** Auf der ersten Stufe geht es "lediglich" darum festzustellen, welche Grundstücke (bzw. Grundstücksteile) erschlossen i.S. des § 131 Abs. 1 Satz 1 BauGB und deshalb bei der Aufwandsverteilung zu *berücksichtigen* sind. Auf der sich daran anschließenden zweiten Stufe ist die Frage zu beantworten, wie hoch der Anteil aus der negativen Vermögensmasse ist, mit dem jedes einzelne erschlossene Grundstück zu *belasten* ist (vgl. § 17 Rdnr. 13). Das setzt einen Maßstab voraus, der es ermöglicht, die Höhe der auf die einzelnen erschlossenen Grundstücke entfallenden Erschließungsvorteile in ein Verhältnis zueinander zu setzen.

2   § 131 Abs. 1 Satz 1 BauGB bedarf – mit anderen Worten – einer Ergänzung durch einen (Verteilungs-)Maßstab. Der Bundesgesetzgeber hat – was bedauert werden mag – darauf verzichtet, diese Ergänzung selbst vorzunehmen. Vielmehr hat er den Gemeinden in § 132 Nr. 2 BauGB auferlegt, in der Erschließungsbeitragssatzung „die Art ... der Verteilung des Aufwands" zu regeln, ihnen für diese Entscheidung aber durch § 131 Abs. 2 und 3 BauGB **Schranken** gesetzt. Infolgedessen findet die Entscheidung der Gemeinden über die anzuwendenden Verteilungsmaßstäbe eine Grenze namentlich in dem auf den Gleichheitssatz zurückgehenden Gebot der Beitragsgerechtigkeit, d.h. in dem Gebot einer im Verhältnis der Beitragspflichtigen zueinander vorteilsgerechten Bemessung der Beiträge. Verletzungen dieses Gebots führen nicht erst wegen Verstoßes gegen den Gleichheitssatz, sondern schon deshalb zur Rechtswidrigkeit einer Heranziehung, weil § 131 Abs. 2 BauGB solche vorteilsungerechten Maßstäbe nicht gestattet.[1] Innerhalb des vom Bundesgesetzgeber abgesteckten Rahmens ist es Aufgabe der Gemeinden, eine ihren örtlichen Verhältnissen angepaßte Verteilungsregelung in ihre Erschließungsbeitragssatzung[2] aufzunehmen, die sich in dem vom Gesetzgeber vorgegebenen Rahmen hält; ein weitergehendes "Maßstabserfindungsrecht"

---

[1] BVerwG, Urteil v. 18. 4. 1986 – 8 C 51 u. 52.85 – BVerwGE 74, 149 (151) = DVBl 86, 774 = KStZ 86, 169.

[2] Eine Bestimmung in der "allgemeinen" Satzung, durch die für die Aufwandsverteilung auf eine Einzelsatzung verwiesen wird, ist nur ausnahmsweise zulässig, wenn durch diese in nichtbeplanten Gebieten Art und Maß der Nutzung festgelegt werden soll; vgl. BVerwG, Urteil v. 28. 11. 1975 – IV C 18-20 u. 29-34.74 – Buchholz 406.11 § 131 BBauG Nr. 13 S. 1 (3) = DÖV 76, 351 = ID 76, 101.

steht ihnen nicht zu. Erfüllen sie diese Aufgabe nicht, ist eine Aufwandsverteilung nicht möglich; eine fehlende oder funktionsuntüchtige Verteilungsregelung hindert die Verteilung und in der Folge das Entstehen sachlicher Beitragspflichten (vgl. § 11 Rdnr. 19).

2. Bemessungsgrundlagen

a) Wahrscheinliche Inanspruchnahme

Die Höhe der auf die einzelnen Grundstücke entfallenden Anteile am um- 3
lagefähigen Aufwand hat sich an der Höhe der Erschließungsvorteile zu orientieren, die durch die beitragsfähige Erschließungsanlage vermittelt werden. Jedoch ist der Erschließungsvorteil keine Größe, die sich ziffernmäßig exakt ausdrücken läßt, er ist lediglich einer Beschreibung zugänglich (vgl. § 9 Rdnrn. 3 ff.) und **beruht** – verkürzt ausgedrückt – auf der durch die Herstellung einer beitragsfähigen Erschließungsanlage gebotenen qualifizierten Inanspruchnahmemöglichkeit, die auf eine erschließungsbeitragsrechtlich relevante Ausnutzbarkeit der betreffenden Grundstücke ausgerichtet ist. Für die *Bewertung* dieser Inanspruchnahmemöglichkeit ist abzustellen darauf, in welchem Umfang erfahrungsgemäß eine Inanspruchnahme der Anlage von den jeweiligen Grundstücken ausgelöst wird, d.h. auf die *wahrscheinliche Inanspruchnahme.* Je mehr die hergestellte Anlage von einem erschlossenen Grundstück aus erfahrungsgemäß in Anspruch genommen wird, desto **wertvoller** ist die durch die Herstellung der Anlage gebotene Inanspruchnahmemöglichkeit und desto größer ist der ihm vermittelte Erschließungsvorteil (vgl. § 9 Rdnr. 18). Die Höhe des durch eine beitragsfähige Erschließungsanlage vermittelten Vorteils ist mithin abhängig von der *Bewertung der Inanspruchnahmemöglichkeit mit Hilfe der Wahrscheinlichkeit.*[3]

Deshalb kann die Bemessung der Erschließungsvorteile nur anknüpfen an 4
ein Merkmal, von dem angenommen werden darf, es sei von besonderem Aussagewert für den Umfang der wahrscheinlichen Inanspruchnahme der hergestellten Anlage. Als ein solches Anknüpfungsmerkmal bietet sich die **Ausnutzbarkeit** der Grundstücke nicht nur an, weil jede Erschließung auf sie ausgerichtet ist, sondern *entscheidend* deshalb, weil aufgrund empirischer Erfahrungen die Annahme gerechtfertigt erscheint, typischerweise werde z.B. eine Anbaustraße etwa von einem sechsgeschossig bebaubaren Grundstück aus mehr in Anspruch genommen als von einem gleich großen, eingeschossig bebaubaren Grundstück aus (**Maß der Ausnutzbarkeit**) und sie werde

---

[3] Vgl. im einzelnen Lehmann, Kommunale Beitragserhebung, Schriften zum deutschen Kommunalrecht, Bd. 27, S. 77 ff. (81), ferner u.a. Driehaus in Driehaus/Hinsen/von Mutius, Grundprobleme des kommunalen Beitragsrechts, Schriften zum deutschen Kommunalrecht, Bd. 17, S. 60f., Menger in VerwArch, Bd. 70 (1979), S. 275 ff. (279 ff.), und von Mutius von VerwArch, Bd. 67 (1976), S. 195 ff. (198 f.) jeweils mit weiteren Nachweisen, sowie OVG Lüneburg, Urteil v. 27. 2. 1980 – 9 C 2/79 – DVBl 80, 760 = KStZ 81, 89.

von einem eingeschossig gewerblich nutzbaren Grundstück aus mehr in Anspruch genommen als von einem gleich großen, eingeschossigen, der Wohnbebauung vorbehaltenen Grundstück aus (**Art der Ausnutzbarkeit**). Die *Ausnutzbarkeit* der Grundstücke ist mithin nicht etwa deshalb als ein (noch geeignetes) **Hilfsmittel** – nicht mehr und nicht weniger – für die Quantifizierung der Erschließungsvorteile anzusehen, weil sie u. a. einen – von der Inanspruchnahmemöglichkeit z. B. einer Grünanlage oder einer (selbständigen) Parkfläche völlig unabhängigen – Einfluß auf den Ertragswert der Grundstücke hat, sondern weil sie einen *Rückschluß auf den Umfang der wahrscheinlichen Inanspruchnahme* der Anlage von den Grundstücken aus erlaubt, die von ihr erschlossen werden.

5   Dementsprechend hat der Bundesgesetzgeber bei der Schaffung des Rahmens, den er den Gemeinden in § 131 Abs. 2 und 3 BauGB für die Bildung eines Verteilungsmaßstabs gesetzt hat, bewußt darauf verzichtet, vom Umfang der zu erwartenden Anlagebenutzung losgelöste Kriterien, wie z. B. den Nutzungs- oder Ertragswert eines Grundstücks oder gar den Grundstückswert, zum Anknüpfungsmerkmal für die Vorteils- und in der Folge die Beitragsbemessung zu machen. Der Nutzungs- oder Ertragswert etwa ist als ungeeignet abgelehnt worden, u. a. weil er „wirtschaftlich bedingt und damit allen Konjunkturschwankungen" ausgesetzt ist und sich besondere Schwierigkeiten ergeben für „die ertragslosen Grundstücke wie Kirchen- und Verwaltungsgrundstücke".[4] Vielmehr hat er sich für Merkmale entschieden, von denen angenommen werden konnte, daß sie das Maß der wahrscheinlichen Inanspruchnahme beeinflussen. Da man aufgrund der empirisch gewonnenen Erfahrungen (aus dem früheren Anliegerbeitragsrecht) zu der Erkenntnis gelangt war, daß z. B. die Grundflächen und die Frontlängen (vgl. § 131 Abs. 2 Nrn. 2 und 3 BauG) nur in einer sehr unzureichenden Weise einen Rückschluß auf den Umfang der zu erwartenden Inanspruchnahme der Erschließungsanlage (Anbaustraße) und der dadurch vermittelten Vorteile gestatten, hat der Gesetzgeber die einzig darauf abhebenden Maßstäbe – von einer Ausnahme abgesehen[5] – nur noch als "Überleitungsregelung" zugelassen; sie dürfen für nach dem Inkrafttreten des Bundesbaugesetzes erschlossene Gebiete grundsätzlich nicht mehr verwandt werden.

b) Zulässige Grundstücksnutzung

6   Grundsätzlich ist für die Aufwandsverteilung auf die zulässige Grundstücksnutzung abzustellen.[6] Dies ergibt sich allerdings nicht zwingend aus

---

[4] BT-Drucksache, III/336, S. 100.

[5] Diese Ausnahme bezieht sich auf nach Inkrafttreten des Bundesbaugesetzes erschlossene Gebiete, in denen eine unterschiedliche bauliche oder sonstige Nutzung nicht zulässig ist; vgl. § 131 Abs. 3 BauGB.

[6] Vgl. BVerwG, u. a. Urteil v. 3. 6. 1971 – IV C 28.70 – BVerwGE 38, 147 (148) = DÖV 71, 815 = KStZ 71, 244, und Beschluß v. 4. 9. 1980 – 4 B 119 u. 120.80 – Buchholz 406.11 § 131 BBauG Nr. 36 S. 81 (82) = DVBl 81, 827 = KStZ 81, 30.

§ 131 Abs. 2 und 3 BauGB. In § 131 Abs. 2 BauGB sind die Worte "zulässig" und "nutzbar" nicht aufgenommen. Dagegen spricht § 131 Abs. 3 BauGB ausdrücklich von der Zulässigkeit, wenn er anordnet, daß in bestimmten (sog. neuerschlossenen) Gebieten, in denen „eine unterschiedliche bauliche oder sonstige Nutzung zulässig ist, die Maßstäbe nach Absatz 2 in der Weise anzuwenden (sind), daß der Verschiedenheit dieser Nutzung ... entsprochen wird". Nach dem insoweit eindeutigen Gesetzestatbestand wird jedoch durch den Begriff "zulässig" lediglich der Geltungsbereich dieser Vorschrift auf bestimmte Gebiete beschränkt. Wenn sie als Rechtsfolge gebietet, daß die Verteilungsmaßstäbe in den betreffenden Gebieten der Verschiedenheit „dieser" Nutzung entsprechen müssen, deckt das nach der Wortfassung auch eine Berücksichtigung der unterschiedlichen tatsächlichen Nutzung. Deshalb lehnt das Bundesverwaltungsgericht[7] zugunsten der gemeindlichen Entscheidungsfreiheit eine strikte Verengung auf das Zulässige ab, und zwar auch für beplante Gebiete, weil der Wortlaut des § 131 Abs. 3 BauGB für eine Differenzierung zwischen beplanten und unbeplanten Gebieten nichts hergibt. Gleichwohl bleibt die Maßgeblichkeit der **Zulässigkeit** der Grundstücksnutzung **als Grundsatz** bestehen. „Dies folgt auch aus dem Wesen des Beitrags"[8] und findet seine Rechtfertigung in der Überlegung, daß erfahrungsgemäß Bauwillige überwiegend das zu verwirklichen pflegen, was ihnen das Bebauungsrecht ermöglicht, und deshalb die Beitragspflichtigen grundsätzlich schutzwürdig erwarten können, daß im Interesse einer annähernd vorteilsgerechten Belastung alle Grundstücke – und zwar vor allem auch die (noch) unbebauten – in einem dementsprechenden Umfang an der Aufwandsverteilung teilnehmen.

Allerdings rechtfertigen insbesondere die das Abgabenrecht kennzeichnen- 7 den Grundsätze der Praktikabilität und der Typengerechtigkeit (vgl. § 9 Rdnr. 21 und Rdnr. 13) ein **Abweichen** von dem letztlich auf Art. 3 Abs. 1 GG und dem Gebot der Beitragsgerechtigkeit beruhenden "Zulässigkeitsgrundsatz". In unbeplanten Gebieten etwa kann es „außerordentlich schwierig, wenn nicht gar unmöglich sein, die zulässige Bebauung einer Beitragserhebung zugrunde zu legen".[9] Es ist daher nicht zu beanstanden, wenn sich eine Verteilungsregelung für **unbeplante** Gebiete an der **tatsächlichen** Nutzung orientiert. Auch kommt ein Abweichen vom Zulässigkeitsgrundsatz in Be-

---

[7] BVerwG, u.a. Urteile v. 3. 6. 1971 – IV C 28.70 – BVerwGE 38, 147 (149) = DÖV 71, 815 = KStZ 71, 244 (zu § 131 Abs. 2 BBauG und zum unbeplanten Gebiet), v. 16. 2. 1973 – IV C 52.71 – BVerwGE 42, 17 (19) = DÖV 73, 352 = DVBl 73, 502 (zu § 131 Abs. 3 BBauG und zum unbeplanten Gebiet) sowie v. 26. 1. 1979 – 4 C 61-68 u. 80-84.75 – BVerwGE 57, 240 (251 f.) = NJW 80, 72 = DVBl 79, 781 (zu § 131 Abs. 3 BBauG und zum beplanten Gebiet).
[8] BVerwG, Beschluß v. 4. 9. 1980 – 4 B 119 u. 120.80 – Buchholz 406.11 § 131 BBauG Nr. 36 S. 81 (82) = DVBl 81, 827 = KStZ 81, 30.
[9] BVerwG, Urteil v. 3. 6. 1971 – IV C 28.70 – BVerwGE 38, 147 (149) = DÖV 71, 815 = KStZ 71, 244.

tracht, wenn und soweit der aufgezeigte Schutzgedanke nicht Platz greift oder gar das Abstellen auf die tatsächliche Ausnutzung nahelegt (vgl. Rdnr. 52). So darf zwar beispielsweise eine Verteilungsregelung Fallgestaltungen berücksichtigen, in denen mit Hilfe einer Ausnahme oder einer Befreiung die nach einem Bebauungsplan zulässige Nutzung im Maß überschritten wird. Jedoch ist eine solche Berücksichtigung nicht geboten,[10] weil die übrigen Beitragspflichtigen kein schutzwürdiges Vertrauen auf derart untypische Sachverhalte begründen können. Entsprechendes gilt, soweit es sich um eine einzelne vor Inkrafttreten des Bebauungsplans entstandene Altbebauung oder geduldete – an sich baurechtswidrige – Planüberschreitung handelt. Überdies ist es nicht schlechthin unzulässig, wenn nach der Verteilungsregelung für bestimmte Konstellationen ein Nutzungsmaß zugrunde gelegt werden soll, welches das Maß der nach dem Plan zulässigen Nutzung *unterschreitet*. Das ist etwa in Fällen unbedenklich, in denen eine Anbaustraße durch ein Plangebiet verläuft, das ganz überwiegend von einer hinter dem Plan zurückbleibenden Altbebauung gekennzeichnet ist, und keine konkreten Anhaltspunkte die Erwartung rechtfertigen, der Ist-Bestand werde sich in absehbarer Zeit in Richtung auf die vom Plan erlaubte Ausnutzbarkeit entwickeln.

3. Grundsatz der konkreten Vollständigkeit

8   Nach der ständigen Rechtsprechung des Bundesverwaltungsgerichts[11] verlangen die bundesrechtlichen Rechtsgrundsätze der Abgabengleichheit und der Vorhersehbarkeit von Abgabepflichten eine derartige **Vollständigkeit** der satzungsmäßigen Verteilungsregelung, daß sie eine annähernd vorteilsgerechte Verteilung des umlagefähigen Erschließungsaufwands in allen Gebieten ermöglicht, die in der betreffenden Gemeinde im Zeitpunkt des Erlasses der Satzung vorhanden sind oder deren Entstehen aufgrund konkreter Anhaltspunkte **zu erwarten** ist (Grundsatz der konkreten Vollständigkeit). Deshalb setzt beispielsweise dann, wenn im Zeitpunkt des Erlasses der Beitragssatzung **konkrete Anhaltspunkte** dafür vorliegen, daß die Gemeinde beabsichtigt, ohne Bebauungsplan ein neues Baugebiet einschließlich seiner Erschließungsanlagen entstehen zu lassen, die Abrechnung einer im beplanten Gebiet verlaufenden Anbaustraße nicht nur einen den Anforderungen des § 131 Abs. 2 und 3 BauGB genügenden Verteilungsmaßstab für beplante Gebiete, sondern auch einen entsprechenden für unbeplante Gebiete voraus, der u. a. eine "vorteilsgerechte" Einbeziehung von unbebauten Grundstücken in die Auf-

---

[10] BVerwG, Beschluß v. 27. 11. 1981 – 8 B 189.81 – Buchholz 406.11 § 131 BBauG Nr. 44 S. 28 (31 f.) = NVwZ 82, 800 = DVBl 82, 546.
[11] BVerwG, u. a. Urteile v. 28. 11. 1975 – IV C 45.74 – BVerwGE 50, 2 (4) = NJW 76, 1115 = DVBl 76, 942, v. 26. 1. 1979 – 4 C 61-68 u. 80-84.75 – BVerwGE 57, 240 (242) = NJW 80, 72 = DVBl 79, 781, und v. 10. 6. 1981 – 8 C 20.81 – BVerwGE 62, 308 (311) = NVwZ 82, 246 = ZMR 82, 246 jeweils mit weiteren Nachweisen.

wandsverteilung erlaubt. Dagegen reicht für die Annahme, die Gemeinde sei in dem bezeichneten Zeitpunkt gehalten gewesen, "Verteilungs-Vorsorge" für die Abrechnung von Anlagen in unbeplanten Gebieten zu treffen, **nicht aus**, wenn das Entstehen solcher Gebiete seinerzeit lediglich „nicht auszuschließen" war.[12]

Ist die **Verteilungsregelung** einer Satzung – etwa weil sie keinen (wirksamen) **9** Maßstab für neuerschlossene *un*beplante Gebiete mit unterschiedlicher Nutzungsart enthält, obwohl dies nach den gegeben Umständen geboten ist – unvollständig, hat das zur Folge, daß sie (nicht aber die Satzung als solche) kraft Bundesrecht insgesamt unwirksam ist. Sie ist nicht "funktionstüchtig", läßt keine Aufwandsverteilung zu, hindert das Entstehen sachlicher Beitragspflichten und ist nicht geeignet, als Grundlage für eine Heranziehung zu dienen, und zwar selbst dann nicht, wenn sich die Heranziehung auf ein alterschlossenes oder neuerschlossenes *b*eplantes Gebiet bezieht. Allerdings erstreckt sich der **Grundsatz der konkreten Vollständigkeit** lediglich auf die jeweils **in Rede stehende Art** von Erschließungsanlagen, wie z.B. Anbaustraßen, so daß es für die Abrechnung von Anbaustraßen ohne Bedeutung ist, ob die Gemeinde auch über einen Verteilungsmaßstab verfügt, der für die Abrechnung etwa von Grünanlagen oder Immissionsschutzanlagen ausreicht.

Ob ein Fehlen oder ein Mangel einer auf eine bestimmte Verteilungskon- **10** stellation ausgerichteten Einzelbestimmung zu einer kraft Bundesrecht beachtlichen Unvollständigkeit der Verteilungsregelung und deshalb zu ihrer Gesamtunwirksamkeit führt, hängt davon ab, ob diese Einzelbestimmung unter Berücksichtigung der konkreten Verhältnisse in der Gemeinde vom **Differenzierungsgebot** des § 131 Abs. 3 BauGB verlangt wird. Denn das Bundesrecht gebietet der Gemeinde lediglich, für solche Verteilungskonstellationen **Vorsorge** zu treffen, die im Zeitpunkt des Erlasses ihrer Satzung vorhanden oder deren Entstehen in diesem Zeitpunkt aufgrund konkreter Anhaltspunkte zu erwarten ist.[12] Deshalb läßt sowohl das Fehlen als auch die Unvereinbarkeit einer Einzelbestimmung mit einer bundesrechtlichen Vorgabe die Wirksamkeit der Verteilungsregelung im übrigen unberührt, wenn eine entsprechende Verteilungskonstellation in der Gemeinde nicht zu erwarten ist. Entsprechendes gilt, wenn eine allgemeinere Regelung in der Satzung eine dem Gebot des § 131 Abs. 3 BauGB genügende Aufwandsverteilung auch bei Wegfall der betreffenden Einzelbestimmung zuläßt.

Hat beispielsweise eine Kurortgemeinde, in der keine industrielle Nutzung **11** zulässig ist, gleichsam gedankenlos aus einem Satzungsmuster eine Regelung für Industriegebiete "abgeschrieben", die sich als fehlerhaft erweist, hat das nicht schon kraft Bundesrecht eine Gesamtunwirksamkeit der Verteilungsregelung zur Folge. Denn eine Gemeinde ist – wie gesagt – nicht gehalten, für eine in ihrem Hoheitsbereich erwartungsgemäß nicht eintretende Verteilungskonstellation Vorsorge zu treffen. Sollen nach einer Satzungsbestim-

---

[12] BVerwG, Urteil v. 19. 8. 1994 – 8 C 23.93 – ZMR 94, 534 = HSGZ 94, 465.

mung – unzulässigerweise[13] – alle Grundstücke in besonderen Wohngebieten i. S. des § 4a BauNVO mit einem Artzuschlag belastet werden, führt das ebenfalls nicht zu einer bundesrechtlich beachtlichen Unvollständigkeit. Es bleibt nämlich die dem Differenzierungsgebot des § 131 Abs. 3 BauGB genügende (allgemeine) Regelung übrig, nach der bei besonderen – ebenso wie bei allgemeinen Wohngebieten – ein Artzuschlag nicht zu erheben ist.[14] Im Ergebnis Gleiches ist anzunehmen, wenn nach einer Satzungsbestimmung für die Aufwandsverteilung auf **Bebauungsplanentwürfe** unabhängig davon abgestellt werden soll, ob sich ein solcher Bebauungsplanentwurf bereits bebauungsrechtlich auswirkt, also zur Anwendbarkeit des § 33 BauGB führt. Da die Gemeinden nicht gezwungen sind, bei der Verteilung des umlagefähigen Aufwands zu berücksichtigen, ob für Grundstücke des Erschließungsgebiets ein Bebauungsplanverfahren eingeleitet worden ist, und da die Unwirksamkeit des solchermaßen auf Bebauungsplanentwürfe abstellenden Teils der Verteilungsregelung lediglich zur Folge hat, daß insoweit andere bebauungsrechtliche Zulässigkeitsmaßstäbe (z. B. § 34 BauGB) eingreifen, führt auch diese teilweise Unwirksamkeit nicht zu einer bundesrechtlich beachtlichen Unvollständigkeit.[15]

12   Eine andere, nach dem Landes(kommunal)recht zu beurteilende Frage ist, ob bei einer teilweise unwirksamen, dadurch aber nicht in bundesrechtlich beachtlicher Weise unvollständig werdenden Verteilungsregelung angenommen werden darf, die teilweise Unwirksamkeit sei auf ihre Geltung und die Geltung der Satzung im übrigen ohne Einfluß (vgl. § 139 BGB). Diese Frage wird – sofern nicht ausnahmsweise besondere, dem entgegenstehende Gesichtspunkte erkennbar sind – regelmäßig zu bejahen sein, weil dem Ortsgesetzgeber grundsätzlich in erster Linie daran gelegen ist und gelegen sein muß, eine dem Bundesrecht genügende Verteilungsregelung zu schaffen.

4. Praktikabilität und Durchschaubarkeit des Heranziehungsverfahrens, Typengerechtigkeit

13   Die Ausnutzbarkeit der erschlossenen Grundstücke ist lediglich ein (jedenfalls noch geeignetes) Hilfsmittel für die Bemessung der Erschließungsvorteile (vgl. Rdnr. 3), „nicht jedoch absoluter Maßstab für eine vorteilsgerechte Verteilung des Erschließungsaufwands. Nach § 131 Abs. 3 ... muß die Beitragsbelastung der einzelnen Grundstücke im Abrechnungsgebiet nicht in demselben Verhältnis stehen, wie sich deren bauliche oder sonstige Nutzbarkeit zueinander verhalten. Denn erstens läßt sich der größere oder kleinere   13

---

[13] BVerwG, Urteil v. 7. 4. 1988 – 8 C 83.87 – Buchholz 406.11 § 132 BBauG Nr. 43 S. 5 (7 f.) = DVBl 89, 678 = HSGZ 89, 267.
[14] BVerwG, Urteil v. 25. 6. 1982 – 8 C 82 u. 83.81 – Buchholz 406.11 § 132 BBauG Nr. 38 S. 1 (12 ff.) = DVBl 82, 1055 = NVwZ 83, 290.
[15] BVerwG, Beschluß v. 27. 11. 1981 – 8 B 189.81 – Buchholz 406.11 § 131 BBauG Nr. 44 S. 28 (32 f.) = NVwZ 82, 500 = DVBl 82, 546.

Erschließungsvorteil des einen Grundstücks im Verhältnis zu dem anderen Grundstück mit Hilfe der jeweiligen baulichen oder sonstigen Nutzung der betreffenden Grundstücke überhaupt nur grob erfassen. Zweitens würde die genaue Bestimmung dieser Nutzungen in vielen Fällen zu unangemessenen Schwierigkeiten führen, so daß die Praktikabilität und Überschaubarkeit des Heranziehungsverfahrens nicht mehr gewährleistet wäre".[16] Das Differenzierungsgebot des § 131 Abs. 3 BauGB verdrängt weder diese Grundsätze noch den für das Abgabenrecht allgemein kennzeichnenden Grundsatz der Typengerechtigkeit, d. h. der Zulässigkeit einer Beschränkung auf eine typengerechte Betrachtungs- und Verfahrensweise; es stellt insoweit keine höheren Anforderungen an den Ortsgesetzgeber, als dies der Gleichbehandlungsgrundsatz tut. Dem Ortsgesetzgeber verbleibt bei der Gestaltung einer Verteilungsregelung ein **weiter Ermessensrahmen**, der erst dort überschritten ist, wo – gemessen an der "Vorgabe" des § 131 Abs. 3 BauGB – ein sachlich einleuchtender, rechtfertigender Grund für eine Differenzierung bzw. Gleichbehandlung fehlt (vgl. § 9 Rdnr. 19). Deshalb genügt den Anforderungen sowohl des § 131 Abs. 3 BauGB als auch des Gleichbehandlungsgrundsatzes „eine Verteilungsregelung, die erhebliche, hinreichend abgrenzbare Unterschiede der baulichen oder sonstigen Nutzung in typischen Fallgruppen nach Art und Maß dieser Nutzung angemessen vorteilsgerecht und zugleich in der Weise erfaßt, daß das Heranziehungsverfahren praktikabel und überschaubar bleibt".[16, 17]

II. Grundmaßstäbe

In § 131 Abs. 2 Satz 1 Nrn. 1 bis 3 BauGB sind die Grundmaßstäbe für die 14
Verteilung des umlagefähigen Erschließungsaufwands (sog. einfache Verteilungsmaßstäbe) aufgezählt: die Art und das Maß der baulichen oder sonstigen Nutzung (Nr. 1), die Grundstücksflächen (Nr. 2) und die Grundstücksbreite an der Erschließungsanlage (Nr. 3). Diese Grundmaßstäbe können nach § 131 Abs. 2 Satz 2 BauGB miteinander verbunden werden; überdies sind Modifikationen nicht ausgeschlossen. So kann etwa der auf die Art und das Maß der baulichen oder sonstigen Nutzung abhebende Maßstab dahin modifiziert werden, daß nur die Art oder nur das Maß der Nutzung für die Aufwandsverteilung maßgebend sein soll.[18] Die Grundmaßstäbe werden

---

[16] BVerwG, Urteil v. 26. 1. 1979 – 4 C 61-68 u. 80-84.75 – BVerwGE 57, 240 (246) = NJW 80, 72 = DVBl 79, 781.
[17] "Muster" für diesen Anforderungen genügende Verteilungsregelungen sind abgedruckt u. a. im Rahmen der Urteile des BVerwG v. 26. 1. 1979 (4 C 61-68 u. 80-84.75 – BVerwGE 57, 240, 242ff. = NJW 80, 72 = DVBl 79, 781), v. 7. 3. 1980 (4 C 40.78 – Buchholz 406.11 § 131 BBauG Nr. 34, S. 70, 72 = BauR 80, 563 = KStZ 81, 9) und v. 10. 6. 1981 (8 C 20.81 – BVerwGE 62, 308, 309f. = NVwZ 82, 246 = ZMR 82, 246).
[18] A. A. Ernst in Ernst/Zinkahn/Bielenberg, BauGB, § 131 Rdnr. 22, der sich allerdings zu Unrecht zur Stützung seiner Ansicht u. a. auf das Urteil des BVerwG v. 16. 2.

auch als **einfache** Verteilungsmaßstäbe bezeichnet, weil sie im Gegensatz zu den von § 131 Abs. 3 BauGB verlangten sog. qualifizierten Verteilungsmaßstäben als solche angewandt werden dürfen, also nicht der Verschiedenheit der Nutzung nach Art und Maß Rechnung tragen müssen.

1. Anwendungsbereich

15   Der Anwendungsbereich für die (reinen) Grundmaßstäbe läßt sich nicht aus § 131 Abs. 2 BauGB, sondern erst aus § 131 Abs. 3 BauGB entnehmen. Nach dieser letzteren Vorschrift können für sog. *alterschlossene* Gebiete die Grundmaßstäbe (unverändert) angewandt werden. Ein Gebiet ist i.S. dieser Bestimmung alterschlossen, wenn – erstens – vor Inkrafttreten des Bundesbaugesetzes eine Erschließungsstraße angelegt war, über die die Grundstücke dieses Gebiets ohne besondere Schwierigkeiten erreichbar waren,[19] die Inanspuchnahmemöglichkeit der Straße – zweitens – seinerzeit grundsätzlich allen diesen Grundstücken eine (ggfs. lediglich durch ein ausräumbares Anbauverbot an unfertigen Straßen behinderte) beitragsrechtlich relevante Nutzbarkeit vermittelte und – drittens – die überwiegende Anzahl dieser Grundstücke damals tatsächlich bebaut oder erschließungsbeitragsrechtlich vergleichbar genutzt war.[20]

16   Darüber hinaus können einfache Verteilungsmaßstäbe für die Aufwandsverteilung in neuerschlossenen, d.h. in nach Inkrafttreten des Bundesbaugesetzes erschlossenen Gebieten verwandt werden, sofern in ihnen eine unterschiedliche bauliche oder sonstige Nutzung *nicht* zulässig ist. Ist für alle Grundstücke in einem neu erschlossenen Gebiet beispielsweise nur eine zweigeschossige Wohnbebauung oder eine nach dem Maß einheitliche gewerbliche Nutzung zulässig, bedarf es keiner Differenzierung nach Art und Maß der baulichen oder sonstigen Nutzung, so daß ein einfacher Verteilungsmaßstab ausreicht.[21]

17   Als "**Gebiet**" i.S. des § 131 Abs. 3 BauGB ist das Gebiet der jeweils abzurechnenden Erschließungsanlage bzw. des abzurechnenden Abschnitts oder der abzurechnenden, zu einer Erschließungseinheit zusammengefaßten Anlagen zu verstehen (**Abrechnungsgebiet**). Denn das Gebot, bei der Verteilung des umlagefähigen Aufwands die unterschiedliche Nutzung zu berücksichtigen, ist nur sinnvoll, wenn gerade für die Grundstücke innerhalb des Gebiets,

---

1973 (IV C 52.71 – BVerwGE 42, 17 = DVBl 73, 502 = DÖV 73, 352) beruft. Denn Gegenstand dieser Entscheidung ist nicht ein nach § 131 Abs. 2 BBauG, sondern ein nach § 131 Abs. 3 BBauG zu beurteilender Maßstab.

[19] BVerwG, Urteil v. 28. 11. 1975 – IV C 45.74 – BVerwGE 50, 2 (6) = NJW 76, 1115 = KStZ 76, 191.

[20] Vgl. im einzelnen BVerwG, Urteil v. 12. 9. 1984 – 8 C 124.82 – BVerwGE 70, 96 (102 ff.) = DVBl 85, 126 = KStZ 85, 51.

[21] Vgl. dazu BVerwG, Urteil v. 2. 7. 1971 – IV C 71.69 – Buchholz 406.11 § 131 BBauG Nr. 6 S. 12 (15) = NJW 72, 700 = DÖV 71, 817.

das von den durch die abzurechnende Anlage (Abschnitt) **erschlossenen Grundstücken** gebildet wird, unterschiedliche Nutzungen zulässig sind, weil nur dann die Minder- bzw. Mehrbelastung der geringeren bzw. stärkeren Nutzungsmöglichkeit entspricht.[22]

Selbst wenn in einem neuerschlossenen Gebiet eine nach Art und Maß **18** unterschiedliche Nutzung zulässig ist, schließt § 131 Abs. 3 BauGB nicht schlechthin aus, einen **Teil** des umlagefähigen Erschließungsaufwands zum Beispiel nach den Grundstücksbreiten an der Erschließungsanlage (Frontlängen) umzulegen. Deshalb ist ein Maßstab, der anordnet, daß die eine Hälfte des Aufwands nach den zulässigen Geschoßflächen und die andere Hälfte nach den Frontlängen zu verteilen ist, grundsätzlich zulässig. Er ist jedoch **unzulässig**, wenn eine Verteilung nach diesem Maßstab dazu führt, daß auf Anliegergrundstücke im Verhältnis zu in ihrer Ausnutzbarkeit und Größe vergleichbaren Hinterliegergrundstücken eine erheblich höhere Beitragsbelastung entfällt.[23]

Da der Grundsatz der konkreten Vollständigkeit (vgl. dazu Rdnrn. 8 ff.) **19** verlangt, daß eine satzungsmäßige Verteilungsregelung eine annähernd vorteilsgerechte Aufwandsverteilung selbst für neuerschlossene Gebiete ermöglicht, in denen eine nach Art und Maß unterschiedliche bauliche oder sonstige Nutzung zulässig ist, und da angenommen werden kann, daß heute in jeder Gemeinde derartige Gebiete vorhanden sind oder jedenfalls ihr Entstehen verläßlich zu erwarten ist, muß regelmäßig eine Verteilungsregelung einen qualifizierten Verteilungsmaßstab enthalten. Das bedeutet jedoch nicht, daß alle Gebiete einer Gemeinde nach diesem Verteilungsmaßstab abgerechnet werden müssen. Vielmehr ist es **unbedenklich**, wenn in eine Satzung sowohl ein einfacher als auch ein qualifizierter Verteilungsmaßstab aufgenommen und die Gebiete, für die § 131 Abs. 3 BauGB dies zuläßt, nach dem einfachen Verteilungsmaßstab abgerechnet werden.

Eine solche "Spaltung" der Verteilungsregelung hat zwangsläufig zur Folge, **20** daß etwa eine Anbaustraße in einem alterschlossenen Gebiet, in dem eine nach Art und Maß unterschiedliche bauliche oder sonstige Nutzung zulässig ist, nach einem anderen Maßstab abzurechnen ist als eine Straße, die durch ein im übrigen vergleichbares, aber neuerschlossenes Gebiet verläuft. Das verstößt nicht gegen den Gleichbehandlungsgrundsatz.[24]

Auch begründet eine Mehrbelastung, die sich für ein beispielsweise sehr **21** breites, aber wenig tiefes und nur der Wohnbebauung zugängliches Grundstück durch die Anwendung des sog. Frontmetermaßstabs (§ 131 Abs. 2

---

[22] BVerwG, u.a. Urteil v. 21. 2. 1977 – IV C 84-92.74 – Buchholz 406.11 § 131 BBauG Nr. 20 S. 20 (22) = NJW 77, 1740 = BauR 77, 266.

[23] BVerwG, Urteil v. 18. 4. 1986 – 8 C 51 u. 52.85 – BVerwGE 74, 149 (151 ff.) = DVBl 86, 774 = KStZ 86, 169.

[24] BVerwG, Urteile v. 24. 10. 1972 – IV C 30.71 – DVBl 73, 500 = KStZ 73, 119 = DÖV 73, 351, und v. 30. 1. 1970 – IV C 151.68 – DVBl 70, 839 = DÖV 70, 862 = ZMR 70, 248.

Nr. 3 BauGB) im Vergleich zu einer Abrechnung nach dem (in der Satzung der betreffenden Gemeinde enthaltenen) qualifizierten Verteilungsmaßstab ergibt, keine unbillige sachliche Härte i. S. des § 135 Abs. 5 BauGB.[20] Denn der Gesetzgeber hat mit seiner Entscheidung, die einfachen Verteilungsmaßstäbe für alterschlossene Gebiete (noch) zuzulassen, derartige Mehrbelastungen als zumutbare Härten bewußt in Kauf genommen, so daß kein Raum für einen diese gesetzliche Entscheidung korrigierenden (teilweisen) Billigkeitserlaß ist.[25] Allerdings gebietet das Bundesverfassungsrecht (Übermaßverbot[26]), einer solchen Mehrbelastung eine Grenze zu setzen. Wenn diese überschritten wird, läßt das zwar die Anwendbarkeit des einfachen Verteilungsmaßstabs unberührt, führt aber dazu, daß der Gemeinde der über die Grenze hinausgehende Teil der Mehrbelastung kraft Bundesrecht schon bei der Aufwandsverteilung (als zusätzlicher Gemeindeanteil) zuzurechnen ist. Er kann deshalb für den jeweiligen Beitragspflichtigen keine unbillige Härte bewirken, die erst durch eine Billigkeitsmaßnahme ausgeräumt werden müßte.

22   Für die Bestimmung der Grenze, die zur Vermeidung einer mit Verfassungsgrundsätzen (Übermaßverbot)[26] nicht mehr zu vereinbarenden Mehrbelastung[26] eines oder mehrerer Grundstücke im Vergleich zu einer Abrechnung nach dem in der jeweiligen Satzung für neuerschlossene Gebiete vorgesehenen qualifizierten Verteilungsmaßstab nicht überschritten werden darf, gilt folgendes: Bei der Mehrbelastung, die sich durch die Anwendung der sog. Eckgrundstücksvergünstigung (vgl. Rdnr. 71) für "Mittelliegergrundstücke" ergibt, ist diese Grenze nach Auffassung des Bundesverwaltungsgerichts[27] erreicht, wenn der Erschließungsbeitrag für ein Nichteckgrundstück auf das Eineinhalbfache oder mehr des Betrags steigt, der auf dieses Grundstück bei einer vollen Belastung der Eckgrundstücke entfiele. Das legt die Annahme nahe, die Anwendung eines einfachen Verteilungsmaßstabs in einem alterschlossenen Gebiet dürfe kraft Bundes(verfassungs)recht nicht dazu führen, daß auf ein Grundstück das Eineinhalbfache oder mehr des Betrags entfällt, der auf dieses Grundstück bei Anwendung des für neuerschlossene Gebiete geltenden qualifizierten Verteilungsmaßstabs entfallen würde. Wird diese Grenze überschritten, muß die Gemeinde etwaige Mehrbeträge mit der Folge selbst tragen, daß ein angefochtener Beitragsbescheid (nur) in dieser Höhe als rechtswidrig aufzuheben ist.

---

[25] Vgl. in diesem Zusammenhang BVerwG, u. a. Urteil v. 4. 6. 1982 – 8 C 90.81 – Buchholz 401.0 § 163 AO Nr. 1 S. 1 (4) = NJW 82, 2682 = MDR 83, 82 mit weiteren Nachweisen.

[26] Vgl. dazu BVerwG, Urteil v. 21. 4. 1982 – 8 C 61.81 – Buchholz 406.11 § 131 BBauG Nr. 49 S. 55 (58) = DVBl 82, 1052 = DÖV 82, 992.

[27] BVerwG, u. a. Urteil v. 8. 10. 1976 – IV C 56.74 – BVerwGE 51, 158 (161) = NJW 77, 1741 = DÖV 77, 247.

2. Maßstäbe der Grundstücksfläche und der Grundstücksbreite an der Erschließungsanlage

Der reine Grundstücksflächenmaßstab und der sog. Frontmetermaßstab 23 (Grundstücksbreite an der Erschließungsanlage) sind in sich eindeutige Maßstäbe, die grundsätzlich keiner ergänzenden Regelungen in der Satzung bedürfen. Der umlagefähige Erschließungsaufwand wird verteilt nach dem Verhältnis der Flächengrößen der erschlossenen Grundstücke bzw. nach dem Verhältnis ihrer Breiten an der Erschließungsanlage. Da die entsprechenden Werte relativ einfach zu ermitteln sind, sind beide Maßstäbe sehr praktikabel. Sie beruhen auf der Überlegung, daß die Vorteile der erschlossenen Grundstücke mit ihrem Flächenumfang bzw. der Länge ihrer Grenzen an einer Anbaustraße (auf eine solche Anlage beschränkt sich praktisch die Anwendbarkeit des Frontmetermaßstabs) wachsen. Sie sind ausgesprochen ungenaue Verteilungsmaßstäbe, weil sie die Nutzbarkeit der Grundstücke unberücksichtigt lassen.[28]

Nicht selten werden (oder richtiger: wurden, da die Anwendung beider 24 Grundmaßstäbe heute kaum mehr üblich ist) der Grundstücksflächen- und der Frontmetermaßstab in der Weise miteinander verbunden, daß der umlagefähige Aufwand nach dem Verhältnis der Summen aus Grundstücksfläche und Grundstücksbreite der erschlossenen Grundstücke zu verteilen ist. Stellt ein einfacher Verteilungsmaßstab (auch) auf die Frontlängen ab und erschließt die abzurechnende Straße u. a. ein Hinterliegergrundstück, muß die Satzung – soll nicht eine Aufwandsverteilung bis zur Änderung der Verteilungsregelung ausgeschlossen sein – für diesen Fall einen Ersatzmaßstab enthalten; im Wege der Satzungsauslegung kann regelmäßig kein Ersatzmaßstab gefunden werden.[29]

3. Maßstab der Art und des Maßes der baulichen oder sonstigen Nutzung

Dieser Grundmaßstab ist – anders als die beiden zuvor behandelten – kein 25 in sich abgeschlossener und unmittelbar anwendbarer Verteilungsmaßstab, da er offen läßt, in welche Beziehung Art und Maß der Nutzung für die Aufwandsverteilung miteinander gebracht werden sollen. Die Gemeinde muß daher diesen Maßstab in der Satzung erst konkret gestalten; es genügt nicht, in der Satzung zu bestimmen, daß der umlagefähige Aufwand „nach Art und Maß der baulichen oder sonstigen Nutzung" zu verteilen ist. Das mag eine Erklärung dafür sein, daß dieser Grundmaßstab als solcher kaum jemals Verwendung findet.

---

[28] Vgl. zum reinen Grundflächen- und zum Frontmetermaßstab im einzelnen u. a. Schmidt/Bogner/Steenbock, Handbuch des Erschließungsrechts, Rdnrn. 2472 ff.
[29] OVG Münster, Urteil v. 20. 12. 1972 – III A 625/71 – DWW 74, 190 = ZMR 73, 339.

III. Qualifizierte Verteilungsmaßstäbe

26   Gemäß § 131 Abs. 3 BauGB sind in neuerschlossenen Gebieten, in denen „eine unterschiedliche bauliche oder sonstige Nutzung zulässig ist", die Maßstäbe des § 131 Abs. 2 BauGB „in der Weise anzuwenden, daß der Verschiedenheit dieser Nutzung nach **Art** und **Maß** entsprochen wird". Mit diesem Wortlaut knüpft § 131 Abs. 3 BauGB in erster Linie an den Grundmaßstab des § 131 Abs. 2 Satz 1 Nr. 1 BauGB an und bestimmt, daß der „Verschiedenheit nach Art und Maß", d. h. sowohl dem einen als auch dem anderen, Rechnung getragen werden muß. Diese Forderung gilt unabhängig davon, ob es sich um beplante oder unbeplante Gebiete handelt,[30] und sie verlangt eine besondere Berücksichtigung der Art der Nutzung ungeachtet der Tatsache, daß – jedenfalls in beplanten Gebieten – ein Zusammenhang zwischen der jeweiligen Nutzungsart und dem Nutzungsmaß besteht.[30]

27   Allerdings gebietet § 131 Abs. 3 BauGB nur, daß der „Verschiedenheit . . . **entsprochen**" wird. Das erfordert zweifellos keine genaue Erfassung *der* Art und *des* Maßes. § 131 Abs. 3 BauGB verlangt „richtig verstanden nicht die Berücksichtigung jeder einzelnen Verschiedenheit von Art und Maß der Nutzung . . ., sondern (läßt) – anderenfalls ließe er sich ganz allgemein nicht praktizieren – die Berücksichtigung grundsätzlicher Verschiedenheiten ausreichen . . ."[30] Diese **Distanz** von *der* Art und *dem* Maß der Nutzung rechtfertigt sich – abgesehen von dem Gesichtspunkt der Praktikabilität – u. a. vor allem deshalb, weil die Ausnutzbarkeit eines Grundstücks ohnehin nur ein grobes Hilfsmittel zur Bemessung der Höhe der Erschließungsvorteile darstellt (vgl. Rdnr. 4). Überdies ist das Erschließungsbeitragsrecht – ebenso wie das Abgabenrecht im allgemeinen – auf eine zu Lasten der Vorteilsgerechtigkeit gehende **punktuelle Betrachtungsweise** angewiesen (vgl. auch § 17 Rdnr. 97), die dazu führt, daß abzustellen ist auf die in einem bestimmten Zeitpunkt (vgl. § 133 Abs. 2 BauGB) zulässige bzw. tatsächliche Nutzung, spätere Nutzungserweiterungen hingegen, die, gemessen an der Höhe der von einer Anlage ausgelösten Vorteile, für die Aufwandsverteilung von Bedeutung sein können, außer Betracht zu bleiben haben.[31]

1. Art und Maß der baulichen oder sonstigen Nutzung

28   Bestimmungen über Art und Maß der baulichen Nutzung sind in der **Baunutzungsverordnung** enthalten, von der inzwischen vier Fassungen erlassen worden sind. Nach den Fassungen vom 26. Juni 1962 (BGBl. I S. 429), vom 26. November 1968 (BGBl. I S. 1387) und vom 15. September 1977 (BGBl I

---

[30] BVerwG, u. a. Urteil v. 16. 2. 1973 – IV C 52.71 – BVerwGE 42, 17 (18 ff.) = DVBl 73, 502 = DÖV 73, 352.
[31] Vgl. dazu u. a. BVerwG, Urteil v. 14. 12. 1979 – 4 C 23.78 – Buchholz 406.11 § 131 BBauG Nr. 30 S. 54 (57) = NJW 80, 2208 = KStZ 80, 130.

S. 1763) ist am 27. Januar 1990 eine weitere Fassung vom 23. Januar 1990 (BGBl I S. 132) in Kraft getreten (vgl. auch § 17 Rdnr. 47). Anders als es üblicherweise bei Gesetzes- und Verordnungsneufassungen zutrifft sind mit Inkrafttreten der jeweils späteren Fassung der Baunutzungsverordnung die vorangegangenen **nicht aufgehoben** worden. Da jede Fassung Änderungen u. a. hinsichtlich des Darstellungsinhalts von Flächennutzungsplänen und des Festsetzungsinhalts von Bebauungsplänen gebracht hat, erschien es angezeigt, die früheren Fassungen der Baunutzungsverordnung weitergelten zu lassen für die Bauleitpläne, die jeweils auf ihrer Grundlage aufgestellt worden sind. Dementsprechend sind die Fassungen 1962, 1968 und 1977 der Baunutzungsverordnung grundsätzlich weiterhin maßgebend für die Bauleitpläne, die unter ihrer jeweiligen Geltung aufgestellt worden sind,[32] so daß die Baunutzungsverordnung in der Fassung 1990 grundsätzlich erst für nach ihrem Inkrafttreten aufgestellte Bauleitpläne von Belang ist. Das somit den verschiedenen Fassungen der Baunutzungsverordnung anhaftende "statische" Moment drängt die Annahme auf, soweit z. B. in der **Verteilungsregelung** einer Erschließungsbeitragssatzung auf Vorschriften der Baunutzungsverordnung verwiesen wird, handele es sich – sofern nicht anderes ausdrücklich angeordnet ist – um eine **statische** Verweisung, d. h. um eine Verweisung auf Vorschriften der Baunutzungsverordnung in der Fassung, die im Zeitpunkt des Erlasses der Satzung maßgebend war.

Unter "*Art*" der Nutzung ist die Verwendung der Grundstücke für bestimmte Zwecke, wie etwa Wohnzwecke, gewerbliche Zwecke oder Industriezwecke, zu verstehen. Die zulässigen Arten der baulichen Nutzung sind in den § 1 bis 11 BauNVO geregelt. Jedoch ist es – wie bereits gesagt – nicht erforderlich, für die Aufwandsverteilung eine der Gliederung der Baunutzungsverordnung folgende Aufspaltung vorzunehmen. Vielmehr reicht es aus, wenn grundsätzlichen Unterschieden Rechnung getragen wird, d. h. differenziert wird nach Nutzungsarten, die erfahrungsgemäß insbesondere auf den Umfang der zu erwartenden Inanspruchnahme der Erschließungsanlagen von Einfluß sind.[33] Dem entspricht eine Unterscheidung zwischen den beiden "Hauptnutzungsarten", nämlich der Wohnnutzung einerseits und der gewerblichen einschließlich einer ihr erschließungsbeitragsrechtlich "vergleichbaren" industriellen Nutzung andererseits.

Unter dem "*Maß*" der Nutzung ist der Grad zu verstehen, in dem das einzelne Grundstück bebaut oder gewerblich genutzt werden darf. Nach § 16 Abs. 2 BauNVO in der seit dem 27. Januar 1990 geltenden Fassung wird das Maß der baulichen Nutzung bestimmt durch die Festsetzung – erstens – der Grundflächenzahl oder der Größe der Grundflächen der baulichen Anlagen, – zweitens – der Geschoßflächenzahl oder der Größe der Geschoßfläche, der

29

---

[32] Vgl. im einzelnen Stich in DÖV 78, 537 ff.
[33] Ebenso u. a. Ernst in Ernst/Zinkahn/Bielenberg, BauGB, § 131 Rdnr. 26.

Baumassenzahl oder der Baumasse, – drittens – der Zahl der Vollgeschosse und – viertens – der Höhe der baulichen Anlagen.

30   In der Praxis haben die Gemeinden bisher regelmäßig als **Ausgangsmerkmal** für die Verteilung des umlagefähigen Erschließungsaufwands die Anzahl der Vollgeschosse oder die Geschoßflächen gewählt. Das bot sich an, weil auf der Grundlage der seinerzeit maßgebenden Fassungen der Baunutzungsverordnung **ohne weiteres** angenommen werden konnte, typischerweise enthalte ein Bebauungsplan Maßfestsetzungen der einen und der anderen Art. Ob eine solche Annahme nach Inkrafttreten der Fassung der Baunutzungsverordnung aus dem Jahre 1990 noch gerechtfertigt ist, erscheint angesichts der Regelung des § 16 Abs. 3 BauNVO eher zweifelhaft. Deshalb ist es zumindest angezeigt, bei der Aufstellung zukünftiger Bebauungspläne Sorge dafür zu tragen, daß das Maß der baulichen Nutzung in einer mit der Erschließungsbeitragssatzung übereinstimmenden Weise festgesetzt wird (vgl. aber Rdnrn. 39 und 47).

31   Ganz überwiegend legen die Gemeinden der Aufwandsverteilung in beplanten Gebieten die zulässigen und in unbeplanten Gebieten – zulässigerweise (vgl. Rdnr. 7) – die vorhandenen Vollgeschosse bzw. Geschoßflächen zugrunde. Das kann dazu führen, daß für die Verteilung des Aufwands etwa einer Anbaustraße, die einerseits an einen beplanten und andererseits an einen unbeplanten Bereich grenzt, für die beplanten Grundstücke das zulässige Maß der Nutzung und für die unbeplanten Grundstücke das tatsächliche Maß der Nutzung maßgebend ist. Diese Konsequenz ist rechtlich unbedenklich, eine entsprechende Verfahrensweise verstößt nicht gegen den Gleichbehandlungsgrundsatz.[34] Sowohl bei dem auf die Anzahl der Vollgeschosse als auch bei dem auf die Geschoßfläche abhebenden Maßstab wird – soweit es um Anbaustraßen geht – die (zumindest) gewerbliche und industrielle Art der Nutzung durch einen Zuschlag auf die sich aus dem Maß der Nutzung für die erschlossenen Grundstücke ergebenden Werte berücksichtigt (artbezogener Zuschlag – Artzuschlag). Entgegen der im Gesetz angegebenen Reihenfolge wird also – zulässigerweise – nicht das Maß an die Art, sondern die Art an das Maß geknüpft.

2. Berücksichtigung des Nutzungsmaßes

a) Vollgeschoßmaßstab

32   Nach dem heute **weitestgehend üblichen** (mit dem Grundflächenmaßstab kombinierten) sog. Vollgeschoßmaßstab wird das Nutzungsmaß dadurch berücksichtigt, daß der umlagefähige Aufwand in dem Verhältnis auf die er-

---

[34] BVerwG, u. a. Urteile v. 10. 10. 1975 – VII C 64.74 – BVerwGE 49, 227 (231 f.) = KStZ 76, 50 = GemTg 76, 271, und v. 3. 6. 1971 – IV C 28.70 – BVerwGE 38, 147 (149 f.) = DÖV 71, 815 = KStZ 71, 244.

schlossenen Grundstücke verteilt wird, in dem die mit einem – nach der Anzahl der Vollgeschosse in der Höhe gestaffelten – Vomhundertsatz (bzw. "Nutzungs-"Faktor) vervielfältigten erschlossenen Grundstücksflächen zueinander stehen. Dieser Maßstab zeichnet sich vor allem durch seine **Praktikabilität und Durchschaubarkeit** aus, er ist ein zulässiger[35] und vom Bundesverwaltungsgericht wiederholt ausdrücklich **empfohlener**[36] Maßstab. Zwar wird das Maß der baulichen Nutzung genauer durch einen Verteilungsmaßstab erfaßt, der – wie der sog. Geschoßflächenmaßstab – auf die zulässige Geschoßfläche abstellt. Die Zahl der Vollgeschosse tritt nämlich in ihrer Bedeutung für das Maß der baulichen Nutzung gegenüber der Festsetzung der Geschoßflächenzahl zurück; denn beispielsweise vermag bei gleicher Geschoßzahl eine höhere Geschoßflächenzahl das Maß der baulichen Nutzbarkeit zu vergrößern. Doch besagt das schon deshalb nichts zugunsten einer besonderen Eignung der Geschoßflächen als Anknüpfungsmerkmal für die Aufwandsverteilung, weil selbst einzelne Quadratmeter Geschoßfläche mehr oder weniger – anders als die Anzahl der Vollgeschosse – erfahrungsgemäß **keinen** auch nur annähernd verläßlichen **Rückschluß** auf den Umfang der wahrscheinlichen Inanspruchnahme der abzurechnenden Anlage zulassen (vgl. dazu Rdnrn. 3 f.).

Die Anwendung des Vollgeschoßmaßstabs bereitet in beplanten Gebieten – und insoweit besteht kaum ein Unterschied zum Geschoßflächenmaßstab – keine Schwierigkeiten, sofern sich die insoweit maßgebliche Anzahl der (Voll-)Geschosse – wie bisher regelmäßig (vgl. Rdnr. 30) – aus den Festsetzungen des jeweiligen Bebauungsplans (Geschoßzahl) ergibt. Entsprechendes gilt, wenn die Verteilungsregelung zur Ermittlung der zulässigen Geschoßzahl ggfs. auf den Inhalt eines Bebauungsplanentwurfs abstellt, was – sofern sich dessen Berücksichtigung auf Sachverhalte beschränkt, in denen sich das Bebauungsplanverfahren auch bereits bebauungsrechtlich ausgewirkt, also zur Anwendbarkeit des § 33 BauGB geführt hat – erlaubt, aber nicht geboten ist.[37] Die Vorzüge des Vollgeschoßmaßstabs gegenüber dem Geschoßflächenmaßstab werden besonders deutlich erst bei der Abrechnung von Anlagen, die (auch) *unbeplante* Grundstücke erschließen, d.h. Grundstücke, für die bei der Aufwandsverteilung in der Regel auf die tatsächlich verwirklichte Nutzung abgestellt wird. Denn es ist zweifellos sehr viel einfacher, die Anzahl der vorhandenen Vollgeschosse als die der vorhandenen Geschoßflächen festzustellen. Da weder das Baugesetzbuch noch – nahezu ausnahmslos – eine Satzung den Begriff "Vollgeschoß" definiert, ist zur Ermittlung der Anzahl der vorhandenen Vollgeschosse auf die Begriffsbestimmung der (über § 20

33

---

[35] BVerwG, st. Rspr., u.a. Urteil v. 26. 1. 1979 – 4 C 61–68 u. 80–84.75 – BVerwGE 57, 240 (246 f.) = NJW 80, 72 = DVBl 79, 781.
[36] BVerwG, u.a. Urteil v. 19. 8. 1994 – 8 C 23.92 – ZMR 94, 534 = HSGZ 94, 465.
[37] BVerwG, u.a. Beschluß v. 17. 11. 1981 – 8 B 189.81 – Buchholz 406.11 § 131 BBauG Nr. 44 S. 28 (34) = NVwZ 82, 500 = DVBl 82, 546.

Abs. 1 BauNVO) maßgeblichen Vorschrift der einschlägigen Landesbauordnung – z. B. § 2 Abs. 5 Satz 1 BauO NW – zurückzugreifen.[38] So beurteilt sich nach Maßgabe der jeweiligen landesrechtlichen Bestimmung beispielsweise auch, ob und ggfs. unter welchen Voraussetzungen etwa das Dachgeschoß oder das Untergeschoß eines Wohnhauses als Vollgeschoß gilt.[39] Doch hindert das Bundesrecht den Satzungsgeber nicht daran, den Begriff "Vollgeschoß" selbst zu definieren, und dadurch sicherzustellen, daß bei der Aufwandsverteilung auch solche z. B. Dachgeschosse zu berücksichtigen sind, die nicht vollauf den landesrechtlichen Anforderungen an ein Vollgeschoß genügen.[40]

34   Unverzichtbar ist bei jedem auf die tatsächliche Nutzung in **unbeplanten** (unvollständig beplanten) Gebieten abhebenden (Vollgeschoß- oder Geschoßflächen-)Maßstab, daß die Satzung bestimmt, welches Nutzungsmaß der Verteilung bei *unbebauten* Grundstücken zugrunde gelegt werden soll. Anderenfalls würden diese Grundstücke in einer sachlich nicht gerechtfertigten Weise bevorzugt werden.[41] Es ist nicht zu beanstanden, wenn die Satzung insoweit die Bebauung zugrundelegt, die auf den in der näheren Umgebung gelegenen Grundstücken überwiegend vorhanden ist. Unbedenklich ist auch, wenn die Beitragssatzung für unbeplante Gebiete allgemein und ohne Rücksicht darauf, ob ein Grundstück schon bebaut oder noch unbebaut ist, auf das in der näheren Umgebung überwiegend oder durchschnittlich vorhandene Maß der Nutzung und damit auf die dort überwiegend oder durchschnittlich vorhandene Anzahl der Vollgeschosse (bzw. Geschoßflächen) abhebt. Auch bestehen im Interesse einer einfachen und praktikablen Lösung keine Bedenken, wenn eine Satzung hinsichtlich des Maßes der baulichen Nutzung in unbeplanten Gebieten auf das "Durchschnittsmaß" der Nutzung aller von der Erschließungsanlage erschlossenen Grundstücke abstellt.[42] Die Begriffe "nähere Umgebung", "überwiegend" und "durchschnittlich" sind nicht etwa mangels hinreichender Bestimmtheit zur Verwendung in einer Verteilungsregelung ungeeignet. Denn der Begriff der näheren Umgebung ist durch die Rechtsprechung des Bundesverwaltungsgerichts zu § 34 BBauG[43] geklärt und

---

[38] Vgl. zur Berechnung der Zahl der Vollgeschosse und der Geschoßfläche im einzelnen Schenk in VBlBW 86, 406.; siehe im übrigen zur Anwendung des Vollgeschoßmaßstabs bei einem Grundstück, für das der maßgebliche Bebauungsplan keine Geschoßzahl, aber eine Grundflächen- und eine Geschoßflächenzahl festsetzt, OVG Münster, Beschluß v. 25. 8. 1989 – 3 B 1418/88 – KStZ 90, 33 = GemHH,212 = NWVBl 90, 235.

[39] Siehe dazu u. a. VGH Mannheim, Urteil v. 27. 8. 1987 – 2 S 1318/85 –.

[40] Vgl. in diesem Zusammenhang OVG Lüneburg, Urteil v. 11. 12. 1990 – 9 L 179/89 – NsGemeinde 91, 199.

[41] BVerwG, u. a. Urteil v. 19. 6. 1981 – 8 C 65.81 – Buchholz 406.11 § 131 BBauG Nr. 41 S. 23 (25 f.) = NVwZ 82, 37 = BauR 82, 476.

[42] BVerwG, Urteil v. 24. 9. 1976 – IV C 22.74 – Buchholz 406.11 § 131 BBauG Nr. 17 S. 10 (13) = DÖV 77, 678 = BauR 77, 126.

[43] BVerwG, u. a. Urteil v. 26. 5. 1978 – 4 C 9.77 – BVerwGE 55, 369 (380) = NJW 78, 2564 = DVBl 78, 815.

die Auslegung der Begriffe "überwiegend" und "durchschnittlich" wirft keine Probleme auf, die nicht üblicherweise bei der Auslegung unbestimmter Rechtsbegriffe zu bewältigen sind.[44]

Allerdings ist es einer Gemeinde nicht verwehrt, in ihrer Verteilungsrege- 35 lung für **unbeplante** – bebaute und/oder unbebaute – Grundstücke unmittelbar auf § 34 BauGB zu verweisen und damit auf das abzustellen, was jeweils für das einzelne Grundstück zulässig ist.[45] Sollte eine solche Verteilungsregelung im Einzelfall schwierige Ermittlungen notwendig machen, geht die zugunsten einer erhöhten Abgabengerechtigkeit von der Gemeinde in Kauf genommene erschwerte Handhabung nicht zu Lasten der Beitragspflichtigen, sondern zu Lasten der Gemeinde.[46]

Soweit in der Satzung – zulässigerweise – hinsichtlich des Maßes der bauli- 36 chen Nutzung in unbeplanten Gebieten allgemein auf das (vorhandene) **Durchschnittsmaß** der Nutzung aller zum Abrechnungsgebiet gehörenden Grundstücke abgestellt wird, ist die Wirksamkeit einer solchen Bestimmung nicht abhängig davon, daß durch eine zusätzliche Regelung Fälle besonders berücksichtigt werden, in denen die tatsächliche Nutzung von Grundstücken von dem Durchschnittsmaß abweicht; einer derartigen "Verfeinerung" bedarf es nicht.[47] Wird jedoch durch eine zusätzliche Vorschrift bestimmt, daß dann, wenn die tatsächlich vorhandene Nutzung eines Grundstücks das für das entsprechende Abrechnungsgebiet ermittelte Durchschnittsmaß **übersteigt**, diese höhere Nutzung der Heranziehung zugrunde zu legen ist, ist auch das rechtlich nicht zu beanstanden. Anders ist es hingegen, wenn das Maß der tatsächlich vorhandenen Nutzung hinter dem Durchschnittsmaß **zurückbleibt**, d.h. wenn ein Grundstückseigentümer beispielsweise bei einem Durchschnittsmaß von zwei Geschossen sein Grundstück nur eingeschossig bebaut hat und aus **freien Stücken** darauf verzichtet, ein Mehr zu realisieren. Bei einer solchen Sachlage wäre ein Abstellen auf die tatsächlich unter dem Durchschnittsmaß liegende Ausnutzung für die Aufwandsverteilung – ebenso wie ein Abstellen auf eine freiwilligerweise hinter den Festsetzungen eines Bebauungsplans zurückbleibende Ausnutzung – mit dem grundsätzlich am zulässigen Maß der baulichen Ausnutzbarkeit orientierten Vorteilsprinzip nicht vereinbar, eine dies anordnende Verteilungsvorschrift mithin rechtswidrig.[48] Im übrigen ist kraft des bundesrechtlichen Vorteilsprinzips das Durchschnittsmaß mit Blick auf ein bebautes Grundstück für die Aufwandsverteilung selbst dann maßgebend, wenn die Verteilungsregelung für bebaute

---

[44] Vgl. BVerwG, Urteil v. 21. 9. 1979 – 4 C 22, 27 u. 29.78 – BBauBl 80, 168 = ZMR 80, 221 = BRS 37, 268.
[45] BVerwG, u.a. Urteil v. 29. 11. 1985 – 8 C 59.84 – Buchholz 406.11 § 133 BBauG Nr. 93 S. 55 (59) = NVwZ 86, 303 = KStZ 86, 213.
[46] BVerwG, u.a. Urteil v. 14. 12. 1979 – 4 C 23.78 – Buchholz 406.11 § 131 BBauG Nr. 30 S. 54 (58) = NJW 80, 2208 = KStZ 80, 130.
[47] BayVGH, Urteil v. 18. 1. 1988 – 6 B 85 A. 251 –.
[48] OVG Lüneburg, Urteil v. 18. 4. 1980 – 9 A 178/78 –.

Grundstücke in unbeplanten Gebieten an sich auf die tatsächliche Nutzung und nur für unbebaute Grundstücke auf das Durchschnittsmaß abhebt, sofern das Grundstück ohne zwingenden Grund **extrem** unterwertig bebaut ist.[49]

37 Ergibt sich im Einzelfall, daß die **zulässige** Zahl der Geschosse auf einem unbebauten Grundstück nach § 34 Abs. 1 BauGB niedriger ist als die Durchschnittszahl bzw. – je nach der Satzungsformulierung – die Zahl der auf den Grundstücken des Abrechnungsgebiets überwiegend vorhandenen Geschosse, läßt das die Gültigkeit der entsprechenden Verteilungsregelung unberührt. Vielmehr „ist in solchen Fällen zur Vermeidung einer Verletzung des Äquivalenzprinzips und des Gleichheitsgrundsatzes ... aus dem Gesichtspunkt der sachlichen Unbilligkeit eine abweichende Festsetzung vorzunehmen, welche von der nach § 34 Abs. 1 BauGB zulässigen Geschoßzahl ausgeht".[50]

38 Verläuft beispielsweise eine Anbaustraße durch ein ausgewiesenes Industriegebiet und setzt der Bebauungsplan für die Grundstücke in diesem Gebiet nur (Grundflächen- und) **Baumassenzahlen** fest, ist eine *Umrechnungsformel* erforderlich, die dazu verhilft, bei der Verteilung des umlagefähigen Aufwands auch Industriegrundstücke mit dem Vollgeschoßmaßstab zu erfassen. Ohne sie wären Industriegrundstücke, die mit den für diese Nutzung typischen Hallen bebaut sind, entweder den sonstigen *ein*geschossigen Gebäuden gleichzustellen oder sie wären wegen des fehlenden Bezugs zu einer Geschoßzahl nicht abrechenbar. Im Rahmen der Verteilungsproblematik ist jedoch die Aufgabe, Industriegrundstücke und anders genutzte Grundstücke auf einen – wie es das Bundesverwaltungsgericht[51] formuliert hat – „gemeinsamen Nenner" zu bringen, nicht von zentraler Bedeutung, so daß auch im Hinblick auf die Ungenauigkeiten aller Verteilungsmaßstäbe nur entsprechend *geringe Anforderungen* an die vorteilsgerechte Eingliederung von Industriegrundstücken in die Verteilungsregelung durch eine Umrechnungsformel Baumassenzahl – Vollgeschoßzahl gestellt werden dürfen. Deshalb muß die Bestimmung des Umrechnungsfaktors einem *weiten Bewertungsermessen* des Ortsgesetzgebers unterliegen. Nur wenn der Umrechnungsfaktor schlechterdings sachlich nicht vertretbar und deshalb willkürlich ist, ist er zu beanstanden. Das ist aber weder bei einem Umrechnungsfaktor 2,8 (Baumassenzahl: 2,8 = anrechenbare Geschoßzahl) noch bei einem Umrechnungsfaktor 3,0 oder einem solchen von 3,5 anzunehmen, zumal auch die Baunutzungsverordnung in der bis zum 27. Januar 1990 geltenden Fassung (§ 17 Abs. 3) die fiktive Umrechnung der Baumassenzahl in eine Geschoßzahl kennt und von einer Geschoßhöhe von 3,5 m ausgeht.[52]

---

[49] Vgl. im einzelnen OVG Saarland, Urteil v. 25. 10. 1990 – 1 R 98/87 – NVwZ-RR 91, 423.
[50] OVG Münster, Urteil v. 23. 3. 1987 – 2 A 42/85 – GemHH 89, 13.
[51] BVerwG, Urteil v. 26. 1. 1979 – 4 C 61–68 u. 80–84.75 – BVerwGE 57, 240 (250) = NJW 80, 72 = DVBl 79, 781.
[52] BVerwG, u.a. Urteile v. 19. 2. 1982 – 8 C 27.81 – Buchholz 406.11 § 131 BBauG

Einer **Umrechnungsformel** bedarf es auch, wenn eine Erschließungsbeitrags- 39
satzung eine Aufwandserteilung nach dem Vollgeschoßmaßstab anordnet, ein
auf der Grundlage der Neufassung der Baunutzungsverordnung ergangener
Bebauungsplan (siehe dazu Rdnr. 30) jedoch nicht die Zahl der Vollgeschosse
(bzw. Baumassenzahlen), sondern die **Höhe der baulichen Anlagen** festsetzt
(vgl. § 16 Abs. 2 Nr. 4 und Abs. 3 Nr. 2 BauNVO). In einem solchen Fall ist
– sobald etwa eine Anbaustraße in einem derart beplanten Gebiet abgerechnet
werden soll – eine Ergänzung der Beitragssatzung um eine Regelung verlangt,
die bestimmt, bei welcher Höhe ein Geschoß zugrunde gelegt werden soll.
Bei dieser Entscheidung hat sich der Ortsgesetzgeber grundsätzlich zu orientieren an der durchschnittlichen Höhe der Vollgeschosse in seinem Hoheitsgebiet; ein gleichsam "gedankenloses" Abstellen auf die in Industriegebieten
typische "Geschoßhöhe" von 3,5 m dürfte in diesem Zusammenhang als
sachlich unvertretbar und deshalb willkürlich mit der Folge zu werten sein,
daß eine entsprechende Regelung unwirksam wäre. Beträgt die durchschnittliche Geschoßhöhe in einer Gemeinde beispielsweise zwischen 2,50 und
2,60 m, ist es nicht zu beanstanden, wenn der Ortsgesetzgeber bestimmt,
sofern im Bebauungsplan weder Geschoßzahl noch Baumassenzahl ausgewiesen ist, gelte als anrechenbare Geschoßzahl die im Bebauungsplan festgesetzte höchstzulässige Höhe der baulichen Anlagen geteilt durch 2,5, Bruch-
zahlen seien auf die nächstfolgende volle Zahl aufzurunden.

Eine Verteilungsregelung, die für Grundstücke in Kern-, Gewerbe- und 40
Industriegebieten einheitlich einen auf ihre Fläche bezogenen (Art-)Zuschlag
von 200 v. H. vorsieht, läßt keinen Raum für eine Differenzierung nach dem
Maß der Nutzung, wie es bei einem Vollgeschoßmaßstab notwendig ist. Der
jeweilige Vorteil kann nämlich auch bei übereinstimmender gewerblicher
oder industrieller Nutzung wesentlich vom Maß der Nutzung abhängen und
unterschiedlich sein, je nachdem, in welchem Umfang das einzelne Grundstück baulich nutzbar ist.[53] Deshalb kann eine Differenzierung nach dem
Maß der Nutzung bei Grundstücken in Kern-, Gewerbe- und Industriegebieten allenfalls dann entbehrlich sein, wenn im Zeitpunkt des Inkrafttretens der
Satzung für diese Gruppe von Grundstücken wesentliche Unterschiede im
Maß der Nutzung nicht vorhanden und gemessen an den Planungsabsichten
der Gemeinde für die nähere Zukunft nicht zu erwarten sind.

Da die – ausnahmsweise – nicht baulich, sondern *nur* **gewerblich** nutzbaren 41
Grundstücke kein Nutzungsmaß haben, muß bei Anwendung des Vollgeschoßmaßstabs – und entsprechendes gilt für den Geschoßflächenmaßstab –
dann, wenn die örtlichen Verhältnisse dies erforderlich machen, für sie ein
Nutzungsmaß fingiert werden. Dafür bietet sich eine Regelung an, die zu

---

Nr. 45 S. 35 (38) = NVwZ 82, 677 = DVBl 82, 55, und v. 19. 3. 1982 – 8 C 35, 37 u.
38.81 – Buchholz 406.11 § 131 BBauG Nr. 47 S. 48 (51) = KStZ 82, 190.
[53] BVerwG, Beschluß v. 4. 4. 1978 – 4 B 39.78 – Buchholz 406.11 § 131 BBauG
Nr. 26 S. 41 f. = ID 78, 156 = BRS 37, 213.

einer Beitragsbelastung dieser Grundstücke führt, welche der einer eingeschossigen Wohnbebauung entspricht. Eine **Sonderregelung** ist zumindest
sachgerecht auch für Friedhöfe, Kirchengrundstücke, Freibäder, **Sportplätze,**
Kleingartengelände und ähnlich im wesentlichen unbebaute bzw. "unterwertig" bebaute, aber gleichwohl – jedenfalls in beplanten Gebieten – beitragspflichtige Grundstücke. Mit Rücksicht auf die Besonderheiten derartig atypisch genutzter Grundstücke ist insoweit eine Bestimmung nicht zu beanstanden, durch die diese im Ergebnis wie "halbgeschossig" bebaubare Wohngrundstücke behandelt werden.[54]

b) Geschoßflächenmaßstab

42   Der (aus einer Reihe von Gründen **nicht** empfehlenswerte, aber gleichwohl
zulässige) Geschoßflächenmaßstab gewinnt – wie der Name ausdrückt – seinen Bezug zum Nutzungsmaß über die Geschoßflächen. Anknüpfungspunkt
– jedenfalls für beplante Grundstücke – ist regelmäßig die "zulässige Geschoßfläche"; der umlagefähige Aufwand wird in dem Verhältnis auf die
erschlossenen Grundstücke verteilt, in dem die zulässigen Geschoßflächen
(oder die Summen aus Grundstücksflächen und zulässigen Geschoßflächen)
zueinander stehen. Allerdings ist der Begriff "zulässige Geschoßfläche" (vgl.
dazu auch § 17 Rdnr. 47) als solcher **nicht eindeutig**, er kann unterschiedlich
definiert werden.[55] Deshalb erfordert der Grundsatz der Normenklarheit,
daß die Satzung bestimmt, wie die zulässige Geschoßfläche zu ermitteln ist.
In den meisten Fällen wird in den Satzungen als zulässige Geschoßfläche
diejenige bezeichnet, die sich aus der mit der Geschoßflächenzahl vervielfältigten (erschlossenen) Grundstücksfläche ergibt. Für die Geschoßflächenzahl
ist nach den entsprechenden Satzungsbestimmungen in beplanten Gebieten
die Festsetzung des Bebauungsplans (bzw. u. U. die eines Planentwurfs, vgl.
Rdnr. 33) maßgebend. Schwierigkeiten entstehen bei einer solchen Regelung,
wenn in einem Bebauungsplan etwa für einzelne erschlossene Grundstücke
oder für ein Plangebiet insgesamt nur Grundflächen- und Geschoßzahlen,
nicht jedoch Geschoßflächenzahlen festgesetzt sind. Da das Produkt aus
Grundflächenzahl und Geschoßzahl grundsätzlich nicht die Geschoßflächenzahl ergibt,[56] fehlt die für die Anwendung einer entsprechenden Satzungsvor-

---

[54] BVerwG, Urteil v. 19. 8. 1994 – 8 C 23.92 – ZMR 94, 534 = HSGZ 94, 465. In
diesem Urteil hat das BVerwG jedoch betont, es stehe dem Ortsgesetzgeber frei, durch
eine derartige Sonderregelung für eine eingeschränkte Beteiligung von erschlossenen
z. B. Sportplatzgrundstücken bei der Aufwandsverteilung zu Lasten der übrigen Beitragspflichtigen zu sorgen oder von einer solchen Sonderregelung mit der Folge abzusehen, daß ein der atypischen Nutzung dieser Grundstücke sowie der dadurch bedingten Vorteilssituation angemessener Ausgleich ggfs. über einen teilweisen Beitragserlaß
nach § 135 Abs. 5 BauGB zu Lasten der Gemeinde herbeizuführen ist.
[55] Vgl. dazu im einzelnen OVG Münster, Urteil v. 25. 8. 1975 – II A 232/74 – OVGE
31, 185 = GemHH 76, 140 = DGemStZ 78, 151.
[56] Vgl. u. a. Bielenberg in Ernst/Zinkahn/Bielenberg, BauGB, § 16 BauNVO Rdnr.
55.

schrift erforderliche Festsetzung der Geschoßflächenzahl. Angesichts der Anordnung des Satzungsgebers, auf die zulässige Geschoßfläche abzustellen, ist ein Ausweichen etwa auf eine tatsächlich vorhandene Geschoßfläche nicht möglich.[57] Gibt es bei einer solchen Verteilungsregelung auch nur ein Grundstück in einem Abrechnungsgebiet, für das im Bebauungsplan ausschließlich die Grundflächen- und Geschoßzahl festgesetzt ist, stellt der Maßstab keine für die Aufwandsverteilung geeignete Grundlage dar. Der insoweit bestehende Mangel könnte z. B. durch eine Bestimmung vermieden werden, nach der dann, wenn ein Bebauungsplan keine Geschoßflächenzahl ausweist, diese nach § 17 BauNVO i. V. m. den Festsetzungen des Bebauungsplans über die Zahl der zulässigen Vollgeschosse ermittelt werden.[58] Zwar gibt § 17 Abs. 1 BauNVO in seiner seit dem 27. Januar 1990 geltenden Fassung keine Höchstgeschoßzahlen mehr an, so daß die Tabelle in dieser Vorschrift nunmehr keine Aussagen mehr zu Geschoßzahlen enthält. Doch ist das jedenfalls für vor Inkrafttreten der Neufassung erlassene Satzungsbestimmungen unschädlich, weil die von ihnen angeordnete Verweisung auf § 17 BauNVO als eine sog. statische Verweisung zu verstehen sein dürfte, d. h. eine Verweisung auf § 17 BauNVO in seiner seinerzeitigen Fassung (vgl. Rdnr. 31). Allerdings "funktioniert" eine derartige Ermittlung der maßgebenden Geschoßflächenzahl nur, wenn die dafür erforderliche Bestimmung der Baugebietsart i. S. des § 17 Abs. 1 BauNVO möglich ist, und zwar entweder aufgrund einer Festsetzung im Bebauungsplan oder aufgrund von Kriterien, die für die Bestimmung der Baugebietsart nach Maßgabe des § 34 BauGB maßgebend sind.[59]

Der Geschoßflächenmaßstab kann auch für **unbeplante Gebiete** – und zwar 43 unabhängig davon, ob ein Grundstück bebaut ist oder nicht[60] – an die zulässige Geschoßfläche anknüpfen. Unbedenklich ist deshalb eine Vorschrift, nach der sich „bei Grundstücken, für die das Maß der baulichen Nutzung nicht in einem Bebauungsplan festgesetzt ist (§ 34 BauGB), die zulässigen Geschoßflächen aus dem zulässigen Maß der Bebauung" ergeben. Bei einer solchen Regelung wird zweifellos darauf abgestellt, was auf dem einzelnen Grundstück nach § 34 BauGB im Hinblick auf das Maß der baulichen Nutzung zulässig ist.[61] Unzureichend ist demgegenüber eine Vorschrift, nach deren Inhalt sich in unbeplanten Gebieten die „zulässigen Geschoßflächen aus dem zulässigen Maß der Bebauung (§ 24 Abs. 2 BauNVO) ergeben" sollen. Denn bei faktisch bebauungs-diffusen Gebieten ist die Zuordnung zu einem einzi-

---

[57] BVerwG, Beschluß v. 27. 7. 1972 – IV B 90.72 – Buchholz 406.11 § 132 BBauG Nr. 11 S. 16 f.
[58] OVG Lüneburg, Urteil v. 9. 3. 1979 – 9 A 43/77 –.
[59] Vgl. in diesem Zusammenhang OVG Lüneburg, Beschluß v. 26. 5. 1987 – 9 B 56/86 –, und VGH Kassel, Urteil v. 11. 2. 1987 – 5 OE 85/82 – GemHH 88, 91.
[60] Vgl. BVerwG, Urteil v. 14. 12. 1979 – 4 C 12–16 u. 18.77 – Buchholz 406.11 § 132 Nr. 29 S. 36 (40 f.) = DÖV 80, 341 = KStZ 80, 70.
[61] BVerwG, u. a. Urteil v. 14. 12. 1979 – 4 C 23.78 – Buchholz 406.11 § 131 BBauG Nr. 30 S. 54 (58) = NJW 80, 2208 = KStZ 80, 130.

gen Gebietstyp nicht möglich, so daß dann auch § 17 BauNVO nicht angewandt werden kann. Deshalb läßt sich die nach § 131 Abs. 3 BauGB gebotene
Differenzierung nach dem Nutzungsmaß nicht durch eine Verweisung auf
§ 24 BauNVO erreichen.[62, 63]

44   Auch ist es – wie bereits im Zusammenhang mit dem Vollgeschoßmaßstab
gesagt – statthaft, für die Ermittlung der für die Aufwandsverteilung maßgeblichen Geschoßflächen in *unbeplanten* Gebieten abzustellen nicht auf das
nach § 34 BauGB zulässige Nutzungsmaß, sondern bei bebauten Grundstükken auf die vorhandene Bebauung und bei unbebauten Grundstücken auf die
in der Umgebung verwirklichte Bebauung oder generell auf die in der näheren Umgebung überwiegend (durchschnittlich) vorhandenen Geschoßflächen
oder auf das Durchschnittsmaß aller von der Erschließungsanlage erschlossenen Grundstücke[62] (vgl. Rdnr. 34), vorausgesetzt, das für die Verteilung
zugrundezulegende Nutzungsmaß entfernt sich nicht zu weit von dem zulässigen Nutzungsmaß.[63] Im übrigen ist es nicht zu beanstanden, wenn eine
Gemeinde durch eine Einzelsatzung etwa für ein unbeplantes "Wohngebiet"
mit durchschnittlich vorhandener zweigeschossiger Bebauung eine Geschoßflächenzahl von 0,8 festsetzt.[64] Dagegen kann je nach den Umständen des
Einzelfalls, d. h. nach den maßgeblichen Verhältnissen in der jeweiligen Gemeinde, beispielsweise eine Bestimmung in der "allgemeinen" Verteilungsregelung Bedenken begegnen, nach der u. a. für Grundstücke, für die der Bebauungsplan keine Geschoßflächenzahl ausweist oder auf denen die Bebauung nur untergeordnete Bedeutung hat, auf die Geschoßflächenzahl 0,5 abgestellt werden soll. Die Anordnung einer **fiktiven Geschoßflächenzahl** von 0,5
für alle Grundstücke, die zwar bebaubar sind, für die der Bebauungsplan das
Maß der zulässigen Nutzung aber nicht durch Geschoßflächenzahlen festsetzt, kann im Einzelfall die Annahme begründen, es werde der unterschiedlichen Nutzbarkeit der erschlossenen Grundstücke **nicht** hinreichend Rechnung getragen.[65] Soweit bei Grundstücken, die nur untergeordnet bebaut
werden dürfen, ebenfalls eine Geschoßflächenzahl von 0,5 maßgeblich sein
soll, kann dies zu einer nicht vorteilsgerechten Mehrbelastung dieser Grundstücke gegenüber (normal) bebaubaren Grundstücken namentlich dann führen, wenn für derartig nutzbare Grundstücke des gleichen Abrechnungsgebiets Geschoßflächenzahlen von weniger als 0,5 ausgewiesen sind.[65] Auch
dürfte eine Regelung schwerlich mit dem Gebot einer angemessenen vorteils-

---

[62] BVerwG, u. a. Urteil v. 24. 9. 1976 – IV C 22.74 – Buchholz 406.11 § 131 BBauG
Nr. 17 S. 10 (12 f.) = DÖV 77, 678 = BauR 77, 126.
[63] Vgl. BVerwG, Urteil v. 10. 6. 1981 – 8 C 20.81 – BVerwGE 62, 308 (313) =
NVwZ 82, 246 = BauR 82, 472. In dieser Entscheidung wird überdies die Sonderfrage
der Ermittlung der Geschoßfläche in unbeplanten Gebieten nach der gemäß § 17 Abs. 1
BauNVO höchstzulässigen Geschoßflächenzahl behandelt.
[64] Vgl. BVerwG, Urteil v. 10. 10. 1975 – VII C 64.74 – BVerwGE 49, 227 (230) =
KStZ 76, 13 = GemTg 76, 271.
[65] OVG Lüneburg Beschluß v. 27. 3. 1990 – 9 M 113/89 –.

gerechten Aufwandsverteilung vereinbar sein, nach der bei den überwiegend dem Gemeinbedarf dienenden unbebauten Grundstücken auf eine Geschoßflächenzahl von 0,1 abgehoben werden soll; sie hat nämlich regelmäßig eine jedenfalls nicht im Rahmen der Aufwandsverteilung zu rechtfertigende Privilegierung dieser Grundstücke zur Folge.[65]

Ordnet eine Satzung für die Aufwandsverteilung in **unbeplanten** Gebieten **45** an, maßgebend solle die nach § 17 Abs. 1 BauNVO für das jeweilige Baugebiet höchstzulässige Geschoßflächenzahl sein und für deren Berechnung solle bei bebauten Grundstücken die Zahl der tatsächlich vorhandenen, bei unbebauten, aber bebaubaren Grundstücken die Zahl der auf den Grundstücken der näheren Umgebung überwiegend vorhandenen Geschosse zugrundegelegt werden,[66] ist – ebenfalls (vgl. Rdnr. 42) – zu berücksichtigen, daß § 17 Abs. 1 BauNVO in seiner seit dem 27. Januar 1990 geltenden Fassung **keine** nach der **Zahl** der **Vollgeschosse** gestaffelten Geschoßflächenzahlen mehr enthält. Gleichwohl ist eine Satzungsbestimmung der in Rede stehenden Art nicht gleichsam gegenstandslos geworden, sie läuft jetzt nicht "ins Leere". Denn ihre Verweisung auf § 17 Abs. 1 BauNVO ist grundsätzlich als eine **statische** Verweisung mit der Folge zu verstehen, daß sie sich bezieht auf § 17 Abs. 1 BauNVO in der Fassung, die im Zeitpunkt des Erlasses der Satzungsbestimmung maßgebend war (vgl. Rdnr. 31). Im Interesse einer Klarstellung kann jedenfalls hilfreich sein, wenn der Ortsgesetzgeber der Verweisung auf § 17 BauNVO als Hinweis hinzufügt z.B. „in der Fassung vom 15. 9. 1977 (BGBl. I S. 1763), geändert durch Verordnung vom 19. 12. 1986 (BGBl. I S. 2665)."

Wenn die konkreten örtlichen Verhältnisse es erfordern, muß eine an die **46** zulässigen Geschoßflächen anknüpfende Satzungsregelung eine *Umrechnungsformel* enthalten, die es ermöglicht, ausgewiesene **Industriegrundstücke** bei der Aufwandsverteilung zu erfassen. Insoweit sind vielfach in Satzungen zu findende Bestimmungen rechtlich nicht zu beanstanden, nach denen als (fiktive) Geschoßflächenzahl der Wert zugrunde zu legen ist, der durch eine Vervielfachung der Grundflächenzahl (0,8) mit der festgesetzten Baumassenzahl, geteilt durch einen Divisor von 2,8[67] bis hin zu (wohl höchstens) 3,5[68] ermittelt wird. Dadurch ergeben sich beispielsweise bei der höchstzulässigen Baumassenzahl (9) und der Grundflächenzahl (0,8) "Höchstgeschoßflächenzahlen" zwischen (9 × 0,8 : 2,8 =) 2,57 und (9 × 0,8 : 3,5 =) 2,06. Allerdings ist dazu anzumerken, daß die Einbeziehung der Grundflächenzahl zur Ermittlung der (fiktiven) Geschoßflächenzahl für ausgewiesene Industriegrund-

---

[66] Vgl. dazu etwa § 10 der Alternative B des Verteilungsmaßstabs des vom Gemeindetag Baden-Württemberg in BWGZ 87, 483 ff. (488), vorgestellten Satzungsmusters für Erschließungsbeiträge.

[67] BVerwG, Urteil v. 14. 12. 1979 – 4 C 12–16 u. 18.77 – Buchholz 406.11 § 132 BBauG Nr. 29 S. 36 (39) = DÖV 80, 341 = KStZ 80, 70.

[68] BVerwG, Urteil v. 14. 12. 1979 – 4 C 23.78 – Buchholz 406.11 § 131 BBauG Nr. 30 S. 54 (59 f.) = NJW 80, 2208 = KStZ 80, 130.

stücke nicht ohne weiteres verständlich ist; die Grundflächenzahl gehört der Sache nach nicht in diesen Zusammenhang, weil die Grundfläche – anders als die Grundstücksfläche (vgl. § 21 Abs. 1 BauNVO) – in keinem ausnutzungsrelevanten Verhältnis zur zulässigen Baumasse steht. Zwar führt die Vervielfachung der Baumassenzahl mit dem Multiplikator 0,8 zu einer Entlastung der Industriegrundstücke, doch kann der Ortsgesetzgeber dieses Ziel in dem Umfang, in dem es von seinem Ermessen gedeckt ist, durch die Anordnung erreichen, daß die Baumassenzahl unmittelbar durch einen entsprechenden Divisor zu teilen ist.

47 Beschränkt ein nach Inkrafttreten der Neufassung der Baunutzungsverordnung ergangener Bebauungsplan – was er gemäß § 16 Abs. 3 BauNVO darf – die Maßfestsetzung auf eine Angabe von Grundflächen- und Geschoßzahlen, bedarf es zur Anwendung des Geschoßflächenmaßstabs einer Formel, die es ermöglicht, über eine anzurechnende Geschoßflächenzahl die maßgebliche Geschoßfläche zu ermitteln. Dazu dürfte eine Bestimmung geeignet sein, die ausdrücklich auf § 17 Abs. 1 BauNVO in der Fassung vom 15. September 1977 verweist (vgl. Rdnr. 42 und 45). Setzt der Bebauungsplan neben der Grundflächenzahl ausschließlich die **Höhe der baulichen Anlagen** fest, könnte zusätzlich eine Umrechnungsformel der im Zusammenhang mit dem Vollgeschoßmaßstab behandelten Art in Betracht kommen (vgl. Rdnr. 39). Denkbar könnte auch eine Formel sein, nach der sich die anzurechnende Geschoßflächenzahl durch Vervielfältigung der ausgewiesenen Grundflächenzahl mit der festgesetzten höchstzulässigen Höhe der baulichen Anlagen geteilt durch den Wert ergibt, der der durchschnittlichen Geschoßhöhe in der betreffenden Gemeinde entspricht (vgl. Rdnr. 39).

3. Berücksichtigung der Nutzungsart

48 § 131 Abs. 3 BauGB gebietet, außer der Verschiedenheit des Nutzungsmaßes auch der Verschiedenheit der Nutzungsart Rechnung zu tragen, und zwar sowohl in beplanten als auch in unbeplanten Gebieten (vgl. Rdnr. 27). Daraus folgt jedoch nicht zwangsläufig, daß diesem Gebot nur dadurch genügt werden kann, daß etwa gewerblich und industriell nutzbare Grundstücke im Vergleich zu Wohnzwecken vorbehaltenen Grundstücken höher belastet, d. h. mit einem sog. **Artzuschlag** belegt werden müssen. Vielmehr ist differenziert nach den verschiedenen Arten von beitragsfähigen Erschließungsanlagen gemessen an den durch die jeweils in Rede stehende Anlage vermittelten Erschließungsvorteilen zu prüfen, ob dem Gebot des § 131 Abs. 3 BauGB durch einen *Artzuschlag* oder einen *Artabschlag* zu entsprechen ist. Während bezogen etwa auf eine **Grünanlage** i.S. des § 127 Abs. 2 Nr. 4 BauGB ein **Artabschlag** angezeigt ist[69] (vgl. § 17 Rdnr. 93), steht außer Zweifel, daß bei Anbaustraßen (sowie – soweit sie beitragsfähige Anlagen sind – bei Sammel-

---

[69] Vgl. BVerwG, Urteil v. 9. 12. 1994 – 8 C 6.93 –.

straßen und wohl auch Parkflächen) ein Artzuschlag gerechtfertigt ist. Es sei nämlich offenkundig, so meint beispielsweise der Bayerische Verwaltungsgerichtshof,[70] daß die durch die Inanspruchnahmemöglichkeit einer hergestellten Straße ausgelösten Vorteile für gewerblich und industriell genutzte Grundstücke gegenüber den ausschließlich Wohnzwecken dienenden Grundstücken erheblich größer seien, bedenke man allein den Umfang des typischerweise notwendigen An- und Abfahrverkehrs von Lieferfahrzeugen. Dementsprechend beziehen sich die folgenden Ausführungen über den Artzuschlag *lediglich* auf Anbaustraßen.

§ 131 Abs. 3 BauGB verlangt nur die Berücksichtigung von **grundsätzlichen** 49 Verschiedenheiten der Nutzungsart (vgl. Rdnr. 30), nicht aber eine Differenzierung nach allen (etwa in § 17 BauNVO genannten) Baugebietsarten. Nach der ständigen Rechtsprechung des Bundesverwaltungsgerichts[71] genügt es, wenn zwischen gewerblicher und industrieller Nutzung einerseits und Wohnnutzung andererseits mit dem Ergebnis einer stärkeren Belastung der ersteren unterschieden wird. Nicht ausreichend ist die Ausgliederung ausschließlich der industriellen Nutzung und Gleichbehandlung der Gewerbe- und Wohnnutzung.[72] Jedoch ist den Gemeinden eine weitergehende Art-Differenzierung nicht verwehrt; so ist es beispielsweise sachlich gerechtfertigt, auch alle Grundstücke in Kerngebieten mit einem Artzuschlag zu belegen.[73] Unzulässig ist allerdings, besondere Wohngebiete i. S. des § 4 a BauNVO den Gewerbegebieten gleichzustellen, also alle Grundstücke in diesen Gebieten mit einem Artzuschlag zu belasten, weil das die von § 131 Abs. 3 BauGB zugunsten der Wohngebiete geforderte Differenzierung verwischt.[74]

Für *beplante* Gewerbe- und Industriegebiete ist die satzungsmäßige An- 50 ordnung eines sog. *gebietsbezogenen* Artzuschlags erforderlich, der – anders als ein *grundstücksbezogener,* d. h. auf die tatsächliche gewerbliche und industrielle Nutzung der Einzelgrundstücke abstellender Artzuschlag – alle Grundstücke der jeweiligen Baugebietsart erfaßt. Während ein solcher gebietsbezogener Artzuschlag für beplante Kern- und Mischgebiete[75] ebenfalls mit der Folge zulässig ist, daß alle Grundstücke in diesen Gebieten mit dem

---

[70] BayVGH, Urteil v. 2. 6. 1975 – 256 VI 73 – BayVBl 76, 16 (zum Ausbaubeitragsrecht).

[71] BVerwG, so schon Urteil v. 16. 2. 1973 – IV C 52.71 – BVerwGE 42, 17 (20) = DÖV 73, 252 = DVBl 73, 502; ferner u. a. Urteil v. 7. 3. 1980 – 4 C 40.78 – Buchholz 406.11 § 131 BBauG Nr. 34 S. 70 (73) = BauR 80, 563 = KStZ 81, 9 mit weiteren Nachweisen.

[72] BVerwG, Urteil v. 21. 1. 1977 – 4 C 84–92.74 – Buchholz 406.11 § 131 BBauG Nr. 20 S. 20 (22) = NJW 77, 1740 = BauR 77, 266.

[73] BVerwG, u. a. Urteil v. 10. 6. 1981 – 8 C 66.81 – Buchholz 406.11 § 131 BBauG Nr. 41 S. 23 (24) = NVwZ 82, 37 = BauR 82, 476.

[74] BVerwG, Urteil v. 25. 6. 1982 – 8 C 82 u. 83.81 – Buchholz 406.11 § 132 BBauG Nr. 38 S. 11 (13) = DVBl 82, 1055 = NVwZ 83, 290.

[75] Vgl. BVerwG, Urteil v. 19. 2. 1982 – 8 C 27.81 – Buchholz 406.11 § 131 BBauG Nr. 45 S. 35 (41) = NVwZ 82, 667 = DVBl 82, 552.

Artzuschlag zu belasten sind, kommt – soweit es die bebauten Grundstücke betrifft – für *beplante* besondere[74] und sonstige Wohngebiete *nur* ein grundstücksbezogener, auf die tatsächliche gewerbliche Nutzung abhebender Artzuschlag in Betracht. Da die tatsächliche gewerbliche Nutzung von Grundstücken in beplanten Wohngebieten nicht die Regel, sondern die Ausnahme darstellt (vgl. §§ 3, 4 BauNVO), ist es dem Ortsgesetzgeber jedoch unbenommen, diese Art der Nutzung in beplanten Wohngebieten bei der Abfassung der Verteilungsregelung als untypisch völlig zu vernachlässigen. Dies gilt selbst dann, wenn er sich im übrigen für eine Verteilungsregelung entscheidet, nach der in *allen unbeplanten* Gebieten, also auch in unbeplanten "Wohngebieten", tatsächlich (überwiegend) gewerblich genutzte Grundstücke mit dem Artzuschlag zu belegen sind. Der Gleichbehandlungsgrundsatz hindert ihn an einer solchen Differenzierung schon deshalb nicht, weil mit ihr an rechtlich jeweils nicht vergleichbare Sachverhalte angeknüpft wird, nämlich an unbeplante Gebiete i.S. des § 34 BauGB einerseits und an beplante (Wohn-)Gebiete i.S. des § 30 BauGB andererseits.[76]

51   Die Notwendigkeit, in beplanten Gewerbe- Industrie- und wohl auch Kerngebieten, nicht aber auch in den übrigen beplanten Gebieten auf einen gebietsbezogenen Artzuschlag abzustellen, folgt letztlich daraus, daß *unbebaute* bzw. *ungenutzte* Grundstücke zwar in den erstgenannten, nicht aber in den anderen Gebieten mit einem Artzuschlag belegt werden müssen. Wenn der grundstücksbezogene Artzuschlag etwa in Wohn- und Mischgebieten ausschließlich die tatsächlich (überwiegend) gewerbliche (bzw. überwiegend industrielle) Nutzung trifft, ist damit berücksichtigt, daß eine gewerbliche Nutzung in reinen Wohngebieten nur ausnahmsweise (§ 3 Abs. 3 BauNVO) und in allgemeinen Wohngebieten nur beschränkt oder ausnahmsweise (§ 4 Abs. 2 und 3 BauNVO) zulässig und daß sie auch in Mischgebieten jedenfalls nicht die Regel ist (§ 6 Abs. 1 BauNVO). Angesichts dessen rechtfertigt es sich, unbebaute oder ungenutzte Grundstücke in diesen Gebietsarten nicht mit einem Artzuschlag zu belegen. Hingegen besteht kein rechtfertigender Grund, in **beplanten** Gewerbe- und Industriegebieten nur genutzte (bebaute) und nicht auch ungenutzte (nicht bebaute) Grundstücke mit Artzuschlägen zu belasten.[77] Allerdings ist es nicht zu beanstanden, wenn auch in beplanten Nichtindustrie- und Nichtgewerbegebieten für unbebaute bzw. ungenutzte Grundstücke, die jedoch gewerblich genutzt werden dürfen, auf die zulässige Nutzungsart abgestellt wird.[78] Denn in derartigen Fällen kann eine spätere gewerbliche Nutzung jedenfalls nicht ausgeschlossen werden.

---

[76] Vgl. im einzelnen BVerwG, Urteil v. 19. 2. 1982 – 8 C 36.81 – Buchholz 406.11 § 131 BBauG Nr. 46 S. 45 (47) = NVwZ 82, 434 = KStZ 82, 93.

[77] BVerwG, Urteil v. 10. 6. 1981 – 8 C 15.81 – BVerwGE 62, 300 (304 f.) = NVwZ 82, 244 = DVBl 82, 72.

[78] BVerwG, Urteil v. 23. 5. 1980 – 4 C 83–91.79 – Buchholz 406.11 § 131 BBauG Nr. 35 S. 76 (80) = DVBl 80, 757 = KStZ 81, 12.

Gegen die Anwendung des von vielen Gemeinden gewählten, unbebaute 52
bzw. ungenutzte Grundstücke aussparenden *grundstücksbezogenen* Artzuschlags in qualifiziert beplanten Misch- und Wohngebieten bestehen nicht
etwa deshalb Bedenken, weil damit maßgeblich nicht auf die zulässige, sondern auf die tatsächliche Nutzung abgestellt wird (vgl. dazu Rdnr. 7). Denn
das Abheben auf die tatsächliche Nutzung in diesen Gebieten berücksichtigen gerade im Interesse der Beitragspflichtigen, die ihre Grundstücke zulässigerweise und u. U. (etwa in Wohngebieten) gebietstypisch zu Wohnzwecken
nutzen, den Grundsatz der **Abgabengerechtigkeit**. Es eröffnet nämlich die
Möglichkeit, in dem nach § 133 Abs. 2 BauGB maßgeblichen Zeitpunkt gewerblich genutzte Grundstücke auch dann stärker zu belasten, wenn sie nicht
in ausgewiesenen Gewerbe- oder Industriegebieten liegen.[79]

Für *unbeplante* Gebiete gelten die vorstehenden Gesichtspunkte grund- 53
sätzlich entsprechend. Auch insoweit ist zumindest für Gebiete, die ihrer
Struktur nach beplanten Gewerbe- und Industriegebieten vergleichbar sind,
eine Regelung erforderlich, die es ermöglicht, alle Grundstücke – einschließlich der unbebauten bzw. ungenutzten – mit einem Artzuschlag zu belegen.
Dem kann es genügen, wenn ein Ortsgesetzgeber ohne ausdrückliche Differenzierung zwischen beplanten und unbeplanten Gebieten etwa anordnet,
„bei Grundstücken in Gewerbe-, Industrie- und Kerngebieten" sei ein (gebietsbezogener) Artzuschlag zu erheben. Denn eine Auslegung, die unter
"Gewerbe-, Industrie- und Kerngebieten" im Sinne einer solchen Satzungsregelung nicht nur beplante, sondern auch entsprechende (vergleichbare) unbeplante Gebiete versteht, ist jedenfalls nicht aus Rechtsgründen ausgeschlossen.[80] Allerdings setzt die Anwendbarkeit einer solchen Bestimmung auf
Grundstücke in unbeplanten Gebieten jedenfalls dann, wenn die Satzung die
Höhe des Artzuschlags für die einzelnen Gebietsarten unterschiedlich festsetzt, eine *weitere* satzungsrechtliche (Transformations-)Regelung voraus,
die die Voraussetzungen bestimmt, bei deren Vorliegen für die Verteilung des
umlagefähigen Erschließungsaufwands im Einzelfall unbeplante "Gewerbe-,
Industrie- oder Kerngebiete" anzunehmen sind. Dazu bietet sich etwa eine
Satzungsbestimmung an, nach der insoweit abzustellen ist auf das, was nach
„§ 34 BauGB unter Berücksichtigung der überwiegend vorhandenen Nutzungsart zulässig ist",[81] so daß als zulässige Gebietsart die Nutzungsart zugrundezulegen ist, die in der nach § 34 BauGB beachtlichen Umgebung unter
Berücksichtigung der überwiegend vorhandenen Nutzungsart zulässig ist.
Durch die erfolgte Bezugnahme auf die "überwiegend vorhandene" Nut-

---

[79] BVerwG, u. a. Urteil v. 14. 12. 1979 – 4 C 23.78 – Buchholz 406.11 § 131 BBauG
Nr. 30 S. 54 (56 f.) = NJW 80, 2208 = KStZ 80, 130.
[80] BVerwG, Urteil v. 10. 6. 1981 – 8 C 20.81 – BVerwGE 62, 308 (312) = NVwZ 82,
246 = BauR 82, 472.
[81] Vgl. im einzelnen BVerwG, Urteil v. 23. 5. 1980 – 4 C 83–91.79 – Buchholz 406.11
§ 131 BBauG Nr. 35 S. 76 (80 f.) = DVBl 80, 757 = KStZ 81, 12.

zungsart wird zugleich die – ggfs. erforderliche – Anwendung einer solchen Bestimmung in diffus bebauten Gebieten ermöglicht.[80]

54   Unabhängig davon kann eine Verteilungsregelung auch für alle Grundstükke in allen unbeplanten Gebieten – die unbebauten bzw. ungenutzten Grundstücke erfassend – die Erhebung eines Artzuschlags unmittelbar davon abhängig machen, ob eine gewerbliche (oder industrielle) Nutzung nach § 34 BauGB unter Berücksichtigung der überwiegend vorhandenen Nutzungsart zulässig ist.[81] Mit Hilfe des § 34 BauGB kann für jedes einzelne Grundstück hinreichend sicher festgestellt werden, ob der das der Fall ist. Allerdings ist eine solche Regelung äußerst unpraktikabel. Vor allem deshalb ist es üblich und unbedenklich, bei Grundstücken in Gewerbe-, Industrie- und Kerngebieten *nicht* vergleichbaren unbeplanten Bereichen *ebenso* wie bei Grundstücken in entsprechenden beplanten Gebieten einen *grundstücksbezogenen,* die unbebauten bzw. ungenutzten Grundstücke vernachlässigenden Artzuschlag anzuordnen mit der Folge, daß nur tatsächlich (überwiegend) gewerblich (oder industriell) genutzte Grundstücke stärker belastet werden.

55   Eine Regelung des grundstücksbezogenen Artzuschlags, die für unbebaute (ungenutzte) Grundstücke im unbeplanten Innenbereich anordnet, daß deren – nach Maßgabe des zu berücksichtigenden Nutzungsmaßes – ermittelte Geschoßflächen dann, wenn sie gewerblich i. S. des § 8 BauNVO nutzbar sind, mit dem Faktor 1,5, und dann, wenn sie industriell i. S. des § 9 BauNVO nutzbar sind, mit dem Faktor 2,0 zu vervielfältigen sind, ist bundesrechtlich nicht zu beanstanden. Zu ihrer Wirksamkeit bedarf es keiner weiteren satzungsrechtlichen Regelung, die die Voraussetzungen bestimmt, bei deren Vorliegen für die Aufwandsverteilung im Einzelfall anzunehmen ist, ein Grundstück sei gewerblich i. S. des § 8 BauNVO oder industriell i. S. des § 9 BauNVO nutzbar.[82]

56   Der Begriff ”Gewerbe“ im Sinne einer grundstücksbezogenen Artzuschlagsbestimmung ist grundsätzlich weiter als der entsprechende Begriff im Gewerbe- bzw. Gewerbesteuerrecht zu verstehen. Dies ergibt sich aus Sinn und Zweck des Differenzierungsgebots des § 131 Abs. 3 BauGB, das eine stärkere Belastung der Grundstücke fordert, die etwa im Vergleich zu Grundstücken, die der Wohnnutzung vorbehalten sind, erfahrungsgemäß eine intensivere Inanspruchnahme der Anbaustraße auslösen. Deshalb sind außer den Grundstücken, die ”typische“ gewerbliche (und industrielle) Bauten aufweisen, und den Neben-Grundstücken (z.B. Stapelplatz für Sägewerk, Abstellplatz für privaten Fuhrunternehmer usw.), die einem ”typischen“ Gewerbebetrieb zuzurechnen sind, ”gewerblich genutzt“ im Sinne einer solchen Satzungsbestimmung jedenfalls *auch* Grundstücke, auf denen eine (”gewerbliche“) Tätigkeit ausgeübt wird, die typischerweise auf einen **Besucherverkehr** abstellt und deshalb eine intensivere Inanspruchnahme einer Anbaustraße

---

[82] BVerwG, Urteil v. 10. 11. 1989 – 8 C 50.88 – Buchholz 406.11 § 131 BBauG Nr. 81 S. 42 (44 f.) = NVwZ 90, 870.

verursacht, wie das sowohl bei einem als Personen- und Güterbahnhof genutzten Grundstück als auch bei Grundstücken mit Praxen von Ärzten, An-
wälten, Architekten usw. der Fall ist.[83]

Eine am Differenzierungsgebot des § 131 Abs. 3 BauGB orientierte Ausle- **57**
gung einer auf die "gewerblich genutzten" Grundstücke abhebenden Satzungsbestimmung führt im übrigen zu dem Ergebnis, daß darüber hinaus
z. B. mit einem öffentlichen Verwaltungs-, einem Gerichts-, einem Post- oder
einem Schulgebäude bebaute Grundstücke mit einem Artzuschlag zu belegen
sind.[84] Denn angesichts des Umfangs an Ziel- und Quellverkehr, den solchermaßen genutzte Grundstücke im Vergleich zu Grundstücken erfahrungsgemäß auslösen, die Wohnzwecken dienen, ist eine solche Auslegung vom
Differenzierungsgebot des § 131 Abs. 3 BauGB verlangt. Gleichwohl erscheint aus Gründen der Klarheit eine ausdrückliche Anordnung des Ortsgesetzgebers zweckmäßig, nach der der grundstücksbezogene Artzuschlag zu
erheben ist außer für "gewerblich" auch "für in ähnlicher (gleichartiger) Weise genutzte Grundstücke sowie für Grundstücke z. B. mit Büro-, Verwal-
tungs-, Post-, Bahn-, Krankenhaus- und Schulgebäuden".[85] Dagegen zählt
die landwirtschaftliche Nutzung i. S. des § 201 BauGB nicht zur gewerblichen Nutzung im erschließungsbeitragsrechtlichen Sinne.[86]

Die Frage, ob ein **Kirchengrundstück** mit einem Artzuschlag zu belegen ist, **58**
dürfte grundsätzlich zu **verneinen** sein. "Zur Rechtfertigung eines Artzuschlags reicht es ... nicht aus, daß es bei der Benutzung von Kirchengrundstücken zu Spitzenbelastungen der öffentlichen Straße kommen kann und es
insoweit auf die besondere Leistungsfähigkeit der öffentlichen Einrichtung
ankommt ... Ausschlaggebend ist vielmehr, wie stark die öffentliche Straße
(über einen längeren Zeitraum gesehen) vom Kirchengrundstück aus erfahrungsgemäß und typischerweise tatsächlich genutzt wird." Bei der gebotenen
verallgemeinernden Betrachtung dürfte davon auszugehen sein, "daß das Kirchengrundstück ... über einen längeren Zeitraum gesehen bei kirchlichen
Veranstaltungen, beispielsweise Gottesdiensten und Taufen, nicht intensiver
genutzt wird als ein der Wohnnutzung dienendes Grundstück. Die Besucher-
zahlen liegen wahrscheinlich bei Kirchengrundstücken an Sonn- und Feierta-
gen höher, dafür aber an Werktagen niedriger als bei Wohngrundstücken;
diese Unterschiede dürften sich typischerweise in solchen Dimensionen be-

---

[83] BVerwG, Urteil v. 11. 12. 1987 – 8 C 85.86 – BVerwGE 78, 321 (331 f.) = NVwZ
88, 632 = DVBl 88, 893; siehe in diesem Zusammenhang auch Gern in NVwZ 89, 534.

[84] Vgl. u. a. OVG Lüneburg, Urteil v. 21. 11. 1988 – 9 A 68/87 – und Beschluß v.
27. 2. 1989 – 9 M 8/89 – sowie (namentlich für ein Schulgrundstück) Urteil v. 14. 2.
1989 – 9 A 124/87 –, ferner VGH Kassel, Urteil v. 27. 11. 1991 – 5 UE 80/89 – KStZ
1993, 19, und OVG Münster, Beschluß v. 15. 6. 1994 – 3 B 4721/92 – HSGZ 94, 353.

[85] Vgl. etwa OVG Münster, u. a. Urteile v. 26. 5. 1976 – III A 835/72 – KStZ 77, 11 =
DÖV 76, 856 = ZMR 77, 114, und v. 14. 12. 1978 – III A 1379/78 – HSGZ 79, 189.

[86] BVerwG, Urteil v. 14. 12. 1979 – 4 C 23.78 – Buchholz 406.11 § 131 BBauG
Nr. 30 S. 54 (57) = NJW 80, 2208 = KStZ 80, 130.

wegen, daß sich insgesamt gesehen regelmäßig keine erhöhte Inanspruchnahme der Straße durch Kirchengrundstücke ergibt".[87]

59　Viele Ortsgesetzgeber machen die Belastung mit einem grundstücksbezogenen Artzuschlag bei gemischt – d. h. teilweise zu Wohnzwecken, teilweise zu gewerblichen Zwecken – genutzten Grundstücken davon abhängig, ob das jeweilige Grundstück "überwiegend" gewerblich genutzt wird. Ein solches Merkmal genügt den nach dem Bestimmtheitsgrundsatz an eine Norm zu stellenden Anforderungen (vgl. Rdnr. 34). Denn ein "Überwiegen" ist nach dem allgemeinen Sprachgebrauch in diesem Zusammenhang anzunehmen, wenn ein Grundstück zu mehr als 50 v. H. in einer bestimmten Weise genutzt wird.[88] Im übrigen ist bei der Anwendung einer solchen Vorschrift auszugehen von der tatsächlich ausgeübten gewerblichen bzw. industriellen Nutzung und ihr ist gegenüberzustellen eine bestimmte Wohnnutzung. Für die Ermittlung der insoweit **maßgeblichen Wohnnutzung** ist abzustellen darauf, wie nach der einschlägigen Satzung das Nutzungsmaß zu berücksichtigen ist. Hebt die Satzung – wie es typischerweise für Grundstücke in unbeplanten Gebieten zutrifft – auf das **tatsächliche** (Wohn-)Nutzungsmaß ab, ist – unabhängig davon, aus welchen Komponenten sich die Verteilungsregelung im einzelnen zusammensetzt, d. h. ob sie eine Aufwandsverteilung nach den Grundflächen, den Geschoßflächen, den Vollgeschossen oder nach einer Kombination aus derartigen Komponenten anordnet – **ausschlaggebend** einzig die tatsächliche (Wohn-)Nutzung im Zeitpunkt des Entstehens der sachlichen Beitragspflichten[89] (vgl. dazu § 17 Rdnr. 11). Da bei dieser Konstellation das Verhältnis zwischen Wohnnutzung und gewerblicher Nutzung maßgebend ist und da eine Wohnnutzung typischerweise in (Wohn-)Gebäuden stattfindet, ist in diesem Zusammenhang abzuheben auf die **vorhandenen Gebäudeflächen**[89], **d. h. auf das Verhältnis der gewerblich genutzten Flächen zu den Wohnflächen** – ausschließlich etwaiger Kellerräume.[90] Soweit sich das Nutzungsmaß jedoch – wie namentlich in beplanten Gebieten – nach der **zulässigen Nutzung** richtet, ist dieses Nutzungsmaß Ausgangspunkt für die Beurteilung, ob die tatsächlich vorhandene gewerbliche bzw. industrielle Nutzung die Wohnnutzung überwiegt und deshalb zu einer (zusätzlichen) Belastung mit dem Artzuschlag führt. Stellte man nämlich auch bei einer solchen Fallgestaltung einzig auf die tatsächliche Nutzung und damit auf die vorhandene Bausubstanz ab, müßte beispielsweise bei einem achtgeschossig bebaubaren, aber nur eingeschossig bebauten und im Umfang dieser Bebauung insgesamt gewerblich genutzten Grundstück sowie der Maßgeblichkeit des Vollgeschoßmaßstabs der Nutzungsfaktor für eine achtgeschossige Bebaubarkeit und zusätzlich der

---

[87] OVG Lüneburg, Beschluß v. 16. 4. 1992 – 9 M 1742/92 – NsGemeinde 92, 288.
[88] Vgl. etwa VGH Kassel, Urteil v. 2. 3. 1978 – V OE 35/77 –.
[89] Im Ergebnis ebenso OVG Münster, Urteil v. 20. 9. 1989 – 2 A 1005/88 –.
[90] Ebenso u. a. OVG Koblenz, Urteil v. 12. 2. 1985 – 6 A 11/84 – HSGZ 85, 200; vgl. zur Ermittlung der "überwiegend gewerblichen Nutzung" auch OVG Münster, U. v. 31. 10. 1984 – 3 A 2525/82 – KStZ 85, 177.

Artzuschlag zugrundegelegt werden, während bei einem Grundstück, das tatsächlich achtgeschossig bebaut ist, aber nur in vier Geschossen gewerblich genutzt wird, neben dem Nutzungsfaktor für achtgeschossige Bebaubarkeit ein Gewerbezuschlag nicht anfiele. Für eine derartige – mit Blick auf die Belastung durch den Artzuschlag – Schlechterstellung des nur eingeschossig bebauten Grundstücks aber gibt es keinen rechtfertigenden Grund.[91] Entgegen der Meinung des Oberverwaltungsgerichts Lüneburg[92] ist es verfehlt, die der gewerblich genutzten Fläche gegenüberzustellende Wohnfläche bei einem solchen Verteilungsmaßstab durch eine Vervielfachung der Grundstücksfläche mit einem nach der Zahl der zulässigen Vollgeschosse gestaffelten Nutzungsfaktor zu ermitteln. Denn das Ergebnis dieser Vervielfachung ist eine rein rechnerische Größe, die in keinem Verhältnis zu irgendeiner Nutzung steht und deshalb nichts für die Feststellung einer "überwiegenden" Nutzung herzugeben geeignet ist. Ist bei einem in vollem Umfang bebauten, d.h. nicht weiter bebaubaren Grundstück die Summe der gewerblichen Geschoßflächen größer als die zu anderen Zwecken genutzten Geschoßflächen, ist in der Regel von einer überwiegend gewerblichen Nutzung auszugehen,[93] und zwar selbst dann, wenn die Satzung im übrigen für die Aufwandsverteilung eine Maßgeblichkeit nicht der Geschoßflächen, sondern z.B. der Anzahl der Vollgeschosse in Verbindung mit den Grundflächen anordnet.

Wenn der Ortsgesetzgeber meint, es werde den z.B. durch eine hergestellte 60 Straße vermittelten Vorteilen nicht gerecht, wenn bei gemischt genutzten Grundstücken **erst** eine überwiegende tatsächliche gewerbliche Nutzung zu einer Belastung mit dem (grundstücksbezogenen) Artzuschlag führt, ist es ihm unbenommen, die entsprechende Grenze **niedriger** festzusetzen. So dürfte eine Regelung von seinem ortsgesetzgeberischen (Bewertungs-)Ermessen gedeckt sein, nach der die Belastung mit einem Artzuschlag schon einsetzen soll, wenn **mehr** als **ein Drittel** der vorhandenen Gebäudeflächen tatsächlich gewerblich genutzt werden. Auf diese Weise wird erreicht, daß in der Regel jedenfalls die zweigeschossig bebauten Grundstücke mit dem Artzuschlag zu belasten sind, bei denen sich im Erdgeschoß z.B. die Arztpraxis, die Anwaltskanzlei oder die Gastwirtschaft und im 1. Geschoß die Wohnung desjenigen befindet, der das "Gewerbe" im hier in Rede stehenden Sinne betreibt. Im übrigen werden nach Ansicht des Verwaltungsgerichtshofs Mannheim[94] von einer Satzungsvorschrift, nach der die überwiegend gewerblich genutzten Grundstücke mit einem Artzuschlag zu belegen sind, nur solche Grundstücke erfaßt, bei denen die überwiegende gewerbliche Nutzung durch eine Baugenehmigung gedeckt ist.

---

[91] OVG Münster, Urteil v. 16. 8. 1990 – 2 A 1224/88 –.
[92] OVG Lüneburg, Urteil v. 21. 11. 1988 – 9 A 68/87 –.
[93] Vgl. OVG Lüneburg, Urteil v. 8. 5. 1985 – 9 A 76/83 – NsGemeinde 86, 31.
[94] VGH Mannheim, Urteil v. 21. 9. 1989 – 2 S 3000/88 –.

4. Bewertung der Unterschiedlichkeiten in Nutzungsmaß und Nutzungsart

61   § 131 Abs. 3 BauGB schreibt weder vor, in welcher Weise der Ortsgesetz-geber der größeren baulichen Ausnutzbarkeit der Grundstücke durch eine stärkere Beitragsbelastung Rechnung zu tragen hat, noch ordnet er an, wie die unterschiedliche Nutzungsart im Vergleich zum Nutzungsmaß beitrags-rechtlich zu bewerten ist. Deshalb ist davon auszugehen, daß die Vorschrift dem Ortsgesetzgeber insoweit ein *weites Bewertungsermessen*[95] einräumt. Die Ausübung dieses gesetzgeberischen Ermessens ist, abgesehen von den Grenzen, die sich aus dem Willkürverbot und aus dem Prinzip der Verhält-nismäßigkeit ergeben, eingeschränkt durch das der Regelung des § 131 Abs. 3 BauGB zugrundeliegende Vorteilsprinzip; die Ausübung des Ermessens hat sich weitläufig und in einer sachlich vertretbaren Weise an dem Umfang der Vorteile zu orientieren, die einem Grundstück durch die Inanspruchnahme-möglichkeit beitragsfähiger Erschließungsanlagen vermittelt werden.

a) Bewertung der Unterschiedlichkeiten im Nutzungsmaß

62   Bei Anwendung des Geschoßflächenmaßstabs wird der umlagefähige Auf-wand im Verhältnis der zulässigen Geschoßflächen (oder Summen aus Grundstücksflächen und zulässigen Geschoßflächen) verteilt. Das führt dazu, daß eine höhere bauliche Ausnutzbarkeit (größere Geschoßfläche) unmittel-bar eine höhere Beitragsbelastung zur Folge hat. Wählt der Ortsgesetzgeber den (mit dem Grundflächenmaßstab kombinierten) Vollgeschoßmaßstab, ist hingegen noch eine Ermessensentscheidung erforderlich, die ausdrückt, in welchem Umfang steigende Vollgeschosse eine höhere Beitragsbelastung nach sich ziehen sollen. Dazu werden üblicherweise jeweils **nach der Zahl der Vollgeschosse gestaffelte Vomhundertsätze** (gelegentlich auch Nutzungs-Fak-toren genannt) vorgesehen, mit denen zur Ermittlung des für ein erschlosse-nes Grundstück bei der Aufwandsverteilung zu berücksichtigenden (Vertei-lungs-)Werts dessen (erschlossene) Grundstücksfläche vervielfacht wird. We-der beispielsweise die folgende Staffelung der Vomhundertsätze (eingeschos-sig = 125 v.H., zweigeschossig = 150 v.H., dreigeschossig = 175 v.H., viergeschossig = 195 v.H., fünfgeschossig = 215 v.H., sechsgeschossig = 230 v.H.) noch eine ähnliche Staffelung begegnet Bedenken. Für den Fall, daß ein Bebauungsplan für ein Grundstück unterschiedliche Geschoßzahlen ausweist, darf die Satzung anordnen, daß zur Bestimmung des maßgeblichen Vomhundertsatzes auf die jeweils festgesetzte höchstzulässige Zahl der Voll-geschosse abzustellen ist.[96]

---

[95] BVerwG, st. Rspr., u.a. Urteile v. 7. 3. 1980 – 4 C 40.78 – Buchholz 406.11 § 131 BBauG Nr. 34 S. 70 (73) = BauR 80, 563 = KStZ 81, 9, und v. 10. 6. 1981 – 8 C 15.81 – BVerwGE 62, 300 (302) = NVwZ 82, 244 = DVBl 82, 157.

[96] BVerwG, Urteil vom 12. 12. 1986 – 8 C 9.86 – Buchholz 406.11 § 131 BBauG Nr. 69 S. 107 (115) = NVwZ 87, 420 = DVBl 87, 630.

Es ist nicht geboten, daß sich die Steigerung der Belastung mit der Steige- 63
rung der bebauungsrechtlich zulässigen Geschoßflächen deckt; die Steigerung der Vomhundertsätze braucht insbesondere nicht die in § 17 Abs. 1
BauNVO in der bis zum Inkrafttreten der Vierten Verordnung zu ihrer
Änderung am 27. Januar 1990 (BGBl. I S. 127) maßgebenden Fassung vorgesehene Nutzungssteigerung je Geschoß nachzuvollziehen.[97] Deshalb ist auch
eine über die sechsgeschossige Bebaubarkeit hinausgehende Staffelung der
Vomhundertsätze (siebengeschossig = 245 v. H., achtgeschossig = 255 v. H.
usw.) nicht zu beanstanden. Zwar wäre es zulässig, sechsgeschossig und mehr
als sechsgeschossig bebaubare Grundstücke gleich zu behandeln, weil sich bei
letzteren nach der Tabelle des § 17 BauNVO in der zuvor bezeichneten
Fassung die Geschoßflächenzahl nicht mehr erhöht und höhere Gebäude
daher auf entsprechend größere Grundstücksflächen angewiesen sind, die
ihrerseits bei der Verteilung des Aufwands nach dem (mit der Grundstücksfläche kombinierten) Vollgeschoßmaßstab berücksichtigt werden. Eine solche Gleichbehandlung ist jedoch nicht erforderlich. „Es ist vielmehr sachgerecht und vom weiten ortsgesetzgeberischen Ermessen gedeckt, durch eine
weitere Steigerung der Beitragsbelastung dem Umstand Rechnung zu tragen,
daß durch zusätzliche Vollgeschosse ein erhöhter Erschließungsverkehr und
damit eine erhöhte Inanspruchnahme der Erschließungsanlage ausgelöst werden kann."[98]

Selbst wenn ein Ortsgesetzgeber die Steigerung der Vomhundertsätze teil- 64
weise mehr oder weniger offenkundig an die Steigerungsrate in § 17 BauN-
VO in der zuvor (Rdnr. 63) bezeichneten Fassung anlehnt, also u. a. im
Hinblick darauf, daß die höchstzulässige Geschoßflächenzahl bei vier- und
fünfgeschossig bebaubaren Grundstücken nach § 17 BauNVO gleich ist, insoweit keine Differenzierung der Vomhundertsätze vornimmt, zwingt ihn
dies nicht, die Anlehnung konsequent für die gesamte Staffelung der Vomhundertsätze durchzuhalten. Es gibt insoweit **keinen Grundsatz der Konsequenz**, an den der Ortsgesetzgeber gebunden ist.[99] Er kann sich an den Steige-
rungssätzen des § 17 BauNVO orientieren, wenn und soweit er das nach den
örtlichen Verhältnissen für angebracht hält.

b) Bewertung der Unterschiedlichkeiten in der Nutzungsart

Die Entscheidung über die Höhe der Mehrbelastung, die – zumindest – 65
Grundstücke in (beplanten wie unbeplanten) Gewerbe- und Industriegebie-

---

[97] BVerwG, st. Rspr., u. a. Urteile v. 23. 5. 1980 – 4 C 83–91.79 – Buchholz 406.11
§ 131 BBauG Nr. 35 S. 76 (79) = DVBl 80, 757 = KStZ 81, 12, v. 19. 2. 1982 – 8 C
27.81 – Buchholz 406.11 § 131 BBauG Nr. 45 S. 35 (37) = NVwZ 82, 61 = DVBl 82,
352, und v. 19. 3. 1982 – 8 C 35, 37 u. 38.81 – Buchholz 406.11 § 131 BBauG Nr. 47
S. 48 (49 f.) = KStZ 82, 190.
[98] BVerwG, Urteil v. 19. 3. 1982 – 8 C 34.81 – Buchholz 406.11 § 131 BBauG Nr. 48
S. 52 (53) = DÖV 82, 992.
[99] BVerwG, u. a. Urteil v. 7. 3. 1980 – 4 C 40.78 – Buchholz 406.11 § 131 BBauG
Nr. 34 S. 70 (74 f.) = BauR 80, 563 = KStZ 81, 9.

ten bei der Abrechnung von Anbaustraßen (vgl. Rdnr. 48) durchgängig erfahren müssen (**Höhe des Artzuschlags**), liegt ebenfalls im weiten ortsgesetzgeberischen Bewertungsermessen; im Ergebnis entsprechendes gilt für die Bestimmung der Höhe eines bei der Abrechnung von selbständigen **Grünanlagen** zugunsten von erschlossenen Grundstücken in Gewerbegebieten gebotenen (vgl. Rdnr. 48) **Artabschlags.**[100]

Mit Blick auf **Anbaustraßen** kann bereits ein verhältnismäßig geringer Artzuschlag dem Differenzierungsgebot des § 131 Abs. 3 BauGB genügen, weil es billigenswerte Gründe geben mag, diesen Zuschlag relativ gering zu halten. Jedenfalls ist weder ein nominaler Artzuschlag von 50 v. H.[101] noch ein solcher von 25 v. H. auf den für die Berücksichtigung des Maßes der Nutzung maßgeblichen Faktor zu beanstanden, und selbst ein noch geringerer[102] begegnet keinen bundesrechtlichen Bedenken. Allerdings ist bei einem Zuschlag von 10 v. H. die **unterste Grenze** des Ermessensrahmens erreicht, den § 131 Abs. 3 BauGB dem Ortsgesetzgeber für die Gestaltung des Verteilungsmaßstabs beläßt. Denn bei einem Zuschlag von weniger als 10 v. H. ist die durch § 131 Abs. 3 BauGB geforderte angemessen vorteilsgerechte Beitragsmehrbelastung für Grundstücke in – zumindest – Gewerbe- und Industriegebieten nicht mehr gewährleistet. „Eine Regelung des Artzuschlags wird daher nur dann dem Differenzierungsgebot des § 131 Abs. 3 ... gerecht, wenn sie sicherstellt, daß alle Grundstücke in Gewerbe- und Industriegebieten durchgängig eine Mehrbelastung von mindestens 10 v. H. erfahren."[103]

66 Ein auf die Anzahl der Vollgeschosse (i. V. m. der Grundstücksfläche) abstellender Verteilungsmaßstab läßt regelmäßig unberücksichtigt, daß nach der Tabelle des § 17 BauNVO (in der bis zum Inkrafttreten der Vierten Verordnung zu ihrer Änderung am 27. Januar 1990 – BGBl. I S. 127 – maßgebenden Fassung) das höchstzulässige Maß der baulichen Nutzung in Kern- und Gewerbegebieten schon bei eingeschossiger Bauweise (GFZ 1,0) doppelt so groß ist wie das in Wohn- und Mischgebieten (GFZ 0,5) und daß bei dem weiteren Anstieg der Geschoßzahlen dieser Abstand beibehalten wird. Dieser Gesichtspunkt gibt für sich allein genommen nichts her für die Höhe des Artzuschlags, er gebietet nicht, daß über den eigentlichen Artzuschlag hinaus noch ein sog. **maßbezogener Artzuschlag** gemacht werden muß.[99] Das Ermessen des Ortsgesetzgebers bei der Bewertung der Unterschiedlichkeiten in der Art der Nutzung war und ist durch § 17 BauNVO in der zuvor bezeichneten Fassung ebenso wenig begrenzt wie das bei der Bewertung der Unterschiede im Maß der Nutzung (vgl. Rdnr. 63) der Fall ist, zumal diese Vorschrift nicht bei-

---

[100] Vgl. BVerwG, Urteil v. 9. 12. 1994 – 8 C 6.93 –.
[101] BVerwG, u. a. Urteil v. 23. 5. 1980 – 4 C 83–91.79 – Buchholz 406.11 § 131 BBauG Nr. 35 S. 76 (79) = DVBl 80, 757 = KStZ 81, 12.
[102] BVerwG, u. a. Urteil v. 10. 6. 1981 – 8 C 20.81 – BVerwGE 62, 308 (310f.) = NVwZ 82, 246 = BauR 82, 472.
[103] BVerwG, Urteil v. 21. 4. 1982 – 8 C 61.81 – Buchholz 406.11 § 131 BBauG Nr. 49 S. 55 (57) = DVBl 82, 1052 = DÖV 82, 992.

tragsrechtlich-, sondern planungsorientiert ist, d.h. Planungs(ober)grenzen nennt. Für die Bemessung der Höhe des Artzuschlags aber sind nicht solche Planungs(ober)grenzen, sondern die konkreten örtlichen Verhältnisse von Belang, insbesondere die Art der vorhandenen und der noch zu erwartenden Abrechnungsgebiete. Danach kann – entsprechend den Umständen in der jeweiligen Gemeinde – der Erschließungsvorteil für gewerbliche Nutzungen im Verhältnis zu dem der Wohnnutzung möglicherweise nur um ein Geringes höher sein, so daß niedrige Zuschläge gerechtfertigt sind.

Es ist nicht erforderlich, den Artzuschlag der Höhe nach abzustufen. Namentlich ist es nicht geboten, Grundstücke in Industriegebieten mit einem höheren Artzuschlag zu belasten als Grundstücke in Gewerbegebieten. Der Artzuschlag kann vielmehr – ebenso wie bei der Abrechnung von Grünanlagen der Artabschlag – für beide Nutzungsarten in gleicher Höhe festgesetzt werden.[104] Allerdings ist es dem Ortsgesetzgeber nicht verwehrt, Differenzierungen vorzunehmen. So begegnet beispielsweise eine „Regelung des Artzuschlags für Mischgebiete, Kerngebiete und Gewerbegebiete sowie Industriegebiete (Erhöhung der Vomhundertsätze um 25,50 bzw. 100 Prozentpunkte) einerseits und für tatsächlich überwiegend gewerblich genutzte Grundstücke in den übrigen Gebieten (Erhöhung der Vomhundertsätze um durchgängig 50 Prozentpunkte) andererseits keinen rechtlichen Bedenken".[105] Unzulässig ist hingegen eine Satzungsbestimmung, nach der industriell genutzte Grundstücke jeweils wie zweigeschossig bebaut zu behandeln sind, weil dies nicht generell zu einer Mehrbelastung führt.[106]

IV. Vergünstigung für mehrfach erschlossene Grundstücke (Eckgrundstücksvergünstigung)

Die Anordnung einer satzungsmäßigen Vergünstigung für ein Grundstück, **68** das durch mehrere beitragsfähige Erschließungsanlagen **verschiedener Art** erschlossen wird (z.B. durch eine Anbaustraße, einen unbefahrbaren Wohnweg i.S. des § 127 Abs. 2 Nr. 2 BauGB und eine selbständige Grünanlage; Mehrfacherschließung im weiteren Sinne, vgl. § 17 Rdnr. 80), ist mangels eines dies rechtfertigenden Grundes **unzulässig**. Demgegenüber ist es zulässig, aber bundes(verfassungs)rechtlich **nicht** geboten,[107] für Grundstücke, die durch mehrere beitragsfähige Erschließungsanlagen **der gleichen Art** (seien es etwa An-

---

[104] BVerwG, u.a. Urteile v. 24.9.1976 – 4 C 22.74 – Buchholz 406.11 § 131 BBauG Nr. 17 S. 10 (12) = DÖV 77, 678 = BauR 77, 126, und v. 10.6.1981 – 8 C 20.81 – BVerwGE 62, 308 (311) = NVwZ 82, 246 = BauR 82, 472.

[105] BVerwG, Urteil v. 19.2.1982 – 8 C 27.81 – Buchholz 406.11 § 131 BBauG Nr. 45 S. 35 (41) = NVwZ 82, 677 = DVBl 82, 1056.

[106] BVerwG, Urteil v. 21.1.1977 – IV C 84–92.74 – Buchholz 406.11 § 131 BBauG Nr. 20 S. 20 (22) = NJW 77, 1740 = BauR 77, 266.

[107] BVerwG, st. Rspr., u.a. Urteil v. 8.10.1976 – IV C 56.74 – BVerwGE 51, 158 (159f.) = NJW 77, 1741 = DÖV 77, 247.

baustraßen oder Grünanlagen; Mehrfacherschließung im engeren, hier behandelten Sinne) erschlossen werden, in der Satzung zu bestimmen, daß ihnen eine Vergünstigung zu gewähren ist (sog. Eckgrundstücksvergünstigung). Die Erhebung der **vollen** Erschließungsbeiträge selbst für die Anlagen, die eine Mehrfacherschließung im engeren Sinne bewirken, wird durch den Grundsatz der Typengerechtigkeit gedeckt und begründet deshalb keine Verletzung des Gleichheitssatzes.[108] Denn – so meint das Bundesverwaltungsgericht[107] – etwa eine zweite Anbaustraße sei nicht schlechthin ungeeignet, gewerblichen oder öffentlichen, unter Umständen sogar auch Wohnzwecken (zu denken wäre insoweit z. B. an Wohnblocks) dienenden Grundstücken einen ungeschmälerten zusätzlichen Vorteil zu verschaffen. Lasse sich aber generell ein ungeschmälerter Vorteil durch eine zweite Anlage mit letzter Sicherheit weder bejahen noch verneinen, sei nicht nur eine allgemeine Ermäßigung für alle mehrfach erschlossenen Grundstücke, sondern auch der *Verzicht* auf jegliche Ermäßigung vom Ermessen der Gemeinde gedeckt. Jedoch gebe es gute Gründe dafür, mit Blick auf durch Anbaustraßen bewirkte Mehrfacherschließungen eine Vergünstigungsregelung zwar in die Satzung aufzunehmen, aber auf Wohngrundstücke zu beschränken. Entscheidet sich eine Gemeinde für eine solche Lösung, ist es nicht zu beanstanden, wenn sie insoweit auf die tatsächliche (Wohn-)Nutzung der Grundstücke abstellt.[109]

69   Das Bundesrecht gestattet es mithin den Gemeinden **auch,** ihre Verteilungsregelung dahin zu **modifizieren,** daß mehrfach (durch die gleiche Art von beitragsfähigen Anlagen) erschlossenen Grundstücken ohne Rücksicht auf die Art der baulichen oder sonstigen Nutzung eine Vergünstigung mit der Folge zu gewähren ist, daß zu **Lasten der übrigen Beitragspflichtigen** diese Grundstücke nicht in vollem, der Art und dem Maß ihrer Nutzung entsprechenden Umfang, sondern nur z. B. zu zwei Dritteln dieses Werts an der Verteilung des umlagefähigen Erschließungsaufwands jeder der sie erschließenden Anbaustraßen teilnehmen.[107] In der Praxis enthalten heute nahezu alle Erschließungsbeitragssatzungen eine Vergünstigungsregelung für mehrfach erschlossene Grundstücke, die besondere Bedeutung für an zwei (oder mehr) Anbaustraßen angrenzende Eckgrundstücke und für zwischen zwei Anbaustraßen liegende Grundstücke hat. Eine solche Entscheidung des Ortsgesetzgebers rechtfertigt sich aus der Überlegung, daß etwa zwei Anbaustraßen von einem Eckgrundstück aus erfahrungsgemäß **häufig** in einem **geringeren Umfang** in Anspruch genommen werden als von zwei jeweils an sie angrenzenden "normalen" (Mittel-)Grundstücken aus, die zweifache Erschließung dem Eckgrundstück also nur einen minderen als einen gleichsam doppelten Erschließungsvorteil vermittelt. Zweck der Vergünstigungsregelung ist

---

[108] BVerwG, u. a. Urteil v. 19. 10. 1966 – IV C 99.65 – BVerwGE 25, 147 (148 ff.) = DVBl 67, 289 = MDR 67, 331.
[109] BVerwG, Urteil v. 13. 8. 1976 – IV C 23.74 – Buchholz 406.11 § 132 BBauG Nr. 21 S. 14 (17) = GemTg 77, 55 = BRS 37, 142.

letztlich eine **vorteilsgerechtere Verteilung** des umlagefähigen Erschließungsaufwands auf die erschlossenen Grundstücke, d.h. eine Aufwandsverteilung, die dem Gleichheitssatz Rechnung trägt.

Allerdings ist die Gewährung einer solchen Vergünstigung **nur zulässig,** 70 wenn ein Grundstück auch wirklich durch (mindestens) zwei beitragsfähige Erschließungsanlagen der gleichen Art, d.h. (mindestens) **zweifach** erschlossen wird. Daran **fehlt** es, wenn ein Grundstück außer an die jetzt abzurechnende Anbaustraße "grenzt" an eine lediglich im Bebauungsplan festgesetzte, tatsächlich aber noch nicht angelegte zweite Straße.[110] Denn mangels tatsächlicher Existenz steht diese zweite Straße nur "auf dem Papier", erfüllt damit nicht die Anforderungen an eine beitragsfähige Erschließungsanlage (vgl. § 12 Rdnr. 4) und ist deshalb nicht geeignet, ein Erschlossensein i.S. des § 131 Abs. 1 Satz 1 BauGB zu bewirken.

Eine (im Grundsatz zulässige) Vergünstigungsregelung kann **wegen des** 71 **Ausmaßes** der gewährten Ermäßigung im Einzelfall mit dem Gleichheitssatz unvereinbar sein.[111] Deshalb darf sie sich etwa bei ungewöhnlich großen Eckgrundstücken nicht auf das gesamte Grundstück erstrecken; jedoch ist bei einer solchen Konstellation ohnehin **vorrangig** die Beantwortung der (Vor-) Frage, bis zu welcher Tiefe ein solches Grundstück jeweils durch die beiden die Ecklage begründenden Anbaustraßen i.S. des § 131 Abs. 1 Satz 1 BauGB (noch) erschlossen ist. Soweit das nicht zutrifft, fehlt es an einer Mehrfacherschließung, auf deren beitragsrechtliche Folgen sich die (Eck)Ermäßigung bezieht.[112] Ferner muß eine Vergünstigungsregelung dahin **begrenzt** sein, daß die Mittelgrundstücke infolge der Ermäßigung nicht mehr als das Anderthalbfache des Betrags zahlen müssen, der auf sie bei einer vollen Belastung der mehrfach erschlossenen Grundstücke entfallen würde. Ein Überschreiten dieser Grenze führt dazu, daß die Gemeinde etwaige Mehrbeträge selbst zu tragen hat.[111] Überdies gebietet der Gleichheitssatz dann, wenn die ein Eckgrundstück erschließenden Straßen – z.B. in ihrer Ausbaubreite – **deutliche** Unterschiede aufweisen und der Erschließungsaufwand deshalb deutlich ins Gewicht fallend eine unterschiedliche Höhe hat, daß die Belastung des Eckgrundstücks mit Erschließungsbeiträgen für beide Straßen **insgesamt nicht wesentlich niedriger** sein darf als die Belastung eines vergleichbaren Mittelgrundstücks an einer dieser Straßen. Sie ist (in diesem Sinne) "wesentlich" niedriger, wenn sie um mehr als 10 v.H. die Beitragsbelastung eines gleichartigen Mittelgrundstücks unterschreitet.[113]

---

[110] Vgl. OVG Hamburg, Urteil v. 25. 7. 1989 – Bf VI 1/89 – KStZ 90, 180.

[111] Vgl. etwa BVerwG, Urteil v. 4. 9. 1970 – IV C 98.69 – Buchholz 406.11 § 131 BBauG Nr. 4 S. 7 (8f.) = DVBl 71, 215 = BauR 71, 48; siehe in diesem Zusammenhang auch Kneer in KStZ 86, 147.

[112] BVerwG, Urteil v. 3. 2. 1989 – 8 C 78.88 – Buchholz 406.11 § 131 BBauG Nr. 79 S. 27 (35) = NVwZ 89, 1072 = DVBl 89, 675.

[113] Vgl. im einzelnen BVerwG, Urteil v. 13. 12. 1985 – 8 C 24.85 – Buchholz 406.11 § 131 BBauG Nr. 65 S. 89 (93ff.) = NVwZ 86, 566 = DVBl 86, 349, sowie Schenk in DÖV 86, 512.

72   **Besonders anfällig** für Verstöße gegen den Gleichheitssatz ist eine Vergünstigungsvorschrift, nach der die sich nach Maßgabe der übrigen Verteilungsregelung für Eckgrundstücke ergebenden "Verteilungswerte" (oder z.B. lediglich deren Grundstücksflächen) bei der Verteilung des Aufwands jeder der sie erschließenden Anbaustraßen nur in dem Verhältnis anzusetzen sind, in dem die **Grundstücksbreiten** (Frontlängen) an diesen Anlagen zueinander stehen.[114] Denn die Anwendung einer solchen Vorschrift kann bei einem Eckgrundstück mit einer schmalen Front an der aufwendigeren Erschließungsanlage und einer weit ausgedehnten Front an der minder aufwendigen Anlage dazu führen, daß sich seine Belastung im Vergleich zur Belastung eines gleich großen und entsprechend nutzbaren Mittelgrundstücks an der aufwendigeren Anlage um ein **Vielfaches verringert**, was zweifellos nicht dem Gleichheitssatz gerecht wird. Zwar ist eine derartige Ermäßigungsbestimmung selbst für den Fall, daß ihre Anwendung ein solch unvertretbares Ergebnis zur Folge hat, nicht nichtig, weil sie hinsichtlich der "überschießenden" Ermäßigung als Regelung über einen (zu Lasten der Gemeinde gehenden) Beitragserlaß zu verstehen ist, der zu gewähren ist, soweit die Voraussetzungen des § 135 Abs. 5 BauGB erfüllt sind.[113] Sie ist jedoch – eben wegen der besonderen Anfälligkeit für Verstöße gegen den Gleichheitssatz – eine **äußerst zweifelhafte** Regelung, die den Gemeinden im Einzelfall kaum lösbare Schwierigkeiten bereiten kann. Entsprechendes gilt für eine Vergünstigungsvorschrift, nach der Eckgrundstücke bei der Verteilung des Aufwands jeder der sie erschließenden Anlagen nur mit der Hälfte ihrer sich nach Maßgabe der übrigen Verteilungsregelung ergebenden "Verteilungswerte" zu berücksichtigen sind. Dagegen ist eine Ermäßigungsbestimmung regelmäßig **nicht anfällig** für Verstöße gegen den Gleichheitssatz und deshalb empfehlenswert, die anordnet, daß Eckgrundstücke mit **zwei Dritteln** ihrer Verteilungswerte an der Verteilung des Aufwands jeder der sie erschließenden Anlagen teilnehmen. Jedenfalls relativ selten werden sich Schwierigkeiten auch bei einer Regelung ergeben, die auf 60 v. H. der Verteilungswerte abstellt.

73   Zwar ist es im Hinblick darauf, daß durch eine Vergünstigungsregelung für mehrfach erschlossene Grundstücke eine volle finanzielle Doppelbelastung vermieden werden soll, naheliegend, die Gewährung einer Ermäßigung davon abhängig zu machen, daß für jede der mehreren das Grundstück erschließenden Anlagen ein Beitrag schon gezahlt oder noch zu zahlen ist. Jedoch könnte eine solche Regelung, namentlich bei Anbaustraßen, zu beträchtlichen Schwierigkeiten führen, weil dann bei der Abrechnung einer Anlage

---

[114] Vgl. zur Frage, wie eine solche Vergünstigungsvorschrift auf mehrfach erschlossene Hinterliegergrundstücke anzuwenden ist, VGH Mannheim, Urteil v. 15. 8. 1989 – 2 S 1103/87 –, sowie zu den Schwierigkeiten, die sich bei der Anwendung einer solchen Vergünstigungsvorschrift ergeben u. a. Uechtritz –in VBlBW 86, 340 –, der allerdings nicht den sich geradezu aufdrängenden Schluß zieht, den Gemeinden sei von der Verwendung einer derart für Verstöße gegen den Gleichheitssatz anfälligen Vergünstigungsregelung dringend abzuraten.

geprüft werden müßte, ob für die Grundstücke, die zusätzlich durch eine weitere Anlage erschlossen werden, ein Beitrag bereits gezahlt worden ist. Das kann umfangreiche Nachforschungen erforderlich machen, denn dann müßte z. B. die Klärung der Frage, ob eine Beitragspflicht in früheren Jahren abgelöst worden ist oder ob es sich um eine vorhandene Erschließungsanlage i. S. des § 242 Abs. 1 BauGB handelt, in die Abrechnung einer anderen Straße einbezogen werden. „Es ist deshalb sachlich gerechtfertigt und deswegen vom ortsgesetzgeberischen Ermessen gedeckt, wenn eine Gemeinde, auch um derartigen Verwaltungserschwernissen zu begegnen, die Ermäßigung generell ohne Rücksicht auf die (erfolgte oder zukünftige) Beitragszahlung für die weiteren Erschließungsanlagen gewährt."[115]

Etwas anderes gilt, wenn ein Grundstück neben der jetzt abzurechnenden **74** Anbaustraße (nur) noch von der **Ortsdurchfahrt** einer sog. **klassifizierten** Straße mit einer Fahrbahn in "normaler" Breite (vgl. § 128 Abs. 3 Nr. 2 BauGB) erschlossen wird. Ordnet eine Satzung die Gewährung einer Vergünstigung für Eckgrundstücke zu Lasten der Mittelgrundstücke einer "normalen" gemeindlichen Anbaustraße selbst für den Fall an, daß es sich bei der die Ecklage begründenden weiteren Anlage um die Ortsdurchfahrt einer klassifizierten Straße handelt, **gebietet Bundesrecht**, die Vergünstigungsregelung ausschließlich zu beziehen auf die Kosten solcher **Teilanlagen** der abzurechnenden Anbaustraße, deren erstmalige Herstellung auch in der Ortsdurchfahrt der klassifizierten Straße grundsätzlich einen beitragsfähigen Erschließungsaufwand auszulösen geeignet ist.[116] Eine solche Teilanlage ist stets die Straßenbeleuchtung, dagegen nach Maßgabe des § 128 Abs. 3 Nr. 2 BauGB nie die Fahrbahn. Ob die Herstellung etwa eines Geh- oder Radwegs, einer (unselbständigen) Parkfläche oder der Straßenentwässerungsanlage in der Ortsdurchfahrt einer klassifizierten Straße einen beitragsfähigen Erschließungsaufwand auslöst, hängt davon ab, ob die Gemeinde Träger der Straßenbaulast der jeweiligen Teilanlage ist, da eine Beitragserhebung nur in Betracht kommt, soweit das zutrifft.[116] Für welche der bezeichneten Teilanlagen in der Ortsdurchfahrt einer klassifizierten Straße die Gemeinde die Straßenbaulast trägt, bestimmt das einschlägige Straßenrecht.

Zu den durch Anbaustraßen mehrfach erschlossenen Grundstücken zählen **75** neben den Eckgrundstücken vor allem die zwischen zwei Anbaustraßen "durchlaufenden" Grundstücke (vgl. Rdnr. 69). Entscheidet sich der Ortsgesetzgeber dafür, eine Vergünstigung für mehrfach erschlossene Grundstücke (zu Lasten der übrigen Beitragspflichtigen) anzuordnen, ist er aufgrund des in § 131 Abs. 2 und 3 BauGB zum Ausdruck kommenden Gebots einer angemessen **vorteilsgerechten** Aufwandsverteilung (vgl. dazu Rdnr. 1) **gehindert,**

---

[115] BVerwG, Urteil v. 8. 10. 1976 – IV C 56.74 – Buchholz 406.11 § 131 BBauG Nr. 18 S. 15 (17) = NJW 77, 1741 = DÖV 77, 247.
[116] BVerwG, Urteil v. 15. 9. 1989 – 8 C 4.88 – Buchholz 406.11 § 131 BBauG Nr. 80 S. 36 (39 ff.) = NVwZ 90, 374.

die beiden genannten Gruppen von mehrfach erschlossenen Grundstücken ohne dies sachlich rechtfertigenden Grund unterschiedlich zu behandeln. Wegen eines Verstoßes gegen dieses Gebot unwirksam ist beispielsweise eine Satzungsbestimmung, nach der die Vergünstigung bei "durchlaufenden" Grundstücken anders als bei Eckgrundstücken **beschränkt** sein soll auf eine Konstellation, in der „der geringste Abstand zwischen den Erschließungsanlagen nicht mehr als 50 m beträgt". Denn es fehlt an einem sachlich einleuchtenden Grund, der eine solche einseitig zu Lasten von über 50 m tiefen "durchlaufenden" Grundstücken gehende Regelung rechtfertigen könnte.[117] Die Frage, ob die Unwirksamkeit der in Rede stehenden Teilregelung aus dem Rechtsgedanken des § 139 BGB die Unwirksamkeit der gesamten Vergünstigungsvorschrift zur Folge hat (vgl. § 11 Rdnr. 53), ist regelmäßig zu verneinen.[117]

76   Wird in einer Gemeinde, deren Satzung eine Vergünstigungsregelung enthält, ein Grundstück durch die Anlegung einer neuen Straße zu einem z. B. Eckgrundstück, ist es nicht zulässig, diesem Grundstück neben der für die neue Straße zu gewährenden Ermäßigung *zusätzlich* einen der Vergünstigung für die erste Straße entsprechenden Betrag als Vorausleistung anzurechnen. Anderenfalls würde der als Vorausleistung behandelte Betrag sich aufwanderhöhend für die neue Straße auswirken, obgleich er nicht zum für diese Straße entstandenen beitragsfähigen Aufwand gehört.[118] Will die Gemeinde dem Gesichtspunkt, daß andere Eckgrundstücke (zweimal) jeweils nur zu dem ermäßigten Betrag herangezogen worden sind, aus Gründen der Gleichbehandlung auch in einem solchen Fall Rechnung tragen, kann sie dies nur durch einen (zu ihren Lasten gehenden) teilweisen Erlaß gemäß § 135 Abs. 5 BauGB tun.

77   Bundesrecht gebietet **nicht**, daß zugunsten eines durch zwei selbständige **Grünanlagen** erschlossenen Grundstücks (vgl. dazu § 17 Rdnr. 101) wegen dieser Mehrfacherschließung eine Vergünstigung zu gewähren ist.[119] Das gilt selbst dann, wenn die Satzung für Fälle einer durch Anbaustraßen bewirkten Mehrfacherschließung eine entsprechende Vergünstigungsregelung enthält.[119] Das Bundesrecht stellt es dem Ortsgesetzgeber frei, für Grundstücke, die durch mehrere beitragsfähige Erschließungsanlagen der gleichen Art erschlossen werden, in der Satzung zu bestimmen, daß ihnen eine Vergünstigung zu gewähren ist (vgl. Rdnr. 68). Von dieser Freiheit ist auch die Entscheidung gedeckt, für eine bestimmte Art von Erschließungsanlagen (z. B. Anbaustraßen) eine Vergünstigung anzuordnen, für eine andere Art von beitragsfähigen Erschließungsanlagen (z. B. Grünanlagen) dagegen nicht. Für eine solche Entscheidung mag es billigenswerte Gründe geben, zumal das zweifache Erschlossensein durch Grünanlagen im Verhältnis zum zweifachen

---

[117] BayVGH, Beschluß v. 29. 11. 1989 – 6 N 86.01300 – NVwZ-RR 91, 663.
[118] Vgl. dazu BVerwG, Urteil v. 4. 5. 1979 – 4 C 16.76 – Buchholz 406.11 § 128 BBauG Nr. 24 S. 16 (19f.) = DVBl 79, 785 = DÖV 79, 646.
[119] BVerwG, Urteil v. 9. 12. 1994 – 8 C 28.92 –.

Erschlossensein durch Anbaustraßen eine eher selten vorkommende Ausnahme und damit eine atypische Konstellation darstellen dürfte, der – soweit im Einzelfall angezeigt – durch eine Billigkeitsentscheidung zu Lasten der Gemeinde begegnet werden kann.

V. Besonderheiten bei der Verteilung des Aufwands für Lärmschutzanlagen

Schutzanlagen namentlich vor **Straßenlärm** als beitragsfähige Erschlie- 78 ßungsanlagen im Sinne des § 127 Abs. 2 Nr. 5 BauGB **unterscheiden sich** ihrem Wesen nach von allen anderen beitragsfähigen Erschließungsanlagen vor allem dadurch, daß sie – anders als diese anderen – einer "Benutzung" nicht zugänglich sind; sie sollen nach ihrer in § 127 Abs. 2 Nr. 5 BauGB zum Ausdruck gebrachten Zweckbestimmung dem Schutz vor Straßenlärm dienen. Dementsprechend liegt der durch eine derartige Anlage vermittelte erschließungsbeitragsrechtlich relevante Sondervorteil in dem durch sie bewirkten Schutz vor Lärm oder genauer: in einer **merkbaren**, d. h. mindestens 3 dB(A) betragenden **Schallpegelminderung** (vgl. § 17 Rdnr. 89). Vor diesem Hintergrund leuchtet ein, daß die Aufgabe, den für eine Lärmschutzanlage (einen Lärmschutzwall, einen Lärmschutzdamm, eine Lärmschutzwand usw.) entstandenen umlagefähigen Aufwand auf die – weil eine solche Schallpegelminderung erfahrend – erschlossenen Grundstücke nach Maßgabe der ihnen jeweils vermittelten Erschließungsvorteile angemessen vorteilsgerecht zu verteilen, **nicht** ohne weiteres mit einem Maßstab bewältigt werden kann, der diese Aufgabe beispielsweise für Anbaustraßen zu bewältigen in der Lage ist. Vielmehr ist den Besonderheiten des von einer Lärmschutzanlage ausgelösten Erschließungsvorteils durch ihnen entsprechende Regelungen im Maßstab für die Verteilung des umlagefähigen Aufwands einer derartigen Anlage Rechnung zu tragen.

Mit Rücksicht auf die von den Umständen des konkreten Einzelfalls be- 79 stimmten Anforderungen an Stellung, Art, Höhe, Umfang usw. einer Lärmschutzanlage sind die Fragen, die gemäß § 132 BauGB in satzungsmäßiger Form zu regeln sind, **schwerlich** einer **generalisierenden** Regelung zugänglich, so daß es sich grundsätzlich anbietet, in einer **Einzelsatzung** für eine bestimmte Anlage nicht nur deren Art und Umfang (§ 132 Nr. 1 BauGB) sowie die Merkmale der endgültigen Herstellung (§ 132 Nr. 4 BauGB), sondern überdies einen Verteilungsmaßstab festzulegen (vgl. auch § 11 Rdnr. 32). Entscheidet sich eine Gemeinde zum Beispiel bei einer Lärmschutzanlage in einem beplanten Gebiet für einen solchen Weg, ist es unbedenklich, wenn sie für die Aufwandsverteilung eine Differenzierung nach dem unterschiedlichen Maß der zulässigen baulichen Nutzung etwa derart anordnet, daß der umlagefähige Aufwand in dem Verhältnis auf die erschlossenen Grundstücke verteilt werden soll, in dem die mit einem nach der Anzahl der (jeweils höchstzulässigen) Vollgeschosse gestaffelten Nutzungsfaktor vervielfältigten Grundstücksflächen zueinander stehen (sog. Vollgeschoßmaßstab, vgl. Rdnrn. 32 ff.).

80   Zweifelhaft ist allerdings, ob eine Differenzierung auch nach der unterschiedlichen Art der Nutzung gerechtfertigt ist, d.h. ob eine Mehrbelastung der gewerblich und industriell nutzbaren Grundstücke im Verhältnis zu den Wohnzwecken vorbehaltenen Grundstücken angeordnet werden darf. Da wohl allenfalls bei besonders störempfindlichen Betrieben angenommen werden kann, sie seien mehr als "Wohnungen" auf Lärmschutz angewiesen, dürfte im Zusammenhang mit Lärmschutzanlagen **grundsätzlich kein** Raum für die Anordnung eines Artzuschlags sein.[120]

Dagegen verlangt § 131 Abs. 3 BauGB nach der Rechtsprechung des Bundesverwaltungsgerichts,[121] daß eine Verteilungsregelung für Lärmschutzanlagen – sofern der Grundsatz der konkreten Vollständigkeit das erfordert – eine angemessene Differenzierung der Höhe der Beiträge ermöglicht danach, ob – erstens – alle zulässigen Geschoßflächen bzw. Geschosse eines mehrgeschossig bebaubaren Grundstücks durch die Lärmschutzanlage eine merkbare Schallpegelminderung erfahren oder nur einzelne (sog. **vertikale** Differenzierung) und ob – zweitens – eine solche Anlage für die durch sie erschlossenen Grundstücke etwa wegen deren Entfernung zu ihr erheblich unterschiedliche Schallpegelminderungen bewirkt (sog. **horizontale** Differenzierung).

1. Vertikale Differenzierung

81   Das Bundesverwaltungsgericht[121] hat entschieden, Geschoßflächen (Geschosse), für die ein Lärmschutzwall infolge seiner (geringen) Höhe keine (merkbare) Schallpegelminderung bewirke, müßten bei der Verteilung des für diese Anlage entstandenen umlagefähigen Aufwands unberücksichtigt bleiben. Da das Erschließungsbeitragsrecht auf einen angemessenen Vorteilsausgleich ausgerichtet sei, entspreche ihm nicht, für unbedenklich zu halten, wenn zum Beispiel in einem Fall, in dem ein Lärmschutzwall infolge seiner Lage und Höhe lärmmindernd durchgängig nur für zwei Geschosse wirken kann, ein viergeschossig bebaubares Grundstück mit einem nicht unerheblich höheren Beitrag belastet werde als ein im übrigen identisches, aber zweigeschossig bebaubares Grundstück, **obgleich keine Unterschiede** in den durch die Errichtung der Lärmschutzanlage vermittelten **Vorteilen** bestünden. Eine solche Gleichbehandlung unterschiedlicher Sachverhalte sei vielmehr vor dem aus dem Gleichheitssatz (Art. 3 Abs. 1 GG) herzuleitenden Gebot der Beitragsgerechtigkeit nur zu halten, wenn der Verzicht auf eine vertikale Differenzierung durch die Grundsätze der Typengerechtigkeit oder der Verwaltungspraktikabilität gedeckt werde. Das treffe indes nicht zu.

---

[120] Vgl. ebenso u.a. Ernst in Ernst/Zinkahn/Bielenberg, BauGB, § 131 Rdnr. 46.
[121] BVerwG, Urteil v. 19. 8. 1988 – 8 C 51.87 – BVerwGE 80, 99 (104 ff.) = NVwZ 89, 566 = DVBl 88, 1162.

Das Bundesverwaltungsgericht[121] hat zu erkennen gegeben, der Möglich- **82** keit einer vertikalen Differenzierung müsse in der satzungsmäßigen Verteilungsregelung Rechnung getragen werden. Es erscheint nicht ganz unzweifelhaft, ob dem zu folgen ist. Denn es liegt die Annahme nicht fern, bereits § 131 Abs. 3 BauGB verlange, daß Geschoßflächen (Geschosse), für die die Lärmschutzanlage infolge ihrer (geringen) Höhe keine Schallpegelminderung bewirkt, bei der Aufwandsverteilung unberücksichtigt bleiben müssen. Träfe das zu, wäre nicht nur eine dem entgegenstehende Satzungsregelung wegen eines Verstoßes gegen Bundesrecht unwirksam, sondern müßten die entsprechenden Geschoßflächen (Geschosse) kraft Bundesrecht ohne weiteres unberücksichtigt bleiben. Doch mag das auf sich beruhen. Jedenfalls kommt der **Satzung** in diesem Zusammenhang aus einem anderen Grunde **große Bedeutung** zu: Äußerte sich eine Satzung nicht zur vertikalen Differenzierung oder ordnete sie – etwa bei einem das Maß der Nutzung durch die Anzahl der zulässigen Vollgeschosse berücksichtigenden (Vollgeschoß-)Maßstab – zum Beispiel lediglich an, daß Geschosse bzw. – namentlich bei unbebauten Grundstücken – Flächen, innerhalb deren Grenzen Geschosse errichtet werden dürfen, die durch die Lärmschutzanlage eine Schallpegelminderung von weniger als 3 dB(A) erfahren, bei der Aufwandsverteilung außer Ansatz zu lassen sind, hätte das zur Folge, daß die Verwaltung gezwungen wäre, für jedes auf einem erschlossenen Grundstück zulässige Vollgeschoß getrennt zu ermitteln, ob die Lärmschutzanlage eine Schallpegelminderung von mindestens 3 dB(A) bewirkt. Es liegt auf der Hand, daß eine solche Aufgabe einen ganz erheblichen (namentlich auch Kosten-)Aufwand erfordern würde. Deshalb hat das Bundesverwaltungsgericht erkannt, Bundesrecht erlaube den Gemeinden eine Satzungsregelung, „die in verallgemeinernder Weise der Tatsache Rechnung trägt, daß Lärmschutzanlagen mit Rücksicht auf ihre Höhe für bestimmte Geschoßflächen (Geschosse) nicht mehr lärmmindernd wirken." Den Anforderungen des Bundesrechts mit Blick auf die vertikale Differenzierung sei „durch eine satzungsrechtliche Bestimmung genügt, die anordnet, daß bei der Aufwandsverteilung nur die Flächen der Geschosse (bzw. nur die Geschosse) zu berücksichtigen sind, deren Oberkante nicht höher liegt als die Oberkante der Lärmschutzeinrichtung".[121] Eine derartige (im Interesse der Verwaltungspraktikabilität dringend angezeigte) **satzungsmäßige** **„Höhenbegrenzung"** begründet – insoweit vergleichbar einer satzungsmäßigen Tiefenbegrenzung (vgl. dazu § 17 Rdnr. 31) – gleichsam eine **Vermutung** dafür, daß – erstens – hinsichtlich der Geschoßflächen (Geschosse), deren Oberkante höher als die Oberkante der Lärmschutzeinrichtung liegt, ein beitragsrechtlich relevanter Erschließungsvorteil nicht, dagegen umgekehrt – zweitens – hinsichtlich der übrigen Geschoßflächen (Geschosse) ein solcher Erschließungsvorteil gegeben ist. Diese Vermutung dürfte nur durch den Nachweis jeweils des Gegenteils widerlegt sein, d.h. durch den Nachweis im Einzelfall, Geschoßflächen (Geschosse) oberhalb der einschlägigen Höhenbegrenzung erführen eine Schallpegelminderung von über 3 dB(A) bzw. Geschoßflächen (Geschosse) unterhalb dieser Höhenbegrenzung erführen an (buchstäblich) keiner einzigen Stelle eine Schallpegelminderung von mindestens 3 dB(A). Ohne Belang ist dagegen in diesem Zusammenhang, ob eine Lärmschutzanlage für einzelne Geschosse unterhalb der Höhenbegrenzung eine sehr viel höhere Schallpegelminderung bewirkt, etwa für das Erdgeschoß eine Schallpegelminderung von über 9 dB(A) und das erste Obergeschoß noch eine solche von über 6 dB(A); darauf kommt es bei der vertikalen Differenzierung nicht an.

83   Entscheidet sich eine Gemeinde bei einem an die höchstzulässige Anzahl der Vollgeschosse anknüpfenden Verteilungsmaßstab für die Aufnahme der vorbezeichneten Höhenbegrenzung in die jeweilige (Einzel-)Satzung, hat das zur Folge, daß zur **Ermittlung des** für das einzelne erschlossene Grundstück maßgebenden **Nutzungsfaktors** bei **bebauten** Grundstücken grundsätzlich einzustellen sind alle Geschosse, deren Oberkante nicht höher liegen als die Oberkante der Lärmschutzeinrichtung. Weisen beispielsweise eine Lärmschutzeinrichtung eine Höhe von 3 m und das Gebäude auf einem erschlossenen Grundstück zwei Geschosse mit einer (höchstzulässigen) Geschoßhöhe von jeweils 2,80 m auf, ergibt sich, daß für die Ermittlung des Nutzungsfaktors auszugehen ist von einem berücksichtigungsfähigen Vollgeschoß. Entsprechendes gilt, wenn auf einem noch **unbebauten** Grundstück eine zweigeschossige Bebauung zulässig ist. Auf ein Vollgeschoß ist bei der Ermittlung des maßgeblichen Nutzungsfaktors auch abzustellen, wenn zum Beispiel die Oberkante der Lärmschutzeinrichtung 6 m hoch liegt, auf einem unbebauten Grundstück aber lediglich eine eingeschossige Bebauung zulässig ist. Dagegen sind zwei Vollgeschosse zugrunde zu legen, wenn bei einer 6 m hohen Lärmschutzeinrichtung eine zweigeschossige Bebauung zum Beispiel mit einer Geschoßhöhe von bis zu 3 m zulässig ist, und zwar selbst dann, wenn dieses Grundstück tatsächlich nur eingeschossig bebaut ist. Ergibt sich in einem der skizzierten oder einem anderen Fall, daß ausnahmsweise ein Geschoß, dessen Oberkante unterhalb der "Höhenbegrenzung" liegt, an keiner Stelle eine Schallpegelminderung von mindestens 3 dB(A) erfährt, d.h. nicht einmal von der "3 dB(A)-Grenze" auch nur "angeschnitten" wird, fällt dieses Geschoß für die Ermittlung des Nutzungsfaktors aus. Trifft dies für alle Geschosse eines erschlossenen Grundstücks zu, wie dies u.a. der Fall ist, wenn ein Grundstück beispielsweise ausschließlich mit einer Fläche von 1 cm² im Bereich der maßgeblichen Schallpegelminderung liegt, hat das zur Folge, daß sich für dieses Grundstück der Nutzungsfaktor Null ergibt. Das führt dazu, daß ein solches Grundstück ungeachtet der Tatsache, daß es als im Sinne des § 131 Abs. 1 Satz 1 BauGB erschlossen zu qualifizieren ist (vgl. § 17 Rdnr. 99 f.), nicht an der Verteilung des für die Lärmschutzanlage entstandenen umlagefähigen Erschließungsaufwands teilnimmt.

84   Die vorstehenden Ausführungen gelten sinngemäß auch, wenn eine Gemeinde als Ausgangspunkt ihrer Verteilungsregelung nicht die Anzahl der anrechenbaren Vollgeschosse, sondern die anrechenbaren Geschoßflächen

gewählt hat (Geschoßflächenmaßstab). Allerdings ist ein solcher Maßstab für die Abrechnung von Lärmschutzanlagen noch weniger als für die Abrechnung von Anbaustraßen geeignet; das machen bereits die dargestellten Überlegungen zur vertikalen Differenzierung recht deutlich.

2. Horizontale Differenzierung

Es liegt gleichsam in der Natur der Sache, daß das Ausmaß der zum Bei- 85
spiel durch einen Lärmschutzwall bewirkten Schallpegelminderungen und
damit die Höhe des durch ihn vermittelten Erschließungsvorteils typischerweise u. a. je nach der Entfernung eines Grundstücks zur Anlage unterschiedlich ist. Da der aus dem verfassungsrechtlichen Gleichheitssatz folgende Rechtsgrundsatz der Beitragsgerechtigkeit verlangt, daß Grundstücke, die einen höheren Erschließungsvorteil haben, stärker belastet werden sollen als die anderen, die nur geringere Vorteile haben (vgl. § 9 Rdnr. 15), dürfen erkennbare Unterschiede in der Höhe des Erschließungsvorteils bei der Beitragsbemessung nur ausnahmsweise vernachlässigt werden, wenn es einen dies rechtfertigenden Grund gibt. Angesichts der Tatsache, daß sich bei Lärmschutzanlagen – anders als etwa bei Grünanlagen (vgl. dazu § 17 Rdnr. 94) – „die Unterschiede der den einzelnen erschlossenen Grundstücken vermittelten Erschließungsvorteile, d. h. die bewirkten Schallpegelminderungen, eindeutig und technisch ohne besondere Schwierigkeiten ermitteln lassen,"[121] kommt dem Grundsatz der Verwaltungspraktikabilität bei der Verteilung des für Lärmschutzanlagen entstandenen umlagefähigen Aufwands nicht ein derartiges Gewicht zu, daß er einen vollständigen Verzicht auf eine horizontale Differenzierung rechtfertigen könnte. Zwar „verbietet sich seinetwegen die Forderung, eine Verteilungsregelung müsse ermöglichen, den umlagefähigen Aufwand entsprechend dem unterschiedlichen Maß der für jedes einzelne erschlossene Grundstück bewirkten Schallpegelminderungen zu verteilen".[121] Doch muß die Satzung ermöglichen, daß erheblich unterschiedlichen Schallpegelminderungen bei der Aufwandsverteilung durch eine horizontale Differenzierung angemessen Rechnung getragen wird; „als in diesem Sinne erheblich sind jedenfalls Unterschiede von jeweils 3 dB(A) zu qualifizieren."[121]
Dementsprechend verlangt das Gebot der horizontalen Differenzierung, 86
daß die Gemeinde in satzungsmäßiger Form etwa mit Blick auf eine konkrete Lärmschutzanlage (in einem ersten Schritt) je nach den Gegebenheiten des **Einzelfalls** beispielsweise drei Gruppen von erschlossenen Grundstücken bildet, in denen sie jeweils zusammenfaßt die Grundstücke, für die die bewirkten Schallpegelminderungen – erstens – mindestens 3 (bis einschließlich 6) dB(A), – zweitens – mehr als 6 (bis einschließlich 9) dB(A) und – drittens – mehr als 9 dB(A) betragen. Sodann ist (in einem zweiten Schritt) in der Satzung anzuordnen, wie der umlagefähige Aufwand den einzelnen Grundstücken in einer Weise zugerechnet werden kann, die der Zugehörigkeit dieser Grundstücke zu den beispielhaft genannten "Pegelminderungsgruppen" angemessen Rechnung trägt. Dafür kommen zumindest zwei verschiedene

"Grund-"Methoden in Betracht, nämlich zum einen eine der Regelung des sog. Artzuschlags vergleichbare "**Zuschlagsmethode**" und zum anderen eine Methode, nach der aus dem umlagefähigen Aufwand in einem bestimmten Verhältnis der Anzahl der zuvor gebildeten Pegelminderungsgruppen entsprechende Kostenmassen errechnet werden, die sodann nach Maßgabe des "allgemeinen" Verteilungsmaßstabs auf die Grundstücke der jeweiligen Gruppe umgelegt werden ("**Kostenmassenmethode**").

87   Bei der "**Zuschlagsmethode**" knüpft der Ortsgesetzgeber an den Wert an, der sich nach Maßgabe des Maßes der zulässigen baulichen Nutzung für ein erschlossenes Grundstück ergibt, und ordnet an, diesem Wert sei ein nach der jeweiligen Pegelminderungsgruppe, der das betreffende Grundstück angehört, in der Höhe gestaffelter Zuschlag hinzuzurechnen. Dieser Zuschlag kann ausgedrückt werden durch Prozentpunkte oder (echte) Prozentsätze. Hat sich der Ortsgesetzgeber für den Vollgeschoßmaßstab als Ausgangsmaßstab entschieden, ist Anknüpfungsmerkmal der sich nach der Anzahl der zulässigen (und berücksichtigungsfähigen; vgl. Rdnr. 83) Vollgeschosse ergebende Nutzungsfaktor. Sind bei einem solchen Ausgangsmaßstab in der Satzung zur Berücksichtigung der Unterschiede im Erschließungsvorteil, die durch verschiedene Schallpegelminderungen bewirkt werden, Prozentpunkte angegeben, ergibt sich der für ein bestimmtes Grundstück maßgebende Faktor, mit dem die erschlossene Grundstücksfläche zu multiplizieren ist (vgl. Rdnr. 78), durch eine Addition des für das Maß der Nutzung maßgeblichen – beispielsweise 125 v. H. bei zweigeschossiger Bebaubarkeit – und des für die Zugehörigkeit zur Gruppe zum Beispiel der Grundstücke, die eine Schallpegelminderung von mehr als 9 dB(A) erfahren, vorgesehenen – beispielsweise 50 v. H. – Vomhundertsatzes mit der Folge, daß die erschlossene Grundstücksfläche mit 175 v. H. zu multiplizieren ist. Wird dagegen der Zuschlag durch einen echten Prozentsatz bestimmt, ist bei dem gleichen Grundstück der für das Maß der Nutzung maßgebliche Vomhundertsatz 125 um einen Anteil von 50 v. H. davon zu erhöhen, so daß die Grundstücksfläche mit dem Faktor (125 v. H. + 125 v. H. × 50 v. H. = 125 v. H. + 62,5 v. H. =) 187,5 v. H. zu multiplizieren ist. Ebenso wie die Bewertung der Unterschiedlichkeiten im Nutzungsmaß (vgl. Rdnr. 61) – und dort, wo es angezeigt ist, die Bewertung der Unterschiedlichkeiten in der Nutzungsart (vgl. Rdnr. 65) –, liegt auch die Bewertung der Unterschiedlichkeiten im Ausmaß der bewirkten Schallpegelminderungen im weiten ortsgesetzgeberischen Ermessen. So dürfte etwa eine Regelung schwerlich bundesrechtlich zu beanstanden sein, nach der der Zuschlag für die Gruppe der Grundstücke, die eine Schallpegelminderung von mehr als 6 (bis einschließlich 9) dB(A) erfahren, 25 v. H. und der Zuschlag für die Grundstücke der folgenden Gruppe 50 v. H. beträgt.

88   Der vorstehend behandelten "**Zuschlagsmethode**" ähnlich ist eine von Klausing[122] vorgestellte Methode, durch die den Anforderungen des Gebots

---

[122] Klausing in DVBl 88, 1166f.

der horizontalen Differenzierung ebenfalls hinreichend Rechnung getragen werden kann. Diese Methode setzt eine Stufe später an als die Zuschlagsmethode, nämlich bei der "Beitragsfläche", d. h. dem Betrag, der sich – zum Beispiel beim Vollgeschoßmaßstab – aus der Vervielfältigung der erschlossenen Grundstücksfläche mit dem für das entsprechende Grundstück maßgebenden Nutzungsfaktor ergibt. Diese Beitragsfläche wird je nach Lage dieses Grundstücks in einer der Pegelminderungsgruppen mit einem bestimmten Faktor multipliziert, den der Ortsgesetzgeber in Ausübung seines Bewertungsermessens nach Maßgabe der unterschiedlichen Vorteile satzungsmäßig festgesetzt hat, die die Grundstücke in den einzelnen Pegelminderungsgruppen erfahren. Je nach den Umständen des Einzelfalls dürfte eine ortsgesetzgeberische Anordnung bundesrechtlich schwerlich durchgreifende Bedenken gegen sich haben, nach der die Beitragsflächen der Grundstücke in der ersten Gruppe (Schallpegelminderung mindestens 3 bis 6 dB(A) einschließlich) mit dem Faktor 1, die Grundstücke in der zweiten Gruppe (Schallpegelminderung mehr als 6 bis 9 dB(A) einschließlich) mit dem Faktor 2 und die Grundstücke in der dritten Gruppe mit dem Faktor 3 zu vervielfältigen sind.

Entscheidet sich der Ortsgesetzgeber für die – nicht besonders empfehlenswerte – "Kostenmassenmethode", hat er in der Satzung festzulegen, in welchem Verhältnis der umlagefähige Aufwand in einem ersten Schritt den – hier wie zuvor **ausschließlich beispielhaft** genannten – drei Pegelminderungsgruppen mit der Folge zuzuordnen ist, daß die sich für jede dieser Gruppen ergebende Kostenmasse nach Maßgabe der "allgemeinen" Verteilungsregelung – zum Beispiel des Vollgeschoßmaßstabs – auf die der betreffenden Gruppe angehörenden Grundstücke umzulegen ist. Bei dieser Methode wird mithin – anders als bei den zuvor behandelten – dem Gebot der horizontalen Differenzierung bereits gleichsam vorab Rechnung getragen, d. h. bevor das unterschiedliche Maß der Nutzung Berücksichtigung findet. Auch bei dieser Methode obliegt es dem Ortsgesetzgeber nach seinem Ermessen zu bewerten, welche Unterschiede in der Beitragsbelastung die Zugehörigkeit der erschlossenen Grundstücke zu den einzelnen Pegelminderungsgruppen zur Folge haben soll. Unter Beachtung der insoweit **maßgeblichen Umstände** des jeweiligen Einzelfalls hat er das Verhältnis zu bestimmen, in dem der umlagefähige Aufwand den Pegelminderungsgruppen zuzuordnen ist. Mit dem bezeichneten Vorbehalt können Anordnungen in Ordnung gehen, nach denen der umlagefähige Aufwand im Verhältnis 1:2:3 oder 1:2:2,5 oder einem ähnlichen Verhältnis auf die einzelnen Pegelminderungsgruppen aufgeteilt werden soll.

89

Fünfter Abschnitt
Heranziehungsphase

§ 19 Entstehen der sachlichen (Voll-)Beitragspflichten

I. Endgültige Herstellung der Erschließungsanlagen

1   Für eine Abwälzung des umlagefähigen Erschließungsaufwands ist grundsätzlich erst Raum, nachdem gemäß § 133 Abs. 2 BauGB für die betreffende beitragsfähige Erschließungsanlage die sachlichen Beitragspflichten (bzw. – aus der Sicht der Gemeinde – die sachlichen Beitragsforderungen) entstanden sind. Etwas anderes gilt nur, wenn die Gemeinde zur Erhebung von Vorausleistungen (vgl. § 21 Rdnrn. 1 ff.) berechtigt ist oder wenn sie Ablösungsverträge (vgl. § 22 Rdnrn. 1 ff.) abgeschlossen hat, d. h., wenn sie in der Lage ist, einen Ausgleich für (angefallene und ggfs. noch nicht angefallene) Erschließungskosten bereits früher geltend zu machen.

2   Nach § 133 Abs. 2 Satz 1 BauGB entstehen die sachlichen Beitragspflichten „mit der endgültigen Herstellung der Erschließungsanlagen". Mit diesem Wortlaut knüpft § 133 Abs. 2 Satz 1 BauGB an § 132 Nr. 4 BauGB an und macht deutlich, daß sachliche Beitragspflichten nicht entstehen können, bevor die Erschließungsanlagen einen (Ausbau-)Zustand erreicht haben, der den satzungsmäßig festzulegenden Merkmalen der endgültigen Herstellung entspricht. Dies gilt entsprechend, wenn die Gemeinde von der ihr durch § 127 Abs. 3 BauGB eingeräumten Möglichkeit Gebrauch macht, Teilbeträge für die endgültige Herstellung von Teilen i. S. der genannten Vorschrift zu erheben (Kostenspaltung, vgl. § 20 Rdnrn. 1 ff.); die sachlichen Beitragspflichten für Teilbeträge entstehen gemäß § 133 Abs. 2 Satz 1 BauGB, „sobald die Maßnahmen, deren Aufwand durch die Teilbeträge gedeckt werden soll, abgeschlossen sind".

3   Eine Besonderheit ist zu beachten bei den flächenmäßigen Bestandteilen einer Anbaustraße, weil sie nicht – wie etwa die Teileinrichtung Straßenentwässerung und Straßenbeleuchtung – in generalisierender Weise im Teileinrichtungsprogramm der Satzung festgelegt werden müssen. Hat dementsprechend ein Ortsgesetzgeber darauf verzichtet, die flächenmäßigen Bestandteile einer Anbaustraße in das satzungsmäßige Teileinrichtungsprogramm aufzunehmen, tritt an die Stelle einer Satzungsregelung das formlose, auf eine konkrete Anbaustraße beschränkte Bauprogramm (vgl. im einzelnen § 11 Rdnr. 35). In einem solchen Fall ist die betreffende Anlage endgültig hergestellt, wenn sie die nach dem satzungsmäßigen Teileinrichtungsprogramm und dem (dieses bezüglich der flächenmäßigen Teileinrichtungen ergänzen-

den) Bauprogramm erforderlichen Teileinrichtungen aufweist und diese Teileinrichtungen dem jeweils für sie aufgestellten Ausbauprogramm (vgl. dazu § 11 Rdnrn. 43 ff.) entsprechen. Ist ein Bauprogramm nicht ausdrücklich – etwa vom (Tief-)Bauausschuß – formuliert, ist es den gesamten, auf die Anbaustraße bezogenen Umständen zu entnehmen. So kann sich beispielsweise dann, wenn ein Bebauungsplan für eine bestimmte Anbaustraße eine derart geringe Ausbaubreite vorsieht, daß für eine Anlegung von Gehwegen praktisch kein Raum bleibt, ergeben, daß diese Anlage an flächenmäßigen Bestandteilen nur eine Fahrbahn aufweisen soll.[1] Im übrigen ist der Zustand der endgültigen Herstellung **grundsätzlich** erst erreicht, wenn alle (in der Satzung festgelegten oder) im Bauprogramm ausgewiesenen flächenmäßigen Teileinrichtungen in ihrer **gesamten Länge** den Anforderungen des satzungsmäßigen Ausbauprogramms entsprechend hergestellt worden sind. Etwas anderes kann jedoch gelten, d. h. das Fehlen einer untergeordneten Teilstrecke wie etwa eines Geh- oder Radwegs steht der endgültigen Herstellung der Gesamtanlage **nicht** entgegen, wenn ein Bebauungsplan dies (etwa mit Blick auf einen vorhandenen Baumbestand bzw. erhaltenswerte Bäume) festsetzt oder durch die Festsetzung des (beengten) Querschnitts vorzeichnet und die betreffende Teileinrichtung dadurch nicht ihre Funktion verliert.[2]

Bei der Formulierung des unverändert in das Baugesetzbuch übernommenen § 133 Abs. 2 Satz 1 BBauG ist der Gesetzgeber davon ausgegangen, daß die übrigen Voraussetzungen für das Entstehen der sachlichen Beitragspflichten (vgl. Rdnrn. 9 ff.) bereits erfüllt sein müssen, damit diese Beitragspflichten mit der endgültigen Herstellung entstehen können.[3] Für das Entstehen der sachlichen Beitragspflichten gemäß § 133 Abs. 2 Satz 1 BauGB ist daher maßgebend der Zeitpunkt, in dem die Erschließungsanlage endgültig hergestellt im Rechtssinne ist *und* alle weiteren gesetzlichen Voraussetzungen für das Entstehen der Beitragspflichten erfüllt sind,[4] wobei die Reihenfolge unerheblich ist.[5] Soweit § 133 Abs. 2 Satz 1 BauGB auf die (einzelnen) „Erschließungsanlagen" abhebt, spricht er unmittelbar nur den gesetzlichen Regelfall an, d. h. nur den Fall, daß der beitragsfähige Erschließungsaufwand für eine „einzelne Erschließungsanlage" (§ 130 Abs. 2 Satz 1 BauGB) ermittelt wird. Hat sich die Gemeinde abweichend von der Regel (rechtzeitig und rechtswirksam, vgl. dazu Rdnrn. 7 und 14) für eine gemeinsame Aufwandsermittlung gemäß § 130 Abs. 2 Satz 3 BauGB oder für eine Aufwandsermittlung (schon) eines Abschnitts (§ 130 Abs. 2 Sätze 1 und 2 BauGB) entschieden, ist

4

---

[1] Vgl. in diesem Zusammenhang VGH Kassel, Beschluß v. 22. 3. 1988 – 5 TH 780/87 – KStZ 89, 14 = GemHH 89, 114.

[2] Vgl. dazu OVG Lüneburg, Urteil v. 14. 2. 1989 – 9 A 124/87 –.

[3] BVerwG, u. a. Urteil v. 21. 9. 1973 – IV C 39.72 – Buchholz 406.11 § 133 BBauG Nr. 46 S. 37 (39) = DVBl. 74, 294 = KStZ 74, 112.

[4] BVerwG, u. a. Urteil v. 13. 5. 1977 – IV C 82.74 – Buchholz 406.11 § 128 BBauG Nr. 18 S. 4 (7) = BauR 77, 411 = KStZ 78, 110.

[5] Ebenso u. a. VGH Kassel, Urteil v. 22. 7. 1993 – 5 UE 3401/90 –.

hier – ebenso wie bei § 131 Abs. 1 Satz 1 BauGB (vgl. § 17 Rdnr. 9) – anstelle der einzelnen Anlage abzustellen auf den Abschnitt bzw. die mehreren Anlagen, die eine Erschließungseinheit bilden.

5   Sind für eine bestimmte beitragsfähige Erschließungsanlage die Voraussetzungen erfüllt, von denen das Entstehen der sachlichen Beitragspflichten abhängt, entstehen die Beitragspflichten für die erstmalige endgültige Herstellung der Anlage *kraft Gesetzes*, und zwar unabhängig von einem darauf gerichteten Willen der Gemeinde[6] und damit auch unabhängig von einer etwa in der Erschließungsbeitragssatzung vorgesehenen Bekanntmachung der endgültigen Herstellung. Sie entstehen also in einem früheren Zeitpunkt als dem, in dem (nach Berechnung der Herstellungskosten) die Beitragsbescheide erlassen werden können, d. h. bevor ein persönlicher Schuldner gemäß § 134 Abs. 1 BauGB bestimmt werden kann. Schon die endgültige Herstellung einer beitragsfähigen Erschließungsanlage ist – sofern die übrigen Voraussetzungen erfüllt sind – geeignet, kraft Gesetzes ein – mangels Individualisierung des persönlichen Beitragsschuldners nach § 134 Abs. 1 BauGB "nur" – *abstraktes* **Beitragsschuldverhältnis** und damit eine abstrakte Beitragspflicht in bezug auf ein im Sinne des § 131 Abs. 1 Satz 1 BauGB erschlossenes Grundstück sowie einen noch unbestimmten (und zu dieser Zeit möglicherweise auch noch nicht bestimmbaren) Schuldner, den Beitragspflichtigen, entstehen zu lassen.[7] Bereits in diesem Zeitpunkt und damit vor der Geltendmachung der entsprechenden Abgabenforderung durch den Beitragsbescheid sind die Beitragsforderungen der Gemeinde *dem Grunde* und *der Höhe* nach derartig *voll* als Anspruch ausgestaltet, daß sie z. B. schon den Lauf der Verjährungsfrist in Gang setzen.[8]

6   Das Entstehen der Höhe nach voll ausgebildeter abstrakter Beitragspflichten setzt – wegen der Abhängigkeit der Beitragshöhe vom entstandenen Aufwand – voraus, daß dieser **Aufwand** zumindest **ermittlungsfähig** ist. Deshalb ist die "endgültige Herstellung" i. S. des § 133 Abs. 2 Satz 1 BauGB nicht gleichbedeutend mit dem Abschluß der technischen Ausbauarbeiten, sie markiert nicht gleichsam den "letzten Spatenstich". Vielmehr ist der Tatbestand des § 133 Abs. 2 Satz 1 BauGB erst in dem Zeitpunkt erfüllt, in dem im Anschluß an die Beendigung der technischen Arbeiten der hierfür entstandene Aufwand feststellbar ist, also regelmäßig bei Eingang der letzten im Anschluß an die Bauarbeiten erteilten (sachlich richtigen) Unternehmerrechnung.[9] Verzögert sich der Eingang der Schlußrechnung nicht unerheblich,

---

[6] BVerwG, u. a. Urteil v. 26. 9. 1983 – C 47, 67–69.82 – BVerwGE 68, 48 (53) = DVBl. 84, 186 = NVwZ 84, 369.

[7] BVerwG, u. a. Urteil v. 20. 9. 1974 – IV C 32.72 – BVerwGE 47, 49 (53) = NJW 75, 403 = KStZ 75, 10.

[8] BVerwG, u. a. Urteil v. 5. 9. 1975 – IV CB 75.73 – Buchholz 406.11 § 133 BBauG Nr. 55 S. 15 (20) = NJW 76, 818 = DÖV 76, 96.

[9] BVerwG, u. a. Urteil v. 22. 8. 1975 – IV C 11.73 – BVerwGE 49, 131 (134f.) = DÖV 76, 95 = BauR 76, 120.

wird dadurch der Zeitpunkt des Entstehens der Beitragspflichten und dementsprechend der Beginn des Laufs der Verjährungsfrist hinausgeschoben, wenn die Gemeinde alles Zumutbare veranlaßt hat, um die Schlußrechnung sobald wie möglich zu erhalten, d. h., wenn sie den verspäteten Rechnungseingang nicht zu vertreten hat.

Im Erschließungsbeitragsrecht gilt der Rechtsgrundsatz, daß eine (abstrak- 7 te) Beitragspflicht für ein Grundstück bezogen auf die erstmalige endgültige Herstellung einer **bestimmten** Erschließungsanlage *nur einmal* entsteht.[10] Dieser Grundsatz gilt sowohl in dem Sinne, daß ein Grundstück vor einer mehrfachen Belastung (Doppelbelastung) für die Erschließung durch eine bestimmte Anlage geschützt ist, als auch in dem Sinne, daß eine abstrakte Beitragspflicht, ist sie einmal entstanden, nicht nachträglich zu einem anderen Zeitpunkt und gar in anderer Höhe noch einmal entstehen kann. Dies hat u. a. zur Folge, daß dann, wenn eine bestimmte Erschließungsanlage sachliche Beitragspflichten ausgelöst hat, die für diese Anlage angefallenen umlagefähigen Aufwendungen "unfähig" sind, Gegenstand einer gemeinsamen Aufwandsermittlung gemäß § 130 Abs. 2 Satz 3 BauGB zu sein (vgl. § 14 Rdnr. 44). Will eine Gemeinde den Aufwand für zwei eine Erschließungseinheit bildende Einzelanlagen gemeinsam ermitteln, kann sie sich den Weg dazu nur dadurch eröffnen, daß sie die Einzelanlagen rechtzeitig, d. h. *vor* dem Entstehen der Beitragspflichten für die Einzelanlagen, zur gemeinsamen Aufwandsermittlung und Abrechnung zusammenfaßt. Eine solche Zusammenfassungsentscheidung "sperrt" das Entstehen sachlicher Beitragspflichten für die betroffenen Einzelanlagen; sie läßt solche Beitragspflichten frühestens entstehen, wenn die (beiden) zur gemeinsamen Abrechnung zusammengefaßten Anlagen den Herstellungsmerkmalen der Satzung entsprechend ausgebaut worden sind[11] und der für sie entstandene Aufwand mit Eingang der letzten Unternehmerrechnung feststellbar ist.

Wird eine – nach dem Willen der Gemeinde – endgültig hergestellte Ver- 8 bindungsstraße aufgrund einer Veränderung der Verhältnisse zu einer beitragsfähigen Anbaustraße, etwa weil sie nun infolge der baulichen Entwicklung im unbeplanten Innenbereich (§ 34 BauGB) verläuft, ist der Grad ihrer Herstellung erneut zu beurteilen. Eine als Verbindungsstraße endgültig hergestellte Straße kann als beitragsfähige Erschließungsanlage durchaus eine unfertige Anbaustraße sein.[12] Ergibt sich nach Beendigung der Bauarbeiten, daß eine Anbaustraße nur mit einem Gehweg endgültig hergestellt ist, entstehen – sofern die weiteren Voraussetzungen dafür erfüllt sind – die Beitragspflichten auch, wenn sich aus der Satzung selbst nicht unmittelbar herleiten

[10] BVerwG, u.a. Urteil v. 20. 1. 1978 – 4 C 2.75 – Buchholz 406.11 § 132 BBauG Nr. 26 S. 25 (27) = DÖV 78, 568 = KStZ 79, 89 mit weiteren Nachweisen.
[11] BVerwG, Urteil v. 26. 9. 1983 – 8 C 47, 67–69.83 – BVerwGE 68, 48 (54) = DVBl. 84, 186 = NVwZ 84, 369.
[12] BVerwG, u.a. Urteil v. 21. 10. 1968 – IV C 94.67 – Buchholz 406.11 § 127 BBauG Nr. 4 S. 8 (11) = DVBl. 69, 275 = ZMR 69, 187.

läßt, daß der einseitig ausgeführte Gehweg für die endgültige Herstellung genügt;[13] denn insoweit ist – weil eine flächenmäßige Teileinrichtung in Rede steht – das konkrete (formlose) Bauprogramm für die jeweilige Anlage maßgebend (vgl. § 11 Rdnr. 35 und Rdnr. 3).

9   Das Eigentum am Straßengelände ist nicht unbedingt eine Voraussetzung für das Entstehen der Beitragspflichten. Ist der Grunderwerb[14] in der Satzung **nicht** als Merkmal der endgültigen Herstellung bestimmt, entstehen die Beitragspflichten – ggfs. vor der Durchführung des Grunderwerbs –, wenn die nach § 132 Nr. 4 BauGB in der Satzung bestimmten und die sonstigen gesetzlichen Voraussetzungen vorliegen.[15] Entsprechendes gilt für die Vermessung des Straßengeländes; sie hat Einfluß auf den Zeitpunkt der endgültigen Herstellung nur, wenn der Grunderwerb satzungsmäßiges Herstellungsmerkmal ist.[16] Grundsätzlich ohne Bedeutung für das Entstehen der sachlichen Beitragspflichten ist, ob der Gemeinde ein Zuschuß nach dem Gemeindeverkehrsfinanzierungsgesetz bewilligt worden ist; der Zeitpunkt der endgültigen Berechnung der Zuschußhöhe ist regelmäßig ohne Belang für das Entstehen der sachlichen Beitragspflichten.[17] Etwas anderes gilt nur, wenn der Bewilligungsbescheid – entgegen den Richtlinien – für den Fall, daß der zugesagte Zuschuß den von der Gemeinde zu tragenden Kostenanteil der Höhe nach übersteigt, hinsichtlich des Überschusses nicht eine Rückzahlung, sondern eine Verwendung **zugunsten** des Beitragspflichtigen anordnet.

II. Sonstige Voraussetzungen für das Entstehen der Beitragspflichten

10   Zu den sonstigen Voraussetzungen für das Entstehen der sachlichen Beitragspflichten zählt zunächst das Vorhandensein einer rechtswirksamen **Erschließungsbeitragssatzung**. „Abgesehen davon, daß es praktisch sinnlos wäre, hätte der Gesetzgeber eine Beitragspflicht dem Grunde nach unabhängig vom Vorhandensein einer Satzung entstehen lassen wollen, da es zur Bestimmung der Höhe des Beitrags auf jeden Fall der vom Gesetz verlangten Satzung bedarf, kann letztlich auch nur an Hand der Satzung festgestellt werden, ob

---

[13] BVerwG, Urteil v. 12. 10. 1973 – IV C 3.72 – DVBl.74, 238 = BauR 74, 90 = KStZ 74, 233.

[14] Liegt dem Grunderwerb ein Rechtsgeschäft i.S. des § 873 BGB zugrunde, ist er erst durch Eintragung der Gemeinde im Grundbuch abgeschlossen. Tritt der Grunderwerb dagegen gemäß § 6 Abs. 1 FStrG durch Übergang der Straßenbaulast ein, kommt es für das Entstehen der sachlichen Beitragspflichten für den Fall, daß die Satzung den Grunderwerb zum Merkmal der endgültigen Herstellung bestimmt, auf diesen Zeitpunkt und nicht auf den Zeitpunkt der Berichtigung des Grundbuches an (vgl. Hamb-OVG, Beschluß v. 4. 10. 1993 – Bs VI 39/93 – KStZ 94, 155).

[15] BVerwG, u.a. Urteil v. 8. 2. 1974 – IV C 21.72 – Buchholz 406.11 § 132 BBauG Nr. 15 S. 26 f. = ZMR 74, 182 = GemTg 75, 13.

[16] BVerwG, Urteil v. 26. 1. 1979 – 4 C 17.76 – Buchholz 406.11 § 133 BBauG Nr. 66 S. 42 (44 f.) = DÖV 79, 644 = KStZ 80, 52.

[17] Vgl. OVG Lüneburg, Beschluß v. 2. 12. 1986 – 9 B 97/86 u.a. – KStZ 87, 94.

eine Anlage – sei es als gesamte Anlage oder als Teilanlage – (rechtlich) endgültig hergestellt ist."[18] Allerdings läßt nicht nur das Fehlen oder die Nichtigkeit der Beitragssatzung insgesamt, sondern auch die Gesamtunwirksamkeit der Verteilungsregelung oder der Regelung der Herstellungsmerkmale sachliche Beitragspflichten **nicht** entstehen.[19] Sie entstehen ggfs. erst mit dem Inkrafttreten einer (vollwirksamen) Satzung, und zwar selbst dann, wenn die Ausbauarbeiten an der entsprechenden Erschließungsanlage bereits zuvor – in satzungsloser Zeit – abgeschlossen worden sind und die Anlage damit technisch hergestellt war. Maßgebend für das Entstehen der Beitragspflichten dem Grunde und der Höhe nach ist die Satzung, die in dem Zeitpunkt gilt, in dem – bezogen auf die betreffende Erschließungsanlage selbst – *sämtliche* Entstehungsvoraussetzungen erfüllt sind. Nur die Frage, ob eine Erschließungsanlage den Herstellungsmerkmalen entsprechend endgültig hergestellt ist, beantwortet sich immer nach der in dem Zeitpunkt gültigen Satzung, in dem der technische Ausbau abgeschlossen ist,[20] bzw. – wenn in diesem Zeitpunkt keine Satzung oder jedenfalls keine mit wirksamer Merkmalsregelung vorliegt – nach der ersten nachfolgenden Satzung mit wirksamer Merkmalsregelung (vgl. § 11 Rdnrn. 4 ff.).

Ungeachtet der Tatsache, daß der Wortlaut des § 127 Abs. 2 BauGB das Erfordernis der **Öffentlichkeit** nur für Verkehrsanlagen i. S. der Nrn. 1 bis 3 dieser Vorschrift aufstellt, ist beitragsfähig jede der in § 127 Abs. 2 BauGB genannten Arten von Anlagen nur, wenn sie öffentlich in dem Sinne ist, daß sie für die Benutzung durch die in Frage kommende Allgemeinheit gesichert zur Verfügung steht.[21] Erst wenn diese Voraussetzung erfüllt ist, handelt es sich um eine beitragsfähige Erschließungsanlage und kann sie sachliche Beitragspflichten auslösen. Liegen alle übrigen Entstehungsvoraussetzungen vor, ist die Erschließungsanlage aber noch nicht gewidmet, entstehen die Beitragspflichten für eine endgültig hergestellte Anlage erst mit der nachfolgenden Widmung.[22] Dagegen hängt das Entstehen sachlicher Beitragspflichten für die erstmalige Herstellung einer **verkehrsberuhigten** Anbaustraße nicht davon ab, daß die Anlage durch eine Anordnung der Straßenverkehrsbehörde gemäß § 45 StVO bereits als verkehrsberuhigter Bereich gekennzeichnet ist und Verkehrsschilder nach den Zeichen 325 und 326 zu § 42 Abs. 4 a StVO aufgestellt wurden.[23]

11

---

[18] BVerwG, Urteil v. 21. 9. 1973 – IV C 39.72 – Buchholz 406.11 § 133 BBauG Nr. 46 S. 37 (38) = DVBl. 74, 294 = KStZ 74, 112.

[19] BVerwG, u. a. Urteil v. 20. 1. 1978 – 4 C 70.75 – Buchholz 406.11 § 132 BBauG Nr. 27 S. 28 (29 f.) = BauR 78, 396 = ZMR 79, 157.

[20] BVerwG, Urteil v. 22. 8. 1975 – IV C 11.73 – BVerwGE 49, 131 (134) = DÖV 76, 95 = BauR 76, 120.

[21] BVerwG, Urteil v. 10. 5. 1985 – 8 C 17–20.84 – Buchholz 406.11 § 127 BBauG Nr. 46 S. 29 (35) = DVBl. 85, 349 = KStZ 85, 212.

[22] BVerwG, u. a. Urteil v. 12. 12. 1969 – IV C 100.68 – Buchholz 406.11 § 133 BBauG Nr. 34 S. 7 (10) = DVBl. 70, 417 = NJW 70, 876.

[23] Vgl. VGH Mannheim, Urteil v. 28. 7. 1987 – 2 S 1109/86 – VBlBW 88, 67.

12   Darüber hinaus setzt das Entstehen abstrakter (sachlicher) Beitragspflichten für alle Anlagen voraus, daß – sofern nicht eine Ausnahme eingreift (vgl. § 7 Rdnrn. 26 ff.) – ein **Bebauungsplan** vorliegt, dem die Herstellung der Anlage – unter Berücksichtigung des § 125 Abs. 3 BauGB – entspricht, oder daß eine **Zustimmung** der höheren Verwaltungsbehörde erteilt ist (vgl. im einzelnen § 7 Rdnrn. 42 ff.).[2] Ist diese Voraussetzung im Zeitpunkt der endgültigen Herstellung noch nicht erfüllt, entstehen die Beitragspflichten erst, wenn ein Bebauungsplan in Kraft tritt[24] oder die Zustimmung nach § 125 Abs. 2 Satz 1 BauGB nachträglich erteilt wird.[25]

13   Deckt § 125 Abs. 3 Nr. 1 BauGB einen *planunterschreitenden* Ausbau, durch den die Erschließungsanlage in einen Zustand versetzt worden ist, der den in der Satzung enthaltenen Merkmalen der endgültigen Herstellung sowie dem einschlägigen Bauprogramm entspricht, und liegen alle sonstigen Voraussetzungen für das Entstehen der sachlichen Beitragspflichten vor, entstehen die Beitragspflichten gemäß § 133 Abs. 2 BauGB kraft Gesetzes mit der endgültigen Herstellung (vgl. § 7 Rdnr. 55). Handelt es sich um einen **planüberschreitenden** Ausbau, der **Mehrkosten** verursacht hat, wird dieser – sofern die übrigen Voraussetzungen des § 125 Abs. 3 Nr. 2 BauGB erfüllt sind – erst rechtmäßig und können folglich Beitragspflichten erst entstehen, wenn die Gemeinde erklärt hat, sie werde die Mehrkosten nicht geltend machen (vgl. im einzelnen § 7 Rdnr. 57). Das gilt selbst dann, wenn diesen Mehrkosten gegenüberstehen "Minderkosten", die dadurch verursacht worden sind, daß beim Ausbau der Anlage nicht nur eine Planüber-, sondern auch eine Planunterschreitung erfolgt ist. Denn der Gesetzgeber hat die Voraussetzungen, bei deren Vorliegen angenommen werden darf, Planabweichungen berührten die erschließungsrechtliche Rechtmäßigkeit einer Herstellung nicht, für die Planunter- und die Planüberschreitung in § 125 Abs. 3 Nr. 1 und Nr. 2 BauGB jeweils selbständig ausgestaltet, so daß sich die Ansicht verbietet, durch eine Planunterschreitung bewirkte Einsparungen könnten mit der Folge mit durch eine Planüberschreitung verursachten Mehrkosten "saldiert" werden, daß eine Rechtfertigung der Planüberschreitung insoweit gleichsam automatisch, d.h. ohne Verzicht auf die Geltendmachung der durch sie verursachten Mehrkosten, eintritt (vgl. § 7 Rdnr. 58).[26]

14   Hat die Gemeinde zwei (vgl. dazu § 14 Rdnrn. 38 f.) eine Erschließungseinheit i. S. des § 130 Abs. 2 Satz 3 BauGB bildende Anlagen rechtzeitig, d.h. *vor* dem Entstehen der Beitragspflichten für die Einzelanlagen, zur gemeinsamen Aufwandsermittlung zusammengefaßt, entstehen die Beitragspflichten für

---

[24] BVerwG, u.a. Urteil v. 21. 10. 1968 – IV C 94.67 – Buchholz 406.11 § 127 BBauG Nr. 4 S. 8 (12) = BauR 70, 116 = ZMR 69, 375.

[25] BVerwG, u.a. Urteil v. 23. 5. 1975 – IV C 51.73 – Buchholz 406.11 § 125 BBauG Nr. 8 S. 5 (6 f.) = DÖV 75, 716 = GemTg 75, 268.

[26] Ebenso OVG Münster, Urteil v. 31. 1. 1991 – 3 A 563/87 – DVBl 91, 1311 = GemHH 91, 263 = NWVBl 91, 244.

diese Anlagen grundsätzlich gleichzeitig, und zwar sobald die letzte dieser Anlagen endgültig hergestellt und der angefallene Gesamtaufwand feststellbar ist (vgl. § 14 Rdnr. 15). Das gilt allerdings nur, wenn bezogen auf jede der rechtlich selbständig bleibenden (vgl. § 14 Rdnr. 16) Einzelanlagen die sonstigen Voraussetzungen für das Entstehen der Beitragspflichten erfüllt sind. Ist etwa eine der Anlagen noch nicht gewidmet oder ist bei einer anderen noch nicht den Anforderungen des § 125 BauGB genügt, können die sachlichen Beitragspflichten erst entstehen, wenn die Widmung nachgeholt bzw. ein Bebauungsplan in Kraft getreten oder die Zustimmung erteilt worden ist.

Die endgültige Herstellung i.S. des § 133 Abs. 2 Satz 1 BauGB als Voraus- 15
setzung für das Entstehen abstrakter Beitragspflichten ist – ebenso wie die Widmung und das Vorliegen eines Bebauungsplans bzw. einer Zustimmung – *einseitig ausgerichtet* auf die beitragsfähige Erschließungsanlage selbst; sie ist – ausgehend von dem Grundsatz der nachträglichen Aufwandsdeckung – gleichsam die "Haupt"-Voraussetzung für das Entstehen abstrakter Beitragspflichten. An diese abstrakten Beitragspflichten knüpft – und damit **wendet** sich der Blick von der Erschließungsanlage zum einzelnen i.S. des § 131 Abs. 1 Satz 1 BauGB erschlossenen Grundstück – § 133 Abs. 1 BauGB seinem Wortlaut nach an, wenn er anordnet, „der Beitragspflicht unterliegen" nur bestimmte „Grundstücke". § 133 Abs. 1 BauGB macht – mit anderen Worten – deutlich, daß sich die *Wirkung* der Regelung des § 133 Abs. 2 BauGB *nur* auf diese Grundstücke bezieht, d.h., daß abstrakte Beitragspflichten mit der endgültigen Herstellung der Erschließungsanlage ausschließlich in bezug auf Grundstücke entstehen, die Gegenstand einer solchen Beitragspflicht sein können (vgl. dazu im einzelnen § 23 Rdnrn. 1 ff.). Diese weitere Voraussetzung für das Entstehen einer auf das einzelne Grundstück abstellenden abstrakten Beitragspflicht ist beispielsweise *nicht* erfüllt, solange dies Grundstück (noch) nicht bebaubar ist, und sie ist ebenfalls **nicht** erfüllt, solange das Grundstück (noch) im Eigentum der zur Beitragserhebung berechtigten Gemeinde steht, es sei denn, es ist mit einem Erbbaurecht belastet. Denn **„da niemand sein eigener Schuldner sein kann"**,[27] kann in bezug auf ein *gemeindeeigenes*, nicht mit einem Erbbaurecht belastetes Grundstück ein Rechtsverhältnis mit dem Inhalt einer abstrakten Beitragspflicht von vornherein nicht entstehen. Ebenso wie ein i.S. des § 131 Abs. 1 Satz 1 BauGB erschlossenes Grundstück, das im Zeitpunkt der endgültigen Herstellung z.B. infolge einer Veränderungssperre noch nicht bebaubar ist, erst mit dem Eintritt seiner Bebaubarkeit der abstrakten Beitragspflicht unterliegt,[28] wird auch ein gemeindeeigenes, nicht mit einem Erbbaurecht belastetes Grundstück erst zum Gegenstand einer solchen Beitrags-

---

[27] BGH, Urteil v. 1. 7. 1967 – II ZR 150/66 – BGHZ 48, 214 (218).
[28] BVerwG, u.a. Urteil v. 19. 9. 1969 – IV C 68.68 – Buchholz 406.11 § 133 Nr. 31 S. 1 (3) = DVBl. 70, 82 = ZMR 70, 148.

pflicht, wenn die Gemeinde ihr Eigentum übertragen[29] oder sie ein Erbbaurecht bestellt[30] hat.

III. Bedeutung des Zeitpunkts der endgültigen Herstellung und des Entstehens der Beitragspflichten

16   Tritt zeitlich nach der endgültigen Herstellung, aber – etwa mangels Widmung der entsprechenden Anlage – vor Entstehen der abstrakten Beitragspflichten anstelle der bisherigen gültigen Satzung „eine neue Satzung in Kraft, die andere, insbesondere weitergehende **Merkmale der endgültigen Herstellung** einer Erschließungsanlage festlegt, so wird nach dem Sinn des § 133 Abs. 2 ... die bereits endgültig hergestellte Erschließungsanlage dadurch **nicht** in den Zustand der Unfertigkeit zurückversetzt. Es bleibt vielmehr bei der durch die vorhergehende Satzung bewirkten Rechtstatsache, daß die Anlage nach den Merkmalen der bisherigen Satzung endgültig hergestellt ist".[31]

17   Im übrigen ist **maßgebend** die **Rechts- und Sachlage** in dem Zeitpunkt, in dem die weiteren, *die Erschließungsanlage selbst* betreffenden Voraussetzungen für das Entstehen der Beitragspflichten erfüllt sind (§ 133 Abs. 2 BauGB). Nur die Grundstücke, denen die hergestellte Anlage (schon bzw. noch) in diesem Zeitpunkt einem (latenten, vgl. § 17 Rdnr. 23) Erschließungsvorteil vermittelt und die deshalb in diesem Zeitpunkt durch sie i. S. des § 131 Abs. 1 Satz 1 BauGB erschlossen sind, nehmen an der Verteilung des umlagefähigen Aufwands teil[32]. Wird ein solches erschlossenes Grundstück später, d. h. nach dem Entstehen der sachlichen Beitragspflichten geteilt, ist das für die Beitragspflicht der beiden (Teil-)Grundstücke dem Grunde nach mit der Folge ohne Belang, daß derjenige, der im Zeitpunkt der Bekanntgabe des Beitragsbescheids Eigentümer des (ggfs. durch die Teilung entstandenen Hinterlieger-)-Grundstücks ist, zur Zahlung des auf dieses Grundstück entfallenden Beitrags selbst dann verpflichtet ist, wenn es im Zeitpunkt der Heranziehung nicht mehr durch die abgerechnete Anlage erschlossen wird.[33] Hat sich zwischen der endgültigen Herstellung der Anlage und dem – etwa weil die Anlage zunächst nicht rechtmäßig i. S. des § 125 BauGB hergestellt oder sie noch nicht gewidmet war – zeitlich späteren Entstehen der Beitragspflichten das Recht geändert, ist insoweit auf das neue Recht und damit auch auf das neue Satzungsrecht abzustellen; insbesondere bestimmt sich die Höhe der Anteile am umlagefähigen Erschließungsaufwand, die auf die der Beitragspflicht unterliegenden

[29] BVerwG, Urteil v. 21. 10. 1983 – 8 C 29.82 – Buchholz 406.11 § 133 BBauG Nr. 89 S. 41 (45) = DVBl. 84, 188 = KStZ 84, 34.
[30] BVerwG, Urteil v. 5. 7. 1985 – 8 C 127.83 – Buchholz 406.11 § 133 BBauG Nr. 91 S. 53 f. = NVwZ 85, 912 = KStZ 86, 34.
[31] BVerwG, Urteil v. 22. 8. 1975 – IV C 11.73 – BVerwGE 49, 131 (136) = DÖV 76, 95 = BauR 76, 120.
[32] Vgl. u. a. OVG Saarland, Urteil v. 28. 6. 1989 – 1 R 204/88 –.
[33] Vgl. OVG Lüneburg, Beschluß v. 22. 1. 1990 – 9 M 96/89 –.

Grundstücke entfallen, nach der in diesem Zeitpunkt geltenden Verteilungsregelung (vgl. § 11 Rdnr. 6). Wird ein *einzelnes Grundstück* erst später als die anderen Grundstücke zum Gegenstand der Beitragspflicht, z. B. weil es zunächst noch unbebaubar war oder (unbelastet durch ein Erbbaurecht) im Eigentum der Gemeinde stand (vgl. Rdnr. 15), und ist inzwischen die Satzung geändert worden, bleibt (auch) für dieses Grundstück die Satzung maßgebend, die in dem Zeitpunkt galt, in dem für die übrigen Grundstücke die Beitragspflichten entstanden sind und auf deren Grundlage die Aufwandsverteilung durchzuführen war (vgl. § 11 Rdnr. 5); die Höhe des Erschließungsbeitrags für das entsprechende Grundstück liegt in einem solchen Fall aufgrund der seinerzeitigen Aufwandsverteilung fest.[34]

Das Entstehen der sachlichen Beitragspflichten bewirkt eine **Beschränkung** 18 des beitragsfähigen Erschließungsaufwands; dieser Zeitpunkt legt den äußersten Umfang der beitragsfähigen Kosten fest. Was danach noch an Kosten für eine beitragsfähige Erschließungsanlage anfällt, wird jedenfalls nicht durch das Bundesrecht einer Beitragspflicht unterworfen (vgl. § 15 Rdnrn. 20 f.). Im übrigen ist der Zeitpunkt des Entstehens der (abstrakten) Beitragspflichten der Zeitpunkt, von dem an einerseits die nach landesrechtlichen Vorschriften zu beurteilende Verjährungsfrist zu laufen beginnt und andererseits die Gemeinde zur Beitragserhebung berechtigt ist. Ein Beitragsbescheid, der vor Entstehen der abstrakten Beitragspflichten erlassen wurde, ist rechtswidrig. Er unterliegt, sofern er rechtzeitig angefochten und damit das Eintreten seiner Bestandskraft verhindert worden ist, der gerichtlichen Aufhebung gemäß § 113 Abs. 1 Satz 1 VwGO. Das gilt nur dann nicht, wenn die Beitragspflichten bis zum Abschluß der mündlichen Verhandlung in der letzten Tatsacheninstanz entstanden und dadurch der Bescheid geheilt worden ist.

IV. Heilung ursprünglich fehlerhafter Beitragsbescheide mit Wirkung ex-nunc

Gemäß § 113 Abs. 1 Satz 1 VwGO hebt ein Gericht einen Beitragsbescheid 19 auf, wenn und soweit er **im Zeitpunkt** der **gerichtlichen Entscheidung** rechtswidrig (und der Kläger dadurch in seinen Rechten verletzt) ist, d. h. wenn und soweit der Kläger in diesem Zeitpunkt **noch** einen Anspruch auf Aufhebung des angefochtenen Bescheids hat. Ob das der Fall ist, bestimmt nicht das Prozeßrecht, sondern das jeweils einschlägige **materielle Recht**: Hat eine nachträgliche (nicht rückwirkende) Rechtsänderung, die der Sache nach zur Rechtfertigung der mit einem angefochtenen Beitragsbescheid geltend gemachten Forderung und damit zu dessen Heilung mit Wirkung ex-nunc führt, die (materiell-rechtliche) Folge, daß der durch die vorangegangene Rechtslage begründete Aufhebungsanspruch beseitigt worden ist, reagiert das Prozeßrecht mit dem – an das jetzige Fehlen eines Aufhebungsanspruchs

---

[34] BVerwG, Urteil v. 22. 8. 1975 – IV C 11.73 – BVerwGE 49, 131 (136) = DÖV 76, 95 = BauR 76, 120.

anknüpfenden – **Befehl der Klageabweisung.** Im Erschließungsbeitragsrecht[35] führt eine nachträgliche, den geltend gemachten Beitragsanspruch nunmehr rechtfertigende und damit den angefochtenen Bescheid heilende Rechtsänderung dazu, daß ein bis zum Eintritt der Rechtsänderung mit Rücksicht auf die objektive Rechtswidrigkeit des belastenden Bescheids bestehender **Anspruch** des Klägers auf dessen **Aufhebung entfällt,** so daß die (Anfechtungs-)Klage nunmehr abzuweisen ist.[36]

20   Die Möglichkeit einer solchen nachträglichen, noch im gerichtlichen Verfahren zu berücksichtigenden Heilung von Beitragsbescheiden mit **Wirkung ex-nunc** hat das Bundesverwaltungsgericht für den Bereich des Erschließungsbeitragsrechts in ständiger Rechtsprechung anerkannt, und zwar jeweils in Fällen, in denen ein Bescheid ursprünglich rechtswidrig war, weil er vor Entstehen der sachlichen Beitragspflichten, d.h. **verfrüht,** erlassen worden war. Ergeht – obwohl gemäß § 125 BauGB ein Bebauungsplan bzw. eine Zustimmung der höheren Verwaltungsbehörde für die rechtmäßige Herstellung etwa einer öffentlichen Anbaustraße erforderlich ist – ein Heranziehungsbescheid, bevor ein Bebauungsplan in Kraft getreten bzw. eine Zustimmung erteilt worden ist, kann dieser mangels Entstehens der Beitragspflichten zunächst rechtswidrige Bescheid dadurch geheilt werden, daß nachträglich ein den Straßenverlauf festsetzender Bebauungsplan erlassen oder die Zustimmung zur Herstellung der Anlage nachträglich erteilt wird.[37] Auch im Falle der – nach § 127 Abs. 2 Nr. 1 BauGB für die Öffentlichkeit der Straße erforderlichen – Widmung einer Straße für den öffentlichen Verkehr entstehen die Beitragspflichten bei einer erst nachfolgenden Widmung mit dieser Widmung, so daß der zuvor ergangene Bescheid vom Zeitpunkt der Widmung an geheilt wird.[38]

21   War ein Beitragsbescheid zunächst deshalb rechtswidrig, weil mit ihm ein Beitrag im Wege einer unzulässigen sog. Querspaltung für die Teillänge einer Straße erhoben worden ist, kann dieser durch den Ausbau der Reststrecke und der dadurch bewirkten endgültigen Herstellung i.S. des § 133 Abs. 2

---

[35] Siehe statt vieler BVerwG, Urteil v. 28. 11. 1975 – IV C 45.74 – BVerwGE 50, 29f. = DVBl 76, 942 = KStZ 76, 191; vgl. in diesem Zusammenhang auch Scherzberg in BayVBl 92, 426ff.

[36] Im Ergebnis entsprechendes gilt für bestimmte Fälle von vor den Zivilgerichten zu betreibenden Amtshaftungsprozessen: Wird ein Amtshaftungsanspruch darauf gestützt, daß die Amtspflichtverletzung im Erlaß eines auf einer unwirksamen Satzung beruhenden Beitragsbescheids bestehe, ist es zu berücksichtigen, wenn der Mangel der angewandten Rechtsgrundlage nachträglich durch Erlaß einer wirksamen Satzung behoben worden ist (BGH, Urteil v. 13. 10. 1994 – III ZR 24/94 – DVBl. 95, 109).

[37] Vgl. BVerwG, einerseits Urteil v. 21. 10. 1968 – IV C 94.67 – Buchholz 406.11 § 127 BBauG Nr. 4 S. 8 (12) = DVBl. 69, 275 = ZMR 69, 187, und andererseits u.a. Urteil v. 27. 9. 1982 – 8 C 145.81 – Buchholz 406.11 § 130 BBauG Nr. 26 S. 1 (3f.) = DVBl. 83, 135 = KStZ 83, 95.

[38] BVerwG, u.a. Urteil v. 12. 12. 1969 – IV C 100.68 – Buchholz 406.11 § 133 BBauG Nr. 34 S. 7 (10) = NJW 70, 876 = DVBl. 70, 417.

BauGB nachträglich mit Wirkung ex-nunc geheilt werden.[39] Ebenfalls geheilt werden kann ein Bescheid, der zunächst deshalb fehlerhaft ist, weil die Satzung – überflüssiger- und unzweckmäßigerweise – ein Einrichtungsprogramm auch für die flächenmäßigen Teileinrichtungen enthält (vgl. dazu § 11 Rdnr. 38 f. sowie Rdnr. 3) und z. B. bestimmt, eine Anbaustraße sei erst mit der Anlegung von zwei Gehwegen endgültig hergestellt, die ausgebaute Anbaustraße tatsächlich aber nur einen Gehweg aufweist; in einem solchen Fall wird die Heilung bewirkt durch das Inkrafttreten einer **Abweichungssatzung,** nach der die betreffende Anlage mit nur einem Gehweg endgültig hergestellt ist.[40] Entsprechendes gilt, wenn eine Beitragssatzung den Grunderwerb als Herstellungsmerkmal i. S. des § 132 Nr. 4 BauGB vorsieht, ein Heranziehungsbescheid aber ergangen ist, *bevor* die Gemeinde Eigentümerin der gesamten Straßenfläche geworden ist. Verzögert sich der Abschluß des Grunderwerbs – aus welchen Gründen immer –, kann die Gemeinde im übrigen den zunächst fehlerhaften Bescheid jedenfalls teilweise auch dadurch heilen, daß sie nachträglich eine Kostenspaltung für die anderen Teile i. S. des § 127 Abs. 3 BauGB anordnet; eine vor Abschluß der mündlichen Verhandlung in der letzten Tatsacheninstanz formell wirksam ausgesprochene Kostenspaltung kann zu einer im gerichtlichen Verfahren zu beachtenden Heilung dieses Bescheids in Höhe des Betrags führen, der auf die von der Kostenspaltung erfaßten Teile entfällt.[41] Ferner kann ein Vorausleistungsbescheid, der zunächst deshalb fehlerhaft war, weil er ergangen ist in einem Zeitpunkt, in dem die endgültige Herstellung der betreffenden Erschließungsanlage noch nicht absehbar i. S. der Rechtsprechung des Bundesverwaltungsgerichts (vgl. dazu § 21 Rdnr. 16) war, geheilt werden durch eine nachträgliche Änderung der gemeindlichen Ausbauplanung im Sinne der **Vorverlegung** des voraussichtlichen Termins der endgültigen Herstellung der (gesamten) Anlage derart, daß sie nunmehr innerhalb eines Zeitraums von etwa vier Jahren seit Erlaß des Widerspruchsbescheids erfolgen soll.[42]

Schließlich kann auch das Inkrafttreten einer Satzung *ohne* Rückwirkungs- 22 anordnung bewirken, daß ein vorher erlassener, mangels Entstehens der Beitragspflichten zunächst rechtswidriger Erschließungsbeitragsbescheid rechtmäßig wird und deshalb nicht der gerichtlichen Aufhebung unterliegt. Denn „das Fehlen der erforderlichen gesetzlichen Grundlage ist nicht anders und nicht qualifizierter ein Grund für die Rechtswidrigkeit eines Beitragsbe-

---

[39] BVerwG, u. a. Urteil v. 15. 9. 1978 – 4 C 50.76 – Buchholz 406.11 § 127 BBauG Nr. 30 S. 27 (35) = DVBl. 79, 119 = BauR 78, 477.

[40] Vgl. dazu u. a. VGH Kassel, Urteil v. 18. 5. 1988 – 5 UE 2211/84 – GemHH 89, 156 = ZKF 89, 63.

[41] BVerwG, Urteil v. 26. 9. 1983 – 8 C 47, 67–69.82 – BVerwGE 68, 48 (56 f.) = DVBl 84, 186 = NVwZ 84, 369.

[42] BVerwG, u. a. Urteil v. 22. 2. 1985 – 8 C 114.83 – Buchholz 406.11 § 133 BBauG Nr. 90 S. 45 (48) = NVwZ 85, 751 = DVBl 85, 626.

scheids, als dies für das Nichtbestehen der mit dem Beitragsbescheid geltend gemachten Beitragspflicht zutrifft".[43]

23   Die früher gelegentlich von Instanzgerichten aus den Regelungen der §§ 134 Abs. 1 und 135 Abs. 1 BauGB, verwaltungsprozessualen Grundsätzen sowie landesrechtlichen Nebenfolgen der Erschließungsbeitragspflicht (z. B. Stundungszinsen, Säumniszuschläge usw.) hergeleiteten **Bedenken** gegen eine noch im Verwaltungsstreitverfahren zu berücksichtigende Heilungsmöglichkeit von Erschließungsbeitragsbescheiden, die ursprünglich mangels Entstehens der sachlichen Beitragspflichten fehlerhaft waren, sind **unbegründet**.

24   Die §§ 134 Abs. 1, 135 Abs. 1 BauGB stehen der Anerkennung einer solchen Heilungsmöglichkeit nicht entgegen. Durch die Erfüllung der letzten Beitragsvoraussetzung wird kraft Gesetzes das Beitragsschuldverhältnis in bezug auf das Grundstück und gegenüber dem nach § 134 Abs. 1 BauGB Beitragspflichtigen begründet. Durch die Bekanntgabe des Beitragsbescheids wird der Schuldner lediglich – allerdings mit grundsätzlich konstitutiver Wirkung – "ermittelt" (vgl. § 134 Abs. 1 BauGB). Entstehen die sachlichen Beitragspflichten erst nach der Bekanntgabe des Bescheids, ist derjenige persönlich beitragspflichtig, dem der Bescheid bereits bekanntgegeben worden ist, sofern er im Zeitpunkt des Entstehens der sachlichen Beitragspflichten noch Grundstückseigentümer (Erbbauberechtigter) ist. Nur wenn dies nicht zutrifft, d. h., wenn zwischen der Bekanntgabe des Bescheids und dem das Entstehen der sachlichen Beitragspflichten herbeiführenden Ereignis (z. B. nachträgliche Widmung oder Zustimmung) ein **Wechsel im Eigentum** (Erbbaurecht) an dem der Beitragspflicht unterliegenden Grundstück stattgefunden hat, ist für eine Heilung ex-nunc kein Raum.[44] Hat eine Gemeinde beispielsweise einen Heranziehungsbescheid ohne wirksame Satzung erlassen und hat der (zu Unrecht) Herangezogene inzwischen das Eigentum am Grundstück übertragen, kann die Gemeinde einen solchen Bescheid nur dadurch heilen, daß sie eine wirksame Satzung rückwirkend in Kraft setzt (Heilung mit Wirkung ex-nunc, vgl. § 11 Rdnrn. 55 ff.). Die Regelung des § 135 Abs. 1 BauGB, nach der der Beitrag einen Monat nach Bekanntgabe des Beitragsbescheids **fällig** wird, ist für Fälle, in denen die sachlichen Beitragspflichten erst nach der Bekanntgabe des Beitragsbescheids entstehen und dieser dadurch (mit Wirkung ex-nunc) rechtmäßig wird, dahin auszulegen, daß der Beitrag im Sinne dieser Vorschrift erst einen Monat nach dem Eintritt des die Heilung bewirkenden Ereignisses fällig wird.[45]

25   Soweit die Ansicht vertreten wird, ein nach Abschluß des beitragsrechtlichen Verwaltungsverfahrens eintretendes Ereignis (z. B. nachträgliche Wid-

---

[43] BVerwG, Urteil v. 25. 11. 1981 – 8 C 14.81 – BVerwGE 64, 218 ff. = NVwZ 82, 375 = DVBl 82, 544.

[44] BVerwG, Urteil v. 27. 9. 1982 – 8 C 145.81 – Buchholz 406.11 § 130 BBauG Nr. 26 S. 1 (4) = DVBl 83, 135 = KStZ 83, 95.

[45] BVerwG, u. a. Urteil v. 18. 9. 1981 – 8 C 26.81 – Buchholz 406.11 § 125 BBauG Nr. 15 S. 11 (13) = DÖV 82, 327 = MDR 82, 785.

mung oder Zustimmung) müsse im Verwaltungs*streit*verfahren unberücksichtigt bleiben, wird verkannt erstens, daß es einen prozeßrechtlichen Grundsatz des Inhalts, im Rahmen einer Anfechtungsklage sei die Rechtmäßigkeit eines Verwaltungsakts stehts nach der Sach- und Rechtslage im Zeitpunkt der letzten Verwaltungsentscheidung zu beurteilen, **nicht gibt**[42], und zweitens, daß sich die dem Gericht im Erschließungsbeitragsrecht gemäß § 113 Abs. 1 Satz 1 VwGO obliegende Prüfungspflicht bis zur Grenze der Wesensänderung des angefochtenen Bescheids auf *alle* rechtlichen Begründungen und Tatsachen erstreckt, die die mit ihm angeordnete Zahlungspflicht zu rechtfertigen vermögen. Durch die gebotene Einbeziehung (auch) neuer Begründungen und Tatsachen (bis zur Grenze der Wesensänderung des Bescheids) in die verwaltungsgerichtliche Überprüfung wird die Rechtsverfolgung eines Klägers nicht in rechtlich beachtlicher Weise erschwert.[46]

Landesrechtlichen Vorschriften über Nebenfolgen der Erschließungsbei-   26
tragspflicht (z.B. über Stundungszinsen, Säumniszuschläge usw.) kommt in diesem Zusammenhang schon im Hinblick auf ihr gegenüber dem Bundesrecht nachrangiges Verhältnis keine ausschlaggebende Bedeutung zu: „Wenn das einschlägige Bundesrecht die Heilung ermöglicht und ihre Beachtlichkeit im verwaltungsgerichtlichen Verfahren vorsieht, kann es darin nicht durch landesrechtliche (zudem nur der Abwicklung des bundesrechtlichen Erschließungsbeitragsrechts dienende) Vorschriften behindert werden."[47]

Erfaßt die Heilung die volle Höhe des geforderten Beitrags, ist der ange-   27
fochtene Heranziehungsbescheid in vollem Umfang aufrechtzuerhalten. Soweit die Heilung nur einen **Teil der Beitragsforderung** betrifft, ist die Aufhebung des Bescheids nur in einem entsprechenden Umfang gerechtfertigt. Ist nämlich ein solcher Bescheid (infolge der eingetretenen Heilung) lediglich teilweise – der Höhe – nach rechtswidrig, ist das **Gericht** gehalten, den **rechtswidrigen Teilbetrag zu ermitteln;** es darf den Bescheid nur insoweit aufheben, wie er der Höhe nach rechtswidrig ist.[48] Daran hat sich nach Auffassung des Bundesverwaltungsgerichts[49] durch § 113 Abs. 2 VwGO in seiner Fassung durch Art. 1 Nr. 23 des am 1. Januar 1991 in Kraft getretenen Gesetzes zur Neuregelung des verwaltungsgerichtlichen Verfahrens vom 17. Dezember 1990 (BGBl I S. 2809) mit Blick auf das **Erschließungsbeitragsrecht** für die **Regelfälle** nichts geändert. Zwar erlaubt Satz 2 der neuen Fassung des § 113 Abs. 2 VwGO „dem Gericht bei einer Klage, mit der die Änderung z.B. eines

---

[46] Vgl. im einzelnen u.a. BVerwG, Urteil v. 27.1.1982 – 8 C 12.81 – BVerwGE 64, 356 (359f.) = NVwZ 82, 620 = DVBl 82, 548.

[47] BVerwG, Urteil v. 27.9.1982 – 8 C 145.81 – Buchholz 406.11 § 130 BBauG Nr. 26 S. 1 (3) = DVBl 83, 135 = KStZ 83, 95.

[48] Vgl. BVerwG, u.a. Urteil v. 26.9.1983 – 8 C 47, 67–69.82 – BVerwGE 68, 48 (54) = NVwZ 84, 369 = DVBl 84, 186.

[49] BVerwG, Urteil v. 18.1.1991 – 8 C 14.89 – BVerwGE 87, 288 (297) = DVBl 91, 449 = ZMR 91, 153; a.A. Redeker in DVBl 91, 972ff., und Kopp, VwGO, Kommentar, 10. Aufl., § 113 Rdnr. 67a.

Beitragsbescheids begehrt wird, von der Ermittlung und Festsetzung des der Höhe nach richtigen Geldbetrags abzusehen und dies der Behörde zu überlassen. Das gilt jedoch ausschließlich dann, wenn die Ermittlung des festzusetzenden (richtigen) Betrags ‚einen nicht unerheblichen Aufwand' erfordert (§ 113 Abs. 2 Satz 2 VwGO). Das Gericht muß daher zunächst versuchen, den richtigen Betrag selbst zu errechnen. Es darf die Errechnung des richtigen Betrags erst dann der Behörde überlassen, wenn die eigene Ermittlung auf ernsthafte Schwierigkeiten stößt und wie der angesichts der Nähe von Betragsermittlung (Abs. 2) und Sachaufklärung (Abs. 3) gebotene Blick auf die Neufassung auch des § 113 Abs. 3 VwGO ergibt, eine entsprechende Entscheidung unter Berücksichtigung der Belange der Beteiligten diesen zumutbar ist. Diese Voraussetzungen sind bei Erschließungsbeiträgen regelmäßig schon deshalb nicht erfüllt, weil sich in diesem Rechtsgebiet die richtige Höhe des Beitrags durchweg ohne weiteres aus dem Zahlenwerk in den dem Gericht vorliegenden Akten errechnen läßt oder vom Gericht unter Inanspruchnahme der Gemeinde ermittelt werden kann."[49]

28   Der Kläger kann die drohende **Prozeßkostenlast,** die mit der Möglichkeit einer nachträglichen – vollständigen oder teilweisen – Heilung eines Beitragsbescheids im Verwaltungsprozeß durch den (erstmaligen) Erlaß einer (voll)-wirksamen Beitragssatzung oder die Erfüllung sonstiger Rechtmäßigkeitsvoraussetzungen einhergeht, **verläßlich** dadurch **abwenden,** daß er die **Hauptsache für erledigt** erklärt.[50] Hat der Kläger ursprünglich mit seiner Klage auch andere rechtliche Mängel der Heranziehung gerügt, nimmt ihm dies nicht die Möglichkeit, mit Blick auf beispielsweise eine nach Klageerhebung erfolgte Heilung eines Satzungsmangels die Hauptsache für erledigt zu erklären, sondern zwingt ihn zu der Entscheidung, ob er dem Prozeß mit den anderen – in ihrer Tragfähigkeit vielleicht schwächeren – Angriffsmöglichkeiten weiterführen will.[51] Der Kläger kann den Eintritt eines heilenden Ereignisses in jedem Stadium des Verfahrens zum Anlaß nehmen, den Rechtsstreit für in der Hauptsache erledigt zu erklären. Das Prozeßrecht setzt ihm dafür keine zeitliche Grenze; es begründet keine Pflicht zur unverzüglichen Reaktion auf den Eintritt eines heilenden Ereignisses.[51]

V. Übernahme als gemeindliche Erschließungsanlage

29   Gemäß § 133 Abs. 2 Satz 2 BauGB entstehen die Beitragspflichten „im Falle des § 128 Abs. 1 Nr. 3", d.h., wenn die Gemeinde eine Anlage als gemeindliche Erschließungsanlage übernimmt, „mit der Übernahme durch die Gemeinde". Die Übernahme bezeichnet den Zeitpunkt, in dem die Ge-

---

[50] BVerwG, u. a. Urteil v. 28. 11. 1975 – IV C 45.74 – BVerwGE 50, 2 (10 f.) = NJW 76, 1115 = KStZ 76, 191.
[51] BVerwG, Urteil v. 22. 1. 1993 – 8 C 40.91 – KStZ 93, 110 = NVwZ 93, 979 = ZMR 93, 346.

meinde die tatsächliche und rechtliche Herrschaft über die Anlage erlangt hat, diese ihrem neuen Zweck gewidmet[52] und der der Gemeinde entstandene Aufwand feststellbar ist.[53] Wird eine noch nicht endgültig hergestellte Anlage übernommen, können noch weitere Aufwendungen erforderlich werden mit der Folge, daß die nach § 133 Abs. 2 Satz 2 BauGB entstehenden Beitragspflichten nur Teilbeitragspflichten sind.

VI. Verjährung und Verwirkung

1. Verjährung

Das Baugesetzbuch enthält keine Vorschriften über die Verjährung, so daß **30** für das Erschließungsbeitragsrecht – ebenso wie für das Ausbaubeitragsrecht – die Bestimmungen des einschlägigen Landes(abgaben)rechts über die Verjährung anzuwenden sind (vgl. § 2 Rdnrn. 16 f.). Bundesrecht ist für die Verjährung von Erschließungsbeitragsforderungen grundsätzlich nur insoweit von Bedeutung, als Voraussetzung für den Beginn der landesrechtlich geregelten Verjährungsfrist das Entstehen der sachlichen (abstrakten) Erschließungsbeitragspflichten ist (§ 133 Abs. 2 BauGB).[54] Die Frage, ob eine Erschließungsbeitragsforderung verjährt ist, kann sich mithin **erst** stellen, nachdem sämtliche Voraussetzungen erfüllt sind, von denen das Baugesetzbuch das Entstehen der sachlichen Erschließungsbeitragspflichten abhängig macht.[55]

In den Kommunalabgabengesetzen der Länder sind die Verjährungsvor- **31** schriften der **Abgabenordnung** für entsprechend anwendbar erklärt, sie gelten auch für das Erschließungsbeitragsrecht. Die Abgabenordnung unterscheidet zwischen der Forderungsverjährung (Festsetzungsverjährung i. S. der §§ 169 ff. AO) und der Vollstreckungsverjährung (Zahlungsverjährung i. S. der § 228 ff. AO).[56]

a) Forderungsverjährung (Festsetzungsverjährung)

Die Forderungsverjährung, d. h. die Verjährung des Anspruchs der Ge- **32** meinde auf Geltendmachung einer für ein bestimmtes Grundstück nach § 133 Abs. 2 BauGB entstandenen (Voll- oder Teil-)Beitragsforderung durch einen Beitragsbescheid, tritt gemäß den (über die Kommunalabgabengesetze ent-

---

[52] Vgl. u. a. Brügelmann-Förster, BBauG, § 133 Rdnr. 38.
[53] Ebenso u. a. Ernst in Ernst/Zinkahn/Bielenberg, BauGB, § 133 Rdnr. 37.
[54] St. Rspr. des BVerwG, siehe zuletzt Urteil v. 22. 4. 1994 – 8 C 18.92 – ZMR 94, 339 = NVwZ-RR 94, 539 = HSGZ 94, 307.
[55] Vgl. BVerwG, Urteil v. 1. 10. 1986 – 8 C 68.85 – Buchholz 406.11 § 133 BBauG Nr. 98 S. 66 f. = NVwZ 87, 329 = BauR 87, 78.
[56] Vgl. zur Verjährung nach der AO im einzelnen Fick in KStZ 79, 122, Luz in BayVBl 87, 713, und Thiem, Allgemeines kommunales Abgabenrecht, S. 155 ff.

sprechend anwendbaren) Vorschriften der §§ 169 Abs. 2, 170 Abs. 1 AO nach Ablauf von *vier* Jahren seit Ende des Kalenderjahres ein, in dem die Beitragsforderung entstanden ist. Diese Frist ist gemäß § 169 Abs. 1 Satz 3 AO gewahrt, wenn der Beitragsbescheid die Gemeinde vor Ablauf der Festsetzungsfrist **verlassen** hat; ein vor Ablauf der Festsetzungsfrist eingeleiteter, aber zunächst fehlgeschlagener Bekanntgabevorgang ist selbst dann fristwahrend, wenn der Bescheid dem Beitragsschuldner erst aufgrund eines zweiten, nach Ablauf der Festsetzungsfrist durchgeführten Bekanntgabevorgangs zugeht.[57]

33   Mit Eintritt der Forderungsverjährung, d.h. mit Ablauf der vierjährigen Festsetzungsfrist im Sinne der Abgabenordnung, *erlischt* gemäß § 47 AO der "verfristete Anspruch", im Erschließungsbeitragsrecht also die gemäß § 133 Abs. 2 BauGB entstandene Erschließungsbeitragsforderung.[58] Diese Rechtsfolge ist – anders als die Verjährung im Zivilrecht – nicht nur auf Einrede, sondern von Amts wegen zu berücksichtigen. Ein trotz eingetretener Forderungsverjährung erlassener Heranziehungsbescheid ist rechtswidrig, aber **nicht nichtig**, denn der ihm anhaftende Mangel ist nicht offenkundig i.S. des § 125 Abs. 1 AO. Wird ein nach Ablauf der Forderungsverjährungsfrist ergangener und deshalb fehlerhafter Beitragsbescheid bestandskräftig, kann der Beitrag gleichwohl eingezogen und ggfs. beigetrieben werden.

34   Die Abgabenordnung kennt für die Forderungsverjährung – anders als für die Vollstreckungsverjährung (Zahlungsverjährung) – **keine Unterbrechung** der Verjährung. Sie sieht lediglich eine Hemmung in der Weise vor, daß entweder der Fristbeginn oder der Ablauf der Frist hinausgeschoben wird, und sie unterscheidet dementsprechend zwischen der **Anlaufhemmung** und der **Ablaufhemmung**. Während die Anlaufhemmung (§ 170 Abs. 2 bis 6 AO) im Erschließungsbeitragsrecht – und im Ausbaubeitragsrecht – keine Rolle spielt, kommt der Ablaufhemmung (§ 171 AO) besondere Bedeutung zu. Sie hat zur Folge, daß sich die Festsetzungsfrist nach Maßgabe des § 171 AO um die Zeit verlängert, in der ein im Sinne dieser Vorschrift hemmendes Ereignis die Festsetzung hindert. Wird vor Ablauf der Festsetzungsfrist ein Antrag auf Aufhebung oder Änderung des Beitragsbescheids gestellt, wird er dem Grunde oder der Höhe nach durch die Einlegung eines Widerspruches angefochten, läuft die Festsetzungsfrist „insoweit" nicht ab, bevor über den (Anfechtungs-)Antrag unanfechtbar entschieden worden, d.h. der Widerspruchsbescheid bestandskräftig geworden ist (§ 171 Abs. 3 AO). Dies gilt auch, wenn die Anfechtung eines vor Ablauf der Frist erlassenen Bescheids nach Ablauf der Frist erfolgt. Hebt ein Verwaltungsgericht einen angefochtenen Beitragsbescheid auf (§ 113 Abs. 1 Satz 1 VwGO), ist nach der ausdrücklichen An-

---

[57] So VG Karlsruhe, Urteil v. 12. 10. 1988 – 3 K 196/88 –; vgl. in diesem Zusammenhang auch VGH Kassel, Beschluß v. 12. 1. 1993 – 5 TH 2713/91 – NVwZ-RR 93, 380.
[58] Ebenso u.a. Brügelmann-Förster, BBauG, § 135 Rdnr. 3 mit weiteren Nachweisen.

ordnung des § 171 Abs. 3 Satz 3 AO über den (Anfechtungs-)Antrag erst unanfechtbar entschieden, wenn in dem sich aufgrund der verwaltungsgerichtlichen Entscheidung anschließenden neuen Verwaltungsverfahren ein unter Beachtung des Urteils ergangener neuer Bescheid unanfechtbar geworden ist. Durch diese Regelung soll vor allem verhindert werden, daß aus der langen Dauer von Gerichtsverfahren der öffentlichen Hand Einbußen entstehen und einem Abgabenpflichtigen ungerechtfertigte Vorteile erwachsen.[59] Wird beispielsweise ein Erschließungsbeitragsbescheid aufgehoben, weil die zugrundeliegende Beitragssatzung fehlerhaft ist, erfaßt die Ablaufhemmung auch den Zeitraum, in dem im Anschluß an die Gerichtsentscheidung eine Satzungsänderung vorgenommen, ein neuer Beitragsbescheid erlassen und dieser bestandskräftig wird.[60] Dadurch kann im Einzelfall die Ablaufhemmung recht lange währen.

Nur ein rechtswirksamer, der einschlägigen Verfahrensvorschrift entspre-   35
chend bekanntgemachter Beitragsbescheid ist geeignet, die Festsetzungsfrist gemäß § 169 Abs. 1 Satz 3 AO zu wahren und nach § 171 Abs. 3 Sätze 1 und 2 AO die Ablaufhemmung herbeizuführen.[61] **Hebt** eine **Gemeinde** im verwaltungsgerichtlichen Verfahren einen angefochtenen Beitragsbescheid auf, wird die Wirkung des § 171 Abs. 3 Satz 3 AO selbst dann **nicht** ausgelöst, wenn sie zugleich den Erlaß eines neuen Bescheids nach Schaffung einer hinreichenden satzungsrechtlichen Grundlage ankündigt. Denn die unmittelbare Anwendung dieser Vorschrift setzt eine gerichtliche Aufhebung des (Erst-)Bescheids voraus und ihre analoge Anwendung ist in einem Fall der in Rede stehenden Art nicht möglich.[62, 63]

Ist ein Beitragsbescheid wegen eines heilbaren Rechtsmangels durch einen   36
bestandskräftigen Widerspruchsbescheid aufgehoben worden, ist nach Auffassung des Verwaltungsgerichtshofs Mannheim[64] eine Gemeinde, die mit diesem Bescheid den entstandenen Beitragsanspruch nicht voll ausgeschöpft hatte, „unter Anwendung des Rechtsgedankens des § 174 Abs. 4 Satz 3 AO in Verbindung mit § 3 Abs. 1 Nr. 4c KAG"[64] selbst dann innerhalb eines Jahres nach Aufhebung des Erstbescheids zur Festsetzung des höheren Betrags berechtigt, wenn hinsichtlich des überschreitenden Betrags im Zeitpunkt des Erlasses des Zweitbescheids die Festsetzungsfrist bereits abgelaufen war.

b) Vollstreckungsverjährung (Zahlungsverjährung)

Die durch Beitragsbescheide (mit Leistungsgeboten, vgl. § 21 Rdnrn. 33   37
und 37) festgesetzten Beitragsforderungen unterliegen der (Vollstreckungs-

---

[59] Ebenso u. a. Thiem, Allgemeines kommunales Abgabenrecht, S. 167.
[60] Siehe ebenso Lauenroth in Driehaus, Kommunalabgabenrecht, § 12 Rdnr. 36.
[61] BayVGH, Urteil v. 8. 3. 1991 – 23 B 89. 00134 – BayVBl 91, 724.
[62] OVG Münster, Urteil v. 25. 10. 1990 – 2 A 816/89 – DVBl 91, 1309 = NWVBl 91, 350.
[63] Siehe zur Frage, ob eine ständige Rechtsprechung die Verjährung von (Anschluß-)-Beitragsforderungen hemmt, Dedy in KStZ 93, 181 ff.
[64] VGH Mannheim, Urteil v. 6. 12. 1988 – 2 S 1158/87 –.

verjährung oder) Zahlungsverjährung nach § 228 AO. Mit Ablauf der Frist für die Zahlungsverjährung *erlischt* der jeweilige Zahlungsanspruch (§§ 232, 47 AO) ebenso wie er erlischt durch Zahlung, Aufrechnung oder Erlaß. Mit dem Zahlungsanspruch erlöschen auch die von ihm abhängigen Zinsen (§ 232 AO). Die Zinsen unterliegen nach ihrer Festsetzung (§ 239 AO) zwar jeweils grundsätzlich ihrer eigenen Zahlungsverjährung mit der Frist des § 228 Satz 2 AO; ohne Rücksicht darauf erlöschen sie in jedem Falle mit der Hauptforderung. Säumniszuschläge, die bis zur Vollendung der Zahlungsverjährung des Beitragsanspruchs verwirkt waren, erlöschen (obgleich sie gemäß § 3 Abs. 3 AO Nebenleistungen sind) **nicht** mit diesen, sondern können bis zu ihrer jeweiligen eigenen Verjährung nach § 228 Satz 2 AO durchgesetzt werden. Diese Rechtsfolge entspricht der Regelung des § 240 Abs. 1 Satz 4 AO, nach der auch bei späterer Aufhebung einer Abgabenfestsetzung die bis dahin verwirkten Säumniszuschläge unberührt bleiben.[65]

38   Bei der Zahlungsverjährung beträgt die Frist – anders als bei der Forderungsverjährung (Festsetzungsverjährung) – gemäß der (über die Kommunalabgabengesetze der Länder anwendbaren) Vorschrift des § 228 Satz 2 AO *fünf* Jahre. Diese Frist beginnt mit Ablauf des Kalenderjahres, in dem der Beitragsanspruch erstmals fällig geworden ist (vgl. zur Fälligkeit § 24 Rdnrn. 37 ff.). Die Zahlungsverjährung ist gehemmt, solange der Anspruch wegen höherer Gewalt innerhalb der letzten sechs Monate der Frist nicht verfolgt werden kann (§ 230 AO). Weitere Fälle der Hemmung kennt die Abgabenordnung für die Zahlungsverjährung nicht.

39   Die Zahlungsverjährung kann – anders als die Forderungsverjährung (Festsetzungsverjährung) – **unterbrochen** werden. Eine Unterbrechung der Zahlungsverjährung hat zur Folge, daß die bis zur Unterbrechung verstrichene Zeit für die Berechnung der Verjährungsfrist außer Betracht bleibt und mit Ablauf des Jahres, in dem die Unterbrechung endet, die Verjährungsfrist *neu* zu laufen beginnt (§ 231 Abs. 3 AO). Die neue Frist ist ebenso lang wie die ursprüngliche. Die Verjährung wird nur in Höhe des Betrags unterbrochen, auf den sich die Unterbrechungshandlung bezieht (§ 231 Abs. 4 AO).

40   Die zur Unterbrechung der Verjährung geeigneten Handlungen sind in § 231 Abs. 1 AO aufgezählt. Zu den für das Erschließungsbeitragsrecht – und das Ausbaubeitragsrecht – bedeutsamsten Unterbrechungshandlungen gehören der Zahlungsaufschub (§ 223 AO) sowie vor allem die Stundung und die Aussetzung der Vollziehung, wobei es bei letzterer gleichgültig ist, ob sie von der Gemeinde oder vom Gericht ausgesprochen wird. Da in § 231 Abs. 1 Satz 2 AO der § 169 Abs. 1 Satz 3 AO für anwendbar erklärt wird, müssen die Unterbrechungshandlungen vor Ablauf der Frist (nur) begonnen sein, so daß es beispielsweise bei einer Stundung ausreicht, wenn der Stundungsbescheid vor Ablauf der Frist abgesandt worden ist.[66] Insbesondere die Stundung

---

[65] Vgl. Thiem, Allgemeines kommunales Abgabenrecht, S. 169.
[66] Vgl. u. a. Schmidt/Bogner/Steenbock, Handbuch des Erschließungsrechts, Rdnr. 4338.

und die Aussetzung der Vollziehung können für einen längeren Zeitraum wirken. Gemäß § 231 Abs. 2 AO dauert die Unterbrechung der Verjährung bis zur Beendigung dieser Unterbrechungshandlungen. Das hat zur Folge, daß eine neue Verjährungsfrist erst zu Beginn des auf das Ende der Stundung bzw. der Aussetzung der Vollziehung folgenden Jahres zu laufen anfängt.

2. Verwirkung

Auch die Verwirkung des Rechts einer Gemeinde, einen Erschließungsbei- 41 trag zu verlangen, bestimmt sich nach dem einschlägigen Landes(abgaben)- recht (vgl. § 2 Rdnr. 18).[67] Im Hinblick darauf, daß die Landesgesetzgeber durch die Verweisung auf die Abgabenordnung die Verjährung von Ansprüchen aus dem Beitragsschuldverhältnis einer eingehenden Regelung zugeführt haben, darf das Rechtsinstitut der Verwirkung *nicht* herangezogen werden, um einen als unbillig empfundenen langen Verjährungsablauf zu verkürzen. Verwirkung und Verjährung sind vielmehr streng voneinander zu **unterscheiden**. Die Verjährung tritt ein durch einen reinen Zeitablauf, gleichsam durch ein bloßes "Untätigsein". Dagegen kann im Interesse einer gleichmäßigen und gerechten Beitragserhebung nicht schon das bloße Nichtgeltendmachen eines Beitragsanspruchs, d.h. allein ein Zeitablauf, zur Verwirkung des Beitragsanspruchs führen;[68] es müssen vielmehr noch *besondere Umstände* hinzukommen, die die spätere Geltendmachung des Rechts als Verstoß gegen Treu und Glauben erscheinen lassen.[69]

Die Verwirkung eines Erschließungsbeitragsanspruchs kann nach den von 42 der Rechtsprechung[70] zur Verwirkung im Abgabenrecht entwickelten Grundsätzen nur in Betracht kommen, wenn **zusätzlich** zu einem unangemessenen Zeitablauf die Gemeinde durch **ihr Verhalten** dem Beitragspflichtigen gegenüber zum Ausdruck gebracht hat, daß er den Beitrag nicht (mehr) schulde oder mit einer Heranziehung nicht mehr zu rechnen brauche,[71] der Pflichtige sich darauf verlassen hat, sich nach den Umständen des Einzelfalls darauf verlassen durfte und sich demzufolge auf die Nichterhebung des Beitrags eingerichtet hat, so daß die Geltendmachung des Beitrags unter diesen Umständen gegen Treu und Glauben verstoßen würde.[72] Alle diese Voraussetzungen, die erst in ihrem Zusammenwirken den Tatbestand der Verwirkung ausmachen, sind im Einzelfall zu prüfen.

---

[67] Vgl. zur Verwirkung im Abgabenrecht im einzelnen Schmid in KStZ 80, 41, sowie zur Verwirkung im Verwaltungsrecht allgemein Stich in DVBl 59, 234.
[68] Vgl. u.a. BVerwG, Urteil v. 24.11.1971 – IV C 24.70 – Buchholz 406.11 § 133 BBauG Nr. 42 S. 28 (29) = DVBl 72, 226 = KStZ 72, 99.
[69] Vgl. BVerfG, Beschluß v. 26.1.1972 – 2 BvR 255/67 – BVerfGE 32, 305 (308).
[70] Vgl. dazu im einzelnen die Darstellung der Rechtsprechung bei Thiem, Allgemeines kommunales Abgabenrecht, S. 176f.
[71] Ebenso VGH Mannheim, Urteil v. 6.12.1988 – 2 S 1158/87 –.
[72] Vgl. in diesem Zusammenhang u.a. BFH, Urteil v. 7.2.1962 – II 137/60 – BFHE 75, 628 (631).

43   Das zur Auslösung einer Verwirkung erforderliche Verhalten der Gemeinde muß ein *positives* Verhalten sein,[73] etwa eine Verzichtshandlung oder eine entsprechende Auskunft; Verzögerungen beim Erlaß eines Beitragsbescheids, die auf einem offenbaren Versehen beruhen, reichen nicht aus.[73] Auch wenn eine Gemeinde z.B. wegen der Ungewißheit über die Gültigkeit ihrer Erschließungsbeitragssatzung zeitweilig davon absieht, einen Erschließungsbeitrag zu erheben, bringt sie allein dadurch noch nicht zum Ausdruck, sie verzichte auf den Beitragsanspruch.[74] Ebenso rechtfertigt die möglicherweise lange Dauer eines Rechtsmittelverfahrens und eines sich evtl. anschließenden neuen Beitragsverfahrens, während der der Ablauf der Forderungsverjährung (Festsetzungsverjährung) gehemmt ist (vgl. Rdnr. 33), für sich allein noch nicht die Annahme der Verwirkung.[75] Der Beitragspflichtige muß sich im Hinblick auf sein Vertrauen, daß die Gemeinde den Beitrag nicht mehr verlangen werde, auf die Nichterhebung eingestellt haben und er muß Anlaß dafür gehabt haben, sich darauf einstellen zu dürfen. Dies kann nicht unterstellt werden; vielmehr ist im Einzelfall zu prüfen, ob und inwieweit sich der Beitragspflichtige tatsächlich auf die Nichterhebung des Beitrags eingestellt hat; in diesem Zusammenhang kommt auch dem Umstand Bedeutung zu, daß ein Beitragspflichtiger einen wirtschaftlichen Vorteil hat, wenn der Beitrag erst mit Verspätung eingezogen wird, weil er den als Beitrag geschuldeten Betrag so lange für sich hat verwenden können.[76]

§ 20 Kostenspaltung

I. Gesetzliche Regelung

1   In § 127 Abs. 3 BauGB hat der Gesetzgeber den Gemeinden das Recht eingeräumt, den „Erschließungsbeitrag ... für den Grunderwerb, die Freilegung und für Teile der Erschließungsanlagen selbständig" zu erheben (Kostenspaltung). Die Beitragspflichten für den Grunderwerb, die Freilegung sowie für die endgültige Herstellung von Teilen i.S. dieser Vorschrift, d.h. die Beitragspflichten „für Teilbeträge", entstehen – sofern die sonstigen Voraussetzungen (vgl. Rdnrn. 13ff.) erfüllt sind – gemäß § 133 Abs. 2 Satz 1 BauGB, „sobald die Maßnahmen, deren Aufwand durch die Teilbeträge gedeckt werden soll, abgeschlossen sind". Die Kostenspaltung ist mithin geregelt sowohl in § 127 Abs. 3 BauGB als auch in § 133 Abs. 2 Satz 1 BauGB. Diese getrennte Anordnung der (beiden) die Kostenspaltung betreffenden Bestimmungen ist zumindest unglücklich. Denn die Kostenspaltung ist aus-

---

[73] Vgl. BFH, Urteil v. 9. 12. 1960 – IV 220/59 – BFHE 72, 288 (291).
[74] Vgl. OVG Lüneburg, Urteil v. 31. 8. 1977 – VII A 151/72 –.
[75] Vgl. OVG Münster, Beschluß v. 24. 10. 1974 – II 909/74 – KStZ 75, 38.
[76] Vgl. BFH, Urteil v. 7. 2. 1962 – II 137/60 – BFHE 75, 628 (631).

gerichtet auf eine Teilbeitragserhebung und damit auf die **Heranziehungspha-se**, eine Regelung vollauf im Zusammenhang mit § 133 Abs. 2 BauGB wäre daher aus sachlichen Gründen angemessen gewesen.

II. Verhältnis zur Abrechnung von Abschnitten und zur Vorausleistungserhebung

Durch die Kostenspaltung wird den Gemeinden die Möglichkeit eröffnet, **2** sich bestimmte umlagefähige *Kosten* bereits erstatten zu lassen, bevor die gesamte Erschließungsanlage endgültig hergestellt worden ist und die (Voll-)-Beitragspflichten für diese Anlage entstanden sind. Die Anwendung des § 127 Abs. 3 BauGB führt also – bezogen auf die Herstellung der gesamten Anlage – gleichsam zu einer **Vorwegabrechnung** und insoweit ergibt sich eine gewisse Gemeinsamkeit zur Abrechnung eines Abschnitts i.S. des § 130 Abs. 2 Satz 1 BauGB und zur Vorausleistungserhebung. Gemeinsam ist diesen drei "Abrechnungsarten" ferner, daß die Gemeinde von ihnen bei Vorliegen der entsprechenden Voraussetzungen Gebrauch machen kann, aber nicht muß. Eine diesbezügliche Entscheidung im Einzelfall steht grundsätzlich in ihrem Ermessen, sie ist als *innerdienstlicher Ermessensakt*[1] zu werten. Hat die Gemeinde eine entsprechende Entscheidung getroffen, ist sie an diese erst gebunden, wenn auf ihrer Grundlage (Teil-)Beitragspflichten entstanden sind.[2] Solange das nicht der Fall ist, kann die Gemeinde ihre entsprechende Entscheidung revidieren, also etwa einen Kostenspaltungsbeschluß aufheben, um den Aufwand für die betreffende(n) Teileinrichtung(en) erst in dem abschließenden Beitragsverfahren umzulegen.

Eine Teilbeitragserhebung im Wege der Kostenspaltung ist – insoweit einer **3** Beitragserhebung für einen Abschnitt oder eine einzelne Erschließungsanlage vergleichbar – eine **endgültige Abrechnung**.[3] Sind die Voraussetzungen für das Entstehen von Teilbeitragspflichten erfüllt, entstehen diese für die von der Kostenspaltung erfaßten Teile i.S. des § 127 Abs. 3 BauGB einschließlich des Grunderwerbs und der Freilegung – anders als eine Vorausleistungspflicht (vgl. § 21 Rdnr. 29) – unabhängig von ihrer Geltendmachung durch Heranziehungsbescheide gemäß § 133 Abs. 2 Satz 1 BauGB *kraft Gesetzes*. Sind sie einmal entstanden, sind sie unveränderbar. In dieser Endgültigkeit gleicht die Teilbeitragspflicht der Vollbeitragspflicht für die endgültige Herstellung einer einzelnen Erschließungsanlage bzw. eines Abschnitts: Auch die mit der Kostenspaltung entstandene Beitragspflicht „für Teilbeträge" (§ 133 Abs. 2

---

[1] BVerwG, Urteil v. 26. 9. 1983 – 8 C 47, 67–69.82 – BVerwGE 68, 48 (56) = DVBl 84, 186 = NVwZ 84, 369.
[2] BVerwG, Urteil v. 22. 6. 1979 – 4 C 29.76 – Buchholz 406.11 § 127 BBauG Nr. 32 S. 36 (39f.) = DÖV 80, 48 = ZMR 80, 280.
[3] Vgl. ebenso u.a. VGH Mannheim, Urteil v. 25. 11. 1986 – 14 S 161/86 – VBlBW 87, 190.

Satz 1 BauGB) entsteht – wie die Erschließungsbeitragspflicht allgemein – für ein Grundstück nur einmal. Sie kann nicht zu einem anderen Zeitpunkt – etwa im Zusammenhang mit der Abrechnung der übrigen Teile – ein weiteres Mal entstehen. Bei der Erhebung von Erschließungsteilbeiträgen im Wege der Kostenspaltung tritt an die Stelle des Zeitpunkts des Entstehens der sachlichen Erschließungs(voll)beitragspflichten der Zeitpunkt, in dem gemäß § 133 Abs. 2 Satz 1 2. Alternative BauGB die sachlichen Beitragspflichten für die von der Kostenspaltung erfaßten **Teilanlagen (Teileinrichtungen)** entstehen.[4] Aus diesem Grunde darf bei einer Abrechnung im Wege der Kostenspaltung nicht der Abrechnung der letzten Teilanlage (Teileinrichtung) und in diesem Sinne der Schlußabrechnung vorbehalten bleiben, welche Grundstücke überhaupt von der Anlage erschlossen werden, auf deren Teile sich die Kostenspaltung erstreckt.[5]

4   Während die Abrechnung eines Abschnitts abstellt auf die Teilstrecke etwa einer Anbaustraße, bezieht sich die Kostenspaltung ausschließlich auf Kosten für (den Grunderwerb, die Freilegung und) Teil*einrichtungen* (vgl. im einzelnen Rdnrn. 7 ff.). Bei der Abrechnung im Wege der Kostenspaltung werden die für die endgültige Herstellung *einer* Teileinrichtung (einzelner Teileinrichtungen) einer Erschließungsanlage oder – kraft der gesetzlichen "Gleichstellung" – für den Grunderwerb bzw. die Freilegung entstandenen umlagefähigen Kosten *selbständig* ermittelt, und sie werden auf alle von der *gesamten* Anlage erschlossenen Grundstücke verteilt. Demgegenüber wird bei der Abrechnung eines Abschnitts der Aufwand *aller* nach dem Teileinrichtungsprogramm der Satzung sowie dem einschlägigen Bauprogramm (vgl. dazu § 11 Rdnrn. 33 ff.) vorgesehenen *Teileinrichtungen* einschließlich ggfs. der Grunderwerbs- und Freilegungskosten auf die nur von dem Abschnitt erschlossenen Grundstücke umgelegt.

5   Gegenstand der Kostenspaltung können jedoch nicht nur die Kosten für (Grunderwerb, Freilegung und) Teileinrichtungen einer einzelnen Straße, sondern auch die der Teileinrichtungen eines Abschnitts[6] oder von zwei eine Erschließungseinheit bildenden Anlagen[7] sein (z.B. die Kosten der Fahrbahn eines Abschnitts oder der Fahrbahnen der beiden die Einheit bildenden Anlagen). Allerdings ist die Kostenspaltung nicht zulässig für einzelne Teileinrichtungen von unterschiedlich langen, einander überschneidenden Abschnitten der gleichen Erschließungsanlage. Denn das würde zu einer völligen Un-

---

[4] BVerwG, Urteil v. 26. 2. 1993 – 8 C 4.91 – Buchholz 406.11 § 133 BauGB Nr. 117 S. 40 (44) = NVwZ 93, 1205 = BWGZ 93, 331.

[5] BVerwG, Urteil v. 22. 3. 1974 – IV C 23.72 – Buchholz 406.11 § 127 BBauG Nr. 18 S. 29 (31 f.) = BauR 74, 337 = DÖV 75, 573; vgl. in diesem Zusammenhang auch Ganter in KStZ 85, 86.

[6] BVerwG, u. a. Urteil v. 10. 12. 1971 – IV C 12.70 – Buchholz 406.11 § 127 BBauG Nr. 13 S. 18 f. = DVBl 72, 227 = KStZ 72, 113.

[7] BVerwG, u. a. Urteil v. 15. 9. 1978 – 4 C 50.76 – BVerwGE 56, 238 (241) = BauR 78, 477 = DVBl 79, 119.

durchsichtigkeit der Beitragserhebung führen, zumal sich der Kreis der für den einen Abschnitt und damit für die eine Teileinrichtung (z.B. Fahrbahn) beitragspflichtigen Anlieger anders zusammensetzen würde als der Kreis der für den anderen Abschnitt und damit für die andere Teileinrichtung (z.B. Gehwege) Beitragspflichtigen.[8] Die wirksame Abrechnung der Teileinrichtung eines Abschnitts im Wege der Kostenspaltung bindet – mit anderen Worten – die Gemeinde für die Abrechnung der übrigen Teile i.S. des § 127 Abs. 3 BauGB (einschließlich des Grunderwerbs und der Freilegung) an den einmal gewählten Ermittlungsraum.

Grundsätzlich kann die Gemeinde den Aufwand für bereits endgültig her- 6 gestellte Teileinrichtungen (Teilanlagen i.S. des § 127 Abs. 3 BauGB) entweder im Wege der Kostenspaltung oder durch eine Vorausleistung geltend machen. Eine solche **Wahlfreiheit** besteht allerdings nur dann, wenn die Voraussetzungen sowohl für das eine als auch für das andere Vorgehen erfüllt sind.[9]

III. Teile i.S. des § 127 Abs. 3 BauGB

Der Begriff ''Teile der Erschließungsanlagen" in § 127 Abs. 3 BauGB ist 7 nicht eindeutig, sondern auslegungsbedürftig. In der Entscheidung vom 10. Dezember 1971[6] hat das Bundesverwaltungsgericht ausgeführt, der Begriff ''Teile" umfasse auch Teillängen einer Straße (sog. **Querspaltung**). Diese Auffassung hat das Bundesverwaltungsgericht jedoch später ausdrücklich aufgegeben und entschieden, „daß mit Teilen nicht auch *Teillängen,* sondern nur solche Teil*einrichtungen* wie Fahrbahn, Gehwege, Beleuchtung und Entwässerung gemeint sind, die sich regelmäßig durch die ganze Länge der Erschließungsanlage ziehen".[10] Dafür spreche außer der einheitlichen Regelung für den „Grunderwerb, die Freilegung und für Teile der Erschließungsanlagen" in § 127 Abs. 3 BauGB (bzw. seinerzeit: BBauG) auch der Zusammenhang mit der nachfolgenden Vorschrift des § 128 Abs. 1 Satz 1 Nr. 1 und Nr. 2 BauGB. Denn dort seien Grunderwerb und Freilegung als Maßnahmen, die sich regelmäßig auf die ganze Länge der Erschließungsanlage beziehen, ausdrücklich neben der ebenfalls die ganze Erschließungsanlage betreffenden „erstmaligen Herstellung einschließlich der Einrichtungen für ihre Entwässerung und Beleuchtung" genannt. Zu den ''Teilen der Erschließungsanlagen" i.S. des § 127 Abs. 3 BauGB passe hiernach schwerlich eine im Wege der ''Querspaltung" abzurechnende Straßen-Teillänge. Das gelte um so

---

[8] BVerwG, Urteil v. 4. 10. 1974 – IV C 9.73 – BVerwGE 47, 64 (71 f.) = NJW 75, 323 = DVBl 75, 375.

[9] Vgl. im einzelnen BVerwG, Urteil v. 19. 3. 1982 – 8 C 34.81 – Buchholz 406.11 § 131 BBauG Nr. 48 S. 52 (54) = DÖV 82, 992.

[10] BVerwG, Urteil v. 15. 9. 1978 – 4 C 50.76 – BVerwGE 56, 238 (240) = BauR 78, 477 = DVBl 79, 119.

mehr, als der Gesetzgeber an anderer Stelle, nämlich in § 130 Abs. 2 Satz 1 BauGB, eine Abrechnung von Teillängen (Abschnitten) ausdrücklich geregelt habe. Kosten von mit allen Teileinrichtungen versehenen Straßen-Teillängen (Abschnitten) können daher nicht Gegenstand einer Kostenspaltung sein. Dementsprechend ist dann, wenn eine Gemeinde zwei Straßen, die eine Erschließungseinheit bilden, zur gemeinsamen Aufwandsermittlung gemäß § 130 Abs. 2 Satz 3 BauGB zusammengefaßt hat, auch keine "Querzerlegung" in der Weise statthaft, daß eine einzelne Straße[11] oder ein Abschnitt[12] vorab im Wege der Kostenspaltung – unter Einbeziehung aller von den Anlagen der Erschließungseinheit erschlossenen Grundstücke in die Aufwandsverteilung – abgerechnet wird.

8   Da mit Teile i.S. des § 127 Abs. 3 BauGB vom Grundsatz her nur Teilanlagen gemeint sind, die sich regelmäßig über die Erschließungsanlage in ihrer gesamten Länge erstrecken (vgl. Rdnr. 7), sind **Stützmauern** an Anbaustraßen unabhängig davon, ob sie auf dem Straßengrund oder auf Anliegergrundstücken errichtet worden sind, **keine** abspaltbaren Teilanlagen; sie erstrecken sich nämlich typischerweise nicht auf die gesamte Länge einer Anbaustraße und nicht selten sogar nicht einmal auf die gesamte Länge eines Grundstücks, sondern orientieren sich in ihrer Ausdehnung an den Verhältnissen des Einzelfalls und damit daran, wie weit sie zur Erfüllung ihrer Schutzfunktion gefordert sind. Stützmauern sind aber auch keine (abrechnungsmäßig unselbständigen) Bestandteile einer Teilanlage, weil sie ihrer Funktion nach regelmäßig nicht einer bestimmten Teilanlage, sondern der Herstellung und/oder Aufrechterhaltung der Benutzbarkeit der Straße insgesamt dienen.[13]

9   Teile i.S. des § 127 Abs. 3 BauGB können lediglich selbständige Teileinrichtungen, wie z.B. Fahrbahnen, Gehwege, Radwege, Straßenentwässerungs- und Straßenbeleuchtungsanlagen, sein, und zwar nur endgültig hergestellte Teileinrichtungen. Eine andere Ansicht würde gleichsam zu einer **Atomisierung** des Begriffs "Teile" führen müssen und könnte letztlich die Kosten jeder einzelnen Baumaßnahme als abspaltbar erscheinen lassen. Gerade den Begriff der einzelnen Maßnahme vermeidet jedoch das Gesetz.[14] Daher ist unzulässig eine sog. Horizontalspaltung, d.h. die Abspaltung etwa nur der Kosten des Unterbaus,[15] der vorläufigen Chaussierung oder der Fahrbahndecke, und ebenfalls unzulässig ist die Abspaltung allein der Kosten für

---

[11] BVerwG, Urteil v. 15. 9. 1978 – 4 C 36, 38–41.76 – Buchholz 406.11 § 130 BBauG Nr. 23 S. 18 (19 ff.) = BauR 79, 51 = KStZ 79, 90.
[12] BVerwG, Urteil v. 15. 9. 1978 – 4 C 65.77 – Buchholz 406.11 § 130 BBauG Nr. 23 a S. 23 = DVBl 79, 122.
[13] BVerwG, Urteil v. 7. 7. 1989 – 8 C 86.87 – BVerwGE 82, 215 (219 f.) = NVwZ 90, 78 = DVBl 89, 1208.
[14] BVerwG, Urteil v. 6. 12. 1968 – IV C 30.67 – DVBl 69, 272 = ZMR 69, 250 = KStZ 69, 167.
[15] BVerwG, Urteil v. 11. 2. 1977 – IV C 102.74 – Buchholz 406.11 § 127 BBauG Nr. 27 S. 19 (20 f.) = DÖV 77, 678 = KStZ 77, 130.

Randsteine.[16] Letztere Kosten können nur nach (erklärter) Wahl der Gemeinde zusammen mit den Kosten für die Fahrbahn oder mit den Kosten für die Bürgersteige abgespalten werden,[17] doch bietet sich eine Abspaltung mit den Kosten der Gehwege an, weil Bordsteine bei natürlicher Betrachtungsweise zu den Gehwegen gehören.[18]

Dagegen ist statthaft die Abspaltung der Kosten für den **Grunderwerb** 10 schon einer **flächenmäßigen** Teilanlage[19] wie etwa der Fahrbahn sowie der Kosten für die Anlegung einer im Sinne von § 127 Abs. 2 Nr. 4 BauGB unselbständigen Parkspur, sofern sie ausschließlich zum Parken bestimmt ist,[20] und eines unselbständigen (etwa zwischen zwei Richtungsfahrbahnen gelegenen) Grünstreifens. Ferner ist die Kostenspaltung für eine Richtungsfahrbahn zulässig, wenn diese von der Gegenfahrbahn durch einen Grünstreifen abgegrenzt ist.[21] Schließlich können die Kosten für einen einseitigen Gehweg selbst dann abgespalten werden, wenn auf der gegenüberliegenden Straßenseite ebenfalls ein Gehweg vorgesehen, aber noch nicht endgültig fertiggestellt ist. Eine bestimmte Reihenfolge für die Abspaltung der Kosten von Teileinrichtungen sieht das Gesetz nicht vor.

IV. Ausspruch der Kostenspaltung

Eine Kostenspaltung ist nur zulässig, wenn in der Erschließungsbeitrags- 11 satzung eine entsprechende allgemeine Regelung enthalten ist (§ 132 Nr. 3 BauGB). Eine solche Satzungsbestimmung kann – was jedoch nicht gerade zweckmäßig ist und in der Praxis nur selten geschieht – die Kostenspaltung für alle in Betracht kommenden Fälle zwingend vorschreiben oder sie kann so gefaßt sein, daß eine Kostenspaltung im Einzelfall *möglich* sein soll. Trifft letzteres zu, erfordert die Vornahme der Kostenspaltung im Einzelfall eine darauf gerichtete, als **innerdienstlicher Ermessensakt** zu wertende Entscheidung, die gemeinhin als "Ausspruch" der Kostenspaltung bezeichnet wird. Dieser Ausspruch ist **anlage-** und nicht grundstücksbezogen, d.h., er bezieht sich auf die Kosten der Teileinrichtung(en) einer bestimmten Anlage (eines Abschnitts oder mehrerer eine Erschließungseinheit bildender Anlagen) und läßt – sofern die übrigen Voraussetzungen erfüllt sind – eine Teilbeitrags-

[16] BVerwG, Beschluß v. 7. 2. 1977 – IV B 138.76 – Buchholz 406.11 § 127 BBauG Nr. 26 S. 18 = GemTg 77, 136 = ZMR 78, 144.
[17] BVerwG, Urteil v. 10. 6. 1981 – 8 C 20.81 – BVerwGE 62, 308 (316) = NVwZ 82, 246 = BauR 82, 472.
[18] OVG Koblenz, Urteil v. 30. 1. 1978 – 6 A 42/76 – KStZ 78, 178.
[19] BVerwG, Urteil v. 3. 2. 1989 – 8 C 78.88 – Buchholz 406.11 § 131 BBauG Nr. 79 S. 27 (28ff.) = NVwZ 89, 1072 = DVBl 89, 675.
[20] BVerwG, Urteil v. 11. 12. 1970 – IV C 24.69 – Buchholz 406.11 § 127 BBauG Nr. 11 S. 13 (14) = GemTg 71, 186 = KStZ 72, 12.
[21] BVerwG, Urteil v. 8. 8. 1975 – IV C 74.73 – Buchholz 406.11 § 127 BBauG Nr. 22 S. 6 (9) = DÖV 76, 347 = GemTg 76, 113.

pflicht für alle von ihr (ihm bzw. ihnen) erschlossenen Grundstücke entstehen. Eine nur auf einzelne Grundstücke bezogene Kostenspaltung ist vom Gesetz nicht gedeckt.[22] Der Ausspruch (innerdienstlicher Ermessensakt) muß eindeutig zumindest in irgendwelchen Vermerken, Niederschriften, Abrechnungsunterlagen usw. zum Ausdruck kommen, sein Vorliegen muß nachweisbar sein. Weitergehende formelle Anforderungen stellt das Bundesrecht an ihn nicht.[23] Er wird regelmäßig *kundbar* gemacht im Rahmen der Veranlagung zu Teilbeträgen durch Heranziehungsbescheide,[24] doch kann dies auch auf andere Weise, z. B. durch schriftliche Mitteilungen usw., geschehen. Es ist nicht erforderlich, daß in einem Heranziehungsbescheid, mit dem ein Teilbetrag im Wege der Kostenspaltung geltend gemacht wird, das Wort "Kostenspaltung" ausdrücklich erwähnt wird.[25] Vielmehr genügt es, wenn im Bescheid hinreichend deutlich zum Ausdruck kommt, daß der geforderte Beitrag für einen (abspaltbaren) Teil i. S. des § 127 Abs. 3 BauGB verlangt wird, also eine Teileinrichtung selbständig abgerechnet werden soll.[24]

12   Da nach Bundesrecht die Vornahme der Kostenspaltung im Einzelfall weder einer ortsgesetzlichen Regelung noch einer formalisierten Veröffentlichung bedarf, kann „demgegenüber nicht durch Landesrecht dennoch eine Ortssatzung oder ein veröffentlichter Ratsbeschluß verlangt werden ... Nach Landesrecht kann allein noch geregelt werden, welche Stelle der Verwaltung hierfür zuständig ist".[26] Jedenfalls in einigen Bundesländern ist die Entscheidung, im Einzelfall für die Kosten der Teileinrichtungen bzw. des Grunderwerbs oder der Freilegung einer bestimmten Erschließungsanlage die Kostenspaltung anzuordnen, nicht als Geschäft der laufenden Verwaltung i. S. des Kommunalrechts zu werten.[27] Wo das zutrifft, ist der Ausspruch der Kostenspaltung dem zuständigen Beschlußorgan vorbehalten. Dieses muß den Beschluß hinreichend **bestimmt** fassen. Da vom Inhalt eines entsprechenden Kostenspaltungsbeschlusses abhängt, ob und in welchem Umfang Teilbeitragspflichten für abspaltbare Kosten kraft Gesetzes entstehen, setzt bei dieser Rechtslage eine wirksame Kostenspaltung voraus, daß die abspaltbaren Kosten jeweils eindeutig bezeichnet werden und nicht dem Ermessen der Gemeindeverwaltung überlassen bleibt, für welche Kosten Teilbeiträge erho-

---

[22] BVerwG, Urteil v. 26. 9. 1983 – 8 C 47, 67–69.82 – BVerwGE 68, 48 (56) = DVBl 84, 186 = NVwZ 84, 369.

[23] BVerwG, u. a. Urteil v. 10. 2. 1967 – IV C 121.65 – BVerwGE 26, 180 (181) = DWW 67, 253 = MDR 67, 779.

[24] BVerwG, u. a. Urteil v. 10. 10. 1969 – IV C 150.68 – Buchholz 406.11 § 133 BBauG Nr. 32 S. 4 (5) = VerwRspr. 21, 218 = ID 70, 19.

[25] BVerwG, Urteil v. 30. 1. 1970 – IV C 131.68 – Buchholz 406.11 § 128 BBauG Nr. 7 S. 9 (11) = ZMR 70, 252 = ID 70, 129.

[26] BVerwG, Urteil v. 12. 6. 1970 – IV C 5.68 – Buchholz 406.11 § 130 BBauG Nr. 6 S. 3 (7) = DVBl 70, 904 = ZMR 70, 382.

[27] Vgl. u. a. VGH Mannheim, Urteile v. 8. 12. 1970 – II 852/67 – VBlBW 71, 42, und v. 31. 10. 1985 – 2 S 339/85 –, sowie OVG Münster, Urteil v. 13. 9. 1972 – III A 919/71 – KStZ 73, 123 = GemTg 73, 276 = ZMR 74, 318.

ben werden sollen.[28] Ist ungeachtet einer nach dem Landesrecht erforderlichen Entscheidung des zuständigen Beschlußorgans ein Teilbeitragsbescheid aufgrund einer allein von der Gemeindeverwaltung angeordneten Kostenspaltung erlassen worden, kann der diesbezügliche Fehler jedenfalls bis zum Zeitpunkt der endgültigen Herstellung der betreffenden Erschließungsanlage insgesamt mit der Folge nachträglich behoben werden, daß der ursprünglich rechtswidrige Bescheid mit Wirkung ex-nunc geheilt wird.

V. Voraussetzungen für das Entstehen einer Teilbeitragspflicht

Eine Teilbeitragspflicht kann nur für ein gemäß § 133 Abs. 1 BauGB der   13
Beitragspflicht unterliegendes Grundstück entstehen; ihr Entstehen setzt voraus, daß die im Wege der Kostenspaltung abzurechnende Teileinrichtung i. S. des § 125 BauGB **rechtmäßig**[29] und – der einschlägigen Merkmalsregelung entsprechend – **endgültig** hergestellt im Rechtssinne ist.[30] Allerdings ist eine Kostenspaltung nur solange möglich, wie die betreffende Anlage selbst insgesamt noch nicht das Stadium der endgültigen Herstellung erreicht hat.[31] Nach der endgültigen Herstellung etwa einer Anbaustraße mit allen vorgesehenen Teileinrichtungen ist für eine Kostenspaltung kein Raum mehr.[32] Ein gleichwohl aufgrund einer – rechtlich gegenstandslosen – Kostenspaltungsentscheidung ergangener Heranziehungsbescheid ist jedoch nicht schon allein deshalb aufzuheben. Er kann vielmehr "umgedeutet" werden entweder – sofern für die betreffende Anlage bereits kraft Gesetzes eine Vollbeitragspflicht entstanden ist und der Heranziehung die Kosten für die Herstellung aller Teileinrichtungen zugrunde liegen – in einen Vollbeitragsbescheid[33] oder – sofern

---

[28] So VGH Mannheim, Urteil v. 15. 1. 1987 – 2 S 1545/86 –.

[29] BVerwG, Urteil v. 18. 1. 1991 – 8 C 14.89 – BVerwGE 87, 288 (291) = DVBl 91, 449 = ZMR 91, 153.

[30] Vgl. u. a. VGH Mannheim, Urteil v. 30. 11. 1989 – 2 S 1987/87 –.

[31] BVerwG, Urteil v. 14. 6. 1968 – IV C 65.66 – Buchholz 406.11 § 127 BBauG Nr. 3 S. 5 (7) = DVBl 68, 808 = KStZ 69, 78.

[32] BVerwG, Urteil v. 29. 4. 1988 – 8 C 24.87 – BVerwGE 79, 283 (286) = NVwZ 88, 1134 = DVBl 88, 901.

[33] Ebenso OVG Münster, Urteile v. 13. 3. 1978 – II A 1049/76 – und v. 6. 10. 1975 – II A 435/73 –; a. A. OVG Lüneburg, Urteil v. 8. 11. 1988 – 9 A 11/87 – ZMR 89, 232 (233), das unter ausdrücklicher Bezugnahme auf die hier vertretene Ansicht meint, die Aufrechterhaltung eines solchen Teilbeitragsbescheids „als Vollbeitragsbescheid" habe für den Adressaten des Bescheids die unzumutbare „Folge, daß er persönlicher Beitragsschuldner auch für Nachforderungen bliebe, die sich auf im Bescheid nicht genannte Teileinrichtungen beziehen, auch wenn er zum Zeitpunkt der Nachveranlagung nicht mehr Eigentümer des Grundstücks sein sollte." Das geht schon deshalb fehl, weil die in Rede stehende Aufrechterhaltung eines Teilbeitragsbescheids als Vollbeitragsbescheid – wie dargelegt – nur in Betracht kommt, wenn kraft Gesetzes ohnehin die Vollbeitragspflichten entstanden sind und der Heranziehung die Kosten für die Herstellung aller Teileinrichtungen mit der Folge zugrundeliegen, daß für Nachforderungen insoweit kein Raum ist.

trotz der endgültigen Herstellung der gesamten Anlage nur die Kosten einzelner Teileinrichtungen berücksichtigt worden sind – in einen Bescheid, mit dem lediglich ein Teil der (schon entstandenen) Gesamtbeitragsforderung geltend gemacht wird (vgl. § 24 Rdnr. 18). Da der Beitragsanspruch – wie jeder Geldanspruch – ein der Höhe nach teilbarer Anspruch ist und da keine Vorschrift der Gemeinde vorschreibt, ihren Beitragsanspruch durch einen einmaligen Akt festzusetzen und fällig zu machen, ist es möglich und zulässig, die auf einen Beitragspflichtigen entfallende Forderung in Teilbeträgen anzufordern.[34] Im übrigen sind die Gemeinden auch nicht gehalten, bei einer Erhebung von Erschließungsbeiträgen im Wege der Kostenspaltung in diese den beitragsfähigen Aufwand für alle im Zeitpunkt der Abrechnung bereits endgültig hergestellten Teileinrichtungen (Teilanlagen i.S. des § 127 Abs. 3 BauGB) einzubeziehen.[35] Es ist ihnen vielmehr unbenommen, jede einzelne endgültig hergestellte Teileinrichtung sowie den Grunderwerb und die Freilegung nacheinander im Wege der Kostenspaltung abzurechnen, also mehrere Teilbeitragsbescheide zu erlassen, oder für einige Teilbeträge zu verlangen und die Kosten für die verbleibenden nach der endgültigen Herstellung der Anlage insgesamt geltend zu machen.

14   Das Entstehen einer Teilbeitragspflicht hängt ferner vom Vorliegen einer gültigen **Erschließungsbeitragssatzung** mit wirksamer Merkmals- und Verteilungsregelung ab.[36] Denn ohne wirksame Merkmalsregelung kann (auch) eine Teileinrichtung nicht im Rechtssinne endgültig hergestellt sein und ohne wirksame Verteilungsregelung können keine der Höhe nach unabänderlichen (Teil-)Beitragspflichten entstehen. Überdies muß in der Beitragssatzung die Kostenspaltung – zumindest – als Möglichkeit vorgesehen sein (§ 132 Nr. 3 BauGB). Fehlt eine solche Bestimmung, läßt das zwar die Wirksamkeit der Satzung unberührt, doch können Teilbeitragspflichten nicht entstehen, bevor die Satzung entsprechend ergänzt worden ist. Gegen eine solche, erst nach der endgültigen Herstellung einer Teileinrichtung (einzelner Teileinrichtungen) erfolgende Ergänzung bestehen selbst dann keine Bedenken, wenn durch sie Teilbeitragspflichten ausgelöst werden, und zwar schon deswegen nicht, weil die betroffenen Anlieger mit einer jederzeitigen endgültigen Herstellung der Anlage insgesamt und in der Folge mit einer Heranziehung zu den vollen Beiträgen rechnen mußten und müssen, zu ihren Gunsten also kein Vertrauenstatbestand entstanden ist, der der Ergänzung der Satzung entgegensteht. Eine derartige Satzungsergänzung braucht die Gemeinde nicht rückwirkend in Kraft zu setzen.[37]

---

[34] BayVGH, Urteil v. 28. 7. 1975 – 19 IV 72 – BayVBl 76, 16.
[35] BVerwG, Urteil v. 19. 11. 1982 – 8 C 39–41.81 – Buchholz 406.11 § 127 BBauG Nr. 38 S. 6 (8) = NVwZ 83, 473.
[36] BVerwG, Urteil v. 29. 4. 1988 – 8 C 24.87 – BVerwGE 79, 283 (284f.) = NVwZ 88, 1134 = DVBl 88, 901.
[37] BVerwG, Urteil v. 22. 9. 1967 – IV C 116.65 – BVerwGE 27, 345 (346f.) = DVBl 68, 519 = DÖV 68, 139.

Im übrigen können die Beitragspflichten für eine Teileinrichtung nur dann 15
mit deren endgültiger Herstellung entstehen, wenn eine Kostenspaltung in
der Satzung zwingend vorgeschrieben ist und es deshalb **keines besonderen
Ausspruchs** im Einzelfall bedarf oder wenn der Ausspruch der Kostenspaltung im Einzelfall bereits vor der endgültigen Herstellung der betreffenden
Teileinrichtung(en) erfolgt ist. In allen anderen Fällen entstehen die Teilbeitragspflichten frühestens mit dem der endgültigen Herstellung der Teilanlage
nachfolgenden Ausspruch der Kostenspaltung,[38] wobei es nicht erforderlich
ist, daß die Kostenspaltung in einem zeitlichen Zusammenhang mit dem
Ausbau steht.[39]

Eine in diesem Sinne *nachträgliche* Kostenspaltung ist selbst dann noch 16
zulässig, wenn eine Gemeinde zunächst einen – etwa weil der Grunderwerb
als satzungsmäßiges Herstellungsmerkmal noch nicht abgeschlossen war –
fehlerhaften Vollbeitragsbescheid erlassen hat. In einem solchen Fall bewirkt
der Ausspruch der Kostenspaltung für die bereits endgültig fertiggestellten
Teileinrichtungen eine "Umwandlung" des Vollbeitragsbescheids in einen
Teilbeitragsbescheid, der einer gerichtlichen Aufhebung nicht unterliegt,
wenn und soweit er als solcher rechtmäßig ist.[40]

Die **Widmung** einer Erschließungsanlage für ihren öffentlichen Zweck hat 17
keinen Einfluß auf das Entstehen von Teilbeitragspflichten; die fehlende
Widmung etwa einer Anbaustraße steht deshalb der Anforderung von Teilbeträgen z. B. für die Kosten der Fahrbahn im Wege der Kostenspaltung nicht
entgegen[41] (vgl. § 12 Rdnr. 27). Ferner ist nicht erforderlich, daß sich die
endgültige Herstellung der übrigen, nicht von der Kostenspaltung erfaßten
Teileinrichtungen einschließlich ggfs. des Grunderwerbs und damit der Anlage insgesamt zeitlich absehen läßt.[42] Schließlich hindert auch die Möglichkeit,
Vorausleistungen zu erheben, nicht eine Heranziehung im Wege der Kostenspaltung.[43]

---

[38] BVerwG, u. a. Urteil v. 29. 10. 1969 – IV C 43.68 – Buchholz 406.11 § 133 BBauG
Nr. 33 S. 6 (7) = DVBl 70, 834 = BauR 70, 42.
[39] BVerwG, Urteil v. 21. 9. 1973 – IV C 39.72 – Buchholz 406.11 § 133 BBauG
Nr. 46 S. 37 (40) = DVBl 74, 294 = KStZ 74, 112.
[40] BVerwG, Urteil v. 26. 9. 1983 – 8 C 47, 67–69.82 – BVerwGE 68, 48 (57) = DVBl
84, 186 = NVwZ 84, 369.
[41] BVerwG, Urteil v. 14. 6. 1968 – IV C 65.66 – Buchholz 406.11 § 127 BBauG Nr. 3
S. 5 (7 f.) = DVBl 68, 808 = KStZ 69, 78; a. A. OVG Hamburg, Beschluß v. 17. 7. 1992
– Bs VI 46/92 – NVwZ-RR 93, 162.
[42] BVerwG, Beschluß v. 26. 5. 1972 – IV B 156.71 –.
[43] BVerwG, u. a. Urteil v. 19. 3. 1982 – 8 C 34.81 – Buchholz 406.11 § 131 BBauG
Nr. 48 S. 52 (54) = DÖV 82, 992.

§ 21 Vorausleistung

I. Einleitung

1 Unter Geltung des Bundesbaugesetzes war die Vorausleistung (einzig) in § 133 Abs. 3 Satz 1 BBauG behandelt. Der Gesetzgeber des Baugesetzbuchs hat durch eine Änderung des Satzes 1 des § 133 Abs. 3 BBauG die Möglichkeit für die Erhebung einer Vorausleistung erweitert. Überdies hat er mit den Sätzen 2 bis 4 in § 133 Abs. 3 BauGB Regelungen getroffen, die ebenfalls die Vorausleistungen zum Gegenstand haben (Eigentumswechsel vor Entstehen der endgültigen Beitragspflicht sowie Rückzahlungsanspruch im Falle mangelnder Benutzbarkeit der Anlage nach Ablauf von sechs Jahren nach Erlaß des Vorausleistungsbescheids, vgl. Rdnrn. 40 ff.).

2 Durch Gesetz vom 22. April 1993 (BGBl. S. 466) hat der Gesetzgeber § 133 Abs. 3 Satz 1 BauGB erneut geändert, und zwar in zweifacher Hinsicht. Zum einen hat er bestimmt, es könnten „Vorausleistungen bis zur Höhe des voraussichtlichen endgültigen Erschließungsbeitrags verlangt werden". Und zum anderen hat er angeordnet, Vorausleistungen dürften nur gefordert werden, wenn „die endgültige Herstellung" der beitragsfähigen Erschließungsanlage, deren voraussichtlich entstehende Kosten Gegenstand der Vorausleistungserhebung sind, „innerhalb von vier Jahren zu erwarten ist." Während der Gesetzgeber mit der letzteren Regelung lediglich eine Voraussetzung für die (rechtmäßige) Vorausleistungserhebung festgeschrieben hat, von deren Erfüllung auch nach dem zuvor geltenden Recht die Rechtmäßigkeit eines Vorausleistungsbescheids abhängig war (vgl. Rdnr. 16), hat er mit der ersteren, die **Höhe einer Vorausleistungsforderung** betreffenden Regelung die bisher unterschiedlich beantwortete Frage in einem dies bejahenden Sinne entscheiden wollen, ob „die Gemeinde auch bei der Herstellungsalternative Vorausleistungen bis zur voraussichtlichen Höhe des endgültigen Beitrags verlangen kann".[1] Die Rechtmäßigkeit dieser Entscheidung dürfte jedenfalls nicht schlechthin unzweifelhaft sein. Wenn – wofür einiges sprechen könnte (vgl. Rdnrn. 12 ff.) – das (Bundes-)Verfassungsrecht aus Anlaß des Beginns der Herstellung einer beitragsfähigen Erschließungsanlage, d.h. aus Anlaß gleichsam des ersten „Spatenstichs", lediglich die Erhebung einer der Höhe nach angemessenen Vorausleistung gestatten sollte, könnte der einfache (Bundes-)Gesetzgeber daran nichts ändern.

II. Wesen der Vorausleistung

3 Eine Vorausleistung ist begrifflich eine Leistung, die vor Entstehen der endgültigen (sachlichen) Erschließungsbeitragspflicht für ein einzelnes

---

[1] Bericht des Ausschusses für Raumordnung, Bauwesen und Städtebau, BT-Drucksache 12/4340, S. 21.

Grundstück zur **Verrechnung** „mit der endgültigen Beitragsschuld" (§ 133 Abs. 3 Satz 2 BauGB) erbracht wird.[2] Sie stellt eine zeitlich vorgezogene "Beitragsleistung" dar und ruht – wie der Erschließungsbeitrag selbst – gemäß § 134 Abs. 2 BauGB als öffentliche Last auf dem Grundstück bzw. Erbbaurecht.[3] Eine Vorausleistung kann nur verlangt werden, wenn und soweit die endgültigen (sachlichen) Beitragspflichten für die betreffende beitragsfähige Erschließungsanlage noch nicht entstanden sind; ob eine Gemeinde – wenn die entsprechenden Voraussetzungen erfüllt sind – Vorausleistungen erheben will, liegt in ihrem **Ermessen.** Sind einzelne Teileinrichtungen schon endgültig hergestellt und könnte die Gemeinde deshalb Teilbeträge im Wege der Kostenspaltung geltend machen, kann sie gleichwohl eine auf die Kosten der Herstellung der gesamten Anlage bezogene Vorausleistung verlangen. Eine solche **Wahlfreiheit** besteht allerdings nur, wenn die Voraussetzungen sowohl für das eine als auch für das andere Vorgehen erfüllt sind.[4] Hat die Gemeinde für einzelne Teileinrichtungen schon Teilbeträge im Wege der Kostenspaltung erhoben, kann eine Vorausleistung nur noch für die Kosten der insoweit nicht erfaßten Teileinrichtungen in Betracht kommen.

Wie der Gesetzgeber in § 133 Abs. 3 Satz 1 BauGB durch den Gebrauch **4** der Mehrzahl "Vorausleistun**gen**" zum Ausdruck gebracht hat, kann die Gemeinde für ein Grundstück mehrere Vorausleistungen verlangen, sei es hinsichtlich derselben Erschließungsanlage auf den für diese entstehenden Erschließungsbeitrag – gleichsam in **Raten** –, sei es hinsichtlich weiterer das Grundstück erschließender Erschließungsanlagen auf die für diese jeweils entstehenden Erschließungsbeiträge.[5]

Das Gesetz bestimmt zwar nicht ausdrücklich, wer *vorausleistungspflichtig* **5** ist. Gleichwohl ergibt sich aus dem Wesen der Vorausleistung als einer Zahlung „auf den Erschließungsbeitrag" (§ 133 Abs. 3 Satz 1 BauGB), daß vorausleistungspflichtig derjenige ist, der gemäß § 134 Abs. 1 BauGB später Schuldner des endgültigen Beitrags sein wird.[6] Bei der Vorausleistung handelt es sich gleichsam um einen *Vorgriff* auf das erst *später entstehende Beitragsschuldverhältnis.* Aus diesem Grunde ist der Eigentümer (Erbbauberechtigte) eines Grundstücks auch dann vorausleistungspflichtig, wenn er nicht selbst Antragsteller eines Baugenehmigungsantrags bzw. Bauherr eines Bauvorhabens i.S. des § 133 Abs. 3 Satz 1 BauGB ist.

---

[2] Vgl. zur Anforderung von Abgaben vor Entstehen der Abgabepflicht auch Ecker in BayVBl 89, 492 ff.

[3] BVerwG, Urteil v. 28. 10. 1981 – 8 C 8.81 – Buchholz 406.11 § 133 BBauG Nr. 78 S. 10 (16) = NVwZ 82, 377 = KStZ 82, 109.

[4] BVerwG, Urteil v. 19. 3. 1982 – 8 C 34.81 – Buchholz 406.11 § 131 BBauG Nr. 48 S. 52 (54) = DÖV 82, 992 = ID 83, 30.

[5] BVerwG, Urteil v. 22. 2. 1985 – 8 C 114.83 – Buchholz 406.11 § 133 BBauG Nr. 90 S. 45 (50) = NVwZ 85, 751 = DVBl 85, 626.

[6] Vgl. u. a. Ernst in Ernst/Zinkahn/Bielenberg, BauGB, § 133 Rdnr. 65, und Brügelmann-Förster, BBauG, § 133 Rdnr. 49.

6   Als Vorausleistung kann nur eine Geldzahlung, nicht aber eine Sachleistung (z. B. Übereignung von Straßenland) verlangt werden.[7] Dies folgt daraus, daß die Vorausleistung ihrer Natur nach keine andere Leistung sein kann als der Erschließungsbeitrag selbst, der zweifelsfrei eine Geldschuld ist. Die aufgrund eines entsprechenden Bescheids an die Gemeinde gezahlten Vorausleistungen sind in ihrer Verwendung *zweckgebunden* (vgl. § 10 Rdnr. 6).[8] Die Gemeinde ist gehalten, sie zur Finanzierung der Kosten für die jeweilige Anlage einzusetzen, deren (voraussichtlicher) Aufwand Grundlage für die Vorausleistungserhebung war. Im Umfang der erhaltenen Vorausleistungen ist die Gemeinde gehindert, Kosten für eine Fremdfinanzierung in den beitragsfähigen Aufwand einzubeziehen (vgl. § 13 Rdnr. 15).

7   Allerdings brauchen die Gemeinden vereinnahmte Vorausleistungen *nicht* zu verzinsen, und zwar auch dann nicht, wenn sich die endgültige Herstellung der Anlage, für deren Ausbau die Vorausleistungspflicht entstanden ist – aus welchen Gründen immer – verzögert.[9] Dies gilt selbst dann, wenn sich im Rahmen der endgültigen Abrechnung herausstellen sollte, daß eine über die Höhe der endgültigen Beitragpflicht hinausgehende Vorausleistung angefordert und gezahlt worden ist, dem Beitragspflichtigen also hinsichtlich des Teils der Vorausleistung, der die endgültige Beitragsforderung übersteigt, ein Erstattungsanspruch erwachsen ist.[10] Bei dieser Konstellation greift § 133 Abs. 3 Satz 4 BauGB nicht ein, da er nur den in § 133 Abs. 3 Satz 3 BauGB behandelten Sonderfall (mangelnde Benutzbarkeit der Anlage nach Ablauf von sechs Jahren nach Erlaß des Vorausleistungsbescheids) betrifft.

8   Grenzen an eine unter Inanspruchnahme von **Fremdkapital** hergestellte Anbaustraße bebaute und unbebaute Grundstücke und haben (ausschließlich) die Eigentümer der bebauten Grundstücke Vorausleistungen erbracht, sind letztere bei der Berechnung ihrer endgültigen Beiträge **nicht insoweit** von der Beteiligung mit Zinskosten zu entlasten, als ihre Vorausleistungen den Rückgriff auf Fremdmittel entbehrlich gemacht hat.[11] Fremdkapitalkosten gehören zum beitragsfähigen Aufwand (vgl. § 13 Rdnr. 13). Dieser Aufwand ist – nach Abzug des Gemeindeanteils (§ 129 Abs. 1 Satz 3 BauGB) – gemäß § 131 Abs. 1 Satz 1 BauGB auf die durch die ausgebaute Anlage erschlossenen Grundstücke nach Maßgabe der durch § 131 Abs. 2 und 3 BauGB vorgegebe-

---

[7] BVerwG, Urteil v. 25. 9. 1968 – VI C 81.66 – insoweit unveröffentlicht.

[8] Ebenso u. a. Ernst in Ernst/Zinkahn/Bielenberg, BauGB, § 133 Rdnr. 41, und Löhr in Battis/Krautzberger/Löhr, BBauG § 133 Rdnr. 30; a. A. u. a. Brügelmann-Förster, BBauG, § 133 Rdnr. 47.

[9] BVerwG, Urteil v. 31. 1. 1968 – IV C 221.65 – BVerwGE 29, 90 (92) = NJW 68, 1250 = DVBl 68, 520; ebenso OVG Münster, Urteil v. 13. 3. 1968 – III A 632/65 – NJW 68, 2123 mit Anmerkung von Emrich in NJW 69, 153; vgl. ferner zu Verzugs- und Prozeßzinsen im Verwaltungsprozeß Czybulka in NVwZ 83, 125.

[10] BVerwG, Urteil v. 16. 8. 1985 – 8 C 120–122.83 – Buchholz 406.11 § 125 BBauG Nr. 19 S. 15 (22) = NJW 86, 1122 = DVBl 86, 345.

[11] BVerwG, Urteil v. 23. 8. 1990 – 8 C 4.89 – BVerwGE 85, 306 (313 f.) = DVBl 90, 1408 = KStZ 91, 62.

nen Regeln zu verteilen. Diese Regeln lassen eine Differenzierung nach den Grundstücken, deren Eigentümer Vorausleistungen erbracht haben, und den Grundstücken, für die dies nicht zutrifft, nicht zu. Zwar werden somit die Beitragspflichtigen, die eine Vorausleistung erbracht haben, im Verhältnis zu den übrigen Beitragspflichtigen wirtschaftlich stärker belastet. Diese Mehrbelastung begründet indes **keine** unbillige Härte i.S. des § 135 Abs. 5 BauGB.[11] Selbst wenn man mit Blick auf die Mehrbelastung eine Ungleichbehandlung der beiden Gruppen von Beitragspflichtigen annehmen wollte, wäre sie jedenfalls durch den Grundsatz der Verwaltungspraktikabilität verfassungsrechtlich gedeckt.[11]

III. Voraussetzungen für eine Vorausleistungserhebung

§ 133 Abs. 3 Satz 1 BauGB macht in seiner nunmehr geltenden Fassung für 9 den Fall, daß für ein Grundstück eine Beitragspflicht entstehen kann, aber noch nicht oder nicht in vollem Umfang entstanden ist, die Befugnis der Gemeinden, Vorausleistungen zu erheben, ausdrücklich nur von zwei **alternativen** Voraussetzungen abhängig: Sie können Vorausleistungen fordern, entweder „wenn ein Bauvorhaben auf dem Grundstück genehmigt wird" (**Genehmigungsalternative**) oder „wenn mit der Herstellung der Erschließungsanlagen begonnen worden ist" (**Herstellungsalternative**). Gleichwohl setzt die Berechtigung zur Erhebung einer Vorausleistung darüber hinaus – gleichsam vorgreiflich – das Vorliegen eines Sonder-(Erschließungs-)Vorteils (vgl. Rdnrn. 10 ff.) sowie neben einer der beiden genannten Merkmale die Erfüllung **weiterer** Anforderungen voraus, die sich ihrerseits aus den übrigen erschließungsbeitragsrechtlichen Bestimmungen und Grundsätzen ergeben (vgl. § 21 Rdnrn. 25 ff.).[12]

1. Sonder-(Erschließungs-)Vorteile

Erschließungsbeiträge werden zum Ausgleich von Sonder-(Erschließungs-) 10 Vorteilen erhoben; ohne einen Sondervorteil wäre die Heranziehung zu einem Erschließungsbeitrag **verfassungsrechtlich nicht** zu rechtfertigen.[13] Da eine Vorausleistung ihrem Charakter nach ebenfalls ein – sogar vorgezogener – "Beitrag" ist, gilt für sie nichts anderes. Dementsprechend hat das Bundesverwaltungsgericht, ausgehend von seiner Entscheidung vom 31. Januar 1968,[14]

---

[12] Vgl. zu den Rechtmäßigkeitsvoraussetzungen des Vorausleistungsbescheides im einzelnen Thedieck in KStZ 91, 61 f.

[13] Vgl. BVerfG, u.a. Beschluß v. 5. 7. 1972 – 2 BvL 6/66 u.a. – BVerfGE 33, 265 (295), sowie BVerwG, u.a. Urteil v. 29. 4. 1977 – IV C 1.75 – Buchholz 406.11 § 131 BBauG Nr. 22 S. 26 (30) = DÖV 77, 680 = DVBl 78, 298.

[14] BVerwG, Urteil v. 31. 1. 1968 – IV C 221.65 – BVerwGE 29, 90 (93 f.) = NJW 68, 1250 = DVBl 68, 520.

in ständiger Rechtsprechung[15] angenommen, ebenso wie die Erhebung eines endgültigen Beitrags setze auch die Erhebung einer Vorausleistung das Vorliegen eines Sonder-(Erschließungs-)Vorteils voraus.

11   Dieser (verfassungsrechtlichen) Anforderung ist genügt, soweit – wie nach § 133 Abs. 3 Satz 1 BBauG und der Genehmigungsalternative dieser Vorschrift in der Fassung des Baugesetzbuchs – die Erhebung einer Vorausleistung von der Erteilung einer Baugenehmigung für ein insoweit beachtliches Bauvorhaben abhängig ist, d. h. davon, daß die (formelle) Schranke beseitigt wird, die die Ausübung der aus dem Eigentum fließenden Baufreiheit hindert; in diesem Zusammenhang ist unerheblich, ob eine Genehmigung im engeren Sinne oder aber eine bauaufsichtliche Zustimmung erteilt worden ist, da insoweit jede bauaufsichtliche Maßnahme genügt, durch die eine Bebauung bauaufsichtlich zur Ausführung freigegeben wird.[16] Bezogen auf Anbaustraßen steht in einem solchen Fall „der Vorausleistung des Anliegers der Vorteil gegenüber, daß die Gemeinde nach Erteilung der Baugenehmigung gemäß § 30 i. V. m. § 123 Abs. 2 BBauG objektiv verpflichtet ist, die Erschließungsanlage bis zur Fertigstellung des Bauwerks zumindest in einer Weise herzustellen, daß sie benutzbar wird"[17] Bei dieser Alternative beruht der Vorteil, der die Erhebung einer Vorausleistung in **Höhe** des (voraussichtlichen) **endgültigen Beitrags**[18] rechtfertigt, auf einer **qualifizierten Beziehung** zwischen dem genehmigten Vorhaben und der Erschließungsanlage. Er ist gegeben, wenn die Erschließungsanlage für das genehmigte **Gebäude von potentiellem Nutzen** sein kann, etwa weil die Möglichkeit besteht, z. B. eine (noch) in der Anlegung begriffene Anbaustraße durch die Einrichtung einer Grundstückszufahrt von dem Gebäude aus nutzbar zu machen,[13] und wenn sich die **Gemeinde** infolge des durch die erteilte Baugenehmigung bzw. des durch die Nutzung des genehmigten, erwartungsgemäß alsbald durchgeführten Bauvorhabens (zusätzlich) ausgelösten Erschließungsbedarfs **veranlaßt fühlen kann**, die Erschließungsanlage früher als ohnehin beabsichtigt herzustellen.[19] Der potentielle Nutzen und die Veranlassung zu einem vorzeitigen Ausbau seien – so hat das Bundesverwaltungsgericht[16] ausgeführt – sozusagen zwei verschiedene Seiten einer Medaille: Der Sache nach gehe es darum, auszuschließen, daß eine Vorausleistung selbst dann erhoben werden dürfe, wenn die erteilte Genehmigung die Herstellung nur eines Bauwerks gestatte, das

---

[15] BVerwG, vgl. statt vieler Urteile v. 4. 4. 1975 – IV C 1.73 – BVerwGE 48, 117 (119f.) = NJW 75, 2220 = BauR 75, 415, sowie v. 28. 10. 1981 – 8 C 4.81 – BVerwGE 64, 186 (192) = DÖV 82, 156 = DVBl 82, 540.

[16] BVerwG, Urteil v. 8. 11. 1991 – 8 C 89.89 – BVerwGE 89, 177 (179f.) = NVwZ 92, 575 = ZMR 92, 123.

[17] BVerfG, Beschluß v. 5. 7. 1972 – 2 BvL 6/66 u. a. – BVerfGE 33, 265 (291) = NJW 72, 1851 = DVBl 72, 887.

[18] Vgl. zu dieser Grenze BVerwG, u. a. Urteil v. 22. 2. 1985 – 8 C 114.83 – Buchholz 406.11 § 133 BBauG Nr. 90 S. 45 (50) = DVBl 85, 626 = DÖV 85, 540.

[19] BVerwG, u. a. Urteil v. 28. 10. 1981 – 8 C 4.81 – BVerwGE 64, 186 (192) = DÖV 82, 156 = DVBl 82, 540.

schlechthin (abstrakt) ungeeignet sei, von dem Vorhandensein einer benutzbaren Straße einen beitragsrechtlich relevanten Vorteil zu haben und in Richtung auf einen frühzeitigen Ausbau der Straße Druck auf die Gemeinde auszuüben, d.h. wenn durch die Genehmigung lediglich eine aus der Sicht des Erschließungsbeitragsrechts "unterwertige" Bebauung ermöglicht werde. Das treffe beispielsweise zu, wenn die Errichtung einer Hundehütte, eines Zaunes oder eines kleinen Abstellraums für Arbeitsgeräte, das Anbringen einer Werbeanlage oder die Vornahme baulicher Veränderungen innerhalb eines Gebäudes genehmigt werde. Eine Garage ist nicht in diesem Sinne unterwertig;[20] entsprechendes gilt für eine selbständige Wohnung,[21] eine Einliegerwohnung[22] oder eine Kegelbahn mit Nebenräumen.[23]

Ob auch schon eine Vorausleistungserhebung rechtfertigende Sonder-(Erschließungs-)Vorteile vermittelt werden, „wenn mit der Herstellung der Erschließungsanlagen begonnen worden ist" (§ 133 Abs. 3 Satz 1, 2. Alternative BauGB), erscheint zumindest **nicht unzweifelhaft.** Die vorbehandelten, eine Vorausleistungserhebung im Falle der Genehmigungserteilung rechtfertigenden Vorteile werden durch den Beginn der Herstellung einer Erschließungsanlage fraglos nicht ausgelöst. Zwar trifft es zu, daß bei Beginn der Herstellung einer Anbaustraße deren alsbaldiges Vorhandensein verläßlich in Aussicht steht und sie deshalb geeignet ist, das herzugeben, was zur baurechtlichen Sicherung der verkehrsmäßigen Erschließung und insoweit zur Verschaffung der Bebaubarkeit erforderlich ist. Die Annahme, das allein könne schon als ein Vorteil angesehen werden, der es – dem seit dem Inkrafttreten des Gesetzes vom 22. April 1993 am 1. Mai 1993 maßgeblichen Wortlaut des § 133 Abs. 3 Satz 1 BauGB entsprechend (vgl. Rdnr. 1) – rechtfertigen könnte, eine Vorausleistung in **Höhe** des (voraussichtlichen) **endgültigen Beitrags** zu erheben, begegnet indes **Bedenken.** Die baurechtliche Sicherung der verkehrsmäßigen Erschließung setzt nicht zwingend den Beginn der Herstellung einer Anbaustraße voraus, sondern verlangt lediglich, daß ihr künftiges Vorhandensein verläßlich zu erwarten ist, so daß – wollte man zur Begründung eines Sondervorteils darauf abheben – nicht einzusehen wäre, warum für eine Vorausleistungserhebung (erst) der Zeitpunkt des Beginns der Herstellung maßgebend sein sollte. Doch mag das auf sich beruhen. Denn selbst die baurechtliche Sicherung der verkehrsmäßigen Erschließung allein sagt – anders als die Erteilung einer Baugenehmigung – nichts über die Bebaubarkeit eines Grundstücks aus, die ihrerseits nicht nur Voraussetzung für die Erhebung eines endgültigen Beitrags, sondern auch Voraussetzung für eine Vorauslei-

12

[20] Vgl. in diesem Zusammenhang BVerwG, Urteil v. 31. 1. 1968 – IV C 29.67 – DVBl 68, 521 = KStZ 69, 94 = ZMR 68, 279.
[21] BVerwG, Urteil v. 23. 8. 1968 – IV C 16.67 – Buchholz 406.11 § 133 BBauG Nr. 26 S. 96 (98f.) = DVBl 68, 921 = ZMR 69, 24.
[22] BVerwG, Urteil v. 4. 4. 1975 – IV C 1.73 – BVerwGE 48, 117 (119f.) = NJW 75, 2220 = DÖV 75, 714.
[23] OVG Münster, Urteil v. 12. 10. 1981 – 3 A 1769/80 –.

stungserhebung ist (vgl. Rdnr. 27). Die Bebaubarkeit hängt gemäß § 30 BauGB nicht nur von der Sicherung der verkehrsmäßigen Erschließung, sondern auch von der Sicherung der Ableitung der Abwässer sowie u. a. der Versorgung mit Wasser ab,[24] und sie hängt überdies von der Erfüllung der einschlägigen bauordnungsrechtlichen Anforderungen ab. Mit dem Beginn der Herstellung einer Erschließungsanlage wird somit einem von ihr zukünftig erschlossenen Grundstück ausschließlich **ein** Element für seine Bebaubarkeit vermittelt, und dies auch grundsätzlich lediglich, wenn es sich bei dieser Anlage um eine Anbaustraße handelt. Beispielsweise Sammelstraßen, selbständige Parkflächen und Grünanlagen dagegen geben – soweit sie beitragsfähige Erschließungsanlagen sind (vgl. dazu § 2 Rdnrn. 45 ff.) – typischerweise nicht einmal das her, so daß nicht ohne weiteres ersichtlich ist, welche Vorteile durch den Beginn der Herstellung etwa einer selbständigen **Grünanlage** ausgelöst werden könnten.[25]

13   Ein beachtlicher, eine Vorausleistungserhebung rechtfertigender Vorteil könnte möglicherweise zu bejahen sein, wenn angenommen werden dürfte, bereits der Beginn der Herstellung einer Erschließungsanlage führe erfahrungsgemäß (typischerweise) zu einer derartigen, sich z. B. im Verkehrswert niederschlagenden **Wertsteigerung** der zukünftig von dieser Anlage erschlossenen Grundstücke, daß die Forderung einer Vorausleistung in Höhe des (voraussichtlichen) endgültigen Beitrags zum Ausgleich des durch diesen Wertzuwachs vermittelten Vorteils schon in diesem Zeitpunkt als sachgerecht zu qualifizieren sei. Einen hinreichend verläßlichen Erfahrungssatz des bezeichneten Inhalts dürfte es indes **nicht** geben. Zwar mag der Beginn der Herstellung etwa einer Anbaustraße mit Rücksicht darauf, daß damit ein Element für die Bebaubarkeit der an sie angrenzenden Grundstücke geschaffen wird, eine gewisse Wertsteigerung dieser Grundstücke zur Folge haben. Doch dürfte diese Wertsteigerung schwerlich der entsprechen, die die endgültige Herstellung bewirkt, und es trifft überdies wohl lediglich für Anbaustraßen, nicht aber auch nur annähernd vergleichbar für andere beitragsfähige Erschließungsanlagen, wie z. B. Grünanlagen, zu. Unter diesem Blickwinkel dürfte daher eine Vorausleistungserhebung schon im Zeitpunkt des Beginns der Herstellung einer beitragsfähigen Erschließungsanlage im Grunde darauf hinauslaufen, im Interesse der Gemeinden, d. h., um deren Vorfinanzierungslast (weitestgehend) abzubauen, von den Bürgern einen Ausgleich für einen **zukünftig eintretenden Vorteil** zu verlangen.[26] Es mag dahinstehen, ob es verfassungsrechtlich unbedenklich ist, einen zukünftigen Vorteil zum Gegenstand einer Beitragserhebung zu machen. Jedenfalls dürfte es angesichts des Umstands, daß ein zukünftiger Vorteil in seiner Wertigkeit nicht unerheblich

---

[24] Vgl. etwa Söfker in Ernst/Zinkahn/Bielenberg, BauGB, § 30 Rdnrn. 42 ff.

[25] Ebenso Sellner in NJW 86, 1073 (1079).

[26] Ebenso – unter ausdrücklicher Bekräftigung der vorstehenden Überlegungen – Thedieck in KStZ 91, 61 (64 f.).

hinter der eines akuten Vorteils zurückbleibt, fraglich sein, ob ein zukünftiger Vorteil es rechtfertigen kann, eine Vorausleistung in **Höhe** des (voraussichtlichen) endgültigen Beitrags zu verlangen. Da die Leistung der Gemeinde im Zeitpunkt des Beginns der Herstellung einer Erschließungsanlage, d. h. sozusagen beim ersten Spatenstich, als sehr gering zu bewerten sein dürfte und da das bundesrechtliche **Äquivalenzprinzip** besagt, daß öffentliche Abgaben (zu denen auch Vorausleistungen gehören) nicht in einem Mißverhältnis zu der von der öffentlichen Gewalt gebotenen Leistung stehen dürfen,[27] dürfte es jedenfalls nicht ganz fernliegen, anzunehmen, es sprächen gute Gründe für die Auffassung, daß eine in diesem Zeitpunkt verlangte Vorausleistung der Höhe nach **erheblich** ("angemessen") hinter der Höhe des (voraussichtlichen) endgültigen Beitrags zurückbleiben sollte.

Zum gleichen Ergebnis dürfte folgende, systematisch eher näherliegende 14 Überlegung führen: Im Hinblick darauf, daß der durch die endgültige Herstellung einer beitragsfähigen Erschließungsanlage vermittelte Sonder-(Erschließungs-)Vorteil letztlich auf der Möglichkeit der Inanspruchnahme dieser Anlage beruht,[28] könnte erwogen werden anzunehmen, mit Beginn der Herstellung aktualisiere sich die zukünftige Inanspruchnahmemöglichkeit der Anlage bereits derart, daß ein relevanter Vorteil schon in diesem Zeitpunkt gleichsam "geboren" werde, und zwar ein Vorteil, der in der Folgezeit jeweils entsprechend dem Fortgang der Herstellungsarbeiten kontinuierlich wachse, bis er schließlich im Zeitpunkt der endgültigen Herstellung in voller, eine endgültige Beitragserhebung rechtfertigender Höhe entstehe. Diese Betrachtungsweise mag dem Regierungsentwurf zum Baugesetzbuch zugrundegelegen haben,[29] nach dem jeweils nur "angemessene" Vorausleistungen sollten erhoben werden können, d. h. Vorausleistungen, die **ihrer Höhe** nach in **einem angemessenen Verhältnis zur Höhe** der im Zeitpunkt der Vorausleistungserhebung jeweils vermittelten **Vorteile** stehen. Für sie spricht sowohl der namentlich in § 133 Abs. 2 BauGB zum Ausdruck kommende Grundsatz der nachträglichen Aufwandsdeckung als auch das das Erschließungsbeitragsrecht kennzeichnende Vorteilsprinzip. Jedoch ist das Wort "angemessen" im Laufe des Gesetzgebungsverfahrens aus § 133 Abs. 3 Satz 1 BauGB gestrichen worden, und zwar aus der sicherlich zutreffenden praktischen Überlegung, anderenfalls werde eine Vorausleistungserhebung schon bei Beginn der Herstellung einer Erschließungsanlage für die Gemeinden mit derartigen **Risiken** betreffend die jeweilige "Angemessenheit" der Höhe der Vorausleistungen verbunden sein, daß sie im Ergebnis kaum von dieser Möglichkeit Gebrauch machen werden. Gleichwohl: Es ist jedenfalls nicht schlechthin auszuschließen, daß eine eingehendere verfassungsrechtliche Untersuchung zu

---

[27] Vgl. BVerwG, u. a. Urteil v. 14. 4. 1967 – IV C 179.65 – BVerwGE 26, 305 (308) = DVBl 67, 577 = JuS 67, 526.
[28] Vgl. BVerwG, u. a. Urteil v. 26. 9. 1983 – 8 C 86.81 – BVerwGE 68, 41 (46) = DVBl 84, 184 = KStZ 83, 226.
[29] Vgl. BT-Drucksache 10/4630, S. 19 und 116.

dem Ergebnis führt, es sei ungeachtet des weitergehenden Wortlauts des § 133 Abs. 3 Satz 1 BauGB – kraft (Bundes-)Verfassungsrecht geboten, dem Merkmal der Angemessenheit im Rahmen der Herstellungsalternative durch eine entsprechende Auslegung als **ungeschriebenes Tatbestandsmerkmal** Beachtung zu verschaffen. Für eine derartige Betrachtungsweise könnte im übrigen sprechen, daß die Regelungen in den Kommunalabgabengesetzen der Länder – an die sich die Herstellungsalternative anlehnt[30] – überwiegend lediglich die Erhebung von "angemessenen" Vorausleistungen zulassen,[31] sobald mit der Herstellung einer Anlage (Einrichtung) bzw. der Durchführung einer beitragsfähigen Maßnahme begonnen worden ist.[32]

15   In der Praxis stellt sich – und das sei zum Abschluß der vorstehenden Überlegungen **betont** – die Frage, ob eine Vorausleistung in der voraussichtlichen Höhe des endgültigen Beitrags oder aber ggfs. nur eine dahinter zurückbleibende, angemessene Vorausleistung verlangt werden kann, **ausschließlich** in den eher selteneren Fällen von noch **unbebauten** erschlossenen Grundstücken oder genauer: bei den erschlossenen Grundstücken, mit Blick auf die noch kein beitragsrechtlich relevantes Bauvorhaben (vgl. dazu Rdnr. 6) bauaufsichtlich zur Ausführung freigegeben worden ist. Soweit hingegen eine solche Freigabe (durch Genehmigung, Zustimmung usw.) erfolgt ist, greift

---

[30] Vgl. Begründung des Regierungsentwurfs zum Baugesetzbuch, BT-Drucksache 10/4630, S. 116.

[31] Vgl. § 10 Abs. 7 KAG BW, § 6 Abs. 7 KAG Ns, § 8 KAG NW, § 8 Abs. 9 KAG Saarl und § 8 Abs. 4 Satz 3 KAG Schl-H.

[32] Die aufgezeigten Bedenken gegen die Annahme, schon der Beginn der Herstellung einer Erschließungsanlage könne eine Vorausleistung in Höhe des (voraussichtlichen) endgültigen Beitrags rechtfertigen, teilen u. a. Reif in BWGZ 87, 474 (479), Quaas in VBlBW 87, 282(285) und in KStZ 87, 207 (209), Müller in GemHH 89, 220 (222), Thedieck in KStZ 91, 61 (65), H. Schrödter (in Schrödter, BBauGB, § 133 Rdnr. 24) sowie – mit gewissen Einschränkungen – Brügelmann-Vogel, BauGB, § 133 Bem. 2. Bielenberg (in Bielenberg/Krautzberger/Söfker, BauGB, Rdnr. 285) legt dar, zwar sei im Laufe des Gesetzgebungsverfahrens die Einschränkung, daß nur "angemessene" Vorausleistungen sollten erhoben werden können, gestrichen worden, „um zu vermeiden, daß die Angemessenheit beschränkt in Richtung auf einzelne Baumaßnahmen, d. h. auf die zur Zeit der Erhebung jeweils vermittelten Vorteile . . ., ausgelegt würde. Aus verfassungsrechtlichen Gründen muß indessen die Angemessenheit bei Anwendung der Vorschrift berücksichtigt werden" (im Ansatz ebenso Maincyk, BauGB, § 133 Rdnr. 25). Ernst (in Ernst/Zinkahn/Bielenberg, BauGB, § 133 Rdnr. 63) räumt ebenfalls ein, ob bei der Herstellungs- ebenso wie bei der Genehmigungsalternative ohne weiteres eine Vorausleistung in Höhe des (voraussichtlichen) endgültigen Beitrags erhoben werden kann, „ist nicht zweifelsfrei"; er kommt jedoch mit der nur schwerlich überzeugenden Begründung, die beiden Alternativen unterschieden sich „in dem hier relevanten Merkmal des Vorteils doch nicht so grundlegend voneinander," zu dem Schluß, eine Differenzierung bei der Höhe der Vorausleistungen sei nicht angezeigt. Im Ergebnis – wenn auch mit verkürzter, weil unzulässigerweise ausschließlich auf Anbaustraßen abstellender Begründung – ebenso Löhr (in Battis/Krautzberger/Löhr, BauGB, § 133 Rdnr. 38), ferner Sailer (in Cholewa/Dyong/von der Heide/Sailer, BauGB, § 133 Bem. III, 4) sowie Uechtritz in BauR 88, 1 (11 f.) und Peters in ZKF 89, 5 (9).

nämlich ohnehin die Genehmigungsalternative mit der Folge ein, daß auf jeden Fall eine "volle" Vorausleistungserhebung gerechtfertigt ist.

2. Absehbarkeit der endgültigen Herstellung

Aus dem Gesichtspunkt des Sonder-(Erschließungs-)Vorteils hat das Bundesverwaltungsgericht auf der Grundlage des § 133 Abs. 3 Satz 1 BBauG in ständiger Rechtsprechung[33] hergeleitet, daß die Erhebung einer Vorausleistung nur zulässig ist, wenn mit der i.S. des § 133 Abs. 2 BauGB endgültigen Herstellung der **gesamten** Anlage, deren voraussichtlich entstehender Erschließungsaufwand zur Grundlage einer Vorausleistungsforderung gemacht wird, in **absehbarer Zeit** zu rechnen ist: Grundsätzlich setze die Heranziehung zu einer Vorausleistung voraus, daß die Erschließungsanlage für den zur Vorausleistung Herangezogenen von potentiellem Nutzen sei. Dieser Vorteil werde jedoch um so geringer, je länger die Gemeinde die endgültige Herstellung der Anlage herauszögere. Nicht nur das Warten auf die Herstellung an sich, sondern erst recht der mit der Zahlung der Vorausleistung entstehende Zinsverlust bedürften deswegen einer zeitlichen Begrenzung. In einem die Erhebung einer Vorausleistung rechtfertigenden Sinne sei die endgültige Herstellung einer beitragsfähigen Erschließungsanlage nur dann "absehbar", wenn sie innerhalb von etwa vier Jahren nach Abschluß des die Vorausleistung betreffenden Verwaltungsverfahrens zu erwarten sei.[34] 16

Der Gesetzgeber hat nunmehr (vgl. Rdnr. 2) die Absehbarkeit der endgültigen Herstellung von einer ungeschriebenen zu einer geschriebenen Anforderung an die Rechtmäßigkeit einer Vorausleistungsforderung "erhoben". Absehbar ist die endgültige Herstellung z.B. einer Anbaustraße, wenn die Durchführung der nach **Maßgabe der satzungsmäßigen Merkmalsregelung und des einschlägigen Bauprogramms** für die endgültige Herstellung der gesamten Anlage erforderlichen Maßnahmen innerhalb des zuvor genannten Zeitraums zu erwarten ist. Gegenstand der Absehbarkeit ist **nicht** das Entstehen der sachlichen Beitragspflichten, so daß sich die vom Gesetz geforderte Prognose nicht auf die Widmung der Straße sowie das Vorhandensein eines Bebauungsplans oder einer Zustimmung der höheren Verwaltungsbehörde erstreckt. Maßgebend ist in diesem Zusammenhang einzig der Abschluß der kostenverursachenden Erschließungsmaßnahmen.[35] 17

Die Gemeinde hat ihrer **Prognose** die Anhaltspunkte zugrundezulegen, die ihr im Zeitpunkt des Abschlusses des die Vorausleistung betreffenden Ver- 18

---

[33] BVerwG, vgl. statt vieler Urteil v. 26. 11. 1976 – IV C 79.74 – Buchholz 406.11 § 133 BBauG Nr. 59 S. 23 (24) = DÖV 77, 249 = KStZ 77, 108 mit weiteren Nachweisen.

[34] BVerwG, u.a. Urteil v. 22. 3. 1985 – 8 C 114.83 – Buchholz 406.11 § 133 BBauG Nr. 90 S. 45 (47f.) = NVwZ 85, 751 = DVBl 85, 626.

[35] BVerwG, Urteil v. 8. 11. 1991 – 8 C 89.89 – BVerwGE 89, 177 (181) = KStZ 92, 51 = NVwZ 92, 575.

waltungsverfahrens vorliegen und nachweisbar sind. Ist in diesem Zeitpunkt z. B. eine Anbaustraße bereits technisch fertiggestellt, gleichwohl aber deshalb noch nicht endgültig i. S. der § 133 Abs. 2 BauGB hergestellt, weil der Grunderwerb, der nach der einschlägigen Satzung ein Herstellungsmerkmal ist (vgl. § 11 Rdnr. 39 f.), noch nicht abgeschlossen ist, zwingt das nicht zu der Ansicht, ein ergangener Vorausleistungsbescheid sei rechtswidrig. Denn für die Absehbarkeit kann es ausreichen, daß die Gemeinde die Möglichkeit hat, im Wege einer Abweichungssatzung auf den Grunderwerb als Herstellungsmerkmal zu verzichten. Das gilt allerdings nur, wenn seinerzeit irgendwelche konkreten **Anhaltspunkte** die Annahme rechtfertigen konnten, die Gemeinde werde innerhalb der nächsten vier Jahre ab Erhebung der Vorausleistung von dieser Möglichkeit auch tatsächlich Gebrauch machen, sofern anderenfalls der Grunderwerb nicht innerhalb dieses Zeitraums abgeschlossen werden kann.[36]

19   War die endgültige Herstellung der Erschließungsanlage im Zeitpunkt des Erlasses des Vorausleistungsbescheids in dem vorgenannten Sinne "absehbar", **verschiebt** aber die Gemeinde später die geplante endgültige Herstellung – etwa für eine schon benutzbare Anbaustraße – auf einen **nicht mehr** absehbaren Zeitpunkt, wird der rechtmäßig ergangene Bescheid dadurch nicht (rückwirkend) rechtswidrig. Ist die Vorausleistung erbracht, hat es damit sein Bewenden. Ist sie hingegen noch nicht bezahlt, kann der Bescheid – solange es an der Absehbarkeit fehlt – nicht vollzogen, d. h. eine noch nicht gezahlte Vorausleistung nicht beigetrieben werden. Die (nunmehr) fehlende Absehbarkeit stellt ein **Vollzugshindernis** für den Vorausleistungsbescheid dar. Dieses Vollzugshindernis entfällt, wenn sich die Gemeinde zur alsbaldigen endgültigen Herstellung entschließt;[37] der rechtmäßig fortbestehende Vorausleistungsbescheid wird von diesem Zeitpunkt an wieder vollziehbar. War die endgültige Herstellung der gesamten Anlage einschließlich aller vorgesehenen Teileinrichtungen im Zeitpunkt der Vorausleistungserhebung **nicht** absehbar und deshalb der entsprechende Bescheid ursprünglich rechtswidrig, kann die nachträgliche Änderung der Ausbauplanung i. S. einer **Vorverlegung** des voraussichtlichen Termins der endgültigen Herstellung einer beitragsfähigen Erschließungsanlage derart, daß diese nunmehr innerhalb eines Zeitraums von etwa vier Jahren seit Erlaß des Widerspruchsbescheids erfolgen soll, bewirken, daß der Bescheid in einer im gerichtlichen Verfahren zu berücksichtigenden Weise **geheilt** wird.[38]

20   Die im Zusammenhang mit der Absehbarkeit mögliche **Heilung** eines zunächst rechtswidrigen Vorausleistungsbescheids bedarf nicht deshalb einer Einschränkung, weil die Erhebung einer Vorausleistung im Ermessen der

---

[36] Vgl. in diesem Zusammenhang OVG Münster, Beschluß v. 9. 6. 1989 – 3 B 328/89 –.

[37] BVerwG, u. a. Urteil v. 4. 4. 1975 – IV C 1.73 – BVerwGE 48, 117 (119 ff.) = NJW 75, 2220 = DÖV 75, 714.

[38] BVerwG, Urteil v. 22. 2. 1985 – 8 C 114.83 – Buchholz 406.11 § 133 BBauG Nr. 90 S. 45 (49) = NVwZ 85, 751 = DVBl 85, 626.

Gemeinde steht (vgl. Rdnr. 29) und das allgemeine Verwaltungsverfahrens-recht bei **Ermessensentscheidungen** eine Heilung grundsätzlich nicht zuläßt. Denn um die Heilung eines Ermessensfehlers geht es hier nicht. Der Ent-schluß der Gemeinde, eine Vorausleistung zu erheben, litt nämlich anfänglich nicht an einem solchen Fehler, sondern es war lediglich so, daß dabei eine objektive Rechtmäßigkeitsvoraussetzung (Absehbarkeit der endgültigen Herstellung) für erfüllt gehalten wurde, die in dem maßgeblichen Zeitpunkt nicht erfüllt war. Der nachträgliche Eintritt dieser Voraussetzung wirft spezi-fische Fragen zur Heilbarkeit von Ermessensentscheidungen nicht auf.[39]

3. Genehmigungserteilung und Herstellungsbeginn

§ 133 Abs. 3 Satz 1 BauGB macht – in seiner ersten (Genehmigungs-)Alter-native – die Befugnis der Gemeinde, eine Vorausleistung zu fordern, **von der Erteilung** (nicht der Beantragung) einer Baugenehmigung abhängig, und zwar einer Baugenehmigung für ein insoweit relevantes Bauvorhaben (vgl. dazu Rdnr. 11). Wirkt sich der durch die Erteilung einer Baugenehmigung für das genehmigte Vorhaben ausgelöste Vorteil auf mehrere (Buch-)Grundstücke desselben Eigentümers aus, kann abweichend vom grundbuchrechtlichen Grundstücksbegriff **ausnahmsweise** der Berechnung einer Vorausleistung die Höhe des voraussichtlichen Beitrags für die betreffenden Grundstücke zu-grunde gelegt werden (vgl. § 17 Rdnr. 6). Innerer Grund für die Vorauslei-stung ist bei **dieser** Alternative aber nicht die Genehmigung als Akt, sondern die mit ihm verbundene Freigabe des Vorhabens. Deshalb kann – jedenfalls dann, wenn die Gemeinde eine Vorausleistung in Höhe des (voraussicht-lichen) endgültigen Beitrags verlangt hat und die **Herstellungsalternative nicht** geeignet sein sollte, die Höhe der Vorausleistungsforderung in vollem Um-fang zu rechtfertigen (vgl. Rdnrn. 13f.) – ein nachträgliches Erlöschen einer unausgenutzten Baugenehmigung nach Maßgabe des Bauordnungsrechts auf die Vorausleistung nicht ohne jeden Einfluß bleiben. Zwar führt ein solches Erlöschen nicht zu einer – gar noch rückwirkend eintretenden – Rechtswid-rigkeit eines rechtmäßig ergangenen Bescheids in vollem Umfang,[40] so daß eine gezahlte Vorausleistung nicht insgesamt mit dieser Begründung zurück-verlangt werden kann. Doch dürfte das Erlöschen einer unausgenutzten Bau-genehmigung jedenfalls insoweit ein Vollzugshindernis für diesen Vorauslei-stungsbescheid darstellen, als er der Höhe nach nicht von der Herstellungsal-ternative gedeckt ist. Wird für dasselbe oder ein ähnliches Vorhaben auf dem gleichen Grundstück eine neue Baugenehmigung erteilt, erlangt der insge-samt rechtmäßig fortbestehende Vorausleistungsbescheid wieder seine volle

21

---

[39] BVerwG, Urteil v. 8. 11. 1991 – 8 C 89.89 – BVerwGE 89, 177 (182 f.) = NVwZ 92, 575 = KStZ 92, 51.
[40] Vgl. dazu BVerwG, u. a. Urteil v. 4. 4. 1975 – IV C 1.73 – BVerwGE 48, 117 (119 ff.) = NJW 75, 2220 = DÖV 75, 714.

Wirkungskraft und wird in voller Höhe wieder vollziehbar.[41] Entsprechendes gilt, wenn der Bauherr auf die Ausnutzung der Baugenehmigung – vor deren Erlöschen – endgültig verzichtet.[42]

22   Wie die Formulierung des § 133 Abs. 3 Satz 1 BauGB („wenn ein Bauvorhaben genehmigt **wird**") nahelegt, soll bei **dieser Alternative** eine Vorausleistung in einem angemessenen zeitlichen Zusammenhang mit der Baugenehmigung gefordert werden. Dies ist jedoch **nicht** in dem Sinne zu verstehen, daß für die Vorausleistungserhebung schon kraft Bundesrecht eine zeitliche Begrenzung vorgegeben ist.[43] Vielmehr ist nach Ansicht des Bundesverwaltungsgerichts[44] insoweit zugunsten der Gemeinde ein großzügiger Maßstab anzulegen und kommt als zeitliche Grenze nur die – nach Landesrecht zu beurteilende (vgl. § 2 Rdnr. 18) – **Verwirkung** des Anspruchs auf Anforderung einer Vorausleistung in Betracht. Allerdings setzt die Verwirkung voraus, daß die anspruchsbegründenden Voraussetzungen für die Erhebung einer Vorausleistung vorliegen. Hierzu gehören neben der Erteilung der Baugenehmigung u. a. auch die konkrete Absicht der Gemeinde, die Erschließungsanlage herzustellen, und die Absehbarkeit der endgültigen Herstellung. Liegen diese Voraussetzungen vor, kann eine Verwirkung eintreten, wenn seit der Möglichkeit, eine Vorausleistung zu verlangen, ein längerer Zeitraum verstrichen ist *und* besondere Umstände hinzutreten, aufgrund derer die verspätete Geltendmachung als treuwidrig empfunden wird, weil der Abgabenschuldner auf die Nichtheranziehung zur Vorausleistung vertrauen durfte.[45]

Die konkrete Fristbestimmung für die Verwirkung hängt somit von den Umständen des Einzelfalls ab. Im Urteil vom 23. August 1968[46] hat das Bundesverwaltungsgericht den Anspruch auf Forderung einer Vorausleistung elf

---

[41] BVerwG, u. a. Urteil v. 26. 11. 1976 – IV C 79.74 – Buchholz 406.11 § 133 BBauG Nr. 59 S. 23 (26 f.) = KStZ 77, 108 = DÖV 77, 249; kritisch zu dieser Rechtskonstruktion des BVerwG u. a. von Mutius, "Zweitklassige" Rechtswirksamkeit von Verwaltungsakten? in BauR 75, 383.

[42] Ebenso u. a. Brügelmann-Förster, BBauG, § 133 Rdnr. 52.

[43] Vgl. u. a. OVG Münster, Urteil v. 23. 5. 1989 – 3 A 1720/86 –, VGH Mannheim, Urteil v. 19. 5. 1988 – 2 S 1027/87 – und Beschluß v. 6. 9. 1989 – 2 S 1508/89, und Gern in DÖV 84, 835; a. A. noch VGH Mannheim, Urteil v. 13. 10. 1983 – 2 S 248/83 – KStZ 84, 56.

[44] Vgl. u. a. Urteil v. 31. 1. 1968 – IV C 221.68 – BVerwGE 29, 90 (92) = NJW 68, 1250 = DVBl 68, 520.

[45] BVerwG, Urteil v. 23. 5. 1975 – IV C 73.73 – BVerwGE 48, 247 (250) = KStZ 76, 31 = DÖV 75, 715. Als Beispiel für einen Fall, in dem eine Verwirkung angenommen worden ist, siehe BayVGH, Urteil v. 2. 2. 1979 – 50 VI 78 – BayVBl 79, 435. In jenem Fall hat das Gericht den Grund der Verwirkung „nicht so sehr in der jahrelangen Untätigkeit" der Gemeinde gesehen, sondern „in ihren allgemeinen, durch entsprechende Praxis untermauerten und auch gegenüber dem Kläger bekräftigten Zusicherungen, zur Förderung von Neubauvorhaben in der Gemeinde keine Erschließungsbeiträge zu erheben".

[46] BVerwG, Urteil v. 23. 8. 1968 – IV C 16.67 – Buchholz 406.11 § 133 BBauG Nr. 26 S. 96 (97) = DVBl 68, 921 = ZMR 69, 24.

Monate nach Erteilung der Baugenehmigung bei einer Gemeinde, deren Satzung die Erhebung von Vorausleistungen allgemein vorsah, nicht als verwirkt angesehen, zumal jede Verzögerung der Anforderung einer Vorausleistung sich zugunsten des Beitragspflichtigen auswirkt. Andererseits hat das Oberverwaltungsgericht Münster[47] eine Verwirkung bereits angenommen, wenn das Bauvorhaben weitgehend abgeschlossen ist und die Behörde Bauabnahmen vorgenommen hat, ohne zu erkennen zu geben, daß eine Vorausleistung verlangt werden solle. Wenn auch ein Unterlassen jeder Ankündigung der Gemeinde, sie werde Vorausleistungen erheben, sobald die gesetzlichen Voraussetzungen dafür gegeben sind, allein regelmäßig noch nicht geeignet ist, die Verwirkungsfolgen auszulösen,[48] erscheint eine solche Ankündigung jedenfalls dann vorbeugend zweckmäßig zu sein, wenn die Erhebung einer Vorausleistung in der Satzung nicht zwingend vorgeschrieben ist.

Seit Inkrafttreten des Baugesetzbuchs ist die Gemeinde auch befugt, Voraus- **23** leistungen zu erheben, „wenn mit der Herstellung der Erschließungsanlagen begonnen worden ist" (**Herstellungsalternative**). Durch das Anknüpfen an die "Herstellung" hat der Gesetzgeber zum Ausdruck gebracht, daß es sich um den Beginn von **tatsächlichen, unmittelbar** den Ausbau einer Erschließungsanlage betreffenden Arbeiten handeln muß ("erster Spatenstich"),[49] reine Vorbereitungsarbeiten, wie z.B. technische und finanzielle Planungen sowie Einrichtung der Baustelle, Aufstellung einer Baubude usw., hingegen nicht ausreichen. Dies wird bestätigt durch folgende Überlegung: Nach dem Regierungsentwurf zum Baugesetzbuch[50] sollten die Gemeinden Vorausleistungen erheben dürfen, wenn „mit der Durchführung der Erschließungsmaßnahme begonnen worden ist". Der Begriff "Beginn der Durchführung der Erschließungsmaßnahme" hätte eine Auslegung dahin zugelassen, maßgebend solle der Zeitpunkt schon des Beginns von Vorbereitungsarbeiten sein, soweit sie dem Ausbau einer Erschließungsanlage (nur) dienen. Um ein Abstellen auf einen so frühen Termin zu verhindern, sind im Laufe des Gesetzgebungsverfahrens die Worte "Durchführung der Erschließungsmaßnahme" durch die Worte "Herstellung der Erschließungsanlagen" ersetzt worden.

Allerdings entsteht die Möglichkeit für eine Gemeinde, Vorausleistungen **24** nach Maßgabe dieser Alternative zu erheben, nicht in dem Sinne "mit" Beginn der Herstellung einer Erschließungsanlage, daß eine Vorausleistungser-

---

[47] OVG Münster, Urteil v. 15. 5. 1968 – III A 1081/66 – OVGE 24, 60 = GemTg 69, 117 = ZMR 68, 337.

[48] Das gilt schon deshalb, weil eine Gemeinde als Abgabengläubigerin nicht gehalten ist, die Abgabenschuldner auf eine nach Gesetz oder Satzung bestehende Verpflichtung oder auch nur Möglichkeit zur Erhebung einer Abgabe hinzuweisen; siehe dazu u.a. OVG Münster, Beschluß v. 14. 2. 1986 – 3 B 2163/84 –.

[49] Ebenso u.a. OVG Koblenz, Urteil v. 27. 6. 1989 – 6 A 137/88 –, und Ernst in Ernst/Zinkahn/Bielenberg, BauGB, § 133 Rdnr. 50.

[50] Vgl. BT-Drucksache 10/4630, S. 19.

hebung zu einem späteren Zeitpunkt ausgeschlossen wäre. Vielmehr entsteht diese Möglichkeit, "sobald" die Herstellung begonnen worden ist, also frühestens mit Beginn der Herstellung, d. h., sie entsteht in diesem Zeitpunkt ausschließlich, wenn und soweit alle übrigen dazu erforderlichen Voraussetzungen erfüllt sind. Dem Gesetz läßt sich – anders als bei der Genehmigungsalternative (vgl. Rdnr. 22) – nichts dafür entnehmen, daß zwischen Beginn der Herstellung und der Erhebung einer Vorausleistung ein zeitlicher Zusammenhang bestehen soll. Es dürfte daher unbedenklich – und unter dem Blickwinkel der Vorteilssituation tendenziell eher zweckmäßig (vgl. Rdnr. 14) – sein, wenn die Gemeinde eine Vorausleistung erst längere Zeit nach dem Beginn der Herstellung einer Erschließungsanlage fordert. Unbeachtlich ist insoweit auch, ob der Zeitpunkt des Herstellungsbeginns schon vor Inkrafttreten des Baugesetzbuchs liegt.

4. Sonstige Voraussetzungen

25   Die Erhebung einer Vorausleistung setzt nicht voraus, daß in der Beitragssatzung eine entsprechende Bestimmung enthalten ist; eine solche Bestimmung ist überflüssig, da § 133 Abs. 3 Satz 1 BauGB eine unmittelbare Rechtsgrundlage für das Vorausleistungsverlangen einer Gemeinde darstellt.[51] Jedoch darf eine Vorausleistung nur bei Vorliegen einer **gültigen Beitragssatzung** erhoben werden, weil sie sich der Höhe nach an der Höhe der zu erwartenden endgültigen Beitragsforderung, die ihrerseits die Höhe der Vorausleistung **strikt** begrenzt,[52] zu orientieren hat und diese ohne gültige Satzung nicht hinreichend bestimmbar ist. Solange Art und Umfang der Erschließungsanlagen, die Art der Ermittlung (ggfs. auch die Höhe der Einheitssätze) und Verteilung des beitragsfähigen Aufwands sowie die Herstellungsmerkmale nicht in einer den Anforderungen des Gesetzes genügenden Weise in der Satzung geregelt sind, kann eine Vorausleistung nicht verlangt werden.

26   Hat eine Gemeinde eine Vorausleistung auf der Grundlage der zu erwartenden Kosten einer einzelnen Erschließungsanlage erhoben, hindert sie diese Entscheidung über den Ermittlungsraum (§ 130 Abs. 2 BauGB) **nicht** daran, eine – soweit dafür im Hinblick auf die Höhe des (voraussichtlichen) endgültigen Beitrags noch Raum ist – zweite Vorausleistung bezogen auf den zu erwartenden Aufwand eines Abschnitts oder von zwei Anlagen zu fordern, die eine Erschließungseinheit bilden.[52] Der einer (ersten) Vorausleistungserhebung zugrunde gelegte Ermittlungsraum bindet die Gemeinde also weder für eine zweite Vorausleistungsforderung noch für die Erhebung des endgültigen Beitrags.

27   Da die Vorausleistung eine auf die endgültige Beitragspflicht ausgerichtete, dem Erschließungsbeitrag zeitlich vorangehende Leistung darstellt, kann eine

---

[51] BVerwG, Urteil v. 16. 9. 1977 – IV C 99.71 – Buchholz 406.11 § 133 BBauG Nr. 62 S. 31 (34) = GemTg 78, 14 = ZMR 78, 349.
[52] BVerwG, u. a. Urteil v. 22. 2. 1985 – 8 C 114.83 – Buchholz 406.11 § 133 BBauG Nr. 90 S. 45 (49 f.) = NVwZ 85, 751 = DVBl 85, 626.

Vorausleistungspflicht nur für ein Grundstück entstehen, das – bezogen auf die Anlage, deretwegen eine Vorausleistung erhoben werden soll – zum Kreis der **beitragspflichtigen** Grundstücke i. S. des § 133 Abs. 1 BauGB gehört (vgl. dazu § 23 Rdnrn. 1 ff.). Das setzt u. a. voraus, daß das Grundstück von der betreffenden Anlage i. S. des § 131 Abs. 1 Satz 1 BauGB **erschlossen** wird, daß es **bebaubar** (oder erschließungsbeitragsrechtlich vergleichbar nutzbar) ist und daß die Anlage (noch) Erschließungsbeitragspflichten auszulösen geeignet ist.[53] Deshalb unterliegen z. b. Grundstücke keiner Vorausleistungspflicht für Anbaustraßen, wenn sie ausschließlich durch bereits endgültig hergestellte und abgerechnete oder "vorhandene" Anlagen i. S. des § 242 Abs. 1 BauGB erschlossen werden oder wenn sie selbst und die sie erschließenden Anlagen innerhalb eines förmlich festgesetzten Sanierungsgebiets liegen (vgl. im einzelnen § 3 Rdnrn. 4 ff.).

Dagegen zählt die **Widmung** der Anlage, deren voraussichtlich entstehender 28 Aufwand zur Grundlage einer Vorausleistungsanforderung gemacht wird, **nicht** zu den Voraussetzungen für die Erhebung einer Vorausleistung. Das liegt bei der Herstellungsalternative auf der Hand, gilt aber auch für die Genehmigungsalternative.[54] Ferner setzt die Heranziehung zu einer Vorausleistung **nicht die Erfüllung der Anforderungen des** § 125 Abs. 1 bzw. Abs. 2 BauGB voraus. Das gilt nicht nur für die Genehmigungsalternative,[52] sondern – entgegen der Auffassung etwa der Oberverwaltungsgerichte Lüneburg,[55] Münster[56] und Schleswig[57] – auch für die Herstellungsalternative.[58] Die Erhebung einer Vorausleistung hängt nämlich nicht vom Vorliegen eines – ausschließlich durch eine rechtmäßige endgültige Herstellung der beitragsfähigen Erschließungsanlage vermittelbaren – voll ausgebildeten und makelfreien Sondervorteils ab; vielmehr reicht in diesem Stadium selbst ein Sondervorteil aus, der mit dem Makel einer rechtswidrig begonnenen Straßenherstellung belastet ist.[58] Eine andere Beurteilung wäre allenfalls angezeigt, wenn die – mangels Erfüllung der Anforderungen des § 125 BauGB – Rechtswidrigkeit des Beginns der Herstellung stets die Rechtswidrigkeit auch des Endes erwarten ließe. Ein solcher Schluß ist indes nicht gerechtfertigt. Angesichts dessen läßt die Vorläufigkeit einer Vorausleistung, die die Genehmigungsebenso wie die Herstellungsalternative kennzeichnet, das Vorliegen der Voraussetzungen des § 125 BauGB als entbehrlich erscheinen.[58]

---

[53] Vgl. u. a. OVG Schleswig, Urteil v. 16. 11. 1992 – 2 L 170/91 –.

[54] BVerwG, Urteil v. 14. 6. 1968 – IV C 65.66 – Buchholz 406.11 § 127 BBauG Nr. 3 S. 5 (8) = DVBl 68, 808 = DÖV 68, 883.

[55] OVG Lüneburg, Beschluß v. 20. 10. 1990 – 9 M 120/90 – Ns Gemeinde 91, 102.

[56] OVG Münster, u. a. Beschluß v. 15. 3. 1991 – 3 B 1048/89 – DVBl 91, 1312.

[57] OVG Schleswig, Urteil v. 16. 11. 1992 – 2 L 184/91 – KStZ 93, 97.

[58] BVerwG, Urteil v. 21. 10. 1994 – 8 C 2.93 – DVBl. 95, 63.

IV. Entstehen einer Vorausleistungspflicht und Wirkung einer gezahlten Vorausleistung

1. Entstehen einer Vorausleistungspflicht

29   Die Vorausleistungspflicht für ein Grundstück entsteht – anders als die Beitragspflicht – nicht schon kraft Gesetzes, sie wird vielmehr erst durch die Anforderung begründet.[59] Der Vorausleistungsbescheid hat mithin *rechtsbegründende* Wirkung. Dies folgt daraus, daß das Gesetz die Erhebung von Vorausleistungen nicht zwingend vorschreibt, sondern der Gemeinde nur die Möglichkeit eröffnet, Vorausleistungen nach Maßgabe der gesetzlichen Vorschriften zu fordern. Ob sie von dieser Möglichkeit Gebrauch machen und Vorausleistungen erheben will oder nicht, liegt in ihrem **Ermessen**. Die Tatsache allein, daß eine Gemeinde etwa jahrelang Baugenehmigungen erteilt und dabei von Vorausleistungen abgesehen hat, begründet noch keine Ermessensbindung derart, daß ein Grundstückseigentümer sich mit Erfolg darauf berufen könnte, die Gemeinde handele ermessens- und damit rechtswidrig, wenn sie zu einem bestimmten Zeitpunkt beschließt, aus Anlaß nunmehr erteilter Baugenehmigungen Vorausleistungen anzufordern.[60] Ermessensfehlerhaft aber könnte es sein, wenn eine Gemeinde in einem Fall eine Vorausleistung verlangt, bei anderen gleichzeitig oder später erteilten Baugenehmigungen indes nicht.[61] Da das Gesetz selbst die rechtlichen Grundsätze für die Erhebung einer Vorausleistung festlegt und der Vorausleistungsbescheid im Grunde nur Zahlungsmodalitäten regelt, ist die Anforderung von Vorausleistungen regelmäßig als ein einfaches Geschäft der laufenden Verwaltung zu qualifizieren.[62] Die Fälligkeit der Vorausleistung richtet sich nach den gleichen Regeln wie die des **endgültigen Beitrags** (vgl. § 24 Rdnrn. 37 ff.); bei verspäteter Zahlung ist ein Säumniszuschlag gemäß § 240 AO verwirkt.[63]

30   Bei der Ermittlung der **Höhe** der Vorausleistung (vgl. zur Höhe einer Vorausleistung im einzelnen Rdnrn. 11 ff.) darf die Gemeinde nur die Kosten berücksichtigen, die beitragsfähig auch bei der endgültigen Heranziehung sind. Ist z. B. die Beleuchtungsanlage mangels insoweit eindeutiger Satzungsbestimmung kein Merkmal der endgültigen Herstellung (vgl. § 11 Rdnr. 33), kann die Gemeinde Beleuchtungskosten nicht in die Berechnung der Voraus-

---

[59] BVerwG, Urteil v. 31. 1. 1968 – IV C 29.67 – DVBl 68, 521 = KStZ 69, 94 = ZMR 68, 279.

[60] BVerwG, Urteil v. 20. 6. 1973 – IV C 62.71 – Buchholz 406.11 § 133 BBauG Nr. 45 S. 33 (34) = KStZ 74, 11 = ZMR 74, 93.

[61] Siehe zur Ermessensbetätigung bei der Heranziehung zu Vorausleistungen, wenn ein Übergang des Grundstückseigentümers bevorsteht, OVG Münster, Beschluß v. 27. 4. 1992 – 3 B 838/90 – KStZ 92, 213 = NWVBl 92, 404 = StuGR 92, 307.

[62] OVG Lüneburg, Urteil v. 8. 11. 1988 – 9 A 11/87 – ZMR 89, 232.

[63] Vgl. dazu im einzelnen Thiem, Säumniszuschläge bei kommunalen Abgaben, KStZ 79, 1 ff.

leistung einbeziehen.[64] Dagegen dürfen die Zinsen auf eingesetztes Fremdkapital eingestellt werden, die voraussichtlich bis zum Entstehen der sachlichen Beitragspflichten für die betreffende Erschließungsanlage anfallen werden.[65] Maßgeblich für die Rechtmäßigkeit der für die Berechnung der Vorausleistung getroffenen **Kostenschätzung** ist nicht die Deckungsgleichheit mit dem erst nach Abschluß der Bauarbeiten feststellbaren Erschließungsaufwand, sondern die Anwendung einer **sachgerechten** Schätzungsgrundlage.[66]

Der Vorausleistungsbescheid muß für den Beitragspflichtigen erkennbar machen, auf welchen Grundlagen die Höhe der geforderten Vorausleistung beruht. Die Gemeinde ist jedoch – bei einer Aufwandsermittlung nach den tatsächlich entstehenden Kosten – nur gehalten, ihrer Berechnung – unter Berücksichtigung aller etwa bereits feststehenden Umstände – denjenigen Sachverhalt zugrunde zu legen, der zu jenem Zeitpunkt die **größte Wahrscheinlichkeit** einer späteren Realisierung für sich hat. Noch ungewisse Berechnungsgrundlagen braucht sie nicht eigens zu konkretisieren. Der Vorausleistungspflichtige hat daher auch keinen Anspruch auf eine Kostenaufstellung, die alle Details der endgültigen Abrechnung bereits umfaßt. Eine solche Schätzung des voraussichtlich entstehenden Aufwands kann der Anforderung einer Vorausleistung nicht mehr zugrunde gelegt werden, wenn die Schätzung infolge einer bis zum Abschluß eines eventuellen Widerspruchverfahrens eingetretenen Änderung der tatsächlichen oder (und) rechtlichen Verhältnisse überholt ist und deswegen in einem deutlichen Mißverhältnis zu den tatsächlich zu erwartenden Kosten steht.[67] Soweit der beitragsfähige Aufwand entsprechend der gemeindlichen Satzung nach Einheitssätzen ermittelt wird, ist es unbedenklich und sogar zweckmäßig, auch für die Berechnung der Vorausleistung auf Einheitssätze abzustellen.

2. Wirkung einer gezahlten Vorausleistung

Eine Vorausleistung wird ihrem Wesen entsprechend auf eine später entstehende Erschließungsbeitragspflicht entrichtet, sie ist zur Anrechnung darauf bestimmt (vgl. § 133 Abs. 3 Satz 2 BauGB). Deshalb *tilgt* sie in Höhe des gezahlten Betrags *die endgültige Beitragspflicht ipso facto*, d.h., ohne daß es hierzu eines Verwaltungsakts bedarf. Diese **Tilgungswirkung** tritt ein in dem Zeitpunkt, in dem die endgültige sachliche Beitragspflicht (§ 133 Abs. 2 BauGB) für das betreffende Grundstück entsteht.[68] In diesem Zeitpunkt nämlich ist die Beitragsforderung der Gemeinde – schon vor ihrer Geltend- 31

[64] BVerwG, Urteil v. 20. 6. 1973 – IV C 62.71 – insoweit unveröffentlicht.
[65] BVerwG, Urteil v. 29. 1. 1993 – 8 C 3.92 – NVwZ 93, 1200 = ZMR 93, 296 = KStZ 93, 118.
[66] VGH Mannheim, Urteil v. 23. 9. 1993 – 2 S 462/92 –.
[67] OVG Münster, Beschluß v. 22. 7. 1975 – III B 173/74 –.
[68] BVerwG, Urteil v. 5. 9. 1975 – IV CB 75.73 – Buchholz 406.11 § 133 BBauG Nr. 55 S. 15 (20f.) = NJW 76, 818 = DÖV 76, 96.

machung durch einen Beitragsbescheid – derartig voll als Anspruch ausgebildet, daß sie das Beitragsschuldverhältnis in bezug auf das Grundstück und gegenüber dem nach § 134 Abs. 1 BauGB Beitragspflichtigen begründet und z. B. schon den Lauf der Frist für die (Festsetzungs-)Verjährung in Gang setzt (vgl. § 19 Rdnr. 5). Sie ist deshalb auch bereits in diesem Zeitpunkt geeignet, durch die bezahlte Vorausleistung in deren Umfang getilgt zu werden, so daß damit die der Vorausleistung gesetzlich wesenseigene und von vornherein zugedachte Erfüllungswirkung eintritt.[68] In dieser Höhe kann daher die endgültige Beitragspflicht nicht Gegenstand einer Verjährung werden.

V. Vorausleistungsbescheid und endgültiger Beitragsbescheid

32   Der endgültige Erschließungsbeitrag ist auch dann durch einen Beitragsbescheid festzusetzen, wenn er vor dieser Festsetzung kraft Gesetzes – durch Verrechnung mit der gezahlten Vorausleistung – getilgt worden ist.[68] Diese Festsetzung ist erforderlich, um mit der dem Bescheid eigenen **Unanfechtbarkeits- und Bestandswirkung** zu bestimmen, in welcher Höhe die Beitragsforderung als zur Tilgung geeignet entstanden ist und in welchem Umfang die Beitragsforderung der Gemeinde noch nicht befriedigt oder durch eine zu hohe Vorausleistung etwa übererfüllt ist.[69] Ergibt sich aufgrund des Beitragsbescheids letzteres, muß die Gemeinde den übersteigenden Betrag zurückzahlen. Ein Anspruch auf Verzinsung dieses Betrags besteht grundsätzlich nicht (vgl. Rdnr. 7), kann sich aber ausnahmsweise in der Form eines Schadensersatzanspruchs ergeben. Weigert sich eine Gemeinde, einen Erschließungsbeitragsbescheid zu erlassen, nimmt der (bestandskräftig gewordene) Vorausleistungsbescheid die Rechtsnatur des Erschließungsbeitragsbescheids an, der vom Betroffenen nunmehr unter Beachtung der allgemeinen Verfahrensvorschriften (u. a. § 58 Abs. 2 VwGO) angegriffen werden kann.[70] Dabei ist der (nun endgültige) Beitragsbescheid als in dem Zeitpunkt ergangen anzusehen, in dem der Betroffene verläßliche Kenntnis von der Weigerung der Gemeinde erhält. Im Rahmen eines daraufhin eingeleiteten Verfahrens kann die Rechtmäßigkeit der Heranziehung und der Umfang der Tilgungswirkung abschließend geklärt werden.

33   Durch einen endgültigen Heranziehungsbescheid, dessen Leistungsgebot[71] sich auf die *gesamte* Beitragsforderung bezieht, wird der Vorausleistungsbe-

---

[69] Vgl. dazu OVG Lüneburg, Urteil v. 14. 12. 1988 – 9 A 66/87 – NVwZ 89, 1192 = DÖV 89, 863.

[70] OVG Münster, Urteil v. 9. 8. 1972 – III A 386/71 – GemTg 73, 281 = ZMR 73, 187, ebenso BayVGH, Beschluß v. 2. 6. 1986 – 6 CE 86.00148 –.

[71] Ein Heranziehungsbescheid enthält im Erschließungsbeitragsrecht (vgl. § 24 Rdnr. 17) zwei rechtlich selbständige Regelungen, nämlich zum einen die Festsetzung der entstandenen Abgabe und zum anderen das Leistungsgebot. Diese beiden Regelungen können im Abgabenrecht ganz allgemein in jeweils selbständige Bescheide gekleidet werden, wobei der das Leistungsgebot enthaltende Bescheid das Vorliegen des die

scheid, auf den noch keine Zahlung erfolgt ist, **abgelöst**.[72] Eine solche Ablösung tritt jedoch nicht ein, wenn in dem endgültigen Bescheid die geforderte Vorausleistung angerechnet wird und sein Leistungsgebot nur den überschießenden Betrag betrifft. In diesem Fall bleibt ein angefochtener Vorausleistungsbescheid Rechtsgrundlage für den damit geforderten Teil des Beitrags;[73] für seine im Verwaltungsstreitverfahren erstrebte Aufhebung besteht dann ein Rechtsschutzinteresse.[74] Ein endgültiger Beitragsbescheid bewirkt auch dann keine Ablösung des Vorausleistungsbescheids, wenn er kein Leistungsgebot enthält und seine Auslegung ergibt, insoweit solle es beim Leistungsgebot des Vorausleistungsbescheids bleiben.[75] Ist allerdings auf den angefochtenen Vorausleistungsbescheid **bereits gezahlt** worden, erledigt sich durch den Erlaß des endgültigen Beitragsbescheids ein wegen Anfechtung des Vorausleistungsbescheids anhängiger Rechtsstreit in der Hauptsache; das Leistungsgebot des Vorausleistungsbescheids ist durch Erfüllung erloschen und der endgültige Beitragsbescheid ist nunmehr Rechtsgrund für die erbrachte Leistung. Im Ergebnis entsprechendes gilt, wenn die Anrechnung einer **noch nicht gezahlten** Vorausleistung – was in der Praxis sehr häufig der Fall ist – unterbleibt und demgemäß die Zahlung der *gesamten* Beitragsforderung mit dem endgültigen Heranziehungsbescheid verlangt wird.[76] Gemäß § 113 Abs. 1 Satz 4 VwGO kann dann in beiden Konstellationen auf Antrag lediglich festgestellt werden, daß der Vorausleistungsbescheid rechtswidrig gewesen ist, sofern der Kläger ein berechtigtes Interesse an dieser Feststellung hat. Ein Feststellungsinteresse ist jedenfalls anzunehmen, wenn die geltend gemachten Gründe für die Rechtswidrigkeit des Vorausleistungsbescheids auch die Rechtswidrigkeit des endgültigen Beitragsbescheids zur Folge hätten, und zwar selbst dann, wenn dieser bereits bestandskräftig geworden ist.[77]

Festsetzung der Abgabe enthaltenden Bescheids voraussetzt (vgl. u. a. BayVGH, Urteil v. 28. 1. 1993 – 6 B 92.166 –). Jedoch kann – wie § 254 Abs. 1 Satz 2 AO zum Ausdruck bringt und was in der Praxis wohl die Regel ist – „das Leistungsgebot … mit dem zu vollstreckenden Verwaltungsakt verbunden werden."

[72] U. a. OVG Münster, Urteil v. 16. 3. 1977 – II A 688/74 – KStZ 79, 72 = GemTg 78, 130, und OVG Lüneburg, Beschluß v. 1. 3. 1979 – IX A 22/77 – ID 79, 175 = Ns Gemeinde 79, 380.

[73] OVG Lüneburg, Beschluß v. 27. 2. 1989 – 9 M 8/89 –.

[74] U. a. OVG Münster, Urteil v. 26. 5. 1975 – II A 28/73 – OVGE 31, 113 = KStZ 76, 73 = DWW 75, 273, und OVG Lüneburg, Urteil v. 23. 2. 1978 – III A 185–191/77 –.

[75] OVG Münster, Urteil v. 31. 1. 1992 – 2 A 2223/88 –.

[76] U. a. OVG Münster, Urteil v. 16. 3. 1977 – II A 588/74 – KStZ 79, 72 = GemTg 78, 130, und OVG Lüneburg, Beschluß v. 14. 5. 1979 – IX A 156/79 –.

[77] Vgl. BVerwG, Beschluß v. 3. 7. 1978 – 7 B 118–124.78 – VerwRspr. 30, 606 = DGemStZ 79, 153 = ZMR 79, 103, und VGH Kassel, Urteil v. 7. 12. 1978 – V OE 95/77 – BlGBW 80, 13.

VI. Rückzahlung einer Vorausleistung

1. Aufhebung des Vorausleistungsbescheids

34   Ein bestandskräftig gewordener Vorausleistungsbescheid ist – selbst wenn er bei Eintritt der Unanfechtbarkeit fehlerhaft war – **formeller Rechtsgrund** für eine gezahlte Vorausleistung. Deshalb kann ein auf die Rückzahlung einer erbrachten Vorausleistung gerichtetes Begehren nur Erfolg haben, wenn dem ein Anspruch zur Seite steht, der unter Aufhebung des unanfechtbaren Bescheids die Erstattung der Vorausleistung begründet. Das gilt selbst dann, wenn es um einen auf § 133 Abs. 3 Satz 3 BauGB gestützten Rückzahlungsanspruch (vgl. dazu Rdnr. 40) geht; durch die Einfügung des § 133 Abs. 3 Satz 3 BauGB hat der Gesetzgeber einen (neuen) Rückzahlungsanspruch begründet, nicht aber für diesen Fall die Notwendigkeit der Aufhebung des bestandskräftig gewordenen Vorausleistungsbescheids beseitigen wollen.[78] Prozessual ist ein solcher Rückzahlungsanspruch durch eine Verpflichtungsklage nach erfolglosem Widerspruchsverfahren (§ 68 VwGO) zu betreiben; ohne Vorverfahren ist eine entsprechende Klage unzulässig.[79] Einer zusätzlichen (Anfechtungs-)Klage auf Aufhebung des Vorausleistungsbescheids bedarf es nicht.[80]

2. Gründe für das Entstehen eines Rückzahlungsanspruchs

35   Ein Anspruch auf Beseitigung eines bestandskräftigen Vorausleistungsbescheids und Rückzahlung einer darauf erbrachten Zahlung setzt den **Wegfall des materiellen Rechtsgrunds** für die Vorausleistung voraus. Grundsätzlich darf die Gemeinde eine aufgrund eines bestandskräftig gewordenen Vorausleistungsbescheids erhaltene Zahlung behalten, er deckt als Titel die erbrachte Leistung und schützt die Gemeinde vor Erstattungsansprüchen. Dieser Schutz besteht aber nur, wenn und solange der der Vorausleistung wesenseigene Zweck, zur Verrechnung „mit der endgültigen Beitragsschuld" (§ 133 Abs. 3 Satz 2 BauGB) zu dienen und diese im Zeitpunkt ihres Entstehens zu tilgen (vgl. Rdnr. 31), noch **erreichbar** ist. Im übrigen besteht er nicht, soweit

---

[78] OVG Lüneburg, Beschluß v. 1. 11. 1989 – 9 M 93/89 –. Nach Ansicht des VGH Mannheim (Urteil v. 27. 4. 19089 – 2 S 2043/87 – BWGZ 90, 281) bedarf es bei derartigen Konstellationen keiner ausdrücklichen Aufhebung von Vorausleistungsbescheiden, weil sie mit dem Wegfall des materiellen Rechtsgrunds für die erbrachte Zahlung ihre Deckungskraft verlieren und sich „mit dem Entfallen ihrer Deckungskraft i. S. des § 3 Abs. 1 Nr. 3b KAG in Verbindung mit § 124 Abs. 2 AO 'auf andere Weise erledigt' haben."

[79] U. a. BVerwG, Beschluß v. 6. 6. 1978 – 4 B 79.78 –, und OVG Münster, Urteil v. 17. 11. 1977 – III A 1424/76 –.

[80] OVG Münster, Urteil v. 20. 9. 1991 – 3 A 1953/87 – StuGR 92, 158.

der Gesetzgeber ihm durch die Anordnung einer Rückzahlungspflicht die Grundlage entzogen hat.

Der materielle Rechtsgrund für eine erbrachte Vorausleistung **entfällt** mit 36 der Folge, daß sie demjenigen zu erstatten ist, der sie gezahlt hat, wenn mit Blick auf die Erschließungsanlage, deren voraussichtliche Kosten Gegenstand der Vorausleistung sind, auszuschließen ist, daß für das Grundstück des Vorausleistenden eine (endgültige) Erschließungsbeitragspflicht entstehen wird.[81] Das ist beispielsweise der Fall, wenn die Gemeinde nach der Erhebung der Vorausleistung endgültig davon Abstand nimmt, die Anlage, deretwegen sie die Vorausleistung verlangt hat, i. S. des § 133 Abs. 2 BauGB herzustellen, die Anlage und das Grundstück in ein förmlich festgelegtes Sanierungsgebiet einbezogen werden (vgl. § 3 Rdnrn. 4 ff.) oder sich herausstellt, daß es sich bei der Anlage um eine erschließungsbeitragsfreie – weil etwa "vorhandene" (§ 242 Abs. 1 BauGB) oder "bereits hergestellte" (§ 246 a Abs. 4 BauGB) – Straße handelt. Entsprechendes gilt, wenn durch eine Bebauungsplanänderung das Grundstück seine Bebaubarkeit verliert[82] oder wenn die Baugenehmigung, die Anlaß für die Anforderung der Vorausleistung war, mangels Bebaubarkeit des entsprechenden Grundstücks als fehlerhaft von der Behörde zurückgenommen oder durch eine gerichtliche Entscheidung aufgehoben wird.

Eine für die voraussichtlichen Kosten der Herstellung einer beitragsfähigen 37 Erschließungsanlage erhobene Vorausleistung ist überdies u. a. zurückzuzahlen, wenn es der Anlage an der Erforderlichkeit i. S. des § 129 Abs. 1 Satz 1 BauGB fehlt oder wenn das Grundstück des Vorausleistenden bei der im Rahmen der endgültigen Herstellung vorzunehmenden Aufwandsverteilung mangels Erschlossenseins (§ 131 Abs. 1 Satz 1 BauGB) unberücksichtigt zu bleiben hat. Hinsichtlich der **Erforderlichkeit** ist zu beachten, daß sie auf den **Zeitpunkt der endgültigen Herstellung** zu beziehen ist. Das verlangt von der Gemeinde (nicht nur bei der Erhebung einer Vorausleistung, sondern auch) bei der Entscheidung darüber, ob einem Rückzahlungsbegehren entsprochen werden muß, eine Prognose, ob die jeweilige Erschließungsanlage in dem maßgeblichen Zeitpunkt erforderlich sein wird.[81] Da sich die Frage, welche Grundstücke durch einen **Lärmschutzwall** i. S. des § 131 Abs. 1 Satz 1 BauGB erschlossen werden, **verläßlich** erst im Zeitpunkt der endgültigen Herstellung beantworten läßt,[83] kann auch erst in diesem Zeitpunkt abschließend beurteilt werden, ob eine mit Blick auf die voraussichtlichen Kosten einer Lärmschutzanlage (§ 127 Abs. 2 Nr. 5 BauGB) erhobene Vorausleistung deshalb

---

[81] BVerwG, Urteil v. 13. 8. 1993 – 8 C 36.91 – Buchholz 406.11 § 127 BauGB Nr. 67 S. 86 (89 ff.) = DVBl 93, 1367 = KStZ 94, 136.

[82] BVerwG, Urteil v. 13. 12. 1991 – 8 C 8.90 – NVwZ 92, 495 = ZMR 92, 209 = KStZ 92, 131.

[83] Vgl. in diesem Zusammenhang BVerwG, Urteil v. 19. 8. 1988 – 8 C 51.87 – BVerwGE 80, 99 (102) = DVBl 88, 1162 = NVwZ 89, 566.

zu erstatten ist, weil für das betreffende Grundstück mangels Erschlossenseins keine Erschließungsbeitragspflicht entstehen kann.[81]

38   Unter Geltung des **Bundesbaugesetzes** entstand einem Vorausleistenden ein Anspruch auf (Aufhebung eines bestandskräftigen Vorausleistungsbescheids und) Erstattung einer erbrachten Vorausleistung auch, wenn das **Eigentum** am Grundstück (bzw. das Erbbaurecht) vor Entstehen der endgültigen Beitragspflichten **gewechselt** hatte, für den Vorausleistenden also eine endgültige (persönliche) Beitragspflicht mit der Folge nicht mehr entstehen konnte, daß eine Anrechnung der Vorausleistung auf **seine** Beitragsschuld nicht möglich war.[84] Durch die (neue) Regelung des § 133 Abs. 3 Satz 2 BauGB hat der Gesetzgeber nunmehr bestimmt, daß die Vorausleistung selbst dann „mit der endgültigen Beitragsschuld zu verrechnen ist, wenn der Vorausleistende nicht beitragspflichtig ist". Damit **entfällt** ein Rückzahlungsanspruch, wenn ein Eigentumswechsel (Erbbaurechtswechsel) vor Entstehen der endgültigen Erschließungsbeitragspflichten, aber **nach** Inkrafttreten des Baugesetzbuchs stattfindet. Das gilt selbst dann, wenn der Vorausleistungsbescheid vor Inkrafttreten des Baugesetzbuchs ergangen und bestandskräftig geworden ist.[85] Hat jedoch der Eigentümerwechsel schon vor Inkrafttreten des Baugesetzbuchs stattgefunden und ist deshalb bereits vor dem 1. Juli 1987 auf der Grundlage noch des Bundesbaugesetzes ein Rückzahlungsanspruch entstanden, bleibt dieser Anspruch durch das Inkrafttreten des Baugesetzbuchs unberührt.[86] Allerdings kann – sofern der entsprechende Eigentumswechsel auf Grund eines Kaufvertrags erfolgt ist – in einem solchen Fall der Verkäufer aus einer Vereinbarung im Kaufvertrag verpflichtet sein, die Erschließungskosten in Höhe der von ihm bezahlten Vorausleistung gleichwohl endgültig zu tragen.[87]

39   Stellt sich im Rahmen der "Schlußabrechnung" heraus, daß die vor einem Eigentumswechsel erbrachte Vorausleistung höher ist als der auf das Grundstück entfallende endgültige Beitrag, erwächst (auch) nach dem Baugesetzbuch dem Vorausleistenden, nicht aber dem Erwerber (neuen Eigentümer)

---

[84] Vgl. BVerwG, Urteil v. 16. 9. 1981 – 8 C 1 u. 2.81 – Buchholz 406.11 § 133 BBauG Nr. 76 S. 1 (9f.) = NJW 82, 951 = DVBl 82, 73.
[85] Vgl. im einzelnen Ernst in Ernst/Zinkahn/Bielenberg, BauGB, § 133 Rdnr. 56.
[86] Ebenso u.a. Löhr in Battis/Krautzberger/Löhr, BauGB, § 133 Rdnr. 44, und OVG Münster, Beschluß v. 11. 11. 1991 – 3 B 959/90 –; a.A. Rinke in KStZ 92, 101, der in diesem Zusammenhang indes zu Unrecht auf den Zeitpunkt der Fälligkeit des Rückzahlungsanspruchs abstellt.
[87] Vgl. im einzelnen BGH, Urteil v. 12. 2. 1988 – V ZR 8/87 – NJW 88, 2099 = DVBl 88, 892. Nach Ansicht des VGH Kassel (Beschluß v. 13. 3. 1990 – 5 TH 3640/87 – KStZ 90, 177) soll im übrigen zweifelhaft sein, ob die Gemeinde dem (endgültig) Beitragspflichtigen gegenüber die Anrechnung der vom Voreigentümer erbrachten Vorausleistung verweigern und die Zahlung des vollen festgesetzten Beitrags verlangen darf, wenn der dem Vorausleistenden auf der Grundlage des BBauG entstandene Erstattungsanspruch (nach Ablauf der fünfjährigen Frist für das über die Verweisungsklauseln in den KAG entsprechend anwendbaren §§ 228 ff. AO) verjährt ist oder zwar die Verjährung noch nicht eingetreten ist, die Gemeinde aber keine Schritte zur Ermittlung des Vorausleistenden und Gläubigers des Erstattungsanspruchs unternommen hat.

ein Anspruch gegen die Gemeinde auf Rückzahlung des überschießenden Betrags;[88] § 133 Abs. 3 Satz 2 BauGB erfaßt diese Konstellation offensichtlich nicht.[89]

Im übrigen **begründet** seit Inkrafttreten des Baugesetzbuchs § 133 Abs. 3 **40** Satz 3 BauGB ausdrücklich einen Anspruch auf Erstattung einer erbrachten Vorausleistung für den (Sonder-)Fall, daß – erstens – „die Beitragspflicht sechs Jahre nach Erlaß des Vorausleistungsbescheids noch nicht entstanden" ist und – zweitens – „die Erschließungsanlage bis zu diesem Zeitpunkt noch nicht **benutzbar** ist". Abgesehen davon, daß das Abstellen auf die endgültige Beitragspflicht in der ersten Voraussetzung überflüssig ist, da vom Entstehen endgültiger Beitragspflichten keine Rede sein kann, wenn die zweite Voraussetzung erfüllt ist, d.h., die Anlage noch nicht benutzbar ist, hat der Gesetzgeber mit dieser Regelung der Rechtsprechung des Bundesverwaltungsgerichts im Urteil vom 28. Oktober 1981[90] Rechnung getragen, nach der einem Vorausleistenden auf der Grundlage des BBauG ein **einklagbarer Erschließungsanspruch** entstand, wenn eine Gemeinde trotz erfolgter Vorausleistung die entsprechende Straße nicht innerhalb eines Zeitraums von sechs Jahren nach Abschluß des die Vorausleistung betreffenden Verwaltungsverfahrens in einen Zustand versetzt hatte, der die funktionsgerechte Nutzbarkeit der genehmigten baulichen Anlagen gewährleistete, sofern nicht die Gemeinde die Vorausleistung vor Entstehen dieses Anspruchs zurückerstattet hatte. Durch das Anknüpfen an diese Rechtsprechung wird deutlich, wann eine **Anbaustraße** den Zustand der "Benutzbarkeit" i.S. des § 133 Abs. 3 Satz 3 BauGB erreicht. Das ist der Fall, wenn sie die funktionsgerechte Nutzbarkeit der auf den von ihr erschlossenen Grundstücken genehmigten baulichen Anlagen zu gewährleisten geeignet ist,[91] also eine angemessene, hinreichend gefahrlose Verbindung des Grundstücks mit dem übrigen Verkehrsnetz der Gemeinde und in diesem Sinne eine ausreichende wegemäßige Erschließung vermittelt. Die anderen beitragsfähigen Erschließungsanlagen sind "benutzbar", wenn sie ungeachtet ihrer fehlenden endgültigen Herstellung (im Rechtssinne) in der Lage sind, das herzugeben, was ihrer bestimmungsgemäßen Funktion entspricht, d.h. wenn sie ihrer bestimmungsgemäßen Funktion tatsächlich dienen können.

---

[88] Vgl. u.a. OVG Koblenz, Urteil v. 18. 1. 1994 – 6 A 10984/93 – ZMR 94, 342, und Dienelt in GemHH 92, 130.

[89] Eine diese Konstellation erfassende Regelung hat z.B. der Landesgesetzgeber in Rheinland-Pfalz für das Ausbaubeitragsrecht getroffen. Denn nach § 30 Abs. 1 Satz 2 KAG R–P werden Vorausleistungen „demjenigen angerechnet, an den der Bescheid über den endgültigen Beitrag ergeht; dies gilt auch, wenn überschüssige Vorausleistungen zu erstatten sind".

[90] BVerwG, Urteil v. 28. 10. 1981 – 8 C 4.81 – BVerwGE 64, 186 (192ff.) = DVBl 82, 540 = KStZ 82, 149.

[91] Vgl. zu den insoweit zu stellenden Anforderungen im einzelnen BVerwG, Urteil v. 28. 10. 1981 – 8 C 4.81 – BVerwGE 64, 186 (194ff.) = DVBl 82, 540 = KStZ 82, 149.

3. Anwendungsbereich des § 133 Abs. 3 Sätze 3 und 4 BauGB

41   Mit Blick auf die Anwendbarkeit des § 133 Abs. 3 Satz 3 BauGB sind – in zeitlicher Hinsicht – **drei verschiedene** Konstellationen zu unterscheiden: Zunächst sind die Fälle zu nennen, in denen im Zeitpunkt des Inkrafttretens des Baugesetzbuchs am 1. Juli 1987 das die Vorausleistungserhebung betreffende Verwaltungsverfahren bereits länger als sechs Jahre abgeschlossen und dem Vorausleistenden deshalb nach der zuvor skizzierten Rechtsprechung des Bundesverwaltungsgerichts bei immer noch fehlender Benutzbarkeit der Erschließungsanlage bereits vor Inkrafttreten des Baugesetzbuchs ein **Erschließungsanspruch entstanden** war; in Fällen dieser Art bleibt der entstandene Erschließungsanspruch durch das Inkrafttreten des Baugesetzbuchs unberührt und ist § 133 Abs. 3 Satz 3 BauGB **nicht** anwendbar. War dagegen im Zeitpunkt des Inkrafttretens des Baugesetzbuchs die Vorausleistung zwar erbracht, mangels Ablauf der Sechs-Jahres-Frist ein Erschließungsanspruch jedoch **noch nicht** entstanden, ist § 133 Abs. 3 Satz 3 (und 4) BauGB mit der Folge anwendbar, daß dem Vorausleistenden bei Vorliegen der entsprechenden Voraussetzungen ein (**vom Zeitpunkt der Zahlung** der Vorausleistung zu verzinsender) Rückzahlungsanspruch erwachsen konnte.[92] Im Ergebnis entsprechendes gilt, wenn eine **Vorausleistung** erst **nach** dem 1. Juli 1987 entrichtet worden ist.

42   Die in § 133 Abs. 3 Satz 4 BauGB angeordnete **Verzinsung** bezieht sich **nur** auf den durch § 133 Abs. 3 Satz 3 BauGB begründeten Rückzahlungsanspruch; § 133 Abs. 3 Satz 4 BauGB ist **nicht entsprechend** anwendbar auf einen Erstattungsanspruch, der z. B. deshalb entstanden ist, weil das Grundstück, für das eine Vorausleistung auf den Erschließungsbeitrag erhoben wurde, durch Bebauungsplan seine Bebaubarkeit verloren hat.[93] Zwar ist der Rückzahlungsanspruch nach dem Wortlaut des Abs. 3 Satz 4 „ab Erhebung" der Vorausleistung zu verzinsen, doch drängt der Sinn der Vorschrift die Annahme auf, insoweit sei abzustellen **nicht** auf die Erhebung, sondern auf die **Zahlung**, also die Entrichtung der Vorausleistung.[92] Von diesem Zeitpunkt an ist die Vorausleistung „mit 2 v. H. über dem Diskontsatz der Deutschen Bundesbank jährlich zu verzinsen" (§ 133 Abs. 3 Satz 4 BauGB). Damit hat der Gesetzgeber angeordnet, daß für die **gesamte** Zeit ein Zinssatz von 2 v. H. über dem Diskontsatz zu zahlen ist, d. h. er hat – was recht unpraktikabel ist – die Höhe des Zinssatzes von den Veränderungen abhängig gemacht, denen der Diskontsatz unterliegt.

43   In den nicht von § 133 Abs. 3 Satz 3 BauGB erfaßten Fällen entsteht ein Rückzahlungsanspruch – wenn die dafür erforderlichen Voraussetzungen er-

---

[92] BVerwG, Urteil v. 23. 4. 1993 – 8 C 35.91 – BVerwGE 92, 242 (246) = NVwZ 93, 1209 = DVBl 93, 1363.
[93] BVerwG, Urteil v. 13. 12. 1991 – 8 C 8.90 – NVwZ 92, 495 = KStZ 92, 131 = ZMR 92, 209.

füllt sind (vgl. Rdnrn. 35 ff.) – in dem Zeitpunkt, in dem feststeht, daß eine endgültige (sachliche) Beitragspflicht nicht mehr entstehen kann; er wird zugleich mit seinem Entstehen fällig. Dieser Rückzahlungsanspruch ist mangels einer dies anordnenden Bestimmung nicht zu verzinsen.

VII. Vereinbarung einer Vorauszahlung

Vom Baugesetzbuch nicht geregelt und damit auch nicht ausgeschlossen 44 sind *Verträge*, durch die sich ein Grundstückseigentümer der Gemeinde gegenüber zur Entrichtung einer *Vorauszahlung* auf den künftigen Erschließungsbeitrag verpflichtet. Das Bundesverwaltungsgericht[94] sieht die Gegenleistung der Gemeinde bei solchen Vereinbarungen, die als öffentlich-rechtliche Verträge zu qualifizieren sind,[95] darin, daß die Gemeinde die Durchführung der Erschließung in angemessener Zeit übernimmt. Es hält derartige Verträge für zulässig, wenn sie den ausdrücklichen oder sinngemäßen Vorbehalt enthalten, daß die endgültige Abrechnung auf der Grundlage des Baugesetzbuchs und der dann geltenden Satzung durch Erlaß eines Beitragsbescheids erfolgen soll. Demgemäß ist es nicht erforderlich, daß eine rechtswirksame Erschließungsbeitragssatzung bereits im Zeitpunkt des Abschlusses eines solchen Vertrags in Kraft ist. Eine Vorauszahlungsforderung ruht – anders als eine Vorausleistungsforderung – *nicht* als öffentliche Last auf dem Grundstück.[96]

Anlaß dafür, daß ein Anlieger freiwillig die Zahlung einer Vorauszahlung 45 anbietet, ist nicht selten sein Bemühen, durch eine entsprechende Vereinbarung die Gemeinde zu bewegen, alsbald die (verkehrsmäßige) Erschließung i. S. der §§ 30 ff. BauGB zu sichern und dadurch ein geplantes Bauvorhaben auf seinem Grundstück erst zulässig werden zu lassen (sog. Anbauvertrag). Eine Gemeinde kann ihrerseits ein Interesse an der Vereinbarung einer Vorauszahlung haben, wenn sie sich Mittel zur Vorfinanzierung von Erschließungsmaßnahmen verschaffen, den Weg über Vorausleistungserhebungen aber vermeiden will. Soweit die Gemeinden Eigentümer von Bauland sind, werden häufig mit den Grundstücksverkaufsverträgen Vorauszahlungsvereinbarungen verbunden (sog. **Vorfinanzierungsverträge**). Eine Gemeinde sollte solche Vorauszahlungsvereinbarungen nur abschließen, wenn sie einigerma-

---

[94] BVerwG, Urteil v. 22. 8. 1975 – IV C 7.73 – Buchholz 406.11 § 127 BBauG Nr. 23 S. 11 (12 ff.) = NJW 76, 341 = KStZ 75, 229; vgl. zur Zulässigkeit öffentlich-rechtlicher Verträge über Vorauszahlungen auf den Erschließungsbeitrag ferner u. a. BVerwG, Urteil v. 5. 10. 1965 – IV C 26.65 – BVerwGE 22, 138 (140 ff.) = ZMR 1966, 94, und OVG Münster, Urteil v. 4. 5. 1972 – III A 269/70 – OVGE 28, 24 = DVBl 72, 799 = KStZ 72, 197.

[95] Vgl. dazu und zu Vorauszahlungsvereinbarungen im einzelnen Kulartz/Schiffer in GemHH 83, 107.

[96] BVerwG, Urteil v. 28. 10. 1982 – 8 C 8.81 – Buchholz 406.11 § 133 BBauG Nr. 78 S. 10 (16) = NVwZ 82, 377 = KStZ 82, 109.

ßen verläßlich absehen kann, daß und wann sie die Erschließungsanlage, deren alsbaldige Herstellung der Vorauszahlungswillige bewirken möchte, ausbauen wird. Denn eine erbrachte Vorauszahlung ist zu **erstatten**, wenn die Geschäftsgrundlage für eine entsprechende Vereinbarung deshalb entfällt, weil sich die ordnungsgemäße Erschließung des jeweils in Rede stehenden Grundstücks übermäßig verzögert.[97] Sie ist darüber hinaus zu erstatten, wenn eine endgültige (sachliche) Beitragspflicht für das Grundstück – aus welchen Gründen immer – nicht entstehen kann.[98]

46   Gegenstand von Vorauszahlungsvereinbarungen können – anders als bei der Anforderung von Vorausleistungen – auch Sachleistungen, z.B. die Abtretung von Grundflächen, sein. Derartige Sachleistungen müssen allerdings – um als freiwillige "Vorausleistung" anerkannt werden zu können – i.S. von § 133 Abs. 3 Satz 1 BauGB *zweckgerichtet* „auf den Erschließungsbeitrag" erbracht worden sein. Wurde vom Beitragspflichtigen eine Straßenfläche nach dem früheren Anliegerbeitragsrecht zur Ausräumung eines Anbauverbots unentgeltlich abgetreten oder eine von der Gemeinde im Rahmen ihrer Erschließungsmaßnahme übernommene Gehwegüberfahrt zur Erfüllung landesrechtlicher Obliegenheiten hergestellt, kann der entsprechende Wert *nicht* als "freiwillige" Vorauszahlung angerechnet werden, weil er anderenfalls im Ergebnis (auch) auf die übrigen Anlieger umgelegt werden würde, obwohl er nicht zum beitragsfähigen Aufwand i.S. des § 128 Abs. 1 BauGB gehört.[99]

§ 22 Ablösung

I. Ablösungsverträge und ihre Wirkung

1   Grundsätzlich sind die Gemeinden verpflichtet, den umlagefähigen Erschließungsaufwand *abschließend* durch eine Beitragserhebung nach Maßgabe der §§ 127 ff. BauGB und der einschlägigen Ortssatzung zu decken, und zwar auch, wenn und soweit sie Leistungen aufgrund von Vorauszahlungsvereinbarungen erhalten haben (vgl. § 21 Rdnr. 44). Von diesem Grundsatz läßt § 133 Abs. 3 Satz 5 BauGB unter bestimmten Voraussetzungen eine Ausnahme zu. Er gestattet den Gemeinden, Verträge über die Ablösung des

---

[97] BVerwG, Urteil v. 19. 10. 1966 – IV C 107.65 – Buchholz 406.11 § 133 BBauG Nr. 12 S. 59 (62 f.) = DÖV 68, 145 = ZMR 67, 250; vgl. zur Rückerstattung einer vertraglich vereinbarten Vorauszahlung auch OVG Münster, Urteile v. 28. 9. 1978 – III A 236/77 – und v. 15. 5. 1986 – 3 A 1313/84 – KStZ 86, 239.

[98] Vgl. dazu und zur Verzinsung des Erstattungsbetrags VG Kassel, Urteil v. 17. 2. 1987 – VI/2 E 1852/86 – NVwZ 89, 595, sowie allgemein zur Frage der Zinsen bei Erstattung vertraglicher Vorauszahlungen auf den Erschließungsbeitrag Nierwetberg in NVwZ 89, 535.

[99] Vgl. BVerwG, Urteil v. 4. 5. 1979 – 4 C 16.76 – Buchholz 406.11 § 128 BBauG Nr. 24 S. 16 (19 f.) = DVBl 79, 785 = KStZ 79, 192.

Erschließungsbeitrags „im ganzen vor Entstehung der Beitragspflicht" abzuschließen, sofern sie *zuvor* wirksame "Bestimmungen" über die Ablösung
getroffen haben.[1]

Eine Ablösung zwischen der Gemeinde und einem Grundstückseigentü- 2
mer *kann* – sofern die noch zu behandelnden Voraussetzungen vorliegen –
vereinbart werden. Diese Vereinbarung ist ein öffentlich-rechtlicher Vertrag
selbst dann, wenn die als Ablösung vorgesehene Leistung des Bürgers aufgrund einer bürgerlich-rechtlichen Verpflichtung, z. B. eines mit der Gemeinde abzuschließenden Grundstückskaufvertrags, erbracht wird.[2] Die Gemeinde hat weder einen Anspruch auf den Abschluß eines Ablösungsvertrags
noch ist sie dazu – grundsätzlich – verpflichtet. Die Tatsache, daß sie mit
einzelnen (demnächst) Beitragspflichtigen Ablösungsverträge geschlossen
hat, mit anderen aber nicht, ist solange *kein Verstoß* gegen den Gleichbehandlungsgrundsatz, wie es sich um *unterschiedliche Straßen* bzw. verschiedene
Anlagen handelt. Ein solcher Verstoß dürfte jedoch anzunehmen sein, wenn
die Gemeinde zulässigerweise mit der Mehrzahl der Anlieger etwa einer Straße Ablösungsverträge abgeschlossen hat, sich allerdings weigert, mit einem
bestimmten oder einigen bestimmten Anliegern der gleichen Straße ebenfalls
einen Vertragsabschluß vorzunehmen. In einem solchen Fall kann sich ausnahmsweise ein Rechtsanspruch eines Anliegers auf Abschluß eines Ablösungsvertrags gegen die Gemeinde ergeben.

Unterschiedlich beantwortet wird die Frage, ob schon der Abschluß eines 3
(rechtlich unbedenklichen) Ablösungsvertrags[3] oder erst die **Zahlung** auf einen solchen Ablösungsvertrag[4] die sog. **Ablösungswirkung** auslöst, d. h. verhindert, das für das "abgelöste" Grundstück eine (sachliche) Erschließungsbeitragspflicht entsteht. Der letzteren Auffassung ist aus folgenden Erwägungen der Vorzug einzuräumen: Die Ablösung ist ein vom Gesetzgeber in
erster Linie zugunsten der Gemeinde begründetes (Vorfinanzierungs-)Insti-
tut. Mit der dadurch vom Gesetzgeber angestrebten Begünstigung der Gemeinde wäre nicht zu vereinbaren, wenn die Gemeinde schon durch den
bloßen Abschluß eines Ablösungsvertrags das ihr mit dem Entstehen der
sachlichen Erschließungsbeitragspflicht kraft Gesetzes erwachsende Siche-
rungsinstitut der öffentlichen Last (vgl. § 134 Abs. 2) verlieren und auf eine
vertraglich vereinbarte Sicherung oder gar das Erstreiten eines vollstreckba-
ren Titels im gerichtlichen Verfahren angewiesen sein sollte. Eine solche

---

[1] BVerwG, Urteile v. 27. 1. 1982 – 8 C 24.81 – BVerwGE 64, 362 (363) = DVBl 82,
550 = DÖV 82, 641, und 8 C 99.81 – Buchholz 406.11 § 133 BBauG Nr. 80 S. 24 (25)
= KStZ 82, 133 = ID 82, 194.
[2] Siehe dazu sowie zur Ablösung im allgemeinen und zu Mustern für einen Ablösungsvertrag Reif/Gössl in BWGZ 88, 796, sowie u. a. Richarz/Steinfort, Erschließung
in der kommunalen Praxis, S. 364.
[3] So Klausing in Baurecht Aktuell, Festschrift für Felix Weyreuther, S. 468.
[4] So BVerwG, Urteil v. 1. 12. 1989 – 8 C 44.88 – BVerwGE 84, 183 (185) = DVBl 90,
438 = NJW 90, 1679.

"Verschlechterung" ihrer Position wird durch die Annahme vermieden, die Ablösungswirkung trete erst mit Zahlung des Ablösebetrags ein.

4   Die mit der Zahlung auf einen (rechtlich unbedenklichen) Ablösungsvertrag eintretende Ablösungswirkung nimmt einerseits dem jeweiligen Eigentümer (Erbbauberechtigten) grundsätzlich die Möglichkeit, später – im Hinblick auf die Höhe der anderenfalls entstandenen Beitragspflicht – eine Überzahlung erstattet zu bekommen, und andererseits der Gemeinde das Recht zur Erhebung einer Nachforderung.[5] Etwas **anderes** gilt dann, wenn nach Abschluß eines Ablösungsvertrags Entwicklungen eingetreten sind, die – weil **jenseits ablösungstypischer** Risiken liegend – die **Grundlage** des Ablösungsvertrags **erschüttern.** Soweit das ausnahmsweise zutrifft, ist ein Anspruch des einen oder anderen Vertragspartners auf Anpassung des Vertrags an die veränderten Verhältnisse begründet. Allerdings zählen zu den ablösungstypischen und deshalb die Verbindlichkeit eines Ablösungsvertrags **unberührt** lassenen Risiken u. a. eine nachfolgende Änderung des Bebauungsplans und der satzungsmäßigen Verteilungsregelung, eine Abweichung in der Höhe des Erschließungsaufwands und eine Veränderung des Abrechnungsgebiets. Unabhängig von diesen Risiken setzt das Erschließungsbeitragsrecht der Wirksamkeit von Ablösungsverträgen jedoch eine **absolute Mißbilligungsgrenze,** die überschritten ist, wenn sich im Rahmen einer von der Gemeinde mit Blick auf nicht "abgelöste" Grundstücke durchgeführten Beitragsberechnung herausstellt, daß der Beitrag, der dem "abgelösten" Grundstück zuzuordnen ist, das Doppelte oder mehr als das Doppelte bzw. die Hälfte oder weniger als die Hälfte des vereinbarten Ablösungsbetrags ausmacht.[6] Soweit das eine oder andere zutrifft, ist die Gemeinde gehalten, den überschießenden Betrag zu erstatten bzw. den Minderbetrag – zur Erfüllung der ihr durch § 127 Abs. 1 auferlegten Erhebungspflicht – einzuziehen.

5   Die **Ablösungswirkung** wird – wie gesagt – ausgelöst durch die **Zahlung** des Ablösungsbetrags, nicht schon durch den Abschluß der Ablösevereinbarung. Unterbleibt eine solche Zahlung, entsteht zu gegebener Zeit kraft Gesetzes die Beitragspflicht für das betreffende Grundstück, die dann – anders als der vereinbarte Ablösungsbetrag (vgl. § 27 Rdnr. 6) – als öffentliche Last auf dem Grundstück ruht. Will die Gemeinde nicht bis zum Entstehen dieser (sachlichen) Beitragspflicht warten, ist es ihr unbenommen, den durch den Ablösungsvertrag begründeten Zahlungsanspruch im Wege der Leistungsklage vor dem Verwaltungsgericht zu verfolgen. Die Ablösungswirkung tritt ein *ausschließlich* mit Blick auf die erstmalige endgültige Herstellung der beitragsfähigen Erschließungsanlage, die Gegenstand der Ablösungsvereinbarung ist (z. B. eine Straße). Wird später eine *weitere* beitragsfähige Erschließungsanla-

---

[5] BVerwG, Urteil v. 1. 12. 1989 – 8 C 44.88 – BVerwGE 84, 183 (185) = DVBl 90, 436 = NJW 90, 1679.
[6] Vgl. im einzelnen BVerwG , Urteil v. 9. 11. 1990 – 8 C 36.89 – BVerwGE 87, 77 (80 ff.) = DVBl 91, 447 = NVwZ 91, 1096.

ge (z. B. eine zweite Straße, eine selbständige Grünanlage oder eine Immissionsschutzanlage i. S. des § 127 Abs. 2 Nr. 5 BauGB) hergestellt, hat der Ablösungsvertrag auf die dadurch ausgelöste Erschließungsbeitragspflicht keinen Einfluß. Aus diesem Grunde ist es geboten, im Ablösungsvertrag festzulegen, auf welche Erschließungsanlage(n) er sich bezieht; notfalls ist dies durch eine Auslegung unter Berücksichtigung der im Zeitpunkt des Vertragsabschlusses maßgebenden Verhältnisse zu ermitteln.

Von der Ablösungswirkung erfaßt wird das Grundstück in der Flächenaus- 6 dehnung, die es im Zeitpunkt des Vertragsabschlusses hat. Deshalb ist es notwendig, in der Ablösungsvereinbarung das betreffende Grundstück genau zu beschreiben (Parzellennummer, Grundstücksgröße usw.). Ist das Grundstück später vergrößert worden, ist für den hinzugekommenen Teil der Erschließungsbeitrag zu erheben.[7] Ist dagegen von dem Grundstück eine Fläche abgeteilt worden, bezieht sich die Ablösungswirkung auch auf die abgeteilte Fläche.

In der Vergangenheit haben sich Anlieger nicht selten gegen eine Erschlie- 7 ßungsbeitragserhebung mit dem Argument gewehrt, die Beitragspflicht für die endgültige Herstellung der ihr Grundstück erschließenden Straße sei durch eine Zahlung etwa auf einen nach dem früheren bayerischen Landesrecht abgeschlossenen sog. **Straßenkostensicherungsvertrag** abgelöst worden. In einem solchen Zusammenhang hat das Bundesverwaltungsgericht[8] ausgeführt, die Vereinbarung einer Ablösung könne nur dann ausnahmsweise angenommen werden, wenn *eindeutig* zum Ausdruck gebracht worden sei, daß die Beitragspflicht damit für alle Zeiten abgelöst werden sollte. Diese Voraussetzung ist nur erfüllt, wenn die Abrede unter Berücksichtigung der beachtlichen Umstände „einzig die Deutung zuläßt, die Vertragspartner hätten das spätere Entstehen einer Beitragspflicht schlechthin ausschließen wollen".[9] Im Ergebnis entsprechendes gilt für in früherer Zeit an sog. Straßenbau- oder Pflasterkassen geleistete Zahlungen. Grundsätzlich hatte eine Regelung über Zahlungen an eine Pflasterkasse keine Ablösung der (zukünftigen) Beitragspflicht zum Gegenstand, sondern war als Grundlage für Vorauszahlungen auf die später entstehende Beitragspflicht zu qualifizieren.[10]

II. Wirksamkeitsvoraussetzungen bei Ablösungsverträgen

Geschäftsgrundlage eines Ablösungsvertrags ist das Vorliegen eines nach 8 § 133 Abs. 1 BauGB für eine bestimmte Erschließungsanlage i. S. des § 127 Abs. 2 BauGB beitragspflichtigen Grundstücks. Ein Ablösungsvertrag muß

---

[7] OVG Lüneburg, Urteil v. 6. 9. 1973 – I A 22/70 – KStZ 75, 33.
[8] BVerwG, Urteil v. 29. 5. 1970 – IV C 140.68 – ZMR 71, 63 = BayVBl 71, 19.
[9] BVerwG, Beschluß v. 27. 8. 1987 – 8 B 81.87 –; ebenso u. a. BayVGH, Urteil v. 1. 10. 1990 – 6 B 87.01751 – BayVBl 91, 437.
[10] OVG Lüneburg, Urteil v. 23. 1. 1980 – 9 A 174/78 –.

sich nach dem Gesetz auf die Erschließungsbeitragspflicht „im ganzen" beziehen, so daß die Ablösung von Teilforderungen unzulässig ist. Er darf nur abgeschlossen werden, solange für das betreffende Grundstück eine endgültige (sachliche) Beitragspflicht *noch nicht* entstanden ist. Ist eine Erschließungsanlage zwar bereits technisch fertiggestellt, eine endgültige Beitragspflicht aber – etwa mangels einer Widmung usw. – noch nicht entstanden, ist der Abschluß einer Ablösungsvereinbarung noch möglich. Grundsätzlich unbedenklich dürfte der Abschluß eines Ablösungsvertrags mit einem Rücktrittsvorbehalt sein. Allerdings dürfte ein solcher Vorbehalt von dem Zeitpunkt an gleichsam "ins Leere" laufen, in dem die Ablösungswirkung eintritt (vgl. Rdnr. 3). Denn damit ist die dem Ablösungsvertrag nach dem Willen des Gesetzgebers zukommende Aufgabe mit der Folge erfüllt, daß er sich sozusagen erledigt hat und deshalb kein Raum mehr für seine Aufhebung sein dürfte.

9   Eine Gemeinde ist zum Abschluß von Ablösungsverträgen nur berechtigt, wenn sie *zuvor* ausreichende **Bestimmungen** i. S. des § 133 Abs. 3 Satz 5 BauGB erlassen hat. Fehlen derartige Ablösungsbestimmungen, ist eine gleichwohl abgeschlossene Ablösungsvereinbarung wegen eines Verstoßes gegen ein gesetzliches Verbot *nichtig*.[11] Denn grundsätzlich ist es den Gemeinden untersagt, Erschließungskosten anders als durch die Erhebung von Beiträgen nach Maßgabe der gesetzlichen Vorschriften auf die Eigentümer der erschlossenen Grundstücke abschließend umzulegen. Von diesem Verbot läßt das Baugesetzbuch eine *beschränkte* **Ausnahme** zu, indem es bei Vorliegen der entsprechenden Voraussetzungen einschließlich ausreichender Bestimmungen i. S. des § 133 Abs. 3 Satz 5 BauGB gestattet, Ablösungsvereinbarungen abzuschließen. Ist ein Ablösungsvertrag mangels ausreichender Bestimmungen nichtig, wird er in aller Regel durch das rückwirkende Inkrafttreten genügender Ablösungsbestimmungen *nicht* geheilt.[12] Ablösungsbestimmungen können, müssen aber nicht in die Erschließungsbeitragssatzung aufgenommen werden; sie gehören nicht zum von § 132 BauGB geforderten Mindestinhalt einer Satzung. Allerdings können sie rechtswirksam nur von dem nach Landesrecht zuständigen Gemeindeorgan erlassen werden,[13] d. h. grundsätzlich nur vom Gemeindeparlament. Regelmäßig nämlich handelt es sich beim Erlaß solcher Bestimmungen – anders als beim Abschluß eines einzelnen Ablösungsvertrags jedenfalls in einer Großstadt[14] – nicht um ein Geschäft der laufenden Verwaltung.[15]

---

[11] BVerwG, u. a. Urteil v. 27. 1. 1982 – 8 C 24.81 – BVerwGE 64, 362 (363) = DVBl 82, 550 = DÖV 82, 641.

[12] BVerwG, Urteil v. 27. 1. 1982 – 8 C 99.81 – Buchholz 406.11 § 133 BBauG Nr. 80 S. 24 (25) = KStZ 82, 133 = ID 82, 194.

[13] OVG Koblenz, Urteil v. 10. 3. 1975 – 6 A 50/73 – DÖV 75, 718 = KStZ 75, 233.

[14] OVG Lüneburg, Urteil v. 26. 5. 1993 – 9 L 163/90 –.

[15] Vgl. ebenso u. a. Schmidt/Bogner/Steenbock, Handbuch des Erschließungsrechts, Rdnr. 3814.

Die Gemeinden können den Anwendungsbereich von Ablösungsbestim- 10
mungen auf nach sachlichen Gesichtspunkten unterscheidbare, abgrenzbare
Bereiche ihres Hoheitsgebiets beschränken.[16]

Die Einschränkung, mit der der Gesetzgeber die Ermächtigung zum Ab- 11
schluß von Ablösungsverträgen dadurch versehen hat, daß er deren Wirksamkeit vom vorherigen Erlaß wirksamer Bestimmungen abhängig gemacht
hat, bedeutet zugleich, daß – erstens – von dieser Ermächtigung nur in **Übereinstimmung** mit den Ablösungsbestimmungen Gebrauch gemacht werden
darf und – zweitens – ein Ablösungsvertrag, dessen Ablösebetrag abweichend
von den einschlägigen Bestimmungen ermittelt worden ist, **nichtig ist.** Denn
nichts vermag die Annahme zu rechtfertigen, es entspreche dem Willen des
Gesetzgebers, es solle zwar ein Ablösevertrag nichtig sein, der ohne den
Erlaß wirksamer Ablösebestimmungen abgeschlossen wurde, doch solle die
gleiche Folge nicht eintreten, wenn eine Gemeinde – gleichsam pro forma –
Bestimmungen erlassen, sich bei der Ermittlung des Ablösebetrags aber nicht
an sie gehalten hat.[17]

§ 133 Abs. 3 Satz 5 BauGB schränkt mithin die Ermächtigung zum Ab- 12
schluß von Ablösungsverträgen auf solche ein, die nach Erlaß wirksamer
Bestimmungen und in inhaltlicher Übereinstimmung mit ihnen vereinbart
werden. Macht aber das Gesetz die Befugnis zum Abschluß von Ablösungsverträgen mit Rücksicht auf die Grundsätze der Abgabengerechtigkeit und
Abgabengleichheit von der Erfüllung dieser einzig auf die Ermittlung der
Höhe der Ablösebeträge ausgerichteten Voraussetzungen abhängig, drängt
sich für einen **Grundstückskauf- und Ablösungsvertrag** der Schluß auf, es verlange überdies die **Offenlegung** des Ablösebetrags.[17] Wird nämlich bei einem
solchen Vertrag lediglich ein einheitlicher, den Boden- und den Ablöse-
anteil umfassender Gesamtpreis vereinbart und ausgewiesen, können die bezeichneten Ermächtigungsschranken praktisch nicht greifen, weil sich nicht überprüfen läßt, ob der Betrag, der bei der Kalkulation des Gesamtpreises für die
Ablösung eingesetzt worden ist, etwa willkürlich oder in inhaltlicher Übereinstimmung mit den Ablösungsbestimmungen ermittelt worden ist. Ohne
eine Offenlegung des Ablösebetrags, d.h. ohne Ergänzung der Ermächtigungsschranken durch das **Verbot** der Vereinbarung von "**verdeckten**" Ablöse-
beträgen, gingen die übrigen Schranken, die der Gesetzgeber der Zulässigkeit
von Ablösungsverträgen gesetzt hat, in ihrer tatsächlichen Auswirkung ins
Leere. Allerdings ist dem Gebot der Offenlegung bei einem Grundstücks-
kauf- und Ablösungsvertrag nicht nur genügt, wenn der Ablösebetrag im
Vertrag genannt wird, sondern auch dann, wenn die Gemeinde ihn dem
Grundstückskäufer vor Abschluß des Vertrags mitgeteilt hat.[12]

---

[16] BVerwG, u.a. Urteil v. 27. 1. 1982 – 8 C 24.81 – BVerwGE 64, 362 (365ff.) =
DVBl 82, 550 = DÖV 82, 641; siehe dazu auch Kneer in KStZ 84, 167, sowie Reif/
Gössl in BWGZ 88, 796.

[17] BVerwG, Urteil v. 1. 12. 1989 – 8 C 44.88 – BVerwGE 84, 183 (188ff.) = DVBl
90, 436 = NJW 90, 1679.

13   Selbst ein sog. "verdeckter" Ablösungsvertrag, d.h. ein mit einer gemeindlichen Freistellungsverpflichtung verbundener Grundstückskaufvertrag, in dem sich der Käufer eines Gemeindegrundstücks zur Zahlung eines Kaufpreises verpflichtet, der neben dem Bodenpreis einen nicht bezifferten Anteil für Erschließungskosten enthält, und in dem die Gemeinde ihrerseits u.a. die Verpflichtung eingeht, den Käufer von der später entstehenden Erschließungsbeitragspflicht freizustellen, unterliegt den vorstehend behandelten Regeln. Da durch einen solchen Vertrag (was jeweils durch die Freistellungsverpflichtung zum Ausdruck kommt) Erschließungskosten auf den Käufer überbürdet werden, ist er wegen Verstoßes gegen das aus § 127 Abs. 1 BauGB in Verbindung mit § 132 BauGB herzuleitende Verbot einer vertraglichen Kostenabwälzung **nichtig**, „sofern er nicht nach Erlaß wirksamer Ablösungsbestimmungen in inhaltlicher Übereinstimmung mit diesen und unter Offenlegung des auf ihrer Grundlage ermittelten Ablösebetrags abgeschlossen wurde.“[17, 18]

III. Mindestinhalt von Ablösungsbestimmungen

14   Zum unverzichtbaren Mindestinhalt von Ablösungsbestimmungen gehört eine Aussage darüber, wie der zu vereinbarende Ablösungsbetrag im Einzelfall errechnet werden soll. Dazu genügt es, wenn die Bestimmungen die Kriterien mit Blick auf die Faktoren festlegen, die die Höhe des Ablösungsbetrags entscheidend beeinflussen, d.h. bestimmen, wie der mutmaßliche Erschließungsaufwand – entweder nach Einheitssätzen oder auf der Grundlage der voraussichtlich entstehenden, geschätzten tatsächlichen Kosten – **ermittelt** und **verteilt** werden soll.[16] Diese Festlegung ist unentbehrlich, weil das Baugesetzbuch insoweit keine abschließenden Regelungen getroffen hat. Die für die Errechnung des Ablösungsbetrags maßgebliche Art der Ermittlung und Verteilung des mutmaßlichen Erschließungsaufwands läßt sich nicht kraft Bundesrecht und in diesem Sinne gleichsam automatisch aus den allgemeinen Regelungen der Erschließungsbeitragssatzung herleiten. Denn eine Beitragssatzung ist nach dem Willen des Bundesgesetzgebers Voraussetzung nur für die Beitragserhebung durch Heranziehungsbescheid; für den Abschluß von Ablösungsverträgen gibt sie kraft Bundesrecht nichts her. Der Gesetzgeber hat die Vorschrift des § 133 Abs. 3 Satz 5 BauGB in dem Sinne zu einer selbständigen Norm ausgestaltet, daß sie nicht – wie die Vorschriften über die Beitragserhebung – noch der Ausfüllung durch eine Ortssatzung bedarf. An die Stelle der für die Beitragserhebung erforderlichen Beitragssatzung treten vielmehr im Fall der Ablösung die Ablösungsbestimmungen, die sowohl die Art der Ermittlung des Aufwands als auch dessen Verteilung anders regeln können als die Satzung, sofern eine solche – was für den Abschluß von

---

[18] Vgl. zustimmend Jachmann in BayVBl 93, 326, und Klausing in Baurecht Aktuell, Festschrift für Felix Weyreuther, S. 465f., sowie kritisch Wittern in NVwZ 91, 751.

Ablösungsverträgen ohne Belang ist – in der betreffenden Gemeinde vorhanden ist. Da die Ablösungsbestimmungen lediglich eine gleichmäßige Handhabung aller Ablösungsfälle in einem Abrechnungsgebiet sicherstellen sollen, reicht es aus, wenn der in ihnen enthaltene Verteilungsmaßstab geeignet ist, den für eine bestimmte Erschließungsanlage mutmaßlich entstehenden beitragsfähigen Aufwand angemessen vorteilsgerecht den in Betracht kommenden Grundstücken zuzuordnen. In dieser Anforderung muß sich der Verteilungsmaßstab jedoch an den in § 131 Abs. 2 und 3 BauGB zum Ausdruck kommenden Verteilungsregeln messen lassen.

Allerdings sind die Gemeinden nicht gehindert, die Regelungen über die 15 Art der Ermittlung und Verteilung des beitragsfähigen Aufwands aus ihrer Beitragssatzung in die Ablösungsbestimmungen zu übernehmen. Sie können dies auch in der Weise tun, daß in den Ablösungsbestimmungen auf Satzungsvorschriften **Bezug genommen** wird. Eine solche Bezugnahme braucht nicht unbedingt ausdrücklich zu erfolgen. Es genügt, wenn sich der Wille der Gemeinde, auf den Inhalt der Satzungsvorschriften Bezug zu nehmen, hinreichend deutlich aus den Ablösungsbestimmungen ergibt. Das ist etwa noch der Fall, wenn die Ablösungsbestimmungen lediglich festlegen, der Betrag einer Ablösung nach § 133 Abs. 3 Satz 5 BauGB solle sich nach der Höhe des voraussichtlich entstehenden Beitrags richten.[16]

IV. Rückzahlung eines Ablösungsbetrags

Ein Anspruch auf Rückzahlung des Ablösungsbetrags kann demjenigen, 16 der ihn erbracht hat, nicht nur erwachsen, wenn der Ablösevertrag nichtig ist, sondern auch, wenn dessen **Geschäftsgrundlage weggefallen** ist.[19] Letzteres ist etwa der Fall, wenn sich nach Abschluß des Vertrags herausstellt, daß für das Grundstück, auf das sich die Vereinbarung bezieht, eine Erschließungsbeitragspflicht schon deshalb nicht entstehen könnte, weil beispielsweise die entsprechende Straße in ein förmlich festgelegtes Sanierungsgebiet einbezogen worden ist oder das Grundstück seine Bebaubarkeit vor der endgültigen Herstellung der Anlage eingebüßt hat. Hingegen kann die Tatsache, daß die Höhe der Erschließungskosten von dem abweicht, was die Vertragspartner seinerzeit erwartet und der Ermittlung des Ablösungsbetrags zugrundegelegt haben, grundsätzlich (vgl. aber Rdnr. 4) nicht den Wegfall der Geschäftsgrundlage begründen.[20]

Die Verjährung eines öffentlich-rechtlichen Erstattungsanspruchs, der mit 17 der Zahlung auf einen (z. B. mangels ausreichender Ablösungsbestimmungen) nichtigen Vertrag gegen die Gemeinde entstanden ist, richtet sich nach den

---

[19] Vgl. in diesem Zusammenhang etwa OVG Münster, Urteil v. 6. 12. 1990 – 3 A 855/89 – NVwZ 91, 1106 = NWVBl 91, 194 = HSGZ 91, 454.
[20] Vgl. BVerwG, Beschluß v. 12. 7. 1971 – IV B 58.71 – GemTg 71, 314.

entsprechenden landesrechtlichen Bestimmungen;[21] nach niedersächsischem Landesrecht z. B. verjährt ein derartiger Erstattungsanspruch nach Inkrafttreten der Abgabenordnung 1977 in fünf Jahren.[22] Ebenfalls Landesrecht ist maßgeblich für die Beantwortung der Frage, ob die Geltendmachung der Erstattung des *vollen* Ablösungsbetrags mit Treu und Glauben vereinbar ist, wenn eine Beitragserhebung bisher im Hinblick auf den Ablösungsvertrag unterblieben ist und etwa wegen Verjährung nicht mehr möglich ist. Grundsätzlich wird derjenige, der eine nichtige Ablösungsvereinbarung mit der Gemeinde abgeschlossen hat, einen Rückzahlungsanspruch nur mit Erfolg betreiben können, wenn und soweit der von ihm gezahlte Ablösungsbetrag den auf sein Grundstück entfallenden endgültigen Beitrag übersteigt.[23] Das aber dürfte – insbesondere wegen der inflationsbedingten Kostensteigerungen in den letzten Jahren – relativ selten der Fall sein.

§ 23 Gegenstand der Beitragspflicht

I. Beitragspflichtige Grundstücke

1   Gemäß § 133 Abs. 2 Satz 1 BauGB entsteht – mit Blick auf ein einzelnes Grundstück – eine abstrakte Beitragspflicht (alle sonstigen dafür erforderlichen Voraussetzungen hier vernachlässigt) mit der endgültigen Herstellung der Erschließungsanlage (Vollbeitragspflicht) bzw. mit dem Abschluß der Maßnahme, deren Aufwand durch Teilbeträge gedeckt werden soll (Teilbeitragspflicht). An diese abstrakte Beitragspflicht knüpft § 133 Abs. 1 BauGB seinem Wortlaut nach an, wenn es dort eingangs heißt, „*der* Beitragspflicht unterliegen Grundstücke ...". Die Wirkung der Regelung des § 133 Abs. 2 Satz 1 BauGB bezieht sich mithin auf Grundstücke als Objekte der abstrakten Beitragspflicht, und zwar auf Grundstücke, die Gegenstand einer solchen Beitragspflicht sein können (beitragspflichtige Grundstücke). Zu diesen Grundstücken zählen – erstens – ausschließlich Grundstücke, die i.S. des § 131 Abs. 1 Satz 1 BauGB erschlossen sind; denn ein Grundstück, das schon nicht in diesem Sinne erschlossen und demzufolge nicht einmal bei der Verteilung des Erschließungsaufwands zu berücksichtigen ist, kann bereits deshalb nicht beitragspflichtig werden.[1] Gegenstand der abstrakten Beitrags-

---

[21] BVerwG, Urteil v. 27. 1. 1982 – 8 C 99.81 – Buchholz 406.11 § 133 BBauG Nr. 80 S. 24 (26) = KStZ 82, 133 = ID 82, 194.

[22] OVG Lüneburg, Urteil v. 13. 11. 1990 – 9 A 220/86 – NVwZ-RR 91, 425 = NsGemeinde 91, 102.

[23] OVG Lüneburg, Urteil v. 26. 5. 1993 – 9 L 163/90 –, sowie u.a. Klausing in Baurecht Aktuell, Festschrift für Felix Weyreuther, S. 470 f., und Reif/Gössl in BWGZ 88, 796.

[1] BVerwG, u.a. Urteil v. 14. 1. 1983 – 8 C 81.81 – Buchholz 406.11 § 133 BBauG Nr. 85 S. 32 f. = DVBl 83, 904 = DÖV 83, 935.

pflicht können – zweitens – lediglich Grundstücke sein, die im Zeitpunkt des Entstehens dieser Beitragspflicht nicht im Eigentum der zur Beitragserhebung berechtigten Gemeinde stehen, es sei denn, sie sind mit einem Erbbaurecht belastet. Ein **gemeindeeigenes**, nicht mit einem Erbbaurecht belastetes Grundstück unterliegt der Beitragspflicht erst, sobald das Eigentum übertragen[2] oder ein Erbbaurecht bestellt[3] worden ist (vgl. § 19 Rdnr. 15). Ferner sind – drittens – beitragspflichtig nur Grundstücke, wenn sie in einer den Anforderungen des § 133 Abs. 1 BauGB entsprechenden, erschließungsbeitragsrechtlich relevanten Weise nutzbar sind und sie darüber hinaus – viertens – erschlossen i.S. des § 133 Abs. 1 BauGB sind, d.h., von ihnen aus die hergestellte Anlage ungehindert in Anspruch genommen werden kann.

II. Erschließungsbeitragsrechtlich relevante Nutzbarkeit

Nach § 133 Abs. 1 Satz 1 und 2 BauGB unterliegen Grundstücke der Beitragspflicht, wenn sie "**Bauland**" sind, d.h, wenn sie entweder kraft Festsetzung baulich oder gewerblich genutzt werden dürfen (Satz 1), oder bei fehlender Festsetzung, "wenn sie nach der Verkehrsauffassung Bauland sind und nach der geordneten Entwicklung der Gemeinde zur Bebauung anstehen" (Satz 2). Die in **Satz 1** angesprochene Festsetzung der baulichen oder gewerblichen Nutzung erfolgt in erster Linie durch einen Bebauungsplan, wobei es nicht erforderlich ist, daß es sich um einen qualifizierten Bebauungsplan i.S. des § 30 Abs. 1 BauGB handelt.[4] Denn das Gesetz stellt nur auf die genannten Festsetzungen ab, so daß ein sie enthaltender einfacher Bebauungsplan (§ 30 Abs. 2 BauGB) ausreicht. Der Festsetzung in einem Bebauungsplan steht die Bestimmung oder Ermöglichung einer baulichen oder gewerblichen Nutzung in einem förmlichen Planfeststellungsverfahren nach den in § 38 BauGB bezeichneten Fachgesetzen gleich, so daß z.B. auch ein als bebautes **Bahnhofsgelände** genutzten Betriebsgrundstück der Bundesbahn unter den Baulandbegriff des § 133 Abs. 1 BauGB fällt.[5]

Von **Satz 2** erfaßt werden Grundstücke **im unbeplanten Innenbereich** sowie Grundstücke, die mit Anlagen bebaut werden dürfen, die nach Maßgabe der in § 38 BauGB genannten Vorschriften planfeststellungsbedürftig sind, ohne daß ein entsprechendes Verfahren bereits wirksam abgeschlossen worden ist.[5] Erstere Grundstücke sind "nach der Verkehrsauffassung Bauland" nicht kraft einer Norm, sondern kraft der mit ihrer Lage "verbundene(n) generelle(n)

2

3

---

[2] BVerwG, Urteil v. 21. 10. 1983 – 8 C 29.82 – Buchholz 406.11 § 133 BBauG Nr. 89 S. 41 (45) = DVBl 84, 188 = KStZ 84, 34.

[3] BVerwG, Urteil v. 5. 7. 1985 – 8 C 127.83 – Buchholz 406.11 § 133 BBauG Nr. 91 S. 53f. = NVwZ 85, 912 = KStZ 86, 34.

[4] Ebenso u.a. Brügelmann-Förster, BBauG, § 133 Rdnr. 3.

[5] BVerwG, Urteil v. 11. 12. 1987 – 8 C 85.86 – BVerwGE 78, 321 (327f.) = NVwZ 88, 632 = KStZ 88, 51.

Bebauungsfähigkeit".[6] Ob das einzelne Grundstück tatsächlich schon als Bauland Gegenstand eines Grundstückverkehrs gewesen ist, ist nach dem Gesetz ohne Belang.[7] Der „geordneten baulichen Entwicklung der Gemeinde" entspricht im unbeplanten Innenbereich eine Bebauung, wenn sie die Voraussetzungen des § 34 BauGB erfüllt. Ein Grundstück „steht zur Bebauung an", sobald es zulässigerweise einer Bebauung zugeführt werden kann; der Begriff „zur Bebauung anstehen" entspricht dem in Satz 1 des § 133 Abs. 1 BauGB für den Planbereich enthaltenen Tatbestandsmerkmal "sobald sie bebaut ... werden dürfen".[8] Darüber hinausgehende Anforderungen, etwa daß sich eine Bebauung eines Grundstücks (unter Berücksichtigung auch wirtschaftlicher Interessen) geradezu "anbieten" oder "aufdrängen" müßte, stellt das Gesetz nicht.[8]

4   Grundstücke, die nach den **im Zeitpunkt des Entstehens der abstrakten Beitragspflichten** (§ 133 Abs. 2 BauGB) bestehenden Umständen gleichsam auf Dauer "**unfähig**" sind, entweder der von Satz 1 oder der von Satz 2 des § 133 Abs. 1 BauGB erfaßten Gruppe von Grundstücken zugerechnet zu werden, können schon nicht i. S. des § 131 Abs. 1 Satz 1 BauGB erschlossen sein (vgl. § 17 Rdnr. 21) und **scheiden** deshalb als Gegenstand der Beitragspflicht **aus**. Das trifft zu z. B. auf Grundstücke, die im Bebauungsplan gemäß § 9 Abs. 1 Nr. 18 a BauGB als Flächen für die Landwirtschaft festgesetzt sind,[9] sowie auf **Außenbereichsgrundstücke**.[10] Zu letzteren zählen wegen ihrer Ausdehnung regelmäßig u. a. Kleingartengrundstücke in unbeplanten Gebieten; ein Kleingartengebiet wird auch nicht dadurch zu einem im Zusammenhang bebauten Ortsteil i. S. des § 34 Abs. 1 BauGB, daß die einzelnen Gärten durchgehend mit Lauben bebaut sind.[11] Ähnlich liegt es grundsätzlich mit anderen großflächigen Grundstücken wie etwa Friedhöfen und Sportplätzen. Dagegen scheitert die Annahme, ein noch nicht nach Maßgabe des § 36 Bundesbahngesetz beplantes, als Bahnhofsgelände genutztes Betriebsgrundstück der Deutschen Bundesbahn könnte wegen seiner Ausdehnung unter § 35 BauGB fallen und deshalb als Gegenstand einer Beitragspflicht ausscheiden, daran, daß sich ein solches Grundstück der Zuordnung zum unbeplanten Innenbereich des § 34 BauGB und zum Außenbereich des § 35 BauGB von dem Zeitpunkt an ent-

---

[6] BVerwG, Urteil v. 10. 12. 1982 – 4 C 28.81 – Buchholz 406.11 § 34 BBauG Nr. 89 S. 15 (19) = NJW 83, 2460 = BBauBl 83, 324.

[7] Ebenso u. a. Ernst in Ernst/Zinkahn/Bielenberg, BauGB, § 133 Rdnr. 16.

[8] BVerwG, Urteil v. 16. 9. 1977 – IV C 71.74 – Buchholz 406.11 § 133 BBauG Nr. 63 S. 35 (38) = DVBl 78, 301 = DÖV 78, 58.

[9] Vgl. OVG Münster, Urteil v. 15. 3. 1984 – 3 A 593/83 – KStZ 85, 18.

[10] BVerwG, Urteil v. 14. 2. 1986 – 8 C 115.84 – Buchholz 406.11 § 133 BBauG Nr. 95 S. 62 ff. = NVwZ 86, 586 = KStZ 86, 90; vgl. zu einem im Außenbereich gelegenen, mit einem sich ihm anschließenden Innenbereichsgrundstück einheitlich genutzten Grundstück des gleichen Eigentümers auch BayVGH, Urteil v. 20. 9. 1985 – 23 B 83 A. 1034 – KStZ 86, 54.

[11] BVerwG, Urteil v. 17. 2. 1984 – 4 C 55.81 – Buchholz 406.11 § 34 BBauG Nr. 97 S. 33 (34 f.) = NJW 84, 1576 = DÖV 84, 855.

zieht, in dem die Deutsche Bundesbahn es derart zur Nutzung für betriebliche Zwecke bestimmt ("gewidmet") hat, daß die Errichtung neuer bzw. die Änderung bestehender Anlagen der Planfeststellung gemäß § 36 Bundesbahngesetz bedarf.[12]

Für den "Bauland"-Begriff des § 133 Abs. 1 BauGB kommt es auf die 5
rechtlich zulässige **Bebaubarkeit** an,[13] d. h. darauf, daß das Grundstück – sobald dessen Eigentümer die dazu erforderlichen, von seiner Willensentscheidung abhängigen Schritte eingeleitet hat – in seinem gegenwärtigen Zustand tatsächlich und rechtlich, und zwar planungs- und bauordnungsrechtlich, bebaut oder genauer: in dem für § 133 Abs. 1 BauGB relevanten Sinne genutzt werden darf. Denn die ausdrückliche Aufnahme der planungsrechtlichen Voraussetzung („Grundstücke, für die eine bauliche . . . Nutzung festgesetzt ist") in Satz 1 läßt darauf schließen, daß mit dem weiteren Tatbestandsmerkmal („sobald sie bebaut werden dürfen") das Nichtvorliegen auch außerplanungsrechtlicher Hindernisse für eine Bebauung erfaßt werden soll,[14] insbesondere also das Nichtvorliegen von Verboten aus dem landesrechtlich geregelten Bauordnungsrecht, dem Bundes- und Landesstraßenrecht, dem Wasser- und Luftverkehrsrecht sowie dem Naturschutzrecht. Vergleichbares gilt für die Fälle des Satz 2. Hier entspricht – wie bereits gesagt (vgl. Rdnr. 3) – der Begriff "zur Bebauung anstehen" nach Sinn und Systematik dem in Satz 1 für den Planbereich enthaltenen Tatbestandsmerkmal "sobald sie bebaut . . . werden dürfen". Satz 2 stellt insoweit keine strengeren Anforderungen an die Voraussetzungen der Beitragspflichtigkeit eines Grundstücks als Satz 1; der Beitragspflicht unterliegt ein Grundstück im Planbereich und im unbeplanten Innenbereich **gleichermaßen**, sobald es bebaut bzw. in einem für § 133 Abs. 1 BauGB relevanten Sinne genutzt werden darf. Das ist der Fall, wenn es derart "bebaubar" ist, daß lediglich noch "**Hindernisse**" bestehen, die – wie z. B. auch das Fehlen einer (mangels eines Antrags bisher nicht erteilten) Baugenehmigung – durch entsprechende Schritte des **Eigentümers ausgeräumt** werden können, so daß es – mit anderen Worten – allein in **seiner Verfügungsmacht** steht, die für eine im engsten Sinne "aktuelle" Bebaubarkeit des Grundstücks aufgestellten – bundesrechtlichen wie landesrechtlichen – Voraussetzungen zu erfüllen.[15] Es ist also im Wege einer Prognose zu ermitteln, ob ein Bauvorhaben auf dem Grundstück zu genehmigen wäre, sofern der Eigentümer die **von seiner Seite** dazu **erforderlichen Schritte** unternimmt. Nur wenn das zu verneinen ist, d. h. wenn eine Bebauung (bzw. eine dem erschlie-

---

[12] BVerwG, Urteil v. 11. 12. 1987 – 8 C 85.86 – BVerwGE 78, 321 (328) = NVwZ 88, 632 = KStZ 88, 51.

[13] BVerwG, u. a. Urteil v. 4. 10. 1974 – IV C 9.73 – BVerwGE 47, 64 (66) = NJW 75, 323 = DVBl 75, 375.

[14] BVerwG, Urteil v. 11. 5. 1973 – IV C 7.72 – Buchholz 406.11 § 133 BBauG Nr. 44 S. 30 (31) = KStZ 73, 196.

[15] BVerwG, Urteil v. 26. 2. 1993 – 8 C 35.92 – BVerwGE 92, 157 (160) = NVwZ 93, 1206 = DVBl 93, 667.

ßungsbeitragsrechtlich vergleichbare Nutzung) nicht zulässig ist – z. B. solange eine Veränderungssperre besteht oder die baurechtlich gebotene Erschließung, etwa mit den notwendigen Versorgungs- und Entsorgungsleitungen, nicht gesichert ist –, unterliegt ein (i. S. des § 131 Abs. 1 Satz 1 BauGB erschlossenes) Grundstück gemäß § 133 Abs. 1 BauGB (noch) nicht der Beitragspflicht.[16]

6   Die Regelungen des § 133 Abs. 1 Satz 1 und 2 BauGB stehen mithin in **enger** Beziehung zu dem, was sich aus den jeweils einschlägigen Vorschriften des **Baurechts** ergibt. Sie machen das Entstehen einer Beitragspflicht für ein einzelnes Grundstück vor allem abhängig vom geltenden Baurecht oder genauer: vom Vorliegen der Voraussetzungen, unter denen das (bundesrechtliche) Bebauungsrecht und das (landesrechtliche) Bauordnungsrecht eine zur Beitragspflicht führende Grundstücksnutzung gestatten.[17] Das bedeutet aber **nicht**, daß ein Grundstück – um der Beitragspflicht zu unterliegen – in dem Sinne gleichsam "konkret" bebaubar sein muß, daß unmittelbar mit der tatsächlichen Bebauung begonnen werden kann, also die dazu erforderlichen öffentlich-rechtlichen Voraussetzungen bereits erfüllt worden sind. Vielmehr stellt § 133 Abs. 1 BauGB auf eine **abstrakte Bebaubarkeit** ab, d. h. darauf, ob angenommen werden darf, die Erteilung einer Genehmigung für ein Bauvorhaben sei aus der Sicht der einschlägigen Bestimmungen des Baurechts **abhängig einzig** von Maßnahmen des **Grundeigentümers**. Ist ein Grundstück tatsächlich wie auch rechtlich in diesem Sinne nutzbar, steht der ihm dadurch vermittelten, erschließungsbeitragsrechtlich maßgeblichen "Bauland-Qualität" eine privatrechtliche, durch beschränkt persönliche Dienstbarkeit gesicherte Verpflichtung, es gleichwohl nicht zu bebauen, *nicht* entgegen.[18]

1. Begriff des Baulands i. S. des § 133 Abs. 1 BauGB

7   Der Begriff des Baulands ist zwar ausdrücklich nur in Satz 2 des § 133 Abs. 1 BauGB genannt. In der Sache aber deckt er sich mit dem in Satz 1 dieser Vorschrift verwandten Begriff "Grundstücke, für die eine bauliche ... Nutzung festgesetzt ist". Beide Begriffe stellen ab auf eine aus der Sicht des Erschließungsbeitragsrechts **beachtliche Nutzbarkeit** von Grundstücken; sie sind daher nach der ständigen Rechtsprechung des Bundesverwaltungsgerichts[18] **spezifisch erschließungsbeitragsrechtliche** Begriffe mit inhaltlich gleicher Reichweite, so daß es im Ergebnis gerechtfertigt ist, von einem **übergreifenden** Baulandbegriff i. S. des § 133 Abs. 1 BauGB zu sprechen.

---

[16] BVerwG, Urteil v. 16. 9. 1977 – IV C 71.74 – Buchholz 406.11 § 133 BBauG Nr. 63 S. 35 (38) = DVBl 78, 301 = DÖV 78, 58.

[17] Vgl. im einzelnen BVerwG, Urteil v. 14. 1. 1983 – 8 C 81.81 – Buchholz 406.11 § 133 BBauG Nr. 85 S. 32 (36 ff.) = DVBl 83, 904 = DÖV 83, 935.

[18] BVerwG, Beschluß v. 24. 3. 1982 – 8 B 94.81 – Buchholz 406.11 § 133 BBauG Nr. 82 S. 27 (28) = NJW 82, 2458 = KStZ 82, 191.

Dieser Baulandbegriff umfaßt nicht nur das, was baurechtlich den Begriff 8
des Baulands erfüllt, sondern über die damit gekennzeichneten baulich im
engeren Sinne nutzbaren Grundstücke hinaus Grundstücke mit solchen (zulässigen) „Nutzungen ..., die im Hinblick auf die Erschließung der baulichen ... Nutzung gleichartig sind ... und wegen dieser Erschließung und des
dadurch eintretenden Vorteils eine Belastung mit Erschließungskosten rechtfertigen".[19] Welche Nutzungen einer baulichen Nutzbarkeit im engeren Sinne erschließungsbeitragsrechtlich gleichartig sind, hängt zum einen von der
jeweils (zulässigen) Nutzungsart und zum anderen von der Funktion der in
Rede stehenden Erschließungsanlage ab. Dies macht deutlich, daß die Frage
nach den erschließungsbeitragsrechtlich einer baulichen Nutzung gleichartigen Nutzungen einer einheitlichen Beantwortung für alle Arten von beitragsfähigen Erschließungsanlagen i. S. des § 127 Abs. 2 Nrn. 1 bis 5 BauGB nicht
zugänglich ist. Maßgebend ist insoweit, ob von einem Grundstück seiner
bestimmungsmäßigen Nutzbarkeit entsprechend **erfahrungsgemäß eine Inanspruchnahme** der betreffenden Art von Erschließungsanlagen **ausgelöst** wird,
die der von einem bebaubaren Grundstück ausgehenden Inanspruchnahme
erschließungsbeitragsrechtlich **annähernd vergleichbar** ist (vgl. im einzelnen
§ 17 Rdnrn. 24 f., 67 und 93). Dies ist bezogen etwa auf Anbaustraßen zu
bejahen bei Grundstücken, die für ihre bestimmungsgemäße Nutzung wie
(im engeren Sinne) bebaubare Grundstücke auf die Inanspruchnahmemöglichkeit einer solchen Erschließungsanlage angewiesen sind, deren Nutzung
also einen Ziel- und Quellverkehr verursacht, der zum Ausgleich des damit
vermittelten Erschließungsvorteils im Interesse der Beitragsgerechtigkeit eine
Beitragsbelastung geboten erscheinen läßt.[20] Dementsprechend ist von Anbaustraßen erschlossen i. S. des § 131 Abs. 1 Satz 1 BauGB und hat Baulandqualität i. S. des § 133 Abs. 1 BauGB ein Grundstück im **beplanten** Gebiet
(vgl. zu unbeplanten Gebieten Rdnr. 4), das beispielsweise als Dauerkleingarten (selbst im Landschaftsschutzgebiet),[19] als kirchlicher oder kommunaler
Friedhof,[21] als Sportplatz[22] oder als Schwimmbad[23] genutzt wird und genutzt
werden darf. Die Straßenseite, zu der derartige Grundstücke gelegen sind, ist
infolgedessen auch (im weiteren Sinne) zum Anbau bestimmt.[19]

---

[19] Vgl. statt vieler BVerwG, Urteil v. 1. 2. 1980 – 4 C 63 u. 64.78 – Buchholz 406.11
§ 133 BBauG Nr. 33 S. 64 (66 ff.) = NJW 80, 1973 = KStZ 80, 170.
[20] BVerwG, u. a. Urteil v. 11. 12. 1987 – 8 C 85.86 – BVerwGE 78, 321 (326 f.) =
NVwZ 88, 632 = KStZ 88, 51.
[21] BVerwG, u. a. Urteil v. 4. 5. 1979 – 4 C 25.76 – Buchholz 406.11 § 133 BBauG
Nr. 69 S. 50 (51 ff.) = DVBl 79, 784 = KStZ 79, 167.
[22] BVerwG, u. a. Urteil v. 19. 8. 1994 – 8 C 23.92 – ZMR 94, 534 HSGZ 94, 465, sowie
Schröder in KStZ 1983, 197 ff. mit Nachweisen aus Rechtsprechung und Literatur.
[23] BVerwG, Urteil v. 3. 6. 1971 – IV C 28.70 – BVerwGE 38, 147 (150 f.) = DÖV 72,
504 = KStZ 72, 199; zwar ist dort ausdrücklich nur das Erschlossensein eines solchen
Grundstücks i. S. des § 131 Abs. 1 BBauG bejaht worden, doch bestehen auf der
Grundlage der späteren Rechtsprechung des Bundesverwaltungsgerichts keine Zweifel,
daß auch eine Beitragspflichtigkeit anzunehmen ist.

9   Der Baulandbegriff des § 133 Abs. 1 BauGB umfaßt – soweit es um Anbaustraßen geht – grundsätzlich auch i. S. des § 131 Abs. 1 Satz 1 BauGB erschlossene Grundstücke, auf denen *nur* eine rein gewerbliche, also eine nicht mit baulichen Anlagen verbundene Nutzung (z. B. als Lagerplatz oder Stellplatz für einem gewerblichen Betrieb dienende "Groß"-Fahrzeuge) zulässig ist. Deshalb kommt für Anbaustraßen weder der Regelung des § 133 Abs. 1 Satz 1 (2. Alternative) BauGB, nach der für Grundstücke im Planbereich die rein gewerbliche Nutzung der baulichen Nutzung erschließungsbeitragsrechtlich ausdrücklich gleichgestellt ist, noch dem Umstand, daß der Gesetzgeber davon abgesehen hat, in § 133 Abs. 1 Satz 2 BauGB für Grundstücke im unbeplanten Innenbereich eine entsprechende Anordnung aufzunehmen, besondere Bedeutung zu. Denn „die Frage, ob eine nur gewerbliche... Nutzbarkeit im unbeplanten Innenbereich eine Beitragpflicht deshalb nicht auszulösen vermag, weil dies in § 133 Abs. 1 Satz 3... nicht vorgesehen ist, kann sich nur stellen, wenn feststeht, daß die Nutzung den spezifisch erschließungsbeitragsrechtlichen Begriff des Baulands *nicht* erfüllt".[24] Das aber wird nur in ganz besonders gelagerten Ausnahmefällen angenommen werden können.

2. Bebaute und bebaubare Grundstücke

10   Ungeachtet der auf die zukünftige Nutzung ausgerichteten Formulierung der beiden Sätze des § 133 Abs. 1 BauGB werden von dieser Bestimmung erfaßt neben den noch unbebauten, aber im vorbezeichneten (vgl. Rdnrn. 5 f.) Sinne **abstrakt** bebaubaren (bzw. ungenutzten, aber erschließungsbeitragsrechtlich relevant nutzbaren) auch die bebauten (bzw. entsprechend genutzten) Grundstücke.[25] Ein Grundstück, das schon bebaut ist, ist in der Regel – d. h. abgesehen von mit privilegierten Vorhaben bebauten Grundstücken im Außenbereich – als Bauland zu qualifizieren und unterliegt der Beitragspflicht entweder nach Satz 1 oder Satz 2 des § 133 Abs. 1 BauGB. Da Satz 1 wie Satz 2 – soweit es die i. S. des § 131 Abs. 1 Satz 1 BauGB erschlossenen *Grundstücke* selbst angeht – den jeweils **frühesten Zeitpunkt** des Entstehens der Beitragspflicht festlegen, ist die Beitragspflicht für ein bereits bebautes, wenn auch konkret nicht weiter, nämlich nicht in weiterem Umfang bebaubares Grundstück im Planbereich wie im unbeplanten Innenbereich zu bejahen, weil durch die Bebauung grundsätzlich die abstrakte Bebaubarkeit zum Ausdruck kommt, die Bebauung indiziert in der Regel die Baulandeigenschaft.[26] Entsprechendes gilt für bereits gewerblich oder anderweitig erschlie-

---

[24] BVerwG, Urteil v. 14. 1. 1983 – 8 C 81.81 – Buchholz 406.11 § 133 BBauG Nr. 85 S. 32 (35) = DVBl 83, 904 = DÖV 83, 935.

[25] BVerwG, u. a. Urteil v. 6. 5. 1966 – IV C 136.65 – Buchholz 406.11 § 133 BBauG Nr. 8 S. 39 (41 ff.) = NJW 66, 1832 = DVBl 66, 693.

[26] BVerwG, u. a. Urteil v. 16. 9. 1977 – IV C 71.74 – Buchholz 406.11 § 133 BBauG Nr. 63 S. 35 (40) = DVBl 78, 301 = KStZ 78, 15.

ßungsbeitragsrechtlich relevant genutzte Grundstücke. Dieser Gesichtspunkt hat praktische Bedeutung vor allem, wenn einem beispielsweise verkehrsmäßig bereits ersterschlossenen Grundstück (etwa einem Eckgrundstück) durch eine zweite Straße eine weitere verkehrsmäßige Erschließung vermittelt wird. Denn in Fällen dieser Art werden sehr häufig die jeweiligen Grundstücke bereits bebaut oder anderweitig in einem für § 133 Abs. 1 BauGB relevanten Sinne genutzt sein.

Daß die vorhandene Bebauung durch eine Ausnahme oder Befreiung er- **11** möglicht wurde, hindert die Erfüllung des § 133 Abs. 1 BauGB nicht: Selbst insoweit nämlich wird abgestellt auf „eine zulässige Bebaubarkeit ..., die auch für die Zukunft besteht und deshalb § 133 Abs. 1 BauGB unterliegt".[27] Überdies spielt die Art der Bebauung bzw. Nutzung regelmäßig keine Rolle; eine Differenzierung danach, ob die Nutzung eines Grundstücks privaten (fiskalischen) oder öffentlichen Zwecken dient, ist daher nicht angezeigt. Deshalb ist als Bauland i.S. des § 133 Abs. 1 BauGB zu qualifizieren u.a. ein Kirchengelände,[28] ein mit planfeststellungsbedürftigen Betriebsanlagen i.S. des § 36 Bundesbahngesetz (z.B. Bahnhofsgebäude, Lagerhallen usw.) bebautes Betriebsgrundstück der Bundesbahn,[29] soweit es nicht für Schienenanlagen selbst (Schienengelände ist seinerseits als öffentliche Verkehrsfläche zu qualifizieren, vgl. § 17 Rdnr. 49) in Anspruch genommen wird, sowie (nur im beplanten Bereich) ein Flugplatzgelände.[30] Anders als z.B. ausschließlich durch Befreiungen ermöglichte Bauten sind dagegen nur **bestandsgeschützte Bauten** zu beurteilen: Ein bebautes Grundstück, das nicht mehr bebaut werden darf, wird nicht dadurch beitragspflichtig, daß das auf ihm vorhandene Gebäude Bestandsschutz genießt.[31]

Voraussetzung für die Bebaubarkeit eines Grundstücks und in der Folge **12** seine Beitragspflichtigkeit ist vor allem seine **verkehrliche Erreichbarkeit**, die geregelt ist sowohl als bebauungsrechtliches Erfordernis hinreichender verkehrlicher Erschließung (§§ 30ff. BauGB) als auch als bauordnungsrechtliches Erfordernis hinreichender Zugänglichkeit, wie es – zurückgehend auf § 4 Abs. 2 der sog. Musterbauordnung vom 30. Oktober 1959 – in den meisten Landesbauordnungen aufgestellt ist.[32] Diese Erreichbarkeit als baurechtliche Anforderung für die Bebaubarkeit eines Grundstücks ist weitgehend unproblematisch, wenn es sich um sog. Anliegergrundstücke handelt, d.h. um Grundstücke, die unmittelbar an das Straßengelände angrenzen. Anders

---

[27] BVerwG, Urteil v. 17. 6. 1994 – 8 C 24.92 – DVBl 95, 55 = HSGZ 94, 462.
[28] Vgl. u.a. OVG Münster, Urteil v. 31. 8. 1978 – II A 222/76 – DÖV 79, 182 = KStZ 79, 73 = ID 78, 276.
[29] BVerwG, Urteil v. 11. 12. 1987 – 8 C 85.86 – BVerwGE 78, 321 (327) = NVwZ 88, 632 = KStZ 88, 51.
[30] OVG Koblenz, Urteil v. 18. 10. 1976 – 6 A 27/76 – KStZ 79, 96.
[31] BVerwG, Urteil v. 20. 9. 1974 – IV C 70.72 – Buchholz 406.11 § 133 BBauG Nr. 48 S. 41 (42) = NJW 75, 323 = KStZ 75, 111.
[32] Vgl. in diesem Zusammenhang BVerwG, Urteil v. 6. 9. 1968 – IV C 12.66 – DVBl 69, 259 = DÖV 68, 881 = MDR 69, 78.

ist es jedoch, wenn es um ein i.S. des § 131 Abs. 1 Satz 1 BauGB erschlossenes **Hinterliegergrundstück** (im engeren Sinne, vgl. § 17 Rdnrn. 70f.) geht.
Dann nämlich stellt sich die Frage, ob das Hinterliegergrundstück der Anbaustraße wegen, von der es durch das Anliegergrundstück getrennt ist, **bebaubar** ist, d.h. ob ausschließlich dieser Anlage wegen die Anforderungen
erfüllt sind, die das bundesrechtliche Bebauungsrecht und das landesrechtliche Bauordnungsrecht mit Blick auf eine gesicherte verkehrliche Erreichbarkeit als Voraussetzung für die **abstrakte Bebaubarkeit**[33] des Hinterliegergrundstücks stellen. Für die Beantwortung dieser Frage ist zu differenzieren
zwischen den Fällen, in denen Anlieger- und Hinterliegergrundstücke im
Eigentum der gleichen Person stehen (Eigentümeridentität), und den Fällen,
in denen das nicht zutrifft (Eigentümerverschiedenheit).

13   Im Sinne des § 133 Abs. 1 BauGB bebaubar ist ein durch eine Anbaustraße
gemäß § 131 Abs. 1 erschlossenes **Hinterliegergrundstück**, wenn es in der Hand
des Eigentümers liegt, mit Blick auf diese Anlage die Erreichbarkeitsanforderungen zu erfüllen, von denen das (bundesrechtliche) Bebauungsrecht und
das (landesrechtliche) Bauordnungsrecht die bauliche oder gewerbliche Nutzung des Grundstücks abhängig machen. Das trifft in der Regel zu, wenn das
Hinterliegergrundstück und das es von der Anbaustraße trennende Anliegergrundstück im **Eigentum derselben Person** stehen (**Eigentümeridentität**). In den
Ländern, in denen die Bebaubarkeit eines Hinterliegergrundstücks von der
öffentlich-rechtlichen Sicherung einer Zufahrt über das Anliegergrundstück
abhängt, kann der Eigentümer dieser Anforderung durch die **Bestellung** etwa
einer Baulast oder einer beschränkt persönlichen Dienstbarkeit zu Lasten
seines Anliegergrundstücks genügen. In den anderen Ländern kann der Eigentümer den Mangel, der in dem Nichtanliegen des Hinterliegergrundstücks
an die Anbaustraße besteht und dessen Nutzbarkeit behindert, durch eine
Vereinigung dieses Grundstücks mit dem Anliegergrundstück beseitigen.
Nach § 890 Abs. 1 BGB können die beiden Grundstücke dadurch zu einem
dann insgesamt anliegenden Grundstück vereinigt werden, daß der Eigentümer sie als ein Grundstück in das Grundbuch eintragen läßt[34]. Im Ergebnis
entsprechendes gilt, d.h. wie die Fälle der Eigentümeridentität zu beurteilen
sind die Fälle, in denen das Anliegergrundstück zwar noch nicht dem Eigentümer des Hinterliegergrundstücks gehört, dieser aber einen durchsetzbaren
Anspruch auf Übertragung des Eigentums an dem Anliegergrundstück hat.[35]

14   Für den Fall, daß Anlieger- und Hinterliegergrundstück im Eigentum verschiedener Personen stehen und kein Anspruch auf Übertragung des Eigen-

---

[33] Vgl. zur Maßgeblichkeit der abstrakten Bebaubarkeit im Rahmen des § 133 Abs. 1
BauGB schon BVerwG, Urteil v. 6.5. 1966 – IV C 136.65 – Buchholz 406.11 § 133
BBauG Nr. 8 S. 39 (41) = NJW 66, 1832 = DVBl 66, 693.
[34] BVerwG, Urteil v. 26.2. 1993 – 8 C 35.92 – BVerwGE 92, 157 (161 f.) = NVwZ
93, 1206 = DVBl 93, 667.
[35] BVerwG, Urteil v. 26.2. 1993 – 8 C 45.91 – Buchholz 406.11 § 133 BauGB
Nr. 119 S. 53 (57) = NVwZ 93, 1208 = ZMR 94, 582.

tums an dem einen oder anderen Grundstück besteht (Fall der **Eigentümerverschiedenheit**), lassen sich **keine** allgemein gültigen Aussagen darüber machen, ob das Hinterliegergrundstück i.S. des § 133 Abs. 1 BauGB bebaubar ist. Insoweit sind dann maßgebend die Umstände des jeweiligen Einzelfalls (vgl. im einzelnen § 17 Rdnrn. 76 f.). Jedenfalls dürfte im Falle der **Eigentümerverschiedenheit** ein Hinterliegergrundstück der Beitragspflicht nach § 133 Abs. 1 BauGB unterliegen, wenn der Eigentümer des Anliegergrundstücks verbindlich erklärt, er werde zugunsten des Hinterliegergrundstücks die dessen Erreichbarkeit vermittelnde Zufahrt über das vorgelagerte (Anlieger-)Grundstück in der Weise sichern lassen, die die jeweils einschlägige Landesbauordnung fordert. Ist im Zeitpunkt des Entstehens der sachlichen Beitragspflichten (§ 133 Abs. 2 BauGB) aufgrund der Umstände des konkreten Einzelfalls dagegen zu erkennen, daß für ein Hinterliegergrundstück die Erfüllung der landesrechtlichen Erreichbarkeitsanforderungen schlechthin ausgeschlossen ist, ist dieses Grundstück nicht bebaubar und scheidet deshalb – vergleichbar etwa einem Außenbereichsgrundstück – schon aus dem Kreis der i.S. des § 131 Abs. 1 Satz 1 BauGB erschlossenen Grundstücke aus (vgl. § 17 Rdnr. 75).

Die Frage, ob den bauordnungsrechtlichen Anforderungen an eine hinrei- **15** chende verkehrsmäßige Erreichbarkeit genügt ist, stellt sich u.a. auch bei Hinterliegergrundstücken (im weiteren Sinne), die mit der sie i.S. des § 131 Abs. 1 Satz 1 BauGB erschließenden Anbaustraße durch **unbefahrbare private Wohnwege** verbunden sind. Zwar kann bei privaten (ebenso wie bei öffentlichen) Wohnwegen nach den einschlägigen Vorschriften der Landesbauordnungen unter bestimmten Voraussetzungen auf eine Befahrbarkeit, **nicht** aber auf die öffentlich-rechtliche Sicherung der Zugangsmöglichkeit verzichtet werden;[36] eine privatrechtliche Sicherung (etwa durch eine Dienstbarkeit) oder ein Notwegerecht genügt für deren abstrakte Bebaubarkeit grundsätzlich nicht.[36] Ohne die für eine hinreichend verläßliche Prognose erforderliche Möglichkeit, eine den einschlägigen Vorschriften der Landesbauordnungen entsprechende öffentlich-rechtlicher Sicherung zu erhalten, unterliegen die an einen Privatweg der bezeichneten Art angrenzenden Grundstücke auch dann **nicht** der Beitragspflicht nach § 133 Abs. 1 BauGB, wenn sie aufgrund von Baugenehmigungen tatsächlich bebaut worden sind.[37] Zwar genießen in einem solchen Fall die vorhandenen Gebäude ggfs. Bestandschutz, doch führt das noch nicht zu einer Beitragspflichtigkeit der entsprechenden Grundstükke (vgl. Rdnr. 11).

Die sowohl nach Satz 1 als auch nach Satz 2 des § 133 Abs. 1 BauGB maß- **16** gebliche abstrakte Bebaubarkeit eines Grundstücks entfällt nicht schon da-

---

[36] Vgl. Uechtritz in DVBl 86, 1125 (1128 f.), der zutreffend darauf hinweist, daß nach Art. 4 Abs. 2 Nr. 2 BayBauO unter bestimmten Voraussetzungen bei Wohnwegen auf die Widmung verzichtet werden und in dem Zusammenhang eine privatrechtliche Sicherung ausreichen kann.
[37] VGH Mannheim, Urteil v. 4. 11. 1985 – 14 S 1540/85 – KStZ 86, 92.

durch, daß es nach einem – sicher – zu erwartenden Bebauungsplan z. B. in eine Kreuzungsanlage einbezogen werden wird. Vielmehr ist das erst in dem Zeitpunkt der Fall, in dem das Grundstück rechtlich nicht mehr bebaut werden darf. Diese Auffassung führt auch dann nicht zu einem unvertretbaren Ergebnis, wenn der Beitragspflichtige eines zunächst noch bebaubaren Grundstücks den Erschließungsvorteil nur verhältnismäßig kurze Zeit bis zum Wegfall der Bebaubarkeit genießen kann. Denn in einem solchen Fall wird die Entziehung der Bebaubarkeit einen Entschädigungsanspruch, z. B. nach §§ 40 ff. BauGB, zur Folge haben, bei dessen Bemessung der gezahlte Erschließungsbeitrag mitzuberücksichtigen ist.[38] Durch eine Veränderungssperre wird die abstrakte Bebaubarkeit eines Grundstücks *ausnahmsweise* nicht in erschließungsbeitragsrechtlich relevanter Weise beeinträchtigt, wenn bei Anforderung des Beitrags bereits feststeht, daß eine Baugenehmigung erteilt werden müßte, weil die Sperre demnächst endet.[39]

3. Baurechtlich nicht bzw. nur unterwertig nutzbare Grundstücke

17   Der Beitragspflicht nach § 133 Abs. 1 BauGB unterliegen Grundstücke nicht, die wegen ihrer Größe oder ihrer Gestalt nicht oder erst im Zusammenhang mit im fremden Eigentum stehenden Grundstücken entsprechend den baurechtlichen Vorschriften genutzt werden können,[40] also nicht abstrakt bebaubar sind. Jedoch ist eine abstrakte Bebaubarkeit zu bejahen, wenn mehrere schmale Grundstücke nebeneinander liegen, die dem **gleichen Eigentümer** gehören und die zwar jeweils nicht für sich allein, aber doch insgesamt unter Überschreitung ihrer Grenzen bebaut werden könnten. „In einem solchen Fall wäre von einer wirtschaftlichen Grundstückseinheit auszugehen und dem Eigentümer eine Bebauung möglich, die der tatsächlichen Grundstückseinheit entspricht."[40] Der Schluß, daß ein wegen seiner geringen Größe nicht ohne weiteres bebaubares Grundstück im konkreten Fall doch bebaubar ist, läßt sich aus einer tatsächlichen Bebauung nur mittelbar herleiten. Denn entscheidend ist nicht diese Bebauung, sondern die dadurch gekennzeichnete Bebaubarkeit.[41]

18   Den nicht bebaubaren Grundstücken erschließungsbeitragsrechtlich gleichgestellt sind Grundstücke, auf denen baurechtlich nur eine gänzlich unterwertige Nutzung zulässig ist (z. B. ein kleiner Abstellraum für Arbeitsgeräte oder das Anbringen einer Werbeanlage). Denn ihnen wird durch die

---

[38] BVerwG, Urteil v. 4. 10. 1974 – IV C 9.73 – BVerwGE 47, 64 (67 ff.) = NJW 75, 323 = DVBl 75, 375.
[39] BVerwG, Urteil v. 12. 12. 1969 – IV C 100.68 – Buchholz 406.11 § 133 BBauG Nr. 34 S. 7 (8 f.) = NJW 70, 876 = DVBl 70, 417.
[40] BVerwG, Urteil v. 11. 5. 1973 – IV C 7.72 – Buchholz 406.11 § 133 BBauG Nr. 44 S. 30 (31 ff.) = BauR 73, 243 = KStZ 73, 196.
[41] BVerwG, Urteil v. 12. 11. 1971 – IV C 11.70 – Buchholz 406.11 § 133 BBauG Nr. 41 S. 26 (27) = DÖV 72, 503 = GemTg 72, 129.

Erschließung allenfalls ein derart geringer Vorteil vermittelt, daß eine Beitragsbelastung nicht gerechtfertigt ist. Grundstücke jedoch, die z.b. mit einem Wohnhaus, einem Verkaufskiosk, einer Garage oder mit einem dem Abstellen eines Kraftfahrzeugs dienenden Gebäude bebaut werden dürfen, unterliegen der Beitragspflicht für eine Anbaustraße, sobald eine solche Bebauung zulässig ist. Gebäude dieser Art sind nicht von vornherein unterwertig. Das ist bei Wohnbauten und gewerblich genutzten Gebäuden offenkundig, gilt aber auch für Garagen oder garagenähnliche Gebäude, da diese wegen ihrer Funktion (Unterstellen eines Kraftfahrzeugs) in besonderem Maße auf die Verbindung mit einer der verkehrlichen Erschließung dienenden Anlage angewiesen sind und ihre Nutzung deshalb mit einem nicht unerheblichen Erschließungsverkehr verbunden ist.[42] Demgemäß hat das Bundesverwaltungsgericht[43] für die Herstellung einer Anbaustraße die Beitragspflichtigkeit eines Grundstücks bejaht, das nach den Festsetzungen des Bebauungsplans mit (nur) zwei Einzelgaragen bebaut werden durfte.

Die Beitragspflichtigkeit eines z.b. nur mit einer Garage bebaubaren 19 Grundstücks für eine Anbaustraße entfällt auch nicht, wenn es zur Errichtung einer Garage (eigentlich) zu groß, zur Bebauung mit einem Wohnhaus aber zu klein ist. Denn ausgelöst wird die Beitragspflicht, wenn ein i.S. des § 131 Abs. 1 Satz 1 BauGB erschlossenes Grundstück Bauland und sobald die Errichtung der Garage baurechtlich zulässig ist. Sind diese Voraussetzungen erfüllt, kommt es für die Beitragspflichtigkeit nicht mehr auf die Größe des Grundstücks und auch nicht darauf an, ob das Grundstück durch die zulässige Bebauung voll ausgenutzt würde.[42]

III. Merkmal des Erschlossenseins i.S. des § 133 Abs. 1 BauGB

Obwohl der Gesetzgeber den Begriff "erschlossene Grundstücke" ausdrücklich nur in den Satz 2 des § 133 Abs. 1 BauGB aufgenommen hat, „setzt der Sache nach auch Satz 1 der Vorschrift das Erschlossensein des Grundstücks voraus. In Satz 1 wie in Satz 2 des § 133 Abs. 1 ... ist Voraussetzung der Beitragspflichtigkeit des Grundstücks, daß es erschlossen i.S. dieser Bestimmung ist."[44] 20

Entsprechend seiner Stellung im Rahmen der Heranziehungsphase hat das 21 Merkmal "erschlossen" i.S. des § 133 Abs. 1 BauGB einen **spezifischen**, das Merkmal "erschlossen" i.S. des § 131 Abs. 1 Satz 1 BauGB einschließenden **Inhalt**. Zwar müssen alle Grundstücke, um als erschlossen i.S. des § 133

---

[42] BVerwG, Urteil v. 16. 9. 1977 – IV C 71.74 – Buchholz 406.11 § 133 BBauG Nr. 63 S. 35 (39) = DVBl 78, 301 = DÖV 78, 58.
[43] BVerwG, Urteil v. 25. 2. 1977 – IV C 35.74 – Buchholz 406.11 § 133 BBauG Nr. 60 S. 28 (29) = NJW 77, 1549 = DVBl 78, 297.
[44] BVerwG, Urteil v. 7. 10. 1977 – IV C 103.74 – Buchholz 406.11 § 131 BBauG Nr. 25 S. 35 (39) = NJW 78, 438 = DVBl 78, 302.

Abs. 1 BauGB qualifiziert werden zu können, auch erschlossen i. S. des § 131 Abs. 1 Satz 1 BauGB sein. Doch rechtfertigt das nicht den Gegenschluß, alle i. S. des § 131 Abs. 1 Satz 1 BauGB erschlossenen Grundstücke seien damit auch zugleich erschlossen i. S. des § 133 Abs. 1 BauGB. Diese **Differenzierung** beruht auf der unterschiedlichen Funktion, die dem Merkmal "erschlossen" nach der gesetzlichen Konzeption im Rahmen der Verteilungsphase (§ 131 Abs. 1 Satz 1 BauGB) einerseits und im Rahmen der Heranziehungsphase (§ 133 Abs. 1 BauGB) andererseits zukommt. In der Verteilungsphase stellt das Merkmal "erschlossen" ab auf einen lediglich "latenten" Erschließungsvorteil (vgl. § 17 Rdnr. 23) und es dient hier der für die Zuschreibung von Anteilen aus der "negativen Vermögensmasse" maßgeblichen Abgrenzung zwischen den einer baulichen (oder erschließungsbeitragsrechtlich vergleichbaren) Nutzung nicht entzogenen Grundstücken, die von der Inanspruchnahmemöglichkeit einer bestimmten beitragsfähigen Erschließungsanlage zumindest einen "latenten" Vorteil haben, und den Grundstücken, die keinerlei beitragsrechtlich relevanten Erschließungsvorteil haben. In der Heranziehungsphase hingegen ist das Merkmal "erschlossen" ausgerichtet auf die Beantwortung der Frage, ob einem i. S. des § 131 Abs. 1 Satz 1 BauGB erschlossenen Grundstück durch die Inanspruchnahmemöglichkeit der Anlage ein "akuter" Erschließungsvorteil vermittelt wird, der es rechtfertigt, von dessen Eigentümer *schon* jetzt einen Beitrag zu verlangen. In diesem engeren Sinne des § 133 Abs. 1 BauGB ist ein Grundstück z. B. durch eine Anbaustraße erschlossen, wenn es dieser Anlage wegen nach Maßgabe der einschlägigen bebauungs- und bauordnungsrechtlichen Bestimmungen abstrakt bebaubar (vgl. Rdnrn. 10 ff.) ist oder erschließungsbeitragsrechtlich vergleichbar genutzt werden darf, und es ist dies **darüber hinaus** *erst,* wenn die in Rede stehende Erschließungsanlage von ihm aus rechtlich wie tatsächlich *ungehindert* genutzt werden kann.

22   Dementsprechend ist etwa durch eine Anbaustraße erschlossen i. S. des § 131 Abs. 1 Satz 1 BauGB ein in einem Wohngebiet gelegenes **Anlieger-**grundstück, das aufgrund der rechtlichen und tatsächlichen Verhältnisse in dem nach § 133 Abs. 2 BauGB maßgeblichen Zeitpunkt zumindest Aussicht hat, der in Rede stehenden Anlage wegen die Eigenschaft "abstrakt bebaubar (oder erschließungsbeitragsrechtlich vergleichbar nutzbar)" zu erreichen, bereits dann, wenn der Möglichkeit eines Heranfahrens und in der Folge der Inanspruchnahmemöglichkeit der Anlage – wenn überhaupt – ausschließlich rechtliche oder tatsächliche Hindernisse entgegenstehen, die **ausräumbar** sind (vgl. § 17 Rdnrn. 54 ff.). Hingegen ist beispielsweise ein Grundstück in einem beplanten Gewerbegebiet, für dessen planungsrechtlich zulässige Nutzbarkeit eine Erreichbarkeit in **Form des Herauffahrenkönnens** erforderlich ist (vgl. dazu § 17 Rdnrn. 51 und 53), i. S. des § 133 Abs. 1 BauGB durch eine Anbaustraße erschlossen erst, wenn von ihm aus „rechtlich wie tatsächlich ungehindert eine Zufahrt zu dieser Straße genommen werden kann. Das ist nicht erreicht, wenn eine Benutzung noch durch entgegenstehende rechtliche oder

tatsächliche (beachtliche) Hindernisse ausgeschlossen wird",[45] wobei etwa eine Bordsteinkante grundsätzlich nicht als ein beachtliches tatsächliches Hindernis anzusehen ist. Im Sinne des § 133 Abs. 1 BauGB durch eine Anbaustraße erschlossen ist mithin ein solches Anliegergrundstück nicht schon ohne weiteres, wenn die Anlage im Hinblick auf die Ausräumbarkeit eines einem Herauffahrenkönnen noch entgegenstehenden Hindernisses tatsächlicher oder rechtlicher Art (immerhin) geeignet ist, die Erschließung im rechtlichen Sinne der §§ 30 ff. BauGB zu sichern und deshalb das zu vermitteln, was für die Bebaubarkeit dieses Grundstücks an wegemäßiger Erschließung erforderlich ist, sondern grundsätzlich erst, wenn etwaige der Anlegung einer Zufahrt auf ein solches (Gewerbe-)Grundstück entgegenstehende rechtliche oder tatsächliche (beachtliche) Hindernisse *beseitigt worden sind.*

Ist etwa ein schmaler unbefestigter Grünstreifen zwischen dem Gehweg 23 und einem Grundstück kraft Landesrecht Bestandteil einer Anbaustraße, das Grundstück also ein Anliegergrundstück, und gestattet die den Grünstreifen erfassende, auf dem einschlägigen Landesstraßenrecht beruhende Widmung weder dessen Überqueren durch Fußgänger noch dessen Überfahren ohne vorherige Befestigung, steht der Inanspruchnahme der Fahrbahn von dem (Anlieger-)Grundstück aus ein rechtliches Hindernis entgegen, das – weil (durch die Befestigung) ausräumbar – ein Erschlossensein i.S. des § 131 Abs. 1 Satz 1 BauGB nicht berührt. Solange dieses Hindernis nicht ausgeräumt ist, fehlt es jedoch am Erschlossensein i.S. des § 133 Abs. 1 BauGB mit der Folge, daß das betreffende Grundstück (noch) nicht der Beitragspflicht unterliegt.[46]

Ein Grundstück, dessen Bebaubarkeit bebauungsrechtlich einer **bestimmten** 24 Form der **Erreichbarkeit** (vgl. zu den Formen der Erreichbarkeit im einzelnen § 17 Rdnrn. 51 ff.) bedarf, ist – mit anderen Worten – durch eine Anbaustraße in der **Regel** erst dann erschlossen i.S. des § 133 Abs. 1 BauGB, wenn diese Erreichbarkeit **verwirklicht,** also ein (etwa) entgegenstehendes rechtliches oder/und tatsächliches Hindernis auf dem Straßengrund (nicht nur – wie für § 131 Abs. 1 Satz 1 BauGB ausreichend – ausräumbar, sondern) ausgeräumt ist.[47] Diese "Regel" gilt allerdings **uneingeschränkt** nur für Konstellationen, in denen ein der Inanspruchnahme der Erschließungsanlage entgegenstehendes **Hindernis** in der **Verfügungsmacht der Gemeinde** steht, nicht jedoch auch in Fällen, in denen es zur Beseitigung des Hindernisses eines Zusammenwirkens mit dem Anlieger bedarf. Ist ein **Zusammenwirken** erforderlich, läßt das Be-

---

[45] BVerwG, Urteil v. 26. 9. 1983 – 8 C 86.81 – BVerwGE 68, 41 (46 f.) = DVBl 84, 184 = NVwZ 84, 172; vgl. in diesem Zusammenhang auch OVG Münster, Urteil v. 14. 12. 1983 – 3 A 2340/83 – KStZ 84, 158 zu einem tatsächlichen Hindernis in Gestalt einer Stützmauer.

[46] BVerwG, Urteil v. 20. 8. 1986 – 8 C 58.85 – KStZ 86.211 = NVwZ 87, 56 = ZMR 87, 68.

[47] BVerwG, u.a. Urteil v. 21. 10. 1988 – 8 C 56.87 – NVwZ 89, 570 = ZMR 89, 73 = HSGZ 89, 64.

stehen eines unter dem Blickwinkel des § 131 Abs. 1 Satz 1 BauGB für ausräumbar zu haltenden Hindernisses tatsächlicher Art das Erschlossensein i. S.
des § 133 Abs. 1 BauGB unberührt, wenn sich die Gemeinde zur Ausräumung des Hindernisses auf ihre Kosten bereiterklärt hat, die Beseitigung
jedoch deshalb scheitert, weil der Grundeigentümer seine notwendige Mitwirkung verweigert.[48]

IV. Bekanntmachung nach § 133 Abs. 1 Satz 3 BauGB

25   Gemäß § 133 Abs. 1 Satz 3 BauGB soll die Gemeinde bekanntgeben, (nur)
„welche Grundstücke nach Satz 2 der Beitragspflicht unterliegen". Diese Bekanntmachung dient dazu, die betreffenden Grundstückseigentümer (Erbbauberechtigten) rechtzeitig – d. h. zumindest vor Erlaß von Heranziehungsbescheiden – auf eine bevorstehende Belastung mit Beiträgen hinzuweisen.
Sie hat allerdings – wie im 2. Halbsatz dieser Bestimmung ausdrücklich klargestellt ist – keine rechtsbegründende, sondern ausschließlich **deklaratorische**
Wirkung, stellt mangels einer Regelung keinen (belastenden) Verwaltungsakt
dar und kann deshalb nicht mit Rechtsmitteln angefochten werden.[49] Eine
Form der Bekanntmachung schreibt das Gesetz nicht vor, sie kann u. a. durch
mündliche oder schriftliche Mitteilung erfolgen. Ein Unterbleiben der Bekanntmachung hat weder Einfluß auf das Entstehen der sachlichen Beitragspflichten noch auf die Rechtmäßigkeit einer Heranziehung; es kann allenfalls
einen Schadensersatzanspruch aus dem Gesichtspunkt der Verletzung einer
dem betroffenen Personenkreis gegenüber bestehenden Amtspflicht auslösen,[50] doch setzt das u. a. voraus, daß die Unterlassung kausal für eine Fehl-
disposition des Eigentümers (Erbbauberechtigten) war.

§ 24 Entstehen der persönlichen Beitragspflicht und Fälligkeit des Beitrags

I. Einleitung

1   Wenn eine beitragsfähige Erschließungsanlage endgültig hergestellt worden
und damit für bestimmte Grundstücke kraft Gesetzes die sachlichen (abstrakten) Beitragspflichten entstanden sind (§ 133 Abs. 2 und 1 BauGB), muß die
Gemeinde versuchen, den nach Maßgabe ihrer Verteilungsregelung jeweils
auf die "betroffenen" Grundstücke entfallenden, der Höhe nach feststehen-

---

[48] BVerwG, Urteil v. 29. 5. 1991 – 8 C 67.89 – BVerwGE 88, 248 (251 f.) = NVwZ
91, 1089 = DVBl 91, 1306.
[49] Ebenso u. a. Löhr in Battis/Krautzberger/Löhr, BauGB, § 133 Rdnr. 14.
[50] Ebenso u. a. Ernst in Ernst/Zinkahn/Bielenberg, BauGB, § 133 Rdnr. 22.

den Betrag einzuziehen. Zwar ist mit dem Entstehen der sachlichen Beitragspflichten mit Blick auf jedes dieser Grundstücke die Beitragsforderung der Gemeinde „derartig voll als Anspruch ausgestaltet, daß sie das Beitragsschuldverhältnis in bezug auf das Grundstück und gegenüber dem ... Beitragspflichtigen begründet",[1] doch bedarf das solchermaßen begründete, zunächst nur abstrakte Schuldverhältnis neben der Festsetzung des Geldwerts der Beitragsforderung vor allem noch einer **Konkretisierung** des Schuldners, d. h. der Bestimmung der Person, die persönlich beitragspflichtig ist. Diese Bestimmung richtet sich nach § 134 Abs. 1 BauGB.

Nach § 134 Abs. 1 BauGB in seiner bis zum 14. Juli 1992 geltenden Fassung konnten persönlich beitragspflichtig nur der Eigentümer des der Beitragspflicht unterliegenden Grundstücks oder – an dessen Stelle – der Erbbauberechtigte werden. Durch Art. 11 § 8 des Zweiten Vermögensrechtsänderungsgesetzes vom 14. Juli 1992 (BGBl I S. 1257) ist in den Absatz 1 des § 134 BauGB mit Wirkung vom 15. Juli 1992 ein neuer Satz 3 eingefügt und überdies § 134 Abs. 2 BauGB neugefaßt worden. Beide Änderungen heben ab auf in der vormaligen DDR erworbene **dingliche Nutzungsrechte**. Mit ihnen „soll geklärt werden, daß nicht der Grundeigentümer, sondern der Inhaber eines dinglichen Nutzungsrechts für die Erschließungskosten aufzukommen hat."[2]

II. Beitragspflichtige Personen

Persönlich beitragspflichtig können sowohl natürliche als auch juristische Personen werden, und zwar juristische Personen des Privatrechts und des öffentlichen Rechts (z. B. Aktiengesellschaften für ihre Firmengelände, eingetragene Vereine für Sportplätze, Kirchengemeinden für Friedhöfe, die Bundesrepublik für Kasernengelände usw.); eine Gesellschaft bürgerlichen Rechts als nicht-rechtsfähige Personenmehrheit scheidet daher als persönlicher Beitragsschuldner aus.[3] Die durch § 38 BauGB privilegierten Planungsträger, insbesondere die Bundesbahn, sind nicht von der Beitragspflicht befreit.[4] Auch sog. Kleinsiedler können in vollem Umfang persönlich beitragspflichtig werden, sie genießen insoweit keinen dem entgegenstehenden Schutz.[5] Lediglich die zur Beitragserhebung berechtigte Gemeinde selbst kommt als beitragspflichtige (juristische) Person nicht in Betracht (vgl. § 19 Rdnr. 15).

[1] BVerwG, Urteil v. 5. 9. 1975 – IV CB 75.73 – Buchholz 406.11 § 133 BBauG Nr. 55 S. 15 (20) = NJW 76, 818 = DÖV 76, 96.
[2] BT-Drucksache 12/2944, S. 66.
[3] Vgl. VG Köln, Urteil v. 21. 9. 1989 – 7 K 4260/88 – KStZ 90, 57.
[4] BVerwG, Urteil v. 11. 12. 1987 – 8 C 85.86 – BVerwGE 78, 321 (322f.) = NVwZ 88, 632 = DVBl 88, 893.
[5] BVerwG, Urteil v. 7. 5. 1965 – IV C 38.65 – BVerwGE 21, 98 (99ff.) = ZMR 66, 185.

1. Grundstückseigentümer bzw. Erbbauberechtigte und bestimmte dinglich Nutzungsberechtigte

4   § 134 Abs. 1 BauGB bezeichnet abschließend die Personen, die persönlich beitragspflichtig sein können; er schließt als speziellere Norm die Anwendung des § 200 Abs. 2 BauGB aus.[6] Danach können beitragspflichtig zunächst einmal bestimmte Grundstückseigentümer werden, und zwar Eigentümer im bürgerlich-rechtlichen Sinne; dieser bundesrechtliche Begriff des Eigentümers läßt ein Abstellen auf den "wirtschaftlichen Eigentümer" nicht zu.[7] An die Stelle des Eigentümers tritt ggfs. gemäß § 134 Abs. 1 Satz 2 BauGB der Erbbauberechtigte. Wo das der Fall ist, scheidet der Eigentümer als Beitragspflichtiger aus. Wer Eigentümer bzw. Erbbauberechtigter ist, ergibt sich aus dem Grundbuch bzw. Erbbaugrundbuch (§ 14 ErbbRVO), es sei denn, dieses ist infolge eines Erbfalls unrichtig geworden. Einer Berichtigung des Grundbuchs (Erbbaugrundbuchs) bedarf es zur Inanspruchnahme des an die Stelle des eingetragenen Eigentümers (Erbbauberechtigten) getretenen Erben nicht. Jedoch ist im Streitfall die Gemeinde beweispflichtig.

Andere Rechtsinhaber als der Eigentümer oder der Erbbauberechtigte kommen vorbehaltlich der Regelung des § 134 Abs. 1 Satz 3 BauGB **nicht** als Beitragsschuldner in Betracht, so beispielsweise nicht der Nießbraucher. Auch der Bauherr ist beitragspflichtig nur, wenn er zugleich Eigentümer, Erbbauberechtigter oder nach Maßgabe des § 134 Abs. 1 Satz 3 BauGB dinglich Nutzungsberechtigter ist.

5   Seit Inkrafttreten des Gesetzes vom 14. Juli 1992 am 15. Juli 1992 (vgl. Rdnr. 2) kann anstelle des Eigentümers persönlich beitragspflichtig auch der Inhaber eines dinglichen Nutzungsrechts nach Art. 233 § 4 des Einführungsgesetzes zum Bürgerlichen Gesetzbuch sein. Diese letztere Bestimmung enthält Sonderregelungen für dingliche Nutzungsrechte und Gebäudeeigentum; sie hebt – soweit es um dingliche Nutzungsrechte geht – ab auf die Nutzungsrechte nach §§ 287 bis 294 des Zivilgesetzbuchs der vormaligen DDR vom 19. Juli 1975 (GBl. I S. 465) – ZGB –. Nach § 287 Abs. 1 ZGB konnte Bürgern zur Errichtung und persönlichen Nutzung eines Eigenheims oder eines anderen persönlichen Bedürfnissen dienenden Gebäudes ein Nutzungsrecht an volkseigenen Grundstücken verliehen werden; § 291 Abs. 1 ZGB erlaubte landwirtschaftlichen Produktionsgenossenschaften und – soweit Rechtsvorschriften das vorsahen – anderen sozialistischen Genossenschaften, Bürgern genossenschaftlich genutzten Boden zum Bau von Eigenheimen oder anderen persönlichen Bedürfnissen dienenden Gebäuden zuzuweisen. Das auf die eine oder andere Weise erworbene Nutzungsrecht zur Errichtung eines Gebäudes ist weitgehend mit dem Erbbaurecht vergleichbar; das rechtfertigt die

---

[6] Vgl. u. a. Ernst in Ernst/Zinkahn/Bielenberg. BauGB, § 134 Rdnr. 5.
[7] BVerwG, Urteil v. 4. 5. 1979 – 4 C 25.76 – Buchholz 406.11 § 133 BBauG Nr. 69 S. 50 (58) = DVBl 79, 784 = KStZ 79, 167.

Gleichstellung des Inhabers eines solchen Nutzungsrechts mit einem Erbbauberechtigten.

Gemäß § 134 Abs. 1 Satz 4 (erster Halbsatz) BauGB „haften" mehrere Beitragspflichtige als **Gesamtschuldner**. Entgegen des durch die Stellung dieser Bestimmung vermittelten Eindrucks hebt sie nicht auf die persönliche Beitragspflicht ab, sondern knüpft an das durch das Entstehen der sachlichen Beitragspflichten (§ 133 Abs. 2 Satz 1 BauGB) begründete **abstrakte Beitragsschuldverhältnis** zwischen der Gemeinde und den Eigentümern (Erbbauberechtigten) eines Grundstücks an.[8] Gehört ein Grundstück im Zeitpunkt des Entstehens der sachlichen Beitragspflichten z.B. drei Personen, haften diese drei gemäß § 134 Abs. 1 Satz 4 BauGB unabhängig davon, wen von ihnen die Gemeinde später durch den Erlaß eines Heranziehungsbescheids als persönlich Beitragspflichtigen in Anspruch nimmt. Geht das Eigentum nach Entstehen der sachlichen Beitragspflichten, aber vor Erlaß eines Beitragsbescheids und damit dem Entstehen einer persönlichen Beitragspflicht auf etwa zwei andere Personen über, haften nunmehr nur diese beiden, nicht auch noch die früheren Eigentümer als Gesamtschuldner.[9] Ist ein Fall des § 134 Abs. 1 Satz 4 (erster Halbsatz) BauGB gegeben, finden die Vorschriften der §§ 421 bis 426 BGB Anwendung. Die Gemeinde kann dann den Erschließungsbeitrag (und bei einer Abrechnung im Wege der Kostenspaltung den Teilbeitrag) nach ihrem Ermessen von jedem der Beitragspflichtigen ganz oder zu einem Teil fordern. Bis zur vollständigen Begleichung der Beitragsforderung, gleichviel durch welchen Gesamtschuldner, bleiben sämtliche Schuldner verpflichtet (§§ 421, 422 BGB).

Das Gesamtschuldverhältnis soll es der Gemeinde ermöglichen, ihre Forderung rasch und sicher zu verwirklichen. Deswegen bestehen regelmäßig keine Bedenken, wenn sie einen ihrer Ansicht nach besonders "geeigneten" Gesamtschuldner auf die volle Summe in Anspruch nimmt und es ihm überläßt, bei den Mithaftenden einen Ausgleich zu suchen.[10] Die Auswahl des heranzuziehenden Gesamtschuldners richtet sich nach § 421 BGB, wobei an die Stelle der Formulierung „nach Belieben" sinngemäß die Worte „nach Ermessen" treten,[11] d.h. die Auswahl steht im Ermessen der Gemeinde. Dabei darf die Gemeinde allerdings nicht willkürlich verfahren; sie muß ihr Ermessen an sachlichen Gesichtspunkten orientieren, was grundsätzlich zunächst die Erfassung des Kreises der Gesamtschuldner voraussetzt.[12] Ist das

6

7

---

[8] BVerwG, Urteil v. 31. 1. 1975 – IV C 46.72 – Buchholz 406.11 § 134 BBauG Nr. 2 S. 1 (3) = DÖV 75, 397 = KStZ 75, 129; vgl. auch VGH Kassel, Beschluß v. 20. 2. 1982 – V OE 74/79 = HSGZ 83, 434.

[9] BVerwG, Urteil v. 20. 9. 1974 – IV C 32.72 – BVerwGE 47, 49 (50 ff.) = NJW 75, 403 = KStZ 75, 10.

[10] BVerwG, Urteil v. 23. 10. 1979 – 1 C 48.75 – BVerwGE 59, 13 [19].

[11] VGH Kassel, Beschluß v. 29. 6. 1993 – 5 TH 15/91 –.

[12] Vgl. OVG Münster, Urteil v. 20. 8. 1980 – 2 A 3014/79 – DVBl 81, 830 = GemHH 81, 70; vgl. zu Eigentum, Schuld und Haftung bei Gesamthandsgemeinschaften hinsichtlich kommunaler Beiträge im einzelnen Lehmann in KStZ 89, 63 ff.

geschehen, darf sie denjenigen (allein) in Anspruch nehmen, der ihr für eine Heranziehung geeignet erscheint,[8] sei es, weil er finanziell am leistungsfähigsten ist, weil er das der Beitragspflicht unterliegende Grundstück selbst nutzt oder weil er für die Gesamtheit gehandelt hat, d.h. für sie gegenüber der Gemeinde aufgetreten ist. Die Überlegungen, die die Gemeinde bewogen haben, einen bestimmten Gesamtschuldner auszuwählen, braucht sie nicht schriftlich (etwa in dem Bescheid) darzulegen;[13] die Entscheidung über die Auswahl eines Gesamtschuldners bedarf in der Regel keiner Begründung.[14] Im Innenverhältnis sind die Gesamtschuldner zum Ausgleich verpflichtet, soweit nichts anderes vereinbart worden ist (§ 426 BGB).

Da der Beitragsbescheid Rechtswirkungen nur gegenüber dem Herangezogenen auslösen soll, ist er auch lediglich an diesen, nicht aber auch an den nicht in Anspruch genommenen Gesamtschuldner zu richten;[15] es ist nicht einmal erforderlich, diesen in dem Heranziehungsbescheid überhaupt anzugeben,[16] die Erwähnung des anderen Gesamtschuldners gehört nicht zu dem nach § 157 Abs. 1 AO notwendigen Inhalt des Abgabenbescheids.[14]

2. Wohnungs- und Teileigentümer

8 In § 134 Abs. 1 Satz 4 (zweiter Halbsatz) BauGB hat der Gesetzgeber eine besondere Regelung für eine spezielle Gruppe von Eigentümern getroffen, nämlich die Wohnungs- und Teileigentümer nach dem Wohnungseigentumsgesetz (WEG) vom 15. März 1951 (BGBl. S. 145) i.d.F. vom 30. Juli 1973 (BGBl. S. 910). Wohnungseigentum ist das Sondereigentum an einer Wohnung, Teileigentum das Sondereigentum an nicht zu Wohnzwecken dienenden Räumen, und zwar jeweils in Verbindung mit dem Miteigentumsanteil an dem gemeinschaftlichen Eigentum, zu dem es gehört (§ 1 Abs. 2 und 3 WEG). Zum gemeinschaftlichen Eigentum zählt u.a. das Grundstück, auf dem die in Sondereigentum stehenden Räume errichtet worden sind (§ 1 Abs. 4 WEG); die einzelnen Wohnungs- bzw. Teileigentümer sind daher Miteigentümer dieses Grundstücks.

9 Auch bei Vorliegen eines Wohnungseigentums (Teileigentums) ist für die Verteilung des umlagefähigen Erschließungsaufwands uneingeschränkt auf den bürgerlich-rechtlichen Grundstücksbegriff abzustellen (§ 131 Abs. 1 Satz 1 BauGB). Deshalb unterliegt der Miteigentümer eines durch eine Anbaustraße erschlossenen Grundstücks auch dann der Beitragspflicht, wenn die in seinem Sondereigentum stehende Wohnung von dieser Erschließungs-

---

[13] Vgl. BayVGH, Beschluß v. 28. 6. 1985 – 23 CS 84 A. 1051 – DVBl 86, 77 = KStZ 86, 17.
[14] BVerwG, Urteil v. 22. 1. 1993 – 8 C 57.91 – NJW 93, 1667 = ZMR 93, 480 = KStZ 93, 93.
[15] OVG Münster, Urteil v. 31. 5. 1988 – 2 A 2265/85 – KStZ 89, 75 = HSGZ 89, 28 = GemHH 89, 164.
[16] OVG Münster, Urteil v. 9. 4. 1990 – 22 A 2718/89 – HSGZ 90, 383.

anlage keinen Zugang hat;[17] maßgebend ist allein, ob das Grundstück, an dem der Wohnungseigentümer Miteigentum hat, durch die abgerechnete Anlage i.S. des § 131 Abs. 1 Satz 1 BauGB erschlossen wird.[18] Allerdings bestimmt § 134 Abs. 1 Satz 4 (zweiter Halbsatz) BauGB, daß „die einzelnen Wohnungs- und Teileigentümer nur entsprechend ihrem Miteigentumsanteil beitragspflichtig" sind. Diese Vorschrift läßt mithin in der Person des einzelnen Wohnungs- bzw. Teileigentümers eine Beitragspflicht lediglich in Höhe des Teils eines auf das Gesamtgrundstück entfallenden Beitrags entstehen, der dem rechnerischen Verhältnis seines Miteigentumsanteils am gemeinschaftlichen Eigentum entspricht.[19] Dieser Miteigentumsanteil ergibt sich aus dem im Grundbuch eingetragenen Verhältnis der Miteigentumsanteile (§ 16 WEG in Verbindung mit § 47 GBO). § 134 Abs. 1 Satz 4 (zweiter Halbsatz) BauGB **verhindert** also schon das Entstehen einer einheitlichen, das Gesamtgrundstück betreffenden persönlichen Beitragspflicht, er ist nicht (nur) auf eine Haftungsbeschränkung im Rahmen einer Gesamtschuldnerschaft ausgerichtet.[20]

Steht der Miteigentumsanteil mehreren Personen zu – z.B. Ehegatten beim 10 Wohnungseigentum –, ist "einzelner" Wohnungs- bzw. Teileigentümer im Sinne des § 134 Abs. 1 Satz 4 (zweiter Halbsatz) BauGB eine Personenmehrheit, deren Mitglieder zusammen beitragspflichtig sind und gemäß § 134 Abs. 1 Satz 4 (erster Halbsatz) BauGB als Gesamtschuldner haften.[21]

III. Eigentümer bzw. Erbbauberechtigter oder dinglich Nutzungsberechtigter im Zeitpunkt der Bekanntgabe des Beitragsbescheids

Persönlich beitragspflichtig ist gemäß § 134 Abs. 1 Satz 1 BauGB ein ganz 11 bestimmter Eigentümer, nämlich „derjenige, der im Zeitpunkt der Bekanntgabe des Beitragsbescheids Eigentümer des Grundstücks ist"; entsprechendes gilt für den Erbbauberechtigten und den dinglich Nutzungsberechtigten i.S. des Art. 233 § 4 des Einführungsgesetzes zum Bürgerlichen Gesetzbuch. Mit dieser Regelung ist der Gesetzgeber von dem weithin im Abgabenrecht geltenden Grundsatz **abgewichen**, daß persönlich abgabenpflichtig derjenige ist, der Rechtsinhaber im Zeitpunkt der Verwirklichung des Abgabentatbestands ist. Für die Bestimmung des persönlich Beitragspflichtigen im Erschließungsbeitragsrecht sind daher maßgebend nicht die Rechtsverhältnisse am Grundstück im Zeitpunkt des Entstehens der sachlichen Beitragspflicht für dieses

---

[17] BVerwG, Urteil v. 29. 7. 1981 – 8 C 23.81 – BVerwGE 64, 4 (5 ff.) = NJW 82, 459 = DÖV 82, 113; vgl. in diesem Zusammenhang auch VGH Kassel, Beschluß v. 25. 3. 1986 – 5 TH 2993/84 = ZMR 86, 330.

[18] U.a. OVG Münster, Beschluß v. 27. 3. 1992 – 3 B 1786/90 – KStZ 92, 176 = NWVBl 92, 362.

[19] Vgl. Bay VGH, Urteil v. 12. 1. 1990 – 23 B 88, 01295 – NVwZ 90, 795.

[20] Ebenso u.a. Kohls, Das Wohnungseigentum im Recht der Kommunalabgaben, S. 17.

[21] Vgl. Brügelmann-Förster, BBauG, § 134 Rdnr. 5.

Grundstück (§ 133 Abs. 2 und 1 BauGB), sondern die im späteren Zeitpunkt der Bekanntgabe des Beitragsbescheids. Wird nicht der gesamte Erschließungsbeitrag, sondern im Wege der Kostenspaltung lediglich ein Teilbetrag geltend gemacht, sind für einen derartigen (Teilbeitrags-)Bescheid die Rechtsverhältnisse am Grundstück im Zeitpunkt seiner Bekanntgabe maßgebend. Deshalb ist es möglich, daß persönlich beitragspflichtig für die Kosten einer Teileinrichtung ein anderer Eigentümer (Erbbauberechtigter bzw. dinglich Nutzungsberechtigten) ist als für die später entstandenen und angeforderten Kosten einer oder aller übrigen Teileinrichtungen.

12   Die **wirksame Festlegung** der persönlichen Beitragspflicht auf den Eigentümer (Erbbauberechtigten bzw. dinglich Nutzungsberechtigten) im Zeitpunkt der Bekanntgabe setzt zunächst einmal voraus, daß der Beitragsbescheid diesem und nicht einer anderen Person bekanntgegeben wird. Die Bekanntgabe eines Bescheids z.B. an einen in diesem Zeitpunkt Nichteigentümer löst nicht die persönliche Beitragspflicht des wirklichen Eigentümers aus; sie läßt dessen zunächst nur abstrakte Beitragsschuld unberührt und ist auch nicht geeignet, die Verjährung der ihm gegenüber bestehenden abstrakten Beitragsforderung zu unterbrechen.[22] Der an einen Nichteigentümer gerichtete Bescheid ist fehlerhaft, grundsätzlich aber **nicht nichtig**.[23] Ficht der Nichteigentümer den fehlerhaften Heranziehungsbescheid an, wird der wirkliche Eigentümer nicht dadurch zum persönlichen Beitragspflichtigen, daß ihm der Widerspruchsbescheid zugestellt wird.[24] Vielmehr kann diese Wirkung nur durch den Erlaß eines Beitragsbescheids an den wirklichen Eigentümer erzielt werden. Enthält der Widerspruchsbescheid die Aufforderung an den wirklichen Eigentümer, auf den – angefochtenen – Beitragsbescheid zu zahlen, kann dieser den Widerspruchsbescheid selbständig anfechten, weil er durch ihn als Dritter erstmalig beschwert wird.[24]

13   Läßt der Nichteigentümer hingegen den an ihn gerichteten Bescheid bestandskräftig werden, wird die mit ihm geltend gemachte **formell-rechtliche Forderung** (nicht vom Baugesetzbuch, aber) von der Bestandskraft des Bescheids gedeckt. In diesem Fall begründet der bestandskräftige Bescheid die Beitragspflicht des Nichteigentümers,[23] so daß die Gemeinde die Zahlung verlangen und ggfs. zwangsweise durchsetzen kann. Solange das zutrifft, dürfte sie gehindert sein, den wirklichen Eigentümer zu veranlagen (sog. Grundsatz der unzulässigen Doppelveranlagung).[25] Zwar liegt es grundsätzlich im Ermessen der Gemeinde, einen bestandskräftig gewordenen, fehler-

---

[22] Vgl. BayVGH, Urteil v. 6. 3. 1980 – 18 XXIV 78 – BayVBl 80, 758.
[23] BVerwG, Urteil v. 22. 2. 1985 – 8 C 107.83 – Buchholz 406.11 § 134 BBauG Nr. 6 S. 5 (8 f.) = NJW 85, 2658 = DVBl 85, 624.
[24] Vgl. OVG Münster, Beschluß v. 23. 6. 1971 – II B 96/71 – OVGE 27, 63 = KStZ 71, 248 = GemTg 71, 366.
[25] Vgl. dazu BVerwG, Urteil v. 21. 10. 1983 – 8 C 29.82 – Buchholz 406.11 § 133 BBauG Nr. 89 S. 41 (42) = DVBl 84, 188 = KStZ 84, 34.

haften Abgabenbescheid aufzuheben.[26] Doch wird sie bei einer Konstellation der hier behandelten Art gehalten sein, von ihrem Ermessen zugunsten eines Wiederaufgreifens des abgeschlossenen Festsetzungsverfahrens und damit im Ergebnis zugunsten des Nichteigentümers Gebrauch zu machen.[27] Etwas anderes dürfte allenfalls gelten, wenn in dem Zeitpunkt, in dem sie Kenntnis von dem (etwa auf einer – teilweisen – Namensidentität beruhenden) Fehler erlangt, ihre Beitragsforderung gegenüber dem wirklichen Eigentümer (Erbbauberechtigten) bereits verjährt ist.

Ferner hängt die verbindliche Festlegung der persönlichen Beitragspflicht **14** gemäß § 134 Abs. 1 Satz 1 BauGB davon ab, daß die Bekanntgabe des Beitragsbescheids an den wirklichen Eigentümer (Erbbauberechtigten bzw. dinglich Nutzungsberechtigten) rechtlich beachtlich ist und bleibt. Das ist z.B. nicht der Fall, wenn der Beitragsbescheid nichtig ist oder er auf einen Rechtsbehelf hin mit Rückwirkung auf den Zeitpunkt der Bekanntgabe aufgehoben wird, z.B. weil in diesem Zeitpunkt eine sachliche Beitragspflicht – etwa mangels Widmung oder rechtmäßiger Herstellung der Anlage oder mangels Bebaubarkeit des Grundstücks – nicht bestand. In solchen Fällen kann die Gemeinde später, wenn die Voraussetzungen für eine Veranlagung erfüllt sind, nach einem eingetretenen Eigentumswechsel nicht denjenigen heranziehen, der Eigentümer im Zeitpunkt der ersten, rechtlich unbeachtlichen Bekanntgabe war, sondern nur denjenigen, der nunmehr im Zeitpunkt der neuen Bekanntgabe Eigentümer des Grundstücks ist.[28]

Der letztere Gesichtspunkt führt im übrigen zur Grenze für die Möglichkeit **15** der Gemeinde, einen ursprünglich mangels Entstehens der sachlichen Beitragspflicht fehlerhaften Beitragsbescheid nachträglich mit Wirkung *ex nunc* zu heilen (vgl. § 11 Rdnr. 55). Entsteht die sachliche Beitragspflicht erst nach der Bekanntgabe des Bescheids, ist derjenige persönlich beitragspflichtig, dem der Bescheid bereits bekanntgegeben worden ist, sofern er im Zeitpunkt des Entstehens der sachlichen Beitragspflicht noch Eigentümer ist. Nur wenn dies nicht zutrifft, d.h. wenn zwischen der Bekanntgabe des Bescheids und dem das Entstehen der sachlichen Beitragspflicht herbeiführenden Ereignis ein Wechsel im Eigentum an dem der Beitragspflicht unterliegenden Grundstück stattgefunden hat, ist für eine Heilung mit Wirkung ex-nunc kein Raum.[29] War ein Bescheid ursprünglich deshalb fehlerhaft, weil er auf eine Satzung mit z.B. einer unwirksamen Verteilungs- oder Merkmalsregelung gestützt war, ist es der Gemeinde unbenommen, den Mangel durch das rück-

---

[26] Vgl. im einzelnen u.a. OVG Münster, Urteil v. 26.10.1987 – 2 A 2738/84 – GemHH 89, 37, und Thiem, Allgemeines kommunales Abgabenrecht, S. 222ff.

[27] Vgl. in diesem Zusammenhang BVerwG, Beschluß v. 16.7.1982 – 8 B 35.82 – Buchholz 406.11 § 129 BBauG Nr. 17 S. 1 (2f.) = NVwZ 83, 93 = DVBl 82, 1058.

[28] BVerwG, Urteil v. 20.9.1974 – IV C 32.42 – BVerwGE 47, 49 (50) = NJW 75, 403 = KStZ 75, 10.

[29] BVerwG, u.a. Urteil v. 27.9.1982 – 8 C 145.81 – Buchholz 406.11 § 130 BBauG Nr. 26 S. 1 (4) = DVBl 83, 135 = KStZ 83, 95.

wirkende Inkraftsetzen einer fehlerfreien (Änderungs-)Satzung zu beheben und damit eine Heilung des Bescheids mit Wirkung *ex-tunc* zu erreichen. Hat sie diesen Weg beschritten, spielt ein zwischenzeitlicher Eigentumswechsel keine Rolle. Denn entsprechend dem Wesen einer rückwirkenden Heilung gilt in einem solchen Fall der Bescheid als von Anfang an fehlerfrei.

16 Unerheblich für das Entstehen einer persönlichen Beitragspflicht ist hingegen, ob im Zeitpunkt der Bekanntgabe des Beitragsbescheids das im früheren Zeitpunkt des Entstehens der sachlichen Beitragspflichten (§ 133 Abs. 2 BauGB) beitragspflichtig gewesene Grundstück (§ 133 Abs. 1 BauGB) noch der Beitragspflicht unterliegt. Tritt beispielsweise nach dem Entstehen der sachlichen Beitragspflichten ein Bebauungsplan in Kraft, der dem betreffenden Grundstück die Bebaubarkeit entzieht, führt das nicht zur Rechtswidrigkeit eines gleichwohl bekanntgegebenen Beitragsbescheids.[30] Denn die Bekanntgabe des Beitragsbescheids hat gemäß § 134 Abs. 1 BauGB Bedeutung nur für die "Ermittlung" der Person des richtigen Beitragsschuldners, ist aber ohne Einfluß auf Grund und Höhe der bereits in einem früheren Zeitpunkt kraft Gesetzes (§ 133 Abs. 2 BauGB) gegenüber einem bestimmten, wenn auch noch nicht ermittelten Beitragsschuldner entstandenen gemeindlichen Erschließungsbeitragsforderung. Auch der Umstand, daß in einem solchen Fall der Beitragspflichtige den die Beitragserhebung rechtfertigenden Erschließungsvorteil überhaupt nur eine ganz kurze Zeit genießen kann, nötigt zu keiner anderen Betrachtungsweise. Denn die Entziehung der Bebaubarkeit wird einen Entschädigungsanspruch, z. B. nach den §§ 40 ff. BauGB, zur Folge haben, bei dessen Bemessung der gezahlte bzw. noch zu zahlende Erschließungsbeitrag mitzuberücksichtigen ist.

1. Beitragsbescheid

17 Sowohl in § 134 Abs. 1 Satz 1 BauGB als auch in § 135 Abs. 1 BauGB wird auf die Bekanntgabe „des Beitragsbescheids" abgestellt. Zwar definiert das Gesetz den Begriff "Beitragsbescheid" nicht. Aus der Verwendung dieses Begriffs in beiden genannten Vorschriften läßt sich jedoch schließen, daß damit ein *einheitlicher,* die Beitragsfestsetzung und die Zahlungsaufforderung (das Leistungsgebot) enthaltener Bescheid gemeint ist.[31] Anderenfalls wäre die Regelung des § 135 Abs. 1 BauGB nicht verständlich, nach der die Beitragsforderung einen Monat nach der Bekanntgabe des Beitragsbescheids fällig wird. Im übrigen folgt aus dem Begriff "Bescheid", daß die Beitragsforderung nur durch einen (belastenden) Verwaltungsakt geltend gemacht werden kann und daß dieser Verwaltungsakt schriftlich ergehen muß. Gemäß § 211 BauGB ist er mit einer Rechtsbehelfsbelehrung zu versehen.

---

[30] A. A. u. a. Ernst in Ernst/Zinkahn/Bielenberg, BauGB, § 134 Rdnr. 8, und Brügelmann-Förster, BBauG, § 134 Rdnr. 13.
[31] Ebenso etwa BayVGH, Urteil v. 26. 1. 1993 – 6 B 92.166 –.

Das Gesetz schreibt allerdings nicht vor, daß der gesamte (Voll-)Beitrag 18
mit einem Bescheid zu erheben ist. Es ist daher auch zulässig, den Beitrag
nach dem Entstehen einer sachlichen (Voll-)Beitragspflicht für ein einzelnes
Grundstück in mehreren **Teilbeträgen** festzusetzen und einzufordern.[32] Der
durch den ersten Teil(end)bescheid festgelegte Beitragsschuldner bleibt hinsichtlich des Restbetrags persönlicher Beitragspflichtiger, auch wenn er zwischenzeitlich sein Eigentum verliert. Denn durch den ersten Teil(end)be-
scheid ist der Beitragsschuldner für die gesamte entstandene Beitragsforderung bestimmt, die lediglich hinsichtlich des Geldwerts aufgeteilt ist. Gleiches gilt, wenn eine (im Rahmen des Verjährungszeitraums) zulässige (vgl.
§ 10 Rdnrn. 15 ff.) Nachforderung erhoben wird, etwa weil bei der ersten
Heranziehung versehentlich die Grunderwerbs- und Freilegungskosten außer Ansatz geblieben sind;[33] auch insoweit nämlich wird lediglich ein Teil-
trag von einer Person verlangt, die durch die erste Heranziehung zum persönlichen Beitragsschuldner für die seinerzeit bereits in voller Höhe entstandene Gesamtforderung bestimmt worden ist.

Für den Erlaß des Beitragsbescheids ist grundsätzlich die Gemeinde **zustän-** 19
dig, die die Erschließungsanlage auf ihrem Hoheitsgebiet hergestellt hat. Etwas anderes kann sich allerdings nach Landesrecht ergeben, etwa für Mitgliedsgemeinden einer Samtgemeinde (z.B. in Niedersachsen) oder für amts-
angehörige Gemeinden (z.B. in Schleswig-Holstein). In Niedersachsen erheben die Samtgemeinden die Erschließungsbeiträge eigenverantwortlich als
eigene Aufgabe, jedoch im Rahmen der materiellen Regelungen der Mitgliedsgemeinden für deren Rechnung; Widerspruch und Anfechtungsklage
sind gegen die Samtgemeinde zu richten.[34] Entsprechendes gilt für die Ämter
in Schleswig-Holstein.[35]

Der Erlaß eines Beitragsbescheids ist ein einfaches Geschäft der laufenden 20
Verwaltung im Sinne des – etwa in Nordrhein-Westfalen – § 28 Abs. 3 GO
NW, das als auf den Gemeindedirektor übertragen gilt. Die **Anhörung** der
Beitragsschuldner vor Erlaß von Beitragsbescheiden (§ 91 AO) dürfte deshalb nicht erforderlich sein, weil es sich bei Beitragsbescheiden um „gleichartige Verwaltungsakte in größerer Zahl" handelt, bei denen nach § 91 Abs. 2
Nr. 4 AO von einer Anhörung abgesehen werden kann.[36] Selbst wenn man –
mit App[37] – grundsätzlich eine Anhörung für geboten halten wollte, führte
das Unterbleiben einer solchen Anhörung gemäß § 127 AO zu keinem Anspruch auf Aufhebung eines erlassenen Beitragsbescheids, weil – mit Rücksicht darauf, daß es sich bei einem solchen Bescheid um einen gebundenen

---

[32] BayVGH, Urteil v. 28. 7. 1975 – 19 IV 72 – BayVBl 76, 16.
[33] Ebenso u.a. Brügelmann-Förster, BBauG, § 134 Rdnr. 9.
[34] OVG Lüneburg, Urteil v. 9. 5. 1978 – IX A 127/77 – Ns Gemeinde 78, 277.
[35] OVG Lüneburg, Urteil v. 24. 4. 1970 – I A 128/69 – OVGE 26, 449 = VerwRspr
22, 194.
[36] Vgl. u.a. Zimmermann in GemHH 77, 127, und Kulartz in StuGR 84, 61.
[37] Siehe App in KStZ 92, 207.

Verwaltungsakt handelt – keine andere Entscheidung in der Sache hätte getroffen werden können. Im übrigen rechtfertigte eine unterbliebene Anhörung regelmäßig keine Aufhebung des betreffenden Beitragsbescheids im Prozeß, weil der etwaige Fehler einer mangelnden Anhörung dadurch geheilt (vgl. § 126 Abs. 1 Nr. 3 AO) wäre, daß der Kläger im Widerspruchsverfahren Gelegenheit hatte, Einwendungen vorzubringen.[38]

Auch besteht bei der erstmaligen Herstellung beitragsfähiger Erschließungsanlagen keine **Informationspflicht** in Art z.B. des § 6b GO NW,[39] so daß sich in aller Regel nicht die Frage stellt, ob die Verletzung einer solchen Pflicht überhaupt Einfluß auf die Rechtmäßigkeit eines Beitragsbescheids haben kann.[40] Im **Ergebnis** nichts anderes dürfte selbst in Mecklenburg-Vorpommern gelten. Zwar hat der Gesetzgeber des Kommunalabgabengesetzes in diesem Land – mit Wirkung für das Erschließungsbeitragsrecht (vgl. § 18 KAG MV) – angeordnet, „über wesentliche Regelungen von Beitragssätzen soll der Beitragsberechtigte die Beitragsverpflichteten vor Beschlußfassung in geeigneter Form informieren" (§ 8 Abs. 1 Satz 3 KAG MV), um „den Rechtsschutz der Grundeigentümer zu stärken und rechtzeitig auf mögliche Eingriffe in die Vermögensverhältnisse des Einzelnen hinzuweisen."[41] Doch erlauben schon die äußerst allgemein gehaltenen Formulierungen (wesentliche Regelungen, Beitragssätze, geeignete Form) mit Blick sowohl auf das Erschließungs- als auch auf das Straßenbaubeitragsrecht schwerlich den Schluß, der Landesgesetzgeber habe mit der Regelung des § 8 Abs. 1 Satz 3 KAG MV eine die Gemeinden bindende Verpflichtung derart begründet, daß ihre nicht (hinreichende) Erfüllung die Rechtswidrigkeit eines ergangenen Beitragsbescheids zur Folge hat. Vielmehr dürfte es sich insoweit um eine sanktionslose Obliegenheit – vergleichbar etwa der des § 133 Abs. 1 Satz 3 BauGB (vgl. dazu § 23 Rdnr. 25) – handeln, der im Hinblick darauf, daß im Erschließungs- wie im Straßenbaubeitragsrecht an die Stelle des satzungsmäßigen Beitragssatzes der satzungsmäßige Verteilungsmaßstab tritt (vgl. § 2 Abs. 1 Satz 3 KAG MV), bereits genügt ist, wenn die Gemeinde ihre Beitragssatzung vor der Beschlußfassung über eine konkrete beitragsfähige Maßnahme veröffentlicht hat. Denn durch die Veröffentlichung einer solchen Satzung kann der interessierte Bürger hinreichend deutlich erkennen, daß und in welchem Umfang (Gemeinde- bzw. Anliegeranteil) er damit rechnen muß, an den für den (Aus-)Bau "seiner" Straße entstehenden Kosten beteiligt zu werden.

21   Der Beitragsbescheid muß – um rechtsstaatlichen Anforderungen zu genügen – **hinreichend deutlich erkennen** lassen, von **wem was für welche Maßnahme**

---

[38] OVG Münster, Urteil v. 21. 2. 1990 – 2 A 2787/86 –.

[39] Vgl. OVG Münster, Urteil v. 19. 12. 1986 – 2 A 1087/85 –, sowie OVG Lüneburg, Urteil v. 22. 4. 1987 – 9 A 11/86 –.

[40] Siehe zur Unterrichtungspflicht nach § 6b GONW auch OVG Münster, Urteil v. 23. 8. 1985 – 15 A 1904/84 – NVwZ 85, 853 = StuGR 86, 24.

[41] Bericht des Innenausschusses des Landtags Mecklenburg-Vorpommern v. 5. 5. 1993, LT-Drucksache 1/3122, S. 29.

und für welches Grundstück gefordert wird. Sollen etwa durch den angeforderten Beitrag Kosten der erstmaligen Herstellung einer bestimmten Anbaustraße gedeckt werden, muß sich aus dem Bescheid ergeben, um welche Straße es sich handelt; im Falle der Kostenspaltung muß in dem Bescheid angegeben werden, für welche Teileinrichtung der (Teil-)Beitrag erhoben wird.[42] Allerdings gehört die Bezeichnung der hergestellten Anlage bzw. Teileinrichtung in einem Beitragsbescheid **nicht** zu den Mindesterfordernissen des (über die Verweisungsklauseln in den KAG entsprechend anwendbaren) § 157 Abs. 1 Satz 2 AO, sondern (lediglich) zur Begründung des Bescheids; aus diesem Grunde führt ein Fehlen dieser Bezeichnung nicht zur Rechtswidrigkeit des Bescheids.[43] Dagegen ist ein Bescheid mangels hinreichender Bestimmtheit nichtig, wenn es an der Bezeichnung des Grundstücks mangelt, das Gegenstand der Beitragspflicht ist[44]; anders verhält es sich insoweit jedoch, wenn der Bescheid eine fehlerhafte, unrichtige oder mehrdeutige Bezeichnung des Grundstücks enthält und durch Auslegung des Bescheids unter Berücksichtigung sämtlicher erkennbarer Umstände – auch unter Einbeziehung des Widerspruchsbescheids – das veranlagte Grundstück bestimmt werden kann.[43] Unter dem Blickwinkel der **Bestimmtheit** ist grundsätzlich ebenfalls unbedenklich der einer Grundstücksbezeichnung beigefügte Zusatz „tlw.", sofern dem Beitragsbescheid selbst oder einer Anlage zu entnehmen ist, welcher Teil der Gesamtfläche des betreffenden Grundstücks der Berechnung zugrundegelegt worden ist.[45] Im übrigen brauchen dem Beitragsbescheid nicht alle für die Beurteilung seiner Rechtmäßigkeit notwendigen Unterlagen beigefügt zu werden.[46] Indes muß der Bescheid nach § 119 Abs. 3 AO die erlassende Behörde erkennen lassen, d.h. die erlassende Behörde muß aus dem die Beitragsfestsetzung enthaltenden Schriftstück selbst eindeutig hervorgehen, wobei zu dessen Auslegung eine beigefügte Anlage oder der Briefumschlag, in dem der Bescheid übersandt worden ist, herangezogen werden können. Ist der damit bezeichneten Anforderung nicht genügt, ist ein entsprechender Bescheid gemäß § 125 Abs. 2 Nr. 1 AO ohne Rücksicht auf das Vorliegen der Voraussetzungen des § 125 Abs. 1 AO nichtig.[47]

Überdies muß der Beitragsbescheid den **Adressaten** eindeutig erkennen lassen; fehlt es daran, leidet der betreffende Bescheid offenkundig an einem so schwerwiegenden Mangel, daß er als nichtig anzusehen ist.[48] Das ist nach

22

---

[42] OVG Koblenz, Beschluß v. 8. 3. 1988 – 12 B 142/87 – NVwZ-RR 88, 46.

[43] VGH Mannheim, Urteil v. 11. 7. 1991 – 2 S 3365/89 –.

[44] VGH Mannheim, Urteil v. 24. 9. 1987 – 2 S 1930/86 –.

[45] OVG Münster, u.a. Urteil v. 17. 12. 1992 – 2 A 2308/90 –.

[46] BayVGH, Beschluß v. 24. 9. 1991 – 6 CS 91.2325 –.

[47] VGH Mannheim, Urteil v. 25. 2. 1988 – 2 S 2543/87 – VBlBW 88, 439.

[48] Vgl. u.a. BFH, Urteil v. 28. 3. 1979 – I R 219/78 – BFHE 128, 14 (16), sowie – ganz allgemein zur Bekanntgabe von schriftlichen Verwaltungsakten in der Finanzverwaltung – Schreiben des Bundesministers der Finanzen v. 14. 8. 1986 in NVwZ 87, 874 ff.

Meinung des Oberverwaltungsgerichts Münster[49] etwa der Fall, wenn nach dem materiellen Recht richtiger Adressat der Nachlaßpfleger wäre, der Bescheid jedoch nicht zweifelsfrei erkennen läßt, ob er an den Nachlaßpfleger als gesetzlichen Vertreter der Erben oder an die Erben zu Händen des Nachlaßpflegers als deren Zustellungsbevollmächtigter gerichtet ist. Ist ein Beitragsbescheid an mehrere Miteigentümer als Gesamtschuldner, z. B. Ehegatten oder Erben gerichtet, muß nach Ansicht des Verwaltungsgerichtshofs Mannheim[50] jeder Beitragsschuldner mit seinem Vor- und Zunamen angegeben sein, anderenfalls ist der Bescheid mangels hinreichender Bestimmtheit nichtig. Auch ein als sog. zusammengefaßter Bescheid (§ 155 Abs. 3 AO) an zwei Ehegatten als Gesamtschuldner gerichteter Heranziehungsbescheid muß eine hinreichende Schuldnerbestimmung enthalten; ob dies der Fall ist, ist jeweils anhand des objektiven Erklärungsgehalts des Bescheids (ggf. einschließlich seiner Begründung) zu überprüfen.[51] Ist in einem solchen Bescheid ein Ehegatte nicht mit Vor- und Zunamen bezeichnet, soll nach Auffassung des Verwaltungsgerichtshofs Mannheim[52] dieser Bescheid nur hinsichtlich dieses Ehegatten nichtig, hinsichtlich des anderen, hinreichend bestimmt bezeichneten Ehegatten aber als wirksamer Einzelbescheid zu qualifizieren sein.

23   Zwar folgt aus den Anforderungen an die inhaltliche Bestimmtheit von Abgabenbescheiden, daß grundsätzlich für jedes einzelne Buchgrundstück (vgl. zur Maßgeblichkeit des Buchgrundstücks im Erschließungsbeitragsrecht § 17 Rdnrn. 4 ff.) ein eigener Heranziehungsbescheid zu erlassen ist.[53] Doch führt ein Verstoß gegen dieses Gebot grundsätzlich nicht zur Nichtigkeit eines mehrere Buchgrundstücke in einer Beitragsfestsetzung erfassenden Beitragsbescheids, weil klar bleibt, was von wem verlangt und für welche Grundstücke der Beitrag gefordert wird; unklar ist lediglich der gleichsam "sekundäre" Punkt, wie die Beitragsfestsetzung und demzufolge auch die öffentliche Last (vgl. dazu § 27 Rdnrn. 1 ff.) auf die einzelnen Grundstücke aufzuteilen ist. Deshalb besteht die Möglichkeit, diesen Mangel durch den Erlaß eines Änderungsbescheids mit der Aufteilung der Beitragsforderung auf die einzelnen Grundstücke zu heilen.[54] Dies kann sogar noch während des Berufungsverfahrens geschehen; dem steht § 126 Abs. 2 AO nicht entgegen,

---

[49] OVG Münster, Urteil v. 20. 9. 1989 – 2 A 320/88 –.

[50] VGH Mannheim, Urteile v. 10. 2. 1983 – 2 S 390/82 – VBlBW 83, 408, und v. 23. 5. 1985 – 2 S 336/84 – NVwZ 86, 139.

[51] BayVGH, Urteil v. 13. 1. 1992 – 23 B 90.144 – NVwZ-RR 93, 381.

[52] VGH Mannheim, Urteile v. 23. 5. 1985 – 2 S 336/84 – NVwZ 86, 139, und v. 4. 2. 1988 – 2 S 2989/87 –.

[53] U. a. OVG Münster, Urteil v. 27. 2. 1989 – 3 A 645/85 – NVwZ 89, 1087 = KStZ 89, 147 = GemHH 89, 188, OVG Lüneburg, Urteil v. 12. 12. 1989 – 9 A 62/88 – NVwZ 90, 590 = ZMR 90, 317, BayVGH, Urteil v. 17. 12. 1992 – 6 B 90.427 – NVwZ-RR 93, 580 = BayVBl 93, 534 = KStZ 94, 238, und VGH Kassel, Beschluß v. 11. 5. 1993 – 5 TH 963/92 – HSGZ 93, 357.

[54] Vgl. u. a. OVG Münster, Urteil v. 15. 3. 1989 – 3 A 2807/88 – NVwZ 89, 1086 = KStZ 90, 52 = ZMR 90, 35, OVG Lüneburg, Urteil v. 12. 12. 1989 – 9 A 62/88 –

weil diese Vorschrift nicht den Erlaß eines neuen – nunmehr materiell rechtmäßigen – Verwaltungsakts verhindert.[55] Dagegen verstößt ein Beitragsbescheid, der zwei Buchgrundstücke in einer Beitragsfestsetzung erfaßt, von Anfang an nicht gegen das Gebot der inhaltlichen Bestimmtheit, wenn die Grundstücke eine sog. wirtschaftliche Einheit bilden.[56] Rechtlich unbedenklich ist im übrigen auch die Zusammenfassung mehrerer Beitragsfestsetzungen in einem Schriftstück, d. h. die Ausweisung getrennter Beitragsbeträge für jedes einzelne Buchgrundstück und deren Zusammenfassung in einem Leistungsgebot.

Gemäß (der über die Verweisungsklauseln in den Kommunalabgabengesetzen entsprechend anwendbaren Vorschrift des) § 121 Abs. 1 AO bedarf ein **24** Beitragsbescheid grundsätzlich der Angabe der der Heranziehung zugrundeliegenden **Berechnungsgrundlagen.** Allerdings brauchen Beitragsbescheide „eine erschöpfende Wiedergabe der Aufwandsermittlung und -verteilung, insbesondere aller Posten der Aufwandsermittlung und sämtlicher Berechnungsgrundlagen für die Aufwandsverteilung, ... nicht zu enthalten".[57] Vielmehr reicht es im Erschließungsbeitragsrecht aus, „wenn in der Begründung die für den Beitrag unmittelbar erheblichen Parameter – beitrags- und umlagefähiger Aufwand, anrechenbare Grundstücksfläche (Anzahl der gesamten Maßstabseinheiten), Beitragssatz, im Einzelfall angerechnete Grundstücksfläche (Anzahl der konkreten Maßstabseinheiten) – angeführt sind".[58] Leidet ein Heranziehungsbescheid (ggf. auch in der Fassung des Widerspruchsbescheids) daran, daß die Berechnung des geforderten Beitrags nicht in allen Einzelheiten nachvollziehbar ist, hat das **keinen** Einfluß auf die Wirksamkeit des Bescheids; inhaltliche Mängel der Begründung berühren nicht die Erfüllung der **Begründungspflicht.**[59] Im übrigen steht eine Verletzung der Begründungspflicht unter dem Vorbehalt des § 127 AO: Ein Beitragsbescheid darf nicht allein wegen fehlender Begründung aufgehoben werden, wenn keine andere Entscheidung in der Sache hätte getroffen werden können. Das ist z. B. bei Erschließungsbeiträgen in aller Regel der Fall, weil die Gemeinden insoweit ihre Erschließungsbeitragssatzungen ohne Ermessensentscheidungen vollziehen.[59]

Ein an einen **Verstorbenen** adressierter Beitragsbescheid ist nichtig, und **25** zwar deshalb, weil die mit ihm ausgesprochene Veranlagung eines Verstorbenen offenbar rechtlich unmöglich ist. Eine Heilung dieses Mangels kommt nicht in Betracht, da die nachträgliche Auswechslung des Adressaten eines Beitragsbescheids unstatthaft ist.[60] Entsprechendes gilt für einen an eine Er-

(Fußnote 53), BayVGH, Urteil v. 17. 12. 1992 – 6 B 90.427 – (Fußnote 53), und OVG Koblenz, Beschluß v. 30. 10. 1989 – 12 B 86/89 – NVwZ 90, 399.
[55] VGH Kassel, Urteil v. 8. 7. 1993 – 5 UE 4112/88 –.
[56] U. a. OVG Münster, Urteil v. 17. 10. 1991 – 3 A 508/88 – KStZ 92, 198 = NWVBl 92, 403 = NVwZ 93, 288.
[57] OVG Lüneburg, Beschluß v. 6. 9. 1989 – 9 M 47/89 –.
[58] OVG Münster, Urteil v. 15. 4. 1992 – 2 A 1412/90 – StuGR 92, 305.
[59] OVG Lüneburg, Beschluß v. 27. 9. 1989 – 9 M 77/89 u.a. –.
[60] Vgl. u. a. OVG Münster, Urteil v. 30. 6. 1977 – III A 1779/75 – KStZ 78, 18 = HSGZ 78, 374.

bengemeinschaft[61] sowie einen an eine Wohnungseigentümergemeinschaft[62] gerichteten Beitragsbescheid, und zwar selbst dann, wenn dieser Bescheid zu Händen des Verwalters adressiert ist.[63] Allerdings kann ein zur Nichtigkeit führender Mangel nicht angenommen werden, wenn die Auslegung des Bescheids ergibt, daß er sich gegen die der Eigentümergemeinschaft angehörenden Miteigentümer richtet.[64] Dafür maßgebend ist, wer von dem Bescheid dem Inhalt nach betroffen ist. Dieser sog. Inhaltsadressat ist durch Auslegung zu ermitteln, wobei vorhergehende Bescheide und beigefügte Unterlagen herangezogen werden können.[65] Im Rahmen dieser Auslegung kommt es nicht darauf an, wie ein außenstehender Dritter die Erklärung der Behörde auffassen mußte; **entscheidend** ist vielmehr, wie der Betroffene selbst nach den ihm bekannten Umständen den materiellen Gehalt der Erklärung unter Berücksichtigung von Treu und Glauben verstehen konnte.

26   Ein Bescheid, dessen Anschrift („Herrn A. und Miteigentümer") einen Teil der Schuldner nicht eindeutig bezeichnet, ist nicht insgesamt, sondern nur bezüglich der nicht hinreichend bezeichneten Schuldner wegen (insoweit) inhaltlicher Unbestimmtheit nichtig.[66] Zieht eine Gemeinde nur einen von **zwei Miteigentümern** durch einen an ihn allein gerichteten Bescheid heran, bedarf es in diesem Bescheid keiner ausdrücklichen Erwähnung, daß der Miteigentümer als Gesamtschuldner in Anspruch genommen wird.[67] Auch ist ein solcher Bescheid nicht deshalb fehlerhaft, weil in ihm weder auf den anderen Gesamtschuldner hingewiesen[68] noch dieser durch einen gesonderten Bescheid ebenfalls herangezogen worden ist.[69] Denn es liegt im Wesen der Gesamtschuld, daß der Gläubiger nicht nur von allen Gesamtschuldnern gemeinsam, sondern von jedem einzelnen oder von mehreren die gesamte Leistung verlangen kann (vgl. dazu Rdnr. 7).

2. Bekanntgabe

27   Grundsätzlich ist nur derjenige Eigentümer (Erbbauberechtigte bzw. dinglich Nutzungsberechtigte) persönlich beitragspflichtig, dem der Beitragsbescheid (wirksam) bekanntgegeben worden ist. Ausnahmen von diesem

---

[61] Siehe u. a. BayVGH, Urteile v. 19. 7. 1976 – 219 VI 74 – BayVBl 76, 756, und v. 15. 9. 1983 – 23 B 80 A 861 – DÖV 84, 121 = NJW 84, 626 = KStZ 84, 77.

[62] Vgl. dazu VGH Kassel, Urteile v. 7. 9. 1983 – V OE 100/81 – HSGZ 84, 74, und v. 11. 3. 1985 – 5 OE 26/83 – KStZ 86, 196 = HSGZ 86, 98.

[63] OVG Schleswig, Urteil v. 20. 8. 1991 – 2 L 42/91 – DVBl 91, 1326.

[64] OVG Münster, Urteil v. 20. 6. 1991 – 2 A 1236/89 – GemHH 92, 157.

[65] Vgl. BFH, Urteil v. 16. 10. 1990 – VII R 118/89 – BFHE 162, 13.

[66] Vgl. in diesem Zusammenhang VGH Mannheim, Urteil v. 23. 5. 1985 – 2 S 336/84 – NVwZ 86, 139 = VBlBW 86, 145.

[67] BayVGH, Urteil v. 21. 11. 1991 – 6 B 88.02256 –.

[68] U. a. OVG Münster, Urteil v. 9. 4. 1990 – 22 A 2718/89 – HSGZ 90, 383 = GemHH 91, 84 = KStZ 91, 57, und BFH, Urteil v. 28. 6. 1984 – IV R 204, 205/82 – BStBl II 84, 784.

[69] U. a. VGH Kassel, Urteil v. 6. 11. 1985 – 5 OE 77/83 – HSGZ 86, 127.

Grundsatz gelten jedoch, wenn die durch eine wirksame Bekanntgabe des Beitragsbescheids entstandene persönliche Beitragsschuld im Wege der Gesamtrechtsnachfolge – etwa durch Erbfolge (§ 1922 BGB) – auf den neuen Grundstückseigentümer als Gesamtrechtsnachfolger übergegangen ist. Eine solche Gesamtrechtsnachfolge ist nur in den gesetzlich vorgesehenen Fällen möglich. Bei sonstigen rechtsgeschäftlichen Vermögensübergaben handelt es sich um eine Einzelrechtsnachfolge, für die zwar § 419 BGB anwendbar sein dürfte, allerdings keine Gesamtrechtsnachfolge eintritt; die Abgabenschuld geht dann nicht auf den Erwerber über.[70] Liegt eine Gesamtrechtsnachfolge vor, bedarf es keiner erneuten Heranziehung z. B. der Erben.[71] Durch einen ausschließlich an einen Miteigentümer gerichteten und diesem bekanntgegebenen Bescheid werden die übrigen Miteigentümer nicht persönlich beitragspflichtig; sie werden durch einen solchen Bescheid nicht in ihren Rechten betroffen und können ihn daher auch nicht mit Erfolg anfechten.[72] Maßgebend für die Bestimmung des persönlichen Schuldners ist der Zeitpunkt der Bekanntgabe, d. h. des Zugangs, nicht der der Ausfertigung oder Absendung des Bescheids. Ändern sich die Rechtsverhältnisse am Grundstück noch nach Absendung, aber *vor Zugang* des Bescheids, ist der Empfänger nicht persönlich beitragspflichtig; der Bescheid ist fehlerhaft und auf einen Widerspruch hin aufzuheben.

Die Durchführung der Bekanntgabe von Erschließungsbeitragsbescheiden   **28** richtet sich nach **Landesrecht**. Nach den insoweit einschlägigen landesrechtlichen Vorschriften der kommunalen Abgabengesetze ist für die Bekanntgabe § 122 AO entsprechend anzuwenden, doch ist diese Bestimmung nicht als Bundesrecht, sondern als Landesrecht in den landesrechtlichen Bereich übergenommen und deshalb irrevisibel.[73] Da es sich bei einem Erschließungsbeitragsbescheid um einen schriftlichen Bescheid handelt (vgl. Rdnr. 17), ist eine mündliche Bekanntgabe unzureichend. Vielmehr kommt nur eine **schriftliche** Bekanntgabe in Betracht, und zwar gegenüber einem Anwesenden durch Aushändigung des Bescheids, im übrigen durch Übersendung mittels Botens oder durch Postübermittlung gemäß § 122 Abs. 2 AO sowie nach Maßgabe des § 122 Abs. 3 und 4 AO durch öffentliche Bekanntgabe. Regelmäßig wird ein Erschließungsbeitragsbescheid durch **Postübermittlung** bekanntgegeben werden, so daß der Vorschrift des § 122 Abs. 2 AO **besondere Bedeutung** zukommt.

Gemäß § 122 Abs. 2 AO gilt der Bescheid – bei seiner Übermittlung durch   **29** die Post – mit dem dritten Tage nach der Aufgabe zur Post als bekanntgege-

---

[70] Vgl. BayVGH, Urteil v. 16. 12. 1993 – 23 B 91, 2659 – BayVBl 94, 630.
[71] Ebenso u. a. BayVGH, Beschluß v. 20. 10. 1992 – 23 CS 92.1607 – KStZ 93, 197 = BayVBl 93, 600.
[72] BVerwG, Urteil v. 31. 1. 1975 – IV C 46.72 – Buchholz 406.11 § 134 BBauG Nr. 2 S. 1 (2 ff.) = DÖV 75, 397 = KStZ 75, 129.
[73] Vgl. dazu etwa BVerwG, Urteil v. 19. 1. 1972 – V C 54.70 – BVerwGE 39, 257 (259) = DÖV 72, 790 = BayVBl 73, 563.

ben, **es sei denn,** er ist nicht oder zu einem späteren Zeitpunkt zugegangen. Dies gilt ohne Rücksicht darauf, ob der Adressat seinen Wohnsitz innerhalb oder außerhalb des Orts der für die Heranziehung zuständigen Behörde hat, der Dreitageszeitraum einen oder mehrere Feiertage umfaßt und selbst dann, wenn der Bescheid tatsächlich und nachweislich schon vor Ablauf des dritten Tags nach Aufgabe zur Post den Empfänger erreicht hat. Die Aufgabe zur Post erfolgt durch Einlieferung bei der Postanstalt oder durch Einwerfen in einen Postbriefkasten, wobei im letzteren Fall der Tag der auf den Einwurf folgenden Leerung als Tag der Aufgabe zur Post anzusehen ist. Zwar enthält § 122 Abs. 2 AO keine Bestimmung darüber, ob und wie der Tag der Aufgabe zur Post **aktenkundig** zu machen ist. Nicht zuletzt in ihrem eigenen Interesse (z. B. zur Überprüfung der Person des persönlichen Beitragspflichtigen und zur Überwachung des Ablaufs der Rechtsbehelfsfrist) ist die Gemeinde jedoch gehalten, den Tag der Aufgabe zur Post in geeigneter Weise (z. B. durch Aktenvermerke, Numerierung von Bescheiden und Aktenvermerk in einer Sammelliste) festzuhalten. Voraussetzung für die Wirksamkeit der Bekanntgabe ist dies jedoch nicht.

30   Für den Zugang des Bescheids und den Zeitpunkt des Zugangs ist die Gemeinde **nachweispflichtig** (§ 122 Abs. 2 letzter Halbsatz AO), wenn am Zugang schlechthin oder innerhalb des Zeitraums von drei Tagen ernstliche Zweifel bestehen; dieser Nachweis kann von der Gemeinde **nicht** nach den Grundsätzen des Anscheinsbeweises (prima-facie-Beweis), sondern nur nach den allgemeinen Beweisregeln geführt werden.[74] Macht der Empfänger einen **längeren** Zugang geltend, vermag nach der Rechtsprechung des Bundesfinanzhofs[75] allerdings ein einfaches Bestreiten des rechtzeitigen Zugangs nicht die gesetzliche Vermutung über den Zeitpunkt des Zugangs zu entkräften. Es müssen vielmehr Zweifel berechtigt sein, sei es nach den Umständen des Einzelfalls, sei es nach dem schlüssigen Vorbringen des Empfängers des Bescheids. Es sind insoweit **substantiierte** Angaben erforderlich, d. h. der Empfänger muß Tatsachen vortragen, die den Schluß darauf zulassen, daß ein anderer Geschehensablauf als der vom Gesetzgeber als typisch angesehene – Zugang binnen dreier Tage nach Postaufgabe – ernstlich in Betracht zu ziehen ist. Tatsachen, mit denen der Empfänger seine Behauptung eines späteren Zugangs substantiieren kann, sind z. B. vorübergehende Poststörungen, Nachsendung der Post, Eingangsvermerke, Zeugenaussagen usw. Behauptet der Adressat eines Bescheids hingegen, den Bescheid **nicht erhalten** zu haben, kann ihm eine Substantiierung dieses Bestreitens nicht zugemutet werden, da negative Tatsachen weder bewiesen noch substantiiert dargetan werden können. Deshalb trifft in einem solchen Fall die **Gemeinde** regelmäßig die **volle Beweislast.** Kann sie – was sehr häufig der Fall sein dürfte – den Zugang des

---

[74] Vgl. dazu BFH, Urteil v. 14. 3. 1989 – VII R 75/85 – NVwZ 90, 303.
[75] Vgl. BFH, u. a. Urteil v. 7. 2. 1962 – II 147/60 U – BStBl III S. 496 noch zu § 17 Abs. 2 VwZG.

Bescheids nicht beweisen, entfaltet er keinerlei Wirkungen und dürfte es sich anbieten, einen neuen Bescheid mittels Boten zu übersenden oder gemäß § 122 Abs. 5 AO eine (förmliche) Zustellung anzuordnen und durchzuführen. Hat vor dem nachweisbaren Zeitpunkt des Zugangs oder – sofern ein Zugang überhaupt nicht nachweisbar ist – vor Bekanntgabe eines neuen Bescheids das Eigentum (Erbbaurecht) am Grundstück gewechselt, ist die Gemeinde gehindert, den früheren Rechtsinhaber in Anspruch zu nehmen.[76]

Miteigentümern eines Grundstücks (mehreren Erbbauberechtigten) gegen- **31** über kann nach (den einschlägigen Vorschriften der kommunalen Abgabengesetze in Verbindung mit) § 155 Abs. 2 AO ein einheitlicher (zusammengefaßter) Beitragsbescheid ergehen.[77] In einem solchen Fall sind alle Gesamtschuldner aufzuführen und ist der (zusammengefaßte) Bescheid – um wirksam werden zu können (vgl. § 124 Abs. 1 AO) – **jedem** der Gesamtschuldner **in je einer** Ausfertigung bekanntzugeben (vgl. § 122 Abs. 1 Satz 1 AO). Das gilt – allerdings nur nach Maßgabe des § 155 Abs. 5 Satz 2 AO – auch, wenn es sich bei den Miteigentümern um Eheleute handelt.[78]

Da § 134 Abs. 1 Satz 4 (zweiter Halbsatz) BauGB das Entstehen einer **32** Beitragsgesamtschuld für alle Wohnungs- bzw. Teileigentümer ausschließt (vgl. Rdnr. 9), ist insoweit der Erlaß eines zusammengefaßten Bescheids nach § 155 Abs. 2 AO unzulässig. Denn die Anwendung dieser Vorschrift setzt zwingend das Vorhandensein einer gesamtschuldnerischen Abgabepflicht voraus. Die Gemeinde muß sich daher mit gesonderten Bescheiden an jeden einzelnen Wohnungs- bzw. Teileigentümer wenden. Eine Bekanntgabe aller Einzelbescheide an den Verwalter der Eigentumsanlage ist im Erschließungsbeitragsrecht – anders als z. B. im Ausbaubeitragsrecht nach § 8 KAG NW – (zumindest in der Regel) nicht möglich.[79]

IV. Späterer Eigentumsübergang

Die in der Person eines bestimmten Eigentümers (bzw. Erbbauberechtig- **33** ten oder dinglich Nutzungsberechtigten) begründete persönliche Beitragspflicht wird durch einen Übergang des Eigentums (bzw. des betreffenden dinglichen Rechts) grundsätzlich (vgl. Rdnr. 27) nicht berührt, sie geht **nicht** gleichsam automatisch auf den neuen Rechtsinhaber über. Dies gilt selbst

---

[76] Vgl. im übrigen zur Bekanntgabe bei postlagernden Sendungen und bei Postfachabholern u. a. Kühn/Kutter/Hofmann, AO, § 122 Bem. 4.

[77] Vgl. zu Zustellung und Bekanntgabe von Beitragsbescheiden an Personenmehrheiten im einzelnen Petersen in KStZ 88, 41 ff.

[78] Vgl. dazu im einzelnen FG Hamburg, Urteil v. 22. 2. 1983 – VI 102/79 – NVwZ 84, 270 mit weiteren Nachweisen; siehe im übrigen zur Bekanntgabe von Verwaltungsakten gegenüber Ehegatten Preißer in NVwZ 87, 867.

[79] Vgl. im einzelnen Kohls, Das Wohnungseigentum im Recht der Kommunalabgaben, S. 18 f.; vgl. zur Bestimmtheit eines an die „Wohnungseigentümergemeinschaft A" gerichteten zusammengefaßten Abgabebescheids VGH Kassel, Urteil v. 7. 9. 1983 – V OE 100/81 – NJW 84, 1645.

dann, wenn der ursprüngliche Eigentümer den Heranziehungsbescheid angefochten und der Eigentumswechsel vor Erlaß des Widerspruchsbescheids
stattgefunden hat, sofern der Widerspruch nicht zur Aufhebung des Beitragsbescheids führt. Änderungen im Eigentum zwischen Bekanntgabe des Beitragsbescheids und Erlaß eines Widerspruchsbescheids bzw. eines verwaltungsgerichtlichen Urteils haben nur dann Einfluß auf die Person des Beitragspflichtigen, wenn der angefochtene Bescheid aufgehoben wird. Trifft
dies zu, kann die Gemeinde nunmehr ausschließlich den neuen Eigentümer
veranlagen. Anderenfalls ist die Gemeinde im übrigen gehindert, denjenigen,
der nach Bekanntgabe des Beitragsbescheids neuer Eigentümer geworden ist,
durch einen weiteren Bescheid zusätzlich als persönlichen Schuldner zur
Zahlung desselben Beitrags heranzuziehen.[80]

34   Übereignet ein persönlich beitragspflichtig gewordener Eigentümer das
Grundstück, bleibt er auch persönlich beitragspflichtig, wenn im Kaufvertrag
festgelegt ist, daß der Erwerber den Beitrag zu entrichten hat; eine solche
Vertragsabrede hat nur für das Verhältnis zwischen Verkäufer und Käufer,
nicht aber für die Gemeinde Bedeutung. Allerdings besteht die zivilrechtliche
Möglichkeit der **Schuldübernahme** unter Zustimmung des Gläubigers nach
§ 415 BGB. Genehmigt die Gemeinde eine zwischen Verkäufer und Käufer
vereinbarte Übernahme der Beitragsschuld durch den Käufer, ist insoweit
lediglich der Käufer (neue Eigentümer) der Gemeinde verpflichtet; sie kann
diesen jedoch nur zivilrechtlich auf Zahlung in Anspruch nehmen, einen
Beitragsbescheid kann sie ihm nicht erteilen (vgl. § 192 AO).

35   Bei einem Eigentumswechsel nach Entstehen der persönlichen Beitragspflicht für die endgültige Herstellung einer Teilanlage im Sinne des § 127
Abs. 3 BauGB (Heranziehung im Wege der Kostenspaltung) oder eines Abschnitts gelten die vorstehenden Grundsätze entsprechend. Denn auch insoweit handelt es sich – bezogen auf die jeweilige Baumaßnahme – um eine
endgültige Beitragspflicht, die nur einmal entstehen kann, und zwar in der
Person desjenigen, der im Zeitpunkt der Bekanntgabe des (Teil-)Beitragsbe-
scheids Eigentümer bzw. Erbbauberechtigter ist. Wechselt das Eigentum,
nachdem der bisherige Rechtsinhaber eine Vorausleistung erbracht hat, ist
diese gemäß § 133 Abs. 3 Satz 2 BauGB kraft Gesetzes mit der später entstehenden endgültigen (sachlichen) Beitragspflicht zu verrechnen, so daß diese
in Höhe der erbrachten Vorausleistung getilgt wird und in der Person des
endgültig Beitragspflichtigen nur eine entsprechend **verringerte** persönliche
Beitragsschuld entstehen kann (vgl. § 21 Rdnr. 38).

36   Ist die **Gemeinde** in dem für § 133 Abs. 2 BauGB maßgeblichen Zeitpunkt
selbst Eigentümerin (Erbbauberechtigte) eines im Sinne des § 131 Abs. 1
Satz 1 BauGB erschlossenen Grundstücks, entsteht eine sachliche Beitragspflicht für dieses Grundstück erst, wenn die Gemeinde das Eigentum (Erb-

---

[80] BVerwG, Urteil v. 20. 9. 1974 – IV C 32.72 – BVerwGE 47, 49 (50 ff.) = NJW 75,
403 = KStZ 75, 10.

baurecht) auf eine andere Person übertragen oder – bei einem bisher unbelasteten gemeindeeigenen Grundstück – ein Erbbaurecht bestellt hat (vgl. § 19 Rdnr. 15). Erst von diesem Zeitpunkt an ist Raum für den Erlaß eines Beitragsbescheids; mit dessen Bekanntgabe entsteht in der Person des neuen Eigentümers *erstmals* eine persönliche Beitragspflicht. Erwirbt die Gemeinde ein Grundstück nach Entstehen der sachlichen Beitragspflicht, erlischt diese im Zeitpunkt des Rechtsübergangs, „da niemand sein eigener Schuldner sein kann".[81] Ist im Zeitpunkt des Erwerbs bereits eine persönliche Beitragspflicht des Voreigentümers entstanden, bleibt diese durch den Erwerb unberührt. Entsprechendes gilt, wenn es nicht um die Beitragspflicht für eine einzelne Erschließungsanlage, sondern um die (endgültige) Beitragspflicht für eine Teilanlage im Sinne des § 127 Abs. 3 BauGB (Kostenspaltung) oder einen Abschnitt geht.

V. Fälligkeit des Erschließungsbeitrags

1. Eintritt der Fälligkeit

Die Fälligkeit des Erschließungsbeitrags ist – ebenso wie die Fälligkeit 37
anderer Abgaben – zu **unterscheiden** vom Entstehen der Beitragspflicht, und zwar vom Entstehen sowohl der sachlichen als auch der persönlichen Beitragspflicht. Entsprechend § 220 Abs. 1 AO richtet sich ganz allgemein die Fälligkeit von Abgabenansprüchen nach den Vorschriften der jeweils einschlägigen Spezialgesetze. Nur wenn es an einer besonderen gesetzlichen Regelung über die Fälligkeit fehlt, wird der Abgabenanspruch grundsätzlich mit seinem Entstehen fällig (vgl. § 220 Abs. 2 Satz 1 AO), fällt also der Zeitpunkt des Entstehens mit dem der Fälligkeit zusammen.

Für das Erschließungsbeitragsrecht hat sich der Bundesgesetzgeber in § 135 38
Abs. 1 BauGB für eine Regelung entschieden, nach der der „Beitrag ... einen Monat nach der Bekanntgabe des Beitragsbescheids fällig" wird. Zwar nennt § 135 Abs. 1 BauGB ausdrücklich nur den (Voll- oder Teil)-Beitrag, doch ist der Begriff "Beitrag" hier – ebenso wie der gleiche Begriff in § 134 Abs. 2 BauGB[82] – in einem weiteren, die Vorausleistung einschließenden Sinne zu verstehen. Denn nach der Konzeption des Baugesetzbuchs regelt dieses neben dem Entstehen der Beitragspflicht auch den Eintritt der Fälligkeit der von ihm behandelten gesetzlichen Ansprüche der Gemeinden abschließend, so daß kein Raum für die Bestimmung des Eintritts der Fälligkeit einer Vorausleistungsforderung nach landesrechtlichen Vorschriften verbleibt.[83] Die

---

[81] BGH, Urteil v. 1. 7. 1967 – II ZR 150/66 – BGHZ 48, 214 (218).
[82] Vgl. dazu BVerwG, Urteil v. 28. 10. 1981 – 8 C 8.81 – Buchholz 406.11 § 133 BBauG Nr. 78 S. 10 (16) = NVwZ 82, 377 = DVBl 82, 543.
[83] A.A. Schmidt/Bogner/Steenbock, Handbuch des Erschließungsrechts, Rdnr. 4007.

Monatsfrist ist nach §§ 187 Abs. 1, 188 Abs. 2 und 3 BGB in der Weise zu berechnen, daß der Tag der Bekanntgabe des Beitragsbescheids nicht mitgezählt wird. Ist ein Beitragsbescheid, in dem auf die Fälligkeitsregelung des § 135 Abs. 1 BauGB abgestellt wird, z. B. am 10. des Monats bekanntgegeben worden, ist der von ihm geforderte Beitrag am 11. des folgenden Monats fällig; bei Bekanntgabe am letzten Tage des Monats endet die Monatsfrist am letzten Tage des folgenden Monats, selbst wenn dieser kürzer ist. An die Stelle eines Sonnabends tritt der nächstfolgende Werktag (§ 193 BGB).

39   Obwohl § 135 Abs. 1 BauGB für die Bestimmung des Fälligkeitstermins seinem Wortlaut nach nicht an das materielle Recht (Entstehen der sachlichen Beitragspflicht), sondern an den **formalen Akt** der Bekanntgabe des Beitragsbescheids anknüpft, hat das Bundesverwaltungsgericht[84] die Vorschrift (in der Fassung des Bundesbaugesetzes) in einem anderen Sinne ausgelegt. Es hat nämlich entschieden, daß dann, wenn ein Beitragsbescheid, der zunächst mangels Entstehens einer sachlichen Beitragspflicht fehlerhaft ist, im Laufe eines Rechtsbehelfs- bzw. Rechtsmittelverfahrens mit Wirkung ex-nunc geheilt wird, diese Bestimmung dahin zu verstehen sei, daß der Beitrag einen Monat nach dem Eintritt der Heilung, d. h. nach Eintritt des die Heilung mit Wirkung ex-nunc bewirkenden Ereignisses, fällig wird. Dieser auf einer materiell-rechtlichen Betrachtung beruhenden Auffassung kommt Bedeutung allerdings **ausschließlich** für etwaige Ansprüche aus einer Amtspflichtverletzung, **nicht** jedoch für die Bestimmung des Zeitpunkts zu, in dem eine durch einen bekanntgegebenen Beitragsbescheid geltend gemachte Erschließungsbeitragsforderung bezahlt werden muß bzw. anderenfalls von der Gemeinde zwangsweise beigetrieben werden darf. Denn dieser Zeitpunkt richtet sich unabhängig vom materiellen Recht gemäß § 80 Abs. 2 Nr. 1 VwGO **einzig** nach dem im Bescheid selbst angegebenen Zahlungstermin (Fälligkeitstermin).

40   Gemäß § 80 Abs. 2 Nr. 1 VwGO entfällt die nach § 80 Abs. 1 VwGO einem Widerspruch und einer Anfechtungsklage grundsätzlich zukommende aufschiebende Wirkung bei der Anforderung u. a. von öffentlichen Abgaben. Das hat zur Folge, daß ein Erschließungsbeitragsbescheid unabhängig davon, ob ihm eine materiell-rechtlich begründete und fällige Forderung zugrunde liegt oder nicht, in dem **Zeitpunkt** (vorläufig) **vollziehbar** wird, den der Bescheid selbst als Zahlungstermin (Fälligkeitstermin) angibt und der ggfs. – sofern diese Angabe fehlt oder unklar ist – durch eine Auslegung des Bescheids unter Inanspruchnahme des § 135 Abs. 1 BauGB zu ermitteln ist. Kraft der dem Bescheid durch § 80 Abs. 2 Nr. 1 VwGO vermittelten (vorläufigen) Vollziehbarkeit muß der geforderte Erschließungsbeitrag in diesem Zeitpunkt beglichen werden und kann ihn die Gemeinde ggfs. zwangsweise beitreiben. Die durch § 80 Abs. 2 Nr. 1 VwGO vom Bundesgesetzgeber u. a.

---

[84] BVerwG, u. a. Urteil v. 27. 9. 1982 – 8 C 145.81 – Buchholz 406.11 § 130 BBauG Nr. 26 S. 1 (4) = DVBl 83, 135 = KStZ 83, 95 mit weiteren Nachweisen.

für Erschließungsbeiträge begründete (vorläufige) Zahlungspflicht *überlagert* gleichsam die materiell-rechtliche Fälligkeit einseitig zu Lasten desjenigen, dem ein Erschließungsbeitragsbescheid bekanntgegeben worden ist, und sie nimmt zugleich der materiell-rechtlichen Fälligkeitsregelung ihre spezifisch abgabenrechtliche Relevanz.

Die einem Erschließungsbeitragsbescheid gemäß § 80 Abs. 2 Nr. 1 VwGO   **41** zukommende vorläufige Verbindlichkeit schließt es im übrigen aus, ein Begehren auf Rückzahlung eines entrichteten Beitrags bereits dann mit Erfolg betreiben zu können, wenn der Bescheid zwar im Widerspruchsverfahren von der nicht mit der erhebenden Gemeinde identischen Widerspruchsbehörde aufgehoben, über die dagegen gerichtete Klage der Gemeinde aber noch nicht rechtskräftig entschieden worden ist.[85, 86]

2. Aussetzungszinsen

Nach Einlegung eines Widerspruchs gegen den Beitragsbescheid kann ent-   **42** weder die Widerspruchsbehörde gemäß § 80 Abs. 4 VwGO dessen Vollziehung aussetzen oder das Gericht kann gemäß § 80 Abs. 5 VwGO die aufschiebende Wirkung des Widerspruchs (ggfs. auch einer Anfechtungsklage) anordnen; eine derartige Maßnahme hemmt nicht die Fälligkeit der Beitragsschuld, sondern nur die Vollziehbarkeit des Beitragsbescheids.[87] Allerdings erhält derjenige, dem ein Beitragsbescheid bekanntgegeben worden ist, diese "Vergünstigung" *nicht* ohne die "Gefahr", eine **Gegenleistung** erbringen zu müssen. Denn nach der – über die landesabgabenrechtlichen Vorschriften entsprechend anwendbaren – Bestimmung des § 237 Abs. 1 Satz 1 AO muß er dann, wenn sein Rechtsbehelf bzw. Rechtsmittel „endgültig keinen Erfolg gehabt hat", in beiden Fällen des so erreichten Zahlungsaufschubs Aussetzungszinsen entrichten; Widerspruch und Anfechtungsklage gegen einen Bescheid, mit dem Aussetzungszinsen festgesetzt und angefordert werden, haben **keine** aufschiebende Wirkung.[88] § 237 Abs. 1 Satz 1 AO als materiellrechtliche Abgabennorm (hier des Landesrechts) macht – bezogen auf das Erschließungsbeitragsrecht – das Entstehen einer Verzinsungspflicht von drei Voraussetzungen abhängig: Es muß – erstens – eine infolge der (vorläufigen) Vollziehbarkeit eines bekanntgegebenen Erschließungsbeitragsbescheids be-

---

[85] BVerwG, Urteil v. 12. 1. 1983 – 8 C 78 u. 79.81 – Buchholz 406.11 § 135 BBauG Nr. 21 S. 14 (15 f.) = NVwZ 83, 472 = BauR 83, 251.

[86] Vgl. im übrigen dazu, daß bei einer solchen Konstellation der Bescheid gemäß § 80 Abs. 2 Nr. 1 VwGO vollziehbar bleibt, OVG Saarland, Beschluß v. 22. 3. 1985 – 2 W 27/85 – KStZ 86, 79.

[87] BGH, Urteil v. 12. 3. 1993 – V ZR 69/92 – NJW 93, 2232 mit weiteren Nachweisen.

[88] VGH Kassel, Beschluß v. 15. 2. 1994 – 5 TH 1921/92 – HSGZ 94, 356, und VGH Mannheim, Beschluß v. 1. 6. 1992 – 2 S 2999/90 – VBlBW 92, 470.

gründete Zahlungspflicht bestehen, die – zweitens – gerade durch eine Entscheidung nach § 80 Abs. 4 oder 5 VwGO (vorläufig) beseitigt worden ist, und der Rechtsbehelf bzw. das Rechtsmittel muß – drittens – „endgültig keinen Erfolg gehabt haben".

43   Entfaltet die Aussetzung der Vollziehung eines Beitragsbescheids in dem Zeitraum zwischen einer ihn aufhebenden Erstentscheidung – etwa einer mit der erhebenden Gemeinde nicht identischen Widerspruchsbehörde oder eines erstinstanzlichen Gerichts – und einem diese Aufhebung revidierenden rechtskräftigen Urteil deshalb keine eigenständige Wirkung, weil die Gemeinde nach dem einschlägigen Landesrecht ohnehin gehindert war,[89] in diesem Zeitraum den Beitrag beizutreiben, können insoweit keine Aussetzungszinsen verlangt werden. Denn Aussetzungszinsen können nicht gefordert werden für einen Zeitraum, für welchen die Vollziehung des Beitragsbescheids nicht ausgesetzt zu werden brauchte.[90]

Endgültig keinen Erfolg hat ein Widerspruch (eine Anfechtungsklage), wenn und soweit er (sie) durch eine unanfechtbare Entscheidung zurückgewiesen (abgewiesen, verworfen) oder durch den Widerspruchsführer (Kläger) im Ergebnis – d. h. unter Einschluß etwa von Vergleichen[91] und Hauptsacherledigungen – zurückgenommen worden ist.[92] Die Verzinsungspflicht beginnt gemäß § 237 Abs. 2 Satz 2 AO mit dem Tage der Aussetzung der Vollziehung – bei gerichtlichen Entscheidungen: mit dem Tage der Anordnung der aufschiebenden Wirkung; sie endet mit Ablauf des Tags, an dem die Aussetzung der Vollziehung (Anordnung der aufschiebenden Wirkung) ausläuft bzw. ggfs. ihre eigenständige Wirkung verliert. Die Höhe der Zinsen beträgt gemäß § 238 AO für jeden Monat einhalb v. H., im Jahressatz also 6. v. H.

44   Im Erschließungsbeitragsrecht ist allgemein anerkannt, daß ursprünglich mangels Entstehens sachlicher Beitragspflichten fehlerhafte Beitragsbescheide in selbst im gerichtlichen Verfahren noch zu beachtender Weise mit Wirkung ex-tunc oder ex-nunc **geheilt** werden können (vgl. § 11 Rdnr. 55 und § 19 Rdnrn. 19 ff.). Das führt zu der Frage, ob und ggfs. von welchem Zeitpunkt an gemäß § 237 AO Aussetzungszinsen geschuldet werden, wenn ein Rechtsbehelf bzw. ein Rechtsmittel deshalb **endgültig keinen Erfolg** gehabt hat, weil der Bescheid, dessen Vollziehung ausgesetzt worden ist, während des Rechtsbehelfs- bzw. Rechtsmittelverfahrens geheilt worden ist.

---

[89] Vgl. zu einer derartigen landesrechtlichen Regelung OVG Lüneburg, Urteil v. 18. 3. 1982 – 7 A 15/81 – KStZ 83, 12 = NVwZ 84, 246.
[90] Ebenso u. a. OVG Hamburg, Beschluß v. 12. 5. 1993 – Bs VI 37/93 – NVwZ-RR 94, 283, und Tipke/Kruse, AO, § 237 Rdnr. 4.
[91] Vgl. u. a. VGH Kassel, Beschluß v. 15. 2. 1994 – 5 TH 1921/92 – HSGZ 94, 356, und Schmidt/Bogner/Steinbock, Handbuch des Erschließungsbeitragsrechts, Rdnr. 4820; a. A. BayVGH, Urteil v. 1. 2. 1988 – Nr. 6 B 87.02003 – BayVBl 88, 500.
[92] Zum Fall der Rücknahme eines Widerspruchs siehe u. a. BayVGH, Urteil v. 8. 2. 1994 – 6 B 91.2239 –.

Für den Fall einer rückwirkenden Heilung wird gelegentlich[92]– unter Verzicht auf eine Auslegung des § 237 AO – die Auffassung vertreten, das „(bundes)verfassungsrechtliche Verbot der rückwirkenden Schlechterstellung in Abgabesachen" gebiete eine Auslegung dieser Vorschrift dahin, daß Aussetzungszinsen nicht schon vom Zeitpunkt der Aussetzung der Vollziehung, sondern erst vom Zeitpunkt der Bekanntmachung der (fehlerfreien) Änderungssatzung an verlangt werden könnten. Diese Auffassung ist schon deshalb unzutreffend, weil es ein **allgemeines**, aus Bundesverfassungsrecht herzuleitendes **Schlechterstellungsverbot** in Abgabesachen **nicht** gibt.[93] Im übrigen beruht sie auf der mit § 237 AO selbst nicht zu vereinbarenden Annahme, der Zeitraum für die Verpflichtung zur Zahlung von Aussetzungszinsen beginne – konsequenterweise auch in den Fällen der Heilung (nur) mit Wirkung ex-nunc – erst in dem Zeitpunkt, in dem die mit dem Beitragsbescheid geltend gemachte Beitragsforderung materiell-rechtlich entstanden ist.

§ 237 AO knüpft der Sache nach an § 80 Abs. 2 Nr. 1 VwGO an, d. h. 45 daran, daß die Vollziehung eines angefochtenen, aber gleichwohl gemäß § 80 Abs. 2 Nr. 1 VwGO (vorläufig) vollziehbaren Bescheids ausgesetzt wird.[94] Hat der Rechtsbehelf bzw. das Rechtsmittel gegen diesen Bescheid, der **unabhängig** von der materiellen Rechtslage schon **allein** kraft seiner von § 80 Abs. 2 Nr. 1 VwGO angeordneten (vorläufigen) Vollziehbarkeit eine Zahlungsschuld begründet,[94] „endgültig keinen Erfolg gehabt, ist der geschuldete Betrag, hinsichtlich dessen die Vollziehung des angefochtenen Verwaltungsakts ... ausgesetzt wurde, zu verzinsen" (§ 237 Abs. 1 Satz 1 AO). Endgültig keinen Erfolg mit der Folge, daß der mit dem Bescheid geforderte Betrag in voller Höhe gezahlt werden muß, hat beispielsweise eine Anfechtungsklage, wenn ein ursprünglich mangels Entstehens einer Beitragspflicht fehlerhafter Bescheid während des Rechtsbehelfs- bzw. Rechtsmittelverfahrens geheilt worden ist. Denn nach der Heilung mit Wirkung ex-tunc oder ex-nunc ist für die vom Kläger begehrte Aufhebung des angefochtenen Bescheids gemäß § 113 Abs. 1 Satz 1 VwGO kein Raum mehr, weil in dem für die gerichtliche Entscheidung maßgeblichen Zeitpunkt der letzten mündlichen Verhandlung der Bescheid objektiv rechtmäßig ist, d. h., der materiellen Rechtslage entspricht, und deshalb subjektiv ein Aufhebungsanspruch des Klägers nicht (mehr) besteht. Hat aber ein Rechtsbehelf bzw. ein Rechtsmittel endgültig keinen Erfolg gehabt, beginnt der Zeitraum, für den Aussetzungszinsen geschuldet werden, gemäß § 237 Abs. 2 Satz 2 AO „mit dem Tag der Ausset-

---

[92] Vgl. BayVGH, Urteil v. 11. 3. 1982 – 6 B 80 A. 1895 –, und ihm folgend Dalka in KStZ 83, 201, der sich allerdings zur Stützung seiner Ansicht zu Unrecht auf den BFH (Urteil v. 17. 9. 1970 – IV R 153/68 – BStBl 71, 2) beruft; a. A. u. a. Schörnig in BayVBl 82, 298.
[93] Vgl. u. a. BVerwG, Urteil v. 9. 3. 1984 – 8 C 45.82 – NVwZ 84, 435 = DVBl 84, 682 = BayVBl 84, 409 sowie im einzelnen von Mutius in VerwArch 1979, 73.
[94] U. a. OVG Lüneburg, Urteil v. 8. 12. 1992 – 9 L 543/92 – KStZ 93, 178 = NsGemeinde 93, 275 = NST-N 93, 136.

zung der Vollziehung". Der **eindeutige Wortlaut** des Gesetzes stellt mithin für das Entstehen einer Verzinsungspflicht auf die endgültige Erfolglosigkeit eines Rechtsbehelfs bzw. Rechtsmittels ab und er knüpft die Bestimmung des Zeitpunkts, von dem an Aussetzungszinsen geschuldet werden, **einzig** an den formalen Akt der Aussetzung der Vollziehung des angefochtenen Beitragsbescheids, **nicht** aber an den Zeitpunkt, in dem dieser Bescheid **rechtmäßig** geworden ist.[94]

46   Diesem aus dem Wortlaut des § 237 AO hergeleiteten Ergebnis läßt sich nicht entgegenhalten, der Gesetzgeber habe bei der Formulierung dieser Vorschrift Fälle der Heilung eines ursprünglich fehlerhaften Beitragsbescheids nicht beachten können und überdies sei § 237 AO für das Beitragsrecht lediglich "entsprechend" anwendbar, die Heilung aber sei ein spezifisch beitragsrechtliches Phänomen, so daß sie vom Wortlaut dieser Vorschrift nicht erfaßt werde. Denn zum einen war die "Heilungsrechtsprechung" des Bundesverwaltungsgerichts,[95] d. h. die Rechtsprechung zur Möglichkeit einer nachträglichen Heilung eines ursprünglich rechtswidrigen Abgabebescheids mit Wirkung ex-tunc und mit Wirkung ex-nunc, im Zeitpunkt der Verabschiedung der Abgabenordnung schon seit vielen Jahren bekannt. Und zum anderen ist die Heilung kein spezifisch beitragsrechtliches, sondern ein allgemein abgabenrechtliches, z. B. auch im (kommunalen) Steuerrecht[96] beachtliches Phänomen. Im übrigen wird das – freilich einseitig zu Lasten eines zu einem Beitrag Herangezogenen gehende – Ergebnis bestätigt durch folgende "Kontroll"-Überlegung: Hat ein Kläger – etwa weil sein Aussetzungsantrag abschlägig beschieden worden ist – den Betrag gezahlt, den er kraft der (vorläufigen) Vollziehbarkeit eines mangels Entstehens einer sachlichen Beitragspflicht **rechtswidrigen** Bescheids schuldet, und wird dieser Bescheid im Rechtsmittelverfahren geheilt, hat der Kläger gemäß § 236 AO keinen Anspruch auf Erstattungszinsen. In diesem Fall verbleibt der Gemeinde nach dem Willen des Gesetzgebers der Nutzungswert (Zinswert) des gezahlten Betrags ebenso wie im "Aussetzungsfall" selbst für den Zeitraum, in dem ein materiell-rechtlich begründeter Beitragsanspruch (noch) nicht bestand.

Für das Entstehen einer Verzinsungspflicht vom Zeitpunkt der Aussetzung der Vollziehung an ist es somit **ohne Belang,** ob dem angefochtenen Beitragsbescheid von Anfang an eine nach materiellem Recht entstandene sowie fällige Erschließungsbeitragsforderung zugrunde lag (vgl. §§ 133 Abs. 2, 135 Abs. 1 BauGB) und deshalb ein Rechtsbehelf bzw. Rechtsmittel endgültig keinen Erfolg gehabt hat oder ob ein endgültiger Erfolg, der allein eine Ver-

---

[95] BVerwG, vgl. zur Heilung mit Wirkung ex-tunc u. a. Urteil v. 26. 6. 1970 – IV C 134. 68 – Buchholz 406.11 § 132 BBauG Nr. 7 S. 9 (10) = DVBl 70, 835 = DÖV 70, 861 mit weiteren Nachweisen sowie zur Heilung mit Wirkung ex-nunc u. a. Urteil v. 24. 10. 1972 – IV C 30.71 – BVerwGE 41, 72 (74f.) = DVBl 73, 500 = KStZ 73, 119.

[96] Vgl. zur Heilung eines zunächst rechtswidrigen Grundsteuerbescheids mit Wirkung ex-nunc etwa BVerwG, Urteil v. 29. 9. 1982 – 8 C 138.81 – BVerwGE 66, 178 (181 ff.) = NVwZ 83, 222 = DÖV 83, 470.

zinsungspflicht abgewendet hätte, versagt geblieben ist, weil ein ursprünglich fehlerhafter Erschließungsbeitragsbescheid im Laufe des Rechtsbehelfs- bzw. Rechtsmittelverfahrens mit Wirkung ex-tunc[97] oder ex-nunc[98] geheilt worden ist. § 237 AO honoriert in bezug auf den Beginn des Verzinsungszeitraums weder einen offenen, d. h. etwa durch einen nicht bestandskräftig gewordenen Widerspruchsbescheid oder ein nicht rechtskräftig gewordenes Urteil erzielten, noch einen "verdeckten" **Zwischenerfolg**, d. h. einen Erfolg, der bis zum Eintritt des die Heilung bewirkenden Ereignisses von der Sache her erzielbar war, sich aber infolge der Heilung nicht zu einem endgültigen Erfolg verdichtet hat. Vielmehr begründet § 237 AO im Falle der endgültigen Erfolglosigkeit eine Verzinsungspflicht unabhängig von derartigen Zwischenerfolgen für den gesamten Zeitraum ab der Aussetzung der Vollziehung.

Mit diesem Inhalt ist § 237 AO **verfassungsrechtlich unbedenklich.** Dies gilt 47 schon deshalb, weil verfassungsrechtlich unbedenklich sogar eine Regelung wäre, nach der **selbst** im Falle eines endgültigen Erfolgs des Rechtsbehelfs bzw. Rechtsmittels Aussetzungszinsen geschuldet werden. Sogar eine solche Regelung nämlich wäre durch die ihrerseits verfassungsrechtlich unbedenkliche Vorschrift des § 80 Abs. 2 Nr. 1 VwGO gedeckt. Kraft der einem Beitragsbescheid durch § 80 Abs. 2 Nr. 1 VwGO vermittelten (vorläufigen) Vollziehbarkeit muß der geforderte Beitrag zu dem im Bescheid genannten Termin unabhängig davon geleistet werden, ob ihm eine materiell-rechtlich

---

[97] Vgl. dazu BVerwG, Urteil v. 9. 3. 1984 – 8 C 45.82 – NVwZ 84, 435 = DVBl 84, 682 = BayVBl 84, 409.

[98] Ebenso u. a. BayVGH, Urteil v. 8. 2. 1994 – 6 B 91.2239 –, OVG Münster, Urteil vom 25. 5. 1992 – 2 A 1464/91 – KStZ 93, 135 = NVwZ-RR 93, 271 = GemHH 94, 15, Lauenroth in Driehaus, Kommunalabgabenrecht, § 12 Rdnr. 56, und Redeker/von Oertzen, VwGO, § 80 Bem. 5. Dagegen differenziert das OVG Hamburg (Beschluß v. 12. 5. 1993 – Bs VI 37/93 – NVwZ 94, 283) zwischen der Heilung mit Wirkung ex-tunc und der Heilung mit Wirkung ex-nunc und meint, nur im ersteren Fall seien Zinsen vom Zeitpunkt der Aussetzung der Vollziehung an zu entrichten, im zweiten Fall gelte dies erst vom Zeitpunkt der Heilung an. Das überzeugt nicht. Abgesehen davon, daß der Wortlaut des § 237 AO für eine derartige Differenzierung nichts hergibt, vermögen auch die vom OVG Hamburg vorgebrachten Argumente eine solche Differenzierung nicht zu tragen. Die Begründung, das Ergebnis – daß Aussetzungszinsen auch für einen Zeitraum zu erbringen sind, in dem materiell-rechtlich eine Beitragspflicht noch nicht entstanden ist – sei „vom Gesetzeszweck ersichtlich nicht gedeckt" und lasse sich „mit Grundsätzen des Rechtsstaats nicht vereinbaren", würde nämlich – wenn es (was nicht der Fall ist) zutreffen sollte – auch für den Fall der Heilung mit Wirkung ex-tunc gelten; auf der Grundlage der danach maßgeblichen materiell-rechtlichen Betrachtungsweise rechtfertige die Fiktion der Rückwirkung keine Differenzierung. Im übrigen geht das OVG Hamburg zu Unrecht davon aus, im Falle eines ursprünglich rechtswidrigen Bescheids werde bis zu dessen Heilung der geforderte Beitrag nicht „geschuldet" i. S. des § 237 Abs. 1 Satz 1 AO. Denn diese Vorschrift knüpft der Sache nach mit der Folge an § 80 Abs. 2 Nr. 1 VwGO an, daß der mit dem Bescheid verlangte Betrag kraft der von § 80 Abs. 2 Nr. 1 VwGO angeordneten (vorläufigen) Vollziehbarkeit geschuldet wird (vgl. Rdnrn. 45 und 47).

begründete Forderung zugrundeliegt oder nicht. Wird diese vom Bundesgesetzgeber zugunsten der öffentlichen Haushalte getroffene Regelung durch eine Aussetzung der Vollziehung durchbrochen, *rechtfertigte* es § 80 Abs. 2 Nr. 1 VwGO in verfassungsrechtlich nicht zu beanstandender Weise, gleichsam als "Gegenleistung" dafür und unabhängig vom endgültigen Erfolg des Rechtsbehelfs bzw. Rechtsmittels, Aussetzungszinsen zu fordern, um so den finanziellen Vorteil desjenigen, zu dessen Gunsten die Vollziehung ausgesetzt worden ist, abzuschöpfen und dadurch die Gemeinde so zu stellen, als habe sie dem in § 80 Abs. 2 Nr. 1 VwGO zum Ausdruck gebrachten gesetzgeberischen Willen entsprechend das Geld im Zeitpunkt der Vollziehbarkeit des angefochtenen Beitragsbescheids erhalten. Eine andere Ansicht hätte folgerichtig zur Konsequenz, daß man eine Gemeinde dann, wenn ein Betroffener den mit einem Beitragsbescheid verlangten Betrag fristgerecht erbracht hat, dieser Bescheid aber später in einem *Widerspruchsverfahren* bestandskräftig aufgehoben worden ist, für kraft Bundesverfassungsrecht verpflichtet halten müßte, nicht nur diesen Betrag zu erstatten, sondern darüber hinaus auch vom Tage der Leistung an Erstattungszinsen zu zahlen. Eine solche – vom einfachen Recht nicht vorgesehene (vgl. § 25 Rdnr. 2) – Verzinsungspflicht fordert das Bundesverfassungsrecht indessen nicht.[99]

48 Auch der verfassungsrechtlich gewährleistete Grundsatz des **Vertrauensschutzes** gebietet nicht, den Inhalt des § 237 AO anders als zuvor dargestellt auszulegen. Da es für den Beginn des Verzinsungszeitraums gemäß § 237 Abs. 2 Satz 2 AO unbeachtlich ist, ob ein ursprünglich fehlerhafter Erschließungsbeitragsbescheid mit Wirkung ex-tunc oder mit Wirkung ex-nunc geheilt wird (vgl. Rdnr. 46), ergeben sich in diesem Zusammenhang keine spezifisch rückwirkungsrelevanten Vertrauensschutzprobleme. Fraglich kann deshalb nur sein, ob die Betroffenen generell und losgelöst von den jeweiligen Umständen des Einzelfalls dann, wenn ein ursprünglich fehlerhafter Beitragsbescheid während eines Rechtsbehelfs- bzw. Rechtsmittelverfahrens geheilt wird, schutzwürdig erwarten können, Aussetzungszinsen seien erst vom Zeitpunkt des Eintritts des die Heilung bewirkenden Ereignissen an zu leisten. Das ist zu verneinen. Macht nämlich ein zu einem Erschließungsbeitrag veranlagter Grundstückseigentümer von der ihm gesetzlich (vgl. § 80 Abs. 4 und 5 VwGO) eingeräumten Möglichkeit Gebrauch, eine Aussetzung der Vollziehung zu beantragen, und wird dementsprechend zu seinen Gunsten von der gemäß § 80 Abs. 2 Nr. 1 VwGO zu seinen Lasten angeordneten "Vorleistungspflicht" abgewichen und dadurch zugleich eine Tatbestandsvoraussetzung des § 237 AO verwirklicht, muß er vernünftigerweise von Anfang an damit rechnen, daß die Gemeinde im "Gegenzug" ihrerseits alle nach der geltenden Rechtsordnung zulässigen Möglichkeiten ausschöpft. Zu diesen Möglichkeiten zählt nach der ständigen Rechtsprechung des Bundes-

---

[99] Vgl. in diesem Zusammenhang BVerwG, Urteil v. 17. 2. 1971 – IV C 17.69 – BVerwGE 37, 239 (241 f.) = NJW 71, 1148 = DVBl 71, 414.

verwaltungsgerichts,[100] einen ursprünglich z. B. mangels einer wirksamen Satzung fehlerhaften Bescheid im Rechtsbehelfs- bzw. Rechtsmittelverfahren mit Wirkung ex-tunc oder ex-nunc zu heilen. Die Inanspruchnahme dieser Möglichkeit durch die Gemeinde und die dadurch kraft Gesetzes ausgelösten (Neben-)Folgen gehören zu den den Betroffenen als **vorhersehbar anzulastenden Risiken.** Ein etwaiges Vertrauen darauf, die Gemeinde werde von dieser Möglichkeit keinen Gebrauch machen, ist daher grundsätzlich nicht schutzwürdig.[101] Das schließt nicht aus, daß im Einzelfall eine bestimmte Gemeinde durch ihr Verhalten Anlaß für das Entstehen eines schutzwürdigen Vertrauens in der aufgezeigten Richtung gegeben haben kann. Wo das zutrifft, kann die Zahlung der (gesamten) Aussetzungszinsen für einen Betroffenen, der im Vertrauen auf dieses Verhalten etwa eine Vermögensdisposition getroffen hat, unzumutbar und deshalb ausnahmsweise ein (teilweiser) Erlaß aus Billigkeitsgründen gemäß §§ 237 Abs. 2 AO angezeigt sein. In den übrigen (sozusagen Normal-)Fällen besteht jedoch dann, wenn ein zunächst rechtswidriger Beitragsbescheid im Laufe (erst) des gerichtlichen Verfahrens geheilt wird, **kein** Anspruch auf Verzicht auf die Aussetzungszinsen wegen sachlicher Unbilligkeit.[102] Auch rechtfertigt eine überlange Dauer des Widerspruchsverfahrens für sich allein keinen Verzicht auf Aussetzungszinsen aus Billigkeitsgründen.[103]

Ein Bescheid über Aussetzungszinsen kann im Falle fehlender Aussetzung **49** nicht als Bescheid über Säumniszuschläge aufrechterhalten oder in einem solchen Bescheid umgedeutet werden.[104]

3. Säumniszuschläge

Wenn ein mit einem Beitragsbescheid geltend gemachter Erschließungsbei- **50** trag (Vorausleistungsbetrag) nicht bis zum Ablauf des Tages geleistet wird,

---

[100] BVerwG, vgl. zur Heilung mit Wirkung ex-tunc u. a. Urteil v. 28. 11. 1975 – IV C 45.74 – BVerwGE 50, 2 (7 ff.) = NJW 76, 1115 = DVBl 76, 942, und zur Heilung mit Wirkung ex-nunc u. a. Urteil v. 25. 11. 1981 – 8 C 14.81 – BVerwGE 64, 218 (220 ff.) = NVwZ 82, 375 = DVBl 82, 544.

[101] So – unter Berücksichtigung auch des Gesichtspunkts des Art. 19 Abs. 4 GG – zur rückwirkenden Heilung BVerwG, Urteil v. 9. 3. 1984 – 8 C 45.82 – NVwZ 84, 435 – DVBl 84, 682 = BayVBl 84, 409. Diesen Gesichtspunkt übersieht das OVG Münster (Urteil v. 29. 9. 1983 – 3 A 1635/82 – NVwZ 84, 321), wenn es meint, bei einer rückwirkenden Heilung gebiete es die Billigkeit in der Regel, Aussetzungszinsen für den Zeitraum bis zum Erlaß der neuen Satzung zu erlassen.

[102] U. a. OVG Lüneburg, Urteil v. 8. 12. 1992 – 9 L 543/92 – KStZ 93, 178 = NsGemeinde 93, 275 = NST-N 93, 136, und OVG Münster, Urteil v. 25. 5. 1992 – 2 A 1464/91 – KStZ 93, 135 = NVwZ-RR 93, 271 = GemHH 94, 15.

[103] OVG Münster, Urteil v. 22. 3. 1991 – 3 A 1825/88 – GemHH 92, 208 = HSGZ 92, 84 = ZKF 92, 136.

[104] OVG Lüneburg, Beschluß v. 31. 1. 1989 – 9 B 97/88 – DÖV 89, 866 = NVwZ-RR 89, 499.

den der Bescheid als Zahlungstermin (Fälligkeitstermin) nennt, sind – sofern nicht die Vollziehung des Bescheids ausgesetzt oder auf andere Weise (z. B. Stundung) ein Zahlungsaufschub gewährt worden ist – für die Dauer der Säumnis, d. h. bis zum Erlöschen der Beitragsschuld, nach Maßgabe des – über die einschlägigen Vorschriften des Landesabgabenrechts entsprechend anwendbaren – § 240 AO Säumniszuschläge zu entrichten.[105] Diese Säumniszuschläge dürften ihrerseits öffentliche Abgaben i. S. des § 80 Abs. 2 Nr. 1 VwGO sein,[106] so daß ein Widerspruch oder eine Anfechtungsklage gegen einen Bescheid, mit dem Säumniszuschläge gefordert werden, keine aufschiebende Wirkung haben dürften.

51   Der Säumniszuschlag ist seiner Rechtsnatur nach ein abgabenrechtliches **Druckmittel eigener Art**, das im Interesse der öffentlichen Haushalte den rechtzeitigen Eingang der Abgaben sichern[107] und deshalb die Abgabenpflichtigen zur pünktlichen Zahlung anhalten soll; seine Einführung ist mit dem Grundgesetz vereinbar.[108] Ein Säumniszuschlag ist mit der Verwirklichung des Säumnistatbestands kraft Gesetzes verwirkt; ob den Pflichtigen ein Verschulden an der Säumnis trifft, ist unerheblich.[107] Die Gemeinde ist zur Erhebung eines verwirkten Säumniszuschlags durch Leistungsbescheid verpflichtet; seine Einziehung liegt nicht in ihrem Ermessen.[109] Das schließt jedoch nicht aus, daß die Gemeinde Säumniszuschläge im Einzelfall gemäß § 227 AO aus Billigkeitsgründen ganz oder teilweise erlassen darf.

52   Wird ein Beitragsbescheid (Vorausleistungsbescheid) nachträglich aufgehoben oder geändert, hat dieses Ereignis gemäß § 240 Abs. 1 Satz 4 AO keinen Einfluß auf die bis zu seinem Eintritt verwirkten Säumniszuschläge.[110] Die Säumniszuschläge werden ihrer Rechtsnatur als abgabenrechtliches Druckmittel entsprechend durch das spätere rechtliche Schicksal des Beitragsbescheids und der diesem – möglicherweise nur vermeintlich – zugrundeliegen-

---

[105] Vgl. zu den Säumniszuschlägen bei kommunalen Abgaben im einzelnen Thiem in KStZ 79, 1, sowie zum Säumniszuschlag im Erschließungsbeitragsrecht Magnussen in VBlBW 89, 121.

[106] OVG Münster, Beschluß v. 31. 8. 1983 – 3 B 538/83 – DÖV 84, 121 = DVBl 84, 347 = KStZ 84, 17, ebenso OVG Bremen, Beschluß v. 6. 4. 1993 – 1 B 6/93 – KStZ 93, 236, und Lenzen in BayVBl 86, 427; a. A. u. a. VGH Mannheim, Beschluß v. 28. 5. 1984 – 14 S 1131/84 – VBlBW 85, 113, BayVGH, Beschluß v. 2. 4. 1985 – Nrn. 23 CS 85 A 361 u. a. – KStZ 85, 155 = DÖV 85, 1076 = NVwZ 87, 63, OVG Koblenz, Beschluß v. 15. 7. 1986 – 12 B 79/86 – NVwZ 87, 64 = DÖV 87, 35, und OVG Lüneburg, Beschluß v. 27. 1. 1988 – 9 B 104/87 – KStZ 88, 57 = NVwZ-RR 89, 325, sowie Redeker/von Oertzen, VwGO, § 80 Bem. 19.

[107] BVerwG, u. a. Urteil v. 26. 10. 1973 – VII C 25.72 – BVerwGE 44, 136 (139) = MDR 74, 341 = KStZ 74, 71.

[108] BVerwG, Urteil v. 27. 6. 1969 – VII C 46.68 – BVerwGE 32, 262 (264) = NJW 69, 1921 = DVBl 69, 905.

[109] BFH, u. a. Beschluß v. 8. 12. 1975 – GrS 1/75 – BFHE 117, 352 (356).

[110] Vgl. u. a. BayVGH, Urteil v. 27. 4. 1989 – 23 B 87.03703 – DÖV 90, 292 = NVwZ-RR 90, 107.

den Beitragsschuld nicht berührt;[111] sie sind in ihrem rechtlichen Schicksal losgelöst von der materiellen Richtigkeit des Bescheids. Daraus folgt, daß der Begriff "Fälligkeitstag" in § 240 Abs. 1 Satz 1 AO grundsätzlich "formell" zu bestimmen ist, es also grundsätzlich nicht darauf ankommt, ob und in welcher Höhe die geltend gemachte Abgabenforderung materiell-rechtlich (noch) besteht und insoweit "fällig" sein kann.[111]

Sieht der Abgabengläubiger auf Bitten des Gerichts von Vollstreckungs- **53** maßnahmen bis zur Entscheidung über einen Aussetzungsantrag ab, beseitigt das noch nicht die Fälligkeit der Abgabe mit der Folge, daß jedenfalls bis zu einer positiven Aussetzungsentscheidung Säumniszuschläge anfallen.[112] Wird auf den Antrag hin die sofortige Vollziehbarkeit vom Gericht (oder zuvor schon von der Behörde selbst) aufgehoben, entfällt grundsätzlich rückwirkend[113] die von § 80 Abs. 2 Nr. 1 VwGO dem Bescheid vermittelte (vorläufige) Vollziehbarkeit (vgl. dazu Rdnr. 40) und damit die eigentliche materielle Rechtfertigung für die Anwendung des "Zwangsmittels" Säumniszuschlag. Gleichwohl bleiben entsprechend dem Rechtsgedanken des § 240 Abs. 1 Satz 4 AO die vordem verwirkten Säumniszuschläge unberührt.[114]

Die Säumniszuschläge betragen für jeden angefangenen Monat der Säumnis **54** 1 v.H. der jeweils rückständigen Beitragsschuld. § 240 Abs. 1 Satz 1 AO teilt die für die Berechnung der Säumniszuschläge maßgebende Zeit vom Ablauf des Fälligkeitstags bis zur Zahlung der Beitragsschuld in einzelne Monatszeiträume ein. Jeder Monatsbeginn löst einen neuen Säumniszuschlag in Höhe von 1 v.H. aus. Die Berechnung der Fristen richtet sich nach den §§ 187 Abs. 2, 188 Abs, 2, 190 und 193 BGB.[115]

---

[111] VGH Kassel, Urteil v. 18. 5. 1988 – 5 UE 2212/84 – GemHH 89, 160 = NVwZ-RR 89, 324; a.A. insoweit offenbar BayVGH (Urteil v. 3. 8. 1990 – 23 B 88.00094 – NVwZ-RR 92, 39), der auf eine materiell-rechtliche Betrachtungsweise abhebt und meint, für eine wirksam festgesetzte Abgabenforderung entstünden – mangels Fälligkeit – nach Ablauf der Zahlungsverjährung keine Säumniszuschläge.

[112] Ebenso OVG Lüneburg, Urteil v. 9. 11. 1987 – 1 A 144/86 – KStZ 88, 117 = NVwZ-RR 89, 327, VGH Kassel, Urteil v. 18. 5. 1988 – 5 UE 2212/84 – GemHH 89, 160 = NVwZ-RR 89, 324, und OVG Koblenz, Urteil v. 8. 11. 1988 – 6 A 118/87 – NVwZ-RR 89, 324.

[113] Vgl. dazu Wüterich in NVwZ 87, 959 mit weiteren Nachweisen.

[114] Vgl. u. a. BayVGH, Beschluß v. 25. 8. 1989 – 23 CS 89, 02090 und 23 CS 89.02092 – NVwZ-RR 90, 328; a.A. OVG Lüneburg, Urteil v. 14. 3. 1989 – 9 A 57/88 – KStZ 90, 36.

[115] Vgl. dazu und zu sonstigen Einzelfragen im Zusammenhang mit Säumniszuschlägen u. a. Thiem, Allgemeines kommunales Abgabenrecht, S. 237 ff.

§ 25 (Teilweise) Rückzahlung entrichteter (Teil-)Beiträge und Kosten des isolierten Vorverfahrens

I. (Teilweise) Rückzahlung entrichteter (Teil-)Beiträge

1   Hebt eine Gemeinde oder – sofern sie nicht selbst Widerspruchsbehörde ist – die Widerspruchsbehörde auf einen Widerspruch des Betroffenen hin einen Vorausleistungs-, Kostenspaltungs- oder Vollbeitragsbescheid ganz oder teilweise auf, etwa weil sich herausgestellt hat, daß das betreffende Grundstück – aus welchen Gründen immer – nicht der Beitragspflicht unterliegt, ist eine entrichtete Vorausleistung bzw. ein entrichteter (Teil-)Beitrag im Umfang der erfolgen **Aufhebung zurückzuzahlen**, weil insoweit der Rechtsgrund für die erhaltene Zahlung entfallen ist. Der dem Betroffenen mit der (teilweisen) Aufhebung des Bescheids zugewachsene Erstattungsanspruch erstreckt sich auch auf ggf. erbrachte Stundungszinsen.[1] Dagegen kommt die Erstattung eines etwa gezahlten Säumniszuschlags nicht in Betracht (vgl. § 24 Rdnr. 52).

2   Auch besteht in einem Fall der in Rede stehenden Art **kein** Rechtsanspruch auf eine **Verzinsung** des Rückzahlungsbetrags. Ein Zinsanspruch ist im Abgabenrecht nach der (über die Verweisungsklauseln in den Kommunalabgabengesetzen entsprechend anwendbaren) Vorschrift des § 233 Satz 1 AO nur dort gegeben, wo das **gesetzlich** vorgeschrieben ist. Eine derartige gesetzliche Anordnung fehlt in diesem Zusammenhang. Zwar sollte nach Art. 2 Abs. 1 des Gesetzes zur Änderung und Vereinfachung des Einkommensteuergesetzes und anderer Gesetze vom 18. August 1980 (BGBl. I S. 1537) durch eine Neufassung des § 236 Abs. 1 AO ein Zinsanspruch für eine solche Konstellation begründet werden. Doch sind die Regelungen des Art. 2 des genannten Änderungsgesetzes und damit auch die Neufassung des § 236 AO nicht in Kraft getreten.[2] Da Art. 2 des Gesetzes vom 18. August 1980 gemäß dessen Art. 14 Abs. 2 „gleichzeitig mit dem Staatshaftungsgesetz in Kraft" treten sollte, das Bundesverfassungsgericht[3] jedoch das Staatshaftungsgesetz vom 26. Juni 1981 (BGBl. I S. 553) mangels Vereinbarkeit mit Art. 70 GG für nichtig erklärt hat, steht fest, daß die Regelungen des Art. 2 des Änderungsgesetzes und damit auch die Neufassung des § 236 AO **nicht wirksam** geworden sind. Diese Auffassung wird bestätigt namentlich durch die in Art. 5 Abs. 1 des Steuerbereinigungsgesetzes 1986 vom 15. Oktober 1985 (BGBl. I S. 2436) vorgenommene "Streichung" des Art. 2 des Änderungsgesetzes vom

---

[1] Vgl. OVG Münster, Urteil v. 6. 10. 1971 – III A 1160/69 – ZMR 73, 72 = GemTg 72, 176.

[2] Vgl. u. a. VGH Mannheim, Beschluß v. 10. 3. 1986 – 2 S 3019/83 – KStZ 86, 152, und OVG Münster, Urteil v. 16. 4. 1986 – 2 A 289/85 – HSGZ 87, 121.

[3] BVerfG, Urteil v. 19. 10. 1982 – 2 BvF 1/81 – BVerfGE 61, 149 = NJW 83, 25.

18. August 1980. Denn aus der Verwendung des Wortes "Streichen" ergibt sich, daß der Gesetzgeber die in Art. 2 des genannten Änderungsgesetzes enthaltenen (Einzel-)Vorschriften als nicht in Kraft getreten betrachtet.[4]

Erfolgt dagegen eine (teilweise) Aufhebung in einem **Verwaltungsstreitver-** 3 **fahren,** hat die Gemeinde nicht nur den (nunmehr) ohne Rechtsgrund erhaltenen Betrag sowie ggf. erhaltene Stundungszinsen zurückzuzahlen, sondern **überdies** den Erstattungsbetrag gemäß den (über die Verweisungsklauseln in den Kommunalabgabengesetzen entsprechend anwendbaren) §§ 236, 238 Abs. 1 AO bis zum Auszahlungstag in Höhe von 0,5 v. H. zu verzinsen, und zwar (erst) vom Tag der Rechtshängigkeit an (**Prozeßzinsen**).[5] Zinsen in banküblicher Höhe können nicht verlangt werden;[6] ein solcher weitergehender Zinsanspruch kann einem Kläger allenfalls unter dem Gesichtspunkt eines Schadensersatzanspruchs gemäß § 839 BGB in Verbindung mit Art. 34 GG zustehen. Die Zulässigkeit eines Antrags auf Zahlung von Prozeßzinsen setzt keinen besonderen Leistungsantrag (Rückforderungsantrag) voraus.[7]

Ein Anspruch auf Zahlung von Prozeßzinsen besteht jedoch dann **nicht,** 4 wenn ein Beitrag durch einen **gerichtlichen Vergleich** herabgesetzt worden ist. § 236 Abs. 1 AO (in der Fassung vom 16. März 1976 – BGBl. I S. 613) stellt auf gerichtliche Entscheidungen ab und begründet deshalb offensichtlich keinen Zinsanspruch für den Fall einer Beitragsreduzierung durch gerichtlichen Vergleich. Da ein prozeßbeendender Vergleich gemäß § 106 VwGO nicht zu den Verfahrensbeendigungen zählt, die in § 236 Abs. 2 Nr. 1 AO genannt sind, gibt auch diese Vorschrift nichts für einen Zinsanspruch her. Eine erweiternde analoge Anwendung dieser Bestimmung verbietet sich namentlich mit Blick auf § 233 Satz 1 AO; denn danach werden Ansprüche aus dem Abgabenschuldverhältnis nur verzinst, soweit dies gesetzlich vorgeschrieben ist.[8] Aus dem genannten Grunde ist dann, wenn ein bereits entrichteter Beitrag nach erfolgreichem Widerspruch gegen den Heranziehungsbescheid erstattet worden ist, der Erstattungsbetrag selbst dann **nicht** in entsprechender Anwendung des § 236 Abs. 2 Nr. 1 AO zu verzinsen, wenn sich die Entscheidung über den Widerspruch vereinbarungsgemäß nach dem Ausgang eines **Musterprozesses** richtet; bei einer solchen Konstellation nämlich ist der Bescheid nicht Gegenstand eines gerichtlichen Verfahrens, sondern ausschließlich eines bei der Gemeinde anhängigen Rechtsbehelfsverfahrens gewesen.[9] Der sich aus § 233 AO ergebenden Beschränkung unterliegt allerdings **nicht** ein Anspruch auf Rückzahlung einer **vertraglich** begründeten Vor-

---

[4] Vgl. OVG Münster, Urteil v. 20. 1. 1986 – 3 A 1467/84 –.

[5] Vgl. zu Prozeßzinsen auf Erstattungsbeträge im einzelnen Lohmeyer in KStZ 90, 167, sowie Hoven in KStZ 79, 189.

[6] BVerwG, Beschluß v. 24. 5. 1977 – VII B 59.77 –.

[7] Vgl. BayVGH, Urteil v. 19. 5. 1976 – Nr. 156 VII 72 – BayVBl 76, 565.

[8] Vgl. OVG Münster, Urteil v. 18. 4. 1986 – 2 A 289/85 – HSGZ 87, 121.

[9] OVG Münster, Urteil v. 29. 11. 1988 – 2 A 874/85 – GemHH 89, 184 = NWVBl 89, 284 = HSGZ 89, 306.

auszahlung auf den Beitrag; auf diesen Anspruch sind – in entsprechender Anwendung des § 291 BGB – 4 v. H. Prozeßzinsen zu zahlen.[10]

5   Ist etwa auf die Klage eines Straßenanliegers rechtskräftig entschieden worden, daß die Satzungsregelung z. B. betreffend die Eckgrundstücksvergünstigung unwirksam ist und daher er als Eigentümer eines Nichteckgrundstücks ebenso wie die übrigen Eigentümer von Nichteckgrundstücken, zu deren Lasten die Vergünstigung gewährt worden war, zu hoch belastet worden ist, ist zwar dem Kläger der zuviel gezahlte Betrag zu erstatten, doch begründet das **keinen Rechtsanspruch** der **übrigen** Eigentümer der Nichteckgrundstücke auf Erstattung der von ihnen zuviel gezahlten Beträge, sofern "deren" Heranziehungsbescheide bereits bestandskräftig geworden sind. Sie können nicht verlangen, ebenso behandelt zu werden wie der Kläger.[11] Denn die Rechtssicherheit, die ebenso wie die materielle Gerechtigkeit zu den Leitideen des Grundgesetzes gehört, fordert die grundsätzliche Rechtsbeständigkeit rechtskräftiger Entscheidungen und sonstiger in Bestandskraft erwachsener Akte der öffentlichen Gewalt. Die materielle Gerechtigkeit ist in dem gesetzlich zugelassenen Rechtsmittelverfahren zu verwirklichen. Ist dieses beendet bzw. ist die Rechtsmittelfrist mangels Einlegung eines Rechtsmittels abgelaufen, schließt der Grundsatz der Rechtssicherheit einen Rechtsanspruch auf Beseitigung einer unanfechtbaren behördlichen Entscheidung grundsätzlich aus.[12]

6   Eine (teilweise) Rückzahlung eines (einer) aufgrund eines bestandskräftig gewordenen Bescheids geleisteten Beitrags (Vorausleistung) setzt die (teilweise) **Aufhebung** des Bescheids voraus. Denn der rechtswidrige, selbst der sog. gesetzlose Verwaltungsakt ist – solange er nicht aufgehoben ist – wirksam und damit Rechtsgrundlage für die Leistung.[13] Ein Begehren auf (teilweise) Aufhebung eines unanfechtbar gewordenen Bescheids und (teilweise) Rückzahlung eines erbrachten Beitrags kann nur im Wege einer Verpflichtungsklage nach vorherigem Vorverfahren geltend gemacht werden; die Zulässigkeit einer solchen ("kombinierten") Klage ist abhängig davon, daß zuvor bei der Gemeinde ein Antrag auf Erlaß eines Erstattungsbescheids gestellt worden ist, d. h. eines Bescheids, durch den der verlangte Erstattungsbetrag festgesetzt wird.[14] Die Begründetheit der Klage setzt einen Anspruch auf Aufhebung des bestandskräftigen Heranziehungsbescheids voraus. Dafür geben die Vorschriften über das Wiederaufgreifen des Verfahrens nach verwaltungsverfahrensrechtlichen Vorschriften wie beispielsweise § 51 VwVfG NW nichts her; § 51 VwVfG NW ist in diesem Zusammenhang **nicht** anwendbar.[15] Denn

---

[10] Vgl. OVG Münster, Urteil v. 15. 5. 1986 – 3 A 1313/84 – KStZ 86, 239.

[11] Vgl. u. a. OVG Lüneburg, Urteil v. 18. 5. 1972 – I A 162/71 – OVGE 28, 465 = NJW 73, 869 = NsGemeinde 73, 242.

[12] U. a. BVerwG, Urteil v. 19. 10. 1967 – III C 123.66 – BVerwGE 28, 122 (125) m. w. N.

[13] St. Rspr., vgl. u. a. OVG Münster, Urteil v. 3. 8. 1977 – II A 716/76 –.

[14] OVG Münster, Urteil v. 27. 7. 1992 – 2 A 2794/91 –.

[15] Vgl. u. a. Erichsen in VerwArch 79, 349.

nach § 2 Abs. 2 Nr. 1 VwVfG NW gilt das Landesverwaltungsverfahrensgesetz nicht für Verwaltungsverfahren, in denen Rechtsvorschriften der Abgabenordnung anzuwenden sind. Gerade dies aber trifft auf Beitragsverfahren zu (vgl. die entsprechenden Verweisungsklauseln in den KAG). Über § 173 Abs. 1 AO kann – außer in Baden-Württemberg, Brandenburg, Mecklenburg-Vorpommern, Rheinland-Pfalz und Sachsen – eine (teilweise) Aufhebung ebenfalls nicht erreicht werden; auf Abgabenbescheide sind in den übrigen Ländern die §§ 172 bis 177 AO auch nicht im Wege der Analogie anwendbar.[16] Maßgebend **abzuheben** ist vielmehr auf § 130 Satz 1 AO. Nach dieser Bestimmung hat die Gemeinde nach **pflichtgemäßem Ermessen** darüber zu befinden, ob sie einen unanfechtbar gewordenen, belastenden Verwaltungsakt, dessen Fehlerhaftigkeit sich nachträglich herausgestellt hat, zurücknimmt oder nicht.[17] Entscheidet sie sich für die letztere Möglichkeit, ist dies vom Prinzip der Rechtssicherheit gedeckt und mit Rücksicht auf den im Abgabenrecht bedeutsamen Grundsatz der Verwaltungspraktikabilität jedenfalls zu billigen, wenn anderenfalls etwa wegen der Vielzahl vergleichbarer Konstellationen und/oder der Geringfügigkeit der rechtswidrigen Belastung im Einzelfall der der Gemeinde entstehende Verwaltungsaufwand als unvertretbar zu qualifizieren ist. Im Ergebnis entsprechendes gilt, wenn die Gemeinde ihre Entscheidung abhängig macht davon, ob eine mangelnde Sorgfalt des Abgabepflichtigen die Fehlerursache war.[18] Ein Anspruch auf Rücknahme kann nur gegeben sein, wenn das **Ermessen** der Gemeinde aufgrund der besonderen Umstände des Einzelfalls **auf Null** reduziert ist. Das anzunehmen setzt voraus, daß die Aufrechterhaltung des Heranziehungsbescheids schlechterdings unerträglich wäre oder ein Beharren auf der Bestandskraft des Bescheids als ein Verstoß gegen die guten Sitten oder gegen Treu und Glauben erschiene.[19]

In besonders gelagerten Fällen kann auch ausnahmsweise ein Anspruch auf 7 Wiederaufgreifen eines abgeschlossenen abgabenrechtlichen Verwaltungsverfahrens nach den etwa in § 51 VwVfG NW zum Ausdruck kommenden allgemeinen Rechtsgrundsätzen bestehen.[20] Ein solcher Anspruch kann unter Umständen bei einer nach Erlaß des bestandskräftig gewordenen Bescheids eingetretenen **Änderung der Sach- und Rechtslage** entstehen. Allerdings ist anerkannt, daß eine Änderung der Rechtsprechung keine Änderung der Rechtslage ist.[19] Bleibt das Begehren auf Aufhebung des bestandskräftigen Heranziehungsbescheids erfolglos, muß eine Klage auf Erlaß eines Erstat-

---

[16] Vgl. OVG Münster, Urteil v. 26. 10. 1987 – 2 A 2738/84 – GemHH 89, 37 = ZKF 89, 34.

[17] Vgl. dazu OVG Münster, Urteil v. 22. 5. 1980 – 3 A 2378/79 – KStZ 80, 239.

[18] OVG Lüneburg, Urteil v. 30. 8. 1990 – 13 A 57/88 – NST-N 90, 357.

[19] OVG Münster, Urteil v. 27. 7. 1992 – 2 A 2796/91 –.

[20] Siehe im einzelnen OVG Münster, Beschluß v. 31. 10. 1983 – 2 B 1943/83 – KStZ 84, 79 = GemHH 84, 19 = StuGR 84, 294, und Urteil v. 26. 10. 1987 – 2 A 2738/84 – GemHH 89, 37 = ZKF 89, 34.

tungsbescheids schon deshalb scheitern, weil der Bescheid als Rechtsgrund für die Zahlung des Beitrags unberührt geblieben ist.

8   Eine Gemeinde ist selbst dann nicht zur (teilweisen) Aufhebung eines **nach** dem 1. Januar 1977 **unanfechtbar** gewordenen Heranziehungsbescheids (bereits vor dem 1. Januar 1977, d.h. vor Inkrafttreten der AO, bestandskräftig gewordene rechtswidrige Beitragsbescheide darf die Gemeinde nicht zugunsten eines Beitragspflichtigen ändern) und Rückzahlung des darauf geleisteten Beitrags verpflichtet, wenn die dem Bescheid zugrunde liegende Satzung bzw. eine ihrer Normen wie z.B. die Verteilungsregelung im Rahmen eines verwaltungsgerichtlichen Normenkontrollverfahrens (vgl. § 47 Abs. 1 Nr. 2 VwGO) für **nichtig erklärt** worden ist. § 47 Abs. 6 Satz 3 VwGO bestimmt, daß für die Wirkung der die Nichtigkeit einer Rechtsvorschrift feststellenden Entscheidung § 183 VwGO entsprechend gilt. Nach dieser dem § 79 Abs. 2 BVerfGG nachgebildeten Vorschrift, „die nach herrschender Meinung nicht nur auf unanfechtbare verwaltungsgerichtliche Entscheidungen, sondern auch auf unanfechtbare Verwaltungsakte anwendbar ist, weil hier die Grundsätze der Rechtssicherheit einerseits und des Vollstreckungsschutzes andererseits in gleicher Weise Geltung verdienen ..., bleiben die auf einer für nichtig erklärten Norm beruhenden, nicht mehr anfechtbaren Verwaltungsakte unberührt; die Vollstreckung aus ihnen ist jedoch unzulässig".[21]

9   Selbst wenn eine Gemeinde mit Rücksicht auf die solchermaßen für unwirksam erklärte Satzung – oder aus anderen Gründen – eine neue Beitragssatzung mit rückwirkender Kraft erläßt und einige Beitragspflichtige nach den Regelungen dieser neuen Beitragssatzung einen geringeren Beitrag zu leisten hätten als nach den früheren Regelungen, ist sie **nicht verpflichtet,** bereits bestandskräftig gewordene Beitragsbescheide teilweise aufzuheben. Denn die Rückwirkung einer Beitragssatzung erfaßt nicht die unanfechtbar gewordenen Veranlagungen. Vielmehr hat die Gemeinde auch in einem derartigen Fall nach pflichtgemäßem Ermessen über die (teilweise) Aufhebung unanfechtbarer Beitragsbescheide und folglich die (teilweise) Rückzahlung vereinnahmter Beitragsbeträge zu befinden.

10   Ist eine Zahlung – etwa weil der Heranziehungsbescheid oder ein abgeschlossener Ablösungs- bzw. Vorauszahlungsvertrag nichtig ist – **ohne Rechtsgrund** erbracht worden, entsteht zugleich mit der Zahlung ein Erstattungsanspruch, der der fünfjährigen Zahlungsverjährung gemäß der (über die Verweisungsklauseln in den Kommunalabgabengesetzen entsprechend anwendbaren) §§ 228 ff. AO unterliegt. Zur Wirksamkeit der **Abtretung** eines derartigen kommunalabgabenrechtlichen Erstattungsanspruchs bedarf es nach § 46 Abs. 2 AO ihrer Anzeige durch den Gläubiger an die zuständige Behörde; die Anzeige ist nach § 46 Abs. 3 Satz 2 AO vom Abtretenden und

---

[21] BVerwG Beschluß v. 14. 7. 1978 – 7 N 1.78 – NJW 78, 2522 = KStZ 79, 34 = DVBl 78, 963.

vom Abtretungsempfänger zu unterschreiben.[22] Erst eine diesen abgabenrechtlichen Anforderungen entsprechende Anzeige macht die zivilrechtliche Abtretung kommunalabgabenrechtlicher Erstattungsansprüche wirksam.[23]

II. Kosten des isolierten Vorverfahrens

Hebt eine Gemeinde oder – sofern sie nicht selbst Widerspruchsbehörde ist 11
– die Widerspruchsbehörde auf den Widerspruch des Betroffenen den Heranziehungsbescheid auf, sind die dem Widerspruchsführer entstandenen **Kosten des sog. isolierten Vorverfahrens** lediglich in Baden-Württemberg, Bayern, Mecklenburg-Vorpommern, Niedersachsen, Sachsen, Sachsen-Anhalt und Schleswig-Holstein[24] erstattungsfähig: Die eine Kostenerstattung vorsehende Vorschrift des § 80 VwVfG des Bundes vom 25. Mai 1976 (BGBl. I S. 1253) ist lediglich in Sachsen,[25] im übrigen aber gemäß § 1 Abs. 3 dieses Gesetzes nicht anwendbar, weil sich die Verwaltungstätigkeit der Landesbehörden, zu denen auch die Gemeindebehörden zählen, nach den Verwaltungsverfahrensgesetzen der Länder richtet. Diese wiederum bieten – abgesehen von denen in den zuvor aufgezählten Ländern – keine Rechtsgrundlage für einen Anspruch auf Erstattung von Kosten des isolierten kommunalabgabenrechtlichen Vorverfahrens, weil die betreffenden Landesverwaltungsverfahrensgesetze nicht für Verwaltungsverfahren gelten, in denen Rechtsvorschriften der Abgabenordnung anzuwenden sind.[26] Denn sowohl durch § 2 Abs. 2 Nr. 1 VwVfG NW[27] als auch etwa durch § 2 Abs. 2 Nr. 1 ThürVwVfG, § 2 Abs. 2 Nr. 1 BraVwVfG und § 2 Abs. 2 Nr. 1 HVwVfG[28] wird die Anwendbarkeit des jeweiligen Verwaltungsverfahrensgesetzes in seiner **Gesamtheit** und nicht nur insoweit ausgeschlossen, als Rechtsvorschriften der Abgabenordnung mit einem den Vorschriften des Verwaltungsverfahrensgesetzes vergleichbaren Regelungsgehalt tatsächlich anzuwenden sind. Etwas anderes gilt indes für Art. 2 Abs. 2 Nr. 1 BayVwVfG in der Fassung des Zweiten Gesetzes zur Änderung des Bayerischen Verwaltungsverfahrensgesetzes vom 24. Juli 1990 (GVBl. S. 235)[29] sowie für § 2 Abs. 2 Nr. 1 des Vorläufigen Verwaltungsver

---

[22] OVG Lüneburg, Urteil v. 10. 2. 1987 – 9 A 185/87 – NVwZ-RR 88, 45.

[23] OVG Lüneburg, Urteil v. 18. 5. 1992 – 9 L 41/90 –.

[24] Vgl. dazu im einzelnen Kleiner in KStZ 91, 68.

[25] Vgl. § 1 des Vorläufigen Verwaltungsverfahrensgesetzes v. 21. 1. 1993 (GVBl. S. 74).

[26] Ebenso u. a. OVG Münster, Urteil v. 30. 6. 1976 – III A 216/75 –.

[27] Vgl. OVG Münster, u. a. Urteile v. 7. 3. 1979 – III A 169/78 – KStZ 79, 151 = DVBl 79, 787, und v. 26. 4. 1991 – 3 A 2504/89 – NVwZ 92, 585 = GemHH 92, 231 = NWVBl 92, 69.

[28] Vgl. VGH Kassel, Urteil v. 13. 7. 1978 – V OE 100/77 – HSGZ 78, 404.

[29] Vgl. zur Rechtslage vor Inkrafttreten dieses Änderungsgesetzes BVerwG, Urteil v. 27. 9. 1989 – 8 C 88.88 – Buchholz 316 § 80 VwVfG Nr. 30 S. 26ff. = DVBl 90, 433 = KStZ 90, 72; siehe im übrigen zu den Auswirkungen dieses Änderungsgesetzes einerseits Geiger in BayVBl 91, 107, und andererseits Boettcher in BayVBl 91, 297.

fahrensgesetzes für das Land Niedersachsen in der Fassung, die er durch das Änderungsgesetz vom 2. Juli 1985 (GVBl S. 207) erfahren hat. Durch diese namentlich in Niedersachsen einzig mit Blick auf die Kostenerstattung im isolierten Vorverfahren des Kommunalabgabenrechts[30] erfolgte Änderung ist ebenso wie durch eine entsprechende Formulierung in § 2 Abs. 2 Nr. 1 VwVfG LSA erreicht, daß die Anwendbarkeit des Verwaltungsverfahrensgesetzes nur in Verfahren ausgeschlossen ist, „soweit in ihnen" Rechtsvorschriften der Abgabenordnung anzuwenden sind.[31]

12   Der Bayerische Verwaltungsgerichtshof[32] meint – insoweit in inhaltlicher Übereinstimmung mit dem Oberverwaltungsgericht Saarlouis[33] und entgegen dem Verwaltungsgerichtshof Mannheim[34] – Art. 80 BayVwVfG sei auf abgabenrechtliche Vorverfahren anwendbar, weil unter dem in der Ausschlußklausel des Art. 2 Abs. 2 Nr. 1 BayVwVfG verwandten Begriff "Verfahren" lediglich das mit Erlaß des abgabenrechtlichen Heranziehungsbescheids beendete Ausgangsverfahren zu verstehen sei, dem sich ein selbständiges, von der Ausschlußklausel nicht erfaßtes Widerspruchsverfahren anschließe. Dieser Auffassung kann nicht gefolgt werden. Sie verkennt die Unselbständigkeit des Widerspruchsverfahrens. Ein Verwaltungsverfahren in dem hier in Rede stehenden Sinne endet für den Fall der Einlegung eines Widerspruchs nicht mit dem Erlaß des Ausgangsbescheids, sondern wird im Widerspruchsverfahren fortgesetzt. Das Ausgangsverfahren bildet mit dem Widerspruchsverfahren eine **Einheit** und wird erst mit einem etwaigen Widerspruchsbescheid abgeschlossen.[29] Dieses Verständnis des Begriffs des Verwaltungsverfahrens wird bestätigt durch die Regelung des § 79 Abs. 1 Nr. 1 VwGO, nach der im gerichtlichen Verfahren bei Anfechtungsklagen auf den ursprünglichen Verwaltungsakt in der Gestalt abzustellen ist, die er durch den Widerspruchsbescheid gefunden hat. In Übereinstimmung mit dieser Ansicht ist der Gesetzgeber in Baden-Württemberg einen anderen Weg gegangen, um sicherzustellen, daß in diesem Land die Kosten eines isolierten Vorverfahrens im Abgabenrecht erstattet werden können: Durch Art. I Nr. 9 des Gesetzes vom 25. April 1991 (GBl. S. 223) hat er § 80 Abs. 4 VwVfG BW dahin geändert, daß eine Kostenerstattung auch für abgabenrechtliche Vorverfahren nach Maßgabe des § 80 Abs. 1 bis 3 VwVfG zu erfolgen hat. Diesem Weg ist der Gesetzgeber des Landes Mecklenburg-Vorpommern im Gesetz vom 21. April 1993 (GVBl S. 482) gefolgt (vgl. § 80 Abs. 4 Nr. 2 VwVfG MV).

---

[30] Vgl. LT-Drucksache 10/3930, S. 14 f.
[31] Vgl. zur früher geltenden Rechtslage in Niedersachsen OVG Lüneburg, Urteil v. 28. 1. 1981 – 9 A 9/80 –.
[32] BayVGH, Urteile v. 12. 2. 1982 – Nr. 23 B 80 A. 2332 – BayVBl 82, 439, und v. 5. 3. 1984 – Nr. 6 B 83 A. 2100 – BayVBl 84, 542.
[33] OVG Saarland, Urteil v. 24. 7. 1985 – 2 R 58/85 – AS 19, 432 = NVwZ 87, 508.
[34] VGH Mannheim, Urteil v. 4. 2. 1991 – 2 S 652/89 – ESVGH 41, 176 = NVwZ 92, 584.

Die Annahme, abgesehen von den entsprechenden Vorschriften in Baden- 13
Württemberg, Bayern, Mecklenburg-Vorpommern, Niedersachsen, Sachsen,
Sachsen-Anhalt und Schleswig-Holstein[35] hätten die einschlägigen Aus-
schlußklauseln der §§ 2 Abs. 2 Nr. 1 der Landesverwaltungsverfahrensgesetze zur Folge, daß mangels einer den §§ 80 dieser Gesetze vergleichbaren
Bestimmung in der Abgabenordnung und mangels Anwendbarkeit des § 80
VwVfG des Bundes ein Anspruch auf Erstattung der Kosten eines erfolgrei-
chen kommunalabgabenrechtlichen Vorverfahrens in den damit angesprochenen Ländern nicht besteht, begegnet **keinen verfassungsrechtlichen Bedenken.**[36]
Es gibt sachliche Gründe für die unter dem Blickwinkel der Kostenerstattung
unterschiedliche Behandlung von Vorverfahren, auf die die Verwaltungsver-
fahrensgesetze anwendbar sind, und solchen, die nach Maßgabe der Abgabenordnung durchzuführen sind.[37] Diese Gründe schließen die Annahme
aus, der Verzicht auf die Begründung eines Kostenerstattungsanspruchs in
Vorverfahren der letzteren Art entziehe sich einer Rechtfertigung und sei
deshalb willkürlich. Das gilt nicht nur für außergerichtliche Rechtsbehelfs-
verfahren im Rahmen der Steuerverwaltung, sondern ebenso für kommunal-
abgabenrechtliche Widerspruchsverfahren.[38] Im übrigen ist – mit Blick etwa
auf die Regelungen der §§ 15 Abs. 3 GebG NW, 5 Abs. 3 Satz 1 und Abs. 7
KAG NW – auch der Grundsatz der Waffengleichheit nicht verletzt, weil
insoweit der Widerspruchsführer nach den genannten landesrechtlichen Regelungen für den Fall seines Unterliegens regelmäßig keine Kosten zu tragen
hat.[39]

Soweit die verwaltungsverfahrensrechtlichen Vorschriften der Länder eine 14
Erstattung der Kosten des isolierten abgabenrechtlichen Vorverfahrens ausschließen, können **Amtshaftungsansprüche** in Betracht kommen. Die abgabenrechtlichen Sonderregelungen dürften dem Entstehen solcher Ansprüche
nicht entgegenstehen. Allerdings dürfte das Vorliegen der tatbestandlichen
Voraussetzungen vom Anspruchsteller in den meisten Fällen nur schwer zu
beweisen sein.[40]

---

[35] Vgl. zur Rechtslage in Schleswig-Holstein Kleiner in KStZ 91, 68.
[36] BVerfG, Beschluß v. 31. 7. 1992 – 1 BvR 668/92 –, sowie BVerwG, Urteil v. 27. 9.
1989 – 8 C 88.88 – Buchholz 316 § 80 VwVfG Nr. 30 S. 26 (30 f.) = DVBl 90, 433 =
KStZ 90, 72.
[37] Vgl. im einzelnen BT-Drucksache 7/4292, S. 8 f.
[38] Das übersieht möglicherweise Allesch in KStZ 90, 63 (65).
[39] BVerfG, Beschluß v. 31. 7. 1992 – 1 BvR 668/92 –.
[40] Vgl. im einzelnen Günther/Günther in KStZ 91, 204.

§ 26 Billigkeitsregelungen

I. Beitragserhebung nach Maßgabe der §§ 127 ff. BauGB und Billigkeitsregelungen

1   Die Gemeinden sind gehalten, Erschließungsbeiträge nach Maßgabe der §§ 127 ff. BauGB zu erheben. Diese Verpflichtung schließt es grundsätzlich aus, daß sie zugunsten einzelner Beitragspflichtiger die vom Bundesgesetzgeber vorgesehene Zahlungsweise (§ 135 Abs. 1 BauGB i.V.m. § 80 Abs. 2 Nr. 1 VwGO) ändern oder den Beitrag ganz oder teilweise erlassen, d.h., sie schließt Vergünstigungen dieser Art aus "Gefälligkeit" als schlechthin unzulässig aus. Allerdings hat der Gesetzgeber erkannt, daß die Anwendung der an typische Regelfälle anknüpfenden Vorschriften des Baugesetzbuchs einschließlich der sie ergänzenden ortsrechtlichen Bestimmungen die "Gefahr" in sich birgt, in Einzelfällen zu nicht beabsichtigten und nicht hinnehmbaren Folgen zu führen. Deshalb hat er – erstens – in § 135 Abs. 2 bis 5 BauGB Gründe genannt, die es den Gemeinden ausnahmsweise gestatten, einzelnen Beitragspflichtigen entweder (nur) in der Zahlungsweise oder (sogar) in der Beitragshöhe bis hin zu einem vollständigen Erlaß "entgegenzukommen". Überdies hat er – zweitens – durch die (im Bundesbaugesetz noch nicht enthaltene und in diesem Sinne **neue**) Vorschrift des § 135 Abs. 6 BauGB bestimmt, „weitergehende landesrechtliche Billigkeitsregelungen bleiben unberührt".[1] Da die (bisherigen) weitergehenden landesrechtlichen Billigkeitsregelungen ausschließlich die Änderung der Zahlungsweise betreffen,[1] enthält § 135 Abs. 5 Satz 1 BauGB **abschließend** die Gründe, die es rechtfertigen können, von der Erhebung eines Erschließungsbeitrags ganz oder teilweise abzusehen.

2   Die Entscheidung über eine der nach § 135 Abs. 2 bis 6 BauGB zugelassenen Billigkeitsmaßnahmen **setzt voraus**, daß die Gemeinde zuvor den Erschließungsaufwand nach Maßgabe der einschlägigen gesetzlichen Vorschriften ermittelt und verteilt hat, d.h., den auf die einzelnen Grundstücke entfallenden Beitrag den gesetzlichen Bestimmungen entsprechend errechnet hat. Denn § 135 Abs. 2 bis 6 BauGB ist nicht anwendbar, wenn im Einzelfall die Rechtslage unklar oder zweifelhaft ist, er gestattet der Gemeinde nicht, zur "Bewältigung" von Problemen tatsächlicher oder rechtlicher Art in der Aufwendungs- oder/und der Verteilungsphase in die Heranziehungsphase und hier speziell in den § 135 Abs. 5 BauGB zu "flüchten". Auch und gerade in

---

[1] Als solche weitergehenden landesrechtlichen Billigkeitsregelungen kommen – soweit ersichtlich – gegenwärtig neben der kraft Landesrecht durchweg geltenden Vorschrift des § 222 AO insbesondere Art. 13 Abs. 3 KAG Bay und § 34 KAG R-P in Betracht, die sich jeweils zur Stundung verhalten. Nach § 33 Abs. 2 KAG R-P und § 7 Abs. 10 ThürKAG kann ferner unter bestimmten Voraussetzungen eine langfristige Ratenzahlung (Verrentung) gewährt werden.

diesem Zusammenhang findet die allgemeine Regel Anwendung, daß Fragen jeweils im Rahmen der Phase zu beantworten sind, in der sie auftauchen (vgl. § 8 Rdnr. 5). Deshalb darf beispielsweise dem Problem der übertiefen Grundstücke in unbeplanten Gebieten nicht durch einen teilweisen Billigkeitserlaß Rechnung getragen werden. „Denn es geht um eine Frage der abgabengerechten Verteilung insofern, als bei den übermäßig tiefen Grundstücken dort, wo ein beachtlicher Erschließungsvorteil nicht mehr eintritt, eine Beitragspflicht nicht begründet werden und daher ein Grundstück insoweit an der Verteilung des Erschließungsaufwands nicht beteiligt werden kann. Angesichts dessen ginge es an dem Problem vorbei, die angemessene Lösung dadurch erreichen zu wollen, daß auf der Grundlage einer entstandenen Beitragspflicht nachträglich von der Erhebung des Beitrags zur Vermeidung unbilliger Härten teilweise abgesehen wird, was überdies entgegen den Grundsätzen abgabengerechter Erhebung und Verteilung nicht zu Lasten der übrigen Beitragspflichtigen, sondern zu Lasten der Gemeinde ginge."[2] Entsprechendes gilt für die Entscheidung, ob ein Grundstück selbst dann i. S. des § 131 Abs. 1 Satz 1 BauGB erschlossen ist, wenn es von der ausgebauten Anbaustraße durch ein (Anlieger-)Grundstück getrennt ist (vgl. dazu § 17 Rdnrn. 70 ff.), oder ob eine natürliche Gegebenheit auf einem Anliegergrundstück (eine Felswand, eine Böschung oder ein Gewässer) dessen Erschlossensein hindert (vgl. dazu § 17 Rdnr. 62). In diesen und ähnlichen Fällen ist **zunächst** die Rechtslage zu klären. Ergibt sich, daß schon die generellen Vorschriften eine Beitragserhebung nicht gestatten, kommt voraussetzungsgemäß eine Billigkeitsmaßnahme nicht in Betracht. Die gebotene vorrangige Klärung der Rechtslage bezieht sich über den Grund hinaus auch auf die Höhe des Beitragsanspruchs.[3]

Wenn auch die Vorschriften des § 135 Abs. 2 bis 6 BauGB nicht zur Rege- **3** lung eines rechtlich oder tatsächlich unklaren Falls bestimmt sind, schließen sie gleichwohl nicht dessen Gestaltung durch einen öffentlich-rechtlichen **Vergleichsvertrag** aus; „die Zulässigkeit eines solchen setzt voraus, daß eine bei verständiger Würdigung des Sachverhalts oder der Rechtslage bestehende Ungewißheit durch gegenseitiges Nachgeben beseitigt wird, ... wenn die Behörde den Abschluß des Vergleichs zur Beseitigung der Ungewißheit nach pflichtgemäßem Ermessen für zweckmäßig hält (vgl. jetzt § 55 des Verwaltungsverfahrensgesetzes vom 25. Mai 1976 – BGBl. I S. 1253)."[3] Für derartige (außergerichtliche) Vergleichsverträge auf dem Gebiet des Kommunalabgabenrechts soll – jedenfalls in Nordrhein-Westfalen – grundsätzlich kein Schriftformerfordernis gelten, so daß sie ohne Beachtung der Schriftform wirksam abgeschlossen werden können.[4]

---

[2] BVerwG, Urteil v. 10. 6. 1981 – 8 C 20.81 – BVerwGE 62, 308 (314) = NVwZ 82, 246 = BauR 82, 472.

[3] BVerwG, Urteil v. 18. 11. 1977 – IV C 104.74 – Buchholz 406.11 § 135 BBauG Nr. 10 S. 7 (10) = DÖV 78, 611 = ZMR 79, 88.

[4] OVG Münster, Beschluß v. 27. 3. 1986 – 3 A 2776/84 – NVwZ 86, 779 = KStZ 86, 175.

II. Billigkeitsgründe

4   Die Zulassung einer der in § 135 Abs. 2 bis 5 BauGB vorgesehenen Maßnahmen wegen einer unbilligen Härte kann nur für einen aus der Regel
fallenden *atypischen Einzelfall* in Betracht kommen und ggfs.
geboten sein; entsprechendes gilt grundsätzlich z. B. für die durch § 135 Abs.
6 BauGB ermöglichte Gewährung einer Stundung nach Maßgabe der gemäß den landesrechtlichen Bestimmungen anwendbaren Vorschrift des § 222 AO sowie
besonderer landesrechtlicher Regelungen (vgl. etwa Art. 13 Abs. 3 KAG
Bay). Der Begriff "atypischer Einzelfall" steht nicht entgegen, gleichzeitig
mehreren Beitragspflichtigen eine Billigkeitsmaßnahme einzuräumen, sofern
im jeweiligen Einzelfall das Merkmal der Atypik gegeben ist.[5]

Eine unbillige Härte kann sich aus der Natur der Sache (**sachliche Billig-
keitsgründe**) oder aus den persönlichen Verhältnissen des Beitragspflichtigen
(**persönliche Billigkeitsgründe**) ergeben.[6] Auch für eine öffentlich-rechtliche
Körperschaft (z. B. eine Kirchengemeinde) kann die Heranziehung zu einem
Beitrag eine unbillige Härte sowohl in dem einen als auch in dem anderen
Sinne bedeuten.[7] Die Erlaßregelung des § 135 Abs. 5 BauGB ist "rechtsträ-
gerneutral"; sie kann nach Maßgabe der Umstände des Einzelfalls selbst der
Bundesrepublik[8] oder einem Bundesland[9] als Grundeigentümer zugute kommen. Während sachliche Billigkeitsgründe in erster Linie (vgl. aber Rdnr. 11)
zu einem teilweisen oder vollständigen Erlaß führen, können persönliche
Billigkeitsgründe vornehmlich Maßnahmen zur Änderung der Zahlungsweise
rechtfertigen (vgl. Rdnrn. 14 f.).

1. Sachliche Billigkeitsgründe

5   Sachliche, d. h. von den persönlichen wirtschaftlichen Verhältnissen des
Beitragspflichtigen unabhängige Gründe für die Zulassung von Billigkeitsmaßnahmen liegen – sofern nicht der Bundes- oder Landesgesetzgeber ange-

---

[5] BVerwG, u. a. Urteil v. 6. 6. 1975 – IV C 27.73 – Buchholz 406.11 § 135 BBauG
Nr. 7 S. 1 (3) = DÖV 75, 717 = DVBl 76, 306.

[6] Vgl. zur Bedeutung dieser Unterscheidung u. a. im Zusammenhang mit einem
Gesamtschuldverhältnis und einer Rechtsnachfolge insbesondere Stein in KStZ 67, 108,
sowie Thiem, Allgemeines kommunales Abgabenrecht, S. 147 ff.

[7] BVerwG, Urteil v. 4. 5. 1979 – 4 C 25.76 – Buchholz 406.11 § 133 BBauG Nr. 69
S. 50 (56) = DVBl 79, 784 = KStZ 79, 167; vgl. zur sachlichen Unbilligkeit bei der
Erhebung von Erschließungsbeiträgen für kirchliche Grundstücke sowie zur persönlichen Unbilligkeit bei kirchlichen Grundstückseigentümern Czepanski in KStZ 85, 163
bzw. in KStZ 87, 81.

[8] BVerwG, Urteil v. 22. 4. 1992 – 8 C 50.90 – DVBl 92, 1105 = KStZ 92, 229 = ZMR
92, 555.

[9] BVerwG, Urteil v. 22. 4. 1992 – 8 C 44.90 – KStZ 92, 231 = ZMR 93, 186 = HSGZ
92, 405.

ordnet hat, bei einer bestimmten Konstellation sei von einer sachlichen unbilligen (erheblichen) Härte auszugehen (vgl. einerseits § 135 Abs. 4 BauGB und andererseits etwa Art. 13 Abs. 3 KAG Bay) – **nur** vor, wenn nach dem erklärten oder mutmaßlichen Willen des Gesetzgebers angenommen werden kann, daß er die im Billigkeitswege zu entscheidende Frage – hätte er sie geregelt – im Sinne der beabsichtigten Billigkeitsmaßnahme entschieden hätte. Härten, die der Gesetzgeber bei der Formulierung des gesetzlichen (Beitrags-)Tatbestands bedacht und in Kauf genommen hat, können daher grundsätzlich *keine* Billigkeitsmaßnahme rechtfertigen, sie sind nicht unbillig im Sinne des Gesetzes.[10] Im übrigen enthält das aus Art. 2 Abs. 2 GG zu entnehmende Gebot, die Bürger nur im Rahmen der verfassungsmäßigen Ordnung zu Abgabenleistungen heranzuziehen, zugleich ein aus dem Rechtsstaatsprinzip folgendes Übermaßverbot. Dies führt dazu, daß ein Abgabenpflichtiger nicht zu einer unverhältnismäßigen Abgabe herangezogen werden darf. Demgemäß ist eine (teilweise) Befreiung von schematisierten Belastungen zu erteilen, wenn die Folgen extrem über das normale Maß hinausgehen, das der Schematisierung zugrunde liegt, d.h., wenn die Erhebung der Abgabe „im Einzelfall Folgen mit sich bringt, die unter Berücksichtigung der gesetzgeberischen Planvorstellung durch den gebotenen Anlaß nicht mehr gerechtfertigt sind".[11] Billigkeitsmaßnahmen dürfen – mit anderen Worten – **nicht die** dem gesetzlichen Beitragstatbestand innewohnende **Wertung des Gesetzgebers generell durchbrechen** oder korrigieren, sondern nur einem ungewollten Überhang dieses Tatbestands abhelfen.[12] Die Beitragseinziehung muß eine Unbilligkeit für den Beitragspflichtigen darstellen, so daß es nach Lage der Verhältnisse unangebracht ist, den nach dem Wortlaut des Gesetzes geschuldeten Beitrag (voll) zu erheben.

Ein sachlicher Billigkeitsgrund kann bei der Erhebung des am angemessenen Vorteilsausgleich orientierten Erschließungsbeitrags im Einzelfall gegeben sein, wenn etwa die einem Anlieger durch die Herstellung einer Anbaustraße gebotenen Vorteile aufgrund der tatsächlichen Umstände (etwa Schaffung einer Zufahrtsmöglichkeit auf dem Grundstück nur durch Aufbringung nicht völlig unbeachtlicher finanzieller Aufwendungen und Vorhandensein mehrerer anderer Zufahrtsmöglichkeiten) *erheblich geringer zu bewerten* sind als diejenigen der anderen Anlieger, diese Unterschiedlichkeit der Vorteilslage aber infolge der Anwendung des notwendigerweise generalisierenden Wahrscheinlichkeitsmaßstabs bei der Beitragsbemessung keine hinrei-

  6

---

[10] Vgl. in diesem Zusammenhang die ständige Rechtsprechung des BFH wiedergebend BVerfG, Beschluß v. 5. 4. 1978 – 1 BvR 117/73 – BVerfGE 48, 102 (113) = NJW 78, 2089, sowie BVerwG, u. a. Urteil v. 13. 2. 1976 – VII C 7.74 – Buchholz 401.0 § 131 RAO Nr. 19 S. 11 (13) = KStZ 76, 109 = GemTg 76, 229.

[11] BVerfG, Beschluß v. 5. 4. 1978 – 1 BvR 117/73 – BVerfGE 48, 102 (116) = NJW 78, 2089.

[12] Vgl. BVerwG, u. a. Urteil v. 29. 9. 1982 – 8 C 48.82 – Buchholz 401.0 § 227 AO Nr. 6 S. 6 (13 f.) = DVBl 83, 137 mit weiteren Nachweisen.

chende Berücksichtigung findet.[13] Bei als Friedhöfen genutzten Grundstükken oder bei Kirchengrundstücken beispielsweise kann eine volle Veranlagung als im sachlichen Bereich angesiedelte unbillige Härte angesehen werden, weil die Nutzung solcher Grundstücke im Verhältnis zur sonstigen
baulichen oder gewerblichen Nutzung der übrigen der Beitragspflicht unterliegenden Grundstücke andersartig ist und Friedhöfe üblicherweise besonders großflächig sind.[7] Entsprechendes kann u.a. auch für Sportplatz-, Freibad- und Kleingartengrundstücke sowie für besonders großflächige Krankenhaus- und Schulgrundstücke gelten. Dabei ist allerdings zu berücksichtigen, daß Grundstücke von einer derartigen Ausdehnung in unbeplanten Gebieten regelmäßig dem **Außenbereich** angehören[14] und daß sie – wenn das
zutrifft – nicht zu den i.S. des § 131 Abs. 1 Satz 1 BauGB erschlossenen
Grundstücken zählen,[15] sich bei ihnen – mangels Entstehens einer sachlichen
Beitragspflicht – also die Frage nach einer Billigkeitsmaßnahme nicht stellen
kann.

7   Die Wahrnehmung (auch) gemeindlicher Interessen durch den Beitragspflichtigen kann überdies als Grund für einen Beitragserlaß wegen sachlich
unbilliger Härte in Betracht kommen. Das setzt allerdings voraus, daß der
Beitragspflichtige die Gemeinde durch seine Tätigkeit von einer anderenfalls
von ihr selbst mit finanziellen Aufwendungen durchzuführenden Aufgabe
freistellt und ihr dadurch **handgreiflich** eine finanzielle Entlastung verschafft,
d.h. ihr **nachhaltig** eigene Aufwendungen erspart.[8] Im übrigen ist ein (teilweiser) Beitragserlaß wegen einer sachlich unbilligen Härte geboten, wenn die
Erhebung eines ungekürzten Erschließungsbeitrags zu einer Ertraglosigkeit
des der Beitragspflicht unterliegenden Grundstücks für die Dauer von mehr
als zehn Jahren führt.[8]

8   Dagegen begründet eine fehlerhafte gerichtliche Entscheidung, wie etwa
eine Entscheidung, in der ein Grundstück unter Verletzung von Bundesrecht
als i.S. des § 131 Abs. 1 Satz 1 BauGB qualifiziert wird, regelmäßig keine
(sachliche) unbillige Härte.[8] Auch steht der vollen Veranlagung eines Grundstücks mit einer verhältnismäßig geringen Straßenfront der Gesichtspunkt
der unbilligen Härte grundsätzlich nicht entgegen. Die Vorteile, zu deren
Abgeltung die Beiträge erhoben werden, sind nämlich nicht auf eine an die
Straße angrenzende Teilfläche des Grundstücks beschränkt, sondern erstrekken sich auf das gesamte erschlossene Grundstück.[16] Ebenfalls keine unbillige
Härte ergibt sich für einen Anlieger daraus, daß erfahrungsgemäß eine ausgebaute Straße jedenfalls vorübergehend bevorzugt von Kraftfahrern benutzt
und dadurch eine stärkere Beeinträchtigung durch Lärm und Abgase verur

---

[13] Vgl. OVG Münster, Urteil v. 17. 4. 1978 – II A 2014/75 – NJW 79, 1517 = DVBl
79, 126 = GemHH 79, 140.
[14] BVerwG, u.a. Urteil v. 19. 8. 1994 – 8 C 23.92 – ZMR 94, 534 = HSGZ 94, 465.
[15] Vgl. BVerwG, Urteil v. 14. 2. 1986 – 8 C 115.84 – Buchholz 406.11 § 133 BBauG
Nr. 95 S. 62 (63 ff.) = NVwZ 86, 568 = KStZ 86, 90.
[16] Vgl. OVG Münster, Beschluß v. 18. 11. 1975 – II B 837/75 –.

sacht wird. Derartige Verkehrsimmissionen mögen zwar unangenehm sein, sie sind aber nicht atypisch und bedeuten deshalb keine in der Sache liegende unbillige Härte.[17]

Zwar kann es für die Anlieger eine Härte sein, wenn "ihre" Anbaustraße aufwendiger ausgebaut worden ist, als es für die Erschließung nur ihrer Grundstücke erforderlich ist (vgl. dazu § 9 Rdnr. 11). Doch ist diese Härte nicht unbillig im Sinne des Gesetzes. Denn Grundstücken ist ihre Lage in einer bestimmten Umgebung mit der Folge zuzurechnen, daß die damit verbundenen, in einer bestimmten Steigerung des Erschließungsaufwands zum Ausdruck kommenden Nachteile in Kauf genommen werden müssen.[18] Ferner stellt die Lage eines Grundstücks an zwei Anbaustraßen (z. B. eines Eckgrundstücks) und eine sich daraus ergebende zweite Heranziehung grundsätzlich keine unbillige Härte dar.[19] Solche Fallgestaltungen sind vom Gesetzgeber zweifellos – weil seit jeher bekannt – bedacht und in Kauf genommen worden, sie sind daher einer **Korrektur** durch Billigkeitsmaßnahmen regelmäßig **nicht** zugänglich. Etwas anderes kann jedoch gelten, wenn Grundstücke von drei oder gar vier Anbaustraßen erschlossen werden und die einschlägige Verteilungsregelung der Erschließungsbeitragssatzung keine Vergünstigung für Fälle der Mehrfacherschließung vorsieht. 9

Wird die durch eine Anbaustraße bewirkte Erschließung eines Grundstücks z. B. durch deren Einziehung entzogen und gleichzeitig ersetzt durch eine von einer neu hergestellten Anbaustraße vermittelte Erschließung, begründet die Heranziehung zu einem Erschließungsbeitrag für die Kosten der neuen Anlage ungeachtet des Verlustes der ersten Erschließung **keine** unbillige Härte. Denn ein insoweit eingetretener Verlust ist **auszugleichen** nicht im Rahmen des Erschließungsbeitragsrechts, sondern im Zusammenhang mit der Maßnahme, die ihn ausgelöst hat, hier also nach Maßgabe der einschlägigen straßenrechtlichen Bestimmungen.[20] Im Ergebnis entsprechendes gilt, wenn ein Straßenanlieger auf seinem Grundstück und auf seine Kosten eine Stützmauer errichtet hat, die (auch) zur Sicherung der angrenzenden, erstmals angelegten Anbaustraße erforderlich ist; auch dann kommt für einen Kostenausgleich nicht ein Beitrags(teil)erlaß, sondern ein öffentlich-rechtlicher Erstattungsanspruch in Betracht.[21] 10

Als eine (sachliche) unbillige Härte – mit der Folge allerdings "nur" einer Stundungsmöglichkeit des Beitrags – ist kraft der gesetzlichen Anordnung in § 135 Abs. 4 BauGB die Heranziehung eines tatsächlich landwirtschaftlich, 11

---

[17] BVerwG, Urteil v. 18. 11. 1977 – IV C 104.74 – Buchholz 406.11 § 135 BBauG Nr. 10 S. 7 (11) = DÖV 78, 611 = ZMR 79, 88.
[18] BVerwG, Urteil v. 13. 8. 1976 – IV C 23.74 – Buchholz 406.11 § 132 BBauG Nr. 21 S. 14 (16f.) = GemTg 77, 55 = BRS 37, Nr. 142.
[19] BVerwG, Beschluß v. 23. 4. 1969 – IV B 19.69 –.
[20] BVerwG, Urteil v. 1. 12. 1989 – 8 C 52.88 – Buchholz 406.11 § 131 BBauG, BauGB Nr. 82 S. 47 (50f.) = NVwZ 90, 872 = KStZ 90, 150.
[21] OVG Koblenz, Urteil v. 12. 11. 1991 – 6 A 12471/90 – KStZ 92, 77.

als Wald oder als Kleingarten im Sinne des Bundeskleingartengesetzes genutzten, aber baulich oder gewerblich nutzbaren Grundstücks anzusehen, sofern im Einzelfall die sonstigen, insoweit erforderlichen Voraussetzungen erfüllt sind (vgl. Rdnrn. 22 ff.). Überdies begründet etwa Art. 13 Abs. 3 KAG Bay (über § 135 Abs. 6 BauGB) die Annahme, es könne eine erschließungsbeitragsrechtlich beachtliche Härte – ebenfalls ausschließlich mit der Möglichkeit einer Stundung – darstellen, wenn Beiträge gefordert werden „für unbebaute, beitragspflichtige Grundstücke..., ... deren Nichtbebauung im Interesse der Erhaltung der charakteristischen Siedlungsstruktur oder des Ortsbildes liegt".

12   Selbst Umstände **außerhalb** der eigentlichen Heranziehung können dazu führen, daß eine volle, der jeweiligen Beitragssatzung entsprechende Beitragsveranlagung als unbillige Härte zu qualifizieren ist. Hat beispielsweise ein Beitragspflichtiger vor der erstmaligen Herstellung der sein Grundstück erschließenden Anlage zugunsten der Gemeinde eine erhebliche Leistung zur Deckung der Ausbaukosten für **diese** Anlage erbracht, kann seine spätere Heranziehung zu einem vollen Erschließungsbeitrag eine unbillige Härte darstellen.[22] Das ist etwa der Fall, wenn ein Beitragspflichtiger (oder sein Rechtsvorgänger) vor dem Zweiten Weltkrieg nicht nur den zur Ausräumung eines Anbauverbots vereinbarten Vorauszahlungsbetrag, sondern darüber hinaus (freiwillig) den seinerzeit kalkulierten endgültigen Beitrag in voller Höhe in der auch der Gemeinde erkennbaren und von ihr geteilten Erwartung geleistet hat, die sein Grundstück erschließende Straße werde alsbald fertiggestellt sein und der endgültige Beitrag werde etwa der erbrachten Leistung entsprechen, jedoch die Straße tatsächlich im Hinblick auf den Ausbruch des Zweiten Weltkriegs und die Kriegsfolgen erst sehr viel später mit ganz erheblich höherem Aufwand hergestellt werden konnte, so daß nunmehr der auf das Grundstück entfallende Beitrag den seinerzeit gezahlten Betrag um ein Mehrfaches übersteigt.[23]

13   Eine sachliche unbillige Härte, der durch einen (ggfs. teilweisen) Erlaß der einer entstandenen Erschließungsbeitragsforderung zu begegnen ist, kann ausnahmsweise auch auf einem besonderen **Verhalten der Behörde** beruhen. Das kann der Fall sein, wenn eine Beitragsheranziehung dem vorausgegangenen nachhaltigen und einen Vertrauensschutz für den Abgabenpflichtigen schaffenden Verhalten der Gemeinde widerspricht. § 135 Abs. 5 BauGB erfaßt mithin Fälle des widersprüchlichen Verhaltens der Gemeinde im Vorfeld einer Erschließungsbeitragserhebung und **schließt** als speziellere Regelung in diesem Umfang die **Anwendbarkeit** des Grundsatzes von **Treu und Glauben** im

---

[22] BVerwG, Urteil v. 5. 10. 1984 – 8 C 41.83 – Buchholz 406.11 § 135 BBauG Nr. 26 S. 30 (32 f.) = DVBl 85, 294 = KStZ 85, 49.
[23] BVerwG, Urteil v. 1. 8. 1986 – 8 C 54.85 – Buchholz 406.11 § 135 BBauG Nr. 27 S. 33 (40 f.) = KStZ 87, 31 = ZMR 87, 33.

Erschließungsbeitragsrecht aus.[24] In diesem Zusammenhang kann die Heranziehung zu einem ungekürzten Erschließungsbeitrag beispielsweise eine unbillige Härte bedeuten, wenn der Beitragspflichtige bei Anwendung aller Sorgfalt, zu der er den Umständen nach verpflichtet war, auf die Richtigkeit einer behördlichen Erklärung – z. B. einer Beitragsfreistellung – vertrauen durfte und entsprechend gehandelt, d. h. die Erklärung zur Grundlage einer geschäftlichen Disposition gemacht hat.[25] Dadurch wird im Falle einer rechtswidrigen (weil gegen die gesetzlich angeordnete Beitragserhebungspflicht verstoßenden) Erlaßzusage nicht das Gesetz und damit das Gebot der Gesetzmäßigkeit der Abgabenerhebung umgangen. Denn die die Billigkeitsregelungen betreffenden Vorschriften bieten gerade die gesetzliche Möglichkeit, Härten abzustellen, die sich im Einzelfall u. a. aus einer formalen Rechtslage – nämlich hier aus der Rechtswidrigkeit einer behördlichen Erlaßzusage – für den Beitragspflichtigen ergeben.[26]

2. Persönliche Billigkeitsgründe

Persönliche Billigkeitsgründe sind Gründe, die sich aus den persönlichen **14** **wirtschaftlichen Verhältnissen** des Beitragspflichtigen ergeben. Insoweit ist in erster Linie die Bedürftigkeit des Betroffenen im Zeitpunkt der Fälligkeit des Beitrags maßgebend,[27] deren Vorliegen er selbst nachzuweisen hat. Jedoch kommt nicht ein Erlaß, sondern allenfalls eine Stundung in Betracht, wenn der Beitragsschuldner zwingende privatrechtliche Verbindlichkeiten hat. Denn die Gemeinde ist nicht ermächtigt, privaten Gläubigern zu Lasten der Allgemeinheit den Vortritt zu lassen.[27] Deshalb ist ein Erlaß wegen einer persönlichen Unbilligkeit auch nicht (mehr) gerechtfertigt, wenn über das Vermögen des Beitragspflichtigen der Konkurs eröffnet worden ist, weil ein solcher Erlaß letztlich nur den übrigen Konkursgläubigern zugute kommen würde.[28]

Grundsätzlich ist bei der Geltendmachung von persönlichen Billigkeits- **15** gründen jeweils zu prüfen, ob und wie der Schuldner die Beitragspflicht in zumutbarer Weise erfüllen kann. Entsprechend dem Gebot der Verhältnismäßigkeit ist darauf abzustellen, ob die wirtschaftlichen Verhältnisse es dem Beitragspflichtigen erlauben, sofort, später oder (teilweise) gar nicht in zu-

---

[24] BVerwG, Urteil v. 17. 6. 1994 – 8 C 22.92 – ZMR 94, 531 = HSGZ 94, 512 = BWGZ 94, 821.

[25] Vgl. zu den Voraussetzungen für einen Billigkeitserlaß aus Vertrauensschutzgesichtspunkten auch OVG Münster, Urteil v. 13. 1. 1993 – 22 A 828/91 – GemHH 93, 184.

[26] BVerwG, Urteil v. 18. 4. 1975 – VII C 15.73 – BVerwGE 48, 166 (173) = KStZ 75, 211 = GemTg 75, 292; vgl. zum Problem der vertrauensbegründenden Wirkung einer behördlichen Zusage auch Fischer in DÖV 79, 773, sowie allgemein zu Auskünften, Bescheinigungen und Verträgen im Kommunalabgabenrecht Schmidt in KStZ 84, 61.

[27] Vgl. u. a. OVG Lüneburg, Urteil v. 24. 2. 1969 – VII A 42/68 –.

[28] Ebenso Thiem, Allgemeines kommunales Abgabenrecht, S. 148.

mutbarer Weise seiner Zahlungspflicht nachzukommen.[29] Bevor ein Beitragserlaß als die weitestgehende Billigkeitsmaßnahme gewährt werden darf, kann
es dem Schuldner unter Umständen zugemutet werden, sein Grundstück
entweder durch die Aufnahme einer Hypothek zu belasten oder (bei einem
großen Grundstück) eine Teilfläche abzuparzellieren und als Baugrundstück
zu verkaufen, um aus dem Darlehen bzw. dem Verkaufserlös die Beitragsforderung zu begleichen.[30] Diese Grundsätze finden auf alle Beitragsschuldner
Anwendung, unabhängig davon, ob es sich um natürliche oder juristische
Personen (z.B. eine Kirchengemeinde) handelt.[31]

III. Billigkeitsmaßnahmen

16   Das Gesetz unterscheidet zwei verschiedene Arten von Billigkeitsmaßnahmen, nämlich zum einen Maßnahmen, die den Beitrag unberührt lassen und
nur dessen Zahlungsweise ändern, und zum anderen Maßnahmen, die Einfluß auf den Beitrag selbst haben, d.h., ihn teilweise oder vollständig zum
Erlöschen bringen. Zur ersten Art von Billigkeitsmaßnahmen zählt neben der
Ratenzahlung und Verrentung auch die Stundung. Zwar sieht das Baugesetzbuch ausdrücklich eine Stundung nur für den Fall des § 135 Abs. 4 BauGB
vor, doch eröffnet § 135 Abs. 6 BauGB (über die jeweils einschlägigen kommunalabgabenrechtlichen Gesetze der Länder) den Weg zur Stundung sowohl nach § 222 AO als auch – in den Ländern, in denen dies zutrifft – nach
landesrechtlichen Spezialvorschriften (vgl. etwa Art. 13 Abs. 3 KAG Bay und
§ 34 Abs. 2 KAG R-P).

1. Änderung der Zahlungsweise

a) Stundung und Ratenzahlung

17   Die (teilweise oder vollständige) Stundung des Beitrags nach Maßgabe des
jeweiligen Landesrechts ist eine häufig gewährte Billigkeitsmaßnahme. Durch
die Stundung wird die Fälligkeit des Beitrags hinausgeschoben, mangels Fälligkeit entstehen keine Säumniszuschläge. Statt dessen sind gemäß § 234
Abs. 1 AO grundsätzlich Stundungszinsen zu erheben, auf die aber nach
§ 234 Abs. 2 AO ganz oder teilweise verzichtet werden kann, wenn ihre
Erhebung nach Lage des einzelnen Falls unbillig wäre. Die Höhe des Zinssatzes hat sich an § 238 AO zu orientieren, sie darf jedoch den Diskontsatz der

---

[29] Vgl. etwa BVerwG, Urteil v. 18. 4. 1975 – VII C 15.73 – BVerwGE 48, 166 (175)
= KStZ 75, 211 = GemTg 75, 292.
[30] Ebenso u.a. OVG Münster, Urteil v. 24. 11. 1975 – II A 77/74 – OVGE 31, 259 =
KStZ 76, 135 = GemTg 76, 152.
[31] OVG Lüneburg, u.a. Beschluß v. 20. 1. 1981 – 9 B 34/80 – KStZ 81, 215 = HSGZ
81, 166 = ID 81, 138.

Deutschen Bundesbank nicht um mehr als zwei vom Hundert überschreiten.[32]

Eine besondere Art der Stundung stellt die Ratenzahlung gemäß § 135   18
Abs. 2 BauGB (sowie – über § 135 Abs. 6 BauGB – gemäß § 33 Abs. 2 KAG
R-P) dar, durch die für die Zahlung von Teilen der Schuld unterschiedlich
lange Fristen eingeräumt werden. Das Vorliegen einer unbilligen Härte, die es
rechtfertigen kann, Ratenzahlungen zuzulassen, sieht § 135 Abs. 2 BauGB
insbesondere dann als gegeben an, wenn das Verlangen der Gemeinde auf
sofortige Zahlung des ganzen Beitrags die Durchführung eines genehmigten
Bauvorhabens gefährden würde. Einen Zeitraum, über den sich die Ratenzahlungen erstrecken dürfen, bestimmt § 135 Abs. 2 BauGB nicht zwingend.
Ist jedoch die Finanzierung des Bauvorhabens gesichert, soll die Zahlungsweise nicht über zwei Jahre erstreckt werden. Die einzelnen Raten können
unterschiedlich hoch, müssen jedoch betragsmäßig bestimmt sein. Es ist nicht
zulässig, ihre Höhe offenzulassen und einer späteren Ermessensentscheidung
vorzubehalten.[33]

Ebenso wie die Stundung kann die Ratenzahlung nur auf einen entspre-   19
chenden **Antrag** des Beitragspflichtigen ausgesprochen werden;[34] der die
Stundung, auch in Form der Ratenzahlung, gewährende Bescheid ist ein
mitwirkungsbedürftiger, begünstigender Verwaltungsakt.[35] Gemäß den
Grundsätzen des allgemeinen Verwaltungsrechts kann die Zulassung einer
Ratenzahlung (ebenso wie die einer Stundung) unter Auflagen oder Bedingungen erfolgen. So kann etwa bestimmt werden, daß der jeweilige Restbetrag bei Nichtzahlung einer Rate oder bei Veräußerung des Grundstücks
sofort fällig wird; letzteres rechtfertigt sich aus der Überlegung, daß in einem
solchen Fall der Erschließungsbeitrag regelmäßig aus dem Verkaufserlös wird
beglichen werden können.

b) Verrentung

Durch die Verrentung wird die Fälligkeit von Teilen der Beitragsschuld –   20
entweder des gesamten Beitrags oder auch von Teilbeträgen – unterschiedlich
lange hinausgeschoben. Sie kann nach § 135 Abs. 2 BauGB unter den gleichen Voraussetzungen wie die übrigen Billigkeitsmaßnahmen zugelassen

---

[32] BVerwG, Urteil v. 10. 9. 1971 – IV C 22.70 – BVerwGE 38, 297 (298 f.) = DÖV
72, 504 = KStZ 72, 70; vgl. zur grundsätzlichen Verpflichtung, in diesen Fällen Stundungszinsen zu erheben, OVG Münster, Urteil v. 9. 11. 1983 – 3 A 2041/83 – NVwZ
84, 322, zum Widerruf eines Verzichts auf Stundungszinsen OVG Münster, Urteil v.
15. 8. 1985 – 2 A 2366/83 – NVwZ 86, 583, und zur Berechnung der Stundungszinsen
im einzelnen Böttcher in KStZ 84, 8.

[33] Ebenso u.a. Löhr in Battis/Krautzberger/Löhr, BauGB, § 135 Rdnr. 8.

[34] Siehe zum Antragserfordernis auch Rhein/Eschenbach in Stadt und Gemeinde 91,
223 (224).

[35] Vgl. u.a. OVG Münster, Urteil v. 29. 4. 1975 – III A 872/72 – KStZ 75, 216 =
ZMR 77, 317.

werden, und zwar nach Maßgabe der in § 135 Abs. 3 BauGB getroffenen Regelung. Durch den Verrentungsbescheid, der unter Umständen – nämlich wenn der Gemeinde bereits vorher die entsprechenden Gesichtspunkte durch einen Antrag des Betroffenen mitgeteilt worden sind – zugleich mit dem Heranziehungsbescheid ergehen kann, wird der Beitrag „in eine Schuld" umgewandelt, „die in höchstens zehn Jahresleistungen zu erbringen ist" (§ 135 Abs. 3 Satz 1 BauGB).[36] Diese Schuldumwandlung ist **nicht** als eine **echte** Schuldumwandlung zu qualifizieren, bei der die alte Schuld erlischt und eine neue an ihre Stelle tritt. Vielmehr handelt es sich insoweit – und das ergibt sich schon aus Sinn und Zweck des § 135 Abs. 3 BauGB, aber auch aus der Formulierung in § 135 Abs. 2 Satz 1 BauGB („in *Form* einer Rente") – um eine Umwandlung der Art und Weise der Zahlung, d. h. um eine Änderung der Zahlungsmodalität, mit der Folge, daß die Rentenschuld eine Erschließungsbeitragsschuld bleibt und als solche weiterhin als öffentliche Last auf dem Grundstück ruht.[37] Der – schriftliche – Verrentungsbescheid muß inhaltlich dem § 135 Abs. 3 Sätze 1 und 2 BauGB entsprechen, d. h., er muß den Ausspruch der Schuldumwandlung, die Laufzeit der Rente sowie die Bestimmung von Höhe und Zeitpunkt der Fälligkeit der Jahresleistungen – die nicht jeweils gleich hoch zu sein brauchen – enthalten. Er kann auch einen Widerrufsvorbehalt oder eine auflösende Bedingung für den Fall der Veräußerung des Grundstücks enthalten, da die Verrentung regelmäßig mit Rücksicht auf die wirtschaftlichen Verhältnisse des persönlich Beitragspflichtigen gewährt wird.

21   In § 135 Abs. 3 Satz 3 BauGB ist die **Verzinsung** des jeweiligen Restbetrags vorgeschrieben, jedoch kann unter den Voraussetzungen des § 135 Abs. 5 BauGB auch ausnahmsweise von einer Verzinsung abgesehen werden. Die Festsetzung der Höhe des Zinssatzes – die übrigens nach dem Wortlaut des § 135 Abs. 3 BauGB nicht zwingend in den Verrentungsbescheid aufgenommen werden muß – hat die Gemeinde nach pflichtgemäßem Ermessen durch Verwaltungsakt vorzunehmen, wobei sie allerdings an die in § 135 Abs. 3 Satz 3 BauGB angegebene Höchstgrenze gebunden ist. Nach dieser Bestimmung darf der Zinssatz *höchstens* zwei vom Hundert über dem Diskontsatz der Deutschen Bundesbank liegen. Wird in einem Verrentungsbescheid – was in der Praxis aus Praktikabilitätsgründen regelmäßig der Fall ist – ein bestimmter Verrentungszinssatz festgesetzt, ist der Bescheid wegen eines Verstoßes gegen ein ausdrückliches, ausnahmsloses gesetzliches Verbot nichtig, wenn und soweit die Zinsfestsetzung die Höchstgrenze des § 135 Abs. 3 Satz 3 BauGB überschreitet. Die Überschreitung des gesetzlichen Höchstsatzes führt nicht nur dann zur teilweisen Nichtigkeit des den Zinssatz festsetzenden Bescheids, wenn die Überschreitung bereits im Zeitpunkt des Erlasses

---

[36] Eine weitergehende Verrentung kommt über § 135 Abs. 6 BauGB in Verbindung mit § 7 Abs. 10 ThürKAG in Thüringen in Betracht.

[37] Ebenso u. a. Ernst in Ernst/Zinkahn/Bielenberg, BauGB, § 135 Rdnr. 14.

des Bescheids vorliegt. Vielmehr wird ein (bestandskräftig gewordener) Verrentungsbescheid, in dem ein im Zeitpunkt seines Erlasses unterhalb des zulässigen Höchstsatzes liegender Zinssatz festgesetzt ist und der daher zunächst voll gültig ist, später teilweise nichtig, wenn und soweit der (ursprünglich rechtmäßigerweise) festgesetzte Zinssatz infolge einer Herabsetzung des Diskontsatzes der Deutschen Bundesbank den danach zulässigen Höchstzinssatz übersteigt.[38]

c) Stundung für landwirtschaftlich, als Wald oder als Kleingärten genutzte Grundstücke

Ebenso wie die vorbehandelten Billigkeitsmaßnahmen setzt auch die in   22
§ 135 Abs. 4 BauGB ausdrücklich geregelte Stundung des Erschließungsbeitrags (oder eines Teilbetrags) für landwirtschaftlich, als Wald[39] oder (seit dem 1. Mai 1994, vgl. Rdnr. 23) als Kleingärten im Sinne des Bundeskleingartengesetzes genutzte Grundstücke das **Entstandensein** einer sachlichen Beitragspflicht voraus, d. h., es muß sich um baulich oder beitragsrechtlich vergleichbar nutzbare Grundstücke im Sinne des § 133 Abs. 1 BauGB handeln, die jedoch (gegenwärtig) tatsächlich landwirtschaftlich, als Wald oder als Kleingarten genutzt werden. Da Grundstücke, die im Bebauungsplan gemäß § 9 Abs. 1 Nr. 18 a BauGB als Flächen für die Landwirtschaft festgesetzt sind, nicht der Beitragspflicht nach § 133 Abs. 1 BauGB unterliegen (vgl. § 17 Rdnr. 21), kommen als Gegenstand der Stundungsregelung des § 135 Abs. 4 BauGB nur solche tatsächlich landwirtschaftlich genutzten Grundstücke in Betracht, die kraft Festsetzung im Bebauungsplan oder kraft der mit ihrer Lage im unbeplanten Innenbereich verbundenen generellen Bebauungsfähigkeit **bebaubar** oder gewerblich nutzbar sind. Entsprechendes gilt für als Wald (vgl. zur Festsetzbarkeit dieser Nutzung im Bebauungsplan § 9 Abs. 1 Nr. 18 b BauGB) oder als Kleingärten genutzte Grundstücke, d. h. es darf sich bei ihnen **nicht** um Grundstücke handeln, die wegen ihrer Ausdehnung dem Außenbereich zuzurechnen sind. Bei allen damit angesprochenen Grundstücken ist die Stundung **unabhängig** davon zu gewähren, ob das der Beitragspflicht unterliegende Grundstück in dem Zeitpunkt, in dem dessen Eigentümer die in Rede stehende, z. B. landwirtschaftliche Nutzung aufgenommen hat, planungsrechtlich dem Innen- oder Außenbereich zuzuordnen war.[40]

Mit Wirkung vom 1. Mai 1994 ist durch Art. 2 des Gesetzes zur Änderung   23
des Bundeskleingartengesetzes vom 8. April 1994 (BGBl. I S. 766) dem § 135 Abs. 4 BauGB ein Satz 3 angefügt worden, der anordnet, der Beitrag sei

---

[38] Vgl. in diesem Zusammenhang OVG Lüneburg, Urteil v. 9. 3. 1979 – IX A 5/78 – Ns Gemeinde 79, 379.

[39] Vgl. zum Begriff des Waldes im Sinne des Bundeswaldgesetzes und des Landesforstgesetzes NW OVG Münster, Urteil v. 22. 1. 1988 – 10 A 1299/87 – NVwZ 88, 1048 = DÖV 89, 84.

[40] BVerwG, Beschluß v. 25. 3. 1993 – 8 B 25.93 –.

zinslos zu stunden, solange Grundstücke als Kleingärten im Sinne des Bundes-kleingartengesetzes genutzt werden. Bei dieser Regelung hat sich der Gesetz-geber von der Vorstellung leiten lassen, Kleingartengrundstücke zählten zu den nach § 131 Abs. 1 Satz 1 BauGB erschlossenen und nach § 133 Abs. 1 der Beitragspflicht unterliegenden Grundstücken.[41] Das trifft jedoch **ausschließ-lich** für die – in der Praxis eher weniger häufigen – Fälle von Kleingar-tengrundstücken in beplanten Gebieten zu. Denn in unbeplanten Gebieten sind derartige Grundstücke wegen ihrer Ausdehnung regelmäßig dem Au-ßenbereich zuzurechnen und gehören deshalb (schon) nicht zu den i.S. des § 131 Abs. 1 Satz 1 BauGB erschlossenen Grundstücken (vgl. Rdnr. 6). An-gesichts dessen dürfte § 135 Abs. 4 Satz 3 BauGB keine große praktische Bedeutung zukommen. Er ist anwendbar nur auf Konstellationen, in denen der Erschließungsbeitrag am 1. Mai 1994 (Inkrafttreten des Änderungsgeset-zes vom 8. April 1994) noch **nicht fällig** war. Denn mangels einer entsprechen-den Übergangsvorschrift kann nicht davon ausgegangen werden, daß die (zinslose) Stundungspflicht auch für solche Fälle gelten soll, in denen – infol-ge des Eintritts der Fälligkeit – in diesem Zeitpunkt bereits eine Zahlungs-pflicht bestanden hat und der Betrag ggf. sogar schon gezahlt worden ist.

24   Die mit ”Grundstück“ in § 135 Abs. 4 Satz 1 BauGB bezeichnete Fläche muß sich in ihrem Umfang nicht decken mit dem i.S. des § 131 Abs. 1 Satz 1 BauGB erschlossenen Buchgrundstück. Vielmehr ist etwa bei einem beson-ders großen Buchgrundstück im Rahmen des § 135 Abs. 4 Satz 1 BauGB maßgebend die der sachlichen Beitragspflicht unterliegende (Teil-)Fläche, die ungeachtet ihrer Baulandqualität **nicht** der landwirtschaftlichen Nutzung bzw. Nutzung als Wald oder Kleingarten **entzogen** werden soll.[42] Das ergibt sich aus Sinn und Zweck der Regelung des § 135 Abs. 4 Satz 1 BauGB und hat zur Folge, daß ggfs. eine Stundung nur für den auf die betreffende Fläche entfallenden Teil des (Gesamt-)Beitrags in Betracht kommt. **Mit dieser Maß-gabe** ist es unerheblich, ob es sich um unbebaute, etwa als Acker- oder Weideflächen genutzte, oder um Grundstücke bzw. Grundstücksteile han-delt, die z.B. mit der landwirtschaftlichen Nutzung dienenden Wirtschaftsge-bäuden bebaut sind.[43]

25   Anders als unter Geltung des Bundesbaugesetzes **ist** seit Inkrafttreten des Baugesetzbuchs dann, wenn die Voraussetzungen des § 135 Abs. 4 BauGB erfüllt sind, der Erschließungsbeitrag **(zinslos) zu stunden.** Das gilt mit Blick auf ein landwirtschaftlich oder als Wald genutztes Grundstück solange, wie es „zur Erhaltung der Wirtschaftlichkeit des landwirtschaftlichen Betriebs genutzt werden muß“ (§ 135 Abs. 4 Satz 1 BauGB). Mit der ausdrücklichen Bezugnahme auf den ”landwirtschaftlichen Betrieb“ hat der Gesetzgeber an-

---

[41] Vgl. BT-Drucksache 12/6154, S. 10.
[42] OVG Lüneburg, Urteil v. 11. 7. 1989 – 9 A 130/87 –.
[43] Vgl. Rudisile in BauR 86, 497f. mit weiteren Nachweisen sowie BayVGH, Urteil v. 24. 1. 1991 – 6 B 89.00755 – BayVBl 91, 693; a.A. OVG Koblenz, Urteil v. 28. 1. 1986 – 6 A 35/85 – KStZ 86, 194 = HSGZ 86, 265.

dere Betriebe, namentlich also forstwirtschaftliche Betriebe, aus dem Schutzbereich des § 135 Abs. 4 BauGB ausgenommen, so daß eine Stundung nach dieser Vorschrift nur zulässig ist für ein Grundstück (bzw. – wenn mehrere landwirtschaftlich oder als Wald genutzte Grundstücke von der Beitragspflicht betroffen sind – für Grundstücke), das (bzw. die) zu einem landwirtschaftlichen Betrieb gehört (gehören).[44] Im übrigen hängt die Anwendbarkeit des § 135 Abs. 4 Satz 1 BauGB davon ab, daß der landwirtschaftliche Betrieb **wirtschaftlich** (rentabel) ist und die Wirtschaftlichkeit in Gefahr geriete, wenn das Grundstück – seiner Qualität als Bauland i.S. des § 133 Abs. 1 BauGB entsprechend – der landwirtschaftlichen Nutzung entzogen würde. Die Stundung soll vermeiden, daß der Erschließungsbeitrag den Inhaber eines rentablen landwirtschaftlichen Betriebs zu einer Trennung von einem mit dem Beitrag belasteten Grundstück aus dem Betrieb veranlaßt, das zur **Erhaltung** von dessen Wirtschaftlichkeit notwendig ist.

Die tatbestandlichen Voraussetzungen des § 135 Abs. 4 Satz 1 BauGB kön- 26 nen auch vorliegen, wenn der Betriebsinhaber neben seiner Tätigkeit als Landwirt noch einen weiteren Beruf ausübt; vom Schutzzweck des § 135 Abs. 4 BauGB erfaßt werden auch Grundstücke rentabler landwirtschaftlicher **Nebenerwerbsbetriebe.**[45] Geschützt ist das tatsächlich landwirtschaftlich (oder als Wald) genutzte Grundstück eines rentablen Betriebs, so daß es für die Erfüllung der tatbestandlichen Voraussetzungen des § 135 Abs. 4 Satz 1 BauGB unerheblich ist, ob der Landwirt durch den Erlös aus dem Verkauf des mit dem Beitrag belasteten, zu einem solchen Betrieb gehörenden Grundstücks nicht nur den Beitrag finanzieren, sondern überdies noch geeignetes Ersatzland beschaffen kann.

Eine Stundung gemäß § 135 Abs. 4 Satz 1 BauGB kann **grundsätzlich** nur 27 dem Beitragsschuldner gewährt werden, der **selbst** Landwirtschaft – einschließlich etwa Erwerbsobstbau (vgl. § 201 BauGB) – betreibt, nicht aber auch dem, der seinen Betrieb bzw. (nur) die der Beitragspflicht unterliegende Fläche verpachtet hat; die Vorschrift kommt grundsätzlich lediglich solchen Erschließungsbeitragspflichtigen zugute, die die bei der Veranlagung zum Erschließungsbeitrag herangezogenen Flächen im Rahmen der von ihnen selbst betriebenen Landwirtschaft benötigen.[46] Von diesem Grundsatz hat der Gesetzgeber durch den mit Inkrafttreten des Baugesetzbuchs eingefügten Satz 2 eine **Ausnahme** zugelassen. Denn in dieser Bestimmung hat er angeordnet, Satz 1 des § 135 Abs. 4 BauGB sei auch auf „Fälle der Nutzungsüberlassung und Betriebsübergabe an Familienangehörige im Sinne des § 15 der Abgabenordnung" anzuwenden. Durch die Bezugnahme auf § 15 AO hat er

---

[44] Ebenso u.a. Rhein/Eschenbach in Stadt und Gemeinde 91, 223 ff.

[45] Vgl. u.a. OVG Münster, Urteil v. 23. 9. 1970 – III A 1502/68 – KStZ 71, 55 = ZMR 71, 98 = GemTg 71, 159, sowie Ernst in Ernst/Zinkahn/Bielenberg, BauGB, § 135 Rdnr. 15 a.

[46] BVerwG, Urteil v. 1. 4. 1981 – 8 C 11.81 – BVerwGE 62, 125 ff. = DVBl 81, 830 = KStZ 81, 191; vgl. dazu auch Rudisile in BauR 86, 497 (499 ff.).

deutlich gemacht, wer Familienangehöriger i.S. des § 135 Abs. 4 Satz 2 BauGB ist.

28   Nur wenn die tatbestandlichen Voraussetzungen des § 135 Abs. 4 Satz 1 oder Satz 3 BauGB vorliegen, ist die Gemeinde auf einen entsprechenden Antrag hin[44] verpflichtet, den Erschließungsbeitrag zinslos zu stunden. Anders als unter Geltung des Bundesbaugesetzes ist es somit der Gemeinde nunmehr verwehrt, einen Stundungsantrag abzulehnen, etwa weil es dem Beitragspflichtigen ohne weiteres möglich ist, den Beitrag aus nicht aus dem landwirtschaftlichen Betrieb stammenden Einnahmequellen oder aus seinem sonstigen Vermögen zu begleichen. Wird ein Beitrag gemäß § 135 Abs. 4 Satz 1 BauGB solange gestundet, wie das Grundstück zur Erhaltung der Wirtschaftlichkeit des landwirtschaftlichen Betriebs genutzt werden muß, büßt er seine Wirksamkeit gleichsam automatisch in dem Zeitpunkt ein, in dem diese Voraussetzung – aus welchen Gründen auch immer – entfällt; eines besonderen Aufhebungsbescheids bedarf es dazu nicht.[44] Gleichwohl kann es auch Gründen (einzig) der **Klarstellung** zweckmäßig sein, z.B. für den Fall der Veräußerung des der Beitragspflicht unterliegenden Grundstücks einen Widerrufsvorbehalt in den Stundungsbescheid aufzunehmen, und zwar unabhängig davon, daß durch eine solche Veräußerung zum Ausdruck kommt, das Grundstück werde nicht mehr zur Erhaltung der Wirtschaftlichkeit des landwirtschaftlichen Betriebs benötigt, und deshalb kraft Gesetzes ohnehin der Zeitraum für die Stundung endet.

29   In der **Überleitungsregelung** des § 242 Abs. 7 BauGB hat der Gesetzgeber angeordnet, daß dann, wenn vor dem 1. Juli 1987 (Zeitpunkt des Inkrafttretens des Baugesetzbuchs) über die Stundung des Beitrags für ein landwirtschaftlich genutztes Grundstück nach Maßgabe des § 135 Abs. 4 **BBauG** entschieden und diese Entscheidung noch nicht unanfechtbar geworden ist, § 135 Abs. 4 (Sätze 1 und 2) **BauGB** anzuwenden ist. Diese Überleitungsregelung hatte seinerzeit Bedeutung in erster Linie, wenn eine Gemeinde die tatbestandlichen Voraussetzungen des § 135 Abs. 4 BBauG (wie BauGB) **bejaht** hat, d.h. angenommen hat, das der Beitragspflicht unterliegende, landwirtschaftlich genutzte Grundstück gehöre zu einem landwirtschaftlichen Betrieb, dieser Betrieb sei wirtschaftlich (rentabel) und diese Wirtschaftlichkeit geriete in Gefahr, wenn das Grundstück – seiner Qualität als Bauland entsprechend – der landwirtschaftlichen Nutzung entzogen würde, allerdings aus **Ermessensgründen** entweder die Gewährung einer Stundung abgelehnt oder eine Stundung nur gegen Zahlung von Stundungszinsen zugelassen hat, **und** der entsprechende Stundungsbescheid am 1. Juli 1987 noch nicht bestandskräftig geworden ist. Auf solche Fälle ist nach Inkrafttreten des Baugesetzbuchs § 135 Abs. 4 in seiner neuen Fassung mit der Folge anzuwenden, daß die Gemeinde den Beitrag nunmehr zinslos stunden muß. Hat dagegen die Gemeinde – zu Recht – z.B. die Wirtschaftlichkeit des landwirtschaftlichen Betriebs eines Antragstellers verneint und deshalb einen Stundungsantrag abgelehnt, kann § 242 Abs. 7 BauGB Wirkungen nicht

entfalten. Denn insoweit ist § 135 Abs. 4 durch das Inkrafttreten des Baugesetzbuchs nicht geändert worden. Da die von § 242 Abs. 7 BauGB erfaßten
Sachverhalte bereits abgewickelt sein dürften, bedarf diese Übergangsvorschrift keiner vertiefenden Behandlung mehr.

2. Erlaß (Freistellung)

In § 135 Abs. 5 BauGB sind verschiedene Arten des (teilweisen oder voll- 30
ständigen) – durch Verwaltungsakt auszusprechenden – Erlasses des Erschließungsbeitrags geregelt: der zur **Vermeidung unbilliger Härten** (sog. **Härtealter-
native**) und der aus **Gründen des öffentlichen Interesses** (sog. **Interessenalternative**) "gebotene" Erlaß; beide können entweder nach Entstehen der Beitragspflicht (nachträgliche Freistellung – § 135 Abs. 5 Satz 1 BauGB) oder bereits
vor Entstehen der Beitragspflicht (vorzeitige Freistellung – § 135 Abs. 5
Satz 2 BauGB) gewährt werden. Die einen (teilweisen) Beitragserlaß rechtfertigende **unbillige Härte** wird regelmäßig im sachlichen Bereich angesiedelt sein
(sachliche Billigkeitsgründe); jedoch kann auch ausnahmsweise bei einer unbilligen Härte, die auf den persönlichen Verhältnissen des Beitragspflichtigen
beruht (persönlicher Billigkeitsgrund), ein (teilweiser) Erlaß in Betracht kommen.[47] An einen aus sachlichen Umständen begründeten (teilweisen) Erlaß
kann – außer in den bereits oben (Rdnrn. 6 ff.) behandelten Fällen – etwa
gedacht werden, wenn ein Beitragspflichtiger schon die Kosten einer (unselbständigen) Privatstraße zu tragen hatte, an der sein Grundstück liegt.[48] Die
volle Heranziehung eines Beitragspflichtigen für Maßnahmen, für die er bereits Zahlungen an einen Erschließungsunternehmer geleistet hat, der seinen
Verpflichtungen nicht nachgekommen ist, kann, muß aber nicht in jedem Fall
eine unbillige Härte darstellen (vgl. § 6 Rdnr. 50). Sie ist jedenfalls nicht
anzunehmen, wenn die Gemeinde den Beitragspflichtigen anteilig nur mit
Kosten für diejenigen Teile der Erschließungsanlage belastet, für die er nicht
schon anderweitig gezahlt hat.[49]

Die **Interessenalternative** des § 135 Abs. 5 Satz 1 BauGB ist gekennzeichnet 31
durch das Zusammentreffen von zwei verschiedenen Umständen: Es muß –
erstens – um die Erfüllung von (öffentlichen) Interessen **gerade** der Gemeinde
gehen, die den Erlaß gewähren soll, so daß diese Gemeinde nicht als "Mäzen"
fremder Interessen auftreten darf, und durch den begehrten Erlaß muß –
zweitens – etwas **bewirkt** werden können, was gewichtig genug ist, um das
vom Gesetzgeber (u. a. im Interesse einer möglichst einheitlichen Behandlung) als Gebot ausgestaltete Interesse an der Erhebung des Beitrags zurück-

---

[47] BVerwG, Urteil v. 5. 9. 1969 – IV C 67.68 – DVBl 70, 81 = MDR 70, 167 = ID 70,
19.
[48] BVerwG, Urteil v. 30. 1. 1970 – IV C 151.68 – Buchholz 406.11 § 123 BBauG
Nr. 4 S. 5 (8) = DVBl 70, 839 = DÖV 70, 862.
[49] BVerwG, Urteil v. 6. 6. 1975 – IV C 27.73 – Buchholz 406.11 § 135 BBauG Nr. 7
S. 1 (3 ff.) = DÖV 75, 717 = DVBl 76, 306.

treten zu lassen. Der Erlaß nach Maßgabe der Interessenalternative hat „die Funktion eines **Anreiz-** und **Lenkungsmittels,** d.h. einer der Gemeinde vom Gesetzgeber eingeräumten Möglichkeit, eigene öffentliche Interessen wirtschaftlicher oder sozial-, kulturell- bzw. ordnungspolitischer Art im Rahmen einer erschließungsbeitragsrechtlichen Abrechnung zu berücksichtigen. Der Gemeinde soll der Weg eröffnet werden, durch einen (teilweisen) Verzicht auf eine Beitragserhebung einzuwirken auf die Entscheidung des beitragspflichtigen Grundeigentümers über die Durchführung oder Weiterführung eines Vorhabens auf dem der Beitragspflicht unterliegenden Grundstück, das von ihr erwünscht oder gar für erforderlich gehalten wird.“[50]

32   Nach dem Wortlaut des § 135 Abs. 5 Satz 1 BauGB muß der Erlaß zur Förderung des öffentlichen Interesses **geboten** sein. Mit dieser Einschränkung sollen sachlich nicht vertretbare (Gefälligkeits-)Erlasse vermieden werden, also Erlasse, die nach Lage der Dinge **keinen** hinreichend fördernden Einfluß auf eine Entscheidung über Durchführung oder Weiterführung eines im öffentlichen Interesse der Gemeinde liegenden Verhaltens haben. Die damit gezogene Grenze ist allerdings noch eingehalten, wenn „der Beitragserlaß nach den Umständen des jeweiligen Einzelfalls vernünftigerweise angezeigt ist, d.h. es für ihn einleuchtende Gründe gibt, die einen (ggf. teilweisen) Beitragsverzicht als eine zur Förderung des in Rede stehenden Verhaltens angemessene Lösung erscheinen läßt“.[50] Im übrigen hängt ein (Teil-)Erlaß nach der Interessenalternative nicht davon ab, ob eine bestimmte Absicht (z.B. Schaffung von Arbeitsplätzen) schriftlich bekundet wird, sondern davon, ob sie vorhanden ist.[51]

33   Von § 135 Abs. 5 Satz 1 BauGB gedeckt ist z.B. ein Erlaß zur Förderung der Ansiedlung eines Industrieunternehmens[52] oder ein (Teil-)Verzicht zur Förderung von Vorhaben des (sozialen) Wohnungsbaus.[53] Entsprechendes kann gelten, wenn beispielsweise die Entscheidung über die Errichtung oder den Weiterbetrieb eines im öffentlichen Interesse erforderlichen Krankenhauses, eines Kindergartens oder einer Bildungsstätte durch Beitragserlaß oder Beitragsermäßigung gefördert werden soll, denn in derartigen Fällen verfolgt die Gemeinde gerade mit dem Beitragsverzicht öffentliche Interessen.[49] Als öffentliches Interesse kommt grundsätzlich auch das (soziale) Anliegen der Gemeinde in Betracht, das Kleingartenwesen zu fördern.[54] Der Gesichtspunkt des öffentlichen Interesses kann auch einen (teilweisen) Bei-

---

[50] BVerwG, Urteil v. 22.5.1992 – 8 C 50.90 – BVerwGE 90, 202 (204ff.) = DVBl 92, 1105 = KStZ 92, 229.

[51] BayVGH, Urteil v. 21.11.1991 – 6 B 88.02688 – NJW 92, 2652.

[52] BVerwG, Urteil v. 31.1.1969 – IV C 47.67 – Buchholz 406.11 § 127 BBauG Nr. 6 S. 1 (2f.) = ZMR 69, 248 = BBauBl 70, 419.

[53] BVerwG, Urteil v. 23.8.1974 – IV C 38.72 – Buchholz 406.11 § 131 BBauG Nr. 10 S. 19 (S. 21f.) = BauR 74, 408 = KStZ 75, 112.

[54] Vgl. dazu BVerwG, u.a. Urteil v. 1.2.1980 – 4 C 63 u. 64.78 – Buchholz 406.11 § 131 BBauG Nr. 33 S. 64 (69f.) = NJW 80, 1973 = DVBl 80, 755.

tragserlaß für kirchliche Friedhöfe angezeigt erscheinen lassen. Das Betreiben eines Friedhofs – so begründet dies das Bundesverwaltungsgericht[55] – sei an sich Sache der Gemeinde. Die Kirche entlaste, wenn sie einen kirchlichen Friedhof betreibe, insoweit die Gemeinde. Diese werde also in der Regel ein eigenes Interesse daran haben, daß kirchliche Friedhöfe betrieben und sie dadurch von ihren eigenen Aufgaben freigestellt werde. Unter diesem Blickwinkel dürfte ein Beitragserlaß oder eine Beitragsermäßigung selbst für einen im Eigentum etwa eines (eingetragenen) Vereins stehenden Sportplatz in Betracht kommen.

Ein den Beitragserlaß rechtfertigendes öffentliches Interesse läßt sich *nicht* 34 mit einem Hinweis auf die durch den Straßenbau erreichte Verbesserung der Verkehrsverhältnisse und die daraus resultierende Erhöhung der Sicherheit und Leichtigkeit des Straßenverkehrs begründen. Das folgt bereits aus der Funktion der Interessenalternative als Anreiz- und Lenkungsmittel (vgl. Rdnr. 31). Im übrigen ist insoweit keine atypische, die Umstände gerade eines konkreten Einzelfalls berücksichtigende Situation gegeben, denn der Straßenbau ist – neben der Erschließung der Grundstücke – zur Förderung von Sicherheit und Leichtigkeit des Verkehrs bestimmt. Selbst dann, wenn ein Beitragserlaß der Erleichterung und Beschleunigung des für den Straßenbau erforderlichen Grunderwerbs gedient hat, ist er nicht von § 135 Abs. 5 BauGB gedeckt. Zwar kann ein Beitragsverzicht die Bereitwilligkeit von Grundstückseigentümern, das erforderliche Straßenland freihändig zu verkaufen, fördern. Jedoch ist § 135 Abs. 5 BauGB angesichts des mit ihm vom Gesetzgeber verfolgten Zwecks „nicht dazu bestimmt, etwaige Unzulänglichkeiten oder Schwierigkeiten des Enteignungsrechts auszugleichen".[56]

Nach § 135 Abs. 5 Satz 2 BauGB kann die (vollständige oder teilweise) 35 **Freistellung** von Erschließungsbeiträgen bei Vorliegen der Voraussetzungen des Satz 1 dieser Bestimmung auch schon vor Entstehen der (sachlichen) Beitragspflichten erfolgen (vorzeitige Freistellung). Demgemäß ist die Gemeinde an einen Beitragserlaß, der unter Geltung des vor Inkrafttreten des Bundesbaugesetzes maßgeblichen Rechts ausgesprochen oder vertraglich vereinbart worden ist, gebunden, wenn und soweit die Voraussetzungen des § 135 Abs. 5 BauGB erfüllt sind, die Freistellung also auch nach geltendem Recht zulässig wäre.[53]

IV. Billigkeitsentscheidungen

Die Entscheidung der Gemeinde, zugunsten eines Beitragspflichtigen eine 36 der in § 135 Abs. 2, 3 und 5 BauGB genannten Billigkeitsmaßnahmen zu

---

[55] BVerwG, Urteil v. 4. 5. 1978 – 4 C 25.76 – Buchholz 406.11 § 133 BBauG Nr. 69 S. 50 (57) = DVBl 79, 784 = KStZ 79, 167.
[56] BVerwG, Urteil v. 18. 11. 1977 – IV C 104.74 – Buchholz 406.11 § 135 BBauG Nr. 10 S. 7 (13) = DÖV 78, 611 = ZMR 79, 88.

treffen, liegt grundsätzlich in ihrem pflichtgemäßen **Ermessen.** Bei den genannten Regelungen handelt es sich um sog. **Kopplungsvorschriften,** d.h. um Vorschriften, die durch einen unbestimmten Rechtsbegriff (unbillige Härte, öffentliches Interesse) und ein Rechtsfolgeermessen gekennzeichnet sind. Deshalb eröffnet **erst** das Vorliegen einer unbilligen Härte (bzw. – bei § 135 Abs. 5 BauGB – auch eines öffentlichen Interesses) den Weg zu einer Ermessensentscheidung der Gemeinde. Dieser Ermessensentscheidung ist allerdings durch das Gesetz eine bestimmte Richtung vorgegeben. So ist nach dem im Wortlaut des § 135 Abs. 5 Satz 1 BauGB („zur Vermeidung unbilliger Härten geboten") zum Ausdruck kommenden Sinngehalt dieser Bestimmung eine Gemeinde dann, wenn eine unbillige Härte aus **sachlichen** Gründen (vgl. zu persönlichen Gründen Rdnrn. 14 f.) vorliegt, grundsätzlich gehalten, einen (ggfs. teilweisen) Billigkeitserlaß zu gewähren; das ihr eingeräumte Ermessen kann sie im Regelfall fehlerfrei nur durch die Gewährung eines (ggfs. teilweisen) Billigkeitserlasses ausüben (sog. **intendiertes Ermessen).** Etwas anderes gilt nur **ausnahmsweise,** wenn im Rahmen der gemeindlichen Ermessensentscheidung besondere, berücksichtigungsfähige und gewichtige Gründe ein anderes Ergebnis rechtfertigen.[57] Das kann etwa zutreffen, wenn die für einen (teilweisen) Erlaß in Betracht kommenden Beträge als solche relativ gering sind, sie infolge der Vielzahl der gleichgelagerten Einzelfälle insgesamt aber für den Haushalt einer (kleinen) Gemeinde von so gravierender Bedeutung sind, daß ein Absehen von der Gewährung des (teilweisen) Erlasses unter Würdigung der Interessen sowohl der Beitragspflichtigen als auch der Gemeinde sachlich vertretbar erscheint.

37   Nach der Rechtsprechung des Bundesverwaltungsgerichts[58] ist die Gemeinde **von Amts wegen** verpflichtet, bereits bei der Heranziehung ihr offensichtlich erkennbare sachliche Härtegründe zu berücksichtigen, sofern diese einen (teilweisen) Billigkeitserlaß nach § 135 Abs. 5 BauGB gebieten, d.h. wenn sie ein derartiges Gewicht haben, daß das von dieser Vorschrift vorgesehene Entscheidungsermessen auf Null reduziert ist und allein die Gewährung des (teilweisen) Erlasses der Rechtslage entspricht. Diese vom materiellen Bundesrecht angeordnete, gleichwohl ihrem Charakter nach verfahrensrechtliche **Berücksichtigungspflicht** bezieht sich somit lediglich auf die wenigen (Ausnahme-)Fälle, in denen sachliche Härtegründe sowohl das Merkmal der "Offensichtlichkeit" als auch das Merkmal der "Ermessensreduzierung auf Null" erfüllen, wobei das Merkmal der "Offensichtlichkeit" auch durch ein entsprechendes Vorbringen des Betroffenen bereits im Veranlagungsverfahren begründet werden kann.[54]

---

[57] BVerwG, Urteil v. 1. 8. 1986 – 8 C 54.85 – Buchholz 406.11 § 135 BBauG Nr. 27 S. 33 (40 f.) = KStZ 87, 31 = ZMR 87, 33.
[58] BVerwG, Urteil v. 12. 9. 1984 – 8 C 124.82 – BVerwGE 70, 96 (97 ff.) = DVBl 85, 126 = KStZ 85, 51, vgl. im übrigen u.a. BVerwG, Urteil v. 5. 10. 1984 – 8 C 41.83 – Buchholz 406.11 § 135 BBauG Nrt. 26 S. 30 (31 f.) = DVBl 85, 294 = ZMR 85, 31.

Die Frage, ob im Fall einer Verletzung der verfahrensrechtlichen Berück- 38
sichtigungspflicht ein ergangener Beitragsbescheid i. S. des § 113 Abs. 1 Satz 1
VwGO rechtswidrig ist und deshalb der Aufhebung unterliegt, ist zu verneinen. „§ 135 Abs. 5 Satz 1 ... sieht diese Rechtsfolge nicht nur nicht vor,
sondern schließt sie ... aus."[58] Den Interessen des Beitragspflichtigen wird
hinreichend dadurch Rechnung getragen, daß er für die Gemeinde (ggfs. nur
vermeintlich) offensichtlich erkennbare ebenso wie sonstige sachliche und
persönliche Billigkeitsgründe selbst nach Bestandskraft des (ungekürzt ergangenen) Heranziehungsbescheids durch einen Antrag in einem selbständigen
Erlaßverfahren (vgl. § 227 AO) betreiben und ggfs. – nach Durchführung
eines Vorverfahrens – im Wege der Verpflichtungsklage gerichtlich verfolgen
kann.[58] Dieses Ergebnis stimmt mit dem überein, das sich aus der – über die
Kommunalabgabengesetze entsprechend – anwendbaren Vorschrift des § 163
AO ergibt und Bedeutung sowohl u. a. für das Ausbaubeitragsrecht als auch
für die Fälle hat, in denen die verfahrensrechtliche Berücksichtigungspflicht
nicht besteht.

Nach § 163 Abs. 1 Satz 1 AO kann – soweit es hier interessiert – ein nach 39
Maßgabe der einschlägigen bundes- und ortsrechtlichen Regelungen entstandener Erschließungsbeitrag bereits im Rahmen des Veranlagungsverfahrens
niedriger festgesetzt, d. h. teilweise erlassen werden, wenn seine unverkürzte
Erhebung nach Lage des einzelnen Falles unbillig wäre. Eine solche Entscheidung ist gegenüber der Beitragsfestsetzung *ein selbständiger Verwaltungsakt.*
Das folgt aus dem Regelungsgegenstand dieser Entscheidung, der darin besteht, eine niedrigere Beitragsfestsetzung (einen teilweisen Beitragserlaß) zuzulassen oder nicht zuzulassen, und daraus, daß diese „Entscheidung" über
die abweichende Festsetzung „mit der Beitragsfestsetzung" zwar (äußerlich)
„verbunden werden kann" (§ 163 Abs. 1 Satz 3 AO), nicht aber verbunden
werden muß.[59] Hat daher eine Gemeinde im Veranlagungsverfahren nicht
über den teilweisen Billigkeitserlaß entschieden, liegt *einzig* ein Bescheid vor,
der den nach Maßgabe der bundes- und ortsrechtlichen Bestimmungen entstandenen Erschließungsbeitrag der Höhe nach festsetzt (und zur Zahlung
auffordert), nicht aber ein den Gegenstand der Billigkeit regelnder Verwaltungsakt. Der allein die Beitragsfestsetzung (und das Leistungsgebot) enthaltende Bescheid ist als solcher *rechtmäßig,* und zwar selbst dann, wenn es sich
bei dem von der Gemeinde unberücksichtigt gelassenen Billigkeitsgrund um
einen solchen sachlicher Art handelt, den sie von Amts wegen hätte berücksichtigen müssen.[60] Die diesbezügliche Amtspflichtverletzung mag – soweit
die sonstigen dafür erforderlichen Voraussetzungen erfüllt sind – einen Scha-

[59] Vgl. im einzelnen BVerwG, u. a. Urteil v. 4. 6. 1982 – 8 C 90.81 – Buchholz 401.10
§ 163 AO Nr. 1 S. 1 (2 ff.) = NJW 82, 2682 = MDR 83, 82.
[60] Ebenso u. a. VGH Mannheim, Beschluß v. 11. 4. 1986 – 2 S 2061/85 – VBlBW 87,
141, sowie OVG Lüneburg, Urteile v. 18. 9. 1987 – 9 A 126/86 – und v. 12. 1. 1988 –
9 A 112/86 –; a. A. OVG Münster, Urteile v. 28. 11. 1979 – II A 735/78 – GemHH 82,
13 = StuGR 80, 254, und v. 14. 2. 1989 – 2 A 2447/87 –.

densersatzanspruch begründen, sie läßt jedoch die Rechtmäßigkeit eines Beitragsbescheids unberührt. Das hat zur Folge, daß ein Beitragspflichtiger – erstens – sein Interesse an einem teilweisen Billigkeitserlaß (oder an einer anderen Billigkeitsmaßnahme im Sinne des § 135 Abs. 2 bis 6 BauGB) nicht mit einer Anfechtungsklage gegen den Beitragsbescheid, sondern *nur* (nach entsprechendem Vorverfahren) mit einer auf die Zulassung der Billigkeitsmaßnahme gerichteten Verpflichtungsklage verfolgen kann[59] und daß er – zweitens – bei der hier behandelten Fallkonstellation selbst durch die Bestandskraft des Beitragsbescheids nicht gehindert ist, sein Erlaßbegehren noch später im Verfahren nach § 227 AO geltend zu machen.[61]

40   Hat eine Gemeinde im Rahmen des Veranlagungsverfahrens etwaige Billigkeitsgründe geprüft, aber – zu Unrecht – ihre Beachtlichkeit verneint und diese negative Billigkeitsentscheidung gemäß § 163 Abs. 1 Satz 3 AO mit der Beitragsfestsetzung (äußerlich) verbunden, also – erstens – einen die Billigkeitsfrage und – zweitens – einen die Beitragsfestsetzung (sowie das Leistungsgebot) regelnden Verwaltungsakt in einem "Bescheid", d.h. auf einem "Stück Papier", erlassen, ändert das nichts an der rechtlichen **Selbständigkeit** dieser beiden Verwaltungsakte. Auch dann kann – nach Durchführung des jeweiligen Vorverfahrens – ein Begehren auf Aufhebung der Beitragsfestsetzung nur im Wege der Anfechtungsklage, ein Begehren auf Zulassung einer Billigkeitsmaßnahme hingegen ausschließlich im Wege der Verpflichtungsklage betrieben werden. Ist die Beitragsfestsetzung rechtmäßig, wird sie durch eine zu Unrecht versagte Billigkeitsmaßnahme nicht rechtswidrig.[62]

41   Entscheidet sich eine Gemeinde – was in der Praxis sehr häufig der Fall ist – dafür, die Billigkeitsfrage – positiv oder negativ – mit der Beitragsfestsetzung gemäß § 163 Abs. 1 Satz 3 AO in einem "Bescheid" zu verbinden (etwa bei der Zulassung "nur" eines teilweisen Erlasses einen entsprechend verminderten Beitrag zur Zahlung zu stellen), ist es *erforderlich*, daß sie ihre Erwägungen zur Billigkeitsfrage im einzelnen darlegt. Denn auch bei dieser Konstellation handelt es sich – wie gesagt – bei der Ermessensentscheidung um einen selbständigen Verwaltungsakt, nicht aber um eine verwaltungsinterne Maßnahme.

42   Die gemeindliche Ermessensentscheidung ist gerichtlich nur im Rahmen des § 114 VwGO überprüfbar. Zwar wird sich regelmäßig jedenfalls dann, wenn ein sachlicher Billigkeitsgrund vorliegt, das Ermessen der Gemeinde zugunsten der Gewährung eines Erlasses auf Null reduzieren (vgl. Rdnr. 36). Gleichwohl sind die Gerichte nicht befugt, ihr Ermessen an die Stelle des Ermessens der zuständigen Verwaltungsbehörde zu setzen und etwa den Beitrag zu einem bestimmten Vomhundertsatz zu erlassen. Verfolgt ein Bei-

---

[61] BVerwG, Urteil v. 4. 6. 1982 – 8 C 106.81 – Buchholz 401.0 § 163 AO Nr. 2 S. 8 (9 f.) = DVBl 82, 1053 = DÖV 82, 946.
[62] Ebenso u.a. BayVGH, Urteil v. 9. 1. 1989 – Nrn. 6 B 85 A. 1560 u.a. –, sowie Thiem, Allgemeines kommunales Abgabenrecht, S. 151.

tragspflichtiger beispielsweise sein Begehren auf die Gewährung einer Stundung nach der Ablehnung seines entsprechenden Antrags durch die Gemeinde – im Wege der Verpflichtungsklage – weiter und hält das Gericht einen persönlichen Billigkeitsgrund für gegeben, kann es die Gemeinde allenfalls zur Zulassung der Stundung verpflichten, nicht aber die Stundung sowie die Stundungsmodalitäten selbst aussprechen.

§ 27 Erschließungsbeitrag als öffentliche Last

I. Begriff und Wesen der öffentlichen Last

Gemäß § 134 Abs. 2 BauGB ruht „der Beitrag... als öffentliche Last auf **1** dem Grundstück, im Falle des Absatzes 1 Satz 2 auf dem Erbbaurecht, im Falle des Absatzes 1 Satz 3 auf dem dinglichen Nutzungsrecht, im Falle des Absatzes 1 Satz 4 auf dem Wohnungs- oder dem Teileigentum". Begriff und Wesen der öffentlichen Last sind im Baugesetzbuch nicht definiert.[1] Sie ergeben sich aus älteren landesrechtlichen Vorschriften, im ehemals preußischen Rechtsgebiet insbesondere aus dem Ausführungsgesetz zum Reichsgesetz über die Zwangsversteigerung und Zwangsverwaltung (AGZVG) vom 23. September 1899 (PrGS S. 291). Nach Art. 1 Abs. 1 Nr. 2 AGZVG sind öffentliche Lasten „die auf einem nicht privatrechtlichen Titel beruhenden Abgaben und Leistungen, die auf dem Grundstück nach Gesetz oder Verfassung haften". Die öffentliche Last ist mithin ein auf öffentlichem Recht beruhendes **Grundpfandrecht** am belasteten Grundstück bzw. Erbbaurecht (dinglichen Nutzungsrecht) oder Wohnungs- bzw. Teileigentum. Sie gewährt dem Abgabengläubiger ein **Befriedigungsrecht**[2] an dem haftenden Grundstück und verpflichtet den jeweiligen Eigentümer des belasteten Grundstücks, wegen der dinglich gesicherten Abgabenforderung die Zwangsvollstreckung in dieses zu dulden (§ 77 Abs. 2 Satz 1 AO).

Die öffentliche Last knüpft an die **sachliche** Beitragspflicht an (vgl. **2** Rdnr. 7). Sie begründet keine persönliche Schuldnerschaft des jeweiligen Grundstückseigentümers, sondern hat nur zum Inhalt, daß der Grundstückseigentümer mit dem Grundstück auch dann für die Beitragsschuld haftet, wenn er nicht persönlich beitragspflichtig ist. Gleichwohl ist eine Inanspruchnahme aus einer öffentlichen Last i.S. des § 134 Abs. 2 BauGB nur zulässig, wenn über die sachliche Beitragspflicht hinaus durch die Bekanntgabe eines Beitragsbescheids eine persönliche Beitragspflicht entstanden und

---

[1] Vgl. zum Wesen und Inhalt von öffentlichen Lasten im einzelnen u.a. Steenbock in KStZ 77, 209.

[2] BVerwG, Urteil v. 31. 1. 1975 – IV C 46.72 – Buchholz 406.11 § 134 BBauG Nr. 2 S. 1 (5) = DÖV 75, 397 = KStZ 75, 129.

(noch) nicht wieder erloschen ist; die öffentliche Last ist in dieser Richtung **akzessorisch.** Ein Duldungsbescheid (vgl. dazu Rdnr. 9), der unter Verstoß gegen diesen die öffentliche Last des § 134 Abs. 2 BauGB kennzeichnenden Grundsatz der Akzessorietät ("keine dingliche Haftung ohne persönliche Schuld") ergangen ist, ist daher fehlerhaft. Er ist jedoch jedenfalls dann nicht nichtig, wenn der entsprechende Beitragsbescheid infolge eines Versehens an einen Nichteigentümer ergangen ist und dieser ihn hat bestandskräftig werden lassen.[3]

3   Der (infolge der Bekanntgabe eines Beitragsbescheids) persönlich Beitragspflichtige haftet für die Beitragsforderung mit seinem gesamten Vermögen einschließlich – solange er Eigentümer ist – dem Grundstück. Dagegen haftet der spätere, nicht persönlich beitragspflichtige Eigentümer nur mit dem Grundstück; **daneben** bleibt die Haftung des persönlich Beitragspflichtigen mit seinem gesamten, um das Grundstück verkürzten Vermögen bestehen. Für die Inanspruchnahme aus der öffentlichen Last gilt zugunsten der Gemeinde derjenige als Eigentümer (Erbbauberechtigter), der als solcher im Grundbuch eingetragen ist. Das Recht des nicht eingetragenen Eigentümers, die ihm gegen die öffentliche Last zustehenden Einwendungen geltend zu machen, bleibt unberührt (§ 77 Abs. 2 Sätze 2 und 3 AO).

4   Haftungsobjekt ist grundsätzlich das Grundstück im bürgerlich-rechtlichen Sinne, d.h. das **Buchgrundstück.** Soweit allerdings in Ausnahmefällen von diesem Grundstücksbegriff abzuweichen und etwa für mehrere grundbuchrechtlich selbständige Buchgrundstücke, weil sie eine sog. wirtschaftliche Grundstückseinheit bilden, ein (einheitlicher) Erschließungsbeitrag zu erheben ist (vgl. dazu § 17 Rdnr. 5), ruht auch die öffentliche Last ungeteilt auf der wirtschaftlichen Grundstückseinheit in der Weise, daß entsprechend § 1132 BGB jedes grundbuchrechtlich selbständige Grundstück für die gesamte Beitragsforderung haftet.[4] Wird ein insgesamt belastetes Grundstück nachträglich geteilt, haften die Eigentümer der aufgeteilten Einzelgrundstücke entsprechend § 1108 Abs. 2 BGB als Gesamtschuldner[5] mit der Folge, daß die Gemeinde nach ihrem Belieben Befriedigung aus jedem der Grundstücke ganz oder zum Teil suchen kann (vgl. § 1132 Abs. 1 Satz 2 BGB). Wird andererseits ein Grundstück oder ein Grundstücksteil einem anderen, mit einer öffentlichen Last behafteten Grundstück zugeschrieben (§ 890 Abs. 2 BGB), erstreckt sich die auf diesem ruhende öffentliche Last auch auf das zugeschriebene Grundstück.[6]

5   Eine öffentliche Last ist gemäß § 54 GBO von der Eintragung im Grundbuch ausgeschlossen, wenn ihre Eintragung oder ein Vermerk hierüber ge-

---

[3] BVerwG, Urteil v. 22. 2. 1985 – 8 C 107.83 – Buchholz 406.11 § 134 BBauG Nr. 6 S. 5 (8 ff.) = NJW 85, 2658 = DVBl 85, 624.

[4] BVerwG, Urteil v. 27. 2. 1976 – IV C 24.74 – Buchholz 406.11 § 134 BBauG Nr. 3 S. 7 (11) = NJW 76, 1908 = ZMR 77, 120.

[5] Vgl. Thiem, Allgemeines kommunales Abgabenrecht, S. 130.

[6] Vgl. hierzu VGH Mannheim, Urteil v. 26. 10. 1979 – II 1308/78 – KStZ 80, 33.

setzlich nicht besonders zugelassen oder angeordnet ist. Dies ist hinsichtlich des Erschließungsbeitrags nicht geschehen. Nach dem Wortlaut des § 54 GBO ist jedoch nur die Eintragung der öffentlichen Last ausgeschlossen. Zulässig ist dagegen die Sicherung der Beitragsforderung durch eine Grundschuld[7] oder durch eine aufschiebend bedingte Sicherungshypothek, die erst nach Wegfall des Vorrechts der öffentlichen Last aus § 10 Abs. 1 Nr. 3 ZVG wirksam werden soll.[8]

Obwohl § 134 Abs. 2 BauGB ausdrücklich nur den Beitrag erwähnt, ruht 6 auch eine **Vorausleistungsforderung** als öffentliche Last auf dem Grundstück (Erbbaurecht).[9] Dies folgt aus der Rechtsnatur der Vorausleistung, die ihrem Wesen nach ein "vorgezogener" Beitrag ist. Dagegen ruht weder der im Wege eines Vorauszahlungsvertrags vereinbarte Vorauszahlungsbetrag[9] noch der im Wege eines Ablösungsvertrags vereinbarte Ablösungsbetrag als öffentliche Last auf dem Grundstück. In beiden Fällen nämlich entsteht eine Zahlungspflicht nicht als Folge der Erfüllung eines gesetzlich normierten Tatbestands – und nur der Sicherung aufgrund gesetzlicher Vorschriften entstandener Abgabepflichten soll die öffentliche Last dienen –, sondern als Folge einer vertraglichen Vereinbarung.

II. Entstehen und Erlöschen der öffentlichen Last

Die öffentliche Last entsteht mit dem Entstehen der **sachlichen Beitrags-** 7 **pflicht**; das Entstehen der öffentlichen Last ist ausschließlich von dieser sachlichen Beitragspflicht, nicht aber „von dem Beitragsbescheid abhängig. Entsteht die Beitragspflicht in der Regel nach § 133 Abs. 2 ... mit der endgültigen Herstellung der Erschließungsanlage, so entsteht damit zugleich auch die öffentliche Last, um fortan bis zur Tilgung der Beitragsschuld als dingliches Recht auf dem Grundstück zu ruhen".[10] Der Beitragsbescheid hat mithin auf das Entstehen der öffentlichen Last **keinen** Einfluß. Ebenso wie eine sachliche Beitragspflicht durch die endgültige Herstellung verschiedener beitragsfähiger Erschließungsanlagen für ein Grundstück mehrfach entstehen kann (sog. Mehrfacherschließung), kann ein Grundstück auch mit **mehreren öffentlichen Lasten** belastet sein. Die Bestimmung, daß „der Beitrag ... als öffentliche Last auf dem Grundstück" ruht, besagt nichts darüber, daß eine öffentliche Last hinsichtlich des gleichen Grundstücks im Falle von Mehrfacherschließungen

---

[7] BVerwG, Urteil v. 12. 12. 1969 – IV C 41.69 – Buchholz 406.11 § 135 BBauG Nr. 2 S. 1 (3) = ZMR 70, 149 = BBauBl 71, 231.

[8] Vgl. Brügelmann-Förster, BBauG, § 134 Rdnr. 19.

[9] BVerwG, Urteil v. 28. 10. 1981 – 8 C 8.81 – Buchholz 406.11 § 133 BBauG Nr. 78 S. 10 (16) = NVwZ 82, 377 = DVBl 82, 543.

[10] BVerwG, Urteil v. 31. 1. 1975 – IV C 46.72 – Buchholz 406.11 § 134 BBauG Nr. 2 S. 1 (5) = DÖV 75, 397 = KStZ 75, 129; ebenso BVerwG, Urteil v. 22. 2. 1985 – 8 C 107.83 – Buchholz 406.11 § 134 BBauG Nr. 6 S. 5 (8) = NJW 85, 2658 = DVBl 85, 624, und BGH, Urteil v. 7. 11. 1975 – V ZR 23/74 – NJW 76, 1314 = MDR 76, 212.

nicht mehrfach entstehen könnte. Im übrigen wird nicht der Charakter des Beitrags als öffentliche Last, sondern nur die Höhe dieser Last berührt, wenn die Gemeinde nach einer Anfechtung des Heranziehungsbescheids den Beitrag in einem gerichtlichen Vergleich herabsetzt.[11]

8   Wird der gemäß § 133 Abs. 2 BauGB kraft Gesetzes begründete Beitragsanspruch der Gemeinde erfüllt, sei es durch Zahlung oder Aufrechnung, oder erlischt die Beitragsforderung auf andere Weise, etwa durch Verjährung oder Erlaß, erlischt auch die öffentliche Last.[12] Ihr Bestand ist dem Grunde und der Höhe nach **abhängig** vom Vorhandensein einer sachlichen Beitragspflicht. Entfällt die Beitragsforderung teilweise (z. B. durch teilweise Zahlung oder Teilerlaß), besteht die öffentliche Last in Höhe der restlichen Beitragsforderung weiter. Durch Billigkeitsmaßnahmen gemäß § 135 Abs. 2 bis 4 BauGB sowie gemäß den über § 135 Abs. 6 BauGB anwendbaren Billigkeitsvorschriften des Landesrechts bleibt die öffentliche Last grundsätzlich unberührt, und zwar auch durch eine "Umwandlung" in eine Rentenschuld, weil dadurch der Charakter als Erschließungsbeitrag nicht verloren geht.[13] Allerdings sind die Jahresleistungen des verrenteten Erschließungsbeitrags wiederkehrenden Leistungen i. S. des § 10 Abs. 1 Nr. 3 ZVG gleichgestellt, so daß sich das Befriedigungsrecht der Gemeinde auf die laufenden Beträge und die Rückstände aus den letzten zwei Jahren beschränkt.

III. Verwertung der öffentlichen Last

9   Rechtliche Voraussetzung für die Durchsetzung des sich aus der öffentlichen Last ergebenden dinglichen Verwertungsrechts durch die Gemeinde ist der Erlaß eines schriftlichen **Duldungsbescheids** (§ 191 Abs. 1 AO). Dieser Bescheid muß ein Leistungsgebot, also eine Zahlungsaufforderung, sowie die Angabe enthalten, daß bei Nichtzahlung die Zwangsvollstreckung in das Grundstück erfolgt. Der Eigentümer des für den Erschließungsbeitrag haftenden Grundstücks, der nicht zugleich persönlicher Schuldner ist, hat gemäß §§ 1150, 268 BGB ein Ablösungsrecht, wenn die Gemeinde Befriedigung aus dem Grundstück verlangt.[14] Soweit er zahlt, geht die abgelöste Forderung gegen den persönlichen Beitragsschuldner gemäß § 268 Abs. 3 BGB auf ihn über, sofern nicht zwischen ihm und dem persönlichen Beitragsschuldner eine andere Vereinbarung getroffen worden ist.[15]

---

[11] Vgl. BGH, Urteil v. 27. 11. 1970 – V ZR 52/68 – MDR 71, 205.

[12] Ebenso u. a. Thiem, Allgemeines kommunales Abgabenrecht, S. 132.

[13] Vgl. u. a. Brügelmann-Förster, BBauG, § 134 Rdnr. 23.

[14] Vgl. u. a. RG, Urteil v. 7. 1. 1936 – VII 170/35 – RGZ 150, 58 (60) mit weiteren Nachweisen.

[15] Vgl. im übrigen zur Ablösung im einzelnen Reif in BWGZ 86, 704 (708) f.).

Ist ein (neuer) Eigentümer deshalb zu Unrecht als persönlich Beitrags- **10** pflichtiger in Anspruch genommen worden, weil dem früheren Eigentümer während der Zeit, zu der er noch Eigentümer war, bereits ein rechtmäßiger Heranziehungsbescheid bekanntgegeben worden und er damit (allein) persönlich Beitragspflichtiger geworden ist (vgl. § 24 Rdnr. 33), kann der nunmehr nach dem Eigentumswechsel dem neuen Eigentümer bekanntgegebene Beitragsbescheid **nicht** in einen Duldungsbescheid des Inhalts **umgedeutet** werden, letzterer habe wegen der auf seinem Grundstück ruhenden öffentlichen Last die Zwangsvollstreckung in das Grundstück zu dulden. Eine solche Umdeutung verbietet sich im Hinblick auf die unterschiedlichen Rechtsfolgen, die ein Beitragsbescheid einerseits (Titel für die Vollstreckung in das persönliche Vermögen) und ein Duldungsbescheid andererseits (Grundlage für eine Befriedigung nur aus dem Grundstück) auslösen.[16]

Bei Miteigentümern muß ein Duldungsbescheid gegen jeden von ihnen **11** ergehen, was – in entsprechender Anwendung des § 155 Abs. 3 AO im Rahmen des § 191 Abs. 1 AO – auch in Form eines "zusammengefaßten" Bescheids geschehen kann.[17] Einem solchen Bescheid gegenüber können Miteigentümer, die nicht bestandskräftig gemäß § 134 Abs. 1 Satz 1 BauGB als persönlich Beitragspflichtige veranlagt worden sind, einwenden, eine öffentliche Last sei nicht entstanden, weil eine sachliche Beitragspflicht nicht entstanden sei.[18]

Ein Duldungsbescheid kann nur erlassen werden, solange eine öffentliche **12** Last auf dem Grundstück ruht. Das ist u.a. nicht mehr der Fall, wenn die Frist für die Festsetzung der gemäß § 133 Abs. 2 BauGB entstandenen sachlichen (abstrakten) Erschließungsbeitragspflicht durch einen Beitragsbescheid abgelaufen ist (Forderungs- bzw. Festsetzungsverjährung, vgl. dazu § 19 Rdnrn. 32 ff.). Mit dem Entstehen der sachlichen Beitragspflicht beginnt die Frist für die Verjährung der zunächst noch abstrakten Beitragsforderung gegenüber dem in diesem Zeitpunkt noch nicht bestimmten persönlichen Beitragspflichtigen zu laufen.[19] Nach ihrem Ablauf erlischt die sachliche Beitragspflicht und damit zugleich die von ihrem Fortbestand abhängige, die entsprechende Beitragsforderung sichernde öffentliche Last. Der Gemeinde ist es daher **versagt,** nach Ablauf dieser Frist die Wirkung des Verjährungseintritts durch den Erlaß eines Duldungsbescheids gleichsam zu "unterlaufen". Zwar hindert nach § 223 BGB die Verjährung eines Anspruchs, für den eine Hypothek oder ein Pfandrecht besteht, den Berechtigten nicht, seine Befriedigung aus dem verhafteten Gegenstand zu suchen. Doch ist diese Vorschrift

---

[16] BVerwG, Urteil v. 20. 9. 1974 – IV C 32.72 – NJW 75, 403 = BauR 74, 409 = KStZ 75, 10.

[17] Vgl. u.a. Thiem, Allgemeines kommunales Abgabenrecht, S. 132.

[18] BVerwG, Urteil v. 31. 1. 1975 – IV C 46.72 – Buchholz 406.11 § 134 BBauG Nr. 2 S. 1 (5) = DÖV 75, 397 = KStZ 75, 129.

[19] Vgl. BVerwG, u.a. Urteil v. 22. 8. 1975 – IV C 11.73 – BVerwGE 49, 131 (135) = DÖV 76, 95 = BauR 76, 120 mit weiteren Nachweisen.

auf die öffentliche Last im kommunalen Abgabenrecht nicht anwendbar.[20] Denn im Gegensatz zum bürgerlichen Recht begründet die Verjährung im öffentlichen Recht nicht bloß eine Einrede gegen den an sich fortbestehenden Anspruch, sondern bringt den öffentlich-rechtlichen Anspruch zum Erlöschen (vgl. § 19 Rdnr. 32).

13   Eine Vollstreckung in das haftende Grundstück kann grundsätzlich **erst** eingeleitet werden, nachdem die Vollstreckung in das bewegliche Vermögen des persönlichen Beitragsschuldners ohne Erfolg geblieben oder anzunehmen ist, daß eine solche Vollstreckung aussichtslos sein würde. Die Zwangsversteigerung eines Grundstücks ist gegenüber der Vollstreckung in das bewegliche Vermögen **subsidiär**[21] (vgl. § 322 Abs. 4 AO). Dementsprechend ist ein Antrag auf Zwangsversteigerung eines Grundstücks in den meisten Ländern nur zulässig, wenn feststeht, daß der Geldbetrag durch Pfändung nicht beigetrieben werden kann.[22]

14   In der **Zwangsversteigerung** bzw. **Zwangsverwaltung** genießt eine öffentliche Last nach § 10 Abs. 1 Nr. 3 und Nr. 7 sowie nach § 156 ZVG Vorrang. Der Vorrang des § 10 Abs. 1 Nr. 3 ZVG (3. Rangklasse) kommt der öffentlichen Last wegen der laufenden und der aus den letzten **vier** Jahren (im Falle der Verrentung: zwei Jahren, vgl. Rdnr. 8) rückständigen Beträge zu, der Vorrang nach § 10 Abs. 1 Nr. 7 ZVG (7. Rangklasse) wegen der übrigen Beträge. Ist die durch die öffentliche Last gesicherte Beitragsforderung in den letzten vier Jahren vor der Zwangsversteigerung fällig geworden, gehört sie somit zu den Forderungen der 3. Rangklasse; lag der Fälligkeitstermin früher, gehört sie in die 7. Rangklasse. In der Regel wird die Zwangsversteigerung stattfinden wegen eines der 4. Rangklasse angehörenden Rechts oder wegen einer persönlichen Forderung, die in die 5. Klasse gehört. Hier ist der Beitrag in dem geringsten Gebot zu berücksichtigen, so daß die Versteigerung zu einer Befriedigung führt. Die Aufnahme des Beitrags in das geringste Gebot setzt aber – da die öffentliche Last nicht im Grundbuch eingetragen ist – gemäß §§ 45, 37 Nr. 4 ZVG voraus, daß der Beitragsanspruch spätestens im Versteigerungstermin vor der Aufforderung zur Abgabe von Geboten **angemeldet** und die Gemeinde ihr Recht durch Vorlage des Erschließungsbeitragsbescheids glaubhaft gemacht[23] hat. Ist dies nicht geschehen, verliert der Beitragsanspruch seinen Vorrang nach § 10 Abs. 1 Nr. 3 ZVG. Er kann zwar

---

[20] Ebenso u. a. Thiem, Allgemeines kommunales Abgabenrecht, S. 132.

[21] Vgl. dazu sowie allgemein zur Vollstreckung wegen Gemeindeabgaben in Grundstücke des Abgabenschuldners App in GemHH 92, 198 ff.

[22] Vgl. u. a. § 51 Abs. 2 Verwaltungsvollstreckungsgesetz für das Land Nordrhein-Westfalen i. d. F. der Bekanntmachung v. 13. 5. 1980 (GV NW S. 510), § 59 Abs. 3 Verwaltungsvollstreckungsgesetz für Rheinland-Pfalz v. 8. 7. 1957 (GVBl S. 101) und § 70 Abs. 3 des Hamburgischen Verwaltungsvollstreckungsgesetzes v. 13. 3. 1961 (GVBl S. 79); ähnlich z. B. auch § 58 Abs. 2 des Hessischen Verwaltungsvollstreckungsgesetzes v. 4. 7. 1966 (GVBl S. 151).

[23] S. u. a. VGH Mannheim, Urteil v. 24. 12. 1987 – 2 S 1930/86 –; vgl. im übrigen zu Problemfällen bei konkursbefangenen Kommunalabgaben App in KStZ 92, 168 f.

noch bis spätestens zum Verteilungstermin angemeldet werden und wird auch noch in den Verteilungsplan aufgenommen, steht dann aber bei der Verteilung des Erlöses allen übrigen Rechten nach (§§ 37 Nr. 4, 110 ZVG), was praktisch in der Regel bedeutet, daß die Gemeinde leer ausgeht.[24]

Im **Konkurs** des Grundstückseigentümers dürfte die öffentliche Last, sofern 15 sie im Zeitpunkt der Konkurseröffnung bereits bestanden hat, gemäß § 47 KO ein Recht auf abgesonderte Befriedigung begründen, das nach § 4 Abs. 2 KO unabhängig vom Konkursverfahren verwirklicht wird.[25] Dabei kommt der Rangfolge nach § 10 Abs. 1 ZVG die gleiche Bedeutung zu wie bei einer Zwangsversteigerung.[26] Aus der Konkursmasse erfolgt eine Befriedigung nur (§§ 64, 153 KO), soweit ein Ausfall bei der abgesonderten Befriedigung entstanden ist.[27]

---

[24] Vgl. zur durch eine öffentliche Last gesicherten Beitragsforderung im Zwangsversteigerungs- und Zwangsverwaltungsverfahren im einzelnen Thiem, Allgemeines kommunales Abgabenrecht, S. 265 ff.

[25] Vgl. Thiem, Allgemeines kommunales Abgabenrecht, S. 281 f.; a. A. Brügelmann-Förster, BBauG, § 133 Rdnr. 21.

[26] Vgl. zur durch eine öffentliche Last gesicherten Beitragsforderung im Konkurs im einzelnen Thiem, Allgemeines kommunales Abgabenrecht, S. 273 ff.

[27] Vgl. Hilbert/Reif in BWGZ 89, 78 ff. (185).

Dritter Teil
Ausbaubeitragsrecht

Erster Abschnitt
Einführung in das Ausbaubeitragsrecht und Ausbaubeitragssatzung

§ 28 Landesrechtliche Rechtsgrundlagen und Beitragserhebungspflicht

I. Landesrechtliche Rechtsgrundlagen

Ausbaubeiträge (vgl. zu diesem Begriff § 1 Rdnr. 7) können nur erhoben **1** werden, wenn und soweit der jeweilige Landesgesetzgeber von der ihm vom Grundgesetz eingeräumten Gesetzgebungsbefugnis (vgl. § 1 Rdnr. 11) Gebrauch gemacht und den Gemeinden[1] in seinem Hoheitsbereich durch den Erlaß eines entsprechenden Landesgesetzes den Weg dazu eröffnet hat. Das haben – mit Ausnahme der Länder Baden-Württemberg und Berlin – alle Landesgesetzgeber getan (vgl. § 1 Rdnr. 16). Die entsprechenden Ermächtigungsnormen sind – abgesehen von denen in den Stadtstaaten Bremen und Hamburg – in den jeweiligen Kommunalabgabengesetzen enthalten, von denen allerdings das des Landes Rheinland-Pfalz[2] im folgenden grundsätzlich unberücksichtigt bleibt (vgl. § 1 Rdnr. 17).

1. Anwendung und Auslegung landesrechtlicher Bestimmungen (Begriffe)

Bei der Formulierung aller landesrechtlichen Ausbaubeitragsbestimmun- **2** gen haben die Vorschriften der §§ 127 ff. BBauG – mehr oder weniger – "Pate gestanden". Gleichwohl regeln die jeweiligen Landesgesetze "ihr" Ausbau-

---

[1] Obwohl in den meisten Kommunalabgabengesetzen neben den Gemeinden auch Landkreise (vgl. u. a. Art. 5 Abs. 1 Satz 1 KAG Bay, § 6 Abs. 1 NKAG und KAG LSA sowie § 7 Abs. 1 Satz 1 ThürKAG und § 11 KAG Hess) oder Gemeindeverbände (vgl. § 8 Abs. 1 Satz 1 KAG NW und BraKAG sowie § 8 Abs. 1 KAG Saarl) als Beitragsgläubiger genannt sind, spielen Fälle, in denen Landkreise bzw. Gemeindeverbände Beitragsgläubiger sind, im Ausbaubeitragsrecht in der Praxis allenfalls eine untergeordnete Rolle. Im folgenden wird daher insoweit ausschließlich auf Gemeinden abgestellt.

[2] Vgl. Kommunalabgabengesetz v. 5. 5. 1986 – GVBl S. 103; siehe in diesem Zusammenhang die zu Recht kritischen Bemerkungen dazu u. a. von Reichert in KStZ 86, 64 und Zimmermann in KStZ 86, 203.

beitragsrecht **abschließend;** ein direkter Rückgriff auf das Erschließungsbeitragsrecht des Baugesetzbuchs zur Ausfüllung vermeintlicher oder wirklicher Lücken der landesrechtlichen Vorschriften ist schon im Hinblick auf die unterschiedlichen Gesetzgeber ausgeschlossen. Das hindert jedoch nicht, allgemeine Gedanken, die zum Erschließungsbeitragsrecht entwickelt worden sind (z. B. bezüglich der Verteilung des umlagefähigen Aufwands), im Wege der Anwendung und Auslegung der einschlägigen landesrechtlichen Bestimmungen auf das Ausbaubeitragsrecht zu übertragen. Dementsprechend kann für die Beantwortung von das Ausbaubeitragsrecht betreffenden Fragen, die im folgenden nicht behandelt werden, auf die entsprechenden Ausführungen zum Erschließungsbeitragsrecht *verwiesen* werden.

3   Gegenstand der Maßnahmen, die eine Ausbaubeitragspflicht auszulösen geeignet sind, sind *nur* nichtleitungsgebundene öffentliche Anlagen (öffentliche Einrichtungen), die grundstücksbezogen sind, d. h., die für die Ausnutzung der Grundstücke von Belang sind. Der Begriff der ″öffentlichen Anlage (Einrichtung)″ ist – ebenso wie alle anderen in den jeweiligen Landesgesetzen verwandten Begriffe – ein **landesrechtlicher Begriff,** so daß die Frage, ob eine bestimmte Anlage als eine ″öffentliche Anlage (Einrichtung)″ i. S. einer landesrechtlichen Ausbaubeitragsvorschrift zu qualifizieren ist, in Anwendung und Auslegung jeweils gerade dieser Bestimmung zu beantworten ist. Nach den Ausbaubeitragsvorschriften nahezu aller Länder zählen zu den ″öffentlichen Anlagen (Einrichtungen)″ jedenfalls die beitragsfähigen Erschließungsanlagen i. S. des § 127 Abs. 2 BauGB, d. h. neben den öffentlichen zum Ausbau bestimmten Straßen, Wegen und Plätzen u. a. die unbefahrbaren Verkehrsanlagen i. S. des § 127 Abs. 2 Nr. 2 BauGB und – außer in Sachsen (vgl. § 26 Abs. 1 SächsKAG) – die (selbständigen) Grünanlagen. Darüber hinaus gehören zu den ″öffentlichen Anlagen (Einrichtungen)″ i. S. etwa des – für die folgenden Ausführungen als Grundlage dienenden (vgl. § 1 Rdnr. 17) – § 8 KAG NW oder des § 6 NKAG auch Anlagen, die nicht beitragsfähige Erschließungsanlagen sind, wie z. B. sog. Wirtschaftswege[3] sowie (selbständige) Kinderspielplätze (vgl. dazu § 2 Rdnrn. 49 ff.).

4   Sofern nicht – wie etwa in § 51 des Hamburgischen Wegegesetzes – der für das Ausbaubeitragsrecht maßgebliche landesrechtliche Begriff der ″öffentlichen Anlage (Einrichtung)″ eindeutig auf beitragsfähige Erschließungsanlagen i. S. des § 127 Abs. 2 BauGB beschränkt ist, legt bereits die Rechtsnatur der landesrechtlichen Ausbaubeitragsbestimmungen als ″Auffangnormen″ zur Erhebung von Beiträgen für Ausbaumaßnahmen, die keine Erschließungsbeitragspflicht auslösen (vgl. § 2 Rdnr. 2 ff.), ein solches (weites) Verständnis des Begriffs der ″öffentlichen Anlagen (Einrichtungen)″ nahe. Überdies entspricht diese Auslegung der, die der Begriff der ″Veranstaltung″ i. S.

---

[3] Vgl. u. a. OVG Münster, Urteil v. 1. 6. 1977 – II A 1475/75 – KStZ 77, 219 = DVBl 79, 239, und OVG Lüneburg, Urteil v. 27. 2. 1980 – 9 C 2/79 – DVBl 80, 760 = KStZ 81, 89.

des § 9 PrKAG, des "Rechtsvorgängers" der heutigen ausbaubeitragsrechtlichen Bestimmungen im ehemals preußischen Rechtsbereich, erfahren hat.[4]

2. Ausbaulast und Beitragserhebung

Anknüpfungspunkt für die Beitragserhebung im Ausbaubeitragsrecht ist 5
nicht – wie im Erschließungsbeitragsrecht – die Erschließungslast der Gemeinde, sondern deren Ausbaulast. Im Gegensatz zum Erschließungsbeitragsrecht liegt dem Ausbaubeitragsrecht nämlich *nicht* die Aufgabe zugrunde, öffentliche Anlagen – auf diesen Begriff i.S. des § 8 KAG NW soll im folgenden weitgehend abgehoben werden (vgl. § 1 Rdnr. 18) – **herzustellen**, die zur Erschließung i.S. des § 123 Abs. 1 und 2 BauGB führen. So knüpft beispielsweise das Straßenbaubeitragsrecht an die gemeindliche Straßenbaulast an und erfaßt hinsichtlich der beitragsfähigen Erschließungsanlagen i.S. des § 127 Abs. 2 Nr. 1 und 2 BauGB namentlich die nach den Straßengesetzen des Bundes und der Länder der Gemeinde obliegende Verpflichtung zur Erweiterung und Verbesserung, hinsichtlich der sonstigen gemeindlichen Verkehrsanlagen (wie z.B. Wirtschaftswegen) auch deren Anlegung (erstmalige Herstellung). Die im Rahmen des – um bei dem Beispiel zu bleiben – Straßenbaubeitragsrechts maßgebliche Ausbaulast ist im Verhältnis zur Erschließungslast als eine **andere, eigene** Last zu qualifizieren,[5] die sich teilweise, d.h. soweit eine Erschließungslast mit der endgültigen Herstellung der betreffenden Erschließungsanlage erloschen ist,[6] kraft Landesrecht an diese anschließt, teilweise aber völlig unabhängig von ihr ist.

Voraussetzung für die Erhebung eines Straßenbaubeitrags ist, daß die aus- 6
gebaute Verkehrsanlage in der **Straßenbaulast der Gemeinde** liegt. Daran fehlt es z.B. bei Wegen, für deren Anlegung und Benutzbarkeit der Träger der Deicherhaltung zu sorgen hat; baut die Gemeinde einen solchen Weg aus, kann sie dafür keine Straßenbaubeiträge erheben, weil sie mit dem Ausbau nicht eine ihr kraft ihrer Straßenbaulast **obliegende Aufgabe** erfüllt.[7] Aus dem gleichen Grunde scheidet eine Beitragserhebung aus, wenn die Gemeinde eine Ausbaumaßnahme in einem Zeitpunkt durchführt, in dem die betreffende Anlage rechtlich z.B. noch als Genossenschaftsweg zu qualifizieren ist, für den der betreffenden Wegegenossenschaft die Ausbaulast zukommt. In einem solchen Fall handelt es sich bei dem der Gemeinde entstandenen Aufwand nicht um einen Aufwand für ihre öffentliche Einrichtung etwa im Sinne des § 6 Abs. 1 NKAG.[8] Im übrigen richtet sich die Beantwortung der Frage, wer

---

[4] Vgl. Surén, Das preußische Kommunalabgabengesetz, § 9 Anm. 8 mit weiteren Nachweisen.

[5] Vgl. u.a. OVG Lüneburg, Beschluß v. 24. 6. 1980 – 9 B 41/80 – KStZ 80, 153 = NS Städteverband 80, 316.

[6] Vgl. BVerwG, Urteil v. 28. 10. 1981 – 8 C 4.81 – Buchholz 406.11 § 123 BBauG Nr. 21 S 2 (6) = DVBl 82, 540 = DÖV 82, 156.

[7] U.a. OVG Lüneburg, Beschluß v. 1. 9. 1989 – 9 M 54/89 u.a. –.

[8] Vgl. OVG Lüneburg, Beschluß v. 31. 8. 1987 – 9 B 42/87 –.

im Einzelfall Träger der (gesetzlichen) Straßenbaulast ist, nach den straßenrechtlichen Bestimmugnen des jeweiligen Landes. So liegt etwa nach § 11 Abs. 1 Nr. 2 StrWG SH die Straßenbaulast für alle Bestandteile einer Kreisstraße außerhalb von Ortsdurchfahrten mit der Folge beim Kreis, daß eine Gemeinde Ausbaubeiträge beispielsweise für die Verlängerung von innerhalb der Ortsdurchfahrt angelegten Nebeneinrichtungen wie Geh- und Radwegen nicht erheben darf. Das gilt selbst dann, wenn der Gemeinde die Herstellung der Nebeneinrichtungen vom Kreis vertraglich wirksam übertragen worden sein sollte; denn Gegenstand einer beitragsfähigen Maßnahme im Straßenbaubeitragsrecht können nur öffentliche Anlagen bzw. Einrichtungen sein, deren Ausbau der Gemeinde als eigene (gesetzliche) Aufgabe obliegt.[9] Zwar sprechen dies landesrechtliche Bstimmungen nicht ausdrücklich aus, doch ist anzunehmen daß z. B. „§ 8 KAG NW unausgesprochen davon ausgeht."[10] Bei der Ortsdurchfahrt einer Kreisstraße handelt es sich „insoweit um eine Anlage, für die grundsätzlich das Ausbaubeitragsrecht Anwendung finden kann, als die in der gemeindlichen Baulast befindlichen Gehwege in Frage stehen".[11]

7 Die Ausbaulast stellt – ebenso wie die Erschließungslast (vgl. § 5 Rdnr. 9) – eine mehr allgemeine, eine Freiheit der Entscheidung über das "ob", "wie" und "wann" nicht ausschließende öffentlich-rechtliche Aufgabe dar. Dieser mehr allgemeinen Ausbauaufgabe steht grundsätzlich kein (einklagbarer) Rechtsanspruch einzelner Bürger gegenüber.[12] Jedoch wird man – auch insoweit in Übereinstimmung mit der Rechtslage im Erschließungsbeitragsrecht (vgl. § 5 Rdnrn. 22 ff.) – annehmen können, daß sich die mehr allgemeine Ausbauaufgabe bei Vorliegen bestimmter Umstände **ausnahmsweise** zu einer aktuellen, einklagbaren Rechtspflicht zur unverzüglichen Durchführung einer bestimmten Ausbaumaßnahme verdichten kann, etwa wenn diese Maßnahme zum Anlaß für die Erhebung einer Vorausleistung genommen, nach Ablauf einer völlig unangemessen langen Zeit gleichwohl aber das Stadium ihres "Beginns" noch nicht überschritten worden ist.

II. Beitragserhebungspflicht

1. Entgeltlichkeitsprinzip als Ausgangspunkt der Beitragserhebungspflicht

8 Das Recht zur Erhebung von Ausbaubeiträgen ist beispielsweise nach § 8 KAG NW zunächst einmal abhängig von einer **Leistung** der Gemeinde. Die insoweit in Betracht kommenden Leistungen sind in § 8 Abs. 2 Satz 2 KAG

---

[9] Vgl. OVG Lüneburg, Beschluß v. 2. 12. 1988 – 9 B 85/88 –.
[10] OVG Münster, Beschluß v. 1. 9. 1992 – 2 B 1485/92 –.
[11] BayVGH, Urteil v. 22. 2. 1988 – Nr. 6 B 84 A 2550 u. a. –.
[12] Ebenso u. a. OVG Lüneburg, Urteil v. 11. 3. 1985 – 12 A 156/82 – SH Gemeinde 86, 151.

NW aufgezählt, sie können bestehen in der „Herstellung, Anschaffung und Erweiterung" öffentlicher Anlagen sowie „bei Straßen, Wegen und Plätzen" auch in „deren Verbesserung, jedoch ohne die laufende Unterhaltung und Instandsetzung". Die „Grundstückseigentümer" (Erbbauberechtigten), denen „durch die Möglichkeit der Inanspruchnahme der ... Anlagen wirtschaftliche Vorteile geboten werden", sollen „als **Gegenleistung** dafür" (§ 8 Abs. 2 Satz 2 KAG NW) Beiträge bezahlen. Der Beitrag ist demnach eine Gegenleistung für durch die Leistung der Gemeinde vermittelte wirtschaftliche Vorteile, er dient dem **Vorteilsausgleich** und ist in diesem Sinne eine Vorzugslast. Grundstückseigentümer (Erbbauberechtigte), denen durch die Inanspruchnahmemöglichkeit einer ausgebauten öffentlichen Anlage im Verhältnis zur Allgemeinheit besondere wirtschaftliche Vorteile erwachsen, sollen diese zusätzlichen Vorteile durch eine Geldleistung ausgleichen. Denn bei einer Finanzierung der von der Gemeinde erbrachten Leistung durch Steuern würden die Vorteilsempfänger die von dieser Leistung ausgelösten zusätzlichen Vorteile auf Kosten der Allgemeinheit, also gleichsam *entgeltlos* erhalten. Zur **Vermeidung** solcher **entgeltloser Bereicherungen** bestimmt etwa für das nordrhein-westfälische Landesrecht § 3 Abs. 3 Satz 1 KAG NW, daß die Gemeinden Steuern nur erheben sollen, „soweit die Deckung der Ausgaben durch andere Einnahmen, insbesondere durch Gebühren und Beiträge, nicht in Betracht kommt"; vergleichbare Bestimmungen sind z.B. in § 3 Abs. 2 BraKAG wie KAG LSA § 3 Abs. 3 NKAG und § 3 Abs. 4 KAG Saarl enthalten (sog. Subsidiarität der Steuererhebung[13]). Der Sache nach entspricht das den haushaltsrechtlichen Vorschriften in den Gemeindeordnungen (vgl. u.a. Art. 62 Abs. 2 BayGO § 83 Abs. 2 GO NW, § 73 Abs. 2 SächsGO § 83 Abs. 2 NGO, § 91 Abs. 2 GO LSA und § 93 Abs. 2 GO Hess) bzw. in der Thüringer Kommunalordnung (§ 54 Abs. 2 ThürKO). So sind etwa in Nordrhein-Westfalen die Gemeinden gemäß § 63 Abs. 2 GO NW grundsätzlich **verpflichtet**, ihre Einnahmemöglichkeiten aus **speziellen** Entgelten für die von ihnen erbrachten Leistungen auszuschöpfen, bevor sie Steuern erheben.[14] Entsprechendes gilt beispielsweise gemäß Art. 62 Abs. 2 BayGO.[15] Die Gemeindeordnungen bzw. die Thüringer Kommunalordnung geben damit grundsätzlich **zwingend** vor, daß die Gemeinden von denjenigen, die durch eine kommunale Leistung besonders begünstigt werden, dafür grundsätzlich ein spezielles Entgelt zu verlangen haben;[16] das **Gemeindehaushaltsrecht** be-

---

[13] Vgl. dazu etwa Zimmermann, Das System der kommunalen Einnahmen, S. 55.

[14] OVG Münster, Urteil v. 7. 9. 1989 – 4 A 698/84 – NVwZ 90, 293 = KStZ 90, 157 = GemHH 90, 63; vgl. dazu im einzelnen Corsten in GemHH 90, 57.

[15] Vgl. Peters in GemHH 92, 150.

[16] Vgl. dazu, daß es sich bei den betreffenden Vorschriften um verbindliches Haushaltsrecht, nicht nur um finanzpolitische Programmbestimmungen handelt, deren Verletzung zur Beanstandung durch die Aufsichtsbehörde nach der einschlägigen Bestimmung der Gemeindeordnung führen kann, VGH Kassel, Beschluß v. 15. 3. 1991 – 5 TH 642/89 – DVBl 91, 1308, und OVG Koblenz, Urteil v. 17. 9. 1985 – 7 A 22/85 – NVwZ 86, 148 = KStZ 86, 53, sowie Gern in NVwZ 87, 1042,1047; s. in diesem

gründet über die sich aus dem Wortlaut der beitragsrechtlichen Vorschriften ergebenden Regeln hinaus eine Pflicht zur Beitragserhebung.[17] Auf der Grundlage des durch die bezeichneten gesetzlichen Bestimmungen angeordneten *Entgeltlichkeitsprinzips* verdichtet sich das Beitragserhebungsrecht der Gemeinde – im Rahmen des Anwendungsbereichs der einschlägigen Bestimmungen – dort, wo ein Vorteilsausgleich nicht über eine Erhebung von Gebühren erzielt werden kann, zu einer von Rechts wegen bestehenden *Pflicht zum Vorteilsausgleich* und in der Folge zu einer *grundsätzlichen Beitragserhebungspflicht*.[18]

9   In Anerkennung der durch die **Einnahmebeschaffungsgrundsätze** des § 83 NGO begründeten Beitragserhebungspflicht[19] hat der niedersächsische Gesetzgeber dem § 83 Abs. 2 NGO durch Art. II des Gesetzes vom 17. Dezember 1991 (GVBl S. 363, 365) folgenden Satz 2 angefügt: „Eine Rechtspflicht zur Erhebung von Straßenausbaubeiträgen besteht nicht." Dadurch ist für das Land **Niedersachsen** mit Wirkung vom 1. Januar 1992 die Beitragserhebungspflicht für das Straßenbaubeitragsrecht aufgehoben worden.[20]

10   Der in den übrigen Ländern für das Straßenbaubeitragsrecht bestehenden Beitragserhebungspflicht steht – z.B. in Nordrhein-Westfalen – § 8 Abs. 1 Satz 1 KAG NW nicht entgegen; entsprechendes gilt etwa für §§ 6 Abs. 1 Satz 1 KAG LSA, 7 Abs. 1 Satz 1 ThürKAG, 8 Abs. 1 Satz 1 BraKAG, § 26 Abs. 1 Satz 1 SächsKAG und die anderen einschlägigen Bestimmungen. Zwar haben die Gesetzgeber in diesen Vorschriften die Beitragserhebung grundsätzlich in das Ermessen der Gemeinden gestellt. Unter Berücksichtigung in Nordrhein-Westfalen des § 3 Abs. 3 Satz 1 KAG NW und des § 63 Abs. 2 GO NW sowie in den übrigen Ländern der entsprechenden Bestimmungen des Gemeindehaushaltsrechts sind die jeweiligen Formulierungen in den Beitragsvorschriften jedoch dahin zu verstehen, daß es den Gemeinden lediglich freigestellt ist zu **wählen,** ob sie einen entstandenen Investitionsaufwand sofort durch Beiträge oder erst später durch kostendeckende Benutzungsgebühren erwirtschaften wollen. Diese zugunsten der Gemeinde von den Lan-

---

Zusammenhang auch OVG Lüneburg, Urteil v. 12.1. 1988 – 9 C 2/87 –, und BayVGH, Beschluß v. 9. 7. 1986 – 6 N 86.01521 – BayVBl 87, 49.

[17] Vgl. OVG Münster, Urteil v. 23. 7. 1991 – 15 A 1100/90 – KStZ 92, 144 = HSGZ 92, 82 = NWVBl 92, 288.

[18] Vgl. im einzelnen Rohlfing, Begriff und Funktion des wirtschaftlichen Vorteils im kommunalen Beitragsrecht, Diss., S. 5 mit weiteren Nachweisen; ebenso u.a. Hillmann, NKAG, § 6 Erl. 3, Schieder/Happ, KAG Bay, Art. 5, Bem. 1.1, Ermel, KAG Hess, § 11 Bem. 7, Hempel/Hempel, KAG S–H, § 8 Rdnr. 66, und Otto in DWW 86, 226 einerseits, sowie OVG Koblenz, Urteil v. 17. 9. 1985 – 7 A 22/85 – KStZ 86, 53, und OVG Münster, Urteil v. 23. 8. 1985 – 15 A 1904/84 – NVwZ 85, 853 = KStZ 85, 234, andererseits; siehe zu dem (im Ergebnis eine Ausnahme von der Beitragserhebungspflicht zulassenden und insoweit bedenklichen) Urteil des OVG Münster auch Sieglin in KStZ 85, 210.

[19] Vgl. etwa VG Braunschweig, Urteil v. 9. 12. 1987 – 3 A 200/86 – KStZ 89, 54 = NST–N 88, 290, sowie Kosmider in KStZ 89, 22.

[20] Siehe dazu auch Hillmann in KStZ 92, 41.

desgesetzgebern vorgesehene Wahlfreiheit **entfällt** allerdings für alle im Gemeingebrauch stehenden öffentlichen Anlagen, d. h. für alle öffentlichen Anlagen, die rechtlich kraft eines entsprechenden – ggfs. in formalisierter Form zum Ausdruck gebrachten – Willensakts der Gemeinde dem allgemeinen Gebrauch dienen. Denn für die Benutzung von im Gemeingebrauch stehenden Anlagen (Einrichtungen) können nach der derzeitigen Rechtslage Gebühren mit der Folge nicht erhoben werden, daß für beitragsfähige Maßnahmen an ihnen grundsätzlich Ausbaubeiträge erhoben werden **müssen**.[17] Diesem Gesichtspunkt hat der Gesetzgeber in Nordrhein-Westfalen – und entsprechendes gilt etwa für die Landesgesetzgeber in Bayern (vgl. Art. 5 Abs. 1 Satz 3 BayKAG), Brandenburg (vgl. § 8 Abs. 1 Satz 2 BraKAG) und Thüringen (vgl. § 7 Abs. 1 Satz 3 ThürKAG) – dadurch, daß er in § 8 Abs. 1 Satz 2 KAG NW mit den Worten „bei dem öffentlichen Verkehr gewidmeten Straßen, Wegen und Plätzen sollen Beiträge erhoben werden" für Anlagen dieser Art eine Beitragserhebungspflicht angeordnet[21] hat[22], nur unvollkommen Rechnung getragen. Denn die durch das gesetzlich verankerte Entgeltlichkeitsprinzip (§ 3 Abs 3 Satz 1 KAG NW) begründete Beitragserhebungspflicht erstreckt sich auf **alle** im Gemeingebrauch stehenden öffentlichen Anlagen, also beispielsweise auch auf (selbständige) Grünanlagen i. S. des § 127 Abs 2 Nr. 4 BauGB sowie auf (selbständige) Kinderspielplätze.[23]

2. Pflicht zum Erlaß einer Ausbaubeitragssatzung

Der somit im Regelfall bestehenden Verpflichtung zur Erhebung von Ausbaubeiträgen korrespondiert die Pflicht zum Erlaß entsprechender Ausbaubeitragssatzungen.[24] Das ergibt sich insbesondere aus § 2 Abs. 1 Satz 1 KAG NW (bzw. den entsprechenden Bestimmungen in den anderen Ländern). Nach dieser Vorschrift dürfen kommunale Abgaben und damit auch Ausbaubeiträge nur aufgrund einer Satzung erhoben werden. Die „Satzung muß den Kreis der Abgabeschuldner, den die Abgabe begründenden Tatbestand, den Maßstab und den Satz der Abgabe sowie den Zeitpunkt ihrer Fälligkeit angeben" (§ 2 Abs. 1 Satz 2 KAG NW). Allerdings besteht eine Verpflichtung zum Erlaß einer Satzung nur, wenn und soweit eine ausbaubeitragsrechtlich relevante Bautätigkeit in der betreffenden Gemeinde in Aussicht genommen ist. Da von den Gemeinden bisher nahezu ausschließlich ausbaubeitrags-

11

---

[21] Vgl. u. a. OVG Münster, Urteil v. 28. 6. 1991 – 2 A 1273/89 –.

[22] Zwar hat der Gesetzgeber in Nordrhein-Westfalen – ebenso wie die Landesgesetzgeber in Bayern, Brandenburg und Thüringen die entsprechenden Bestimmungen – § 8 Abs. 1 Satz 2 KAG NW als "Soll"-Vorschrift ausgestaltet. Sollvorschriften sind jedoch grundsätzlich ebenso verbindlich wie Mußvorschriften, soweit nicht besondere Umstände vorliegen, die ausnahmsweise ein Abweichen von der Regel zulassen (vgl. BVerwG, u. a. Urteil v. 27. 1. 1967 – IV C 12.65 – BVerwGE 26, 103 (110) = NJW 67, 840 = DVBl 68, 25 mit weiteren Nachweisen).

[23] Vgl. im übrigen zur Beitragserhebungspflicht im einzelnen oben § 10 Rdnrn. 7ff.

[24] Vgl. etwa BayVGH, Beschluß v. 9. 7. 1986 – 6 N 86.01521 – BayVBl 87, 49.

rechtlich relevante Bautätigkeiten an *Verkehrsanlagen,* nicht aber auch etwa an (selbständigen) Grünanlagen i. S. des § 127 Abs. 2 Nr. 4 BauGB durchgeführt worden sind, ist es verständlich, daß sich in der Praxis die Anwendung des Ausbaubeitragsrechts weitestgehend auf den Teilbereich des **Straßenbaubeitragsrechts** beschränkt hat und deshalb – gleichsam zwangsläufig – die für die Erhebung von Straßenbaubeiträgen erforderlichen Satzungen im Mittelpunkt aller entsprechenden Überlegungen stehen müssen.[25]

12   Es ist nicht erforderlich, daß die z. B. von § 2 Abs. 1 Satz 2 KAG NW verlangten Regelungen abschließend in einer Satzung enthalten sind. Vielmehr kann sich die für die Beitragserhebung notwendige ortsrechtliche Grundlage **aus verschiedenen** Satzungen ergeben, da weder § 2 Abs. 1 Satz 1 KAG NW noch andere Vorschriften der Kommunalabgabengesetze vorschreiben, daß die Beitragserhebung in einer Satzung umfassend und abschließend zu regeln ist.[26] So ist anerkannt, daß vor allem die erforderlichen Regelungen hinsichtlich des Anteils der Anlieger (vgl. dazu § 33 Rdnrn. 5 ff.) oder der Verteilung des umlagefähigen Aufwands auch in Einzelsatzungen festgelegt werden können.[27] Es dürfen sogar mehrere Straßenbaubeitragssatzungen mit unterschiedlichem räumlichen Geltungsbereich in Kraft gesetzt werden.[28] Dabei ist unerheblich, ob der Erlaß von Einzelsatzungen in der allgemeinen Beitragssatzung ausdrücklich vorgesehen ist oder nicht. Da ein Vollständigkeitsgrundsatz für Satzungen nicht besteht, sind Einzelsatzungen auch zulässig, wenn die allgemeine Satzung einen derartigen Vorbehalt nicht enthält.[29]

13   Eine wirksame Straßenbaubeitragssatzung ist – insoweit könnte der Wortlaut des § 2 Abs. 1 Satz 1 KAG NW (ebenso wie der der entsprechenden Vorschriften in anderen KAG) einen unvollständigen Eindruck vermitteln – nicht nur Grundlage für die Erhebung von Straßenbaubeiträgen. Denn nicht nur die Berechtigung zur Erhebung von Straßenbaubeiträgen, sondern auch das diesem "Vorgang" jedenfalls nach der Konzeption des Gesetzes vorangehende Entstehen der (sachlichen) Beitragspflichten hängt vom Vorhandensein einer gültigen Straßenbaubeitragssatzung mit insbesondere einer wirksamen Verteilungsregelung ab.[30] Ohne eine wirksame Verteilungsregelung ist eine Aufwandsverteilung nicht möglich, eine fehlende oder "funktionsuntüchtige" Verteilungsregelung hindert die Aufwandsverteilung und

---

[25] Vgl. in diesem Zusammenhang u. a. Kulartz in StuGR 83, 61 mit weiteren Nachweisen.

[26] Vgl. OVG Münster, Urteil v. 27. 7. 1976 – II A 805/75 – DWW 77, 65 = VerwRspr 28, 463.

[27] Vgl. u. a. OVG Münster, Urteil v. 23. 11. 1976 – II A 1766/74 – OVGE 32, 162 (166) = NJW 77, 2179 = KStZ 77, 114.

[28] Vgl. zur Zulässigkeit solcher Einzelsatzungen BayVGH, Beschluß v. 20. 4. 1993 – 6 CS 93.990 –.

[29] Vgl. OVG Münster, Beschluß v. 12. 8. 1987 – 2 B 697/87 –.

[30] St. Rspr., vgl. – statt vieler – OVG Münster, Urteil v. 30. 6. 1975 – II A 231/74 – OVGE 31, 147, und OVG Koblenz, Urteil v. 8. 11. 1976 – 6 A 56/75 – KStZ 77, 161.

in der Folge das Entstehen der (sachlichen) Beitragspflichten. Das Vorhandensein einer wirksamen Satzung mit einer funktionstüchtigen Verteilungsregelung ist mithin *eine* Voraussetzung für das Entstehen der Beitragspflichten, ihr Fehlen führt – ebenso wie das Fehlen etwa einer beitragsfähigen Ausbaumaßnahme – zur Rechtswidrigkeit eines gleichwohl ergangenen Heranziehungsbescheids, begründet aber nicht die Annahme, es handele sich insoweit um eine ''qualifiziertere'' Rechtswidrigkeit mit der Folge einer Nichtigkeit.[31]

Diese Erkenntnis ist von Bedeutung u. a. für die Beantwortung der Frage, **14** was (alles) zum **Tatbestand** ausbaubeitragsrechtlicher Bestimmungen gehört. Versteht man unter Tatbestand in diesem Sinne – wohl zu Recht – den regelmäßig mehrere Elemente umfassenden Sachverhalt, „mit dessen Verwirklichung" kraft Gesetzes „die Rechtsfolge, also die Beitragspflicht eintritt",[32] zählt zum Tatbestand im Ausbaubeitragsrecht auch das Vorhandensein einer wirksamen Satzung mit einer funktionstüchtigen Verteilungsregelung, weil – wie gesagt – ohne eine solche Satzung die (sachlichen) Beitragspflichten nicht entstehen können. Dem steht – etwa in Nordrhein-Westfalen – der Wortlaut des § 2 Abs. 1 Satz 2 KAG NW nur scheinbar entgegen. Denn in dieser Vorschrift ist der Begriff ''Tatbestand'' offensichtlich in einem anderen, **engeren** Sinne gemeint, und zwar als Beschreibung der Leistung der Gemeinde, die einen besonderen, nicht jedermann zukommenden Vorteil auszulösen geeignet ist und an deren Erbringung die Beitragspflicht anknüpft (vgl. § 30 Rdnr. 11).[33]

Hat ein Ortsgesetzgeber eine wirksame (Straßen-)Ausbaubeitragssatzung **15** erlassen und damit zum Ausdruck gebracht, daß für die von ihm geregelten Sachverhalte Ausbaubeiträge erhoben werden müssen, ist die betreffende Gemeindeverwaltung auch kraft dieser **ortsgesetzlichen Anordnung** zur Erhebung von Beiträgen verpflichtet.[34] Eine Verletzung der (landes- und ortsrechtlich begründeten) Beitragserhebungspflicht im Zusammenhang mit einer bestimmten Ausbaumaßnahme hat jedoch keinen Einfluß auf die Rechtmäßigkeit von Heranziehungsbescheiden, die eine andere beitragsfähige Maßnahme betreffen. Selbst wenn es eine Gemeinde versäumt hat, die Anlieger etwa einer Straße zu Straßenbaubeiträgen heranzuziehen, obwohl alle Vorausetzungen für eine Heranziehung erfüllt waren, können Anlieger einer anderen ausgebauten Straße aus dieser Pflichtverletzung nichts für eine Rechtswidrig-

---

[31] Vgl. dazu BVerwG, Urteil v. 25. 11. 1981 – 8 C 14.81 – BVerwGE 64, 218 (223) = NVwZ 82, 375 = DVBl 82, 544.

[32] Hinsen in Driehaus/Hinsen/von Mutius, Grundprobleme des kommunalen Beitragsrechts, S. 1; ebenso u. a. Rohlfing, Begriff und Funktion des wirtschaftlichen Vorteils im kommunalen Beitragsrecht, Diss., S. 10, jeweils mit weiteren Nachweisen.

[33] Vgl. u. a. Bauernfeind in Driehaus, Kommunalabgabenrecht, § 2 Rdnrn. 35 ff., und Kulartz in StuGR 83, 61.

[34] U. a. OVG Koblenz, Urteil v. 14. 1. 1976 – 6 A 53/73 – KStZ 77, 33, und OVG Lüneburg, Urteil v. 23. 1. 1976 – VI A 78/75 – KStZ 76, 216.

keit der ihnen gegenüber ergangenen Beitragsbescheide herleiten, sie läßt deren Rechtmäßigkeit vielmehr unberührt.[35]

3. (Grundsätzlicher) Ausschluß eines Beitragsverzichts

16   Die Verpflichtung zur Erhebung namentlich von Straßenbaubeiträgen (§ 8 Abs. 1 Satz 2 KAG NW) schließt grundsätzlich, d. h. soweit nicht ausnahmsweise die Voraussetzungen für eine dies rechtfertigende Billigkeitsentscheidung vorliegen (vgl. § 38 Rdnrn. 1 ff.) oder die Gemeinde anderweitig eine entsprechende Gegenleistung erhält, Zusagen und sonstige Regelungen über einen Verzicht auf eine Beitragserhebung (eine Freistellung vom Beitrag) aus; sie sind wegen eines Verstoßes insbesondere gegen den Verfassungsgrundsatz der Gesetzmäßigkeit der Abgabenerhebung **rechtswidrig**.[36] Während ein Verstoß gegen Art. 20 Abs. 3 GG grundsätzlich kraft Bundesrecht zur Nichtigkeit eines **vertraglich begründeten** Abgabenverzichts führt,[37] richtet sich die Beantwortung der Frage, ob ein **Verwaltungsakt**, der seinem Inhalt nach gegen Art. 20 Abs. 3 GG verstößt, nichtig ist, allein nach dem einschlägigen Verwaltungsverfahrensrecht[38] (vgl. im einzelnen § 10 Rdnrn. 26 ff.).

17   Beitragspflichtige berufen sich nicht selten darauf, ihnen sei vom Sachbearbeiter der Gemeinde, vom Gemeindedirektor, vom Bürgermeister oder vom Oberkreisdirektor usw. (mündlich) "zugesagt" worden, sie würden (später) nicht zu Straßenbaubeiträgen herangezogen werden. Eine solche "Zusage" der Beitragsfreiheit, d. h. das Eingehen der Verpflichtung, im Falle des Entstehens eines ausbaubeitragsrechtlichen Anspruchs auf diesen zu verzichten, ist regelmäßig nach den Vorschriften des einschlägigen Landes(kommunal-)-rechts wegen eines Formverstoßes **nichtig** und für die Gemeinde nicht verbindlich[39] (vgl. dazu § 10 Rdnr. 27). Nur wenn die Nichteinhaltung der Zusage zu nahezu untragbaren Verhältnissen für den Betroffenen führt, kann dessen Vertrauen geschützt werden.[40]

---

[35] U. a. OVG Lüneburg, Urteil v. 26. 2. 1976 – VI A 199/75 – DÖV 77, 208, und OVG Münster, Urteil v. 15. 10. 1980 – 2 A 1763/80 –, jeweils mit weiteren Nachweisen.

[36] U. a. OVG Münster, Urteil v. 22. 11. 1971 – II A 38/70 – OVGE 27, 147 = KStZ 72, 72 = GemTg 72, 210, und OVG Koblenz, Urteil v. 14. 1. 1976 – 6 A 53/73 – KStZ 77, 33.

[37] Vgl. OVG Koblenz, Beschluß v. 9. 9. 1985 – 12 B 50/85 – NVwZ 86, 68.

[38] BVerwG, Urteil v. 21. 10. 1983 – 8 C 174.81 – Buchholz 401.9 Beiträge Nr. 23 S. 15 (18) = DVBl 84, 192 = KStZ 84, 112.

[39] U. a. OVG Münster, Urteil v. 7. 9. 1976 – II A 1591/74 –, und VGH Kassel, Urteil v. 16. 2. 1979 – V TH 89/78 – HSGZ 80, 26; vgl. in diesem Zusammenhang auch BGH, Urteil v. 13. 10. 1983 – III ZR 158/82 – NJW 84, 606, und Schmid in KStZ 84, 61.

[40] Vgl. in diesem Zusammenhang u. a. OVG Münster, Urteil v. 26. 5. 1975 – II A 28/73 – OVGE 31, 113 = KStZ 76, 73, und VGH Kassel, Urteil v. 26. 1. 1976 – V TH 26/75 – ESVGH 27, 105 = KStZ 76, 176.

4. Nacherhebung bei ursprünglich zu niedriger Beitragsveranlagung

Die grundsätzlich bestehende Verpflichtung, Ausbaubeiträge nach Maßga- **18** be der geltenden landes- und ortsrechtlichen Vorschriften zu erheben, schließt die Verpflichtung ein, einen entstandenen Beitragsanspruch *in vollem Umfang* geltend zu machen. Dies ergibt sich u. a. aus der Entscheidung der Landesgesetzgeber, ein teilweises oder vollständiges Absehen von einer Beitragserhebung nur bei Vorliegen der Voraussetzungen für Billigkeitsmaßnahmen zuzulassen. Ist ein Beitragspflichtiger – etwa weil die für sein Grundstück verteilungsrelevante Fläche ohne dies rechtfertigenden Grund (versehentlich) nur zum Teil berücksichtigt worden ist – oder sind alle Beitragspflichtigen – etwa weil ein Rechnungsposten bei der Ermittlung des beitragsfähigen Aufwands übersehen worden ist – zu niedrig veranlagt worden, ist die Gemeinde regelmäßig **gehalten**, bis zum Eintritt der (Festsetzungs-)Verjährung durch (selbständige) Bescheide entsprechende Nachforderungen zu erheben, um dadurch ihren Beitragsanspruch voll auszuschöpfen.[41] Entsprechendes gilt, wenn eine Abrechnung zunächst auf der Grundlage einer fehlerhaften Verteilungsregelung durchgeführt worden ist und die Anwendung der inzwischen (rückwirkend) in Kraft getretenen fehlerfreien Verteilungsregelung ergibt, daß einzelne Beitragspflichtige zu Lasten anderer nicht voll in Anspruch genommen worden sind (vgl. dazu im einzelnen § 10 Rdnrn. 15 ff.). In Nordrhein-Westfalen z. B. hat der Landesgesetzgeber den Weg der Nacherhebung ausdrücklich aufgezeigt.[42]

Die Bestandskraft eines Heranziehungsbescheids, durch den ein zu niedri- **19** ger Beitrag festgesetzt worden ist, steht einer Nacherhebung durch einen weiteren (selbständigen) Bescheid **nicht** entgegen (vgl. § 10 Rdnr. 17). Im übrigen ist der zunächst ergangene Beitragsbescheid regelmäßig ausschließlich ein rechtmäßiger belastender Verwaltungsakt, nicht aber auch ein rechtswidriger begünstigender, der die Erklärung enthält, eine weitere Forderung solle ausgeschlossen sein (vgl. § 10 Rdnr. 18). Schon deshalb ist die insbesondere den Grundsatz des Vertrauensschutzes berücksichtigende, kraft Landesrecht entsprechend geltende Vorschrift des § 130 Abs. 2 AO **nicht** anwendbar.[43]

Fraglich ist, ob in den Ländern, in denen die §§ 172 ff. AO entsprechend **20** anwendbar sind (vgl. § 3 Abs. 1 Nr. 4c SächsKAG, § 12 BraKAG[44] und § 12

---

[41] Vgl. ebenso u. a. zum bayerischen Landesrecht BayVGH, Urteil v. 7. 3. 1978 – 399 VI 77 –, zum hessischen Landesrecht VGH Kassel, Urteil v. 2. 10. 1980 – V TH 113/80 – NJW 81, 596, und zum nordrhein-westfälischen Landesrecht Bauernfeind/Zimmermann, KAG NW, § 8 Rdnr. 145, jeweils mit weiteren Nachweisen.

[42] Vgl. amtliche Begründung zum Entwurf eines Gesetzes zur Anpassung an die Abgabenordnung, Landtagsdrucksache 8/1430 S. 33.

[43] Vgl. im einzelnen u. a. OVG Münster, Urteil v. 25. 2. 1982 – 2 A 1503/81 – KStZ 83, 172, sowie Hinsen in KStZ 83, 1 ff.

[44] § 12 BraKAG erklärt pauschal die Bestimmungen der AO für entsprechend anwendbar; gleichwohl sollen nach der Verwaltungsverordnung zum BraKAG (vgl.

Abs. 1 KAG MV), diese Vorschriften einer Nacherhebung durch einen selbständigen Bescheid, mit dem **ausschließlich** der Nachforderungsbetrag festgesetzt und geltend gemacht wird, entgegenstehen können. Das setzte voraus, daß der ursprüngliche, bestandskräftig gewordene Heranziehungsbescheid durch den Nacherhebungsbescheid in seinem Regelungsgehalt geändert wird, der Nacherhebungsbescheid also als ein Änderungsbescheid i.S. des § 172 AO zu qualifizieren ist. Das trifft indes nicht zu. Ein Nacherhebungsbescheid, mit dem (zusätzlich) beispielsweise eine Nachforderung von 100,– DM geltend gemacht wird, bewirkt keine Änderung des bestandskräftigen Heranziehungsbescheids, mit dem ein Beitragspflichtiger zu einem Beitrag etwa von 1000,– DM veranlagt worden ist. Durch einen solchen Nacherhebungsbescheid nämlich bleibt der Regelungsgehalt des (ersten) Heranziehungsbescheids unberührt, in dem eine dem Leistungsgebot korrespondierende Betragshöhe festgesetzt, nicht aber abschließend bestimmt wird, ein höherer Beitragsanspruch sei nicht entstanden (vgl. § 10 Rdnr. 19); beide Bescheide können unbedenklich nebeneinander und unabhängig voneinander existieren.[45] Für ihr Verhältnis zueinander gilt insoweit nichts anderes wie für das Verhältnis zwischen einem Vorausleistungsbescheid und einem Beitragsbescheid, mit dem die Zahlung eines über die Vorausleistung hinausgehenden Betrags gefordert wird (vgl. dazu § 21 Rdnr. 33). Sowohl mit einem solchen Beitragsbescheid als auch mit einem Nacherhebungsbescheid wird nicht ein bestandskräftiger Vorausleistungs- bzw. Heranziehungsbescheid aufgehoben oder geändert i.S. des § 172 AO, sondern es wird erstmalig ein bisher noch nicht ausgeschöpfter Teil des Beitragsanspruchs geltend gemacht und damit ein der materiellen Rechtslage entsprechender Vorteilsausgleich herbeigeführt.[46]

Der Landesgesetzgeber in Niedersachsen hat – und das sei zum Abschluß dieses Komplexes angefügt – seine Anordnung, die §§ 172 ff. AO seien u.a. im Straßenbaubeitragsrecht entsprechend anwendbar, inzwischen aufgehoben. Durch Gesetz vom 2. Juli 1985 (GVBl. S. 207) hat er nämlich die Bezugnahme auf die §§ 172 ff. AO in § 11 Abs. 1 Nr. 4b NKAG ersatzlos gestrichen. Die frühere Regelung hatte sich im Hinblick darauf, daß auch der niedersächsische Landesgesetzgeber eine Nacherhebung für geboten hielt, „nicht bewährt, weil dadurch z.B. die Nacherhebung von Beiträgen und Gebühren bei zunächst zu niedriger Veranlagung bis zum Eintritt der Festsetzungsverjährung rechtlich umstritten geblieben war".[47]

21   Eine Nacherhebung ist jedoch ausgeschlossen, wenn durch die (erste) Veranlagung der entstandene Beitragsanspruch voll ausgeschöpft worden ist und sich *danach* tatsächliche oder rechtliche Umstände verändert haben, die bei-

---

Runderlaß des Ministers des Innern v. 9. 9. 1992 – ABl. S. 1816 –, zu § 12 Ziffer 1.4b) die §§ 172 ff. AO nicht von der Bezugnahme auf die AO erfaßt sein.

[45] Vgl. etwa Hambitzer in KStZ 84, 24 (26).

[46] Im Ergebnis ebenso Thiem, Allgemeines kommunales Abgabenrecht, S. 220.

[47] Hillmann in KStZ 85, 201 (205).

spielsweise zu einer nachträglichen Erhöhung der Ausnutzbarkeit von Grundstücken geführt haben.[48] Wird etwa nach Entstehen der Beitragspflichten der Bebauungsplan hinsichtlich einiger Grundstücke derart geändert, daß nunmehr eine – gegenüber der der Verteilung zugrunde gelegten – höhere Nutzung möglich ist, hat das auf den Beitragsanspruch keine Auswirkungen (mehr), eine Nacherhebung kommt daher nicht in Betracht.

§ 29 Aufbau des Ausbaubeitragsrechts und Begriff des wirtschaftlichen Vorteils

I. Aufbau des Ausbaubeitragsrechts

Den Gemeinden obliegt aufgrund der ihnen übertragenen Ausbaulast (vgl. 1 § 28 Rdnr. 5) die Durchführung ausbaubeitragsrechtlich relevanter Maßnahmen. Zum Ausgleich der Aufwendungen, die ihnen für eine in Erfüllung dieser Aufgabe erbrachte Leistung (Ausbau einer öffentlichen Anlage) entstanden sind, erwachsen ihnen nach Maßgabe der ausbaubeitragsrechtlichen Vorschriften Ansprüche auf Gegenleistungen. Diese sind vom Ansatz her gerichtet zum einen "gegen" die Gemeinden selbst (Stichwort: Gemeindeanteil) und insoweit ausschließlich als "Rechnungsposten" zu behandeln sowie zum anderen gegen bestimmte Grundstückseigentümer.[1] Dementsprechend sind die Gemeinden gemäß § 8 KAG NW (bzw. den einschlägigen Vorschriften der anderen Länder) insoweit, als die ausgebaute Anlage nicht erfahrungsgemäß von der Allgemeinheit und ihnen selbst in Anspruch genommen wird, infolge des Entgeltlichkeitsprinzips grundsätzlich gehalten (vgl. dazu § 28 Rdnrn. 8 f.), von den Grundstückseigentümern, denen durch die Inanspruchnahmemöglichkeit der ausgebauten Anlage wirtschaftliche Vorteile geboten werden, Ausbaubeiträge zu erheben.

Durch diese grobe Skizzierung der Rechtslage ist der Aufbau des Ausbaubeitragsrechts im Sinne einer rechtslogischen Abfolge gleichsam vorgegeben: Der Auflistung der entstandenen **beitragsfähigen Aufwendungen** folgt zunächst eine **Aufteilung** dieses Aufwands auf die Gemeinde als "Repräsentantin" der Allgemeinheit einerseits sowie auf die durch die jeweilige Maßnahme besonders (wirtschaftlich) begünstigten Grundstückseigentümer einschließlich ggfs. der Gemeinde selbst andererseits. Diese sind sodann nach bestimmten (Maßstabs-)Regeln mit Anteilen an dem auf sie entfallenden (umlagefähi-

---

[48] Vgl. u.a. VGH Kassel, Urteil v. 16. 2. 1979 – V TH 89/78 – HSGZ 80, 26.

[1] Hier und im folgenden wird darauf verzichtet, jeweils außer den Grundeigentümern auch die übrigen als Beitragsschuldner in Betracht kommenden Rechtsinhaber (nämlich u.a. die Erbbauberechtigten, die „sonst dinglich zur baulichen Nutzung Berechtigten" [§ 21 Abs. 2 Satz 1 SächsKAG] sowie die „zur Nutzung von Grundstücken dinglich Berechtigten und Gewerbetreibenden" [§ 8 Abs. 1 Satz 1 KAG MV und KAG SH]) anzugeben.

gen) Aufwand (rechnerisch) zu belasten, und von ihnen sind schließlich diesen Belastungen entsprechende Beiträge zu **erheben.** Demgemäß ergeben sich
– wie im Erschließungsbeitragsrecht (vgl. § 8 Rdnr 1) – drei rechtslogisch
aufeinanderfolgende Phasen, nämlich – erstens – die Aufwendungsphase, –
zweitens – die Verteilungsphase und – drittens – die (Erhebungs- oder) Heranziehungsphase.

1. Aufwendungsphase

2   In der Aufwendungsphase geht es um die Leistung der Gemeinde oder
genauer: um die Ermittlung der für diese Leistung entstandenen **beitragsfähi-
gen Aufwendungen.** Ausgangspunkt sind öffentliche Anlagen (§ 8 Abs. 1
Satz 2, Abs. 2 Satz 1 KAG NW) bzw. öffentliche Einrichtungen (§ 6 Abs. 1
Satz 1 NKAG) oder – enger – Verkehrsanlagen (§ 26 Abs. 1 SächsKAG).
Allerdings sind insoweit berücksichtigungsfähig lediglich für bestimmte
Maßnahmen (§ 8 Abs. 2 Satz 1 KAG NW) entstandene Kosten, die entweder
real oder auf der Grundlage von Einheitssätzen errechnet werden können (§ 8
Abs. 4 Satz 2 KAG NW), und zwar bezogen auf eine einzelne Anlage, einen
Abschnitt davon (§ 8 Abs. 5 KAG NW) oder – gelegentlich – auf mehrere
Anlagen (Abrechnungseinheit – vgl. etwa Art. 5 Abs. 1 Satz 4 KAG Bay und
§ 27 Abs. 3 SächsKAG). Beschränkungen können sich aus dem im Ausbaubeitragsrecht ungeschriebenen Gebot, den Rahmen des Erforderlichen einzuhalten, sowie dadurch ergeben, daß nach dem Zeitpunkt, in dem die (sachlichen) Beitragspflichten entstehen, d. h. (grundsätzlich) dem Zeitpunkt der
endgültigen Herstellung (§ 8 Abs. 7 Satz 1 KAG NW) bzw. dem der Beendigung der beitragsfähigen Maßnahme (vgl. etwa § 6 Abs. 6 NKAG), anfallende (Grunderwerbs-)Kosten außer Ansatz zu lassen sind.

2. Verteilungsphase

3   Gegenstand der Verteilungsphase ist – wie der Name sagt – die Verteilung
des beitragsfähigen Aufwands oder genauer: die rechnerische Zuschreibung
von Anteilen an der zuvor ermittelten "negativen Vermögensmasse" (vgl.
dazu § 8 Rdnr. 3), denn in Wahrheit ist keine „positive" Vermögensmasse zu
verteilen, sondern festzustellen, wer in welchem Umfang angefallene Kosten
zu tragen hat. Vorab scheidet ein nach bestimmten Kriterien zu ermittelnder
Anteil, der sog. **Gemeindeanteil** (§ 8 Abs. 4 Satz 1 1. Halbsatz KAG NW),
sowie ggfs. ein durch Zuwendungen Dritter gedeckter Anteil (§ 8 Abs. 4
Satz 4 2. Halbsatz KAG NW) aus. Das, was verbleibt, ist als sog. **umlagefähiger Aufwand** den Grundstückseigentümern, denen durch die Inanspruchnahmemöglichkeit der ausgebauten Anlage wirtschaftliche Vorteile geboten werden (§ 8 Abs. 2 Satz 2 KAG NW) bzw. zuwachsen (§ 26 Abs. 1 SächsKAG),
nach Maßgabe des Umfangs der ihnen jeweils vermittelten Vorteile (§ 8
Abs. 6 KAG NW) zuzuschreiben.

3. Heranziehungsphase

Die Heranziehungsphase schließlich ist ausgerichtet auf das eigentliche Ziel 4
der ausbaubeitragsrechtlichen Vorschriften, nämlich die **Einziehung** der Beiträge (Geldleistungen), die entsprechend der zuvor erfolgten Verteilung des
umlagefähigen Aufwands auf jeden einzelnen betroffenen Grundstückseigentümer entfallen. Sie kann grundsätzlich erst von dem Zeitpunkt an durchgeführt werden, in dem für die einzelne Anlage oder einen Abschnitt von ihr
(bzw. – soweit dies in Betracht kommt – für die eine Abrechnungseinheit
bildenden Anlagen) die sachlichen Beitragspflichten entstanden sind (§ 8
Abs. 7 Satz 1 KAG NW), die sodann auf jedem einzelnen beitragspflichtigen
Grundstück als öffentliche Last ruhen (§ 8 Abs. 9 KAG NW). Eine frühzeitigere Aufwandsdeckung ist nur möglich, wenn und soweit die Voraussetzungen für eine Heranziehung im Wege der Kostenspaltung (§ 8 Abs. 3 KAG
NW) oder für eine Vorausleistungserhebung (§ 8 Abs. 8 KAG NW) vorliegen bzw. wenn Vorauszahlungs- oder Ablösungsverträge abgeschlossen worden sind. Der persönlich Beitragspflichtige hat endlich nach Fälligkeit des
Beitrags (§ 2 Abs. 1 Satz 2 KAG NW i.V.m. der Satzung) diesen sofort und
in voller Höhe zu entrichten, sofern nicht wegen besonderer Umstände eine
andere Zahlungsweise oder gar ein (teilweiser) Erlaß zugelassen wird (§ 12
Abs. 1 Nr. 4b und 5a KAG NW i.V.m. §§ 163 Abs. 1 Satz 1 und 3, 222, 227
Abs. 1 AO).[2]

II. Begriff des wirtschaftlichen Vorteils

Alle Kommunalabgabengesetze der Länder stellen – anders als das Bauge- 5
setzbuch – bereits dem Wortlaut ihrer ausbaubeitragsrechtlichen Vorschrif-
ten nach mit folgenden Formulierungen auf den Vorteilsbegriff ab: „wirtschaftliche Vorteile" (§ 8 BraKAG, KAG NW und KAG Saarl), „besondere
Vorteile" (Art. 5 KAG Bay und § 7 ThürKAG), „nicht nur vorübergehende
Vorteile" (§ 11 KAG Hess), „besondere wirtschaftliche Vorteile" (§ 6
NKAG und KAG LSA) und – einfach – „Vorteile" (§§ 8 KAG MV und
KAG S–H sowie 26 SächsKAG). Bei dem Vorteilsbegriff des Ausbaubeitragsrechts handelt es sich um einen „ausfüllungsbedürftigen unbestimmten
Rechtsbegriff"[3] des jeweiligen **Landesrechts**. Da er sich aus diesem Grunde
einer einheitlichen, für alle Länder verbindlichen Definition entzieht und da
er überdies Gegenstand nicht nur nahezu jeder Gerichtsentscheidung zum
Ausbaubeitragsrecht und jedes Fachkommentars, sondern darüber hinaus

---

[2] Vgl. zur Bedeutung der Gliederung nach dieser rechtslogischen Abfolge u.a. § 8
Rdnr. 5.
[3] OVG Münster, Urteil v. 27. 7. 1976 – II A 805/75 – VerwRspr 28, 464 = DWW 77,
65.

auch einer Vielzahl eingehender Abhandlungen[4] ist, ist zur Verdeutlichung seines Inhalts hier eine Beschränkung auf den Versuch gerechtfertigt, lediglich einen systemgerechten Überblick zu vermitteln.

1. Stellung und Funktion des Merkmals "wirtschaftliche Vorteile" im Rahmen der ausbaubeitragsrechtlichen Vorschriften

6   Der Vorteilsbegriff ist vom Gesetzgeber in § 8 KAG NW – und entsprechendes gilt beispielsweise für Art. 5 KAG Bay, § 6 NKAG und §§ 26, 28 SächsKAG – an **drei** Stellen benutzt worden. In § 8 Abs. 2 Satz 2 KAG NW (Art. 5 Abs. 1 Satz 1 KAG Bay, § 6 Abs. 1 NKAG, § 26 Abs. 1 Satz 1 Sächs-KAG) – erstens – steht er im Zusammenhang mit der Legaldefinition des Beitrags als einer Gegenleistung der Grundstückseigentümer für die ihnen durch die Inanspruchnahmemöglichkeit einer ausgebauten (öffentlichen) Anlage gebotenen wirtschaftlichen Vorteile. In § 8 Abs. 4 Satz 4 KAG NW (Art. 5 Abs. 3 Satz 2 KAG Bay, § 6 Abs. 5 Satz 4 NKAG, § 28 Abs. 1 Satz 2 SächsKAG) – zweitens – ist angeordnet, daß bei der Ermittlung des (umlagefähigen) Aufwands ein dem wirtschaftlichen Vorteil der Allgemeinheit oder der Gemeinde entsprechender Betrag außer Ansatz zu bleiben hat. Und in § 8 Abs. 6 Satz 1 KAG NW (Art. 5 Abs. 2 KAG Bay, § 6 Abs. 5 Satz 1 NKAG, § 28 Abs. 1 Satz 1 SächsKAG) – drittens – wird eine Leitlinie für die Bemessung der Höhe der Beiträge gegeben, sie sind nach den wirtschaftlichen Vorteilen zu bemessen.[5] Der **Inhalt** des an diesen drei Stellen verwandten Merkmals "(wirtschaftliche) Vorteile" ist **identisch.**[6] Dieser Erkenntnis[7] kommt für das Verständnis dieses Merkmals **ausschlaggebende Bedeutung** zu.

7   Vergegenwärtigt man sich den vorbehandelten rechtslogischen Aufbau der ausbaubeitragsrechtlichen Bestimmungen (vgl. Rndrn. 1 ff.), ist festzustellen, daß nach dem Wortlaut etwa der §§ 8 KAG NW, 6 NKAG und 26, 28

---

[4] Vgl. u. a. Eyben, Die Abgabenform des Beitrags und ihre praktischen Schwerpunkte, Diss.; Menger in VerwArch 1979, 275 ff.; von Mutius in Driehaus/Hinsen/von Mutius, Grundfragen des kommunalen Beitragsrechts, S. 21 ff.; Rohlfing, Begriff und Funktion des wirtschaftlichen Vorteils im kommunalen Beitragsrecht, Diss.; Tücking, Der wirtschaftliche Vorteil im kommunalen Beitragsrecht, Diss., jeweils mit weiteren Nachweisen.

[5] In § 8 KAG S–H beispielsweise wird der Vorteilsbegriff nur zweimal verwandt, nämlich im Zusammenhang mit dem Beitragsbegriff und der Bemessung der Beiträge, in § 11 KAG Hess – soweit es das Straßenbaubeitragsrecht betrifft – sogar nur einmal, weil dort für die Bemessung der Beiträge eine dem § 131 Abs. 2 BauGB entsprechende Vorschrift über die Verteilungsmaßstäbe in das Gesetz aufgenommen worden ist. Diese Abweichungen gegenüber etwa dem Wortlaut des § 8 KAG NW haben jedoch keine substantielle materielle Bedeutung.

[6] Vgl. u. a. OVG Münster, Urteil v. 27. 7. 1976 – II A 805/75 – VerwRspr 28, 464 = DWW 77, 65, sowie Menger in VerwArch 1979, 275 ff.

[7] Dieser Erkenntnis verschließt sich beispielsweise Dietzel (in Hoppenberg, Handbuch des öffentlichen Baurechts, Kapitel 6, Rdnrn. 55 ff.), der namentlich deshalb zu einem unzutreffenden Inhalt des Merkmals "wirtschaftlicher Vorteil" gelangt.

SächsKAG der Vorteilsbegriff *ausschließlich* mit der **Verteilungsphase** in Verbindung gesetzt ist, d.h. der Phase, in der es zu entscheiden gilt, welcher beitragsfähige Aufwand umlagefähig ist sowie welchen Grundstückseigentümern in welcher Höhe Anteile davon zuzuschreiben sind. Das Merkmal "(wirtschaftliche) Vorteile" hat somit **keinen** Einfluß auf die in der Aufwendungsphase zu beantwortende Frage, ob die mit einer bestimmten Baumaßnahme von der Gemeinde erbrachte Leistung und die ihr dafür entstandenen Aufwendungen beitragsfähig sind, ob also z.B. eine Anlage als öffentliche Anlage i.S. des Ausbaubeitragsrechts und eine an ihr durchgeführte Maßnahme als eine Verbesserung zu qualifizieren ist. Es steht vielmehr in Beziehung nur zu Grund und Höhe der (allein rechnerisch zu berücksichtigenden) "Gegenleistung" der Gemeinde selbst (Gemeindeanteil) sowie der Gegenleistung der betroffenen Grundstückseigentümer. Das führt zum Verständnis der Funktion des Merkmals "(wirtschaftlicher) Vorteil": Es dient der **Ermittlung** – erstens – des umlagefähigen Aufwands, d.h. der Reduzierung des in der Aufwendungsphase errechneten beitragsfähigen Aufwands um einen bestimmten, der Gemeinde zuzurechnenden (Gemeinde-)Anteil, sowie – zweitens – der beitragspflichtigen Grundstückseigentümer, d.h. der Trennung der beitragspflichtigen Grundstückseigentümer von den nicht beitragspflichtigen Mitgliedern der Allgemeinheit. Überdies dient dieses Merkmal – drittens – der **Verteilung** des **umlagefähigen Aufwands** auf die Beitragspflichtigen.[8] Das schließt allerdings nicht aus, daß das Merkmal des Vorteils im Einzelfall über den Wortlaut des § 8 KAG NW hinaus eine Bedeutung auch etwa für die Heranziehungsphase (sachliche Billigkeitsgründe, vgl. § 38 Rdnr. 3 und § 26 Rdnrn. 5 ff.) haben kann, verdeutlicht aber seinen grundsätzlichen Standort und die ihm grundsätzlich vom Gesetzgeber zugewiesene Funktion.

2. "Wirtschaftliche" Vorteile

Einzelne Landesgesetzgeber – wie z.B. die in Bayern, Mecklenburg-Vorpommern, Sachsen und Thüringen – haben darauf verzichtet, im Zusammenhang mit dem Begriff "Vorteil" den Zusatz "wirtschaftlich" in das Gesetz aufzunehmen. Das ist jedoch unerheblich. Denn das wirtschaftliche Prinzip der Entgeltlichkeit gebietet eine Beschränkung auf wirtschaftliche Vorteile. Überdies entspricht es dem Wesen des auf dem Vorteilsgrundsatz aufbauenden Ausbaubeitragsrechts, daß abgestellt „werden kann nur auf Vorteile, die sich wirtschaftlich auswirken und insoweit meßbar sind",[9] d.h. die einen wirtschaftlichen Charakter aufweisen. Wenn das Merkmal "Vorteile" seiner Funktion nach u.a. dazu bestimmt ist, der Aufteilung des beitragsfähigen Aufwands zwischen der Allgemeinheit (Gemeinde) und der Gruppe der be-

8

---

[8] Vgl. u.a. OVG Lüneburg, Beschluß v. 6. 1. 1981 – 9 B 33/80 – KStZ 81, 71 = HSGZ 81, 144 = ID 81, 155.

[9] OVG Koblenz, Urteil v. 4. 7. 1978 – GS 1/78 – KStZ 78, 214 = ID 78, 203 = DVBl 80, 74.

troffenen Anlieger sowie der Verteilung des umlagefähigen Aufwands unter die betroffenen Anlieger jeweils nach Maßgabe der unterschiedlichen Vorteile zu dienen, die Vorteile also letztlich die maßgebliche Grundlage für die Berechnung der Beiträge bieten sollen, müssen sie in Geldwert **quantifizierbar** und **vergleichbar** sein.[10] Ausschließlich ideelle Vorteile ohne jeglichen wirtschaftlichen Bezug erfüllen diese Voraussetzungen nicht und sind daher als Berechnungsgrundlage ungeeignet.[10]

9   Im Urteil vom 15. Oktober 1992[11] meint der Bayerische Verwaltungsgerichtshof, da Art. 5 Abs. 1 Satz 1 KAG Bay eine Beitragserhebung nicht vom Vorliegen eines wirtschaftlichen Vorteils abhängig mache, könne der Vorteilsbegriff dieser Bestimmung **nicht eingehend** im Sinne eines wirtschaftlichen Vorteils ausgelegt werden. Vielmehr werde der Begriff "besondere Vorteile" in Art. 5 Abs. 1 Satz 1 KAG Bay auch durch andere nicht ausschließlich ideelle Vorteile erfüllt, sofern diese den Anliegergrundstücken konkret zurechenbar seien. Die in dieser Entscheidung zum Ausdruck kommende Distanz zu einer wirtschaftlichen Betrachtungsweise dürfte namentlich auf einer nicht hinreichenden Gewichtung der Funktion des Merkmals "Vorteil" beruhen. Da – wie gesagt – die Aufteilung des beitragsfähigen Aufwands auf die Gruppe der **Allgemeinheit (Gemeinde)** einerseits und die Gruppe der **Anlieger** andererseits nach Maßgabe der der einen und der anderen Gruppe vermittelten Vorteile zu erfolgen hat, müssen diese Vorteile sowohl **inhaltlich identisch** als auch (rechnerisch) quantifizierbar sein. Dieser Anforderung wird ausschließlich genügt durch das Abstellen auf den Begriff des wirtschaftlichen Vorteils, nicht aber auf z. B. eine Begünstigung, die sich lediglich für die Anlieger positiv auswirkt wie etwa die Steigerung der Wohnqualität, und zwar selbst dann nicht, wenn sich (nach welchen Kriterien immer) einigermaßen verläßlich ermitteln ließe, für welche Grundstücke eine solche Steigerung (noch) anzunehmen und für welche sie (schon) abzulehnen ist.

10   Nach dem Wortlaut etwa des § 8 Abs. 2 Satz 2 KAG NW werden die Vorteile, die eine Beitragserhebung rechtfertigen „durch die **Möglichkeit** der **Inanspruchnahme** der ... (ausgebauten) Anlage geboten"; entsprechendes gilt nach den einschlägigen Vorschriften der übrigen KAG (vgl. z. B. § 6 Abs. 1 NKAG) einschließlich des sächsischen KAG, dessen § 26 Abs. 1 Satz 1 – verkürzend – abstellt auf die (namentlich den Grundeigentümern) durch die ausgebaute Verkehrsanlage „zuwachsenden" Vorteile. Zwar verwendet der sächsische Landesgesetzgeber nicht ausdrücklich den Begriff der Inanspruchnahmemöglichkeit. Doch macht er insbesondere durch die Regelungen in den §§ 28 (Beteiligung der Allgemeinheit am beitragsfähigen Aufwand) und 29

---

[10] Vgl. im einzelnen von Mutius in Driehaus/Hinsen/von Mutius, Grundprobleme des kommunalen Beitragsrechts, S. 21 ff. (29) mit weiteren Nachweisen; s. in diesem Zusammenhang auch VGH Kassel, Urteil v. 27. 5. 1987 – 5 UE 245/85 – GemHH 88, 160.
[11] BayVGH, Urteil v. 15. 10. 1992 – 6 B 89.2341 – BayVBl 93, 213.

(Maßstäbe für die Aufwandsverteilung) deutlich, daß die beitragsbegründenden Vorteile – wie im Erschließungsbeitragsrecht – auch im sächsischen Ausbaubeitragsrecht auf der gebotenen Möglichkeit der Inanspruchnahme der ausgebauten (Verkehrs-)Anlage beruhen.[12] Der ausbaubeitragsrechtlich relevante Vorteil wird mithin durch die **mögliche Inanspruchnahme** der ausgebauten Anlage begründet. Dies gilt – wie sich bereits aus der insoweit bestehenden inhaltlichen Identität des Merkmals "Vorteile" (vgl. Rdnr. 6) ergibt – nicht nur auf seiten der Grundstückseigentümer (Anlieger), sondern auch auf seiten der Allgemeinheit (Gemeinde).[13] Das wird bestätigt durch die Regelung des § 8 Abs. 4 Satz 4 KAG NW (und etwa des § 6 Abs. 5 Satz 4 NKAG). Danach ist nämlich ein den Vorteilen der Allgemeinheit (Gemeinde) entsprechender Betrag bei der Ermittlung des umlagefähigen Aufwands lediglich zu berücksichtigen, wenn und soweit die ausgebauten „Anlagen erfahrungsgemäß auch von der Allgemeinheit ... in Anspruch genommen werden". Die gesetzliche Anknüpfung an ein "Inanspruchnehmen" kann nur bedeuten, daß eine konkrete Inanspruchnahmemöglichkeit für die Allgemeinheit vorhanden ist, d.h., der maßgebliche Allgemeinvorteil ebenso wie der Anliegervorteil aus einer Inanspruchnahmemöglichkeit der ausgebauten Anlage fließt.[13] In einer solchen Inanspruchnahmemöglichkeit liegt jedenfalls nicht allein ein ideeller Vorteil. Vielmehr ist sie geeignet, sowohl den Anliegern als auch der Allgemeinheit "Gebrauchsvorteile"[14] mit wirtschaftlichem Charakter zu vermitteln, die mit Hilfe des Ausmaßes der wahrscheinlichen (erfahrungsgemäß zu erwartenden) Inanspruchnahme quantifizierbar (vgl. dazu § 35 Rdnr. 3 und § 9 Rdnrn. 17f.) und deshalb einer beitragsrechtlich relevanten Bewertung zugänglich sind.

3. "Besondere" (wirtschaftliche) Vorteile (Sondervorteile)

In einigen Vorschriften – wie z.B. in Art. 5 Abs. 1 Satz 1 KAG Bay und § 6 **11** Abs. 1 NKAG – ist dem Merkmal "(wirtschaftliche) Vorteile" das Wort "besondere" beigefügt worden. Damit wird die Ebene des "Gleichklangs" von Allgemeinvorteilen und Anliegervorteilen verlassen und der Blick **einseitig** auf die **Anliegervorteile** gerichtet. Diese müssen – unabhängig davon, ob dies im Gesetz durch einen entsprechenden Zusatz schon dem Wortlaut nach zum Ausdruck gebracht worden ist oder nicht (wie z.B. in §§ 8 KAG NW und KAG S-H sowie 26, 28 SächsKAG) – "besondere" in dem Sinne sein, daß sie einer bestimmten Gruppe von Grundstückseigentümern in erster Linie zukommen, ihnen mit der Konsequenz einer anteiligen Kostenbelastung "zure-

---

[12] Vgl. Amtl. Begründung des Gesetzentwurfes, LT-Drucksache 1/2843, S. 31 ff.

[13] Vgl. im einzelnen u.a. Menger in VerwArch 1979, 275ff. (280f.) mit weiteren Nachweisen.

[14] Vgl. in diesem Zusammenhang OVG Münster, Urteil v. 20. 12. 1982 – 2 A 2620/80 – StuGR 83, 139 = ZKF 83, 155.

chenbar" sind.[15] Dies ergibt sich schon aus dem Wesen des Beitrags als einer durch den "Gesichtspunkt der Gegenleistung" gekennzeichneten[16] Abgabe, mit der ein Ausgleich für den durch eine Leistung der Gemeinde ausgelösten **Sondervorteil** verlangt wird. Ohne einen Sondervorteil wäre die Heranziehung zu einem Ausbaubeitrag verfassungsrechtlich nicht zu rechtfertigen (vgl. § 9 Rdnr. 1).

12 Allerdings ist, um einem Mißverständnis vorzubeugen, klarzustellen, daß im Ausbaubeitragsrecht – ebenso wie im Erschließungsbeitragsrecht (vgl. § 9 Rdnr. 2) – (wirtschaftliche) Sondervorteile **nicht identisch** sind mit dem, was sich im Einzelfall konkret als nützlich und gar als in Mark und Pfennig bezifferbarer Vermögenszuwachs erweist. Entscheidend ist nicht eine sich im Einzelfall konkret ergebende Nützlichkeit und ein als solcher errechenbarer Vermögenszuwachs,[17] sondern eine aus der Inanspruchnahmemöglichkeit (Benutzungsmöglichkeit) der ausgebauten Anlage fließende, im Verhältnis zu nicht individualisierbaren Dritten eintretende *abstrakte Besserstellung*, d. h. eine Besserstellung, die nicht – wie bei einer Benutzungsgebühr – aus der tatsächlichen Inanspruchnahme der ausgebauten Anlage festzustellen ist, sondern die *allein* auf einer **qualifizierten Inanspruchnahmemöglichkeit** beruht und losgelöst von jeglichen subjektiven Vorstellungen anhand von objektiven Kriterien zu beurteilen ist[18] (vgl. in diesem Zusammenhang im einzelnen § 34 Rdnrn. 7 ff.).

13 Gemäß § 8 Abs. 2 Satz 2 und 3 KAG NW (sowie den entsprechenden Vorschriften der anderen Länder) kann der eine Beitragserhebung rechtfertigende (wirtschaftliche) Sondervorteil nur Grundstückseigentümern bzw. Erbbauberechtigten (sowie sonst dinglich zur baulichen Nutzung Berechtigten – § 21 Abs. 2 Satz 1 SächsKAG – und Inhabern eines Gewerbebetriebs – u. a. 8 Abs. 10 Satz 1 KAG MV) zugute kommen, also einem Personenkreis, der befugt ist, ein Grundstück in rechtlich zulässiger Weise zu nutzen. Die den (wirtschaftlichen) Sondervorteil ausmachende abstrakte Besserstellung ist demnach **grundstücksorientiert**,[19] d. h., sie muß sich – um dem Merkmal "Sondervorteil" zu genügen – aus der in einer räumlich engen Beziehung des Grundstücks zur ausgebauten Anlage begründeten, *qualifizierten Inanspruchnahmemöglichkeit* dieser Anlage von dem Grundstück aus ergeben und sie muß sich darüber hinaus im Rahmen der zulässigen Grundstücksnut-

---

[15] U. a. OVG Münster, Urteil v. 15. 8. 1975 – II A 232/74 – OVGE 31, 185 = DGemStZ 78, 151 = GemHH 76, 140, zu § 8 KAG NW und OVG Lüneburg, Urteil v. 17. 7. 1975 – VI A 38/75 – OVGE 31, 410 = S-H Gemeinde 76, 24, zu § 8 KAG S-H.

[16] BVerfG, u. a. Beschlüsse v. 20. 5. 1959 – 1 BvL 1/58 – BVerfGE 9, 291 (297), und v. 16. 10. 1962 – 2 BvL 27/60 – BVerfGE 14, 312 (317).

[17] Vgl. dazu u. a. Ziffer 26.1.7 der Anwendungshinweise zum SächsKAG im Sächsischen Amtsblatt 94, 842 (852).

[18] Ebenso etwa OVG Schleswig, Beschluß v. 10. 12. 1993 – 2 M 61/93 –.

[19] St. Rspr. vgl. – statt vieler – OVG Münster, Urteile v. 27. 7. 1976 – II A 805/75 – VerwRspr 28, 464 = DWW 77, 65, und v. 28. 7. 1988 – 2 A 400/87 –.

zung auswirken können. Die beitragsfähige Maßnahme oder genauer: die wegen der räumlich engen Beziehung des Grundstücks zur ausgebauten Anlage qualifizierte Inanspruchnahmemöglichkeit muß zur Möglichkeit einer qualitativen Verbesserung der Erschließungssituation führen können, die den *Gebrauchswert* des Grundstücks positiv beeinflussen kann, sie muß die Gebrauchsfähigkeit des Grundstücks steigern und dadurch den Gebrauchswert des Grundstücks erhöhen können.[20] Unerheblich ist jedoch, ob im Einzelfall ein Eigentümer etwa durch den Bau einer hohen Mauer usw. sein Grundstück gegen die ausgebaute Anlage "verschlossen" und damit die Möglichkeit des Eintritts einer Steigerung der Gebrauchsfähigkeit und in der Folge des Gebrauchswerts eines Grundstücks verhindert hat. Ebenfalls ohne Belang ist, ob mit der Steigerung des Gebrauchswerts eine Steigerung des Verkehrswerts einhergeht.[21] Das kann so sein und wird zumindest nicht selten so sein, doch ist das keine unabdingbare Voraussetzung für die Annahme, daß einem Grundstückseigentümer durch die qualifizierte Inanspruchnahmemöglichkeit einer ausgebauten Anlage (wirtschaftliche) Sondervorteile "geboten" werden.

Der in diesem Zusammenhang maßgebliche Begriff "Gebrauchswert" ist **14** weit zu verstehen. Er umfaßt *nicht* nur einen *einer bestimmten wirtschaftlichen* Betrachtungsweise zugänglichen Wert. Vielmehr hat in diesem Sinne ein Grundstück schon dann einen Gebrauchswert, wenn es über den bloßen Besitz hinaus genutzt werden kann, d. h. nicht nur nicht nutzbares Brachland darstellt, so daß auch ein Außenbereichsgrundstück eine beitragsrechtlich relevante Steigerung des Gebrauchswerts erfahren kann.[22] Die Frage, ob durch die qualifizierte Inanspruchnahmemöglichkeit einer ausgebauten Anlage einem Grundstückseigentümer ein zur Beitragserhebung rechtfertigender (wirtschaftlicher) Sondervorteil vermittelt wird, beantwortet sich also nicht danach, ob sein Grundstück wirtschaftlich nutzbar in dem engeren Sinne ist, daß es wirtschaftlich verwertet werden und finanziellen Gewinn erbringen kann. Vielmehr kommt es auf die objektive Nutzbarkeit des Grundstücks an, wie sie sich aus den gesetzlichen Vorschriften, insbesondere dem Bebauungs- und Bauordnungsrecht ergibt.[23] Maßgebend ist mithin nicht die jeweilige konkret ausgeübte Grundstücksnutzung, sondern die **zulässige** Nutzung, so daß es vom Ansatz her keinen Unterschied ausmacht, ob diese Nutzung sakraler, kultischer oder sonst ideeller Natur ist oder ob sie wohnlichen, landwirtschaftlichen oder gewerblichen Zwecken dient. Deshalb ist es nicht entscheidend, ob ein Anlieger beispielsweise infolge der Schaffung einer Fußgängerzone höhere Einkünfte aus der tatsächlich ausgeübten Nutzung seines

---

[20] Vgl. statt vieler Eyben, Die Abgabeform des Beitrags und ihre praktischen Schwerpunkte, Diss., S. 59 mit weiteren Nachweisen.
[21] U. a. OVG Lüneburg, Beschluß v. 27. 8. 1987 – 9 A 8/86 –.
[22] Vgl. etwa OVG Münster, Urteil v. 15. 3. 1989 – 2 A 962/86 – NVwZ-RR 89, 578.
[23] Vgl. u. a. OVG Münster, Urteil v. 31. 8. 1978 – II A 222/76 – DÖV 79, 182 = KStZ 79, 73 = ID 78, 276.

Grundstücks erzielt oder sogar Einbußen erleidet. Ein die Beitragserhebung rechtfertigender (wirtschaftlicher) Sondervorteil liegt auch in der Steigerung etwa des Verkehrswerts, die erst im Hinblick auf eine mögliche, den Bedingungen der Fußgängerzone angepaßte Änderung der Grundstücksnutzung eintritt. Denn z. B. § 8 KAG NW bezieht jeden rechtmäßigen Gebrauch des Grundstücks in den Vorteilsausgleich ein.[24] Soweit das Oberverwaltungsgericht Münster[25] meint, der Ortsgesetzgeber könne durch eine Satzungsvorschrift den Vorteilsausgleich auf baulich oder gewerblich nutzbare Grundstücke beschränken, so daß etwa ein an eine ausgebaute Straße angrenzendes, als Weideland genutztes Grundstück im Außenbereich schlechthin bei der Verteilung des umlagefähigen Aufwands unberücksichtigt bleiben muß, kann dem nicht zugestimmt werden. Die einschlägigen Bestimmungen der Landesgesetzgeber über die Beteiligung von Grundstücken an der Aufwandsverteilung schließen die Wirksamkeit einer solchen Regelung des Ortsgesetzgebers aus (vgl. dazu § 34 Rdnr. 9).

4. Einzelne Wesensmerkmale des Vorteilsbegriffs

15   Nach den ausbaubeitragsrechtlichen Vorschriften ist die Verpflichtung eines Grundstückseigentümers zur Zahlung einer Gegenleistung in Form eines Beitrags abhängig von einer mit einer beitragsfähigen Baumaßnahme an einer öffentlichen Anlage erbrachten Leistung der Gemeinde sowie davon, daß ihm durch diese Leistung oder genauer: „durch die Möglichkeit der Inanspruchnahme" (§ 8 Abs. 2 Satz 2 KAG NW) der öffentlichen Anlage, die die Gemeinde ausgebaut hat, wirtschaftliche Sondervorteile „geboten werden". Damit ist – deutlicher als im Erschließungsbeitragsrecht – eine untrennbare Verbindung zwischen einer **durch eine beitragsfähige Maßnahme ausgebauten öffentlichen Anlage** und den gerade **auf ihrer** (qualifizierten) **Inanspruchnahmemöglichkeit** beruhenden wirtschaftlichen **(Sonder-)Vorteilen** hergestellt. Diese Erkenntnis vermittelt zugleich einen Eindruck von den wesentlichen Merkmalen, die den Vorteilsbegriff prägen und die in der einen oder anderen Weise bereits zuvor angesprochen worden sind. Der wirtschaftliche Vorteil ist – erstens – *maßnahmebedingt*, d. h., er ist abhängig von einer bestimmten beitragsfähigen Maßnahme der Gemeinde an einer öffentlichen Anlage, und er ist – zweitens – *anlage- oder nutzungsbezogen*, d. h., er beruht auf der Inanspruchnahmemöglichkeit (Benutzungsmöglichkeit) der ausgebauten Anlage. Überdies darf er, um eine Beitragserhebung rechtfertigen zu können, – drittens – *nicht* aus mit der Anlage selbst zusammenhängenden, von deren Benutzung unabhängigen Gründen *nur vorübergehender Natur* sein, wohingegen es – viertens – *unerheblich* ist, ob die Gemeinde eine beitragsfähige Maßnah-

---

[24] U. a. OVG Münster, Urteil v. 25. 8. 1975 – II A 232/74 – OVGE 31, 185 = DGemStZ 78, 151 = GemHH 76, 140.
[25] OVG Münster, Urteil v. 31. 1. 1992 – 2 A 1176/90 –.

me *zweckgerichtet* zur Verschaffung von wirtschaftlichen Sondervorteilen durchgeführt hat.

Eine Beitragserhebung, z. B. für die Verbesserung (Erneuerung) einer Stra- 16
ße, setzt voraus, daß wegen der dadurch eröffneten leichteren, gefahrloseren oder sonstwie vorteilhafteren Inanspruchnahmemöglichkeit dieser Anlage Grundstückseigentümern wirtschaftliche (Sonder-)Vorteile in Form einer besseren Erreichbarkeit ihrer Grundstücke geboten werden, die ihrerseits zumindest den Gebrauchswert (Nutzungswert) der Grundstücke – wenn auch nicht bezifferbar – positiv zu beeinflussen geeignet ist. Die Ausbaumaß-nahme selbst muß *zusätzliche*, vorher nicht vorhanden gewesene (Erreichbar-keits-)Vorteile ausgelöst haben (**maßnahmebedingter Vorteilsbegriff**). Um das Entstehen solcher zusätzlicher Vorteile feststellen zu können, bedarf es eines Vergleichs der Situation des Grundstücks vor der Ausbaumaßnahme mit der gerade infolge des Ausbaus eingetretenen veränderten Lage.[24] Auch in diesem Zusammenhang besteht Anlaß, voreiligen Schlüssen vorzubeugen (vgl. ferner Rdnr. 12). Eine Ausbaumaßnahme, der die Eigenschaft beitragsfähig zuzuer-kennen ist (vgl. dazu § 31 Rdnrn. 6 ff.), vermittelt in **aller Regel** den anliegen-den Grundstücken bzw. deren Eigentümern (Anliegern) – ebenso wie der Allgemeinheit – wirtschaftliche Sondervorteile in Gestalt solcher zusätzlicher (Erreichbarkeits-)Vorteile (vgl. Rdnrn. 24 ff.). Jedoch vermögen Veränderun-gen, die sich etwa infolge straßenverkehrsrechtlicher bzw. straßenrechtlicher oder sonstiger Maßnahmen ergeben haben, keinen Beitragsanspruch zu be-gründen, sie sind nicht durch eine beitragsfähige Maßnahme bedingt.[26]

Auf die Annahme, die Inanspruchnahmemöglichkeit einer durch eine bei- 17
tragsfähige Maßnahme ausgebauten Anlage biete den Anliegern wie der Allge-meinheit (besondere) wirtschaftliche Vorteile, hat **keinen** Einfluß, wenn eine im Zuge der Ausbaumaßnahme erfolgte Höherlegung der Straße dazu geführt hat, daß in einige Keller der anliegenden Grundstücke Wasser fließt.[27] Eben-falls ohne Belang für die Ansicht, eine beitragsfähige Maßnahme habe zur Beitragserhebung rechtfertigende Vorteile ausgelöst, ist das Vorhandensein von (durch Instandsetzungsarbeiten auf Kosten der Gemeinde zu beseitigen-den) Mängeln an der ausgebauten Anlage schon vor Heranziehung der Anlie-ger.[28] Ferner steht der Vermittlung beitragsrechtlich relevanter (Sonder-)-Vorteile nicht entgegen, daß etwa falsch parkende Fahrzeuge die Erreichbar-keit eines Grundstücks erschweren; das Fehlverhalten von Verkehrsteilneh-mern ist nicht geeignet, derartige Vorteile entfallen zu lassen.[29] Überdies schließt z. B. die Erneuerung eines Parkstreifens nicht schon deshalb das Entstehen solcher Vorteile aus, weil die Gemeinde nach dem Ausbau be-

---

[26] Vgl. im einzelnen u. a. OVG Koblenz, Beschluß v. 7. 7. 1976 – 6 B 4/76 – KStZ 76, 179.

[27] Ebenso OVG Münster, Urteil v. 28. 6. 1991 – 2 A 1273/89 –.

[28] Vgl. OVG Münster, Urteil v. 26. 7. 1991 – 2 A 2213/88 –.

[29] OVG Münster, Urteil v. 28. 2. 1992 – 2 A 1685/89 –, und BayVGH, Urteil v. 21. 11. 1991 – 6 B 88.02254 –.

schließt, die Benutzung der Parkplätze den Anliegern vorzubehalten und vom Erwerb eines Parkausweises für 20,– DM jährlich abhängig zu machen;[30] eine solche Benutzungsbeschränkung könnte allenfalls – wenn sie bereits im Zeitpunkt des Entstehens der sachlichen Beitragspflichten für die Erneuerung beschlossen war – die Annahme rechtfertigen, die entsprechende Baumaßnahme begründe mit der Folge keine Vorteile für die Allgemeinheit, daß die Gruppe der Anlieger den gesamten beitragsfähigen Aufwand allein zu tragen hat.

18   Die einschlägigen Bestimmungen in den Kommunalabgabengesetzen sehen für den Fall, daß eine Gemeinde beitragsfähige Maßnahmen (vgl. dazu im einzelnen § 31 Rdnrn. 6 ff.) an gemeindlichen Verkehrsanlagen durchgeführt hat, eine Beitragserhebung vor von den Grundeigentümern, „denen die Möglichkeit der Inanspruchnahme dieser … Einrichtungen … Vorteile bietet" (§§ 6 Abs. 1 Satz 1 NKAG und KAG LSA, 7 Abs. 1 Satz 1 ThürKAG, 11 Abs. 1 KAG Hess und Art. 5 Abs. 1 Satz 1 BayKAG) bzw. denen „durch die Möglichkeit der Inanspruchnahme der Einrichtungen und Anlagen … Vorteile geboten werden" (§ 8 Abs. 2 Satz 2 BraKAG und KAG NW) oder – einfach – denen „durch die Verkehrsanlage Vorteile zuwachsen" (§ 26 Abs. 1 Satz 1 SächsKAG). Ungeachtet der wörtlich bzw. zumindest sinngemäß übereinstimmenden gesetzlichen Formulierungen hat einzig der Verwaltungsgerichtshof Kassel[31] durch eine Auslegung des § 11 Abs. 1 KAG Hess erkannt, nach dieser Bestimmung sei abzustellen allein auf die durch die Möglichkeit der Inanspruchnahme der öffentlichen Einrichtung "Straße" gebotenen Vorteile, **nicht** aber auf die, die **durch eine beitragsfähige Ausbaumaßnahme hervorgerufen** würden. Das Gesetz weiche damit bewußt von der Regelung namentlich des § 9 PrKAG ab, wonach es auf die Vorteile aus „der Veranstaltung" angekommen sei. Angesichts dessen stelle sich die Frage, ob z. B. die Umwandlung herkömmlicher Straßen in Fußgängerstraßen Vorteile für die Anlieger begründe, nach hessischem Landesrecht nicht. Denn die Möglichkeit der Benutzung der Straße biete den durch sie erschlossenen Grundstücken den Vorteil, daß sie überhaupt baulich oder auf irgendeine sonstige Weise, die ihr Aufsuchen oder Verlassen durch Menschen notwendig oder wünschenswert erscheinen läßt, genutzt werden könnten. Das reiche aus, um annehmen zu können, für eine beitragsfähige Maßnahme könnten bezogen auf diese Grundstücke Straßenbaubeitragspflichten entstehen. Diese Argumentation vermag **nicht** zu überzeugen.[32] Sie hat abgesehen davon, daß die übrigen Oberverwaltungsgerichte bzw. Verwaltungsgerichtshöfe auf der Grundlage selbst wortgleicher Vorschriften zu einem anderen Ergebnis gekommen sind, u. a. gegen sich, daß der z. B. durch eine Anbaustraße vermit-

---

[30] OVG Münster, Urteil v. 26. 7. 1991 – 2 A 772/89 –.
[31] VGH Kassel, vgl. Urteil v. 31. 5. 1979 – V OE 19/78 – ESVGH 29, 238 = HSGZ 80, 22; s. im übrigen u. a. auch Beschluß v. 22. 6. 1983 – V OE 119/81 – KStZ 83, 230 = DÖV 83, 985 = HSGZ 83, 349.
[32] A. A. offenbar Lohmann in HSGZ 91, 126 (132 ff.).

telte Erschließungsvorteil, auf den nach Ansicht des Verwaltungsgerichtshofs Kassel abzustellen ist, Gegenstand des bundesrechtlichen Erschließungsbeitragsrechts und deshalb mit der Folge durch eine Erschließungsbeitragserhebung abgegolten ist, daß er nicht mehr Gegenstand einer landesrechtlichen Beitragsregelung sein kann. Überdies sind (auch) nach § 11 Abs. 5 Satz 1 KAG Hess die „Beiträge ... nach den Vorteilen zu bemessen". Da es hier um Beiträge für die Kosten kraft Landesrecht beitragsfähiger Maßnahmen geht, drängt diese gesetzliche Bestimmung eine Verknüpfung zwischen diesen Maßnahmen und den durch sie bewirkten Vorteilen auf.

Auf eine Verkennung des Verhältnisses zwischen beitragsfähiger Maßnah- **19** me (Verbesserung, Erneuerung usw.) einerseits sowie den durch sie ausgelösten wirtschaftlichen Vorteilen andererseits (vgl. dazu Rdnrn. 24 ff.) weist auch die Aussage des Oberverwaltungsgerichts Münster,[33] den Anliegern würden durch die abgerechnete Ausbaumaßnahme „die wirtschaftlichen Vorteile einer Erneuerung geboten ... . Die wirtschaftlichen Vorteile einer Erneuerung werden den Anliegern der ausgebauten Straße vermittelt, da diese verschlissen und abgenutzt war". Durch Formulierungen dieser und ähnlicher Art wird der unzutreffende Eindruck vermittelt, der wirtschaftliche Vorteil liege nicht in der gebotenen Möglichkeit der Inanspruchnahme einer verbesserten, erneuerten usw. öffentlichen Anlage (Einrichtung), sei also nicht Folge einer beitragsfähigen Maßnahme, sondern in der Sache mit ihr identisch. Schlechterdings unverständlich ist im übrigen, wenn das Oberverwaltungsgericht Lüneburg[34] ausführt, „im Gegensatz zur Erweiterung und Verbesserung" sind „zusätzliche Vorteile ... für die Beitragsfähigkeit einer Erneuerungsmaßnahme nicht erforderlich." Soweit damit gesagt werden soll, anders als bei der Beitragserhebung für die Kosten von Erweiterungs- und Verbesserungsmaßnahmen stelle sich die Frage zusätzlicher, maßnahmebedingter Vorteile im Zusammenhang mit Erneuerungsmaßnahmen nicht, ist diese Annahme schon deshalb nicht durch § 6 NKAG gedeckt, weil diese Vorschrift für eine derartige Differenzierung nichts hergibt.

Nach dem eindeutigen Wortlaut des § 8 Abs. 2 Satz 2 KAG NW (sowie **20** dem der meisten entsprechenden Bestimmungen der anderen Länder) wird der die Beitragserhebung rechtfertigende wirtschaftliche (Sonder-)Vorteil „durch die Möglichkeit der Inanspruchnahme" der ausgebauten Anlage „geboten", die ihrerseits geeignet ist, zu einer Steigerung des Gebrauchswerts (Nutzungswerts) der ˮbetroffenen" Grundstücke zu führen. Die wirtschaftlichen Vorteile der Grundstückseigentümer beruhen demnach – wie die der Allgemeinheit – *einzig auf der Inanspruchnahmemöglichkeit* (Benutzungsmöglichkeit) der ausgebauten Anlage (vgl. Rdnr. 10). Infolgedessen kann die **Bemessung** sowohl der **Anliegervorteile**, d.h. der Vorteile, die zum einen der Gruppe der jeweiligen Grundstückseigentümer sowie zum anderen jedem

---

[33] OVG Münster, Beschluß v. 27. 2. 1991 – 2 A 576/90 –.
[34] OVG Lüneburg, Urteil v. 24. 5. 1989 – 9 A 110/87 –.

einzelnen von ihnen geboten werden und die ihren Niederschlag insgesamt im sog. Anliegeranteil finden, als auch der **Allgemeinvorteile** (Gemeindenanteil) anknüpfen *allein* an den **Wert**, den die **Inanspruchnahmemöglichkeit** (Benutzungsmöglichkeit) der ausgebauten Anlage für die "Anlieger" insgesamt und jeden einzelnen von ihnen einerseits sowie die Allgemeinheit andererseits hat (**anlage-** oder **nutzungsbezogener Vorteilsbegriff**).[35] Dieser Wert bestimmt sich nicht nach dem Ertragswert von bestimmten Grundstücken – was in bezug auf die Allgemeinvorteile ohnehin völlig unergiebig wäre –, sondern **ausschließlich** nach dem *Umfang der wahrscheinlichen* (erfahrungsgemäß zu erwartenden) *Inanspruchnahme* (Benutzung) der ausgebauten Anlage.[22] Der Umfang der wahrscheinlichen (erfahrungsgemäß zu erwartenden) Inanspruchnahme der ausgebauten Anlage ist im Ausbaubeitragsrecht – wie im Erschließungsbeitragsrecht (vgl. § 18 Rdnr. 2f.) – das **einzige** den gesetzlichen Vorschriften entsprechende Kriterium für die *Bemessung des Werts der Inanspruchnahmemöglichkeit.* Es eröffnet einen systemgerechten Weg zur Quantifizierung sowohl der Höhe der Allgemeinvorteile (Gemeindeanteil) und der Anliegervorteile (Anliegeranteil) als auch der Höhe der unterschiedlichen Sondervorteile, die jedem einzelnen Grundstückseigentümer geboten werden. Die Verteilung des umlagefähigen Aufwands ist daher nach einem Maßstab vorzunehmen, der darauf abstellt, in welchem Umfang wahrscheinlich (erfahrungsgemäß) die ausgebaute Anlage von den einzelnen Grundstücken aus jeweils benutzt werden wird. Denn nur dadurch können die Beiträge der gesetzlichen Forderung (vgl. z.B. §§ 8 Abs. 6 Satz 1 KAG NW und 6 Abs. 5 Satz 1 NKAG) entsprechend nach den (unterschiedlichen) Vorteilen, die durch die Möglichkeit der Inanspruchnahme der ausgebauten Anlage geboten werden, bemessen werden.

21 Demgegenüber vertritt das Oberverwaltungsgericht Münster in ständiger Rechtsprechung[36] die Ansicht, für die Bemessung der wirtschaftlichen Vorteile – jedenfalls im Zusammenhang mit der Verteilung des umlagefähigen Aufwands – komme es nicht auf den (unterschiedlichen) Umfang der zu erwartenden Anlagebenutzung von Grundstücken aus, sondern allein auf die von der unterschiedlichen Nutzbarkeit der Grundstücke bestimmte Steigerung des Ertragswerts dieser Grundstücke an: Für die Bemessung des Vorteils müsse mit Blick auf die Art der Nutzung „auf den unterschiedlichen Gebrauchswert von Wohn- und Gewerbegrundstücken abgestellt werden ... Dabei ist die grundsätzliche Möglichkeit aus gewerblicher Nutzung eine höhere Rendite zu erzielen, angemessen zu berücksichtigen. Der Artzuschlag

---

[35] Vgl. u.a. OVG Lüneburg, Urteil v. 27. 2. 1980 – 9 C 2/79 – DVBl 80, 760 = KStZ 81, 89, und BayVGH, Beschluß v. 29. 10. 1984 – 6 B 82 A. 2893 – BayVBl 85, 117, sowie – statt vieler – Vogel in StuGR 75, 320, von Mutius in VerwArch 1976, 195, und Menger in VerwArch 1979, 275, jeweils mit weiteren Nachweisen.
[36] OVG Münster, u.a. Urteile v. 6. 9. 1974 – II A 1173/73 – OVGE 30, 39 = KStZ 75, 154, v. 30. 6. 1975 – II A 1105/73 – DÖV 75, 869 = DWW 61, 61, und v. 27. 7. 1976 – II A 805/75 – VerwRspr 28, 464 = DWW 77, 65.

für Gewerbegrundstücke ist somit nicht deshalb geboten, weil die Inanspruchnahme der öffentlichen Straße den Eigentümern der durch sie erschlossenen Grundstücke größere (technische) Vorteile bietet. Er hat vielmehr darin seinen Grund, daß sich die Maßnahme auf den gegenüber Wohngrundstücken schon an sich höheren Gebrauchswert eines Gewerbegrundstücks auswirkt".[37] Anknüpfungspunkte für die Aufwandsverteilung sollen danach *nicht* die (Gebrauchs-)Vorteile sein, die durch den unterschiedlichen *Umfang* der *zu erwartenden Inanspruchnahme* der Anlage entstehen, *sondern* die Vorteile, die sich aus dem durch die unterschiedliche *Nutzbarkeit* der Grundstücke bestimmten Ertragswert (Gesichtspunkt der Rendite) ergeben. Diese Auffassung ist weder mit dem Wortlaut und dem System des § 8 KAG NW[38] noch mit dem in der Amtlichen Begründung zum Ausdruck gebrachten Willen des Gesetzgebers[39] vereinbar und sie findet – entgegen der Meinung des Gerichts – auch keine Stütze im Erschließungsbeitragsrecht.[40] Gleichwohl haben sich – da es sich insoweit um irrevisibles Landesrecht handelt – Bürger und Gemeinden in Nordrhein-Westfalen an dieser Rechtsprechung zu orientieren.

Wirtschaftliche (Sonder-)Vorteile dürfen, sollen sie eine Beitragspflicht 22 auslösen können, nicht nur vorübergehender Natur sein.[41] Vielmehr muß **gesichert** sein, daß die durch die Inanspruchnahmemöglichkeit der ausgebauten Anlage gebotenen Vorteile den Beitragspflichtigen eine angemessene lange Zeit zugute kommen und *nicht aus mit der Anlage selbst* zusammenhängenden, von ihrer Abnutzung *unabhängigen* Gründung vorzeitig entzogen werden können. Denn ein nur für unangemessen kurze Zeit gewährter Vorteil würde es nicht rechtfertigen, zum Teil ganz erheblich hohe Beiträge zu erheben. Deshalb bedürfen die wirtschaftlichen Vorteile, die durch Beiträge abgegolten werden sollen, grundsätzlich einer rechtlichen Absicherung, soweit dies von der Rechtsordnung vorgesehen ist. Für den Ausbau von Straßen beispielsweise können daher nach § 8 KAG NW nur Beiträge erhoben werden, wenn es sich bei ihnen entweder um straßenrechtlich öffentliche Straßen oder aber um Straßen handelt, die aufgrund öffentlich-rechtlicher Entschließung der Gemeinde bereitgestellt worden sind.[42]

Unerheblich ist, ob die Gemeinde eine beitragsfähige Maßnahme zweckge- 23 richtet durchgeführt hat, um bestimmten Grundstückseigentümern durch die

---

[37] OVG Münster, Urteil v. 5. 10. 1993 – 2 A 1785/90 –.

[38] Vgl. im einzelnen u. a. Rohlfing, Begriff und Funktion des wirtschaftlichen Vorteils im kommunalen Beitragsrecht, Diss., S. 57 ff. mit weiteren Nachweisen.

[39] Vgl. Landtagsdrucksache 6/810, S. 42.

[40] Vgl. im einzelnen Driehaus in Driehaus/Hinsen/von Mutius, Grundprobleme des kommunalen Beitragsrechts, S. 60 ff. mit weiteren Nachweisen, sowie Hempel/Hempel, KAG S-H, § 8 Rdnr. 196.

[41] So ausdrücklich § 11 Abs. 1 KAG Hess; vgl. zur Dauerhaftigkeit des Vorteils im Straßenbaubeitragsrecht etwa OVG Hamburg, Urteil v. 26. 4. 1983 – Bf VI 177/81 – KStZ 84, 35.

[42] Siehe dazu Amtliche Begründung, Landtagsdrucksache 6/810, S. 41.

Inanspruchnahmemöglichkeit der ausgebauten Anlage wirtschaftliche Vorteile zu verschaffen.[43] Denn das Entstehen von maßnahmebedingten und anlagebezogenen Vorteilen ist **unabhängig** von der subjektiven Zielrichtung, mit der die Ausbaumaßnahme von der Gemeinde getragen und von den Anliegern verfolgt wird.[44] Eine Beitragserhebung rechtfertigende wirtschaftliche (Sonder-)Vorteile können daher auch entstehen, wenn eine Verkehrsanlage wegen einer Steigerung des (Durchgangs-)Verkehrs z.B. verbessert worden ist.[45] Ob durch die Inanspruchnahmemöglichkeit einer ausgebauten Anlage wirtschaftliche (Sonder-)Vorteile geboten werden, ist allein nach objektiven Kriterien zu beurteilen. Erst im Rahmen einer aus den subjektiven Vorstellungen sowohl der Gemeinde als auch der Anlieger herausgehobenen Betrachtung ergibt sich, ob und in welchem Umfang wem wirtschaftliche Vorteile geboten werden und dementsprechend eine Kostenbeteiligung erlaubt ist.[46] Der Vorteil der Grundstückseigentümer ist gleichsam ein durch das Handeln der Gemeinde hervorgerufener, sie in ihrer Eigenschaft als Privatpersonen mehr oder weniger begünstigender „Reflex",[47] er ist eine (aus finanzpolitischen Gründen nicht unerwünschte) Nebenwirkung einer vorwiegend im öffentlichen Interese durchgeführte Maßnahme. Schon deshalb ist die nicht selten von Beitragspflichtigen erhobenen Forderung unbegründet, dazu gehört zu werden, ob und wie eine Ausbaumaßnahme durchzuführen ist.

III. Beitragsfähige Maßnahmen und (wirtschaftliche) Vorteile

24   Eine Ausbaumaßnahme, die als beitragsfähig zu qualifizieren ist (vgl. dazu § 31 Rdnrn. 6 ff.), löst regelmäßig einen beitragsfähigen Aufwand aus, es sei denn, die Maßnahme als solche sei ausnahmsweise schlechthin nicht erforderlich (vgl. § 32 Rdnr. 37 f.). Der entstandene beitragsfähige Aufwand ist nach der Konzeption der ausbaubeitragsrechtlichen Vorschriften nach Maßgabe der durch die Inanspruchnahmemöglichkeit der ausgebauten Anlage jeweils gebotenen (wirtschaftlichen) Vorteile auf die Allgemeinheit bzw. die sie "repräsentierende" Gemeinde einerseits und die Gruppe der "betroffenen" Grundstückseigentümer andererseits zu verteilen.[48] Dementsprechend besteht eine *unlösbare Verbindung* zwischen **beitragsfähiger Maßnahme** und (wirtschaftlichen) **Vorteilen,** die als Kriterium für die Verteilung des beitrags-

---

[43] Vgl. etwa OVG Lüneburg, Urteil v. 22. 4. 1987 – 9 A 11/86 –.

[44] U. a. OVG Lüneburg, Beschluß v. 6. 1. 1981 – 9 B 33/80 – KStZ 81, 71 = HSGZ 81, 144 = ID 81, 155.

[45] U. a. OVG Lüneburg, Urteil v. 11. 8. 1987 – 9 A 56/86 –.

[46] U. a. OVG Lüneburg, Urteil v. 27. 1. 1977 – VI A 192/75 – VerwRspr 29, 105 = KStZ 77, 110.

[47] OVG Koblenz, Urteil v. 19. 12. 1977 – 6 A 34/76 – KStZ 78, 176.

[48] In diesem Zusammenhang werden ggfs. zu berücksichtigende Zuwendungen Dritter vernachlässigt.

fähigen Aufwands dienen. Ausbaumaßnahmen, „die weder den Grundstückseigentümern noch der Allgemeinheit wirtschaftliche Vorteile vermitteln, sind nicht beitragsfähig".[49] Ist jedoch eine Maßnahme z. B. als beitragsfähige Verbesserung zu qualifizieren, ist auf der Grundlage der ausbaubeitragsrechtlichen Systematik *denkgesetzlich* die Annahme *ausgeschlossen*, eine Verteilung des dafür entstandenen beitragsfähigen Aufwands sei mangels durch die Inanspruchnahmemöglichkeit der ausgebauten Anlage ausgelöster (wirtschaftlicher) Vorteile für Allgemeinheit und/oder Grundstückseigentümer nicht möglich. Mit anderen Worten: Eine *beitragsfähige Maßnahme* löst nach der Konzeption der ausbaubeitragsrechtlichen Bestimmungen – wenn und soweit beitragsfähige Aufwendungen entstanden sind – zwangsläufig *verteilungsrelevante (wirtschaftliche) Vorteile* aus. Deshalb ist – und zwar im Rahmen der Ermittlung des umlagefähigen Aufwands – lediglich darüber zu befinden, ob und in welchem Umfang diese Vorteile neben der Allgemeinheit (Gemeinde) auch einer Gruppe von Grundstückseigentümern "zuzurechnen" sind, d. h., ob und in welchem Umfang außer der Allgemeinheit auch eine Gruppe von Grundstückseigentümern mit einem Anteil am beitragsfähigen Aufwand zu belasten ist.

Das führt zu der Frage, ob beitragsfähige Maßnahmen denkbar sind, die 25 ausschließlich der Allgemeinheit (wirtschaftliche) Vorteile bieten und deren beitragsfähiger Aufwand deshalb mit der Folge *allein* von der Allgemeinheit (Gemeinde) zu tragen ist, daß kein umlagefähiger, also auf die Grundeigentümer umzulegender Aufwand verbleibt. Diese Frage ist allenfalls theoretisch zu bejahen, nämlich für den Fall, daß die Inanspruchnahmemöglichkeit der durch die beitragsfähige Maßnahme ausgebauten Anlage für die **Eigentümer** im Ergebnis **vorteilslos** ist, weil erfahrungsgemäß **ausgeschlossen** werden kann, daß die Anlage von deren Grundstücken aus in Anspruch genommen wird und sie ihnen deshalb keine (Gebrauchs-) Vorteile zu vermitteln geeignet ist. Ein solcher Fall aber ist – wie angedeutet – wohl nur theoretisch denkbar, kommt jedoch in der Praxis kaum vor. Konsequenterweise ist daher grundsätzlich *die Annahme geboten*, eine beitragsfähige Maßnahme sei **regelmäßig** mit verteilungsrelevanten (wirtschaftlichen) Vorteilen sowohl für die Allgemeinheit als auch für die Gruppe der "betroffenen" Grundstückseigentümer verbunden (vgl. Rdnr. 16). Dementsprechend wird nahezu einhellig die Ansicht vertreten, eine beitragsfähige Maßnahme sei „generell geeignet, grundstücksbezogene Gebrauchsvorteile zu gewährleisten".[50] Werde „eine Verbesserung begrifflich bejaht, schließt dies zugleich den besonderen wirtschaftlichen Vorteil i. S. des § 6 NKAG ein."[51] Man könne nicht zu dem Ergebnis kommen, „daß begrifflich eine Verbesserung vorliegt, ohne daß damit besondere Vorteile für die Eigentümer der angrenzenden Grundstücke verbunden

---

[49] OVG Münster, Urteil v. 20. 12. 1982 – 2 A 2620/80 – KStZ 83, 228.
[50] Hempel/Hempel, KAG S–H, § 8 Rdnr. 217 mit weiteren Nachweisen.
[51] OVG Lüneburg, Beschluß v. 8. 3. 1984 – 3 B 150/83 – Ns Gemeinde 84, 366.

sind."[52] Deshalb sei beispielsweise bei einer durch die erstmalige Anlegung von **Parkstreifen** bewirkten Verbesserung einer Straße (vgl. dazu § 31 Rdnr. 54) „nicht zweifelhaft, daß die Möglichkeit der Inanspruchnahme dieser Parkplätze ... den Anliegern in der P.-Straße ‚besondere Vorteile' im Sinne des Art. 5 Abs. 1 BayKAG bietet."[53] Auch durch die Erneuerung (nachmalige bzw. nochmalige Herstellung) einer nach langer Zeit trotz laufender Unterhaltung abgenutzten Anlage werden den Grundstückseigentümern regelmäßig wirtschaftliche Vorteile geboten, „ohne beitragspflichtigen Vorteil sind lediglich Maßnahmen bloßer Instandsetzung".[54] Das gilt für die Erneuerung einer Anlage (Einrichtung) sowohl, wenn diese Anlage **gleichartig** (d.h. mit gleicher räumlicher Ausdehnung, gleicher funktionaler Aufteilung der Flächen und gleichwertiger Befestigungsart, vgl. § 31 Rdnr. 8) erneuert wird,[55] als auch wenn sie andersartig, aber **gleichwertig** (z.B. Umbau einer im Trennsystem angelegten ruhigen Anliegerstraße in eine als verkehrsberuhigter Bereich gestaltete Mischfläche) ausgebaut wird.[56] Ohne weiteres gerechtfertigt ist die Annahme, es werde den Grundeigentümern ein wirtschaftlicher Vorteil vermittelt, überdies, wenn es um eine ausbaubeitragsrechtlich relevante erstmalige Herstellung etwa eines Wirtschaftswegs geht.

26   Die damit aufgezeigte ”systemimmanente Zwangsläufigkeit" verkennt das Oberverwaltungsgericht Münster beispielsweise, wenn es meint, eine „geringfügige verkehrstechnische Verbesserung"[57] bringe den Grundstückseigentümern keine beitragsrechtlich relevanten Vorteile. Denn wenn eine Maßnahme eine – wenn auch nur geringfügige – Verbesserung der Anlage bewirkt, also als beitragsfähige Maßnahme zu qualifizieren ist, werden regelmäßig allen potentiellen Benutzern der Anlage (wirtschaftliche) Vorteile geboten, und zwar sowohl den Mitgliedern der Allgemeinheit als auch den Eigentümern der ”anliegenden" Grundstücke. Das hat notwendigerweise zur Folge, daß nicht nur die Allgemeinheit, sondern auch diese Eigentümer einen Anteil am entstandenen beitragsfähigen Aufwand tragen müssen. Schwerlich mit der Konzeption des Ausbaubeitragsrechts vereinbar ist ferner die Annahme des gleichen Gerichts, der Umbau einer normalen Straße zu einer ”Mischstraße", die gleichermaßen dem fließenden und ruhenden Fahrzeugverkehr sowie dem Fußgängerverkehr dient, stelle eine beitragsfähige Maßnahme i.S. des § 8 Abs. 2 Satz 1 KAG, nämlich „eine nachmalige Herstellung der Straße,

---

[52] OVG Hamburg, Urteil v. 7. 12. 1978 – Bf II 88/77 – BBauBl 79, 171; ebenso u.a. OVG Lüneburg, Beschlüsse v. 5. 2. 1980 – 9 B 5/80 – und v. 12. 8. 1980 – 9 B 24/80 –, sowie Otto in ZKF 80, 20.
[53] BayVGH, Urteil v. 11. 3. 1993 – 6 B 90.1917 –.
[54] OVG Lüneburg, Beschluß v. 21. 8. 1989 – 9 M 43/89 –.
[55] OVG Münster, Urteil v. 12. 10. 1978 – II A 319/76 – OVGE 33, 277 = GemHH 79, 167 = DWW 79, 46.
[56] Vgl. im einzelnen OVG Münster, Urteil v. 4. 7. 1986 – 2 A 1761/85 – StuGR 87, 89 = ZKF 87, 39.
[57] OVG Münster, Urteil v. 29. 1. 1979 – II A 2159/76 –.

und zwar nicht im Sinne einer Erneuerung in gleicher Art ..., sondern eine
gegenüber dem früheren Zustand andersartige Herstellung dar", doch werde
„den Eigentümern der durch die Straße erschlossenen Grundstücke durch die
Inanspruchnahme der neuen Einrichtung wirtschaftliche Vorteile nicht geboten".[58] Dieser Ansicht könnte nur zuzustimmen sein, wenn zugleich festgestellt würde, daß durch die beitragsfähige Maßnahme ausschließlich der Allgemeinheit (wirtschaftliche) Vorteile vermittelt worden sind, denn „nur bei
einer derartigen extremen Fallgestaltung ... könnte ein Anliegervorteil verneint werden".[59] Eine solche Feststellung läßt sich jedoch weder aus dem
Urteil selbst noch aus allgemeinen Erfahrungssätzen herleiten.

Die vorstehenden Ausführungen machen deutlich, daß im Ausbaubeitrags- 27
recht – wie im Erschließungsbeitragsrecht – der **Aufwendungsphase** oder genauer: der Qualifizierung einer Maßnahme als "beitragsfähig" und der Ermittlung des beitragsfähigen Aufwands *ausschlaggebende* **Bedeutung** zukommt. Ist erst ein beitragsfähiger Aufwand festgestellt, d.h. die Aufwendungsphase abgeschlossen, ist der "Zug" in Richtung Beteiligung an der Aufwandsverteilung nicht nur zu Lasten der Allgemeinheit (Gemeinde), sondern
auch zu Lasten der Gruppe der Grundstückseigentümer "abgefahren". Es
stellen sich dann in der Regel nur noch die Fragen nach dem Verhältnis
zwischen dem Gemeinde- und dem Anliegeranteil sowie der rechnerischen
Belastung der einzelnen Grundstückseigentümer (Erbbauberechtigten). Dies
wird – mangels hinreichender Beachtung der Systematik der ausbaubeitragsrechtlichen Vorschriften – recht häufig übersehen. Das mag ein Grund dafür
sein, daß nicht eben selten der Einwand eines Klägers, er habe keinen wirtschaftlichen Sondervorteil von einer beitragsfähigen Maßnahme, mit Erwägungen zurückgewiesen wird, die in der Sache **identisch** sind mit denen, mit
denen begründet wird, eine Ausbaumaßnahme sei z.B. als beitragsfähige Verbesserungsmaßnahme zu qualifzieren: Wirtschaftliche Sondervorteile würden dem Grundstückseigentümer geboten durch die ausgebaute „Fahrbahn,
die einen ungestörten, reibungslosen Verkehr zuläßt, durch die Trennung
von Fußgänger- und Fahrzeugverkehr, der eine gefahrlose Benutzung ermöglicht, durch die einen schnelleren Ablauf des Wassers bietende Straßenentwässerung und durch die bessere Ausleuchtung der Straße, die bei Dunkelheit eine größere Sicherheit gewährleistet".[60] Oder: Der erstmalige Einbau
einer frostsicheren Tragschicht in die Gehwege „vermittelt den Anliegern
auch wirtschaftliche Vorteile ... Die Belastbarkeit der Gehwege wird erhöht;
Schäden, die auf Frosteinwirkung oder sonstige witterungsbedingte Einflüsse
zurückgehen, werden vermieden. Hieraus resultiert insgesamt eine Verminderung der Reparaturanfälligkeit", so daß „die Nutzbarkeit der Gehwege
erhöht wird".[61] Solche und ähnliche "Begründungen" sind als solche unergie-

---

[58] OVG Münster, Urteil v. 25. 10. 1983 – 2 A 1283/82 – ID 83, 378 = KStZ 84, 114.
[59] BayVGH, Beschluß v. 20. 7. 1988 – 6 CS 88.01746 –.
[60] OVG Münster, Urteil v. 5. 9. 1986 – 2 A 963/84 –.
[61] OVG Münster, Urteil v. 31. 1. 1992 – 2 A 1176/90 –.

big und **verschleiern** eher die Tatsache, daß – so jedenfalls die Regel – „jede Verbesserung einer Straße denknotwendig einen Vorteil für die Anlieger einschließt" und infolgedessen im Zusammenhang mit dem Merkmal des wirtschaftlichen Sondervorteils kein Bedarf besteht, d. h. „nicht erforderlich (ist), jeweils im einzelnen Heranziehungsfall die wertsteigernden Umstände für jeden Eigentümer dazulegen und insoweit Einzelvorteile aus jeder Einzelmaßnahme zu bewerten".[62]

28   Wenn überhaupt über den Hinweis hinaus, daß eine beitragsfähige Maßnahme regelmäßig mit wirtschaftlichen Vorteilen sowohl für die Allgemeinheit als auch für die Anlieger verbunden ist, z. B. in einem Widerspruchsbescheid **weitere** Ausführungen zum Merkmal des wirtschaftlichen Vorteils für die Grundstückseigentümer (Erbbauberechtigten) gemacht werden sollen, können diese nur erläuternder, **beschreibender** Natur sein. Zum Beispiel: „Die breitere (Straßen-)Fläche mit dem verstärkten Unterbau und die ordnungsgemäße Entwässerung gewährleisten eine weniger störanfällige und leichtere Erreichbarkeit der Grundstücke. Dadurch wird deren Gebrauchswert erhöht".[63] Oder: Die Grundstücke „sind über die verbreiterten und qualitativ hochwertig ausgebauten Bürgersteige besser und gefahrloser zu erreichen. Damit wird ein wirtschaftlicher Vorteil im Sinne des § 8 Abs. 2 Satz 2 KAG geboten".[64] Ferner: Es „erleichtert eine (verbesserte) Straßenbeleuchtung jedenfalls auch die Brauchbarkeit der Anliegergrundstücke, weil dieselben bei beleuchteter Fahrbahn und beleuchteten Gehwegen leichter zu finden bzw. zu erreichen sind. Dies vernachlässigt die ... Äußerung von Hermann Löns, daß mit Hilfe der Straßenbeleuchtung jeder seine Kneipe leichter finden könne und die Straßenbeleuchtung daher (nur) den Gastwirten zugute komme".[64] Weiter: Die Anlegung der Parkstreifen hat eine Verbesserung der Straße bewirkt, durch diese Maßnahme ist „eine Steigerung des Gebrauchswerts der Anliegergrundstücke eingetreten. Die von der Fahrbahn abgesetzten Parkstreifen verschaffen den Anliegern eine straßenrechtlich abgesicherte Parkmöglichkeit in unmittelbarer Nähe der Grundstücke und verbessern insoweit die Erreichbarkeit der Grundstücke. Der Annahme eines wirtschaftlichen Vorteils steht nicht entgegen, daß auf den Anliegergrundstücken selbst Garagen oder Abstellflächen vorhanden sind. Denn selbst wenn das zutrifft, wird ein Erschließungsvorteil jedenfalls dadurch geboten, daß zusätzlicher Parkraum nicht nur für die Anlieger selbst, sondern auch für deren Besucher, Mieter und Anlieferer geschaffen worden ist;"[65] dieser – jedenfalls den Grundstücken noch „bei einem Abstand von 15 m" gebotene[66] – Vorteil wird „durch eine die Parkzeit einschränkende Parkscheibenregelung nach § 13 Abs. 2

---

[62] OVG Lüneburg, Urteil v. 11. 8. 1987 – 9 A 56/86 –, ähnlich u. a. Urteil v. 12. 1. 1981 – 9 A 98/80 – Ns Städteverband 83, 67.
[63] OVG Münster, Urteil v. 19. 12. 1986 – 2 A 1087/85 –.
[64] OVG Lüneburg, Beschluß v. 27. 8. 1987 – 9 A 8/86 –.
[65] OVG Münster, Urteil v. 22. 7. 1986 – 2 A 254/84 –.
[66] OVG Münster, Urteil v. 22. 3. 1990 – 2 A 2683/87 –.

Satz 1 StVO grundsätzlich nicht gemindert".[67] Überdies: Wirtschaftliche Vorteile „ergeben sich durch die Schaffung der zusätzlichen Teilanlage Radweg, da der stadtauswärts fahrende Radverkehr wesentlich sicherer wird".[68] Schließlich: Eine beitragsfähige Straßenbaumaßnahme mit dem Ziel der Verkehrsberuhigung führt u. a. zu einer Verkehrsentlastung, „mit der ... verbunden ist eine Verbesserung der Geschäftslage, der Wohnqualität und der Qualität der Arbeitsplätze, die zur (deutlichen) Wertsteigerung der Grundstücke zu führen und insofern vorteilsbegründend zu wirken vermag".[69]

Auf einem nicht hinreichenden Verständnis des Zusammenhangs zwischen **29** beitragsfähigen Maßnahmen und **von ihr** (für die Allgemeinheit wie) für die Grundeigentümer ausgelösten wirtschaftlichen Vorteilen (sog. maßnahmebedingter Vorteilsbegriff, vgl. Rdnr. 16) dürfte es im übrigen beruhen, wenn das Oberverwaltungsgericht Münster die Frage, um welche Art von beitragsfähiger Maßnahme es sich beim Umbau einer "normalen" Straße in einen **verkehrsberuhigten Bereich** handelt, nicht auf der Grundlage der tatsächlichen Gegebenheiten, sondern nach dem vermittelten wirtschaftlichen Vorteil beantwortet und damit gleichsam "das Pferd von hinten aufzäumt". Daß dem so ist, erhellen Dietzel/Hinsen/Perger[70] in entwaffnender Offenheit, wenn sie schreiben, „als Erneuerung wurde der Umbau im Urteil vom 4. Juli 1986 nur im Hinblick auf den gebotenen wirtschaftlichen Vorteil angesehen".[71] Für derartige dem gesetzlichen Aufbau und dem beitragsrechtlichen System widersprechende Entscheidungen lassen sich – wenn auch teilweise mit gegenteiligem Ergebnis[72] – (leider) eine Vielzahl von Beispielen aufzeigen.

Ebenfalls auf ein Mißverständnis der gesetzlichen Regelung dürfte zurück- **30** zuführen sein, wenn das Oberverwaltungsgericht Münster[73] meint, dann, wenn bei einer als Erneuerung zu qualifizierenden Umwandlung einer bisherigen Straße im Trennsystem in eine Anlage mit verkehrsberuhigter Mischfläche der größte Teil der vorher **vorhandenen Parkmöglichkeiten wegfalle,** habe dies eine Minderung des wirtschaftlichen Vorteils der Anlieger zur Folge, dem die Gemeinde z. B. durch eine Herabsetzung des Eigentümeranteils (Anliegeranteils) bei entsprechender Erhöhung des Gemeindeanteils Rechnung tragen müsse. Da – wie es in § 8 Abs. 4 Satz 4 KAG NW (bzw. den entsprechenden

---

[67] OVG Münster, Urteil v. 21. 2. 1990 – 2 A 2787/86 – NVwZ-RR 90, 643 = KStZ 90, 229 = GemHH 91, 90.

[68] OVG Münster, Urteil v. 29. 11. 1988 – 2 A 1678/86 – GemHH 89, 232 = NWVBl 89, 281.

[69] BayVGH, Beschluß v. 29. 4. 1986 – 6 CS 86.00668 – KStZ 86, 232 = BayVBl 87, 216.

[70] Dietzel/Hinsen/Perger, Das Straßenbaubeitragsrecht nach § 8 KAG NW, Rdnr. 48.

[71] OVG Münster, siehe im einzelnen das Urteil v. 4. 7. 1986 – 2 A 1761/85 – OVGE 38, 272 = StuGR 87, 89 = ZKF 87, 39; ebenso u. a. Urteil v. 14. 6. 1989 – 2 A 1152/87 –.

[72] Vgl. etwa OVG Münster, Urteil v. 25. 10. 1990 – 2 A 1623/86 –.

[73] Vgl. OVG Münster, Urteil v. 18. 10. 1989 – 2 A 2172/87 –.

Vorschriften anderer Länder) ausreichend deutlich heißt – durch den Gemeindeanteil lediglich „ein dem wirtschaftlichen Vorteil der Allgemeinheit oder der Gemeinde ... entsprechender Anteil" des für eine beitragsfähige Maßnahme entstandenen Aufwands gedeckt werden soll, daher der Gemeindeanteil und der Eigentümeranteil zusammen den beitragsfähigen Aufwand ausmachen muß (vgl. § 33 Rdnr. 4), entspräche die zuletzt dargestellte Ansicht des Oberverwaltungsgerichts Münster nur dann dem Gesetz, wenn angenommen werden dürfte, die in Rede stehende Schaffung des verkehrsberuhigten Bereichs vermittele der Allgemeinheit gerade deshalb höhere wirtschaftliche Vorteile, d. h. nach den Regeln der Wahrscheinlichkeit werde die Allgemeinheit im Verhältnis zu den Anliegern die ausgebaute Anlage gerade deshalb in beachtlich höherem Umfang in Anspruch nehmen (vgl. zu diesem Ansatz Rdnr. 20), weil der größte Teil der vorher vorhandenen Parkmöglichkeiten weggefallen ist. Das liegt jedenfalls nicht auf der Hand und bedürfte deshalb – wenn es überhaupt vertretbar sein sollte – einer eingehenden Begründung.

31   Die ausschlaggebende Bedeutung der Aufwendungsphase im Ausbaubeitragsrecht (vgl. Rdnr. 27) hat zur Folge, daß zur "Freistellung" der Grundstückseigentümer (Erbbaurechtigten) als Gruppe von einer Belastung mit Beiträgen **nur** solche – sie alle gleichermaßen betreffenden – **Einwände** führen können, die geeignet sind, die Annahme zu begründen, eine Ausbaumaßnahme sei nicht beitragsfähig, es sei **kein** im Rahmen der Verteilungsphase auf die Gemeinde (Allgemeinheit) einerseits und die Gruppe der Grundeigentümer andererseits umzulegender beitragsfähiger Aufwand entstanden. Deshalb muß beispielsweise schon in der Aufwendungsphase die Frage beantwortet werden, ob etwa durch eine Maßnahme, die eine verkehrstechnische Verbesserung bewirkt, zugleich derartige verkehrstechnische Verschlechterungen eintreten, daß die damit verbundenen (Dauer-)Nachteile die positive Wirkung der Maßnahme "unterm Strich" gleichsam aufheben und daran die Beitragsfähigkeit der Maßnahme scheitert (vgl. zur sog. **Kompensation** § 31 Rdnrn. 32 f.). Die zunächst – soweit ersichtlich – ganz allgemein vertretene Ansicht, ggfs. mit einer Ausbaumaßnahme z. B. durch eine Verschmälerung der ausgebauten Teileinrichtung oder eine sonstige Beeinträchtigung der Sicherheit und Leichtigkeit des Verkehrs ausgelöste verkehrstechnische Verschlechterungen könnten die positiven Auswirkungen dieser Maßnahme mit der Folge kompensieren, daß es an einer beitragsfähigen Maßnahme fehlt, der Begriff der Kompensation sei im Straßenbaubeitragsrecht beschränkt **einzig** auf die Beantwortung der Frage nach der Beitragsfähigkeit einer Ausbaumaßnahme, wird offenbar vom Oberverwaltungsgericht Münster nicht mehr geteilt. Ohne die damit verbundene "Veränderung des Anwendungsbereichs" des Begriffs der Kompensation auch nur anzusprechen, bejaht nämlich dieses Gericht in mehreren Entscheidungen[74] das Vorliegen einer beitragsfähigen Maß-

---

[74] OVG Münster, u. a. Urteile v. 15. 11. 1991 – 2 A 1232/89 –, v. 18. 12. 1991 – 2 A 769/90 – und v. 28. 2. 1992 – 2 A 1685/89 –.

nahme, meint jedoch, die dadurch vermittelten wirtschaftlichen (Sonder-) Vorteile könnten durch verkehrstechnische Verschlechterungen kompensiert werden; „die gebotenen wirtschaftlichen Vorteile werden ... kompensiert durch die Nachteile, die den Anliegern durch die fehlende Verkehrssicherheit des konkreten Ausbaus entstehen".[75] Diese Betrachtungsweise begegnet Bedenken. Sie stellt nicht hinreichend den systematischen Aufbau des Straßenbaubeitragsrechts sowie das Verhältnis zwischen beitragsfähigen Maßnahmen und wirtschaftlichem (Sonder-)Vorteil in Rechnung (vgl. dazu Rdnrn. 24). Richtig ist vielmehr, daß auf eine Teileinrichtung „bezogene Nachteile ... die Verbesserung in Frage stellen" können.[76]

Zu beachtlichen, die Beitragsfähigkeit einer Ausbaumaßnahme ausschlie- 32 ßenden "aufrechenbaren" (Dauer-)Nachteilen führt weder die Beseitigung von Straßenbäumen im Rahmen einer Straßenverbreiterung[77] noch die Erhöhung störender Verkehrsbelästigungen, die verursacht werden durch eine nach einem Straßenausbau nicht selten für eine gewisse Zeit feststellbare vermehrte Benutzung der Straße durch einen Nichtanliegerverkehr. Ebenfalls unbeachtlich ist in diesem Zusammenhang, daß durch die (in den letzten Jahren) vermehrte Motorisierung die von der Allgemeinheit ausgehenden Verkehrsbelästigungen angestiegen sind.[78] Und ohne Belange ist ferner, ob das Ansteigen der Straßenbenutzung durch die Allgemeinheit eine Folge der mit einem Ausbau der Straße **einhergehenden wesentlichen Veränderung** ihrer Funktion für das Verkehrsnetz der Gemeinde ist.[79] Denn die beiden letzten Ursachen für vorteilsmindernde (Dauer-)Nachteile haben durch eine angemesene Beteiligung der Allgemeinheit (Gemeinde) am beitragsfähigen Aufwand Berücksichtigung zu finden. Ist z. B. einer zuvor als reine Wohnstraße einzustufenden Anlage etwa durch verkehrslenkende Maßnahmen die Funktion einer Haupterschließungsstraße zugewiesen und ist sie dementsprechend durch eine beitragsfähige Verbreiterung ausgebaut worden, ist dem durch eine höhere Beteiligung der Allgemeinheit am beitragsfähigen Aufwand, d. h. durch einen höheren Gemeindeanteil, Rechnung zu tragen;[80] „mit der unterschiedlichen Einstufung nach Straßentypen werden pauschal die Nachteile ausgeglichen, die regelmäßig mit der Lage eines Grundstücks an einer Straße verbunden sind, die neben dem Anliegerverkehr überwiegend Innerorts- oder Durchgangsverkehr aufnimmt oder nach dem Ausbau aufnehmen soll".[81] Unerheblich ist schließlich die – mehr oder weniger verläßliche – Erwartung, zum Beispiel eine verbesserte Fahrbahn werde alsbald bei durch-

---

[75] OVG Münster, Urteil v. 18. 12. 1991 – 2 A 1701/89 –.
[76] BayVGH, Urteil v. 21. 11. 1991 – 6 B 88.02254 –.
[77] Vgl. u. a. OVG Münster, Urteil v. 29. 5. 1978 – II A 1244/75 –.
[78] Vgl. OVG Lüneburg, Urteil v. 11. 8. 1987 – 9 A 56/86 –.
[79] A. A. OVG Münster, U. v. 25. 10. 1982 – 2 A 1817/80 – KStZ 83, 139 = DVBl 83, 228.
[80] Vgl. BayVGH, U. v. 26. 10. 1987 – 6 B 85 A 842, 1075 –.
[81] OVG Lüneburg, Beschluß v. 13. 2. 1989 – 9 B 161/88 –.

zuführenden Bauvorhaben durch Baufahrzeuge beschädigt oder sie werde wegen des Verlegens von Leitungen aufgebrochen werden. Denn etwaige auf solche Vorgänge zurückzuführende Schäden wären von den jeweiligen Verursachern zu beseitigen.[82]

33 Gelegentlich kann eine beitragsfähige Maßnahme zur Folge haben, daß einem Grundstückseigentümer z.B. durch eine Niveauerhöhung der ausgebauten Straße deren Inanspruchnahme nur nach Anlegung einer mehr oder weniger kostspieligen Zufahrt auf seinem Grundstück möglich ist. Dieser Umstand kann ebenso wie vergleichbare zu – erst im Rahmen der Verteilung des umlagefähigen Aufwands und ggfs. der Beitragsheranziehung beachtlichen – Nachteilen mit dem Ergebnis führen, daß gerade dem betreffenden Grundstückseigentümer durch eine beitragsfähige Maßnahme keine oder lediglich verminderte (Sonder-)Vorteile geboten werden, so daß er entweder schon bei der Verteilung des umlagefähigen Aufwands ganz oder teilweise unberücksichtigt zu bleiben hat oder jedenfalls zu seinen Gunsten eine Billigkeitsregelung zu treffen ist. Jedoch ist unter diesem Blickwinkel ohne Bedeutung, wenn ein Eigentümer die Höherlegung "seiner" Straße (lediglich) subjektiv als optische Beeinträchtigung seines Grundstücks empfindet.[83]

§ 30 Ausbaubeitragssatzung (Straßenbaubeitragssatzung)

I. Beitragssatzung zur Ergänzung der ausbaubeitragsrechtlichen Regelungen des Landesrechts

1 Der im Ausbaubeitragsrecht grundsätzlich bestehenden Pflicht zur Erhebung von Beiträgen (vgl. § 28 Rdnr. 8 ff.) korrespondiert die **Pflicht zum Erlaß** einer Ausbaubeitragssatzung (vgl. § 28 Rdnrn. 11 ff.); die ausbaubeitragsrechtlichen Regelungen des Landesrechts – z.B. die in § 8 KAG NW enthaltenen – sind ihrem Charakter nach "Rahmenbestimmungen", die – wie etwa § 2 Abs. 1 KAG NW deutlich macht – der Ausfüllung durch eine Ortssatzung bedürfen. Das geltende Ausbaubeitragsrecht in einer Gemeinde besteht dementsprechend zum einen aus den jeweiligen landesrechtlichen Regelungen und zum anderen aus den sie ergänzenden Vorschriften in der einschlägigen Ausbaubeitragssatzung. Gleichwohl bleibt eigentliche "Ermächtigungsgrundlage" für eine Beitragserhebung die einschlägige landesrechtliche Bestimmung des Kommunalabgabengesetzes, die die Gemeinden, soweit und sobald die Durchführung ausbaubeitragsrechtlich relevanter Maßnahmen in Aussicht steht, durch den Erlaß einer entsprechenden Beitragssatzung zu ergänzen gehalten sind.

---

[82] Ebenso OVG Münster, Urteil v. 12. 10. 1986 – 2 A 2670/84 –.
[83] Vgl. OVG Münster, Urteil v. 28. 7. 1988 – 2 A 400/87 –.

In der Praxis haben – soweit ersichtlich – bisher ausschließlich Straßenbaubeitragssatzungen eine Rolle gespielt. Deshalb wohl sind Satzungsmuster von den Landesinnenministern[1] und kommunalen Spitzenverbänden[2] nur zu diesem Teilbereich des Ausbaubeitragsrechts veröffentlicht worden. Dementsprechend beschränken sich die folgenden Ausführungen auf das **Straßenbaubeitragsrecht** (vgl. § 28 Rdnr. 11).

Straßenbaubeiträge können erst erhoben werden, wenn zuvor eine gültige 2 Ortssatzung erlassen worden ist. Davon zu unterscheiden ist die Frage, ob Beiträge im Straßenbaubeitragsrecht – wie im Erschließungsbeitragsrecht (vgl. § 19 Rdnr. 10) – auch verlangt werden können für beitragsfähige Maßnahmen, die *vor* Inkrafttreten einer insbesondere in ihrer Verteilungsregelung wirksamen Beitragssatzung endgültig (programmgemäß) **abgeschlossen** worden sind. Diese Frage ist aufgrund der ausdrücklichen Regelung des Art. 5 Abs. 8 KAG Bay und des § 7 Abs. 8 ThürKAG für das bayerische und das thüringische Landesrecht ohne weiteres zu bejahen.[3] Sie ist überdies ohne weiteres zu bejahen für das sächsische Landesrecht.[4] Gemäß § 30 Abs. 1 SächsKAG entstehen die (sachlichen) Beitragspflichten „mit der Fertigstellung der Verkehrsanlage, frühestens jedoch mit Inkrafttreten der Satzung"; nach dieser Bestimmung ist es für das Entstehen der (sachlichen) Beitragspflichten mithin gleichgültig, ob die Fertigstellung der Verkehrsanlage dem Inkrafttreten der Satzung vorangeht oder ihr nachfolgt.

Dagegen sollen nach Auffassung der Oberverwaltungsgerichte Münster[5] 3 und Lüneburg[6] sowie des Verwaltungsgerichtshofs Kassel[7] in den Ländern ihres Zuständigkeitsbereichs beitragsfähige Maßnahmen nur dann sachliche Beitragspflichten auslösen können, wenn der **Zeitpunkt** ihres dem Ausbauprogramm entsprechenden **Abschlusses**, d.h. der Zeitpunkt der endgültigen Herstellung (§ 8 Abs. 7 Satz 1 KAG NW) oder der Fertigstellung (§ 11 Abs. 9 Satz 1 KAG Hess) der Anlage bzw. der Beendigung der Maßnahme (§ 6 Abs. 6 NKAG), vom zeitlichen **Geltungsbereich** einer – möglicherweise rückwirkend in Kraft getretenen – gültigen Beitragssatzung erfaßt wird. Beitrags-

---

[1] Vgl. u.a. die Satzungsmuster zu Art. 5 KAG Bay v. 6. 6. 1975 (MABl S. 483), geändert durch Bekanntmachung v. 11. 9. 1975 (MABl S. 954), v. 15. 4. 1977 (MABl S. 309) und v. 20. 10. 1978 (MABl S. 839), zu § 8 KAG NW v. 28. 5. 1971 (MinBl NW S. 1178), geändert durch Runderlaß v. 2. 5. 1977 (MinBl NW S. 658), und zu § 6 NKAG v. 22. 6. 1982 (MinBl Ns S. 923).

[2] Vgl. u.a. zu §§ 26ff. SächsKAG das vom Sächsischen Städte- und Gemeindetag im Sachsenlandkurier 94, 205 ff. veröffentlichte Satzungsmuster.

[3] Vgl. BayVGH, u.a. Urteile v. 9. 1. 1989 – 6 B 85 A 1560 u.a. – und v. 26. 6. 1989 – 6 B 87.02076 – sowie Schieder/Happ, BayKAG, Art. 6 Bem. 10.1.

[4] Vgl. Driehaus in Sachsenlandkurier, Sonderausgabe 1/1994, S. 4.

[5] OVG Münster, Urteile v. 30. 6. 1975 – II A 231/74 – OVGE 31, 147, und v. 25. 8. 1975 – II A 232/74 – GemHH 76, 140 = DGemStZ 78, 151.

[6] OVG Lüneburg, Beschluß v. 1. 2. 1979 – IX B 4/79 – Ns Gemeinde 79, 381 = S-H Gemeinde 79, 214, sowie Urteil v. 14. 6. 1983 – 9 A 101 u.a./82 – KStZ 83, 195 = Ns Gemeinde 83, 343.

[7] VGH Kassel, Urteil v. 31. 5. 1979 – V OE 18/78 – HSGZ 80, 61.

fähige Maßnahmen in satzungsloser Zeit oder einer Zeit ohne gültige Satzung sollen danach – z. B. wenn eine von der Gemeinde gewollte Rückwirkungsanordnung an Zulässigkeitsgrenzen scheitert – beitragsfrei bleiben. Denn – so begründet etwa das Oberverwaltungsgericht Münster seine diesbezügliche Ansicht – in § 8 Abs. 7 Satz 1 KAG NW habe der Gesetzgeber angeordnet, daß die Beitragspflichten „mit der endgültigen Herstellung ... der Anlage" entstünden; dabei sei er davon ausgegangen, daß die für das Entstehen der Beitragspflichten erforderlichen ortsrechtlichen Vorschriften (§ 2 Abs. 1 KAG NW) spätestens im Zeitpunkt der endgültigen Herstellung in Kraft getreten sind. Da der Tatbestand der "endgültigen Herstellung" wegen des Fehlens einer dem § 132 Nr. 4 BauGB entsprechenden Vorschrift im Straßenbaubeitragsrecht – anders als im Erschließungsbeitragsrecht – auch vor Erlaß einer Beitragssatzung erfüllt sein könne, würde die Übernahme der Rechtsprechung des Bundesverwaltungsgerichts zum Erschließungsbeitragsrecht auf das Straßenbaubeitragsrecht bedeuten, daß das Entstehen der Beitragspflichten von der Gemeinde abweichend vom Gesetz auf einen späteren Zeitpunkt, nämlich den des Inkrafttretens der Satzung, verschoben werden könnte. Eine Ermächtigung hierzu enthalte das Kommunalabgabengesetz aber für Straßenbaubeiträge nicht; lediglich für Anschlußbeiträge bestimme § 8 Abs. 7 Satz 2 KAG NW, daß die Beitragspflicht frühestens mit Inkrafttreten der Satzung entstehe.

Die damit gekennzeichnete Auffassung ist weder in Begründung noch Ergebnis sehr überzeugend. Angesichts der vom Gesetzgeber namentlich für die Verbesserung von dem öffentlichen Verkehr gewidmeten Straßen ausdrücklich angeordneten Beitragserhebungspflicht wäre die Ansicht, eine der (technischen) endgültigen Herstellung nachfolgende gültige Satzung sei zur Auslösung einer Beitragspflicht mit dem Risiko nicht geeignet, daß in Einzelfällen entgegen dem Willen des Gesetzgebers der Beitragserhebungspflicht nicht genügt werden kann, nur gerechtfertigt, wenn sich **aus dem Gesetz** eine entsprechende, die zeitliche Abfolge von endgültiger Herstellung und Erlaß der Straßenbaubeitragssatzung bindend festlegende Bestimmung ergäbe.[8] Das dürfte jedoch nicht der Fall sein. Der Hinweis darauf, der Gesetzgeber sei bei der Formulierung des § 8 Abs. 7 Satz 1 KAG NW davon ausgegangen, daß im Zeitpunkt der (technischen) endgültigen Herstellung bereits die erforderlichen ortsrechtlichen Bestimmungen in Kraft getreten sind, ist in diesem Zusammenhang wenig ergiebig. Denn mit dieser Annahme hat der Gesetzgeber lediglich angeknüpft an die Pflicht der Gemeinden, Straßenbaubeitragssatzungen bereits zu erlassen, wenn eine insoweit relevante Ausbaumaßnahme in Aussicht genommen ist (vgl. § 28 Rdnr. 11). Er hat damit abgestellt auf die Regelfälle, in denen entsprechend verfahren wird, nicht aber zwingend eine **andere Reihenfolge** – erst endgültige Herstellung und dann Inkrafttreten

---

[8] Vgl. in diesem Zusammenhang BVerwG, Urteil v. 14. 3. 1975 – IV C 34.73 – Buchholz 406.11 § 132 BBauG Nr. 17 S. 1 (3) = NJW 75, 1426 = DÖV 75, 713.

einer gültigen Beitragssatzung – **ausgeschlossen**. Eine gegenteilige Ansicht schlösse die nicht sehr wahrscheinliche, jedenfalls kaum belegbare Annahme ein, der Gesetzgeber habe Beitragsausfälle, die sich etwa aufgrund von seinerzeit nicht übersehbaren Schwierigkeiten beim Erlaß gültiger, ggfs. rückwirkend in Kraft zu setzender Satzungen ergeben können, in Kauf nehmen wollen. Auch aus der für das Anschlußbeitragsrecht in § 8 Abs. 7 Satz 2 KAG NW ausdrücklich getroffenen Regelung, nach der die Beitragspflicht frühestens mit dem Inkrafttreten einer (gültigen) Satzung entsteht, läßt sich für die Beantwortung der hier behandelten, das Straßenbaubeitragsrecht betreffenden Frage schwerlich etwas Entscheidendes herleiten. Denn nach Meinung des Gesetzgebers war die Aufnahme dieser Vorschrift für das Anschlußbeitragsrecht „erforderlich, um eine glatte Überleitung des früheren Anschlußgebührenrechts auf das Anschlußbeitragsrecht zu gewährleisten".[9] Ein entsprechendes Bedürfnis bestand (und besteht) für das Straßenbaubeitragsrecht nicht. In diesem Rechtsgebiet nämlich gilt, unabhängig von einer derartigen spezialgesetzlichen Regelung, der allgemeine Grundsatz, daß sachliche Beitragspflichten nicht vor Inkrafttreten einer wirksamen Beitragssatzung entstehen können (vgl. § 36 Rdnr. 9).

Der den Beitrag begründende Tatbestand, „mit dessen Verwirklichung die Rechtsfolge, also die Beitragspflicht eintritt",[10] ist jedenfalls im Ausbaubeitragsrecht erst in dem Zeitpunkt erfüllt, in dem alle gesetzlichen Voraussetzungen für das Entstehen der Beitragspflichten erfüllt sind. Zu diesen gesetzlichen Voraussetzungen gehört neben der endgültigen Herstellung auch das Vorhandensein einer gültigen Beitragssatzung. Das aber besagt **nichts** darüber, ob das Vorhandensein einer gültigen Beitragssatzung zwingend der (technischen) endgültigen Herstellung zeitlich **vorangehen muß** oder ob es ihr nicht auch zeitlich **nachfolgen kann**.[11] Träfe letzteres zu, entfiele – wie im Erschließungsbeitragsrecht – in einer nicht unerheblichen Anzahl von Fällen die anderenfalls bestehende Notwendigkeit, Satzungen rückwirkend in Kraft

---

[9] Bauernfeind/Zimmermann, KAG NW, § 8 Rdnr. 154.
[10] Hinsen in Driehaus/Hinsen/von Mutius, Grundprobleme des kommunalen Beitragsrechts, S. 1.
[11] Mit Urteil v. 28. 6. 1982 (2 A 2326/81 – KStZ 82, 239) hat das OVG Münster seine frühere Rechtsprechung dahin modifiziert, daß dann, wenn die Beitragspflicht ausnahmsweise „erst nach der endgültigen Herstellung mit der Umwidmung der Fußgängerstraße" entsteht, die satzungsmäßigen Voraussetzungen erst im späteren Zeitpunkt der Umwidmung erfüllt zu sein brauchen. Mit dieser Rechtsprechung löst sich das OVG Münster zwar von der strikten Fixierung auf den Zeitpunkt der endgültigen Herstellung, berücksichtigt aber immer noch hinreichend, daß das Vorhandensein einer wirksamen Beitragssatzung eine von mehreren, qualitativ gleichwertigen gesetzlichen Voraussetzungen für das Entstehen von Ausbaubeitragspflichten ist. Denn eigentliche und wesentliche Grundlage ("Ermächtigungsgrundlage") für die Erhebung von Ausbaubeiträgen ist nicht die Satzung, sondern die einschlägige landesrechtliche Bestimmung (z. B. § 8 KAG NW), deren Ergänzung die Satzung dient.

zu setzen und die damit verbundenen Schwierigkeiten in Kauf zu nehmen (vgl. zur Rückwirkung im einzelnen § 11 Rdnrn. 54 ff.).

4   Folgen zwei Satzungen zeitlich **aufeinander** oder ist eine bestimmte Regelung einer Satzung durch eine spätere Änderungssatzung modifiziert worden, stellt sich nicht selten die Frage, welche Satzung(sregelung) für die Abrechnung einer beitragsfähigen Ausbaumaßnahme maßgebend ist. Anzuwenden ist jeweils diejenige Satzung(sregelung), die in dem Zeitpunkt gilt, in dem die (sachlichen) Beitragspflichten entstehen, d. h. in dem alle Voraussetzungen erfüllt sind, von deren Vorliegen das Entstehen der (sachlichen) Beitragspflichten abhängig ist.[12] Ob im übrigen die Ungültigkeit einer bestimmten Einzelvorschrift der Beitragssatzung deren Gesamtungültigkeit zur Folge hat, richtet sich unter Anwendung des Rechtsgedankens des § 139 BGB nach dem jeweiligen einschlägigen Landeskommunalrecht. Nach bayerischem Kommunalrecht beispielsweise zieht die Nichtigkeit einer Verteilungsregelung in der Regel die Gesamtnichtigkeit der Satzung nach sich, während die Ungültigkeit einer ʺRandvorschriftʺ d. h. eines nicht wesentlichen Teils des Normengefüges, ohne weitergehende Folgen bleibt.[13]

II. Erlaß, Genehmigung und Bekanntmachung der Straßenbaubeitragssatzung

5   Erlaß, Genehmigung und Bekanntmachung der Straßenbaubeitragssatzung richten sich – ebenso wie bei der Erschließungsbeitragssatzung – nach dem einschlägigen Landes- und Ortsrecht. Insoweit kann auf die Ausführungen zum Erschließungsbeitragsrecht verwiesen werden (vgl. § 11 Rdnrn. 7 ff.).

III. Inhalt der Straßenbaubeitragssatzung

6   Alle Kommunalabgabengesetze schreiben zwingend vor, welchen Mindestinhalt eine Straßenbaubeitragssatzung aufweisen muß, damit sie ʺfunktionstüchtigʺ ist, d. h. die Erhebung von Straßenbaubeiträgen erlaubt. Darüber hinaus kann die Satzung weitere zum Teil zumindest sehr zweckmäßige Bestimmungen enthalten.

1. Mindestinhalt

a) Kreis der Abgabeschuldner (Beitragspflichtige)

7   Übereinstimmend verlangen alle Kommunalabgabengesetze, daß die jeweilige Beitragssatzung den Kreis der Abgabenschuldner angeben muß. Insoweit

---

[12] Vgl. u. a. VGH Kassel, Urteil v. 12. 1. 1983 – V OE 1/79 – HSGZ 83, 295, OVG Lüneburg, Urteil v. 22. 4. 1987 – 9 A 11/86 –, OVG Münster, Urteil v. 29. 4. 1987 – 2 A 3/75 –, und OVG Koblenz, Urteil v. 22. 3. 1988 – 6 A 6/87 –.
[13] Vgl. BayVGH, Urteil v. 6. 3. 1989 – 6 B 87.02074 u. a. –.

sind allerdings die Ortsgesetzgeber weitestgehend an "Vorgaben" der Landesgesetzgeber gebunden. Dies gilt für die Bestimmung sowohl des Kreises derjenigen, die als Beitragspflichtige abstrakt in Betracht kommen, als auch des Schuldners, der im Einzelfall persönlich beitragspflichtig ist. Wer zum Kreis der Beitragspflichtigen gehört, ist in der jeweiligen ausbaubeitragsrechtlichen Vorschrift des Landes festgelegt. Danach können Abgabenschuldner nur die Grundstückseigentümer bzw. Erbbauberechtigten sowie ggfs. „die sonst dinglich zur baulichen Nutzung Berechtigten" (§ 21 Abs. 2 Satz 1 SächsKAG; ähnlich auch § 8 Abs. 1 Satz 1 KAG MV bzw. KAG S-H) und Gewerbetreibenden (§ 8 Abs. 1 Satz 1 KAG MV bzw. KAG S-H) sein, denen durch die Möglichkeit der Inanspruchnahme der ausgebauten öffentlichen Anlage (wirtschaftliche Sonder-)Vorteile geboten werden. Auch bezüglich der Frage, wer aus dem Kreis der potentiellen Abgabenschuldner im Einzelfall persönlich beitragspflichtig ist, verbleibt den Ortsgesetzgebern, außer denen in Brandenburg, Nordrhein-Westfalen und auch Sachsen,[14] kein Entscheidungsspielraum. Abgesehen von den Kommunalabgabengesetzen in Brandenburg und Nordrhein-Westfalen bestimmen nämlich alle Kommunalabgabengesetze, daß persönlich beitragspflichtig ist, wer im Zeitpunkt der Zustellung oder Bekanntgabe des Beitragsbescheids bzw. – nur in Bayern und Thüringen (vgl. Art. 5 Abs. 6 KAG Bay und § 7 Abs. 6 Satz 1 ThürKAG) – im Zeitpunkt des Entstehens der „Beitragsschuld" Eigentümer des Grundstücks bzw. Erbbauberechtigter usw. ist, so daß die Ortsgesetzgeber diese "Vorgabe" in der Satzung lediglich zu wiederholen haben.

In Brandenburg und Nordrhein-Westfalen haben die Landesgesetzgeber **8** darauf verzichtet, in § 8 BraKAG bzw. KAG NW zu regeln, in welchem Zeitpunkt jemand Rechtsinhaber sein muß, um persönlich beitragspflichtig zu werden. Sie haben diese Entscheidung durch § 2 Abs. 1 Satz 2 BraKAG bzw. KAG NW dem Ortsgesetzgeber übertragen. Der Rat der Gemeinde kann daher im Rahmen seines gesetzgeberischen Ermessens als persönlichen Schuldner bestimmen denjenigen, der im Zeitpunkt des Entstehens der sachlichen Beitragspflichten z.B. Grundstückseigentümer ist, oder denjenigen, der im Zeitpunkt der Bekanntgabe eines Beitragsbescheids Eigentümer ist.[15]

In den meisten Ländern legen die Kommunalabgabengesetze fest, daß Erb- **9** bauberechtigte *an die Stelle* der Grundstückseigentümer treten (vgl. u.a. § 6 Abs. 8 Satz 2 NKAG und KAG LSA, § 8 Absatz 2 Satz 3 BraKAG und KAG

---

[14] In Sachsen hat der Landesgesetzgeber – ebenso wie die Gesetzgeber in den meisten anderen Ländern – angeordnet, beitragspflichtig sei „wer im Zeitpunkt der Bekanntgabe des Beitragsbescheids" (§ 21 Abs. 1 Satz 1 SächsKAG) Rechtsinhaber (z.B. Eigentümer) ist. Allerdings hat der sächsische Landesgesetzgeber den Gemeinden in seinem Land die (nicht zu empfehlende) Möglichkeit eröffnet, abweichend davon in der Satzung zu bestimmen, „daß Beitragsschuldner ist, wer im Zeitpunkt des Entstehens der Beitragsschuld" Eigentümer usw. ist (§ 21 Abs. 1 Satz 2 SächsKAG).

[15] OVG Münster, u.a. Urteil v. 2.3.1976 – II A 248/74 – OVGE 32, 7 = DÖV 77, 250 = KStZ 78, 33.

NW, § 11 Abs. 7 Satz 2 KAG Hess sowie § 21 Abs. 2 Satz 1 SächsKAG). In diesen Ländern müssen daher die Gemeinden diese Regelung in ihre Satzung aufnehmen. Die Kommunalabgabengesetze in Bayern, Thüringen, Mecklenburg-Vorpommern und Schleswig-Holstein bestimmen hingegen, daß persönlich beitragspflichtig Grundstückseigentümer *und* Erbbauberechtigte (Art. 5 Abs. 1 Satz 1 KAG Bay sowie § 7 Abs. 1 Satz 1 ThürKAG) bzw. *und* dinglich Nutzungsberechtigte (§ 8 Abs. 1 Satz 1 KAG MV sowie KAG S-H) oder Gewerbetreibende sind. Die Aufzählung der möglichen Beitragspflichtigen in diesen Gesetzen ist fakultativ zu verstehen[16] mit der Folge, daß es jeder Gemeinde in diesen Ländern freisteht, entweder in ihrer Satzung die in den anderen Ländern bestehende Alternativregelung zu übernehmen oder den genannten Personenkreis wiederzugeben und im Einzelfall nach ihrem Ermessen einen oder alle der insoweit gesamtschuldnerisch haftenden Beitragspflichtigen heranzuziehen (vgl. zur Gesamtschuldnerschaft § 24 Rdnr. 6). Im übrigen ist es – wenn auch nicht geboten, so doch – zulässig und empfehlenswert, in die Satzung eine z. B. durch Art. 5 Abs. 6 Satz 2 KAG Bay, § 6 Abs. 8 Satz 3 NKAG, § 7 Abs. 6 Satz 2 ThürKAG, § 8 Abs. 5 Satz 2 KAG S-H und § 21 Abs. 2 Satz 2 SächsKAG namentlich für die Gemeinden in den entsprechenden Ländern ohnehin vorgegebene, dem § 134 Abs. 1 Satz 4 BauGB entsprechende Vorschrift aufzunehmen (vgl. dazu § 24 Rdnr. 8 ff.).

10   Fehlt eine – typischerweise in § 1 einer Straßenbaubeitragssatzung erfolgende – ausdrückliche Festlegung des Kreises der Abgabenschuldner, ist ggfs. zur Ergänzung eine Regelung der Satzung „heranzuziehen, wonach die Beiträge von den Grundstückseigentümern des Abrechnungsgebiets erhoben werden".[17] Enthält die Satzung jedoch keinerlei Regelung, aus der entnommen werden kann, wer zu den persönlich Beitragspflichtigen gehört, können auf ihrer Grundlage **mangels Vollständigkeit** Beitragspflichten nicht entstehen.[18]

b) Abgabentatbestand (Leistung der Gemeinde)

11   Nach allen Kommunalabgabengesetzen muß die Satzung den die Abgabe begründenden Tatbestand, d. h. die Leistung der Gemeinde, angeben, an die die Erhebung von Straßenbaubeiträgen anknüpft (vgl. § 28 Rdnr. 14). In der Praxis wird dieser Forderung weitgehend dadurch entsprochen, daß in § 1 der Satzung, ausgehend von den jeweiligen "Eingangs"-Formulierungen in den entsprechenden landesrechtlichen Vorschriften, gleichsam "mitgeteilt" wird, zur Deckung des Aufwands für die sodann aufgezählten, landesrechtlich vorgesehenen beitragsfähigen Maßnahmen (z. B. für die Herstellung, Anschaffung, Erweiterung und Verbesserung, § 8 Abs. 2 Satz 1 KAG NW) an

---

[16] OVG Lüneburg, Urteil v. 25. 10. 1978 – IX A 68/77 – OVGE 34, 463 = S-H Gemeinde 79, 145.
[17] OVG Münster, Urteil v. 28. 7. 1988 – 2 A 842/87 –.
[18] Vgl. OVG Lüneburg, Beschluß v. 19. 9. 1989 – 9 M 65/89 –.

bestimmten öffentlichen Anlagen (bzw. Einrichtungen, vgl. § 1 Rdnr. 18) erhebe die Gemeinde von den Grundstückseigentümern (Erbbauberechtigten usw.), denen die Möglichkeit der Inanspruchnahme dieser öffentlichen Anlagen (wirtschaftliche Sonder-)Vorteile biete, Beiträge nach Maßgabe dieser Satzung.[19] Das ist rechtlich nicht zu beanstanden.[20] Gleichwohl ergeben sich Fragen zum einen – mit Auswirkungen u. a. für die Abschnittsbildung und die Kostenspaltung – zum maßgeblichen **Anlagebegriff** und zum anderen zur ortsrechtlichen **Festlegung der beitragsfähigen Maßnahmen.**

aa) Begriff der öffentlichen Anlage in Nordrhein-Westfalen

Im nordrhein-westfälischen Landesrecht ist der Begriff "Anlage" i. S. des **12** § 8 Abs. 2 Satz 1 KAG NW ein eigenständiger **straßenbaubeitragsrechtlicher** Begriff, der seinem Inhalt nach gleichsam "offen" ist, nämlich **offen** für eine nähere Definition durch den Ortsgesetzgeber in der Satzung.[21] Anknüpfend an die Mustersatzung des Innenministers NW[22] haben viele Gemeinden in Nordrhein-Westfalen – jedenfalls früher – in ihren Straßenbaubeitragssatzungen als Anlagen die als **beitragsfähige Erschließungsanlagen** zu qualifizierenden Straßen, Wege und Plätze bezeichnet. Eine solche Beschränkung des straßenbaubeitragsrechtlichen Anlagebegriffs auf beitragsfähige Erschließungsanlagen ist zwar zulässig,[23] aber nicht geboten.[24] Denn § 8 Abs. 1 Satz 2 KAG NW schreibt nicht vor, daß im Bereich eines Straßennetzes einer Gemeinde eine (Verkehrs-)Anlage immer mit einer Straße, einem Weg oder einem Platz i. S. des Erschließungsbeitragsrecht identisch sein müßte. Aus der Formulierung „dem öffentlichen Verkehr gewidmeten Straßen, Wegen und Plätzen" (§ 8 Abs. 1 Satz 2 KAG NW) läßt sich derartiges schon deshalb nicht herleiten, weil es unzweifelhaft eine Reihe von öffentlichen Straßen, Wegen und Plätzen gibt, die keine beitragsfähigen Erschließungsanlagen sind. Vielmehr ist Anlage i. S. des § 8 Abs. 2 Satz 1 KAG NW **alles,** was im Bereich der öffentlichen Straßen, Wege und Plätze **Gegenstand einer Maßnahme im Sinne dieser Vorschrift sein kann, d. h. was nach Maßgabe des Bauprogramms im Einzelfall hergestellt oder verbessert werden kann.**[21] Vor diesem Hintergrund steht es dem Ortsgesetzgeber in Nordrhein-Westfalen frei, zur Regelung des hier in Rede stehenden Tatbestandsmerkmals in der Straßenbaubeitragssatzung von Anlagen (bzw. Einrichtungen) „im Bereich der öffentlichen Stra-

---

[19] Vgl. etwa das Satzungsmuster des Innenministers Ns in MinBl Ns 82, 923, das von Kulartz in StuGR 83, 61, vorgestellte Satzungsmuster sowie das Satzungsmuster des Sächsischen Städte- und Gemeindetags in Sachsenlandkurier 94, 206.

[20] Vgl. im einzelnen Hinsen in Driehaus/Hinsen/von Mutius, Grundprobleme des kommunalen Beitragsrechts, S. 1 ff.

[21] OVG Münster, st. Rspr., vgl. statt vieler Urteil v. 24. 10. 1986 – 2 A 840/84 – KStZ 87, 74 mit weiteren Nachweisen.

[22] Runderlaß v. 28. 5. 1971 in MinBl NW 1971, S. 1178.

[23] OVG Münster, Urteil v. 23. 11. 1976 – II A 1766/74 – OVGE 32, 162 = NJW 77, 2179 = KStZ 77, 114.

[24] Vgl. etwa Kulartz in StuGR 84, 61 (62) mit weiteren Nachweisen.

ßen, Wege und Plätze"[25] zu sprechen mit der Folge, daß die **räumliche Ausdehnung** einer Anlage durch das **konkrete Bauprogramm** bestimmt wird.[26]

13 Definiert eine Beitragssatzung in Nordrhein-Westfalen den straßenbaurechtlichen Begriff "Anlage" (bzw. „Einrichtung") mit der vorbezeichneten Formulierung, erfaßt dieser Begriff nicht nur u. a. Wirtschaftswege (vgl. aber § 4 Rdnr. 4), sondern trägt vor allem dazu bei, weitestgehend (formelle) Schwierigkeiten zu vermeiden, die sich andernfalls beispielsweise bei der Abrechnung etwa der Verbesserung nur eines Straßenabschnitts (Abschnittsbildung) ergeben. Hinsichtlich der räumlichen Ausdehnung und Begrenzung der so verstandenen "Anlage" ist – wie gesagt – das Bauprogramm maßgebend, das die Gemeinde selbständig nach pflichtgemäßem Ermessen bestimmt (vgl. zum Bauprogramm im einzelnen § 32 Rdnr. 4 ff.). Allerdings unterliegt der grundsätzlich vom Bauprogramm bestimmte Umfang einer Anlage i. S. des § 8 Abs. 2 Satz 1 KAG NW nach Auffassung des Oberverwaltungsgerichts Münster[27] gewissen **rechtlichen Schranken**, die dazu führen können, daß die räumliche Ausdehnung einer Anlage über das Bauprogramm hinausgeht oder hinter diesem zurückbleibt. Diese Schranken sollen sich aus dem dem Ausbaubeitragsrecht zugrunde liegenden Vorteilsgedanken ergeben. Dieser habe in § 8 Abs. 5 KAG NW eine spezielle Regelung erfahren. Danach könne der Aufwand für Abschnitte einer Anlage gesondert ermittelt werden, wenn diese selbständig in Anspruch genommen werden können. Diese für Abschnitte einer jeden Anlage (nicht nur einer Erschließungsanlage) geltende Bestimmung weise auf ein Abgrenzungskriterium hin, das auch für die Anlage selbst gelten müsse: Gegenstand von beitragsfähigen Ausbaumaßnahmen könne nur ein solcher Teil des Straßennetzes der Gemeinde sein, der selbständig in Anspruch genommen werden kann. Die selbständige Inanspruchnahme müsse im Zusammenhang mit den wirtschaftlichen Vorteilen gesehen werden, die den Grundeigentümern durch die Möglichkeit der Inanspruchnahme geboten werden (§ 8 Abs. 2 Satz 2 KAG NW). Nur der Teil des Straßennetzes, der für sich allein einem bestimmten Kreis von Grundstückseigentümern wirtschaftliche Vorteile zu bieten in der Lage sei, könne Gegenstand einer beitragsfähigen Straßenbaumaßnahme und damit (im Bereich des Straßennetzes) Anlage i. S. des § 8 Abs. 2 Satz 1 KAG NW sein.[28] Da der wirtschaftliche Vorteil ein Erschließungsvorteil sei, müsse die Anlage so abgegrenzt werden, daß ihr erkennbar eine Erschließungsfunktion für bestimmte Grundstücke zukommt.[29] Die Abgrenzung müsse daher nach örtlich er-

---

[25] So schon Hinsen in Driehaus/Hinsen/von Mutius, Grundprobleme des kommunalen Beitragsrechts, S. 1 (8).

[26] Vgl. OVG Münster, u. a. Beschluß v. 30. 5. 1986 – 2 B 922/86 –.

[27] Vgl. im Ansatz so schon OVG Münster, Urteil v. 2. 3. 1977 – II A 675/75 – OVG E 32, 248 = GemTg 78, 32.

[28] OVG Münster, Beschluß v. 23. 2. 1993 – 2 B 4131/92 –.

[29] OVG Münster, Urteil v. 29. 6. 1992 – 2 A 2580/91 – GemHH 93, 188 = NWVBl 93, 219, ebenso Beschluß vom 1. 9. 1992 – 2 B 1485/92 –.

kennbaren Merkmalen oder nach rechtlichen Gesichtspunkten erfolgen, wie dies für die Abschnittsbildung im Erschließungsbeitragsrecht erforderlich sei (§ 130 Abs. 2 Satz 2 BauGB). Das Ende einer Ausbaustrecke sei für sich allein kein für die Begrenzung der Anlage geeignetes Merkmal.[30]

Ob im Einzelfall eine einzelne Anlage oder mehrere selbständig abzurech- **14** nende Anlagen vorliegen, richtet sich auf der Grundlage der gekennzeichneten Rechtsprechung des Oberverwaltungsgerichts Münster nach den örtlichen Verhältnissen (in sich geschlossenes Gebiet, annähernd gleiche bauliche Nutzung, gleiche Straßenbreiten), dem Bauprogramm, dem zeitlichen Zusammenhang der Ausbauarbeiten sowie der Eigenart des Gegenstands der beitragsfähigen Maßnahme und unterliegt der vollen gerichtlichen Überprüfung.[27] Ist zulässigerweise Gegenstand der Ausbaumaßnahme eine Anlage, die sich über die Grenzen einer Erschließungsanlage hinaus erstreckt, ist diese Anlage wie eine Erschließungseinheit nach § 130 Abs. 2 Satz 3 BauGB abzugrenzen.[31] Das kann auch durch eine Sondersatzung geschehen. Handelt es sich bei der Anlage um eine Fußgängerzone, kann diese auch von normalen Straßen gekreuzt werden, ohne daß dadurch die Einheitlichkeit der Anlage beeinträchtigt wird, wenn nur die Kreuzungsbereiche nicht zu breit sind und der Fußgängerverkehr nicht wesentlich gehindert wird.[32] Die insoweit gebotene, auf den – durch die tatsächlichen Verhältnisse geprägten – **Gesamteindruck nach der Baumaßnahme** abstellende Betrachtungsweise kann dazu führen, daß im Grenzbereich zweier Fußgängerzonen die Teilfläche einer Kreuzung selbst dann zu der einen Fußgängerzone gehört, wenn ihre straßenrechtliche Widmung mit den Flächen der anderen Fußgängerzone auf den Fußgängerverkehr beschränkt worden ist.[33]

Ist nach der einschlägigen Straßenbaubeitragssatzung als Anlage im Sinne **15** des § 8 Abs. 2 Satz 1 KAG NW alles das zu verstehen, was im Bereich der öffentlichen Straßen, Wege und Plätze Gegenstand einer beitragsfähigen Maßnahme sein kann, und bestimmt somit im Einzelfall das Bauprogramm über Ausdehnung und Begrenzung der so verstandenen "Anlage", hat das zur Folge, daß lediglich in **seltenen Fällen** ein **Bedürfnis** namentlich für eine **Kostenspaltung**, eine Abschnittsbildung oder die Zusammenfassung mehrerer selbständiger Straßen zur gemeinsamen Aufwandsermittlung und -verteilung (Erschließungseinheit) bestehen wird. Das kann etwa der Fall sein, wenn die Gemeinde – aus finanziellen Gründen – das Bauprogramm für diese "Anlage" nicht gleichsam in einem Zug ausführen kann oder will. Sieht z.B. das Bauprogramm eine Verbesserung von Fahrbahn und Gehwegen einer bestimmten Straße vor, baut die Gemeinde aber zunächst die Fahrbahn ihrer Planung entsprechend aus, ist es ihr unbenommen, die ihr für diesen Ausbau

---

[30] OVG Münster, Urteil v. 5. Juli 1990 – 2 A 1691/88 – GemHH 92, 108.
[31] OVG Münster, Urteil v. 25. 8. 1975 – II A 232/74 – GemHH 76, 140 = DGemStZ 78, 151.
[32] Vgl. OVG Münster, Urteil v. 31. 5. 1983 – 2 A 1833/81 –.
[33] OVG Münster, Urteil v. 26. 7. 1991 – 2 A 2213/88 –.

entstandenen Kosten abzuspalten und im Wege der Kostenspaltung zu erheben. Entsprechendes gilt, wenn nach dem Bauprogramm Gegenstand der Ausbaumaßnahme die Erneuerung (nochmalige Herstellung) der Beleuchtungseinrichtung von zwei Straßen ist, die eine Erschließungseinheit im Sinne des § 130 Abs. 2 Satz 3 BauGB bilden. Verbessert in diesem Fall die Gemeinde zunächst nur die Beleuchtungseinrichtung an einer Straße, kann sie ein Interesse daran haben, die insoweit entstandenen Kosten im Wege der Abschnittsbildung einzufordern.

16 Nach der – insoweit wenig überzeugenden – Auffassung des Oberverwaltungsgerichts Münster[34] beschränkt ein Ortsgesetzgeber den weiten Anlagenbegriff des Straßenbaubeitragsrechts schon auf Erschließungsanlagen i.S. des § 127 Abs. 2 Nr. 1 BauGB (vgl. Rdnr. 12), wenn er in der Satzung „die Formulierung ‚öffentliche Straßen, Wege und Plätze‘ verwendet," weil damit „nach der Begriffsbestimmung des § 127 Abs. 2 Nr. 1 BBauG bzw. BauGB (immer) Erschließungsanlagen im Sinne dieser Vorschrift gemeint" sind; diese Beschränkung ist anzunehmen „selbst dann, wenn nicht durch einen ausdrücklichen Klammerzusatz" zusätzlich auf Erschließungsanlagen hingewiesen wird. In einem solchen Fall soll die räumliche Ausdehnung der Anlage nicht mehr durch das konkrete Bauprogramm bestimmt, sondern kraft der allgemeinen Anordnung des Ortsgesetzgebers auf die Grenzen einer Erschließungsanlage festgelegt werden. Trifft das zu, kann grundsätzlich nur die Verbesserung, Erneuerung usw. – je nach Maßgabe des lediglich noch insoweit beachtlichen Bauprogramms – einer, mehrerer oder aller Teileinrichtungen der **ganzen** Erschließungsanlage eine Beitragspflicht auslösen. Ist nach der einschlägigen Satzung abzustellen auf den (engen) Erschließungsanlagenbegriff, hat das zwar entgegen der Ansicht des Oberverwaltungsgerichts Münster[35] nicht zur Folge, daß ein Grundstück – wie im Erschließungsbeitragsrecht – schon allein wegen seiner Lage im Außenbereich schlechthin aus dem Kreis der Grundstücke ausscheidet, die den umlagefähigen Aufwand z. B. für die Verbesserung einer Anbaustraße (§ 127 Abs. 2 Nr. 1 BauGB) zu tragen haben. Denn anders als im Erschließungsbeitragsrecht macht das Straßenbaubeitragsrecht die Kostenbelastung von Grundstücken nicht von deren baulicher oder gewerblicher Nutzbarkeit abhängig, sondern bezieht jeden rechtmäßigen Gebrauch eines Grundstücks (vgl. § 29 Rdnr. 14) und damit auch eine Außenbereichsnutzung[36] in den Vorteilsausgleich ein. Jedoch bedarf es bei einem solchen (Erschließungs-)Anlagebegriff dann, wenn sich das Bauprogramm nur auf eine oder mehrere Abschnitte einer Erschließungsanlage bezieht, notwendigerweise einer wirksamen Abschnittsbildung.[37] Allerdings

---

[34] OVG Münster, Beschluß v. 10. 11. 1988 – 2 A 2169/87 –.
[35] OVG Münster, Urteil v. 17. 5. 1990 – 2 A 500/88 – NWVBl 91, 349 = NVwZ-RR 91, 664 = GemHH 92, 202.
[36] Ebenso OVG Münster, Urteil v. 15. 3. 1989 – 2 A 962/86 – NWVBl 89, 407 = GemHH 89, 285.
[37] Vgl. OVG Münster, Urteil v. 15. 2. 1989 – 2 A 2562/86 – NWVBl 89, 410.

kann es sich ausnahmsweise selbst dann um die Verbesserung usw. einer ganzen Erschließungsanlage in diesem Sinne handeln, wenn nur ein Teil der Straße Gegenstand der Ausbaumaßnahme ist. Das kann der Fall sein, wenn die Baumaßnahme dazu führt, daß anstelle der vorhandenen einheitlichen Straße mehrere selbständige Erschließungsanlagen entstehen. Maßgebend für die Beurteilung insoweit ist, ob unter Zugrundelegung einer natürlichen Betrachtungsweise wegen der **nunmehr** unterschiedlichen Ausstattung und eines unterschiedlichen Erscheinungsbilds jeder dieser Straßenteile als eigene für sich selbständige Erschließungsanlage erscheint.[38]

bb) Begriff der öffentlichen (Anlage bzw.) Einrichtung in den anderen Ländern

In den anderen Ländern ist – abgesehen möglicherweise von Brandenburg 17 und Mecklenburg-Vorpommern (vgl. Rdnr. 21) – der Begriff der "öffentlichen Einrichtung" einer Inhaltsbestimmung durch den Ortsgesetzgeber **entzogen**. So ist etwa in **Hessen** kraft dortigem Landesrecht unter "öffentlicher Einrichtung" i.S. des § 11 Abs. 1 HKAG bei Straßen, Wegen und Plätzen die **einzelne Straße**, der einzelne Weg, der einzelne Platz zu verstehen;[39] für die Beantwortung der Frage, ob ein Straßenzug aus einer einzelnen öffentlichen Einrichtung (Straße) oder aus mehreren besteht, ist ebenso wie im Erschließungsbeitragsrecht, ausgehend von einer **natürlichen Betrachtungsweise**, maßgebend auf das Erscheinungsbild (z.B. Straßenführung, Straßenbreite, Straßenlänge, Straßenausstattung) abzustellen, so daß Unterschiede, welche jeden der Straßenteile zu einem augenfällig abgegrenzten Element des Straßennetzes machen, jeden dieser Straßenteile als eine eigene öffentliche Einrichtung kennzeichnen.[40] Gleichwohl kann sich nach Ansicht des Verwaltungsgerichtshofs Kassel[41] das Bauprogramm bei Maßnahmen des **Um-** und **Ausbaus** i.S. des § 11 Abs. 3 KAG Hess mit der Folge auf **Teile** der jeweiligen Einrichtung beschränken, daß es dann, wenn sich z.B. ein Aus- und Umbau auf eine Teilstrecke von 250 m einer 500 m langen Straße bezieht, für eine Beitragserhebung **keiner** Abschnittsbildung bedarf. Diese Rechtsprechung des Verwaltungsgerichtshofs Kassel beruht auf folgenden Überlegungen: § 11 Abs. 1 KAG Hess zwingt nicht dazu, die sich als Erneuerung oder Erweiterung (Um- oder Ausbau) darstellenden Baumaßnahmen stets auf die "ganze" Einrichtung zu beziehen und auch dann, wenn nur Teile (Abschnitte) der Einrichtung erneuert oder erweitert (um- oder ausgebaut) werden, als beitragspflichtig **sämtliche** Grundstückseigentümer anzusehen, denen die (Gesamt-)

[38] OVG Münster, u.a. Urteile v. 24.10. 1986 – 2 A 840/84 – KStZ 87, 74, und v. 29.7. 1987 – 2 A 1047/85 –.
[39] Vgl. VGH Kassel, Urteil v. 10.10. 1984 – 5 OE 101/82 – NVwZ 85, 365 = GemHH 86, 18.
[40] VGH Kassel, Urteil v. 22.8. 1990 – 5 UE 269/86 –.
[41] VGH Kassel, Urteil v. 3.12. 1980 – VOE 60/77 – HSGZ 81, 312, und Beschluß v. 4.3. 1986 – 5 TH 160/85 – ZKF 86, 207 = GemHH 87, 20.

Einrichtung Vorteile vermittelt. Mit der Aussage, daß „zur Deckung des Aufwands für die Schaffung, Erweiterung und Erneuerung öffentlicher Einrichtungen Beiträge von den Grundstückseigentümern" erhoben werden können, „denen die Möglichkeit der Inanspruchnahme dieser öffentlichen Einrichtungen nicht nur vorübergehende Vorteile bietet", will § 11 Abs. 1 KAG Hess die Beitragserhebung an den vermittelten Vorteil knüpfen. Die räumliche Reichweite des Vorteils bestimmt den beitragspflichtigen Personenkreis. Soweit sich der die Beitragserhebung rechtfertigende Vorteil bei Maßnahmen der Erneuerung oder Erweiterung auf Einrichtungsteile eingrenzen läßt, können solche Teile auch selbständig abgerechnet werden. Das Gewicht in § 11 Abs. 1 KAG Hess liegt auf dem Wort "Einrichtungen" als **Bezugspunkt** für den vermittelten **Vorteil**; es ist dem Gesetzgeber bei dieser Verknüpfung **nicht** auf den Wortsinn „die jeweils **ganze** Einrichtung" angekommen.[42] § 11 Abs. 1 KAG Hess ist also auf der Rechtsfolgenseite wie folgt zu lesen: „... von den Grundeigentümern, denen die Möglichkeit der Inanspruchnahme dieser Einrichtungen im Sinne entweder der **ganzen** Einrichtung oder desjenigen Einrichtungsteils, auf den sich Maßnahmen der Erneuerung oder Erweiterung zulässigerweise beschränken, nicht nur vorübergehende Vorteile bietet." Für einen Teilstreckenausbau bei Straßen folgt daraus die gesonderte Abrechnungsfähigkeit des mit der ausgebauten Teilstrecke identischen oder sie umschließenden Abschnitts, auf den sich der Vorteil beziehen (eingrenzen) läßt.[43] Infolgedessen setzt die Erhebung von Beiträgen für die Erneuerung oder Erweiterung eines selbständig abrechenbaren Einrichtungsteils, sofern diese Maßnahme "isoliert", d. h. ohne Einbettung in eine Erneuerung oder Erweiterung der "ganzen" Einrichtung, durchgeführt wird, keinen besonderen Abschnittsbildungsbeschluß voraus.[44] Denn es handelt sich hierbei nicht um eine Teilabrechnung nach § 11 Abs. 8 KAG Hess. Mit der **letztgenannten** Regelung sind nur solche Teilbaumaßnahmen gemeint, die als Teile eines **umfassenderen Bauprogramms** ausgeführt werden. Die Befugnis zur endgültigen Abrechnung "isoliert" erneuerter oder erweiterter Einrichtungsteile stützt sich allein auf § 11 Abs. 1 in Verbindung mit § 11 Abs. 9 KAG Hess.[45]

18   Nach **bayerischem** Landesrecht dürfte im Straßenbaubeitragsrecht als "öffentliche Einrichtung" i. S. des Art. 5 Abs. 1 Satz 1 KAG Bay **stets** eine **ganze** Straße oder ein ganzer Weg mit der Folge zu verstehen sein, daß die Abrechnung etwa eines ausgebauten Gehwegs eine Kostenspaltung voraussetzt. „Da das Gesetz auf die 'Einrichtung' abstellt, liegt es nahe ... die gesamte Einrichtung (also den Straßenzug)" für maßgeblich zu halten. „Faßt man dem Gesetz

---

[42] In diesem Sinne etwa VGH Kassel, Urteil v. 29. 2. 1984 – V OE 110/81 – HSGZ 85, 35 = GemHH 86, 17.
[43] VGH Kassel, Beschluß v. 4. 3. 1986 – 5 TH 160/85 – ZKF 86, 207 = GemHH 87, 20.
[44] So VGH Kassel, Urteil v. 3. 12. 1980 – V OE 60/77 – HSGZ 81, 312.
[45] Vgl. VGH Kassel, Beschluß v. 28. 8. 1990 – 5 TH 1938/87 –.

folgend... den gesamten Straßenzug ins Auge, können die für die Abschnittsbildung innerhalb einer Erschließungsanlage entwickelten Grundsätze herangezogen werden".[46]

Im **niedersächsischen Landesrecht** ist nach der Rechtsprechung des Oberverwaltungsgerichts Lüneburg[47] der Begriff "öffentliche Einrichtung" i.S. des § 6 Abs. 1 NKAG stets **identisch** mit dem Begriff "gesamte Verkehrsanlage" mit der Folge, daß unter einer öffentlichen Einrichtung im Sinne des Straßenbaubeitragsrechts in Niedersachsen nur die Gemeindestraße, der Gemeindeweg oder der öffentliche Platz **insgesamt** zu verstehen ist und deshalb in der Beitragssatzung zur Formulierung des Abgabetatbestands ausschließlich auf diesen Begriff abgestellt werden darf. Ob es sich bei einem Straßenzug um **eine** "öffentliche Einrichtung" i.S. des § 6 Abs. 1 NKAG handelt, hängt dann, wenn mehrere Teile in Rede stehen, davon ab, ob sie eine (im wesentlichen) gleiche Verkehrsfunktion haben und sich vom Erscheinungsbild (bestimmt z.B. durch Straßenführung, Straßenbreite, Straßenlänge, Straßenausstattung) als **ein** Element des Straßennetzes der Gemeinde darstellen. Für den Ausbau einer Straße bzw. (nach Abschnittsbildung) eines Abschnitts können danach nur dann Beiträge „erhoben werden, wenn **sämtliche** Teileinrichtungen der Straße bzw. des Abschnitts auf ganzer Länge i.S. des § 6 Abs. 1 NKAG erweitert, verbessert oder erneuert wurden. Für einzelne Teileinrichtungen können Beiträge nur nach einem Aufwandsspaltungsbeschluß gemäß § 6 Abs. 2 NKAG erhoben werden"[48] Eine solche (Teil-)Beitragserhebung im Wege der (Aufwands- bzw.) Kostenspaltung ist dementsprechend auch dann geboten, wenn z.B. der Gehweg auf einer Straßenseite nicht durchgängig angelegt worden ist; die für den Ausbau dieses Gehwegs selbst entstandenen Kosten dürften abrechenbar lediglich bei Vorliegen der Voraussetzungen für eine Abschnittsbildung insoweit sein. Nur dann, wenn die durchgängige Anlegung einer Teileinrichtung **objektiv** unmöglich ist, steht der mangelnde durchgängige Ausbau dem Entstehen von (sachlichen) Beitragspflichten für die gesamte Einrichtung i.S. des § 6 Abs. 1 NKAG nicht entgegen, kann also auf eine Kostenspaltung verzichtet werden.[49] Allerdings steht nach Ansicht des Oberverwaltungsgerichts Lüneburg der verkehrsberuhigte Ausbau nur eines Teilstücks einer im übrigen normal ausgebauten Straße „der einheitlichen Abrechnung der Straße nicht entgegen, wenn damit die Verkehrsfunktion der gesamten Straße bestimmt wird".[50]

Für die Beantwortung der Frage, ob ein Straßenzug eine öffentliche Einrichtung darstellt oder aber in mehrere öffentliche Einrichtungen zerfällt, ist maßgebend der Zustand „**nach Abschluß** der nach dem Bauprogramm auszu-

---

[46] BayVGH, Urteil v. 22. 11. 1992 – 6 B 92.558 –.
[47] OVG Lüneburg, u. a. Beschluß v. 11. 2. 1987 – 9 B 122/86 – KStZ 87, 151 = ZMR 87, 353 = Ns Gemeinde 87, 189, sowie Urteil v. 18. 9. 1987 – 9 A 126/86 –.
[48] OVG Lüneburg, Beschluß v. 6. 9. 1989 – 9 M 33/89 –.
[49] Vgl. Lüneburg, Beschluß v. 30. 12. 1992 – 9 M 4286/92 u. a. –.
[50] OVG Lüneburg, Beschluß v. 2. 7. 1990 – 9 M 25/90 – KStZ 91, 35.

führenden Arbeiten. So kann z. B. bei anderer Trassenführung sich das äußere Erscheinungsbild vorhandener Einrichtungen derart ändern, daß nunmehr Teile ehemals verschiedener Einrichtungen eine neue Einrichtung bilden, während ein Teilstück einer ehemals einheitlichen Einrichtung zur selbständigen Einrichtung wird. Die Abrechnung der Maßnahmen hat sich dann nach dem Erscheinungsbild zu richten, das durch die Ausbaumaßnahmen geschaffen wurde"[51]. Auf der Grundlage seiner unzutreffenden Ansicht, ein **öffentlicher unbefahrbarer Wohnweg** i. S. des § 127 Abs. 2 Nr. 2 BauGB sei Bestandteil der Anbaustraße (§ 127 Abs. 2 Nr. 1 BauGB), in die er einmündet (vgl. dazu im einzelnen § 12 Rdnr. 57), hat das Oberverwaltungsgericht Lüneburg[52] erkannt, es sei davon auszugehen, daß im Straßenbaubeitragsrecht der Begriff der öffentlichen Einrichtung ebenfalls neben der Fahrstraße den von ihr abzweigenden öffentlichen unbefahrbaren Wohnweg umfasse. Das begegnet u. a. auch deshalb Bedenken, weil Fahrstraße und unbefahrbarer Wohnweg unterschiedliche Verkehrsfunktionen haben (Bewältigung von Fahrverkehr einerseits und Fußgängerverkehr andererseits) und „eine gemeinsame Abrechnung einzelner selbständig nutzbarer Teillängen eines Straßenzugs mit unterschiedlicher Verkehrsfunktion... nicht zulässig sein" dürfte.[53] Überdies ist anerkannt, daß ein nach seinem Erscheinungsbild als eine einzelne öffentliche Einrichtung anzusehender Straßenzug gleichwohl als zwei selbständige Einrichtungen abzurechnen ist, wenn die beiden Teile „unterschiedlichen Verkehrsfunktionen dienen und die unterschiedlichen Vorteilslagen auch zu unterschiedlichen Gemeindeanteilen bzw. Beitragsmaßstäben führen... Entsprechendes gilt aus Rechtsgründen auch dann, wenn ein Straßenzug durch eine einheitliche Baumaßnahme zum Teil i. S. d. § 6 NKAG ausgebaut und zum Teil erstmals endgültig i. S. d. § 133 Abs. 2 BauGB hergestellt worden ist".[54]

20 Das **schleswig-holsteinische** Landesrecht stellt nach der Rechtsprechung des seinerzeit, d. h. vor Gründung des Oberverwaltungsgerichts Schleswig zuständig gewesenen Oberverwaltungsgerichts Lüneburg[55] ebenfalls ab auf eine öffentliche Einrichtung insgesamt, d. h. auf eine öffentliche Gemeindestraße in ihrer gesamten Länge und mit allen Teileinrichtungen. Allerdings ist zweifelhaft, ob das nunmehr zuständige Oberverwaltungsgericht Schleswig an dieser Auffassung festhält. Denn unter Bezugnahme auf Ausführungen zum nordrhein-westfälischen Landesrecht, die oben unter Rdnr. 12 dargestellt worden sind, hat das Oberverwaltungsgericht Schleswig[56] inzwischen ent-

---

[51] OVG Lüneburg, Urteil v. 12. 6. 1990 – 9 A 149/88 – NST-N 90, 325 = Ns Gemeinde 91, 32.
[52] OVG Lüneburg, Beschluß v. 30. 8. 1990 – 9 M 59/90 –.
[53] OVG Lüneburg, Beschluß v. 15. 10. 1990 – 9 M 46/90 –.
[54] OVG Lüneburg, Beschluß v. 6. 11. 1989 – 9 M 64/89 –.
[55] OVG Lüneburg, Beschluß v. 7. 1. 1991 – 9 M 151/90 – und Urteil v. 12. 3. 1991 – 9 L 312/90 –.
[56] OVG Schleswig, Urteil v. 8. 12. 1994 – 2 L 328/91 –.

schieden: „Einrichtung i. S. d. § 8 Abs. 1 Satz 1 KAG ist das, was Gegenstand einer Herstellung, eines Ausbaus oder Umbaus im Sinne dieser Vorschrift sein kann und was nach Maßgabe des Bauprogramms im Einzelfall hergestellt oder verbessert wird. Die räumliche Ausdehnung einer Einrichtung wird somit durch das konkrete Bauprogramm bestimmt.“[56] Es bleibt abzuwarten, in welche Richtung sich diese Rechtsprechung weiterbewegt.

Mit Rücksicht auf die Anlehnung der Kommunalabgabengesetze in Bran- 21 denburg und – zumindest im Ansatz auch – in Mecklenburg-Vorpommern an das Kommunalabgabengesetz in Nordrhein-Westfalen liegt es nahe, daß in den genannten Ländern der Anlagenbegriff des nordrhein-westfälischen Landesrechts (vgl. Rdnrn. 12 ff.) maßgebend sein könnte. Dementsprechend dürfte in Sachsen-Anhalt auf den Anlagenbegriff in Niedersachsen (vgl. Rdnr. 19) und in Thüringen auf den in Bayern (vgl. Rdnr. 18) abzustellen sein. In **Sachsen** sprechen sowohl die in § 26 Abs. 1 SächsKAG enthaltenen Formulierungen als auch die Amtliche Begründung dazu[57] für die Annahme, Anlage sei – wie im Erschließungsbeitragsrecht – die Straße, der (Wirtschafts- bzw. Wohn-)Weg oder die Lärmschutzeinrichtung in der gesamten Ausdehnung. Diese Auffassung wird bestätigt durch Ziffer 26.1.1 der Hinweise des Sächsischen Staatsministeriums des Innern zur Anwendung des SächsKAG vom 5. Mai 1994[58], wo es mit Blick auf die in § 26 Abs. 1 SächsKAG aufgezählten Verkehrsanlagen heißt, „damit sind – ebenso wie im Erschließungsbeitragsrecht – die Anlagen in ihrer gesamten Ausdehnung gemeint (Anlagebegriff)“.

cc) Bestimmung der beitragsfähigen Maßnahmen

Um den landesrechtlichen Forderungen nach einer ortsgesetzlichen Rege- 22 lung des Abgabentatbestands (Leistung der Gemeinde) gerecht zu werden, ist eine **hinreichende Fixierung** des Gegenstands sowie eine **eindeutige Festlegung** der beitragsfähigen Maßnahmen in der Satzung unerläßlich, für die Beiträge erhoben werden sollen. Stellt eine Satzung dem Gegenstand nach auf „Straßen und Wege“ ab, ist eine Abrechnung eines Platzes mangels ausreichender Bezeichnung nicht möglich.[59] Jedoch erfaßt eine solche Bezeichnung auch unbefahrbare Wohnwege, denn sie beschränkt sich nicht auf befahrbare Verkehrsanlagen.[60] Soll der Aufwand für die Anlegung eines Grünstreifens z. B. an einer i. S. des § 242 Abs. 1 BauGB vorhandenen Straße umgelegt werden, setzt das, ungeachtet der Tatsache, daß er ein Bestandteil der Straße ist, eine Bestimmung in der Satzung voraus, die z. B. den Gemeinde- bzw. Anliegeranteil für die entsprechenden Kosten festlegt; eine solche Regelung ist unerläßlich, weil der Grünstreifen weder Teil der Fahrbahn noch Teil der Gehwe-

---

[57] Vgl. LT-Drucksache 1/2843, S. 31 f.
[58] Veröffentlicht in Amtsblatt 94, 842 ff. (852).
[59] OVG Lüneburg, Urteil v. 18. 3. 1986 – 9 A 32/83 –.
[60] OVG Lüneburg, Beschluß v. 30. 8. 1990 – 9 M 59/90 –.

ge ist.[61] Sind – was dringend zu empfehlen ist – **alle** nach dem jeweiligen Landesrecht in Betracht kommenden beitragsfähigen Maßnahmen in der Satzung aufgezählt, ist jedenfalls sichergestellt, daß die insoweit erforderliche Voraussetzung für eine Beitragserhebung erfüllt ist. Unterläßt es jedoch eine Gemeinde, z.B. das Tatbestandsmerkmal "Herstellung" in ihre Satzung aufzunehmen, versperrt sie sich den Weg etwa zur Beitragserhebung für die erstmalige Herstellung eines Wirtschaftswegs sowie – in Nordrhein-Westfalen und Bayern – auch für die **Erneuerung** einer Anbaustraße i.S. des § 127 Abs. 2 Nr. 1 BauGB. Denn die betreffenden Landesgesetzgeber haben davon abgesehen, die Erneuerung einer öffentlichen Anlage (Einrichtung) als beitragsfähige Maßnahme im Gesetz zu nennen, so daß in diesen Ländern eine Erneuerung nur als "**nachmalige**" (nochmalige) Herstellung beitragsfähig sein kann.[62] Ohne Belang ist hingegen, wenn neben der Verbesserung nicht auch die Erweiterung in der Tatbestandsregelung enthalten ist, weil diese als ein Unterfall der Verbesserung anzusehen ist.[63]

23   Nicht zum Mindestinhalt einer Straßenbaubeitragssatzung gehören Angaben darüber, welche **Merkmale** erfüllt sein müssen, damit der Zustand der „endgültigen Herstellung" (u.a. § 8 Abs. 7 Satz 1 KAG NW) bzw. der „Fertigstellung" (§ 11 Abs. 9 Satz 1 KAG Hess) der Anlage oder der „Beendigung der beitragsfähigen Maßnahme" (§ 6 Abs. 6 NKAG) als erreicht angesehen werden kann. Im Gegensatz zum Baugesetzbuch (§ 132 Nr. 4) schreiben die Kommunalabgabengesetze nicht vor, daß derartige Merkmale in der Satzung festzulegen sind. Der Abgabentatbestand insoweit ist mit den Worten „Herstellung (sowie ggfs. Erneuerung) und Verbesserung von Anlagen (bzw. Einrichtungen) im Bereich der öffentlichen Straßen, Wege und Plätze" ausreichend umschrieben. Der Bürger kann sich aufgrund einer solchen Regelung eine (immerhin noch hinreichende) Vorstellung von den Maßnahmen machen, die eine Beitragspflicht auslösen können. Was im einzelnen hergestellt, erneuert oder verbessert werden und wie dies geschehen soll, bleibt dem **Bauprogramm** überlassen, das nicht ortsrechtlich geregelt zu werden braucht.[64]

24   Gleichwohl ist es einer Gemeinde nicht untersagt, sich der allerdings **wenig ratsamen**, weil nur schwer zu bewältigenden Aufgabe zu unterziehen, abstrakte, auf eine Vielzahl von Einzelmaßnahmen ausgerichtete Herstellungsmerkmale zu formulieren und in ihre Satzung aufzunehmen, ggfs. auch zu

[61] OVG Münster, Urteil v. 22. 4. 1985 – 2 A 2655/82 –.

[62] OVG Münster, u.a. Urteile v. 21. 4. 1975 – II A 1112/73 – OVGE 31, 65 = KStZ 76, 16, und v. 12. 10. 1978 – II A 319/76 – OVGE 33, 27 = GemHH 79, 167.

[63] Vgl. u.a. OVG Münster, Urteil v. 23. 11. 1976 – II A 1766/74 – OVGE 32,162 = KStZ 77, 114 = NJW 77, 2179.

[64] Vgl. u.a. VGH Kassel, Beschluß v. 15. 3. 1987 – 5 TH 1211/86 – KStZ 88, 15 = GemHH 88, 191, OVG Münster, U. v. 11. 5. 1987 – 2 A 2353/84 –, OVG Koblenz, Urteil v. 22. 3. 1988 – 6 A 6/87 –, und OVG Lüneburg, Beschluß v. 17. 1. 1990 – 9 M 90/89 –.

bestimmen, daß der Grunderwerb ein solches Herstellungsmerkmal sein soll. Ist das geschehen, hat das zur Folge, daß die (sachlichen) Beitragspflichten erst entstehen können, wenn die Ausbaumaßnahme dem rechtsatzmäßig festgelegten Bauprogramm entspricht und ein ggfs. erforderlicher Straßenlanderwerb abgeschlossen ist.[65] Überdies hat die Aufnahme einer solchen Merkmalsregelung in die Satzung zur Folge, daß eine **Abweichung** im Einzelfall von dem damit generell festgelegten Bauprogramm eine Abweichungssatzung erfordert.[66]

c) Abgabenmaßstab (Verteilungsmaßstab)

Ferner muß nach allen Kommunalabgabengesetzen die Beitragssatzung den 25 Abgabenmaßstab enthalten, d.h. den Maßstab, nach dem der umlagefähige Aufwand auf die Beitragspflichtigen verteilt wird. Zwar spricht § 2 Abs. 1 Satz 2 KAG S-H in diesem Zusammenhang von „Bemessungsgrundlage der Abgabe", doch sind damit der Abgabemaßstab und der – sogleich zu behandelnde – Abgabesatz gemeint.[67] Nicht ganz unbedenklich ist, wenn in der Straßenbaubeitragssatzung angeordnet wird, die Aufwandsverteilung erfolge in „entsprechender Anwendung der Bestimmung der Erschließungsbeitragssatzung über die Verteilung des Erschließungsaufwands". Jedenfalls nach Auffassung des Oberverwaltungsgerichts Lüneburg[68] genügt eine solche Regelung nicht dem Gebot der Normenklarheit. Hinsichtlich des Verteilungsmaßstabs im einzelnen wird ebenso wie hinsichtlich der mit der Frage, welche Grundstücksfläche bei der Aufwandsverteilung zu berücksichtigen ist, zusammenhängenden Tiefenbegrenzung auf die Ausführungen im Rahmen der Verteilungsphase verwiesen (vgl. § 35 Rdnrn. 1 ff. und § 34 Rdnr. 25).

d) Abgabesatz

Zum Mindestinhalt einer Abgabensatzung gehört in den meisten Bundes- 26 ländern auch die Angabe des Satzes der Abgabe, der etwa als Geldbetrag je Maßstabseinheit ausgedrückt werden kann. Jedoch **entfällt** diese Notwendigkeit, wenn – was im Straßenbaubeitragsrecht die Regel ist – im Zeitpunkt des Erlasses der Beitragssatzung der für eine beitragsfähige Maßnahme entstandene Aufwand noch nicht feststeht (vgl. u.a. §§ 2 Abs. 1 Satz 3 KAG MV, 8 Abs. 4 Satz 6 KAG NW und 11 Abs. 5 Satz 3 KAG Hess). Ausdrücklich trägt dem § 28 Abs. 1 Satz 3 SächsKAG Rechnung, indem er anordnet, der den Mindestinhalt von Satzungen regelnde § 2 Satz 2 finde im Straßenbaubei-

---

[65] U.a. OVG Koblenz, Urteil v. 8. 11. 1976 – 6 A 48/75 – VerwRspr 28, 802 = DVBl 77, 388 = KStZ 77, 132.
[66] U.a. OVG Münster, Urteil v. 19. 2. 1981 – 3 A 1368/80 – KStZ 81, 174 = GemHH 81, 249.
[67] Vgl. OVG Lüneburg, Urteil v. 17. 7. 1975 – VI A 38/75 – OVGE 31, 410 = S-H Gemeinde 76, 24.
[68] OVG Lüneburg, Urteil v. 8. 11. 1983 – 9 A 98/82 – Ns Gemeinde 84, 126.

tragsrecht mit der Maßgabe Anwendung, daß die Festsetzung eines Beitragssatzes entfällt. Gleichsam als **Ausgleich** dafür muß allerdings in der Straßenbaubeitragssatzung der für die Höhe der Beiträge bedeutende **Gemeindeanteil,** d. h. das Verhältnis des von der Gemeinde zu tragenden Kostenanteils zu dem von den Beitragspflichtigen zu tragenden Anteil, für alle in Betracht kommenden Ausbaumaßnahmen und damit zugleich der auf die Gruppe der betroffenen Grundstückseigentümer „umzulegende Teil der Gesamtkosten bestimmt" sein[69] (so z.B. Art. 5 Abs. 4 KAG Bay, §§ 6 Abs. 5 Satz 3 NKAG und 7 Abs. 4 ThürKAG). Auch hinsichtlich des Gemeindeanteils im einzelnen wird auf die Ausführungen im Rahmen der Verteilungsphase verwiesen (vgl. § 33 Rdnrn. 4ff.).

e) Zeitpunkt der Fälligkeit

27   Schließlich muß nach allen Kommunalabgabengesetzen die Beitragssatzung den Zeitpunkt der Fälligkeit des Beitrags angeben. Dieser ist nicht mit dem des Entstehens der Beitragspflichten identisch. In Anlehnung an die Regelung des § 135 Abs. 1 BauGB wird in nicht wenigen Satzungen bestimmt, daß der Beitrag **einen Monat nach Bekanntgabe** (bzw. ggfs. nach Zustellung) des Beitragsbescheids fällig wird (vgl. zur Fälligkeit sowie zu Aussetzungszinsen und Säumniszuschlägen § 24 Rdnrn. 37ff.).

f) Zeitpunkt des Entstehens der (sachlichen) Beitragspflichten

28   In einigen Ländern verlangen die entsprechenden Vorschriften der Kommunalabgabengesetze darüber hinaus, daß die Satzung den Zeitpunkt des Entstehens der (sachlichen) Beitragspflichten festlegen muß (vgl. Art. 2 Abs. 1 Satz 2 KAG Bay, § 2 Abs. 1 Satz 2 KAG Hess und KAG Saarl, KAG MV, KAG S-H, sowie §§ 2 Satz 2 SächsKAG und ThürKAG). Da jedoch, abgesehen von Bayern und Thüringen, in diesen Ländern – ebenso wie in den übrigen Ländern – die Gesetzgeber ihrerseits den Zeitpunkt des Entstehens der Beitragspflichten in den jeweiligen **Beitragsvorschriften bestimmt** haben, können die Ortsgesetzgeber insoweit lediglich die Regelungen aus den einschlägigen Kommunalabgabengesetzen wiederholen. In Bayern und Thüringen hingegen haben die Gemeinden zur Festlegung des Zeitpunkts des Entstehens der Beitragspflichten in der Satzung gleichsam "selbständig" abzustellen auf die Verwirklichung des Beitragstatbestands,[70] d. h. auf den Zeitpunkt, in dem die beitragsfähigen Maßnahmen abgeschlossen worden sind.

---

[69] St. Rspr., u.a. BayVGH, Urteil v. 12. 1. 1973 – 71 IV 69 – BayVBl 73, 495, OVG Münster, Urteil v. 25. 8. 1975 – II A 232/74 – OVGE 31, 185 = GemHH 76, 140 = DGemStZ 78, 151, und OVG Lüneburg, Urteil v. 23. 1. 1976 – VI A 78/75 = KStZ 76, 216.
[70] Vgl. u.a. Bauer/Hub, Kommunale Abgaben in Bayern, S. 48, sowie Schieder/Happ, KAG Bay, Art. Bem. 2.1.5.

2. Sonstiger Inhalt

Neben den unbedingt erforderlichen, weil vom einschlägigen Landesrecht 29
zwingend verlangten Bestimmungen kann die Straßenbaubeitragssatzung
weitere Regelungen enthalten. Sie dürfen jedoch – um als wirksam qualifiziert werden zu können – **nicht** im Widerspruch zu den "Vorgaben" des
jeweiligen Landesrechts stehen. Unbedenklich – wenn auch überflüssig – ist
eine Wiedergabe des Inhalts der beitragsrechtlichen Vorschriften des Landesrechts.

a) Umfang des beitragsfähigen Aufwands

Zulässig, wenn auch nicht unbedingt empfehlenswert[71] ist eine Satzungs- 30
vorschrift, in der der Satzungsgeber – sicherlich im Interesse einer möglichst
klaren Information der Bürger – im einzelnen aufzeigt, welche Kosten zum
beitragsfähigen Aufwand gehören. Da jedoch die Frage, welcher Aufwand
beitragsfähig ist, nach der Konzeption der ausbaubeitragsrechtlichen Vorschriften eine dem Ermessen der Gemeinde entzogene, nach dem jeweiligen
Landesrecht zu beantwortende **Rechtsfrage** ist, kann eine solche Regelung
rechtlich allenfalls eine zu Lasten der Gemeinde gehende, mit dem Grundsatz
der Beitragserhebungspflicht (vgl. § 28 Rdnrn. 8 ff.) nicht ohne weiteres zu
vereinbarende Selbstbeschränkung auslösen. Im übrigen lassen sich schwerlich alle als beitragsfähig in Betracht kommenden Aufwendungen für jeden
Fall voraussehen, so daß – wenn sich eine Gemeinde gleichwohl für eine
entsprechende Festlegung in der Satzung entscheidet – zumindest die zusätzliche Aufnahme einer "Angstklausel" ratsam ist, d. h. einer Klausel, nach der
im Einzelfall durch eine rechtzeitig vor Beginn der Maßnahme zu erlassende
spezielle Satzung bestimmt werden kann, daß auch besondere, bisher in der
Satzung – weil nicht vorhersehbar – nicht genannte Kosten zum beitragsfähigen Aufwand zählen.

b) Ermittlung des beitragsfähigen Aufwands

Ebenso wie im Erschließungsbeitragsrecht (vgl. § 14 Rdnr. 2) ist im Stra- 31
ßenbaubeitragsrecht die Ermittlung des beitragsfähigen Aufwands nach den
tatsächlichen Kosten als gesetzlicher **Regelfall** zu qualifizieren; die Gemeinde
braucht ihren Willen, so zu verfahren, deshalb nicht notwendig in der Satzung zum Ausdruck zu bringen. In einigen Kommunalabgabengesetzen (vgl.
u. a. §§ 6 Abs. 3 Satz 1 NKAG, 8 Abs. 4 Satz 2 KAG NW, 11 Abs. 2 Satz 2
KAG Hess und 27 Abs. 2 SächsKAG) ist den Gemeinden auch die Möglichkeit eingeräumt worden, den beitragsfähigen Aufwand nach **Einheitssätzen** zu
ermitteln. Will eine Gemeinde in den betreffenden Ländern von dieser Mög-

---

[71] A. A. z. B. der Innenminster Ns, der in § 2 seiner Mustersatzung v. 22. 6. 1982
(MinBl Ns. S. 23) eine entsprechende Satzungsvorschrift vorschlägt.

lichkeit – jedenfalls für bestimmte Teileinrichtungen wie z. B. die Straßenentwässerung – Gebrauch machen, muß sie dies sowie die Höhe der anzuwendenden Einheitssätze in ihrer Beitragssatzung festlegen.[72]

c) Abschnittsbildung und Kostenspaltung

32   Soweit das Landesrecht – wie z. b. in Nordrhein-Westfalen und Hessen
(vgl. Rdnrn. 12 ff.) – es zuläßt, daß in der Beitragssatzung auf den umfassenden **Anlage-** bzw. Einrichtungsbegriff, d. h. auf Anlagen (bzw. Einrichtungen)
„im Bereich der öffentlichen Straßen, Wege und Plätze" (vgl. Rdnr. 12) abgestellt wird, besteht kaum ein Bedürfnis für eine Regelung der Abschnittsbildung in der Satzung. Ein Abschnitt etwa einer Straße (bzw. nur einer Fahrbahn, eines Bürgersteigs usw.) selbst ist dann als "Anlage" Gegenstand der
beitragsfähigen Maßnahme. Hat hingegen die Satzung oder – wie wohl in den
meisten Ländern (vgl. Rdnrn. 18 ff.) – das Kommunalabgabengesetz den Begriff der Anlage enger, nämlich als "beitragsfähige Erschließungsanlage" oder
"öffentliche Straße" definiert und will die Gemeinde von der in einigen Kommunalabgabengesetzen (vgl. u. a. § 8 Abs. 5 KAG NW, Art. 5 Abs. 1 Satz 4
KAG Bay und § 6 Abs. 4 NKAG) ausdrücklich eingeräumten, aber – z. B. in
Schleswig-Holstein[73] – auch unabhängig davon ihr zustehenden Befugnis,
Abschnitte zu bilden und gesondert abzurechnen, Gebrauch machen, muß sie
dies entweder in ihrer (allgemeinen) Beitragssatzung regeln oder sich den
Weg dazu im Einzelfall durch einen wie eine Satzung zu veröffentlichenden
Ratsbeschluß eröffnen.[74] Sieht die Beitragssatzung die Möglichkeit der Abschnittsbildung vor, ist die jeweilige Entscheidung, den Aufwand für einen
selbständig benutzbaren Abschnitt zu ermitteln, kein Akt der Ortsgesetzge-
bung, sondern ein innerdienstlicher Ermessensakt (vgl. dazu § 14 Rdnrn.
11 f.).

33   Entsprechendes gilt grundsätzlich, wenn es – jedenfalls soweit dies (wie in
Art. 5 Abs. 1 Satz 4 KAG Bay §§ 27 Abs. 3 SächsKAG und 7 Abs. 1 Satz 4
ThürKAG sowie in § 56 und § 4 der einschlägigen Gesetze Hamburgs und
Bremens) ausdrücklich[75] zugelassen ist – um die **Zusammenfassung** mehrerer

---

[72] U. a. OVG Lüneburg, Urteil v. 20. 9. 1976 – VI A 91/75 –.
[73] OVG Lüneburg, u. a. Urteil v. 13. 12. 1983 – 9 A 52/81 – S-H Gemeinde 84, 258.
[74] U. a. OVG Münster, Urteil v. 1. 6. 1977 – II A 1475/75 – KStZ 77, 219 = DVBl
79, 239.
[75] Unabhängig davon gehen etwa die Innenminister in Niedersachsen und Schleswig-Holstein in ihren Mustersatzungen davon aus, daß auch in ihren Ländern ein
derartiges Abrechnungsverfahren zulässig ist (vgl. § 3 Abs. 2 Satz 2 der Mustersatzungen des Innenministers Ns v. 22. 6. 1982 in MinBl 82, 923 und § 7 Abs. 2 der Mustersatzung des Innenministers S-H v. 29. 9. 1970 in Amtsbl S-H S. 548); für die Gemeinden in Schleswig-Holstein und Nordrhein-Westfalen ist nach Ansicht des OVG Lüneburg (vgl. Urteil v. 18. 3. 1986 – 9 A 237/82) bzw. des OVG Münster (vgl. Beschluß v.
4. 2. 1985 – 2 B 499/84) die Zusammenfassung zur gemeinsamen Aufwandsermittlung
und -verteilung (Abrechnungseinheit) zulässig, wenn die Satzung eine entsprechende
Regelung enthält.

"Erschließungsanlagen" oder "öffentlicher Straßen" bzw. und/oder Abschnitte von ihnen zur gemeinsamen Aufwandsermittlung (Abrechnungseinheit) sowie um die **Kostenspaltung** geht. Insoweit bedarf es jedenfalls dann, wenn entweder (schon) der Landesgesetzgeber oder die Gemeinde in ihrer Beitragssatzung den Anlagebegriff etwa auf "Erschließungsanlage" eingeengt hat, einer besonderen ortsrechtlichen Bestimmung. Denn bei einer solchen (einengenden) Definition des Anlagebegriffs ist beispielsweise die Verbesserung lediglich einer Teileinrichtung (etwa einer Fahrbahn, eines Radwegs usw.) – ebenso wie die eines Abschnitts – als besonderer Tatbestand gegenüber der Verbesserung einer Gesamtanlage (Erschließungsanlage, öffentliche Straße) anzusehen, der als solcher in der Satzung geregelt sein muß.[76]

Eine **Besonderheit** ergibt sich allerdings in diesem Zusammenhang für die **34** Kostenspaltung. In einigen Kommunalabgabengesetzen (vgl. u.a. §§ 6 Abs. 2 NKAG und KAG LSA, 11 Abs. 8 Satz 2 KAG Hess und 8 Abs. 3 KAG Saarl) ist – entsprechend der Vorschrift des § 127 Abs. 3 BauGB – ausdrücklich bestimmt, daß (Teil-)Beträge außer „für Teile" einer Anlage (Einrichtung) allein für den Grunderwerb und die Freilegung erhoben werden dürfen. Da weder der Grunderwerb noch die Freilegung Gegenstand einer beitragsfähigen Maßnahme und deshalb nicht Anlage im Sinne des Straßenbaubeitragsrechts sein können, müssen sich die Gemeinden in den Ländern, in denen eine Kostenspaltung selbst insoweit zugelassen ist, die Möglichkeit zur Erhebung von Teilbeträgen für den Grunderwerb und die Freilegung unabhängig von dem in der Satzung verwandten Anlagebegriff durch eine entsprechende Satzungsvorschrift eröffnen. Dieser Gesichtspunkt ist jedoch ohne Belang für die Gemeinden in Bayern, Brandenburg, Mecklenburg-Vorpommern, Nordrhein-Westfalen, Sachsen, Schleswig-Holstein und Thüringen, da die betreffenden Landesgesetzgeber davon abgesehen haben, eine Kostenspaltung auch für den Grunderwerb sowie die Freilegung und damit für Vorgänge vorzusehen, die als solche ohnehin nicht geeignet sind, selbständig wirtschaftliche (Sonder-)Vorteile zu verschaffen. In diesen Ländern nämlich sind die Aufwendungen für den Grunderwerb und die Freilegung nicht abspaltbar.[77] Die für eine gegenteilige Ansicht (bezogen auf das nordrhein-westfälische Landesrecht) gelegentlich[78] gegebene Begründung, der Landesgesetzgeber habe seinerzeit keinen Anlaß gehabt, neben den "Teilen" der Anlage den Grunderwerb und die Freilegung ausdrücklich im Gesetz zu nennen, weil im Zeitpunkt des Erlasses des Gesetzes eine umfangreiche Rechtsprechung des Bundesverwaltungsgerichts zur Kostenspaltung nach dem Bundesbaugesetz vorgelegen habe, „in der es gängige Terminologie war, auch den Grunderwerb

---

[76] Vgl. dazu OVG Lüneburg, Urteil v. 14. 10. 1980 – 9 A 134/79 – Ns Städteverband 81, 128.

[77] Vgl. etwa Dietzel in Hoppenberg, Handbuch des öffentlichen Baurechts, Kapitel G, Rdnr. 76, Thiem, KAG S-H, § 8 Rdnr. 123, sowie Hempel/Hempel, KAG S-H, § 8 Rdnr. 171, a. A. für das KAG Bay Schieder/Happ, KAG Bay, Art. 5 Bem. 2.8.5.

[78] Vgl. u.a. Kulartz in StuGR 83, 6ff. (99).

und die Freilegung als abspaltbare Teile zu bezeichnen",[78] vermag nicht zu überzeugen. Abgesehen davon, daß schon § 127 Abs. 3 BBauG (und jetzt BauGB) selbst zweifelsfrei zwischen dem Grunderwerb und der Freilegung einerseits sowie den "Teilen" der Erschließungsanlage andererseits trennt und nicht etwa durch das Wort "sonstige" vor dem Begriff "Teile" eine materiell gleichstellende Verbindung zwischen ihnen sowie dem Grunderwerb bzw. der Freilegung herstellt, wird in der Rechtsprechung des Bundesverwaltungsgerichts von jeher[79] diese Trennung terminologisch eindeutig gekennzeichnet.

d) Anrechenbare Breiten von Verkehrsanlagen

35   In Anlehnung an das Erschließungsbeitragsrecht (vgl. §§ 132 Nr. 1, 129 Abs. 1 BauGB) entschließen sich Gemeinden nicht eben selten dazu, in ihre Satzung eine Vorschrift aufzunehmen, in der sie – getrennt nach zumindest zwei Gebietsarten und gesondert für verschiedene Straßentypen (z. B. Anliegerstraßen, Haupterschließungsstraßen usw.) sowie innerhalb dieser für unterschiedliche flächenmäßige Teileinrichtungen (z. B. Fahrbahn, Bürgersteige usw.), für Fußgängergeschäftsstraßen und selbständige Gehwege – **anrechenbare Breiten** der jeweiligen Verkehrsanlagen festlegen und dadurch bestimmen, daß der für den Ausbau der "Über"-Breiten entstandene Teil des beitragsfähigen Aufwands von ihnen selbst getragen wird.[80] Gedanklicher Ausgangspunkt für eine solche Beschränkung auf anrechenbare Breiten ist die Überlegung, daß typischerweise zur Bewältigung des "normalen" Allgemein- und Anliegerverkehrs in einem bestimmten Gebiet für eine bestimmte Verkehrsanlage (bzw. deren Teileinrichtung) lediglich eine bestimmte Breite "erforderlich" ist. Überschreitet eine Verkehrsanlage (Teileinrichtung) diese auf Regelfälle abstellende Breite, ist dies vom Grundsatz her jedenfalls nicht auf die Bedürfnisse des Anliegerverkehrs und weitgehend auch nicht auf die des "normalen" Allgemeinverkehrs, sondern in erster Linie auf Umstände (wie z. B. besonderer, von der Allgemeinheit ausgelöster Mehrverkehr oder Fehlplanung usw.) zurückzuführen, die **außerhalb** dessen liegen, was durch die dem Straßenbaubeitragsrecht eigene Vorteils-Lastenverteilung im Rahmen der Verteilungsphase, d. h. im Rahmen der Aufteilung des beitragsfähigen Aufwands in Allgemeinanteil (Gemeindeanteil) und Anliegeranteil, typischerweise aufzufangen ist. Da die Gemeinde die zur Bewältigung des "normalen" Allgemein- und Anliegerverkehrs erforderlichen Breiten der Ver-

---

[79] BVerwG, u. a. schon Urteile v. 10. 2. 1967 – IV C 121.65 – BVerwGE 26, 180 = MDR 67, 779 = DWW 67, 253, und v. 6. 12. 1968 – IV C 30.67 – DVBl 69, 272 = ZMR 69, 250 = KStZ 69, 167.

[80] Vgl. im einzelnen § 3 Abs. 2 der Mustersatzung des Innenministers NW v. 28. 5. 1971 in MinBl NW 71, 1178, und daran anknüpfend § 3 Abs. 2 des von Kulartz in StuGR 83, 61 ff. vorgestellten Satzungsmusters sowie § 5 des Satzungsmusters des Sächsischen Städte- und Gemeindetags im Sachsenlandkurier 94, 206.

kehrsanlagen nach ihrem Ermessen zu bestimmen hat,[81] ist es ihr unbenommen, ihre diesbezügliche Entscheidung durch eine auf ″Regelbreiten″ aufbauende, generalisierende Beschränkung der anrechenbaren Breiten zum Ausdruck zu bringen und in der Folge – ihrer grundsätzlichen Einschätzung der Vorteilslage entsprechend – den für eine Maßnahme entstandenen beitragsfähigen Aufwand zu ihren Lasten um die durch den Ausbau der Überbreiten verursachten Mehrkosten gleichsam vorab zu kürzen. Im wirtschaftlichen Ergebnis ist „die nicht anrechenbare Breite" oder genauer: der durch ihren Ausbau hervorgerufene Aufwand „demnach Bestandteil des sog. Gemeindeanteils",[82] d. h. des Anteils des beitragsfähigen Aufwands, mit dem gemäß der von der Gemeinde nach ihrem Ermessen bewerteten Vorteilssituation nicht die Beitragspflichtigen, sondern die Allgemeinheit zu belasten ist. Nicht zuletzt dieser Gesichtspunkt macht deutlich, daß eine Satzung keine Regelung hinsichtlich der anrechenbaren Höchstbreiten zu enthalten braucht, und zwar selbst dann nicht, wenn es um eine Sondersatzung z. B. für die Schaffung einer verkehrsberuhigten Straße aus der bisherigen (″normalen") X-Straße geht und die generelle Straßenbaubeitragssatzung eine solche Regelung enthält.[83]

Beschränkt eine Satzungsregelung die anrechenbaren Breiten für Teileinrichtungen, ohne daß diese Satzung zugleich eine Bestimmung enthält, nach der es sich bei den **Höchstbreiten** um durchschnittliche Breiten[84] handelt, ist die betreffende Satzungsvorschrift nach Ansicht des Oberverwaltungsgerichts Münster[85] dahin zu verstehen, daß die Kosten in den Bereichen, in denen eine Teileinrichtung (z. B. die Fahrbahn) die angegebene Höchstbreite übersteigt, nicht zum beitragsfähigen Aufwand zählen.[86] Das hat zur Folge, daß die Kosten für die Herstellung von (kleinsten) Mehrflächen bei der Abrechnung selbst dann unberücksichtigt zu lassen sind, wenn die Teileinrichtung in anderen Bereichen hinter der Höchstbreite zurückbleibt.

e) Vorausleistung und Ablösung

Alle Kommunalabgabengesetze räumen den Gemeinden die Befugnis ein, **37** bei Vorliegen der entsprechenden Voraussetzungen Vorausleistungen zu erheben. Zu diesen Voraussetzungen zählt jedoch **nicht** eine die Vorausleistung regelnde Bestimmung in der Beitragssatzung. Einer solchen Bestimmung bedarf es nicht, weil sich das Recht zur Erhebung von Vorausleistungen **unmit-**

---

[81] Vgl. in diesem Zusammenhang etwa OVG Lüneburg, Urteil v. 23. 5. 1979 – IX A 137/77 – KStZ 79, 174.
[82] OVG Münster, Urteil v. 15. 10. 1980 – 2 A 3015/79 –.
[83] Vgl. OVG Münster, Urteil v. 18. 10. 1989 – 2 A 2172/87 –.
[84] So sieht z. B. § 5 Abs. 2 Satz 2 des Satzungsmusters des Sächsischen Städte- und Gemeindetags (in Sachsenlandkurier 94, 206 ff.) insoweit vor, die zuvor „genannten Breiten sind Durchschnittsbreiten".
[85] OVG Münster, Urteil v. 15. 11. 1991 – 2 A 22/90 –.
[86] Vgl. OVG Münster, u. a. Urteil v. 18. 12. 1991 – 2 A 796/90 –.

telbar aus den einschlägigen Vorschriften der Kommunalabgabengesetze ergibt.[87] Gleichwohl: Will eine Gemeinde Vorausleistungen erheben, empfiehlt[88] es sich schon aus Gründen der Klarstellung, dies in der Beitragssatzung zum Ausdruck zu bringen.

38   Lediglich Art. 5 Abs. 9 KAG Bay sowie die §§ 6 Abs. 7 Satz 2 NKAG, 6 Abs. 7 Satz 3 KAG LSA, 7 Abs. 9 ThürKAG, 8 Abs. 9 KAG MV und 25 Abs. 1 SächsKAG sehen ausdrücklich die Möglichkeit vor, einem Beitrag im ganzen vor Entstehen der Beitragspflicht (durch eine vertragliche Vereinbarung) **abzulösen.** Da es sich bei der Ablösung jedoch um ein **allgemein** geltendes beitragsrechtliches Rechtsinstitut handelt, können Ablösungsverträge auch im Straßenbaubeitragsrecht abgeschlossen werden.[89] Allerdings ist Voraussetzung dafür, daß die jeweilige Gemeinde – wie im Erschließungsbeitragsrecht – zuvor wirksame „Bestimmungen über die Ablösung des Beitrages ... vor Entstehung der Beitragspflicht" (§§ 6 Abs. 7 Satz 2 bzw. Satz 3 NKAG und KAG LSA, ähnlich auch § 8 Abs. 9 KAG MV) getroffen bzw. „das Nähere ... in der Satzung" bestimmt hat (Art. 5 Abs. 9 Satz 2 KAG Bay sowie §§ 7 Abs. 9 ThürKAG und 25 Abs. 1 Satz 2 SächsKAG), um eine gleichmäßige Handhabung der Ablösung zu gewährleisten (vgl. dazu im einzelnen § 22 Rdnrn. 9 ff.). Da es zumindest zweckmäßig und in einigen Kommunalabgabengesetzen sogar vorgeschrieben ist, diese Bestimmungen in Satzungsform zu erlassen, bietet es sich an, sie in die Beitragssatzung aufzunehmen.

---

[87] Ebenso OVG Münster, Urteil v. 30. 5. 1989 – 2 A 1386/86 –, sowie BayVGH, u.a. Urteil v. 30. 10. 1990 – 6 B 89.03775 –; ebenso u.a. Hinsen in StuGR 84, 42 (51), und Schieder/Happ, BayKAG, Art. 5 Bem. 7.1; a.A. u.a. Thiem, KAG SH, § 8 Rdnr. 139.
[88] So ausdrücklich auch Ermel, KAG Hess, § 11 Bem. 50.
[89] Vgl. OVG Koblenz, Urteil v. 14. 1. 1976 – 6 A 53/73 – KStZ 77, 33; ebenso u.a. OVG Münster, Urteil v. 27. 9. 1988 – 2 A 2433/86 – KStZ 89, 196 = GemHH 89, 193 = NWVBl 89, 280, OVG Lüneburg, Urteil v. 24. 10. 1984 – 9 A 38/83 –, BayVGH, Urteil v. 24. 10. 1986 – 23 B 84 A. 2812 – BayVBl 87, 335, sowie Kulartz in StuGR 83, 61 (99) mit weiteren Nachweisen.

Zweiter Abschnitt
Aufwendungsphase

§ 31 Beitragsfähige Ausbaumaßnahmen

I. Öffentliche Anlagen (Einrichtungen)

Zur Beitragserhebung nach den ausbaubeitragsrechtlichen Vorschriften berechtigen (und verpflichten) nur Aufwendungen für bestimmte Ausbaumaßnahmen, die eine öffentliche Anlage der Gemeinde zum Gegenstand haben. Der Begriff der öffentlichen Anlage schließt den der öffentlichen Einrichtung ein (vgl. § 1 Rdnr. 18). Da noch nicht mit letzter Sicherheit abzusehen ist, ob für die erstmalige Herstellung von (selbständigen) Kinderspielplätzen in Zukunft Beiträge nach den Kommunalabgabengesetzen der Länder erhoben werden (vgl. dazu § 2 Rdnr. 52) und da bisher die Verbesserung (Erneuerung) solcher Anlagen oder etwa von (selbständigen) Grünanlagen und Immissionsschutzanlagen keine Rolle im Ausbaubeitragsrecht gespielt hat, also bisher allein das **Straßenbaubeitragsrecht** praxisrelevante Bedeutung hat, beschränken sich die folgenden Ausführungen ebenso wie die zur Beitragssatzung auf diesen Teilbereich des Ausbaubeitragsrechts. 1

Der Begriff der **öffentlichen Anlage** (bzw. **Einrichtung**) hat in den Ländern einen **unterschiedlichen Inhalt,** darauf ist im einzelnen im Zusammenhang mit der Straßenbaubeitragssatzung bei der Behandlung des Abgabentatbestands hingewiesen worden (vgl. § 30 Rdnrn. 12 ff.). Auf der Grundlage des weiteren Anlagebegriffs (vgl. § 30 Rdnr. 12) kann im Straßenbaubeitragsrecht eine Anlage (bzw. Einrichtung) nicht nur Gegenstand, sondern auch **Mittel** einer beitragsfähigen Maßnahme sein. Wird beispielsweise eine Straße dadurch verbessert, daß sie bisher nicht vorhandene Gehwege erhält, ist Gegenstand der Verbesserung die (Anlage) Straße, das Mittel der Verbesserung aber sind die (Anlage) Gehwege, mit deren „endgültiger Herstellung" (§ 8 Abs. 7 Satz 1 KAG NW) die Beitragspflichten für die (Anlage) Straße entstehen.[1] 2

Gegenstand einer beitragsfreien Ausbaumaßnahme können – außer in Niedersachsen – nicht nur Anlagen sein, die dem öffentlichen Verkehr **gewidmet** sind. Auch für nicht straßenrechtlich öffentliche Verkehrsanlagen, die aufgrund öffentlich-rechtlicher Entschließung der Gemeinde bereitgestellt worden sind, können Beiträge erhoben werden, da sie jedenfalls **öffentliche Anla-** 3

---

[1] OVG Münster, Urteil v. 12. 10. 1978 – II A 319/76 – OVGE 33, 277 = GemHH 79, 167 = DWW 79, 46; vgl. auch OVG Münster, Beschluß v. 30. 9. 1986 – 2 B 1600/86 –.

gen im Sinne der straßenbaubeitragsrechtlichen Vorschriften sind. Dies kann etwa für sog. Wirtschaftswege bzw. Gemarkungswege von Bedeutung sein,[2] d. h. für gemeindeeigene Wege, die vornehmlich die Zufahrt zu land- oder forstwirtschaftlich genutzten Grundstücken im **Außenbereich** ermöglichen oder erleichtern, aber in der Regel gelegentlich auch von Dritten (Radfahrern, Wanderern) in Anspruch genommen werden. Mit Blick auf diese Wege bedarf es, „um die Abgrenzung zu rein privaten Wegen, für die eine Abrechnung nicht in Frage kommt, zu gewährleisten, ... allerdings zumindest einer irgendwie gearteten Entschließung der Kommune über die öffentliche Bereitstellung".[2]

Eine straßenrechtliche Widmung ist indes unverzichtbar, wenn der Ortsgesetzgeber in der Tatbestandsregelung seiner Satzung z. B. in Nordrhein-Westfalen an die Regelungen in den §§ 2 Abs. 1 und 60 Abs. 2 StrWG NW anknüpft und damit zum Ausdruck bringt, "öffentlich" sollten nur die Anlagen sein, die dem öffentlichen Verkehr gewidmet sind (§ 2 Abs. 1 StrWG NW) oder die nach früherem Recht die Eigenschaft einer öffentlichen Straße besitzen (§ 60 Abs. 2 StrWG NW). Im niedersächsischen Landesrecht soll nach Auffassung des Oberverwaltungsgerichts Lüneburg[3] die Erhebung von Straßenbaubeiträgen stets die Widmung von Straßen und Wegen voraussetzen, weil nach § 6 Abs. 1 NKAG Beiträge nur für die Herstellung oder den Ausbau öffentlicher Einrichtungen erhoben werden dürfen und nach § 2 Abs. 1 NStrG öffentliche Straßen nur diejenigen Straßen sind, die dem öffentlichen Verkehr gewidmet sind. Mit dieser Maßgabe ist ein Wirtschaftsweg und eine sonstige im Außenbereich verlaufende Gemeindestraße i. S. des § 47 Abs. 3 NStrG eine Einrichtung i. S. des § 6 Abs. 1 NKAG;[4] im übrigen kann die erforderliche Widmung grundsätzlich rückwirkend erfolgen.[5]

4 Der Begriff der öffentlichen Anlage (Einrichtung) beschränkt sich im Straßenbaubeitragsrecht nicht auf befahrbare Straßen, Wege und Plätze sowie – sofern es das Landesrecht bzw. die Satzung erlaubt (vgl. dazu § 30 Rdnrn. 12 ff.) – auf deren Teileinrichtungen. Er erstreckt sich vielmehr auch auf **unbefahrbare** Verkehrsanlagen z. B. unbefahrbare **Wohnwege**.[6] Soweit derartige Anlagen von § 127 Abs. 1 Nr. 2 BauGB erfaßt werden (vgl. dazu § 12 Rdnrn. 57 ff.), bezieht sich das Straßenbaubeitragsrecht lediglich auf ihre Erneuerung, Verbesserung usw., im übrigen aber jedenfalls dann auch auf ihre erstmalige Herstellung, wenn das einschlägige Landesrecht die Schaffung einer

---

[2] VGH Kassel, Urteil v. 27. 10. 1994 – 5 UE 328/90 –; vgl. ebenso zu Wirtschaftswesen OVG Münster, Urteil v. 1. 6. 1977 – II A 1475/75 – KStZ 77, 219; siehe auch Johlen in Agrarrecht 86, 1 (3).

[3] OVG Lüneburg, u. a. Urteil v. 10. 1. 1989 – 9 A 53/87 –.

[4] Vgl. OVG Lüneburg, Urteil v. 12. 12. 1989 – 9 A 62/88 – Ns Städteverband 90, 118.

[5] OVG Lüneburg, Urteil v. 23. 3. 1988 – 9 A 146/86 – Ns Städteverband 88, 226 = Ns Gemeinde 88, 196.

[6] Vgl. so ausdrücklich § 26 Abs. 1 Satz 2 SächsKAG.

neuen Anlage als eine beitragsfähige Maßnahme des Straßenbaubeitragsrechts anerkennt (vgl. Rdnr. 6).

Wird eine Straße ausgebaut, kann das dazu führen, daß hinsichtlich ver- 5 schiedener Teileinrichtungen unterschiedliche beitragsfähige Maßnahmen realisiert werden. So kann z. B. gleichsam in einem Zuge der Gehweg erweitert, die Beleuchtung verbessert und die Fahrbahn erneuert werden. Allerdings dürfte es entgegen der Ansicht des Oberverwaltungsgerichts Lüneburg[7] ausgeschlossen sein, eine bestimmte Ausbaumaßnahme an einer einzelnen Teileinrichtung zugleich etwa als eine beitragsfähige Verbesserung und eine beitragsfähige Erneuerung zu qualifizieren. Das gilt schon deshalb, weil die alternative Aufzählung der beitragsfähigen Maßnahmen im Gesetz die Annahme aufdrängt, es handele sich bei ihnen jeweils um verschiedene Tatbestände. Dementsprechend ist das Vorliegen der einzelnen Tatbestände von der Erfüllung unterschiedlicher Voraussetzungen abhängig. So spielt etwa der für eine beitragsfähige Erneuerung bedeutsame Zeitablauf für den Tatbestand der Verbesserung keine Rolle (vgl. Rdnr. 39). Und umgekehrt ist der Gesichtspunkt der Kompensation grundsätzlich nur bei der Verbesserung, nicht aber auch in vergleichbarer Weise bei der Erneuerung von Belang (vgl. Rdnr. 31). Denkbar ist allerdings, daß mit einer als Erneuerung angelegten Maßnahme (z. B. Ausbau eines Gehwegs) verkehrstechnische Verschlechterungen (z. B. infolge einer Verschmälerung) bewirkt werden, die im Einzelfall im Ergebnis dazu führen, daß durch diese Maßnahme weder den Grundeigentümern noch der Allgemeinheit (wirtschaftliche) Vorteile vermittelt werden; trifft das ausnahmsweise zu, fehlt es an einer beitragsfähigen Maßnahme (vgl. § 29 Rdnr. 24), d. h. fehlt es am Tatbestand einer beitragsfähigen Erneuerung.[8]

II. Herstellung, Anschaffung und Erneuerung

Nach allen Kommunalabgabengesetzen mit Ausnahme des hessischen 6 Kommunalabgabengesetzes gehört die **erstmalige Herstellung** einer Verkehrsanlage zu den nach Maßgabe der straßenbaubeitragsrechtlichen Vorschriften möglichen beitragsfähigen Maßnahmen. In Hessen hat der Gesetzgeber in § 11 Abs. 3 KAG Hess die beitragsfähigen Maßnahmen des Straßenbaubeitragsrechts **beschränkt** auf den „Um- und Ausbau von Straßen, Wegen und Plätzen, der über die Straßenunterhaltung und Straßeninstandsetzung hinausgeht". Dadurch hat er den Kreis der beitragsfähigen Maßnahmen für Verkehrsanlagen des § 11 Abs. 3 KAG Hess enger gezogen als für die „anderen Einrichtungen" (§ 11 Abs. 4 KAG Hess), für die nach § 11 Abs. 1 KAG Hess beitragsfähig sein können deren „Schaffung, Erweiterung und Erneuerung".

[7] OVG Lüneburg, Urteil v. 24. 5. 1989 – 9 A 110/87 –.
[8] Vgl. OVG Münster, Urteil v. 20. 7. 1992 – 2 A 399/91 – NVwZ-RR 93, 160 = NWVBl 93, 102.

Denn Maßnahmen des Um- und Ausbaus beziehen sich auf bereits angelegte Verkehrsanlagen, erfassen also jedenfalls nicht den Tatbestand der "Schaffung" i. S. einer erstmaligen Herstellung.[9] Außer in Hessen und Schleswig-Holstein nennen die einschlägigen Bestimmungen auch die Anschaffung als beitragsfähige Maßnahme; Anschaffung bedeutet Erwerb einer bisher privaten Anlage zur Übernahme als gemeindliche Anlage.[10] Da die *erstmalige* Herstellung und die Anschaffung einer *beitragsfähigen* Erschließungsanlage eine Beitragspflicht nur nach dem Baugesetzbuch auslösen, haben diese Tatbestandsmerkmale im Straßenbaubeitragsrecht Bedeutung lediglich für gemeindliche Verkehrsanlagen, die nicht Erschließungsanlagen i. S. des § 127 Abs. 2 BauGB sind, also z. B. für Wirtschaftswege.

7   In den Kommunalabgabengesetzen der meisten Länder ist für das Straßenbaubeitragsrecht darüber hinaus die Erneuerung ausdrücklich (vgl. §§ 6 Abs. 1 Satz 1 NKAG und KAG LSA, 7 Abs. 1 Satz 1 ThürKAG, 8 Abs. 1 Satz 1 KAG MV, 8 Abs. 2 Satz 1 BraKAG und § 8 Abs. 2 Satz 1 KAG Saarl, 26 Abs. 2 SächsKAG sowie Art. 5 Abs. 1 Satz 1 KAG Bay) oder sinngemäß (§ 11 Abs. 3 Satz 1 i. V. m. Abs. 1 Satz 1 KAG Hess und § 8 Abs. 1 Satz 1 KAG S-H[11]) als beitragsfähige Maßnahme genannt. Lediglich der Gesetzgeber in Nordrhein-Westfalen hat davon abgesehen, die Erneuerung (bzw. den Umbau) einer öffentlichen (gemeindlichen) Verkehrsanlage als beitragsfähige Maßnahme im Gesetz anzugeben. Daraus hat sich die Notwendigkeit ergeben, grundlegende Erneuerungen, namentlich an Erschließungsanlagen i. S. des § 127 Abs. 2 BauGG, unter bestimmten Voraussetzungen als weitere (zweite, dritte usw.), in der Rechtsprechung des Oberverwaltungsgerichts Münster zunächst stets als "nachmalige", in jüngerer Zeit[12] – wohl zutreffender – als "nochmalige" bezeichnete Herstellung i. S. des § 8 Abs. 2 Satz 1 KAG NW zu qualifizieren, um solche Investitionsmaßnahmen, die nach dem Willen des Gesetzgebers zweifellos eine Beitragspflicht auslösen sollten, als beitragsfähig anerkennen zu können.

8   Unter einer Erneuerung in (Nordrhein-Westfalen im Sinne von "nachmaligen" bzw. "nochmaligen" Herstellung) versteht man im Straßenbaubeitragsrecht die Ersetzung einer abgenutzten Anlage durch eine gleichsam "neue" Anlage von – im Vergleich zum ursprünglichen Ausbau – gleicher räumlicher Ausdehnung, gleicher funktioneller Aufteilung der Fläche und gleichwertiger

---

[9] Ebenso Lohmann in HSGZ 91, 127 f.
[10] Vgl. Kirstein in KStZ 68, 46.
[11] Der Begriff "Umbau" in § 11 Abs. 3 Satz 1 KAG Hess ist als Erneuerung i. S. des § 11 Abs. 1 KAG Hess zu verstehen (vgl. VGH Kassel, Urteil v. 31. 5. 1979 – V OE 19/78 – ESVGH 29, 238 = HSGZ 80, 22, sowie Lohmann in HSGZ 91, 127), allerdings mit der Maßgabe, daß zur Verhinderung einer Beitragserhebung für einen unnötigen veränderten Umbau von Straßen das ungeschriebene Tatbestandsmerkmal "verbessernd" erfüllt sein muß (VGH Kassel, Beschluß v. 9. 2. 1988 – 5 TH 55/83); entsprechendes gilt für den Begriff "Umbau" in § 8 Abs. 1 Satz 1 KAG SH (vgl. in diesem Zusammenhang OVG Lüneburg, Urteil v. 26. 7. 1978 – IX A 113/77).
[12] OVG Münster, vgl. etwa Urteil v. 15. 2. 1989 – 2 A 2562/86 – NWVBl 89, 410.

Befestigungsart, mithin eine Maßnahme, durch die eine nicht mehr (voll-)-
funktionsfähige, also erneuerungsbedürftige Anlage in einen **im wesentlichen
der ursprünglichen Anlage vergleichbaren Zustand** *versetzt* wird.[13] Eine Erneuerung liegt daher vor, wenn „die erneuerte Anlage der früheren in ihren
wesentlichen Eigenschaften" entspricht, mit ihr „vor allem funktional und
qualitativ vergleichbar" ist.[14] An einer Vergleichbarkeit in diesem Sinne fehlt
es, wenn durch den Ausbau etwa einer abgenutzten Fahrbahn „infolge Verwendung mangelhaften Materials keine intakte und auf lange Zeit haltbare
Anlage zur Verfügung gestellt wird"[15] Im Ergebnis entsprechendes gilt, wenn
beim Ausbau beispielsweise eines Bürgersteigs zwar geeignetes Material verwandt worden ist, eine derartige Vergleichbarkeit aber deshalb zu verneinen
ist, weil eine im Zusammenhang mit dem technischen Ausbau erfolgte erhebliche Verschmälerung die Funktionsfähigkeit des Bürgersteigs negativ beeinflußt.[16] Ferner ist eine Vergleichbarkeit zu verneinen, wenn der gewählte,
z. B. verkehrsberuhigte Ausbau mit Mischfläche im Hinblick auf den vorhandenen starken Verkehr nicht hinreichend verkehrssicher ist.[17] Für die Beantwortung der Frage, ob dies zutrifft, kommt es einzig auf die konkreten
Verhältnisse des Einzelfalls an. Das Oberverwaltungsgericht Münster[17] hat
u. a. in diesem Zusammenhang bis zu seiner Entscheidung vom 20. Juli 1992[18]
den Angaben in den Empfehlungen für die Anlage von Erschließungsstraßen – **EAE 1985** – der Forschungsgesellschaft für Straßen- und Verkehrswesen eine die Gemeinden bindende Bedeutung zugemessen. Zu Recht hat das
Gericht nunmehr diese Rechtsprechung aufgegeben und erkannt, die EAE
stellten keine rechtsverbindlichen Vorgaben auf. Bei ihnen handelt es sich
nämlich um in **jeder Hinsicht unverbindliche** Planungsvorschläge. „Als sachverständige Konkretisierung moderner Grundsätze des Straßenbaus sind die
EAE lediglich geeignet, der Gemeinde allgemeine Anhaltspunkte für ihre
Entscheidung zu liefern"[19]

Eine Ausbaumaßnahme, die eine öffentliche Anlage (Einrichtung) bzw. **9**
eine Teilanlage (Teileinrichtung) in einen Zustand versetzt hat, die ihrem
ursprünglichen Zustand **im wesentlichen vergleichbar** ist, ist als Erneuerung

---

[13] Vgl. statt vieler OVG Münster, u.a. Urteile v. 12. 10. 1978 – II A 319/76 – OVGE
33, 277, und v. 4. 7. 1986 – 2 A 1761/85 – StuGR 87, 89 = ZKF 87, 39, sowie nunmehr
auch Ziffer 26.2.3 der Anwendungshinweise des Sächsischen Staatsministerium des
Innern zum SächsKAG vom 5. Mai 1994 (Amtsblatt 94, 842).
[14] OVG Koblenz, Urteil v. 22. 3. 1988 – 6 A 6/87 –.
[15] OVG Münster, Urteil v. 5. 7. 1990 – 2 A 1483/87 – KStZ 91, 96 = NWVBl 91,
21 = GemHH 91, 93.
[16] OVG Münster, Urteil v. 21. 6. 1990 – 2 A 1376/87 – NVwZ-RR 91, 269 =
GemHH 91, 73 = NWVBl 91, 22.
[17] OVG Münster, Urteil v. 27. 9. 1991 – 2 A 907/90 –.
[18] OVG Münster, Urteil v. 20. 7. 1992 – 2 A 399/91 – NVwZ 93, 160 = NWVBl 93,
102.
[19] BVerwG, Urteil v. 26. 5. 1989 – 8 C 6.88 – BVerwGE 82, 102 (111) = DVBl 89,
1205 = HSGZ 89, 396.

grundsätzlich beitragsfähig, sofern sie nach einer durch die bestimmungsgemäße Benutzung der Anlage verursachten Abnutzung erfolgt ist. Dies ergibt sich aus der Bestimmung der Straßenbaubeiträge zur Investitionsfinanzierung. Denn der durch die Erneuerung einer abgenutzten Anlage entstehende Aufwand ist in der Regel Investitionsaufwand, d. h. ein Aufwand, der der "Neuherstellung", nicht aber der Erhaltung einer Anlage dient. Da die Kosten für die laufende Unterhaltung und Instandsetzung der Ortsstraßen von den Gemeinden selbst getragen werden müssen, kann dies allerdings nur gelten, wenn eine Erneuerungsmaßnahme angebracht war, obwohl die betreffende Gemeinde ihrer Verpflichtung zur laufenden Unterhaltung und Instandsetzung nachgekommen ist. Werden aber Straßen nach den derzeitigen technischen Möglichkeiten laufend unterhalten und instandgesetzt, behalten sie – je nach Befestigungsgrad und Beanspruchung – ihre Funktionsfähigkeit geraume Zeit und bedürfen erst nach **Ablauf** der für sie **üblichen Nutzungsdauer** einer (grundlegenden) Erneuerung.[20]

Die Gemeinde darf – mit anderen Worten – eine Straße nicht zu Lasten der Grundstückseigentümer erneuern, solange eine laufende Unterhaltung und Instandsetzung das nach Lage der Dinge angemessene Mittel ist. Dabei spielt es *keine* Rolle, ob die Grundstückseigentümer in der Vergangenheit zu den Kosten der Straße beigetragen haben.[21] Ist die Anlage verschlissen und zumindest die übliche Nutzungszeit abgelaufen, die unter Berücksichtigung u. a. auch der Qualität des früheren Ausbaus zu ermitteln ist, so ist davon auszugehen, daß die Gemeinde die erforderlichen Instandsetzungs- und Unterhaltungsmaßnahmen in der Vergangenheit durchgeführt hat[22]. Steht aufgrund dieser Kriterien die **Erneuerungsbedürftigkeit** einer Anlage fest, ist ohne Belang, daß sie noch verkehrssicher ist; denn die Erneuerungsbedürftigkeit setzt nicht eine fehlende Verkehrssicherheit voraus[23]. Ist die Erneuerungsbedürftigkeit zu bejahen, kann die Gemeinde nach pflichtgemäßen Ermessen entscheiden, ob sie eine Erneuerung vornimmt oder weitere Instandsetzungs- und Unterhaltungsmaßnahmen ausführt.

10   In diesem Zusammenhang ist noch auf eine **Besonderheit** des **hessischen** Landesrechts hinzuweisen. Der Begriff Umbau i. S. des § 11 Abs. 3 KAG Hess bzw. der ihm deckungsgleiche Begriff Erneuerung i. S. des § 11 Abs. 1 KAG Hess hat mit Rücksicht darauf, daß das hessische Landesrecht den Begriff Verbesserung nicht kennt, einen etwas weiteren Inhalt. Er umfaßt außer der zuvor geschilderten Erneuerung, d. h. der sog. **schlichten** Erneuerung, zusätzlich den **verbessernden Um- und Ausbau**[24], der auch als **umgestal-**

---

[20] U. a. OVG Münster, Urteil v. 21. 4. 1975 – II A 1112/73 – OVGE 31, 65 = DÖV 75, 860 = KStZ 76, 16.

[21] So mit Recht gegen OVG Koblenz (Urteil v. 11. 12. 1980 – 6 A 19/78 – KStZ 81, 233) OVG Münster (Beschluß v. 31. 8. 1983 – 2 A 1373/82).

[22] OVG Münster, Beschluß v. 25. 9. 1991 – 2 A 1926/91 –.

[23] Vgl. OVG Münster, Urteil v. 26. 7. 1991 – 2 A 905/89 –.

[24] Vgl. dazu im einzelnen Lohmann in HSGZ 91, 126 (129 ff.).

tende (verändernde) Erneuerung bezeichnet wird. Letztere ist beispielsweise anzunehmen, wenn eine "Umbau"-Maßnahme zu einem anderen Erscheinungsbild, einer anderen Aufteilung und baulichen Gliederung der Verkehrsanlage führt. Damit sind Kriterien angesprochen, die in anderen Ländern den gesetzlichen Tatbestand der Verbesserung erfüllen können (vgl. Rdnr. 22). Während im übrigen die Beitragsfähigkeit einer schlichten Erneuerung davon abhängig ist, ob dem Erfordernis der Erneuerungsbedürftigkeit genügt ist (vgl. Rdnr. 13), ist eine verändernde Erneuerung nur beitragsfähig, wenn das ungeschriebene Tatbestandsmerkmal "**verbessernd**" erfüllt ist, d. h. wenn der Umbau einen positiven Effekt für die Benutzbarkeit der ausgebauten Verkehrsanlage hat.[25] Insoweit ist eine auf die Gesamtheit der Benutzer abstellende, objektive Betrachtungsweise geboten.[26] Allerdings „dürfen an das ungeschriebene Tatbestandsmerkmal 'verbessernd' keine besonderen Anforderungen gestellt werden, denn es soll nur ausschließen, daß die Kosten einer jeden, also auch noch so überflüssigen – beispielsweise ausschließlich aus beschäftigungspolitischen Gründen durchgeführten – Erneuerung umgelegt werden können".[27] Mit dieser Maßgabe hat sich die Überprüfung des "Verbesserungseffekts" an der von der Gemeinde gewählten Verkehrskonzeption zu orientieren, also an der der Verkehrsanlage von der Gemeinde zugewiesenen Funktion (vgl. dazu Rdnrn. 23 ff.).

Mit anderen Worten: Nach hessischem Landesrecht rechtfertigt das Vorliegen einer Straßenbaumaßnahme, die sich technisch betrachtet als Um- und/oder Ausbau darstellt, für sich allein noch nicht die Erhebung von Straßenbaubeiträgen; „hinzukommen muß vielmehr ein positiver Effekt für die Benutzbarkeit der Straße. Dieser kann in einer durch eine Veränderung des ursprünglichen Straßenzustands bewirkten Verbesserung ('verbessernder Um- und Ausbau') oder aber in der Wiederherstellung der Neuwertigkeit einer nach Ablauf der 'Lebensdauer' erneuerungsbedürftigen Verkehrsanlage bestehen (Fall der 'schlichten' Erneuerung). Die Unterscheidung zwischen verbesserndem Um- und Ausbau und schlichter Erneuerung ist auch im hessischen Straßenbeitragsrecht vorzunehmen... In Hessen hat das Merkmal der Verbesserung die Bedeutung einer vom Gesetz vorausgesetzten – ungeschriebenen – qualitativen Anforderung bei der Beitragserhebung für Um- und Ausbaumaßnahmen, durch die die Verkehrsanlage, verglichen mit ihrem ursprünglichen Zustand, baulich **verändert** – umgestaltet oder erweitert – wird. Zu unterscheiden ist hiervon der Fall des Umbaus in der Erscheinungsform der schlichten Erneuerung, bei dem ohne wesentliche bauliche Änderung oder Umgestaltung des ursprünglichen Zustands lediglich der alte abgenutzte Straßenbestand – soweit noch vorhanden – weggeräumt und durch

[25] Vgl. VGH Kassel, Urteil v. 31. 5. 1979 – V OE 19/78 – ESVGH 29, 238 = HSGZ 80, 22.
[26] Vgl. VGH Kassel, u. a. Beschluß v. 26. 1. 1980 – 5 TH 221/85 –.
[27] VGH Kassel, Beschluß v. 16. 5. 1990 – 5 TH 2125/87 –.

neuwertigen Bestand ersetzt wird. Die Beitragserhebung für eine derartige Erneuerung erfordert keine über die Wiederherstellung der Neuwertigkeit hinausgehende Verbesserung, setzt jedoch – im Unterschied zu verbessernden Um- und Ausbaumaßnahmen – die grundlegende Erneuerungsbedürftigkeit der Verkehrsanlage und den Ablauf einer der normalen Nutzungsdauer entsprechenden Zeitspanne voraus".[28] Im Urteil vom 25. März 1992[29] spricht der Verwaltungsgerichtshof Kassel zwar nicht mehr von einer schlichten, sondern statt dessen von einer **abnutzungsbedingten** Erneuerung, doch ist damit offenbar keine materiell-rechtliche Änderung gemeint.

11 Eine beitragsfähige Erneuerung braucht sich nicht notwendigerweise auf die ganze Straße zu erstrecken; sie kann sich vielmehr auf einzelne Teileinrichtungen (z. B. Fahrbahn, Bürgersteige, Beleuchtungsanlage) beschränken. Bezogen auf eine solche Teileinrichtung ist eine Erneuerung allerdings nur anzunehmen, wenn die Ausbaumaßnahme – anders als Instandsetzungs- und Unterhaltungsarbeiten, die lediglich einen geringen Umfang haben und der Beseitigung kleinerer oder begrenzter Schäden dienen – **wesentliche** Teile von ihr erfaßt und diese ersetzt oder einer grundlegenden Überarbeitung unterzieht.[30]

Im übrigen können selbst **Bestandteile** einer Teileinrichtung Gegenstand einer Erneuerungsmaßnahme sein, sofern ihnen nach herkömmlicher Betrachtungsweise eine **gewisse Selbständigkeit** zukommt.[31] Das trifft beispielsweise im Zusammenhang mit der Straßenentwässerung zu für (Straßen-) Einläufe sowie Sammler[32] und es trifft im Zusammenhang mit der Fahrbahn zu für die **Decke**, zumal sie gegenüber dem **Unterbau** eine technische Eigenständigkeit aufweist.[33] Die Tatsachen nämlich, daß etwa in Nordrhein-Westfalen – erstens – § 2 Abs. 2 Nr. 1 des Landesstraßengesetzes vom 28. November 1961 (GVBl. S. 305) zwischen dem Straßenunterbau und der Straßendecke unterschied und – zweitens – in § 2 Abs. 1 Nr. 3 des Satzungsmusters des nordrhein-westfälischen Innenministers vom 28. Mai 1971 (MinBl. S. 1178) Unterbau und Decke als Bestandteile der Fahrbahn getrennt aufgeführt werden, machen deutlich, daß schon seit langer Zeit der **Fahrbahndecke** namentlich wegen ihrer technischen Eigenständigkeit nicht nur im Bewußtsein der Bevölkerung ein gewisses Maß an Selbständigkeit zuerkannt worden ist. Vor diesem Hintergrund ist es **ohne** ausschlaggebende Bedeutung, daß das Straßen- und Wegegesetz für das Land Nordrhein-Westfalen – StrWG – in der seit dem 19. Juli 1983 geltenden Fassung (GVBl. S. 306) in § 2 Abs. 2 Nr. 1a

---

[28] VGH Kassel, Urteil v. 19. 6. 1991 – 5 UE 973/88 –; ähnlich zuvor auch schon Urteil v. 30. 1. 1991 – 5 UE 2831/88 – HSGZ 92, 39 = NVwZ-RR 92, 100 = GemHH 92, 204.

[29] VGH Kassel, Urteil v. 25. 3. 1992 – 5 UE 3323/89 –.

[30] Vgl. OVG Münster, Beschluß v. 29. 3. 1990 – 2 A 723/87 – NVwZ-RR 91, 267 = GemHH 91, 165 = NWVBl 91, 19, und Urteil v. 31. 1. 1992 – 2 A 1471/88 –.

[31] Vgl. OVG Münster, Urteil v. 3. 9. 1980 – 2 A 698/79 – KStZ 81, 72.

[32] Vgl. OVG Lüneburg, Beschluß v. 12. 3. 1990 – 9 M 97/89 –.

[33] U. a. OVG Münster, Urteil v. 11. 5. 1987 – 2 A 1666/85 –, sowie OVG Lüneburg, Beschluß v. 20. 12. 1989 – 9 M 109/89 –.

den Begriff "Straßendecke" weggelassen hat und nunmehr zwischen Straßenuntergrund, Straßenunterbau und Straßenoberbau unterscheidet.[34] Denn diese gesetzliche Modifizierung vermag an der **beitragsrechtlich** allein beachtlichen herkömmlichen Betrachtungsweise nichts zu ändern, nach der der Fahrbahndecke ein hinreichendes Maß an Selbständigkeit zukommt.[35] Soweit das Oberverwaltungsgericht Münster früher[36] angenommen hat, die Fahrbahndecke könne allerdings Gegenstand einer Erneuerung nur sein, sofern sich die entsprechenden Arbeiten auf den gesamten vertikalen Aufbau der Decke und nicht nur auf einzelne Schichten – wie etwa die Verschleißschicht – bezögen, ist nicht unzweifelhaft, ob das Gericht für nach Inkrafttreten des § 2 Abs. 2 Nr. 1 a StrWG durchgeführte Ausbaumaßnahmen an dieser Rechtsprechung festhalten wird, nachdem es in seinen Urteilen vom 26. März 1991[37] im Zusammenhang mit einer nach Inkrafttreten des § 2 Abs. 2 Nr. 1 a StrWG erfolgten Maßnahme erkannt hat, daß es sich bei ihr unabhängig davon um eine Verbesserung handeln könne, ob der gesamte Aufbau der Fahrbahn oder nur einzelne Schichten von ihr betroffen seien (vgl. Rdnr. 44).

Dagegen scheidet die Annahme einer beitragsfähigen Erneuerung aus, **12** wenn die zur Durchführung einer solchen Maßnahme gewählte Ausbauart offensichtlich zur Erreichung des verfolgten Ziels **ungeeignet** ist; **maßgeblicher Zeitpunkt** für die Feststellung der Ungeeignetheit einer Maßnahme ist deren **Beendigung**.[38] Stellt sich eine Maßnahme erst nachträglich als ungeeignet heraus, hat dies keine Auswirkungen auf das Entstehen der (sachlichen) Beitragspflichten. Die Gemeinde hat jedoch eine etwa erforderlich werdende vorzeitige (nochmalige) Erneuerung auf ihre Kosten ohne Beteiligung der Anlieger vorzunehmen.[37]

Für die Beantwortung der Frage, ob eine Straße (bzw. nur etwa die Fahr- **13** bahndecke) **erneuerungsbedürftig** ist, steht der Gemeinde ein **Einschätzungsermessen** zu.[39] Jedoch hat sie die Ausübung dieses Ermessens zu orientieren an der üblichen Nutzungsdauer von Straßen bzw. deren Teileinrichtungen.[40] Insoweit kommen allerdings nur Erfahrungswerte in Betracht, die der Gemeinde als Anhaltspunkte für ihre Entscheidung im Einzelfall dienen. Ein

---

[34] Ebenso OVG Münster, Beschluß v. 29. 3. 1990 – 2 A 723/87 –.

[35] Im Ergebnis ebenso u.a. OVG Lüneburg, Urteil v. 10. 1. 1989 – 9 A 53/87 –, OVG Koblenz, Urteil v. 14. 3. 1989 – 6 A 45/88 –, sowie (zur Verbesserung) OVG Münster, Urteil v. 28. 7. 1988 – 2 A 842/87 –.

[36] Vgl. OVG Münster, Urteil v. 3. 9. 1980 – 2 A 698/79 – OVGE 35, 66 = KStZ 81, 72 = GemHH 81, 71, sowie Beschluß v. 18. 2. 1988 – 2 A 2764/85 – KStZ 88, 151 = GmbHH 89, 43, und OVG Lüneburg, Urteil v. 24. 5. 1989 – 9 A 113/87 –.

[37] OVG Münster, Urteile v. 26. März 1991 – 2 A 273/89 – und 2 A 2125/88 – GemHH 92, 155 = NWVBl 91, 346.

[38] OVG Münster, Urteil v. 5. 7. 1990 – 23 A 1483/87 – KStZ 91, 96 = GemHH 91, 94 = NWVBl 91, 21.

[39] St.Rspr., u.a. OVG Münster, Urteil v. 3. 5. 1974 – II A 10/73 – OVGE 29, 286 = KStZ 74, 234 = GemTg 75, 206.

[40] U.a. OVG Lüneburg, Urteil v. 24. 5. 1989 – 9 A 110/87 –.

Mittelwert von 25 Jahren,[41] nach deren Ablauf erst eine beitragsfähige Erneuerung für Fahrbahnen von Hauptverkehrsstraßen in Betracht kommen soll, dürfte möglicherweise zu hoch angesetzt sein; nach Ansicht des Bayerischen Verwaltungsgerichtshofs[42] soll im allgemeinen bei "normalen" Straßen ein Ausbaubedarf schon nach Ablauf von 20 bis 25 Jahren anzunehmen sein. Im übrigen ist zu berücksichtigen, daß von einer Erneuerung lediglich die Rede sein kann, wenn z. B. die alte Fahrbahn trotz laufender Instandsetzung und Unterhaltung nach Ablauf der üblichen Nutzungszeit verschlissen ist; erforderlich ist also **nicht** nur der Ablauf der normalen Nutzungszeit, sondern auch die **tatsächliche** Abnutzung.[43] Maßgebend ist insoweit ein üblicher technischer Standard, nicht jedoch die subjektive Einschätzung der (durch eine spätere Beitragserhebung) "Betroffenen".[44] Jedenfalls ist der Ausbau z. b. der Fahrbahn einer reinen Anliegerstraße schon 13 Jahre nach der erstmaligen Herstellung nicht als beitragsfähige Erneuerung zu qualifizieren; in einem solchen Fall ist grundsätzlich davon auszugehen, daß es sich bei einer durchgeführten Ausbaumaßnahme um die Beseitigung eines sog. **aufgestauten Reparaturbedarfs** handelt.[45] Auch die Erneuerung von Bürgersteigen, die erst etwa 10 bis 20 Jahren in Gebrauch waren, erfolgt regelmäßig nicht nach Ablauf der für derartige Teileinrichtungen üblichen Nutzungsdauer; sie ist daher nicht beitragsfähig.[46] Dagegen ist eine Erneuerungsbedürftigkeit bei einer Straßenentwässerungseinrichtung zweifellos zu bejahen, die Ende des vergangenen Jahrhunderts angelegt worden ist. Denn der lange Zeitraum zwischen erstmaliger Herstellung und einer z. B. Anfang der 80er Jahre durchgeführten Baumaßnahme spricht schon nach der Erfahrung dafür, daß trotz laufender Unterhaltung die Anlage verbraucht war und die Funktion einer ordnungsgemäßen Entwässerung nicht mehr erfüllen konnte.[47] Ist eine Teileinrichtung lediglich in wesentlichen Teilbereichen erneuerungsbedürftig, ist es ermessensfehlerfrei, wenn sich die Gemeinde zur Erneuerung der gesamten Teileinrichtung entschließt.[48]

14   Die Erneuerungsbedürftigkeit einer Anlage und die entsprechende Ermessensentscheidung der Gemeinde ergibt sich aus einem tatsächlichen Zustand, d. h. aus Tatsachen, die mit herkömmlichen Mitteln (insbesondere Verwaltungsvorgängen, Fotos usw.) zu belegen und ggf. unter Beweis zu stellen sind. Sind diese im Einzelfall nicht nachzuweisen, geht das zu **Lasten der Gemeinde**.[49] Ist ein erneuerungsbedürftiger Zustand „u. a. **auch** auf in der

---

[41] Vgl. dazu Wille in KStZ 74, 21.
[42] BayVGH, Urteil v. 19. 9. 1991 – 6 B 88.1578 – KStZ 92, 193 = BayVBl 92, 728.
[43] OVG Münster, Beschluß v. 20. 7. 1989 – 2 B 430/89 –.
[44] BayVGH, Beschluß v. 27. 5. 1992 – 6 CS 92.696 –.
[45] OVG Münster, Urteil v. 18. 12. 1979 – II A 1751/78 –.
[46] OVG Münster, Urteil v. 21. 4. 1975 – II A 1112/73 – OVGE 31, 65 = DÖV 75, 860 = KStZ 76, 16.
[47] OVG Münster, Urteil v. 6. 7. 1987 – 2 A 1249/85 –.
[48] OVG Lüneburg, Urteil v. 25. 4. 1989 – 9 A 110/87 –.
[49] OVG Münster, Beschluß v. 25. 9. 1991 – 2 A 1926/91 –.

Vergangenheit durchgeführte Kanalverlegungsarbeiten" zurückzuführen, steht das nach Ansicht des Verwaltungsgerichtshofs Kassel[50] „der Beitragsfähigkeit der Erneuerungsmaßnahme nicht entgegen; denn Straßenaufbrüche aus Anlaß von Kanalarbeiten gehören ebenso wie die tatsächliche Abnutzung durch den Straßenverkehr zum 'Lebensschicksal' einer Straße."

Wird – vor Ablauf der üblichen Nutzungsdauer – die Gesamterneuerung 15 wegen einer **anderweitigen** Inanspruchnahme der Anlage (z.B. Verlegung von Versorgungsleitungen usw). erforderlich, können Beiträge nicht erhoben werden. Die durch eine anderweitige Inanspruchnahme einer Anlage verursachten Schäden sind vielmehr von der Gemeinde (oder ggfs. dem Verursacher) zu beseitigen (vgl. im Zusammenhang mit der Verbesserung auch Rdnr. 51). Entsprechendes gilt beispielsweise für die Erneuerung von Bürgersteigen, die als Folgemaßnahme eines nicht beitragsfähigen Fahrbahnausbaus notwendig wurde. Ein solcher Gehwegausbau ist auch nicht unter dem Gesichtspunkt beitragsfähig, daß durch die vorzeitige Erneuerung den Anliegern möglicherweise eine in absehbarer Zeit erforderlich werdende (grundsätzlich beitragsfähige) Erneuerung erspart bleibt. Denn die straßenbaubeitragsrechtlichen Vorschriften sehen Beitragsleistungen nur vor zum Ersatz des Aufwands für bestimmte, tatsächlich **durchgeführte** Maßnahmen, nicht aber zum Ausgleich für eine zukünftige Beitragsfreiheit.[51] Im übrigen kann eine Baumaßnahme an einer Straße, die so, wie sie durchgeführt worden ist, nicht den Tatbestand einer Erneuerung, einer Verbesserung usw. erfüllt, nicht deshalb eine Beitragspflicht auslösen, weil etwa eine Erneuerung, wäre sie durchgeführt worden, beitragsfähig gewesen wäre.[52]

Andererseits – und das betrifft den Umfang der beitragsfähigen Aufwen- 16 dungen – ist es nicht gerechtfertigt, bei einer nach Ablauf der üblichen Nutzungsdauer durchgeführten, beitragsfähigen Erneuerung den entstandenen Aufwand um einen sog. **Reparaturabschlag** zu reduzieren. Eine beitragsfähige Erneuerungsmaßnahme nämlich umfaßt – ebenso wie eine Verbesserung – *denknotwendig* auch die Beseitigung im Laufe der Zeit entstandener Schäden, die – würde die beitragsfähige Ausbaumaßnahme nicht vorgenommen – im Rahmen der laufenden Unterhaltung und Instandsetzung von der Gemeinde auf ihre Kosten behoben werden müßten.[53]

Eine nachmalige (bzw. nochmalige – vgl. Rdnr. 7 – und deshalb nicht vom 17 Baugesetzbuch erfaßte) Herstellung i.S. des § 8 Abs. 2 Satz 1 KAG NW ist nach Auffassung des Oberverwaltungsgerichts Münster nicht nur eine Erneuerung, d.h. das Versetzen einer abgenutzten Anlage in einen Zustand, der dem ursprünglichen im wesentlichen vergleichbar ist (vgl. Rdnr. 8), sondern auch der **Umbau** einer normalen Straße (mit gegenüber der Fahrbahn erhöh-

---

[50] VGH Kassel, Beschluß v. 1. 10. 1991 – 5 UE 4350/88 –.
[51] OVG Münster, Urteil v. 29. 1. 1979 – II A 2159/76 –.
[52] OVG Münster, Urteil v. 25. 10. 1983 – 2 A 1283/82 – KStZ 84, 114.
[53] OVG Lüneburg, Beschluß v. 28. 3. 1980 – 9 B 123/79 – SH Gemeinde 80, 312.

ten Gehwegen) in eine Straße mit grundsätzlich **anderer verkehrstechnischer Zweckbestimmung**, wie z. B. der Umbau einer normalen Geschäftsstraße in eine **Fußgänger(geschäfts)straße**[54] sowie der Umbau einer normalen Wohnstraße in eine **verkehrsberuhigte Wohnstraße** mit einer gepflasterten Mischfläche für den Fahrzeug- und Fußgängerverkehr[55], d. h. eine sog. **andersartige** Herstellung.[56] Entgegen der herrschenden Meinung in Rechtsprechung[57] und Literatur[58] qualifiziert mithin das Oberverwaltungsgericht Münster[59] den Umbau, der nach Schaffung der entsprechenden rechtlichen Voraussetzungen[60] für die Änderung einer bisherigen (normalen) Geschäftsstraße in eine Fußgänger(geschäfts)straße erfolgt, nicht als eine **Verbesserung**, sondern als eine nachmalige Herstellung im Sinne einer **andersartigen** Herstellung; entsprechendes gilt für den Umbau einer bisher (normalen) Wohnstraße in eine verkehrsberuhigte Wohnstraße, der nach Erfüllung der für die neue Funktion beachtlichen rechtlichen Erfordernisse[61] durchgeführt wird. Dem kann im Ergebnis aus verschiedenen Gründen **nicht** gefolgt werden. U. a. beruht diese Auffassung – wie der Verwaltungsgerichtshof Kassel[62] zu Recht betont – auf einem unzutreffenden Verständnis des Begriffs "Straße". „Denn die Straße, um deren Umbau oder Ausbau es gehen kann, ist nicht, wie das Oberverwaltungsgericht Münster annimmt, die Straße in einer bestimmten Verkehrsfunktion, für die sie früher einmal hergestellt worden ist, sondern einzig der abgegrenzte Teil der Erdoberfläche, der für den öffentlichen Verkehr bestimmt ist und dessen Oberfläche immer wieder wandelnden Verkehrsbedürfnissen angepaßt werden kann und muß."[62] Deshalb erfüllen „Straßenbauarbeiten, bei denen vorhandene Fahrbahnen und erhöhte Gehwege zu einer einzigen Fläche umgestaltet werden, den Beitragstatbestand des Um-

---

[54] OVG Münster, vgl. statt vieler Urteile v. 23. 11. 1976 – II A 1766/74 – NJW 77, 2179 = KStZ 77, 114 = GemTg 78, 26, und v. 24. 10. 1986 – 2 A 840/84 – KStZ 87, 74; siehe in diesem Zusammenhang auch Dietzel in Hoppenberg, Handbuch des öffentlichen Baurechts, Kapitel 6, Rdnr. 32 ff.

[55] OVG Münster, Urteil v. 25. 10. 1983 – 2 A 1283/82 – ID 83, 378 = KStZ 84, 114; siehe dazu auch Knöll in KStZ 84, 111; vgl. ferner OVG Münster, Beschluß v. 12. 8. 1987 – 2 B 697/87 –, sowie VG Gelsenkirchen, Urteil v. 24. 5. 1984 – 15 K 2537/81 – KStZ 84, 176.

[56] Vgl. im einzelnen OVG Münster, Urteil v. 4. 7. 1986 – 2 A 1761/85 – StuGR 87, 89 = ZKF 87, 39, und Beschluß v. 12. 8. 1987 – 2 B 697/87 –.

[57] Vgl. u. a. BayVGH, Urteil v. 29. 4. 1975 – 220 VI 74 – KStZ 76, 33; OVG Lüneburg, Urteil v. 27. 1. 1977 – VI A 192/75 – VerwRspr 29, 105 = KStZ 77, 110; VGH Kassel, Urteil v. 31. 5. 1979 – V OE 19/78 – ESVGH 29,238 = HSGZ 80, 22, und OVG Koblenz, Urteil v. 27. 10. 1987 – 6 A 44/85 – KStZ 88, 94 = HSGZ 89, 66.

[58] Vgl. u. a. Peine, Rechtsfragen der Einrichtung von Fußgängerstraßen, S. 256; Driehaus in Städtetag 77, 128; Kortmann in KStZ 77, 113, und Muthesius in Städtetag 79, 324, jeweils mit weiteren Nachweisen.

[59] Vgl. dazu auch Hinsen im StuGR 84, 42 (45 f.).

[60] Vgl. dazu u. a. Peine, a. a. O., S. 41 ff., und Lenz in BauR 80, 130.

[61] Vgl. im einzelnen Brohm, Verkehrsberuhigung in Städten, S. 15 ff.

[62] VGH Kassel, Urteil, v. 31. 5. 1979 – V OE 19/78 – ESVGH 29, 238 = HSGZ 80, 22.

und Ausbaus einer öffentlichen Straße" i. S. einer Verbesserung[63]; durch sie wird „die Straße insgesamt für ihre neue Bestimmung als Fußgängerzone oder verkehrsberuhigte Zone (erst) tauglich gemacht".[64]

Doch mag dieser Meinungsunterschied letztlich auf sich beruhen. Denn die **18** aufgezeigte Ansicht des Oberverwaltungsgerichts Münster hat – soweit es die hier behandelten beitragsfähigen Maßnahmen betrifft – Bedeutung selbst für die Gemeinden in Nordrhein-Westfalen ausschließlich, wenn eine Gemeinde es unterlassen hat, die Herstellung neben der Verbesserung als Beitragstatbestand in der Satzung anzugeben. Sind hingegen beide Tatbestände in der Satzung genannt, steht jedenfalls insoweit einer Beitragserhebung für den Umbau einer normalen Geschäftsstraße in eine Fußgänger(geschäfts-)straße bzw. einer normalen Wohnstraße in eine verkehrsberuhigte Wohnstraße nichts im Wege. Anzumerken ist im Zusammenhang mit der sog. **andersartigen** Herstellung im Sinne der Rechtsprechung des Oberverwaltungsgerichts Münster noch folgendes: Die Beitragserhebung für eine derartige Herstellung (Umbau) einer Straße mit anderer verkehrstechnischer Funktion – z. B. einer Fußgängerzone – scheitert **nicht** daran, daß die "alte Anlage" insgesamt oder einzelne ersetzte Teileinrichtungen (wie z. B. die Straßenbeleuchtung) noch nicht völlig abgenutzt und erneuerungsbedürftig waren.[65] Ebenfalls kann nicht mit Erfolg eingewandt werden, daß es sich bei der Maßnahme um die Nachholung eines aufgestauten Reparaturbedarfs gehandelt habe.[66]

III. Erweiterung und Verbesserung

Erweiterungen und Verbesserungen von Anlagen sind im Straßenbaubei- **19** tragsrecht nach allen Kommunalabgabengesetzen beitragsfähige Maßnahmen. Dies gilt ungeachtet der Tatsache auch für Bayern, daß der dortige Gesetzgeber den Tatbestand der Erweiterung mit Wirkung vom 1. Januar 1993 aus dem Gesetz gestrichen hat. Denn bei der Erweiterung handelt es sich um einen Unterfall der Verbesserung (vgl. Rdnr. 22); der bayerische Landesgesetzgeber hat daher eine ausdrückliche Erwähnung der Erweiterung im Gesetz zu Recht für entbehrlich gehalten.[67] Selbst in Schleswig-Holstein und Hessen können Erweiterungs- und Verbesserungsmaßnahmen eine Straßenbaubeitragspflicht auslösen. Zwar wird in den Gesetzen dieser Länder im Zusammenhang mit dem Straßenbaubeitragsrecht der Begriff "Ausbau" verwandt, doch umfaßt der Begriff "Ausbau" in § 8 Abs. 1 Satz 1 KAG SH

---

[63] VGH Kassel, Beschluß v. 13. 5. 1988 – 5 TH 785/85 –.

[64] VGH Kassel, Beschluß v. 10. 12. 1992 – 5 TH 365/91 –.

[65] OVG Münster, Urteil v. 24. 10. 1986 – 2 A 840/84 – KStZ 87, 74.

[66] OVG Münster, Urteil v. 7. 12. 1986 – 2 A 1563/84 –.

[67] Vgl. amtliche Begründung des Regierungsentwurfs, Landtagsdrucksache 12/8082, S. 6.

ebenso wie – jedenfalls teilweise – der gleiche Begriff in § 11 Abs. 3 KAG Hess nicht nur die Erweiterung, sondern auch die Verbesserung.[68]

1. Erweiterung

20   Eine beitragsfähige Erweiterung ist z.B. anzunehmen bei einer Verbreiterung der Bürgersteige oder der Fahrbahn; ferner ist eine Erweiterung u.a. die Verbreiterung der Straße um eine Parkspur für den Anliegerverkehr. Voraussetzung für eine Erweiterung in diesem Sinne ist, daß *zusätzliche,* vorher nicht Straßenzwecken dienende Flächen in Anspruch genommen werden. Der neue Straßenteil bedarf grundsätzlich keiner förmlichen Widmung, da – wie etwa § 6 Abs. 8 StrWG NW deutlich macht – bei einer Verbreiterung die zusätzliche Fläche als durch die Verkehrsübergabe gewidmet gilt.[69]

21   In **Hessen** erfaßt der mit dem Begriff "Ausbau" i.S. des § 11 Abs. 3 KAG Hess deckungsgleiche Begriff "Erweiterung" i.S. des § 11 Abs. 1 KAG Hess neben dem zuvor behandelten Hinzufügen von zusätzlichen Flächen auch ein "funktionelles" Hinzufügen, d.h. das Hinzufügen zusätzlicher Teileinrichtungen auf der bisher **schon Straßenzwecken dienenden Fläche**. Das ist etwa der Fall, wenn die bisherigen Teileinrichtungen z.B. um einen Geh- oder Radweg ohne Inanspruchnahme weiterer Flächen ergänzt werden.[70] Eine derartige Veränderung der funktionalen Aufteilung der Gesamtfläche einer Verkehrsanlage erfüllt in den **übrigen Ländern** den Tatbestand einer Verbesserung (vgl. Rdnr. 22). Die ausweitende Auslegung des Begriffs "Erweiterung" im hessischen Landesrecht erklärt sich – ebenso wie die ausweitende Auslegung des Begriffs "Erneuerung" (vgl. Rdnr. 10) – aus dem Umstand, daß § 11 KAG Hess den Tatbestand der Verbesserung nicht kennt. Beitragsfähig ist nach hessischem Landesrecht die eine wie die andere Art der Erweiterung nur, wenn insoweit dem ungeschriebenen Tatbestandsmerkmal "verbessernd" genügt ist.[71]

2. Verbesserung

22   Im Mittelpunkt der beitragsfähigen Maßnahmen im Straßenbaubeitragsrecht stehen zweifellos Verbesserungen von öffentlichen Straßen und Wegen bzw. deren Teileinrichtungen; dementsprechend zahlreich sind obergerichtli-

---

[68] Vgl. einerseits OVG Lüneburg, Urteile v. 26. 7. 1978 – IX A 113/77 – und v. 22. 1. 1986 – 9 A 132/83 – SH Gemeinde 86, 209, sowie andererseits VGH Kassel, Urteil v. 31. 5. 1979 – V OE 19/78 – ESVGH 29, 238 = HSGZ 80, 22, und Beschluß v. 22. 6. 1983 – V OE 119/81 – DÖV 83, 985 = KStZ 83, 230 = HSGZ 83, 349.
[69] Vgl. auch OVG Koblenz, Urteil v. 8. 11. 1976 – 6 A 56/75 – VerwRspr 28, 808 = KStZ 77, 161 = GmTg 77, 142.
[70] Vgl. dazu VGH Kassel, Urteil v. 4. 3. 1992 – 5 UE 3307/88: „Ein Ausbau ist darin zu sehen, daß die Straße durch das Hinzufügen der bisher noch nicht vorhandenen Funktionsfläche Gehweganlage verbessernd erweitert worden ist."
[71] Vgl. VGH Kassel, u.a. Beschluß v. 22. 6. 1983 – V OE 119/81 – DÖV 83, 985 = KStZ 83, 230 = HSGZ 83, 349.

che Entscheidungen, die sich mit dem Begriff "Verbesserung" beschäftigen.[72] Zur Auslegung dieses Begriffs ist – hier orientiert an der Rechtslage in Nordrhein-Westfalen, doch gilt entsprechendes für die übrigen Länder – **auszugehen** davon, daß der Gesetzgeber[73] insoweit angeknüpft hat an die Straßenbaulast oder genauer: daran, daß die Träger der Straßenbaulast – wie es in den seinerzeit geltenden §§ 3 Abs. 1 Satz 2 FStrG und 9 Abs. 1 Satz 2 LStrG NW heißt – die Straßen „in einem dem regelmäßigen Verkehrsbedürfnis genügenden Zustand zu bauen, zu unterhalten, zu erweitern oder sonst zu verbessern" haben. Die Erweiterung einer Straße wird also als Beispiel für deren Verbesserung angeführt (vgl. auch § 30 Rdnr. 22). Die Erweiterung einer Straße bewirkt aber deren räumliche Ausdehnung, so daß die ausgebaute Straße der ursprünglich angelegten nicht mehr gleicht. Das führt zu der Annahme, daß von einer beitragsfähigen Verbesserung nur gesprochen werden kann, wenn sich der Zustand der Anlage nach dem Ausbau in irgendeiner Hinsicht (z.B. räumliche Ausdehnung, funktionale Aufteilung der Gesamtfläche, Art der Befestigung) von ihrem *ursprünglichen* Zustand im Zeitpunkt der erstmaligen oder nachmaligen (zweiten) Herstellung in einer Weise *unterscheidet*, die positiven Einfluß auf ihre Benutzbarkeit hat.[74] Bei dem somit für die Beurteilung, ob eine durchgeführte Ausbaumaßnahme als Verbesserung zu qualifizieren ist, notwendigerweise anzustellenden Vergleich zwischen dem "alten" und dem "neuen" Zustand der Anlage ist auszugeben von dem ursprünglichen und nicht von dem unmittelbar vor der Ausbaumaßnahme bestehenden Zustand,[75] weil anderenfalls jede Unterhaltungsmaßnahme eine beitragsfähige Verbesserung wäre, was nach der – teilweise ausdrücklich (vgl. § 8 Abs. 2 Satz 1 KAG NW und BraKAG) bestimmten – Konzeption der ausbaubeitragsrechtlichen Vorschriften gerade nicht der Fall sein soll.[76]

Von der zuvor behandelten Frage, auf welchen Zustand (ursprünglichen **23** oder unmittelbar vor der Ausbaumaßnahme bestehenden Zustand) für die Beurteilung abzustellen ist, ob eine Ausbaumaßnahme als Verbesserung zu qualifizieren ist, ist zu **unterscheiden** die Frage, ob für **diese** Beurteilung maß-

---

[72] Als Beleg dafür seien nur die bei Driehaus, Das Straßenbaubeitragsrecht der Länder in der obergerichtlichen Rechtsprechung, Rdnrn. 122 ff., – auszugsweise – abgedruckten Entscheidungen genannt.

[73] Vgl. amtliche Begründung des Gesetzesentwurfs, Landtagsdrucksache 6/810, S. 41, wo auf die §§ 3 Abs. 1 Satz 2 FStrG und 9 Abs. 1 Satz 2 LStrG NW Bezug genommen wird.

[74] St. Rspr., so schon OVG Münster, Beschluß v. 13. 5. 1974 – III B 760/73 – KStZ 75, 14 = ZMR 75, 86 = DWW 75, 116; ferner u.a. OVG Lüneburg, Urteil v. 25. 8. 1982 – 9 A 142/80 – SH Gemeinde 83, 49, und BayVGH, Urteil v. 13. 9. 1989 – Nr. 6 B 86.02633 – BayVBl 90, 243.

[75] A. A. BayVGH (Beschluß v. 12. 11. 1990 – 6 B 89.03632), der meint, „Ansatzpunkt für diesen Vergleich" sei „der unmittelbar vor Durchführung der nunmehr abgerechneten Maßnahme bestehende Zustand."

[76] Ebenso u.a. Dietzel in Hoppenberg, Handbuch des öffentlichen Baurechts, Kapitel G, Rdnr. 42.

gebend ist die der ausgebauten Anlage im Zeitpunkt ihrer Anlegung oder im Zeitpunkt unmittelbar vor dem Ausbau von der Gemeinde **zugewiesene Funktion** (vgl. dazu Rdnr. 24). Von diesen beiden Fragen wiederum ist – was gelegentlich übersehen wird – zu trennen eine ganz andere Frage, nämlich die im Zusammenhang mit dem wirtschaftlichen Vorteil bedeutsame Frage, auf welcher Grundlage zu ermitteln ist, ob eine beitragsfähige Ausbaumaßnahme **zusätzliche,** vorher nicht vorhanden gewesene (Gebrauchs-)Vorteile ausgelöst hat (maßnahmebedingter Vorteilsbegriff). Insoweit bedarf es eines Vergleichs der Situation des Grundstücks vor der Ausbaumaßnahme mit der gerade infolge der Ausbaumaßnahme eingetretenen veränderten Lage (vgl. § 29 Rdnr. 16).

24   Die Verbesserung muß sich auf die *bestimmungsgemäße* **Funktion** der Verkehrsanlage beziehen.[77] Für die Beantwortung der Frage, ob sich der neue Zustand einer Anlage von ihrem ursprünglichen in einer ihre Benutzbarkeit in positivem Sinne beeinflussenden Weise unterscheidet, ist abzustellen auf die im **Zeitpunkt vor der Durchführung** der in Rede stehenden Ausbaumaßnahme gerade dieser Anlage von der Gemeinde zugewiesene **Funktion.**[77] Ausgehend von **dieser** Funktion ist jeweils zu prüfen, ob der neue Zustand der Anlage sich für deren bestimmungsgemäße Benutzung günstig auswirkt. Soweit es um die auf die Bewältigung des (Fußgänger- und Fahrzeug-)Verkehrs ausgerichtete Funktion einer Straße geht, muß der neue Zustand geeignet sein, diesen Verkehr leichter, flüssiger, gefahrloser, geräuschloser zu machen; in **diesem** Sinne ist die Verbesserung **verkehrstechnisch** zu verstehen.

25   Allerdings haben Straßen – u.a. solche in sog. ”30-km-Bereichen“[78] sowie verkehrsberuhigte Anlagen mit gepflasterten Mischflächen (vgl. Rdnr. 17) – heute nicht selten über die reine Verkehrsfunktion hinaus eine **Aufenthalts- und Kommunikationsfunktion** insbesondere für Fußgänger.[79] Ist zu beurteilen, ob eine Maßnahme mit Blick auf diese Funktion eine Verbesserung bewirkt hat, können verständlicherweise nicht verkehrstechnische Überlegungen im Vordergrund stehen. Allerdings ist zu beachten, daß Gegenstand einer derar-

---

[77] Im Ergebnis ebenso u.a. OVG Lüneburg, Urteil v. 27.1. 1977 – VI A 192/75 – VerwRspr 29, 105 = KStZ 77, 110, OVG Bremen, Urteil v. 23.9. 1980 – 1 BA 20/80 – KStZ 81, 75, VGH Kassel, Urteil v. 31.5. 1979 – V OE 19/78 – ESVGH 29, 238 = HSGZ 80, 22, BayVGH, Beschluß v. 29.4. 1986 – 6 CS 86.00668 – KStZ 86, 232 = BayVBl 87, 216, sowie OVG Koblenz Urteil v. 27.10. 1987 – 6 A 44/85 – KStZ 88, 94 = HSGZ 89, 66, Jans in KStZ 90, 81, und Hempel/Hempel, KAG SH, § 8 Rdnr. 101; a.A. OVG Münster, st. Rspr., u.a. Urteil v. 3.9. 1980 – 2 A 698/79 – KStZ 81, 72 = GemHH 81, 71 = StuGR 81, 158, nach dessen Meinung der Tatbestand der Verbesserung abhängig ist von der Beibehaltung des ursprünglichen verkehrstechnischen Konzepts, während ein im Zusammenhang mit einer anderen oder anderen zumindest teilweise anderen verkehrstechnischen Zweckbestimmung erfolgender Umbau den Tatbestand der nochmaligen Herstellung erfüllen soll; vgl. u.a. auch Urteil v. 4.7. 1986 – 2 A 1761/85 – OVGE 38, 272, = StuGR 87, 89 = ZKF 87, 39.
[78] Vgl. dazu etwa die Antwort des Niedersächsischen Ministers des Innern v. 3.8. 1987 auf eine kleine Anfrage, Landtagsdrucksache 11/1402.
[79] Siehe z.B. BayVGH, Urteil v. 24.4. 1989 – Nr. 6 B 88.02302 – KStZ 90, 196.

tigen Beurteilung grundsätzlich einzelne Teileinrichtungen der Straße sind (vgl. Rdnrn. 27 und 31), nicht aber (erst) die Straße insgesamt oder (schon) straßenbaubeitragsrechtlich unselbständige Bestandteile von Teileinrichtungen, d. h. Bestandteile, die nach herkömmlicher Betrachtungsweise nicht mehr als hinreichend selbständig angesehen werden können (vgl. dazu Rdnrn. 12 und 44). Letzteres trifft zu z. B. auf einzelne Bäume, Büsche oder Sitzbänke, die als (unselbständige) Bestandteile eines Gehwegs oder – bei einer verkehrsberuhigten Wohnstraße – einer gepflasterten Mischfläche deren beitragsrechtliches Schicksal teilen (vgl. § 32 Rdnr. 15). Infolgedessen können **andere als verkehrstechnische** Gesichtspunkte für die Beantwortung der Frage, ob eine Maßnahme zu einer Verbesserung im Sinne der straßenbaubeitragsrechtlichen Bestimmungen geführt hat, grundsätzlich **nur** dann eine **Rolle spielen,** wenn es um beispielsweise eine Grünanlage (auf dem Straßengrund) geht, die etwa wegen ihrer Ausdehnung – wie ein Parkstreifen oder ein Radweg – als selbständige Teileinrichtung (i. S. des § 127 Abs. 3 BauGB) zu qualifizieren ist, und zwar als selbständige Teileinrichtung, die nicht in erster Linie der Verkehrsfunktion, sondern der sonstigen (Aufenthalts-, Kommunikations- usw.) Funktion der Straße zu dienen bestimmt ist. Maßgebend ist jedoch mit Blick auf die eine (Verkehrs-) wie die andere (z. B. Aufenthalts-) Funktion **nicht,** ob durch die zu beurteilende Maßnahme das Wohnumfeld, die Wohnqualität oder die Qualität der Arbeitsplätze verbessert wird, sondern **allein,** ob durch diese Maßnahme die **Straße** bzw. die jeweils in Rede stehende **Teileinrichtung** als "Anlage" verbessert wird, ob diese Maßnahme bewirkt, daß die Anlage ihrer bestimmungsgemäßen Funktion besser zu dienen geeignet ist als zuvor. Bezogen auf die Verkehrsfunktion einer Straße bedeutet das, daß eine **Verbesserung anzunehmen** ist, wenn die Anlage nach der Ausbaumaßnahme bessere verkehrstechnische Möglichkeiten eröffnet, und zwar insbesondere durch eine größere räumliche Ausdehnung (Erweiterung), eine stärker differenzierte funktionale Aufteilung der Gesamtfläche oder eine dem Verkehrsbedürfnis besser entsprechende und in diesem Sinne höherwertige Art der Befestigung.

Gegenstand einer beitragsfähigen Verbesserung können – wie zuvor angedeutet – nach allen ausbaubeitragsrechtlichen Vorschriften **ausschließlich** öffentliche „Einrichtungen und Anlagen" (§ 8 Abs. 2 Satz 1 KAG NW) bzw. „Einrichtungen" (u. a. § 6 Abs. 1 Satz 1 NKAG, Art. 5 Abs. 1 Satz 1 BayKAG, § 11 Abs. 1 KAG Hess), **nicht** aber das **Wohnumfeld** sein, so daß eine Wohnumfeldverbesserung als solche – mag sie noch so "vorteilhaft" sein – keine Beitragspflicht auslösen kann.[80] Die Verbesserung einer Verkehrsanlage oder genauer: die Inanspruchnahmemöglichkeit einer verbesserten Anlage hat allerdings sehr häufig eine Wohnumfeldverbesserung zur Folge, die mit einer Steigerung des Gebrauchswerts von Grundstücken, d. h. mit beitragsrechtlich relevanten (Gebrauchs-)Vorteilen, einhergeht, so daß eine Beitrags-

26

---

[80] Ebenso Hinsen in StuGR 84, 42 (45).

belastung in Betracht kommt.[81] Das rechtfertigt jedoch eine tatbestandliche Gleichsetzung weder von Verbesserung der Anlage und Wohnumfeldverbesserung noch von Verbesserung und (wirtschaftlichen) Vorteilen. Deshalb ist eine Formulierung jedenfalls nicht ganz unmißverständlich, nach der die Verbesserung einer Verkehrsanlage „begrifflich den Vorteil auch für die Anlieger einschließt".[82] Jedoch ist damit zweifellos keine begriffliche (Teil-)Identität von Verbesserung und Vorteil gemeint, sondern lediglich zum Ausdruck gebracht, daß eine Verbesserung gleichsam „denknotwendig" zu (Gebrauchs-) Vorteilen für die potentiellen Benutzer der verbesserten Anlage führt, und zwar unabhängig davon, ob sie der Allgemeinheit oder dem Kreis der Eigentümer von angrenzenden Grundstücken angehören (vgl. § 29 Rdnr. 24 f.).

27   Die Frage, ob eine Ausbaumaßnahme zu einer Verbesserung in dem vorbezeichneten Sinne geführt hat, ist in der Regel nicht für die Straße insgesamt, sondern für jede ihrer Teileinrichtungen getrennt zu beantworten, und zwar selbst dann, wenn gleichsam "in einem Zuge" die gesamte Straße ausgebaut worden ist. Denn die Verbesserung der Nutzbarkeit kann nur für jede "Verkehrsart" gesondert beurteilt werden: Der Ausbau der Fahrbahn kann sich nur für den Kraftfahrzeugverkehr auswirken, der Ausbau der Gehwege hat lediglich Konsequenzen für den Ablauf des Fußgängerverkehrs, und die Anlegung eines Parkstreifens ist bedeutsam vornehmlich für den ruhenden Verkehr.[83]

28   Ob eine Ausbaumaßnahme eine verkehrstechnische Verbesserung zur Folge hat, ist nach **objektiven** Kriterien zu beurteilen,[84] so daß es nicht auf die Beurteilung durch Straßenbenutzer ankommt, die ggf. keinen Anlaß haben, auf technische Mängel zu achten und sich deren genauere Art einzuprägen. Abzustellen ist jeweils auf den "neuen" Zustand der ausgebauten Fläche selbst, nicht dagegen auf außerhalb davon liegende Umstände. So wird die durch einen hochwertigen Ausbau der Bürgersteige erzielte bessere Benutzbarkeit nicht dadurch in Frage gestellt, daß ein Fußgängertunnel angelegt worden ist und die Fußgänger den gegenüberliegenden Bürgersteig nur durch diesen Tunnel erreichen können. Der dadurch bewirkte Umstand, daß es für die Fußgänger ggf. beschwerlicher geworden ist, zum anderen Bürgersteig zu gelangen, ist nicht geeignet, die objektiv gegebene Verbesserung der Bürgersteige in Frage zu stellen.[85] Jedenfalls aber setzt die Annahme einer beitragsfähigen Verbesserung voraus, daß die ausgebaute Anlage (Teileinrichtung) geeignet ist, die ihr verkehrstechnisch zugedachte Funktion ausreichend zu

---

[81] Vgl. etwa BayVGH, Beschluß v. 29. 4. 1986 – 6 CS 86.00668 – KStZ 86, 232, im Zusammenhang mit Fußgängerzonen und verkehrsberuhigten Anlagen.

[82] OVG Lüneburg, Beschluß v. 6. 1. 1981 – 9 B 33.80 – KStZ 81, 71 = HSGZ 81, 144 = ID 81, 155.

[83] Vgl. OVG Münster, Urteile v. 27. 2. 1985 – 2 A 2603/82 – und v. 22. 4. 1985 – 2 A 2954/83 –.

[84] Vgl. u. a. OVG Schleswig, Beschluß v. 1. 9. 1992 – 2 M 36/92 –.

[85] Vgl. VGH Kassel, Beschluß v. 7. 5. 1985 – V TH 46/81 – KStZ 85, 171.

erfüllen. Bei einem Gehweg scheitert die notwendige **Funktionsfähigkeit** nicht schon dann, wenn er die in den "Empfehlungen für die Anlage von Erschließungsstraßen" (Ausgabe 1985) als Regelmaß vorgesehene Mindestbreite von 1,50 m unterschreitet. Doch ist ein einschließlich des Bordsteins nur 0,56 m breiter Gehweg grundsätzlich nicht hinreichend funktionsfähig.[86]

Hat eine Fahrbahn durch eine Ausbaumaßnahme eine qualitativ höherwer- **29** tigere Deckenbefestigung erhalten, steht der Annahme, es handele sich bei dieser Maßnahme um eine Verbesserung, **nicht** notwendig entgegen, daß sich die Anzahl der Verkehrsunfälle nach dem Ausbau erhöht hat. „Abgesehen davon, daß ... verstärkt auftretende Verkehrsunfälle in der ausgebauten A-Straße in erster Linie auf erhöhtes Verkehrsaufkommen und verkehrswidriges Verhalten einzelner Verkehrsteilnehmer zurückzuführen sein dürften, muß mit einer ausbaubeitragsrechtlichen Verbesserung nicht zwingend eine Erhöhung der Verkehrssicherheit einhergehen; vielmehr reicht es aus, wenn – wie im vorliegenden Fall – die Leichtigkeit des Verkehrs gesteigert wird".[87] Auch haben bei der Beantwortung der Frage, ob eine Baumaßnahme an einem Geweg zu dessen Verbesserung geführt hat, „Beeinträchtigungen, die sich aus einer **funktionswidrigen** und gegen einschlägige Normen des Straßenverkehrs verstoßenden Nutzung (Abstellen von Fahrzeugen auf dem Gesteig) ergeben, ... außer Betracht zu bleiben."[88]

An der Eröffnung irgendwelcher besserer verkehrstechnischer Möglichkei- **30** ten **fehlt** es, wenn z. B. ein Gehweg, der bisher kunstgerecht in Klein-, Mittel- oder Mosaiksteinpflastern befestigt und mit einer Teerdecke versehen war, nunmehr eine Befestigung mit Verbundsteinpflaster erhalten hat. Eine solche Ausbaumaßnahme ist **keine beitragsfähige** Verbesserung; sie trägt **nichts** dazu bei, daß der Gehweg seiner bestimmungsgemäßen Funktion **besser** zu dienen geeignet ist, weil insoweit beide Befestigungsarten hinsichtlich der Ebenflächigkeit und Haltbarkeit im wesentlichen gleichwertig sind.[89] Entsprechendes gilt für das Ersetzen eines Teer- und Plattenbelags durch Verbundpflaster; zwar führt eine solche Maßnahme zu einer einheitlichen Gestaltung der gesamten Bürgersteigfläche, doch kommt diesem Umstand regelmäßig mehr optische als verkehrstechnische Bedeutung zu.[90] Ferner liegt eine Verbesserung nicht vor, wenn die auf Kesselasche aufgebrachte Schwarzdecke eines Gehwegs durch einen auf Hochofenschlacke in Sandbettung aufgebrachten Plattenbelag ersetzt wird. Unter Berücksichtigung der jeweiligen **verkehrstechnischen** Vor- und Nachteile sind beide Arten der Gehwegbefestigung ebenfalls als gleichwertig anzusehen.[91] Ob Gehwege in der einen oder ande-

---

[86] OVG Münster, Urteil v. 1. 6. 1992 – 2 A 660/91 – NWVBl 93, 54.
[87] OVG Lüneburg, Urteil v. 11. 9. 1987 – 9 A 56/86 –.
[88] BayVGH, Beschluß v. 22. 12. 1987 – Nr. 6 CS 87.02185 –.
[89] OVG Münster, Urteil v. 21. 4. 1975 – II A 1109/73 –.
[90] OVG Münster, Urteil v. 30. 5. 1989 – 2 A 1386/86 –.
[91] OVG Münster, Urteil v. 22. 3. 1982 – 2 A 1502/80 – KStZ 82, 212 = GemHH 83, 44 = ZMR 82, 382.

ren Befestigungsart leichter zu reinigen, billiger und einfacher zu unterhalten sind oder ästhetische Vorzüge aufweisen, ist allein nicht entscheidend, da diese Gesichtspunkte nicht ihre bestimmungsgemäße Funktion berühren. Auch eine Betondecke als Oberflächenbefestigung einer Fahrbahn ist mit einer Deckschicht aus Asphaltbeton als verkehrstechnisch gleichwertig zu erachten, eine entsprechende Ausbaumaßnahme ist deshalb keine Verbesserung.[92] Im Ergebnis gleiches kann unter bestimmten Umständen (örtliche Verhältnisse, u. a. Straßenführung, Straßenbreite und Verkehrsfunktion der Straße) für das Ersetzen einer Teertränke(fahrbahn)decke durch eine Asphaltfeinbetondecke[93] sowie für eine Mosaikpflasterbefestigung gegenüber einem früher vorhandenen Platten- bzw. Asphaltbelag bei einer Fußgängergeschäftsstraße gelten; durch die letztere Baumaßnahme wird der Ablauf des Fußgängerverkehrs nicht erleichtert, sondern wegen der geringen Ebenflächigkeit allenfalls erschwert.[94] Überdies mangelt es typischerweise an einer verkehrstechnischen Verbesserung, wenn bei einer Fahrbahn an die Stelle einer frostsicheren Pflasterdecke eine Asphaltbetondecke tritt – nach modernen straßenbautechnischen (und städtebaulichen) Erkenntnissen nämlich haben gerade Pflasterdecken ihre Vorzüge und lösen vielfach Asphaltdecken in beitragsbegründender Weise ab.[95] In allen **diesen Fällen hängt** mithin die **Beitragsfähigkeit** der jeweiligen Maßnahme davon ab, ob die ausgebaute Teileinrichtung zuvor infolge ihrer bestimmungsgemäßen Benutzung abgenutzt war und die Ausbaumaßnahme deshalb als Erneuerung qualifiziert werden kann (vgl. dazu Rdnr. 9).

31 „Die Verbesserung fällt unter den Oberbegriff der **Veränderung**; deshalb kann eine Straßenbaumaßnahme zugleich Verbesserung und Verschlechterung sein mit der Folge, daß die Verbesserung durch die Verschlechterung **kompensiert** wird, so daß im Ergebnis keine Verbesserung vorliegt."[96] Mit anderen Worten: Selbst wenn einzelne Arbeiten an einer Teileinrichtung für sich betrachtet eine verkehrstechnisch verbessernde Wirkung entfalten, kann gleichwohl die Annahme, es handele sich bei der durchgeführten Ausbaumaßnahme insgesamt um eine beitragsfähige Verbesserung, daran scheitern, daß andere zugleich verrichtete Arbeiten an der **gleichen** Teileinrichtung mit verkehrstechnischen Verschlechterungen verbunden sind, die die positive Wirkung "unterm Strich" gleichsam aufheben und in diesem Sinne **kompensieren**. So kann die bessere Befestigung eines **Gehwegs** seine Benutzung durch Fußgänger erleichtern und insofern eine Verbesserung darstellen, während die zugleich vorgenommene **Verschmälerung** derart, daß ein ungehinderter Fußgängerbegegnungsverkehr nicht mehr – wie zuvor – möglich ist, zu einer

---

[92] OVG Münster, Urteil v. 18. 12. 1979 – II 1751/78 –.
[93] OVG Münster, Urteil v. 15. 3. 1989 – 2 A 1268/85 –.
[94] OVG Münster, Urteil v. 3. 9. 1980 – 2 A 698/79 – OVGE 35, 66 = KStZ 81, 72 = StuGR 81, 158.
[95] Vgl. BayVGH, Beschluß v. 23. 7. 1992 – 6 CS 92.1727 –.
[96] OVG Münster, Urteil v. 18. 10. 1989 – 2 A 2185/86 –.

beachtlichen Verschlechterung für den Ablauf des Fußgängerverkehrs mit der Folge führt, daß die Ausbaumaßnahme **insgesamt nicht** als Verbesserung zu qualifizieren ist.[97] Nach Ansicht des Oberverwaltungsgerichts Lüneburg[98] wird die technische Verbesserung eines einseitigen, 400 m langen und vor dem Ausbau durchgängig 4 m breiten Gehwegs kompensiert durch eine Verschmälerung dahin, daß er nach dem Ausbau auf ca. 110 m Länge eine Breite von 2 m und im übrigen eine solche zwischen 0,60 m und 2 m aufweist. Auch die Verschmälerung eines früher durchweg mindestens 3,20 m breiten Gehwegs auf eine Breite von deutlich unter 2 m und eine Verschmälerung von zwei früher je 5,40 m breiten Bürgersteigen auf eine Breite von durchgängig etwa 2 m Breite[99] kann eine durch einen Ausbau bewirkte technische Verbesserung kompensieren, wenn sie die vorher gewährleistete Leichtigkeit des Fußgängerverkehrs erheblich reduziert. Entsprechendes gilt, wenn ein bisher 3,5 m breiter Gehweg im Rahmen der Ausbauarbeiten auf ca. 2 m[100] oder ein zuvor 2,5 m breiter Gehweg auf 1,5 m verschmälert wird, zumal im letzteren Fall Personen mit Kinderwagen, Rollstuhl oder Gepäck einander nicht mehr – wie früher – ohne weiteres begegnen können.[101]

Anders als im Zusammenhang mit der Frage, ob die durch die Schaffung einer **neuen** flächenmäßigen Teileinrichtung (z.B. eines Radwegs) bewirkte Verbesserung durch die Verschmälerung einer anderen flächenmäßigen Teileinrichtung (z.B. eines Gehwegs) kompensiert wird (vgl. dazu Rdnr. 35), kommt es **hier nicht** darauf an, ob etwa ein Gehweg derart verschmälert worden ist, daß er seine bestimmungsgemäße Funktion nicht mehr hinreichend zu erfüllen geeignet und deshalb gleichsam "weggefallen" ist. Mit anderen Worten: Bei der Kompensation einer Verbesserung durch eine Verschlechterung im Rahmen des Ausbaus **derselben Teilanlage** ist abzustellen lediglich darauf, ob der frühere Zustand eine erhebliche Veränderung zum Schlechteren erfahren hat; die Erheblichkeit der Verschlechterung hängt hier also **nicht** von der (nicht eingetretenen) Unterschreitung der Mindestbreite (**absolute Verschlechterung**), sondern von dem Vergleich des neuen mit dem alten Zustand (**relative Verschlechterung**) ab.[102] **32**

Die technische Verbesserung einer **Fahrbahn** kann durch deren Verschmälerung kompensiert werden, sofern angenommen werden muß, die Funktionsfähigkeit der Fahrbahn werde durch die Verschmälerung **beeinträch-** **33**

---

[97] OVG Münster, u.a. Urteil v. 25. 10. 1982 – 2 A 1817/80 – DVBl 83, 228 = KStZ 83, 139 = StuGR 83, 104.

[98] OVG Lüneburg, Urteil v. 19. 5. 1988 – 9 A 196/86 – NS Gemeinde 88, 295 = KStZ 89, 76.

[99] Vgl. OVG Münster, Urteil v. 21. 6. 1990 – 2 A 1376/87 – NVwZ-RR 91, 269 = GemHH 91, 73 = NWVBl 91, 22.

[100] Vgl. BayVGH, Urteil v. 11. 3. 1993 – 6 B 90.1917 –.

[101] OVG Münster, Urteil v. 26. 3. 1991 – 2 A 785/90 –.

[102] OVG Münster, Urteil v. 21. 2. 1990 – 2 A 2787/86 – NVwZ-RR 90, 643 = KStZ 90, 229.

tigt;[103] so kann – je nach den Umständen des Einzelfalls – etwa die Verschmälerung der Fahrbahn von 4,40 m auf 3,20 m selbst bei einer Einbahnstraße eine zur Kompensation führende Verschlechterung bewirken.[104] Doch trifft das nicht zu, wenn eine in einem reinen Wohngebiet verlaufende Fahrbahn um 0,50 m auf 4,50 m verschmälert wird und diese Breite für die Bewältigung des hier zu erwartenden Begegnungsverkehrs ausreicht;[105] letzteres kann selbst bei einer zur Aufnahme von gelegentlichem Lastwagenverkehr bestimmten Straße der Fall sein, wenn durch die Anlegung von Ausweichbuchten der in der mangelnden Breite liegende Nachteil verkehrstechnisch hinreichend ausgeglichen wird.[106] Und die bessere Befestigung einer als **Fußgängerzone** dienenden Straßenfläche durch den Einbau einer Frostschutzschicht kann dadurch kompensiert werden, daß eine fußgängerfreundliche Asphaltdecke durch eine unregelmäßig unebene Pflasterdecke ersetzt wird.[107]

34   **Grundsätzlich** beschränkt sich die Rechtfertigung einer Kompensation ("Gegenrechnung") auf **eine einzelne Teileinrichtung.**[108] Das ist eine Konsequenz der Annahme, es sei die Frage nach dem Vorliegen einer (verkehrstechnischen) Verbesserung für jede Teileinrichtung gesondert zu beantworten (vgl. Rdnr. 27). Deshalb ist etwa dann, wenn durch eine einheitliche Baumaßnahme die Straßenbeleuchtung verbessert worden ist, eine Kompensation mit etwaigen Verschlechterungen am Straßenkörper nicht möglich;[109] entsprechendes gilt, wenn zwar der Gehweg verbessert, die Fahrbahn aber nachteilig verändert worden ist.[110]

35   Beruht **jedoch** die Verbesserung auf einer **andersartigen funktionalen** Aufteilung der **Gesamtfläche** der Anlage (vgl. Rdnr. 22), beschränkt sich der Gesichtspunkt der Kompensation **nicht** auf dieselbe Teileinrichtung.[111] Allerdings führt nicht schon jede etwa mit der Anlegung von Parkstreifen auf der bisherigen Fahrbahn einhergehende Verschmälerung des für den fließenden Verkehr zur Verfügung stehenden Raums zu einer Verschlechterung, die die durch die funktionsgemäße Aufteilung der Fläche mit nun sicheren Parkmöglichkeiten ausgelöste Verbesserung kompensiert.[112] Vielmehr kann bei einer solchen Konstellation die durch die Schaffung einer neuen **flächenmäßigen** Teileinrichtung bewirkte Verbesserung ausschließlich durch den **Wegfall einer anderen** flächenmäßigen Teileinrichtung kompensiert werden (absolute Ver-

---

[103] Vgl. OVG Münster, u. a. Urteil v. 4. 7. 1986 – 2 A 1358/84 –.

[104] Vgl. OVG Münster, Urteil v. 26. 3. 1991 – 2 A 785/90 –.

[105] OVG Lüneburg, Urteil v. 19. 9. 1988 – 9 A 21/87 –.

[106] OVG Münster, Urteil v. 18. 10. 1989 – 2 A 2185/86 –.

[107] Vgl. OVG Münster, Urteil v. 3. 9. 1980 – 2 A 698/79 – OVGE 35, 66 = KStZ 81, 72 = StuGR 81, 158.

[108] OVG Münster, u. a. Urteil v. 27. 2. 1985 – 2 A 2604/82 –.

[109] OVG Münster, Urteil v. 25. 10. 1983 – 2 A 1283/82 – ID 83, 378 = KStZ 84, 114.

[110] OVG Münster, Urteil v. 22. 4. 1985 – 2 A 2954/83 –.

[111] Ebenso für das hessische Landesrecht Lohmann in HSGZ 91, 127 (130 f.).

[112] Vgl. VGH Kassel, Beschluß v. 20. 7. 1993 – 5 TH 2859/90 – NVwZ-RR 94, 53 = GemHH 94, 61 = HSGZ 94, 34.

schlechterung, vgl. Rdnr. 32). Das kann z. B. der Fall sein, wenn die Schaffung eines (bisher nicht vorhanden gewesenen) Radwegs derart zu Lasten eines Gehwegs geht, daß dieser auf eine Breite verschmälert worden ist, die nicht mehr geeignet ist, den anfallenden Fußgängerverkehr hinreichend zu bewältigen und folglich angenommen werden muß, der Gehweg sei (als funktionstüchtige Teileinrichtung) gleichsam "beseitigt" worden.[113] Entsprechendes trifft zu, wenn infolge der Schaffung eines Parkstreifens der bisher vorhandene Radweg (tatsächlich) wegfällt oder wenn die erstmalige Anlegung eines Parkstreifens zur Folge hat, daß der bisherige Gehweg derart verschmälert wird, daß er seine bestimmungsgemäße Funktion nicht mehr zu erfüllen in der Lage ist und deshalb im Ergebnis als "weggefallen" zu qualifizieren ist.[114] Die Frage, ob z. B. ein Gehweg infolge einer Verschmälerung funktionsunfähig geworden ist, beantwortet sich **ausschließlich** nach Maßgabe des **im jeweiligen Einzelfall** zu bewältigenden Fußgängerverkehrs und nicht danach, ob der Gehweg nach der Anlegung des Radwegs bzw. Parkstreifens noch eine Breite aufweist, die der entspricht, die in den von der Forschungsgesellschaft für Straßen- und Verkehrswesen herausgegebenen "Empfehlungen für die Anlage von Erschließungsstraßen" (EAE 85) vorgesehen ist. Unter Aufgabe seiner früheren Rechtsprechung[115] hat dies inzwischen auch das Oberverwaltungsgericht Münster[116] erkannt und mit Blick auf die sich daraus für die Beurteilung straßenbaulicher Maßnahmen ergebenden Konsequenzen ausgeführt: „Überschreitet oder entspricht eine Baumaßnahme im wesentlichen den in den EAE 85 für entsprechende Verkehrsanlagen vorgesehenen Werten, so kann in der Regel davon ausgegangen werden, daß die Baumaßnahme den verkehrstechnischen Anforderungen gerecht wird. Unterschreitet dagegen die Gestaltung einer Anlage die in den EAE vorgegebenen Werte, so kann daraus allein jedenfalls nicht die Funktionsunfähigkeit der Anlage hergeleitet werden. Für die Annahme der Funktionsunfähigkeit einer Anlage ist vielmehr **zusätzlich erforderlich**, daß sie **absolut ungeeignet** ist, die ihr in verkehrstechnischer Hinsicht zugeordnete Funktion in der **konkreten** Situation tatsächlich zu erfüllen". Nur wenn letzteres zutrifft, darf angenommen werden, ein bestimmter Gehweg sei mit Rücksicht auf seine geringe Breite – entgegen seiner tatsächlichen Existenz – als beitragsrechtlich "nicht mehr existent" einzustufen. Das ist jedoch nicht schon der Fall, wenn die Breite des Gehwegs keinen ungehinderten Begegnungsverkehr mehr zuläßt. Denn „daß ein

---

[113] Vgl. OVG Münster, Urteil v. 29. 11. 1989 – 2 A 1419/87 – NVwZ-RR 90, 640 = GemHH 91, 115 = NWVBl 90, 311.

[114] Vgl. OVG Münster, Urteil v. 21. 2. 1990 – 2 A 2787/86 – NVwZ-RR 90, 643 = KStZ 90, 229 = GemHH 91, 90.

[115] OVG Münster, u. a. Urteile v. 29. 11. 1989 – 2 A 1419/87 – (vgl. Fußnote 113) und v. 21. 2. 1990 – 2 A 2787/86 (vgl. Fußnote 114).

[116] OVG Münster, Urteil v. 20. 7. 1992 – 2 A 399/91 – NVwZ-RR 93, 160 = GemHH 93, 281 = NWVBl 93, 102.

Begegnungsverkehr auf einem Gehweg nicht möglich ist, hebt dessen Funktionsfähigkeit nicht völlig auf, sondern schränkt sie nur ein".[116]

36   Grundsätzlich kann von einer absoluten Ungeeignetheit etwa eines Gehwegs nur dann die Rede sein, wenn seine erstmalige Anlegung in der Breite, die er durch die Verschmälerung erfahren hat, **nicht als beitragsfähig** zu qualifizieren wäre, d.h. keine Verbesserung der betreffenden Straße bewirken würde. Die **absolute Ungeeignetheit** stellt gleichsam die **Kehrseite der Verbesserung** mit der Folge dar, daß die Frage, ob die Anlegung einer entsprechend breiten Teileinrichtung zu einer Verbesserung der betreffenden Straße führen würde, als sozusagen **Kontrollfrage** für das Vorliegen einer absoluten Ungeeignetheit angesehen werden muß. Mit Blick auf die erstmalige Anlegung von Gehwegen ist eine Verbesserung regelmäßig bereits bei einer Breite von nur 1 m oder gar nur 0,75 m zu bejahen (vgl. Rdnr. 49). Geboten ist insoweit lediglich eine **Mindestbreite,** für deren Bemessung „in der Regel auf den mindestens erforderlichen Bewegungsraum für **einen** Fußgänger abzustellen" ist.[117]

37   Wird etwa ein Parkstreifen anstelle eines bisherigen Mehrzweckstreifens angelegt, dürfte die durch die Anlegung des Parkstreifens bewirkte Verbesserung (vgl. Rdnr. 54) durch die sich aus dem Wegfall des Mehrzweckstreifens ergebende Verschlechterung nur dann **kompensiert** werden, wenn der Mehrzweckstreifen als eine dem Parkstreifen vergleichbare selbständige Teileinrichtung der Straße und nicht lediglich als unselbständiger Teil der Fahrbahn anzusehen sein sollte. Da z.B. § 2 Abs. 2 Nr. 1b StrWG NW Mehrzweckstreifen ebenso wie Parkstreifen als Unterfall der befestigten Seitenstreifen ansieht, spricht dies für die Annahme, daß Mehrzweckstreifen vergleichbar Parkstreifen selbständige Teileinrichtungen der Straße darstellen und deshalb die sich aus der Anlegung des Parkstreifens ergebende Verbesserung durch den Wegfall des Mehrzweckstreifens kompensiert wird.[118]

38   Der Qualifizierung einer Maßnahme als beitragsfähige Verbesserung steht nicht entgegen, daß nachträglich an der verbesserten Anlage Mängel auftreten, die durch eine **Nachbesserung** behoben werden können; dafür ggfs. entstehende zusätzliche Kosten gehen jedoch nicht zu Lasten der Beitragspflichtigen.[119] Die Entscheidung über Art und Weise der technischen Ausgestaltung einer Baumaßnahme steht im Ermessen der Gemeinde. Ein Ermessensfehler liegt nur dann vor, wenn die gewählte Ausbauart **offensichtlich ungeeignet** ist;[120] das ist etwa anzunehmen, wenn die Behebung nach dem Abschluß der Baumaßnahme auftretender Schäden – ausnahmsweise – nicht möglich ist, d.h. wenn die Baumaßnahme – mehr oder weniger – wiederholt werden muß. Trifft das zu, scheidet die Annahme einer durch die (erste) Baumaßnah-

---

[117] OVG Münster, Urteil v. 14. 6. 1994 – 15 A 1011/92 –.
[118] Vgl. OVG Münster, Beschluß v. 11. 4. 1989 – 2 B 3253/88 –.
[119] OVG Münster, u.a. Urteil v. 13. 11. 1978 – II A 1077/76 –.
[120] OVG Münster, Urteil v. 29. 6. 1992 – 2 A 2580/91 – GemHH 93, 188 = NWVBl 93, 219.

me bewirkten Verbesserung aus,[121] sofern die **Ungeeignetheit** der Maßnahme im Zeitpunkt von deren Beendigung feststeht. Erweist sich eine Maßnahme erst nach deren Beendigung als ungeeignet, hat dies keine Auswirkungen auf das Entstehen der (sachlichen) Beitragspflichten.[122]

Es liegt im **Ermessen** der Gemeinde, ob sie sich für eine bloße Instandset- **39** zung einer beschädigten (abgenutzten) Anlage oder für eine Ausbaumaßnahme entschließt, die gegenüber dem ursprünglichen Zustand zu einer Verbesserung führt.[123] Insoweit sich ggfs. ergebende Fragen der Zweckmäßigkeit unterliegen nicht der gerichtlichen Nachprüfung.[124] Ebenfalls im Ermessen der Gemeinde steht die Entscheidung, ob eine nicht mehr funktionstüchtige, abgenutzte Anlage (grundlegend) erneuert oder verbessert werden soll.[125] Bedeutsam ist jedoch in diesem Zusammenhang, daß der für eine beitragsfähige Erneuerung erhebliche **Zeitablauf** (vgl. Rdnr. 8 ff.) für eine **Verbesserung** *keine* **Rolle** spielt.[126] Deshalb kommt der Frage, ob ein sog. aufgestauter Reparaturbedarf vorliegt, nur bei einer Erneuerung, nicht hingegen bei einer Verbesserung Bedeutung zu.[127] Aus diesem Grunde sind etwa die Einwände, eine Verbesserung sei nicht erforderlich gewesen, weil sich die Anlage noch in einem ausreichend funktionstüchtigen Zustand befunden habe, oder eine Verbesserungsmaßnahme sei nur erforderlich geworden, weil die Gemeinde in der Vergangenheit ihrer Verpflichtung zur laufenden Unterhaltung der Anlage nicht nachgekommen sei, rechtlich unerheblich.[128]

3. Einzelne Verbesserungsmaßnahmen

Beitragsfähige Verbesserungsmaßnahmen sind (ebenso wie beitragsfähige **40** Erneuerungsmaßnahmen) abzugrenzen von nichtbeitragsfähigen Maßnahmen der **laufenden Unterhaltung und Instandsetzung.** Unerheblich ist in diesem Zusammenhang, wenn z. B. der Gemeinderat in seinem einschlägigen Beschluß ausspricht, eine bestimmte Anlage sei "instandzusetzen". Maßgeblich ist nicht die Bezeichnung einer Maßnahme, sondern allein, ob die in Ausführung des Beschlusses erfolgte Maßnahme eine Verbesserung darstellt.[129]

Zur laufenden Unterhaltung und Instandsetzung zählen alle Maßnahmen, **41** die notwendig sind, um eine Straße (oder eine einzelne Teileinrichtung) in

---

[121] Ebenso OVG Lüneburg, Urteil v. 24. 5. 1989 – 9 A 110/87 –.

[122] OVG Münster, u. a. Urteil v. 26. 3. 1991 – 2 A 2125/88 – GemHH 92, 155 = NWVBl 91, 346 = StüGR 91, 361.

[123] U. a. OVG Lüneburg, Urteil v. 12. 1. 1982 – 9 A 98/80 – Ns Städteverband 83, 67, und BayVGH, Urteil v. 22. 2. 1988 – 6 B 84 A.2550 u. a. –.

[124] OVG Münster, Beschluß v. 1. 7. 1974 – III B 139/74 – KStZ 75, 12 = DÖV 75, 106 = ZMR 75, 87.

[125] OVG Münster, Urteil v. 13. 11. 1978 – II A 1998/76 –.

[126] OVG Münster, Urteil v. 18. 12. 1979 – II A 1751/78 –.

[127] U. a. OVG Koblenz, Urteil v. 19. 12. 1977 – 6 A 34/76 – KStZ 78, 176.

[128] OVG Münster, Urteile v. 17. 9. 1980 – 2 A 1388/79 – und v. 23. 1. 1985 – 2 A 1077/83 –.

[129] OVG Lüneburg, Beschluß v. 30. 1. 1989 – 9 A 54/88 –.

einem ihrer Bestimmung entsprechenden gebrauchsfähigen Zustand zu erhalten, die also der Erhaltung des bestehenden Zustands dienen.[130] Angesichts der Tatsache, daß die **Verschleißschicht** einer Fahrbahndecke einer starken Abnutzung unterliegt und deshalb typischerweise bereits nach wenigen Jahren die Aufbringung einer neuen Verschleißschicht erforderlich wird, ist eine derartige Maßnahme der Instandsetzung zuzurechnen, die keine Beitragspflicht auslöst.[131] Im übrigen kann eine Verbesserung „nicht nur vorliegen, wenn sämtliche Schichten einer Fahrbahn neu geschaffen werden, sondern auch dann, wenn der Ausbau nur **eine oder mehrere** Schichten der Fahrbahn erfaßt. Entscheidend ist, daß durch den Ausbau einer oder mehrerer Schichten nicht der alte Zustand wiederhergestellt wird – dann kann nur eine Erneuerung oder Instandsetzung vorliegen –, sondern daß ein anderer, gegenüber dem früheren besserer Zustand erreicht wird"[132]. Das trifft etwa zu, wenn statt der bisherigen Pflasterdecke eine neuzeitlichen Anforderungen genügende bituminöse Tragschicht mit einer aus Asphaltbinderschicht und Asphaltfeinbetonschicht bestehenden Fahrbahndecke aufgebracht wird (vgl. im einzelnen Rdnr. 45).

42   Jedenfalls kann von einer bloßen Unterhaltung nicht mehr die Rede sein, wenn sich eine Gemeinde zu einer Neu- und Umgestaltung der Straße entschließt, die nicht nur dem jeweiligen, sondern einem auf Jahre und Jahrzehnte berechneten Verkehrsbedürfnis genügen soll. Eine solche Maßnahme dient – so läßt sich allgemein sagen – der Straßenverbesserung.[133] Unerheblich ist, ob die Anlieger den geschaffenen Zustand subjektiv als eine Verbesserung erkennen; maßgeblich ist vielmehr, ob objektiv die Voraussetzungen vorliegen, von deren Erfüllung das Tatbestandsmerkmal "Verbesserung" abhängig ist[134] (vgl. auch Rdnrn. 22 ff.).

43   **Ändert** eine Gemeinde die *Funktion* etwa einer bisherigen normalen Geschäftsstraße bzw. einer normalen Wohnstraße und weist dieser Anlage durch Erfüllung aller dazu erforderlichen rechtlichen Voraussetzungen die Funktion einer Fußgänger(geschäfts)straße[135] bzw. einer verkehrsberuhigten Wohnstraße[136] (vgl. dazu im einzelnen § 12 Rdnrn. 54 f.) zu, ergibt sich in aller Regel von selbst, daß der **ursprüngliche** wie der tatsächlich noch beste-

---

[130] BayVGH, Urteil v. 28. 7. 1975 – 19 IV 72 – BayVBl 76, 16.

[131] OVG Münster, u. a. Beschluß v. 29. 3. 1990 – 2 A 723/87 – NVwZ-RR 91, 267 = GemHH 91, 165 = NWVBl 91, 19; ebenso u. a. VGH Kassel, Urteil v. 19. 6. 1991 – 5 UE 973/88 –.

[132] OVG Münster, Urteil v. 31. 1. 1992 – 2 A 1471/88; ebenso u. a. Urteil v. 26. 3. 1991 – 2 A 2125/88 – NWVBl 91, 346 = StuGR 91, 361.

[133] OVG Münster, Beschluß v. 13. 5. 1974 – III B 760/73 – KStZ 75, 14 = ZMR 75, 86 = GemTg 76, 77.

[134] Vgl. VGH Kassel, Beschluß v. 7. 5. 1985 – V TH 46/81 – KStZ 85, 171.

[135] Vgl. zu den rechtlichen Voraussetzungen insoweit u. a. Peine, Rechtsfragen der Einrichtung von Fußgängerstraßen, S. 41 ff., und Lenz in BauR 80, 130.

[136] Vgl. zu den rechtlichen Voraussetzungen für die Einrichtung verkehrsberuhigter Wohnstraßen u. a. Steiner in Verkehrsberuhigung, Schriftenreihe des Bundesministers

hende Zustand dieser (Erschließungs-)Anlage **nicht** geeignet ist, der neuen Funktion hinreichend zu dienen, und er deshalb funktionsentsprechend verbessert werden muß. Die zur Erreichung dieses Ziels erfolgende Ausbaumaßnahme ist demzufolge – entgegen der Ansicht des Oberverwaltungsgerichts Münster – als eine Verbesserung zu qualifizieren[137] (vgl. Rdnr. 17).

Gegenstand einer Verbesserungsmaßnahme ist sehr häufig nicht die gesam-   **44** te Straße, sondern lediglich eine oder einzelne Teileinrichtungen. Eine Verbesserung der Fahrbahn beispielsweise ist anzunehmen sowohl, wenn sie insgesamt in qualitativ besserer Weise hergestellt wird (etwa mit verstärktem Unterbau, zusätzlicher Frostschutzschicht und einer neuzeitlichen Asphaltfeinbetondecke), als auch, wenn lediglich ein nach **herkömmlicher Betrachtungsweise** eine **gewisse Selbständigkeit** aufweisender **Bestandteil** von ihr Gegenstand der Verbesserungsmaßnahme ist (vgl. dazu Rdnr. 11). Als in diesem Sinne hinreichend verselbständigt sind u. a. der Unterbau und der Aufbau der Fahrbahn anzusehen. Deshalb liegt eine Verbesserung vor, „wenn der Unterbau durch eine Frostschutzschicht ergänzt und insoweit verstärkt wird. Diese Verbesserung des Unterbaus bewirkt eine bessere Abwicklung des Verkehrs, weil Frostaufbrüche vermieden werden und der Verkehr nicht mehr durch mögliche Aufwölbungen der Decke und notwendige Instandsetzungsarbeiten behindert und gefährdet wird".[138] Mit Blick auf den Aufbau kann eine Maßnahme als Verbesserung zu qualifizieren sein, „**unabhängig** davon, ob der gesamte Aufbau oder nur einzelne Schichten von der Ausbaumaßnahme betroffen sind. Gemessen an diesen Kriterien handelt es sich bei dem Aufbringen einer 3,62 cm starken Binderschicht und einer 3,18 cm starken Deckschicht auf die alte Befestigung, bestehend aus einer 15 cm starken Schotter- und einer 3 cm starken Verschleißschicht, um eine Verbesserung. Die Maßnahme führte zu einer wesentlichen Verstärkung des vertikalen Aufbaus der Fahrbahn. Denn die bisherige nur 3 cm starke bituminöse Überdeckung wird um 6,8 cm auf 9,8 cm erhöht. Dadurch wird erstmals eine bituminöse Überdeckung erreicht, die in etwa den derzeitigen technischen Anforderungen entspricht".[139] Im Zusammenhang mit hinreichend verselbständigten Bestandteilen ist auch an eine **Stützmauer** zu denken, die z.B. in § 2 Abs. 2 Nr. 1 StrWG NW gesondert aufgeführt ist. Ist eine Stützmauer der Fahrbahn zu dienen bestimmt, kann allein ihre Anlegung oder ihre hochwertigere Herstellung einer Verbesserung der Fahrbahn bewirken.[140] Zum beitragsfähigen Ver-

---

für Raumordnung, Bauwesen und Städtebau, Städtebauliche Forschung, Heft 03.071, S. 169 ff., und in NVwZ 84, 201 ff.

[137] Vgl. zur verkehrsberuhigten Wohnstraße ebenso u. a. Mattner/Panke in StuGR 79, 374, Walprecht in StuGR 80, 367, Neusüss in BBauBl. 80, 541, sowie Hempel/Hempel, KAG S-H, § 8 Rdnr. 91.

[138] OVG Münster, Urteil v. 28. 7. 1988 – 2 A 842/87 –.

[139] OVG Münster, Urteil v. 26. 3. 1991 – 2 A 2125/88 – GemHH 92, 155 = NWVBl 91, 346 = StuGR 91, 361.

[140] OVG Münster, Urteil v. 13. 11. 1978 – II A 1998/76 –.

besserungsaufwand können in einem solchen Fall selbst die Mehrkosten zählen, die für eine (teilweise) Errichtung der Stützmauer auf einem Privatgrundstück entstanden sind.[141]

45 Als Verbesserung der *Fahrbahn* ist ferner etwa deren völlige Umgestaltung, insbesondere der Einbau einer Frostschutzschicht und eine Deckenverstärkung, zu qualifizieren.[142] Eine Verbesserung stellt namentlich die erstmalige Ausstattung einer Fahrbahn mit einem frostsicheren Unterbau dar, der den technischen Anforderungen genügt, die heute an einen Unterbau zu stellen sind und etwa in Bayern in den Richtlinien für den Straßenoberbau 1986 ihren Niederschlag gefunden haben.[143] Ein solcher Unterbau gewährleistet selbst bei einer Pflasterdecke eine höhere Belastbarkeit, verbunden mit einer geringeren Frostanfälligkeit. Daraus folgt eine geringere Reparaturbedürftigkeit, die einen sichereren und gefahrloseren Verkehr ermöglicht.[144] Überdies stellt eine Baumaßnahme, durch die ein den heute üblichen Ausbauvorstellungen für eine Fahrbahn nicht mehr entsprechender Straßenaufbau durch solche aufgebrachten Schichten ersetzt wird, die diesem Standard näher kommen, grundsätzlich eine Verbesserung dar; das trifft etwa zu, wenn ein Straßenaufbau von ca. 36 cm Dicke ersetzt wird durch einen Aufbau von 20 cm Mineralbeton, 10 cm Magerbeton, 4 cm Sandschicht und 10 cm Betonpflaster.[145] Auch die Ersetzung einer Großpflasterdecke durch eine Asphaltbetondecke ist wegen der damit verbundenen erheblichen Verminderung von Geräuschbelästigungen und Gefahren für den Straßenverkehr (bei Regen, Schnee und Glatteis) eine wesentliche technische Verbesserung. In einem solchen Fall ist die Gemeinde nicht gehalten, auf die Großpflasterdecke lediglich einen Asphaltüberzug aufzubringen. Zwar wäre auch diese weniger kostspielige Maßnahme als Verbesserung zu qualifizieren. Doch liegt es im **weiten** gemeindlichen Ausbauermessen,[146] sich für sie oder eine entsprechend aufwendigere Maßnahme zu entscheiden, zumal erstere im Grunde nur "provisorischen" Charakter hat; der Überzug würde nämlich nach relativ kurzer Zeit abgefahren werden und es würde dann die Frage seiner Verbesserung auf Kosten der Anlieger bald wieder aufzuwerfen sein.[147] Ferner stellt die Asphaltierung einer bisher mit einer Schotterdecke versehenen Fahrbahn[148] ebenso eine Verbesserung dar wie die Herstellung einer Asphaltdecke auf einer voher nur wassergebundenen Fahrbahn[149] oder das Ersetzen einer dün-

---

[141] OVG Münster, Beschluß v. 25. 2. 1991 – 2 B 438/91 –.

[142] OVG Münster, Urteil v. 7. 9. 1977 – II A 392/75 –.

[143] Vgl. u. a. BayVGH, Beschluß v. 17. 8. 1989 – Nr. 6 CS 89.2310 –.

[144] Vgl. OVG Münster, u. a. Urteil v. 19. 12. 1986 – 2 A 1087/85 –.

[145] BayVGH, Beschluß v. 1. 3. 1994 – 6 CS 94.371 –.

[146] Vgl. in diesem Zusammenhang OVG Lüneburg, Urteil v. 22. 1. 1986 – 9 A 132/83 – SH Gemeinde 86, 209, sowie OVG Münster, Urteil v. 11. 5. 1987 – 2 A 1666/85 –.

[147] OVG Münster, Beschluß v. 18. 11. 1975 – II B 837/75 –.

[148] OVG Lüneburg, Urteil v. 26. 2. 1976 – VI A 199/75 – DÖV 77, 208.

[149] OVG Lüneburg, Urteil v. 31. 1. 1974 – 1 A 44/72 –.

nen mit Heißteer angespritzten und Edelsplitt abgedeckten Schotterschicht durch einen Unterbau, eine bituminöse Tragschicht sowie eine Asphaltfeinbetondecke.[150] Entsprechendes gilt für das Ersetzen einer Teerdecke durch eine neuzeitliche Asphaltfeinbetondecke;[151] eine solche Asphaltfeinbetondecke mit stärkerem und frostsichererem Unterbau zeichnet sich gegenüber dem früheren Zustand durch größere Ebenflächigkeit, Geräuscharmut und Haltbarkeit aus.[151] Gleiches ist anzunehmen für das Verhältnis einer Asphaltfeinbetondecke zu einer Kopfsteinpflasterdecke mit Bitumenüberzug.[152]

Bei *Gehwegen* ist das Ersetzen einer Asche-Tränkdecke durch eine einheitliche Teerdecke als qualitative Verbesserung zu werten, weil sich eine Teerdecke gegenüber einer Aschedecke durch größere Ebenflächigkeit und Haltbarkeit auszeichnet.[153] Wird anstelle eines weitgehend unbefestigten, nur teilweise von den Anliegern mit Betonplatten, Kleinmosaik oder Asphalt befestigten Bürgersteigs eine einheitlich beplattete Bürgersteiganlage geschaffen, ist die entsprechende Baumaßnahme eine beitragsauslösende Verbesserungsmaßnahme,[154] da der Gehweg infolge des einheitlichen Belags ein besseres und gefahrloseres Begehen gestattet. Die Plattierung eines bisher mit Teersplitt befestigten Gehwegs stellt regelmäßig eine Verbesserung dar,[155] was selbst bei einer ordnungsgemäß vorgenommenen Plattierung im Verhältnis zu einer vorherigen alten Asphaltierung der Fall sein kann.[156] Auch durch den Einbau einer Frostschutzschicht bzw. eines verstärkten, frostsicheren Unterbaus[157] können Gehwege verbessert werden. Denn der Einbau eines ausreichenden Unterbaus bewirkt bei einem Gehweg eine bessere Abwicklung des Verkehrs, weil Frostaufbrüche vermieden werden und der Fußgänger nicht mehr durch mögliche Aufwölbungen der Decke und notwendige Instandsetzungsarbeiten behindert und gefährdet wird.[158] Insbesondere Maßnahmen, die u. a. zu einer Verstärkung des Unterbaus führen, sind regelmäßig als Verbesserung und nicht als (beitragsfreie) Instandsetzungsarbeiten zu qualifizieren, denn „Maßnahmen der Instandsetzung betreffen nur Arbeiten an der Oberfläche die der Erhaltung des bisherigen Ausbauzustands dienen".[159] Geht mit einem qualitativ höherwertigen Ausbau eines Bürgersteigs dessen

46

---

[150] OVG Münster, Beschluß v. 11. 1. 1988 – 2 B 2482/87 –.

[151] OVG Münster, u. a. Urteil v. 31. 8. 1978 – II A 131/77 –.

[152] OVG Münster, Beschluß v. 18. 11. 1975 – II D 38/75 –, sowie OVG Lüneburg, Urteil v. 13. 12. 1983 – 9 A 52/81 – GemSH 84, 258.

[153] OVG Münster, Urteil v. 13. 3. 1978 – II A 483/75 –.

[154] OVG Münster, Beschluß v. 13. 5. 1974 – III B 760/73 – KStZ 75, 14 = ZMR 75, 86 = GemTg 76, 77.

[155] OVG Münster, Beschluß v. 28. 11. 1975 – II B 702/75 –.

[156] OVG Münster, Urteil v. 12. 10. 1978 – II A 319/76 – GemHH 79, 419 = DWW 79, 46 = ZMR 80, 320.

[157] OVG Münster, Beschluß v. 26. 8. 1991 – 2 A 869/90 –.

[158] Vgl. OVG Münster, u. a. Urteile v. 22. 4. 1985 – 2 A 2954/83 – und v. 31. 1. 1984 – 2 A 795/82 –.

[159] OVG Münster, Urteil v. 30. 5. 1989 – 2 A 1386/86 –.

Verbreiterung einher, steht der Annahme, es handele sich bei dieser Maßnahme um eine Verbesserung, nicht entgegen, daß die Anlieger wegen der vergrößerten Bürgersteigfläche eine höhere Reinigungsleistung zu erbringen haben. Denn Erschwernisse der **Straßenreinigung** sind im Hinblick auf die nur unter verkehrstechnischen Gesichtspunkten (vgl. Rdnr. 24) zu beurteilende Verbesserung **irrelevant.**[160] Für die Ausbaumaßnahme einer Verbesserung ist ebenfalls ohne Belang, ob **niveaugleich** neben dem Gehweg ein Radweg angelegt worden ist: Die jeweils vorzunehmende Abgrenzung zwischen Rad- und Gehweg ist dem Planungsermessen der Gemeinde vorbehalten; es entspricht sachgerechter Ausübung dieses Ermessens, wenn die Gemeinde unter Beachtung der konkreten örtlichen Verhältnisse auf einen Niveauunterschied zwischen beiden Teilanlagen verzichtet und die Trennung lediglich optisch durch eine unterschiedliche Farbe der Befestigung (rotes bzw. graues Verbundpflaster) vornimmt.[161]

47   Selbst die Umwandlung eines bisher (provisorisch) angelegten Gehwegs in „einen gepflasterten kombinierten **Geh- und Radweg**" stellt „eine wesentliche technische Verbesserung dar, weil durch die Trennung von Radfahrer- und Fahrzeugverkehr die Verkehrssicherheit auf der Straße gesteigert wird und durch die einheitliche Befestigung des Rad- und Gehwegs ein gegenüber dem früheren Zustand besseres und gefahrloseres Begehen und Befahren ermöglicht wird."[162] Im Ergebnis entsprechendes gilt für den Ausbau eines bisher gemeinsam benutzten (kombinierten) Geh- und Radwegs in einen jeweils **getrennten** Geh- und Radweg mit farblich unterschiedlicher Pflasterung. „Diese andersartige funktionale Aufteilung der bisher einheitlich genutzten und ausgestalteten Fläche führt ... dazu, daß die Sicherheit und Leichtigkeit des Fußgänger- und Radfahrerverkehrs erhöht werden. Sie ermöglicht gegenüber dem früheren Zustand ein besseres und gefahrloseres Begehen und Befahren, weil sich Radfahrer und Fußgänger gegenseitig kaum noch behindern".[163] Im übrigen kann auch der Austausch alter *Bordsteine* aus Devonschiefer gegen haltbarere Betonbordsteine als eine Verbesserungsmaßnahme angesehen werden.[164]

48   Wird ein Gehweg verbessert und zugleich das Schild Nr. 315 zu § 42 Abs. 1 StVO aufgestellt, das ein teilweises Parken auf Gehwegen in bestimmten Bereichen gestattet, soll nach Ansicht des Oberverwaltungsgerichts Münster[165] beitragsrechtlich als Gehweg nur die Fläche angesehen werden können,

---

[160] Ebenso OVG Münster, Urteil v. 29. 4. 1987 – 2 A 3/85 –.

[161] OVG Münster, Urteil v. 13. 12. 1990 – 2 A 751/87 – KStZ 91, 193 = NWVBl 91, 245.

[162] VG Stade, Urteil v. 17. 5. 1988 – 3 A 247/86 –; im Ergebnis ebenso BayVGH, Beschluß v. 12. 11. 1990 – 6 B 89.03632 –, und OVG Lüneburg, Urteil v. 24. 5. 1989 – 9 A 113/87 –; vgl. in diesem Zusammenhang auch Becker in NWVBl 88, 134.

[163] OVG Lüneburg, Beschluß v. 4. 1. 1994 – 9 M 3479/93 –.

[164] OVG Münster, Beschluß v. 1. 7. 1974 – III B 139/74 – DÖV 75, 106 = KStZ 75, 12 = ZMR 75, 87.

[165] OVG Münster, Urteil v. 31. 1. 1992 – 2 A 1471/88 –.

die tatsächlich uneingeschränkt den Fußgängern vorbehalten ist, **nicht** aber auch die **straßenverkehrsrechtlich** für das Parken zugelassene Fläche. Dem stehe – so nimmt das Gericht hinsichtlich der letzteren Fläche an – nicht entgegen, „daß das Verkehrszeichen wieder entfernt werden könnte und dann die Fläche wieder dem Gehen zur Verfügung stünde". Das begegnet mit Blick auf die Maßgeblichkeit straßenverkehrsrechtlicher Anordnungen für die Beantwortung beitragsrechtlicher Fragen Bedenken. Das (Straßenbau-)-Beitragsrecht erlaubt grundsätzlich schon deshalb kein Abstellen auf ohne weiteres veränderbare Daten, weil ein (Sonder-)Vorteil, der aus von der Anlagebenutzung unabhängigen Gründen ggfs. von lediglich vorübergehender Natur ist, keine Beitragserhebung rechtfertigt (vgl. § 29 Rdnr. 22). Es kommt – wie der Bayerische Verwaltungsgerichtshof[166] formuliert – „bei der beitragsrechtlichen, auf die bautechnische Maßnahme abstellenden Betrachtung **nicht** auf verkehrsrechtliche Anordnungen an, die den ruhenden oder fließenden Verkehr regeln".

Durch die **erstmalige** *Anlegung* eines **Gehwegs** (Anlage als Mittel der Verbesserung, vgl. Rdnr. 2) z. B. an einer vorhandenen Straße im Sinne des § 242 Abs. 1 BauGB erfährt diese regelmäßig eine Verbesserung, da hierdurch eine klare Aufteilung der Straßenfläche nach Fußgänger- und Fahrzeugverkehr bewirkt wird und damit die Gefahren des Straßenverkehrs verringert werden.[167] Dem steht eine geringe Breite von ca. 0,75 m[168] oder von ca. 1 m[169] nicht entgegen. Zwar unterschreitet ein solcher Gehweg den für eine derartige Teileinrichtung in den Empfehlungen für die Anlage von Erschließungsstraßen – EAE 85 – vorgegebenen Wert. Indes begründet das noch keine Funktionsunfähigkeit (vgl. dazu Rdnrn. 28 und 35). Mit der angegebenen Breite weist der Gehweg nämlich noch den erforderlichen Bewegungsraum für einen Fußgänger auf. Auch wenn dieser Gehweg keinen ungehinderten Begegnungsverkehr gestattet, ist er doch „besser als gar kein Gehweg".[170]

Die **erstmalige** Anlegung eines **Radwegs** etwa an einer vorhandenen Straße (§ 242 Abs. 1 BauGB) bewirkt regelmäßig ebenfalls eine Verbesserung dieser Anlage, und zwar selbst dann, wenn es um einen mit dem Gehweg höhengleichen Radweg geht, der zu Lasten von Fahrbahn und Gehweg hergestellt worden ist[171] (vgl. aber Rdnr. 35). Mit dem Radweg nämlich unterscheidet sich die Straße hinsichtlich der funktionalen Aufteilung der Gesamtfläche und damit in verkehrstechnischer Hinsicht vorteilhaft vom vorherigen Zu-

49

50

---

[166] BayVGH, u. a. Urteil v. 21. 11. 1991 – 6 B 88.02256 –.
[167] OVG Münster, u. a. Urteil v. 21. 4. 1975 – II A 1112/73 – OVGE 31, 65 = DÖV 76, 860 = KStZ 76, 16.
[168] OVG Münster, Urteil v. 21. 4. 1975 – II A 769/72 – OVGE 31, 58 = KStZ 75, 217 = ID 75, 195.
[169] OVG Münster, Urteil v. 17. 12. 1992 – 2 A 2308/90 –.
[170] OVG Münster, Beschluß v. 29. 1. 1992 – 2 B 3668/91 –.
[171] OVG Münster, Urteil v. 29. 11. 1988 – 2 A 1678/86 – GemHH 89, 232 = NWVBl 89, 281.

stand;[172] der Kraftfahrzeugverkehr wird nicht mehr durch langsamer fahrende Radfahrer behindert und die Sicherheit für Radfahrer wird erheblich erhöht.[173] Ohne beitragsrechtliche Bedeutung ist, wenn der Radweg lediglich eine Breite von 1,10 bis 1,50 m aufweist und auf einer kurzen, ca. 20 m langen Strecke sogar nur 0,80 m breit ist. Zwar unterschreitet ein solcher Radweg die in der **EAE** (vgl. dazu Rdnr. 8) vorgegebenen Werte, doch ist er damit noch nicht als absolut ungeeignet anzusehen, die ihm in verkehrstechnischer Hinsicht zugedachte Funktion tatsächlich zu erfüllen.[174]

51   Durch die erstmalige Anlegung einer **Straßenentwässerung** (Einbau einer Kanalisation mit entsprechenden Straßeneinläufen) anstelle von zuvor vorhandenen Flußbahnen wird die betreffende Straße ebenfalls verbessert. Eine derartige Maßnahme stellt sicher, daß das anfallende Oberflächenwasser nicht – wie bei den Flußbahnen – lediglich an den Straßenrändern gesammelt und weitergeleitet, sondern durch die Einläufe und den Kanal unmittelbar abgeführt und unterirdisch abgeleitet wird. Dadurch wird die ansonsten unvermeidbare Bildung von Pfützen und die damit einhergehenden Beeinträchtigungen des Straßenverkehrs vermieden.[175] Entsprechendes gilt regelmäßig für den Anschluß an die städtische Kanalisation, da hierdurch der jederzeitige rasche Abfluß des Oberflächenwassers gewährleistet wird.[176] Auch die Anlegung beiderseitiger Abflußrinnen und das Setzen von beiderseitigen Hochborden verbessert die Entwässerungsverhältnisse der Fahrbahn und der angrenzenden Flächen im Interesse einer verkehrsgerechten Benutzung.[168] Das trifft ferner grundsätzlich z. B. für den Einbau von Sinkkästen zu, da diese ein schnelleres Abfließen des Wassers ermöglichen,[177] sowie für die Verlegung eines Kanals mit einem größeren Querschnitt.[178] Namentlich „die unterirdische Straßenentwässerung hat ein schnelleres und besseres Abfließen des Wassers und damit eine gefahrlosere und störungsfreiere Benutzung der Straße zur Folge".[179] Eine Beitragspflicht für solche und ähnliche Maßnahmen entfällt nicht etwa dann, wenn sie aus **Anlaß von sonstigen Kanalbauarbeiten** vorgenommen worden sind. Denn es steht im Ermessen der Gemeinde, aus Anlaß notwendiger Arbeiten an Versorgungsleitungen eine Straße umfassend zu verbessern.[178] Jedoch hat die Durchführung einer mehreren Zwecken dienenden Maßnahme Auswirkungen auf die Höhe des der Verbesserung "anzulastenden" Aufwands (vgl. § 32 Rdnrn. 20f.).

---

[172] Vgl. zu Straßenbaubeiträgen für Radwege im einzelnen Becker in NWVBl 88, 134 ff.

[173] OVG Münster, Urteil v. 29. 11. 1989 – 2 A 1419/87 – NVwZ-RR 90, 640 = GemHH 91, 115 = NWVBl 90, 311.

[174] OVG Münster, Urteil v. 20. 7. 1992 – 2 A 399/91 –.

[175] OVG Münster, Urteil v. 18. 8. 1992 – 2 A 2642/89 –.

[176] OVG Münster, Urteil v. 7. 9. 1977 – II A 392/75 –.

[177] OVG Münster, Urteil v. 12. 12. 1986 – 2 A 2743/84 –.

[178] OVG Münster, u. a. Urteile v. 22. 4. 1985 – 2 A 2655/82 – und v. 5. 6. 1985 – 2 A 1402/83 –.

[179] OVG Münster, Urteil v. 28. 7. 1988 – 2 A 400/87 –.

Ebenso wie die erstmalige Anlegung oder Verbesserung der zuvor behan- 52
delten sog. unselbständigen Teileinrichtung "Straßenentwässerung" bewirkt
auch die erstmalige Anlegung oder Verbesserung der ebenfalls unselbständigen Teileinrichtung "**Straßenbeleuchtung**" eine Verbesserung der Straße als
solche (vgl. zu diesen unselbständigen Teileinrichtungen etwa § 33 Rdnr. 17);
maßgebend – u. a. für die Beantwortung der Frage, ob und ggf. welchen
Grundstücken eine entsprechende Baumaßnahme beitragsrechtlich relevante
Vorteile vermittelt – ist, daß etwa die Verbesserung der Beleuchtung zugleich
eine Verbesserung der gesamten Straße bedeutet. Eine derartige Verbesserung
der Straßenbeleuchtung ist anzunehmen, wenn durch die Maßnahme eine –
ggfs. durch Untersuchungen der Beleuchtungsstärke nachzuweisende – **besse-**
re Ausleuchtung der Straße erreicht wird.[180] Das kann z. B. erfolgen durch die
Erhöhung der Zahl gleich leistungsfähiger oder die Ersetzung der bisherigen
durch leistungsfähigere Leuchtkörper.[181] So führt etwa die Ersetzung von
Gaslaternen durch Elektroleuchten zu einer Verbesserung, wenn – bei gleich-
bleibender Anzahl der Leuchten – deren Leuchtkraft erheblich (z. B. 1600
Lumen) über der der ausgebauten Gaslaternen liegt und der höhere Licht-
strom eine bessere Beleuchtung zur Folge hat. Für die Bewertung der Beleuchtung aussagekräftig sind drei Kriterien, nämlich die **Beleuchtungsstärke,**
die Blendungsbegrenzung und die Gleichmäßigkeit der Beleuchtung (vgl. im
einzelnen DIN 5044 Teil 1, ortsfeste Verkehrsbeleuchtung, Beleuchtung von
Straßen für den Kraftfahrzeugverkehr, Allgemeine Gütemerkmale und Richt-
werte, Ausgabe September 1981), doch setzt die Annahme einer Verbesserung nicht voraus, daß bei allen drei Merkmalen günstigere Werte erreicht
werden. Vielmehr reicht beispielsweise bei den überwiegend dem Anliegerverkehr dienenden Straßen eine – ggf. durch Messungen zu belegende – Steigerung der Beleuchtungsstärke aus; für derartige Straßen ist die Beleuchtungsstärke ein geeigneter Bewertungsmaßstab für die Beleuchtung.[182] Eine
Erhöhung der Zahl der Leuchten führt regelmäßig zu einer helleren und – bei
gleichzeitiger Verringerung der Leuchtenabstände – zu einer gleichmäßigeren
Ausleuchtung der Straße.[183]

Die bessere Ausleuchtung einer Straße rechtfertigt die Annahme einer bei- 53
tragsfähigen Verbesserung unabhängig davon, ob die frühere Straßenbeleuchtung für die Verkehrssicherheit (gerade noch) ausreichend war.[184] Denn die
Benutzung der Straße wird auch durch eine über das unbedingt erforderliche
Maß hinausgehende Beleuchtung erleichtert.[185] Im übrigen beurteilt sich das,

---

[180] U. a. OVG Münster, Urteil v. 5. 7. 1985 – 2 A 1864/83 –, und VGH Kassel, Urteil
v. 25. 3. 1992 – 5 UE 3323/89 –.
[181] U. a. OVG Münster, Urteil v. 15. 8. 1985 – 2 A 3046/83 –.
[182] OVG Münster, Urteil v. 13. 12. 1990 – 2 A 2098/89 –.
[183] Vgl. u. a. OVG Münster, Urteil v. 21. 2. 1990 – 2 A 2787/86 – GemHH 91, 90,
und BayVGH, Beschluß v. 12. 11. 1990 – 6 B 89.03632.
[184] OVG Münster, Urteil v. 22. 3. 1982 – 2 A 1502/80 –.
[185] OVG Lüneburg, Urteil v. 19. 9. 1988 – 9 A 21/87 –.

was für eine leichtere Benutzung der Straße an Leuchtkraft unbedingt erforderlich ist, nicht nach den Verhältnissen vor einzelnen Grundstücken, sondern nach den Anforderungen, die an eine moderne Straßenbeleuchtung zu stellen sind;[186] jedenfalls grundsätzlich dürfte es nicht zu beanstanden sein, wenn bei Wohnstraßen der Leuchtenabstand nicht weniger als 30 m beträgt.[187] Wechselt die Gemeinde die alten Leuchtkörper gegen leistungsfähigere aus, ist sie nicht gehalten, bisher verwandte Holzmasten wieder zu benutzen; vielmehr kann sie sich für die Aufstellung von Stahlmasten (sowie eine unterirdische Verlegung des Stromkabels) entscheiden, weil dadurch die Beleuchtungsanlage weniger störanfällig wird.[188] Die Ersetzung der die Straßenleuchten verbindenden Freileitung durch eine Erdverkabelung soll nach Ansicht des Oberverwaltungsgerichts Lüneburg[189] eine Verbesserung der Straßenbeleuchtung bewirken, weil diese Maßnahme die Gefahr von Störungen verringert. Werden jedoch Leuchtkörper nur als Folge einer Umstellung von Gas auf Strom ausgewechselt, ohne daß dadurch eine stärkere Ausleuchtung des Straßenraums erzielt wird, liegt eine beitragsfähige Verbesserungsmaßnahme nicht vor.[190]

54 Das (erstmalige) **Anlegen eines Parkstreifens** stellt grundsätzlich eine Verbesserung der (ganzen) Anlage dar, da die funktionale Aufteilung der Gesamtfläche der Straße durch Schaffung einer zusätzlichen Teilanlage vorteilhaft verändert wird. Das führt im Unterschied zu Straßen ohne Parkstreifen, in denen die Fahrzeuge weitgehend am Rand der Fahrbahn abgestellt werden, zu einer klaren und eindeutigen Trennung des fließenden vom ruhenden Verkehr. Die Anlegung eines Parkstreifens entlastet die Fahrbahn; die abgestellten Fahrzeuge behindern nicht den fließenden Verkehr, sie sind umgekehrt vor vorbeifahrenden Fahrzeugen besser geschützt. Die Hochborde brauchen nicht mehr zum Zwecke des Parkens überfahren zu werden, die damit verbundenen Gefährdungen für die zum Parken gebrachten Fahrzeuge und für die Teilnehmer am fließenden Verkehr fallen fort.[191] Eine Verbesserung ist grundsätzlich selbst dann anzunehmen, wenn der Parkstreifen nur auf einer Teilstrecke der Straße angelegt worden ist.[192] Etwas anderes soll nach Ansicht des Oberverwaltungsgerichts Münster[193] jedoch gelten, wenn eine Gemeinde einen Parkstreifen in einer Breite von lediglich 1,50 m baut,

---

[186] OVG Lüneburg, Urteil v. 18. 1. 1977 – VI A 293/75 –.

[187] BayVGH, Urteil v. 6. 3. 1989 – Nr. 6 B 87.02024 –.

[188] OVG Münster, Urteil v. 7. 9. 1977 – II A 392/75 –.

[189] OVG Lüneburg, Urteile v. 24. 5. 1989 – 9 A 110/87 – und v. 23. 1. 1991 – 9 L 57/90 –, ebenso BayVGH, Urteil v. 27. 5. 1992 – 6 CS 92.696 –; a. A. wohl OVG Münster, Urteil v. 25. 10. 1990 – 2 A 1623/86 –.

[190] OVG Münster, u.a. Beschluß v. 21. 7. 1988 – 2 B 1903/88 –.

[191] Vgl. OVG Münster, Urteil v. 15. 2. 1989 – 2 A 2562/86 – GemHH 90, 21 = NWVBl 89, 410 m. w. N.; siehe ferner zu den Anforderungen an die Gestaltung eines (unselbständigen) Parkstreifens OVG Münster, Urteil v. 22. 7. 1986 – 2 A 254/84 –.

[192] Vgl. dazu OVG Münster, Urteil v. 20. 9. 1989 – 2 A 2052/86 –.

[193] OVG Münster, Urteil v. 15. 11. 1991 – 2 A 1232/89 –.

weil ein solcher Streifen nicht geeignet sein soll, eine deutliche Trennung des fließenden vom ruhenden Verkehr zu erreichen. Diese Wertung entnimmt das Gericht ausdrücklich den EAE 85; das beruht auf einer Fehleinschätzung von deren Bedeutung (vgl. dazu Rdnr. 8). Nach Auffassung des gleichen Gerichts[194] soll das Anlegen von Parkstreifen in **Senkrechtaufstellung** keine Verbesserung bewirken, sofern ein häufiges Ein- und Ausparken den fließenden Verkehr auf der Fahrbahn mehr als nur geringfügig beeinträchtigt.

Nach Meinung des Oberverwaltungsgerichts Münster[195] kann auch die An- 55 legung eines **Grünstreifens** eine Verbesserung der Straße als Ganzes bewirken. „Durch die im Zuge der Bauarbeiten vorgenommene gärtnerische Gestaltung dieser Teilanlage ist die funktionale Aufteilung der Teileinrichtungen untereinander, d.h. die Trennung zwischen Fahrbahn sowie Geh- und Radweg, deutlicher geworden, was sich insgesamt positiv auf den Verkehrsablauf auswirkt".[195]

Schließlich bewirkt das (erstmalige) Anlegen einer **Wendeplatte** am Ende 56 der Fahrbahn einer (nicht mehr den Vorschriften des Erschließungsbeitragsrechts unterliegenden) Stichstraße eine Verbesserung der (ganzen) Anlage; durch eine derartige Maßnahme erfährt die Anlage "Stichstraße" eine Verbesserung, weil die Maßnahme eine gefahrlose Wendemöglichkeit eröffnet und folglich den Verkehrsfluß behindernde Wendemanöver in dem in erster Linie dem fließenden Verkehr vorbehaltenen Fahrbahnraum vermieden werden.

§ 32 Umfang und Ermittlung des beitragsfähigen Aufwands

I. Umfang des beitragsfähigen Aufwands

Anders als das Baugesetzbuch (§ 128) regeln die ausbaubeitragsrechtlichen 1 Vorschriften der Länder nicht im einzelnen, welche Aufwendungen als beitragsfähig in Betracht kommen. Sie beschränken sich vielmehr – abgesehen vom Sächsischen Kommunalabgabengesetz – im wesentlichen auf einen Satz, der den Wert der von der Gemeinde bereitgestellten Grundstücke betrifft. Es bestehen deshalb vom Ansatz her keine Bedenken, die zu § 128 BauGB entwickelten Grundsätze (kraft Landesrecht) auf das Ausbaubeitragsrecht zu übertragen (vgl. dazu § 13 Rdnrn. 1 ff.).

Mit Blick auf den beitragsfähigen Aufwand wird in den ausbaubeitrags- 2 rechtlichen Vorschriften aller Länder hervorgehoben, er umfasse „den Wert, den die von der Gemeinde ... bereitgestellten eigenen Grundstücke ... haben" (u.a. §§ 8 Abs. 4 Satz 1 KAG NW, 6 Abs. 3 Satz 3 NKAG) bzw. „den

---

[194] OVG Münster, Urteil v. 21. 6. 1990 – 2 A 1376/87 –.
[195] OVG Münster, Urteil v. 17. 12. 1992 – 2 A 2308/90 –.

Wert der von der Gebietskörperschaft (Kommune) aus ihrem Vermögen bereitgestellten Sachen und Rechte" (Art. 5 Abs. 1 Satz 2 KAG Bay, § 7 Abs. 1
Satz 2 ThürKAG) oder den „Wert der Grundstücke, die der Träger der Maßnahme einbringt" (§ 8 Abs. 2 Satz 2 KAG MV). Diese Regelung ist deshalb
von Bedeutung, weil es sich bei dem Straßenbaubeitrag seinem Charakter
nach um einen **Erstattungsanspruch** handelt und deshalb in den angesprochenen Bestimmungen eine Ausnahme von dem allgemein geltenden und deshalb
von den Landesgesetzgebern nicht ausdrücklich in die Kommunalabgabengesetze aufgenommenen **Grundsatz** angeordnet wird, daß nur das in den beitragsfähigen Aufwand eingeht, was **tatsächlich** und nicht nur betriebswirt-
schaftlich Kosten verursacht. Aus dem auf eine Kostenerstattung ausgerichteten Charakter des Straßenbaubeitrags folgt zugleich, daß es grundsätzlich
keine Rolle spielt, ob im Zeitpunkt der Beitragsheranziehung der aufwands-
verursachende Ausbau z. B. einer bestimmten Teilanlage bereits einige Zeit
zurückliegt, sofern die Funktionsfähigkeit der Anlage nicht in Frage gestellt
ist.[1] Ausschließlich der sächsische Landesgesetzgeber hat überdies – ebenfalls
den vorbezeichneten Grundsatz durchbrechend – in § 27 Abs. 1 Satz 1 Sächs-
KAG bestimmt, zum beitragsfähigen Aufwand zähle u. a. der „Wert ... der
vom Personal des Beitragsberechtigten erbrachten Werk- und Dienstleistungen" (vgl. in diesem Zusammenhang auch Rdnr. 33).

3   Ferner haben die Gesetzgeber angeordnet, daß Straßenbaubeiträge dem
Ersatz des Aufwands ausschließlich für bestimmte Ausbaumaßnahmen –
nicht jedoch dem Ersatz des Aufwands für die laufende Unterhaltung und
Instandsetzung öffentlicher Anlagen (Einrichtungen) – dienen. Beitragsfähig
ist demnach der Aufwand, der durch die im Gesetz genannten Maßnahmen
entsteht. Mit dieser Regelung haben die Gesetzgeber den beitragsfähigen
Aufwand gegenständlich beschränkt. Andere als die im Gesetz „aufgeführten
Maßnahmen, insbesondere auch solche, die nicht die Straße selbst zum Gegenstand haben, können keinen beitragsfähigen Aufwand verursachen, auch
wenn sie (noch) mit dem Straßenausbau im Zusammenhang stehen".[2]

1. Kosten für die Verwirklichung des Bauprogramms

4   Angesichts der gekennzeichneten Zurückhaltung der Landesgesetzgeber
kommt dem gemeindlichen **Bauprogramm** im jeweiligen Einzelfall **ausschlaggebende** Bedeutung für den Umfang des beitragsfähigen Aufwands zu: Der
beitragsfähige Aufwand umfaßt grundsätzlich die Kosten, die der Gemeinde
für die **Verwirklichung** einer dem dafür aufgestellten Bauprogramm entsprechenden, bestimmten beitragsfähigen Maßnahme entstanden sind; d. h. für
die die Verwirklichung dieses Bauprogramms **ursächlich** war. An dieser Ur-
sächlichkeit fehlt es bei solchen Aufwendungen, die auch angefallen wären,

---

[1] BayVGH, Beschluß v. 10. 10. 1991 – 6 CZ 91.2573 –.
[2] OVG Münster, Urteil v. 22. 11. 1990 – 2 A 2222/86 – HSGZ 91, 266 = GemHH
92, 16.

wenn die betreffende Maßnahme nicht durchgeführt worden wäre. Beitragsfähig sind mithin nur solche Aufwendungen, die gerade durch die der Verwirklichung des Bauprogramms dienenden Ausbaumaßnahmen – zusätzlich – entstanden sind.[3] Diese Aussage steht allerdings mit Blick auf die ausgebaute **Fläche** unter einem Vorbehalt: Schränkt die Satzung die **anrechenbare Höchstbreite** ein, zählen insoweit unabhängig vom Bauprogramm zum beitragsfähigen Aufwand nur die Kosten, die auf den Ausbau der sich innerhalb dieser Höchstbreiten bewegenden Flächen entfallen (vgl. § 30 Rdnr. 36).

Es steht im Ermessen der Gemeinde, darüber zu befinden, wer in welcher 5 **Form** das Bauprogramm aufstellt.[4] Auch wenn es nicht erforderlich ist, kann die Satzung generell die Herstellungsmerkmale bestimmen (vgl. § 30 Rdnrn. 23 f.). Es ist aber ebenso zulässig, das Bauprogramm von Fall zu Fall festzulegen, wobei dies durch Satzung oder Beschluß des Rates,[5] aber auch konkludent durch Abschluß von Verträgen[6] oder formlos durch die Verwaltung erfolgen kann.[7] In der Praxis ergibt sich das Bauprogramm in der Regel aus den Beschlüssen, die der Rat und/oder der zuständige Ausschuß über eine beitragsfähige Maßnahme getroffen haben, sowie aus den Unterlagen, die solchen Beschlüssen und der Auftragsvergabe zugrundeliegen.[8]

Über den **Inhalt** des Bauprogramms befindet die Gemeinde ebenfalls nach 6 pflichtgemäßem Ermessen.[9] Der damit der Gemeinde eingeräumte Ermessensspielraum ist nach Ansicht des Bayerischen Verwaltungsgerichtshofs[10] „nur dann überschritten, wenn sich die Gemeinde bei der Ausführung nicht an das Gebot der Wirtschaftlichkeit gehalten hat und dadurch augenfällige Mehrkosten entstanden sind". Zweckmäßigerweise nimmt die Gemeinde in das Bauprogramm die Einzelarbeiten auf, die der Erreichung des mit der geplanten Maßnahme verfolgten Ziels dienen. Weist beispielsweise eine Gemeinde einer bisherigen normalen Geschäftsstraße die Funktion einer Fußgänger(geschäfts)straße bzw. einer bisherigen normalen Wohnstraße die einer verkehrsberuhigten Wohnstraße zu und entschließt sie sich – weil der bisherige Zustand nicht den Anforderungen genügt, die an eine Anlage mit der neuen Zweckbestimmung zu stellen sind – dazu, die Anlage der Funktionsänderung entsprechend auszubauen, d.h., eine beitragsfähige Verbesserungsmaßnahme durchzuführen (vgl. § 31 Rdnrn. 17 und 43), gehören zu dieser Maßnahme alle Einzelarbeiten (einschließlich etwa Aufstellung von Sitzbän-

---

[3] OVG Münster, u.a. Urteil v. 26.3. 1991 – 2 A 2125/88 – GemHH 92, 155 = NWVBl 91, 346 = StuGR 91, 361.
[4] U.a. OVG Münster, Urteil v. 11.5. 1987 – 2 A 2353/84 –.
[5] Vgl. zu letzterem OVG Münster, Urteil v. 15.10. 1980 – 2 A 3015/79 –.
[6] Siehe OVG Münster, Urteil v. 7.9. 1976 – II A 1591/74 –.
[7] U.a. OVG Münster, Urteil v. 11.6. 1980 – 2 A 1283/79 –.
[8] Vgl. u.a. OVG Lüneburg, Beschluß v. 17.1. 1990 – 9 M 90/89 –.
[9] U.a. OVG Lüneburg, Urteil v. 19.9. 1988 – 9 A 21/87 –, und BayVGH, Urteil v. 4.7. 1991 – 6 B 87.3717 –.
[10] BayVGH, u.a. Urteil v. 6.3. 1989 – 6 B 87.2074 –.

ken und Blumenkübeln), die typischerweise anfallen, damit die Anlage in einen **Zustand** versetzt wird, der ihre **funktionsgerechte** Inanspruchnahme-möglichkeit gewährleistet. Die dafür entstehenden (Lohn- und Material-) Kosten zählen demgemäß zum beitragsfähigen Aufwand.[11] Gerechtfertigt kann demgemäß sein u.a. „die Umlegung des Aufwands für Pflasterung, Möblierung, Bepflanzung und Grünanlagen. Die beiden letztgenannten Aufwandspositionen umfassen Aufwendungen für Pflanzkästen, Mauerabgrenzungen und die Erstbepflanzung".[12] Ebenfalls zum beitragsfähigen Aufwand gehören Kosten der Bepflanzung namentlich einer zur Verkehrsberuhigung mit Mischfläche ausgebauten Anlage jedenfalls dann, wenn die Bepflanzung im Bauprogramm vorgesehen und deshalb Teil der Ausbaumaßnahme ist.[13]

7   Der Inhalt eines Bauprogramms kann bis zu seiner **Erfüllung** (endgültige Herstellung i.S. des § 8 Abs. 7 Satz 1 KAG NW bzw. Fertigstellung der Einrichtung/Verkehrsanlage i.S. der §§ 11 Abs. 9 KAG Hess und 30 Sächs-KAG oder Beendigung der beitragsfähigen Maßnahme i.S. des § 6 Abs. 6) **abgeändert** werden. Diese Abänderung hat in der Regel in der Form zu geschehen, in der das Bauprogramm aufgestellt worden ist (vgl. dazu Rdnr. 5). Ist das Bauprogramm ausnahmsweise durch eine Satzung festgelegt worden, kann die Änderung auch nur durch eine Satzung erfolgen. Ein formlos durch einen Ausschuß beschlossenes Bauprogramm kann dieser oder auch der Rat formlos abändern.[14] Hat die Verwaltung ein vom Bauausschuß festgelegtes Bauprogramm abgeändert, etwa indem sie anstelle von vorgesehenen Bäumen Blumenkübel aufgestellt oder auf Parkflächen zugunsten von Flächen für den fließenden Verkehr verzichtet hat, kann diese Änderung durch einen Ratsbeschluß gebilligt und damit wirksam werden. Eine solche Billigung muß nicht ausdrücklich erfolgen. Sie kann z.B. auch in der Verabschiedung einer Sondersatzung liegen, durch die der Wille des Rates zum Ausdruck kommt, die Ausbaumaßnahme solle in der veränderten Form beendet sein und nunmehr abgerechnet werden.[15]

8   Durch die **Verknüpfung** mit dem jeweiligen Bauprogramm wird deutlich, daß die Kosten, die **nicht** der Verwirklichung dieses Bauprogramms dienen oder gar erst **nach** dessen Verwirklichung anfallen, d.h. nachdem mit „der Beendigung der beitragsfähigen Maßnahme" (§ 6 Abs. 6 NKAG) bzw. mit der programmgemäßen und in diesem Sinne „endgültigen Herstellung" (u.a.

---

[11] Vgl. u.a. OVG Lüneburg, Urteil v. 12. 5. 1987 – 9 A 219/86 –, OVG Münster, Urteil v. 24. 10. 1986 – 2 A 840/84 – KStZ 87, 74, sowie OVG Koblenz, Urteil v. 10. 4. 1984 – 6 A 56/82 –, wonach beitragsfähig die Kosten aller Ausstattungsgegenstände sind, „die als ein charakteristischer Bestandteil einer Fußgängerzone anzusehen sind und dieser ihr Gepräge geben".
[12] OVG Münster, Urteil v. 15. 3. 1989 – 2 A 1639/86 –.
[13] OVG Münster, Urteil v. 4. 7. 1986 – 2 A 1761/85 – OVGE 38, 272 (282) = StuGR 87, 89; ebenso u.a. Urteil v. 25. 10. 1990 – 2 A 1623/86 –.
[14] Vgl. OVG Münster, Urteil v. 11. 5. 1987 – 2 A 2353/84 –.
[15] OVG Münster, Urteil v. 18. 10. 1989 – 2 A 2172/87 – GemHH 90, 258.

§ 8 Abs. 7 Satz 1 KAG NW) oder „Fertigstellung" (§ 11 Abs. 9 Satz 1 KAG Hess) die (sachlichen) Beitragspflichten für die Ausbaumaßnahme regelmäßig bereits entstanden sind, *nicht* zum beitragsfähigen Aufwand für die vom Bauprogramm erfaßte Maßnahme gehören. Beschränkungen der Beitragsfähigkeit entstandener Kosten können sich überdies ganz ausnahmsweise aus dem (lediglich in den Kommunalabgabengesetzen der Länder Mecklenburg-Vorpommern und Schleswig-Holstein[16] ausdrücklich angesprochenen) Grundsatz der Erforderlichkeit ergeben (vgl. Rdnr. 37).

Eine kostenverursachende Leistung liegt nicht vor, wenn der Gemeinde **9** etwas **wahrhaft unentgeltlich** zugewandt worden ist. Deshalb können etwa Leistungen von Anliegern, die diese z. B. durch eine unentgeltliche Straßenlandabtretung oder durch eine Anlegung eines von der Gemeinde mit verwendeten Gehwegteils, einer Stützmauer usw. erbracht haben, nicht in den beitragsfähigen Aufwand aufgenommen werden (vgl. § 13 Rdnrn. 8ff.).

2. Beitragsfähige Kosten im einzelnen

Jedenfalls grundsätzlich sind beitragsfähig zunächst einmal die Beträge, die **10** der Gemeinde von Unternehmern und Lieferanten für die programmgemäße Verwirklichung der *Baumaßnahme selbst* in Rechnung gestellt worden sind. Das schließt ggfs. auch die Aufwendungen für notwendige Stützmauern und Böschungen ein, die nach § 1 Abs. 4 Nr. 1b FStrG und (z. B.) § 2 Abs. 2 Nr. 1a StrWG NW zum Straßenkörper gehören; derartige Bestandteile sind **abrechnungsmäßig der Teileinrichtung** zuzuordnen, der sie zu dienen bestimmt sind.[17]

Weiter können die Kosten für zusätzliche, nicht unmittelbar im Plan vor- **11** gesehene Arbeitsvorgänge beitragsfähig sein (sog. **Folgekosten**). Ob das der Fall ist, hängt davon ab, ob sie entstanden sind für Arbeitsvorgänge, die sich **unmittelbar auf den Ausbau** der Anlage beziehen und die für die programmgemäße Durchführung der Maßnahme **erforderlich** waren, oder ob sie lediglich anläßlich der Ausbaumaßnahme angefallen sind. Letzteres trifft z. B. zu auf Kosten für die Aufstellung von Verkehrszeichen.[18] Ebenfalls nicht beitragsfähig sind Kosten etwa für die Verlegung von **Versorgungsleitungen** vom Fahrbahn- in den Gehwegbereich, die durch die Verbindung einer Straßenbaumaßnahme mit einer Maßnahme der Stadtwerke angefallen sind. Das gilt jedenfalls dann, wenn diese Aufwendungen deshalb nicht durch Bedürfnisse des Straßenbaus erfordert sind, weil die Versorgungsleitungen in ausreichender Tiefe unter der Straßendecke verlaufen. Selbst wenn die Verlegung durchgeführt worden ist, um bei einem später auftretenden Reparaturbedarf der

---

[16] Vgl. dazu im einzelnen Hempel/Hempel, KAG S-H, § 8 Rdnrn. 109ff.

[17] Vgl. OVG Münster, u.a. Urteil v. 20. 9. 1989 – 2 A 2052/86 –, und VGH Kassel, Urteil v. 4. 3. 1992 – 5 UE 3307/88 –.

[18] U. a. OVG Münster, Urteil v. 16. 3. 1977 – II A 1125/75 –, und OVG Koblenz, Urteil v. 18. 10. 1978 – 6 A 27/76 – KStZ 79, 96.

Versorgungsleitungen Fahrbahnaufbrüche zu vermeiden, ist es nicht gerechtfertigt, die Verlegungskosten als beitragsfähig zu qualifizieren. Denn ein durch
Reparaturmaßnahmen an den Versorgungsleitungen verursachter Kostenauf-
wand könnte auch später nicht durch Straßenbaubeiträge finanziert werden.[19]

12   Als Folgekosten beitragsfähig sind hingegen beispielsweise bei der Verbesserung der Fahrbahn die Kosten für die Anpassung der vorhandenen Straßenentwässerungseinrichtung an das neue Straßenprofil. Denn die Herstellung
etwa einer neuen Fahrbahndecke mit Frostschutzschicht setzt rgelmäßig die
Änderung des Straßenprofils und damit eine Anpassung der vorhandenen
Entwässerungseinrichtung voraus; entsprechende Arbeitsvorgänge beziehen
sich unmittelbar auf den Ausbau der Fahrbahn, so daß Kosten für diese
Arbeiten selbst dann beitragsfähig sind, wenn die Entwässerungsverhältnisse
der Fahrbahn durch die Anpassungsarbeiten nicht verbessert wurden.[20] Das
gleiche gilt hinsichtlich der Kosten für Arbeiten, die z.B. an Gehwegen notwendig geworden sind, um diese dem Niveau der Straße anzugleichen,[21] oder
die für das als Folge des Ausbaus eines Bürgersteigs bzw. der Verbreiterung
der Fahrbahn erforderlich gewordene Versetzen von schon früher vorhandenen und nunmehr weiterverwendeten Straßenleuchten entstanden sind.[22]
Entscheidend für die Qualifizierung von Kosten als beitragsfähige Folgekosten ist „der unmittelbare straßenbautechnische Zusammenhang der Folgemaßnahme mit der Maßnahme, welche zur Entstehung der Beitragspflicht
führt“.[23] Wird eine Straße im Trennprinzip (u.a. abgesetzte Gehwege) in
einen verkehrsberuhigten Bereich umgewandelt, hat das nicht selten zur Folge, daß namentlich die Beleuchtungsanlage der neuen Funktion entsprechend
angepaßt werden muß. Die dafür entstehenden Kosten gehören als Kosten
einer notwendigen Folgemaßnahme auch dann zum beitragsfähigen Aufwand
der betreffenden Ausbaumaßnahme, wenn die Beleuchtungsanlage selbst
nicht erneuerungsbedürftig war.[24]

13   Wird etwa die Fahrbahn oder der Gehweg einer Straße verbessert (bzw.
erneuert), führt das in der Regel dazu, daß Altmaterial – wie z.B. Basaltsteine
usw. – aufzunehmen ist. Entscheidet sich eine Gemeinde im Rahmen des ihr
zustehenden weiten Ausbauermessens gegen eine Wiederverwendung dieses
Altmaterials, haben die Beitragspflichtigen grundsätzlich keinen Anspruch
darauf, daß der für die Ausbaumaßnahme entstandene beitragsfähige Aufwand um den Wert des Altmaterials vermindert wird.[25] Etwas anderes gilt

[19] OVG Münster, Urteil v. 20. 7. 1992 – 2 A 399/91 –.
[20] OVG Münster, Urteil v. 21. 4. 1975 – II A 769/72 – KStZ 75, 217 = ID 75, 195 =
DWW 76, 63.
[21] OVG Münster, Urteil v. 27. 2. 1986 – 2 A 1021/84 –.
[22] OVG Münster, u.a. Urteil v. 30. 8. 1990 – 2 A 12/89 –.
[23] OVG Münster, Urteil v. 22. 11. 1990 – 2 A 2222/86 – HSGZ 91, 266 = GemHH
92, 16.
[24] OVG Münster, Urteil v. 14. 6. 1989 – 2 A 1152/87 –.
[25] OVG Lüneburg, Urteil v. 22. 1. 1986 – 9 A 132/83 – SH Gemeinde 86, 209.

jedoch, wenn ausgebaute Materialien – wie etwa ausgebaute Straßenlaternen – als solche noch objektiv wiederverwendungsfähig sind und einen ohne weiteres ermittelbaren, nicht unerheblichen wirtschaftlichen Wert haben. Ist das der Fall, ist der entsprechende Wert unabhängig davon aufwandsmindernd zu berücksichtigen, ob das Altmaterial in diesem Zeitpunkt schon wiederverwandt oder verkauft worden ist. Steht fest, daß bei einigen beispielsweise ausgebauten Lampen die vorbezeichneten Voraussetzungen im Zeitpunkt ihres Ausbaus erfüllt waren, ist aber nicht mehr aufzuklären, ob das seinerzeit für alle zutraf, geht das zu Lasten der Gemeinde.[26]

Beitragsfähig sind ferner grundsätzlich die Kosten für den Ausbau von **Fahrbahnen** der Ortsdurchfahrten **klassifizierter Straßen,** sofern die Gemeinde Straßenbaulastträger ist und ihr deshalb etwa für eine Verbesserung oder Erneuerung ein Aufwand entsteht. § 128 Abs. 3 Nr. 2 BauGB ist im Straßenbaubeitragsrecht nicht entsprechend anwendbar.[27] Kraft der straßenbaubeitragsrechtlichen Vorschriften der Länder sind **weiterhin** beitragsfähig die Kosten für die Verbesserung oder Erneuerung von Gehwegen, Radwegen und Parkstreifen an Ortsdurchfahrten klassifizierter Straßen. Gleiches gilt für z. B. die Verbesserung der Beleuchtung, und zwar selbst dann, wenn die **Satzung** die Aufwendungen für die Verbesserung Fahrbahn als nicht beitragsfähig einstuft.[28] In einem solchen Fall ist es nicht notwendig, den Aufwand für die Beleuchtung nach dem Verhältnis der Fahrbahnfläche und der Flächen der sonstigen Teileinrichtungen aufzuteilen und nur den letzteren Anteil in den beitragsfähigen Aufwand einzubeziehen. Denn die Verbesserung der Beleuchtung bewirkt eine Verbesserung der Anlage (Straße), sie stellt deshalb eine beitragsfähige Maßnahme dar. Der Umstand, daß die Maßnahme zu einem großen Teil dem Durchgangsverkehr zugute kommt, ist bei der Verteilung des beitragsfähigen Aufwands durch einen entsprechend hohen Gemeindeanteil zu berücksichtigen.

14

Beim Ausbau eines **Gehwegs** sind außer den Kosten für z. B. eine Verbesserungsmaßnahme selbst beitragsfähig die Aufwendungen für die notwendige Beseitigung von nicht mehr verwendbaren Teilen des (insgesamt) verbesserungsbedürftigen Gehwegs. Zum beitragsfähigen Aufwand zählen jedoch nicht die Kosten der Erneuerung einer **Gehwegüberfahrt,** und zwar selbst dann nicht, wenn die Erneuerung als Folge der Verbesserung einer Fahrbahn

15

[26] OVG Münster, Urteil v. 13. 12. 1990 – 2 A 2098/89 – NVwZ 91, 1111.

[27] Vgl. u. a. OVG Lüneburg, Beschluß v. 24. 6. 1980 – 9 B 41/80 – KStZ 80, 153, und VGH Kassel, Urteil v. 6. 7. 1979 – V OE 85/77 – HSGZ 80, 144.

[28] Es ist grundsätzlich nicht zu beanstanden, wenn ein Ortsgesetzgeber in seine Satzung den Gedanken der Vorschrift des § 128 Abs. 3 Nr. 2 BauGB aufnimmt und dieser deshalb kraft der ortsgesetzgeberischen Entscheidung Anwendung findet (vgl. ebenso § 2 Abs. 2 Satz 2 des Satzungsmusters des Innenministers NW – MinBl 1971, 1178). Diese Möglichkeit sieht § 27 Abs. 1 Satz 1 SächsKAG ausdrücklich vor; er begründet zugunsten der Gemeinde ein Wahlrecht, die diese – in satzungsmäßiger Form – nur für alle in Betracht kommenden Straßen einheitlich ausüben kann (vgl. Amtl. Begründung, Landtagsdrucksache 1/2843, S. 32).

erforderlich geworden ist. Denn auch in einem solchen Fall sind die Mehraufwendungen für die Gehwegüberfahrt kraft spezialgesetzlicher Anordnung vom Anlieger dem Träger der Straßenbaulast zu erstatten, sei es – sofern es sich bei der ausgebauten Straße um die Ortsdurchfahrt einer Bundesstraße handelt – nach Maßgabe des § 7a FStrG,[29] sei es nach Maßgabe des § 16 Abs. 1 Satz 1 StrWG NW bzw. entsprechender landesrechtlicher Vorschriften (vgl. § 4 Rdnr. 2). Hingegen können im Rahmen der Abrechnung etwa der Verbesserung eines Gehwegs beitragsfähig sein auch Kosten für das Anpflanzen von Bäumen, da Bäume Zubehör des Gehwegs sind (vgl. § 2 Abs. 2 Nr. 3 StrWG NW), deren Gestaltung und Gliederung sie dienen.[30] Wird eine Straße durch die erstmalige Anlegung eines Parkstreifens verbessert (vgl. § 31 Rdnr. 54), zählen zum beitragsfähigen Aufwand u. a. Kosten für die Anpflanzung einzelner Bäume und Sträucher, die zur Auflockerung und Unterteilung des Parkstreifens bestimmt sind.[31]

16   Entsprechendes gilt für den Aufwand, der für sonstiges sog. **unselbständiges Straßenbegleitgrün** entstanden ist, d. h. für Straßenbegleitgrün, das in Gestalt z. B. einer Grünfläche im Rahmen der Gehwegfläche (teilweise) an die Stelle einer sonst üblichen Befestigung tritt[32] bzw. in Gestalt von wenigen (vier) Bäumen der Auflockerung der – nach einem verkehrsberuhigenden Ausbau "geschaffenen " – Mischfläche[33] dient. Bei dieser Art von Straßenzubehör handelt es sich (straßenbaubeitragsrechtlich) nicht um Teileinrichtungen (Teilanlagen) einer Straße, sondern um Bestandteile des Gehwegs bzw. der Straßen(misch)fläche, so daß es vom Ansatz her das rechtliche Schicksal der jeweiligen Teilanlage teilt.[34] Das hat zur Folge, daß sich im Zusammenhang mit der Beitragsfähigkeit der für unselbständiges Straßenbegleitgrün angefallenen Kosten (ebenso wie bei den Kosten für die Aufstellung von Sitzbänken und Blumenkübeln in einer Fußgängerzone; vgl. Rdnr. 7) mit dem Oberverwaltungsgericht Lüneburg[32] und entgegen dem Bayerischen Verwaltungsgerichtshof[33] nicht die Fragen stellen, ob – erstens – allein die Anlegung der Grünfläche bzw. das Anpflanzen der Bäume den Tatbestand etwa der Verbesserung erfüllt und ob – zweitens – solche Maßnahmen wirtschaftliche Vorteile vermitteln. Denn abzustellen ist nicht auf dieses unselbständige Straßenbegleitgrün, sondern auf die **Teilanlage, der** es (straßenbaubeitragsrechtlich) **zuzurechnen** ist. Maßgebend ist somit, ob an dem betreffenden Gehweg bzw. der Straßenfläche eine Ausbaumaßnahme durchgeführt worden ist, die als Verbesserung bzw. Erneuerung zu qualifizieren ist und die mit wirtschaftlichen Vorteilen für die "betroffenen" Grundstücke verbunden ist. Daraus

[29] Vgl. BVerwG, Urteil v. 28. 8. 1987 – 4 C 54 u. 55.83 – BVerwGE 78, 89 = DVBl. 87, 1271 = NVwZ 88, 146.
[30] OVG Münster, Urteil v. 4. 7. 1986 – 2 A 1358/84 –.
[31] OVG Münster, Urteil v. 29. 11. 1989 – 2 A 1419/87 –.
[32] OVG Lüneburg, Urteil v. 19. 9. 1988 – 9 A 21/87 –.
[33] BayVGH, Urteil v. 24. 4. 1989 – Nr. 6 B 88.02302 – KStZ 90, 196.
[34] U. a. OVG Schleswig, Beschluß v. 29. 1. 1992 – 2 M 33/91 –.

ergibt sich im übrigen, daß die Umlagefähigkeit der in Rede stehenden Kosten nach Maßgabe des für den Gehweg bzw. die Straßen(misch)fläche geltenden Gemeindeanteils zu ermitteln ist.

Eine andere Betrachtungsweise ist nur dann angezeigt, wenn der Bepflan- **17** zung eines (Straßen-)Streifens nach ihrer Intensität eine derartige selbständige Bedeutung zukommt, daß es gerechtfertigt ist, den Streifen als gesonderte Teileinrichtung "Grünstreifen" zu qualifizieren. Auf Grünflächen (und überdies Parkstreifen) dieser Qualität, d.h. der Qualität einer eigenen Teileinrichtung der Straße, stellt ausdrücklich § 27 Abs. 1 SächsKAG ab. Im übrigen wird eine Bepflanzung z.B. in § 2 Abs. 2 Nr. 1 StrWG NW nur als Zubehör der Straße erwähnt. Den Begriff "Grünstreifen" kennt das Straßenrecht nicht. Es sieht lediglich den Trennstreifen vor, der, wenn er bepflanzt ist, sich als Grünstreifen darstellt. Bei Trennstreifen dürfte es sich – ebenso wie bei Rad- und Gehwegen – um selbständige Teileinrichtungen handeln, die etwa als "Trennstreifen mit Bepflanzung" lediglich abrechenbar sind, wenn die Satzung einen Anteilssatz (vgl. dazu § 33 Rdnr. 5ff.) für solche Anlagen vorsieht.[31]

Zum beitragsfähigen Aufwand gehören ferner die Kosten, die für eine **18** entsprechend einem Bauprogramm durchgeführte beitragsfähige Maßnahme an der **Straßenbeleuchtung** angefallen sind.[35] Die Beitragsfähigkeit dieses Aufwands setzt nicht zwingend voraus, daß der Gemeinde zivilrechtlich das Eigentum an den Beleuchtungseinrichtungen zusteht.[36] Da die Beleuchtung i.S. des Straßenbaubeitragsrechts eine selbständige Teilanlage ist, zählen die Kosten z.B. für ihre Verbesserung selbst dann insgesamt zum beitragsfähigen Aufwand, wenn es um die Beleuchtungsanlage der Ortsdurchfahrt einer klassifizierten Straße geht und die Gemeinde nicht Träger der Straßenbaulast für die Fahrbahn ist, d.h. Fahrbahnkosten schon mangels der Straßenbaulast der Gemeinde keinen beitragsfähigen Aufwand auslösen können. In einem solchen Fall ist es mithin nicht erforderlich, den Aufwand mit Rücksicht darauf zu kürzen, daß die Beleuchtung auch die Funktion hat, die Fahrbahn bei Dunkelheit zu erhellen (vgl. auch Rdnr. 14).

Sieht ein Bauprogramm die Verbesserung (Erneuerung) der Teileinrichtung **19** **Straßenentwässerung** vor, ist hinsichtlich der Beitragsfähigkeit der dafür entstandenen Kosten wie folgt zu differenzieren: Handelt es sich um eine Kanalisationsanlage, die **ausschließlich** zur Aufnahme des Straßenniederschlagswassers bestimmt ist (sog. **Einzeleinrichtung**, vgl. § 13 Rdnrn. 53ff.), sind grundsätzlich sämtliche Kosten der Maßnahme beitragsfähig. Gleiches gilt bei einer sog. **Gemeinschaftseinrichtung**, d.h. einer neben der Straßenentwässerung auch der Grundstücksentwässerung und ggfs. der Ableitung der Schmutzwässer dienenden Anlage (vgl. dazu § 13 Rdnr. 61ff.), **sofern** von der Ausbaumaßnahme **lediglich Bestandteile** (wie z.B. Straßenrinnen und Straßen-

---

[35] BayVGH, Beschluß v. 14. 11. 1984 – Nr. 6 CS 83 A. 1394 – BayVBl 85, 89.
[36] BayVGH, Urteil v. 18. 2. 1986 – Nr. 6 B 82 A. 628 – BayVBl. 87, 433.

sinkkästen) erfaßt werden, die **allein** der **Straßenentwässerung** zuzurechnen sind. Sind dagegen von der Ausbaumaßnahme entweder zusätzlich oder allein solche Anlagenbestandteile betroffen, die mehreren Zwecken dienen (z. B. der Hauptkanal), richtet sich die Beantwortung der Frage nach der Beitragsfähigkeit der **insoweit** angefallenen Kosten sowohl hinsichtlich der Ermittlung als auch hinsichtlich der Zuordnung nach Maßgabe der zum Erschließungsbeitragsrecht entwickelten Grundsätze (vgl. im einzelnen § 13 Rdnrn. 62 ff.). Danach ist es grundsätzlich nicht zu beanstanden, wenn (etwa aufgrund einer auf einschlägigen Erfahrungswerten beruhenden Satzungsbestimmung) von den Kosten, die für den Ausbau eines Regenwasserkanals entstanden sind, der sowohl der Straßenentwässerung als auch der Entwässerung der anliegenden Grundstücke dient (**Trennkanalisation**), die Hälfte in den beitragsfähigen Aufwand für die Straßenentwässerung aufgenommen wird.[37] Handelt es sich dagegen um einen Kanal, der sowohl der Straßen- als auch der Grundstücksentwässerung und überdies zusätzlich der Ableitung des Schmutzwassers dient (**Mischsystem**), sollen nach Ansicht des Oberverwaltungsgerichts Münster[38] grundsätzlich keine Bedenken bestehen, wenn ein Drittel der Kosten für den Ausbau dieses Kanals der Straßenentwässerung zugerechnet wird. Allerdings kann dieses Drittel **nur** aus solchen Kosten ermittelt werden, die selbst bei einem gesonderten Ausbau eines allein der Straßenentwässerung dienenden Kanals hätten Berücksichtigung finden können, d. h. auch für einen solchen Ausbau erforderlich gewesen wären.

20   **Verbindet** eine Gemeinde eine (über das Anschlußbeitragsrecht abzurechnende) **Kanalbaumaßnahme** wie etwa die erstmalige Anlage eines Kanals oder dessen Erneuerung derart mit einer **Straßenbaumaßnahme** (etwa der Verbesserung der Fahrbahn), daß sie nicht nach der Verlegung des (neuen) Kanals die Fahrbahn zunächst in ihrem früheren Zustand wiederherstellt, sondern gleichsam unter "Ausnutzung" der für den Kanal erforderlichen Arbeiten zugleich den Neuausbau der Fahrbahn entsprechend einem dafür aufgestellten Bauprogramm vornimmt, werden dadurch **Kosten erspart**, die bei einer völlig getrennten Durchführung der beiden unterschiedlichen Maßnahmen durch die Wiederherstellung der Fahrbahn nach Abschluß der Kanalbauarbeiten anfallen würden. Entsprechendes gilt für die Verbindung einer Kanalbaumaßnahme zur Sanierung einer mangelhaft hergestellten Kanaltrasse mit einer Straßenbaumaßnahme.[39] Im einen wie im anderen Fall muß die durch die Verbindung bewirkte Kostenersparnis sowohl der Kanal- als auch der Straßenbaumaßnahme angemessen zugute kommen, denn es wäre mangels eines dies rechtfertigenden Grundes willkürlich, die Ersparnis nur zugunsten der einen Maßnahme zu berücksichtigen und lediglich deren Kostenträger zu

---

[37] OVG Münster, Urteil v. 5. 9. 1986 – 2 A 963/84 – KStZ 87, 120 = HSGZ 87, 120 = StuGR 87, 185, sowie OVG Lüneburg, Urteil v. 12. 6. 1990 – 9 A 149/88 – NST-N 90, 111.
[38] Vgl. OVG Münster, Urteil v. 19. 12. 1986 – 2 A 1087/85 –.
[39] Siehe OVG Münster, Urteil v. 14. 6. 1989 – 2 A 1152/87 –.

entlasten.[37] Deshalb **mindert** sich in einem solchen Fall der beitragsfähige Aufwand (auch) für die Straßenbaumaßnahme (Verbesserung der Fahrbahn) um einen bestimmten Anteil der Kosten für die Ausbauarbeiten, die zugleich der Kanalbaumaßnahme, d. h. deren Abschluß durch Aufbringung der neuen Fahrbahn mit Unterbau, zugute gekommen sind, also zur Durchführung beider Maßnahmen erforderlich waren.

Zur Ermittlung dieses "Minderungsbetrags" ist in einem ersten Schritt der 21 Umfang der Kostenersparnis festzustellen, d. h. es sind gegenüberzustellen die tatsächlich entstandenen Kosten (ausschließlich) für die sowohl der Kanal- als auch der Straßenbaumaßnahme dienenden Arbeiten denjenigen Kosten, die angefallen wären, wenn die Gemeinde zunächst zum Abschluß der Kanalbauarbeiten die Fahrbahn in ihrem früheren Zustand wiederhergestellt und dann getrennt davon die (wiederhergestellte) Fahrbahn entsprechend dem Bauprogramm verbessert hätte. Da es sich namentlich bei den letzteren Kosten um fiktive Kosten handelt und sich auch die ersteren Kosten schwerlich einigermaßen exakt errechnen lassen, kann dieser Vergleich lediglich auf der Grundlage einer an Erfahrungssätzen (Ausschreibungsunterlagen, Einheitspreisen usw.) orientierten **Schätzung** vorgenommen werden.[40] Die so festgestellte Kostenersparnis ist sodann – in einem zweiten Schritt – zum einen der Kanalbau- und zum anderen der Straßenbaumaßnahme zuzuordnen, was ebenfalls im Wege der Schätzung erfolgen kann.[39] Sofern sich nicht ausnahmsweise eine andere Aufteilung aufdrängt, ist es nicht zu beanstanden, wenn der ersparte Betrag beiden Maßnahmen jeweils zur Hälfte gutgeschrieben wird, d. h. bei der geschilderten Konstellation der für die bauprogrammgemäß durchgeführte Straßenbaumaßnahme (Verbesserung der Fahrbahn) maßgebliche Aufwand nur mit der Hälfte der Kosten für Arbeiten belastet wird, die zugleich auch der Kanalbaumaßnahme gedient haben.[37]

Umfaßt das Bauprogramm für eine mit einer Kanalbaumaßnahme (z. B. 22 Erneuerung eines Kanals beim Trennsystem) im Arbeitsablauf verbundene Straßenbaumaßnahme nicht nur – wie im vorbehandelten Fall – die Verbesserung der Fahrbahn, sondern **überdies** (was regelmäßig zutreffen dürfte) die Verbesserung der **Straßenentwässerung,** hat das für den Umfang des für das Straßenbaubeitragsrecht beachtlichen beitragsfähigen Aufwands **keine** weitergehenden Auswirkungen. Denn der beitragsfähige Aufwand für die Verbesserung der Straßenentwässerung ist nach Maßgabe der dafür geltenden Regeln (vgl. Rdnr. 19) getrennt von den für die Verbesserung der Fahrbahn angefallenen Kosten zu ermitteln. Das hat zur Folge, daß der "Ersparnisgesichtspunkt" ausschließlich über den jeweils für die Kanalbaumaßnahme ersparten Betrag und die dadurch verminderten Kosten anteilig Eingang findet in die Berechnung der Kosten für die Straßenentwässerung.

Der zuvor behandelte Ersparnisgesichtspunkt führt bei einer Verbindung 23 der Baumaßnahmen von Kostenträgern aus verschiedenen Aufgabenberei-

---

[40] OVG Münster, Urteil v. 28. 6. 1991 – 2 A 1273/89 –.

chen zu einer Verminderung des nach Maßgabe des Straßenbaubeitragsrechts beitragsfähigen Aufwands **nur** in Fällen, in denen der andere Kostenträger die Baumaßnahme aus in **seinem Zuständigkeitsbereich** liegenden Gründen vornehmen **mußte** (etwa erstmalige Anlegung oder Erneuerung eines abgängigen Kanals). Müssen dagegen beispielsweise Leitungen im Straßenbereich auf Veranlassung des Trägers der Straßenbaulast durch andere Versorgungsträger (z. B. Bundespost oder Stadtwerke) neu verlegt werden, kommt eine bei der Ermittlung des beitragsfähigen Aufwands zu berücksichtigende Ersparnis **nicht** in Betracht.[41] Denn bei solchen Maßnahmen handelt es sich um notwendige Folgemaßnahmen des Straßenbaus, so daß diese Kosten als Folgekosten zum beitragsfähigen Aufwand des Straßenbaus zählen (vgl. zu den Folgekosten im übrigen Rdnrn. 11 f.).

24   Ebenfalls **keine** Minderung des beitragsfähigen Aufwands bewirken **Gebühreneinnahmen**, die z. B. nach der Verbesserung einer (ursprünglich als "normale" Straße angelegten) Fußgängerzone durch nunmehr zugelassene Sondernutzungen erzielt werden. Nach Auffassung des Oberverwaltungsgerichts Münster[42] könnte eine solche Minderungswirkung allenfalls anerkannt werden, wenn angenommen werden könnte, „daß der Finanzierungszweck der Straßenbaubeiträge und der Sondernutzungsgebühren identisch wäre und letztere als Zuwendungen Dritter im Sinne des § 8 Abs. 4, 2. Halbsatz KAG qualifiziert werden könnten, die nicht zur Deckung des Gemeindeanteils, sondern auch des übrigen Aufwands bestimmt wären. Das ist jedoch nicht der Fall. Die Straßenbaubeiträge sind die Gegenleistung der Grundstückseigentümer für die von der Gemeinde durch die Herstellung oder Verbesserung von öffentlichen Straßen gebotenen wirtschaftlichen Vorteile und dienen dem Ersatz des durch die genannten Maßnahmen entstandenen Investitionsaufwands (vgl. § 8 Abs. 2 Satz 1 und 2 KAG). Sondernutzungsgebühren sind hingegen die Gegenleistung dafür, daß die Benutzung der Straße über den Gemeingebrauch hinaus mit dessen dadurch in Kauf genommener Beeinträchtigung eingeräumt wird."[42]

25   Beitragsfähig können auch Aufwendungen für den **Erwerb** von solchen **Grundstücken** sein, die **unmittelbar** für die Durchführung einer bestimmten Baumaßnahme benötigt wurden. Wird etwa im Zusammenhang mit einer Verbesserungsmaßnahme an einer "vorhandenen" Straße i. S. des § 242 Abs. 1 BauGB (vgl. dazu § 2 Rdnrn. 25 ff.) das bisher im Privateigentum stehende Straßenland aufgekauft, ohne daß zusätzliche Flächen für die Straße gewonnen werden, sind diese Erwerbskosten nicht beitragsfähig, weil sie nur anläßlich einer beitragsfähigen Maßnahme entstehen, ohne mit ihr selbst in einer untrennbaren, notwendigen Verbindung zu stehen.[43] Dagegen sind vom Grundsatz her beitragsfähig Aufwendungen, die nach Beginn der beitragsfä-

---

[41] OVG Münster, Urteil v. 5. 7. 1990 – 2 A 1691/88 – GemHH 92, 108.
[42] OVG Münster, Urteil v. 26. 7. 1991 – 2 A 2213/88 –.
[43] Vgl. im einzelnen Driehaus in KStZ 76, 141.

higen Maßnahme zum Zweck der Verwirklichung des Bauprogramms für den Erwerb von vorher nicht als Straßenland dienenden Flächen entstehen. Erfolgt der Grunderwerb zur Erweiterung der Straße, sind die Erwerbskosten auch dann beitragsfähig, wenn z.B. nur die Fahrbahn um die Fläche der bisherigen Gehwege verbreitert wird und als Folge davon für die Anlegung neuer, nicht verbreiteter Gehwege zusätzliche Flächen erworben werden müssen. Hat in einem solchen Fall die Gemeinde den **Gemeinde-** (und damit korrespondierend den Anlieger-)**Anteil** für Fahrbahn und Gehwege unterschiedlich hoch festgesetzt (vgl. § 33 Rdnr. 8 f.), ist für die Aufwendungen des Erwerbs der "Ersatz-Gehwegfläche" der für die Fahrbahn geltende Anteilssatz anzusetzen, weil es sich insoweit um eine notwendige Folgemaßnahme der Verbreiterung der Fahrbahn handelt.[44] Entsprechendes gilt bei unterschiedlichen Anteilssätzen für Geh- und Radwege, wenn die Gemeinde einen Gehweg zugunsten eines neu angelegten Radwegs verschiebt; dann ist für den Erwerb der "Ersatzgehwegfläche" der für die Radwege geltende Anteilssatz maßgebend.[45] Werden lediglich Teile eines Grundstücks benötigt, das aus Zweckmäßigkeits- oder sonstigen Gründen insgesamt erworben wurde, gehören die Kosten für die nicht benötigten Teile nicht zum beitragsfähigen Aufwand;[44] etwas anderes gilt nur dann, wenn die Gemeinde aus Rechtsgründen gehalten war, das Grundstück insgesamt zu erwerben. Zum beitragsfähigen Aufwand gehören im Fall eines "erforderlichen" Grunderwerbs nicht nur der Kaufpreis, sondern auch die Nebenkosten (vgl. im einzelnen § 13 Rdnr. 23).

Die im Zusammenhang mit einer beitragsfähigen Maßnahme angefallenen **26** Grunderwerbskosten – und das gilt auch für sonstige Kosten – sind **nur** insoweit **beitragsfähig**, als sie entstanden sind, *bevor* gerade diese Maßnahme **beendet** und in der Folge (sachliche) Beitragspflichten für sie begründet worden sind, wobei der sich aufgrund eines obligatorischen Vertrags ergebende Grunderwerbsaufwand der Gemeinde bereits entsteht durch die im (Kauf-) Vertrag eingegangene schuldrechtliche Verpflichtung, die geschuldete Leistung (den Kaufpreis) zu erbringen.[46] Wann eine beitragsfähige Maßnahme **beendet** ist, richtet sich nach dem für sie aufgestellten Bauprogramm. Folgt aus dem Bauprogramm für eine bestimmte Maßnahme nicht, daß sie erst nach Abschluß eines etwa erforderlichen Grunderwerbs beendet sein soll, hat der Grunderwerb **keinen** Einfluß auf den Zeitpunkt „der Beendigung der beitragsfähigen Maßnahme" (§§ 6 Abs. 6 NKAG und KAG LSA) bzw. – wie der gleiche Zeitpunkt u.a. in den §§ 8 Abs. 7 Satz 1 KAG NW, BraKAG und KAG MW bezeichnet ist – den der programmgemäßen und in diesem Sinne

---

[44] OVG Münster, Urteil v. 22. 11. 1990 – 2 A 2222/86 – HSGZ 91, 266 = GemHH 92, 16; ebenso BayVGH, Urteil v. 19. 9. 1991 – 6 B 88.1578 – KStZ 92, 193 = BayVBl 92, 728.

[45] A. A. Becker in NVWBl 88, 134 (139).

[46] BVerwG, Urteil v. 13. 5. 1977 – IV C 82.74 – Buchholz 406.11 § 128 BBauG Nr. 18 S. 4 (8) = BauR 77, 411 = KStZ 78, 110.

„endgültigen Herstellung" bzw. den der „Fertigstellung" (z. B. § 30 Abs. 1 SächsKAG) der Anlage.[47] Denn der Grunderwerb ist nicht schon kraft Gesetzes Voraussetzung für die Beendigung einer beitragsfähigen Maßnahme (bzw. für die „endgültige Herstellung" oder „Fertigstellung" der Anlage) und das Entstehen (sachlicher) Beitragspflichten. Aus der Tatsache, daß die Gemeinden gehalten sind, Straßenbaubeiträge zu erheben (vgl. § 28 Rdnrn. 8 f.), kann nicht gefolgert werden, daß bei Maßnahmen, die mit einem Grunderwerb verbunden sind, der Abschluß des Grunderwerbs stets Voraussetzung für die Beendigung der Maßnahme sein soll.[48] Die Rechtslage ist insoweit nicht anders als im Erschließungsbeitragsrecht: Hat die Gemeinde den Grunderwerb nicht zum Herstellungsmerkmal erklärt, gehören nur die bis zum Zeitpunkt des Entstehens der sachlichen Beitragspflichten (§ 133 Abs. 2 BauGB) angefallenen Grunderwerbskosten zum beitragsfähigen Aufwand (vgl. § 15 Rdnr. 21). Ist zwischen den Beteiligten umstritten, ob der Grunderwerb zum Bauprogramm gehört, und lassen sich die das Bauprogramm insoweit betreffenden Unterlagen nicht mehr auffinden, trägt die Gemeinde die **Feststellungslast** mit der Folge, daß die beitragsfähige Maßnahme unabhängig vom Grunderwerb als abgeschlossen anzusehen ist.[49]

27   Für den Fall, daß ein Grunderwerb deshalb nicht erforderlich ist, weil die **Gemeinde** die für die Durchführung einer Baumaßnahme benötigten Flächen selbst **bereitstellt,** ordnen die Kommunalabgabengesetze an, daß der beitragsfähige Aufwand den Wert dieser Grundstücke umfaßt (vgl. Rdnr. 2). Zwar geben die Kommunalabgabengesetze nicht an, um welchen Wert es sich in diesem Zusammenhang handelt, doch kann nicht zweifelhaft sein, daß damit der – ggf. durch ein Gutachten des Gutachterausschusses nach §§ 192 ff. BauGB zu ermittelnde – **Verkehrswert** gemeint ist. Unterschiedlich sind in den Kommunalabgabengesetzen jedoch die Formulierungen dazu, welcher Zeitpunkt für die Bestimmung dieses Werts maßgebend ist. Während in den §§ 11 Abs. 2 Satz 1 KAG Hess, 8 Abs. 2 Satz 2 KAG MV und 8 Abs. 3 Satz 2 KAG SH jede Zeitangabe fehlt, wird in den §§ 6 Abs. 3 Satz 3 NKAG wie KAG LSA, 7 Abs. 1 Satz 2 ThürKAG, 8 Abs. 4 Satz 3 KAG Saarl und 27 Abs. 1 Satz 1 SächsKAG sowie in Art. 5 Abs. 1 Satz 2 BayKAG auf den „Zeitpunkt der Bereitstellung", in §§ 8 Abs. 4 Satz 1 KAG NW und BraKAG hingegen auf den „Beginn der Maßnahme" abgehoben.

28   Ob eine Grundfläche von der Gemeinde erworben oder bereitgestellt worden ist, ist wegen der in beiden Fällen **verschiedenen Zeitpunkte,** auf die die **Bewertung des Bodenwerts** zu beziehen ist, von praktischer Bedeutung. Im ersten Fall ist der Preis maßgebend, der für den Erwerb aufgebracht worden

---

[47] U. a. OVG Koblenz, Urteil v. 20. 3. 1979 – 6 A 67/77 – KStZ 80, 155.
[48] Vgl. OVG Münster, u. a. Urteil v. 13. 3. 1978 – II A 1049/76 –, und OVG Lüneburg, Beschluß v. 3. 11. 1980 – 9 B 108/80 –.
[49] Vgl. im einzelnen OVG Münster, Urteil v. 13. 12. 1990 – 2 A 1952/87 – HSGZ 91, 268 = GemHH 92, 21.

ist, im zweiten Fall der Verkehrswert im Zeitpunkt der Bereitstellung bzw. bei Beginn der jeweils in Rede stehenden Ausbaumaßnahme (nur §§ 8 Abs. 4 Satz 1 KAG NW und BraKAG). Dieser Hintergrund sowie der Umstand, daß letztlich jede der Gemeinde gehörende z. B. Straßenfläche aus ihrem Vermögen stammt, führen zu der Annahme, daß die „bereitgestellten eigenen Grundstücke" (u. a. § 8 Abs. 4 Satz 1 KAG NW, 6 Abs. 3 Satz 3 NKAG und 11 Abs. 2 Satz 1 KAG Hess) bzw. die aus ihrem „Vermögen bereitgestellten" Grundstücke (u. a. § 27 Abs. 1 Satz 1 SächsKAG und Art. 5 Abs. 1 Satz 2 BayKAG) nur solche Grundstücke sein können, die die Gemeinde **unmittelbar** zur Durchführung einer beitragsfähigen Maßnahme aus ihrem allgemeinen **Liegenschaftsvermögen** zur Verfügung gestellt hat, d. h. die aus ihrem allgemeinen, nicht für bestimmte öffentliche Anlagen zweckgebundenen Grundvermögen stammen. Zum allgemeinen Liegenschaftsvermögen gehören z. B. auch Flächen, die die Gemeinde im Rahmen einer der städtebaulichen Entwicklung angepaßten vorausschauenden Bodenvorratspolitik erworben hat, ohne daß die Grundstücke für konkrete öffentliche Anlagen (Einrichtungen) bestimmt sind.

Ob ein Fall des Grunderwerbs oder ein solcher der **Bereitstellung** vorliegt, **29** läßt sich nicht allgemein, sondern nur im jeweiligen Einzelfall sagen und hängt grundsätzlich ab vom **Willen** der Gemeinde **beim Erwerb** der Fläche, d. h. davon, ob sie die Flächen für eine konkrete öffentliche Anlage (Einrichtung) oder unabhängig von irgendwelchen Anlagen für ihr Liegenschaftsvermögen erwerben will. Diesem Willen kommt indes **keine** Bedeutung mehr zu, wenn die Flächen, um die es geht, im Zeitpunkt des Erwerbs durch (nicht notwendig förmliche) Planung bereits für bestimmte Anlagen (Einrichtungen) vorgesehen sind und deshalb ein Erwerb praktisch allein noch für diesen Zweck möglich ist. Insoweit gilt nichts anderes als im Erschließungsbeitragsrecht (vgl. § 13 Rdnr. 28). Auch für die Beantwortung der Frage, unter welchen Voraussetzungen angenommen werden darf, das Merkmal "Bereitstellung" sei erfüllt, kann auf die entsprechenden Ausführungen zum Erschließungsbeitragsrecht verwiesen werden (vgl. § 13 Rdnr. 29). Den Zeitpunkt der Bereitstellung legen u. a. die §§ 6 Abs. 3 Satz 3 NKAG, 8 Abs. 4 Satz 3 KAG Saarl, 27 SächsKAG und Art. 5 Abs. 1 Satz 2 BayKAG als Bezugspunkt für die Bemessung des Verkehrswerts der bereitgestellten Flächen **zwingend** fest. Ein anderer Zeitpunkt kann daher weder durch Satzung bestimmt noch von den Beteiligten vereinbart werden.

Nach §§ 8 Abs. 4 Satz 1 KAG NW und BraKAG ist maßgebend der Ver- **30** kehrswert „bei **Beginn der Maßnahme**". Diese Formulierung läßt verschiedene Deutungen zu. Es kommen u. a. der Zeitpunkt des Beginns der allgemeinen Planungen, der Zeitpunkt der Entscheidung für die Durchführung der Maßnahme oder der des Beginns der tatsächlichen Ausführung etwa durch die Einrichtung einer Baustelle in Betracht. Richtig dürfte sein, auf den Zeitpunkt abzustellen, in dem das nach der Gemeindeordnung und der jeweiligen Hauptsatzung zuständige Organ die **abschließende Entscheidung** über die

Durchführung der geplanten Maßnahme getroffen hat, weil sinnvollerweise eine Bereitstellung von Grundstücken erst in Vollzug einer getroffenen Entscheidung erfolgen dürfte und es nicht ohne weiteres gerechtfertigt erscheint, Wertänderungen, die erst nach und ggf. durch die Entscheidung eintreten, zu berücksichtigen.

31   Ferner zählen zum beitragsfähigen Aufwand die **Bereitstellungsnebenkosten**. Zu denken ist hier z. B. an Vermessungs- und Grundbuchkosten, etwa wenn nur ein Teil eines gemeindeeigenen Grundstücks bereitgestellt wird. Dagegen kann nicht in den beitragsfähigen Aufwand aufgenommen werden der Wert der Grundstücke, die der Gemeinde im **Umlegungsverfahrens** als örtliche Verkehrsflächen zugeteilt worden sind.[50] Eine der Sonderregelung des § 128 Abs. 1 Satz 3 BauGB (vgl. dazu § 13 Rdnrn. 32 ff.) entsprechende Vorschrift fehlt in den Kommunalabgabengesetzen.

32   Bei der Verbreiterung einer Straße (bzw. bei der erstmaligen Herstellung beispielsweise eines Wirtschaftswegs) können auch beitragsfähige **Freilegungskosten** entstehen. Unter **Freilegung** sind die straßenbaulichen Maßnahmen zu verstehen, die erforderlich sind, um die Hindernisse im Straßenraum zu beseitigen, die der Verwirklichung des Bauprogramms entgegenstehen. Freilegungskosten sind deshalb – etwa bei einer Straßenverbreiterung – alle Aufwendungen für die Beseitigung in der geplanten Straßenführung liegender Hindernisse (wie das Roden von Bäumen, Sträuchern usw.) und für den Abbruch von Mauern, Zäunen oder Gebäuden bzw. Gebäudeteilen[51] einschließlich ggf. der Kosten für die Abgeltung des Werts der auf der vorgesehenen Straßenfläche stehenden Gebäude[52]. Steht ein Gebäude nur z. T. innerhalb der (infolge einer Straßenverbreiterung neu festgesetzten) Straßenbegrenzungslinie, muß aber insbesondere aus baupolizeilichen Gründen das ganze Gebäude abgebrochen werden, sind entgegen der Meinung des Oberverwaltungsgerichts Münster[51] die dadurch verursachten Abbruchs- und Wertabgeltungskosten ungeachtet der Tatsache **insgesamt** beitragsfähig, daß sie auch für Gebäudeteile angefallen sind, die außerhalb der Straßenfläche standen. Denn selbst diese Aufwendungen sind eine unmittelbare Folge der Straßenbaumaßnahme, sie sind gleichsam zwangsläufig für die Verwirklichung des Bauprogramms entstanden. Angesichts dessen fehlt es an jeder Rechtfertigung, sie allein der Allgemeinheit und nicht anteilig auch den durch die Maßnahme im Sinne des Straßenbaubeitragsrechts bevorteilten Grundeigentümern aufzuerlegen.

33   Gemäß § 27 Abs. 1 SächsKAG zählen zum beitragsfähigen Aufwand auch **Sachaufwendungen der Gemeinde**, etwa bei der Erneuerung einer Fahrbahn

---

[50] Vgl. OVG Lüneburg, Urteil v. 25. 10. 1978 – 9 A 45/77 – DVBl 79, 123 = KStZ 79, 76 = Ns Gemeinde 80, 69.

[51] OVG Münster, Urteil v. 22. 11. 1990 – 2 A 2222/86 – HSGZ 91, 266 = GemHH 92, 16.

[52] U.a. OVG Lüneburg, Urteil v. 17. 7. 1975 – VI A 38/75 – OVGE 31, 410 = SH Gemeinde 76, 24.

bereitgestelltes Baumaterial, bei der Verbesserung der Beleuchtungsanlage der Wert der Kabel und sonstiger Zubehörteile oder bei der Bepflanzung einer verkehrsberuhigten Wohnstraße der Wert der Pflanzen. Gleiches gilt in den anderen Bundesländern[53] – mangels einer ausdrücklichen Anordnung – in entsprechender Anwendung der Bestimmungen, nach denen der Wert der von der Gemeinde bereitgestellten Grundflächen zum beitragsfähigen Aufwand gehört (vgl. Rdnrn. 27 ff.), und mit denen eine Ausnahme von dem Grundsatz begründet wird, daß in diesen Aufwand nur eingeht, was tatsächliche (und nicht nur betriebswirtschaftliche) Kosten verursacht (vgl. Rdnr. 2). Im Ergebnis entsprechendes trifft zu auf die Kosten für Arbeitskräfte der Gemeinde, die von ihr ausschließlich für die Durchführung einer beitragsfähigen Ausbaumaßnahme eingestellt worden sind. Überdies gehört kraft der Regelung des § 27 Abs. 1 Satz 1 SächsKAG zum beitragsfähigen Aufwand in Sachsen jedenfalls auch der **Wert** von Arbeitsleistungen **eigener Dienstkräfte** der Gemeinde, die **speziell** für die technische Durchführung einer bestimmten beitragsfähigen Ausbaumaßnahme angefallen sind, z.B. wenn die Gemeinde – aus Gründen der Kostenersparnis – anstelle eines Unternehmers Dienstkräfte ihres Bauhofs mit der Erneuerung eines Gehwegs betraut hat. Zwar fehlt in den übrigen Ländern mit Blick auf die Personalkosten eine dem § 27 Abs. 1 Satz 1 SächsKAG vergleichbare Bestimmung, doch ist selbst in diesen Ländern eine entsprechende Auffassung zumindest erwägenswert.[54]

Hat die Gemeinde ein **privates Ingenieurbüro** mit der Bauplanung und 34 -überwachung beauftragt, gehören auch die ihr dafür in Rechnung gestellten Beträge zum beitragsfähigen Aufwand.[55] Entgegen dem Eindruck, den § 6 Abs. 1 Satz 2 NKAG (und im Ergebnis ebenso §§ 6 Abs. 1 Satz 2 KAG LSA und 8 Abs. 3 Satz 2 KAG SH) mit der Anordnung vermitteln könnte, zum beitragsfähigen Aufwand zählten auch „die Kosten, die einem Dritten, dessen sich die Gemeinde ... bedient, entstehen, soweit sie dem Dritten von der Gemeinde ... geschuldet werden", gibt die bezeichnete Bestimmung für das Ausbaubeitragsrecht **nichts** her. Sie bezieht sich ausschließlich auf das Recht der **leitungsgebundenen Anlagen** und ist als Reaktion zunächst des niedersächsischen Landesgesetzgebers und später der Landesgesetzgeber in Sachsen-Anhalt und Schleswig-Holstein auf ein Urteil des Oberverwaltungsgerichts Lüneburg[56] zu verstehen. In dieser Entscheidung hat das Gericht erkannt,

---

[53] Siehe dazu OVG Münster, Urteil v. 26. 3. 1991 – 2 A 2125/88 – NWVBl 91, 346 = StuGR 91, 361 = GemHH 92, 155.

[54] A. A. OVG Münster (u. a. Urteil v. 26. 3. 1991 – 2 A 2125/88 – NWVBl 91, 346 = StuGR 91, 361 = GemHH 92, 155), das mit guten Gründen annimmt, von der Gemeinde aufgewandte Kosten für den Einsatz eigenen Personals und eigener Maschinen zählten nur dann zum beitragsfähigen Aufwand für eine bestimmte Straßenbaumaßnahme, wenn feststehe, daß der Gemeinde diese Kosten ohne die Maßnahme nicht entstanden wären.

[55] U. a. OVG Münster, Urteil v. 29. 4. 1987 – 2 A 3/85 –.

[56] OVG Lüneburg, Urteil v. 6. 6. 1985 – 3 A 98/84 –.

eine kommunale Körperschaft dürfe keine Beiträge erheben, wenn der Investitionsaufwand für eine öffentliche Einrichtung einem Dritten wie z.B. einem Wasser- und Bodenverband und damit nicht ihr entstanden sei, und zwar selbst dann, wenn der Dritte ihr gegenüber einen Anspruch auf Erstattung habe. Die kommunale Körperschaft könne in einem solchen Fall – wie § 5 Abs. 2 Satz 2 NKAG deutlich mache – lediglich Benutzungsgebühren erheben. Durch § 6 Abs. 1 Satz 2 NKAG (bzw. § 8 Abs. 3 Satz 2 KAG SH) in seiner jetzigen Fassung wird die Möglichkeit zur Weitergabe derartiger Investitionkosten an die Grundeigentümer (auch) über Beiträge eröffnet, indem die dem Dritten geschuldeten Investitionskosten zum "Aufwand" der kommunalen Körperschaft erklärt werden.[57]

35   Grundsätzlich **nicht** zum beitragsfähigen Aufwand gehören Kosten für die **Bauleitung** und -überwachung durch **Bedienstete der Gemeinde** selbst. Etwas anderes kann nur ausnahmsweise dann angenommen werden, wenn es sich um Kosten für Personal handelt, das gerade für die Durchführung einer bestimmten Maßnahme ein- bzw. abgestellt worden ist, so daß etwaige Personal- und Verwaltungskosten eindeutig und ausschließlich einer bestimmten Maßnahme zuzurechnen sind. Das trifft mit Blick auf § 27 Abs. 1 Satz 1 SächsKAG selbst auf Sachsen zu. Auch zählt der sog. allgemeine Verwaltungsaufwand nicht zum beitragsfähigen Aufwand, so daß etwa Personal- und Sachkosten ausscheiden, die z.B. für die Willensbildung der zuständigen Organe, für die Ausschreibung, die Vergabe und die Abrechnung der Baumaßnahmen entstehen.[58] Jedenfalls ist nicht zulässig, z.B. die Bauleitung durch einen Gemeindebediensteten nach Maßgabe pauschaler Gebührensätze vergleichbarer Berufe zu bewerten und einen entsprechenden Betrag in den beitragsfähigen Aufwand einzubeziehen.[59] Ebenfalls nicht zum beitragsfähigen Aufwand gehören Gebühren, die die **Samtgemeinde** einer Mitgliedsgemeinde für die Planung und Bauüberwachung berechnet.[60] Im Ergebnis nichts anderes gilt für Kosten einer – im Hinblick auf "befürchtete" Auseinandersetzungen anläßlich der Beitragserhebung – bereits vor und während der Ausbaumaßnahme vorgenommenen Beweissicherung.[61]

36   Soweit das einschlägige Landesrecht eine Beitragserhebung für die erstmalige Herstellung etwa von Wirtschaftswegen zuläßt, können zu den Herstellungskosten auch die Aufwendungen für solche Maßnahmen gehören, die die Gemeinde im Zusammenhang mit der Herstellung einer derartigen gemeindlichen Anlage (Einrichtung) zum Ausgleich oder Ersatz eines ggfs. dadurch bewirkten **Eingriffs** in **Natur- und Landschaft** zu erbringen hat. Insoweit gilt

---

[57] Vgl. zur Rechtslage in Niedersachsen Landtagsdrucksache 10/5055, S. 2, und zur Rechtslage in Schleswig-Holstein Landtagsdrucksache 12/108, S. 12.
[58] Vgl. Ziffer 27.1.2. der Hinweise beim Sächsischen Kommunalabgabengesetz in Amtsblatt 94, 842 (853).
[59] OVG Lüneburg, Urteil v. 12. 1. 1988 – 9 A 112/86 –.
[60] OVG Lüneburg, Urteil v. 26. 11. 1986 – 9 A 189/84 u.a. – Ns Gemeinde 87, 221.
[61] VGH Kassel, Urteil v. 12. 1. 1983 – V OE 1/79 – HSGZ 83, 295.

im Straßenbaubeitragsrecht nichts anderes als im Erschließungsbeitragsrecht (vgl. dazu § 13 Rdnr. 46). Im Ergebnis entsprechendes trifft zu auf **Fremdfinanzierungskosten.** Sie – und zwar namentlich **Zinsen** für Darlehen, die zur Finanzierung beitragsfähiger Ausbaumaßnahmen verwandt werden – zählen entgegen der Ansicht des Oberverwaltungsgerichts Münster[62] im Ausbaubeitragsrecht aus den gleichen Gründen wie im Erschließungsbeitragsrecht selbst nach dem Übergang vom Einzeldeckungsprinzip zum Gesamtdeckungsprinzip im kommunalen Haushaltsrecht zum beitragsfähigen Aufwand (vgl. im einzelnen § 13 Rdnrn. 12 ff.).

3. Beschränkungen durch den Grundsatz der Erforderlichkeit

Der für das Straßenbaubeitragsrecht nur in den Kommunalabgabengeset- 37
zen der Länder Mecklenburg-Vorpommern und Schleswig-Holstein (durch das Merkmal ʼʼnotwendigʼʼ im jeweiligen § 8 Abs. 1 Satz 1) ausdrücklich angesprochene, gleichwohl aber allgemein geltende[63] Grundsatz der Erforderlichkeit beruht letztlich auf der Überlegung, daß eine **sparsame** und **wirtschaftliche Haushaltsführung** namentlich dort geboten ist, wo das gemeindliche Handeln eine Beitragspflicht auszulösen bestimmt ist. Dementsprechend ist der Grundsatz der Erforderlichkeit – wie im Erschließungsbeitragsrecht – ausgerichtet zum einen auf die Erforderlichkeit der Baumaßnahme bzw. der Anlage als deren Gegenstand (anlagebezogene Erforderlichkeit – vgl. § 15 Rdnrn. 2 ff.) und zum anderen auf die Erforderlichkeit (im Sinne von Angemessenheit) der entstandenen Kosten (kostenbezogene Erforderlichkeit – vgl. § 15 Rdnrn. 16 f.). In beiden Richtungen markiert dieser Grundsatz jedoch lediglich eine **äußerste** Grenze, deren Überschreiten durch die Gemeinde zur Folge hat, daß entstandene Kosten deshalb nicht oder jedenfalls nicht in vollem Umfang als beitragsfähig zu qualifizieren sind, weil die ihnen korrespondierende ʼʼLeistungʼʼ der Gemeinde entweder – wenn es um die Maßnahme als solche geht – nicht oder – wenn die Kosten unangemessen hoch sind – nur zum Teil geeignet ist, Allgemeinheit und Grundstückseigentümern zusätzliche (Gebrauchs-)Vorteile zu vermitteln. Im übrigen kann die Kommunalaufsicht zur Durchsetzung des Grundsatzes der Wirtschaftlichkeit und Sparsamkeit (z.B. bei der Vergabe eines Auftrags) einschreiten, doch setzt das voraus, daß die Gemeinde den ihr bei der Anwendung dieses Grundsatzes zustehenden Entscheidungsspielraum in nicht mehr vertretbarer Weise überschritten hat; das kann bei einer erheblichen Abweichung vom niedrigsten Angebot ohne zureichende Gründe zu bejahen sein.[64]

---

[62] OVG Münster, Urteile v. 29. 11. 1989 – 2 A 1419/87 – NWVBl 90, 311 = NVwZ-RR 90, 640 = GemHH 91, 115, und v. 21. 2. 1990 – 2 A 2787/86 – NVwZ-RR 90, 643 = KStZ 90, 229 = GemHH 91, 90.

[63] Vgl. etwa OVG Koblenz, Urteil v. 10. 11. 1981 – 6 A 282/80 – KStZ 82, 195, sowie OVG Lüneburg, Beschluß v. 8. 3. 1984 – 3 B 150/83 – Ns Gemeinde 84, 366.

[64] OVG Münster, Beschluß v. 26. 10. 1990 – 15 A 1099/87 – Ns Gemeinde 91, 310.

38   Die Gemeinde hat sowohl bei der Entscheidung, ob überhaupt und welche Ausbaumaßnahme vorgenommen werden soll, als auch bei der Entscheidung über den Inhalt des Bauprogramms (**Ausbauart**) einschließlich der Einzelarbeiten, die zur Verwirklichung des mit der jeweiligen Maßnahme verfolgten Ziels erforderlich sind, einen **weiten Ermessensspielraum.**[65] Entsprechend diesem Ermessen trägt die Gemeinde das **Risiko** z. B. für die Eignung und ordnungsgemäße Durchführung der Baumaßnahme. Sollte sich eine Maßnahme nämlich nachträglich als ungeeignet herausstellen und deshalb eine Erneuerung vor Ablauf der normalen Nutzungszeit erforderlich werden, sind die Kosten von der Gemeinde zu tragen. Hinsichtlich der gewählten Ausbauart kann angesichts dessen eine Überschreitung des gemeindlichen Ermessens nur vorliegen, wenn sie offensichtlich zur Erreichung des angestrebten Ziels ungeeignet ist,[66] nicht aber schon, wenn es zweifelsfrei eine geeignetere gibt. Hinsichtlich der Entscheidung darüber, ob überhaupt eine Ausbaumaßnahme an einer bestimmten öffentlichen Anlage (Einrichtung) durchgeführt werden soll, könnte eine Ermessensüberschreitung allenfalls ausnahmsweise anzunehmen sein, wenn die Anlage – nachdem sie erst vor sehr kurzer Zeit mit einer Beitragsbelastung grundlegend ausgebaut worden ist – ohne sachlich rechtfertigenden Grund und mithin **willkürlich** (erneut) verbessert oder gleichsam "uferlos" verbreitert wird. So dürfte etwa dann, wenn eine "normale" Fahrstraße mit beitragsrechtlichen Konsequenzen zu einem verkehrsberuhigten Bereich umgestaltet worden ist, ein kurze Zeit später erfolgender erneuter Umbau zur Fußgängerzone grundsätzlich keine Beitragspflicht auslösen.[67] Entsprechendes kann z. B. angenommen werden, wenn Teileinrichtungen (bzw. Bestandteile von ihnen) angelegt werden, für die aufgrund der tatsächlichen Verhältnisse unter keinem denkbaren Gesichtspunkt ein von den "anliegenden" Grundstücken ausgehendes Bedürfnis besteht. Das trifft jedoch nicht zu auf die Anlegung etwa eines Wendehammers am Ende einer Stichstraße[68] oder von Parkflächen in ausreichender Zahl.[69] An der beitragsrechtlichen Erforderlichkeit und in der Folge der Beitragsfähigkeit von angelegten Parkflächen kann es jedoch z. B. fehlen, wenn ihre Anlegung nicht von den "anliegenden" Grundstücken ausgelöst wurde, sondern sie geschaffen worden sind, um den (allgemeinen) Parkplatzbedarf im Ortszentrum zu befriedigen und um überdies Markttage und sonstige Veranstaltungen durchführen zu können.[70]

39   Auch bei der Beurteilung der Frage, ob **angefallene Kosten angemessen sind**

---

[65] St. Rspr., u. a. OVG Lüneburg, Urteil v. 19. 9. 1988 – 9 A 21/87 –, BayVGH, Urteil v. 3. 8. 1989 – Nr. 6 B 88.2795 u. a. –, und OVG Münster, Urteil v. 4. 7. 1986 – 2 A 1761/85 – StuGR 87, 89.

[66] OVG Münster, U. v. 11. 5. 1987 – 2 A 1666/85 –.

[67] OVG Lüneburg, v. 27. 9. 1989 – 9 M 77/89 u. a. –.

[68] OVG Bremen, U. v. 19. 5. 1981 – 1 BA 21/80 – KStZ 1982, 158.

[69] OVG Lüneburg, U. v. 23. 5. 1979 – IX A 137/77 – KStZ 1979, 174.

[70] Vgl. OVG Lüneburg, Urteil v. 18. 3. 1986 – 9 A 32/83 –.

(kostenbezogene Erforderlichkeit), steht der Gemeinde ein weiter Ermessensspielraum zu.[71] Die Gemeinde ist nicht gehalten, die kostengünstigste Ausbaumöglichkeit zu wählen;[72] ihr Gestaltungs- und Entscheidungsspielraum impliziert u. a. das Recht zur Wahl nur der "zweitbilligsten" Lösung.[73] Der nicht selten von Beitragspflichtigen erhobene Einwand, die Gemeinde habe zu aufwendig gebaut, hat deshalb in der Regel **keinen** Erfolg, d. h. in der Regel müssen die Beitragspflichtigen die Höhe der Kosten für die von der Gemeinde für erforderlich gehaltenen Arbeiten hinnehmen.[74] Die Angemessenheit entstandener Kosten kann angesichts dessen nur dann ausnahmsweise verneint werden, wenn sich die Gemeinde bei der Vergabe der Aufträge oder bei der Durchführung einer Baumaßnahme *offensichtlich* nicht an das Gebot der Wirtschaftlichkeit gehalten hat und dadurch augenfällige Mehrkosten entstanden sind, d. h., wenn die Kosten in für die Gemeinde erkennbarer Weise eine **grob unangemessene Höhe** erreichen, also sachlich schlechthin unvertretbar sind (vgl. § 15 Rdnrn. 16 f.). Nach Ansicht des Oberverwaltungsgerichts Münster[75] soll das der Gemeinde für die Beurteilung der kostenbezogenen Erforderlichkeit eingeräumte weite Ermessen bereits überschritten sein, wenn eine Gemeinde z. B. Arbeiten zur Verbesserung der Straßenbeleuchtung mit der Maßgabe an die Stadtwerke überträgt, daß dafür **ABM-Kräfte** einzusetzen sind, sofern die für diese Kräfte zusätzlich entstehenden Kosten um ein Drittel höher sind als eine Abrechnung durch Privatfirmen zu Festpreisen und diese Mehrkosten nicht aus Gründen des Straßenbaus sachlich gerechtfertigt sind. Grundsätzlich zum beitragsfähigen Aufwand zählende Fremdkapitalkosten (vgl. Rdnr. 36) sollen im übrigen nach Auffassung des Oberverwaltungsgerichts Koblenz[76] insoweit nicht beitragsfähig sein, als sie entstanden sind, weil die Gemeinde eine (im Einzelfall) durch ihre Ausbaubeitragssatzung begründete Pflicht, Vorausleistungen zu erheben, nicht rechtzeitig erfüllt hat.

II. Ermittlung des beitragsfähigen Aufwands

Die Höhe des beitragsfähigen Aufwands kann nach allen Kommunalabgabengesetzen nach den tatsächlichen Kosten ermittelt werden; diese **Ermittlungsmethode** ist als (gesetzlicher) **Regelfall** anzusehen. Überdies lassen die Gesetze – mit Ausnahme der Kommunalabgabengesetze für die Länder Bay- **40**

---

[71] U. a. OVG Lüneburg, Beschluß v. 6. 1. 1981 – 9 B 33/80 – KStZ 81, 71 = HSGZ 81, 144 = ID 81, 155.

[72] OVG Münster, Beschluß v. 18. 11. 1975 – 2 B 837/75 –.

[73] OVG Koblenz, Urteil v. 22. 3. 1988 – 6 A 6/87 –.

[74] U. a. VGH Kassel, Urteil v. 20. 10. 1971 – VI OE 15/70 – GemTg 72, 133 = ZMR 72, 252, und OVG Lüneburg, Urteil v. 12. 12. 1989 – 9 A 62/88 –.

[75] OVG Münster, Urteil v. 13. 12. 1990 – 2 A 2098/89 –.

[76] OVG Koblenz, Urteil v. 24. 1. 1984 – 6 A 29/83 – KStZ 85, 153.

ern und Thüringen – auch eine Aufwandsermittlung nach Einheitssätzen zu. Soweit das zutrifft, kann die Gemeinde zwischen der einen oder anderen Ermittlungsmethode wählen, muß jedoch ihre Entscheidung für eine Abrechnung nach Einheitssätzen in satzungsmäßiger Form festlegen (vgl. § 30 Rdnr. 31).

41   Indem die Kommunalabgabengesetze für die Aufwandsverteilung als Regelfall auf die tatsächlich entstandenen Kosten abstellen, begründen sie zugleich eine grundsätzliche Pflicht zur "pfennig-genauen" Kostenermittlung. Von der Erfüllung dieser Pflicht sind indes – ebenso wie im Erschließungsbeitragsrecht (vgl. dazu im einzelnen § 13 Rdnrn. 7) – Ausnahmen zuzulassen dann, wenn eine "pfennig-genaue" Kostenermittlung nicht oder nur mit unvernünftigem und deshalb unvertretbarem Aufwand möglich ist. Das trifft etwa zu auf die Kostenermittlung in Fällen des Ausbaus einer sog. Gemeinschaftseinrichtung (vgl. Rdnr. 19) und der Verbindung einer anschluß- mit einer straßenbeitragsrechtlichen Maßnahme (vgl. Rdnr. 21) sowie auf die Ermittlung von Fremdkapitalkosten (vgl. Rdnr. 36 in Verbindung mit § 13 Rdnrn. 12 ff.). In derartigen und vergleichbaren Ausnahmefällen begründet das materielle Recht eine Befugnis der Gemeinde, den beitragsfähigen Aufwand bzw. Teile dieses Aufwands mit Hilfe gesicherter Erfahrungssätze zu schätzen. Diese **materiell-rechtliche Schätzungsbefugnis** der Gemeinde ist notwendigerweise mit einem gewissen Spielraum, d. h. einer sowohl den Weg der Schätzung als auch deren Ergebnis betreffenden Toleranz verbunden; ihr Bestehen schließt eine prozessuale Schätzungsbefugnis des Gerichts in entsprechender Anwendung des § 287 Abs. 2 ZPO für das ausbaubeitragsrechtliche Verwaltungsstreitverfahren aus.

42   Die Aufwandsermittlung stellt grundsätzlich ab auf eine einzelne Anlage als Gegenstand der beitragsfähigen Maßnahme (**Ermittlungsraum**). Ob daneben ein Bedürfnis dafür besteht, den Aufwand auch für Abschnitte oder gar Abrechnungseinheiten (Erschließungseinheiten) zu ermitteln, hängt in erster Linie davon ab, wie der **Begriff der Anlage** (Einrichtung) im einschlägigen Kommunalabgabengesetz bzw. – namentlich in Nordrhein-Westfalen – in der Satzung definiert worden ist. Wenn insoweit der weite Anlagebegriff (vgl. § 30 Rdnr. 12 ff.) verwandt worden ist, bleibt für eine Abschnittsbildung allenfalls Raum, wenn im Einzelfall eine ursprünglich einheitlich geplante Maßnahme wegen Geldmangels von der Gemeinde (zunächst) nicht zu Ende geführt werden kann.[77] Ist hingegen – wie wohl in den meisten Kommunalabgabengesetzen – Anlage (Einrichtung) mit "Erschließungsanlage" oder „öffentliche Straße" gleichgestellt, wird eine Abschnittsbildung im Interesse einer frühzeitigeren (teilweisen) Refinanzierung entstandener Aufwendungen nicht selten in Betracht kommen, sofern sich die Gemeinde den Weg dazu durch eine entsprechende satzungsmäßige Regelung eröffnet hat (vgl. § 30 Rdnr. 32). Allerdings muß eine Gemeinde ihre ggfs. bestehende Wahlfreiheit

---

[77] Ebenso etwa Kulartz in StuGR 83, 61 ff. (64).

hinsichtlich Ermittlungsmethode und Ermittlungsraum bezogen auf eine bestimmte Anlage **rechtzeitig** ausüben, da dann, wenn diesbezügliche (Ermessens-)Entscheidungen fehlen, die (sachlichen) Beitragspflichten – wie im Erschließungsbeitragsrecht (vgl. § 14 Rdnr. 1) – kraft Gesetzes auf der Grundlage der tatsächlichen Kosten für eine einzelne Anlage mit der Folge entstehen, daß die Gemeinde insoweit ihre Wahlfreiheit eingebüßt hat.

Sowohl für die Ermittlungsmethoden als auch für die Ermittlungsräume **43** gelten im übrigen die einschlägigen Ausführungen zum Erschließungsbeitragsrecht entsprechend (vgl. § 14 Rdnrn. 1 ff.); sie lassen sich grundsätzlich ohne weiteres auf das Ausbaubeitragsrecht übertragen. Dies trifft jedoch nicht – oder jedenfalls nur eingeschränkt – zu für die Ausführungen über die Zusammenfassung von zwei eine **Erschließungseinheit** i. S. des § 130 Abs. 2 Satz 3 BauGB bildenden Anlagen zur gemeinsamen Aufwandsermittlung und Abrechnung.

Zwar ist die Möglichkeit einer gemeinsamen Aufwandsermittlung nur in wenigen Kommunalabgabengesetzen (vgl. etwa Art. 5 Abs. 1 Satz 4 KAG Bay sowie §§ 27 Abs. 3 SächsKAG und 7 Abs. 1 Satz 4 ThürKAG) ausdrücklich vorgesehen. Gleichwohl unterliegt die grundsätzliche Zulässigkeit, auf den Ermittlungsraum ″Abrechnungseinheit (Erschließungseinheit)‟ abzustellen, auch in den übrigen Ländern schwerlich ernsthaften Bedenken,[78] erfordert aber – und das gilt für alle Länder – eine ortsrechtliche Bestimmung (vgl. § 30 Rdnr. 33). Allerdings besteht im Straßenbaubeitragsrecht anders als im Erschließungsbeitragsrecht **kaum** ein **Bedürfnis** für eine gemeinsame Aufwandsermittlung. Das beruht etwa in Nordrhein-Westfalen dann, wenn die einschlägige Satzung auf ihn abhebt, auf dem weiten Anlagebegriff, der geeignet ist, schon von sich aus mehrere eine Erschließungseinheit i. S. des § 130 Abs. 2 Satz 3 BauGB bildende Erschließungsanlagen zu erfassen (vgl. § 30 Rdnr. 13). Es beruht **vor allem** aber darauf, daß das im Erschließungsbeitragsrecht mit der gemeinsamen Aufwandsermittlung und Abrechnung erstrebte **Ziel einer Beitragsnivellierung** im Straßenbaubeitragsrecht weitgehend durch eine unterschiedliche Festsetzung des **Gemeindeanteils** (vgl. dazu § 33 Rdnrn. 4 ff.) erreicht wird.

Im Erschließungsbeitragsrecht dient die gemeinsame Aufwandsermittlung **44** und Abrechnung der Beitragsgerechtigkeit. Der Anlieger einer breiten Haupt(erschließungs)straße soll nicht wesentlich stärker mit Beiträgen belastet werden als der Anlieger einer schmalen (erschließungsrechtlich selbständigen) Wohn(stich)straße, die ihrerseits **lediglich** durch die Hauptstraße mit dem übrigen Straßennetz der Gemeinde mit der Folge verbunden ist, daß der Anlieger der Wohn(stich)straße die Hauptstraße in einem nahezu vergleichbaren Umfang in Anspruch nimmt wie der Anlieger der Hauptstraße selbst. Diesem (Beitragsgerechtigkeits-)Gesichtspunkt wird im Straßenbaubeitrags-

---

[78] Ebenso u. a. für das KAG Hess Schmidt in GemTg 71, 176, für das KAG S-H Thiem, KAG S-H, § 8 Rdnr. 82, und für das KAG NW Driehaus in KStZ 73, 225.

recht dadurch Rechnung getragen, daß der Gemeindeanteil für eine Hauptstraße höher festzusetzen ist als für eine (reine) Wohnstraße, auf die Anlieger der Hauptstraße also nur ein geringerer Teil des entstandenen beitragsfähigen Aufwands umgelegt und ihre Beitragsbelastung auf diese Weise der der Anlieger von Wohnstraßen im Ergebnis angeglichen wird. Aus dieser Besonderheit des Straßenbaubeitragsrechts ergibt sich zugleich, daß in diesem Rechtsgebiet **ausschließlich** solche Straßen zur gemeinsamen Aufwandsermittlung und Abrechnung zusammengefaßt werden dürfen, die dem gleichen **Straßentyp** mit gleichen Anteilssätzen angehören (z. b. nur Anliegerstraßen, nur innerörtliche Geschäftsstraßen oder nur Fußgängerstraßen), da anderenfalls die von den Landesgesetzgebern i. V. m. den Ortsgesetzgebern (durch die Festsetzung der Gemeinde- bzw. Anliegeranteile) angeordnete Aufwandsverteilung nach den unterschiedlichen Vorteilen unterlaufen und die Höhe der Beiträge nicht mehr der (unterschiedlichen) Höhe der Vorteile entsprechen würde.

Dritter Abschnitt
Verteilungsphase

§ 33 Umlagefähiger Aufwand

I. Ermittlung des umlagefähigen Aufwands

Der beitragsfähige Aufwand als "negative Vermögensmasse" ist im Aus- **1** baubeitragsrecht – wie im Erschließungsbeitragsrecht (vgl. § 16 Rdnr. 1) – im Rahmen der Verteilungsphase einem rechnerischen Ausgleich zuzuführen und in diesem Sinne zu verteilen. Bei der Verteilung dieser Masse sind nicht nur bestimmte Grundstückseigentümer, sondern auch (vorab) die Gemeinde (Allgemeinheit) und ggfs. Dritte bzw. deren Zuwendungen zu berücksichtigen. Nur der Teil der negativen Vermögensmasse, der nicht durch den **Gemeindeanteil** und ggfs. **Zuschüsse Dritter** (rechnerisch) gedeckt ist, kommt als sog. umlagefähiger Aufwand für eine Verteilung auf Grundstückseigentümer in Betracht. Der Ermittlung des beitragsfähigen Aufwands schließt sich also die Ermittlung des umlagefähigen Aufwands an. Dazu ist vom beitragsfähigen Aufwand zunächst der Gemeindeanteil und ggfs. sodann eine von dritter Seite erbrachte Leistung abzuziehen.

Nach allen Kommunalabgabengesetzen ist zur Ermittlung des umlagefähi- **2** gen Aufwands ein von der Gemeinde zu tragender Anteil des beitragsfähigen Aufwands (Gemeindeanteil) in Abzug zu bringen, der dem Wert des der *Allgemeinheit* durch die Inanspruchnahmemöglichkeit der ausgebauten Anlage gebotenen (wirtschaftlichen) Vorteils entspricht. Lediglich in den §§ 8 Abs. 4 Satz 4 KAG NW und BraKAG sowie den §§ 6 Abs. 5 Satz 4 NKAG und KAG LSA ist insoweit neben der Allgemeinheit *zusätzlich* die Gemeinde selbst mit der Folge genannt, daß nach dem **Wortlaut** dieser Bestimmungen in den vom beitragsfähigen Aufwand vorweg abzuziehenden Gemeindeanteil auch der Wert des Vorteils einbezogen werden soll, der der **Gemeinde** als **Eigentümerin** von Grundstücken durch die Inanspruchnahmemöglichkeit der ausgebauten Anlage vermittelt wird. Allerdings ist eine auf diesen Wortlaut abstellende Verfahrensweise recht problematisch. Da etwa im Straßenbaubeitragsrecht der Gemeindeanteil nicht für einzelne Straßen, sondern (in der Satzung und damit generalisierend) für bestimmte Straßentypen festzulegen ist, kann nicht hinreichend in Rechnung gestellt werden, daß möglicherweise z.B. an eine Straße keine, an eine andere aber eine ganze Reihe **gemeindeeigener Grundstücke** angrenzen. Ein einheitlicher, eine bestimmte Quote für gemeindeeigene Grundstücke enthaltener Gemeindeanteil wäre unter diesen Umständen **schwerlich** angemessen vorteilsgerecht. Deshalb sollten im Ausbaubeitragsrecht – wie im Erschließungsbeitragsrecht – gemeindeeigene Grundstücke im Rahmen der Verteilungsphase wie alle anderen Grundstücke behandelt, d. h. nicht schon im Zusammenhang mit dem Gemeindeanteil bei der Ermittlung des umlagefähigen Aufwands, sondern **erst** bei der **Verteilung** des **umlagefähigen** Aufwands berücksichtigt werden.[1] Dies ist selbst in Nordrhein-Westfalen[2] und Niedersachsen[3] sowie in den Ländern Brandenburg und Sachsen-Anhalt rechtlich unbedenklich. Entscheidet sich eine Gemeinde in diesen Ländern – zweckmäßigerweise – für diesen Weg, sollte sie dies im Hinblick auf die angesprochene gesetzliche Formulierung in ihrer Beitragssatzung klarstellend zum Ausdruck bringen.[4] In der Praxis entscheiden sich die Gemeinden tatsächlich ganz **überwiegend für diesen Weg**, so daß im folgenden unter **Gemeindeanteil** ausschließlich der Anteil am beitragsfähigen Aufwand verstanden wird, den die Gemeinde für die der **Allgemeinheit** gebotenen (wirtschaftlichen) **Vorteile** zu tragen hat.

3 Da – und darauf sei bereits an dieser Stelle hingewiesen – die Gemeinde im Beitragsrecht nicht ihr eigener Beitragsschuldner werden kann (vgl. § 19 Rdnr. 15), sind gemeindeeigene Grundstücke zwar bei der Verteilung des umlagefähigen Aufwands zu berücksichtigen, unterliegen aber – sofern sie nicht mit einem Erbbaurecht belastet sind – gleichwohl nicht der Beitragspflicht, für sie kann (schon) eine abstrakte Beitragspflicht nicht entstehen.[5] Einzig das Sächsische Kommunalabgaberecht trägt dem Umstand, daß derartige Grundstücke – etwa im Straßenbaubeitragsrecht – zwar bei der Aufwandsverteilung zu berücksichtigen, aber (schon) keiner sachlichen Beitragspflicht unterliegen, dadurch ausdrücklich Rechnung, daß es in § 22 Abs. 2 anordnet, es seien für sie „die satzungsmäßigen Beiträge zu verrechnen". Damit ist eine rein interne Verrechnung gemeint; bei ihr „handelt es sich nicht um einen anfechtbaren Verwaltungsakt".[6]

---

[1] Vgl. u. a. für das KAG Bay Schieder/Angerer, Art. 5 Bem. 2.3.4, und für das KAG S-H Hempel/Hempel, § 8 Rdnr. 266.

[2] OVG Münster, u. a. Urteile v. 22. 1. 1979 – II A 1796/77 – und 3. 9. 1980 – 2 A 2551/79 –.

[3] OVG Lüneburg, Urteil v. 11. 12. 1980 – 3 A 363/97 –.

[4] Vgl. etwa Kulartz im StuGR 83, 61 ff. (65).

[5] Ebenso u. a. OVG Münster, Beschluß v. 10. 9. 1985 – 2 B 1431/85 –, sowie u. a. Ruff in KStZ 86, 9, Dohle in VBlBW 86, 128 (135), und Ahlers in KStZ 88, 881; a. A. für das bayerische Landesrecht – mit nicht überzeugender Begründung – BayVGH, Beschluß v. 7. 8. 1985 – 23 CS A. 3129 – KStZ 85, 218 = BayVBl 86, 884; sowie für das niedersächsische Landesrecht OVG Lüneburg, Urteil v. 11. 5. 1990 – 9 L 390/89 – Ns Gemeinde 90, 351 = NVwZ-RR 91, 42; vgl. dazu auch Dietzel in Driehaus, Kommunalabgabenrecht, § 8 Rdnr. 577.

[6] Landtagsdrucksache 1/2843, S. 28.

II. Gemeindeanteil

Der beitragsfähige Aufwand ist aufzuteilen *ausschließlich*[7] auf die Gemein- 4
de als "Repräsentantin" der Allgemeinheit einerseits und die Gruppe der
"betroffenen" Grundstückseigentümer (einschließlich ggfs. der Gemeinde)
andererseits mit der Folge, daß der **Gemeindeanteil** und der **Eigentümeranteil**
(umlagefähiger Aufwand) zusammengezählt den **beitragsfähigen Aufwand**
ausmachen müssen. Je geringer der Gemeindeanteil ist, desto größer muß
demgemäß notwendigerweise der Eigentümeranteil sein und umgekehrt. **Ein-**
ziges Kriterium für die Aufteilung des beitragsfähigen Aufwands auf die Gemeinde *und* die Eigentümer ist der durch die Inanspruchnahmemöglichkeit
der ausgebauten Anlage der Allgemeinheit wie den Eigentümern gebotene
wirtschaftliche Vorteil, „der Vorteil der Allgemeinheit ist die Kehrseite des
Eigentümervorteils".[8]

1. Bestimmung des Gemeindeanteils

Die Bestimmung des Gemeindeanteils ist dem Ortsgesetzgeber vorbehalten; 5
die Höhe des Gemeindeanteils muß in einer **Ortssatzung** festgelegt werden (vgl.
§ 30 Rdnr. 26). Der Ortsgesetzgeber kann den Gemeindeanteil unmittelbar
durch die Angabe eines **Prozentsatzes** bestimmen, er kann dies aber auch mittelbar durch eine Festsetzung des Anteils der Grundstückseigentümer tun. Jedenfalls ist erforderlich, daß der Gemeindeanteil als ein ganz **bestimmter** (Pro-
zent-)Satz bezeichnet wird. Nicht ausreichend wäre die Angabe einer Spanne
(z. B. für Fußgängerstraßen 40 bis 60 v. H.) oder eines Mindestsatzes (z. B.
mindestens 50 v. H.), weil alle Modifikationen in der Satzung selbst geregelt
sein müssen und nicht der Entscheidung der Gemeinde außerhalb einer Satzung überlassen bleiben dürfen.[9] Eine satzungsmäßige Festlegung des Gemeindeanteils braucht jedoch nicht für alle auch nur in Betracht kommenden
Fälle in der allgemeinen Beitragsatzung zu erfolgen, vielmehr sind diese
Satzung ergänzende Einzelsatzungen über den Gemeindeanteil grundsätzlich
zulässig. Gleichwohl sollte schon aus Gründen der Übersichtlichkeit und
damit der Rechtsklarheit sowie der Verwaltungsvereinfachung, mithin vor
allem aus Zweckmäßigkeitserwägungen, der Weg des Erlasses vieler ergän-
zender Einzelsatzungen – soweit möglich – vermieden werden.

Die Festsetzung des Gemeindeanteils ist ein **Akt gemeindlicher Rechtsset-** 6
zung. Sie kann deshalb wie jeder andere Gesetzgebungsakt gerichtlich nur
darauf überprüft werden, ob die Gemeinde den durch Gesetz und Recht der

---

[7] In diesem Zusammenhang werden ggfs. zu berücksichtigende Zuwendungen Dritter vernachlässigt.
[8] OVG Münster, u. a. Urteil v. 23. 11. 1976 – II A 1766/74 – OVGE 32, 162 = NJW
77, 2179 = KStZ 77, 114.
[9] U. a. OVG Lüneburg, Urteil v. 23. 1. 1976 – VI A 78/75 – KStZ 76, 216.

Ausübung ihres ortsgesetzgeberischen Ermessens gesteckten Rahmen über-schritten hat.[10] Keinesfalls kann das Gericht in der Weise an die Stelle des Ortsgesetzgebers treten, daß es – wenn es einen Ermessensfehler feststellt – die Ermessensentscheidung der Gemeinde durch seine eigene ersetzt.[11] Aus diesem Grunde kann die gerichtliche Feststellung eines Rechtsfehlers, der der Gemeinde in Ausübung ihres ortsgesetzgeberischen Ermessens zur Bestimmung des Gemeindeanteils unterlaufen ist, nur zur vollen Aufhebung, nicht aber zur Teilaufhebung eines Beitragsbescheids in Höhe eines bestimmten Vomhundertsatzes führen.[12]

7   Nur in den Ländern Hessen, Sachsen und Schleswig-Holstein (vgl. § 11 Abs. 3 KAG Hess, § 28 Abs. 2 SächsKAG und § 8 Abs. 1 Satz 3 KAG S-H) haben die jeweiligen Landesgesetzgeber Mindestsätze für den Gemeindean-teil vorgegeben. In allen anderen Ländern haben die Gemeinden die Bestim-mung des Gemeindeanteils *ausschließlich* nach dem Grundsatz vorzunehmen, daß der Gemeindeanteil den Vorteil widerspiegeln muß, der der Allgemein-heit im Verhältnis zur Gruppe der Grundstückseigentümer durch die Inan-spruchnahmemöglichkeit der ausgebauten Anlage geboten wird.[13] Dazu ist eine **Vorteilsabwägung** erforderlich, d.h., die Gemeinden haben das Maß der schätzungsweise zu erwartenden Nutzung der ausgebauten Anlage durch die Grundstückseigentümer einerseits und die Allgemeinheit andererseits gegen-überzustellen und auf dieser Grundlage die jeweiligen Anteilssätze festzule-gen.[14] Je mehr die ausgebaute Anlage erfahrungsgemäß von der Allgemeinheit benutzt bzw. benutzt werden wird, desto höher ist der Wert des durch die Inanspruchnahmemöglichkeit der Allgemeinheit vermittelten (wirtschaftli-chen) Vorteils zu bemessen und desto höher muß dementsprechend der Ge-meindeanteil sein. Umgekehrt muß der Eigentümeranteil desto höher sein, je mehr die ausgebaute Anlage erfahrungsgemäß von den "anliegenden" Grund-stücken aus benutzt bzw. benutzt werden wird.[15] Innerhalb des dadurch abgesteckten, vom Vorteilsprinzip **bindend vorgegebenen** Rahmens muß der Gemeinde ein gewisser „Einschätzungsspielraum",[16] ein „Bewertungsermes-

---

[10] U.a. OVG Lüneburg, Beschluß v. 4. 2. 1976 – VI B 141/75 – KStZ 76, 96 = ZMR 78, 31, und OVG Münster, Urteil v. 7. 12. 1976 – II A 1563/74 –.

[11] Vgl. etwa OVG Lüneburg, Urteil v. 11. 8. 1987 – 9 A 56/86 – KStZ 88, 55.

[12] U.a. OVG Lüneburg, Urteil v. 30. 3. 1976 – VI A 221/75 – VerwRspr 28, 340 = DVBl 77, 391 = SH Gemeinde 76, 264, und OVG Münster, Urteil v. 7. 12. 1976 – II A 1563/74 –.

[13] U.a. BayVGH, Urteil v. 29. 10. 1984 – Nr. 6 B 82 A. 2893 – BayVBl 85, 117, und OVG Koblenz, Urteil v. 8. 11. 1976 – 6 A 48/75 – VerwRspr 28, 802 = DVBl 77, 388 = KStZ 77, 161.

[14] Vgl. u.a OVG Lüneburg, Urteil v. 27. 2. 1980 – 9 C 2/79 – DVBl 80, 7760 = KStZ 81, 89 = Ns Städteverband 80, 161, und BayVGH, Urteil v. 29. 10. 1984 – 6 B 82 A. 2893 – BayVBl 85, 117, sowie Menger in VerwArch 79, 275, und Schmidt in KStZ 79, 184.

[15] U.a. OVG Lüneburg, Urteil v. 13. 12. 1983 – 9 A 92/81 – SH Gemeinde 84, 258.

[16] OVG Münster, u.a. Urteil v. 7. 12. 1976 – II A 1563/74 –.

sen",[17] zugebilligt werden, da eine sichere Prognose über das Verhältnis der wahrscheinlichen Inanspruchnahme der ausgebauten Anlage und damit der Werte der der Allgemeinheit einerseits und den Eigentümern andererseits durch deren Inanspruchnahmemöglichkeit gebotenen (wirtschaftlichen) Vorteile schlechterdings nicht möglich ist.[18]

Das Verhältnis der durch die Inanspruchnahmemöglichkeit für die Allgemeinheit und die Grundstückseigentümer gebotenen wirtschaftlichen Vorteile hängt sowohl von der **Verkehrsbedeutung** ausgebauter Straßen (eine Anliegerstraße etwa vermittelt den Grundstückseigentümern im Verhältnis zur Allgemeinheit ungleich mehr Vorteile als eine Straße für den überörtlichen Durchgangsverkehr) als auch davon ab, welche **Teileinrichtungen** ausgebaut worden sind (eine Fahrbahn bringt regelmäßig der Allgemeinheit größere Vorteile als ein primär den Interessen der Anlieger dienender Gehweg). Diesen grundsätzlichen Unterschieden *muß* die Gemeinde bei der Bestimmung des Gemeindeanteils Rechnung tragen. Die starre Festlegung eines einzigen Vomhundertsatzes für alle Straßenarten und Teileinrichtungen, mit dem die wirtschaftlichen Vorteile der Allgemeinheit generell abgedeckt werden sollen, würde gegen die aus den ausbaubeitragsrechtlichen Vorschriften folgende Verpflichtung zur Vorteilsabwägung[19] und zugleich gegen den Gleichheitsgrundsatz verstoßen.[20] Unzulässig wäre aus diesem Grunde selbst die Festlegung eines so hohen, einheitlichen Gemeindeanteils (z. B. 80 v. H.), daß er in jedem in der Gemeinde denkbaren Fall den durch eine beitragsfähige Ausbaumaßnahme entstehenden wirtschaftlichen Vorteil der Anlieger (im Verhältnis zum Vorteil der Allgemeinheit) übersteigt. Denn durch eine solche Bestimmung würden die Grundstückseigentümer beim Ausbau einer reinen Wohnstraße mit einem ebenso hohen Anteil am beitragsfähigen Aufwand belastet wie beim Ausbau einer Straße für den Durchgangsverkehr, obwohl die von der zu erwartenden Inanspruchnahme der jeweiligen Straßen abhängige Vorteilssituation in beiden Fällen offensichtlich unterschiedlich ist. Es würden also ohne sachliche Rechtfertigung völlig unterschiedliche Sachverhalte gleich behandelt, was mit dem Gleichheitsgrundsatz nicht vereinbar wäre.[21]

Im Straßenbaubeitragsrecht ist die Gemeinde mithin verpflichtet, die Höhe des Gemeindeanteils nach Straßenarten und innerhalb dieser nach Teileinrichtungen zu *staffeln*. Ob ein solches Gebot betreffend die Teileinrichtungen

---

[17] OVG Lüneburg, u.a. Urteil v. 30. 3. 1976 – VI A 221/75 – VerwRspr 28, 340 = DVBl 77, 391 = GemSH 776, 264.

[18] U.a. OVG Lüneburg, Urteil v. 12. 6. 1990 – 9 A 149/88 – NST-N 90, 325 = Ns Gemeinde 91, 32.

[19] BayVGH, Urteil v. 29. 10. 1984 – 6 B 82 A. 2893 – BayVBl 85, 177.

[20] Vgl. u.a. von Mutius in Driehaus/Hinsen/von Mutius, Grundprobleme des kommunalen Beitragsrechts, S. 39 mit weiteren Nachweisen.

[21] OVG Lüneburg, Urteil v. 27. 2. 1980 – 9 C 2/79 – DVBl 80, 760 = KStZ 81, 89 = Ns Städteverband 80, 161.

auch für das hessische und sächsische Landesrecht gilt, mag dahinstehen, jedenfalls aber ist eine solche Staffelung auch in Hessen[22] und Sachsen[23] zulässig und zumindest empfehlenswert. Allerdings erlauben namentlich die Grundsätze der Praktikabilität und der Typengerechtigkeit insoweit eine gewisse Pauschalierung mit der Tendenz zur Nichtberücksichtigung individueller Besonderheiten, d. h. ein Abstellen auf Straßenarten bzw. Teileinrichtungen, deren Inanspruchnahmemöglichkeit Allgemeinheit und Grundstückseigentümern deshalb typischerweise unterschiedliche (wirtschaftliche) Vorteile vermittelt, weil sie ihrer Funktion nach in erster Linie der einen oder der anderen Gruppe zu dienen bestimmt sind. Zumindest ist die Gemeinde grundsätzlich gehalten, die Höhe des Gemeindeanteils zu differenzieren nach – erstens –reinen Wohnstraßen (**Anliegerstraßen**), Straßen mit starkem innerörtlichen Verkehr (**Haupterschließungsstraßen**) und Straßen mit überwiegend (innerörtlichem und überörtlichem) Durchgangsverkehr (**Hauptverkehrsstraßen**)[24] sowie – zweitens – innerhalb dieser Straßenarten nach Fahrbahnen und Gehwegen.[25] Es kann in diesem Zusammenhang offenbleiben, ob – wie das Oberverwaltungsgericht Lüneburg[26] unter Berufung auf das Oberverwaltungsgericht Münster[27] meint – eine Differenzierung nach Wohnstraßen (im wesentlichen Anliegerverkehr), Haupterschließungsstraßen (beachtlicher innerörtlicher Verkehr) und Hauptverkehrsstraßen (mit nicht unbedingt prägendem Durchgangsverkehr) den heutigen innerstädtischen Verkehrsstrukturen besser entspricht; denn solche Differenzierungsentscheidungen obliegen dem ortsgesetzgeberischen Ermessen. Im übrigen ist dem Oberverwaltungsgericht Lüneburg[28] in der Annahme zuzustimmen, daß bei Anliegerstraßen eine **nicht** nach Teileinrichtungen differenzierende Bestimmung unbedenklich ist, die ausdrückt, daß die Anlieger durchgängig einen Anteil von 75 v. H. tragen.

10   Jedenfalls ist die Festlegung **gesonderter** Anteilssätze (in der allgemeinen Beitragssatzung oder einer Einzelsatzung) geboten für **verkehrsberuhigte Mischflächen**, da sie gegenüber Fahrbahnen mit oder ohne gesonderte Gehwege deutlich unterschiedliche Verkehrsfunktionen aufweisen, die eine geson-

---

[22] Ebenso VGH Kassel, Urteil v. 19. 2. 1986 – 5 OE 30/83 – KStZ 86, 156 = HSGZ 86, 173.
[23] Vgl. dazu Driehaus in Sachsenlandkurier, Sonderausgabe 1/1994, S. 4 (6 f.).
[24] St. Rspr. etwa des OVG Lüneburg (seit Urteil v. 8. 9. 1969 – I A 23/68 – SH Gemeinde 70, 89 = Ns Gemeinde 71, 19) und des OVG Koblenz (u. a. Urteil v. 8. 11. 1976 – 6 A 48/75 – VerwRspr 28/802 = DVBl 77, 388 = KStZ 77, 132). Eine vergleichbare Staffelung sehen auch die §§ 11 Abs. 3 KAG Hess und 28 Abs. 2 SächsKAG vor.
[25] Vgl. etwa § 4 Abs. 2 der Mustersatzung des Innenministers Ns in MinBl NS 82, 932 und § 4 Abs. 1 der Mustersatzung des Innenministers S-H v. 28. 9. 1970 im Amtsbl S-H 70, 548.
[26] OVG Lüneburg, Urteil v. 13. 11. 1987 – 9 A 4/86 – SH Gemeinde 87, 146.
[27] OVG Münster, Urteil v. 25. 10. 1982 – 2 A 1817/80 – KStZ 82, 139.
[28] OVG Lüneburg, Urteil v. 11. 11. 1986 – 9 A 25/86 – Ns Gemeinde 87, 127, und Beschluß v. 8. 2. 1993 – 9 M 3904/92 u. a. –.

derte Ermittlung des Anteilssatzes erfordern:[29] „Eine Fahrbahn darf gemäß § 2 StVO nur von Fahrzeugen benutzt werden. Fußgänger dürfen nur dann entlang der Fahrbahn gehen, wenn Gehwege oder Seitenstreifen nicht vorhanden sind oder wenn sie Fahrzeuge oder sperrige Gegenstände mitführen (§ 25 Abs. 1 und 2 StVO). Verkehrsberuhigte Bereiche, die durch die Zeichen 325 und 326 zu § 42 Abs. 4 a StVO ausgewiesen sind, können dagegen von Fußgängern in der ganzen Breite benutzt werden; außerdem sind Kinderspiele erlaubt. Diese teilweise andere Funktion der verkehrsberuhigten Bereiche verbietet es, diese als Fahrbahnen von Anliegerstraßen anzusehen und den dort geregelten Anteilssatz auf diese anzuwenden".[30] Kommt in einer Gemeinde die Umwandlung **verschiedener** Straßentypen (Straßenarten) in verkehrsberuhigte Mischflächen in Betracht, soll nach Ansicht des Oberverwaltungsgerichts Lüneburg[31] eine **Differenzierung** der Anteilssätze geboten sein. „Denn es widerspricht der Vorteilsgerechtigkeit, den Anliegeranteilssatz für Mischflächen in allen Straßentypen gleich hoch festzusetzen, während die Anteilssätze für die übrigen Teileinrichtungen je nach Straßentyp verschieden hoch sind, wie dies dem Maß der Inanspruchnahme durch die Allgemeinheit entspricht".

Ebenfalls ein besonderer Anteilssatz ist erforderlich, wenn die Gemeinde **11** z. B. an einer vorhandenen Straße i. S. des § 242 Abs. 1 BauGB einen gemeinsamen Geh- und Radweg anlegen will (Zeichen 244 der StVO, Trennung der Sinnbilder für Radfahrer und Fußgänger durch waagerechten weißen Streifen), d. h. eine sowohl für Fußgänger als auch für Radfahrer nutzbare Teileinrichtung. Da ein solcher **gemeinsamer Geh- und Radweg** weder einen Geh- noch einen Radweg, sondern eine andersartige Teileinrichtung darstellt, muß auch insoweit (im jeweiligen Einzelfall wohl durch eine besondere Satzung) ein selbständiger Anteilssatz festgelegt werden.[32] Zumindest empfehlenswert ist überdies die besondere Ausweisung eines Anteilssatzes für Fußgängerzonen.

Es ist der Gemeinde unbenommen, weitere Differenzierungen vorzunehmen.[33] Jedoch muß sich die Höhe des Anteilssatzes für jede Straßenart bzw. **12** Teileinrichtung – und auch das folgt aus dem Gebot der angemessen vorteilsgerechten Abwägung – in das System der für die anderen (möglicherweise recht subtil differenzierten) Straßenarten bzw. Teileinrichtungen gewählten Anteilssätze einfügen; die jeweiligen Anteilssätze müssen **vorteilsgerecht aufeinander abgestimmt** sein.[34] Dieses Gebot ist z. B. verletzt, wenn die **Anlieger-**

---

[29] Vgl. OVG Münster, Beschluß v. 12. 8. 1987 – 2 B 697/87 –, sowie OVG Lüneburg, Urteil v. 12. 8. 1993 – 9 L 1151/92 –.

[30] OVG Münster, Urteil v. 28. 2. 1992 – 2 A 1399/96 –.

[31] OVG Lüneburg, Urteil v. 12. 8. 1993 – 9 L 1151/92 –.

[32] Ebenso Becker in NWVBl 88, 134 (137).

[33] Vgl. im einzelnen § 3 Abs. 3 der Mustersatzung des Innenministers NW v. 28. 5. 1971 in MinBl NW 71, 1178, und daran anknüpfend § 3 Abs. 3 des von Kulartz in StuGR 83, 61 ff., vorgestellten Satzungsmusters.

[34] OVG Lüneburg, Urteil v. 27. 2. 1980 – 2 C 2/79 – DVBl 80, 760 = KStZ 81, 89 = Ns Städteverband 80, 161.

anteilssätze für Fußgängerzonen und verkehrsberuhigte Wohnstraßen (vgl. dazu Rdnr. 21) höher als für (reine Wohn-)Straßen festgesetzt sind, die überwiegend den Anliegerverkehr dienen.[35] Und es ist ebenfalls verletzt, wenn nach einer Satzung, die den Anliegeranteil bei der Fahrbahn für Wirtschaftswege auf 75 v.H. und für überwiegend dem Durchgangsverkehr dienende Innenbereichsstraßen auf 30 v.H. festsetzt, der Anliegeranteil bei der Fahrbahn einer Gemeindeverbindungsstraße (Außenbereichsstraße i.S. des § 47 Nr. 2 und 3 NStrG) nur 15 v.H. betragen soll.[36]

13   Dagegen ist es nicht gerechtfertigt, die Höhe des Gemeindeanteils weiter danach zu differenzieren, ob etwa ein Bürgersteig (an einer i.S. des § 242 Abs. 1 BauGB vorhandenen Erschließungsanlage) bzw. ein Wirtschaftsweg erstmals angelegt oder (nur) ausgebaut (verbessert usw.) wird. Da der für die eine wie die andere Maßnahme entstehende beitragsfähige Aufwand lediglich auf die Grundstückseigentümer einerseits und die Allgemeinheit (Gemeinde) andererseits zu verteilen ist und da das Verhältnis der zu erwartenden Inanspruchnahme grundsätzlich **unabhängig** davon ist, ob der Bürgersteig bzw. Wirtschaftsweg erstmalig angelegt oder (nur) ausgebaut worden ist, kommt diesem Gesichtspunkt keine vorteilsrelevante Bedeutung zu.[37] Aus diesem Grunde gibt entgegen der Ansicht des Oberverwaltungsgerichts Münster[38] auch keinen Anlaß zu einer Differenzierung der Höhe des Gemeindeanteils der Umstand, ob die z.B Haupterschließungsstraße, die Gegenstand einer beitragsfähigen Ausbaumaßnahme ist, als eine Anlage mit einer derartigen Funktion angelegt worden ist oder aber diese Funktion erst später, etwa durch eine bereits mehrere Jahre vor Durchführung der Baumaßnahme abgeschlossene bauliche Entwicklung in dem betreffenden Gebiet, erhalten hat. Im Ergebnis entsprechendes gilt für die Höhe der Ausbaukosten; sie gibt ebenfalls nichts her für die hier allein maßgebliche Bewertung der durch die Inanspruchnahmemöglichkeit der ausgebauten Anlage (Einrichtung) der Allgemeinheit einerseits und den Grundeigentümern andererseits gebotenen (wirtschaftlichen) Vorteile.[39]

14   Zur Kennzeichnung der Straßenarten (Straßentypen), für die nach der Satzung ein bestimmter Gemeindeanteil zu berücksichtigen ist, reicht die Angabe von Straßenbreiten nicht aus. Vielmehr sind **Funktionsbeschreibungen** in der Satzung unerläßlich.[40] Je exakter diese Funktionsbeschreibung ist, desto geringer werden die Schwierigkeiten sein, die sich bei der Einordnung einer

---

[35] OVG Lüneburg, Urteil v. 12. 1. 1988 – 9 C 2/87 –.
[36] OVG Lüneburg, Urteil v. 9. 10. 1990 – 9 L 193/89 u.a. – NSt-N 91, 52.
[37] Im Ergebnis ebenso OVG Münster, Urteil v. 12. 10. 1978 – II A 319/76 – OVGE 33, 277 = DWW 79, 46 = ZMR 80, 320, und OVG Lüneburg, Urteil v. 27. 2. 1980 – 9 C 2/79 – DVBl 80, 760 = KStZ 81, 89 = Ns Städteverband 80, 161.
[38] OVG Münster, Urteil v. 30. 8. 1990 – 2 A 5/89 –.
[39] OVG Münster, Urteil v. 18. 10. 1989 – 2 A 2185/86 –.
[40] U.a. OVG Lüneburg, Urteil v. 27. 1. 1977 – VI A 124/75 – SH Gemeinde 77, 220.

bestimmten Straße in die von der Satzung bezeichneten Straßentypen ergeben (vgl. dazu Rdnrn. 23).

2. Bemessung des Gemeindeanteils im einzelnen

Für die Bemessung des Gemeindeanteils im einzelnen kann im Straßenbau- **15** beitragsrecht grundsätzlich von bestimmten, an Erfahrungssätzen orientierten "Leitlinien" ausgegangen werden. Danach können (aus der Sicht der "Kehrseite" des Gemeindeanteils, nämlich des Eigentümeranteils, betrachtet) auf die Grundstückseigentümer „bei reinen Wohnstraßen bis zu 75 Prozent der Ausbaukosten umgelegt werden, bei sonstigen Straßen mit starkem innerörtlichen Verkehr für den Fahrbahnausbau bis zu 40 Prozent, den Bürgersteigausbau bis zu 60 Prozent ... Bei reinen Durchgangsstraßen scheint in der Regel ein Satz von 25 bis allenfalls 30 Prozent für den Fahrbahnausbau angemessen zu sein, während der Vorteil für den Bürgersteigausbau auch hier bis zu 60 Prozent angenommen werden kann, weil der Bürgersteig den Anliegern besondere Vorteile bietet".[41] Es bestehen jedoch keine Bedenken, wenn die Sätze des Gemeinde- und des Eigentümeranteils zugunsten der Eigentümer in gewissem Umfang von diesen Leitlinien abweichen, also beispielsweise der beitragsfähige Aufwand für Durchgangsstraßen (Hauptverkehrsstraßen) nur zu 10 v. H. bei Fahrbahnen und zu 50 v. H. bei Gehwegen und Parkstreifen auf die Eigentümer umgelegt wird.[42] In Ordnung geht bei derartigen Straßen auch, wenn der Anliegeranteil für **Parkstreifen** auf 70 v. H. festgesetzt wird. Denn „die Erfahrung spricht dafür, daß Parkstreifen" bei diesen Straßen „von den Anliegern und ihren Besuchern in erhöhtem Maße in Anspruch genommen werden; der durchgehende ... Verkehr bedarf keiner Parkstreifen".[43] Nicht zu beanstanden ist im übrigen, wenn der Gemeindeanteil für **Radwege** ebenso hoch bemessen wird wie der für Fahrbahnen, denn erfahrungsgemäß kann davon ausgegangen werden, daß Radwege von der Allgemeinheit in einem Maße benutzt werden, das eher der Inanspruchnahme von Fahrbahnen als der von Gehwegen entspricht.[44]

Nicht zwingend erforderlich ist, daß für **unbefahrbare Wohnwege** gesonder- **16** te Anteilssätze in der Satzung bestimmt werden. Vielmehr ist es unbedenklich

---

[41] OVG Lüneburg, Urteil v. 8. 9. 1969 – I A 23/68 – SH Gemeinde 70, 89 – Ns Gemeinde 71, 19; ebenso u. a. OVG Koblenz, Urteil v. 8. 11. 1976 – 6 A 48/75 – VerwRspr 28, 802 = DVBl 77, 388 = KStZ 77, 132. Diese Anteilssätze stimmen im Ansatz überein mit denen, die §§ 11 Abs. 3 KAG Hess und 28 Abs. 2 SächsKAG als Mindestsätze für den Gemeindeanteil vorschreiben.

[42] U. a. OVG Münster, Urteil v. 10. 7. 1978 – II A 211/76 – DÖV 79, 181 = GemHH 79, 137.

[43] BayVGH, Urteil v. 30. 10. 1990 – 6 B 78.03775 –.

[44] Vgl. ebenso Becker in NWVBl 88, 134 (139), und das von Kulartz in StuGR 83, 61 ff. (64) vorgestellte Satzungsmuster; dagegen werden etwa in § 4 Abs. 2 der Mustersatzung des Innenministers Ns v. 22. 6. 1982 (MinBl Ns 82, 923) – bedenklicherweise – Geh- und Radwege insoweit gleichgestellt.

insoweit die für befahrbare Wohnstraßen (Anliegerstraßen) vorgesehenen Anteilssätze für anwendbar zu halten; u. U. kann im Hinblick auf die spezifische Zweckbestimmung unbefahrbarer Wohnwege der Anliegeranteil für sie durch die Satzung sogar noch höher festgelegt werden.[45]

17   **Unumgänglich** ist hingegen, daß in der Satzung auch Anteilssätze für den Ausbau der **Straßenbeleuchtung** und **Straßenentwässerung** festgelegt werden.[46] Diese Teileinrichtungen sind – im Verhältnis etwa zu den Teileinrichtungen Fahrbahn, Gehwege, Radwege und Parkstreifen – gleichsam als "**unselbständige**" zu qualifizieren, weil sie sowohl den Fahrbahnen (und Radwegen) als auch den Gehwegen (und Parkstreifen) zu dienen bestimmt sind. Das eröffnet vom Ansatz her bei der Festlegung des Gemeindeanteils für die "unselbständigen" Teileinrichtungen drei verschiedene Möglichkeiten: Der Ortsgesetzgeber könnte den Gemeindeanteil für die Straßenentwässerung und -beleuchtung – erstens – wie den für die Fahrbahnen[47] oder – zweitens – wie den für die Gehwege[48] festlegen oder er könnte sich – drittens – insoweit für einen gesonderten, in der Höhe zwischen dem für die Fahrbahnen und dem für die Gehwege liegenden (Misch-)Satz entscheiden.[49] Während die Vereinbarkeit der ersten Lösung mit dem Gebot einer angemessenen gerechten Vorteilsabwägung „immerhin recht zweifelhaft ist",[46] sprechen gute Gründe für eine Gleichsetzung des Gemeindeanteils für die "unselbständigen" Teileinrichtungen mit dem für die Gehwege gewählten.[50] Denn wie der Ausbau von Gehwegen kommt namentlich der Ausbau der Straßenentwässerung in **besonderem Maße dem Fußgängerverkehr** zugute, der bei unzulänglichen Entwässerungsverhältnissen in ungleich stärkerem Maße als der Fahrverkehr durch entstandene Pfützen, Wasserlachen usw. einerseits sowie durch vom Fahrverkehr verursachte Spritzwasser andererseits behindert wird. Entsprechendes gilt im Ergebnis für die Straßenbeleuchtung. Zwar kann der dritte Lösungsweg – zu Lasten des Eigentümeranteils – zu einer noch vorteilsgerechteren Aufteilung des beitragsfähigen Aufwands zwischen Allgemeinheit (Gemeinde) und Grundstückseigentümern führen, doch rechtfertigt das nicht, den ortsgesetzgeberischen Ermessensspielraum auf diese eine Möglichkeit zu reduzieren.

---

[45] Vgl. in diesem Zusammenhang Kneer in GemHH 83, 254.

[46] OVG Lüneburg, Beschluß v. 2. 6. 1980 – 9 A 193/78 – KStZ 80, 212 = Ns Städteverband 80, 277.

[47] Dieser Weg wird u. a. in den Mustersatzungen des Innenministers NW v. 28. 5. 1971 (MinBl NW S. 1148) und des Innenministers Bay v. 6. 6. 1975 (MABl S. 483) vorgeschlagen.

[48] Diese Möglichkeit wird u. a. in der Mustersatzung des Innenministers S-H v. 28. 9. 1970 (Amtsbl. S. 548) vorgeschlagen.

[49] Einen solchen Mischsatz sieht – außer für Anliegerstraßen, bei denen der Gemeindeanteil einheitlich 25 v. h. betragen soll – die Mustersatzung des Innenministers Ns v. 22. 6. 1982 (MinBl Ns 82, 923) vor.

[50] Ebenso OVG Lüneburg, u. a. Urteil v. 25. 8. 1982 – 9 A 142/80 – SH Gemeinde 1983, 49.

Bei unselbständigen "**Hilfseinrichtungen**" wie z. B. **Böschungen,** Schutz- und 18
Stützmauern ist eine Zuordnung zu einer der in der Satzung mit Anteilssätzen aufgeführten Teileinrichtungen vorzunehmen; insoweit bedarf es keiner
besonderen Regelung in der Satzung. Für diese Zuordnung „wird es vielfach
auf die Belegenheit der Hilfseinrichtung (lokale Zuordnung), auf deren technische Ausgestaltung (technische Zuordnung) sowie auf die Ursache für die
Erstellung (kausale Zuordnung) ankommen".[51]

Nach Ansicht des Oberverwaltungsgerichts Lüneburg[52] soll ein Anlieger- 19
anteil für **Bushaltestellen** innerhalb der Parkstreifen von Durchgangsstraßen
mit 60 v.H. zu hoch angesetzt sein. Das Gericht hält es für willkürlich, weil
„schlechterdings nicht vertretbar, das Anliegerinteresse an diesen speziellen
Teileinrichtungen typischerweise ... 10% höher zu bewerten als das Allge-
meininteresse", und meint, „ein Anliegeranteilssatz von 20 bis 30% für die
Anlegung von Bushaltestellen" sei als angemessen anzusehen. Das begegnet
zumindest in dieser generalisierenden Aussage Bedenken. Angesichts der
Tatsache, daß Bushaltestellen typischerweise der "Bequemlichkeit" der Personen dienen, die Grundstücke gerade in der Umgebung der Haltestellen
aufsuchen wollen, d.h. daß ihre Inanspruchnahme in erster Linie von diesen
Grundstücken ausgelöst wird, kann ernstlich nicht zweifelhaft sein, daß –
erstens – z.B. die Anlegung solcher Haltestellen grundsätzlich, d.h. soweit
nicht im Einzelfall ein besonders in die Tiefe gehendes Gebiet versorgt wird,
überwiegend den Anliegern, nicht aber der Allgemeinheit "zugute kommt"
und dementsprechend – zweitens – der Anliegeranteil höher als der Gemeindeanteil zu sein hat.

Für die erstmalige Anlegung oder z.B. die Verbesserung eines **Wirtschafts-** 20
wegs bewegt sich ein Gemeindeanteil zwischen 25 bis 40 v.H. und damit ein
Eigentümeranteil von 75 bis 60 v.H. im Rahmen des durch das Vorteilsprinzip begrenzten ortsgesetzgeberischen Ermessens.[53] Demgegenüber wäre jedenfalls ein über 50 v.H. hinausgehender Gemeindeanteil schlechthin mit
dem Vorteilsprinzip nicht vereinbar und deshalb fehlerhaft. Denn „es ist
offensichtlich und bedarf keiner näheren Begründung, daß Wirtschaftswege
in erster Linie zur Benutzung durch (regelmäßig) die Eigentümer der anliegenden landwirtschaftlich genutzten Grundstücke bestimmt sind und auch
regelmäßig in erster Linie von diesem Personenkreis benutzt werden. Demgegenüber werden derartige Wege von der Allgemeinheit erfahrungsgemäß in
erheblich geringerem Maße in Anspruch genommen, etwa von Spaziergän-
gern und gelegentlich von Rad- und Autofahrern, denen diese Wege die
Verbindung z.B. zu nahegelegenen Wäldern vermitteln".[53] Das damit gekennzeichnete Verhältnis der erfahrungsgemäß zu erwartenden Inanspruch-

---

[51] BayVGH, Urteil v. 10. 1. 1990 – Nr. 6 B 88.02849 –.
[52] OVG Lüneburg, Urteil v. 11. 8. 1987 – 9 A 56/86 – KStZ 88, 55 = Ns Gemeinde
88, 126.
[53] OVG Lüneburg, Urteil v. 27. 2. 1980 – 9 C 2/79 – DVBl 80, 760 = KStZ 81, 89 =
Ns Städteverband 80, 161.

nahme von Wirtschaftswegen und der durch deren Inanspruchnahme gebotenen (wirtschaftlichen) Vorteile darf nicht zuletzt mit Rücksicht auf das Entgeltlichkeitsprinzip (vgl. § 28 Rdnr. 8) bei der Festlegung des Gemeindeanteils **nicht** zu Lasten der Allgemeinheit **umgedreht** werden.

21   Bei **Fußgängerstraßen** (einschließlich Beleuchtung und Entwässerung) kann
ein Gemeindeanteil von mindestens 50 v. H. als brauchbarer Richtwert angesehen werden,[54] wobei allerdings zu beachten ist, daß ein als Gemeindeanteil
„für Fußgängerzonen angenommener Prozentsatz von 50 v. H. eher zu hoch
als zu niedrig bemessen ist".[55] Ob eine Eigentümerbeteiligung von (grundsätzlich nur) 50 v. H. auch bei **verkehrsberuhigten Straßen** als angemessen zu
qualifizieren ist, erscheint im Hinblick darauf zumindest zweifelhaft, daß
derartige Anlagen typischerweise weniger der Allgemeinheit als den Anliegern zu dienen bestimmt sind und erfahrungsgemäß auch von ihnen überwiegend genutzt werden. Gleichwohl dürfte eine entsprechende – die Grundstückseigentümer vermutlich zu Lasten der Allgemeinheit begünstigende –
Entscheidung des Ortsgesetzgebers immerhin noch innerhalb seines Ermes-
sensspielraums liegen und deshalb nicht zu beanstanden sein.[56] Da gerade bei
Fußgängerzonen sowie bei verkehrsberuhigten Bereichen sich der zu erwartende (wirtschaftliche) Vorteil für Allgemeinheit und Grundstückseigentümer aufgrund einer vorausschauenden Prognose für alle im Gemeindegebiet
in Betracht kommenden Fälle schwerlich allgemein einigermaßen verläßlich
bewerten läßt, diese Bewertung vielmehr häufig von den besonderen Umständen der jeweiligen Einzelsituation abhängt, wird es nicht selten erforderlich sein, insoweit die Anteilssätze in einer Einzelsatzung festzulegen.[57] Den
Weg dazu sollte sich der Ortsgesetzgeber durch eine Bestimmung in der
allgemeinen Beitragssatzung eröffnen, nach der der Rat durch Satzungsbe-
schluß in offensichtlich besonders gelagerten Fällen von den festgelegten
"Regelsätzen" abweichen kann.

22   Ein Abweichen von den in der (allgemeinen) Satzung festgelegten "Regelsätzen" für den Gemeinde- bzw. Eigentümeranteil durch eine auf den Einzel-

---

[54] Vgl. OVG Münster, u.a. Urteile v. 23. 11. 1976 – II A 1766/74 – OVGE 32, 162 =
NJW 77, 2179 = KStZ 77, 114, und v. 20. 12. 1982 – 2 A 2620/80 –, OVG Lüneburg,
u.a. Urteil v. 27. 1. 1977 – VI A 192/75 – VerwRspr 29, 105 = KStZ 77, 110 = Ns
Gemeinde 77, 222, sowie Dietzel in GemHH 82, 288.
[55] OVG Lüneburg, Urteil v. 12. 6. 1990 – 9 A 149/88 – NSt-N 90, 325.
[56] Im Ergebnis ebenso u.a. OVG Münster, Urteil v. 14. 6. 1989 – 2 A 1152/87 –,
sowie Kularz in StuGR 83, 61 ff. (95); das OVG Münster hat etwa im Urteil v. 4. 7.
1986 (2 A 1761/85 – StuGR 87, 89) von der zutreffenden Annahme ausgehend, daß der
Anliegeranteil bei verkehrsberuhigten Wohnstraßen habe sich an dem in der Satzung
für "normale" Anliegerstraßen festgesetzten zu orientieren (insoweit – allerdings mit
unzutreffenden Erwägungen – a.A. VG Köln, Urteil v. 12. 11. 1984 – 17 K 6431/83 –
KStZ 85, 97, 99), sogar eine Entscheidung des Ortsgesetzgebers als noch von seinem
Ermessensspielraum gedeckt angesehen, nach der lediglich 40 v. H. des beitragsfähigen
Aufwands von den Grundstückseigentümern zu tragen sind.
[57] Vgl. OVG Münster, Urteil v. 26. 10. 1987 – 2 A 490/86 –.

fall bezogene besondere Satzungsregelung soll nach Ansicht des Oberverwaltungsgerichts Münster[58] im übrigen bei Straßen mit **atypischer Erschließungssituation** jedenfalls dann geboten sein, wenn an eine Seite etwa einer verbesserten Straße ausschließlich z. B. ein (selbständiger) Parkplatz i. S. des § 127 Abs. 2 Nr. 4 BauGB grenzt. Da die Grundfläche einer solchen Erschließungsanlage nicht an der Verteilung des für die Verbesserung der Straße entstandenen umlagefähigen Aufwands teilnimmt (vgl. dazu § 34 Rdnr. 19), entfielen – so meint das Gericht – ohne eine Verminderung des Eigentümeranteils (und entsprechende Erhöhung des Gemeindeanteils) auf die an die andere Straßenseite angrenzenden Grundstücke ''ungebührlich`` hohe Beitragslasten, weil sie den umlagefähigen Aufwand allein zu tragen hätten. Dieser Auffassung mag zwar im Ergebnis zu folgen sein, sie begegnet allerdings in ihrem **systematischen Ansatz Bedenken.**[59] Denn die Bestimmung des Gemeinde- und dem korrespondierend des Eigentümeranteils richtet sich ausschließlich nach dem Umfang der schätzungsweise zu erwartenden Inanspruchnahme (Nutzung) der ausgebauten Anlage durch die Grundstückseigentümer einerseits und die Allgemeinheit andererseits (vgl. Rdnr. 7). Sind diesem Verhältnis entsprechend in der (allgemeinen) Satzung die Anteilssätze für bestimmte Straßentypen (z. B. Anliegerstraßen) festgesetzt, gelten sie grundsätzlich für alle diesem Typ zuzuordnenden Straßen, und zwar unabhängig davon, wie viele Grundstücke im Einzelfall an der Aufwandsverteilung teilnehmen. Führt die Anwendung dieser Sätze zu ''ungebührlich`` hohen Belastungen der der Beitragpflicht unterliegenden Grundstücke, ist dem jeweils durch eine Billigkeitsmaßnahme, d. h. hier durch einen teilweisen Erlaß, Rechnung zu tragen, so daß der entsprechende Ausfall – ebenso wie bei einer Erhöhung des Gemeindeanteils – im Ergebnis zu Lasten der Gemeinde geht.

3. Zuordnung von Straßen zu einem Straßentyp

Bei der Zuordnung einer bestimmten Straße zu einem in der Satzung vorgesehenen Straßentyp handelt es sich um eine von der Verwaltung vorzunehmende **Anwendung von Ortsrecht** (Satzungsrecht), die der **vollen gerichtlichen Nachprüfung** unterliegt.[60] Stellt ein Verwaltungsgericht insoweit einen Fehler der Verwaltung zu Lasten eines beitragspflichtigen Klägers fest, kann das – sofern der Heranziehungsbescheid im übrigen fehlerfrei ist – nur zur Aufhebung des angefochtenen Bescheids in einer bestimmten, durch die fehlerhafte

23

---

[58] OVG Münster, Urteil v. 28. 6. 1982 – 2 A 732/80 –.
[59] Im Ergebnis ebenso OVG Lüneburg, Urteil v. 22. 1. 1986 – 9 A 132/83 – SH Gemeinde 1986, 209.
[60] St. Rspr., u. a. OVG Münster, Urteil v. 23. 11. 1976 – II A 1766/74 – OVGE 32, 162 = NJW 77, 2179 = KStZ 77, 114, VGH Kassel, Urteil v. 31. 5. 1979 – V OE 19/78 – ESVGH 29, 238 = HSGZ 80, 22, und OVG Lüneburg, Urteil v. 13. 12. 1983 – 9 A 52/81 – SH Gemeinde 84, 258.

Zuordnung bewirkten Höhe führen (§ 113 Abs. 1 Satz 1 VwGO).[61] Es ist nicht erforderlich, daß der Beitragssatzung ein Anhang beigefügt wird, in dem die einzelnen Straßentypen zuzuordnenden Straßen einer Gemeinde aufgezählt sind.[62] Eine solche Aufzählung hätte ebenso wie ein Ratsbeschluß im Einzelfall lediglich deklaratorische Bedeutung.[63] Etwas anderes gilt nur ausnahmsweise, nämlich wenn sich der Rat in der Beitragssatzung selbst die Zuordnung in Form einer Ergänzungssatzung vorbehalten hat. In einem solchen Fall wird der Gemeindeanteil erst mit dem Erlaß der erforderlichen Ergänzungssatzung festgesetzt mit der Folge, daß vorher sachliche Beitragspflichten nicht entstehen können.[64] Maßgeblich für die Zuordnung einer Straße zu einem bestimmten Straßentyp sind die Verhältnisse **im Zeitpunkt des Entstehens der Beitragspflichten.**[65] Auf diesen Zeitpunkt ist selbst dann abzustellen, wenn es um die Erhebung einer Vorausleistung geht; insoweit bedarf es also einer prognostischen Beurteilung.

24   Für die Zuordnung von Straßen zu bestimmten Straßentypen gibt es keine allgemein verbindlichen Maßstäbe. Vielmehr ist unter Zuhilfenahme der in der Satzung angegebenen Begriffe und Funktionsbeschreibungen im Wege der **Auslegung** zu ermitteln, welche Merkmale beispielsweise eine überwiegend dem Anliegerverkehr (der Erschließung der angrenzenden Grundstücke – Anliegerstraße), eine überwiegend dem innerörtlichen Verkehr (der Erschließung von Grundstücken und gleichzeitig dem Verkehr innerhalb von Baugebieten oder innerhalb von im Zusammenhang bebauten Ortsteilen – Haupterschließungsstraße) oder eine überwiegend dem Durchgangsverkehr dienende Straße aufweisen muß. „Die vom Ortsgesetzgeber im Zusammenhang mit der Festsetzung der Anteilssätze benutzten Begriffe sind nicht straßenrechtlich und damit absolut, d.h. bezogen auf die Klassifizierung von Straßen überhaupt, sondern beitragsrechtlich und damit relativ, d.h. bezogen auf die Funktionen der Straßen im Hoheitsgebiet des jeweiligen Ortsgesetzgebers zu verstehen."[67] Das hat zur Folge, daß etwa der Begriff "Durchgangsverkehr" in einer Gemeinde, deren Gebiet sich auf eine Insel beschränkt und in der folglich nur innerörtlicher Durchgangsverkehr in Betracht kommen kann, eine andere Bedeutung hat als in einer Gemeinde, deren Straßen auch überörtlichen Durchgangsverkehr aufnehmen.[67] Trifft letzteres zu, dient eine Straße überwiegend dem Durchgangsverkehr, wenn sie vorwiegend überörtliche Verkehrsbedeutung hat und dazu bestimmt ist, diesen Verkehr durch

---

[61] Vgl. u. a. OVG Lüneburg, Urteil v. 26. 10. 1983 – 9 A 220/81 – Ns Gemeinde 85, 30.

[62] OVG Münster, Beschluß v. 18. 11. 1975 – II D 38/75 –.

[63] U. a. OVG Münster, Urteil v. 2. 3. 1977 – II A 675/75 – OVGE 32, 248 = GemTg 78, 32, und OVG Lüneburg, Urteil v. 12. 3. 1985 – 9 A 127 u. a /82 –.

[64] OVG Münster, Urteil v. 7. 9. 1977 – II A 1892/75 –.

[65] Vgl. u. a OVG Lüneburg, Urteil v. 25. 1. 1989 – 9 A 101/87 –, und OVG Münster, Urteil v. 3. 10. 1986 – 2 A 1439/83 –.

[66] OVG Münster, Urteil v. 23. 1. 1985 – 2 A 1077/83 –.

[67] OVG Lüneburg, Urteil v. 12. 3. 1985 – 9 A 127 u. a. /82 –.

das Stadtgebiet hindurch zu leiten.[68] Ohne Bedeutung ist in diesem Zusammenhang, ob es sich bei der "Durchgangsstraße" um die Ortsdurchfahrt einer sog. klassifizierten Straße handelt (vgl. dazu auch § 32 Rdnr. 14). Denn die Teileinrichtungen von solchen Ortsdurchfahrten sind insoweit, als sie in der Baulast der Gemeinde stehen, „Einrichtungen der Gemeinden, die wie entsprechende Teileinrichtungen an sonstigen Durchgangsstraßen der Gemeinde zu behandeln sind".[69]

Anknüpfend an § 3 Abs. 3 des Satzungsmusters des nordrhein-westfälischen Innenministers[70] bestimmen Satzungen in Nordrhein-Westfalen nicht selten, **Anliegerstraßen** seien solche Straßen, die überwiegend der Erschließung der angrenzenden oder der durch eine Zuwegung mit ihnen verbundenen Grundstücke dienen, während danach zu den **Haupterschließungsstraßen** diejenigen Straßen zählen, die der Erschließung von Grundstücken und gleichzeitig dem Verkehr innerhalb von Baugebieten oder innerhalb von im Zusammenhang bebauten Ortsteilen dienen, soweit sie nicht Hauptverkehrsstraßen sind. Für die Qualifizierung einer Straße als Anlieger- oder Haupterschließungsstraße kommt es auf der Grundlage solcher satzungsrechtlicher Vorgaben darauf an, in welchem Umfang Anliegerverkehr und Durchgangsverkehr auf der Straße liegt, wobei kennzeichnendes Moment für Anliegerverkehr der Ziel- und Quellverkehr der angrenzenden Grundstücke ist[71] und unter – innerörtlichem – Durchgangsverkehr der Verkehr innerhalb von Baugebieten oder innerhalb von im Zusammenhang bebauten Ortsteilen zu verstehen ist. Überwiegt der Anliegerverkehr, so handelt es sich um eine Anliegerstraße. Dient die Straße etwa im gleichen Maße dem Anlieger- wie dem Durchgangsverkehr, ist sie als Haupterschließungsstraße zu qualifizieren.[72] Als **Hauptverkehrsstraßen** gelten nach entsprechenden Satzungsbestimmungen diejenigen Straßen, die dem durchgehenden innerörtlichen Verkehr oder dem überörtlichen Durchgangsverkehr dienen, insbesondere Bundes-, Land- und Kreisstraßen im Bereich der Ortsdurchfahrten. Diesen Straßen kommt typischerweise die Aufgabe zu, durchgehende Verkehrsströme aufzunehmen, zu bündeln und zu untergeordneten Verkehrsanlagen – nämlich Haupterschließungs- und Anliegerstraßen – weiterzuleiten.[73] Sofern eine Satzung weitergehend differenziert und als selbständigen Straßentyp den der "Hauptgeschäftsstraße" ausweist, werden derartige Straßen häufig als Anlagen definiert, in denen die Frontlänge der Grundstücke mit **Ladengeschäften** im Erdgeschoß überwiegt. Trifft das zu, sind lediglich die Ladengeschäfte im Erdge-

25

---

[68] OVG Lüneburg, Urteil v. 13. 1. 1987 – 9 A 4/86 – SH Gemeinde 87, 146.
[69] OVG Lüneburg, Beschluß v. 27. 9. 1988 – 9 B 27/88 ;
[70] Abgedruckt in MinBl NW 91, 1178.
[71] BayVGH, Urteil v. 28. 1. 1993 – 6 B 90.510 –.
[72] OVG Münster, Beschluß v. 26. 8. 1991 – 2 A 869/90; vgl. im übrigen zur Abgrenzung Durchgangsverkehr – Anliegerverkehr OVG Münster, Urteil v. 3. 10. 1986 – 2 A 1459/83 – KStZ 87, 117 = GemHH 88, 70.
[73] OVG Münster, Urteil v. 18. 8. 1992 – 2 A 2642/89 –.

schoß zu berücksichtigen, die zu der betreffenden Straße hin orientiert sind. Nur diese Geschäfte geben einer Straße das Gepräge einer Geschäftsstraße; Rück- und Seitenfronten von Ladengeschäften müssen daher außer Betracht bleiben.[74] Zu den bei einer solchen Satzungsbestimmung "anrechenbaren" Ladengeschäften zählen nicht Gaststättenbetriebe, Spielhallen usw., sondern ausschließlich geschäftlichen Unternehmungen, die in einem "Laden" betrieben werden. Hierunter ist ein mit dem Grundstück verbundener, mit Schaufenster ausgestatteter Verkaufsraum zu verstehen, in dem Waren ausgelegt und feilgehalten werden und in dem der Kunde den Händler aufsucht.[75]

26   Grundsätzlich ist für die Beantwortung der Frage, ob eine Straße im konkreten Einzelfall als z.B. überwiegend dem Anliegerverkehr oder dem innerörtlichen Verkehr dienend einzustufen ist, abzustellen auf ihre **Funktion**. Für diese Funktion sind maßgebend die Verkehrsplanung der Gemeinde (d.h. welche Verkehrsbedeutung einer Straße nach dem Generalverkehrsplan oder ähnlichen Planungen zukommen soll), der auf entsprechender Planung beruhende Ausbauzustand und die straßenrechtliche Einordnung; daneben können auch die tatsächlichen Verkehrsverhältnisse von Belang sein.[76] Eine Straße im innergemeindlichen Bereich, durch die neben Wohngrundstücken in nicht unerheblichem Maße gewerblich genutzte, auch mit Verwaltungsgebäuden bebaute Grundstücke erschlossen werden, dürfte ihrer bestimmungsgemäßen Funktion nach – abgesehen von einer Durchgangsstraße (Hauptverkehrsstraße) oder einer Hauptgeschäftsstraße, sofern die Satzung eine solche Differenzierung vorsieht – grundsätzlich eine im wesentlichen dem innerörtlichen Verkehr dienende Straße sein, während Straßen in reinen Wohngebieten der gemeindlichen Planungskonzeption nach ebenso grundsätzlich im wesentlichen dem Anliegerverkehr zu dienen bestimmt sein dürften. Letzteres gilt um so mehr, wenn es sich um Straßen in am Gemeinderand entstandenen Wohnsiedlungen handelt.[68]

27   Die **Ausgestaltung** einer Straße – vor allem die Ausbaubreite hinsichtlich Fahrbahn und Gehwegen, aber auch ihre Ausbaulänge – sowie ihre **Verkehrsbelastung** sind beachtliche Indiztatsachen für die Zuordnung einer Straße zu einer der beiden genannten Typen. Anhaltspunkte können insoweit die "Empfehlungen für die Anlage von Erschließungsstraßen", Ausgabe 1985 (EAE 85), der Forschungsgesellschaft für das Straßenwesen als sachverständige Konkretisierung moderner Grundsätze des Straßenbaus geben. In bezug auf Verkehrszählungen ist zu beachten, daß sie einen Aussagewert regelmäßig

---

[74] Vgl. OVG Münster, Urteil v. 23. 11. 1976 – II A 1766/74 – und Beschluß v. 29. 5. 1991 –.

[75] OVG Münster, Urteil v. 15. 4. 1992 – 2 A 2110/89 –KStZ 92, 174 = NWVBl 92, 404 = StuGR 92, 174.

[76] Vgl. im einzelnen u.a. OVG Münster, Urteile v. 5. 9. 1986 – 2 A 963/84 – und v. 3. 10. 1986 – 2 A 1439/83 – KStZ 87, 116 = GemHH 88, 70, sowie OVG Lüneburg, Urteile v. 11. 11. 1986 – 9 A 25/86 – KStZ 87, 136 = SH Gemeinde 87, 233 = Ns Gemeinde 87, 127, und v. 13. 1. 1987 – 9 A 4/86 – SH Gemeinde 87, 146.

nur über die rein zahlenmäßige Belastung haben, nicht aber über die einzelnen Verkehrsbewegungen wie An- und Abfahrten auf bzw. von Grundstücke. Das aber ist deshalb von Belang, weil es sich bei dem z. B. durch Geschäfte des täglichen Bedarfs, eine Poststelle usw. in einer Straße ausgelösten Verkehr um **Anliegerverkehr** handelt,[77] d. h. um Verkehr, der verursacht wird durch Einrichtungen auf Grundstücken, die (auch) von der ausgebauten Straße erschlossen wurde. Zu Einrichtungen in diesem Sinne zählen nicht nur private, sondern überdies öffentliche aller Art (u. a. die von Gemeinden, Kreisen, Regierungen, Universitätsinstituten, Badeanstalten, Gerichten, Gymnasien und sonstigen Schulen, Sparkassen usw.), so daß selbst der von ihnen ausgelöste Verkehr als Anliegerverkehr zu qualifizieren ist.[78] Entsprechendes gilt für den durch Lieferer und Besucher etwa eines Krankenhauses in einer Großstadt[79] oder eines Kindergartens[80] verursachten Verkehr. Eine einen solchen Verkehr aufnehmende Straße verliert den ihr nach der gemeindlichen Planung zukommenden Charakter als Anliegerstraße erst, wenn dieser Charakter tatsächlich in den Hintergrund gedrückt wird, weil die Straße zusätzlich überwiegend Ziel- und Quellverkehr von zahlreichen in der Nähe liegenden besucherintensiven gewerblichen oder Verwaltungs-Zwecken dienenden Grundstücken aufnimmt.[81]

Erfüllt eine Straße im übrigen die Kriterien, von denen eine Einstufung als   28
Anliegerstraße abhängig ist, kann sie gleichwohl ausnahmsweise eine überwiegend dem innerörtlichen Verkehr dienende Straße sein, wenn sich aus ihrem Verhältnis zu den übrigen Straßen in einem Wohngebiet ergibt, daß sie weitgehend auch eine **Verbindungsfunktion** hat, also den Verkehr von "normalen" Anliegerstraßen dieses Wohngebiets gleichsam "sammelt" und zu den Hauptverkehrsadern der Gemeinde führt.[82] Zu denken wäre etwa an eine Straße, in die mehrere "normale" Anliegerstraßen (vor allem Stichstraßen) einmünden. Eine solche Straße könnte trotz ihrer Lage im Wohngebiet und etwa nur geringer Breite und Verkehrsbelastung als eine im wesentlichen dem innerörtlichen Verkehr dienende Straße (Haupterschließungsstraße) qualifiziert werden, vor allem, wenn ihr die einmündenden Straßen durch Stop-Schilder oder Vorfahrts-Schilder **straßenverkehrsrechtlich untergeordnet** sind.[83]

---

[77] Vgl. etwa OVG Münster, Urteil v. 3. 10. 1986 – 2 A 1439/83 – KStZ 87, 116 = GemHH 88, 70.
[78] OVG Münster, Urteil v. 29. 11. 1988 – 2 A 1678/86 –.
[79] OVG Lüneburg, Urteil v. 22. 1. 1986 – 9 A 132/83 – SH Gemeinde 86, 209.
[80] OVG Lüneburg, Beschluß v. 14. 10. 1987 – 9 B 62/87 –.
[81] Vgl. u. a OVG Lüneburg, Urteile v. 13. 12. 1983 – 9 A 52/81 – SH Gemeinde 84, 258, und v. 22. 1. 1986 – 9 A 132/83 – GemSH 186, 209.
[82] OVG Lüneburg, Urteil v. 11. 11. 1986 – 9 A 25/86 – KStZ 87, 136 = SH Gemeinde 87, 233 = GemN 87, 127.
[83] Vgl. zur Bedeutung der Verkehrsbelastung und der straßenverkehrsrechtlichen Unterordnung für die Qualifizierung von Straßen auch OVG Münster, Urteile v. 22. 1. 1980 – 2 A 159/79 – und – 2 A 153/79 –.

III. Zuwendungen Dritter

29   In den meisten Kommunalabgabengesetzen (vgl. u.a. §§ 8 Abs. 4 Satz 4 KAG NW, § 6 Abs. 5 Satz 5 NKAG und 28 Abs. 3 SächsKAG) ist ausgesprochen, daß Zuwendungen Dritter unter bestimmten Voraussetzungen – zugunsten der Grundstückseigentümer – den umlagefähigen Aufwand mindern können. Den entsprechenden Vorschriften liegt die gleichsam selbstverständliche – und deshalb in den übrigen Ländern auch ohne gesetzliche Bestimmung geltende[84] – Überlegung zugrunde, daß die Gemeinde von den Grundstückseigentümern keine Beiträge verlangen kann, soweit der nach Abzug des Gemeindeanteils verbleibende beitragsfähige Aufwand durch eine für die abzurechnende Maßnahmen von einem Dritten gewährte, zweckgebundene Zuwendung bereits ausgeglichen und in diesem Sinne **anderweitig gedeckt** ist (vgl. zum Begriff der anderweitigen Deckung 16 Rdnr. 8).

30   Ob die Zuwendungen eines Dritten zu einer anderweitigen Deckung (nicht im finanztechnischen, sondern) im verteilungsrechtlichen Sinne und damit zu einer Reduzierung des umlagefähigen Aufwands führt, richtet sich ausschlaggebend nach dem Zweck, für den der Dritte **seine Leistungen bestimmt** hat. Hat der Dritte einen Zuschuß mit der – regelmäßig bei Zuwendungen z.B. nach dem hessischen Finanzausgleichsgesetz gesetzlich angeordneten[85] – Maßgabe gewährt, er solle zur Deckung des von der Gemeinde (nicht nur vorläufig, sondern) endgültig zu tragenden Aufwands, d.h. zur Deckung etwaiger nicht beitragsfähiger Kosten sowie des Gemeindeanteils am beitragsfähigen Aufwand dienen, und unterschreitet der Zuschuß die Höhe der Summe dieser beiden Posten, verbietet sich von vornherein die Annahme, der Zuschuß könne im Ergebnis auch den Beitragspflichtigen zugute kommen.[86] **Überschreitet** bei einer derartigen Zweckbestimmung die Zuwendung die Höhe der von der Gemeinde endgültig zu tragenden Kosten, ist der überschießende Betrag nur dann als anderweitige Deckung zu behandeln, wenn der Dritte für diesen Fall von vornherein auf eine **Rückzahlung** des **Überschusses verzichtet** und damit zum Ausdruck gebracht hat, daß die Zuwendung ggf. auch zur Entlastung der Beitragspflichtigen dienen solle.[87] Entsprechendes gilt, wenn der Dritte zwar ursprünglich seine Zuwendung ausschließlich zur Deckung der von der Gemeinde endgültig zu tragenden Kosten gewährt hat, er jedoch später unter Verzicht auf eine Rückforderung die Zweckbestim-

---

[84] U.a. OVG Koblenz, Urteil v. 8. 11. 1976 – 6 A 48/75 – VerwRspr 28, 802 = DVBl 77, 388 = KStZ 77, 132.

[85] Vgl. dazu VGH Kassel, Beschluß v. 8. 5. 1991 – 5 TE 142/88 –.

[86] Vgl. etwa OVG Münster, Beschluß v. 28. 3. 1988 – 2 B 1442/87 –, BayVGH, Beschluß v. 8. 8. 1986 – 6 CS 85 A 975/6 –, und OVG Lüneburg, Urteil v. 11. 12. 1984 – 9 A 206/82 –.

[87] Siehe in diesem Zusammenhang OVG Lüneburg, Beschluß v. 2. 12. 1986 – 9 B 97/86 – Ns Gemeinde 87, 190 = ZMR 87, 352.

mung dahin ändert, daß der Überschuß den Beitragspflichtigen zugute kommen solle. Allerdings ist eine derartige Änderung der Zweckbestimmung ausbaubeitragsrechtlich nur dann von Belang, wenn sie **vor Entstehen der sachlichen Beitragspflichten** erfolgt. Denn der Zeitpunkt des Entstehens der sachlichen Beitragspflichten legt den Umfang des beitragsfähigen Aufwands und in der Folge die Höhe des von den Beitragspflichtigen zu tragenden umlagefähigen Aufwands derart fest, daß später eintretende Änderungen der Rechts- und Sachlage daran nichts mehr zu ändern vermögen (vgl. § 32 Rdnr. 26). Zuwendungen aus Bundesmitteln nach dem **Gemeindeverkehrsfinanzierungsgesetz** sind zur Deckung solcher Kosten bestimmt, die die Gemeinden nicht – z. B. auch durch die Erhebung von Beiträgen – abwälzen können.[88]

Fehlt eine (ausdrückliche oder durch Auslegung zu ermittelnde) Zweckbe- 31
stimmung des Zuschußgebers, ist nach der **Herkunft** der Mittel zu differenzieren. Bei öffentlichen Zuweisungen vom Bund, den Ländern usw. spricht eine **Vermutung** dafür, daß sie zunächst zur Abdeckung des Gemeindeanteils verwandt werden sollen.[89] „Zuschüsse aus Förderprogrammen (sind) grundsätzlich ausschließlich zur Deckung des Eigenanteils der Gemeinde zu verwenden"[90] (vgl. dazu sowie zum Merkmal der anderweitigen Deckung im einzelnen § 16 Rdnrn. 11 ff.).

§ 34 Anknüpfungsmerkmale für die Verteilung des umlagefähigen Aufwands

I. Gesetzliche Regelung

Während für das Erschließungsbeitragsrecht § 131 Abs. 1 Satz 1 BauGB 1
bestimmt, daß der umlagefähige Aufwand „auf die durch die Anlage erschlossenen Grundstücke zu verteilen" ist, **fehlt** in den Kommunalabgabengesetzen eine dem § 131 Abs. 1 Satz 1 BauGB entsprechende Vorschrift. Anders als der Bundesgesetzgeber haben sich die Landesgesetzgeber darauf beschränkt, im Ausbaubeitragsrecht Anknüpfungsmerkmale für das *Erheben von Beiträgen* zu regeln. Damit haben sie zugleich zu erkennen gegeben, daß die Anknüpfungsmerkmale für die Verteilung des umlagefähigen Aufwands *grundsätzlich identisch* sein sollen mit denen, die für die Erhebung eines Ausbaubeitrags von Bedeutung sind. Das hat zur Folge, daß – wiederum mit Blick auf das Erschließungsbeitragsrecht ausgedrückt – im Ausbaubeitragsrecht für die Beteiligung eines Grundstücks an der Aufwandsverteilung grundsätzlich

---

[88] Vgl. VGH Kassel, Urteil v. 2. 12 1993 – 5 UE 1139/90 –.

[89] Vgl. u. a. VGH Kassel, Urteil v. 19. 5. 1969 – VI OE 69/68 – Gemtg 70, 187, und OVG Münster, Beschluß v. 28. 3. 1988 – 2 B 1442/87 –.

[90] BayVGH, Beschluß v. 22. 12. 1987 – 6 CS 87.02185 –.

noch nicht dessen Erschlossensein i. S. des § 131 Abs. 1 Satz 1 BauGB genügt. „Denn die Möglichkeit der besonderen Vorteile i. S. von Art. 5 Abs. 1 Satz 1 KAG ist erst unter den engeren Voraussetzungen des § 133 Abs. 1 BauGB anzunehmen".[1]

2   Alle Kommunalabgabengesetze nennen als Beitragspflichtige in erster Linie Grundstückseigentümer und machen damit deutlich, daß Gegenstand der Beitragspflicht im Ausbaubeitragsrecht – wie im Erschließungsbeitragsrecht – Grundstücke sind. Voraussetzung dafür, daß für Grundstücke eine Beitragserhebung in Betracht kommt, ist das Erbringen einer Leistung der Gemeinde, d. h. die Beendigung einer beitragsfähigen Maßnahme. Von diesem Zeitpunkt an ist die ausgebaute Anlage generell geeignet, durch ihre Inanspruchnahmemöglichkeit von Grundstücken aus deren Eigentümern (wirtschaftliche Sonder-)Vorteile zu bieten und deshalb (sachliche) Beitragspflichten entstehen zu lassen. Allerdings trifft das nur zu auf Grundstücke, die in diesem Zeitpunkt einen **Gebrauchswert** haben, auf den sich die Inanspruchnahmemöglichkeit der ausgebauten Anlage vorteilhaft auswirken kann (vgl. § 29 Rdnrn. 13 f.). Soweit das nicht der Fall ist, d. h. soweit aus nicht mit der ausgebauten Anlage selbst, sondern *aus mit einem einzelnen Grundstück* zusammenhängenden Gründen (z. B. dessen Größe, Ausnutzbarkeit usw.) im Zeitpunkt der Beendigung der beitragsfähigen Maßnahme eine mit (wirtschaftlichen Sonder-)Vorteilen verbundene Inanspruchnahmemöglichkeit der ausgebauten Anlage von dem Grundstück aus *ausscheidet* und deshalb für dieses Grundstück eine Beitragspflicht nicht entstehen kann, sind die Voraussetzungen für eine Beitragserhebung und in der Folge – wegen der **Identität** der Anknüpfungsmerkmale in der Heranziehungs- und Verteilungsphase – (schon) die Voraussetzungen für eine **Beteiligung** dieses Grundstücks an der Verteilung des umlagefähigen Aufwands **nicht erfüllt**.

3   Im Urteil vom 25. September 1982[2] hat das Oberverwaltungsgericht Münster die – inzwischen von ihm aufgegebene[3] – Rechtsauffassung vertreten, ein (Hinterlieger-)Grundstück, das im Zeitpunkt des Entstehens der (sachlichen) Beitragspflichten beispielsweise durch eine verbessserte Anbaustraße zwar i. S. des § 131 Abs. 1 BauGB, nicht aber i. S. des § 133 Abs. 1 BauGB erschlossen sei, sei im Straßenbaubeitragsrecht – ebenso wie im Erschließungsbeitragsrecht – an der Verteilung des umlagefähigen Aufwands **zu beteiligen**, unterliege jedoch erst der Beitragspflicht, wenn die Voraussetzungen des § 133 Abs. 1 BauGB erfüllt seien. Mit dieser Ansicht hat das Oberverwaltungsgericht Münster, wie Hempel/Hempel[4] zutreffend darlegen, „den grundsätzlichen Unterschied zwischen KAG-Maßnahmen und erstmaligen

---

[1] BayVGH, Urteil v. 1. 8. 1988 – Nr. 6 B 86.00161 –; im Ergebnis ebenso u. a. OVG Münster, Beschluß v. 18. 12. 1990 – 2 A 2326/89 –.

[2] OVG Münster, Urteil v. 25. 9. 1982 – 2 A 2492/81 – KStZ 83, 53 = HSGZ 83, 203 = DVBl 83, 2277.

[3] OVG Münster, Beschluß v. 18. 12. 1990 – 2 A 2326/89 –.

[4] Hempel/Hempel, KAG S-H, § 8 Rdnr. 286.

Erschließungen" verkannt. Während nämlich das Erschließungsbeitragsrecht für die Beteiligung eines Grundstücks an der Verteilung des umlagefähigen Aufwands lediglich auf einen **latenten** Vorteil abstellt und einen aktuellen Vorteil erst als Voraussetzung für die Beitragserhebung fordert (vgl. im einzelnen § 17 Rdnrn. 539 ff.), **verlangt** das Ausbaubeitragsrecht „bereits für die Verteilung des umlagefähigen Aufwands einen aktuellen Vorteil".[5] Dieser **Unterschied** zwischen dem Erschließungs- und namentlich dem Straßenbaubeitragsrecht ist durch die jeweiligen gesetzlichen Regelungen (vgl. Rdnr. 1) zwingend vorgegeben; er findet seine innere Rechtfertigung vornehmlich in folgenden Überlegungen:

Im Erschließungsbeitragsrecht knüpft die Beitragspflicht an den einmaligen, nicht wiederholbaren Tatbestand der erstmaligen Herstellung etwa einer Anbaustraße an; die durch diesen Tatbestand vermittelte Erschließung entfaltet zugunsten der i. S. des § 131 Abs. 1 Satz 1 BauGB erschlossenen Grundstücke eine vorteilhafte Wirkung (Vermittlung der Bebaubarkeit) nicht nur für eine begrenzte Zeit, sondern gleichsam auf ”**Dauer**", nämlich grundsätzlich solange, wie die Erschließung nicht durch die Einziehung der Straße beseitigt wird. Deshalb kann sich – um nur ein Beispiel zu nennen – bei einem i. S. des § 131 Abs. 1 Satz 1 BauGB erschlossenen Grundstück, das im Zeitpunkt des Entstehens der (sachlichen) Erschließungsbeitragspflichten (§ 133 Abs. 2 Satz 1 BauGB) infolge einer Veränderungssperre i. S. des § 14 BauGB (gegenwärtig) nicht bebaut werden darf, aus diesem Grunde (noch) nicht abstrakt bebaubar ist (vgl. dazu § 17 Rdnr. 23) und daher (noch) nicht gemäß § 133 Abs. 1 BauGB der Beitragspflicht unterliegt, der (zunächst nur) latente Erschließungsvorteil zu einem **aktuellen,** eine Erschließungsbeitragserhebung rechtfertigenden **Vorteil verdichten,** wenn die Veränderungssperre entfällt; in diesem – späteren – Zeitpunkt ”wächst" das Grundstück in die Erschließungsbeitragspflicht hinein. Demgegenüber können im Straßenbaubeitragsrecht nicht nur gleiche (z. B. Verbesserungen), sondern sogar verschiedene (z. B. Erneuerungen und Verbesserungen) beitragsbegründende Tatbestände an **einer** Anbaustraße wiederholt verwirklicht werden. Die Wirkung des jeweils durch eine beitragsfähige Maßnahme vermittelten Gebrauchsvorteils vermindert sich – anders als die des Erschließungsvorteils – durch die im Laufe der Zeit eintretende Abnutzung der ausgebauten Anlage und entfällt völlig, sobald etwa eine beitragsauslösende Verbesserung wiederholt wird. Würde im Ausbaubeitragsrecht – wie im Erschließungsbeitragsrecht – ein im Zeitpunkt des Entstehens der sachlichen Beitragspflichten (Beendigung der beitragsfähigen Maßnahme) nicht beitragsrechtlich relevant nutzbares Grundstück noch später in eine zuvor durch eine bestimmte beitragsfähige Ausbaumaßnahme für die anderen Grundstücke entstandene Beitragspflicht ”hineinwachsen" können, wäre jedenfalls die Vorteilssituation für dieses

4

---

[5] OVG Lüneburg, Urteil v. 24. 9. 1986 – 9 A 153/83 – KStZ 87, 115 = SH Gemeinde 87, 147.

Grundstück *nicht* mit der seinerzeit für die anderen Grundstücke gegebenen Situation vergleichbar und könnte ein Vorteil insoweit sogar schon *völlig entfallen* sein. Eine solche Sachlage aber **schließt** die Annahme **aus**, im Ausbaubeitragsrecht könne für ein Grundstück, das im Zeitpunkt des Entstehens der (sachlichen) Beitragspflichten aus von der ausgebauten Anlage unabhängigen, nur mit ihm selbst (Größe, Ausnutzbarkeit usw.) oder mit seiner Zuwegung über ein Anliegergrundstück zur ausgebauten Straße zusammenhängenden Gründen nicht der Beitragspflicht unterliegt, irgendwann später noch eine Beitragspflicht entstehen. Das betreffende Grundstück ist vielmehr – bezogen auf diese Maßnahme – unfähig, jemals eine Beitragspflicht auszulösen, so daß es in einem solchen Fall an jeder Rechtfertigung fehlt, es gleichwohl bei der Verteilung des umlagefähigen Aufwands zu berücksichtigen.[6]

5   Im Ausbaubeitragsrecht sind mithin an der Verteilung des umlagefähigen Aufwands Grundstücke grundsätzlich nur zu beteiligen, wenn und soweit deren Eigentümern im **Zeitpunkt** des Entstehens der sachlichen Beitragspflichten durch die Inanspruchnahmemöglichkeit der ausgebauten Anlage aktuelle, d. h. eine Beitragserhebung rechtfertigende (wirtschaftliche Sonder-) **Vorteile** geboten werden.[7] Ist das beispielsweise bei einem aus **zwei** Flurstücken bestehenden Buchgrundstück (vgl. zur Maßgeblichkeit des Buchgrundstücksbegriffs Rdnrn. 6 ff.) der Fall, ist dieses Grundstück selbst dann in vollem Umfang bei der Aufwandsverteilung zu berücksichtigen, wenn das rückwärtige Flurstück im Zeitpunkt des Entstehens der sachlichen Beitragspflichten bereits verkauft und der Vorgang der Eigentumsübertragung schon so weit fortgeschritten war, daß der Rechtserwerb des Käufers einzig von der Eintragung im Grundbuch abhängt.[8] Ist der Eigentumsübergang später abgeschlossen worden, ist – sofern nach dem einschlägigen Landesrecht die **persönliche** Beitragspflicht durch die Bekanntgabe bzw. Zustellung eines Beitragsbescheids bestimmt wird (vgl. dazu § 30 Rdnrn. 7 f.) – dieser Beitragsbescheid unabhängig davon an den neuen Eigentümer zu richten, ob mit Blick auf dessen (jetzt: Hinterlieger-)Grundstück in diesem Zeitpunkt noch eine vorteilsrelevante Inanspruchnahmemöglichkeit geboten wird.[8]

---

[6] Im Ergebnis ebenso u. a. OVG Koblenz, Urteil v. 9. 11. 1982 – 6 A 33/81 – HSGZ 83, 226, OVG Lüneburg, Urteil v. 24. 9. 1986 – 9 A 153/83 – KStZ 87, 115 = SH Gemeinde 87, 147, sowie Ecker, Kommunalabgaben in Bayern, S. 134, und Hempel/Hempel, KAG S-H, § 8 Rdnr. 286.

[7] Eine Ausnahme gilt insoweit u. a. für gemeindeeigene Grundstücke. Sie sind bei der Aufwandsverteilung unabhängig davon zu beteiligen, daß für sie eine Beitragserhebung nicht in Betracht kommt, sofern bezogen auf sie die Voraussetzungen erfüllt sind, die bei anderen Eigentumsverhältnissen zu einer Beitragspflicht geführt hätten (vgl. § 33 Rdnr. 3).

[8] OVG Lüneburg, Beschluß v. 6. 6. 1994 – 9 M 5968/93.

II. Grundstück (Grundstücksbegriff)

Nach der ganz überwiegend in der Rechtsprechung[9] vertretenen Ansicht ist 6
im Ausbaubeitragsrecht – wie im Erschließungsbeitragsrecht – der Grundstücksbegriff i. S. des Grundbuchrechts (**formeller** Grundstücksbegriff) maßgebend (vgl. dazu § 17 Rdnrn. 4 ff.). Dem ist – entgegen der ständigen Rechtsprechung des Oberverwaltungsgerichts Münster,[10] die insoweit auf den Begriff der wirtschaftlichen Grundstückseinheit (wirtschaftlicher oder materieller Grundstücksbegriff) abstellt – zuzustimmen; die einleuchtenderen Gründe sprechen **deutlich** für die Anwendung des formellen Grundstücksbegriffs.
Das schließt nicht aus, im Einzelfall ausnahmsweise den Gesichtspunkt der
wirtschaftlichen Einheit zur Korrektur des auf der Grundlage des formellen
Grundstücksbegriffs gewonnenen Ergebnisses heranzuziehen (Korrekturfunktion des wirtschaftlichen Grundstücksbegriffs), nämlich dann, wenn es
nach Inhalt und Sinn der beitragsrechtlichen Vorschriften gröblich unangemessen wäre, den formellen Grundstücksbegriff zugrundezulegen (vgl. § 17
Rdnrn. 5 f.). Auf den formellen Grundstücksbegriff ist selbst dann abzustellen, wenn zwei grundbuchrechtlich selbständige Grundstücke bauordnungsrechtlich als ein Baugrundstück anzusehen sind: „Soweit der Senat im Urteil
vom 12. Mai 1987 (9 OVG 120/86) den Standpunkt vertreten hat, daß zwei
durch Baulast nach § 4 NBauO vereinigte Baugrundstücke in Abweichung
vom Buchgrundstück beitragsrechtlich als **ein** Grundstück anzusehen seien,
hält er hieran . . . nicht mehr fest."[11]

III. Inanspruchnahmemöglichkeit

1. Inanspruchnahmemöglichkeit und Sondervorteil

Nach allen Kommunalabgabengesetzen beruht der ausbaubeitragsrechtlich 7
beachtliche (wirtschaftliche) Sondervorteil auf der durch die räumlich enge

---

[9] Vgl. u.a. OVG Bremen, Urteil v. 1.12. 1987 – 1 BA 6/87 – KStZ 88, 8, OVG
Hamburg, Urteil v. 15. 10. 1986 – Bf VI 17/84 – KStZ 87, 57, OVG Lüneburg, Urteil v.
26. 4. 1989 – 9 L 7/89 – NVwZ 89, 1088 = Ns Gemeinde 89, 269; OVG Koblenz,
Urteil v. 25. 1. 1983 – 6 A 2/82 – HSGZ 83, 301, VGH Kassel, Urteil v. 31. 3. 1977 – V
OE 18/76 – KStZ 77, 181, BayVGH, Urteil v. 27. 1. 1978 – 141 IV 66 – KStZ 78, 196 =
BayVBl 78, 374 = DGemStZ 78, 178, und VGH Mannheim, Urteil v. 3. 5. 1979 – II
321/79 – KStZ 79, 173.

[10] OVG Münster, u.a. Urteile v. 22. 1. 1980 – 2 A 159/79 – DVBl 80, 782 = DÖV 80,
8846 = KStZ 80, 214, v. 7. 1. 1982 – 2 A 2228/81 – KStZ 82, 111, und v. 29. 11. 1988 – 2
A 1678/86 – KStZ 89, 215 = GemHH 89, 232 = NWVBl 89, 281. Nach dieser
Rechtsprechung ist in einem Plangebiet wirtschaftliches Grundstück die (demselben
Eigentümer gehörende) „Einheit, die der Bebauungsplan selbst vorsieht, in nicht
beplanten Gebieten jede Einheit, die unter Berücksichtigung des in dem Bereich schon
vorhandenen Baubestandes sich bei der Aufstellung eines Bebauungsplans als sinnvolle,
und rechtlich mögliche Grundstücksnutzung darstellt" (Urteil v. 22. 4. 1985 – 2 A
2655/82 –).

[11] OVG Lüneburg, Urteil v. 26. 10. 1994 – 9 L 2756/93 –.

Beziehung eines Grundstücks zur ausgebauten Anlage begründeten, **qualifizierten Inanspruchnahmemöglichkeit** (vgl. § 29 Rdnr. 13). Die Rechtfertigung, ein Grundstück zu einem Ausbaubeitrag zu veranlagen und es zuvor bei der Verteilung des umlagefähigen Aufwands zu berücksichtigen, ergibt sich mithin aus einer Sondervorteile vermittelnden, d. h. **vorteilsrelevanten** Inanspruchnahmemöglichkeit. Nur „diejenigen Grundstückseigentümer" sind daher im Straßenbaubeitragsrecht mit ihren Grundstücken bei der Verteilung des umlagefähigen Aufwands zu beteiligen, „denen eine 'vorteilsrelevante' Inanspruchnahme der ausgebauten Straße möglich ist."[11] Vorteilsrelevant in diesem Sinne ist eine Inanspruchnahmemöglichkeit, die für bestimmte Grundstücke (bzw. deren Eigentümer) im Verhältnis zu allen anderen deshalb besonders vorteilhaft ist, weil aufgrund der räumlich engen Beziehung dieser Grundstücke zur ausgebauten Anlage erfahrungsgemäß angenommen werden kann, diese werde von ihnen aus in stärkerem Umfang in Anspruch genommen als von anderen Grundstücken aus, wirke sich für deren Erschließungssituation folglich mehr aus, führe also für sie zu einer Steigerung ihres Gebrauchswerts, die für die anderen Grundstücke nicht in vergleichbarer Weise eintritt. Eine solche vorteilsrelevante Inanspruchnahmemöglichkeit haben im Straßenbaubeitragsrecht in erster Linie Anliegergrundstücke und überdies ggfs. Hinterliegergrundstücke, sofern die Grundstücke überhaupt einen **Gebrauchswert** haben (vgl. § 29 Rdnrn. 13 f.), also z. B. nicht wegen ihrer geringen Größe praktisch unbenutzbar oder – unabhängig von ihrer Größe – nur als nicht nutzbares Brachland zu qualifizieren sind.

8   Dem Merkmal "(vorteilsrelevante) Inanspruchnahmemöglichkeit" kommt im Ausbaubeitragsrecht eine dem Merkmal "erschlossen" i. S. des § 131 Abs. 1 Satz 1 BauGB im Erschließungsbeitragsrecht **vergleichbare, zentrale Bedeutung** für die Beantwortung der Frage zu, ob und inwieweit Grundstücke bei der Verteilung des umlagefähigen Aufwands zu berücksichtigen sind. Beide Merkmale stellen einzig auf das Verhältnis zwischen der ausgebauten Anlage (Einrichtung) und jedem insoweit in Betracht kommenden **Einzelgrundstück** ab, sie sind dazu bestimmt, die Grundstücke, denen (bzw. deren Eigentümern) die ausgebaute Anlage (wirtschaftliche Sonder-)Vorteile vermittelt, von denen zu trennen, auf die dies nicht zutrifft; beide Merkmale dienen – mit anderen Worten – dazu, die "vorteilhabenden" von den "nichtvorteilhabenden" Grundstücken abzugrenzen. Im Erschließungs- wie im Ausbaubeitragsrecht lautet die hinter den jeweiligen Merkmalen stehende Frage, ob es, gemessen an den durch die beitragsfähige Maßnahme ausgelösten Sondervorteilen, gerechtfertigt ist, bestimmte Grundstücke rechnerisch mit Beiträgen zu belasten und andere von jeder Belastung mit der Folge freizustellen, daß ersteren der entsprechende "Ausfall" zuzuschreiben ist. Hier wie dort kann sich die Beantwortung dieser Frage nur nach objektiven Kriterien richten, und zwar danach, ob die (Eigentümer der) zweifelsfrei an der Aufwandsverteilung zu berücksichtigenden Grundstücke **schutzwürdig** die Einbeziehung weiterer Grundstücke erwarten können, weil im Hinblick

auf die Beziehung, in der diese Grundstücke zu der jeweiligen Anlage stehen, erfahrungsgemäß angenommen werden kann, die ausgebaute Anlage werden von ihnen aus in vergleichbarer Weise in Anspruch genommen werden, so daß es gerechtfertigt ist, auch ihnen Anteile am umlagefähigen Aufwand aufzuerlegen.[12]

Ungeachtet ihrer im wesentlichen gleichartigen Funktion decken sich die 9 Merkmale "erschlossen" im Sinne des § 131 Abs. 1 Satz 1 BauGB und "vorteilsrelevante Inanspruchnahmemöglichkeit" im Sinne des Ausbaubeitragsrechts **inhaltlich nur zum Teil**. Das liegt zum einen daran, daß das Merkmal des Erschlossenseins im Sinne des § 131 Abs. 1 Satz 1 BauGB für die Beteiligung von Grundstücken an der Aufwandsverteilung einen lediglich latenten Vorteil genügen läßt, während die "vorteilsrelevante Inanspruchnahmemöglichkeit" im Sinne des Ausbaubeitragsrechts auf einen aktuellen, eine Beitragserhebung rechtfertigenden Vorteil abstellt (vgl. Rdnrn. 2f.). Und es liegt zum anderen daran, daß das Ausbaubeitragsrecht – anders als das Erschließungsbeitragsrecht, das **ausschließlich** bauliche und gewerbliche sowie dem beitragsrechtlich gleichwertige (vgl. dazu § 17 Rdnrn. 19ff. und § 23ff.) Grundstücksnutzungen in beplanten Gebieten und im unbeplanten Innenbereich für maßgeblich hält – **jede rechtmäßige Grundstücksnutzung** in den Vorteilsausgleich einbezieht, d.h. u.a. auch "Außenbereichsnutzungen" wie z.B. die Nutzung eines Grundstücks im **Außenbereich** als Friedhof,[13] als Wald[14] und als Acker (landwirtschaftliche Nutzung).[15] Insbesondere die aufgezeigten Gesichtspunkte rechtfertigen die Annahme, die Landesgesetzgeber seien gut beraten gewesen, den namentlich durch das bundesrechtliche Erschließungsbeitragsrecht "besetzten" Begriff des Erschlossenseins nicht in die Kommunalabgabengesetze aufzunehmen. Angesichts dessen begegnet es Bedenken, wenn etwa das Oberverwaltungsgericht Münster[16] die Ansicht vertritt, im Straßenbaubeitragsrecht gelte ein eigener Begriff der Erschließung, der allerdings (landes-)-gesetzlich mit der Folge nicht definiert sei, daß der jeweiligen Straßenbaubeitragssatzung die Aufgabe zukomme, ihn für ihren Anwendungsbereich näher zu regeln.[17] Denn nach den einschlägigen Vorschriften der Kommunalabgabengesetze bestimmen diese abschließend den Kreis der Grundstücke, deren Eigentümer bzw. Erbbauberechtigte den umlagefähigen Aufwand zu tragen haben (vgl. etwa §§ 8 Abs. 2 KAG NW und 6

---

[12] OVG Lüneburg, Beschluß v. 15. 4. 1988 – 9 B 18/88 –.

[13] Vgl. dazu Traub in KStZ 88, 134.

[14] OVG Lüneburg, Urteil v. 7. 6. 1994 – 9 L 4155/92 –.

[15] Vgl. u.a. OVG Lüneburg, Urteil v. 8. 11. 1983 – 9 A 98/82 – Ns Gemeinde 84, 126 m.w.N., sowie Beschluß v. 4. 1. 1994 – 9 M 3479/93 –.

[16] OVG Münster, z.B. Urteil v. 15. 3. 1989 – 2 A 962/86 –.

[17] Im Ergebnis ebenso wohl BayVGH, u.a. Beschluß v. 17. 11. 1988 – 6 CS 88.02490 –, wonach dann, wenn sich die Satzung nicht hinreichend zum Erschlossensein verhält, sogar ohne weiteres vom Gericht auf die Grundsätze zurückgegriffen werden darf, „die von der Rechtsprechung zur entsprechenden Regelung des Erschließungsbeitragsrechts (§ 131 Abs. 1 BBauG bzw. BauGB) herausgearbeitet worden sind.".

Abs. 1 Satz 1 NKAG sowie Art. 5 Abs. 1 Satz 1 BayKAG), so daß kein Raum bleibt für den Ortsgesetzgeber, diesen Kreis durch eine eigene Definition des Begriffs Erschließung (Erschlossensein) für sein Hoheitsgebiet einzuschränken oder auszuweiten (vgl. Rdnr. 17). Abzustellen ist nach allen Kommunalabgabengesetzen nicht darauf, welche Grundstücke "erschlossen" i.S. der Definition einer bestimmten Ausbaubeitragssatzung sind, sondern darauf, von welchen Grundstücken aus eine "vorteilsrelevante Inanspruchnahmemöglichkeit" der ausgebauten Anlage besteht.[18]

10   Gleichwohl: Hinsichtlich der in § 127 Abs. 2 Nrn. 2 bis 4 BauGB genannten **Erschließungsanlagen** läßt sich sagen, daß – soweit sie überhaupt beitragsfähige Anlagen sind, was im Erschließungs- wie im Straßenbaubeitragsrecht z.B. für Fußwege im Sinne des § 127 Abs. 2 Nr. 2 BauGB, Sammelstraßen im Sinne des § 127 Abs. 2 Nr. 3 BauGB und selbständige Parkflächen im Sinne des § 127 Abs. 2 Nr. 4 BauGB regelmäßig **nicht** zutreffen dürfte (vgl. § 2 Rdnrn. 45 ff.) – sich grundsätzlich der Inhalt der Merkmale "erschlossen" im Sinne des § 131 Abs. 1 Satz 1 BauGB und "vorteilsrelevante Inanspruchnahmemöglichkeit" deckt, weil im Erschließungs- wie im Ausbaubeitragsrecht an der Verteilung des umlagefähigen Aufwands für den Ausbau **solcher** Anlagen **nicht** beteiligt sind jedenfalls Grundstücke, die nicht baulich oder gewerblich nutzbar sind. Denn beispielsweise für ein ausschließlich landwirtschaftlich nutzbares Grundstück geben die hier in Rede stehenden Erschließungsanlagen typischerweise nichts her, was eine Belastung mit Beitragsbeträgen rechtfertigen könnte.

11   Ist Gegenstand der Betrachtung eine **Anbaustraße** im Sinne des § 127 Abs. 2 Nr. 1 BauGB, deckt sich der Inhalt der Merkmale "erschlossen" im Sinne des § 131 Abs. 1 Satz 1 BauGB und "vorteilsrelevante Inanspruchnahmemöglichkeit" im Sinne des Straßenbaubeitragsrechts lediglich in den häufigsten Fällen. Immerhin aber ist die Annahme gerechtfertigt, ein im Sinne des § 131 Abs. 1 Satz 1 BauGB erschlossenes Grundstück, das nach Maßgabe des § 133 Abs. 1 BauGB einer Beitragspflicht unterliegt, sei im Straßenbaubeitragsrecht regelmäßig bei der **Verteilung** des umlagefähigen Aufwands **zu berücksichtigen.**[19]

12   Im Erschließungsbeitragsrecht wird ein **Hinterliegergrundstück,** das durch einen schmalen, im **fremden Eigentum** stehenden Grundstücksstreifen von einer ausgebauten Straße getrennt ist, regelmäßig – sofern das rechtliche Hindernis "fremdes Eigentum" als ausräumbar zu qualifizieren ist – durch diese Straße i.S. des § 131 Abs. 1 Satz 1 BauGB erschlossen (vgl. § 17 Rdnr. 72). Im **Straßenbaubeitragsrecht** ist bei einer solchen Konstellation das Merkmal "vorteilsrelevante Inanspruchnahmemöglichkeit" lediglich erfüllt, wenn der Ei-

---

[18] OVG Lüneburg, Urteil v. 14. 12. 1988 – 9 A 96/87 –, ebenso u. a. Ecker, Kommunalabgaben in Bayern, S. 134.
[19] Ebenso u. a. OVG Lüneburg, Beschluß v. 30. 3. 1988 – 9 A 164/86 –, vgl. auch OVG Münster, Urteil v. 25. 2. 1988 – 2 A 1429/85 –.

gentümer des trennenden Grundstücksstreifens im Zeitpunkt des Entstehens der (sachlichen) Beitragspflichten die Einräumung eines dinglich gesicherten Überfahrrechts über den Streifen angeboten hat. Denn **nur** unter dieser Voraussetzung besteht eine in den übrigen Fällen, in denen Hinterlieger- und Anliegergrundstück derselben Person gehören, ohnehin gegebene vorteilsrelevante, bei entsprechendem Willen des Eigentümers des Hinterliegergrundstücks realisierbare Möglichkeit der Inanspruchnahme der z.B. verbesserten Anbaustraße (vgl. § 17 Rdnr. 75) mit der Folge, daß nicht nur die übrigen Grundstückseigentümer **schutzwürdig** die Berücksichtigung des Hinterliegergrundstücks bei der Verteilung des umlagefähigen Aufwands erwarten können, sondern das Grundstück wegen des Vorliegens einer vorteilsrelevanten Inanspruchnahmemöglichkeit auch der Beitragspflicht unterliegt. Im Ergebnis entsprechendes gilt, wenn z.B. zwischen der ausgebauten Straße und **dem (Anlieger-)Grundstück** ein **Niveauunterschied** von lediglich 80 cm besteht. Ein so geringfügiger Niveauunterschied hindert nicht die Annahme, dem Grundstück werde eine vorteilsrelevante Inanspruchnahmemöglichkeit geboten und es unterliege der Beitragspflicht; „denn es ist dem Eigentümer zuzumuten, ein solches Hindernis durch geeignete Maßnahmen auf seine Kosten zu beseitigen".[20] Gleiches kann – je nach den tatsächlichen Umständen des Einzelfalls – selbst bei einem Niveauunterschied von 2 cm anzunehmen sein[21] (vgl. im übrigen zur Beachtlichkeit tatsächlicher Hindernisse auf dem Anliegergrundstück § 17 Rdnrn. 62 ff.).

Steht allerdings im Zeitpunkt des Entstehens der (sachlichen) Beitragspflichten der Inanspruchnahmemöglichkeit der ausgebauten Anlage von einem Anliegergrundstück aus ein **auf dem Straßengelände** befindliches, ausräumbares Hindernis tatsächlicher Art (etwa eine Böschung) entgegen, ist also ein vorteilsrelevante Inanspruchnahmemöglichkeit der Anlage weder von den Gegebenheiten des Grundstücks (etwa fehlender Gebrauchswert) noch vom Willen des Eigentümers des Anliegergrundstücks, sondern **allein von der Anlage** selbst und damit letztlich von der Gemeinde abhängig, ist dieses Grundstück zwar unfähig, einer Beitragspflicht zu unterliegen, aber gleichwohl – im Ergebnis zu Lasten der Gemeinde – bei der Aufwandsverteilung zu berücksichtigen, weil der entsprechende Ausfall jedenfalls nicht zu Lasten der übrigen Beitragspflichtigen gehen kann.[22]

Ebenso wie im Erschließungsbeitragsrecht für die Annahme des Erschlossenseins eines Grundstücks reicht im Straßenbaubeitragsrecht für die Annahme einer vorteilsrelevanten Inanspruchnahmemöglichkeit der ausgebauten Straße grundsätzlich aus, wenn an das Grundstück **herangefahren** werden

13

14

---

[20] OVG Lüneburg, Urteil v. 13. 12. 1985 – 1 A 114/84 – SH Gemeinde 86, 174.
[21] Vgl. OVG Münster, Beschluß v. 12. 6. 1991 – 2 A 938/89 –.
[22] Weitere Beispiele für beitragsfreie, gleichwohl aber an der Aufwandsverteilung teilnehmende Grundstücke (abgesehen von gemeindeeigenen Grundstücken) nennen z.B. Hempel/Hempel KAG S-H, § 8 Rdnr. 290.

kann (vgl. zum Merkmal des Heranfahrenkönnens im einzelnen § 17 Rdnr. 51). Dementsprechend setzt die Beteiligung eines Grundstücks bei der Verteilung des für eine z. b. verbesserte Straße entstandenen umlagefähigen Aufwands nach der zutreffenden Ansicht des Oberverwaltungsgerichts Münster[23] nur dann die Möglichkeit voraus, mit Personen- und Versorgungsfahrzeugen an die Grenze dieses Grundstücks fahren zu können, wenn „die Fahrbahn oder die Seitenstreifen (vgl. § 12 Abs. 4 Satz 1 der Straßenverkehrsordnung) an das Grundstück grenzen. Liegt zwischen der Fahrbahn und der Grundstücksgrenze ein Gehweg und bzw. oder ein öffentlicher oder privater Zuweg, so genügt es, daß etwa bis in die Höhe des Grundstücks an den Gehweg oder an den Zuweg herangefahren werden kann und das Grundstück von dieser Stelle aus ohne weiteres zu Fuß erreicht werden kann. Das gleiche gilt, wenn sich zwischen Fahrbahn und Grundstücksstreifen ein unbefestigter Seitenstreifen, ein Radweg oder ein anderer ebenso leicht zu begehender Teil der Straße (§ 2 Abs. 2 ... StrWG NW) befindet.“[23]

15   Eine vorteilsrelevante, zur Beitragserhebung rechtfertigende Inanspruchnahmemöglichkeit vermittelt im Straßenbaubeitragsrecht grundsätzlich die **nächste erreichbare selbständige** Straße. Grenzt ein Grundstück an eine von einer erneuerten oder verbesserten Straße **abzweigende** befahrbare Sackgasse, ist die Beantwortung der Frage, ob das betreffende Grundstück an der Verteilung des umlagefähigen Aufwands für den Ausbau der Straße teilnimmt, abhängig von der Beurteilung der Vorfrage, ob die Sackgasse als erschließungsrechtlich selbständig oder unselbständig zu qualifizieren ist. Nur wenn letzteres zutrifft, vermittelt die ausgebaute Straße dem Grundstück eine vorteilsrelevante Inanspruchnahmemöglichkeit.[24] Ob eine Verkehrsanlage erschließungsrechtlich **selbständig** oder unselbständig ist, richtet sich nach dem Gesamteindruck der zu beurteilenden Anlage (vgl. im einzelnen § 5 Rdnr. 7). Weist nur der Hauptzug einer Straße, **nicht** auch die von ihm abzweigende, erschließungsrechtlich **unselbständige** Sackgasse als Bestandteil ("Anhängsel") Gehwege auf und werden diese Gehwege verbessert, führt das – sofern das einschlägige Landes- oder Ortsrecht auf den erschließungsbeitragsrechtlichen Anlagebegriff abstellt (vgl. dazu § 30 Rdnrn. 12 ff.) – zu einer Verbesserung der einheitlichen, aus dem Hauptzug und der Sackgasse bestehenden Anlage insgesamt mit der Folge, daß an der Aufwandsverteilung auch die an der Sackgasse liegenden Grundstücke zu beteiligen sind.[25]

16   Zwar wird nach Ansicht des Oberverwaltungsgerichts Münster[26] eine Anbaustraße i.S. des § 127 Abs. 2 Nr. 1 BBauG u.a. auch dadurch verbessert, daß auf einer **Teilstrecke** von ihr **erstmalig Parkstreifen** angelegt werden (vgl. dazu § 31 Rdnr. 54). Doch soll der dafür entstandene umlagefähige Aufwand

---

[23] OVG Münster, u.a. Urteil v. 18. 3. 1986 – 2 A 381/84 –.
[24] OVG Münster, u.a. Urteil v. 19. 12. 1986 – 2 A 1087/85 –.
[25] OVG Münster, Urteil v. 31. 1. 1992 – 2 A 1176/90 –.
[26] Vgl. OVG Münster, u.a. Urteil v. 29. 9. 1989 – 2 A 2052/86 –.

nicht auf alle durch diese Straße i. S. des § 131 Abs. 1 Satz 1 BauGB erschlossenen Grundstücke verteilt werden können. Vielmehr sei insoweit darauf abzustellen, ob dem jeweiligen Grundstück durch die Anlegung gerade der einzelnen Parkmöglichkeiten ein wirtschaftlicher Vorteil geboten werde. „Bei der Beurteilung des wirtschaftlichen Vorteils im Zusammenhang mit den Parkstreifen (kommt es) darauf an, ob zwischen dem Grundstück und den Parkstreifen eine zumutbare Entfernung liegt. Das hat die Gemeinde nach objektiven Kriterien unter Beachtung der örtlichen Verhältnisse ... zu entscheiden. Mit seiner Entscheidung, an dem Aufwand für die Parkstreifen hier die Grundstücke zu beteiligen, die an ihnen oder in einer Entfernung bis zu 200 m liegen, hat der Beklagte die Grenzen seines Einschätzungsermessens nicht überschritten". Dieser auf die Entfernung von Grundstücken zur öffentlichen Parkmöglichkeit abhebenden Auffassung des Oberverwaltungsgerichts Münster könnte allenfalls zu folgen sein, wenn es bei der Parkfläche um eine selbständige beitragsfähige (Erschließungs-)Anlage ginge (vgl. dazu aber § 2 Rdnr. 47); sie dürfte indes im Zusammenhang mit Parkstreifen als Bestandteil einer Anbaustraße **verfehlt** sein. Wenn – wie das Gericht zutreffend dargelegt hat – die Anlegung der Parkstreifen zu einer Verbesserung der (ganzen) Anbaustraße führt,[27] treten die Parkstreifen als Bestandteil dieser Anlage mit der Folge in den Hintergrund, daß für die Aufwandsverteilung nicht mehr das Verhältnis von den Grundstücken zum Parkstreifen maßgebend ist, sondern allein, welchen Grundstücken die verbesserte Anlage (Anbaustraße) eine vorteilsrelevante Inanspruchnahmemöglichkeit bietet, d. h. – in der Terminologie des Erschließungsbeitragsrechts – welche Grundstücke durch die verbesserte Anlage i. S. des § 131 Abs. 1 Satz 1 BauGB erschlossen sind. Zutreffend hat deshalb nunmehr das Oberverwaltungsgericht Münster[28] erkannt, bei der Verteilung des umlagefähigen Aufwands, der für eine durch die Anlegung von Parkbuchten bewirkte Verbesserung einer Anbaustraße entstanden ist, seien **alle** durch die Straße erschlossenen Grundstücke zu beteiligen, da „das in Gestalt von Parkbuchten in einer Straße verbesserte Parkangebot grundsätzlich den Eigentümern aller durch die Anlage erschlossenen Grundstücke wirtschaftliche Vorteile" vermittele. Eine entsprechende Betrachtungsweise ist stets geboten, wenn z. B. die Anlegung einer Teilanlage Mittel der Verbesserung der Gesamtanlage ist (vgl. dazu § 31 Rdnr. 2). Dementsprechend ist ein Grundstück an der Verteilung des umlagefähigen Aufwands für die **erstmalige** Anlegung eines **Gehwegs** selbst dann zu beteiligen, wenn der Gehweg nicht in voller Länge der Straße gebaut worden ist und dieses Grundstück nicht an dem Teil der Straße liegt, in dem der Gehweg hergestellt worden ist. Denn die Ausbaumaßnahme hat mit der Folge zu einer Verbesserung der Straße insgesamt geführt, daß alle an sie

---

[27] Vgl. etwa OVG Münster, Urteil v. 15. 2. 1989 – 2 A 2526/86 – NWVBl 89, 410.
[28] OVG Münster, Urteil v. 23. 6. 1992 – 2 A 303/91 –.

angrenzenden Grundstücke den umlagefähigen Aufwand anteilig zu tragen haben.[29]

17 Im Straßenbaubeitragsrecht kann auch Grundstücken eine vorteilsrelevante, zur Zuschreibung von Anteilen am umlagefähigen Aufwand berechtigende Inanspruchnahmemöglichkeit vermittelt werden, die **zweifelsfrei nicht erschlossen** im Sinne des § 131 Abs. 1 Satz 1 BauGB sind. Das trifft zu zum einen auf an sog. einseitig anbaubare (Innerorts-)Straßen (vgl. dazu Rdnrn. 27 ff.) angrenzende, etwa nur landwirtschaftlich nutzbare Grundstücke **im Außenbereich**, und zum anderen auf Grundstücke, denen durch nicht beitragsfähige Erschließungsanlagen wie z. B. Wirtschaftswege eine Sondervorteile auslösende Verbindung zum übrigen Verkehrsnetz der Gemeinde geboten werden. In der einen wie in der anderen Konstellation ist unzweifelhaft, daß **landwirtschaftlich nutzbaren Grundstücken** durch etwa die Erneuerung der Fahrbahn eine vorteilsrelevante Inanspruchnahmemöglichkeit vermittelt wird und sie deshalb bei der Verteilung des umlagefähigen Aufwands für den Ausbau der Fahrbahn zu berücksichtigen sind.[30] Denn das Straßenbaubeitragsrecht bezieht – anders als das Erschließungsbeitragsrecht – **jeden** rechtmäßigen Gebrauch des Grundstücks in den Vorteilsausgleich ein (vgl. Rdnr. 9). Sind somit kraft der jeweiligen landesrechtlichen Bestimmung auch (nur) landwirtschaftlich nutzbare Grundstücke im Außenbereich an der Verteilung des umlagefähigen Aufwands zu beteiligen, der z. B. für die Verbesserung der Fahrbahn einer **einseitg anbaubaren** Straße entstanden ist, an die diese Grundstücke angrenzen, kann das Ortsrecht diese gesetzliche Anordnung nicht durch eine Satzungsregelung unterlaufen, nach der für die Aufwandsverteilung und Beitragserhebung abzustellen ist ausschließlich auf die baulich oder gewerblich nutzbaren, nicht aber auch auf die (auf der anderen Straßenseite gelegenen) land- und forstwirtschaftlich nutzbaren Grundstücke (vgl. Rdnr. 9). Eine solche Satzungsregelung ist vielmehr wegen eines Verstoßes gegen das höherrangige Landesrecht **unwirksam** und folglich unberücksichtigt zu lassen (vgl. zur Aufwandsverteilung in einem solchen Fall Rdnrn. 27 f.). Das übersieht das Oberverwaltungsgericht Münster,[31] wenn es meint, die Verfahrensweise einer Gemeinde billigen zu können, die bei einer Satzungsregelung der vorbezeichneten Art den umlagefähigen Aufwand für die Verbesserung der Fahrbahn einer einseitig anbaubaren Straße allein auf die Grundstücke der anbaubaren Seite verteilt und dem durch die Nichtberücksichtigung der anderen Grundstücke eintretenden "Ausfall" vorab durch eine Reduzierung des Anliegeranteils Rechnung getragen hat.

18 Zweifelhaft kann allenfalls sein, ob – erstens – einem **forstwirtschaftlich genutzten Waldgrundstück** durch den Ausbau der Fahrbahn und – zweitens –

---

[29] Ebenso BayVGH, Urteil v. 19. 9. 1991 – 6 B 88.1578 – KStZ 92, 193 = BayVBl 92, 728.

[30] Vgl. statt vieler OVG Lüneburg, Urteil v. 8. 11. 1983 – 9 A 98/82 – Ns Gemeinde 84, 126 m. w. N.

[31] OVG Münster, Urteil v. 18. 10. 1989 – 2 A 2185/86 –.

einem landwirtschaftlich genutzten Grundstück durch den Ausbau eines selbständigen **Geh- oder Radwegs** bzw. eines Geh- und Radwegs als Teileinrichtung z. B. einer einseitig anbaubaren Innerortsstraße eine vorteilsrelevante Inanspruchnahmemöglichkeit mit der Folge geboten werden, daß das jeweilige im **Außenbereich** gelegene Grundstück an der Aufwandsverteilung zu beteiligen ist. In beiden Fällen ist die gestellte Frage zu **bejahen,** und zwar unabhängig davon, auf welchen **Anlagebegriff** nach dem einschlägigen Landes- bzw. Ortsrecht abzustellen ist (vgl. dazu im einzelnen § 30 Rdnrn. 12 ff.). Denn in dem einen wie dem anderen Fall ist „eine Inanspruchnahme" der jeweils ausgebauten Teileinrichtung oder – bei einer Maßgeblichkeit des erschließungsbeitragsrechtlichen Anlagebegriffs – der durch den Ausbau der Teileinrichtung verbesserten (Gesamt-)Anlage von den betreffenden, an die Straße angrenzenden Grundstücken aus „erfahrungsgemäß jedenfalls nicht schlechthin als völlig unwahrscheinlich auszuschließen".[32] Das genügt für eine Berücksichtigung der betreffenden Grundstücke bei der Verteilung des umlagefähigen Aufwands in beiden Fallgestaltungen.

Ebenso wie im Erschließungsbeitragsrecht bleiben auch im Ausbaubei- **19** tragsrecht die **Grundflächen anderer Erschließungsanlagen** bei der Verteilung des umlagefähigen Aufwands unberücksichtigt (vgl. § 17 Rdnr. 48). Das gilt hier wie dort sowohl für (öffentliche) Erschließungsanlagen im Sinne des § 127 Abs. 2 BauGB als auch für Erschließungsanlagen im Sinne des § 123 Abs. 2 BauGB, die entweder kraft einer entsprechenden Festsetzung im Bebauungsplan oder einer (förmlichen oder formlosen) Widmung für ihre öffentliche Zweckbestimmung einer Nutzung für andere als Erschließungszwecke entzogen sind. Ist beispielsweise eine innerörtliche Grünanlage wegen ihrer Flächenausdehnung und ihrer Funktion, der Erholung der Bevölkerung einer ganzen Gemeinde oder auch nur (bei Städten) eines größeren Ortsteils zu dienen, keine beitragsfähige Erschließungsanlage im Sinne des § 127 Abs. 2 BauGB (vgl. dazu § 12 Rdnr. 83), ist sie gleichwohl als eine Erschließungsanlage im Sinne des § 123 Abs. 2 BauGB mit der Folge zu qualifizieren, daß ihre Grundfläche nicht an der Verteilung des umlagefähigen Aufwands der ausgebauten Straße teilnimmt.[33] Das gleiche trifft zu auf ein als Grünanlage gewidmetes städtisches Grundstück, dem mangels hinreichender Größe nicht die Eignung einer beitragsfähigen Erschließungsanlage im Sinne des § 127 Abs. 2 Nr. 4 BauGB, sondern nur die einer Erschließungsanlage im Sinne des § 123 Abs. 2 BauGB zukommt,[34] sowie auf einen (ggfs. nach Maßgabe landesrechtlicher Vorschriften beitragsfähigen) Kinderspielplatz. Auch ein im Bebauungsplan als "Festwiese" ausgewiesenes Grund-

---

[32] Vgl. dazu OVG Lüneburg, Beschluß v. 30. 3. 1988 – 9 A 164/86 –; im Ergebnis ebenso OVG Lüneburg, Urteil v. 7. 6. 1994 – 9 L 4155 /92 –.
[33] Vgl. im einzelnen OVG Lüneburg, Urteile v. 22. 1. 1986 – 9 A 132/83 – SH Gemeinde 86, 209, und v. 22. 4. 1987 – 9 A 11/86 –.
[34] OVG Münster, Urteil v. 22. 4. 1985 – 2 A 2655/82 –.

stück hat bei der Aufwandsverteilung unberücksichtigt zu bleiben.[35] Ist ein ursprünglich "normales" Grundstück zur Nutzung als Markt vorgesehen, scheidet es aus dem Kreis der an der Verteilung des umlagefähigen Aufwands etwa für die Verbesserung der Fahrbahn einer Anbaustraße zu beteiligenden Grundstücke **nur** dann aus, wenn es im Zeitpunkt des Entstehens der (sachlichen) Beitragspflichten bereits seinem neuen Zweck entsprechend gewidmet worden war.[36]

20   Grundstücke, die an **zwei** (oder mehr) ausgebauten Straßen angrenzen und denen folglich je eine vorteilsrelevante Inanspruchnahmemöglichkeit geboten wird, nehmen im Ausbaubeitrags- wie im Erschließungsbeitragsrecht an der Verteilung des umlagefähigen Aufwands für jede der entsprechenden Anlagen teil. Dies gilt im Ausbaubeitragsrecht – sofern kraft Landes- oder Ortsrecht auf beitragfähige Erschließungsanlagen oder öffentliche Straßen als maßgebliche Anlage abzustellen ist (vgl. § 30 Rdnrn. 12 ff.) – z. B. für Eckgrundstücke selbst dann, wenn die Gemeinde zwei eine Einheit bildende Straßen zur gemeinsamen Aufwandsermittlung und Abrechnung zusammengefaßt hat (vgl. § 30 Rdnr. 33 und § 32 Rdnr. 43 f.). Denn dem Ausbaubeitragsrecht ist eine der Vorschrift des § 131 Abs. 1 Satz 2 BauGB vergleichbare Regelung (vgl. § 17 Rdnrn. 84 f.) unbekannt.

2. Begrenzung der durch die Inanspruchnahmemöglichkeit vermittelten Sondervorteile auf Teilflächen von (Buch-)Grundstücken

21   Grundstücke sind an der Aufwandsverteilung zu beteiligen nur, *wenn* ihnen (bzw. deren Eigentümern) eine mit Sondervorteilen verbundene Inanspruchnahmemöglichkeit der ausgebauten Anlage geboten wird, und sie sind es überdies nur, *soweit* dies zutrifft. Ebenso wie im Erschließungsbeitragsrecht können die Umstände ausnahmsweise auch im Ausbaubeitragsrecht so sein, daß sich die Inanspruchnahmemöglichkeit lediglich auf eine Teilfläche eines (Buch-)-Grundstücks vorteilhaft auswirkt. Ist – wie regelmäßig – die Grundstücksgröße ein Maßstabselement der Verteilungsregelung, können solche räumlichen Beschränkungen der Vorteilswirkung nicht unberücksichtigt bleiben.

22   Grenzt ein Grundstück an zwei durch deutliche Markierungen trennbare Teilstrecken einer Straße und verbessert die Gemeinde nur eine dieser Teilstrecken, soll dem nach Ansicht des Verwaltungsgerichtshofs Kassel[37] bei einer abschnittsweisen Abrechnung (vgl. dazu § 30 Rdnr. 32 und § 32 Rdnr. 42) im Ausbau- wie im Erschließungsbeitragsrecht (vgl. § 14 Rdnr. 28) unge-

---

[35] OVG Lüneburg, Beschluß v. 26. 5. 1987 – 9 B 56/86 –.
[36] OVG Münster, Beschluß v. 24. 5. 1986 – 2 B 1700/85 – und Urteil v. 20. 9. 1989 – 2 A 2052/86 –.
[37] VGH Kassel, Urteil v. 19. 2. 1986 – 5 OE 30/83 – KStZ 86, 156 = HSGZ 86, 173.

achtet der zwischen beiden Rechtsgebieten insoweit bestehenden Unterschiede – zwar wird die Anlage mit an Sicherheit grenzender Wahrscheinlichkeit einmal insgesamt endgültig hergestellt werden, während es durchaus denkbar ist, daß ein den zweiten Abschnitt so wie den ersten verbessernder Ausbau unterbleibt – dadurch Rechnung getragen werden, daß das Grundstück rechnerisch geteilt und nur mit der Teilfläche bei der Verteilung des umlagefähigen Aufwands für den jetzt verbesserten Abschnitt berücksichtigt wird, die der Frontlänge an diesem Abschnitt entspricht.[38]

Namentlich dann, wenn Gegenstand einer beitragsfähigen Ausbaumaßnahme eine beitragsfähige Anbaustraße (§ 127 Abs. 2 Nr. 1 BauGB) ist, kann sich eine räumliche Beschränkung der durch die Inanspruchnahmemöglichkeit der ausgebauten Anlage ausgelösten Vorteilswirkung auf Teilflächen von (Buch-)Grundstücken ergeben bei einem als Bahnhofsgelände genutzten Betriebsgrundstück der Deutschen Bundesbahn (vgl. § 17 Rdnr. 49) und vor allem in Fällen, in denen sich die **Erschließungswirkung** der verbesserten oder erneuerten Straße erkennbar eindeutig auf Teilflächen beschränkt; in Bezug auf den letzteren Gesichtspunkt gelten die gleichen Grundsätze wie im Erschließungsbeitragsrecht[39] (vgl. dazu § 17 Rdnrn. 35 ff.). Dagegen hat es **keinen** Einfluß auf den Umfang der an der Aufwandsverteilung teilnehmenden Fläche,[40] sondern lediglich auf den Umfang des dabei zu berücksichtigenden Nutzungsmaßes, wenn ein Grundstück im beplanten Gebiet wegen eines öffentlich-rechtlichen Hindernisses (z.B. Nutzungsverbote im Interesse des Umweltschutzes, Anbauverbote im Interesse der Belange des Verkehrs, bauordnungsrechtliche Abstandsgebote oder Bestimmungen, die die Erhaltung denkmalsrechtlich geschützter Bauten gebieten) nicht in dem Maße genutzt werden darf, wie ihm dies der einschlägige Bebauungsplan zubilligt. Für alle diese Fallgestaltungen gilt das entsprechend, was in diesem Zusammenhang für das Erschließungsbeitragsrecht maßgebend ist (vgl. § 17 Rdnrn. 43 ff.).

Ebenfalls **ohne Belang** für den Umfang der bei der Aufwandsverteilung zu berücksichtigenden Fläche ist beispielsweise, wenn auf dem Grundstück etwa eine Garage mit Abstellraum derart errichtet worden ist, daß eine Weiterfahrt oder gar ein Durchgang zum dahinter liegenden Grundstücksteil ausgeschlossen ist. Denn das ist eine Folge der entsprechenden Entscheidung des Eigentümers und nicht geeignet, eine rechtlich erhebliche Begrenzung des

23

24

---

[38] Im Ergebnis ebenso OVG Münster, Urteil v. 15. 8. 1985 – 2 A 3046/83 –, und Schieder/Happ, KAG Bay, Art. 5 Bem. 2.8.3.

[39] Vgl. u.a. OVG Lüneburg, Urteil v. 11. 7. 1990 – 9 A 138/88 –; im Ergebnis ebenso bei einem zwischen zwei befahrbaren Verkehrsanlagen liegenden, atypisch großen, forstwirtschaftlich genutzten Waldgrundstück OVG Lüneburg, Urteil v. 12. 7. 1994 – 9 L 2945/92 –.

[40] Ebenso u.a. OVG Lüneburg, Urteil v. 19. 9. 1988 – 9 A 21/87 –, und OVG Münster, Urteil v. 29. 11. 1988 – 2 A 1678/86 – KStZ 89, 215 = GemHH 89, 232 = NWVBl 89, 281.

durch eine beitragsfähige Ausbaumaßnahme vermittelten Vorteils zu bewirken.[41]

25   Für die Anordnung einer satzungsmäßigen **Tiefenbegrenzung** ist im Straßenbaubeitragsrecht grundsätzlich **kein** Raum, weil das Straßenbaubeitragsrecht – anders als das Erschließungsbeitragsrecht – für die Beteiligung eines Grundstücks an der Aufwandsverteilung vom Ansatz her **nicht** differenziert zwischen baulicher (oder gewerblicher) Nutzbarkeit einerseits und landwirtschaftlicher (oder forstwirtschaftlicher) Nutzbarkeit andererseits, sondern auch **Außenbereichsnutzungen** in den Vorteilsausgleich einbezieht (vgl. § 30 Rdnrn. 9 und 17). Angesichts dessen kommt die Anordnung einer Tiefenbegrenzung lediglich in Betracht, wenn die Vorteile, die den Außenbereichsflächen im Verhältnis zu baulich oder gewerblich nutzbaren Grundstücksflächen in beplanten Gebieten oder im unbeplanten Innenbereich durch die Inanspruchnahmemöglichkeit einer ausgebauten Straße zuwachsen, erheblich geringer zu bewerten sind (vgl. dazu Rdnr. 27). Soweit danach Anlaß zu einer Differenzierung nach der Ausnutzbarkeit besteht, kann eine satzungsmäßige Tiefenbegrenzung hilfreich sein und die (widerlegbare) Vermutung begründen, die Grundstücksfläche diesseits der (Tiefen-)Grenze gehöre dem unbeplanten Innenbereich und die jenseits der Grenze dem Außenbereich an. Vor diesem Hintergrund scheidet eine Tiefenbegrenzung aus für Grundstücke, die zulässigerweise in der ganzen Fläche einheitlich genutzt werden.[42] Deshalb ist beispielsweise die Anordnung einer Tiefenbegrenzung für einzig landwirtschaftlich nutzbare Grundstücke unzulässig;[43] entsprechendes gilt für Sportplätze.[44] Bei solchen Grundstücken erstreckt sich nämlich der (wirtschaftliche Sonder-)Vorteil, der durch die Inanspruchnahmemöglichkeit geboten wird, auf das Grundstück in seiner gesamten Tiefe. Eine **Ausnahme** von diesem Grundsatz hat die Rechtsprechung zum Straßenbaubeitragsrecht jedoch für Friedhöfe[45] und Kleingartengelände[46] zugelassen. Sie hat dies mit den Besonderheiten einer derartigen atypischen Nutzung gegenüber einer baulichen oder gewerblichen Nutzung begründet. Dem ist zuzustimmen.[47] Es ist ohnehin nur beschränkt möglich, den Gebrauchsvorteil für Friedhöfe und Kleingartengelände in ein "richtiges" Verhältnis zu dem für baulich oder gewerblich nutzbare Grundstücke zu setzen; eine Tiefenbegrenzung – und

---

[41] OVG Lüneburg, Urteil v. 14. 12. 1988 – 9 A 96/87 –.

[42] U. a. OVG Lüneburg, Beschluß v. 19. 9. 1989 – 9 M 65/89 –, und OVG Münster, Urteil v. 22. 11. 1990 – 2 A 357/87 –.

[43] Vgl. u. a. OVG Lüneburg, Urteile v. 28. 2. 1974 – I A 111/72 – OVGE 30, 387 = DGemStZ 75, 40 = Ns Gemeinde 75, 56, und v. 27. 1. 1977 – VI A 124/75 – SH Gemeinde 75, 220.

[44] OVG Münster, Urteil v. 22. 3. 1990 – 2 A 2683/87 –.

[45] U. a. OVG Lüneburg, Urteil v. 27. 2. 1980 – 9 A 40/79 –.

[46] OVG Lüneburg, u. a. Beschluß v. 6. 1. 1981 – 9 B 31/80.

[47] A. A. wohl VGH Kassel, Urteil v. 30. 1. 1991 – 5 UE 2831/88 – HSGZ 92, 39 = NVwZ-RR 92, 100.

zwar insoweit für unbeplante und beplante Gebiete – stellt dazu immerhin eine brauchbare Lösung dar.[48] Ohne Tiefenbegrenzung würden diese – in der Regel sehr großflächigen – Grundstücke überproportional belastet werden.

3. Vorverteilung des umlagefähigen Aufwands in Sonderfällen

Grundsätzlich ist der umlagefähige Aufwand in (nur) **zwei Schritten** den 26 dafür in Betracht kommenden Grundstücken "zuzuschreiben". Zunächst sind die Grundstücksflächen zu ermitteln, die an der Aufwandsverteilung teilnehmen, und sodann ist – in einem zweiten Schritt – der Aufwand auf die ermittelten Grundstücksflächen nach Maßgabe des satzungsmäßigen Verteilungsmaßstabs zu verteilen. Dieser im Ausbau- wie im Erschließungsbeitragsrecht geltende Grundsatz beruht auf der Erwägung, daß in dem zweiten Schritt das unterschiedliche Maß der durch die Inanspruchnahmemöglichkeit gebotenen Vorteile durch einen auf die typischen Regelfälle abstellenden, nach der jeweiligen Ausnutzbarkeit der Grundstücke differenzierenden Verteilungsmaßstab angemessen vorteilsgerecht berücksichtigt werden kann, d. h., sich durch die Anwendung des Verteilungsmaßstabs Beitragsbeträge ergeben, die der Höhe nach in etwa der Höhe der vermittelten Vorteile entsprechen. Das trifft jedoch im Straßenbaubeitragsrecht nicht immer zu, und zwar trifft es in solchen Sonderfällen nicht zu, in denen die Inanspruchnahmemöglichkeit einer ausgebauten Anlage *schon vom Ansatz her* den Grundstücken einer Straßenseite deshalb mehr (wirtschaftliche Sonder-) Vorteile bietet als den Grundstücken der gegenüberliegenden Straßenseite, weil der Umfang der für die Vorteilsbemessung maßgeblichen zu erwartenden (wahrscheinlichen) Inanspruchnahme der ausgebauten Anlage von diesen Grundstücken aus erfahrungsgemäß *derart unterschiedlich* ist, daß dieser Unterschiedlichkeit allein durch den Verteilungsmaßstab nicht mehr sachgerecht Rechnung getragen werden kann. Wo das der Fall ist, kann es geboten sein, dem zweiten Schritt, nämlich der Verteilung des umlagefähigen Aufwands auf die zu berücksichtigenden Grundstücksflächen nach Maßgabe des Verteilungsmaßstabs einen Schritt "vorzuschalten" und den umlagefähigen Aufwand zunächst auf die beiden Gruppen von Beitragspflichtigen,[49] also die Gruppe der Grundstücke der einen Straßenseite und die Gruppe der Grundstücke der anderen Straßenseite, "vorzuverteilen". Der danach auf die jeweilige Gruppe der Grundstücke (Beitragspflichtigen) entfallende Anteil des umlagefähigen Aufwands ist dann – in einem insoweit dritten Schritt – nach Maßgabe der einschlägigen Regelung des Verteilungsmaßstabs den der jewei-

---

[48] Ebenso Hempel/Hempel, KAG S-H, § 8 Rdnr. 323; siehe in diesem Zusammenhang auch Kortmann/Bartels (in KStZ 84, 22), die sich vornehmlich mit der Heranziehung von Kirchengrundstücken befassen.
[49] Eine solche Gruppenbildung sehen ausdrücklich vor u. a §§ 8 Abs. 6 Satz 2 KAG NW, 11 Abs. 5 Satz 2 KAG Hess und 6 Abs. 5 Satz 2 NKAG.

ligen Gruppe angehörenden Grundstücken "zuzuschreiben". Eine solche "Vorverteilung" kann außer in den (Einzel-)Fällen, in denen an Anbaustraßen angrenzende Grundstücke in nennenswertem Umfang mit ihren **rückwärtigen Teilflächen im Außenbereich** liegen, vor allem angezeigt sein, wenn es geht um die Abrechnung des Ausbaus – erstens – einer einseitig anbaubaren Innerortsstraße, an deren eine Seite bebaubare und an deren andere Seite im Außenbereich gelegene, nur landwirtschaftlich nutzbare Grundstücke grenzen, sowie – zweitens – eines Bürgersteigs einer beidseitigen Gehweganlage.

a) Landwirtschaftlich nutzbare Grundstücke an einseitig anbaubaren Innerortsstraßen

27   Kann ein an eine beidseitig anbaubare Innerortsstraße grenzendes Grundstück, das *tatsächlich* landwirtschaftlich genutzt wird, kraft der Festsetzung eines Bebauungsplans oder gemäß § 34 BauGB bebaut oder gewerblich genutzt werden, entsprechen die diesem Grundstück durch die Inanspruchnahmemöglichkeit gebotenen (wirtschaftlichen Sonder-) Vorteile vom Ansatz her denen, die den anderen Anliegergrundstücken vermittelt werden. Denn maßgeblich für die Beurteilung der Vorteilslage ist grundsätzlich nicht die mehr oder weniger zufällige (gegenwärtige) tatsächliche Nutzung, sondern die planungsrechtlich zulässige Ausnutzbarkeit (vgl. § 29 Rdnr. 14). Allerdings kann in einem solchen Fall – und das betrifft allein die Heranziehungsphase – eine sofortige Beitragsleistung für den Pflichtigen eine unbillige Härte bedeuten, wenn das veranlagte Grundstück zur Erhaltung der Wirtschaftlichkeit des Betriebs weiterhin (z.B. als einzige Kälberweide in der Nähe der Hofstelle) genutzt werden muß. Diesem Gesichtspunkt kann unter Einbeziehung des Rechtsgedankens des § 135 Abs. 4 BauGB im Rahmen von Billigkeitserwägungen durch eine Beitragsstundung,[50] etwa bis zur tatsächlichen Nutzungsänderung, Rechnung getragen werden (vgl. dazu § 38 Rdnrn. 3 f und § 26 Rdnrn. 22 ff.).

28   Eine *andere* Betrachtungsweise ist jedoch geboten, wenn im Außenbereich gelegene, *nur* landwirtschaftlich nutzbare Grundstücke an eine einseitig anbaubare Innerortsstraße grenzen. Zwar spielt es im Straßenbaubeitragsrecht – anders als im Erschließungsbeitragsrecht – für die Beitragsveranlagung und damit auch für die Berücksichtigung bei der Aufwandsverteilung *dem Grunde nach* keine Rolle, ob ein Grundstück bebaut (bebaubar) oder ausschließlich für landwirtschaftliche Zwecke nutzbar ist.[51] Denn der Ausbau (nicht nur eines Wirtschaftswegs, sondern sogar) einer einseitig anbaubaren Innerortsstraße, und zwar selbst etwa die Anlegung oder Verbesserung eines Geh-

---

[50] Vgl. u.a. etwa RdErl des Innenministers NW v. 8. 12. 1977 (MinBl 77, 2103).
[51] U.a. OVG Lüneburg, Urteil v. 27. 1. 1977 – VI A 192/75 – VerwRspr 29, 105 = KStZ 77, 110 = SH Gemeinde 77, 298, und OVG Münster, Urteil v. 1. 6. 1977 – II A 1475/75 – KStZ 77, 219 = DVBl 79, 239.

und Radwegs,[52] vermittelt auch den nur landwirtschaftlich nutzbaren Grundstücken einen zur Beitragserhebung rechtfertigenden Sondervorteil, weil deren Zugänglichkeit erleichtert wird, eine Inanspruchnahme der ausgebauten Anlage von ihnen aus erfahrungsgemäß jedenfalls nicht schlechthin als völlig unwahrscheinlich auszuschließen ist.[53] Allerdings muß der Wert der Vorteile, die den nur landwirtschaftlich nutzbaren Grundstücken durch die Inanspruchnahmemöglichkeit der ausgebauten Innerortsstraße geboten werden, **erheblich geringer** angesetzt werden als der den baulich oder gewerblich nutzbaren Grundstücken vermittelte Wert, weil die ausgebaute Anlage von ersteren aus erfahrungsgemäß seltener und nur zu bestimmten Jahreszeiten in Anspruch genommen wird. In der Literatur wird daher gelegentlich der Vorschlag gemacht, entweder auf die nur landwirtschaftlich nutzbaren Grundstücke die häufig in Straßenbaubeitragssatzungen für weder baulich noch gewerblich nutzbare Grundstücke vorgesehene Verteilungsregelung anzuwenden[54] oder – was im Ergebnis regelmäßig für die nur landwirtschaftlich nutzbaren Grundstücke günstiger ist – für sie von 30 bis 40 v. H.[55] des Satzes für eingeschossig bebaubare Wohngrundstücke auszugehen. Solche Vorschläge sind jedoch kaum geeignet, der besonderen Situation der nur landwirtschaftlich nutzbaren Grundstücke bei einem Zusammentreffen mit baulich und gewerblich (oder beitragsrechtlich vergleichbar) nutzbaren Grundstücken in einem Abrechnungsgebiet gerecht zu werden. Zum einen werden nämlich dadurch die nur landwirtschaftlich nutzbaren Grundstücke in ein für sie nicht passendes Verteilungsschema (möglicherweise sogar mit einer für sie nicht anwendbaren Tiefenbegrenzung – vgl. Rdnr. 25) gepreßt, und zum anderen kann eine solche Verfahrensweise zu einer überhöhten Beitragsbelastung dieser Grundstücke führen.

Wie die Vorteile der nur landwirtschaftlich nutzbaren Grundstücke einerseits und die der baulich und/oder gewerblich (bzw. beitragsrechtlich vergleichbar) nutzbaren Grundstücke andererseits beim Angrenzen beider Arten von Grundstücken an eine ausgebaute Straße zu bemessen sind, richtet sich nach dem Maß der **schätzungsweise zu erwartenden Inanspruchnahme** der ausgebauten Straße.[56] Die Gemeinde hat demgemäß im Rahmen ihres ortsgesetzgeberischen, am Maß der wahrscheinlichen Inanspruchnahme zu orientierenden Ermessens darüber zu befinden, wie die Vorteile der beiden Arten von

29

---

[52] Vgl. etwa VG Oldenburg, Urteil v. 10. 9. 1981 – 6 A 201/79 –; a. A. Johlen in Agrarrecht 86, 1 (3), der meint, von den Eigentümern der nur landwirtschaftlich nutzbaren Grundstücke könnten Beiträge lediglich für den Fahrbahnausbau verlangt werden.

[53] Vgl. u. a. OVG Lüneburg, Urteil v. 25. 3. 1981 – 9 A 87/80 – KStZ 81, 137 = ID 81, 235 = DVBl 82, 80, sowie Hempel/Hempel, KAG S-H, § 8 Rdnr. 369.

[54] Vgl. Bauernfeind/Zimmermann, KAG NW, § 8 Rdnr. 108.

[55] So etwa Bitterberg in SH Gemeinde 77, 177.

[56] Vgl. dazu im einzelnen OVG Lüneburg, Urteil v. 27. 2. 1980 – 9 C 2/79 – DVBl 80, 760 = NS Städteverband 80, 161 = KStZ 81, 89.

unterschiedlich nutzbaren Grundstücken im Verhältnis zueinander zu bewerten sind. Diese Aufgabe lösen Gemeinden vor allem in ländlich strukturierten Gebieten, in denen gerade solche Fallgestaltungen nicht eben selten vorkommen, zweckmäßigerweise dadurch, daß sie in ihre Beitragssatzung eine Vorschrift aufnehmen, die die Vorteilsbemessung für die hier behandelten Fälle besonders regelt. Eine derartige Bestimmung schlägt unter der Überschrift „Vorteilsbemessung in Sonderfällen" auch der niedersächsische Innenminister als § 4 a seines Satzungsmusters vom 22. Juni 1982 (MinBl 82, 923) vor.[57] Nach dieser Bestimmung sollte der Vorteil für die lediglich landwirtschaftlich nutzbaren Grundstücke „nur halb so hoch wie der Vorteil für die übrigen Grundstücke bemessen" werden. Eine diesem Vorschlag entsprechende Ermessensentscheidung eines Ortsgesetzgebers ist nicht zu beanstanden.[58]

Zwar kann zugunsten oder zu Lasten der einen oder anderen Art von nutzbaren Grundstücken eine geringfügig andere Vorteilsbemessung durchaus angemessen sein. Doch lassen sich schwerlich einigermaßen verläßliche Wahrscheinlichkeitsdaten feststellen, die die Annahme rechtfertigen, eine solche Vorteilsbemessung beruhe auf sachlich schlechthin nicht vertretbaren und deshalb willkürlichen Ermessenserwägungen. Insbesondere sprechen die – im Beitragsrecht ganz allgemein bedeutsamen – Gesichtspunkte der Praktikabilität und Durchschaubarkeit des Abrechnungsverfahrens für diese praktikable, klare und gegen eine noch "verfeinerte" Vorteilsbemessung.[59]

30   Entscheidet sich ein Ortsgesetzgeber für die vorgeschlagene, allein ihm vorbehaltene Vorteilsbemessung – was im übrigen dringend zu empfehlen ist –, hat das beispielsweise dann, wenn bei einer einseitig anbaubaren Straße *alle* Grundstücke an der einen Seite nur landwirtschaftlich, *alle* Grundstücke an der anderen Seite aber baulich und/oder gewerblich (bzw. beitragsrechtlich vergleichbar) nutzbar sind, zur Folge, daß der umlagefähige Aufwand – und zwar der umlagefähige Aufwand sowohl für den Ausbau der Fahrbahn als auch der für den Ausbau etwa der Gehwege, der Straßenentwässerungs- und Straßenbeleuchtungsanlage – im Verhältnis 1 (für die nur landwirtschaftlich nutzbaren Grundstücke) zu 2 (für die übrigen Grundstücke) "vorzuverteilen" ist. Der auf die nur landwirtschaftlich nutzbaren Grundstücke entfallende Anteil, der im Beispielsfall ein Drittel des umlagefähigen Aufwands ausmacht, ist dann gemäß dem für diese Grundstücke maßgeblichen Verteilungsmaßstab (regelmäßig der reine Flächenmaßstab), der Rest (zwei Drittel des

---

[57] Ebenso u. a. § 5 Abs. 7 des Satzungsmusters des sächsischen Städte- und Gemeindetages in Sachsenlandkurier 94, 206 (207).

[58] Vgl. OVG Lüneburg, Urteil v. 25. 3. 1981 – 9 A 87/80 – KStZ 81, 137 = ID 81, 235 = DVBl 82, 80.

[59] Ebenso zu einer entsprechenden "Vorverteilungsregelung" für den Fall eines Zusammentreffens von baulich nutzbaren Grundstücken einerseits mit nur forstwirtschaftlich nutzbaren Grundstücken andererseits OVG Münster, Urteil v. 23. 6. 1992 – 2 A 303/91 –.

umlagefähigen Aufwands) nach dem für baulich bzw. gewerblich oder anderweitig beitragsrechtlich vergleichbar nutzbare Grundstücke geltenden Verteilungsmaßstab auf die jeweils betroffenen Einzelgrundstücke umzulegen. Diese Folge wird in § 4 a Satz 2 des genannten Satzungsmusters des niedersächsischen Innenministers, gleichsam den Vorschlag erläuternd, durch die Formulierung deutlich gemacht, „der umlagefähige Aufwand" werde „im Verhältnis der einfachen Frontlänge der nur" landwirtschaftlich „nutzbaren Grundstücke und der doppelten Frontlänge der" baulich bzw. gewerblich oder beitragsrechtlich vergleichbar „nutzbaren Grundstücke umgelegt".

Durch diese Formulierung kommt zugleich zum Ausdruck, wie in Fällen zu **31** verfahren ist, in denen **nicht alle** Grundstücke an einer Seite der (Innerorts-)-Straße im Außenbereich liegen, sondern etwa nur die Hälfte, oder in denen – einerseits – einzelne Grundstücke im Innenbereich aufgrund der Festsetzungen eines Bebauungsplans nur landwirtschaftlich genutzt werden dürfen bzw. in denen – andererseits – im Außenbereich gelegene Grundstücke (gemäß § 35 BauGB) bebaut worden sind. Grenzen beispielsweise an eine Straßenseite in voller Länge, an die andere Straßenseite aber lediglich zum Teil bebaubare Grundstücke, weil die Grundstücke des weiteren Teils einer am Ortsrand verlaufenden Straße bereits dem Außenbereich angehören, ist der umlagefähige Aufwand im Verhältnis der Summe der einfachen Frontlängen der nur landwirtschaftlich nutzbaren Grundstücke und der Summe der doppelten Frontlängen der bebaubaren Grundstücke "vorzuverteilen".[60] Die sich danach ergebenden beiden Anteile am umlagefähigen Aufwand sind dann auf die nur landwirtschaftlich nutzbaren Grundstücke einerseits und die übrigen Grundstücke andererseits nach den jeweils für sie geltenden Verteilungsmaßstäben umzulegen.

Es ist nicht zu beanstanden, wenn ein Ortsgesetzgeber im Rahmen einer **32** Vorverteilungsregelung der hier behandelten Art der landwirtschaftlichen Nutzung die **forstwirtschaftliche** Nutzung **gleichstellt**.[61] „Die Einstufung beider Nutzungsarten liegt im gemeindlichen Ermessen, das sich daran zu orientieren hat, in welchem Umfang die ausgebaute Straße schätzungsweise vom Grundstück aus in Anspruch genommen wird. Daß dieses zu erwartende Nutzungsmaß so unterschiedlich ist, daß den Verschiedenheiten zwingend Rechnung getragen und die von der Beklagten getroffene Gleichstellung mithin als rechtlich schlechthin nicht vertretbar, also willkürlich bezeichnet werden müßte, ist – auch im Hinblick auf die Beibehaltung eines praktikablen und durchschaubaren Verwaltungsverfahrens – nicht ersichtlich."[61]

Die vorbezeichnete Vorverteilungsregelung stößt auf Anwendungsschwie- **33** rigkeiten, wenn sie keinen **Ersatzmaßstab** zur Ermittlung der Frontlängen

---

[60] Vgl. im einzelnen OVG Lüneburg, Urteil v. 25. 3. 1981 – 9 A 87/80 – KStZ 81, 137 = ID 81, 235 = DVBl 82, 80.
[61] OVG Lüneburg, Urteil v. 7. 6. 1994 – 9 L 4155/92 –; im Ergebnis ebenso VGH Kassel, Urteil v. 27. 10. 1994 – 5 UE 328/90 –.

derjenigen an der Aufwandsverteilung zu beteiligenden Grundstücke enthält, die **nicht unmittelbar** an die Straße angrenzen. Nicht selten wird in solchen Fällen eine Auslegung unter Zuhilfenahme ggfs. noch weiterer Satzungsvorschriften zu dem Ergebnis führen, daß die Länge der der Straße zugewandten Grundstücksseite als Frontlänge zu berücksichtigen sein soll.[62] Namentlich wenn in einer Gemeinde eine Vielzahl von unregelmäßig geschnittenen Hinterliegergrundstücken vorkommt, kann nach Ansicht des Oberverwaltungsgerichts Lüneburg[63] ein Ortsgesetzgeber gut beraten sein, im Interesse deren leichterer Einbeziehung zu prüfen, ob eine Vorverteilungsregelung der hier behandelten Art nicht „durch eine Regelung ersetzt werden könnte, bei der nicht die Frontlängen, sondern die Flächen der baulich und gewerblich genutzten Grundstücke einerseits und der nur landwirtschaftlich genutzten Grundstücke andererseits vorteilsgerecht in ein Verhältnis gesetzt werden".

34   Wie die vorstehenden Ausführungen zeigen, stellen sich im Straßenbaubeitragsrecht – und darauf sei ergänzend hingewiesen – im Zusammenhang mit einseitig anbaubaren Straßen regelmäßig **andere Fragen** als im Erschließungsbeitragsrecht. Denn anders als das Erschließungsbeitragsrecht hebt das Straßenbaubeitragsrecht für die Aufwandsverteilung (und Beitragserhebung) *nicht allein* auf eine bauliche oder eine dieser beitragsrechtlich vergleichbare Nutzbarkeit von Grundstücken ab, sondern bezieht darüber hinaus weitere Nutzungsarten ein, wie z. B. die landwirtschaftliche Nutzung i. S. des § 201 BauGB und die forstwirtschaftliche Nutzung. Ist jedoch eine ausgebaute Straße *nur* von den Grundstücken einer Seite aus **zu erreichen** – etwa weil an der anderen Straßenseite ein Gewässer oder ein Schienenstrang der Bundesbahn verläuft – haben die Eigentümer der hinter diesen Hindernissen liegenden Grundstücke schon deshalb keinen beitragsrechtlich relevanten Vorteil, weil ihnen eine Inanspruchnahmemöglichkeit der ausgebauten Straße von ihren Grundstücken aus fehlt. In einem solchen Fall haben grundsätzlich die Anlieger an der zugänglichen Straßenseite den umlagefähigen Aufwand allein zu tragen.[64] Dies gilt jedenfalls, soweit diese Straße lediglich in einem Umfang angelegt ist, der zur Bewältigung des Verkehrs unentbehrlich ist, der – unter Berücksichtigung der besonderen Umstände des Einzelfalls – gerade von dieser Straße aufzunehmen ist; bei der Bestimmung dessen, was im Einzelfall unentbehrlich ist, steht der Gemeinde ein Beurteilungsspielraum zu (vgl. § 12 Rdnr. 48). Ist diese Straße ausnahmsweise über das Maß des Unentbehrlichen hinaus angelegt und deshalb auch in diesem Umfang verbessert oder erneuert worden, ist der überschießende Teil des entstandenen Aufwands mangels Erforderlichkeit (schon) nicht beitragsfähig (vgl. § 32 Rdnr. 37 f.).

---

[62] Vgl. OVG Lüneburg, Beschluß v. 11. 11. 1987 – 9 B 51/87 –.

[63] Vgl. u. a. OVG Koblenz, Urteil v. 28. 7. 1981 – 6 A 64/80 – KStZ 81, 15, und Hempel/Hempel, KAG S-H, § 8 Rdnr. 368.

[64] Ebenso u. a. Bauernfeind/Zimmermann, KAG NW, § 8 Rdnr. 115.

b) Ausbau eines Bürgersteigs einer beidseitigen Gehweganlage

Wird (etwa an einer i. S. des § 242 Abs. 1 BauGB „vorhandenen" Straße) **35** erstmals ein *einseitiger* Gehweg angelegt (oder ein bereits einseitig angelegter Gehweg verbessert bzw. erneuert) erwachsen den Anliegern beider Straßenseiten in der Regel (wirtschaftliche Sonder-)Vorteile. Auch den Eigentümern der *nicht* an dem ausgebauten Gehweg gelegenen Grundstücke werden durch eine solche Ausbaumaßnahme Gebrauchsvorteile vermittelt, weil davon ausgegangen werden kann, daß Fußgänger, die zu diesen Grundstücken gelangen wollen, in der Regel den angelegten (bzw. verbesserten) einseitigen Gehweg benutzen, um leichter, bequemer und vor allem gefahrloser ihr Ziel zu erreichen. Den Eigentümern der nicht an dem ausgebauten Gehweg liegenden Grundstücke werden insoweit Sondervorteile geboten, als ihre Grundstücke besser zugänglich werden; die Inanspruchnahme dieses Gehwegs auch von ihren Grundstücken aus ist zu erwarten. In einem solchen Fall können die Vorteile für die Anlieger beider Straßenseiten als in etwa *annähernd gleich* angesehen werden, weil der Gehweg für alle Anlieger die einzige fußgängergerechte Verbindung zwischen ihren Grundstücken und dem übrigen öffentlichen Verkehrsnetz herstellt.[65]

Zu Meinungsverschiedenheiten hat in der Vergangenheit die Beantwortung **36** der Frage geführt, ob der umlagefähige Aufwand für die Anlegung oder Verbesserung eines **einseitigen** Gehwegs auch dann gleichmäßig auf die Anlieger beider Straßenseiten zu verteilen ist, wenn der Gehweg auf der **gegenüberliegenden** Seite sich in einem Zustand befindet, der dem jetzt ausgebauten **gleichwertig** ist: Im Urteil vom 22. Januar 1980 hat das Oberverwaltungsgericht Münster[66] diese Frage auf der Grundlage einer Satzung, die auf den weiten spezifisch straßenbaubeitragsrechtlichen Anlagebegriff abstellte (vgl. § 30 Rdnrn. 12 ff.), verneint und entschieden, eine Umlegung von Anteilen des umlagefähigen Aufwands auf die Eigentümer der Grundstücke an dem anderen (nicht ausgebauten) Gehweg komme regelmäßig mangels Vermittlung zusätzlicher wirtschaftlicher Sondervorteile nicht in Betracht. Von dieser Auffassung ist das Oberverwaltungsgericht Münster[67] im Urteil vom 13. Dezember 1990 abgewichen; es hat nunmehr in Übereinstimmung mit dem Oberverwaltungsgericht Lüneburg,[68] dem Verwaltungsgericht Köln[69]

---

[65] Ebenso u. a. OVG Münster, Urteile v. 21. 4. 1975 – II A 769/72 –, v. 13. 3. 1978 – II A 1051/76 – sowie v. 15. 8. 1985 – 2 A 3046/83 –, OVG Lüneburg, Beschluß v. 12. 8. 1980 – 9 B 24/80 –, und BayVGH, Urteil v. 15. 10. 1992 – 6 B 92, 1002 –.
[66] OVG Münster, Urteil v. 22. 1. 1980 – 2 A 159/79 – DVBl 80, 762 = GemHH 80, 199.
[67] OVG Münster, Urteil v. 13. 12. 1990 – 2 A 751/87 – KStZ 91, 193 = NWVBl 91, 245 = NVwZ-RR 92, 49.
[68] OVG Lüneburg, Urteile v. 24. 2. 1982 – 9 A 37/81 – KStZ 83, 33 sowie v. 18. 3. 1986 – 9 A 32/83 –.
[69] VG Köln, Urteil v. 21. 1. 1986 – 17 K 4367/84 – KStZ 86, 99.

und wohl auch dem Bayerischen Verwaltungsgerichtshof[70] erkannt, der umlagefähige Aufwand sei auch bei einer Konstellation der hier in Rede stehenden Art gleichmäßig auf die Anlieger beider Straßenseiten umzulegen. Dabei haben die genannten Gerichte jedoch[71] schlicht **übersehen**, daß die Beantwortung der aufgeworfenen Frage **ausschlaggebend vom jeweils maßgeblichen Anlagebegriff** abhängt. Ist – wie es in dem vom Oberverwaltungsgericht Münster im Jahre 1980 entschiedenen, nicht aber auch in dem im Jahre 1990 beurteilten Fall zutraf – öffentliche Anlage (Einrichtung) im Sinne des Straßenbaubeitragsrechts **allein** der Gehweg einer Straßenseite und ist daher er als solcher einziger Gegenstand etwa einer Verbesserungsmaßnahme, ist im Rahmen der Verteilungsphase ausschließlich danach zu fragen, ob von den Grundstücken der gegenüberliegenden Straßenseite aus, d. h. der Straßenseite, die bereits über einen gleichwertig ausgebauten Gehweg verfügt, der nunmehr ausgebaute Gehweg erfahrungsgemäß in einem Umfang in Anspruch genommen werden wird, der **eher** der von den an den ausgebauten Gehweg anliegenden Grundstücken ausgelösten Inanspruchnahme oder eher der Inanspruchnahme durch beliebige Dritte, d. h. durch die Allgemeinheit **entspricht**. Das Oberverwaltungsgericht Münster hat – vor diese Frage gestellt – in seinem Urteil von 22. Januar 1980 angenommen, der nunmehr ausgebaute Gehweg werde von den gegenüberliegenden Grundstücken aus nicht in nennenswert höherem Maße in Anspruch genommen werden als von der Allgemeinheit. Das dürfte im Ergebnis schwerlich zu beanstanden sein. Ist dagegen z. B. kraft Landesrecht – wie etwa in Niedersachsen (vgl. § 30 Rdnr. 19) – oder (in Nordrhein-Westfalen) kraft der Bestimmung des Ortsgesetzgebers (vgl. § 30 Rdnr. 12) – wie in dem dem (zweiten) Urteil des Oberverwaltungsgerichts Münster vom 13. Dezember 1990 zugrundeliegenden Fall – der Begriff der öffentlichen Anlage (Einrichtung) im Sinne des Straßenbaubeitragsrechts identisch mit dem Begriff "Erschließungsanlage", ist eine auf die gesamte Straße abhebende Betrachtungsweise geboten, so daß kein Raum ist für eine Differenzierung danach, ob der ausgebaute Gehweg von den Grundstücken einer Straßenseite aus erfahrungsgemäß mehr als von den Grundstücken der anderen Straßenseite aus in Anspruch genommen werden wird. Gegenstand z. B. einer Verbesserung und mithin Gegenstand der beitragsrechtlichen Betrachtungsweise ist bei einem solchen Anlagebegriff einzig die "**Erschließungsanlage**"; der ausgebaute Gehweg seinerseits ist ausschließlich Mittel der Verbesserung der "Erschließungsanlage". Das hat zur Folge, daß der umlagefähige Aufwand für den ausgebauten Gehweg nach Maßgabe der wahrscheinlichen, d. h. der erfahrungsgemäß zu erwartenden Inanspruchnahme der "Erschließungsanlage" zu verteilen und deshalb eine Differenzierung der Grundstücke nach den beiden Straßenseiten nicht erlaubt ist.

---

[70] BayVGH, Urteil v. 22. 9. 1988 – Nr. 6 B 86.03473 –.
[71] Ebenso u. a. auch Becker in NWVBl 88, 134 (138).

Hat – auf der Grundlage des **weiten** Anlagebegriffs (vgl. § 30 Rdnr. 12) – **37** eine Straße **bereits** einen **einseitigen**, allerdings erneuerungsbedürftigen Gehweg und wird nunmehr auf der anderen Straßenseite ein Gehweg erstmals angelegt (oder ein dort früher angelegter verbessert bzw. erneuert), ist zwar davon auszugehen, daß die Inanspruchnahmemöglichkeit des jetzt ausgebauten Gehwegs den Anliegern beider Straßenseiten (wirtschaftliche Sonder-)-Vorteile bietet. Denn nach den Regeln der Wahrscheinlichkeit wird man sagen können, daß Fußgänger, die Grundstücke an dem (jetzt) nicht ausgebauten Gehweg erreichen wollen, anstelle des verschlissenen evtl. nur schwer begehbaren Gehwegs in beitragsrechtlich nicht mehr unerheblichem Umfang den ausgebauten Gehweg benutzen werden. Jedoch ist – gemessen an der insoweit allein maßgeblichen wahrscheinlichen Inanspruchnahme – erfahrungsgemäß anzunehmen, daß der Umfang der zu erwartenden Inanspruchnahme des ausgebauten Gehwegs von den an ihn grenzenden Grundstücken aus nicht unwesentlich größer und deshalb der deren Eigentümern durch die Inanspruchnahmemöglichkeit vermittelte Vorteil entsprechend höher zu bewerten ist. Diese unterschiedliche Vorteilslage kann ein Ortsgesetzgeber bei einer Ermessensentscheidung über die Vorteilsbemessung für derartige Sonderfälle nicht schlicht "übersehen". Insoweit ist eine Regelung – weil jedenfalls angemessen vorteilsgerecht – schwerlich zu beanstanden, nach der eine "Vorverteilung" des umlagefähigen Aufwands im Verhältnis 2 (Gruppe der Grundstücke am ausgebauten Gehweg) zu 1 (Gruppe der gegenüberliegenden Grundstücke) durchgeführt werden soll.[72]

§ 35 Verteilungsmaßstab

I. Verteilungsmaßstab und (wirtschaftliche Sonder-)Vorteile

Der umlagefähige Aufwand ist auf die zu berücksichtigenden Grund- **1** stücksflächen nach Maßgabe der diesen (bzw. deren Eigentümern) durch die Inanspruchnahmemöglichkeit der ausgebauten Anlage gebotenen (wirtschaftlichen Sonder-)Vorteile zu verteilen. Dazu ist ein satzungsmäßig festgelegter, wirksamer Verteilungsmaßstab erforderlich, der es erlaubt, die der Höhe nach unterschiedlichen Vorteile in ein in Ziffern (Beitragsbeträgen) ausdrückbares Verhältnis zueinander zu setzen; eine fehlende oder funktionsuntüchtige Verteilungsregelung hindert die Verteilung und in der Folge das Entstehen sachlicher Beitragspflichten (vgl. § 36 Rdnr. 9).

Anders als der Bundesgesetzgeber in § 131 Abs. 2 und 3 BauGB haben die **2** Landesgesetzgeber – abgesehen von denen in Hessen (vgl. § 11 Abs. 6 KAG Hess) und in Sachsen (vgl. § 29 Abs. 1 und 2 SächsKAG) – darauf verzichtet,

---

[72] Ebenso u.a. von Mutius in GemHH 72, 200, und Thiem, KAG S-H, § 8 Rdnr. 42.

in die Kommunalabgabengesetze Rahmenvorschriften über den Verteilungsmaßstab aufzunehmen. Deshalb ist es Aufgabe der Gemeinde, eine ihren örtlichen Verhältnissen angepaßte Verteilungsregelung zu wählen. Allerdings sind dem Ortsgesetzgeber insoweit durch landesrechtliche Vorgaben und – unabhängig davon – durch den bundes(verfassungs)rechtlichen Grundsatz der Beitragsgerechtigkeit (Vorteilsgerechtigkeit) relativ **enge Grenzen** gesetzt. Nach allen Kommunalabgabengesetzen ist der die Beitragserhebung rechtfertigende (wirtschaftliche Sonder-)Vorteil grundstücksorientiert (vgl. § 29 Rdnr. 13). Daraus folgt u.a., daß – wie im Erschließungsbeitragsrecht (vgl. § 131 Abs. 2 und 3 BauGB) – nur **grundstücksbezogene**, nicht aber personenbezogene Verteilungsmaßstäbe zulässig sind, und zwar Verteilungsmaßstäbe, die ermöglichen, den umlagefähigen Aufwand in einer dem *Grundsatz der Vorteilsgerechtigkeit* genügenden Weise zu verteilen. Dieser – mit gleichem Inhalt sowohl aus dem Landesrecht (Vorteilsprinzip) als auch aus dem Bundesrecht (Gleichbehandlungsprinzip) herzuleitende – Grundsatz verlangt jedoch keine Gerechtigkeit im Einzelfall, sondern lediglich eine **Typengerechtigkeit,** d.h. ein Abstellen auf Regelfälle eines Sachverhalts und deren gleichartige Behandlung als sog. typische Fälle. Dieser Grundsatz ist nur und erst dann verletzt, wenn sich ein sachlich einleuchtender, rechtfertigender Grund für eine (orts-)gesetzliche Differenzierung bzw. Gleichbehandlung nicht finden läßt, die (orts-) gesetzliche Regelung also als willkürlich zu bezeichnen ist (vgl. § 9 Rdnr. 19f.).

1. Wahrscheinliche Inanspruchnahme und zulässige Grundstücksnutzung

3   Nach allen hier behandelten (vgl. § 28 Rdnr. 1) Kommunalabgabengesetzen sind durch die Beiträge die (wirtschaftlichen Sonder-)Vorteile abzugelten, die Grundstückseigentümern „durch die Möglichkeit der Inanspruchnahme" der ausgebauten Anlage „geboten werden" (vgl. statt vieler § 8 Abs. 2 Satz 2 KAG NW). Maßgeblich sind also allein die durch die Inanspruchnahmemöglichkeit gebotenen (wirtschaftlichen Sonder-)Vorteile. Für die **Bewertung** der Inanspruchnahmemöglichkeit und der auf ihr beruhenden Vorteile ist entgegen der Ansicht des Oberverwaltungsgerichts Münster (vgl. dazu § 29 Rdnr. 21) nicht abzustellen auf die durch die unterschiedliche Nutzbarkeit der in Betracht kommenden Grundstücke bestimmte Steigerung des Nutzungs- oder Ertragswerts (Rendite), sondern darauf, in welchem **Umfang** erfahrungsgemäß eine Inanspruchnahme der ausgebauten Anlage von den jeweiligen Grundstücken ausgelöst wird, d.h. es ist abzuheben auf den Umfang **der wahrscheinlichen Inanspruchnahme** der ausgebauten Anlage (anlagen- oder nutzungsbezogener Vorteilsbegriff, vgl. § 29 Rdnr. 20). Je größer die wahrscheinliche Inanspruchnahme der ausgebauten Anlage ist, desto wertvoller ist die Inanspruchnahmemöglichkeit dieser Anlage und desto höher sind die durch die Inanspruchnahmemöglichkeit gebotenen (wirtschaftlichen Sonder-)Vorteile. Die *Höhe* des durch die Inanspruchnahmemöglichkeit ver-

mittelten *Vorteils* ist mithin im Ausbau- wie im Erschließungsbeitragsrecht (vgl. dazu § 18 Rdnrn. 2f.) abhängig von der *Bewertung der Inanspruchnahmemöglichkeit mit Hilfe der Wahrscheinlichkeit.* Deshalb kann in beiden Rechtsgebieten die für die Gestaltung eines Verteilungsmaßstabs entscheidende Bemessung der Vorteile nur anknüpfen an ein Merkmal, von dem angenommen werden darf, es sei von besonderem **Aussagewert** für den Umfang der wahrscheinlichen Inanspruchnahme der ausgebauten Anlage.[1]

Als ein solches Merkmal bietet sich aufgrund der bisherigen empirischen 4 Erfahrungen allein die Ausnutzbarkeit von Grundstücken an (vgl. § 18 Rdnr. 4f.), und zwar – dem Wesen des Beitrags entsprechend[2] – grundsätzlich die zulässige Grundstücksnutzung.[3] Das schließt jedoch namentlich aus Gründen der Praktikabilität vor allem in unbeplanten Gebieten ein Abstellen auf die tatsächliche Nutzung nicht aus.[4] Für die **Ermittlung** der zulässigen Grundstücksnutzung ist in beplanten Gebieten regelmäßig selbst dann auf die Festsetzungen des Bebauungsplans abzustellen, wenn Bedenken gegen seine Wirksamkeit bestehen. „Denn für die Beitragserhebung ist grundsätzlich von der Rechtsverbindlichkeit eines Bebauungsplans auszugehen, solange dieser nicht aufgehoben oder durch gerichtliche Entscheidung für ungültig erklärt worden ist".[5]

2. Maß und Art der Grundstücksnutzung

Ebenso wie im Erschließungsbeitragsrecht ist im Straßenbaubeitragsrecht 5 das (unterschiedliche) *Maß* der Grundstücksnutzung ein geeignetes Kriterium, an das die Verteilung des umlagefähigen Aufwands anknüpfen kann. Denn bei einem baulich stärker ausgenutzten (ausnutzbaren) Grundstück kommt (kann ...) die ausgebaute Anlage in der Regel einer größeren Personenzahl zugute (... kommen), es ist dann mit einer größeren Intensität der Inanspruchnahme der ausgebauten Anlage zu rechnen.[6] Entsprechendes gilt für die (unterschiedliche) *Art* der Grundstücksnutzung. Es sei nämlich offenkundig, so meint beispielsweise der Bayerische Verwaltungsgerichtshof,[7] daß die durch die Inanspruchnahmemöglichkeit einer verbesserten Straße vermittelten Vorteile für gewerblich und industriell nutzbare Grundstücke gegen-

---

[1] Vgl. u. a. von Mutius in VerwArch 76, 195, BayVGH, Beschluß v. 2. 10. 1985 – 23 CS 85 A. 2363 – BayVBl 86, 500, OVG Schleswig, Urteil v. 21. 12. 1993 – 2 L 185/93 –, sowie Ziffer 26.1.8 der Anwendungshinweise zum SächsKAG in Amtsblatt 94, 842 (852).
[2] Vgl. u. a. BVerwG, Beschluß v. 4. 9. 1980 – 4 B 119 u. 120.80 – Buchholz 406.11 § 131 BBauG Nr. 36 S. 81 (82) = DVBl 81, 827 = KStZ 81, 30.
[3] Vgl. im einzelnen Driehaus in Driehaus/Hinsen/von Mutius, Grundprobleme des kommunalen Beitragsrechts, S. 57 mit weiteren Nachweisen.
[4] St. Rspr., u. a. OVG Münster, Urteil v. 25. 5. 1977 – II A 1496/74 –, und OVG Schleswig, Urteil v. 21. 12. 1993 – 2 L 185/93 –.
[5] OVG Münster, Urteil v. 18. 8. 1992 – 2 A 2642/89 –.
[6] U. a. OVG Koblenz, Urteil v. 2. 10. 1978 – 10 C 1/78 –.
[7] BayVGH, Urteil v. 2. 6. 1975 – 256 VI 73 – BayVBl 76, 16.

über ausschließlich Wohnzwecken dienenden Grundstücken erheblich größer seien, bedenke man allein den Umfang des typischerweise notwendigen An- und Abfahrverkehrs von Lieferfahrzeugen. Treffen in einem Abrechnungsgebiet, und zwar unabhängig davon, ob die dazu gehörenden Grundstücke im unbeplanten oder beplanten Bereich liegen, in nicht unbedeutendem Umfang nach Maß und/oder Art **unterschiedlich nutzbare** (genutzte) Grundstücke zusammen, muß folglich – um dem landesrechtlichen Vorteilsprinzip und dem bundes(verfassungs)rechtlichen Gleichbehandlungsprinzip zu genügen – der umlagefähige Aufwand grundsätzlich (vgl. dazu Rdnr. 9) nach einem sog. qualifizierten Verteilungsmaßstab verteilt werden,[8] d. h. einem Maßstab, der die Anforderungen erfüllt, die das im Baugesetzbuch (§ 131 Abs. 3) ausdrücklich angeordnete **Differenzierungsgebot** an ihn stellt. Dazu kann im einzelnen auf die entsprechenden Ausführungen zum Erschließungsbeitragsrecht (vgl. § 18 Rdnr. 27 ff.) verwiesen werden.

6   Insoweit bleibt noch folgendes anzumerken: Die Entscheidung über die Mehrbelastung, die etwa gewerblich oder industriell nutzbare Grundstücke erfahren müssen (**Höhe des Artzuschlags**), liegt im Erschließungs- wie im Straßenbaubeitragsrecht im ortsgesetzgeberischen Bewertungsermessen. Während das Bundesverwaltungsgericht für das Erschließungsbeitragsrecht der Meinung ist, das Differenzierungsgebot des § 131 Abs. 3 BauGB verlange zumindest eine Mehrbelastung dieser Grundstücke von 10 v. H. (vgl. § 18 Rdnr. 65), engt das Oberverwaltungsgericht Münster[9] für das Straßenbaubeitragsrecht in Nordrhein-Westfalen den ortsgesetzgeberischen Ermessensspielraum ein und fordert, der Artzuschlag dürfe, wenn er durch bestimmte Prozentpunkte[10] festgelegt werde, 30 Prozentpunkte nicht unterschreiten. An

---

[8] Vgl. § 29 Abs. 2 SächsKAG sowie etwa OVG Münster, u. a. Urteil v. 7. 9. 1977 – II A 5/76 – OVGE 33, 117 = VerwRspr 29, 861 = ID 77, 275, BayVGH, u. a. Urteil v. 11. 2. 1975 – 59 VI 72 – AS 29, 17 = KStZ 76, 197, und OVG Lüneburg, u. a. Beschluß v. 4. 2. 1976 – VI B 141/75 – KStZ 76, 96 = ZMR 78, 31; demgegenüber beschränkt das OVG Koblenz (u. a. Urteil v. 9. 11. 1982 – 6 A 36/81 – KStZ 83, 53) dieses Gebot mit nicht überzeugenden Gründen auf beplante Gebiete.

[9] OVG Münster, Urteil v. 19. 3. 1980 – 2 A 1263/79 – KStZ 80, 196 = StuGR 80, 408 = GemHH 81, 68.

[10] Bei einem z. B. auf die Grundstücksfläche und die Anzahl der (Voll-)Geschosse abhebenden (Vollgeschoß-)Maßstab kann der Artzuschlag durch Prozentpunkte oder durch echte Prozentsätze ausgedrückt werden. Sind in der Satzung Prozentpunkte vorgesehen, ergibt sich der für ein gewerblich oder industriell nutzbares (genutztes) Grundstück maßgebliche Faktor durch eine Addition des für das Maß der Nutzung – beispielsweise 125 v. H. bei zweigeschossiger Bebaubarkeit – und des für die Art der Nutzung vorgesehenen – beispielsweise für gewerbliche Nutzung 30 v. H. – Vomhundertsatzes mit der Folge, daß die entsprechende Grundstücksfläche mit 155 v. H. zu multiplizieren ist. Wird der Artzuschlag dagegen durch einen echten Prozentsatz bestimmt, ist bei dem gleichen Grundstück der für das Maß der Nutzung vorgesehene Vomhundertsatz 125 um einen Anteil von 30 v. H. davon zu erhöhen, so daß die Grundstücksfläche mit dem Faktor (125 v. H. + 125 v. H. × 30 v. H. = 125 v. H. + 37, 5 v. H. =) **162, 5 v. H.** zu multiplizieren ist.

diese Mindestgrenze sei der Ortsgesetzgeber auch gebunden, wenn er insoweit auf echte Prozentsätze abhebe.[11]

II. Grundsatz der regionalen Teilbarkeit der Gültigkeit einer Verteilungsregelung

Die satzungsmäßige Berücksichtigung der Unterschiedlichkeiten hinsicht- 7
lich Maß und Art der baulichen Ausnutzbarkeit hat für die Aufwandsverteilung **praktische Bedeutung** nur, wenn die abzurechnende Anlage in einem Gebiet liegt, in dem solche Unterschiedlichkeiten gegeben sind. Verläuft etwa eine verbesserte Straße durch ein Abrechnungsgebiet, in dem eine (völlig) gleiche Nutzung (z. B. eine eingeschossige Wohnbebauung) absolut vorherrscht, spielt der Gesichtspunkt der unterschiedlichen baulichen Ausnutzbarkeit für die Aufwandsverteilung keine Rolle mit der Folge, daß eine derartige Unterschiedlichkeiten berücksichtigende, qualifizierte Verteilungsregelung nicht erforderlich ist. Eine Differenzierung der Beitragshöhe kann in solchen Fällen nur über die Grundstücksgröße oder die Frontlänge und mithin schon durch einen einfachen Verteilungsmaßstab (vgl. dazu § 18 Rdnr. 14 ff.) erreicht werden.

Anders als im Erschließungsbeitragsrecht ist namentlich im Straßenbaubei- 8
tragsrecht für die Beantwortung der Frage, ob eine Verteilungsregelung geeignet ist, in einem bestimmten Fall eine Beitragspflicht entstehen zu lassen, nicht auf die **Verhältnisse** in der gesamten Gemeinde (Grundsatz der konkreten Vollständigkeit, vgl. § 18 Rdn. 8), sondern auf die Verhältnisse **in dem** jeweils in Rede stehenden **Abrechnungsgebiet** abzustellen.[12] Diese vom Bundesverwaltungsgericht[13] für mit Bundesrecht, insbesondere mit Art. 3 GG vereinbar gehaltene, am *Grundsatz der regionalen Teilbarkeit* der Gültigkeit einer Verteilungsregelung orientierte Auffassung beruht letztlich auf der Erwägung, daß die unterschiedlichsten Maßnahmen, die im Ausbaubeitragsrecht eine Beitragspflicht auslösen können, anders als die erstmalige Herstellung beitragsfähiger Erschließungsanlagen untereinander nicht in einem so engen Zusammenhang stehen, daß die Erhebung von Beiträgen nur einheitlich nach einer für das gesamte Gemeindegebiet geltenden und alle in Betracht kommenden Fälle erfassenden Satzung erfolgen müßte. Eine Verteilungsregelung ist im Straßenbaubeitragsrecht daher nur dann als eine unzureichende

---

[11] OVG Münster, Beschluß v. 3. 6. 1980 – 2 B 305/80 – DÖV 80, 846 = KStZ 80, 197 = GemHH 80, 243.
[12] Vgl. u. a. OVG Münster, Urteil v. 7. 9. 1976 – II A 41/75 – OVGE 32, 114 = KStZ 77, 95 = GemTg 77, 72, OVG Lüneburg, Urteil v. 25. 10. 1978 – IX A 68/77 – OVGE 34, 463 = SH Gemeinde 79, 145, sowie Hempel/Hempel, KAG S-H, § 8 Rdnr. 298; a. A. VGH Kassel, u. a. Urteil v. 31. 5. 1979 – V OE 11/78 – HSGZ 80, 61.
[13] BVerwG, Beschluß v. 13. 4. 1978 – 7 B 48 bis 73.78 – VerwRspr 30, 217 = KStZ 80, 31 = ZMR 79, 234.

Grundlage für eine Heranziehung zu qualifizieren, wenn sie nicht genügt, um den für eine **bestimmte beitragsfähige Ausbaumaßnahme** entstandenen umlagefähigen Aufwand angemessen vorteilsgerecht zu verteilen. Ob – mit anderen Worten – die Verteilungsregelung einer Satzung im Straßenbaubeitragsrecht den Unterschieden in Art und Maß der Grundstücksnutzung hinreichend Rechnung trägt, beurteilt sich nach der Ausnutzbarkeit der Grundstücke des jeweiligen Abrechnungsgebiets.

9   Die Beantwortung der Frage, wann die in einem Abrechnungsgebiet nach Art und Maß (zulässige) Grundstücksnutzung **derart unterschiedlich** ist, daß es auch im Hinblick auf den Grundsatz der **Typisierung** nicht mehr gerechtfertigt ist, einen einfachen Verteilungsmaßstab (z. B. den reinen Frontmeter- oder den reinen Grundflächenmaßstab) anzuwenden, richtet sich in beplanten Gebieten in erster Linie nach den Festsetzungen des Bebauungsplans und im übrigen nach den konkreten Verhältnissen des Abrechnungsgebiets. Fallen beispielsweise die gewerblich genutzten Grundstücke nach Anzahl und Ausdehnung (Fläche und Geschloßfläche) gegenüber der sonstigen Bebauung eines reinen Wohngebiets nicht ins Gewicht, können sie als untypisch vernachlässigt werden mit der Folge, daß für die Abrechnung dieses Gebiets eine nach der Art der Nutzung differenzierende Verteilungsregelung nicht erforderlich ist.[14] Allerdings ist ein **qualifizierter** Verteilungsmaßstab schon dann notwendig, wenn beispielsweise in einem zehn Grundstücke umfassenden Abrechnungsgebiet mit im übrigen ausschließlich eingeschossiger Wohnbebauung zwei Grundstücke dreigeschossig bebaut sind oder gewerblich genutzt werden. Denn je niedriger die Zahl der der Beitragspflicht unterliegenden Grundstücke ist, desto stärker fällt die unterschiedliche Nutzung einzelner Grundstücke ins Gewicht. Bei einer Zahl von nur zehn Grundstücken ist eine unterschiedliche Nutzung von zwei Grundstücken schon als im beitragsrechtlichen Sinne erheblich anzusehen. Als **Grenze** der Zulässigkeit einer Typisierung und insoweit als höchstzulässiger Richtwert ist der Wert 10 v. H. anzusehen.[15]

10   Eine Gemeinde ist – und das ist eine Folge des Grundsatzes der regionalen Teilbarkeit – nicht verpflichtet, eine für das ganze Gemeindegebiet einheitliche Straßenbaubeitragssatzung zu erlassen. Sie kann vielmehr mehrere Satzungen mit unterschiedlichem räumlichen Geltungsbereich in Kraft setzen. Der Gemeinde ist es sogar nicht verwehrt, für jede Anlage i. S. des Straßenbaubeitragsrechts und damit für jedes Abrechnungsgebiet eine besondere Beitragssatzung zu erlassen,[16] was jedoch aus Zweckmäßigkeitsgründen dringend vermieden werden sollte (vgl. § 33 Rdnr. 5).

---

[14] OVG Münster, Urteil v. 2. 3. 1977 – II A 675/75 – OVGE 32, 248 = GemTg 78, 32.
[15] Vgl. u. a. BVerwG, Beschluß v. 19. 9. 1983 – 8 N 1/83 – Buchholz 401.9 Beiträge Nr. 22 S. 11 (15) = KStZ 84, 9, sowie OVG Münster, Urteil v. 22. 1. 1979 – II A 1796/77 –, und OVG Lüneburg, Urteil v. 8. 3. 1979 – III A 113/77 –.
[16] OVG Münster, u. a. Urteil v. 15. 10. 1980 – 2 A 3015/79 –.

Zwar nicht eine besondere Satzung, aber eine besondere Bestimmung im 11
Rahmen der Verteilungsregelung der allgemeinen Satzung kann für beitragsfähige Maßnahmen an *Wirtschaftswegen* (erstmalige Herstellung, Erneuerung
oder Verbesserung) angezeigt sein.[17] Insoweit kommt regelmäßig nur der
reine Flächenmaßstab (ohne Tiefenbegrenzung) in Betracht; § 29 Abs. 1
Satz 2 SächsKAG läßt auch den Frontmetermaßstab zu. Jedenfalls ist die
Entfernung der landwirtschaftlich genutzten Grundstücke von der Hofstelle
ohne verteilungsrechtlich relevanten Belang, da sich die zu erwartende Inanspruchnahme des Wirtschaftswegs in erster Linie nach der Größe und damit
der Bewirtschaftungsmöglichkeit der landwirtschaftlich genutzten Grundstücke, nicht aber (maßgeblich) nach der Entfernung zur Hofstelle richtet.
Die Häufigkeit und die Art des Verkehrs zu den landwirtschaftlich genutzten
Grundstücken ist nämlich im wesentlichen abhängig von ihrer Größe.[18]

III. Eckgrundstücksvergünstigung

Ebenso wie im Erschließungsbeitragsrecht liegt es auch im Straßenbaubei- 12
tragsrecht im **Ermessen** des Ortsgesetzgebers, in die Satzung eine Bestimmung
aufzunehmen, durch die die allgemeine Verteilungsregelung zugunsten der
Eigentümer von Eckgrundstücken (sowie von zwischen zwei Straßen liegenden Grundstücken) und zu Lasten der übrigen Beitragspflichten modifiziert
wird; tut er dies, steht es ihm auch frei, die Vergünstigung auf die Wohnbebauung zu beschränken und damit insbesondere die gewerblich und industriell nutzbaren Grundstücke von der Vergünstigung auszuschließen.[19] Die
Aufnahme einer solchen sog. Eckgrundstücksvergünstigungsregelung in die
Satzung ist jedoch nicht geboten, und sie ist im Straßenbaubeitragsrecht **nicht**
einmal zu **empfehlen;** die Erhebung der vollen Beiträge wird vom Grundsatz
der Typengerechtigkeit und besonders im Straßenbaubeitragsrecht vom
Grundsatz der Praktikabilität[20] gedeckt, verstößt also nicht gegen den
Gleichbehandlungsgrundsatz. Aus diesem Grunde ist es vom Ansatz her
auch nicht zu beanstanden, wenn die Gemeinde eine etwaige Vergünstigungsregelung auf Grundstücke beschränkt, die der Beitragspflicht von drei verschiedenen Straßen ausgesetzt sind.[21]
Will sich eine Gemeinde gleichwohl – zulässigerweise – für eine Regelung 13
zugunsten der Eigentümer von Eckgrundstücken entscheiden, hat sie folgendes zu beachten: Die im Erschließungsbeitragsrecht übliche und rechtmäßige,

---

[17] Vgl. etwa § 5 Abs. 4 des Satzungsmusters des niedersächsischen Innenministers
vom 22. 6. 1982 (MinBl 82, 923).
[18] OVG Lüneburg, Urteil v. 27. 2. 1980 – 9 C 2/79 – DVBl 80, 760 = Ns Städteverband 80, 161 = KStZ 81, 89.
[19] OVG Lüneburg, Urteil v. 25. 8. 1982 – 9 A 142/80 – SH Gemeinde 83, 49.
[20] Ebenso u. a. Kulartz in GemHH 83, 61 (98).
[21] OVG Münster, Urteil v. 5. 7. 1990 – 2 A 1691/88 –.

allgemeine und undifferenzierte Eckgrundstücksvergünstigung zu Lasten der anderen Beitragspflichtigen dürfte im Straßenbaubeitragsrecht *nicht* zulässig sein.[22] Denn im Straßenbaubeitragsrecht wird – anders als im Erschließungsbeitragsrecht – nicht der in der *allgemeinen* Erschließungssituation liegende Vorteil, sondern – diese allgemeine Erschließungssituation regelmäßig gleichsam voraussetzend – der infolge einer konkreten (Ausbau-)Maßnahme eintretende **zusätzliche** Vorteil abgeschöpft (maßnahmebedingter Vorteilsbegriff, vgl. § 29 Rdnr. 16). Den auf der Inanspruchnahmemöglichkeit etwa einer verbesserten Straße beruhenden Vorteil hat der Eigentümer eines Eckgrundstücks im allgemeinen ebenso wie die übrigen Anlieger. Ob insoweit ein minderer Vorteil angenommen werden kann, kann nur nach Maßgabe des Einzelfalls unter Berücksichtigung der **Ausstattung** beider Straßen festgestellt werden, weil nur diese eine beitragsrechtlich relevante Aussage über den **Umfang der wahrscheinlichen Inanspruchnahme** der (nunmehr) ausgebauten Anlage zuläßt. Infolgedessen ist die Annahme, einem Eckgrundstückseigentümer würden durch die Inanspruchnahmemöglichkeit der ausgebauten Anlage geringere Vorteile geboten als den anderen Anliegern, nur gerechtfertigt, wenn die eine Straße, an die das Grundstück grenzt, bereits eine Ausstattung besitzt, die die andere Straße durch die abzurechnende Baumaßnahme (erst) erhalten hat.[23]

14   Hatten z. B. bisher bei auch im übrigen gleichwertiger Ausstattung weder die A-Straße noch die B-Straße als i. S. des § 242 Abs. 1 BauGB vorhandene Straßen eine Gehweganlage und wird jetzt lediglich an der B-Straße eine Gehweganlage hergestellt, ist dem Eigentümer des an der Kreuzung der A- und B-Straße gelegenen Grundstücks *keine* Eckgrundstücksvergünstigung zu gewähren, weil seine Vorteile von der erstmaligen Anlegung einer Gehweganlage in diesem Bereich im wesentlichen ebenso hoch zu bemessen sind wie diejenigen der sonstigen Anlieger der B-Straße. Das gleiche dürfte gelten, wenn zwar in der A-Straße vor langer Zeit ein Gehweg provisorisch hergestellt worden ist, er sich aber in einem derart unfertigen und deshalb schlechten Zustand befindet, daß er praktisch nicht benutzbar ist. Auch bei einer solchen Fallgestaltung dürfte der Eckgrundstückseigentümer durch die jetzige Anlegung des Gehwegs in der B-Straße im wesentlichen die gleichen wirtschaftlichen Vorteile haben wie die übrigen Anlieger an der B-Straße. Hatte

---

[22] Vgl. u.a. OVG Münster, Urteil v. 21. 4. 1975 – II A 769/76 – OVGE 31, 58 = KStZ 75, 217 = ID 75, 195, OVG Lüneburg, Beschluß v. 9. 7. 1976 – VI B 31/76 –, und VGH Kassel, Urteil v. 31. 5. 1979 – V OE 19/78 – ESVGH 29, 238 = HSGZ 80, 22, sowie Thiem, KAG S-H, § 8 Rdnr. 105, und Kulartz in GemHH 83, 61 (98); a. A. u. a. OVG Lüneburg, Urteil v. 13. 12. 1983 – 9 A 52/81 – SH Gemeinde 83, 258, OVG Koblenz, Urteil v. 25. 4. 1989 – 6 A 85/88 –, BayVGH, Urteil v. 3. 8. 1989 – 6 B 88.2795 u. a. – BayVBl 90, 243, und Hempel/Hempel, KAG S-H, § 8 Rdnr. 326.
[23] Vgl. OVG Münster, u. a. Urteil v. 1. 6. 1977 – II A 1475/75 – KStZ 77, 219 = DVBl 79, 239, ferner Driehaus in Städtetag 76, 382 ff. (389) mit einem dementsprechenden Formulierungsvorschlag sowie § 7 Abs. 6 des Satzungsmusters des Sächsischen Städte- und Gemeindetages in Sachsenlandkurier 94, 206 (208).

dagegen die A-Straße bereits einen bauprogrammgemäß hergestellten funktionstüchtigen Gehweg und wird jetzt der Gehweg in der B-Straße erstmalig angelegt, technisch verbessert oder erweitert, kann eine Eckgrundstücksvergünstigung zu Lasten der übrigen Anlieger gewährt werden, weil – entsprechend der im Abgabenrecht lediglich erforderlichen Anknüpfung an typische Regelfälle – davon ausgegangen werden kann, daß dem Eckgrundstückseigentümer durch die seinerzeitige Herstellung des Gehwegs in der A-Straße auch heute noch Vorteile geboten werden, die es ausschließen, die ihm durch die Inanspruchnahmemöglichkeit des erstmals angelegten bzw. verbesserten oder erweiterten Gehwegs in der B-Straße vermittelten Vorteile mit denjenigen der sonstigen Anlieger in der B-Straße gleichzusetzen. Unter diesen Umständen läßt sich eine unterschiedliche Behandlung der Eckgrundstückseigentümer im Verhältnis zu den übrigen Anliegern mit der Folge rechtfertigen, daß eine Eckgrundstücksvergünstigung zu Lasten der übrigen Anlieger zulässig ist.

Wollen Gemeinden die sich aus den vorstehenden Erwägungen ergebenden **15** Schwierigkeiten vermeiden, aber gleichwohl den Grundstücken an mehreren Straßen generell eine Vergünstigung einräumen, dürfte folgende Regelung (noch) mit Vorteils- und Entgeltlichkeitsprinzip vereinbar sein.[24] „Bei Eckgrundstücken wird der sich nach § ... Abs. ... ergebende Beitrag nur zu zwei Dritteln erhoben." Der Beitrag für ein Eckgrundstück wird dann ebenso wie für die anderen Grundstücke ermittelt, doch wird von dem errechneten Beitrag ein Drittel gleichsam erlassen. Es handelt sich somit im Grunde um eine (generelle) Billigkeitsentscheidung zu Lasten der Gemeinde.

Enthält eine Verteilungsregelung eine allgemeine und undifferenzierte Eck- **16** grundstücksvergünstigung zu Lasten der anderen Beitragspflichtigen, ist – jedenfalls in Nordrhein-Westfalen – ausschließlich dieser Teil, nicht aber die Verteilungsregelung insgesamt unwirksam.[25] Dagegen bleibt die Wirksamkeit einer (auch) im übrigen den gesetzlichen Anforderuangen genügenden Regelung über die Eckgrundstücksvergünstigung unberührt, wenn gewerblich genutzte Grundstücke von ihr nicht erfaßt werden; der Ausschluß derartiger Grundstücke aus dem Kreis der begünstigten Grundstücke ist vom ortsgesetzgeberischen Ermessen gedeckt[26] (vgl. Rdnr. 12).

---

[24] Im Ergebnis ebenso u. a. der niedersächsische Innenminister (vgl. § 5 Abs. 3 Satz 5 der 2. Alternative sowie § 5 Abs. 8 seines Satzungsmusters v. 22. 6. 1982 – MinBl 82, 923) und Kulartz in GemHH 83, 61 (98).
[25] OVG Münster, u. a. Urteile v. 21. 4. 1975 – II A 769/76 – OVGE 31, 58 = KStZ 75, 217 = ID 75, 195, und v. 7. 9. 1977 – II A 392/75 –.
[26] BayVGH, Urteil v. 26. 6. 1989 – 6 B 87.02076 –.

Vierter Abschnitt
Heranziehungsphase

§ 36 Entstehen der sachlichen und persönlichen Beitragspflichten

I. Entstehen der sachlichen Beitragspflichten

1   Im Rahmen der Heranziehungsphase kommt dem Zeitpunkt des Entstehens der sachlichen Beitragspflichten (bzw. aus der Sicht der Gemeinde – der sachlichen Beitragsforderungen) **zentrale Bedeutung** zu. Von diesem Zeitpunkt an ist der – zunächst mangels Konkretisierung durch einen Beitragsbescheid "nur" abstrakte – Beitragsanspruch der Gemeinde *kraft Gesetzes* dem Grunde und der Höhe nach derart vollständig ausgebildet, daß die Gemeinde einerseits endgültige (Teil-)Beträge erheben darf und andererseits die Frist für die Forderungsverjährung (Festsetzungsverjährung – vgl. dazu § 19 Rdnrn. 32 f.) zu laufen beginnt. Der Zeitpunkt des Entstehens der sachlichen (abstrakten) Beitragspflichten ist u. a. **entscheidend** für die Höhe der Beitragsforderungen. Diese Forderungen entstehen nämlich regelmäßig auf der Grundlage der in diesem Zeitpunkt geltenden Beitragssatzung; die Höhe der Beitragsforderungen bestimmt sich deshalb nicht nach der Satzung im Zeitpunkt der Heranziehung, sondern der (früheren) im Zeitpunkt des Entstehens der sachlichen Beitragspflichten.[1] Wird die Satzung nach dem Entstehen der (sachlichen) Beitragspflichten, aber noch vor Erteilung der Beitragsbescheide (evtl. sogar rückwirkend) geändert, hat das auf die Höhe einer einmal entstandenen Beitragsforderung keinen Einfluß. Entsprechendes gilt für sonstige Umstände, die – wären sie vor dem Entstehen der Beitragspflichten eingetreten – die Höhe der Beitragsforderung beeinflußt hätten (z. B. Änderung der baulichen Ausnutzbarkeit eines Grundstücks infolge einer Bebauungsplanänderung[2]).

2   Das Entstehen der sachlichen Beitragspflichten hängt in vielfältiger Weise von Handlungen der Gemeinde ab; der Zeitpunkt des Entstehens der sachlichen Beitragspflichten und folglich des Beginns des Laufs der Frist für die Forderungsverjährung unterliegt mithin der **Beeinflussung** durch die Gemeinde. Daraus lassen sich indes grundsätzlich keine Bedenken herleiten. Denn im Straßenbaubeitragsrecht folgt – ebenso wie im Erschließungsbeitragsrecht – eine solche Beeinflussungsmöglichkeit schon deshalb gleichsam aus der Na-

---

[1] U. a. OVG Münster, Urteil v. 30. 11. 1977 – II A 1425/76 –.
[2] Vgl. etwa VGH Kassel, Urteil v. 8. 6. 1978 – V OE 1/77 – ESVGH 28, 204 = HSGZ 79, 27.

tur der Sache, weil selbst der Beitragstatbestand, nämlich die Durchführung einer beitragsfähigen Maßnahme, an ein Verhalten der Gemeinde anknüpft. Rechtlich bedeutsam können daher erst Anhaltspunkte werden, die den Schluß erlauben, die Gemeinde habe das Entstehen der sachlichen Beitragspflichten **rechtsmißbräuchlich** hinausgezögert.[3]

1. Beendigung der beitragsfähigen Maßnahme (endgültige Herstellung der Anlage)

Nach allen Kommunalabgabengesetzen ist das Entstehen der sachlichen **3** (abstrakten) Beitragspflichten von der „Beendigung der beitragsfähigen Maßnahme" (§§ 6 Abs. 6 NKAG und KAG LSA; ähnlich § 8 Abs. 4 Satz 2 KAG S-H) abhängig. Dieser Zeitpunkt ist in einigen Kommunalabgabengesetzen als der der „Fertigstellung" (§§ 11 Abs. 9 Satz 1 KAG Hess und 30 Abs. 1 SächsKAG) bzw. der der „endgültigen Herstellung der ... Anlage" (u. a. §§ 8 Abs. 7 Satz 1 KAG NW, BraKAG und KAG MV, ähnlich auch § 8 Abs. 7 Satz 1 KAG Saarl) bezeichnet. Mit dem letzteren Begriff wird nicht an die "Herstellung" als eine der möglichen beitragsfähigen Maßnahmen angeknüpft, sondern lediglich der Zeitpunkt markiert, in dem *irgendeine* beitragsfähige Ausbaumaßnahme abgeschlossen, die Anlage als Gegenstand der Maßnahme in den dem Bauprogramm entsprechenden Zustand versetzt und in diesem Sinne endgültig hergestellt worden ist.[4] Alle Kommunalabgabengesetze stellen mithin für das Entstehen der sachlichen Beitragspflichten grundsätzlich ab auf den **Abschluß** der Arbeiten, die notwendig sind, um eine öffentliche Anlage (Einrichtung) in den Zustand zu versetzen, dem sie nach Verwirklichung des von der Gemeinde aufgestellten Bauprogramms entsprechen soll. Bestimmt das Bauprogramm, daß eine Ausbaumaßnahme erst mit dem Abschluß eines Grunderwerbs beendet sein soll (vgl. dazu § 32 Rdnr. 26), hängt das Entstehen der sachlichen Beitragspflichten überdies vom Erwerb des Eigentums an den entsprechenden Flächen ab.

Die Beantwortung der Frage nach dem Zeitpunkt des Entstehens der sach- **4** lichen Beitragspflichten ist zunächst einmal abhängig von dem jeweils **maßgebenden Anlagenbegriff.**[5] Soweit das Landesrecht oder die einschlägige Satzung z. B. auf eine "beitragsfähige Erschließungsanlage" als Anlage (Einrichtung) im Sinne des Straßenbaubeitragsrechts abstellt (vgl. § 30 Rdnrn. 12 ff.), müssen – sofern die Gemeinde lediglich eine abspaltbare Teileinrichtung oder einen Abschnitt ausgebaut hat – für das Entstehen sachlicher (Teil- bzw. Voll-)Beitragspflichten die insoweit maßgeblichen Anforderungen erfüllt sein (vgl. dazu § 37 Rdnrn. 4 f. und § 20 Rdnrn. 1 ff. sowie § 30 Rdnrn. 13 f. und

[3] Vgl. OVG Münster, Urteil v. 26. 7. 1991 – 2 A 2213/88 –.
[4] Vgl. etwa OVG Münster, Urteile v. 15. 2. 1989 – 2 A 2562/86 – NWVBl 89, 410 = GemHH 90, 21, und v. 27. 9. 1991 – 2 A 386/90 –.
[5] U. a. OVG Münster, Beschluß v. 25. 3. 1993 – 2 B 4984/92 –.

§ 14 Rdnrn. 19ff.). Mit anderen Worten: Ob – nach Maßgabe z.B. des § 8 Abs. 7 Satz 1 KAG NW – ein Fall der endgültigen Herstellung der Anlage oder der Ausbau eines Abschnitts vorliegt, der für sich nur aufgrund eines Abschnittsbildungsbeschlusses abgerechnet werden kann, hängt vom Anlagenbegriff der jeweiligen Satzung und dem einschlägigen **Bauprogramm** ab. Enthält die Satzung den „Erschließungsanlagenbegriff" – und damit nicht den „Anlagenbegriff des § 8 Abs. 2 KAG NW"[6] – liegt eine endgültige Herstellung i.S. des § 8 Abs. 7 Satz 1 KAG NW „nur vor, wenn das Bauprogramm, dessen Gegenstand aufgrund der generellen Satzungsregelung grundsätzlich die vollständige Erschließungsanlage ist, insgesamt erfüllt worden ist. Ein Bauprogramm, das sich nur auf einen oder mehrere Abschnitte der Erschließungsanlage bezieht, bedarf bei dieser Rechtslage notwendigerweise der Ergänzung durch eine wirksame Abschnittsbildung."[7] In einem solchen Fall ist also eine gemeindliche Willensäußerung erforderlich, „durch die der räumliche Bereich der (Bau-)Maßnahme konkretisiert und damit festgelegt wird, daß der (Beitrags-)Tatbestand in der Verwirklichung des Bauprogramms in dem betreffenden Abschnitt besteht".[8]

5   Zwar entstehen bei der Maßgeblichkeit des Erschließungsanlagenbegriffs die (sachlichen) Beitragspflichten grundsätzlich frühestens mit der abschließenden Fertigstellung aller vom Bauprogramm vorgesehenen flächenmäßigen Teileinrichtungen in der **ganzen Länge** der Straße bzw. des Abschnitts.[9] Doch bedeutet das **nicht**, daß alle diese Teileinrichtungen auch auf voller Länge in völlig gleicher Ausstattung, insbesondere in **gleicher Breite**, vorhanden sein müssen. „Da das Ausbaubeitragsrecht vornehmlich den Ausbau ›alter‹ Straßen in bebauten Ortsteilen betrifft, die in ihrem Verlauf häufig einen unregelmäßigen Querschnitt aufweisen, wären einer Abrechnung enge Grenzen gesetzt, würde man einen Ausbau der Straßen mit gleichem Querschnitt auf voller Länge verlangen. Solange die flächenmäßigen Teileinrichtungen nicht eine Breite unterschreiten, die ihre Funktion in Frage stellt, ist eine einheitliche Abrechnung auch unter Vorteilsgesichtspunkten unbedenklich... Eine **Ausnahme** vom Grundsatz, daß flächenmäßige Teileinrichtungen auf ganzer Länge der Straße bzw. des Abschnitts ausgebaut sein müssen, gilt für **Parkstreifen**, weil durchlaufende Parkstreifen zur Unterbringung des ruhenden Verkehrs nicht in jedem Fall erforderlich sind. Zudem wird häufig gerade bei ›alten‹ Straßen in bebauten Gebieten der zur Verfügung stehende Straßenraum nicht ausreichen, um einen Parkstreifen auf voller Länge herzustellen".[10]

6   Im Erschließungsbeitragsrecht ist der Begriff "endgültige Herstellung" i.S. des § 133 Abs. 2 BauGB als eine Herstellung im Rechtssinne zu qualifizieren,

---

[6] OVG Münster, Urteil v. 14. 6. 1989 – 2 A 1152/87 –.
[7] OVG Münster, Beschluß v. 13. 6. 1989 – 2 A 421/88 –.
[8] OVG Münster, Beschluß v. 4. 12. 1992 – 2 B 4203/92 –.
[9] Vgl. OVG Lüneburg, u.a. Urteil v. 12. 6. 1990 – 9 A 149/88 – NSt–N 90, 325.
[10] OVG Lüneburg, Urteil v. 11. 7. 1990 – 9 A 138/88 –.

d. h. eine Herstellung, die nach den gemäß § 132 Nr. 4 BauGB rechtssatzmäßig festzulegenden Merkmalen zu beurteilen ist. Demgegenüber ist der Begriff "endgültige Herstellung" (bzw. Fertigstellung, Beendigung der beitragsfähigen Maßnahme) im Ausbaubeitragsrecht als eine **Herstellung im** *tatsächlichen* **Sinne** zu verstehen, d. h. eine Herstellung, die sich an dem (nicht rechtssatzmäßig festzulegenden) Bauprogramm der Gemeinde orientiert[11] und die erreicht ist, wenn das jeweilige Bauprogramm erfüllt ist.[12] Denn im Gegensatz zum Baugesetzbuch schreiben die Kommunalabgabengesetze nicht vor, daß die Herstellungsmerkmale in der Satzung geregelt sein müssen (vgl. § 30 Rdnr. 23). Das für das Ausbaubeitragsrecht maßgebliche Bauprogramm kann und wird sehr häufig formlos aufgestellt werden, sich insbesondere aus den Beschlüssen ergeben, die sich auf den geplanten Ausbau beziehen (z. B. Planungsunterlagen, Vereinbarungen zwischen verschiedenen Straßenbaulastträgern usw., vgl. § 32 Rdnr. 4). Das gleiche gilt hinsichtlich der Änderung des Bauprogramms.[13] Sie bedarf einer Satzung nur ausnahmsweise dann, wenn das Bauprogramm seinerseits durch (Einzel-)Satzung festgelegt worden ist.[14] Eine Änderung des Bauprogramms **nach** der endgültigen Herstellung (Beendigung der beitragsfähigen Maßnahme) bleibt jedoch ohne beitragsrechtliche Bedeutung, sie hat keinen Einfluß auf die Höhe des beitragsfähigen Aufwands und in der Folge die Höhe der Beiträge selbst. Denn eine bereits dem Bauprogramm entsprechend ausgebaute Anlage kann nicht nachträglich durch eine Änderung der Planung in einen unfertigen Zustand zurückversetzt werden.[15]

Allerdings entstehen sachliche Beitragspflichten für eine ausgebaute Anlage 7 **noch nicht** gleichsam mit dem letzten Spatenstich. Da mit der „Beendigung der beitragsfähigen Maßnahme" (bzw. der „endgültigen Herstellung" oder „Fertigstellung" der Anlage) die sachliche Beitragspflichten – sofern die sonstigen gesetzlichen Voraussetzungen vorliegen (vgl. Rdnrn. 9 ff.) – kraft Gesetzes dem Grunde und der Höhe nach voll ausgebildet entstehen (vgl. Rdnr. 1), kann dieser Tatbestand **nicht schon** mit dem Abschluß der technischen Ausbauarbeiten erfüllt sein. Denn die sachlichen Beitragspflichten knüpfen – insbesondere was ihre Höhe im Einzelfall angeht – nicht ausschlaggebend an diese technischen Arbeiten, sondern an die durch sie ausgelösten beitragsfähigen Aufwendungen an. Deshalb müssen diese zunächst einmal entstanden sein. Das ist jedoch regelmäßig – abgesehen von vereinbarten Abschlagszah-

---

[11] Vgl. im einzelnen u. a. Driehaus in KStZ 74, 81.
[12] U. a. OVG Münster, Urteil v. 21. 4. 1975 – II A 769/72 – OVGE 31, 58 = KStZ 75, 217, OVG Lüneburg, Beschluß v. 15. 10. 1990 – 9 M 46/90 –, und VGH Kassel, Urteil v. 12. 9. 1990 – 5 UE 479/86 – HSGZ 91, 263.
[13] U. a. OVG Münster, Urteil v. 2. 3. 1977 – II A 675/75 – OVGE 32, 248 = GemTg 78, 32, und OVG Koblenz, Urteil v. 19. 12. 1977 – 6 A 34/76 – KStZ 78, 176.
[14] OVG Münster, u. a. Urteil v. 11. 5. 1987 – 2 A 2353/84 –.
[15] Vgl. etwa OVG Münster, Urteil v. 7. 9. 1977 – II A 5/76 – OVGE 33, 117 = VerwRspr 29, 861 = ID 77, 275, sowie BayVGH, Urteil v. 25. 7. 1977 – 6 B 86.00161 –.

lungen – nicht der Fall, bevor die Ausbauarbeiten von Gemeinde und Unternehmer abgenommen worden sind (vgl. §§ 641 BGB und 16 VOB Teil B). Eine Ausbaumaßnahme ist daher beitragsrechtlich erst beendet, der Tatbestand der "endgültigen Herstellung" erst erfüllt, wenn eine (grundsätzlich übliche) **Abnahme** durchgeführt worden ist.[16] Und sie (er) ist es überdies – wie im Erschließungsbeitragsrecht (vgl. § 19 Rdnr. 6) – erst, wenn der entstandene **Aufwand feststellbar** ist, also regelmäßig mit Eingang der letzten Unternehmerrechnung.[17] Dagegen hat etwa die (noch) ausstehende Berechnung der endgültigen Höhe des auf eine Gemeinde entfallenden Zuschusses nach dem Gemeindeverkehrsfinanzierungsgesetz keinen Einfluß auf das Entstehen der sachlichen Beitragspflichten für eine durch solche Mittel geförderte beitragsfähige Maßnahme.[18]

8   Der Tatbestand der "Beendigung der beitragsfähigen Maßnahme" bzw. der "endgültigen Herstellung der Anlage" als Voraussetzung für das Entstehen sachlicher (abstrakter) Beitragspflichten ist – wie der der endgültigen Herstellung i. S. des § 133 Abs. 2 BauGB – **einseitig ausgerichtet** auf die ausgebaute Anlage selbst. Diesen Beitragspflichten – und damit wendet sich der Blick von der Anlage ab – unterliegen im Ausbaubeitragsrecht grundsätzlich, d. h. mit Ausnahme der gemeindeeigenen Grundstücke (vgl. § 33 Rdnr. 3) und der Einzelgrundstücke, von denen *aus mit der Anlage selbst* zusammenhängenden Gründen diese nicht in beitragsrechtlich relevanter Weise in Anspruch genommen werden kann (vgl. § 34 Rdnr. 13), alle Grundstücke, die bei der Verteilung des umlagefähigen Aufwands zu berücksichtigen waren. Denn anders als im Erschließungsbeitragsrecht **decken** sich im Ausbaubeitragsrecht grundsätzlich die Grundstücke, die an der Aufwandsverteilung teilnehmen, mit denen, die der Beitragspflicht unterliegen (vgl. § 34 Rdnr. 1 ff.); für eine Differenzierung derart, wie sie im Erschließungsbeitragsrecht zwischen dem Merkmal "erschlossen" i. S. des § 131 Abs. 1 Satz 1 BauGB und dem i. S. des § 133 Abs. 1 BauGB geboten ist, ist im Ausbaubeitragsrecht *kein* Raum.

---

[16] Ebenso u. a. BayVGH, Urteil v. 14. 3. 1973 – 141 VI 71 – AS 26, 71, OVG Lüneburg, Beschluß v. 3. 2. 1984 – 9 B 272/83 –, und OVG Münster, Urteil v. 5. 6. 1985 – 2 A 1864/83 – KStZ 86, 119, sowie Hempel/Hempel, KAG S-H, § 8 Rdnr. 433, und Petersen in KStZ 80, 84.

[17] Vgl. u. a. OVG Lüneburg, Urteile v. 27. 1. 1977 – VI A 124/75 – SH Gemeinde 77, 220, und v. 18. 3. 1986 – 9 A 237/82 – SH Gemeinde 86, 229, OVG Koblenz, Urteile v. 8. 11. 1976 – 6 A 48/75 – VerwRspr 28, 802 = DVBl 77, 388 = KStZ 77, 132, und v. 22. 3. 1988 – 6 A 6/87 –, VGH Kassel, Urteil v. 10. 9. 1980 – V OE 73/77 – HSGZ 81, 350 = ZKF 83, 17, und Beschluß v. 30. 3. 1987 – 5 TH 1135/84 – HSGZ 88, 33, BayVGH, Urteil v. 18. 1. 1988 – 6 B 85 A 521 –, sowie OVG Schleswig, Beschluß v. 7. 4. 1992 – 2 M 10/92 –; ebenso ferner von Mutius in GemHH 71, 25, Driehaus in KStZ 75, 21, und Thiem, KAG S-H § 8 Rdnr. 128; a. A. OVG Münster, u. a. Urteile v. 30. 6. 1975 – II A 231/74 – OVGE 31, 147, und v. 7. 9. 1977 – II A 5/76 – OVGE 33, 117 = ID 77, 275 = DGemStZ 79, 11.

[18] OVG Lüneburg, Beschluß v. 2. 12. 1986 – 9 B 97/86 u. a. – ZMR 87, 352 = Ns Gemeinde 87, 190.

2. Sonstige Voraussetzungen für das Entstehen der sachlichen Beitragspflichten

Das Entstehen sachlicher Beitragspflichten hängt ferner vom Vorhandensein einer gültigen **Satzung** ab, in der insbesondere alle die Höhe der Beiträge betreffenden Entscheidungen enthalten sein müssen. Zu diesen Entscheidungen gehören in erster Linie die Festsetzung des (regelmäßig in einem Prozentsatz anzugebenden) Gemeindeanteils[19] und die Auswahl der Verteilungsregelung. Ohne wirksame Festsetzung des Gemeindeanteils und ohne wirksame Verteilungsregelung ist eine Verteilung des beitragsfähigen Aufwands nicht möglich; eine fehlende oder mangelhafte Festsetzung des Gemeindeanteils hindert die Verteilung des Aufwands ebenso wie eine fehlende oder funktionsuntüchtige Verteilungsregelung, so daß in dem einen wie dem anderen Falle eine Beitragspflicht nicht entstehen kann. Zutreffend formuliert deshalb § 30 Abs. 1 SächsKAG, die sachlichen Beitragspflichten entstünden „frühestens ... mit Inkrafttreten der Satzung". 9

Nach der – nicht ganz unbedenklichen[20] – Rechtsprechung der Oberverwaltungsgerichte Münster[21] und Lüneburg[22] sollen dann, wenn nach der Umwandlung etwa einer bisherigen normalen Geschäftsstraße in eine Fußgängergeschäftsstraße diese ihrer neuen Funktion entsprechend ausgebaut worden ist, die eine Beitragserhebung rechtfertigenden, hinreichend gesicherten Vorteile erst geboten werden, wenn die **Widmung** für den öffentlichen Verkehr durch eine **Teileinziehung** auf die Nutzungsart Fußgängerverkehr beschränkt worden ist. Folgerichtig vertritt etwa das Oberverwaltungsgericht Münster die Ansicht, daß in einem solchen Fall die sachlichen Beitragspflichten nicht entstehen, bevor die geforderte Teileinziehung wirksam geworden ist, d. h. bevor die entsprechende Teileinziehungsverfügung **bestandskräftig** geworden ist. „Erst in diesem Zeitpunkt ist das Risiko einer Beseitigung der Fußgängerzone behoben, ihr Bestand und damit auch der wirtschaftliche Vorteil für die Anlieger gesichert."[23] Wird die Teileinziehung erst nach der „Beendigung der beitragsfähigen Maßnahme" bzw. „endgültigen Herstellung" der Anlage durchgeführt, entstehen die sachlichen Beitragspflichten erst in diesem späteren Zeitpunkt. An diese Rechtsprechung anknüpfend nimmt das Oberverwaltungsgericht Münster[24] bei der Umwandlung einer normalen Straße in einen **verkehrsberuhigten Bereich** mit einer niveaugleichen Mischfläche an, die sachlichen Beitragspflichten könnten nicht entstehen, solange die „Verkehrs- 10

---

[19] Vgl. ebenso OVG Münster, Urteil v. 28. 6. 1982 – 2 A 2326/81 – KStZ 82, 239, und Beschluß v. 28. 7. 1992 – 2 B 2322/92 –.
[20] Vgl. im einzelnen Driehaus in Städtetag 77, 128.
[21] OVG Münster, u. a. Urteil v. 23. 11. 1976 – II A 1766/74 – OVGE 32, 162 – NJW 77, 2179 = KStZ 77, 114.
[22] OVG Lüneburg, u. a. Urteil v. 12. 5. 1987 – 9 A 219/86 –.
[23] OVG Münster, Urteil v. 30. 3. 1993 – 2 A 2128/91 –.
[24] OVG Münster, Beschluß v. 19. 1. 1990 – 2 B 3498/89 –.

schilder, die die Ausweisung als verkehrsberuhigten Bereich sicherstellen, noch nicht genehmigt und angebracht" sind.

11 Anders als im Erschließungsbeitragsrecht setzt das Entstehen der sachlichen Beitragspflichten im Straßenbaubeitragsrecht **weder** das Vorliegen eines Bebauungsplans **noch** die Zustimmung der höheren Verwaltungsbehörde voraus.[25] § 125 BauGB ist im Straßenbaubeitragsrecht nicht anwendbar, weil der Begriff „Herstellung" einer Erschließungsanlage i.S. dieser Vorschrift nicht erfüllt ist, wenn es sich lediglich um die Erneuerung oder Verbesserung einer bereits vorhandenen Erschließungsanlage handelt.[26] § 125 BauGB ist im Straßenbaubeitragsrecht auch nicht entsprechend anwendbar, da die erstmalige Herstellung einer Anlage und der Ausbau einer in ihrem Verlauf festliegenden nicht miteinander vergleichbare Sachverhalte betreffen.[27]

12 Auch der förmlichen **Widmung** kommt für das Entstehen der sachlichen Beitragspflichten im Straßenbaubeitragsrecht der meisten Länder (vgl. dazu § 31 Rdnr. 3) – anders als im Erschließungsbeitragsrecht – keine besondere Bedeutung zu.[28] Denn entweder bezieht sich eine beitragsfähige Maßnahme auf eine bereits dem öffentlichen Verkehr gewidmete Anlage, so daß eine erneute Widmung – selbst bei der Erweiterung einer Straße (vgl. § 31 Rdnr. 20) – ohnehin nicht in Betracht kommt, oder die Anlage (z.B. ein Wirtschaftsweg) erfüllt das Merkmal „öffentlich" deshalb, weil sie aufgrund einer öffentlich-rechtlichen Entschließung der Gemeinde bereitgestellt worden ist (vgl. § 31 Rdnr. 3).

13 Außer in Hessen (vgl. § 11 Abs. 9 KAG Hess[29]) ist in keinem Land ein sog. **Fertigstellungsbeschluß** vorgesehen, d.h. ein Beschluß, mit dem festgestellt wird, eine Anlage sei fertiggestellt (endgültig hergestellt) bzw. eine beitragsfähige Maßnahme sei beendet. Sofern in anderen Ländern als Hessen vom Ortsgesetzgeber ein solcher Beschluß angeordnet ist, kommt ihm ausschließlich deklaratorische Wirkung zu.[30] Denkbar ist allenfalls die Auslegung einer entsprechenden ortsrechtlichen Regelung dahin, daß der Beitrag nicht vor dem Erlaß eines Fertigstellungsbeschlusses fällig sein soll. Soweit das zutrifft, kann ein zuvor ergangener Beitragsbescheid hinsichtlich seines Leistungsgebots, nicht aber hinsichtlich der Beitragsfestsetzung fehlerhaft sein. Selbst in Hessen kann für das Entstehen der Beitragsforderung nicht einfach auf den Fertigstellungsbeschluß und seine Veröffentlichung abgestellt werden. Soweit

---

[25] Vgl. u.a. OVG Lüneburg, Beschluß v. 22.2.1988 – 9 A 118/86 –.

[26] BVerwG, Urteil v. 18.9.1981 – 8 C 22.81 – Buchholz 406.11 § 125 BBauG Nr. 13 S. 1 (4) = DÖV 82, 118 = KStZ 82, 32.

[27] OVG Münster, Urteil v. 2.3.1977 – II A 675/75 – OVGE 32, 248 = GemTg 78, 32.

[28] Vgl. u.a. OVG Münster, Beschluß v. 11.8.1977 – II B 546/77 –, und Hempel/Hempel, KAG S-H, § 8 Rdnr. 436 mit weiteren Nachweisen.

[29] Vgl. dazu VGH Kassel, u.a. Urteile v. 20.9.1979 – V OE 78/76 – HSGZ 81, 99, und v. 6.11.1985 – 5 OE 77/83 – HSGZ 86, 127.

[30] U.a. OVG Lüneburg, Urteil v. 20.9.1976 – VI A 91/75 –.

§ 11 Abs. 9 HKAG in seinen Sätzen 2 und 3 die förmliche Feststellung der Fertigstellung der beitragsfähigen Maßnahme sowie die öffentliche Bekanntmachung dieser Feststellung vorschreibt, bedeutet das nicht, daß bei einem der tatsächlichen Fertigstellung nachfolgenden Fertigstellungsbeschluß der in § 11 Abs. 9 Satz 1 HKAG bestimmte Zeitpunkt für das Entstehen der Beitragspflicht hinausgeschoben wird. Auch in diesem Fall entsteht vielmehr die Beitragspflicht (bereits) im Zeitpunkt der **tatsächlichen** Fertigstellung[31], doch ist die Geltendmachung dieser Beitragspflicht bis zur Erfüllung der Anforderungen des § 11 Abs. 9 Sätze 2 und 3 HKAG gehindert. Diese Konstruktion zwingt die Gemeinden dazu, den erforderlichen Fertigstellungsbeschluß so **rechtzeitig** zu fassen, daß die bereits mit der Anspruchsentstehung im Zeitpunkt der tatsächlichen Fertigstellung beginnende Festsetzungsfrist bei der Heranziehung der Abgabepflichtigen noch nicht abgelaufen ist.[32]

3. Heilung ursprünglich fehlerhafter Beitragsbescheide

Ein Beitragsbescheid, der vor Entstehen der sachlichen (abstrakten) Bei- 14
tragspflichten erlassen wurde, ist rechtswidrig. Er unterliegt, sofern er rechtzeitig angefochten worden ist, gemäß § 113 Abs. 1 Satz 1 VwGO der gerichtlichen Aufhebung. Das gilt jedoch dann nicht, wenn die Beitragspflichten bis zum Abschluß der mündlichen Verhandlung in der letzten Tatsacheninstanz entstanden sind und dadurch der angefochtene Bescheid geheilt worden ist. Eine solche **im gerichtlichen Verfahren zu berücksichtigende** nachträgliche Heilungsmöglichkeit – und zwar sowohl mit Wirkung **ex-nunc** als auch mit Wirkung **ex-tunc** – ist im Erschließungsbeitragsrecht allgemein anerkannt (vgl. § 19 Rdnrn. 19ff.); es sind keine durchgreifenden Gründe zu erkennen, die eine andere Betrachtungsweise im Ausbaubeitragsrecht rechtfertigen könnten.

Gemäß § 113 Abs. 1 Satz 1 VwGO hebt das Verwaltungsgericht einen 15
(Vorausleistungs- bzw. Vollbeitrags-)Bescheid auf, wenn und soweit er im Zeitpunkt der **gerichtlichen Entscheidung** rechtswidrig (und der Kläger dadurch in seinen Rechten verletzt) ist, d.h. wenn und soweit der Kläger in diesem Zeitpunkt **noch einen Anspruch auf Aufhebung** des angefochtenen Bescheids hat. Ob das der Fall ist, bestimmt nicht das Prozeßrecht, sondern das jeweils einschlägige **materielle Recht**: Hat eine nachträgliche (nicht rückwirkende) Rechtsänderung, die der Sache nach zur Rechtfertigung der mit einem angefochtenen Beitragsbescheid geltend gemachten Forderung und damit zu dessen Heilung mit Wirkung ex-nunc führt, die (materiell-rechtliche) Folge, daß der durch die vorangegangene Rechtslage begründete **Aufhebungsanspruch beseitigt** worden ist, reagiert das Prozeßrecht mit dem – an das jetzige Fehlen eines Aufhebungsanspruchs anknüpfenden – Befehl der Klageabwei-

[31] Vgl. VGH Kassel, u.a. Urteil v. 31. 5. 1979 – V OE 18/78 – HSGZ 80, 61.
[32] Vgl. VGH Kassel, Urteil v. 12. 9. 1990 – 5 UE 479/86 – HSGZ 91, 262, sowie im einzelnen Lohmann in Driehaus, Kommunalabgabenrecht, § 8 Rdnrn. 889ff.

sung. Im Erschließungsbeitragsrecht[33] führt eine nachträgliche, den geltend gemachten Beitragsanspruch nunmehr rechtfertigende und damit den angefochtenen Bescheid heilende Rechtsänderung dazu, daß ein bis zum Eintritt der Rechtsänderung mit Rücksicht auf die objektive Rechtswidrigkeit des belastenden Bescheids bestehender Anspruch des Klägers auf dessen **Aufhebung entfällt**, so daß die (Anfechtungs-)Klage nunmehr abzuweisen ist.

16 Entsprechendes gilt entgegen der Ansicht des Oberverwaltungsgerichts Münster[34] und des Bayerischen Verwaltungsgerichtshof[35] für das landesrechtliche (Ausbau-)Beitragsrecht.[36] Es sind keine überzeugenden Gesichtspunkte ersichtlich, die die im Ergebnis schlechthin unbefriedigende und **unangemessene** Auffassung zu rechtfertigen vermögen, das landesrechtliche Beitragsrecht ordne an, ein einmal wegen der ursprünglichen Rechtswidrigkeit des angefochtenen Bescheids entstandener Anspruch auf dessen Aufhebung bleibe ungeachtet einer mit Wirkung ex-nunc eingetretenen Rechtsänderung mit der Folge bestehen, daß mit Blick auf die in diesem Rechtsgebiet (grundsätzlich) bestehende Beitragserhebungspflicht (vgl. § 28 Rdnrn. 8 f.) der Bescheid mit gleichem Inhalt unmittelbar nach erfolgter Aufhebung erneut erlassen werden muß und dadurch wiederum ein Rechtsbehelfs- und daran anschließend ein Rechtsmittelverfahren eröffnet ist. „Es gibt" – so formuliert das Oberverwaltungsgericht Lüneburg[37] – „keinen Grundsatz dahingehend, daß die ursprüngliche Rechtswidrigkeit eines (Straßenbaubeitrags-)Bescheids auch bei nachträglicher Beseitigung der Mängel fortbesteht und deshalb eine erneute Heranziehung erforderlich ist."

17 Im Zusammenhang mit dem landesrechtlichen Beitragsrecht hat das Bundesverwaltungsgericht[38] ausdrücklich betont, soweit – wie es in diesem Rechtsgebiet zutreffe – eine Pflicht zur Beitragserhebung bestehe und sich deshalb ein Zweifel verbiete, daß der aufgehobene Bescheid aufgrund der geänderten Rechtslage sogleich wieder an den Kläger gerichtet werden muß, sei „nicht einzusehen, weshalb bei der Auslegung des ändernden Rechts nicht auf den **Willen zur Beseitigung** der etwa entstandenen Aufhebungsansprüche zu schließen sein oder weshalb eine solche Beseitigung durchgreifenden Be-

---

[33] Vgl. im einzelnen statt vieler BVerwG, Urteil v. 28. 11. 1975 – IV C 45.74 – BVerwGE 50, 2 (9 f.) = DVBl 76, 942 = KStZ 76, 191.
[34] OVG Münster, u. a. Urteil v. 12. 12. 1985 – 2 A 445/82 – DVBl 86, 779, = DÖV 86, 779 = ZKF 86, 205, und Beschluß v. 18. 1. 1990 – 2 B 2949/89 –.
[35] BayVGH, u. a. Urteile v. 29. 8. 1985 – 23 B 84 A. 1907 – KStZ 86, 217 = BayVBl 86, 178, und v. 29. 8. 1986 – 23 B 85 A. 2268 –.
[36] Ebenso u. a. OVG Lüneburg, Beschluß v. 31. 3. 1979 – IX B 6/79 – ID 79, 176 = Ns Gemeinde 79, 380, und Urteil v. 21. 1. 1986 – 9 A 223/82 –, sowie VGH Mannheim, Urteil v. 1. 12. 1983 – 2 S 2586/82 –, und Ecker, Kommunalabgaben in Bayern, S. 137.
[37] OVG Lüneburg, Beschluß v. 24. 8. 1994 – 9 M 3025/94 –, ebenso Beschluß v. 30. 8. 1993 – 9 M 1233/93 – für den Fall einer erforderlichen, dem Heranziehungsbescheid nachfolgenden Widmung.
[38] BVerwG, Urteil v. 27. 4. 1990 – 8 C 87.88 – NVwZ 91, 360 = BayVBl 90, 666 = HSGZ 90, 342.

denken begegnen sollte. Der betroffene Kläger ist, was seine schutzwürdigen Interessen anlangt, hinreichend dadurch gesichert, daß – erstens – die Rechtsänderung nicht zu seinen Lasten verwertet werden darf, ohne ihm angemessene Gelegenheit zur Stellungnahme zu geben, und er – zweitens – die Kostenlast durch eine Erledigungserklärung **verläßlich** abwenden kann. Der hin und wieder erhobene Einwand, daß dem Kläger eine Gerichtsinstanz genommen werde, erweist sich als – wenn nicht unzutreffend, so doch – wenig gewichtig. Zu berücksichtigen ist insoweit nicht nur der Ausgleich durch das bereits erwähnte Gebot, hinreichend Gelegenheit zu (Überlegung und) Stellungnahme zu gewähren. Zu berücksichtigen ist vielmehr ferner, daß den Prozeßbeteiligten ein solcher Nachteil im Fall einer Erledigung der Hauptsache, was immer zu dieser Erledigung geführt haben mag, in aller Regel zugemutet wird. Zu berücksichtigen ist außerdem, daß die Eröffnung eines Instanzenzugs ohnedies jedenfalls verfassungsrechtlich nicht gewährleistet ist. Und zu berücksichtigen ist schließlich auch noch, daß es dem Beklagten in der Regel möglich sein dürfte, die **Aufrechterhaltung** des angefochtenen Bescheids dadurch zu **erzwingen**, daß er die Rechtsänderung zum Anlaß einer förmlichen Änderung des angefochtenen Bescheids im Datum des Erlasses nimmt. Vor allem aber kommt hinzu, daß bei zwingend gebotener Beitragserhebung mit einer gleichwohl erfolgenden Aufhebung des zunächst ergangenen Bescheids ein **Leerlauf** ausgelöst wird, den zu **vermeiden** ein ... evidentes Gemeininteresse besteht, das jedenfalls im Abgabenrecht nicht durch ein hinreichend schutzwürdiges Individualinteresse aufgewogen wird.“[39]

Die Beseitigung eines zuvor bestehenden Anspruchs auf Aufhebung eines 18 ursprünglich fehlerhaften Beitragsbescheids durch dessen (materiell-rechtliche) Heilung mit Wirkung *ex-nunc* ist allerdings im Ausbau- wie im Erschließungsbeitragsrecht (vgl. § 11 Rdnr. 55) dort nicht möglich, wo sich nach Erlaß des Beitragsbescheids und vor Eintritt des die Heilung anderenfalls bewirkenden Ereignisses die Rechtsverhältnisse an dem der Beitragspflicht unterliegenden Grundstück geändert haben, also etwa der bisherige Eigentümer sein Eigentum am Grundstück zwischenzeitlich übertragen hat. Insoweit kommt nur eine Heilung mit Wirkung *ex-tunc* in Betracht, die jedoch lediglich denkbar ist, wenn der Bescheid ursprünglich wegen eines Satzungsmangels fehlerhaft war. Denn ausschließlich ein solcher Mangel kann rückwirkend behoben werden. Ob im übrigen im Ausbau- wie im Erschließungsbeitragsrecht die Heilung eines Beitragsbescheids, der auf eine unzulängliche Satzung (z. B. fehlerhafte Festsetzung des Gemeindeanteils oder unzureichende Verteilungsregelung) gestützt ist, durch das Inkrafttreten einer fehlerfreien (Änderungs-)Satzung *ohne* Rückwirkungsanordnung, d. h. eine Heilung mit Wirkung ex-nunc, möglich ist, hängt von der Beantwortung der Frage ab, ob Ausbaubeiträge wie Erschließungsbeiträge auch für beitragsfähi-

---

[39] Vgl. kritisch zu dieser Entscheidung mit beachtlichen Überlegungen Scherzberg in BayVBl 92, 426 ff.

ge Maßnahmen verlangt werden können, die vor Inkrafttreten einer (vollgültigen) Satzung abgeschlossen worden sind. Das ist im Hinblick auf Art. 5 Abs. 8 KAG Bay und des § 7 Abs. 8 ThürKAG für das bayerische und thüringische Landesrecht sowie mit Rücksicht auf die Regelung des § 30 Abs. 1 SächsKAG für das sächsische Landesrecht ohne weiteres zu bejahen, nach der Rechtsprechung der Oberverwaltungsgerichte Münster und Lüneburg sowie des Verwaltungsgerichtshofs Kassel in den entsprechenden Ländern aber zu verneinen (vgl. im einzelnen § 30 Rdnr. 2). Auf der Grundlage dieser Rechtsprechung ist in Fällen der hier behandelten Art lediglich eine Heilung mit Wirkung ex-tunc beachtlich, d. h. eine fehlerfreie (Änderungs-)Satzung muß mit einer Rückwirkungsanordnung versehen werden, die zumindest den Zeitpunkt des Zugangs der Widerspruchsentscheidung erfaßt.[40] Gegen die Anordnung einer solchen Rückwirkung bestehen selbst dann keine bundes-(verfassungs)rechtlichen Bedenken, wenn die (Änderungs-)Satzung zu einer höheren Beitragspflicht führt, als sie durch die vorangegangene fehlerhafte Satzung begründet zu sein schien (vgl. im einzelnen § 11 Rdnr. 58).

19   Der Beachtlichkeit einer rückwirkend in Kraft getretenen Änderungssatzung steht im Ausbau- wie im Erschließungsbeitragsrecht nicht entgegen, daß der Bescheid auf die Beitragssatzung in einer **anderen Fassung** gestützt ist. Das Auswechseln der Satzung bzw. das (teilweise) Ersetzen der Satzung durch Nachschieben einer (teilweise) neuen Satzung mit Rückwirkung ist zulässig, ohne daß der Bescheid selbst aufgehoben und ein neuer Beitragsbescheid erlassen werden müßte. Ein solches Nachschieben einer (teilweise) neuen Satzung für einen angefochtenen Bescheid ist nicht mit der nach § 126 AO (i. V. m. den einschlägigen Vorschriften des Landesabgabenrechts) nur bis zum Abschluß des Widerspruchsverfahrens zulässigen Nachholung einer fehlenden Begründung gleichzusetzen und deshalb auch noch im gerichtlichen Verfahren – einschließlich der Berufungsinstanz – möglich.[41] Der Kläger kann das Nachschieben einer wirksamen Satzung ebenso wie das Eintreten eines anderen die Heilung (mit Wirkung ex-nunc) bewirkenden Ereignisses zum Anlaß nehmen, den Rechtsstreit für in der Hauptsache erledigt zu erklären mit der Folge, daß – sofern die beklagte Gemeinde ebenfalls eine Erledigungserklärung abgibt – das Verfahren einzustellen und die Kosten der Gemeinde aufzuerlegen sind.[42]

---

[40] Vgl. insoweit BVerwG, Urteil v. 14. 12. 1979 – 4 C 12–16 u. 18.77 – Buchholz 406.11 § 132 BBauG Nr. 29 S. 36 (38) = DÖV 80, 341 = KStZ 80, 70; demgegenüber verlangt das OVG Münster (Urteil v. 12. 12. 1985 – 2 A 445/82 – DVBl 86, 779), daß der Rückwirkungszeitraum den Zeitpunkt der Bekanntgabe des Beitragsbescheids erfaßt.

[41] OVG Münster, Urteil v. 5. 2. 1980 – 2 A 922/79 – OVGE 34, 293 = ID 80, 157 = StuGR 80, 367; vgl. in diesem Zusammenhang auch Schoch in DÖV 84, 401 ff.

[42] U. a. BVerwG, Urteil v. 28. 11. 1975 – IV C 45.74 – BVerwGE 50, 2 (10) = NJW 76, 1115 = DVBl 76, 942; OVG Münster, Urteil v. 6. 12. 1974 – II A 468/74 – OVGE 30, 169 = VerwRspr 26, 1019 = Städtetag 76, 560, sowie VGH Kassel, Urteil v. 26. 1. 1981 – V OE 7/80 –; siehe insoweit ferner BayVGH, Urteil v. 4. 10. 1985 – 23 B 84 A. 28 – BayVBl 86, 148.

II. Entstehen der persönlichen Beitragspflicht

Mit dem Entstehen der sachlichen Beitragspflichten für die ihr unterliegen- 20
den Grundstücke sind (kraft Gesetzes) zunächst nur abstrakte Schuldverhältnisse begründet. Diese Schuldverhältnisse bedürfen einer Konkretisierung
durch Beitragsbescheide, d.h. es bedarf einer Festsetzung des Geldwerts der
jeweiligen Beitragsforderung und vor allem der **Bestimmung der Person**, die im
Einzelfall persönlich beitragspflichtig ist, also schließlich den Beitrag bezahlen muß.

Wer persönlich beitragspflichtig werden kann, d.h. welche Personen ab- 21
strakt als Beitragsschuldner in Betracht kommen, ist in der Beitragssatzung
nach Maßgabe der einschlägigen landesrechtlichen Vorgaben festzulegen (vgl.
§ 30 Rdnr. 7). In diesem Rahmen gelten die Ausführungen zum Erschließungsbeitragsrecht entsprechend (vgl. § 24 Rdnrn. 3ff.).

Ebenfalls nach Maßgabe der landesrechtlichen Vorgaben ist in der Beitrags- 22
satzung zu bestimmen, welche abstrakt als Beitragsschuldner in Betracht
kommende Person **im Einzelfall** persönlich beitragspflichtig ist. Auch insoweit verbleibt den Ortsgesetzgebern – außer denen in Brandenburg, Nordrhein-Westfalen und Sachsen – allerdings kein Entscheidungsspielraum. Abgesehen von den Kommunalabgabengesetzen in Bayern, Brandenburg,
Nordrhein-Westfalen, Sachsen und Thüringen schreiben nämlich alle Kommunalabgabengesetze verbindlich vor, daß persönlich beitragspflichtig ist,
wer Rechtsinhaber im Zeitpunkt der Zustellung bzw. der Bekanntgabe des
Beitragsbescheids ist. Ebenso wie im Erschließungsbeitragsrecht sind insoweit also maßgebend die Rechtsverhältnisse am Grundstück im Zeitpunkt der
Zustellung bzw. der Bekanntgabe des Beitragsbescheids (vgl. im einzelnen
§ 24 Rdnrn. 11ff.). Lediglich nach bayerischem und thüringischem Landesrecht (vgl. Art. 5 Abs. 6 KAG Bay und § 7 Abs. 6 Satz 1 ThürKAG) ist
zwingend persönlich beitragspflichtig, wer im (früheren) Zeitpunkt des Ent-
stehens der sachlichen Beitragspflichten Eigentümer des Grundstücks (bzw.
Erbbauberechtigter) ist. Dagegen haben es die Gesetzgeber in Brandenburg,
Nordrhein-Westfalen und Sachsen (vgl. § 21 Abs. 1 Satz 2 SächsKAG) den
Ortsgesetzgebern in ihren Ländern überlassen, sich für die eine oder andere
Lösung zu entscheiden (vgl. § 30 Rdnr. 8).

Von dem Entstehen der persönlichen Beitragpflicht ist die Fälligkeit des 23
Beitrags abhängig; ein Beitrag kann nicht fällig sein, bevor der persönlich
Beitragspflichtige durch den Beitragsbescheid bestimmt ist. Nach allen Kommunalabgabengesetzen muß die Beitragssatzung den Zeitpunkt der Fälligkeit
angeben. Da in Anlehnung an § 135 Abs. 1 BauGB die meisten Satzungen
regeln, daß der Beitrag einen Monat nach Bekanntgabe bzw. ggfs. (wenn –
wie etwa § 8 Abs. 8 Satz 1 KAG Saarl – das Landesrecht es vorschreibt) nach
Zustellung des Beitragsbescheids fällig wird, kann auch bezüglich der Fälligkeit und der damit zusammenhängenden Fragen auf die einschlägigen Aus-

führungen zum Erschließungsbeitragsrecht verwiesen werden (vgl. § 24 Rdnrn. 37ff.).

§ 37 Kostenspaltung, Vorausleistung und Ablösung

I. Kostenspaltung und Ablösung

1 Im Zusammenhang mit der Kostenspaltung kommt jedenfalls nach **nord-rhein-westfälischem** Landesrecht dem konkreten **Bauprogramm ausschlagge-bende** Bedeutung zu, und zwar unabhängig davon, für welchen Anlagebegriff sich die jeweilige Gemeinde entschieden hat (vgl. dazu § 30 Rdnrn. 12ff.). Denn der Anlagebegriff verhält sich ausschließlich zur räumlichen Ausdeh-nung der "Anlage", nicht jedoch dazu, welche Teileinrichtungen Gegenstand einer beitragsfähigen Ausbaumaßnahme sind. Die Entscheidung darüber ist dem jeweiligen Bauprogramm vorbehalten. Dementsprechend setzt nach An-sicht des Oberverwaltungsgerichts Münster[1] eine Beitragserhebung im Wege der Kostenspaltung voraus, daß sich das jeweilige Bauprogramm auf mehrere Teileinrichtungen erstreckt, aber erst hinsichtlich der abzurechnenden Teil-einrichtung verwirklicht werden soll bzw. verwirklicht worden ist,[2] so daß eine Kostenspaltung **nicht** in Betracht kommt, wenn sich eine beitragsfähige Ausbaumaßnahme nach einem bestimmten Bauprogramm auf eine **einzige** Teileinrichtung beschränkt. Vor dem Hintergrund dieser Rechtsauffassung ergibt sich, daß für eine Kostenspaltung selbst dann kein Raum ist, wenn eine Gesamtbaumaßnahme gemäß einem Bauprogramm, das die Verbesserung von Fahrbahnen, Parkstreifen, Rad- und Gehwegen vorsieht, beendet ist, weil es für das Entstehen der (Voll-)Beitragspflichten für diese beitragsfähige Ausbaumaßnahme ohne Bedeutung ist, daß die Beleuchtungseinrichtung nicht von ihr erfaßt ist.[3]

2 Etwas anderes gilt dagegen beispielsweise nach der Rechtsprechung des Oberverwaltungsgerichts Lüneburg[4] für das **niedersächsische Landesrecht**. Ausgehend von der Annahme, öffentliche Einrichtung im Sinne des Straßen-baubeitragsrechts sei ausschließlich die Straße in ihrer **gesamten Ausdehnung** (vgl. § 30 Rdnr. 19), verlangt das Oberverwaltungsgericht Lüneburg in einem Fall, in dem sich die beitragsfähige Ausbaumaßnahme auf eine Teileinrich-tung beschränkt, eine Kostenspaltung als Voraussetzung für eine Beitragsab-

---

[1] OVG Münster, u.a. Beschluß v. 30. 9. 1986 – 2 B 1600/86 –; vgl. dazu auch Hinsen in StuGR 84, 42 (51), und Dietzel in Hoppenberg, Handbuch des öffentlichen Bau-rechts, Kapitel G, Rdnr. 76, sowie VG Köln, Urteil v. 14. 4. 1987 – 17 K 2004/86 – KStZ 87, 153.

[2] Vgl. OVG Münster, Urteil v. 15. 2. 1989 – 2 A 2562/86 – NWVBl 89, 401.

[3] So OVG Münster, Urteil v. 29. 11. 1989 – 2 A 1419/87 –.

[4] OVG Lüneburg, u.a. Beschluß v. 11. 2. 1987 – 9 B 122/86 – KStZ 87, 151 = ZMR 87, 353 = Ns Gemeinde 87, 189.

rechnung, weil nicht alle vorhandenen Teileinrichtungen der öffentlichen Einrichtung "Straße" von der Ausbaumaßnahme betroffen sind. Das bedeutet allerdings nicht, daß die Abrechnung einer Ausbaumaßnahme, die nicht alle einer öffentlichen Straße typischen "Regelteileinrichtungen" erfaßt, nach niedersächsischem Landesrecht notwendig stets den Erlaß eines Kostenspaltungsbeschlusses voraussetzt. Das trifft nämlich z. B. dann nicht zu, wenn eine ohne Gehwege angelegte Straße etwa verbessert worden ist, d. h. die Ausbaumaßnahme sich auf alle vorhandenen Teileinrichtungen erstreckt. Ein Kostenspaltungsbeschluß ist mithin nach niedersächsischem Landesrecht entbehrlich, wenn „die Straße – bzw. wie hier deren selbständiger Abschnitt (§ 6 Abs. 4 NKAG) – in **gesamter Länge und Breite** ausgebaut worden ist".[5] Auf der Grundlage dieser Rechtsauffassung ist eine Teileinrichtung grundsätzlich nur dann endgültig fertiggestellt, wenn dies auf der gesamten Länge der Straße zutrifft, der sie zuzurechnen ist. Ausnahmen von dem damit angesprochenen Erfordernis des Ausbaus auf ganzer Länge sind nur in engen Grenzen möglich. „Zu denken ist in diesem Zusammenhang daran, daß entweder aus tatsächlichen Gründen, z. B. wegen vorhandener Altbebauung oder einer Felswand, die Anlage eines durchlaufenden Geh- oder Radwegs schlechthin wirtschaftlich ausgeschlossen ist, oder daß die Bauleitplanung nur für Teillängen einer Straße eine Teileinrichtung wirksam unter Beachtung des Abwägungsgebotes festgesetzt hat. Schließlich können Ausnahmen auch dann in Betracht kommen, wenn die Anlage einer Teileinrichtung" auf ganzer Länge „objektiv nicht erforderlich ist, d. h. wenn … für Teileinrichtungen" auf ganzer Länge „aufgrund der tatsächlichen Verhältnisse unter keinem denkbaren Gesichtspunkt ein Bedürfnis besteht".[6]

Für eine Kostenspaltung ist jedenfalls kein Raum (mehr), wenn die abzurechnende Anlage (Einrichtung) insgesamt, d. h. in allen ihren Teileinrichtungen, bereits dem jeweiligen Bauprogramm entsprechend **hergestellt** worden und demgemäß die sachlichen Beitragspflichten schon für die gesamte Ausbaumaßnahme entstanden sind.[7] Ist z. B. erstmals ein Gehweg auf einem Grundstücksstreifen angelegt worden, den die Gemeinde zu erwerben sich erst nach Abschluß der technischen Ausbauarbeiten entschließt, für dessen Herstellung sie den Grunderwerb also nicht zum Fertigstellungsmerkmal erklärt hat (vgl. dazu § 32 Rdnr. 26), ist die Maßnahme Gehwegherstellung mit Abschluß der Ausbauarbeiten beendet mit der Folge, daß danach noch entstehende Grunderwerbskosten nicht beitragsfähig sind. In einem solchen Fall ist eine Heranziehung zu den bis dahin nur für den technischen Gehwegausbau entstandenen Kosten im Wege der Kostenspaltung rechtlich nicht zulässig. Allerdings kann ein insoweit fehlerhaft erlassener Teilbeitragsbe-

3

---

[5] OVG Lüneburg, Urteil v. 18. 9. 1987 – 9 A 126/86 –.
[6] OVG Lüneburg, Urteil v. 9. 10. 1990 – 9 L 193/89 – NSt–N 91, 52.
[7] OVG Münster, Urteil v. 21. 4. 1975 – II A 1112/73 – OVGE 31, 65 = DÖV 75, 860 = KStZ 76, 16.

scheid in einen gültigen Vollbeitragsbescheid, der die Abrechnung der Kosten für die technische Herstellung zum Gegenstand hat, umgedeutet werden.[8]

4   Im übrigen bestehen zwischen den Anforderungen an eine Kostenspaltung im Ausbaubeitragsrecht und denen im Erschließungsbeitragsrecht keine grundlegenden Unterschiede, so daß auf die entsprechenden Ausführungen zum Erschließungsbeitragsrecht Bezug genommen werden kann (vgl. § 20 Rdnrn. 1 ff.). Letzteres gilt auch für die – im Ausbaubeitragsrecht grundsätzlich zulässige (vgl. § 30 Rdnr. 38) – Ablösung des Beitrags im ganzen vor Entstehen der sachlichen Beitragspflicht (vgl. dazu § 22 Rdnrn. 1 ff.).

II. Vorausleistung

5   Ebenso wie der Bundesgesetzgeber für das Erschließungsbeitragsrecht haben alle Landesgesetzgeber für das Ausbaubeitragsrecht den Gemeinden die Befugnis eingeräumt, bei Vorliegen der entsprechenden Voraussetzungen Vorausleistungen (in Art. 6 Abs. 5 BayKAG sowie in den §§ 7 Abs. 5 Satz 1 ThürKAG, 8 Abs. 9 KAG Saarl, 8 Abs. 4 Satz 3 KAG SH und § 23 Sächs-KAG "Vorauszahlungen" genannt) zu erheben. Anders als nach dem Baugesetzbuch (§ 133 Abs. 3 Satz 1) ist diese Befugnis nach den Kommunalabgabengesetzen der Länder jedoch nicht auch an die Erteilung einer Baugenehmigung, sondern einzig an den **Beginn der Durchführung** einer beitragsfähigen Maßnahme geknüpft. Diese Abweichung von der Regelung im Erschließungsbeitragsrecht findet ihre innere Rechtfertigung vornehmlich in einem sachlichen Unterschied zwischen den beiden Rechtsgebieten. Namentlich das Straßenbaubeitragsrecht ist ausgerichtet in erster Linie auf beitragsfähige Maßnahmen entweder an beitragsfähigen Anbaustraßen i. S. des § 127 Abs. 2 Nr. 1 BauGB oder an Verkehrsanlagen im Außenbereich. In beiden Richtungen ist für ein Anknüpfen der Vorausleistungserhebung an die Erteilung einer Baugenehmigung regelmäßig kein Raum, weil entweder – soweit es Anbaustraßen betrifft – die anliegenden Grundstücke typischerweise bereits bebaut sind oder – soweit es etwa Wirtschaftswege betrifft – eine Bebauung der Grundstücke im Außenbereich typischerweise nicht in Betracht kommt.

6   Die §§ 6 Abs. 7 NKAG und KAG LSA, 8 Abs. 4 Satz 3 KAG SH, 8 Abs. 8 KAG NW, BraKAG und KAG MV, 8 Abs. 9 KAG Saarl sowie 23 Abs. 1 SächsKAG lassen ausdrücklich nur die Erhebung "**angemessener**" Vorausleistungen zu. Ungeachtet dieser von den Gesetzgebern angeordneten, auf die Höhe von geforderten Vorausleistungen ausgerichteten Beschränkung sollen nach der Rechtsprechung z. B. des Oberverwaltungsgerichts Münster[9] anders

---

[8] OVG Münster, Urteil v. 13. 3. 1978 – II A 1049/76 –.

[9] OVG Münster, u. a. Urteile v. 17. 4. 1978 – II A 2014/75 – OVGE 33, 223 = DVBl 79, 126 = NJW 79, 1517, v. 25. 2. 1988 – 2 A 1429/85 – sowie v. 27. 9. 1991 – 2 A 894/90 –.

als etwa nach der Rechtsprechung des Oberverwaltungsgerichts Lüneburg[10] Vorausleistungen schlechthin und ausnahmslos bis zur Höhe der voraussichtlichen Beitragsschuld verlangt werden können. Dem kann nicht gefolgt werden.[10] Träfe das nämlich zu, käme dem von den Gesetzgebern in den betreffenden Ländern in das Gesetz aufgenommenen Merkmal "angemessen" keinerlei Bedeutung zu. Da es in der Tendenz jedenfalls nicht naheliegt, annehmen zu dürfen, die jeweiligen Gesetzgeber hätten ein völlig bedeutungsloses Merkmal in den Gesetzestext aufnehmen wollen, bedarf es für die Ansicht, das Merkmal "angemessen" sei für die Höhe geforderter Vorausleistungen ohne Belang, einer **besonderen Rechtfertigung.** Das OVG Münster zeigt einen Rechtfertigungsgrund nicht auf; sein Vorliegen könnte bejaht werden, wenn die Beschränkung auf der Höhe nach "angemessene" Vorausleistungen als schlicht sachfremd zu qualifizieren wäre. Das trifft mit Blick auf den das Beitragsrecht kennzeichnenden Vorteilsgesichtspunkt jedoch nicht zu. Im Gegenteil weist dieser Gesichtspunkt darauf hin, daß es der Sache nach angezeigt ist, auf eine künftige Beitragsschuld nur "angemessene" Vorausleistungen zu erheben, d.h. Vorausleistungen, die ihrer Höhe nach in einem angemessenen Verhältnis zur Höhe der im Zeitpunkt der Vorausleistungserhebung jeweils vermittelten **Vorteile** stehen (vgl. im einzelnen § 21 Rdnr. 13). Angesichts dessen dürfen Vorausleistungen in Höhe der (voraussichtlichen) endgültigen Beitragspflicht nur dann verlangt werden, wenn die im Zeitpunkt der Vorausleistungserhebung einem Grundstückseigentümer (Erbbauberechtigten) durch die (begonnene) Ausbaumaßnahme vermittelten Vorteile sich im wesentlichen mit den Vorteilen decken, die ihm nach Abschluß der Baumaßnahme geboten werden. Das aber dürfte nur ausnahmsweise der Fall sein.

Frühester Zeitpunkt für eine Vorausleistungserhebung im Ausbaubeitragsrecht ist grundsätzlich der Beginn der Durchführung einer beitragsfähigen Maßnahme; lediglich in Hessen können Vorausleistungen schon „ab Beginn des Jahres verlangt werden, in dem" mit der beitragsfähigen Maßnahme „begonnen wird" (§ 11 Abs. 10 KAG Hess).[11] Durch das Abstellen auf den Beginn der Durchführung einer beitragsfähigen Maßnahme wird zwischen ihr und der Vorausleistungserhebung zugunsten der späteren Beitragspflichtigen ein zeitlicher Zusammenhang in der Erwartung hergestellt, daß zwischen der Vorausleistungserhebung und dem (wahrscheinlichen) Abschluß der Bauarbeiten kein unangemessen langer Zeitraum liegt. Diesem Schutzgedanken entspricht es, als Beginn der Durchführung einer beitragsfähigen Maßnahme einen *tatsächlichen,* für die betroffenen Personen **sichtbaren Anfang** der Bauarbeiten (z.B. Einrichtung der Baustelle, Verschiebung des Mut-

7

---

[10] OVG Lüneburg, Beschluß v. 21.2. 1992 – 9 M 158/92 – KStZ 92, 135 = Ns Gemeinde 92, 287 = GemHH 93, 157; a.A. früher Urteil v. 10.2. 1977 – III A 40/75 – SH Gemeinde 77, 328, und Beschluß v. 8.3. 1984 – III B 150/83 – Ns Gemeinde 84, 366.

[11] Vgl. dazu Ermel, KAG Hess, § 11 Anm. 50.

terbodens, Aushebung der Baugrube usw.), nicht aber den Beginn verwaltungsinterner Planungs- und Vorbereitungsarbeiten zu qualifizieren, die in der Regel nach außen hin nicht erkennbar werden.[12]

8   Im übrigen gilt für die Vorausleistung im Ausbaubeitragsrecht grundsätzlich das entsprechend, was zur Vorausleistung (einschließlich der Vorauszahlung) im Erschließungsbeitragsrecht ausgeführt worden ist (vgl. § 21 Rdnrn. 3 ff.). Das trifft jedoch außer in Bayern, Mecklenburg-Vorpommern, Niedersachsen, Sachsen-Anhalt, Sachsen, Schleswig-Holstein und Thüringen mangels insoweit einschlägiger landesrechtlicher (Sonder-)Regelung nicht zu, soweit der Bundesgesetzgeber durch § 133 Abs. 3 Satz 2 BauGB angeordnet hat, daß im Falle eines **Eigentümerwechsels** vor Entstehen der endgültigen (sachlichen) Beitragspflicht eine erbrachte Vorausleistung nicht (mehr wie vor Inkrafttreten des Baugesetzbuchs) zu erstatten, sondern zugunsten des später endgültig Beitragspflichtigen zu **verrechnen** ist (vgl. § 21 Rdnr. 38);[13] lediglich Art. 5 Abs. 5 Satz 2 KAG Bay sowie §§ 8 Abs. 8 Satz 2 KAG MV, 6 Abs. 7 Satz 2 NKAG wie KAG LSA, 23 Abs. 1 Satz 2 SächsKAG, 8 Abs. 6 Satz 5 KAG SH und 7 Abs. 5 Satz 2 ThürKAG schreiben vor, daß eine erbrachte Vorausleistung (Vorauszahlung) auch dann mit dem endgültigen Beitrag zu verrechnen ist, wenn der Vorausleistende selbst später nicht beitragspflichtig wird. Im übrigen sind für das Ausbaubeitragsrecht – abgesehen vom Straßenbaubeitragsrecht in Sachsen (vgl. § 31 i.V.m. § 23 Abs. 2 Sätze 1 und 2 SächsKAG) – ohne Belang die Ausführungen zu dem vom Bundesgesetzgeber in § 133 Abs. 3 Sätze 3 und 4 BauGB unter der Voraussetzung begründeten Rückzahlungs- und Verzinsungsanspruch, daß die Anlage, für deren voraussichtlich entstehende Ausbaukosten eine Vorausleistung verlangt worden ist, sechs Jahre nach Erlaß des Vorausleistungsbescheids noch nicht benutzbar ist (vgl. § 21 Rdnrn. 40 ff.). Dieser Anspruch ist im Ausbaubeitragsrecht vom Ansatz her grundsätzlich schon deshalb ohne nennenswerte Bedeutung, weil es hier vorwiegend um die Verbesserung oder Erneuerung von Anlagen geht, die ungeachtet ihrer Ausbaubedürftigkeit doch in der Regel noch benutzbar sind. Allerdings sehen Art. 5 Abs. 5 Satz 3 KAG Bay und § 7 Abs. 5 Satz 3 ThürKAG einen – zu verzinsenden – Rückzahlungsanspruch für den Fall vor, daß „die Beitragspflicht sechs Jahre nach Erlaß des Vorauszahlungsbescheids noch nicht entstanden" ist.

---

[12] Ebenso u.a. Knobloch in DGemStZ 76, 18, und Thiem, KAG S.-H., § 8 Rdnr. 135.

[13] Vgl. dazu, daß im Ausbaubeitragsrecht die Gemeinde – außerhalb Bayerns, Mecklenburg-Vorpommerns, Niedersachsens, Sachsen-Anhalts, Sachsens, Schleswig-Holsteins und Thüringens – eine vereinnahmte Vorausleistung demjenigen zu erstatten hat, der sie erbracht hat, sofern er infolge eines Eigentumswechsels vor Entstehen der endgültigen Beitragspflicht nicht mehr Schuldner dieser Beitragspflicht werden kann, u.a. Schieder/Happ, KAG Bay, Art. 5 Bem. 7.2, und Hempel/Hempel, KAG S-H, § 8 Rdnr. 168.

§ 38 Billigkeitsregelungen und öffentliche Last

I. Billigkeitsregelungen

Die Gemeinden sind infolge des in allen Kommunalabgabengesetzen mehr 1
oder weniger deutlich verankerten Entgeltlichkeitsprinzips (vgl. § 28 Rdnr.
8) gehalten, Ausbaubeiträge nach Maßgabe der einschlägigen landesrechtlichen
Bestimmungen zu erheben. Diese Verpflichtung schließt es grundsätzlich aus,
daß sie zugunsten einzelner Beitragspflichtiger die gesetzlich vorgesehene
Zahlungsweise ändern oder den Beitrag ganz oder teilweise erlassen, d. h. sie
schließt Vergünstigungen dieser Art aus "Gefälligkeit" als schlechthin unzulässig aus. Vielmehr können solche Vergünstigungen nur in dem Rahmen
gewährt werden, den der jeweilige Landesgesetzgeber "seinen" Gemeinden
für Billigkeitsmaßnahmen vorgegeben hat.

Abgesehen vom Sächsischen Kommunalabgabengesetz, das in § 3 Abs. 3 2
Satz 1 (Stundung), in § 22 Abs. 3 (Ratenzahlung), in § 22 Abs. 4 Satz 1 (Verrentung) und in § 28 Abs. 2 Satz 2 (entsprechende Anwendung des § 135
Abs. 5 BauGB) Billigkeitsmaßnahmen vorsieht, und § 7 Abs. 10 ThürKAG,
der eine Verrentung des Beitrags zuläßt (sowie abgesehen von den Sonderbe-
stimmungen des Art. 13 Abs. 3 KAG Bay und der §§ 8 Abs. 12 KAG MV
und 15 Abs. 3 ThürKAG), enthält keines der hier behandelten (vgl. § 28
Rdnr. 1) Kommunalabgabengesetze eine besondere Vorschrift über Billigkeitsregelungen; in allen wird insoweit auf die einschlägigen Billigkeitsregelungen der Abgabenordnung verwiesen. Durch diese Bezugnahme auf die
Abgabenordnung haben sich die Landesgesetzgeber dafür entschieden, einen
Beitragserlaß oder sonstige Billigkeitsmaßnahmen *nur* dann zuzulassen,
wenn eine unbillige sachliche oder persönliche Härte im Einzelfall vorliegt.
Anders als im Erschließungsbeitragsrecht (vgl. § 135 Abs. 5 Satz 1 BauGB
und § 26 Rdnrn. 29 f.) können daher – außer in Sachsen – im Ausbaubeitragsrecht am **öffentlichen Interesse** orientierte Gesichtspunkte einen Beitragserlaß
nicht rechtfertigen.[1] Es hat den Landesgesetzgebern freigestanden, etwa
durch eine Verweisung auf § 135 Abs. 5 BBauG (bzw. nunmehr BauGB)
einen (teilweisen) Beitragserlaß auch dann zu ermöglichen, wenn dafür ein
öffentliches Interesse besteht. Da die Landesgesetzgeber – außer dem in Sachsen – diesen Weg nicht gewählt haben und da der Annahme, § 135 Abs. 5
BauGB enthalte hinsichtlich des Gesichtspunkts des öffentlichen Interesses
einen allgemein gültigen Gedanken, das Gebot der Gesetzmäßigkeit und
Gleichmäßigkeit der Abgabenerhebung entgegensteht, kann die vorbehaltlo-
se Bezugnahme der Landesgesetzgeber auf die Abgabenordnung nur als ein

---

[1] Vgl. u. a. OVG Lüneburg, Beschluß v. 20. 1. 1981 – 9 B 34/80 – KStZ 81, 215 =
HSGZ 81, 166 = ID 81, 138.

gewollter, eine analoge Anwendung des § 135 Abs. 5 BauGB im Ausbaubeitragsrecht untersagender *Ausschluß* eines (teilweisen) Billigkeitserlasses aus dem Gesichtspunkt des öffentlichen Interesses gewertet werden.[2] Deshalb kann beispielsweise einer Kirchengemeinde im Ausbaubeitragsrecht ein (teilweiser) Beitragserlaß nicht mit der Begründung gewährt werden, sie nehme durch das Betreiben eines Friedhofs (eines Kindergartens usw.) Aufgaben der Gemeinde wahr und entlaste dadurch diese derart, daß ein (zumindest angemessener) Beitragserlaß im öffentlichen Interesse geboten sei.

3   Im übrigen gelten im Ausbaubeitragsrecht für Billigkeitsgründe, Billigkeitsmaßnahmen und Billigkeitsentscheidungen grundsätzlich die gleichen Regeln wie im Erschließungsbeitragsrecht (vgl. im einzelnen § 26 Rdnrn. 4ff.), wenn auch mit einer Ausnahme. Diese Ausnahme betrifft die Stundung der auf landwirtschaftlich genutzte Grundstücke im Innenbereich entfallenden Beiträge. Während im Erschließungsbeitragsrecht (§ 135 Abs. 4 BauGB) die Heranziehung namentlich eines tatsächlich landwirtschaftlich genutzten, aber baulich oder gewerblich nutzbaren Grundstücks unter bestimmten Voraussetzungen schon kraft Gesetzes und damit gleichsam generell als eine (sachliche) unbillige, eine Stundung rechtfertigende Härte anzusehen ist, fehlt außer in den Ländern Bayern und Thüringen (vgl. Art. 13 Abs. 3 KAG Bay und § 15 Abs. 3 ThürKAG) für das Ausbaubeitragsrecht eine entsprechende Vorschrift. Das hat zur Folge, daß für die Beantwortung der – eher zu bejahenden – Frage, ob insoweit eine unbillige Härte vorliegt, stärker auf die Umstände des **jeweiligen Einzelfalls** abzustellen ist. Und anders als im Erschließungsbeitragsrecht ist im Ausbaubeitragsrecht – außer wiederum in den Ländern Bayern und Thüringen – eine Verzinsung der solchermaßen gestundeten Beiträge nicht nur nicht ausgeschlossen, sondern im Gegenteil durch die (über die landesrechtlichen Bestimmungen entsprechend anwendbare) Vorschrift des § 234 Abs. 1 AO gesetzlich angeordnet. Nach § 234 Abs. 2 AO kann auf Stundungszinsen nur dann (ausnahmsweise) ganz oder teilweise verzichtet werden, wenn ihre Erhebung nach Lage des einzelnen Falles unbillig wäre.

4   Nach Art. 13 Abs. 3 Satz 1 KAG Bay und § 15 Abs. 3 Satz 1 ThürKAG **kann** u. a. in der Heranziehung eines tatsächlichen landwirtschaftlich genutzten, aber baulich oder gewerblich nutzbaren Grundstücks eine „erhebliche Härte im Sinne des § 222 AO (Stundung)" liegen, sofern im Einzelfall dessen „landwirtschaftliche Nutzung weiterhin notwendig ist." Notwendig in diesem Sinne ist die landwirtschaftliche Nutzung, wenn „anders gerade dieser Betrieb nach Art und Umfang oder in seinen Arbeitsabläufen umgestaltet oder eingeschränkt werden müßte. Das ist auch dann anzunehmen, wenn ein gedachter Wegfall der Grundstücksfläche, für die eine Abgabe erhoben wer-

---

[2] Ebenso u. a. BayVGH, Urteil v. 9. 2. 1977 – 155 IV 76 – BayVBl 77, 405, sowie OVG Lüneburg, Beschluß v. 6. 21. 1981 – 9 A 45/80 – SH Gemeinde 81, 216; a. A. – wenn auch ohne Begründung – Kortmann/Bartels in KStZ 84, 22.

den soll, dazu zwänge, die aus ihr bisher gewonnenen Erzeugnisse anderweitig gegen Entgelt zu beschaffen, weil die so eintretende Bedarfslücke nicht aus eigenen Erzeugnissen und ohne Gewinneinbuße geschlossen werden könnte".[3] Ist das Merkmal der Notwendigkeit zu bejahen, hat die Gemeinde darüber zu befinden, ob eine "erhebliche" Härte, d.h. eine die Stundung rechtfertigende Härte anzunehmen ist.[4] Für diese Entscheidung räumt Art. 13 Abs. 3 Satz 1 BayKAG der Gemeinde einen (gerichtlich nur beschränkt überprüfbaren) Beurteilungsspielraum ein.[5] Liegt auch diese Voraussetzung vor, steht die Gewährung einer gemäß Art. 13 Abs. 3 Satz 1 BayKAG i. V. m. § 222 AO möglichen Stundung im Ermessen der Gemeinde, sofern „der Anspruch durch die Stundung nicht gefährdet erscheint" (§ 222 Satz 1 AO). § 135 Abs. 4 BauGB ist in diesen Fällen mit der Folge nicht entsprechend anwendbar, daß eine Stundung u.a. nur in Betracht kommt, wenn der Beitragsschuldner selbst Betriebsinhaber ist.[6]

II. Öffentliche Last

Nach allen Kommunalabgabengesetzen ruht der Ausbaubeitrag – wie der   5
Erschließungsbeitrag – als öffentliche Last (vgl. zur öffentlichen Last im einzelnen § 27 Rdnrn. 1 ff.) auf dem Grundstück (bzw. Erbbaurecht, ggfs. auch auf dem Wohnungs- oder dem Teileigentum; vgl. zu letzterem Art. 5 Abs. 7 KAG Bay, §§ 6 Abs. 9 NKAG wie KAG LSA, 7 Abs. 7 ThürKAG, 8 Abs. 6 KAG SH, 8 Abs. 8 KAG Saarl, 8 Abs. 11 KAG MV und 24 Sächs-KAG). Seit Inkrafttreten des Änderungsgesetzes vom 21. März 1989 (GVOBl. S. 44) enthält auch das Kommunalabgabengesetz des Landes Schleswig-Holstein (§ 8 Abs. 6) eine derartige Regelung. Da einerseits das Rechtsinstitut der öffentlichen Last weder als dingliches Verwertungsrecht gewohnheitsrechtlich vorgegeben ist noch sich schon aus dem Wesen des Beitrags und seiner Rechtsnatur ergibt und da andererseits die Gemeinden eine öffentliche Last nicht kraft ihres Satzungsrechts begründen können,[7] konnte die öffentliche Last **nur** durch die inzwischen erfolgte Ergänzung des Kommunalabgabengesetzes zugunsten der Gemeinden in Schleswig-Holstein eingeführt werden.

---

[3] BayVGH, Urteil v. 15. 12. 1989 – 23 B 88.01337 – BayVBl 90, 665.

[4] Vgl. dazu im einzelnen BayVGH, Urteil v. 6. 4. 1990 – 23 B 89.00833 – KStZ 91, 94.

[5] BayVGH, Urteil v. 15. 12. 1989 – 23 B 88.01337 – BayVBl 90, 665; vgl. zu den Grenzen des Beurteilungsspielraums der Gemeinde bei der Feststellung einer "erheblichen" Härte auch BayVGH, Urteil v. 17. 7. 1990 – 23 B 88.03049 – KStZ 91, 231.

[6] BayVGH, Beschluß v. 31. 7. 1990 – 23 CS 89.02777 –.

[7] Vgl. OVG Lüneburg, Urteil v. 22. 5. 1979 – III A 154/77 – SH Gemeinde 81, 181, sowie BGH, Urteil v. 22. 5. 1981 – V ZR 69, 80 – NJW 81, 2127 = DVBl 82, 66; a. A. Hempel/Hempel in DVBl 82, 67.

Anhang

I. Wortlaut der erschließungs- und erschließungsbeitragsrechtlichen Vorschriften des Baugesetzbuchs

in der Fassung der Bekanntmachung vom 8. Dezember 1986
(BGBl. I S. 2253), zuletzt geändert durch Art. 2 des Gesetzes zur Änderung
des Bundeskleingartengesetzes vom 8. April 1994 (BGBl. I S. 766).

Erster Abschnitt
Allgemeine Vorschriften

§ 123 Erschließungslast

(1) Die Erschließung ist Aufgabe der Gemeinde, soweit sie nicht nach anderen gesetzlichen Vorschriften oder öffentlich-rechtlichen Verpflichtungen einem anderen obliegt.

(2) Die Erschließungsanlagen sollen entsprechend den Erfordernissen der Bebauung und des Verkehrs hergestellt werden und spätestens bis zur Fertigstellung der anzuschließenden baulichen Anlagen benutzbar sein.

(3) Ein Rechtsanspruch auf Erschließung besteht nicht.

(4) Die Unterhaltung der Erschließungsanlagen richtet sich nach landesrechtlichen Vorschriften.

§ 124 Erschließungsvertrag

(1) Die Gemeinde kann die Erschließung durch Vertrag auf einen Dritten übertragen.

(2) Gegenstand des Erschließungsvertrages können nach Bundes- oder nach Landesrecht beitragsfähige sowie nicht beitragsfähige Erschließungsanlagen in einem bestimmten Erschließungsgebiet in der Gemeinde sein. Der Dritte kann sich gegenüber der Gemeinde verpflichten, die Erschließungskosten ganz oder teilweise zu tragen; dies gilt unabhängig davon, ob die Erschließungsanlagen nach Bundes- oder Landesrecht beitragsfähig sind. § 129 Abs. 1 Satz 3 ist nicht anzuwenden.

(3) Die vertraglich vereinbarten Leistungen müssen den gesamten Umständen nach angemessen sein und in sachlichem Zusammenhang mit der Erschließung stehen. Hat die Gemeinde einen Bebauungsplan im Sinne des § 30

Abs. 1 erlassen und lehnt sie das zumutbare Angebot eines Dritten ab, die im Bebauungsplan vorgesehene Erschließung vorzunehmen, ist sie verpflichtet, die Erschließung selbst durchzuführen.

(4) Der Erschließungsvertrag bedarf der Schriftform, soweit nicht durch Rechtsvorschriften eine andere Form vorgeschrieben ist.

§ 125 Bindung an den Bebauungsplan

(1) Die Herstellung der Erschließungsanlagen im Sinne des § 127 Abs. 2 setzt einen Bebauungsplan voraus.

(2) Liegt ein Bebauungsplan nicht vor, so dürfen diese Anlagen nur mit Zustimmung der höheren Verwaltungsbehörde hergestellt werden. Dies gilt nicht, wenn es sich um Anlagen innerhalb der im Zusammenhang bebauten Ortsteile handelt, für die die Aufstellung eines Bebauungsplans nicht erforderlich ist. Die Zustimmung darf nur versagt werden, wenn die Herstellung der Anlagen den in § 1 Abs. 4 bis 6 bezeichneten Anforderungen widerspricht.

(3) Die Rechtmäßigkeit der Herstellung von Erschließungsanlagen wird durch Abweichungen von den Festsetzungen des Bebauungsplans nicht berührt, wenn die Abweichungen mit den Grundzügen der Planung vereinbar sind und

1. die Erschließungsanlagen hinter den Festsetzungen zurückbleiben oder
2. die Erschließungsbeitragspflichtigen nicht mehr als bei einer plangemäßen Herstellung belastet werden und die Abweichungen die Nutzung der betroffenen Grundstücke nicht wesentlich beeinträchtigen.

§ 126 Pflichten des Eigentümers

(1) Der Eigentümer hat das Anbringen von
1. Haltevorrichtungen und Leitungen für Beleuchtungskörper der Straßenbeleuchtung einschließlich der Beleuchtungskörper und des Zubehörs sowie
2. Kennzeichen und Hinweisschildern für Erschließungsanlagen
auf seinem Grundstück zu dulden. Er ist vorher zu benachrichtigen.

(2) Der Erschließungsträger hat Schäden, die dem Eigentümer durch das Anbringen oder das Entfernen der in Absatz 1 bezeichneten Gegenstände entstehen, zu beseitigen; er kann statt dessen eine angemessene Entschädigung in Geld leisten. Kommt eine Einigung über die Entschädigung nicht zustande, so entscheidet die höhere Verwaltungsbehörde; vor der Entscheidung sind die Beteiligten zu hören.

(3) Der Eigentümer hat sein Grundstück mit der von der Gemeinde festgesetzten Nummer zu versehen. Im übrigen gelten die landesrechtlichen Vorschriften.

Zweiter Abschnitt
Erschließungsbeitrag

§ 127 Erhebung des Erschließungsbeitrags

(1) Die Gemeinden erheben zur Deckung ihres anderweitig nicht gedeckten Aufwands für Erschließungsanlagen einen Erschließungsbeitrag nach Maßgabe der folgenden Vorschriften.

(2) Erschließungsanlagen im Sinne dieses Abschnitts sind

1. die öffentlichen zum Anbau bestimmten Straßen, Wege und Plätze;

2. die öffentlichen aus rechtlichen oder tatsächlichen Gründen mit Kraftfahrzeugen nicht befahrbaren Verkehrsanlagen innerhalb der Baugebiete (z. B. Fußwege, Wohnwege);

3. Sammelstraßen innerhalb der Baugebiete; Sammelstraßen sind öffentliche Straßen, Wege und Plätze, die selbst nicht zum Anbau bestimmt, aber zur Erschließung der Baugebiete notwendig sind;

4. Parkflächen und Grünanlagen mit Ausnahme von Kinderspielplätzen, soweit sie Bestandteil der in den Nummern 1 bis 3 genannten Verkehrsanlagen oder nach städtebaulichen Grundsätzen innerhalb der Baugebiete zu deren Erschließung notwendig sind;

5. Anlagen zum Schutz von Baugebieten gegen schädliche Umwelteinwirkungen im Sinne des Bundes-Immissionsschutzgesetzes, auch wenn sie nicht Bestandteil der Erschließungsanlagen sind.

(3) Der Erschließungsbeitrag kann für den Grunderwerb, die Freilegung und für Teile der Erschließungsanlagen selbständig erhoben werden (Kostenspaltung).

(4) Das Recht, Abgaben für Anlagen zu erheben, die nicht Erschließungsanlagen im Sinne dieses Abschnitts sind, bleibt unberührt. Dies gilt insbesondere für Anlagen zur Ableitung von Abwasser sowie zur Versorgung mit Elektrizität, Gas, Wärme und Wasser.

§ 128 Umfang des Erschließungsaufwands

(1) Der Erschließungsaufwand nach § 127 umfaßt die Kosten für

1. den Erwerb und die Freilegung der Flächen für die Erschließungsanlagen;

2. ihre erstmalige Herstellung einschließlich der Einrichtungen für ihre Entwässerung und ihre Beleuchtung;

3. die Übernahme von Anlagen als gemeindliche Erschließungsanlagen.

Der Erschließungsaufwand umfaßt auch den Wert der von der Gemeinde aus ihrem Vermögen bereitgestellten Flächen im Zeitpunkt der Bereitstellung. Zu den Kosten für den Erwerb der Flächen für Erschließungsanlagen gehört im

Falle einer erschließungsbeitragspflichtigen Zuteilung im Sinne des § 57 Satz 4 und des § 58 Abs. 1 Satz 1 auch der Wert nach § 68 Abs. 1 Nr. 4.

(2) Soweit die Gemeinden nach Landesrecht berechtigt sind, Beiträge zu den Kosten für Erweiterungen oder Verbesserungen von Erschließungsanlagen zu erheben, bleibt dieses Recht unberührt. Die Länder können bestimmen, daß die Kosten für die Beleuchtung der Erschließungsanlagen in den Erschließungsaufwand nicht einzubeziehen sind.

(3) Der Erschließungsaufwand umfaßt nicht die Kosten für

1. Brücken, Tunnels und Unterführungen mit den dazugehörigen Rampen;
2. die Fahrbahnen der Ortsdurchfahrten von Bundesstraßen sowie von Landstraßen I. und II. Ordnung, soweit die Fahrbahnen dieser Straßen keine größere Breite als ihre anschließenden freien Strecken erfordern.

§ 129 Beitragsfähiger Erschließungsaufwand

(1) Zur Deckung des anderweitig nicht gedeckten Erschließungsaufwands können Beiträge nur insoweit erhoben werden, als die Erschließungsanlagen erforderlich sind, um die Bauflächen und die gewerblich zu nutzenden Flächen entsprechend den baurechtlichen Vorschriften zu nutzen (beitragsfähiger Erschließungsaufwand). Soweit Anlagen nach § 127 Abs. 2 von dem Eigentümer hergestellt sind oder von ihm aufgrund baurechtlicher Vorschriften verlangt werden, dürfen Beiträge nicht erhoben werden. Die Gemeinden tragen mindestens 10 vom Hundert des beitragsfähigen Erschließungsaufwands.

(2) Kosten, die ein Eigentümer oder sein Rechtsvorgänger bereits für Erschließungsmaßnahmen aufgewandt hat, dürfen bei der Übernahme als gemeindliche Erschließungsanlagen nicht erneut erhoben werden.

§ 130 Art der Ermittlung des beitragsfähigen Erschließungsaufwands

(1) Der beitragsfähige Erschließungsaufwand kann nach den tatsächlich entstandenen Kosten oder nach Einheitssätzen ermittelt werden. Die Einheitssätze sind nach den in der Gemeinde üblicherweise durchschnittlich aufzuwendenden Kosten vergleichbarer Erschließungsanlagen festzusetzen.

(2) Der beitragsfähige Erschließungsaufwand kann für die einzelne Erschließungsanlage oder für bestimmte Abschnitte einer Erschließungsanlage ermittelt werden. Abschnitte einer Erschließungsanlage können nach örtlich erkennbaren Merkmalen oder nach rechtlichen Gesichtspunkten (z.B. Grenzen von Bebauungsplangebieten, Umlegungsgebieten, förmlich festgelegten Sanierungsgebieten) gebildet werden. Für mehrere Anlagen, die für die Erschließung der Grundstücke eine Einheit bilden, kann der Erschließungsaufwand insgesamt ermittelt werden.

§ 131 Maßstäbe für die Verteilung des Erschließungsaufwands

(1) Der ermittelte beitragsfähige Erschließungsaufwand für eine Erschließungsanlage ist auf die durch die Anlage erschlossenen Grundstücke zu verteilen. Mehrfach erschlossene Grundstücke sind bei gemeinsamer Aufwandsermittlung in einer Erschließungseinheit (§ 130 Abs. 2 Satz 3) bei der Verteilung des Erschließungsaufwands nur einmal zu berücksichtigen.

(2) Verteilungsmaßstäbe sind
1. die Art und das Maß der baulichen oder sonstigen Nutzung;
2. die Grundstücksflächen;
3. die Grundstücksbreite an der Erschließungsanlage.
Die Verteilungsmaßstäbe können miteinander verbunden werden.

(3) In Gebieten, die nach dem Inkrafttreten des Bundesbaugesetzes erschlossen werden, sind, wenn eine unterschiedliche bauliche oder sonstige Nutzung zulässig ist, die Maßstäbe nach Absatz 2 in der Weise anzuwenden, daß der Verschiedenheit dieser Nutzung nach Art und Maß entsprochen wird.

132 Regelung durch Satzung

Die Gemeinden regeln durch Satzung
1. die Art und den Umfang der Erschließungsanlagen im Sinne des § 129,
2. die Art der Ermittlung und der Verteilung des Aufwands sowie die Höhe des Einheitssatzes,
3. die Kostenspaltung (§ 127 Abs. 3) und
4. die Merkmale der endgültigen Herstellung einer Erschließungsanlage.

§ 133 Gegenstand und Entstehung der Beitragspflicht

(1) Der Beitragspflicht unterliegen Grundstücke, für die eine bauliche oder gewerbliche Nutzung festgesetzt ist, sobald sie bebaut oder gewerblich genutzt werden dürfen. Erschlossene Grundstücke, für die eine bauliche oder gewerbliche Nutzung nicht festgesetzt ist, unterliegen der Beitragspflicht, wenn sie nach der Verkehrsauffassung Bauland sind und nach der geordneten baulichen Entwicklung der Gemeinde zur Bebauung anstehen. Die Gemeinde gibt bekannt, welche Grundstücke nach Satz 2 der Beitragspflicht unterliegen; die Bekanntmachung hat keine rechtsbegründende Wirkung.

(2) Die Beitragspflicht entsteht mit der endgültigen Herstellung der Erschließungsanlagen, für Teilbeträge, sobald die Maßnahmen, deren Aufwand durch die Teilbeträge gedeckt werden soll, abgeschlossen sind. Im Falle des § 128 Abs. 1 Satz 1 Nr. 3 entsteht die Beitragspflicht mit der Übernahme durch die Gemeinde.

(3) Für ein Grundstück, für das eine Beitragspflicht noch nicht oder nicht in vollem Umfang entstanden ist, können Vorausleistungen auf den Erschlie-

ßungsbeitrag bis zur Höhe des voraussichtlichen endgültigen Erschließungsbeitrags verlangt werden, wenn ein Bauvorhaben auf dem Grundstück genehmigt wird oder wenn mit der Herstellung der Erschließungsanlagen begonnen worden ist und die endgültige Herstellung der Erschließungsanlagen innerhalb von vier Jahren zu erwarten ist. Die Vorausleistung ist mit der endgültigen Beitragsschuld zu verrechnen, auch wenn der Vorausleistende nicht beitragspflichtig ist. Ist die Beitragspflicht sechs Jahre nach Erlaß des Vorausleistungsbescheids noch nicht entstanden, kann die Vorausleistung zurückverlangt werden, wenn die Erschließungsanlage bis zu diesem Zeitpunkt noch nicht benutzbar ist. Der Rückzahlungsanspruch ist ab Erhebung der Vorausleistung mit 2 vom Hundert über dem Diskontsatz der Deutschen Bundesbank jährlich zu verzinsen. Die Gemeinde kann Bestimmungen über die Ablösung des Erschließungsbeitrags im ganzen vor Entstehung der Beitragspflicht treffen.

§ 134 Beitragspflichtiger

(1) Beitragspflichtig ist derjenige, der im Zeitpunkt der Bekanntgabe des Beitragsbescheids Eigentümer des Grundstücks ist. Ist das Grundstück mit einem Erbbaurecht belastet, so ist der Erbbauberechtigte anstelle des Eigentümers beitragspflichtig. Ist das Grundstück mit einem dinglichen Nutzungsrecht nach Artikel 233 § 4 des Einführungsgesetzes zum Bürgerlichen Gesetzbuche belastet, so ist der Inhaber dieses Rechtes anstelle des Eigentümers beitragspflichtig. Mehrere Beitragspflichtige haften als Gesamtschuldner; bei Wohnungs- und Teileigentum sind die einzelnen Wohnungs- und Teileigentümer nur entsprechend ihrem Miteigentumsanteil beitragspflichtig.

(2) Der Beitrag ruht als öffentliche Last auf dem Grundstück, im Falle des Absatzes 1 Satz 2 auf dem Erbbaurecht, im Falle des Absatzes 1 Satz 3 auf dem dinglichen Nutzungsrecht, im Falle des Absatzes 1 Satz 4 auf dem Wohnungs- oder dem Teileigentum.

§ 135 Fälligkeit und Zahlung des Beitrags

(1) Der Beitrag wird einen Monat nach der Bekanntgabe des Beitragsbescheids fällig.

(2) Die Gemeinde kann zur Vermeidung unbilliger Härten im Einzelfall, insbesondere soweit dies zur Durchführung eines genehmigten Bauvorhabens erforderlich ist, zulassen, daß der Erschließungsbeitrag in Raten oder in Form einer Rente gezahlt wird. Ist die Finanzierung eines Bauvorhabens gesichert, so soll die Zahlungsweise der Auszahlung der Finanzierungsmittel angepaßt, jedoch nicht über zwei Jahre hinaus erstreckt werden.

(3) Läßt die Gemeinde nach Absatz 2 eine Verrentung zu, so ist der Erschließungsbeitrag durch Bescheid in eine Schuld umzuwandeln, die in höchstens zehn Jahresleistungen zu entrichten ist. In dem Bescheid sind Höhe und

Zeitpunkt der Fälligkeit der Jahresleistungen zu bestimmen. Der jeweilige Restbetrag ist mit höchstens 2 vom Hundert über dem Diskontsatz der Deutschen Bundesbank jährlich zu verzinsen. Die Jahresleistungen stehen wiederkehrenden Leistungen im Sinne des § 10 Abs. 1 Nr. 3 des Zwangsversteigerungsgesetzes gleich.

(4) Werden Grundstücke landwirtschaftlich oder als Wald genutzt, ist der Beitrag so lange zinslos zu stunden, wie das Grundstück zur Erhaltung der Wirtschaftlichkeit des landwirtschaftlichen Betriebs genutzt werden muß. Satz 1 gilt auch für die Fälle der Nutzungsüberlassung und Betriebsübergabe an Familienangehörige im Sinne des § 15 der Abgabenordnung. Der Beitrag ist auch zinslos zu stunden, solange Grundstücke als Kleingärten im Sinne des Bundeskleingartengesetzes genutzt werden.

(5) Im Einzelfall kann die Gemeinde auch von der Erhebung des Erschließungsbeitrags ganz oder teilweise absehen, wenn dies im öffentlichen Interesse oder zur Vermeidung unbilliger Härten geboten ist. Die Freistellung kann auch für den Fall vorgesehen werden, daß die Beitragspflicht noch nicht entstanden ist.

(6) Weitergehende landesrechtliche Billigkeitsregelungen bleiben unberührt.

§ 242 Überleitungsvorschriften für die Erschließung

(1) Für vorhandene Erschließungsanlagen, für die eine Beitragspflicht aufgrund der bis zum 29. Juni 1961 geltenden Vorschriften nicht entstehen konnte, kann auch nach diesem Gesetzbuch kein Beitrag erhoben werden.

(2) Soweit am 29. Juni 1961 zur Erfüllung von Anliegerbeitragspflichten langfristige Verträge oder sonstige Vereinbarungen, insbesondere über das Ansammeln von Mitteln für den Straßenbau in Straßenbaukassen oder auf Sonderkonten bestanden, können die Länder ihre Abwicklung durch Gesetz regeln.

(3) § 125 Abs. 3 ist auch auf Bebauungspläne anzuwenden, die vor dem 1. Juli 1987 in Kraft getreten sind.

(4) § 127 Abs. 2 Nr. 2 ist auch auf Verkehrsanlagen anzuwenden, die vor dem 1. Juli 1987 endgültig hergestellt worden sind. Ist vor dem 1. Juli 1987 eine Beitragspflicht nach Landesrecht entstanden, so verbleibt es dabei.

(5) Ist für einen Kinderspielplatz eine Beitragspflicht bereits aufgrund der vor dem 1. Juli 1987 geltenden Vorschriften (§ 127 Abs. 2 Nr. 3 und 4 des Bundesbaugesetzes) entstanden, so verbleibt es dabei. Die Gemeinde soll von der Erhebung des Erschließungsbeitrags ganz oder teilweise absehen, wenn dies aufgrund der örtlichen Verhältnisse, insbesondere unter Berücksichtigung des Nutzens des Kinderspielplatzes für die Allgemeinheit, geboten ist. Satz 2 ist auch auf vor dem 1. Juli 1987 entstandene Beiträge anzuwenden, wenn

1. der Beitrag noch nicht entrichtet ist oder

2. er entrichtet worden, aber der Beitragsbescheid noch nicht unanfechtbar geworden ist.

(6) § 128 Abs. 1 ist auch anzuwenden, wenn der Umlegungsplan (§ 66 des Bundesbaugesetzes) oder die Vorwegregelung (§ 76 des Bundesbaugesetzes) vor dem 1. Juli 1987 ortsüblich bekanntgemacht worden ist (§ 71 des Bundesbaugesetzes).

(7) Ist vor dem 1. Juli 1987 über die Stundung des Beitrags für landwirtschaftlich genutzte Grundstücke (§ 135 Abs. 4 des Bundesbaugesetzes) entschieden und ist die Entscheidung noch nicht unanfechtbar geworden, ist § 135 Abs. 4 dieses Gesetzbuchs anzuwenden.

(8) § 124 Abs. 2 Satz 2 ist auch auf Kostenvereinbarungen in Erschließungsverträgen anzuwenden, die vor dem 1. Mai 1993 geschlossen worden sind. Auf diese Verträge ist § 129 Abs. 1 Satz 3 weiterhin anzuwenden.

§ 246 a Überleitungsregelungen aus Anlaß der Herstellung der Einheit Deutschlands

(1) . . .

(4) Für Erschließungsanlagen oder Teile von Erschließungsanlagen in dem in Artikel 3 des Einigungsvertrages genannten Gebiet, die vor dem Wirksamwerden des Beitritts bereits hergestellt worden sind, kann nach diesem Gesetzbuch ein Erschließungsbeitrag nicht erhoben werden. Bereits hergestellte Erschließungsanlagen oder Teile von Erschließungsanlagen sind die einem technischen Ausbauprogramm oder den örtlichen Ausbaugepflogenheiten entsprechend fertiggestellten Erschließungsanlagen oder Teile von Erschließungsanlagen. Leistungen, die Beitragspflichtige für die Herstellung von Erschließungsanlagen oder Teilen von Erschließungsanlagen erbracht haben, sind auf den Erschließungsbeitrag anzurechnen. Die Landesregierungen werden ermächtigt, bei Bedarf Überleitungsregelungen durch Rechtsverordnung zu treffen.

II. Wortlaut der ausbaubeitragsrechtlichen Bestimmungen der Kommunalabgabengesetze der Länder

(mit Ausnahme des Kommunalabgabengesetzes des Landes Rheinland-Pfalz)

1. Kommunalabgabengesetz für das Land Nordrhein-Westfalen (KAG NW)

vom 21. Oktober 1969 (GV NW S. 712/SGV NW S. 610);
zuletzt geändert durch Gesetz vom 16. Dezember 1992 (GVBl. I S. 561)

§ 8 Beiträge

(1) Die Gemeinden und Gemeindeverbände können Beiträge erheben. Bei den dem öffentlichen Verkehr gewidmeten Straßen, Wegen und Plätzen sollen Beiträge erhoben werden, soweit nicht das Bundesbaugesetz anzuwenden ist.

(2) Beiträge sind Geldleistungen, die dem Ersatz des Aufwandes für die Herstellung, Anschaffung und Erweiterung öffentlicher Einrichtungen und Anlagen im Sinne des § 4 Abs. 2, bei Straßen, Wegen und Plätzen auch für deren Verbesserung, jedoch ohne die laufende Unterhaltung und Instandsetzung, dienen. Sie werden von den Grundstückseigentümern als Gegenleistung dafür erhoben, daß ihnen durch die Möglichkeit der Inanspruchnahme der Einrichtungen und Anlagen wirtschaftliche Vorteile geboten werden. Ist das Grundstück mit einem Erbbaurecht belastet, so tritt an die Stelle des Eigentümers der Erbbauberechtigte.

(3) Beiträge können auch für Teile einer Einrichtung oder Anlage erhoben werden (Kostenspaltung).

(4) Der Aufwand umfaßt auch den Wert, den die von der Gemeinde oder dem Gemeindeverband für die Einrichtung oder Anlage bereitgestellten eigenen Grundstücke bei Beginn der Maßnahme haben. Er kann nach den tatsächlichen Aufwendungen oder nach Einheitssätzen, denen die der Gemeinde oder dem Gemeindeverband für gleichartige Einrichtungen oder Anlagen üblicherweise durchschnittlich erwachsenden Aufwendungen zugrunde zu legen sind, ermittelt werden. Bei leitungsgebundenen Einrichtungen und Anlagen, die der Versorgung oder der Abwasserbeseitigung dienen, kann der durchschnittliche Aufwand für die gesamte Einrichtung oder Anlage veranschlagt und zugrundegelegt werden (Anschlußbeitrag). Wenn die Einrichtungen oder Anlagen erfahrungsgemäß auch von der Allgemeinheit oder von der Gemeinde oder dem Gemeindeverband selbst in Anspruch genommen wer-

den, bleibt bei der Ermittlung des Aufwandes ein dem wirtschaftlichen Vorteil der Allgemeinheit oder der Gemeinde oder des Gemeindeverbandes entsprechender Betrag außer Ansatz; Zuwendungen Dritter sind, sofern der Zuwendende nichts anderes bestimmt hat, zunächst zur Deckung dieses Betrages und nur, soweit sie diesen übersteigen, zur Deckung des übrigen Aufwandes zu verwenden. Das veranschlagte Beitragsaufkommen soll den nach Satz 1 bis 4 ermittelten Aufwand, der sonst von der Gemeinde oder dem Gemeindeverband selbst aufzubringen wäre, einschließlich des Wertes der bereitgestellten eigenen Grundstücke, nicht überschreiten und in den Fällen des Absatzes 1 Satz 2 in der Regel decken. Wenn im Zeitpunkt des Erlasses der Beitragssatzung der Aufwand noch nicht feststeht, braucht der Beitragssatz in der Satzung nicht angegeben zu werden.

(5) Der Aufwand kann auch für Abschnitte einer Einrichtung oder Anlage wenn diese selbständig in Anspruch genommen werden können, ermittelt werden.

(6) Die Beiträge sind nach den Vorteilen zu bemessen. Dabei können Gruppen von Beitragspflichtigen mit annähernd gleichen Vorteilen zusammengefaßt werden.

(7) Die Beitragspflicht entsteht mit der endgültigen Herstellung der Einrichtung oder Anlage, in den Fällen des Absatzes 3 mit der Beendigung der Teilmaßnahme und in den Fällen des Absatzes 5 mit der endgültigen Herstellung des Abschnitts. Wird ein Anschlußbeitrag nach Absatz 4 Satz 3 erhoben, so entsteht die Beitragspflicht, sobald das Grundstück an die Einrichtung oder Anlage angeschlossen werden kann, frühestens jedoch mit dem Inkrafttreten der Satzung; die Satzung kann einen späteren Zeitpunkt bestimmen.

(8) Auf die künftige Beitragsschuld können angemessene Vorausleistungen verlangt werden, sobald mit der Durchführung der Maßnahme nach Absatz 2 Satz 1 und Absatz 5 begonnen worden ist.

(9) Der Beitrag ruht als öffentliche Last auf dem Grundstück, im Falle des Absatzes 2 Satz 3 auf dem Erbbaurecht.

2. Kommunalabgabengesetz für das Land Bayern (KAG Bay)

in der Fassung der Bekanntmachung vom 4. April 1993 (GVBl. S. 264), zuletzt geändert durch Gesetz vom 8. Juli 1994 (GVBl. S. 553)

Art. 5 Beiträge

(1) Die Gemeinden und Landkreise können zur Deckung des Aufwands für die Herstellung, Anschaffung, Verbesserung oder Erneuerung ihrer öffentlichen Einrichtungen (Investitionsaufwand) Beiträge von den Grundstückseigentümern und Erbbauberechtigten erheben, denen die Möglichkeit der Inanspruchnahme dieser Einrichtungen besondere Vorteile bietet. Der Investitionsaufwand umfaßt auch den Wert der von der Gebietskörperschaft

aus ihrem Vermögen bereitgestellten Sachen und Rechte im Zeitpunkt der Bereitstellung. Für die Verbesserung oder Erneuerung von Ortsstraßen und beschränkt-öffentlichen Wegen sollen solche Beiträge erhoben werden, soweit nicht Erschließungsbeiträge nach dem Baugesetzbuch (BauGB) zu erheben sind. Bei leitungsgebundenen Einrichtungen kann der Aufwand, unbeschadet der Art. 21 Abs. 2 der Gemeindeordnung, Art. 15 Abs. 2 der Landkreisordnung und Art. 15 Abs. 2 der Bezirksordnung nicht für bestimmte Abschnitte der Einrichtung ermittelt werden; bei nicht leitungsgebundenen Einrichtungen kann der Aufwand für mehrere Einrichtungen, die für die Erschließung der Grundstücke eine Einheit bilden, insgesamt ermittelt werden. Der Beitrag kann für Teile der nicht leitungsgebundenen Einrichtung selbständig erhoben werden (Kostenspaltung).

(2) Sind die Vorteile der Beitragspflichtigen verschieden hoch, so sind die Beiträge entsprechend abzustufen. In der Beitragssatzung kann bestimmt werden, daß Grundstücke bis zu ihrer Bebauung oder gewerblichen Nutzung nur mit dem auf die Grundstücksfläche entfallenden Beitrag herangezogen werden. In der Beitragssatzung für leitungsgebundene Einrichtungen soll bestimmt werden, daß Gebäude oder selbständige Gebäudeteile, die nach der Art ihrer Nutzung keinen Bedarf nach Anschluß an die gemeindliche Einrichtung auslösen oder nicht angeschlossen werden dürfen, nicht zum Beitrag herangezogen werden; das gilt nicht für Gebäude oder Gebäudeteile, die tatsächlich angeschlossen sind. Bei übergroßen Grundstücken in unbeplanten Gebieten ist eine Begrenzung der beitragspflichtigen Grundstücksfläche auf ein bestimmtes Vielfaches der beitragspflichtigen Geschoßfläche vorzunehmen; die Ermittlung des Vervielfältigungsfaktors soll die durchschnittliche Grundstücks- und Geschoßflächengröße im Satzungsgebiet berücksichtigen.

(2a) Ändern sich die für die Beitragsbemessung maßgeblichen Umstände nachträglich und erhöht sich dadurch der Vorteil, so entsteht damit ein zusätzlicher Beitrag.

(3) Kommt die Einrichtung neben den Beitragspflichtigen nicht nur unbedeutend auch der Allgemeinheit zugute, so ist in der Abgabesatzung (Art. 2) eine Eigenbeteiligung vorzusehen. Die Eigenbeteiligung muß die Vorteile für die Allgemeinheit angemessen berücksichtigen.

(4) Steht im Zeitpunkt des Satzungserlasses der Aufwand nach Absatz 1 noch nicht fest, so kann in Abweichung von Art. 2 Abs. 1 davon abgesehen werden, den Abgabesatz festzulegen; es müssen aber die wesentlichen Bestandteile der einzelnen Einrichtung in der Satzung nach Art und Umfang bezeichnet und der umzulegende Teil der Gesamtkosten bestimmt sein.

(5) Für ein Grundstück, für das eine Beitragspflicht noch nicht oder nicht in vollem Umfang entstanden ist, können Vorauszahlungen auf den Beitrag verlangt werden, wenn mit der Herstellung der Einrichtung begonnen worden ist. Die Vorauszahlung ist mit der endgültigen Beitragsschuld zu verrechnen, auch wenn der Vorauszahlende nicht beitragspflichtig ist. Ist die Beitragspflicht sechs Jahre nach Erlaß des Vorauszahlungsbescheids noch nicht

entstanden, kann die Vorauszahlung zurückverlangt werden. Die Rückzahlungsschuld ist ab Erhebung der Vorauszahlung für jeden vollen Monat mit einhalb vom Hundert zu verzinsen. Ist eine Beitragspflicht bereits entstanden, können Vorschüsse auf den Beitrag erhoben werden, sofern die endgültige Beitragsschuld noch nicht berechnet werden kann.

(6) Beitragspflichtig ist, wer im Zeitpunkt des Entstehens der Beitragsschuld Eigentümer des Grundstücks oder Erbbauberechtigter ist. Mehrere Beitragspflichtige sind Gesamtschuldner; bei Wohnungs- und Teileigentum sind die einzelnen Wohnungs- und Teileigentümer nur entsprechend ihrem Miteigentumsanteil beitragspflichtig.

(7) Der Beitrag ruht als öffentliche Last auf dem Grundstück oder dem Erbbaurecht, im Fall des Absatzes 6 Satz 2 auf dem Wohnungs- oder dem Teileigentum; die öffentliche Last erlischt nicht, solange die persönliche Schuld besteht. Der Duldungsbescheid, mit dem die öffentliche Last geltend gemacht wird, ist wie ein Leistungsbescheid zu vollstrecken.

(8) Ein Beitrag kann auch für öffentliche Einrichtungen erhoben werden, die vor Inkrafttreten der Abgabesatzung hergestellt, angeschafft, erweitert oder verbessert wurden.

(9) Der Beitragsberechtigte kann die Ablösung des Beitrags vor Entstehung der Beitragspflicht gegen eine angemessene Gegenleistung zulassen. Das Nähere ist in der Beitragssatzung (Art. 2) zu bestimmen.

3. Kommunalabgabengesetz für das Land Brandenburg (BraKAG)

vom 27. Juni 1991 (GVBl. I S. 200)

§ 8 Beiträge

(1) Die Gemeinden und Gemeindeverbände können Beiträge erheben. Bei den dem öffentlichen Verkehr gewidmeten Straßen, Wegen und Plätzen sollen Beiträge erhoben werden.

(2) Beiträge sind Geldleistungen, die dem Ersatz des Aufwandes für die Herstellung, Anschaffung und Erweiterung öffentlicher Einrichtungen und Anlagen im Sinne des § 4 Abs. 2, bei Straßen, Wegen und Plätzen auch für deren Erneuerung und Verbesserung, jedoch ohne die laufende Unterhaltung und Instandsetzung, dienen. Sie werden von den Grundstückseigentümern als Gegenleistung dafür erhoben, daß ihnen durch die Möglichkeit der Inanspruchnahme der Einrichtungen und Anlagen wirtschaftliche Vorteile geboten werden. Ist das Grundstück mit einem Erbbaurecht belastet, so tritt an die Stelle des Eigentümers der Erbbauberechtigte.

(3) Beiträge können auch für Teile einer Einrichtung oder Anlage erhoben werden (Kostenspaltung).

(4) Der Aufwand umfaßt auch den Wert, den die von der Gemeinde oder dem Gemeindeverband für die Einrichtung oder Anlage bereitgestellten eigenen Grundstücke bei Beginn der Maßnahme haben. Er kann nach den tatsächlichen Aufwendungen oder nach Einheitssätzen, denen die der Gemeinde oder dem Gemeindeverband für gleichartige Einrichtungen oder Anlagen üblicherweise durchschnittlich erwachsenden Aufwendungen zugrunde zu legen sind, ermittelt werden. Bei leitungsgebundenen Einrichtungen und Anlagen, die der Versorgung oder der Abwasserbeseitigung dienen, kann der durchschnittliche Aufwand für die gesamte Einrichtung oder Anlage veranschlagt und zugrunde gelegt werden (Anschlußbeitrag). Wenn die Einrichtungen oder Anlagen erfahrungsgemäß auch von der Allgemeinheit oder von der Gemeinde oder dem Gemeindeverband selbst in Anspruch genommen werden, bleibt bei der Ermittlung des Aufwandes ein dem wirtschaftlichen Vorteil der Allgemeinheit oder der Gemeinde oder des Gemeindeverbandes entsprechender Betrag außer Ansatz; Zuwendungen Dritter sind, sofern der Zuwendende nichts anderes bestimmt hat, zunächst zur Deckung dieses Betrages und nur, soweit sie diesen übersteigen, zur Deckung des übrigen Aufwandes zu verwenden. Das veranschlagte Beitragsaufkommen soll den nach Satz 1 bis 4 ermittelten Aufwand, der sonst von der Gemeinde oder dem Gemeindeverband selbst aufzubringen wäre, einschließlich des Wertes der bereitgestellten eigenen Grundstücke nicht überschreiten und in den Fällen des Absatzes 1 Satz 2 in der Regel decken. Wenn im Zeitpunkt des Erlasses der Beitragssatzung der Aufwand noch nicht feststeht, braucht der Beitragssatz in der Satzung nicht angegeben zu werden.

(5) Der Aufwand kann auch für Abschnitte einer Einrichtung oder Anlage, wenn diese selbständig in Anspruch genommen werden können, ermittelt werden.

(6) Die Beiträge sind nach den Vorteilen zu bemessen. Dabei können Gruppen von Beitragspflichtigen mit annähernd gleichen Vorteilen zusammengefaßt werden.

(7) Die Beitragspflicht entsteht mit der endgültigen Herstellung der Einrichtung oder Anlage, in den Fällen des Absatzes 3 mit der Beendigung der Teilmaßnahme und in den Fällen des Absatzes 5 mit der endgültigen Herstellung des Abschnitts. Wird ein Anschlußbeitrag nach Absatz 4 erhoben, so entsteht die Beitragspflicht, sobald das Grundstück an die Einrichtung oder Anlage angeschlossen werden kann, frühestens jedoch mit dem Inkrafttreten der Satzung; die Satzung kann einen späteren Zeitpunkt bestimmen.

(8) Auf die künftige Beitragsschuld können angemessene Vorausleistungen verlangt werden, sobald mit der Durchführung der Maßnahme nach Absatz 2 Satz 1 und Absatz 5 begonnen worden ist.

(9) Der Beitrag ruht als öffentliche Last auf dem Grundstück, im Falle des Absatzes 2 Satz 3 auf dem Erbbaurecht.

4. Gesetz für kommunale Abgaben in Hessen (KAG Hess)

vom 17. März 1970 (GVBl S. 225); zuletzt geändert durch Gesetz
vom 31. Oktober 1991 (GVBl. I S. 333)

§ 11 Beiträge

(1) Die Gemeinden und Landkreise können zur Deckung des Aufwands
für die Schaffung, Erweiterung und Erneuerung öffentlicher Einrichtungen
Beiträge von den Grundstückseigentümern erheben, denen die Möglichkeit
der Inanspruchnahme dieser öffentlichen Einrichtungen nicht nur vorübergehende Vorteile bietet.

(2) Zu dem Aufwand gehört auch der Wert, den die von der Gemeinde
oder dem Landkreis bereitgestellten eigenen Grundstücke haben. Er kann
nach den tatsächlichen Kosten oder nach Einheitssätzen berechnet werden.

(3) Bei einem Um- und Ausbau von Straßen, Wegen und Plätzen, der über
die Straßenunterhaltung und die Straßeninstandsetzung hinausgeht, bleiben
bei der Bemessung des Beitrages mindestens 25 vom Hundert des Aufwands
außer Ansatz, wenn diese Einrichtungen überwiegend dem Anliegerverkehr
dienen, mindestens 50 vom Hundert, wenn sie überwiegend dem innerörtlichen Durchgangsverkehr dienen, und mindestens 75 vom Hundert, wenn sie
überwiegend dem überörtlichen Durchgangsverkehr dienen.

(4) Bei anderen Einrichtungen bleibt, wenn sie neben den Beitragspflichtigen auch der Allgemeinheit die Möglichkeit der Inanspruchnahme bieten, ein
Anteil außer Ansatz, der den Vorteil der Allgemeinheit berücksichtigen soll.

(5) Die Beiträge sind nach den Vorteilen zu bemessen. Dabei können
Gruppen von Beitragspflichtigen mit annähernd gleichen Vorteilen zusammengefaßt werden. Wird eine Beitragssatzung für mehrere gleichartige Einrichtungen erlassen und kann der Beitragssatz für die einzelnen Einrichtungen in ihr nicht festgelegt werden, so genügt es, wenn in der Satzung die
Maßnahmen, für die Beiträge erhoben werden, nach Art und Umfang bezeichnet werden und der umzulegende Teil der Gesamtkosten bestimmt
wird.

(6) Verteilungsmaßstäbe sind insbesondere
1. die Art und das Maß der baulichen oder sonstigen Nutzung des Grundstücks,
2. die Grundstücksflächen,
3. die Grundstücksbreite.
Die Verteilungsmaßstäbe können miteinander verbunden werden.

(7) Beitragspflichtig ist, wer im Zeitpunkt der Bekanntgabe des Beitragsbescheides Eigentümer des Grundstücks ist. Ist das Grundstück mit einem
Erbbaurecht belastet, so ist an Stelle des Eigentümers der Erbbauberechtigte
beitragspflichtig. Mehrere Beitragspflichtige haften als Gesamtschuldner.

(8) Beiträge können für einzelne Teile einer Einrichtung selbständig erhoben werden, sobald diese Teile nutzbar sind. Bei Straßen, Wegen und Plätzen können auch die Aufwendungen für den Grunderwerb und die Freilegung selbständig erhoben werden.

(9) Die Beitragspflicht entsteht außer im Falle des Abs. 8 mit der Fertigstellung der Einrichtung. Der Gemeindevorstand oder der Kreisausschuß stellt den Zeitpunkt der Fertigstellung fest. Die Feststellung ist öffentlich bekanntzumachen.

(10) Vorausleistungen bis zur Höhe der voraussichtlichen Beitragsschuld können ab Beginn des Jahres verlangt werden, in dem mit der Einrichtung oder einem Teil davon (Abs. 8) begonnen wird.

(11) Der Beitrag ruht als öffentliche Last auf dem Grundstück, im Fall des Abs. 7 Satz 2 auf dem Erbbaurecht.

5. Kommunalabgabengesetz für das Land Mecklenburg-Vorpommern (KAG MV)

vom 1. Juni 1993 (GVBl. S. 522)

§ 8 Beiträge

(1) Beiträge zur Deckung des Aufwandes für die Herstellung, den Aus- und Umbau, der Verbesserung, Erweiterung und Erneuerung der notwendigen öffentlichen Einrichtungen und Anlagen sind nach festen Verteilungsmaßstäben von denjenigen Grundstückseigentümern, zur Nutzung von Grundstücken dinglich Berechtigten und Gewerbetreibenden zu erheben, denen hierdurch Vorteile erwachsen. Die Beiträge sind nach den Vorteilen zu bemessen. Bei Straßenbaumaßnahmen tragen die Beitragsberechtigten mindestens 10 vom Hundert des Aufwandes. Über die wesentlichen Regelungen von Beitragssätzen soll der Beitragsberechtigte die Beitragsverpflichteten vor Beschlußfassung in geeigneter Form informieren.

(2) Der Aufwand ist nach den tatsächlich entstandenen Kosten oder nach Einheitssätzen unter Berücksichtigung der Leistungen und Zuschüsse Dritter zu ermitteln. Zum Aufwand gehört auch der Wert der Grundstücke, die der Träger der Maßnahme einbringt.

(3) Die Einheitssätze nach Absatz 2 Satz 1 sind nach durchschnittlichen Kosten festzusetzen, die im Gebiet der Beitragspflichtigen üblicherweise für vergleichbare öffentliche Einrichtungen oder Anlagen aufzuwenden sind. Bei leitungsgebundenen Einrichtungen oder Anlagen, die der Versorgung oder Abwasserbeseitigung dienen, kann der durchschnittliche Aufwand für die gesamte Einrichtung oder Anlage veranschlagt und zugrunde gelegt werden (Anschlußbeitrag).

(4) Zuschüsse sind, soweit der Zuschußgeber nichts anderes bestimmt hat, vorrangig zur Deckung des öffentlichen Anteils und nur, soweit sie diesen übersteigen, zur Deckung des übrigen Aufwandes zu verwenden.

(5) Beiträge können für Teile der öffentlichen Einrichtungen oder Anlagen selbständig erhoben werden (Kostenspaltung).

(6) Der Aufwand kann auch für Abschnitte einer Einrichtung oder Anlage, wenn diese selbständig in Anspruch genommen werden können, ermittelt werden.

(7) Die Beitragspflicht entsteht mit der endgültigen Herstellung der Einrichtung oder Anlage, in den Fällen des Absatzes 5 mit der Beendigung der Teilmaßnahme und in den Fällen des Absatzes 6 mit der endgültigen Herstellung des Abschnittes. Wird ein Anschlußbeitrag erhoben, entsteht die Beitragspflicht, sobald das Grundstück an die Einrichtung angeschlossen werden kann, frühestens jedoch mit dem Inkrafttreten der Satzung. Die Satzung kann einen späteren Zeitpunkt bestimmen.

(8) Auf die künftige Beitragsschuld können angemessene Vorausleistungen verlangt werden, sobald mit der Durchführung der Maßnahme begonnen worden ist. Die Vorausleistung ist mit der endgültigen Beitragsschuld zu verrechnen, auch wenn der Vorausleistende nicht endgültig beitragspflichtig ist.

(9) Die Beitragsberechtigten können Bestimmungen über die Ablösung des Beitrages im ganzen vor Entstehen der Beitragspflicht treffen.

(10) Beitragspflichtig ist derjenige, der im Zeitpunkt der Bekanntgabe des Beitragsbescheides Eigentümer des Grundstückes, zur Nutzung des Grundstückes dinglich Berechtigter oder Inhaber eines Gewerbebetriebes ist. Bei einem erbbaubelasteten Grundstück ist der Erbbauberechtigte anstelle des Eigentümers beitragspflichtig. Zum Beitragspflichtigen kann der Eigentümer eines Gebäudes bestimmt werden, wenn das Eigentum an einem Grundstück und einem Gebäude infolge der Regelung des § 286 des Zivilgesetzbuches vom 19. Juni 1975 (GBl. DDR I S. 465) getrennt ist. Mehrere Beitragspflichtige haften als Gesamtschuldner; bei Wohnungs- und Teileigentum sind die einzelnen Wohnungs- und Teileigentümer nur entsprechend ihrem Miteigentumsanteil beitragspflichtig.

(11) Der Beitrag ruht als öffentliche Last auf dem Grundstück, im Falle des Absatzes 10 Satz 2 auf dem Erbbaurecht, im Falle des Absatzes 10 Satz 3 auf dem Nutzungsrecht, im Falle des Absatzes 10 Satz 4 zweiter Halbsatz auf dem Wohnungs- und Teileigentum.

(12) Werden Grundstücke landwirtschaftlich genutzt, so kann der Beitrag für leitungsgebundene Einrichtungen gestundet werden, soweit das Grundstück zur Erhaltung der Wirtschaftlichkeit des Betriebes genutzt werden muß. Satz 1 gilt auch für Fälle der Nutzungsüberlassung und Betriebsübergabe an Angehörige. Auf die Erhebung von Stundungszinsen kann verzichtet werden.

6. Niedersächsisches Kommunalabgabengesetz (NKAG)

in der Fassung der Bekanntmachung vom 11. Februar 1992 (GVBl. S. 29)

§ 6 Beiträge

(1) Die Gemeinden und Landkreise können zur Deckung ihres Aufwandes für die Herstellung, Anschaffung, Erweiterung, Verbesserung und Erneuerung ihrer öffentlichen Einrichtungen Beiträge von den Grundstückseigentümern erheben, denen die Möglichkeit der Inanspruchnahme dieser öffentlichen Einrichtungen besondere wirtschaftliche Vorteile bietet. Zum Aufwand rechnen auch die Kosten, die einem Dritten, dessen sich die Gemeinde oder der Landkreis bedient, entstehen, soweit sie dem Dritten von der Gemeinde oder dem Landkreis geschuldet werden.

(2) Beiträge können auch für den Grunderwerb, die Freilegung und für nutzbare Teile einer Einrichtung erhoben werden (Aufwandspaltung).

(3) Der Aufwand kann nach den tatsächlichen Aufwendungen oder nach Einheitssätzen ermittelt werden. Die Einheitssätze sind nach den Aufwendungen festzusetzen, die in der Gemeinde oder dem Landkreis üblicherweise durchschnittlich für vergleichbare Einrichtungen aufgebracht werden müssen. Der Aufwand umfaßt auch den Wert, den die von der Gemeinde oder dem Landkreis für die Einrichtungen bereitgestellten eigenen Grundstücke im Zeitpunkt der Bereitstellung haben. Bei leitungsgebundenen Einrichtungen kann der durchschnittliche Aufwand für die gesamte Einrichtung veranschlagt und zugrunde gelegt werden; werden Beiträge für Teileinrichtungen erhoben, so ist der hierfür erforderliche Aufwand zugrunde zu legen. Der Aufwand, der erforderlich ist, um das Grundstück eines Anschlußnehmers an Versorgungs- und Abwasseranlagen anzuschließen, kann in die Kosten der Einrichtungen einbezogen werden. Es ist aber auch zulässig, einen besonderen Beitrag zu erheben.

(4) Der Aufwand kann auch für Abschnitte einer Einrichtung, wenn diese selbständig in Anspruch genommen werden können, ermittelt werden.

(5) Die Beiträge sind nach den Vorteilen zu bemessen. Dabei können Gruppen von Beitragspflichtigen mit annähernd gleichen Vorteilen zusammengefaßt werden. Wird eine Beitragssatzung für mehrere gleichartige Einrichtungen erlassen und kann der Beitragssatz für die einzelnen Einrichtungen in ihr nicht festgelegt werden, so genügt es, wenn in der Satzung die Maßnahmen, für die Beiträge erhoben werden, nach Art und Umfang bezeichnet werden und der umzulegende Teil der Gesamtkosten bestimmt wird. Wenn die Einrichtungen erfahrungsgemäß auch von der Allgemeinheit oder von der Gemeinde oder dem Landkreis selbst in Anspruch genommen werden, bleibt bei der Ermittlung des Beitrages ein dem besonderen Vorteil der Allgemeinheit oder der Gebietskörperschaft entsprechender Teil des Auf-

wandes außer Ansatz. Zuschüsse Dritter sind, soweit der Zuschußgeber nichts anderes bestimmt hat, zunächst zur Deckung dieses Betrages zu verwenden.

(6) Die Beitragspflicht entsteht mit der Beendigung der beitragsfähigen Maßnahme, in den Fällen des Absatzes 2 mit der Beendigung der Teilmaßnahme und in den Fällen des Absatzes 4 mit der Beendigung des Abschnitts.

(7) Auf die künftige Beitragsschuld können angemessene Vorausleistungen verlangt werden, sobald mit der Durchführung der Maßnahme begonnen worden ist. Die Vorausleistung ist mit dem endgültigen Beitrag zu verrechnen, auch wenn der Vorausleistende nicht beitragspflichtig ist. Die Satzung kann Bestimmungen über die Ablösung des Beitrags im ganzen vor Entstehung der Beitragspflicht treffen.

(8) Beitragspflichtig ist, wer im Zeitpunkt der Bekanntgabe des Beitragsbescheides Eigentümer des Grundstückes ist. Ist das Grundstück mit einem Erbbaurecht belastet, so ist an Stelle des Eigentümers der Erbbauberechtigte beitragspflichtig. Mehrere Beitragspflichtige haften als Gesamtschuldner; bei Wohnungs- und Teileigentum sind die einzelnen Wohnungs- und Teileigentümer nur entsprechend ihrem Miteigentumsanteil beitragspflichtig.

(9) Der Beitrag ruht als öffentliche Last auf dem Grundstück, bei Bestehen eines Erbbaurechts auf diesem und im Falle des Absatzes 8 Satz 3 Halbsatz 2 auf dem Wohnungs- oder Teileigentum.

(10) Werden Grundstücke landwirtschaftlich genutzt, so kann der Beitrag für leitungsgebundene Einrichtungen so lange gestundet werden, wie das Grundstück zur Erhaltung der Wirtschaftlichkeit des Betriebes genutzt werden muß. Satz 1 gilt auch für Fälle der Nutzungsüberlassung und Betriebsübergabe an Angehörige. Auf die Erhebung von Stundungszinsen soll verzichtet werden. Soll die Stundung über den Zeitraum von vier Jahren hinaus gewährt werden, so hat der Beitragsschuldner nachzuweisen, daß der Beitragsanspruch durch eine aufschiebend bedingte Sicherungshypothek gesichert ist.

7. Kommunalabgabengesetz des Saarlandes (KAG Saarl)

in der Fassung der Bekanntmachung vom 15. Juni 1985 (Amtsbl. S. 730)

§ 8 Beiträge

(1) Die Gemeinden und Gemeindeverbände können Beiträge erheben.

(2) Beiträge sind Geldleistungen, die zum Ersatz des Aufwandes für die Herstellung, Anschaffung, Erweiterung, Verbesserung oder Erneuerung der öffentlichen Einrichtungen von den Grundstückseigentümern erhoben werden, denen die öffentliche Einrichtung wirtschaftliche Vorteile bietet. Ist das

Grundstück mit einem Erbbaurecht belastet, so tritt an die Stelle des Eigentümers der Erbbauberechtigte.

(3) Beiträge können auch für den Grunderwerb, die Freilegung und für Teile der öffentlichen Einrichtung selbständig erhoben werden (Kostenspaltung).

(4) Der Aufwand kann nach den tatsächlichen Kosten oder nach Einheitssätzen ermittelt werden. Den Einheitssätzen sind die der Gemeinde oder dem Gemeindeverband für gleichartige Einrichtungen üblicherweise durchschnittlich entstehenden Kosten zugrunde zu legen. Der Aufwand umfaßt auch den Wert der von der Gemeinde oder dem Gemeindeverband aus kommunalem Vermögen bereitgestellten Sachen und Rechte im Zeitpunkt der Bereitstellung. Bei leitungsgebundenen Einrichtungen, die der Versorgung oder der Abwasserbeseitigung dienen, kann der durchschnittliche Aufwand für die gesamte Einrichtung veranschlagt und zugrunde gelegt werden. Die Kosten, die erforderlich sind, um das Grundstück eines Anschlußnehmers an derartige Einrichtungen anzuschließen, können in den Aufwand der Einrichtung einbezogen werden. Es ist aber auch zulässig, einen besonderen Beitrag zu erheben. Steht im Zeitpunkt des Erlasses der Beitragssatzung der Aufwand nach Absatz 2 noch nicht fest, so braucht der Beitragssatz in der Satzung nicht angegeben zu werden.

(5) Der Aufwand kann auch für Abschnitte einer Einrichtung, wenn diese selbständig in Anspruch genommen werden können, ermittelt werden (Abschnittsbildung).

(6) Die Beiträge sind nach den Vorteilen zu bemessen. Kommt die öffentliche Einrichtung neben den Beitragspflichtigen nicht nur unbedeutend auch der Allgemeinheit zugute, so trägt die Gemeinde oder der Gemeindeverband einen dem besonderen Vorteil der Allgemeinheit entsprechenden, in der Satzung zu bestimmenden Teil des beitragsfähigen Aufwandes; Zuwendungen Dritter sind, soweit der Zuwendungsgeber nichts anderes bestimmt hat, zunächst zur Deckung dieses Teils des Aufwandes zu verwenden.

(7) Die Beitragspflicht entsteht mit der endgültigen Herstellung der öffentlichen Einrichtung, im Falle der Kostenspaltung mit der Beendigung der Teilmaßnahme und im Falle der Abschnittsbildung mit der endgültigen Herstellung des Abschnitts. Bei leitungsgebundenen Einrichtungen nach Absatz 4 Satz 4 entsteht die Beitragspflicht, sobald das Grundstück an die Einrichtung angeschlossen werden kann, frühestens jedoch mit dem Inkrafttreten der Satzung; die Satzung kann einen späteren Zeitpunkt bestimmen.

(8) Beitragspflichtig ist, wer im Zeitpunkt der Zustellung des Beitragsbescheides Eigentümer des Grundstücks oder Erbbauberechtigter ist. Mehrere Beitragspflichtige haften als Gesamtschuldner. Bei Wohnungs- und Teileigentum sind die einzelnen Wohnungs- und Teileigentümer nur entsprechend ihrem Miteigentumsanteil Beitragsschuldner.

(9) Auf die künftige Beitragsschuld können angemessene Vorauszahlungen verlangt werden, sobald mit der Durchführung einer beitragspflichtigen Maßnahme begonnen worden ist.

(10) Der Beitrag ruht als öffentliche Last auf dem Grundstück oder auf dem Erbbaurecht.

8. Sächsisches Kommunalabgabengesetz (SächsKAG)

vom 16. Juni 1993 (GVBl S. 502)

Fünfter Abschnitt: Beiträge für Verkehrsanlagen.

§ 26 Erhebungsermächtigung für Beiträge zu Verkehrsanlagen, beitragsfähige Maßnahmen

(1) Die Gemeinden können, soweit das Baugesetzbuch nicht anzuwenden ist, zur Deckung des Aufwands für die Anschaffung, Herstellung oder den Ausbau von Straßen, Wegen und Plätzen (Verkehrsanlagen) Beiträge für Grundstücke erheben, denen durch die Verkehrsanlage Vorteile zuwachsen. Zu den Verkehrsanlagen im Sinne dieses Gesetzes gehören auch Wirtschaftswege und aus tatsächlichen oder rechtlichen Gründen mit Kraftfahrzeugen nicht befahrbare Wohnwege sowie Immissionsschutzanlagen in der Baulast des Beitragsberechtigten. Für Lärmschutzanlagen können Beiträge nur für Grundstücke erhoben werden, die durch die Anlage eine Schallpegelminderung von mindestens 3 dB (A) erfahren.

(2) Der Ausbau umfaßt die Erweiterung, Verbesserung (ohne laufende Unterhaltung und Instandsetzung) und Erneuerung der Verkehrsanlagen.

§ 27 Beitragsfähiger Aufwand

(1) Beitragsfähig ist insbesondere der Aufwand für die Anschaffung, die Herstellung und den Ausbau der Fahrbahnen, Gehwege, Radwege, unselbständigen Parkierungsflächen, unselbständigen Grünflächen mit Bepflanzung, Beleuchtung und Entwässerung sowie der Wert der vom Beitragsberechtigten aus seinem Vermögen bereitgestellten Sachen und Rechte im Zeitpunkt der Bereitstellung und der vom Personal des Beitragsberechtigten erbrachten Werk- und Dienstleistungen. Durch Satzung kann bestimmt werden, daß § 128 Abs. 3 Nr. 2 des Baugesetzbuches entsprechend gilt.

(2) Der Aufwand nach Absatz 1 kann auch nach Einheitssätzen ermittelt werden, wobei der dem Beitragsberechtigten für gleichartige Verkehrsanlagen durchschnittlich entstehende Aufwand zugrunde zu legen ist.

(3) Der Aufwand kann insgesamt für mehrere Verkehrsanlagen, die für die Erschließung der Grundstücke eine Einheit bilden, oder für bestimmte Abschnitte einer Verkehrsanlage ermittelt werden.

§ 28 Grundsätze der Beitragsbemessung, öffentliches Interesse

(1) Die Beiträge sind nach den Vorteilen zu bemessen. Soweit Verkehrsanlagen neben den Beitragspflichtigen auch der Allgemeinheit zugute kommen, hat der Beitragsberechtigte einen angemessenen, dem Vorteil der Allgemeinheit entsprechenden Anteil (öffentliches Interesse) des beitragsfähigen Aufwands selbst zu tragen. § 2 Satz 2 findet mit der Maßgabe Anwendung, daß die Festsetzung eines Beitragssatzes entfällt.

(2) Bei Verkehrsanlagen, die überwiegend dem Anliegerverkehr dienen, beträgt der Anteil des öffentlichen Interesses mindestens 25 vom Hundert, bei Verkehrsanlagen, die überwiegend dem innerörtlichen Durchgangsverkehr dienen, mindestens 50 vom Hundert und bei Verkehrsanlagen, die überwiegend dem überörtlichen Durchgangsverkehr dienen, mindestens 75 vom Hundert des beitragsfähigen Aufwands. § 135 Abs. 5 BauGB gilt entsprechend.

(3) Zuweisungen und Zuschüsse Dritter sind, sofern der Zuwendende nichts anderes bestimmt hat, zunächst zur Deckung des Anteils des öffentlichen Interesses und nur, soweit sie diesen übersteigen, zur Deckung des restlichen Aufwands nach § 27 zu verwenden.

§ 29 Maßstäbe für die Beitragsbemessung

(1) Verteilungsmaßstäbe sind insbesondere die Art und das Maß der baulichen oder sonstigen Nutzung für sich allein oder in Verbindung mit der Grundstücksfläche oder der Grundstücksbreite an der Verkehrsanlage. Für Wirtschaftswege können abweichend von Satz 1 die Grundstücksfläche oder die Grundstücksbreite an der Verkehrsanlage oder beide Maßstäbe in Verbindung miteinander gewählt werden.

(2) In Gebieten mit unterschiedlicher zulässiger baulicher oder sonstiger Nutzung hat der Verteilungsmaßstab diese Unterschiede nach Art und Maß zu berücksichtigen.

(3) § 19 Abs. 1 gilt, Wirtschaftswege ausgenommen, entsprechend.[1]

§ 30 Entstehung der Beitragsschuld, Verrentung

(1) Die Beitragsschuld entsteht mit der Fertigstellung der Verkehrsanlage, frühestens jedoch mit Inkrafttreten der Satzung.

---

[1] § 19 Abs. 1:
Ist nach der Satzung bei der Beitragsbemessung die Fläche des Grundstücks zu berücksichtigen, bleiben Teilflächen unberücksichtigt, die nicht baulich oder gewerblich genutzt werden können, soweit sie nicht tatsächlich angeschlossen, bebaut oder gewerblich genutzt sind und ihre grundbuchmäßige Abschreibung nach baurechtlichen Vorschriften ohne Übernahme einer Baulast zulässig wäre.

(2) Die Beiträge können für Teile einer Verkehrsanlage erhoben werden, wenn diese Teile nutzbar sind.

(3) § 22 Abs. 2 bis 4 gelten entsprechend.[2]

§ 31 Beitragsschuldner, Vorauszahlungen, öffentliche Last, Ablösung

Die Bestimmungen der §§ 21,[3] 23 Abs. 1 und Abs. 2 Sätze 1 und 2,[4] § 24[5] und des § 25 Abs. 1[6] gelten entsprechend.

---

[2] § 22 Abs. 2 bis 4:

(2) Für Grundstücke, die im Eigentum des Beitragsberechtigten stehen, oder an denen dem Beitragsberechtigten ein Erbbaurecht oder ein anderes dingliches bauliches Nutzungsrecht zusteht, sind die satzungsgemäßen Beiträge zu verrechnen; § 21 Abs. 1 Satz 1 findet keine Anwendung.

(3) Durch Satzung kann bestimmt werden, daß die Beitragsschuld in mehreren Raten entsteht.

(4) Bei mangelnder wirtschaftlicher Leistungskraft des Beitragsschuldners kann der Beitragsberechtigte zulassen, daß der Beitrag in Form einer Rente gezahlt wird. Der Beitrag ist dabei durch Bescheid in eine Schuld umzuwandeln, die in höchstens zehn Jahresleistungen zu entrichten ist. In dem Bescheid sind Höhe und Fälligkeit der Jahresleistungen zu bestimmen. Der Restbetrag soll jährlich mindestens mit dem jeweiligen Diskontsatz der Deutschen Bundesbank verzinst werden. § 135 Abs. 3 Satz 4 des Baugesetzbuches gilt entsprechend.

[3] § 21:

(1) Beitragsschuldner ist, wer im Zeitpunkt der Bekanntgabe des Beitragsbescheids Eigentümer des Grundstücks ist. Die Satzung kann bestimmen, daß Beitragsschuldner ist, wer im Zeitpunkt des Entstehens der Beitragsschuld Eigentümer des Grundstücks ist.

(2) Der Erbbauberechtigte oder sonst dinglich zur baulichen Nutzung Berechtigte ist anstelle des Eigentümers Beitragsschuldner. Mehrere Beitragsschuldner haften als Gesamtschuldner; bei Wohnungs- und Teileigentum sind die einzelnen Wohnungs- und Teileigentümer nur entsprechend ihrem Miteigentumsanteil Beitragsschuldner.

[4] § 23 Abs. 1 und Abs. 2 Sätze 1 und 2:

(1) Der Beitragsberechtigte kann angemessene Vorauszahlungen auf die Beitragsschuld verlangen, sobald er mit der Herstellung der Einrichtung beginnt. Die Vorauszahlung ist mit der endgültigen Beitragsschuld zu verrechnen, auch wenn derjenige, der die Vorauszahlung geleistet hat, nicht beitragspflichtig ist.

(2) Ist die Beitragsschuld sechs Jahre nach Bekanntgabe des Vorauszahlungsbescheids noch nicht entstanden, kann die Vorauszahlung vom Grundstückseigentümer oder Erbbauberechtigten oder sonst dinglich zur baulichen Nutzung Berechtigten zurückverlangt werden, wenn die Einrichtung bis zu diesem Zeitpunkt noch nicht benutzbar ist. § 133 Abs. 3 Satz 4 des Baugesetzbuches gilt entsprechend.

[5] § 24:

Der Beitrag ruht als öffentliche Last auf dem Grundstück, im Falle des § 21 Abs. 2 Satz 1 auf dem dinglichen Nutzungsrecht, im Falle des § 21 Abs. 2 Satz 2 Halbsatz 2 auf dem Wohnungs- und Teileigentum.

[6] § 25 Abs. 1:

(1) Der Beitragsberechtigte kann die Ablösung des Beitrags im Sinne von § 17 Abs. 1 vor der Entstehung der Beitragsschuld zulassen; die weiteren Beitragspflichten nach § 17 Abs. 2 und § 19 Abs. 2 sowie die zusätzliche Beitragspflicht nach § 20 bleiben unberührt. Das Nähere ist durch Satzung (§ 2) zu bestimmen.

9. Kommunalabgabengesetz für das Land Sachsen-Anhalt (KAG LSA)

vom 11. Juni 1991 (GVBl S. 105)

§ 6 Beiträge

(1) Landkreise und Gemeinden können zur Deckung ihres Aufwandes für die Herstellung, Anschaffung, Erweiterung, Verbesserung und Erneuerung ihrer öffentlichen Einrichtungen Beiträge von den Grundstuckseigentümern erheben, denen die Möglichkeit der Inanspruchnahme dieser öffentlichen Einrichtungen besondere wirtschaftliche Vorteile bietet. Zum Aufwand rechnen auch die Kosten, die einem Dritten, dessen sich die Gemeinde oder der Landkreis bedient, entstehen, soweit sie dem Dritten von der Gemeinde oder dem Landkreis geschuldet werden.

(2) Beiträge können auch für den Grunderwerb, die Freilegung und für nutzbare Teile einer Einrichtung erhoben werden (Aufwandspaltung).

(3) Der Aufwand kann nach den tatsächlichen Aufwendungen oder nach Einheitssätzen ermittelt werden. Die Einheitssätze sind nach den Aufwendungen festzusetzen, die in dem Landkreis oder in der Gemeinde üblicherweise durchschnittlich für vergleichbare Einrichtungen aufgebracht werden müssen. Der Aufwand umfaßt auch den Wert, den die von der Gemeinde oder dem Landkreis für die Einrichtung bereitgestellten eigenen Grundstücke im Zeitpunkt der Bereitstellung haben. Bei leitungsgebundenen Einrichtungen kann der durchschnittliche Aufwand für die gesamte Einrichtung veranschlagt und zugrunde gelegt werden; werden Beiträge für Teileinrichtungen erhoben, ist der hierfür erforderliche Aufwand zugrunde zu legen. Der Aufwand, der erforderlich ist, um das Grundstück eines Anschlußnehmers an Versorgungs- und Abwasseranlagen anzuschließen, kann in die Kosten der Einrichtung einbezogen werden. Es ist aber auch zulässig, einen besonderen Beitrag zu erheben.

(4) Der Aufwand kann auch für Abschnitte einer Einrichtung, wenn diese selbständig in Anspruch genommen werden können, ermittelt werden.

(5) Die Beiträge sind nach den Vorteilen zu bemessen. Dabei können Gruppen von Beitragspflichtigen mit annähernd gleichen Vorteilen zusammengefaßt werden. Wird eine Beitragssatzung für mehrere gleichartige Einrichtungen erlassen und kann der Beitragssatz für die einzelnen Einrichtungen in ihr nicht festgelegt werden, so genügt es, wenn in der Satzung die Maßnahmen, für die Beiträge erhoben werden, nach Art und Umfang bezeichnet werden und der umzulegende Teil der Gesamtkosten bestimmt wird. Wenn die Einrichtungen erfahrungsgemäß auch von der Allgemeinheit oder von dem Landkreis oder der Gemeinde selbst in Anspruch genommen werden, bleibt bei der Ermittlung des Beitrages ein dem besonderen Vorteil der Allgemeinheit oder der Gebietskörperschaft entsprechender Teil des Auf-

wandes außer Ansatz. Zuschüsse Dritter sind, soweit der Zuschußgeber nichts anderes bestimmt hat, zunächst zur Deckung dieses Betrages zu verwenden.

(6) Die Beitragspflicht entsteht mit der Beendigung der beitragsfähigen Maßnahme, in den Fällen des Absatzes 2 mit der Beendigung der Teilmaßnahme und in den Fällen des Absatzes 4 mit der Beendigung des Abschnitts.

(7) Auf die künftige Beitragsschuld können angemessene Vorausleistungen verlangt werden, sobald mit der Durchführung der Maßnahme begonnen worden ist. Die Vorausleistung ist mit der endgültigen Beitragsschuld zu verrechnen, auch wenn der Vorausleistende nicht beitragspflichtig ist. Die Satzung kann Bestimmungen über die Ablösung des Beitrages im Ganzen vor Entstehung der Beitragspflicht treffen.

(8) Beitragspflichtig ist, wer im Zeitpunkt der Bekanntgabe des Beitragsbescheides Eigentümer des Grundstückes ist. Ist das Grundstück mit einem Erbbaurecht belastet, so ist anstelle des Eigentümers der Erbbauberechtigte beitragspflichtig. Mehrere Beitragspflichtige haften als Gesamtschuldner; bei Wohnungs- und Teileigentum sind die einzelnen Wohnungs- und Teileigentümer nur entsprechend ihrem Miteigentumsanteil beitragspflichtig.

(9) Der Beitrag ruht als öffentliche Last auf dem Grundstück, bei Bestehen eines Erbbaurechts oder von Wohnungs- oder Teileigentum auf diesem.

10. Kommunalabgabengesetz des Landes Schleswig-Holstein (KAG S-H)

in der Fassung vom 29. Januar 1990 (GVOBl S. 50)

§ 8 Beiträge

(1) Beiträge zur Deckung des Aufwands für die Herstellung sowie den Ausbau und Umbau der notwendigen öffentlichen Einrichtungen sind nach festen Verteilungsmaßstäben von denjenigen Grundeigentümern, zur Nutzung von Grundstücken dinglich Berechtigten und Gewerbetreibenden zu erheben, denen hierdurch Vorteile erwachsen. Die Beiträge sind nach den Vorteilen zu bemessen. Bei Straßenbaumaßnahmen tragen die Beitragsberechtigten mindestens zehn vom Hundert des Aufwands.

(2) Der Aufwand, der erforderlich ist, um ein Grundstück an Versorgungs- oder Entwässerungsleitungen anzuschließen, kann in die Kosten der Maßnahme einbezogen werden. Es ist aber auch zulässig, einen besonderen Beitrag zu erheben.

(3) Der Aufwand ist nach den tatsächlich entstandenen Kosten oder nach Einheitssätzen unter Berücksichtigung der Leistungen und Zuschüsse Dritter zu ermitteln. Zum Aufwand gehören auch der Wert der Grundstücke, die der Träger der Maßnahme einbringt, sowie die Kosten, die der abgabeberechtig-

ten Körperschaft dadurch entstehen, daß sie sich eines Dritten bedient. Die Einheitssätze sind nach den durchschnittlichen Kosten festzusetzen, die im Gebiet des Beitragsberechtigten üblicherweise für vergleichbare öffentliche Einrichtungen aufzuwenden sind. Bei leitungsgebundenen Einrichtungen oder Anlagen, die der Versorgung oder Abwasserbeseitigung dienen, kann der durchschnittliche Aufwand für die gesamte Einrichtung oder Anlage veranschlagt und zugrunde gelegt werden.

(4) Beiträge können für Teile der öffentlichen Einrichtungen selbständig erhoben werden (Kostenspaltung). Die Beitragspflicht entsteht mit dem Abschluß der Maßnahme, die für die Herstellung, den Ausbau oder Umbau der öffentlichen Einrichtung oder von selbständig nutzbaren Teilen erforderlich sind. Auf Beiträge können angemessene Vorauszahlungen gefordert werden, sobald mit der Ausführung der Maßnahmen begonnen wird.

(5) Beitragspflichtig ist, wer im Zeitpunkt der Bekanntgabe des Beitragsbescheids Eigentümer des Grundstücks, zur Nutzung des Grundstücks dinglich Berechtigter oder Inhaber des Gewerbebetriebs ist. Bei Wohnungs- und Teileigentum sind die Wohnungs- und Teileigentümer entsprechend ihrem Miteigentumsanteil beitragspflichtig. Miteigentümer, mehrere aus dem gleichen Grund dinglich Berechtigte oder mehrere Betriebsinhaber sind Gesamtschuldner. Die Sätze 1 bis 3 gelten für Vorauszahlungen entsprechend. Eine geleistete Vorauszahlung ist bei Erhebung des endgültigen Beitrags gegenüber dem Schuldner des endgültigen Beitrags zu verrechnen.

(6) Der Beitrag ruht als öffentliche Last auf dem Grundstück, bei Bestehen eines Erbbaurechts oder von Wohnungs- oder Teileigentum auf diesem.

(7) Sind Baumaßnahmen an Straßen, die nicht dem öffentlichen Verkehr gewidmet sind, deshalb besonders kostspielig, weil die Straßen im Zusammenhang mit der Bewirtschaftung oder Ausbeutung von Grundstücken oder im Zusammenhang mit einem gewerblichen Betrieb außergewöhnlich abgenutzt werden, so können zur Deckung der Mehrkosten von den Eigentümern oder zur Nutzung dinglich Berechtigten dieser Grundstücke oder von diesen Unternehmen besondere Straßenbeiträge erhoben werden. Diese sind nach den Mehrkosten zu bemessen, die der Beitragspflichtige verursacht.

11. Thüringer Kommunalabgabengesetz (ThürKAG)

vom 7. August 1991 (GVBl S. 329), geändert durch Gesetz
vom 28. Juni 1994 (GVBl S. 796)

§ 7 Beiträge

(1) Die Gemeinden und Landkreise können zur Deckung des Aufwandes für die Herstellung, Anschaffung, Erweiterung, Verbesserung oder Erneuerung ihrer öffentlichen Einrichtungen (Investitionsaufwand) Beiträge von

denjenigen Grundstückseigentümern und Erbbauberechtigten erheben, denen die Möglichkeit der Inanspruchnahme dieser Einrichtungen besondere Vorteile bietet. Der Investitionsaufwand umfaßt auch den Wert der von der Kommune aus ihrem Vermögen bereitgestellten Sachen und Rechte im Zeitpunkt der Bereitstellung. Für die Erweiterung oder Verbesserung von Ortsstraßen und beschränkt öffentlichen Wegen sollen solche Beiträge erhoben werden, soweit nicht Erschließungsbeiträge nach dem Baugesetzbuch zu erheben sind. Bei nicht leitungsgebundenen Einrichtungen kann der Aufwand für bestimmte Abschnitte ermittelt werden; für mehrere Einrichtungen, die für die Erschließung der Grundstücke eine Einheit bilden, kann der Aufwand insgesamt ermittelt werden. Der Beitrag kann für Teile der nicht leitungsgebundenen Einrichtung selbständig erhoben werden (Kostenspaltung).

(2) Sind die Vorteile der Beitragspflichtigen verschieden hoch, so sind die Beiträge entsprechend abzustufen.

(3) Kommt die Einrichtung neben den Beitragspflichtigen nicht nur unbedeutend auch der Allgemeinheit zugute, so ist in der Satzung eine Eigenbeteiligung der Kommune vorzusehen. Die Eigenbeteiligung muß die Vorteile für die Allgemeinheit angemessen berücksichtigen.

(4) Steht im Zeitpunkt des Satzungserlasses der Aufwand nach Absatz 1 noch nicht fest, so kann in Abweichung von § 2 Abs. 2 davon abgesehen werden, den Abgabesatz festzulegen; es müssen aber die wesentlichen Bestandteile der einzelnen Einrichtungen in der Satzung nach Art und Umfang bezeichnet und der umzulegende Teil der Gesamtkosten bestimmt werden.

(5) Für ein Grundstück, für das eine Beitragspflicht noch nicht oder nicht in vollem Umfang entstanden ist, können Vorauszahlungen auf den Beitrag verlangt werden, sobald mit der Ausführung der beitragspflichtigen Maßnahme begonnen worden ist. Die Vorauszahlung ist mit der endgültigen Beitragsschuld zu verrechnen, auch wenn der Vorauszahlende nicht beitragspflichtig ist. Ist die Beitragspflicht sechs Jahre nach Erlaß des Vorauszahlungsbescheides noch nicht entstanden, kann die Vorauszahlung zurückverlangt werden. Der Rückzahlungsanspruch ist ab Erhebung der Vorauszahlung mit 8 vom Hundert jährlich zu verzinsen. Ist eine Beitragspflicht bereits entstanden, können Vorschüsse auf den Beitrag erhoben werden, sofern die endgültige Beitragsschuld noch nicht berechnet werden kann.

(6) Beitragspflichtig ist, wer im Zeitpunkt des Entstehens der Beitragsschuld Eigentümer des Grundstücks oder Erbbauberechtigter ist. Mehrere Beitragspflichtige sind Gesamtschuldner; bei Wohnungs- und Teileigentum sind die einzelnen Wohnungs- und Teileigentümer nur entsprechend ihrem Miteigentumsanteil beitragspflichtig.

(7) Der Beitrag ruht als öffentliche Last auf dem Grundstück oder dem Erbbaurecht, im Falle des Absatzes 6 Satz 2 auf dem Wohnungs- oder dem Teileigentum; die öffentliche Last erlischt nicht, solange die persönliche Schuld besteht. Der Duldungsbescheid, mit dem die öffentliche Last geltend gemacht wird, ist wie ein Leistungsbescheid zu vollstrecken.

(8) Ein Beitrag kann auch für öffentliche Einrichtungen erhoben werden, die vor Inkrafttreten der Abgabesatzung hergestellt, angeschafft, erweitert, verbessert oder erneuert wurden.

(9) Der Beitragsberechtigte kann die Ablösung des Beitrags vor Entstehung der Beitragspflicht gegen eine angemessene Gegenleistung zulassen. Das Nähere ist in der Satzung zu bestimmen.

(10) Die Gemeinden und Landkreise können zur Vermeidung unbilliger Härten im Einzelfall zulassen, daß der Beitrag in Form einer Rente gezahlt wird. In diesem Fall ist der Beitrag durch Bescheid in eine Schuld umzuwandeln, die in höchstens 20 Jahresleistungen zu entrichten ist. In dem Bescheid sind Höhe und Zeitpunkt der Fälligkeit der Jahresleistungen zu bestimmen. Der jeweilige Restbetrag ist mit höchstens zwei vom Hundert über dem Diskontsatz der Deutschen Bundesbank jährlich zu verzinsen. Die Jahresleistungen stehen wiederkehrenden Leistungen im Sinne des § 10 Abs. 1 Nr. 3 des Zwangsversteigerungsgesetzes gleich.

Stichwortverzeichnis

Die fettgedruckten Zahlen beziehen sich auf die Paragraphen dieses Buches, die übrigen auf die Randnummern.

Kleingartengrundstücke, siehe Dauerkleingarten
Kombinierter Geh- und Radweg 31, 47
Kompensation 7, 57; 29, 31, 31, 31 ff.
Konkurs 26, 14; 27, 15
Kopplungsverbot (beim Erschließungsvertrag) 6, 36, 39 f.
Kopplungsvorschrift 26, 36
Kosten
– Begriff 13, 3 f.
– berücksichtigungsfähige ... 13, 2 ff.
– tatsächliche ... 11, 24; 13, 5 f., 58; 14,
1 ff.; 30, 31; 32, 40 f.
– ... der Bauleitung 13, 4
– ... der Freilegung 13, 7, 39; 32, 32
– ... des Grunderwerbs 13, 21 ff., 50; 15,
22; 32, 23 f.
– ... der (erstmaligen) Herstellung 13,
40 ff.
– ... der Straßenentwässerung und -be-
leuchtung 13, 50 ff.
– ... der Übernahme von Anlagen 13,
68 ff.
– ... des isolierten Vorverfahrens 25,
11 ff.
Kostenerstattungsbetrag nach § 8 a
BNatSchG ... 13, 46
Kostenschätzung 13, 7, 62; 14, 4
Kostenspaltung 7, 49; 11, 26; 12, 11, 27;
14, 20; 19, 21; 20, 1 ff.; 24, 11; 30,
33 f.; 37, 1 ff.
Kostenvereinbarung (im Erschließungsvertrag) 6, 23 ff.
Kostenzuordnung, (beim Bau einer Gemeinschaftseinrichtung für die Entwässerung) 13, 61 ff.
Kraftfahrzeug (Begriff) 12, 57
Krankenhaus 26, 6, 33; 33, 27
Kreditbedarf 13, 15 f.
Kreuzungen und Einmündungen 14, 47 f.

Lärmschutzanlage 12, 90 ff.; 17, 95 ff.;
18, 78 ff.; 21, 37
Landwirtschaftlich genutzte bzw. nutzbare Grundstücke 26, 11, 22 ff.; 34,
26 ff.; 38, 3 f.
Leistungsgebot 19, 37; 21, 33; 24, 17, 23;
26, 39; 27, 9; 28, 20; 36, 13
Liegenschaftsvermögen 13, 27 ff.; 32, 28

Maß der Grundstücksnutzung, siehe
Verteilungsmaßstab
Maßnahmebedingter Vorteilsbegriff, sie-
he Vorteil

Mehrfacherschließung (siehe auch Eckgrundstücke) 17, 36 ff., 80 ff., 101; 27,
7
Mehrkosten
– bei Planüberschreitung 7, 35, 57; 19,
13
– für Gehwegüberfahrt 4, 2
– bei Überschreitung des Angemessen-
heitsgebots 15, 17
Merkmale der endgültigen Herstellung
11, 4, 20, 32 ff.; 15, 22; 19, 2, 16, 36, 6
Mehrwertsteuer 13, 3
Messegelände 12, 6
Mischkanalisation (-system) 13, 61 ff.
Miteigentum (Miteigentümer) 17, 74; 24,
6, 8 ff.; 22, 25, 27, 31; 27, 11
Mitgliedsgemeinden 24, 19; 32, 35
Musterprozeß 25, 4

Nachbesserung 31, 38
Nacherhebung (-forderung) 10, 15 ff.;
11, 58; 24, 18; 28, 18 ff.
Nachholung von Bebauungsplan, Zustimmung und Widmung 12, 26; 19,
20, 25
Natürliche Betrachtungsweise 12, 4 f.,
10 ff., 39; 30, 16 f.
Natur und Landschaft, Kosten für Eingriffe in ... 13, 46, 32, 36
Nichteigentümer, Heranziehung eines ...
24, 12 f.
Nichtig(keit)
– eines Erschließungsvertrags 6, 12, 19,
30 ff., 40
– eines Bebauungsplans 7, 25
– sonstiger Verträge 10, 23, 26 f.; 22, 9
– eines Verwaltungsakts 10, 28; 19, 33
Nießbraucher 24, 4
Niveauerhöhung der Straße 29, 33
Notwendigkeit von Sammelstraßen,
Parkflächen und Grünanlagen 12, 73 f.,
82 ff.

Observanz 5, 14
Öffentliche Anlage 1, 18
Öffentliche Einrichtung 1, 18
Öffentliches Interesse 6, 32; 26, 30 ff.;
38, 3
Öffentliche Last 27, 1 ff.; 38, 5
Örtliche Ausbaupflogenheiten, siehe
Ausbaupflogenheiten
Ordnungsmaßnahmen 3, 4 ff.
Ortsdurchfahrt(en), siehe klassifizierte
Straßen
Ortsstatut 2, 3, 29, 33 ff.